1001 AUTOS
VON DENEN SIE TRÄUMEN SOLLTEN,
BEVOR DAS LEBEN VORBEI IST

1001 AUTOS
VON DENEN SIE TRÄUMEN SOLLTEN, BEVOR DAS LEBEN VORBEI IST

HERAUSGEGEBEN VON **SIMON HEPTINSTALL**
VORWORT VON **NICK MASON**
DEUTSCHE BEARBEITUNG VON **HALWART SCHRADER**

EDITION OLMS ZÜRICH

EDITION OLMS AG
Willikonerstr. 10
CH-8618 Oetwil am See/Zürich
Switzerland

Mail: info@edition-olms.com
Web: www.edition-olms.com

ISBN 978-3-283-01159-8

Deutsche Ausgabe
Copyright © 2013 Edition Olms AG, Zürich
Übersetzung und redaktionelle Bearbeitung: Halwart Schrader
Lektorat: Beate Bücheleres-Rieppel
Satz: Weiß-Freiburg GmbH – Graphik & Buchgestaltung
Fotos:
Umschlagvorderseite: 1957 Chevy Bel Air; © Ron Kimball / KimballStock
Umschlagrückseite: Maserati MC12; © James Mann
Rücken: Mercedes-Benz 300 SL Flügeltüren-Coupé 1954-57. © Daimler AG / Mercedes-Benz Classic

Bibliographische Information der Deutschen Bibliothek
Die Deutsche Bibliothek verzeichnet diese Publikation
in der Deutschen Nationalbibliographie; detaillierte bibliographische Daten
sind im Internet über http://dnb.ddb.de abrufbar

Copyright © 2012 Quintessence Editions Ltd.

A Quintessence Book

All rights reserved. No part of this publication may be reproduced, stored in a retrieval system
or transmitted in any form or by any means, electronic, mechanical, photocopying, recording or
otherwise, without the permission of the copyright holder.

Project Editor	Elspeth Beidas
Editors	Frank Ritter, Fiona Plowman
Designers	Tea Aganovic, Tom Howey, Alison Hau
Picture Researchers	Giles Chapman, Sara Di Girolamo
Production Manager	Anna Pauletti
Editorial Director	Jane Laing

Printed in China

Inhalt

Vorwort — 6

Einführung — 8

Inhalt / Markenindex — 12

Internationale Länderkennzeichen — 19

1886–1944 — **20**

1945–1959 — **140**

1960–1969 — **286**

1970–1979 — **428**

1980–1989 — **528**

1990–1999 — **614**

2000–heute — **716**

Glossar — 946

Autoren — 958

Bildnachweise — 959

Dank — 960

Vorwort | Nick Mason

Der amerikanische Cowboy, Darsteller und Entertainer Will Rogers hat einmal gesagt: „Ich habe nie jemanden kennengelernt, den ich nicht leiden mochte." Mir geht es mit Autos genauso.

Schon als Knabe war ich nach Autos verrückt. Da hätte mir jemand die 1001 schlechtesten Fahrzeuge aller Zeit vorstellen können – ich hätte garantiert einige darunter entdeckt, die mich interessierten, die ich hätte inspizieren und fahren, womöglich sogar kaufen wollen.

Selbst nach so vielen Jahren, in denen ich viel Zeit auf der Straße und auf der Rennstrecke zubringen durfte, an Autos geschraubt und sie auch restauriert habe, ist meine Begeisterung nicht geringer geworden. Allein schon der Gedanke, die 1001 interessantesten Autos zusammenzustellen, hat etwas Faszinierendes.

Wie es bei jeder Auswahl der Fall ist, erfolgte auch die für dieses Buch getroffene nach subjektiven Gesichtspunkten, also nach eigener Einstellung zu den einzelnen Automodellen. Das ist wie bei der Musik: Allen wird man es nie recht machen können. Auch der Briefmarkensammler muß damit leben, daß er nicht sämtliche Raritäten in seinem Album hat, an denen ihm besonders liegt ...

Puristen sind zu allem bereit, um der Automarke ihrer persönlichen Zuwendung die größtmögliche Aufmerksamkeit zu verschaffen. Sie gründen Clubs und haben keine Veranlassung, über den Tellerrand zu blicken. Es bilden sich Vorurteile, häufig zu unrecht – und auch ich habe mich in dieser Rolle schon unversehens wiedergefunden.

Ich darf mich sehr glücklich schätzen, Besitzer einiger wunderbarer Fahrzeuge zu sein, und ich hatte die Gelegenheit, viele weitere und noch viel bessere zu fahren. Doch wenn ich ein Werk wie dieses vor mir habe, muß ich unwillkürlich überlegen, wie sich das eine oder andere Auto früherer Epochen wohl im heutigen Straßenverkehr bewegen lassen würde. Aber nicht nur antike Rennfahrzeuge beziehe ich in diese Überlegung ein, sondern auch so manche futuristische Supercar-Konstruktion. Große Lust, mit ihnen ausgedehnte Fahrten zu unternehmen, verspüre ich allemal. Je mehr Erfahrungen zu sammeln man Gelegenheit hatte, desto größer der Wunsch, Vergleiche zu ziehen. Aber von jenen Autos, die nur Inhalt von Tagträumereien bleiben müssen, kann man sich anhand präziser Informationen ja wenigstens ein realistisches Bild machen.

Dieses Buch spiegelt das Resultat einer unvorstellbaren Fleißarbeit wider. Es ist eine chronologisch geordnete Zusammenstellung von allen bedeutenden Automodellen aus sämtlichen Teilen der Welt, aus gut dreißig Staaten, erfaßt von einem Team ebenso globaler Zusammensetzung. Auch das von vielen Archiven, Institutionen und Privatpersonen zur Verfügung gestellte Fotomaterial ist beeindruckend und trägt zum Entstehen eines Gesamtwerks von zeitlosem Wert bei.

Ich meine, ich entdecke auf den nachfolgenden Seiten jeden meiner ganz persönlichen Favoriten, aber gewiß auch – wie bereits angedeutet – ein paar Fahrzeuge, die weniger nach meinem Geschmack sind. Jedem Leser und jeder Leserin wird es so gehen: Sie freuen sich, ihre Lieblinge zu entdecken und rümpfen die Nase bei jenen, die sie für ganz abscheuliche Kreationen halten.

Für mich zählen zu den großartigsten Autos solche, die technologische Innovation oder die geniale, individuelle Handschrift eines Konstrukteurs erkennen lassen. So wie die Fahrgestellfedern an meinem Bugatti Typ 35B, ein Klassiker, den ich Mitte der 1970er Jahre erworben und zu restaurieren begonnen habe. Ich bewegte ihn in zahlreichen Rennen. Solche Autos stellen technische Meisterwerke dar und sind zugleich ein ästhetischer Genuß. Da muß man es schon in Kauf nehmen, daß der Motor nur mit einem Methanol-Gemisch läuft und mehr als 55 Liter auf einhundert Rennkilometer verbraucht.

Und dann der Ferrari 250 GTO, der heute wegen seines immens hohen Wertes bekannter ist als für seine motorsportlichen Verdienste. Dieser Wagen verkörpert eine zeitlos gültige Hohe Kunst des perfekten Automobilbaus. Es nimmt nicht wunder, daß ein Mann wie Gordon Murray sich dieses Coupé als Vorbild gewählt hat, als er sich an die Konstruktion des McLaren F1 machte; er war geradezu stolz darauf und wollte es als eine Hommage an Ferrari verstanden wissen. Für Gordon Murrays Interpretation der Ferrari-Philosophie kam nur das Beste vom Besten in Frage.

Doch genug der Supercars. Für die gesellschaftliche Mobilitätsgeschichte sind Autos wie der kleine Austin Seven viel wichtiger. Er war mein allererster Wagen. Oder Henry Fords T-Modell, von dem ich ebenfalls ein Exemplar besaß. Es hatte vorher einem Clown gehört, der mich gewarnt hatte: Es würden regelmäßig die Türen herausfallen und der Kühler dicke Dampfwolken von sich geben.

Ob Sie sich für eine ganz bestimmte Kategorie von Automobilen interessieren oder fürs ganze Spektrum aus aller Herren Länder: Meines Erachtens haben Sie es nicht schwer, unter den 1001 Autos auf den nachfolgenden Seiten eine ganze Menge von jenen zu entdecken, nach denen Sie suchen. Ich wünsche Ihnen dabei viel Vergnügen.

Nick Mason

Einführung | Simon Heptinstall

Der deutsche Erfinder Carl Benz mochte sicher nicht daran gezweifelt haben, daß sein Motorwagen eine bedeutende schöpferische Leistung darstellte. Doch seine ersten kurzen Proberunden absolvierte er vorsichtshalber im Schutz nächtlicher Dunkelheit auf dem Werkstatthof. Erst im Juni 1886 wagte er eine Ausfahrt auf der Mannheimer Ringstraße. Denn der „pferdelose Wagen" fand keineswegs überall Akzeptanz; die ersten Automobile und ihre Lenker waren Zielscheiben derber Verwünschungen, die Opfer mancher Steinwürfe und beißenden Spotts. Mancher fürchtete sich vor dem Auto wie vier Jahrzehnte zuvor noch vor der Eisenbahn. Es bedurfte eines unerschütterlichen Charakters, um allen Anfeindungen widerstehen zu können und an der Fahrzeugentwicklung beharrlich weiterzuarbeiten, stets neue Ziele vor Augen.

Taugte der Motorwagen überhaupt für längere Fahrten über Land? Eine erste Antwort auf diese Frage gab Carl Benz' Ehefrau Bertha, als sie sich am 5. August 1888 mit ihren Söhnen Richard (14) und Eugen (15) den dritten Dreiradwagen ihres Mannes angeblich ohne dessen Wissen lieh und von Mannheim nach Pforzheim zu ihren Eltern fuhr. Herr Benz dürfte die Abwesenheit seiner Familie samt Motorfahrzeug, wenn sie wirklich nicht abgesprochen war, große Sorge bereitet haben ... Immerhin erhielt er abends ein beruhigendes Telegramm.

Für längere Strecken war der Kraftstoffbehälter nicht ausgelegt. Frau Benz mußte bei den Stadtapotheken von Wiesloch und Heidelberg Station machen, um Benzin zu kaufen, wobei ihre Söhne mit Geschick und sicher großem Stolz das Wiederanlassen des Einzylindermotors mit seinem großen Schwungrad vorführen konnten. Für die Fernfahrt über gut 80 Kilometer benötigte das Trio den ganzen Tag.

Bertha Benz spielte im Leben ihres Mannes eine weitaus bedeutendere Rolle als die einer mutigen Ehefrau und Mutter der gemeinsamen fünf Kinder. Ohne ihr finanzielles Engagement hätte die Firma Benz & Cie. keinen langen Bestand gehabt. Wie auch Gottlieb Daimler steckte Benz anfangs mehr Geld in seine Arbeit als an Rendite zu erzielen war, und durch einen Geschäftspartner, der durch hohe Entnahmen die Firma vollends zu ruinieren drohte, war Benz in eine prekäre Lage geraten. Seine Verlobte Bertha, gerade erst 23 Jahre alt, war es, die ihm aus dieser Situation half, indem sie sich ihre Mitgift auszahlen ließ und mit dem Geld ihrem Bräutigam die Existenz sicherte.

Die berühmt gewordene Fernfahrt von Mannheim nach Pforzheim hatte nicht allein dazu gedient, den Gebrauchsnutzen des Benz-Wagens ganz allgemein zu demonstrieren. Sie hatte zugleich den Beweis geliefert, daß der Motorwagen nicht nur eine Angelegenheit der Männer war und daß seine Handhabung durchaus auch von Frauen beherrscht werden konnte. Frauen ebenfalls für das Männerspielzeug zu interessieren, war ein wichtiges Anliegen; sie sollten, so wie Bertha Benz selbst, Vertrauen in die junge Automobiltechnik gewinnen. Wäre es andererseits unterwegs zu einer Panne gekommen, womöglich zu einem Abschleppen per Pferdegespann, hätte die Blamage nicht Carl Benz direkt gegolten, sondern „nur" seiner Frau. Dies alles mag Bertha Benz klug bedacht haben.

Heute gibt es schätzungsweise 800 Millionen Autos auf der Welt, und für viele Menschen ist der Kraftwagen zur Selbstverständlichkeit geworden. Er hat eine weltweit operierende Industrie hervorgebracht, ist zu einem der wichtigsten Wirtschaftsfaktoren geworden. Doch er zehrt auch an unseren Vorräten natürlicher Mineralstoffe. Kaum jemand, der das heute nicht weiß – Forschung und Entwicklung arbeiten deshalb auch an Projekten, um anstehende Probleme zu lösen ...

Gleichwohl sind wir auf das Auto angewiesen. Es mag unter bestimmten Umständen gefährlich sein, auch unsere Umwelt belasten. Doch für viele von uns ist es wichtiger geworden als eine komfortable Wohnung. Wir lieben das Auto, geben ihm Namen, loben (oder beschimpfen) es. Und wir werden nie aufhören, von Autos zu träumen, die unerreichbar sind. Und damit wir unseren Träumen realistische Konturen geben können, wird uns dieses Buch gute Dienste leisten.

Niemand könnte von sich behaupten, sämtliche in diesem Buch aufgeführten Autos schon einmal gesehen, geschweige denn gefahren zu haben. Selbst wenn man es sich vornähme, würde es einem kaum gelingen – und es würde Jahre dauern. Ganz abgesehen davon, daß eine ganze Reihe der Fahrzeuge in privaten Sammlungen oder Museen steht, wo sie sehr gut aufgehoben sind; an diese Autos käme man vermutlich gar nicht heran. Von einigen der beschriebenen Fahrzeuge existiert auch kein Exemplar mehr.

Das Buch bietet weitaus mehr als einen Museumsrundgang. Einst galt Bill Harrahs Autosammlung in Reno, Nevada, mit 1200 Exponaten als die größte der Welt, doch da es dort von zahlreichen Modellen bis zu dreißig Stück gab, die eng nebeneinander standen, war die Kollektion längst nicht so facettenreich, wie der Besucher erwartete.

Was auf den nachfolgenden Seiten geboten wird, ist ein Werk von enzyklopädischem Ausmaß mit Fabrikaten aus allen fünf Erdteilen, inklusive Afrika und Australien. Wir entdecken Autos aus der Ukraine ebenso wie solche aus Israel, aus Brasilien wie aus Indien. Und nicht nur solche mit Verbrennungsmotor, sondern auch mit Dampf- oder Elekroantrieb, sogar mit Turbinen und Düsenaggregaten aus Flugzeugen.

Millionenfach gebaute Massenprodukte, die auf ihre Weise Automobilgeschichte schrieben, wechseln sich mit bizarren Einzelstücken ab, Sie finden vertraute Namen neben solchen, die Sie vermutlich noch nie gehört haben. Und falls Sie Fachmann sind, werden Sie der Ansicht zuneigen, daß man sogar 2001 Autos hätte zusammenbringen können, wären nämlich auch ein Ego, ein Palladium, ein Turicum, ein Loreley, ein Motoflitz, ein Le Zèbre, ein Espenlaub, ein Laurin-Klement, ein Russon, ein Wendax, ein Dymaxion oder ein Thule berücksichtigt worden. Oder ein Gutbrod, ein Gwynne, ein Gardner, ein Garbaty oder Georges-Irat.

Aber es sind auch ohne diese Exoten jede Menge „Specials" in diesem Buch zu finden, sei es der 60 HP Mercedes-Wagen, der 1903 das Rennen um die Tourist Trophy gewann und anschließend als ganz normaler Reisewagen verwendet wurde, oder der Mercedes-Benz SLS AMG E-Cell mit je einem Elektromotor an den vier Rädern, um damit emissionsfrei auf 250 km/h zu kommen. Als dieses Buch entstand, waren die Arbeiten an diesem innovativen Flügeltürer noch nicht abgeschlossen.

Als speziell darf man aber auch jene Meilensteine nennen, deren Konzept die Autowelt veränderte. Ein herausragendes Beispiel ist hierfür der britische Mini, bei welchem der Motor kurzerhand quer zur Fahrtrichtung installiert wurde und die Vorderräder antrieb. Frontantriebswagen gab es zwar schon seit 1902 und in Serie seit 1929, doch Alec Issigonis' raum- und kostensparendes Konzept war ebenso revolutionär wie Béla Barénys Limousinen-Sicherheitszelle oder Hans Ledwinkas Zentralrohrrahmen beim Tatra und beim Steyr. Dem Jeep kommt ebenfalls eine Schlüsselrolle im Automobilbau zu, denn er mobilisierte nicht nur die amerikanische Armee in höchst effizientem Ausmaß, sondern er gab das Vorbild für Generationen von geländegängigen Arbeits- und Freizeitfahrzeugen ab, aus denen unser sogenanntes SUV (Sports Utility Vehicle) entstand.

Viele Autos dürfen als Rekordbrecher bezeichnen werden, sei es in puncto Geschwindigkeit wie bei Art Afons' Bluebird oder bei japanischen Großserienwagen, deren Laufzeit und Stückzahl sogar den VW Käfer hinter sich ließen. Rekordzeiten gab es auch in osteuropäischen Ländern in bezug auf die Lieferfrist bestellter Autos (beim DDR-Trabant konnte sie zwei Jahre betragen), und einen Rekord hinsichtlich Produktionsdauer hält der Ambassador aus Kalkutta, den wir hier selbstverständlich ebenfalls vorstellen.

Nicht fehlen dürfen Besonderheiten aus der Entertainmentbranche. So begegnen wir dem Batmobil oder dem Monster Chitty Chitty Bang Bang und erfahren zugleich die Geschichte seiner Namensgeber; wir freuen uns über den Aston Martin des Geheimagenten 007 oder über das Geisterauto Fury. Zeitgenössische Werbeaufnahmen, Genrefotos und Inserate aus verschiedenen Ländern wechseln sich ab. Auch sie haben ihre automobilhistorische Aussagekraft.

Es war keine leichte Aufgabe, den Stoff für dieses Kompendium zusammenzubekommen, die Substanz zu checken, zu filtern und zu koordinieren. Auch der Job, mehr als 800 zu den Texten passende Fotos zu finden, war nicht leicht.

Bei den technischen Daten mußten wir uns aus Raumgründen auf einige wenige Angaben konzentrieren, die aber gewiß dazu beitragen, die Charakteristika des betreffenden Wagens anzudeuten. Anzumerken wäre, daß die Leistungsangaben sich immer nur auf ein Modell (meist ist es das abgebildete) beziehen, und zwar aus jenem Jahr, das den Angaben vorangestellt ist. Die PS-Angaben entsprechen bei Autos mit US-Herkunft den dort üblichen SAE-Werten, bei allen übrigen Ländern sind es DIN-PS. Doch da ist so manche böse Falle versteckt, und Kenner werden hier und dort die Hand heben, nachdem sie einen vermeintlichen Fehler entdeckt haben. Der mag aber aus der Tatsache resultieren, daß einige Hersteller für verschiedene Länder uneinheitliche Leistungsangaben veröffentlichten, oder daß sie für die Serienproduktion eines neuen Wagens eine von der Präsentation abweichende Angabe festsetzten, nachdem in letzter Minute Änderungen am Motor erfolgt waren.

Ganz bewußt wurde in einzelnen Fällen aber ein anderes, vielleicht etwa jüngeres Modell gezeigt, wenn es gegenüber der Erstausgabe von größerer Bedeutung war. Im Text wird darauf verwiesen, so daß es zu keinen Fehldeutungen kommen sollte.

Heikel kann es sein, die vom Hersteller angegebenen Beschleunigungswerte oder Höchstgeschwindigkeiten zu übernehmen. Mal sind sie allzu bescheiden, mal stark übertrieben – je nach Geschäftspolitik des Hauses. Moderne Hochleistungswagen haben zwar einen Drehzahlbegrenzer, der bei 250 km/h abregelt, aber auf Versuchsstrecken hat man natürlich die erreichbaren Tempi ermittelt. Dort, wo die Echtwerte zur Verfügung standen, haben wir sie übernommen. Andererseits liegen – gerade für ältere Fahrzeuge – nicht immer Beschleunigungs- oder Topwerte vor, auch von zeitgenössischen Testern nicht: In solchen Fällen konnten leider keine Angaben gemacht werden, und so steht es auch da. Auf Vermutungen oder Schätzungen wollten wir uns nicht einlassen.

Gelegentlich werden extrem hohe Beträge genannt, die hochkarätige Autoquitäten auf Versteigerungen gebracht haben. Das könnte zu der Schlußfolgerung verleiten, daß die Oldtimer-Liebhaberei nur etwas für steinreiche Sammler ist. Doch das ginge an der Tatsache vorbei, daß Hunderttausende von Enthusiasten mit bescheideneren, für sie gleichwohl wichtigen und liebenswerten Fahrzeugen glücklich sind, mit einem Opel Kadett etwa, einem Simca Cinque, einem Hillman Minx oder DKW Munga. Was nicht ausschließt, daß auch sie alle gern einmal träumen – von einem Alfa Romeo 33 Stradale, Aston Martin Vanquish oder HTT Plethore …

Inhalt / Markenindex

Abarth
205 171

AC
3000 ME 522
Ace 235
Cobra 289 319

AC Schnitzer
X6 Falcon 850

ACMA
Vespa 400 257

ADD
Nova 467

Adler
Trumpf Junior 101

Alfa Romeo
156 2.6 16V 685
164 V6 595
1750 GTV 392
1900 (1950) 171
1900 (1954) 198
33 Stradale 391
4C 909
6C 1750 77
8C 2300 (1931) 88
8C (2007) 842
8C 2900B 128
Alfasud 453
Brera V6 820
E30 SZ/RZ 607
Guilietta Sprint 200
Junior Zagato 431
MiTo 847
Montreal 432
Spider (1966) 374
Spider (1982) 544
Spider (1995) 670
Spider V6 Q4 799

Allard
J2 170
P1 167

Alvis
TC 108G 234

AMC
Eagle 524
Gremlin 434
Pacer 494

Amilcar
CGS 64

Ariel
Atom 500 850

Arrol-Johnston
10HP Dogcart 24

Artega
GT 873

Ascari
A10 824

Aston Martin
Bulldog 521
DB2 172
DB4 GT Zagato 297
DB5 322
DB6 356
DB7 Vantage 708
DB9 770
DBS 838
Lagonda 513
One-77 884
Rapide 893
Ulster 104
V12 Vantage 864
V8 Zagato 574

Vanquish 729
Vantage N420 896

Auburn
851 Speedster 113

Audi
80 380
A2 1.4 TDI 3L 752
A4 V6 677
A8 quattro 669
Avant RS2 669
Q5 854
Q7 826
quattro 554
quattro 20V 610
R8 829
RS4 Avant 802
RS6 Avant 738
RSQ 772
S5 Coupé 842
TT 697
TT Roadster 712
TT RS quattro 871
V8 594

Austin
3-Litre 394
A40 268
A90 Atlantic 149
Austin-Healey 3000 272
Austin-Healey Sprite 265
Mini 275
Princess 497
Seven 58

Australian
Six Convertible 55

Autocars
Sabra GT 288

AWZ
P 70 252

Bentley
3-Litre 57
4.5-Litre 65
8-Litre 79
Azure 676
Brooklands 638
Continental
 Supersports 883
Mulsanne 886
R-Type
 Continental 186
S3 Continental 313
Speed Six 72
Turbo R 570

Benz
Victoria 23

Berkeley
SE492 Sports 244

Blue Flame 436

BMC
Mini Cooper S 332
Mini Moke 338

BMW
1er M Coupé 906
2002 401
2002 tii Alpina 509
2002 turbo 479
3.0 CSL 454
328 118
328 Le Mans
 Coupé 134
335d 928
502 214
503 234
507 213

518 488
735i 742
745i 533
850CSi 642
Alpina B10 V8 687
Alpina B5 790
Isetta 250 217
M1 516
M3 (1985) 566
M3 (1992) 651
M3 (2000) 720
M3 (2008) 853
M3 CSL 760
M5 (1986) 578
M5 (2011) 910
M535i 531
M6 798
M635 CSi 554
X5 Le Mans 721
X6 855
Z4 748
Z4 M Coupé 800
Z8 718

Bolwell
Nagari 860

Bond
Bug 438

René Bonnet
Djet 315

Borgward
Hansa 1500 165
Isabella TS 199

Brabus
SV12 R Biturbo 908

Bricklin
SV-1 485

Bristol
401 150
404 189
407 312
411 415
Beaufighter 536
Fighter T 827

BSC
Steam Car 862

Buckle
Dart 280

Budweiser
Rocket 520

Bufori
Geneva 911
Mark III La Joya 773

Bugatti
EB110 628
Typ 35 63
Typ 41 Royale 74
Typ 43 66
Typ 50 89
Typ 55 93
Typ 57 102
Typ 57 SC Atlantic 126
Veyron EB 16.4 781

Buick
Y-Job 132
Century 198
Grand National GNX 592
NA 8/90 109
Reatta 598
Riviera Gran Sport 459
Skylark 190

Burton
Roadster 746

BYD
M6 862

Cadillac
Allanté 590
Calais 358
CTS-V 901
Eldorado 277
Escalade EXT 743
Fleetwood 75 660
Fleetwood Brougham 537
Miller-Meteor 280
Model 30 42
Model 51 50
Model A 30
Model M 39
Serie 61 156
Serie 62 166
Serie 62 Hardtop Coupé 262
Seville (1975) 498
Seville (1980) 537
Seville STS 706
Sixty Special 133
STS-V 791
V16 Roadster 82

Callaway
C12 699
C16 815

Caparo
T1 833

Caresto
Hot Rod Jakob 912
T6 Roadster 768
V8 Speedster 807

Caterham
7 CSR 808
Super Seven 470
Superlight R300 831

Chevrolet
3100 Series 218
454 SS Pickup 619
Bel Air (1955) 214
Bel Air (1957) 246
Bel Air Nomad 219
Camaro 373
Camaro 2SS 882
Camaro SS 396 435
Camaro Z28 655
Camaro ZL1 930
Chevelle SS 441
Corvair Monza 337
Corvette C1 191
Corvette C2 321
Corvette C3 534
Corvette C4 557
Corvette C5 688
Corvette C6 782
Corvette Z06 811
Corvette ZR1 931
El Camino LS6 440
Impala 278
Lacetti 800
Malibu SS 343
Monte Carlo 451
Nova SS 453
Super Sport Roadster 754

Chinkara
Roadster 923

Chitty Chitty Bang Bang 398

Chrysler
C 300 215

300C SRT8 797
300F 292
Crossfire 766
CU Airflow Eight 111
Ghia L6.4 293
Imperial (1955) 230
Imperial (1961) 299
New Yorker 291
TC 606
Town & Country 139
Turbinenwagen 332

Cisitalia
202 Gran Sport 148

Citroën
2 CV 151
2 CV Sahara 295
5 CV Type C 60
8 CV Rosalie 114
Berlingo 684
BX 546
C5 HDI 2.0 893
CX 487
DS 228
DS Décapotable 288
DS3 Racing 897
Light Fifteen 12 HP 114
Nemo 822
SM 433
Traction Avant 106
Type A 53
XM V6 607

Citroën-NSU
Comobil 468

Cizeta-Moroder
V16T 632

Columbia
Electric Coach 27

Cord
810/812 121
L-29 79

Cunningham
C3 185
Touring Car 50

Dacia
Dokker dci 90 926

Daihatsu
Copen 756
F50 524

Daimler
Motorkutsche 22
SP 250 276

DAF
66 DL 502

Darracq
12HP 35
200 HP 35

Datsun
260Z 472
Fairlady SP311 362
Fairlady Sports 2000 401
S211 Fairlady 282

De Lorean
DMC-12 538

De Tomaso
Deauville 443
Guarà 662
Pantera 458

Delage
DH-V12 La Torpille 63

Inhalt / Markenindex 13

Delahaye
135MS 120
235 176

DeSoto
Adventurer 231
Fireflite 220

Devon
GTX 890

Dixi
Modell R8 6/14 PS 40

DKW
F 11/F 12 322
Front 87
Sonderklasse 189

Dodge
Challenger R/T 446
Challenger SRT8 857
Charger (1966) 369
Charger (1969) 415
L'il Red Express 518
Monaco 480
Ram SRT10 745
Ram V10 668
Viper 641
Viper SRT-10 752

Donkervoort
D8 GT 830

Dual-Ghia
D-500 235

Duesenberg
SJ 92

Elfin
T5 Clubman 919

Facel
Vega FVS 202
Vega II 311

Factory Five
GTM Supercar 833

FAW
Shanghai SH760 346

Ferrari
166 Inter 168
250 GT SWB 285
250 GTO 310
275 GTB 338
288 GTO 555
308 GTB 494
328 567
365 Daytona 405
365 GT/4 Berlinetta Boxer 471
400 GT Superamerica 284
410 Superamerica 223
412 575
458 Italia 891
550 Maranello 683
575 Superamerica 784
599 GTB Fiorano 814
612 Scaglietti 774
Dino 246GT 427
Enzo 741
F40 597
F50 692
F355 664
F430 791
FF 944
Mondial t 3.4 Cabriolet 556
Testarossa 558

Fiat
124 371
1400 173
124 Sport Spider 385
16-24 HP 36
2300S Coupé 302
500 (1957) 249
500 (2007) 834
500 Abarth Assetto Corse 858
500 Topolino 124
600 226
8V 184
Barchetta 671
Cinquecento 637
Coupé 20v Turbo 673
Croma Turbo Diesel i.d 586
Dino 386
Dino Spider 378
Multipla (1956) 240
Multipla (1998) 702
Panda 533
S76 Rekordwagen 45
Strada/Ritmo 75 538
Uno Turbo 568
X1/9 463

Fisker
Karma 920
Latigo CS 820
Tramonto 809

FMR
Messerschmitt Tiger 264

Ford
999 28
Anglia 105E 268
Capri 1700 GT 420
Capri 2.8i 541
Capri RS 3100 480
Comète 178
Consul Capri 304
Cortina Mark II 382
Cortina Mark V 526
Crown Victoria 222
DeLuxe 145
Deuce Coupé 99
Escort Mark II RS2000 506
Escort Mexico 445
Escort RS Cosworth 613
Escort RS1600 444
Escort XR3i 552
Fairlane Skyliner 247
Falcon GT-HO 452
Falcon XA 468
Fiesta ST 929
Fiesta XR2 541
Focus RS500 888
Focus ST 933
Gran Torino 475
GT 812
GT40 341
Köln 99
Lotus Cortina Mark I 326
Lotus Cortina Mark II 398
Model A (1903) 31
Model A (1927) 68
Model B 95
Model T 40
Mondeo (1993) 659
Mondeo (2007) 843
Mustang Boss 429 418
Mustang GT (1994) 668
Mustang GT (2005) 794
Mustang GT500 396
Mustang III 523
Mustang Mach 1 456
Mustang Mark I 355
Mustang Super Cobra Jet 938
Popular 192
Racing Puma 707
RS200 579
Sierra 546
Sierra Cosworth RS500 587
Sierra RS Cosworth 580
Sierra XR4i 553
Six 98 170
Streetka 751
Taunus 15M 226
Taurus SHO 609
Thunderbird (1954) 206
Thunderbird (1966) 374
Thunderbird (1983) 551
Thunderbird (2001) 735
V8 97
Zodiac Mark II 232

GAZ
M-13 Tschaika 275
M-21 Wolga 258
M-24 Wolga 487
M-72 Pobjeda 232

George Barris
Batmobil 371

Gilbern
GT 270

Gillet
Vertigo 664

Ginetta
F400 844

Giocattolo
V8 597

Glas
Goggomobil TS 250 254

GMC
Yukon Denali 878
Syclone 630

Goliath
Pionier 90

Gordon-Keeble
GK 1 345

Great Wall
Haval H3 781

Gumpert
Apollo 794

Harper
Type 5 Sports Car 884

Healey
Silverstone 163

Hindustan
Ambassador 260

Hispano-Suiza
H6 54
K6 108

Holden
48-215 154
50-2106 175
HD 360
HK Monaro GTS 403
VH Commodore 540

Honda
Accord 508
Accord Type R 706
Civic CR-X 601
FCX Clarity 853
Insight 710
Integra Type R 672
NSX 625
S 2000 713
S800 376

Horch
853 Cabriolet 119

Hotchkiss
AM 80 Veth Coupé 76
AM80S 100

HTT
Plethore 894

Hudson
Hornet 181
Terraplane 90

Hulme
F1 935

Humber
Imperial 353

Hummer
H1 648
H2 759
H3 793

Hyundai
i30 826
Pony 504

Infiniti
FX50 845
G37 Convertible 867

Innocenti
950 Spider 300

Invicta
S1 869

Iso
Grifo 344

Isotta-Fraschini
8C Monterosa 149

Isuzu
Bellett GT-R 329
Piazza Turbo 530
VehiCross 692

Jaguar
C-Type 182
D-Type 202
E-Type Serie 1 298
Mark 2 283
S-Type 715
SS100 123
XFR 870
XJ 872
XJ220 646
XJ6 406
XJR 602
XJS 500
XK 120 OTS 159
XK 140 210
XK8 679
XKR 810
XKSS 250

Jeep
Grand Cherokee SRT8 940
Wrangler 588

Jehle
Super Saphier 628

Jensen
Jensen-Healey 466
Interceptor FF 372

Jösse Cars
Indigo 3000 700

Kaiser
Darrin 208
Traveler 182

Kaiser-Jeep
Wagoneer 320

Keinath
GT 684

Kia
cee'd 821

Koenigsegg
Agera R 918
CCXR 836

KTM
X-Bow 852

Lada
Niva 510

Lagonda
V12 132

Lamborghini
350 GT 352
400 GT 365
Aventador 926
Countach 484
Diablo 616
Espada 409
Gallardo 761
Islero 410
LM002 576
Miura 364
Miura P400 SV 460
Murciélago 736
Reventón 828
Urraco 474

Lanchester
28 HP Landaulette 37

Lancia
Alpha 38
Aprilia 130
Aurelia B20 GT 211
Beta Montecarlo 501
Delta Integrale 593
Delta S4 569
Flaminia Berlina 244
Fulvia Coupé 363
Gamma Coupé 512
New Stratos 896
Stratos 488
Thema 644
Thema 8.32 587
Tipo 55 44

Land Rover
Discovery 602
LE Defender 721
Range Rover Evoque 889
Range Rover Overfinch 941
Serie 1 161

Laraki
Fulgura 755

Leopard
Roadster 786

Inhalt / Markenindex 15

Lexus
CS 750
IS-F 822
LFA 916
LS 600h 839
LS400 620

Leyat
Hélica 56

Lifan
520 804

Light Car Company
Rocket 647

Lincoln
Capri 186
Continental (1939) 137
Continental (1956) 238
Continental (1961) 303
Continental Mark III 408
Mark LT 788
Zephyr 116

Lister
Storm 659

Lotus
Elan 316
Elan M100 612
Elise 340R 723
Elise S1 681
Elite 255
Esprit S1 505
Esprit V8 682
Europa 383
Evora 868
Exige 725
Mark VI 187

LuAZ
967 300

Marcos
1800 355
Mantula 563

Marussia
B2 902

Maserati
3200 GT 698
3500 GT 249
5000 GT 279
Biturbo 540
Bora 455
Ghibli 397
GranTurismo S 874
Indy 416
Khamsin 473
Kyalami 509
MC12 786
Merak 462
Mistral Spyder 321
Quattroporte (1963) 325
Quattroporte (2004) 767
Shamal 616

Mastretta
MXT 917

Matra-Simca
Bagheera 476
Rancho 514

Maybach
57/62 741
Exelero 789
Zeppelin 80

Mazda
Cosmo 395
CX-7 819
MX-5 Miata 623
RX-7 (1978) 519
RX-7 (1991) 631
RX-8 761

MCC
Smart 700

McLaren
F1 667
MP4-12C 923

Mercedes
60 PS 32
Simplex 29

Mercedes-Benz AMG
CLK GTR 691

Mercedes-Benz
150 Sport Roadster 107
190 Evolution 621
190 SL 229
220 201
230 SL „Pagode" 327
280 SE 3.5 Cabriolet 424
300 SEL 6.3 411
300 SEC 315
300 SL Flügeltürer 207
300 SL Roadster 251
450 SEL 6.9 504
500 K 105
540 K 122
560 SEC 575
600 330
C55 AMG 777
CL 600 843
CLS 924
E63 AMG 873
G 55 AMG 777
Großer Mercedes 770 W07 84
ML 55 AMG 718
Papamobil 817
S 26/120/180 68
S65 AMG 821
SL 848
SLK 776
SLR McLaren 763
SLS AMG 898
SLS AMG E-Cell 932
SSK 27/180/250 73
W140 300 SE/SEL 635

Mercury
Cougar (1967) 394
Cougar (1974) 483
Monterey 205

MG
Magnette ZA 209
Metro 6R4 568
MGA 224
MGB 317
MGB GT 357
MG-F 674
Midget M-Type 78
Midget Mark III 379
RV8 640
TC Midget 142
ZT-260 732

Miller Boyle
Valve Special 80

Minerva
AF 30 CV 70

MINI
Clubman 835
John Cooper Works 801
Paceman 943

Mitsubishi
3000GT/GTO 621
Evo IX FQ360 790
Evo VIII FQ-400 778
FTO 666
Galant 592
Lancer Evo XI 929

Monica
560 482

Monteverdi
Hai 450 430
Highspeed 385

Morgan
4/4 (1935) 116
4/4 (1993) 654
Aero 8 734
Plus 4 783
Plus 8 404
Roadster V6 776
Super Sports Aero 71

Morris
Minor (1929) 75
Minor (1948) 161
Minor Traveller 193

Mosler
MT900S 806

MP
Lafer 490

NAG
6/18 PS Darling 47

Nash
Metropolitan 204

Nissan
300ZX 627

350Z 746
Cedric 309
Cube 703
Datsun 240Z 419
Figaro 635
GT-R 840
Leaf 904
President 363
R390 695
S-Cargo 605
Skyline GT-R 423
Skyline GT-R R34 715
Sunny/Pulsar
  GTI-R 622
Titan 771

Noble
M400 775
M600 908

NSU
Ro80 387
Sport Prinz 271
Wankel Spider 340
TT 465

Ogle
SX 1000 320

Oldsmobile
4-4-2 348
88 Holiday Coupé 239
Aurora 663
Curved Dash 25
Silhouette 618
Starfire 306
Super 88 215
Toronado 368

Opel
Adam 937
Ampera 887
Astra 632

Calibra Turbo 4x4 653
Diplomat V8 360
Kadett 319
Kapitän 156
Lotus Omega 626
Manta GT/E 435
Olympia Rekord 194
Rekord D 456

Orca
SC7 898

Packard
443 Custom Eight 74
Twin Six 96

Pagani
Zonda 710

Panhard
24 CT 336
Dyna 110 155
Dyna Z 194

Panoz
Roadster 648

Panther
De Ville 491
J72 466
Lima 508

Peel
P50 334

Pegaso
Z-102 180

Perana
Z-One 913

Peugeot
126 12/15 HP 43

205 GTI 1.6 561
205 GTI 1.9 586
205 T16 560
206 CC 723
308 RCZ 900
401 Eclipse 104
402 BL 111
403 Cabriolet 212
404 291
405 Mi16 600
406 Coupé V6 695
4007 817
504 V6 402
504 Cabriolet 493

Pierce-Arrow
38 HP Model 51 51

Plymouth
Barracuda V8 349
Fury 240
Hemi Cuda 450
Model U 78
Prowler 690
Road Runner
  Superbird 447

Pontiac
Fiero GT 562
Firebird Trans Am
  (1967) 388
Firebird Trans Am
  (1982) 542
GTO (1964) 350
GTO (1966) 366
Solstice 785
Tempest Le Mans 309

Porsche
356 152
356B 273
550 Spyder 196
904 329

911 334
911 GTS/997 909
911 SC Cabriolet 545
911 Targa 467
911 Turbo 3.0 496
917 422
924 502
928 517
944 549
959 582
968 Club Sport 650
Boxster 680
Carrera GT 764
Cayenne 764
Cayman S 779
Panamera Turbo
  875

Proton
Saga 573

Puma
Spyder GTS 452

Radical
SR8 RX 934

Range Rover
Evoque 889
Sport V8 792

Rapier
Superlight 895

Reliant
Robin 477
Scimitar GTE 412

Renault
4 306
4 CV 145
40 CV Typ JP 61
5 465

5 GT Turbo 584
8 Gordini 350
Alpine V6 GTA 574
Avantime 731
Caravelle 259
Clio V6 730
Clio Williams 661
Dauphine 236
Espace 555
Frégate 178
Mégane 2.0T
  Renaultsport
  250 925
Sport Spider 675
Twingo 644
Twizy 937
Zoom 653

Riley
Brooklands 80
RMF 2.5 Litre 187

Rolls-Royce
20/25 86
Ghost 865
Phantom 762
Phantom Drophead
  Coupé 849
Phantom I 64
Phantom II 84
Phantom VI 407
Silver Cloud 224
Silver Ghost 37
Silver Shadow 362
Silver Wraith 143

Rossion
Q1 852

Rover
8 HP 36
Jet 1 172
P5 3.5-Litre Coupé 392

Inhalt / Markenindex 17

P6 2000 324
Range Rover 448
SD1 Vitesse 548

Rumpler
10/30 PS 53

Saab
92 165
96 296
99 Turbo 514
900 Carlsson 620
900 Turbo 542
900 Turbo CD 584
Sonett 366

Saleen
S7 732

Salmson
2300S 199
S4 75

Santa Matilde
SM 4.1 550

Sbarro
Challenge 580

Seat
Ibiza Cupra
Boncanegra 897
Leon Cupra R 739
Leon FR TDI 825

SECMA
F16 Sport 846

Shelby
Charger GLH-S 576

Simca
Aronde Plein Ciel 252

Sinclair
C5 573

Skoda
Fabia vRS S2000
  914
Favorit 604
Felicia Super 308

Smart
Crossblade 744
Roadster 757

Spyker
60 HP 33
C4 Torpedo 58
C8 737
D12 Peking-Paris
  801

Squire
Roadster 112

SsangYong
Chairman 856

SSC
Aero 804

SS Automobiles
Excalibur 346

SSC Program
Thrust SSC 687

Stanley
Runabout 27

Steyr
50 117

Stoewer
Arkona 128

Strathcarron
SC-5A 709

Studebaker
Avanti 313
Champion (1939)
  136
Champion (1950)
  173
Speedster 225
Starlight 196

Stutz
Bearcat 48

Subaru
360 267
Forester 694
Impreza P1 720
Impreza Turbo 657
Impreza WRX 661

Sunbeam
3-Litre Super Sport 65
Rapier H120 427
Tiger 343

Suzuki
Aerio/Liana 739
Cappuccino 636
Jimny LJ10 439
SC100 Coupé 511

**Swallow Coach-
  building Co.**
SS1 94

Talbot
Sunbeam Lotus 527
Talbot-Lago T150C SS
  Goutte d'Eau 131
Talbot-Lago T26
  Grand Sport 146

Talbot-Matra
Murena 536

Tama
E4 S47 146

Tata
Nano 877

Tatra
603 242
T600 Tatraplan
  152
Typ 77 105

TD Cars
TD 2000 Silverstone
  705

Tesla
Roadster 877

Thurner
RS Coupé 436

Toyota
2000 GT 390
BJ Land Cruiser 177
Camry 639
Celica (1970) 434
Celica (1985) 569
Celica (1989) 608
Celica (1993) 660
Celica (1999) 707
Corolla (1966) 382
Corolla (1987) 593
GT 86 939
Hilux 413
iQ 859
MR2 Mk. 1 565
MR2 Mk. II 624
Prius 694
Supra Mk 4 656

Tramontana
R 880

Triumph
Dolomite Roadster
  133
Dolomite Sprint
  478
GT6 377
Stag 443
TR3 225
TR4A 359
TR6 425
TR7 498
Vitesse 312

**Troll Plastik-
  og Bilindustri**
Troll 236

Troller
T4 769

Tucker
Torpedo 158

TVR
3000S 515
350i 564
Cerbera 678
Grantura 260
Griffith 630
Sagaris 796
Tuscan 724

Ultima
GTR 726

Unipower
GT 383

Vauxhall
Chevette HS 505

Cresta PA 257	**Volkswagen**	*Scirocco 2.0*	*V70 T5* 685	**Wolseley**
Monaro VXR 500	*411 E* 420	*TSI R Coupé* 872	*XC90* 738	*6/80* 162
818	*Corrado* 599	*Scirocco BlueMotion*		
Prince Henry 47	*Golf G60 Rallye* 606	866	**Wanderer**	**Woods**
VX220 727	*Golf GTI* 879	*Typ 2* 175	*W25K* 127	*Dual Power* 51
VX220 Turbo 760	*Golf I GTI* 507	*VW 38 (Käfer)* 134		
VXR8 915	*Golf I* 492		**Warner Bros.**	**Zenvo**
	Golf III Cabriolet 697	**Volvo**	*Batmobil* 610	*ST-1* 903
Venturi	*Golf V 2.0 FSI* 759	*144* 380		
260 588	*Golf R* 928	*66 DL* 502	**Westfield**	**ZiL**
Fetish 837	*Golf W12-650* 827	*780 Coupé Turbo* 631	*XTR2* 729	*112 Sports* 295
	K70 448	*Amazon* 242		*4104* 515
Vignale	*Karmann Ghia* 217	*C30 Electric* 907	**Wiesmann**	
Gamine 395	*New Beetle (1998)* 705	*C70* 803	*GT MF5* 861	**ZIS**
	New Beetle (2011)	*P 1800* 308		*101* 124
Voisin	905	*PV444* 148	**Willys**	
C28 Aerosport 117	*Polo R* 942	*PV445 Duett* 266	*Jeep* 138	

Internationale Länderkennzeichen

A	Österreich	**E**	Spanien	**NL**	Niederlande
AUS	Australien	**F**	Frankreich	**NZ**	Neuseeland
B	Belgien	**FL**	Fürstentum Liechtenstein	**PL**	Polen
BR	Brasilien	**GB**	Großbritannien	**ROK**	Republik Korea
CDN	Kanada	**I**	Italien	**RO**	Rumänien
CH	Schweiz	**IL**	Israel	**RUS**	Russische Föderation
CN	China	**IND**	Indien	**S**	Schweden
CS	Tschechoslowakei	**J**	Japan	**SU**	UdSSR
CZ	Tschechische Republik	**MA**	Marokko	**UA**	Ukraine
D	Bundesrepublik Deutschland	**MAL**	Malaysia	**USA**	Vereinigte Staaten von Amerika
DDR	Deutsche Demokr. Republik	**MEX**	Mexiko	**ZA**	Südafrika
DK	Dänemark	**N**	Norwegen		

Frontansicht eines 1925 im amerikanischen Zweigwerk Springfield gebauten Rolls-Royce mit seiner berühmten Kühlerfigur.

1886–1944

Motorkutsche | Daimler D

1886 • 1526 ccm, Einzylinder • 1 PS/0,7 kW • keine Angaben • 16 km/h

Schritt für Schritt entwickelte sich im 19. Jahrhundert der Explosionsmotor. Um 1824 entdeckte man die Zündfähigkeit eines komprimierten Gemischs aus Petroleumdämpfen und Luft, zwei Jahre später entstand nach diesem Prinzip der erste Motor. 1838 konstruierte William Barnett ein funktionsfähiges Einzylinder-Kolbenaggregat; eine noch effizientere Maschine schuf 1856 Pietro Benini. Doch erst Jean-Etienne Lenoir baute 1860 einen Verbrennungsmotor mit Kolben, Pleuel und Zylinder, den er in einen Holzkarren installierte. Auf Lenoirs Konstruktion basierte auch der von Nikolaus August Otto 1876 geschaffene Viertakt-Gasmotor, der wiederum Gottlieb Daimler und Wilhelm Maybach anregte, damit Fahrzeuge anzutreiben – versuchsweise ein hölzernes Zweirad, dann ein Boot. Daimler und Maybach stellten in Cannstatt eine ganze Anzahl von „Standuhr" genannten Einzylinder-Stationärmotoren von etwa 1 PS Leistung her, versehen mit einem von Daimlers Assistenten Wilhelm Maybach erfundenen Schwimmervergaser, der die externe Zuführung eines Gasgemischs ablöste.

Zu Jahresbeginn 1886 kaufte Daimler eine dunkelblaue Pferdekutsche mit schwarzen Lederpolstern, gebaut vom Stuttgarter Kutschenbauer Wilhelm Wimpff & Sohn. Er montierte die Deichsel ab und installierte einen seiner Motoren unter die hintere Sitzbank. Die „Motorkutsche" absolvierte am 8. März 1886 eine erste Probefahrt. Eine Variante mit wassergekühltem Motor folgte 1887. Um sein Fahrzeug auf öffentlichen Straßen zu bewegen, mußte Daimler eine behördliche Fahrerlaubnis beantragen – das war die Geburtsstunde des Führerscheins, datiert auf den 17. Juli 1888. **BS**

Victoria | Benz

1893 • 1720 ccm, Einzylinder • 3 PS/2,2 kW • keine Angaben • 18 km/h

In der Silvesternacht des Jahres 1878 brachte der deutsche Ingenieur und Erfinder Karl Benz erstmals den von ihm konstruierten, wassergekühlten Zweitaktmotor zum Laufen, ein wesentlich leichteres und kompakteres Aggregat als eine gleichstarke Dampfmaschine. Zusammen mit weiteren Erfindungen jener Zeit wie Vergaser, Spulenzündung mit einer Batterie und Zündkerze setzte er den Motor in ein eigens hierfür gebautes Dreiradfahrzeug aus Stahlrohr ein. Doch der dreirädrige Benz-Motorwagen vermochte niemanden so recht zu überzeugen. Einen kommerziellen Durchbruch schaffte die Gasmotorenfabrik Benz & Cie. in Mannheim erst 1893 mit ihrem vierrädrigen Modell Victoria, das gegen den Konkurrenten Daimler antrat. Das Fahrzeug wies Achsschenkellenkung mit patentierten Kreuzgelenken auf; gesteuert wurde mit Hebeln an einer senkrechten Lenksäule.

Einen Beweis für die Brauchbarkeit des Victoria erbrachte der österreichische Fabrikbesitzer Freiherr Theodor von Liebieg, der mit einem solchen 4-PS-Wagen mit Vollgummibereifung und Kutschenverdeck 1894 von Reichenberg in Böhmen nach Gondorf bei Koblenz fuhr (eine Strecke von immerhin 939 Kilometern), woher von Liebiegs Ehefrau stammte. Dies war die erste Fernfahrt in einem Automobil. Reiseschnitt: 13,6 Kilometer pro Stunde. Von Liebieg machte auch einen Abstecher zu seinem Freund Karl Benz nach Mannheim. Später unternahm er noch weitere Fernreisen, die ihn bis nach Reims in Frankreich führten. Angesichts der schlechten Wegverhältnisse in jener Zeit waren dies echte Pionierleistungen. Der Wagen mit der Seriennummer 76 ist heute ein Exponat im Technischen Museum zu Prag. **BS**

10 HP Dogcart | Arrol-Johnston (GB)

1897 • 3230 ccm, Zweizylinder-Flachmotor • 10 PS/7,5 kW • keine Angaben • 25 km/h

Der schottische Brückenbauingenieur Sir William Arrol und der Lokomotivenbauer George Johnston taten sich 1896 zusammen, um das erste Serienautomobil Großbritanniens auf die Räder zu stellen. Der typische „Dogcart" war eine elegante Pferdekutsche – nur entbehrte der Arrol-Johnston der Pferde, dafür wies er unter dem Wagenboden einen liegend eingebauten Zweizylindermotor auf, der die Hinterräder antrieb. Gestartet wurde der Motor mittels Seilzug. Wie eine Kutsche hatte der Dogcart einen Aufbau aus Holz, auch hölzerne Räder mit Vollgummibereifung sowie Klotzbremsen an den hinteren Felgen. Eine Besonderheit stellten seine vier vollelliptischen Blattfedern dar. Üblicher Kutschenbauart entsprach auch die Sitzordnung: auf der dreiplätzigen hinteren Bank saß man mit dem Rücken zur Fahrtrichtung. Der Arrol-Johnston Dogcart galt als kräftig motorisiert und zuverlässig; mit nur geringen Änderungen baute man ihn bis 1907.

Unter der Markenbezeichnung AJ gab es die in Glasgow produzierten Autos bis 1931. Für die Regierung Ägyptens produzierte man sogar den ersten Geländewagen der Welt, auch entstanden für den Antarktisforscher Ernest Shackleton Schneemobile, wenngleich die sich auf der Expedition zum Südpol als wenig tauglich erwiesen. Pech hatte auch der englische Thronfolger mit seinem AJ, den er 1919 anläßlich der königlichen Tour durch den Westen Englands verwendete: Der Wagen ging irreparabel zu Bruch – zum Gespött der Presse. Dafür brachte Malcolm Campbells Weltrekordwagen „Bluebird II" 1927 der Firma Ruhm ein: Sie hatte für den 280 km/h schnellen Einsitzer die Karosserie angefertigt. **SH**

Curved Dash | Oldsmobile

1897 • 3230 ccm, Zweizylinder-Flachmotor • 10 PS/7,5 kW • keine Angaben • 25 km/h

Ransom E. Olds, geboren 1863 und Gründer der Marke Oldsmobile, hat es verdient, in einem Atemzug mit seinem fast gleichaltrigen Zeitgenossen Henry Ford genannt zu werden. Wie dieser hatte Olds die Großserienfabrikation im Sinn, und mit seinem „Curved Dash" (so bezeichnet wegen der gebogenen Spritzwand nach Art amerikanischer Pferdekutschen) war das Oldsmobile das erste am Band hergestellte Motorfahrzeug noch lange vor Fords T-Modell. Daß ausgerechnet der Curved Dash in Serie ging und keine der anderen zehn Konstruktionen, die Olds und seine Männer als Prototypen gebaut hatten (es waren auch Elektromobile darunter), resultierte aus einem Feuer in der Fabrik, das 1901 alle Versuchsfahrzeuge zerstörte – bis auf den Curved Dash, dem man eigentlich die geringsten Chancen einer Realisierung zumessen hatte. Den Zweisitzer hatten die Techniker eher als ein motorisiertes Spielzeug angesehen. Doch nun hatte Olds gar keine andere Wahl. Der Brand in der Fabrik sprach sich schnell herum und zog eine Welle der Sympathie nach sich. Olds erhielt eine große Zahl von Aufträgen und konnte noch im gleichen Jahr 435 Stück verkaufen. Das Fahrzeug kostete 650 Dollar und wurde den Bestellern meist per Bahn geliefert. Stets reiste ein Verkäufer mit und unterwies den Kunden in der Benutzung des Autos. Bis zum Erscheinen eines neuen Modells im Jahre 1907 wurden 19.000 Exemplare gebaut – damit hatte Olds seinen Rivalen Ford geschlagen. Anschließend wurde Oldsmobile von General Motors übernommen. Es gab auch zwei deutsche Lizenzausgaben des Curved Dash unter den Markenbezeichnungen Ultramobil und Polymobil. **MG**

◁ Die in England geborene amerikanische Schauspielerin Julia Marlowe und ihr Hund bei einer Probefahrt im Columbia Electric Coach, ca. 1910.

Electric Coach | Columbia

1899 • 44-Zellen-Batterie • 2 PS/1,5 kW • keine Angaben • 24 km/h

Die Columbia Automobile Company in Hartford, Connecticut, war aus einer Fahrradfabrik hervorgegangen und gehörte zu den ersten Großserienherstellern von Elektrofahrzeugen in den USA. In den Werkhallen von mehr als 68.000 qm Ausdehnung arbeiteten zeitweilig bis zu 10.000 Personen. 1898 wurde bei Columbia das erste Fahrrad mit Kardanantrieb hergestellt, ein Jahr später entstanden bereits mehrere hundert Autos, als andere amerikanische Produzenten es höchstens auf ein paar Dutzend brachten. Der Columbia Elektrowagen war mit vier Batteriesätzen zu je elf Zellen ausgestattet, gut für eine Leistung von 1,49 kW, was eine Reichweite von 48 Kilometern ergab. Das Ende des Pferdekutschen-Zeitalters begann sich abzuzeichnen, gleichwohl sah die Columbia-Chaise noch wie eine solche aus mit ihrem Eichenholz-Chassis, hochglanzlackierten Paneelen und Sitzpolstern aus Ziegenleder. Ein teurer Luxus waren die pneumatischen Reifen, von denen die Werbung behauptete, sie würden für eine Laufstrecke von 3500 Meilen reichen „wenn die Straßen gut und nicht verschmutzt sind" – solche aber gab es nur in großen Städten, und auch dort stachen sich verlorene Hufnägel nur allzu gern in die Luftreifen der Autos.

Eine Anzahl dieser Fahrzeuge erwarb die New York City Transit Company, ein Taxiunternehmen, das illustre Besucher von der Grand Central Station zu ihren Zielen in Manhattan brachte. Man habe keine Kosten gescheut, den Wagen bis ins Detail so perfekt wie möglich zu machen, hieß es in der Verkaufsbroschüre für den Columbia. Dennoch stand der geringe Aktionsradius einer weiteren Verbreitung entgegen. Auf dem Lande war ein Elektroauto so gut wie unbrauchbar. **BS**

Runabout | Stanley

1901 • Zweizylinder-Dampfmotor • 3,5 PS/2,6 kW • keine Angaben • 44 km/h

Die Zwillingsbrüder Francis Edgar und Freelan Oscar Stanley, geboren 1849, hatten ein Fotoverfahren mit Trockenentwicklung erfunden und an die Eastman Kodak Co. verkauft. Den Erlös verwendeten sie zum Bau von Dampfautomobilen, deren erstes sie 1897 vorstellten. Bereits bis Ende 1899 wurden von ihm mehr 200 Stück verkauft. Den Beweis, daß ihre per Kette und einem 35-cm-Ritzel angetriebenen Autos sehr schnell waren, lieferten die Stanley Brothers im Oktober 1899 auf der ersten Automobilausstellung in Boston, aus deren Anlaß ein Rennen stattfand, auch gab es eine Bergprüfung. Zwei Kunden waren so begeistert von den Leistungen des Stanley Steamer, daß sie eine Lizenz zum Nachbau erwarben: Amzi Lorenzo Barber und der Zeitschriftenverleger John Brisben Walker nahmen unter dem Markennamen Locomobile ebenfalls die Dampfwagenherstellung auf. Das Geschäft bereuten die Stanleys bald; 1902 kauften sie die Baurechte für 250.000 Dollar wieder zurück. Zugleich stellten sie neue, überarbeitete Modelle vor, gebaut in einer frisch errichteten Fabrik in Newton. Ihr Merkmal war eine abgerundete Wagenfront, hinter der sich der Kessel befand. Als Heizmaterial für den Hochdruck-Kessel eignete sich alles Brennbare: Holz, Petroleum und sogar Fischöl.

Der Dampfwagen-Trend begann allmählich abzunehmen, doch die Stanleys bauten nichts anderes und verkauften immer noch zwei Fahrzeuge pro Tag. 1918 übernahm eine Gruppe von Geschäftsleuten das Unternehmen, die aber auch nicht in der Lage waren, die Absätze zu steigern. Dampfwagen fanden kein Interesse mehr. 1922 war das Unternehmen bankrott. **BS**

999 | Ford (USA)

1902 • 18.800 ccm, Vierzylinder • 70 PS/51,5 kW • keine Angaben • 147 km/h

Der Ford 999 war als Renn- und Rekordwagen konzipiert; bei der dreistelligen Zahl handelte es sich um eine von Henry Ford zu Reklamezwecken gewählte Bezeichnung. Dazu inspiriert hatte ihn eine mit der Nummer 999 versehene Dampflokomotive des Empire State Express – die erste, die schneller als 100 Meilen (160 km/h) lief, nämlich gestoppte 181,1 km/h, wie am 10. Mai 1893 gemessen worden war. Der Rennwagen besaß keine Karosserie, sondern nur ein hölzernes, völlig ungefedertes Chassis und einen schmalen Sitz hinter dem Lenkrad. Zwar war es damals üblich, daß ein Mechaniker für die Bedienung der Benzinpumpe und als Helfer bei einem eventuell notwendigen Radwechsel mitfuhr, der Mann mußte sich aber auf den nackten Fahrzeugrahmen hocken. Der massige Vierzylindermotor wies 18,8 Liter Hubraum auf. Zwei Exemplare wurden gebaut; eins lackierte man rot, das andere gelb. Beide Wagen erwiesen sich aber als nicht schnell genug, um wie die berühmte Lokomotive auf ein Tempo von 100 Meilen zu kommen – es langte nur für 91,37 mph mit dem gelben Modell, herausgefahren an einem frostigen 12. Januar 1904 von Henry Ford persönlich auf dem zugefrorenen St. Clair Lake. Immerhin bedeutete dieser Wert einen neuen Rekord für Landfahrzeuge, auch wenn er schon vier Wochen später überboten wurde. Für die noch junge Ford Motor Company stellte die Rekordfahrt auf dem Eis jedenfalls eine gute Werbung dar, und nur darauf war es Ford angekommen. Mit seinen Serienfahrzeugen hatten die Wagen nicht das Geringste gemeinsam. Eins existiert noch und ist ein Exponat im Henry Ford Museum in Dearborn, Michigan. **MG**

Simplex | Mercedes

1902 • 6700 ccm, Vierzylinder • 40 PS/29,8 kW • keine Angaben • 119 km/h

Der Daimler-Werksfahrer Wilhelm Werner wurde am 29. März 1901 mit einem 35-PS Mercedes Sieger des Bergrennens Nice-La Turbie an der Côte d'Azur. Mit einem Schnitt von 51 km/h war er 43 Sekunden schneller als sein stärkster Rivale. Dieser erste Erfolg eines Mercedes genannten Daimler-Rennwagens machte Schlagzeilen, ebenso die ein Jahr später gebaute 40-PS-Tourenversion dieses Wagens. Der Konstrukteur Wilhelm Maybach legte Wert darauf, daß die Bedienung des Qualitätsfahrzeuges so unkompliziert wie möglich war. Merkmale des Simplex genannten Mercedes (simplex = einfach) waren sein tiefer Schwerpunkt bei langem Radstand, die Führung des Viergang-Schalthebels in einer Kulisse, eine effiziente Motorkühlung durch das Hinzufügen eines Ventilators. Es gab eine zweite Fußbremse, auf die Getriebehauptwelle wirkend, zur adäquaten Verzögerung des Wagens mit seinem 6,7-Liter-Motor, große Azetylengas-Scheinwerfer aus Messing und eine unüberhörbare Hupe (die man damals noch „Huppe" schrieb) mit Gummiball.

Der Ahnherr aller nachfolgenden Mercedes-Wagen mit dem seinerzeit noch üblichen Kettenantrieb, einem Kühler in Bienenwaben-Bauart und großzügig bemessenen vier Sitzplätzen setzte international Maßstäbe. Der Amerikaner William K. Vanderbilt fuhr mit einem solchen Wagen 1902 einen Geschwindigkeits-Weltrekord von 148,54 km/h und unternahm in Begleitung seiner Frau ausgedehnte Reisen durch Europa und Nordafrika. Selbst der deutsche Kaiser war beeindruckt vom Mercedes-Simplex und soll zu Maybach auf der Automobilausstellung 1903 in Berlin gesagt haben: „Eine wunderbare Maschine, Herr Ingenieur, nur simplex ist sie eigentlich nicht ..." **BS**

Model A | Cadillac ⬭ USA

1903 • 1609 ccm, Einzylinder • 8 PS/5,9 kW • keine Angaben • 48 km/h

Der älteste existierende Cadillac ist einer jener drei der Serie A, die im Januar 1903 auf der New York Auto Show ausgestellt und verkauft wurden. Der abgebildete Veteran wurde von einem Weinhändler namens Homas aus Cucamonga, Kalifornien, erworben und blieb in dessen Familie bis 1973.

Die Cadillac Automobile Company wurde 1902 in Detroit von Henry Martyn Leland gegründet, einem Erfindergenie aus Vermont. Den Namen für seinen Motorwagen lieh sich Leland von dem französischen Amerikaforscher Antoine Laumet de La Mothe, Sieur de Cadillac (eine Stadt dieses Namens gibt es im Südwesten Frankreichs). Zuvor hatte Leland bei Henry Ford als Ingenieur gearbeitet. Ihre Zielvorstellungen waren indes allzu unterschiedlich, so daß sie sich bald wieder trennten.

Die Bezeichnung Model A bekam der erste Cadillac nachträglich, als 1903 eine zweite Baureihe erschien, genannt Model B. Zwei der ersten Originale waren zweisitzige Runabouts, das dritte ein viersitziges Tonneau mit einer rückwärtigen Tür. Der Runabout kostete 750 Dollar, für das Tonneau verlangte Leland 100 Dollar Aufpreis. Doch als Anzahlung genügten ganze zehn Dollar. Der heutige Wert des Cadillac Nr. Eins wird von Experten mit dem Vierhundertfachen das damaligen Kaufpreises beziffert. Vom Model A wurde insgesamt 2497 Stück gebaut.

Die Leistung des Einzylindermotors wurde mit 8 PS angegeben, aber die Kraftentfaltung dürfte größer gewesen sein, denn der Cadillac sollte ja mit dem schnellen Ford A mithalten können. 1909 wurde die Firma Cadillac für 4,5 Millionen Dollar von General Motors erworben. **MG**

Model A | Ford

1903 • 1668 ccm, V-Zweizylinder • 8 PS/5,9 kW • keine Angaben • 48 km/h

Als Henry Ford am 20. Juli 1903 sein erstes Model A für 750 Dollar an den Arzt Dr. Ernst Pfenning verkaufte, betrug das Bankguthaben der erst einen Monat zuvor gegründeten Ford Motor Company nicht mehr als 223,65 Dollar. Die 28.000 Dollar Gründungskapital waren fast gänzlich für die Betriebseinrichtung draufgegangen. Zum Glück erwies sich das Model A als Renner: 1903 und 1904 wurden von dem Zweisitzer 1750 Stück verkauft; das Konto der jungen Firma füllte sich rasch. Dem Model A folgte ein größerer Vierzylinder-Tourenwagen B, der im Unterschied zum Zweisitzer stolze 2000 Dollar kostete. 1904 kam das Model C heraus, das den Typ A ablöste. Gefährlichster Konkurrent des Ford A war der Curved Dash von Oldsmobile, wenngleich dieses Auto etwas teurer war.

Den Ford A konnte man auch als Viersitzer bekommen, wofür man weitere 100 Dollar zu bezahlen hatte, und für 30 Dollar wurde ein Verdeck aus Gummituch geliefert – ein Dach aus Leder kostete nur 20 Dollar. Ford behauptete, die Bedienung seines Fahrzeugs sei so einfach, daß jeder 15jährige Knabe damit zurecht käme. Das war ein gutes Verkaufsargument, denn im Allgemeinen galt der Umgang mit einem Motorwagen damals als kompliziert.

Außer Dr. Pfenning legten sich im Juli 1903 zwei weitere Gentlemen einen Ford zu, und eines dieser beiden Autos existiert noch heute. Es wurde von Herbert L. McNary erworben und hatte die Seriennummer 30. Mr. McNary war ein Molkereibesitzer. Die Nummernvergabe erfolgte bei Ford nicht kontinuierlich, denn Dr. Pfennings Wagen trug die Nummer 11. Fünfzig Jahre lang blieb das Fahrzeug in McNarys Besitz und hatte bis heute nur vier weitere Halter. **MG**

60 PS | Mercedes (D)

1903 • 9293 ccm, Vierzylinder • 60 PS/44,1 kW • keine Angaben • 150 km/h

Wilhelm Maybach war Daimlers Assistent und Chefingenieur. Nachdem sein Mentor 1900 gestorben war, setzte er seine Arbeit unter Gottlieb Daimlers Sohn Paul fort, und mit ihm entstand jener 1901 vorgestellte 35-PS-Wagen, der als erster die Markenbezeichnung Mercedes erhielt. Diesen Namen trug die damals knapp elfjährige Tochter des Aufsichtsrat-Mitgliedes Emil Jellinek, österreichischer Konsul in Nizza und zugleich Daimler-Repräsentant für Südfrankreich. Die Namensgebung hatte Jellinek erreicht, weil er der Daimler-Motoren-Gesellschaft einen Großauftrag über 36 Automobile im Wert von 550.000 Goldmark erteilt hatte.

Der Mercedes 60 PS war eine Weiterentwicklung des starken, schnellen 35 PS und wurde von ambitionierten Herrenfahrern erworben, die den mächtigen 9,3-Liter-Wagen auch im Rennsport einsetzten. Seine offiziell angegebene Höchstgeschwindigkeit betrug 105 km/h, aber es ist überliefert, daß er gut und gerne 125 km/h lief. Doch nur in Wettbewerben ließ sich dieses Tempo voll ausfahren, so etwa beim Gordon-Bennett-Rennen im Jahre 1903 in Irland, das der Belgier Camille Jenatzy gewann, sein Siegerwagen ist der auf Seite 29 abgebildete Zweisitzer. Um zu demonstrieren, daß es sich bei Daimlers Rennwagen im Grunde um normale Tourer handelte, wurde Jenatzys Siegerauto anschließend mit einer ganz normalen Viersitzer-Karosserie – wie hier abgebildet – versehen und auf eine Werbetournee geschickt. Ursprünglich hatte ein noch stärkerer 90-PS-Wagen eingesetzt werden sollen, der vor Rennbeginn aber Opfer eines Feuers in der Fabrik geworden war. Da kein anderes Fahrzeug zur Verfügung stand, hatte man sich den 60 PS von einem Kunden leihen müssen. **MG**

60 HP | Spyker

1903 • 8821 ccm, Sechszylinder • 60 PS/44,1 kW • keine Angaben • 129 km/h

Jacobus und Hendrik-Jan Spijker besaßen in Hilversum, Niederlande, seit 1880 eine Kutschenfabrik, in der 1898 auch die goldene Staatskarosse für Königin Wilhelmina gebaut wurde, die noch heute existiert. Mit so viel Prestige als Grundlage für künftige Betätigungen konnten die Spijkers, inzwischen nach Trompenburg bei Amsterdam gezogen, an einen neuen Geschäftszweig denken, in den sie große Erwartungen setzten: den Automobilbau.

Zunächst entstanden einige konventionelle Konstruktionen, die sich von der Konkurrenz kaum unterschieden. Doch das Jahr 1903 verzeichnet in der Firmenchronik zwei bemerkenswerte Ereignisse. Zum ersten änderten die Brüder Spijker die Schreibweise ihres Namens in Spyker in der Annahme, dies sei für einen Auftritt in angelsächsischen Ländern vorteilhafter. Zum zweiten erschien ein mächtiger 60-PS-Wagen – der erste unter dem neuen Namen. Beeindruckend war nicht nur der starke Motor in Sechszylinder-Bauweise, wie es ihn zuvor noch nie gegeben hatte, sondern auch die Antriebstechnik. Denn der Spyker 60 HP war das erste Automobil – zumindest mit Benzinmotor –, das Allradantrieb aufwies. Einen Allradwagen mit benzin-elektrischem „Mischantrieb" durch Innenpolmotoren in den Radfelgen baute Ferdinand Porsche zeitgleich bei der Firma Lohner in Wien. Nicht nur vier angetriebene Räder hatte der 60 HP, sondern auch vier Bremsen! Als eine weitere Innovation durfte ein Schutzschild gelten, das ein Aufwirbeln des Straßenstaubs unter dem Fahrzeug unterbinden half. Spyker-Automobile gab es bis 1925; ihren signifikanten, kreisrunden Kühler trugen die Autos von 1904 bis 1915, ehe auch Spyker dem Trend zum Spitzkühler folgte. **MG**

◁ Szene aus dem 1953 gedrehten Film „Geneviève", in welchem ein Darracq 12 HP eine wichtige Rolle spielt.

12 HP | Darracq

1904 • 1886 ccm, Zweizylinder • 12 PS/8,8 kW • keine Angaben • 72 km/h

Alexandre Darracq, 1855 in Bordeaux geboren, hatte eine Ausbildung zum Technischen Zeichner absolviert, war vor allem aber ein geschickter Kaufmann. 1891 eröffnete er in Suresnes bei Paris eine Fahrradfabrik; als Markennamen wählte er „Gladiator". Darracq erzielte hohe Umsätze und wandte sich, nachdem er seine Firma verkauft hatte, der Automobilherstellung zu. Wie Henry Ford in den USA plante er eine Großserienfabrikation. Zusammen mit dem deutschen Nähmaschinen- und Fahrradhersteller Opel zog Darracq eine Fertigung in großem Stil auf; der ab 1904 angebotene Opel-Darracq wurde ein Welterfolg. Mit 1600 Wagen pro Jahr durfte sich das Gemeinschaftsunternehmen als größter Autohersteller in Europa bezeichnen. Besonders erfolgreich war das Modell 12 HP mit Zweizylindermotor und einem Rahmen aus gepreßtem Stahlblech – eine ultramoderne Konstruktion in jenen Tagen.

Vierzig Jahre später spielte ein 12 HP Darracq (auf den Beinamen Opel verzichtete man in Frankreich und England) namens Geneviève eine wichtige Rolle in einer britischen Filmkomödie, die den berühmten, seit 1896 ausgetragenen London-Brighton Run zum Inhalt hat. Die jährlich anberaumte Pilgerfahrt für Automobilveteranen soll an die Aufhebung jenes Gesetzes erinnern, das Motorfahrzeugen auf öffentlichen Straßen in England eine Geschwindigkeit von maximal 5 Meilen pro Stunde zugestanden hatte. Ab November 1896 durfte ein Automobil immerhin 14 Meilen (23 km/h) „schnell" sein. Das Filmauto war aus Einzelteilen zweier Darracq 12 HP zusammengebaut worden, die man 1945 auf einem Schrottplatz entdeckt hatte. Durch „Geneviève" wurde in England eine Welle der Oldtimerbegeisterung ausgelöst. **BS**

200 HP | Darracq

1905 • 25.400 ccm, V8 • 200 PS/147 kW • keine Angaben • 196 km/h

Alexandre Darracq fabrizierte nicht nur Fahrräder, bevor er ins Automobilgeschäft einstieg, sondern wie Opel, Dürkopp, Stoewer, Hillman und viele andere auch Nähmaschinen, gefolgt von Motordreirädern, Elektrofahrzeugen und Flugmotoren. Darracq verstand seine Konstruktionen gut zu vermarkten. Wie in Deutschland war er auch in Italien aktiv: Aus seiner dortigen Fabrik ging später Alfa Romeo hervor. Darracq war auch am Spielcasino von Deauville und an einigen Luxushotels beteiligt, und er besaß Lizenzen zum Bau von Wright-Flugzeugen.

Ende 1905 präsentierte der ideenreiche Franzose einen Motor, wie ihn die Welt noch nicht gesehen hatte. Er besaß acht V-förmig angeordnete Zylinder mit einem Gesamthubraum von 24.400 ccm. Das gewaltige Aggregat saß mit seinem Wasserkühler in einem Chassis ohne Karosserie, denn dieses hätte zusätzliches Gewicht bedeutet. Der 200 PS starke Wagen sollte nur zu Geschwindigkeitsprüfungen eingesetzt werden, deshalb gab es außer zwei Sitzen, Schalthebel, Pedalen, Lenkrad und einem Benzintank nichts, was nicht entbehrlich gewesen wäre.

Das Monstrum absolvierte am 28. Dezember 1905 ohne jegliche Probeläufe auf einer Chaussee bei Salon im Süden Frankreichs mit 176,5 km/h einen neuen Rekord für Landfahrzeuge. 1906 war der nämliche Wagen in Ormond Beach, Florida, das erste Auto der Welt, das imstande war, in einer Minute zwei Meilen (3,2 km) zurückzulegen, was einem Tempo von 197 km/h entsprach. 1909 endete die Karriere dieses Rekordwagens, der bis 1954 vergessen und in seine Einzelteile zerlegt in einer entlegenen Garage zubrachte. Erst 2006 war seine Restaurierung vollendet, die sich über einen Zeitraum von fünfzig Jahren hingezogen hatte ... **BS**

1886–1944   35

8 HP | Rover

1904 • 1327 ccm, Einzylinder • 8 PS/5,9 kW • keine Angaben • 40 km/h

16-24 HP | Fiat

1904 • 4181 ccm, Vierzylinder • 24 PS/17,6 kW • keine Angaben • 70 km/h

Ende 1903 ging der junge Techniker Edmund W. Lewis von der Daimler Motor Company zur Rover Cycle Company, eine Fahrradfabrik, die den Automobilbau aufzunehmen plante. Innerhalb weniger Monate und mit viel Improvisationskunst stellte Lewis im Juli 1904 ein kleines Einzylinder-Auto auf die Räder, im Dezember begann dessen Serienfertigung. Mit seinem Zentralrohrrahmen statt des üblichen Leiterchassis' war der Rover 8 HP eine ungewöhnliche Konstruktion. Das stählerne Rückgrat des Autos umfaßte auch die Ölwanne des Motors, das Getriebegehäuse, den Kardanwellentunnel und Schalungen zur Führung der hinteren Halbachsen. Die drei Getriebegänge wurden an der Lenksäule geschaltet, und mit einem Pedal ließ sich die Motorkompression als Bremshilfe verwenden.

Es gab den 8 HP als Zwei- und als Dreisitzer; er ließ sich auf Anhieb gut absetzen. Mit einem Verkaufspreis von 200 bzw. 220 Pfund Sterling schien den Rover-Direktoren das Fahrzeug dennoch zu teuer – Lewis entwarf daraufhin einen Wagen mit noch einfacherem Chassis und einem 780-ccm-Motor. Dieses Auto kostete nur 105 Pfund. Doch der Rover 8 HP blieb das erfolgreichere Modell. Es stellte vielleicht keine große Schönheit dar, aber mit seiner Zweckmäßigkeit und Zuverlässigkeit avancierte es zum meistverkauften Automobil in Großbritannien. **BS**

Die am 11. Juli 1899 gegründete Fabbrica Italiana Automobili Torino, abgekürzt FIAT, entwickelte sich zur größten Automobilfabrik Italiens. Ihr erstes Produkt war das Modell 3,5 HP mit einem im Heck liegend untergebrachten Zweizylindermotor ohne Rückwärtsgang. Von ganz anderem Kaliber war der von 1904 bis 1906 gebaute 16-24 HP mit kräftigem Vierzylinder-Zweiblockmotor, automatischer Schmierung und Magnetzündung. Von diesem Modell wurden 130 Stück angefertigt. Hervorgegangen war der 16-24 HP aus dem 1903 eingeführten 16-20 HP, der in verbesserter Ausführung 1905 erneut erschien und 171mal gebaut wurde.

War ein Fiat im Jahre 1903 noch ein Wagen, der einer motorisierten Kutsche ähnelte, so gaben sich die Autos aus Turin ab 1904 sehr viel moderner; sie besaßen ein Allwetterverdeck oder sogar schon ein festes Dach mit großer Frontscheibe sowie auf Wunsch vordere Einzelsitze oder durchgehende Sitzbänke. Das Getriebe wies vier Vorwärtsgänge und einen Rückwärtsgang auf, für den Kühlwasserkreislauf gab es eine Pumpe. Der 16-24 HP hatte einen Radstand von 2,83 m und erlaubte damit den Aufbau großzügig dimensionierter Karosserien. Der große Fiat galt als Luxuswagen: er kostete achtmal so viel wie ein amerikanischer Cadillac. Den Import für Deutschland besorgte das Autohaus Emil Mathis in Straßburg. **MG**

28 HP Landaulette | Lanchester (GB)

1906 • 3654 ccm, Sechszylinder • 28 PS/20,6 kW • keine Angaben • 71 km/h

Frederick Lanchester war der einzige Brite, der ohne auf dem Kontinent entstandene Konstruktionen als Vorbild 1897 ein komplettes Motorfahrzeug entwarf. Sein in der Fahrzeugmitte eingebauter, 5 PS leistender Einzylindermotor hatte Luftkühlung.

1899 gründete er mit seinen Brüdern Frank und George eine Fabrik, die mit der Serienfertigung des Wagens begann; 1900 folgte ein Zweizylinder. Im Jahr 1905 verließen bereits 350 Autos – jetzt mit Wasserkühlung – das Werk in Birmingham. Dr. Frederick Lanchester war ein begnadeter Ingenieur, auf dessen Konto zahlreiche Innovationen gehen, so ein Vergaser, den man per Gaspedal bediente (als noch Handhebel am Lenkrad üblich waren), Kugellager mit selbsttätiger Ölzuführung oder Kolbenringe, die im Zylinder eine höhere Verdichtung bewirkten. Der erfolgreiche Erfinder schuf auch Maschinen zur Zahnradherstellung oder zur Produktion von Kugellagern. Auch die Einführung von Schwingungsdämpfern auf der Kurbelwelle ist ein Verdienst Lanchesters, ebenso die Verwendung von Aluminium im Karosseriebau, wobei die Paneele in mehreren Lagen millimetergenau geschnitten wurden. Der zwischen den vorderen Sitzen installierte Sechszylindermotor des 28 HP machte eine Fronthaube entbehrlich. In vieler Hinsicht war dieses Auto seiner Zeit weit voraus. **BS**

Silver Ghost | Rolls-Royce (GB)

1906 • 7036 ccm, Sechszylinder • 48 PS/35 kW • keine Angaben • 126 km/h

Die offizielle Bezeichnung des Rolls-Royce Silver Ghost lautete 40/50 HP. Den einprägsamen Beinamen hatte nur ein einziger Wagen mit hochglanzpolierter Aluminiumkarosserie bekommen.

Der höchste Präzisionsmerkmale aufweisende Silver Ghost mit seinem flüsternden Sechszylindermotor entsprach zwar traditionellem Automobilbau, wies dennoch innovative Details auf, zum Beispiel Doppelzündung. Mit knapp 50 PS schien der Silbergeist schwach motorisiert, doch er war ein rapider Langstreckenläufer, mit dem jene, die es sich leisten konnten, vor allem ausgedehnte Touren auf dem Kontinent unternahmen. Daß der Wagen keine Vorderradbremser aufwies, war damals unerheblich. Die sprichwörtliche Zuverlässigkeit des Rolls-Royce sorgte auch für einige Sporterfolge. 1907 gewann ein Silver Ghost die 24.000-Kilometer-Testfahrt des Royal Automobile Club ohne geringste Beanstandung. Nach dem Ersten Weltkrieg wurde das Prestigefahrzeug mit geringen Änderungen noch bis 1925 weitergebaut. Nicht nur der britische Adel, sondern auch gekrönte und ungekrönte Staatsoberhäupter in aller Welt ließen sich im Silver Ghost chauffieren, von dem in Derby 6173 und in einer amerikanischen Tochterfirma weitere 1700 Exemplare hergestellt wurden. Erstaunlich viele existieren noch heute und werden als Sammlerstücke hoch gehandelt. **JI**

Alpha | Lancia

1908 • 2543 ccm, Vierzylinder • 56 PS/41,1 kW • keine Angaben • 90 km/h

Der Lancia 12 HP, auch als Alpha bezeichnet, war der erste von Vincenzo Lancia hergestellte Serienwagen, gezeigt auf der Turiner Automobilausstellung 1908. Lancia, Jahrgang 1881, hatte zunächst als Buchhalter in der Fahrradfabrik Ceirano gearbeitet, bevor er 1899 Technischer Leiter bei der frisch gegründeten Firma Fiat wurde und seine Leidenschaft für den Motorsport entdeckte: 1900 fuhr er sein erstes Rennen. Ende 1906 machte sich Lancia selbständig, um Autos unter eigenem Namen zu bauen. Sein Arbeitskollege Claudio Fogolin beteiligte sich als Partner. Lancia setzte auf die Werbewirkung des Motorsports und fuhr auch künftig zahlreiche Rennen auf seinen Wagen selbst. Die von ihm maßgeblich mitgeschaffenen Konstruktionen zeichneten sich durch Leichtbau aus, ein Prinzip, für das die Marke Lancia Berühmtheit erlangte. 1915 experimentierte Lancia erstmals mit V-Motoren.

Lancias erste Kreation orientierte sich an gängigen Vorbildern, doch schon bald gab es für den Alpha unterschiedliche Karosserien, vom sportlichen Zweisitzer bis zum Luxus-Landaulet. Schließlich hatte jeder Kunde andere Vorstellungen von seinem idealen Auto. Für Rennen präparierte Exemplare trugen die Bezeichnung Corsa. Ein solches Fahrzeug war auch das erste aus Europa, das auf amerikanischem Boden in Savannah, Georgia, 1908 an einem Rundstreckenrennen teilnahm. Es bedurfte einiger Zuversicht, um auf dem Markt gegen den großen Wettbewerber Fiat anzutreten, doch Lancia konkurrierte mit ihm nicht um Stückzahlen, es kam ihm vielmehr auf hohe Qualität an. Er setzte auf den Motor in V-Bauweise, führte als erster ein Fünfganggetriebe ein, engagierte sich für Einzelradaufhängung und vollelektrische Ausrüstung. **BS**

Model M | Cadillac

1908 • 1609 ccm, Einzylinder • 10 PS/7,5 kW • keine Angaben • 48 km/h

Schon in den ersten sechs Jahren ihrer Existenz nach der Gründung im Jahre 1902 durch Henry M. Leland gab es eine ganze Menge, worauf die Cadillac Automobile Company stolz sein durfte. Die dort tätigen Ingenieure hatten ein Getriebe mit synchronisierten Gängen entwickelt, eine Einzelradaufhängung und einen elektrischen Anlasser. Und mit 10 PS war der Einzylindermotor, auch als „kleiner Herkules" bezeichnet, stärker als mancher Konkurrent vergleichbarer Größe. Er bewährte sich so ausgezeichnet, daß er so gut wie unverändert sechs Jahre lang gebaut wurde, was für damalige Verhältnisse sehr lang war. Dann wurden ihm zwei Vierzylinder – das waren die Modelle H und G – zur Seite gestellt. Das bis Ende 1908 produzierte Einzylinder-Modell erhielt nacheinander die Bezeichnungen B, C, E, F, K, S, T und M.

Einen Beweis für die außerordentlich hohe Präzision, mit der alle Teile eines Cadillac hergestellt wurden, lieferte ein Test, der 1908 mit drei K-Modellen auf dem Gelände der Brooklands-Rennstrecke in England durchgeführt wurde. Der Royal Automobile Club hatte die drei Wagen bis auf die letzte Schraube zerlegen lassen und die Teile gut vermischt – und zwei Mechaniker, die zuvor nie einen Cadillac gesehen hatten, sollten daraus wieder drei fahrfähige Autos zusammensetzen, kein Teil durfte übrigbleiben. Die Aktion gelang, wofür Cadillac als erstes nicht-britisches Fabrikat die begehrte Dewar Trophy zuerkannt bekam. Henry Lelands Motto „Handwerk ist für mich eine Begabung, Präzision ein Gesetz" hatte seine Bestätigung erfahren, und General Motors leitete daraus den Slogan ab: „Cadillac – Standard of the World". **BS**

Die Karosserie senkt sich auf das Fahrgestell des Model T.
Die Arbeiter wurden bei Ford höher entlohnt als bei anderen Fabriken. ▷

Modell R8 6/14 PS | Dixi

1908 • 1588 ccm, Vierzylinder • 14 PS/7,5 kW • keine Angaben • 65 km/h

Die Geschichte des Dixi, Vorläufer des BMW, schließt die der Marke Wartburg ein, hergestellt ab 1898 von der Fahrzeugfabrik Eisenach. Das Unternehmen gehörte bis 1903 zur Firmengruppe des Industriellen Heinrich Ehrhardt, mit Krupp einer der mächtigsten Männer im Kaiserreich und Gründer der Firma Rheinmetall. 1903 löste der erste Dixi den Wartburg ab. Unter der neuen Marke entstanden große und starke Fahrzeuge, auch nahm man die Herstellung von Flugmotoren auf. Dixi gehörte mit Horch, NAG, Mercedes und Benz bis 1914 zu den bedeutendsten Automobilfabrikaten Deutschlands.

Im April 1909 stellte der Dixi-Chefkonstrukteur Georg Schwarz der Öffentlichkeit seine neueste Schöpfung vor, den R8 mit seitengesteuertem 1,6-Liter-Vierzylindermotor. Heute würde man das Auto als einen Mittelklassewagen bezeichnen, und es gab ihn sowohl mit zwei als auch mit vier Sitzen. Als 6/14 PS gehörte er in eine günstige Steuerklasse. Sein Basispreis betrug 4900 Mark, darin enthalten waren Scheinwerfer, Lederverdeck und eine Frontscheibe. Den Zweisitzer konnte man mit einer kleinen, ausklappbaren Notsitzbank im Heck bekommen.

Die R-Reihe wurde bis 1914 um eine Anzahl von Varianten diverser Größen ergänzt: R5, R9, R10, R12, R16. Die Besonderheit ihrer Motoren war die sogenannte L-Bauart, bei der die stehend angeordneten Ein- und Auslaßventile sich nicht mehr gegenüber, sondern an einer Seite lagen; dies bedeutete geringeren mechanischen Aufwand. Der Bau einiger R-Modelle wurde nach dem Kriege noch bis 1922 fortgesetzt. Die Marke Dixi existierte bis 1928, als das Werk von BMW erworben wurde. **HS**

Model T | Ford

1908 • 2884 ccm, Vierzylinder • 20 PS/15 kW • keine Angaben • 70 km/h

Damals seien in den USA die meisten Kinder in einem Model T gezeugt und viele in ihm auch geboren worden, behauptete der Schriftsteller John Steinbeck in seinem 1945 veröffentlichten Werk „Straße der Ölsardinen". Trägt Henry Fords Model T vielleicht deshalb das Prädikat des wichtigsten Wagens im 20. Jahrhundert? Zahlreiche Legenden ranken sich um dieses epochale Auto, so auch die, es sei in jeder Farbe zu bekommen gewesen, sofern diese Schwarz war. Dabei gab es den Ford zunächst gar nicht in Schwarz, sondern in Grau, Grün, Blau und Rot. Erst 1914 führte man Schwarz als Standardlackierung ein, denn schwarzer Nitrolack erwies sich als besonders schnell trocknend, und dieser Umstand ermöglichte ein höheres Produktionstempo. Um 1918 war jedes zweite in den USA verkaufte Auto eine „Tin Lizzie". Die Nachfrage blieb bis 1923 so hoch, daß Ford darauf verzichtete, Reklame für den Wagen zu machen; jegliche Werbung überließ man der Händlerschaft.

Das kinderleicht zu bedienende, anspruchslose und schier unverwüstliche Vehikel half vor allem der amerikanischen Landbevölkerung auf die Räder, wurde aber auch in Europa, Südamerika und Australien gut verkauft. In Berlin gab es ab 1925 einen Montagebetrieb zur Versorgung des deutschen Marktes, andere europäische Länder wurden von Manchester und Kopenhagen aus bedient.

Die Massenproduktion erlaubte es Ford, den Verkaufspreis wiederholt zu senken. Bis 1927 wurde das Model T nicht weniger als 16,5 millionenmal gebaut, ein Rekord, der erst viele Jahrzehnte später vom Volkswagen Käfer überboten wurde. **MG**

Model 30 | Cadillac (USA)

1910 • 4185 ccm, Vierzylinder • 33 PS/24,3 kW • keine Angaben • 95 km/h

Der Begriff von einer „Alleinstellung" war 1910 zwar noch unbekannt, aber der Cadillac vom Typ 30 hätte ihn verdient gehabt. Er war das erste amerikanische Auto mit einer geschlossenen Karosserie. Das Auto war mit 1600 Dollar doppelt so teuer wie die meisten Fahrzeuge der Konkurrenz und 200 Dollar teurer als das Vorgängermodell. Erstaunlich, daß geschlossene Motorwagen in den USA nicht früher angeboten wurden (in Europa gab es sie bereits um 1900), zumal es im nördlichen Amerika sehr kalte Winter gab.

Den Cadillac 30 löste im Herbst 1911 ein Modell ab, das als Bezeichnung die Zahl des kommenden Jahres trug: 1912. Sie kennzeichnete den Modelljahrgang des Wagens, woraus hervorgehen sollte, daß es jetzt jedes Jahr einen neuen Cadillac geben würde. Die für Nicht-Amerikaner etwas verwirrende Bezeichnung „Modelljahr" ist nicht mit dem Kalenderjahr identisch; sie wird auf einen Zyklus angewendet, der meist mit dem Spätsommer oder Herbst des Vorjahres beginnt. Den Cadillac 1912 gab es also schon 1911 zu kaufen.

Die Besonderheit des großen und teuren Cadillac 30 war ein elektrischer Anlasser, der zugleich als Dynamo fungierte, um Strom für Zündung und Beleuchtung zu erzeugen. Konstruiert hatte das Gerät der Ingenieur Charles F. Kettering, der auch Forschungsarbeiten auf dem Gebiet der organischen Chemie leistete; er entwickelte u.a. ein Zweitakt-Dieselverfahren. Bald gab es kein Auto mehr, dessen Motor man mit der Handkurbel starten mußte – mit Ausnahme ganz billiger Kleinwagen, und selbst bei denen wurde ein Elektrostarter als Option angeboten. Allerdings blieb die Handkurbel für den Fall der Fälle ein wichtiges Utensil im Bordwerkzeug. **MG**

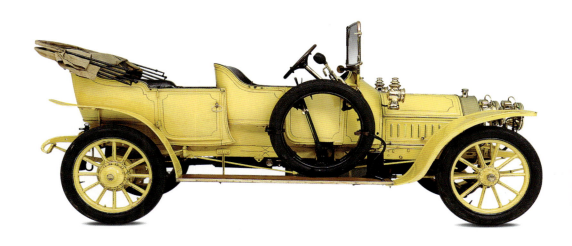

Typ 126 12/15 HP Torpedo | Peugeot

1910 • 2212 ccm, Vierzylinder • 15 PS/11,1 kW • keine Angaben • 55 km/h

1889 baute man bei Peugeot ein Dreirad mit Dampfmotor, das auf der Pariser Weltausstellung präsentiert wurde. Doch mit den Eigenschaften dieses Gefährts war Armand Peugeot nicht zufrieden – eine Fahrt von Paris nach Lyon ging ihm zu langsam vonstatten, weil ständig Wasser nachgetankt werden mußte.

Zur gleichen Zeit hatte Peugeot mit dem Bau von zwei Prototypen mit Daimler-Motor begonnen, ein Jahr später folgten drei weitere Fahrzeuge. Keines der fünf Heckmotor-Exemplare wurde verkauft, sie dienten nur zu Erprobungszwecken. Erst ab 1891 produzierte Peugeot vier Fahrzeuge für den Verkauf; diese Quadricycles hatten einen Daimler-V2-Motor mit 565 ccm Hubraum, 8 PS leistend. Die Höchstgeschwindigkeit dieser Wagen lag bei 18 km/h. Im Jahre 1894 konnte Armand Peugeot einen werbewirksamen Erfolg verbuchen, als bei der Wettfahrt Paris-Rouen fünf seiner Wagen ins Ziel kamen. Sie gilt als das erste Autorennen der Welt. Jetzt vollzog sich die Entwicklung bei Peugeot in immer schnelleren Schritten. Das 1910 vorgestellte Modell 126 war als besonders preisgünstiges, volkstümliches Fahrzeug gedacht, leider war es zu schwach motorisiert, um erfolgreich zu sein. Hinzu kam einige Verwirrung in bezug auf die Marke Peugeot. Das 1810 gegründete Familienunternehmen hatte sich 1896 in zwei Teile gespalten, und beide beanspruchten für die von ihnen gebauten Automobile den Markennamen Peugeot. 1910 vereinigten sich die Zweige Peugeot und Lion-Peugeot wieder, wobei man sich aber auf eine andere Art der Gliederung einigte: der eine Zweig produzierte weiterhin Autos, der andere Zweiräder, Kaffee- und Pfeffermühlen, medizinische Instrumente und Radiogeräte. **MG**

Tipo 55 | Lancia

1910 • 3456 ccm, Vierzylinder • 38 PS/27,9 kW • keine Angaben • 110 km/h

Im Jahre 1910 brachte die noch junge Turiner Firma Lancia & Cie. das Modell 20 HP heraus, besser bekannt geworden unter der Bezeichnung Tipo 55 Gamma. Es gab diesen Wagen in verschiedenen Ausführungen, auch als Rennwagen, auf Italienisch „Corsa". Die Autos wurden mit großer Sorgfalt gebaut, wodurch sie nicht nur teuer wurden, sondern auch in nur geringer Zahl entstanden, was zu ihrer Exklusivität beitrug. Den Tipo 55 gab es in nur 23 Exemplaren.

Als viersitzige Torpedos, wie schlanke Tourenwagen nicht nur in Italien genannt wurden, baute man bei Lancia Automobile seit 1908. Wer es sportlicher wünschte, bestellte sich den Tipo 55 in einer Ausführung mit 4,7 Liter Hubraum und 68 PS – ein in Rennen dies- und jenseits des Atlantiks erfolgreiches Fahrzeug. Das Chassis konnte man je nach Kundenwunsch mit verschiedenen Radständen bekommen, auch mit individuell gestalteten Trittbrettern und Kotflügeln. Je nach Sitzhöhe ließ sich der Winkel der Lenksäule verstellen. So glich kein Tipo 55 dem anderen. Mit einem gut präparierten Exemplar legten zwei italienische Journalisten 1910 die Strecke St. Petersburg-Nizza in Rekordzeit zurück.

Die Erfolge des Tipo 55 Gamma führten zu vermehrten Aufträgen: Die Firma Lancia sah sich gezwungen, größere Betriebsräume zu beziehen. Vincenzo Lancia fand sie im Westen Turins, ein 26.550 qm großes Areal in der Via Monginevro, wohin das Unternehmen Anfang 1911 zog. Hier entstanden die Nachfolger des Tipo 55 Gamma, genannt Didelta, Epsilon und Eta. Modellbezeichnungen nach dem griechischen Alphabet zu wählen, war eine Gepflogenheit Vincenzo Lancias, die man nach seinem Tode fortführte. **MG**

S76 Rekordwagen | Fiat

1911 • 28.353 ccm, Vierzylinder • 290 PS/213 kW • keine Angaben • 288 km/h

Der Fiat S76 war alles andere als ein gewöhnliches Automobil. Sein Motor war so groß, daß er fast den gesamten Platz im Fahrgestell mit 2,75 m Radstand benötigte; Fahrer und Mechaniker hatten sich ein enges Cockpit zu teilen. Mit dem Spitzheck sah der S76 wie eine Rakete aus einem Jules-Verne-Roman aus, und wie eine Rakete beschleunigte dieses Monstrum auch. Eine erste Erprobung fand in England statt, wo man auf Anhieb 200 km/h erzielte, kurze Zeit später kam Arthur Duray auf dem Sandstrand von Oostende in Belgien auf 225 km/h. Einen weiteren Rekordversuch unternahm Duray 1912 auf Long Island in den USA: hier erreichte er über eine Meile sogar 288 km/h.

Die Motorhaube des 1650 kg wiegenden Wagens mit zwei seitlichen Antriebsketten war so hoch, daß der Fahrer nicht darüber hinweg sehen konnte – er mußte seitlich daran entlangpeilen. Angelassen wurde der mächtige Motor (jeder der vier Zylinder wies drei Zündkerzen auf) mittels Preßluft. Bemerkenswert ist die Verkleidung der Fahrgestell-Unterseite; dies stellte eine aerodynamische Maßnahme dar, die zuvor noch niemand angewendet hatte. Den 290 PS starken Motor verwendete man auch zum Antrieb von Luftschiffen; das war auch bei dem „nur" 14,2 Liter großen Vierzylindermotor des Vorgängers der Fall, der als Tipo S74 in sieben Exemplaren gebaut wurde und 165 km/h schnell war.

Nicht nur zu Rekordfahrten, sondern auch in Rennen wurde der S76 verwendet, von dem es zwei Exemplare gab. Die Fahrer waren die Italiener Felice Nazzaro, Antonio Fagnano und Pietro Bordino. Auch der Amerikaner Bruce Brown und der Franzose Louis Wagner gehörten 1911 zum Fiat-Grand-Prix-Team. **MG**

◁ Der Vauxhall Prince Henry galt als ein sehr schneller Wagen und war nach dem deutschen Kronprinzen Heinrich benannt worden.

Prince Henry | Vauxhall

1911 • 3969 ccm, Vierzylinder • 75 PS/55,1 kW • keine Angaben • 120 km/h

Man darf den 4,0 Liter Vauxhall von 1911 als den ersten britischen Vollblut-Sportwagen bezeichnen. Laut Werksangabe war er 70 mph schnell, also 113 km/h, doch bei vielen Rennen stoppte man Tempi von mehr als 120 km/h. Bis Ausbruch des Ersten Weltkrieges errang der Wagen mit dem markanten Spitzkühler zahlreiche Siege.

Offiziell rangierte das Fahrzeug als Typ 20 HP C10, doch bekannter wurde es unter der Bezeichnung Prince Henry, so genannt nach Prinz Heinrich von Preußen, dem Bruder des deutschen Kaisers, der Schirmherr einer Rennserie war. Eine große Zahl von Fahrzeugen, die an den Prinz-Heinrich-Fahrten teilnahmen, wiesen schlanke Torpedo-Karosserien auf, die ihnen die Bezeichnung „Prinz-Heinrich-Typ" einbrachten. Eine immer größere Rolle spielte der Faktor Geschwindigkeit. Wie ein Zuschauer schrieb, hatten alle Autos „scharfe, fließende Linien, spitz zulaufende Kühler, zur Gewichtsreduzierung durchbohrte Hebel, spartanisch unbequeme Sitze sowie Drahtspeichenräder". Die letzte Prinz-Heinrich-Fahrt fand 1911 als Rundfahrt durch Norddeutschland und Großbritannien statt.

Ein Vauxhall C10 gewann das Rennen von St. Petersburg nach Sewastopol, was den russischen Zaren so sehr beeindruckte, daß er zwei solcher Wagen für den eigenen Gebrauch bestellte. Auch Journalisten waren von diesem Sportwagen begeistert. „Es ist das bemerkenswerteste Automobil dieser Kategorie", konnte man in der Times lesen. Mit 4,5-Liter-Motor folgte 1913 ein ähnlicher Wagen, bezeichnet als 30/98 HP, der auch in den Zwanzigerjahren noch produziert wurde und die gleiche Reputation wie der 20 HP C10 erlangte. **RY**

6/18 PS Darling | NAG

1911 • 1570 ccm, Vierzylinder • 18 PS/13,2 kW • keine Angaben • 65 km/h

Die Gründung der Nationalen Automobil-Gesellschaft, kurz NAG, erfolgte 1901 in Berlin. Entstanden war sie auf Initiative des Generaldirektors der AEG, Emil Rathenau. Er hatte die Bedeutung des Automobils und die Rolle, die es in absehbarer Zeit spielen würde, bereits früh erkannt und wollte dem schon damals recht bedeutenden Elektrokonzern AEG den Anschluß an diese Entwicklung verschaffen – nicht nur als Zulieferer, sondern als Hersteller von Motorwagen.

Von Anfang an war jeder NAG ein Qualitätswagen. Und wie es vor dem Ersten Weltkrieg üblich war, gehörte es zu den Selbstverständlichkeiten, sich an großen Zuverlässigkeits-Wettbewerben zu beteiligen. So nahmen NAG-Wagen auch an den Internationalen Alpenfahrten 1911, 1912 und 1914 teil, ferner an strapaziösen Winterfahrten in Schweden und Rußland. In diese Länder wurden viele Fahrzeuge auch exportiert.

Dem Trend jener Zeit folgend, brachte NAG 1908 einen Kleinwagen heraus, den 6/12 PS Puck. Er hatte einen Vierzylindermotor von 1570 ccm Hubraum mit seitlich angeordneten Ventilen im L-Kopf. Das Dreiganggetriebe wies einen direkt übersetzten dritten Gang auf. Das kleine Auto kostete 4800 Mark – allerdings ohne Scheinwerfer. In modernisierter und etwas kräftigerer Ausführung hieß der Wagen von 1911 bis 1914 Darling. Mit diesem jetzt 18 PS starken Wagen hatte die NAG einen Bestseller im Programm, mit dem sich die Berliner erfolgreich gegen den Wanderer 5/12 PS aus Sachsen und den NSU 5/11 PS aus Württemberg durchsetzen konnten; dort hatte man nämlich ebenfalls entdeckt, daß das Interesse an preiswerten Kleinwagen zunahm. **HS**

Bearcat | Stutz   (USA)

1912 • 6388 ccm, Vierzylinder • 60 PS/44,1 kW • keine Angaben • 128 km/h

Harry C. Stutz war der Gründer der Stutz Car Company, doch seine ab 1911 angebotenen Fahrzeuge entstanden bei der Ideal Motor Car Company in Indianapolis. Die ersten Autos waren reine Rennwagen; Straßenfahrzeuge der Marke Stutz kamen erst ab 1914 auf den Markt. Erstes Modell war der Bearcat. Auch dieses Auto war ein Rennwagen, zumindest seiner Erscheinung nach. Darin glich es seinem unmittelbaren Konkurrenten, dem Mercer Raceabout. Der Vierzylindermotor hatte zwar 6,4 Liter Hubraum, leistete aber nicht mehr als 60 PS – aus diesem Grunde mußte man das Fahrzeuggewicht so niedrig wie möglich halten. Zwei Kübelsitze, eine Monokel-Schutzscheibe auf der Lenksäule, einen Benzintank auf dem Heck, einen Reisekoffer, einen Reservereifen: mehr wies die „Bärenkatze nicht auf. Wie allgemein üblich, waren Trommelbremsen nur an den hinteren Rädern zu finden. Das außenbords zu schaltende Dreiganggetriebe bildete mit dem Differential an der Hinterachse eine Baueinheit.

Daß der Wagen Kardan- und nicht Kettenantrieb hatte, galt zumindest in Amerika noch als ungewöhnlich. Auf einen Wetterschutz wurde verzichtet, ein Verdeck war nicht vorhanden, so wie es auch keine Türen gab.

Der Bearcat ließ sich gut verkaufen, weil Stutz nach wie vor im Motorsport aktiv war und viele Rennen bestritt. Das White Squadron Racing Team gewann noch 1915 fast jeden bedeutenden Wettbewerb in den USA; die auf 4,8 Liter reduzierten Motoren ihrer Bearcats hatten 16 Ventile und eine obenliegende Nockenwelle. Solche Fahrzeuge gelangten nicht in den Handel, doch ehemalige Rennwagen wurden gleichwohl von Privatleuten erworben und auch auf der Straße benutzt. Einer der berühmtesten Indianapolis-Rennfahrer jener Epoche war Erwin „Cannonball" Baker, der es schaffte, am Lenkrad eines Bearcat die Vereinigten Staaten von Küste zu Küste in nur elf Tagen und sieben Stunden zu durchqueren. **MG**

Model 51 | Cadillac (USA)

1914 • 5150 ccm, V8 • 70 PS/51,5 kW • keine Angaben • 100 km/h

Henry M. Leland befand sich 1914 in dringender Verlegenheit um einen Nachfolger für seinen Cadillac 30 Vierzylinder, der eine zwar ausgezeichnete, inzwischen aber veraltete Konstruktion darstellte. Die Konkurrenz hatte leistungsfähigere Sechszylindermodelle von bester Qualität auf den Markt gebracht und viele Cadillac-Kunden zum Umsteigen veranlaßt, wie Leland registrieren mußte.

Angesichts der vielen technischen Impulse, die aus Europa kamen, entschloß sich Leland, einen tüchtigen Ingenieur aus der Alten Welt zu sich zu holen, den Schotten D. McCall White; er hatte bei Daimler in Coventry gearbeitet. Leland trug ihm auf, einen V8-Motor zu konstruieren, der sich für eine Produktion in großen Stückzahlen eignen sollte. Ein Projekt, das in aller Heimlichkeit reifte – man setzte auf den Überraschungseffekt. Whites Motor entstand in einem bescheidenen, außerhalb des Werkes gelegenen Bau. Auf dem Prüfstand gab er stolze 70 PS ab. Das waren zehn Prozent mehr als der Motor des Packard Model 38 aufwies, der doppelt soviel kostete wie Lelands neuer Cadillac V8. Zwar neigte Whites Motor bei höheren Geschwindigkeiten zum Schütteln, doch das Verkaufsziel wurde erreicht: Im Jahre 1915 ließen sich 13.002 Exemplare absetzen. **BS**

Touring Car | Cunningham (USA)

1916 • 7144 ccm, V8 • 90 PS /66,1 kW • keine Angaben • 130 km/h

Die Kutschenbaufirma Cunningham in Rochester, New York, war 1838 gegründet worden; die letzten Pferdewagen baute sie 1915. Um die Jahrhundertwende begann man mit Elektro-Automobilen zu experimentieren und ab 1908 entstanden auch Fahrzeuge mit Verbrennungsmotoren, die man von anderen Herstellern bezog. Erst ab 1909 baute Cunningham komplette Fahrzeuge mit eigenen Vierzylinder-OHV-Motoren.

1915 wurde der erste Cunningham mit einem V8-Motor vorgestellt. Der Wagen war luxuriös ausgestattet und entsprechend teuer; Industrielle und berühmte Schauspieler gehörten zu den Kunden. Auch gab es Sonderausführungen wie eine kugelsichere Limousine auf verlängertem Fahrgestell. Technische Besonderheiten waren die Mehrscheiben-Trockenkupplung System Brown-Lipe, eine Ansaugluftvorwärmung und ein Kompressor zum Reifenaufpumpen. Mit 90 PS war der aufwendig gebaute Achtzylinder auch wesentlich stärker als der Konkurrent Cadillac. Nicht zuletzt durch seinen versilberten Röhrenkühler gehörte das Auto zu den elegantesten Erscheinungen auf den amerikanischen Boulevards. Der Cunningham wurde in zwölf Karosserieausführungen angeboten, vom Roadster bis zum Siebensitzer. Durch zahlreiche Extras ließ sich der Grundpreis von 3750 Dollar beinahe verdoppeln. **BS**

Dual Power | Woods (USA)

1917 • 1560 ccm, Vierzylinder • 12 PS/9 kW • keine Angaben • 56 km/h

Der erste bekannte Hybridwagen war ein von Ferdinand Porsche 1904 für Austro-Daimler in Wiener-Neustadt gebautes Fahrzeug mit einem Vierzylinder-Benzinmotor, der einen Dynamo mit zwölf Speicherbatterien für den elektrischen Vortrieb der Räder antrieb. Auch bei Daimler in Stuttgart entstanden solche „Mischwagen", und schließlich auch bei der Woods Motor Vehicle Company in Chicago, 1899 von Clinton Edgar Woods zur Herstellung von Elektrofahrzeugen gegründet. Das Dual Power genannte Hybrid-Automobil, das sich Woods 1915 hatte patentieren lassen, verwendete die Kraft seines Verbrennungsmotors via Dynamo zum Aufladen von Batterien, wenn diese leer gefahren waren, was nach zweieinhalb Stunden der Fall war. Die erzielbare Höchstgeschwindigkeit des Woods Dual Power betrug 56 Kilometer in der Stunde. Das Auto konnte sich aber auch allein mit der Kraft des Verbrennungsmotors bewegen, allerdings nur vorwärts, denn einen Rückwärtsgang gab es nicht (der Elektromotor hingegen ließ sich auf Umkehrbewegung polen). Das nicht ganz unkomplizierte Antriebskonzept dürfte kaum überzeugend gewesen sein, denn 1918 war der Woods Dual Power wieder vom Markt verschwunden. Mit 2650 Dollar war er auch viel zu teuer, um gegen die konventionelle Konkurrenz bestehen zu können. **MG**

38 HP Model 51 | Pierce-Arrow (USA)

1919 • 8587 ccm, Sechszylinder • 85 PS/62,5 kW • keine Angaben • 113 km/h

Nach einer Anzahl hubraumstarker und extrem benzindurstiger Giganten bis zu 13.513 ccm, mit denen der Automobilhersteller Pierce-Arrow in der Zeit vor dem Ersten Weltkrieg Superlative gesetzt hatte, besann man sich einige Jahre danach auf etwas bescheidenere Parameter. Doch auch der Pierce-Arrow 51 von 1919 war ein Luxuswagen mit hohem Prestigewert, und nicht von ungefähr erkor der US-Präsident Wilson ein solches Auto zu seinem Dienstfahrzeug. Nach seiner 1921 endenden Amtszeit nahm er das Auto mit in die Pension. Weitere Exemplare standen bei zahlreichen amerikanischen Gesandtschaften im Dienst, ebenso wurde er von Staatsoberhäuptern und Monarchen geschätzt. Einige Pierce-Arrow-Motoren hatten vier Ventile pro Zylinder („dual valve"), und bis 1921 baute man ausschließlich Rechtslenker. Denn rechts hatte der Chauffeur schon deshalb seinen Platz, weil er bei einem Halt rascher aussteigen und zur Stelle sein konnte, um der Herrschaft im Fond die Tür zu öffnen.

Die Karosserien bestanden weitgehend aus Aluminium von teils nur 3 mm Stärke, was Vibrationen eliminieren half, aber den Wagen auch sehr teuer machte. Eigentümlich nahmen sich die Scheinwerfer aus, die auf den vorderen Enden der Kotflügel thronten. Wer sich damit nicht anfreunden mochte, konnte aber auch Lampen beiderseits des Kühlers bekommen. **BS**

◁ Mit einem Citroën konnte man sich in der feinen Gesellschaft sehen lassen, zumindest sagt dies solch ein Plakat von 1923 aus.

Type A | Citroën

1919 • 1327 ccm, Vierzylinder • 18 PS/13 kW •
keine Angaben • 65 km/h

André Citroën hatte zunächst Zahnräder fabriziert, teils riesengroße wie die für den Steuermechanismus des Dampfers „Titanic". Während des Ersten Weltkrieges war er im Auftrage des Staates Munitionshersteller. Sogleich nach Kriegsende unternahm er eine Reise nach Amerika und machte sich mit modernen Produktionsmethoden im Großserien-Automobilbau vertraut. Seinen Plan, selbst Autos herzustellen, realisierte Citroën mit Hilfe seines Freundes Jules Salomon, der vorher für Georges Richard, Chef der Automobilfirma Unic, gearbeitet hatte und der Konstrukteur des berühmten Kleinwagens Le Zèbre war.

Im Mai 1919 lief am Quai de Javel am Pariser Seine-Ufer das erste Autofließband Europas an, und noch Ende des gleichen Monats wurde der erste Citroën in einem Ausstellungsraum an den Champs Elysées der Öffentlichkeit präsentiert – zu einem Kampfpreis von nur 6995 Franc.

Das Typ A genannte viersitzige Torpedo, Konstruktion Jules Salomon, hatte einen 1327-ccm-Vierzylindermotor von 18 PS. Ungewöhnlich war, daß im Preis ein elektrischer Anlasser, ein Ersatzrad, Beleuchtung und Werkzeug einbegriffen waren – andere Hersteller verlangten dafür einen Aufpreis. Die Scheibenräder stellten ein Michelin-Patent dar. Zur Wahl standen auch eine Limousine, ein Coupé und ein Lieferwagen. Der Typ A wurde zwei Jahre lang produziert und erreichte eine Auflage von 24.033 Stück – damit galt Monsieur Citroën als der größte Automobilhersteller in Europa, und für seine Mitarbeiter schuf er soziale Einrichtungen von der medizinischen Versorgung bis zu Sportanlagen und Kindertagesstätten. **RY**

10/30 PS | Rumpler

1919 • 2310 ccm, Sechszylinder • 35 PS/25,7 kW •
keine Angaben • 95 km/h

Der in Wien geborene Ingenieur Edmund Rumpler trat 1896 in die Nesselsdorfer Wagenbau-Fabriks-Gesellschaft ein, wo er u.a. den später im Tatra verwendeten Zweizylinder-Boxermotor schuf. Anschließend widmete er sich der Fliegerei, nachdem er eine Zeitlang bei Adler in Frankfurt tätig gewesen war. Im Jahre 1912 konstruierte er das erste Kabinenflugzeug der Welt und einen V8-Flugmotor. Rumplers Bedeutung als Erfinder spiegelt sich in der Zahl seiner Patente wider: 85 waren es allein bis 1914. Ein weiteres Patent meldete er am 16. Juli 1919 an, und zwar für ein Automobil, „bei dem durch geeignete Ausbildung der Gesamtordnung und der Einzelteile die Fahrtwiderstände auf einen möglichst kleinen Betrag verringert sind". Es handelte sich um eine avantgardistische, stromlinienförmige Limousine, das meistbestaunte Exponat der Berliner Automobil-Ausstellung von 1921. Bei Versuchen im Windkanal erfuhr die tropfenförmige Gestalt der Karosserie ihre wissenschaftliche Bestätigung.

Die Hinterräder des Wagens waren einzeln aufgehängt und gefedert, als Antrieb diente ein Sechszylinder-Doppelsternmotor in W-Form (drei Blöcke mit zwei Zylindern) mit 2,3 Liter Hubraum, gebaut bei Siemens & Halske. Er lag vor der Hinterachse und durfte somit als Mittelmotor gelten. Der Lenker des Fahrzeugs saß vorne in der Mitte. Erstmals im Serienautomobilbau verwendete man bei diesem Wagen eine gewölbte Windschutzscheibe.

Der Tropfenwagen war seiner Zeit viel zu weit voraus, um absetzbar zu sein. Er wurde zum Verlustgeschäft. Für einen Film-Stunt wurden alle auf Halde stehenden Wagen verbrannt ... **HS**

H6 | Hispano-Suiza

1919 • 6597 ccm, Sechszylinder • 135 PS/99,2 kW • keine Angaben • 130 km/h

Der Hispano-Suiza H6 wurde von seinen Herstellern als „einzigartiges Meisterwerk" bezeichnet, und das war gewiß keine Übertreibung. Der Wagen sah ausgezeichnet aus, war leistungsstark und wies eine Reihe von Qualitätsmerkmalen auf, durch die er sich von vielen anderen Konstruktionen unterschied. Der OHC-Sechszylinder war das Werk von Marc Birkigt, einem aus der Schweiz stammenden Ingenieur, und verriet dessen Erfahrungen im Bau von Flugmotoren. Ferner hatte der erstmals auf der Pariser Automobilausstellung 1919 gezeigte H6 eine Vierradbremse mit Servounterstützung – eine bahnbrechende Neuheit. Sie reduzierte den erforderlichen Kraftaufwand am Pedal, vermied ein Blockieren bei Überbremsung und half Bremswege zu verkürzen. Das System veranlaßte Rolls-Royce, es in Lizenz nachzubauen, wenn auch mit zeitlichem Verzug.

Der architektonisch vollendete Sechszylindermotor, das Chassis aus gepreßtem Stahl, die handwerklich perfekten Karosserien: alle Details ließen superbe Qualität erkennen. Entsprechend hoch waren die Preise. Der H6 blieb zunächst das einzige Modell der spanisch-französischen Marke Hispano-Suiza und wurde im Pariser Werk hergestellt. 1924 kamen zwei Sportversionen hinzu mit 8 statt 6,6 Liter Hubraum, genannt H6C und Boulogne – Traumwagen, die zu den Klassikern der Automobilgeschichte zählen. In der Tschechoslowakei gab es einen Lizenzbau durch Skoda, wo man ein Exemplar für den damaligen Präsidenten Masaryk anfertigte. Insgesamt entstanden bis 1933 etwa 2600 Exemplare unter dem Markenzeichen des fliegenden Storchen; zu den Abnehmern gehörten unter anderen König Alfonso XIII. von Spanien und der englische Earl Mountbatten of Burma. **MG**

Six Convertible | Australian

1919 • 3772 ccm, Sechszylinder • 25 PS/18,3 kW • keine Angaben • 65 km/h

Frederick Hugh Gordon, 1880 als Sohn eines Viehzüchters in Australien geboren, betätigte sich zunächst in Sydney als Importeur für Ford-, Packard- und Wolseley-Automobile. Am 12. Juni 1918 gründete er in Rushcutters Bay, N.S.W., mit vier Teilhabern die Firma Frederick Hugh Gordon & Company, um selbst Automobile zu bauen. Vorher hatte er die USA besucht und von Louis Chevrolet eine Lieferzusage für diverse Autoteile erhalten.

Gordons erster, im Juni 1919 präsentierter Wagen glich dem amerikanischen Mitchell, hatte elegante Lederpolster und einen Kühler nach Rolls-Royce-Vorbild. Der Sechszylindermotor kam von der Firma Rutenber; Getriebe und Hinterachsen bezog Gordon ebenfalls aus den USA.

Unter finanzieller Beteiligung der Werftgesellschaft Hughes, Martin & Washington kam es kurze Zeit später zu einer Neugründung der Firma, die als Australian Motors Ltd. eingetragen wurde. In Ashfield wurden neue Produktionsanlagen errichtet, und hier entstand 1920 der Australian Six, der zunächst ebenfalls einen Rutenber-Motor aufwies, ehe man diesen in Lizenz nachbaute. Der Wagen litt jedoch unter zahlreichen Mängeln und wurde nicht zuletzt durch die zunehmende Verbreitung preisgünstiger Importfahrzeuge so gut wie bedeutungslos. Die Firma ging 1923 in die Liquidation, zwei Jahre später brannte ein Teil der Fabrik ab. Eine Anzahl von Wagen wurde im Verlauf des Jahres 1924 noch bei der Firma Harkness & Hillier in Sydney mit Ansted-Motoren und individuell angefertigten Karosserien montiert. Insgesamt wurden etwa 500 Stück hergestellt. Frederick Hugh Gordon verstarb 1931 im Alter von 51 Jahren. **BS**

Hélica | Leyat

1919 • 1203 ccm, Zweizylinder, Propellerantrieb • 8 PS/6 kW • keine Angaben • 70 km/h

Der Franzose Marcel Leyat, ein Flieger und Erfinder aus Meursault, baute sich 1913 einen Dreiradwagen mit einer Luftschraube, den er ab 1919 in Vierradausführung in einer kleinen Serie aufzulegen gedachte. Den vierflügeligen, durch ein Gehäuse aus Maschendraht geschützten Holzpropeller am Fahrzeugbug trieb ein Zweizylinder-Boxermotor des Motorradherstellers A.B.C. an. Gelenkt wurde mit den hinteren Rädern. Die schmale Kabine aus Leichtmetall bot zwei Personen Platz. Es gab auch eine Windschutzscheibe, die Leyat später aber wieder abmontierte, das gleiche geschah mit einem – sich als unnütz erweisenden – horizontalen Stabilisierungsflügel.

1921 folgte ein zweiflügeliges Propeller-Auto, das wie das erste unter dem Namen Hélica angeboten wurde (hélice ist das französische Wort für Propeller). Dieses Modell hatte zwei hintereinander angeordnete Sitze. Leyat versah es mit einem Dreizylindermotor der Firma Anzani, mit dessen Kurbelwelle der Propeller von 137 cm Durchmesser direkt verbunden war – beide rotierten also mit gleicher Drehzahl. Der letzte dieser Wagen wurde 1927 gebaut; Marcel Leyat drehte mit ihm spektakuläre Runden auf der Rennstrecke von Montlhéry und kam auf über 160 km/h. Insgesamt sollen 25 bis 30 dieser eigentümlichen Fahrzeuge entstanden sein, obwohl es angeblich mehr als 600 Bestellungen gegeben haben soll (was sicher eine zu Werbezwecken aufgestellte Übertreibung war). Jedenfalls überlebten nur zwei Exemplare, von denen eins während des Krieges von einem deutschen Besatzungssoldaten zu Bruch gefahren worden sein soll. Das abgebildete Fahrzeug ist gelegentlich auf Ausstellungen zu sehen. **BS**

3-Litre | Bentley (GB)

1921 • 2996 ccm, Vierzylinder • 80 PS/59,3 kW • keine Angaben • 130 km/h

Der als Importeur französischer Autos vor dem Ersten Weltkrieg in London etablierte Geschäftsmann Walter Owen Bentley begann unmittelbar nach Kriegsende mit der Konstruktion und dem Bau eines eigenen Fahrzeugs. Assistiert von einigen Technikern entwickelte W.O., wie Bentley stets genannt wurde, einen konventionell aussehenden Tourensportwagen mit einem 3 Liter Vierzylinder-OHC-Motor, der 1919 serienreif war.

Seinen Tourer bot Bentley ab 1921 in zwei Chassislängen an. Die kürzere für den Sporteinsatz vorgesehene Version erhielt eine rote, die längere Ausführung eine blaue Kühlerplakette. Die schnellste Variante, für die Bentley 160 km/h garantierte, bekam ein grünes Emblem. Nach den Farben ihrer „Labels" wurden auch die später gebauten Wagen unterschieden. Die Green Label 3-Litre waren es, welche die Marke Bentley innerhalb kurzer Zeit berühmt werden ließen, denn sie holten sich 1924 und 1927 im 24-Stunden-Rennen von Le Mans die Gesamtsiege.

Der Vierzylindermotor hatte einen extrem langen Hub und 16 Ventile, er galt als äußerst zuverlässig. Doch die Autos zu beherrschen erforderte athletische Kräfte; Lenkung und Gangschaltung waren schwergängig, die Bremsen nicht sehr effizient. Von Komfort war keine Rede. Wer eine solche Fahrmaschine zu beherrschen verstand, galt als ganzer Kerl, und so war der Ruhm der „Bentley Boys" wohlverdient. Die hohe Qualität eines Bentley machte sich indessen nie bezahlt, und hätte W.O. nicht Unterstützung durch seinen Partner Woolf Barnato erhalten, Sohn eines Diamantenminenbesitzers in Afrika, wäre die Firma schon lange vor der Übernahme durch Rolls-Royce im Jahre 1931 insolvent gewesen. **RY**

Ein 1922er Austin Seven als Teilnehmer der Parade anläßlich der Lord Mayor's Show in der Londoner City, 1926. ▷

C4 Torpedo 30/40 HP | Spyker

1921 • 5740 ccm, Sechszylinder • 70 PS/51,5 kW • keine Angaben • 140 km/h

Nicht nur durch die aufsehenerregende Konstruktion eines Sechszylindermotors und ein Automobil mit Vierradantrieb wurde die niederländische Firma Spyker schon früh berühmt. Für Schlagzeilen in aller Welt sorgte auch die Teilnahme eines 14/18 HP Spyker am 1907 ausgetragenen Langstreckenrennen von Peking nach Paris. Doch diese Beteiligung an einem Wettbewerb stellte ein privates Engagement und damit eine Ausnahme dar, denn die Brüder Spyker hielten nicht viel vom Rennsport.

Zu Beginn des Ersten Weltkrieges begann man mit dem Bau von Flugmotoren und kompletten Flugzeugen, doch 1916 kam die Produktion wegen Materialknappheit zum Stillstand, und nach dem Kriege lief sie nur langsam wieder an. Es gab wieder einen 13/30 HP mit 3560 ccm sowie einen kleinen 1,1-Liter, der ein aus Frankreich importierter Mathis mit ausgewechselter Kühlerplakette war. Doch es sollte vor der Produktionseinstellung im Jahre 1926 noch einen ganz besonderen Spyker geben – wieder einen Sechszylinder. Dem Wagen gab man einen Maybach-Sechszylindermotor mit 5,7 Liter Hubraum. Unter der Bezeichnung Spyker C4 30/40 HP wurden 150 Stück hergestellt; die gleiche 70-PS-Maschine besaß der Maybach W2. Der Engländer S.F. Edge absolvierte mit einem solchen Auto 1922 mit 119 km/h Schnitt einen 24-Stunden-Rekord auf der Brooklands-Rennstrecke, erzielt in zweimal zwölf Stunden. Eine weitere Rekordleistung stellte eine Fahrt nonstop über 37 Tage dar, in der 30.000 Kilometer auf Landstraßen (Sittad-Nijmegen) absolviert wurden. Selbst beim Tanken lief der Motor im Leerlauf weiter.

Die Fertigung war jedoch alles andere als rentabel, 1925 wurde die Produktion beendet. **BS**

Seven | Austin

1922 • 747 ccm, Vierzylinder • 10,5 PS/7,7 kW • keine Angaben • 77 km/h

Zu den großen Legenden der britischen Automobilgeschichte zählt der Austin Seven. Er leitete diesseits des Atlantiks die Motorisierung auf volkstümlicher Ebene ein – der Wagen war wirtschaftlich, extrem haltbar und leicht zu handhaben. Sein Konzept machte Schule.

Herbert Austin, seit 1902 im Automobilgeschäft, hatte erkannt, welch ein Vakuum nach Ende des Ersten Weltkrieges entstanden war. Das Konzept des Ford T-Modells war auf europäische Verhältnisse nicht übertragbar, hier mußte das Volksmobil noch eine Nummer kleiner sein und nicht zwölf, sondern höchstens sechs Liter Benzin auf 100 km benötigen. Austin und sein Konstrukteur Stanley Edge entwarfen einen Kleinwagen mit einem simplen Leiterchassis, Blattfederung und einem winzigen Vierzylindermotor. Er hatte zunächst 696, in der Serie 747 ccm Hubraum. Einige Teile der Karosserie waren aus Stahlblech, einige aus Aluminium. Als das Auto 1922 vorgestellt wurde, kostete es 225 Pfund Sterling.

1929 konnte Austin die Produktion des 100.000. Seven feiern. Das Auto hatte in Großbritannien einen Marktanteil von 37 Prozent, und es gab neben dem Tourer auch eine Limousine, ein Coupé, einen Lieferwagen und sogar einen echten Sportwagen, der in der kleinsten Kategorie die Konkurrenz in Atem hielt.

Das Konzept des Austin Seven regte ausländische Hersteller an, es als Lizenz zu übernehmen, so auch die Dixi-Werke ein Eisenach. Mit nur geringen Änderungen adaptierten sie den Seven und machten aus ihm den Dixi 3/15 PS. Als BMW ein Jahr später das Werk übernahm, hatten die Eisenacher in Gestalt des 3/15 PS eine attraktive Dreingabe anzubieten. **MG**

Typ C 5 HP | Citroën

1921 • 856 ccm, Vierzylinder • 11 PS/8,1 kW • keine Angaben • 60 km/h

André Citroëns großartiger Erfolg mit dem Typ A inspirierte ihn zum Bau eines noch preiswerteren und nur zweisitzigen Wagens, genannt Typ C. Er gehörte mit seinem 856-ccm-Motor zur 5-Steuer-PS-Kategorie. Das kleine, hochbeinige Auto wies ein Spitzheck mit Platz für etwas Gepäck auf, und ab Januar 1923 gab es auch eine dreisitzige Ausführung, genannt „Trèfle" (Kleeblatt). Der sehr einfach gebaute 5 HP wurde in drei Baureihen von Oktober 1921 bis Mai 1926 hergestellt und erreichte eine Gesamtauflage von 80.759 Fahrzeugen (der parallel dazu gebaute B2 10 HP als Nachfolger des Typ A kam sogar auf 89.841 Exemplare).

Der vorzugsweise in zitronengelber Lackierung gekaufte 5 HP wurde das Objekt eines Plagiats: Opel in Rüsselsheim stellte 1924 seinen „Laubfrosch" vor, das Modell 5/12 PS als exakte Kopie des Citroën C3, nur mit grüner Lackierung – für diesen Wagen hatte der Volksmund die Bezeichnung parat: Dasselbe in Grün. Es kam zu einem von den Franzosen angestrengten Prozeß, der in Deutschland geführt und wohl auch deshalb zugunsten Opels entschieden wurde.

Mit einem 5 HP der Serie C2 unternahm ein Australier namens Neville Westwood 1925 eine Reise, die rund um den Fünften Kontinent führte, immer der Küste folgend – ein Offroad-Abenteuer über 9000 Kilometer. Es gab kaum feste Straßen, und durch das Flußbett des Fitzroy River mußte das Auto von Aborigines getragen werden. Niemand hatte zuvor eine solche Reise unternommen. Häufige Reifenpannen veranlaßten Westwood, seine zerlöcherten Pneus mit Gras vollzustopfen, um weiterzukommen. Der Wagen existiert noch heute als Exponat im National Museum von Canberra. **BS**

40 CV Typ JP | Renault

1923 • 9123 ccm, Sechszylinder • 120 PS/88,2 kW • keine Angaben • 145 km/h

Die Wiederaufnahme der Zivilproduktion vollzog sich beim traditionsreichen Hersteller Renault nach Ende des Ersten Weltkrieges unter Schwierigkeiten, nicht nur, weil die wirtschaftlichen Verhältnisse in Frankreich wie überall in Europa mehr als ungünstig waren, sondern weil Renault einen neuen Konkurrenten erhalten hatte, den es ernst zu nehmen galt: Citroën.

Mit 1914 entstandenen Sechszylinder-Modellen war zwar Ruhm zu ernten, aber wenig Umsatz zu machen. Der größte Renault war ein 40 CV mit 9120 ccm Hubraum, der kleinste ein 10 CV mit 2120 ccm. Erst 1922 kam ein 6 CV mit 950 ccm hinzu, von dem sich dann auch wieder größere Stückzahlen absetzen ließen.

Der mächtige, 120 PS starke 40 CV war eine Konstruktion aus dem Jahr 1911 und stieß bei denen, die sich einen solch teuren Wagen leisten konnten, auf großes Interesse; zu ihnen zählte der Zar von Rußland, der gleich zwei bestellte. Das Beherrschen des schwergewichtigen Sechszylinders ohne Servolenkung erforderte Bärenkräfte, und wenn das Verdeck geschlossen war, brauchte der Fahrer bei Park- oder Überholmanövern einen zweiten Mann neben sich als Ausguck. Mit einem solchen Fahrzeug nahm der Privatfahrer Repusseau 1925 an der zum vierten Male ausgetragenen Rallye Monte-Carlo teil, und spezialkarossierte Exemplare stellten auf dem Renn-Oval von Montlhéry etliche Geschwindigkeitsrekorde auf.

Ab 1923 wurde der Riesenwagen als Modell JP bezeichnet und war mit hydraulischen Vierradbremsen versehen, was damals nicht als Selbstverständlichkeit galt. Es gab den 40 CV bis 1928, als er vom Modell Reinastella abgelöst wurde. **MG**

Die Marke Delage stand für großartige Luxusfahrzeuge, war aber auch im Motorsport sehr erfolgreich.

DH-V12 La Torpille | Delage

1923 • 10.570 ccm, V12 • 95 PS/70 kW • keine Angaben • 233 km/h

1905 begann Louis Delage im Pariser Vorort Levallois-Perret eine Automobilfabrikation aufzuziehen; auf dem Automobilsalon des gleichen Jahres stellte er zwei Voituretten mit Einzylindermotor aus. Wie die meisten Hersteller jener Zeit, sah auch Monsieur Delage die beste Werbung für seine Produkte in reger Beteiligung am Rennsport. 1911 gewann ein 3,0 Liter Delage – erstmals mit einem Fünfganggetriebe – den Coupe de l´Auto. Delages neue Rennwagen hatten DOHC-Motoren mit desmodromischem Ventiltrieb und Doppelzündung sowie Vierradbremsen; in der Serie blieben die Fahrzeuge allerdings noch lange Zeit konventionell.

Am 6. Juli 1924 konnte der Rennfahrer René Thomas mit einem V-Zwölfzylinder Delage einen Weltrekord verbuchen: Er erreichte mit der „Torpille" auf der Strecke von Arpajon eine Geschwindigkeit von mehr als 230 km/h (eine Woche später allerdings überbot Ernest Eldridge diese Zeit mit einem Fiat). Sein Motor dürfte erheblich mehr als die offiziell angegeben 95 PS gehabt haben. Um Schwingungen des Motors vom Chassis fernzuhalten, hatte man ihn auf einen Hilfsrahmen gesetzt und diesen mit hydraulischen Dämpfern versehen.

Nach einer glanzvollen Zeit zog sich Delage 1927 vom Motorsport zurück, und mit Beginn der Weltwirtschaftskrise reduzierten sich auch die Umsätze mit Serienwagen. 1933 versuchte die Firma Delage mit neuen Modellen das Geschäft zu beleben, was jedoch nicht gelang. Im April 1935 mußte die Automobiles Delage Insolvenz anmelden. Für 2 Millionen Francs übernahm der Pariser Delage-Repräsentant Walter Watney die Firma, um sie kurz darauf an Delahaye weiterzugeben. **BS**

Typ 35T | Bugatti

1924 • 2262 ccm, Achtzylinder • 130 PS/95,6 kW • 0–100 km/h in 6,4 Sek. • 200 km/h

Experten bescheinigen dem Bugatti Typ 35 das Prädikat des erfolgreichsten Rennsportwagens der Welt. Das Vollblutauto aus dem elsässischen Molsheim fuhr der Marke mit dem ovalen Kühleremblem zwischen 1924 und 1931 die meisten Rennerfolge ein. Auch gewann ein Bugatti 1926 die erste Weltmeisterschaft. Klassische Elemente kennzeichneten diesen Wagen, so der typische Hufeisenkühler, der kastenförmige Motorblock (er kam ohne Kopfdichtung aus), ein Armaturenbrett aus Aluminium mit Zapfenschliff sowie Leichtmetall-Bandspeichenräder mit angegossenen Bremstrommeln. Der Basismotor hatte acht Zylinder und 1990 ccm Hubraum, und es gab einige Varianten. So war der 35C mit einem Kompressor versehen, und der 35T hatte einen auf 2262 ccm vergrößerten Hubraum. Der 35B war ein 2,3-Liter mit Auflading. Mehr als 2000 Siege konnte der Typ 35 insgesamt verbuchen, darunter fünf hintereinander beim Rennen um die Targa Florio. Er war der stärkste Gegner Alfa Romeos. Der französische Rennfahrer René Dreyfus hat einmal gesagt: „Wo immer man den Wagen einsetzte, er verkraftete jede Strecke. Auch seine Lenkung war einfach phantastisch." Insgesamt wurden 300 Exemplare vom Typ 35 gebaut. Nur auf eins mußte der Bugatti-Fahrer verzichten: auf hydraulische Bremsen. Ettore Bugatti traute keiner Hydraulik und blieb bei der Seilzug-Mechanik.

In der 1,5-Liter-Klasse dominierte der ähnlich wie der Typ 35 aussehende, aber mit Drahtspeichenrädern und kleinerem Hufeisenkühler versehene Vierzylinder-Typ 37; größere Renn-, Sport- und Tourenwagenmodelle bis 5 Liter Hubraum rundeten die Bugatti-Palette nach oben ab. **SH**

CGS | Amilcar

1924 • 1047 ccm, Vierzylinder • 35 PS/25,8 kW • keine Angaben • 120 km/h (geschätzt)

1921 wurde von den Franzosen Emile Akar und Joseph Lamy in St. Denis bei Paris die Société Nouvelle pour l´Automobiles Amilcar gegründet. Die von ihnen gebaute Voiturette Typ C hatte einen seitengesteuerten 985-ccm-Motor von etwa 18 PS. Es folgte der sportlichere Typ CS mit einem 23-PS-Motor. Mit dem Sieg beim Bol d´Or Rennen 1922 begann die sportliche Karriere der Marke Amilcar – dem „Bugatti des kleinen Mannes", wie Spötter sagten.

Im Jahre 1924 folgte der Grand Sport CGS mit einem auf 1047 ccm vergrößerten Motor, gut für etwa 120 km/h. Der britische Techniker Vernon Balls baute einige Motoren auf Kopfsteuerung um und versah sie mit Kompressoren. Der Spitzheck-Roadster war spartanisch ausgestattet und hatte ein sehr schmales Cockpit; der Sitz des Beifahrers war etwas nach hinten versetzt. Die Vierradbremsen erlaubten ein wirkungsvolles Abbremsen vor Kurven, aus denen man umso schneller wieder herausbeschleunigen konnte.

Es gab auch Lizenzfahrzeuge: Die Firma Ehrhardt in Zella-Mehlis (Thüringen) stellte unter dem Namen Pluto einen deutschen Amilcar her; auch gab es eine Lizenzversion in Österreich, hergestellt von der Grofri AG, ebenso in Italien unter dem Markennamen Amilcar Italiana. **BS**

Phantom I | Rolls-Royce

1925 • 7668 ccm, Sechszylinder • 100 PS/73,5 kW • keine Angaben • 120 km/h

Mit hohen Erwartungen nahm man im Mai 1925 die Ankündigung eines neuen Rolls-Royce zur Kenntnis, genannt New Phantom. Es handelte sich um den Nachfolger des 18 Jahre lang gebauten Silver Ghost. Eine Leistung des seitengesteuerten Sechszylinders mit abnehmbaren Köpfen, in drei Zweiergruppen gegossen, wurde offiziell nicht angegeben, „ausreichend" hieß es auf Anfrage. Wie schon beim Silver Ghost fertigte Rolls-Royce nur das fahrbereite Chassis mit allen Komponenten; die Auswahl der Karosserie bestimmte der Kunde bei einem Hersteller seiner Präferenz. Denn jeder Käufer hatte individuelle Vorstellungen von seinem Ideal-Phantom. In der Regel wurden herrschaftliche Limousinen mit einer Separation zum Fond gebaut, und wenn dem Chauffeur unterwegs Anweisungen erteilt werden sollten, diente hierfür eine Sprechanlage. Noch waren alle blanken Teile am Wagen vernickelt und nicht verchromt, und auf dem Kühlerverschluß thronte die „Lady of Ecstacy", die zwar nicht zum Serienumfang gehörte, aber von jedem Käufer mitbestellt wurde. Besonders schnell war der Wagen nicht, aber darauf kam es auch nicht an; es war der pure Luxus, der zählte. Der bis 1929 2212mal gebaute Phantom I wurde gern von orientalischen Potentaten geordert; mit offenen Ausführungen beliebten sie auf die Tigerjagd zu fahren. **BS**

3-Litre Super Sport | Sunbeam GB

1924 • 2916 ccm, Sechszylinder • 110 PS/80,6 kW • keine Angaben • 145 km/h

Als die Fahrradfirma Sunbeam in Wolverhampton, England, 1899 die Herstellung von Motorwagen aufnahm, wurde die Marke auch bald im Sport zu einem Begriff, der für Leistung und Ausdauer stand. Drei Sunbeam belegten zum Beispiel 1912 die ersten drei Plätze beim Rennen um den Coupe de l'Auto in Dieppe. 1923 gewann Sunbeam den Großen Preis von Frankreich, 1924 den von Spanien.

So war auch der Sunbeam 3-Litre Super Sport, auf der London Motor Show im Oktober 1924 als Tourenwagen für sportlich ambitionierte Autoliebhaber präsentiert, ein vom Rennwagen abgeleitetes Modell, zumindest in bezug auf seinen DOHC-Motor mit hemisphärischen Verbrennungsräumen und Trockensumpfschmierung. Das Chassis des stark motorisierten Tourers neigte gelegentlich allerdings zu unkontrollierbaren Bewegungen, doch seine großen Trommelbremsen waren dem Spitzentempo von 145 km/h durchaus angemessen. Zwei dieser Fahrzeuge bestritten 1925 die 24 Stunden von Le Mans, eines davon kam auf einen ehrenvollen zweiten Platz. Damit war Sunbeam zu einem ernsten Herausforderer für Bentley geworden. Bis 1930 wurden vom Sunbeam 3-Litre Super Sport 250 Exemplare verkauft; dieses Modell gehört zu den großen Klassikern der britischen Vintage-Ära wie Bentley, Vauxhall oder Lagonda und ist heute ein gesuchtes Sammlerstück. **MG**

4.5-Litre | Bentley GB

1927 • 4398 ccm, Vierzylinder • 100 PS/73,5 kW • keine Angaben • 158 km/h

Bevor der 8-Litre und ein weniger bedeutender 4-Litre die Endphase vor der Übernahme Bentleys durch Rolls-Royce einläuteten, machte der 4.5-Litre von sich reden – ein Vierzylinder mit hohem Kraftpotential, das noch eine Steigerung erfuhr, als der Rennfahrer Henry Tim Birkin auf eigene Rechnung 55 Fahrzeuge mit Kompressor ausrüsten ließ. W.O. Bentley erachtete dies als nicht notwendig und verwies auf den Sieg eines unaufgeladenen 4.5-Litre 1928 in Le Mans. Dennoch realisierte Birkin seine Idee und schuf damit den berühmten Blower-Bentley, mit 175 PS ein wahrer Kraftprotz.

Der 4.5-Litre wies das für einen Le-Mans-Renner hohe Gewicht von 1625 kg auf, hatte 19-Zoll-Speichenräder und Bremstrommeln von 43 cm Durchmesser. Das Drehmoment des Motors war gewaltig, Leistung und Ausdauer imponierend – wenn Ettore Bugatti auch abfällig vom „schnellsten Lastwagen der Welt" sprach.

Doch die Popularität der Marke Bentley allein reichte nicht aus, der Firma ein Überleben zu sichern. Das Unternehmen wurde 1931 zum Verkauf ausgeschrieben, und den Zuschlag erhielt Rolls-Royce, was W.O. erst zwei Tage später erfuhr – wie jedermann der Branche hatte er angenommen, das Höchstgebot sei von der Firma Napier eingegangen. Der weltberühmt gewordene Konstrukteur ging später zu Lagonda. **BS**

Typ 43 | Bugatti

1927 • 2261 ccm, Achtzylinder • 125 PS/91,9 kW • 0–100 km/h in 13 Sek. • 172 km/h

Als 1927 der Bugatti Typ 43 vorgestellt wurde, galten 170 km/h als ein extrem hohes Tempo. Auf normaler Landstraße konnte man im allgemeinen nicht einmal halb so schnell unterwegs sein. Doch Ettore Bugatti vermochte seine Ambitionen nicht zu verleugnen und gedachte mit seinem Typ 43 einen viersitzigen Tourensportwagen der Superlative zu schaffen, auch in ästhetischer Hinsicht. So gut seine Autos aussahen, so schnell sollten sie auch sein. Der Typ 43 verkörpert ein klassisches Design der Art-Déco-Epoche mit Spitzheck und imposanter Kühlerfront.

Um den Wagen als Supercar verkaufen zu können, implantierte Bugatti einen Grand-Prix-Motor in den Typ 43, und zwar den aus dem Kompressor-Typ 35B, ein Auto, das unter anderem 1929 den Großen Preis von Frankreich gewann. Der Dreiventil-Reihenmotor wies Magnetzündung sowie eine patentierte Lamellenkupplung auf, er ließ sich bis zu 6000 Touren drehen.

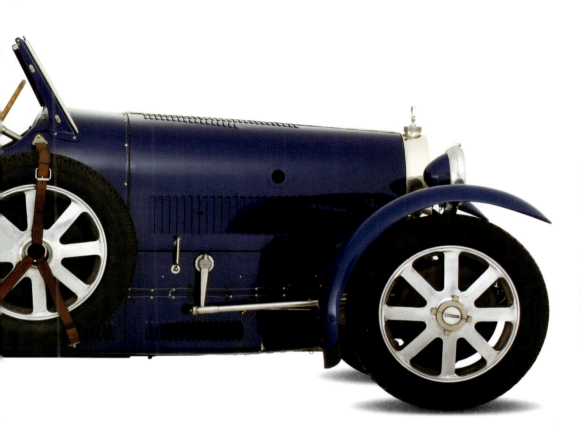

Das Chassis glich dem des Typ 38, hatte aber einen geringeren Radstand und einen größeren Kühler. Auf der rechten Seite gab es keine Türen; man stieg von links ein. Die Bandspeichenräder mit integrierten Bremstrommeln waren identisch mit denen vom Typ 35 mit geringfügig größerer Bereifung. Der Bugatti-Historiker Uwe Hucke berichtete von einem Test, wonach der Firmenchef bei stehendem Motor den vierten Gang einlegte, dann den Anlasserknopf drückte und den sofort anspringenden Wagen ruckfrei auf 150 km/h beschleunigte. Eine solche Elastizität wiesen sonst nur Motoren sehr viel größeren Hubraums auf. 1929 wurde auch ein Typ 43A vorgestellt, von dem aber nur ein oder zwei Exemplare gebaut wurden: Dieses Experimentalauto hatte zwei nebeneinandergesetzte Achtzylindermotoren von zusammen 270 PS. Der 43 wurde in 160 Exemplaren aufgelegt, das letzte verließ die Molsheimer Fabrik im Herbst des Jahres 1931. **MG**

Das Model A folgte 1927 dem Model T und wurde genauso berühmt, wenngleich es dessen lange Produktionszeit nicht erleben sollte.

S 26/120/180 | Mercedes-Benz

1927 • 6789 ccm, Sechszylinder • 120 PS/88,2 kW • keine Angaben • 178 km/h

Aus drei Gründen nimmt das Modell S (in bezug auf seinen Hubraum auch 680 genannt) in der Mercedes-Geschichte einen bedeutenden Platz ein. Erstens war es der erste neue Wagen, den die im Vorjahr fusionierten Firmen Daimler und Benz unter einem gemeinsamen Markenzeichen präsentierten. Zweitens handelte es sich um eine Konstruktion Ferdinand Porsches, der seinerzeit in Stuttgart als Chefingenieur tätig war. Drittens errangen zwei Mercedes-Benz S erstmals einen Doppelsieg auf dem am 19. Juni 1927 neu eröffneten Nürburgring, die Fahrer waren Rudolf Caracciola und Adolf Rosenberger. Wie später noch so oft, war es ein Regenrennen.

Der Königswellen-OHV-Motor des ab 1928 als W06 bezeichneten Sportwagens war mit einem Roots-Kompressor versehen, der beim Durchtreten des Gaspedals laut heulend in Aktion trat. Die Typenbezeichnung 26/120/180 verriet, daß der Wagen zur 26-Steuer-PS-Kategorie gehörte und sein Motor 120 PS ohne und 180 PS mit eingeschaltetem Kompressor abgab. Das Fahrzeug war als Tourer oder Roadster erhältlich und wog je nach Aufbau 1650 bis 1900 kg. Soviel Gewicht erforderte viel Power – auch aus diesem Grund war ein Kompressor unverzichtbar. Bei Daimler besaß man Erfahrung mit Motoraufladung, und zwar aus der Zeit des Flugmotorenbaus während des Ersten Weltkrieges. Schon Porsches 1921 konstruierter Mercedes 6/25/40 PS war ein Kompressor-Sportwagen gewesen.

Die dem Modell S nachfolgenden SS, SSK und SSKL – konstruktiv alle eng miteinander verwandt – waren ebenfalls Kompressorwagen, die Porsches geniale Handschrift trugen. Ihre Stückzahlen rangierten im minimalen Bereich, was ihnen Exklusivität sicherte. **RY**

Model A | Ford

1927 • 3285 ccm, Vierzylinder • 40 PS/29,3 kW • keine Angaben • 100 km/h

Ließ sich der Erfolg des Model T wiederholen? Zumindest bis 1925 durfte der Ford T als unschlagbar bezeichnet werden. Doch dann begann Chevrolet aufzuholen, eine Tatsache, die Henry Ford viel zu lange ignorierte. Nur widerwillig erklärte er sich bereit, einer Neukonstruktion Grünes Licht zu erteilen, und er bestand darauf, daß diese ebenfalls ein Vierzylinder zu sein hatte, als Amerika längst mit Sechszylindern sympathisierte.

Als im Sommer 1927 das Ford A-Modell angekündigt wurde, gab es zwar großen Zuspruch loyaler Kunden, aber auch Hürden, die man nicht bedacht hatte. Denn mit 3285 ccm Hubraum war der Motor für die Exportmärkte, vornehmlich in Europa, zu groß und steuerlich ungünstig, darüber hinaus zu durstig für die wirtschaftlich angeschlagenen Nationen diesseits des Atlantiks. Um hiesigen Gegebenheiten zu entsprechen, erhielten die in den europäischen Ford-Werken gebauten A-Modelle einen 2043-ccm-Motor, der aus dem Model A ein Model AF machte.

Der AF war wie der A mit seiner Querblattfederung und dem Dreiganggetriebe ein angenehm zu fahrendes Automobil. Die Karosserievielfalt – es gab Roadster, Tourenwagen, Coupés, Cabriolets und Limousinen – bot jedem Kunden das, was er brauchte.

In vieler Hinsicht stellte der neuen Ford ein fortschrittliches Auto dar. Die geschlossenen Aufbauten waren in Ganzstahlbauweise ausgeführt, die Frontscheibe war aus Sicherheitsglas. Für das Styling der Karosserien zeichnete Henry Fords Sohn Edsel verantwortlich, der seit 1919 dem Vorstand angehörte. 4,32 Millionen A-Modelle sind bis zum Juli 1931 fabriziert worden, etwas mehr als 19.000 davon im Montagewerk Berlin-Spandau. **MG**

AF 30 CV | Minerva

1927 • 5934 ccm, Sechszylinder • 95 PS/69,8 kW • keine Angaben • 130 km/h

Der belgische Markenname Minerva stand anfänglich für Fahrräder, bevor er auch auf Motorrädern und Automobilen zu finden war. Mit seinen Qualitätsprodukten vermochte Sylvain de Jong auch einen Charles S. Rolls zu beeindrucken, der in England Minerva-Importeur war, ehe er sich mit Henry Royce liierte. 1908 führte de Jong eine Motorenbauweise ein, die auf Patenten des Amerikaners Charles Yale Knight beruhte: Es handelte sich um einen Ventilmechanismus, der den Zylindern das Gasgemisch über Öffnungen in einem hülsenförmigen Schieber zuführte statt durch Tellerventile. Diese Knight-Motoren brauchten zwar mehr Schmieröl, liefen aber sehr geräuscharm. Auch die luxuriösen Minerva-Wagen der zwanziger Jahre wie die Typen AD, AF, AG, AK waren mit Knight-Motoren versehen. Technisch waren sie perfekt, und ihre Karosserien entsprachen höchsten Ansprüchen an Ästhetik und Zweckmäßigkeit. Viele Fahrzeuge fanden ihren Weg zu Monarchen wie den Königen von Schweden und Norwegen, die mit den zuverlässigen Wagen lange Reisen unternahmen. In den USA gehörten Prominente aus dem Filmgeschäft und Industrielle zu den Minerva-Kunden.

Die Weltwirtschaftskrise wurde Minerva zum Verhängnis. Man versuchte, mit einem preisgünstigen 2,0-Liter-Wagen M4 die Krise zu meistern, doch dies war nur ein bürgerlicher Wagen von vielen, die es inzwischen gab. 1934 fusionierte Minerva mit Excelsior-Impéria, doch die anschließend gebauten Wagen waren nur mehr eine Version des Impéria. Auch der 1937 eingeführte Minerva 18 CV mit selbsttragender Karosserie und quer eingebautem Ford-V8-Motor fand keinen Anklang. **SH**

Super Sports Aero | Morgan (GB)

1927 • 1096 ccm, V2 • 40 PS/29,4 kW • keine Angaben • 125 km/h

Dreirädrige Motorfahrzeuge, die zwar wie ein Auto zu verwenden waren, aber nicht so genannt zu werden pflegten, fanden vor allem in England ihr Publikum. Denn für einen „Threewheeler" bezahlte man nur Steuern wie für ein Motorrad, und die Hersteller solcher Vehikel durften die Fahrzeuge auch nur auf Motorradausstellungen zeigen.

Zu den bekanntesten britischen Fabrikaten zählte Morgan. Sein erstes Motordreirad baute Henry Stanley Frederick Morgan, Sohn eines Pfarrers, im Jahre 1910 für sich selbst, doch es fand so großes Interesse, daß er weitere Threewheelers folgen ließ. In Malvern Link, Worcestershire, zog Morgan 1918 schließlich eine Manufaktur auf, die dreirädrige Fahrzeuge für den Sport und den Alltagsgebrauch hervorbrachte. Sie waren einfach zu handhaben und sehr preiswert.

Geradezu einen Boom erlebte Morgan in den späten zwanziger Jahren. Die sportlichen Zweisitzer tauchten jetzt auch immer häufiger in Rennen auf. Mit ihren vor der Vorderachse eingebauten V2-Motorradmotoren von Blackbourne, Anzani, Matchless oder JAP, bis zu 40 PS leistend, waren sie unheimlich schnell, und die Fahrer zeigten wahre Akrobatik im Beherrschen der Dreiräder mit ihrem tiefen Schwerpunkt. Man saß nur 20 Zentimeter über der Straße, und auf dem Brooklands-Oval drehte mancher Morgan Super Sports Aero schnellere Runden als ein vierrädriger Sportwagen. In Rennen wurden sie aber stets in der Seitenwagen-Motorradklasse gewertet.

Es gab den Threewheeler noch bis 1952, doch die Zahl der nach dem Kriege verkauften Exemplare belief sich nur auf 265 Stück. Die Zukunft gehörte dem ab 1936 gebauten Morgan mit vier Rädern. **BS**

Speed Six | Bentley (GB)

1928 • 6597 ccm, Sechszylinder • 180 PS/132 kW • 0-100 km/h 11 Sek. • 185 km/h

Die Qualität eines Bentley war von einem so hohen Standard, daß mancher Rolls-Royce-Besitzer seinen Wagen gegen einen dieser Boliden zu tauschen geneigt war – zumindest nach dem Erscheinen des Speed Six mit 6,5 Liter Hubraum. Dieser gewaltige Sechszylinder kam im Herbst 1928 heraus und war sehr teuer. Sein OHC-Motor war wie der 3-Litre ein Vierventiler. Trotz seiner Dimensionen ließ sich der Speed Six besser beherrschen als manch kleinerer Sportwagen, und mit 180 PS ließ er sich eindrucksvoll beschleunigen. Dieser Bentley war die stärkere Version des 1926 vorgestellten 6.5-Litre mit 140 PS.

Mit einem Speed Six, wegen seiner grünen Kühlerplakette Green Label genannt, gewann der Bentley-Geschäftsführer Woolf Barnato am 13. März 1930 eine Wette, schneller als der Train Bleu von Nizza nach Calais und weiter nach London sprinten zu können. Die nächtliche Fahrt durch Frankreich verlief schon deshalb so abenteuerlich wie spannend, weil Barnato bei jeder Tankstelle die Besitzer erst aus dem Bett klingeln mußte ... Aber auch Nebel, Gewitter und eine Reifenpanne hielten ihn nicht auf, die Wette zu gewinnen. Er erreichte die Morgenfähre über den Ärmelkanal zeitig genug, um bei seinem Club in London einzutreffen, noch ehe der Expreßzug Calais erreicht hatte.

Der große Bentley war als Tourenwagen für ambitionierte Gentlemen gedacht, nicht als Rennwagen. Dennoch wurden abgespeckte 6.5-Litres im Rennsport eingesetzt, auch in Le Mans, wo sie 1929 und 1930 die Mercedes-Konkurrenz hetzten und der britischen Marke zu weiteren Triumphen verhalfen. Nicht wenige Sechszylinder aber wurden als gewichtige Limousinen aufgebaut und zu Repräsentationszwecken verwendet. **BS**

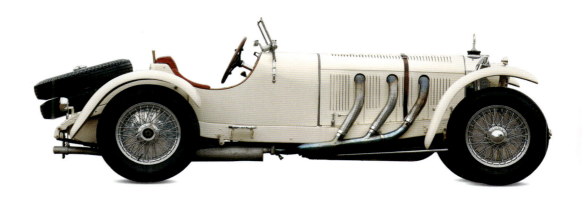

SSK 27/180/250 | Mercedes-Benz

1928 • 7068 ccm, Sechszylinder • 180 PS/132 kW • 0–100 km/h in 14,5 Sek. • 192 km/h

Der SSK 27/180/250 war die letzte Konstruktion Ferdinand Porsches für Daimler-Benz, bevor er zu Steyr in Österreich wechselte. Unter seiner Leitung waren ab 1921 neben Personenwagen der mittleren und oberen Kategorien vor allem auch hochkarätige Rennfahrzeuge entstanden. Doch die wirtschaftliche Situation jener Zeit machte das Zusammengehen mit einem Partner notwendig; dies war die Firma Benz in Mannheim. Mit ihr erfolgte 1926 die Fusion zur Daimler-Benz AG.

Porsches Leidenschaft galt der Motorenaufladung, und in der großen Mercedes-Baureihe entstand 1926 zunächst das Modell 15/70/100 mit 4,0 Liter Hubraum und Roots-Kompressor, gefolgt vom Typ 630 und dem Typ K. Mit größerem Motor und niedrigerem Chassis erschienen dann der S (Sport), der SS (Super-Sport) und der SSK (Super-Sport-Kurz). Porsches Nachfolger Hans Nibel vollendete den noch unter Porsche entstandenen SSK mit seinem OHC-Königswellenmotor, der knapp 7,1 Liter Hubvolumen aufwies und mit einem großen Gebläse bis zu 250 PS leistete. Der Wagen wog 1,7 Tonnen, verfügte über ein Vierganggetriebe, mechanische Servobremsen, Schraubenspindellenkung und 20-Zoll-Räder; es wurden Rechts- und Linkslenker gebaut, insgesamt 45 Stück. Mit einem 200 kg leichteren Chassis und 300 PS gab es auch einige als SSKL bezeichnete Rennwagen, bis zu 235 km/h schnell: Superlativ-Automobile ihrer Ära, die im Rennsport bedeutende Akzente setzten. 1930 und 1931 wurde Caracciola auf einem SSK Europa-Bergmeister, Georg Kimpel errang 1929 den Alpenpokal; nur in Le Mans mußte sich der „weiße Gigant" 1930 durch Bentley geschlagen geben. Dafür gewann Caracciola 1931 auf einem SSKL die Mille Miglia. **SH**

443 Custom Eight | Packard (USA)

1928 • 6306 ccm, Achtzylinder • 106 PS/77,9 kW • keine Angaben • 137 km/h

In den späten 1920er und frühen 1930er Jahren galten die bei den berühmten Karossiers wie Rollston, Dietrich, LeBaron und Hibbard & Darrin eingekleideten Packard-Wagen als die elegantesten Automobile auf den Straßen Amerikas. Dieses Prestige wurde vor allem dem Achtzylindermodell 443 zuteil, auch Custom Eight genannt. Das Wort „custom" hängt mit „customer" = Kunde zusammen und sollte ausdrücken, daß der Wagen individuell auf Kundenwunsch ausgestattet wurde; später trugen diese Bezeichnung aber auch Fließband-Serienwagen. Der mit 363 cm recht lange Radstand des Fahrgestells gestattete das Aufsetzen volumiger Karosserien mit bis zu sieben Plätzen, was natürlich ein hohes Gewicht mit sich brachte. Um dieses in Grenzen zu halten, stellte man möglichst viele Teile aus Aluminium her, vorzugsweise verwendet vom Pariser Karossier Hibbard & Darrin. Zu den Besonderheiten des großen Packard gehörte ein Zentralschmiersystem, mit dem sich Schmierfett an 38 Chassis- und Fahrwerkstellen pressen ließ. Auch gab es doppelt wirkende Teleskopstoßdämpfer, eine Novität in jenen Jahren. Sehr eindrucksvoll waren die mächtigen Scheinwerfer in Trommelform. Und unter den Cabriolets waren die des Designers Raymond Dietrich zweifellos die schönsten. **BS**

Typ 41 Royale | Bugatti (F)

1928 • 12.763 ccm, Achtzylinder • 300 PS/220 kW • 0–100 km/h in 18,5 Sek. • 160 km/h

Mit dem Royale gedachte Ettore Bugatti Rolls-Royce, Hispano-Suiza, Isotta-Fraschini und Duesenberg zu übertrumpfen. Vorzugsweise sollten gekrönte Häupter in diesem Achtzylinder chauffiert werden. Doch kein Monarch erwarb je einen der sechs Royale, die zwischen 1928 und 1933 entstanden.

Bugattis Wunsch, den besten und zugleich größten Wagen der Welt zu bauen, ließ sich nicht mit der Erfordernis in Einklang bringen, für ein solches Auto auch Kunden zu finden. Es hieß, der Achtzylinder-Reihenmotor lieferte 300 PS bei nur 1700 U/min, doch man darf davon ausgehen, daß der Wert niedriger lag.

Einige Wagen wurden mehrmals umkarossiert. Es gab u.a. ein Coupé Napoléon, einen Weymann-Zweitürer, eine Double-Berline de Voyage, ein Kellner-Coupé, einen Binder-Roadster, eine Park-Ward-Limousine. Die wohl schönste Karosserie fertigte die Münchner Firma Ludwig Weinberger an: ein zweitüriges Cabriolet, in Auftrag gegeben von einem Kieferchirurgen aus Nürnberg.

500.000 Francs kostete das Chassis, und die gleiche Summe hatte man für die Anfertigung einer Karosserie zu veranschlagen. Bugatti hatte mit 25 Kunden für sein Super-Automobil gerechnet und entsprechend viele Motoren produzieren lassen – die meisten taten später in Triebwagen der Staatsbahn ihren Dienst. **BS**

S4 | Salmson

1929 • 1290 ccm, Vierzylinder • 30 PS/22,2 kW • keine Angaben • 100 km/h

Minor | Morris

1929 • 847 ccm, Vierzylinder • 20 PS/14,7 kW • keine Angaben • 88 km/h

Sport- und Rennwagen der Marke Salmson aus Billancourt gewannen zwischen 1921 und 1928 mehr als 500 Rennen und errangen zehn Weltrekorde. Der Motorsport kostete viel Geld, und Emile Salmson konnte ihn sich nur erlauben, weil er mit seinen normalen Straßenfahrzeugen gute Umsätze machte. Ab 1929 baute er nur mehr Personenwagen der unteren Mittelklasse, wobei er mit der Baureihe S4 einen Treffer gelandet hatte; auch der ihm nachfolgende D4 war sehr erfolgreich. Hinter dem vom Art-Déco-Künstler Alexis Kow gestalteten Kühler mit seiner Ornamentik verbarg sich ein aufwendig konstruierter, hochdrehender Vierzylindermotor mit zwei obenliegenden Nockenwellen; er war sehr viel fortschrittlicher als die damaligen OHC-Maschinen. Angefangen hatte Salmson 1912 als Hersteller von Flugmotoren, daher verfügte er als Pionier auf diesem Gebiet über große Erfahrungen im Motorenbau. Aus dem 1,3-Liter-Wagen entwickelte sich bis 1939 ein ansehnliches Modell der oberen Klasse mit 2312-ccm-Motor, hydraulischen Bremsen und vorderer Einzelradaufhängung an Drehstäben. Der Salmson galt als ein Qualitätswagen, ganz auf Langlebigkeit ausgelegt. Die Kurbelwelle des Motors war nitriert, die Ventilfedern bestanden aus Vanadiumstahl. Es gab den S4 bis 1950. **BS**

William Morris, der spätere Viscount Nuffield, gilt als einer der erfolgreichsten Automobilpioniere Englands. Er begann seine Karriere als Fahrradhändler, baute dann Motorräder und stellte 1912 in Cowley bei Oxford sein erstes Auto auf die Räder. Dieser 1,1-Liter-Tourer wies einen abgerundeten Nickelkühler auf, der Nase eines Bullen ähnelnd, was zum Spitznamen „Bullnose" führte. Die offizielle Bezeichnung des Autos lautete Oxford.

Der Konkurrent Austin begann 1923 mit der Großserienherstellung des kleinen, billigen Seven und löste mit diesem Wagen eine Welle der Volksmotorisierung in Großbritannien aus. Etliche Firmen versuchten, in diesem Strom mitzuschwimmen. Und 1929 gelang es auch Morris, einen vergleichbaren Kleinwagen herauszubringen, dies war der Minor – ein Name, der Berühmtheit erlangen sollte. Der erste Morris Minor wies einen von Wolseley übernommenen OHC-Motor auf, und im Wolseley-Werk wurde der Minor auch hergestellt. Als offener Zweisitzer kostete das Auto nicht mehr als 100 Pfund. Dieser niedrige Preis machte den kleinen Wagen zu einem Schlager, aber man mußte weitere 25 Pfund anlegen, wollte man Stoßstangen, Seitenscheiben und ein paar andere Extras haben. Ende 1934 wurde aus dem Morris Minor der ebenso erfolgreiche Morris Eight. **MG**

AM 80 Veth-Coupé | Hotchkiss

1929 • 3015 ccm, Sechszylinder • 70 PS/51,5 kW • keine Angaben • 150 km/h

Das Hotchkiss Veth-Coupé ist nach heutiger Definition ein zweitüriges Cabriolet. Wegen der zunehmenden Verkehrsdichte gegen Ende der 1920er Jahre wurden immer mehr Autos mit Stoßstangen versehen, so auch dieser in den Niederlanden karossierte Wagen, dem man eine aus dickem Gummi verpaßte, hergestellt von der Firma Overman. Autos, die Stoßstangen aufwiesen, erhielten in manchen Ländern einen Versicherungsbonus.

Die Cabriolets der in Arnheim beheimateten Firma Veth & Zoon galten als besonders formschön. Doch als die Weltwirtschaftskrise Europa erfaßte, waren auch für Veth die goldenen Zeiten vorbei.

Hotchkiss im Pariser Vorort St. Denis verfügte seit 1926 auch über einen eigenen Karosseriebau; hier entstanden die Standard-Limousinen und Coupés. Gebaut wurde zunächst nur ein einziges Modell, der AM 75 mit 2,5-Liter-Sechszylindermotor, der 1928 vom Modell AM 80 abgelöst wurde. Hinzu kam ein AM 2 Sport Vierzylinder mit gleichem Hubraum, konstruiert von Vincent Bertarione. Dieser war vorher für den Hersteller Talbot-Darracq tätig gewesen und hatte mit seinen Kollegen Edmondo Moglia und Walter Becchia seine Karriere bei Fiat begonnen.

Der AM 80 mit seiner siebenfach gelagerten Kurbelwelle und Schwingungsdämpfern wies sportliche Qualitäten auf und wurde 1932 bis 1934 erfolgreich bei der Rallye Monte-Carlo eingesetzt (in der „Monte" profilierte sich Hotchkiss als Gesamtsieger auch 1939, 1949 und 1950). Im September 1929 drehte ein AM 80 in Montlhéry seine Runden über 40.000 Kilometer nonstop mit einem Schnitt von 106 km/h. **BS**

6C 1750 | Alfa Romeo

1929 • 1752 ccm, Sechszylinder • 64 PS/47,2 kW • keine Angaben • 125 km/h

Einen Alfa Romeo Sechszylinder hatte es schon seit 1925 gegeben, doch der 6C 1750, vorgestellt 1929, stellte eine Besonderheit dar.

1910 war in Mailand bei der Anonima Lombardo Fabbrica Automobile (ALFA) das erste Automobil dieser Marke entstanden, und als kurze Zeit später der Ingenieur Nicola Romeo in das Unternehmen einstieg, war die Bezeichnung Alfa Romeo geboren. Von Anfang an standen mit geringen Ausnahmen Sport- und Tourenwagen auf dem Programm, wie die Vierzylinder-Typen RL, RLS oder RLSS der 1920er Jahre, und durch die Teilnahme an Rennen wurde Alfa Romeo rasch berühmt. Einen Meilenstein stellte der von Vittorio Jano konstruierte OHC-Sechszylinder 6C 1500 dar, ein Motor, der im Verbund mit leichten Sportkarosserien im Vergleich zur RL-Baureihe ganz neue Maßstäbe setzte. Er war der direkte Vorgänger der auf 1750 ccm vergrößerten Version, die auch mit einem Roots-Kompressor erhältlich war; dieser steigerte die Leistung des Motors von 64 auf 85 PS. Es gab auch Ausführungen mit mehr als 100 PS.

Als Zweisitzer mit einer von Zagato angefertigten Karosserie sah der Alfa Romeo 6C 1750 nicht nur bildhübsch aus, sondern brillierte auch mit Fahrleistungen, die in vielen Rennen für beste Platzierungen sorgten. 1929 gewann ein 6C 1750 die Mille Miglia; weitere Erfolge waren die Grands Prix von Monza, Belgien und Spanien. 1930 gab es einen zweiten Mille-Miglia-Sieg.

Alle bis 1933 gebauten Versionen des 6C 1750 vom Modell Turismo bis zum 176 km/h schnellen Gran Sport avancierten zu begehrten Sammlerstücken. 2500 wurden angefertigt, doch nur wenige haben die Zeiten heil überlebt. **MG**

Midget M-Type | MG (GB)

1929 • 847 ccm, Vierzylinder • 20 PS/14,7 kW • keine Angaben • 90 km/h

In Oxford waren unter der Marke MG seit 1925 relativ große Fahrzeuge auf Morris-Basis hergestellt worden, aus denen spezielle Wettbewerbswagen resultierten. Initiator dieses Projekts war der Manager Cecil Kimber. Sportfahrzeuge für Kunden mit schmalerer Brieftasche in größerer Serie aufzulegen, lohnte sich für William Morris aber erst in neuen Werksanlagen, die er in Abingdon hatte errichten lassen, und hier entstand als erstes der M-Type Midget (Zwerg).

Der 857-OHC-Motor des kleinen Spitzheck-Zweisitzers war eine Ableitung des Vierzylinders vom Morris Minor. Das gleiche traf auf das Chassis zu, bei dem man nur die Aufhängungen tiefer setzte. Die Karosserien bestanden aus einem Holzgerippe mit Sperrholzbeplankung und Kunstlederüberzug – das war preisgünstig und sparte obendrein Gewicht.

1932 kam als Weiterentwicklung des M-Type der D-Type heraus, jetzt allerdings mit Stahlblechaufbau und vier Sitzen; die Zweisitzer wurden in der J-Type-Reihe weitergeführt. Neben dem offenen J2 gab es den J1 als geschlossenen Wagen. Der C-Type Midget hingegen, ab 1931 gebaut, war ein ausgesprochener Rennwagen, dessen Motor nur 746 ccm aufwies, damit man in der 750-ccm-Klasse gegen Austin antreten konnte. Diese Ausführung gab es sogar mit einem Kompressor. **BS**

Model U | Plymouth (USA)

1929 • 2874 ccm, Vierzylinder • 45 PS/33 kW • keine Angaben • 105 km/h

Die 1928 gegründete Marke Plymouth gehörte zum Chrysler-Konzern; ihre Fahrzeuge sollten das Chrysler-Programm nach unten ergänzen. Anfangs trugen die Modelle in jedem Jahr als Bezeichnung nur einen Buchstaben, mit Q hatte man begonnen. 1929-30 folgte ihm der Typ U, 1931-32 der PA. „The poor man's Chrysler" war ein Qualitätswagen; es gab den Typ U wie den PA als Limousine, Coupé, Roadster, Tourer und Cabriolet. Als technisch fortschrittlich galten ein zuschaltbarer Freilauf und die hydraulischen Lockheed-Vierradbremsen. Aluminiumkolben und Druckumlaufschmierung waren ebenso selbstverständlich. Innerhalb kurzer Zeit konnte sich die Marke Plymouth einen treuen Kundenkreis schaffen: 1931 rangierte sie bereits als Nummer Drei auf der Verkaufsliste in den USA. Der Name „Plymouth" war der eines Mähbinders, den für das neue Modell zu übernehmen Chryslers Verkaufschef Joseph Frazer empfohlen hatte: „... ein Name, der jedem Farmer vertraut ist ..." Mit dem Model U bekamen die Kunden – und das waren nicht nur Farmer – einen hervorragenden Allrounder.

Im zweiten Halbjahr 1932 stellte Chrysler den PB vor, äußerlich nicht sehr viel anders als der PA, aber mit vielen Verbesserungen versehen. Die Marke Plymouth festigte ihre Position von Jahr zu Jahr und avancierte zur besten Alternative zu einem Ford oder Chevrolet. **BS**

L-29 | Cord (USA)

1929 • 4893 ccm, Achtzylinder • 120 PS/88 kW • 0–100 km/h in 33 Sek. • 125 km/h

8-Litre | Bentley (GB)

1930 • 7983 ccm, Sechszylinder • 220 PS/162 kW • 0–100 km/h in 14,5 Sek. • 170 km/h

Der Cord L-29 erschien im Oktober 1929, wenige Tage vor dem großen Börsencrash an der Wall Street, der eine globale Wirtschaftskrise auslöste. Der Wagen war der erste in den USA gebaute, der als Serienfahrzeug Vorderradantrieb aufwies. Der vom Rennwagen-Ingenieur Harry Miller konstruierte L-29 war sehr niedrig gehalten und hatte einen Achtzylinder-Reihenmotor. Miller war seit 1916 in der Branche aktiv und hatte, als er für Cord den L-29 schuf, bereits einen auch außerhalb Amerikas bekannten Namen. 1925 hatte er seine Rennwagen ebenfalls mit Frontantrieb sowie De-Dion-Achse gebaut und damit viele Wettbewerbe bestritten, er verfügte also über große Erfahrungen und war seiner Sache sicher, als er auch dem L-29 eine Vorderachse in De-Dion-Bauweise gab, aufgehängt an vier Viertelelliptikfedern. Die Interieurbeschläge waren versilbert, geschaltet wurde am Lenkrad, und die Lenksäule war in ihrem Winkel verstellbar. Für damalige Zeiten ungewöhnlich war auch die Ausstattung mit einem Öl-Thermometer und einer Tankanzeige.

Den wirtschaftlichen Umständen zufolge vermochte Errett Lobban Cord, dem auch Duesenberg und Auburn sowie die Motorenfabrik Lycoming gehörten, 1929 bis 1931 nicht mehr als 5010 Fahrzeuge abzusetzen – zu wenig, um die Kosten einzuspielen. **BS**

Mit dem 8-Litre gab die Baureihe der Prestigefahrzeuge bei Bentley ihre Abschiedsvorstellung. Dieses Modell war der letzte Versuch vor der Übernahme durch Rolls-Royce gewesen, sich einen Anteil an jenem Markt zu erobern, den Rolls-Royce mit dem Phantom II beherrschte; außerhalb Großbritanniens spielten in dieser Liga höchstens noch Maybach, Isotta-Fraschini oder Duesenberg.

Der 8-Litre Bentley war ein eindrucksvolles Automobil, sehr groß und sehr schwer. Das Kurbelgehäuse des Motors bestand aus Magnesium, damals ein noch wenig verwendetes, sehr strukturfestes Leichtmetall. Jeder der sechs Zylinder hatte zwei Einlaß- und zwei Auslaßventile sowie zwei Zündkerzen; das große Hubvolumen erlaubte ein ruckfreies Beschleunigen im vierten Gang vom Stillstand weg. Der flüsternde Sechszylinder hielt jedem Vergleich mit dem Motor eines Rolls-Royce stand. Mit fast vier Meter Radstand – ein Maximum bei einem je in England gebauten Auto – gab es die Möglichkeit, große Karosserien aufsetzen zu können, und so wurden die meisten 8-Litres auch als Pullman-Limousinen verkauft. Das Chassis mit Motor allein wog schon zwei Tonnen. Es gab auch einige offene Tourenwagen, karossiert von Vanden Plas in London, sowie Coupés mit Schiebedach. Einhundert 8-Litres wurden insgesamt gebaut, achtundsiebzig existieren noch heute. **BS**

Der Riley Brooklands war so niedrig, daß seine Insassen den Boden mit den Händen berühren konnten.

Zeppelin | Maybach

1930 • 7978 ccm, V12 • 200 PS/147 kW • keine Angaben • 160 km/h

1921, auf der ersten Automobilausstellung nach dem Krieg in Berlin, stellte Karl Maybach sein erstes, für eine Serie vorgesehenes Automobil vor; es war ein 5740-ccm-Sechszylinder mit der Typenbezeichnung W3. Karl war der Sohn des berühmten Motorenkonstrukteurs Wilhelm Maybach. Der sehr teure Wagen fand anfangs nur wenige Käufer, bis 1928 wurden rund 700 Fahrzeuge ausgeliefert. Mit einem Hubraum von 6995 ccm und 120 PS kam 1928 das Modell W5 hinzu.

1929, im Todesjahr Wilhelm Maybachs, erschien der erste in Deutschland gebaute Wagen mit V12-Motor. Zunächst trug er die Bezeichnung 12 DS (für Doppel-Sechs), ab 1930 hieß er Zeppelin bzw. DS7. Der Motor hatte 6992 ccm Hubraum, die Zylinderreihen saßen im 60-Grad-Winkel zueinander.

Von 1930 bis 1940 gab es auch einen DS8 mit 7978 ccm und 200 PS. Diesen Luxuswagen konnte man mit einem Doppel-Schnellganggetriebe bekommen, bei welchem acht Vorwärtsgänge zur Verfügung standen; die Zuschaltung geschah durch zwei kleine Hebel am Lenkrad. Von den großen und immens teuren Zeppelin-Modellen wurden bis Ende 1937 etwa 25 Stück pro Jahr gebaut, danach noch einmal 25 bis Kriegsausbruch.

Maybach-Wagen wurden bevorzugt von Großindustriellen, Reedern und anderen Vertretern des Geldadels erworben, die Wert darauf legten, ihre Distanzierung von Mercedes-Benz erkennbar werden zu lassen – jene Marke, deren Spitzenmodelle von den braunen Machthabern bevorzugt wurden. Sechszylinder baute Maybach noch bis 1941. Seinen achtzigsten Geburtstag hat der Firmenchef um nur sieben Monate überlebt; er starb am 6. Februar 1960. **HS**

Brooklands | Riley

1930 • 1087 ccm, Vierzylinder • 50 PS/36,8 kW • keine Angaben • 140 km/h

Die landläufige Vorstellung, daß große, hubraumstarke Motoren die Voraussetzung für hohe Geschwindigkeiten seien, konnten die 1,1-Liter Sportwagen von Riley anschaulich widerlegen. Percy Riley war ein Verfechter des Leichtbaus und hatte mit seinem Vierzylinder im Riley Nine, gebaut von 1926 bis 1935, beweisen können, daß man mit geringem Hubraum und innovativer Motorentechnik den „Großen" auf- und davonfahren konnte.

Für das zweisitzige Modell Brooklands (benannt nach der berühmten Rennstrecke im Süden Englands) war der drehfreudige, mit zwei Vergasern bestückte Vierzylindermotor auf 50 PS ausgelegt, im Typ Kestrel und Monaco leistete er 29 PS. Aus dem Riley Nine ein Wettbewerbsmodell zu machen, geht auf eine Idee des Rennfahrers Parry Thomas zurück, der zugleich einen Tuning Shop betrieb, aber die Umsetzung seiner Vorstellung nicht mehr erlebte: Er verlor sein Leben 1927 bei einem Rekordversuch.

Die Speichenfelgen des Brooklands hatten Zentralverschluß, und statt einer Windschutzscheibe wies der Roadster kleine Einzelscheiben in Steckrahmen auf. Der Tank war mit einem Schnellverschluß versehen. Zwei Lederriemen über der Motorhaube gehörten zum standesgemäßen Renn-Auftritt. Auffallend war die niedrige Bauhöhe des Brooklands. Ohne weiteres konnten die Insassen des Wagens vom Cockpit aus mit den Händen die Fahrbahn berühren, sie saßen nur 15 Zentimeter über dem Boden. Mit dem flachen, schnellen Sportwagen aus Coventry wurden viele Sporterfolge erzielt, zum Beispiel in der Ulster Tourist Trophy, die Tom Whitcroft 1932 auf einem Riley Brooklands sogar als Gesamtsieger für sich entschied. **JI**

V16 Roadster | Cadillac

1930 • 7390 ccm, V16 • 165 PS/121 kW • keine Angaben • 160 km/h

In den 1920er Jahren kam die General-Motors-Marke Cadillac ungeheuer in Schwung. GM übernahm die amerikanischen Karosseriewerke Fisher und Fleetwood, und es entstanden dort Aufbauten wie der Roadster V63 oder der elegante Town Brougham. Der Begriff Styling nahm an Bedeutung zu; 1927 richtete der Designer Harley Earl bei GM die „Art and Color Section" ein, das erste Styling Center in den USA. Die Palette der Cadillac Luxuswagen umfaßte seit 1915 solche mit V8-Motor sowie ab Januar 1930 auch mit V12- und sogar V16-Motoren. Den ersten, in OHV-Bauweise ausgeführten V12 und V16 folgten 1938 etwas weniger aufwendige Ausführungen mit seitengesteuerten Ventilen, wobei die Verwendung besserer Materialien die Motoren dieser Fahrzeuge langlebiger machte. Der V16 besaß zwei Wasserpumpen und zwei Zündverteiler. Hydraulische Bremsen bekam der V16 erst 1936. Vom Sechzehnzylinder wurden 4076 Stück hergestellt, wovon die Hälfte

noch im Jahr seiner Einführung abgesetzt wurde; 1931 bis 1939 bewegten sich die Verkäufe des Luxuswagens jährlich um die 50 Exemplare, mit Ausnahme von 1938, als 311 einen Käufer fanden. Es waren Chauffeurswagen mit langem Radstand und viel Platz im Fond. Nur wenige Exemplare erhielten offene Aufbauten wie der abgebildete Roadster. Zu denen, die sich ein solches Automobil leisten konnten, gehörten Marlene Dietrich, der Hollywood-Zar Cecil B. DeMille und der Gangsterboß Al Capone, der auf kugelsichere Scheiben und gepanzerte Karosseriebleche Wert legte, auch hatte sein Wagen eine Polizeisirene und eine Vorrichtung zum Produzieren von Qualmwolken, um eventuelle Verfolger einzunebeln. Irgendwann aber gab es keinen Konkurrenten mehr, den General Motors mit einem solch gewaltigen Auto hätte übertrumpfen können. Die Herstellung wurde im Herbst 1939 gestoppt, als nur mehr ein Wagen pro Monat bestellt wurde. **MG**

Im amerikanischen Zweigwerk von Rolls-Royce hergestellter Phantom II mit einer Karosserie von Brewster & Co.

770 W07 | Mercedes-Benz

1930 • 7655 ccm, Achtzylinder • 150 PS/110 kW • keine Angaben • 150 km/h

Als größten und teuersten Personenwagen präsentierte Daimler-Benz 1930 den Typ 770 (intern: W07) mit Achtzylinder-Reihenmotor. Es gab auch eine Version mit Kompressor, genannt 770K. Gerne als „Großer Mercedes" bezeichnet, handelte es sich beim 770 um eine durchaus konservative Konstruktion, bei weitem nicht so innovativ wie der Maybach-Konkurrent „Zeppelin". Nachdem Hitler im Jahre 1933 Reichskanzler geworden war, wurde der Große Mercedes von der Staatsführung bevorzugt zur Demonstrierung ihrer Macht verwendet; in Paraden und bei anderen Anlässen war es immer ein 770, in welchem sich die uniformierten Spitzen des Reiches dem Volk präsentierten. Aber auch Staatsoberhäupter anderer Länder erkoren den Prestige-Mercedes zu ihrer Staatskarosse.

Bis Mitte 1938 wurden nicht mehr als 117 Exemplare gebaut, wobei die Kompressorausführungen nicht etwa schneller waren, sondern nur über ein Plus von 50 PS verfügten, das notwendig war, das Gewicht extra schwerer Karosserien auszugleichen, etwa bei gepanzerten Limousinen. In einer zweiten Baureihe, intern als W150 bezeichnet und produziert von 1938 bis 1942 in 88 Exemplaren, leistete der Motor mit Kompressor 230 PS, und mit zwei Kompressoren sogar 400 PS. Diese Versionen waren allerdings an die 170 bis 180 km/h schnell, und sie wurden ausschließlich an die Reichskanzlei und Hitlers Stäbe geliefert. Nach dem Kriege fanden die meisten 770 als Beutefahrzeuge ihren Weg in die USA, und kaum eines wurde nicht als „Hitler's personal car" bezeichnet, obwohl der Diktator niemals einen persönlichen Wagen besessen hat, sondern aus dem Fuhrpark der Reichskanzlei je nach Anlaß ein Fahrzeug zugewiesen bekam. **HS**

Phantom II | Rolls-Royce

1930 • 7668 ccm, Sechszylinder • 120 PS/88,2 kW • keine Angaben • 150 km/h

Ende 1929 erfuhr der New Phantom einige Optimierungen und mutierte zum Phantom II für das Modelljahr 1930. Das Auto stellte Henry Royces letztes Gesamtwerk dar, ehe er 1933 starb. Der mit einem verchromten statt wie bisher vernickelten Kühler versehene Wagen hatte einen Hilfsrahmen bekommen, so daß die Karosserien nicht mehr direkt aufs Chassis geschraubt wurden. Die hydraulischen Stoßdämpfer ließen sich vom Lenkrad aus verstellen, und es gab einen Verstärker für die mechanischen (noch nicht hydraulischen) Bremsen. Das Fahrgestell war niedriger gehalten, so daß auch die Karosserien eleganter wirkten. Motor und Getriebe bildeten jetzt eine Baueinheit.

im Lauf der Jahre wurde die Verdichtung einige Male angehoben, was in höheren Leistungswerten resultierte; Experten schätzten sie 1935 auf 130 PS bei 3000 Touren. Und noch immer war es üblich, daß der Käufer eines Rolls-Royce sich eine individuelle Karosserie anfertigen ließ.

In Springfield, Massachusetts, existierte 1919-1931 eine amerikanische Tochtergesellschaft, wo zunächst der Silver Ghost nach britischer Konstruktion gebaut wurde, mit dem gleichen Chassis und dem Motor des Originals. Die Karosserien wurden von den Firmen Brewster, Merrimac, Smith, Biddle-Smart und anderen Herstellern bezogen. Brewster & Co. hatte bereits 1907 eine erste Automobilkarosserie für einen Rolls-Royce angefertigt und war 1914 Vertriebsagentur für Rolls-Royce in den USA geworden. Ende 1926 fusionierte Brewster mit Rolls-Royce of America. 1934 änderte sich der Firmenname in Springfield Manufacturing Co., die nur mehr Autos aus englischer Fertigung importierte. **HS**

20/25 | Rolls-Royce (GB)

1929 • 3669 ccm, Sechszylinder • 100 PS/73,5 kW • 0-80 km/h in 28 Sek. • 120 km/h

Als erstes neues Modell, mit dem Rolls-Royce seine Ein-Typen-Politik seit Erscheinen des berühmten Silver Ghost im Jahre 1907 änderte, war der 20 HP oder auch Twenty von 1922. Mit einem Radstand von 3277 mm gegenüber dem des Silver Ghost von 3658 mm war der „Baby Rolls" als Wagen für den Gentleman definiert, der selbst fuhr und sich keines Chauffeurs bediente. Überlegungen zur Wirtschaftlichkeit hatten auch die Auslegung des OHV-Motors bestimmt, der nicht einmal halb so groß wie im Ghost war.

In Nachfolge des Rolls-Royce Twenty erschien 1929 der 20/25. Der Wagen war in vieler Hinsicht weiterentwickelt worden; sein Motor hatte 3669 ccm, das Chassis ab 1932 Zentralschmierung, was die Wartungsarbeit erleichterte. Zugleich führte man doppelt wirkende Hydraulik-Stoßdämpfer ein, Synchronisierung beim 3. und 4. Gang sowie eine elektrisch arbeitende Benzinuhr. „Auch unser kritischster Tester muß zugeben: Dieser Wagen bereitet ihm großes Fahrvergnügen", schrieb The Motor.

Die Befürchtung der verantwortlichen Konstrukteure Ernest Hives und W. A. Robotham war die gleiche wie die des Firmenchefs: Sie galt immer wieder dem Umstand, daß sich Kunden zu schwere Karosserien auf den Rahmen setzen ließen. Noch war es üblich, daß man nur das fahrfertige Chassis erwarb und es bei einem Couturier einkleiden ließ, etwa bei James Young, Mulliner, Barker, Gurney Nutting, Windovers, Hooper oder einem der vielen anderen. Dies galt auch für den 1936-38 gebauten Nachfolger 25/30 mit 4,3-Liter-Motor, ein Auto, das beileibe kein kleiner Rolls mehr war und mit zwei Tonnen Gewicht dennoch meist zu schwer geriet. **BS**

Front | DKW

1931 • 584 ccm, Zweizylinder • 15 PS/11 kW • keine Angaben • 75 km/h

Innerhalb von nur sechs Wochen entstand der Prototyp eines kleinen, preiswerten Zweisitzers, den Jørgen Skafte Rasmussen, Chef der DKW- und Audi-Werke, im Oktober 1930 seinen Konstrukteuren als Aufgabe gestellt hatte. Im Februar 1931 wurde das zunächst FA genannte Auto auf der Berliner Automobilausstellung gezeigt und erregte dort großes Aufsehen. Mit seinem vom Motorrad abgeleiteten Zweitaktmotor und Vorderradantrieb war der DKW für den Großserienbau vorgesehen. Ein Viersitzer mit etwas längerem Chassis und eine Limousine waren ebenfalls geplant.

Als offener Zweisitzer wies der DKW Front eine Leichtbau-Karosserie auf, die aus Sperrholz mit einem Kunstlederüberzug bestand, eine Bauweise, die man auch bei seinen Nachfolgern beibehielt. Mit knapp 600 statt nur 500 cm wie beim Prototyp lief der 450 kg wiegende Flitzer an die 75 km/h. Der Motor saß quer über der Vorderachse, die als Querblattfeder ausgelegt war; auch hinten gab es eine achslose Querblattfeder-Radaufhängung. Das Dreiganggetriebe wurde mit einem Revolvergriff im Armaturenbrett geschaltet. Lichtmaschine und Anlasser bildeten eine Einheit, Dynastart genannt. Der Tank für das Zweitaktgemisch befand sich unter der Motorhaube, die Gefälleversorgung zum Vergaser ersparte eine Kraftstoffpumpe. Der DKW Front kostete nur 1750 Reichsmark; die Preise für den billigsten kleinen Opel begannen bei 2000 Reichsmark. Etwa 2000 Exemplare wurde von dem robusten, kleinen Frontantriebswagen der ersten Serie hergestellt, der in seiner Konzeption lange konkurrenzlos blieb, denn NAG, Adler und Citroën kamen mit Frontantriebs-Serienfahrzeugen erst 1933 beziehungsweise 1934 auf den Markt. **SH**

8C 2300 | Alfa Romeo

1931 • 2336 ccm, Achtzylinder • 180 PS/132 kW • keine Angaben • 185 km/h

Nach seinen überzeugenden Erfolgen mit dem Sechszylindermotor ging Vittorio Jano an die Konstruktion eines DOHC-Reihenachtzylinders. Zwischen den zwei Vierzylindereinheiten, verbunden durch eine gemeinsame Kurbelwelle, befand sich der Königswellenantrieb zu den obenliegenden Nockenwellen. Den Achtzylinder gab es in zwei Chassislängen, wobei die kürzere Version (Corto) den reinen Rennwagen vom Typ Monza vorbehalten blieb und die längere (Lungo) den zivileren Sportzweisitzern. Mit ihren leichten, hochpotenten Fahrzeugen traten Alfa-Romeo-Piloten Bentleys Nachfolge in Le Mans an, wo sie 1931 bis 1934 die Gesamtsiege für sich verbuchen konnten. Eigentlich war der 8C 2300 nur zu diesem Zweck konstruiert worden, und die in ihn gesetzten Erwartungen erfüllte er glänzend. 1931 betrug sein Durchschnitt während der 24 Stunden 125 km/h. Auch gewann ein solches Auto 1931 das Rennen um den Großen Preis von Italien in Monza.

Der auf 2,3 Liter ausgelegte Motor wuchs bald auf 2,6, dann auf 2,9 Liter Hubraum, und 1935 erschien ein 8C 2900 sogar mit zwei Kompressoren und einem ganz auf Grand-Prix-Spezifikationen zugeschnittenen Fahrgestell mit Einzelradaufhängung ringsum. Prototypen dieses Modells belegten die ersten drei Plätze der 1936er Mille Miglia. Ab 1937 gab es einen als 8C 2900B bezeichneten Wagen dieser Ausführung auch für Privatkunden zu kaufen. Als einer der schnellsten Serienwagen der 1930er Jahre wurde der 8C 2900B mit Karosserien von Touring oder Farina versehen. Die Krönung der Achtzylinder-Baureihe war der 8C 35C als Monoposto, ferner gab es ein Modell mit zwei solcher Motoren – einem vorn und einem hinten. **MG**

Typ 50 | Bugatti

1931 • 4972 ccm, Achtzylinder • 225 PS/165 kW • 0–100 km/h in 8,5 Sek. • 185 km/h

Der Bugatti Kompressor-Sportwagen Typ 50 war nicht als Rennwagen konzipiert, dennoch präparierte Ettore Bugattis Sohn Jean drei Fahrzeuge für die Teilnahme am 24-Stunden-Rennen von Le Mans 1931. Es galt, Bentley und Alfa Romeo zu schlagen. Bugatti hatte einen Zuschuß vom Staat erwartet, der allerdings zu keiner Sponsorschaft geneigt war – aus Ärger hierüber ließ Bugatti die Wagen schwarz statt, wie für französische Rennwagen üblich, hellblau lackieren. Die Autos mit den Nummern 4, 5 und 6 hätten sogar beste Siegeschancen gehabt, aber Bugatti zog sie aus dem Rennen zurück, nachdem der Wagen von Albert Divo und Guy Bouriat infolge eines Reifenplatzers in der 26. Runde von der Strecke abgekommen war und dabei einen Zuschauer tödlich verletzt hatte. Die Bemühungen des Teams, zu welchem auch Louis Chiron und Achille Varzi gehörten, fanden jedenfalls hohe Anerkennung, und der 225 PS starke Motor, der erstmals zwei obenliegende Nockenwellen und nur zwei Ventile aufwies, hatte gutes Stehvermögen gezeigt; alle Vorgänger waren Dreiventiler gewesen. Das Fahrgestell, der Kühler und das Getriebe waren identisch mit denen im Typ 46. Im Herbst 1932 erschien mit dem Typ 50 T (für Tourisme) eine weniger rasante Version mit 3,50 statt 3,31 Meter Radstand, ausgelegt für geräumigere Karosserien, und einer auf 200 PS reduzierten Motorleistung. Der Kunde hatte die Wahl zwischen einer Bugatti-Standardkarosserie, die bei der Firma Gangloff in Colmar angefertigt wurde, oder einem Aufbau eigener Spezifikation. Bugatti-Historiker bezeichnen den T.50 als einen Meilenstein in der Geschichte der Marke; 65 Fahrzeuge sind gebaut worden. **BS**

Roy D. Chapin, einer der Hudson-Gründer, zeigt das neue Modell Terraplane dem Flugpionier Orville Wright (1934).

Pionier | Goliath

1931 • 198 ccm, Einzylinder • 5,5 PS/4 kW • keine Angaben • 60 km/h

In den schwierigen Zeiten zu Anfang der 1930er Jahre gab es in Deutschland nur wenige Menschen, die sich ein neues Auto leisten konnten. Dies hatte zur Folge, daß es zum vermehrten Angebot von Kleinstwagen kam, zumal Handwerk und Gewerbe auch auf motorisierte Transportmittel angewiesen waren – aber halt auf solche, die mit nur minimalen Anschaffungs- und Unterhaltskosten zu Buche schlugen. Zu denen, die das schon früh erkannt hatten, zählte der junge Unternehmer Carl F.W. Borgward. Er hatte bereits 1925 einen „Blitzkarren" als dreirädriges Lastendreirad auf den Markt gebracht. 1931 stellte er einen „Goliath Pionier" genannten Personenwagen vor, ebenfalls mit drei Rädern, gebaut in den von Borgward geleiteten Hansa-Lloyd & Goliath Werken in Bremen. Der Pionier war ein steuer- und führerscheinfrei zu fahrender Zweisitzer mit vorderem Einzelrad und 200-ccm-Motor im Heck. Spätere Goliath-Dreiräder gab es auch mit 200- bzw. 400-ccm-Motor unter dem Sitz oder auch unter der Fronthaube, es waren die Vorläufer der erfolgreichen Nachkriegsfahrzeuge, die von 1949 bis 1961 hergestellt wurden und Deutschlands Straßenbild entscheidend mitprägten.

Die mit Kunstleder bespannte Sperrholzkarosserie verlieh dem kleinen Coupé das Flair eines richtigen Personenwagens; diese Bauart war damals auch bei DKW und beim Framo Stromer üblich, dem direkten Konkurrenten des Pionier. Der Kraftstofftank unter der Fronthaube faßte acht Liter Gemisch. 1934, im letzten Baujahr, bekam der insgesamt etwa 4000mal hergestellte Kleinstwagen eine Art Fließheck, wodurch etwas Platz für mitzunehmendes Gepäck entstand. **SH**

Terraplane | Hudson

1932 • 3998 ccm, Achtzylinder • 88 PS/65 kW • 0-100 km/h 14,6 Sek. • 137 km/h

Auf einer Riesenparty stellte im Auftrage der Hudson Motor Car Company am 31. Juli 1932 die berühmte Fliegerin Amelia Earhart das neue Modell Terraplane vor. Die Marke Hudson war 1909 von vier ehemaligen Mitarbeitern der Olds Motor Works (Oldsmobile) gegründet worden; als Firmen- und Markennamen wählten sie den ihres Geldgebers Joseph L. Hudson, ein Warenhausbesitzer in Detroit.

Ab 1919 stellte Hudson die preisgünstige Essex-Baureihe her. 1922 wurde die unter eigenen Namen operierende Essex Motor Co. in die Hudson Motor Car Co. integriert. Enttäuschende Verkaufszahlen des Essex und der zunehmende Druck der Weltwirtschaftskrise zwangen Hudson jedoch, den Essex durch ein neu konstruiertes Auto mit möglichst geringeren Fertigungskosten und günstigem Verkaufspreis zu ersetzen – dazu hatte man den Terraplane geschaffen. Der von 1924 bis 1932 gebaute Essex Super Six (2584 ccm) war auch in Europa angeboten worden.

Der Terraplane hatte erst einen 2,5-, später 3,2-Liter-Sechszylindermotor. Mit seinem Preis von nur 475 Dollar war der Terraplane einer der preisgünstigsten Sechszylinder in den USA. Im August 1933 folgte ein 4,0-Liter-Achtzylinder-Modell, dessen Motor übrigens auch im britischen Railton installiert wurde. Der Achtzylinder-Wagen erreichte eine Geschwindigkeit von 137 km/h. In der Sechszylinder-Ausführung gab es für den Export auch einen 2,6-Liter mit vorderer Einzelradaufhängung und hydraulischen Bremsen.

Zu geringe Absätze veranlaßten Hudson jedoch, den Terraplane – das „Flugzeug zu Lande" – 1937 wieder vom Markt zu nehmen. **SH**

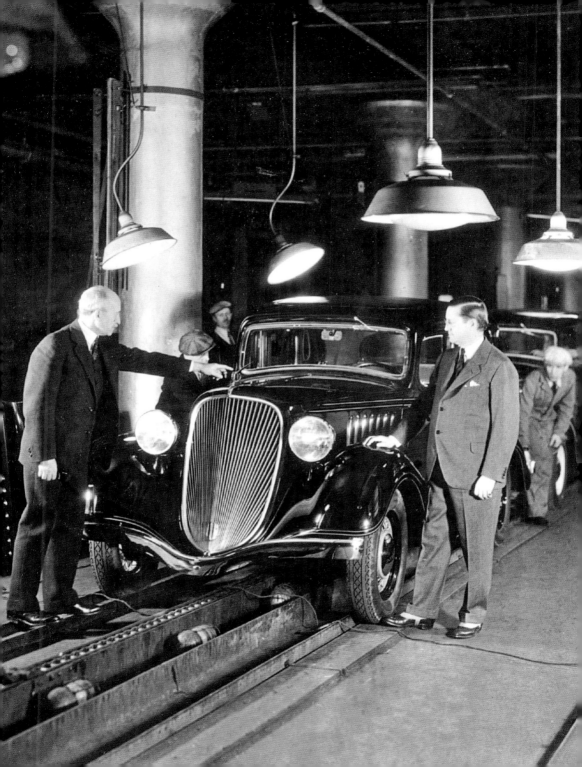

SJ | Duesenberg

1932 • 6882 ccm, Achtzylinder • 320 PS/235 kW • 0-100 km/h in 8,5 Sek. • 205 km/h

Die 1919 von den deutschen Einwanderern Fred und August Duesenberg in Newark gegründete Automobilfabrik wurde für ihre Luxusfahrzeuge berühmt, und Autos der Marke Duesenberg waren auch im Motorsport erfolgreich. Doch der hohe Aufwand, der bei Duesenberg – später in Indianapolis – betrieben wurde, zahlte sich nicht aus. 1926 wurde Duesenberg an Auburn verkauft. Auburn-Chef Errett L. Cord nutzte die hohe Reputation des Namens Duesenberg, um in seiner Regie die Autos dieser Marke zu den teuersten zu machen, die in den USA gebaut wurden. So bekam das Ende 1928 vorgestellte Model J einen DOHC-Reihenachtzylindermotor mit 32 Ventilen. Das 200-PS-Triebwerk baute die Firma Lycoming. Trotz seines Gewichts von 2,5 Tonnen wies der große Duesenberg ein gutes Handling auf. Spitzenmodell war der SJ mit 320 bis 400 PS starkem Kompressormotor. Doch nur selten ließen sich 205 km/h Spitze auf dem Highway ausfahren. Hinsichtlich Leistung, Komfort, technischer Reife und ästhetischer Linie war der SJ jedem amerikanischen Wagen weit voraus. Die Karosserien wurden von den besten Karossiers in den USA und Europa angefertigt.

Aristokraten in der Alten Welt wie auch Schauspieler in Hollywood zählten zu den prominenten Käufern des Duesenberg SJ. Wer es noch exklusiver wünschte, bestellte einen sportlichen SSJ mit verkürztem Chassis. In der Regel erhielt ein Duesenberg eine luxuriöse Limousinenkarosserie oder einen Aufbau als Boattail Tourer mit zwei Cockpits (als „Dual Cowl" bezeichnet). Als Errett L. Cords Imperium 1937 zusammenbrach, verschwand auch Amerikas teuerste Luxusmarke von der Szene. **BS**

Typ 55 | Bugatti

1932 • 2261 ccm, Achtzylinder • 160 PS/118 kW • 0-100 km/h in 13 Sek. • 180 km/h

Mit dem Typ 55 stellte Bugatti 1932 die Straßenversion des Grand-Prix-Rennwagens Typ 54 vor. Der Motor war ein Reihenachtzylinder mit 2261 ccm Hubraum, verbunden mit einem Dreiganggetriebe aus dem Typ 49. Viele Teile an seinen Autos verwendete Bugatti in einem modularen Baukastensystem. Die attraktive, türenlose Roadsterkarosserie zählt zu den schönsten Kreationen, die Jean Bugatti je geschaffen hat. Es gab jedoch auch einige Coupés. Insgesamt entstanden innerhalb von knapp zwei Jahren nur 38 Fahrzeuge dieses Typs. Die britische Motorpresse schrieb über den Typ 55: „Man erwartet von einem solchen Motor nicht, daß er geräuschlos läuft. Doch während das Auspuffgeräusch zwar deutlich, aber erträglich ist, gibt es eine Menge mechanischer Geräusche, die vom Getriebe sowie von den geradeverzahnten Zahnrädern des Nockenwellenantriebs verursacht werden. Bei höheren Geschwindigkeiten gehen diese einzelnen Geräusche in ein wildes Heulen über. Doch Straßenlage und Handling sind so ausgezeichnet, daß man den Wagen um Kurven geradezu zaubern kann ..."

Zu den prominenten Besitzern eines Typ 55 zählte Baron Philippe de Rothschild von der berühmten französischen Bankiers- und Winzerdynastie, der am Lenkrad eines Typ 35 auch Rennen fuhr, ebenso der Modedesigner Ralph Lauren. Er mußte für seinen Wagen vermutlich einen sehr viel höheren Betrag anlegen als jener Glückliche, der 1960 für den Prototyp mit der Seriennummer 1 nur 770 Pfund Sterling zu zahlen hatte; das Auto war in einem jämmerlichen Zustand aufgefunden worden. Heute erzielt ein Typ 55 bei Christie's oder Bonham's Erlöse in Millionenhöhe. **MG**

SS1 | Swallow Coachbuilding Company (GB)

1932 • 2054 ccm, Sechszylinder • 48 PS/35,4 kW • keine Angaben • 120 km/h

Es ist kaum noch vorstellbar, daß der Gründer der noblen Marke Jaguar einst in einem Gartenschuppen Motorrad-Seitenwagen in Handarbeit herstellte, doch genau damit legte William Lyons 1922 den Grundstein zu seiner späteren Firma, die Weltberühmtheit erlangte. Er und sein Partner Bill Walmsley verlegten ihren erfolgreichen Betrieb fünf Jahre später von Blackpool nach Coventry. Hier begannen sie, in kleiner Serie auch sportliche Karosserien für den Austin Seven anzufertigen, wie die Seitenwagen „Swallow" (Schwalbe) genannt.

Bald bekam Lyons Appetit auf einen Sportwagen, den er nach eigenen Vorstellungen zu bauen gedachte. So wurde die Swallow Coachbuilding Company 1931 zum Automobilhersteller, allerdings bald ohne Bill Walmsley, der Lyons' neuer Geschäftsidee mißtraute und lieber das Seitenwagen-Busineß weiterführte.

Das Chassis für seinen SS1 (die Buchstaben standen vermutlich für Swallow Sports, was Lyons aber nie bestätigte) war eine Konstruktion des Ingenieurs Rubery Owen und wurde bei der benachbarten Autofirma Standard hergestellt, und vom Standard 16 HP übernahm Lyons auch den 2,1-Liter-Sechszylindermotor. Die nach Lyons' Entwürfen hergestellten, sehr niedrig gehaltenen Karosserien mit langer Motorhaube – Tourer und viersitzige Coupés – bekamen ihren Feinschliff durch den Stylisten Cyril Holland. Es folgten bald ein 2,6-Liter-Modell sowie eine Vierzylinder-Baureihe SS2; die Absatzzahlen entwickelten sich sehr positiv. Von den sportlichen, gutaussehenden und erstaunlich preiswerten Autos, an denen auch der Zulieferer Standard fleißig mitverdiente, wurden bis zu ihrer Umbenennung in Jaguar im Jahre 1936 rund 4900 Stück verkauft. **LT**

Model B | Ford (USA)

1932 • 2023 ccm, Vierzylinder • 40 PS/29,4 kW • keine Angaben • 95 km/h

Am 2. Oktober 1930 erfolgte die Grundsteinlegung zu einem neuen Ford-Werk in Köln am Rhein; hier begann ein halbes Jahr später die Montage des Ford AA Lastwagens und des Modell A Personenwagens, anschließend auch weiterer Modelle für die europäischen Märkte. Ein Intermezzo bis zur Vorstellung des Ford Rheinland lieferte das Model B, in Deutschland auch 8/40 PS genannt. Parallel dazu gab es 1932-1933 einen 13/50 PS mit dem 3285-ccm-Motor des Model A.

Wie seine Vorgänger war der Ford Model B als zweisitziger Roadster, als Drei- oder Fünffenster-Coupé und als viertürige Limousine erhältlich. Der Wagen mit seinem noch immer senkrechten Kühlergrill hatte ein Dreiganggetriebe, Gestängebremsen, Querblattfederung, hydraulische Stoßdämpfer und Drahtspeichenräder mit 18-Zoll-Reifen. Der Radstand von 2690 mm entsprach dem des Model A. Die Ablösung des Model B erfolgte 1934 durch das Modell Rheinland, das ebenfalls noch immer den Motor und das Fahrwerk des Ford A bzw. B aufwies und in Köln bis 1936 fabriziert wurde. All diese Fahrzeuge waren auf Langlebigkeit ausgelegt und verkörperten kaum einen technischen Fortschritt. Ausschlaggebend war nicht zuletzt ein günstiger Anschaffungspreis. Einen Verbrauch von 14 Litern Benzin auf 100 Kilometer empfand man damals als nicht zu hoch.

Vom Ford Rheinland wurden 5575 Stück verkauft, vom Model B waren es nur 1784. Das waren nicht einmal zehn Prozent der Zahl der in Deutschland gebauten A-Modelle. Daß die Zeit großvolumiger Vierzylinder endgültig abgelaufen war, ließ im März 1932 die Einführung eines V8-Motors im Model B erkennen. **BS**

Twin Six | Packard

1932 • 7292 ccm, V12 • 160 PS/118 kW • keine Angaben • 160 km/h

Der erste Wagen, den James Ward Packard baute, gab sein Debüt im Jahre 1899. Doch lange blieb der Namensgeber nicht Firmenchef: Er nahm einen Partner namens Henry B. Joy als Finanzier ins Boot, der Mr. Packard 1903 ausbezahlte und damit Alleininhaber der New York & Ohio Automobile Company wurde. Autos unter der Marke Packard genossen von Anfang an eine Reputation für innovative Technik. Diesem Ruf wurde nicht zuletzt ein Wagen mit V12-Motor gerecht, 1915 vorgestellt. Der Twin Six war der erste serienmäßig produzierte Zwölfzylinder der Welt. Und da er wie alle Fahrzeuge der Marke Packard von außerordentlich feiner Qualität war, nahm er binnen kurzem die Position als das Spitzenauto amerikanischer Produktion ein. Als US-Präsident Warren G. Harding einen Twin Six dazu auserkor, als Fahrzeug für seine Amtseinführung zu dienen (es war überhaupt das erste Mal, daß ein Präsident im Automobil zum Weißen Haus gefahren wurde), war der Publicity-Effekt grandios. Innerhalb von acht Jahren wurden mehr als 35.000 dieser Fahrzeuge verkauft, ehe ein Achtzylinder den ersten Serien-V12 der Automobilgeschichte ablöste.

Erst 1932 bot Packard wieder einen Zwölfzylinder an. Mit seinen modernen Stromberg-Vergasern und einer Leistung von eindrucksvollen 160 PS war der neue Twin Six ein Meisterwerk von hoher Qualität. Erst nach 80.000 Kilometern Laufleistung erforderten die Ventile ein Justieren. Die schönsten Karosserien für dieses Auto entwarf Ray Dietrich, wie dieses Cabriolet mit dem Compartment für die Golfausrüstung hinter der ledernen Sitzbank. Weißwandreifen, edle Hölzer und Teppiche im Interieur sowie ein Instrumentarium wie in einem Flugzeug trugen zum Glücksgefühl des Packard-Besitzers bei. **BS**

V8 | Ford

1932 • 3620 ccm, V8 • 65 PS/48 kW • 0–100 km/h 22 Sek. • 115 km/h

In den 1930er Jahren vermochte sich ein Ford mit Vierzylindermotor in den USA nicht mehr zu behaupten, doch einen Sechszylinder herauszubringen widerstrebte Henry Ford. Wenn schon, denn schon: 1932 stellte die Ford Motor Co. ein V8-Modell vor, dies bildete die Grundlage jahrzehntelanger Markterfolge. 1933 installierte man den V8 in das sogenannte Type-40-Chassis, das zunächst dem des Ford B entsprach und das es mit verschiedenen Aufbauten gab. Es war der Ur-V8-Ford geboren, der einen Meilenstein darstellte. Und die Preise begannen unterhalb von 700 Dollar. Schon damit war der Erfolg programmiert.

Mit einem neuen Stahlrahmen und 2,84 m Radstand, einem neuen, schrägen und flott aussehenden Kühlergrill, elegant geschweiften Kotflügeln und geneigter Windschutzscheibe war der V8 ab 1933 ein gut aussehender und mit besten Eigenschaften versehener Wagen. Die Stoßstangen waren durchgehend und in der Mitte V-förmig geknickt..

Der V8-Motor mit seinem neuen Zündsystem und verbesserter Kühlung, Hochdruckkolben und Aluköpfen leistete 65 PS. Er hatte einen Fallstromvergaser sowie seitlich plazierte Ventile, deshalb hieß er im Volksmund „flathead" (Flachkopf). Er wurde auch in Nutzfahrzeugen verwendet und erwies sich als extrem belastbares und langlebiges Aggregat. Der Zylnderblock war aus einem Stück gegossen, eine Technik, die viele Experten als nicht durchführbar erachtet hatten.

Der Ford V8 durchlief in den Jahren bis Kriegsausbruch viele Verbesserungen, die Leistungen stiegen bis 85 PS an. In Deutschland gab es den V8 – produziert in Köln – ab 1935. **BS**

◁ Dieses kanariengelbe Deuce Coupé spielte eine Rolle im 1973 gedrehten Film „American Graffiti".

Deuce Coupé | Ford

1932 • 3621 ccm, V8 • 65 PS/48 kW • 0–100 km/h 22 Sek. • 120 km/h

Wie kaum ein anderes Automodell diente der Ford A und der ihm nachfolgende Typ B mehreren Generationen von Bastlern und Tunern in den Vereinigten Staaten als Basis für ihre „Hot Rods" (heiße Pleuel). Die zu teils abenteuerlichen Straßenrennern umfunktionierten Coupés entstanden aus abgespeckten Altwagen, mit tiefergelegten Rahmen und frisierten Motoren; der Phantasie waren keine Grenzen gesetzt. Der Amerikaner sprach von „customized cars", ein Terminus, der alle Arten der Modifikation bezeichnete. Ausrangierte Ford Coupés fanden sich zu Abertausenden auf den Schrott- und Gebrauchtwagenplätzen, und für manchen Jüngling war ein Hot Rod das erste Auto überhaupt, mit dem er die Straßen seiner Umgebung unsicher machte. So etwas wie einen TÜV gab es in den USA ja nicht. Statt eine alte Familienkutsche abzuwracken, wurde sie kunstgerecht verfremdet, mit modernen Felgen und Breitreifen versehen, bunt angemalt und vom Junior zum Saturday Night Cruising auf der Main Street verwendet, um den Mädchen zu imponieren.

Schon bald etablierte sich ein blühendes Gewerbe, das Tuningzubehör für Do-it-yourselfer anbot, mit welchem sich die alte Substanz auf den neuesten Stand bringen ließ. Es entstand ein Hot-Rod-Kult, der soweit gedieh, daß in den 1970er Jahren sogar nachgefertigte Karosserien – teils aus Kunststoff – nach Art des Ford A oder B auf den Markt kamen. So manches Deuce Coupé (etwa: verflixtes Teufels-Coupé) avancierte zu einem Klassiker, wie es von den Beach Boys 1963 besungen wurde, oder wie es als zitronengelb lackiertes Auto 1973 im Film „American Graffiti" eine wichtige Rolle spielte. **SH**

Köln | Ford

1933 • 921 ccm, Vierzylinder • 21 PS/15,5 kW • 0-80 km/h in 24 Sek. • 85 km/h

Die in Europa beheimateten Ford-Tochterfirmen mußten, um die geringen Umsätze mit dem A-Modell auszugleichen, zu Anfang der 1930er Jahre möglichst schnell einen wirtschaftlichen Kleinwagen auf die Räder stellen. In gemeinsamer Arbeit entwickelten die Engländer und die Deutschen in weniger als Jahresfrist das Projekt Y. Ohne dieses Auto hätte die neue Ford-Fabrik in Dagenham bald wieder schließen können – und sie war die größte in England! Weitere Fabriken, die in Europa Ford-Wagen herstellten, befanden sich in Kopenhagen, Bordeaux, Cadiz und Triest; Montagebetriebe gab es auch in Russland und Polen.

Der in Großbritannien Ende 1932 als Model Y 8 HP und wenige Monate später in Deutschland als Ford Köln eingeführte Wagen wies ein herkömmliches Leiterchassis auf mit einer zweitürigen Limousinenkarosserie; es gab auch einige Cabriolets. Viele Bauteile erhielt Köln zunächst aus England, erst Ende 1933 war der Wagen als „Deutsches Erzeugnis" zu bezeichnen, weil er jetzt überwiegend aus Teilen deutscher Fertigung bestand.

Mit seinem 921-ccm-Motor, 21 PS, Dreigangschaltung und Querblattfedern entsprach der Wagen gängiger Baupraxis, dennoch kam er angesichts fortschrittlicher Konstruktionen von Adler oder DKW ins Hintertreffen. In Deutschland wurde das Auto bis Juli 1936, in England bis September 1939 gebaut, und dort war es mit 157.000 Exemplaren auch insgesamt erfolgreicher. Der in Deutschland fabrizierte Typ Köln kam auf 11.121 Stück. Bei den Briten konkurrierte der kleine Ford gegen ähnliche Autos von Morris, Singer und Austin; die deutschen Mitbewerber waren der Adler Trumpf Junior, Opel 1,1 Liter, der DKW Front und der BMW 309. **BS**

AM80S | Hotchkiss

1933 • 3485 ccm, Sechszylinder • 100 PS/73,5 kW • keine Angaben • 145 km/h

Die Marke führte ihren Namen auf den Amerikaner Benjamin Berkeley Hotchkiss (1826-1885) zurück, dessen Familie seit 1641 in den Vereinigten Staaten ansässig war. Hotchkiss war ein Waffenfabrikant und kam auf Veranlassung Napoléons III. nach Frankreich, um 1868 in St.-Denis bei Paris eine Kanonengießerei zu eröffnen.

Wie die meisten Waffenfabriken war bei Hotchkiss die Produktionskapazität in Friedenszeiten nicht ausgelastet. Durch die Erfindung des Automobils ergaben sich indes neue, lukrative Betätigungsfelder: Die für ihre Präzisionsarbeit und metallurgischen Spezialkenntnisse bekannte Firma Hotchkiss wurde zum Zulieferer der ersten Automobilhersteller Frankreichs; der erste eigene Wagen entstand um 1902.

1928 kam der Hotchkiss AM75 mit 2,5-Liter-Motor auf den Markt, der kurz darauf vom AM80 abgelöst wurde, konstruiert von Vincent Bertarione. Dieser war vorher für Talbot-Darracq tätig gewesen und hatte seine Karriere bei Fiat begonnen, bevor er zu einem bedeutenden Konstrukteur bei Citroën avancierte.

Der AM80S mit seiner siebenfach gelagerten Kurbelwelle und Schwingungsdämpfern war die Sportversion des AM80 und wurde in den Jahren 1932 bis 1934 sowie 1939 erfolgreich bei der Rallye Monte-Carlo eingesetzt, so auch von Maurice Vasselle, der mit dem Prototyp 1932 den Gesamtsieg errang. „Die Konstruktion des Wagens wie seine sauberen Linien lassen in jeder Beziehung Perfektion erkennen", urteilte der Journalist Charles Faroux über den AM80. 1929 wurde einer dieser Wagen sechzehn Tage ununterbrochen über den Montlhéry-Ring gejagt – der 40.233-km-Marathon resultierte in sechsundvierzig internationalen Rekorden. **BS**

Trumpf Junior | Adler

1934 • 995 ccm, Vierzylinder • 28 PS/20,1 kW • keine Angaben • ca. 90 km/h

Im Jahre 1900 begannen die Adler-Werke in Frankfurt am Main mit der Herstellung von Automobilen; die Fahrzeuge wurden mit einem französischen Lizenzmotor von De Dion-Bouton versehen. 1902 trat der junge Ingenieur Edmund Rumpler in die Firma ein und wurde zum Leiter des Konstruktionsbüros ernannt. Rumpler schuf mehrere Modelle, die 1904 in Produktion gingen. Die Marke Adler wurde rasch populär, 1914 waren im Deutschen Reich rund 55.000 Personenwagen registriert, von denen jeder fünfte ein Adler war. Doch die Zeit nach 1918 war hart. Erst 1924-25 ging es mit Adler wieder aufwärts. Der Typ 9/30 PS galt als hervorragender Tourenwagen und war gut verkäuflich. Erfolgreich war auch der ab 1924 gebaute 6/23 PS mit Blockmotor. Im Jahre 1926 stellte Adler den Standard 6 vor, der ebenfalls ein großer Erfolg wurde.

1928 rollte alle acht Minuten ein fertiger Personenwagen vom Fließband. Zwei Jahre später brachte Adler das Modell Favorit auf den Markt, und 1932 entstand der Adler Trumpf 1,5 Liter, ein Frontantriebswagen, der auch außerhalb Deutschlands große Beachtung fand.

Der 1934 vorgestellte Typ Trumpf Junior 1,0 Liter, ebenfalls mit Vorderradantrieb, brachte Adler weitere Erfolge. Dieses Modell wie auch der 1933 eingeführte Sechszylinder-Wagen Diplomat stellten Konstruktionen des Ingenieurs Hans Gustav Röhr dar. Der Adler Trumpf Junior war als Limousine, als Cabrio-Limousine und als zwei- oder viersitziges Vollcabrio erhältlich, von 1935 bis 1937 auch als Sportroadster. Im August 1939 wurde der 100.000. Trumpf Junior gebaut. Über eine eigene Karosserieproduktion verfügte Adler jedoch nicht, alle Aufbauten bezog man von Zulieferern. **SH**

Typ 57 | Bugatti (F)

1934 • 3257 ccm, Achtzylinder • 210 PS/154 kW • 0–100 km/h in 10 Sek. • 215 km/h

Viele Autoliebhaber sind der Meinung, der Bugatti Atlantic sei der schönste Wagen der Welt. Doch alle Fahrzeuge vom Typ 57, gebaut von 1934 bis Anfang 1940 in 750 Exemplaren (sämtliche Derivate mitgezählt), sind edle Sammlerstücke und erzielen seit Jahrzehnten Höchstpreise.

Für die Entstehung dieser letzten und wirklich großartigen Bugatti-Baureihe zeichnete Ettores Sohn Jean verantwortlich. Er entwarf einen luxuriösen, schnellen Achtzylinderwagen, der die Typennummer 57 erhielt und in unterschiedlichen Spezifikationen zu bekommen war.

Das Triebwerk des Bugatti 57 war ein Reihenmotor mit zwei obenliegenden Nockenwellen und 3257 ccm Hubraum. Der Block aus Leichtmetallguß bestand aus einem Stück mit integriertem Kopf – ein gußtechnisches Meisterwerk. Viertelelliptikfederung gab es nur hinten, vorn befanden sich Halbelliptikfedern.

Normalerweise wurde der 57 als Tourenwagen, Limousine oder Coupé karossiert, mit deren Anfertigung man die bekanntesten Spezialisten in Frankreich und England beauftragte. Eine Besonderheit bildete indessen das Atlantic Coupé mit seinen genieteten „Bügelfalten" über den Kotflügeln und der Kabine. Den Typ 57 C konnte man mit Kompressor bekommen, den 57 S in Sportausführung, und in Kombination beider Optionen gab es 1937 den 57 SC, an die 215 km/h schnell. In Gestalt des abgebildeten Atlantic SC Coupés sind nicht mehr als zwei Exemplare gebaut worden. Eins wurde vor nicht allzu langer Zeit in den USA versteigert; der Zuschlag erfolgte bei einem Gebot von 30 Millionen Dollar.

Jean Bugatti kam bei einer Versuchsfahrt ums Leben, als er ein Fahrzeug testete, das für ein Rennen vorgesehen war. Es fand niemals statt, weil an dem Tage, für das man es ausgeschrieben hatte, der Zweite Weltkrieg ausbrach. **SH**

Ulster | Aston Martin (GB)

1934 • 1495 ccm, Vierzylinder • 90 PS/66,1 kW • 0–100 km/h in 25 Sek. • 165 km/h

Der Aston Martin Ulster hält einen Rekord, bei dem nur wenige historische Sportwagen mithalten können: Es existieren noch sämtliche gebaute Exemplare. Aston Martin, von Lionel Martin und Robert Bamford vor dem Ersten Weltkrieg gegründet, aber erst 1919 aktiv geworden, kam 1933 in Besitz von Sir Arthur Sutherland; er und sein Sohn Robert Gordon schufen einen neuen Straßenrennwagen mit Spitzheck und Cycle Wings, genannt Ulster.

In diesem Fahrzeug mit nur 2610 mm Radstand tat der seit 1921 bewährte 1,5-Liter Vierzylinder mit obenliegender Nockenwelle seinen Dienst, durch größere Ventile mit härteren Ventilfedern und eine auf 9,1:1 erhöhte Verdichtung auf etwa 90 PS gebracht. Je nach Hinterachsübersetzung war der Ulster an die 160 km/h schnell. Die Kurbelwelle lieferte Leystall, die Zwei-Vergaser-Anlage kam von SU. Trockensumpfschmierung, ein außengeführter Auspuff, Drahtspeichenräder mit Zentralverschluß, zwei separat zu befüllende Tanks, eine umlegbare Frontscheibe sowie zwei Lederriemen über der Motorhaube (sie waren für die Teilnahme am Le-Mans-Rennen obligatorisch) machten diesen Wagen zu einem attraktiven und begehrenswerten Klassiker. Er gewann viele Rennen und holte sich u.a. 1935 in Le Mans den Klassensieg. **BS**

401 Eclipse | Peugeot (F)

1934 • 1720 ccm, Vierzylinder • 44 PS/32,3 kW • keine Angaben • 100 km/h

Auf der Pariser Automobilausstellung im Herbst 1934 stellte Peugeot das Modell 401 vor, das erste einer Serie der oberen Mittelklasse. 1929 hatte Peugeot eine neue Nomenklatur eingeführt: Alle Modelle trugen jetzt eine dreistellige Zahl mit einer Null in der Mitte. Bevor der 401 im Oktober 1935 zum 402 mit 55-PS-Motor avancierte, wurden von ihm in Sochaux 13.545 Stück hergestellt.

Einige Monate vor dem 401 war 1934 der 601 mit einem 2148-ccm-Sechszylindermotor erschienen, der 15 Monate lang gebaut wurde. Es gab den Wagen mit einer Neuerung, die geradezu sensationell war: Es handelte sich um ein Stahl-Hardtop, das sich in den Kofferraum versenken ließ; das Heben und Senken erfolgte elektromechanisch. Diese von dem Zahnarzt Georges Paulin erdachte Konstruktion bekam den Namen „Eclipse"; in nur 15 Sekunden wurde das Auto damit zum Cabriolet. Die Idee war zwar nicht ganz neu, war aber vorher nie zu einer praktischen Anwendung gebracht worden. Weitere Autos mit Paulins versenkbarem Dach entstanden bei der Karosseriefabrik Pourtout nicht nur für Peugeot, sondern auch für Panhard-Levassor und Delage, und Karosserien in Coupéausführung mit festem Dach zeichnete Paulin auch für Unic und Talbot-Lago. Bei Peugeot war nicht nur der 601 in dieser Ausführung lieferbar, sondern auch der 401, der 402 und der 302. **BS**

500 K | Mercedes-Benz (D)

1934 • 5018 ccm, Achtzylinder • 100 PS/73,5 kW •
0–100 km/h in 16 Sek. • 160 km/h

Mit dem 500 K (1934-36) und dem 540 K (1936-39) setzte Mercedes-Benz die Tradition der S- und SS-Kompressormodelle fort. Die im Werk Sindelfingen angefertigten Aufbauten zeichneten sich durch Eleganz und Perfektion aus. Die Luxuswagen waren jedoch selbst in zweisitziger Cabrioletausführung bei aller Leistungsentfaltung nicht unbedingt als Sportwagen zu bezeichnen; 100 (mit Kompressor 160) PS beim 500 K bzw. 115 (180) PS beim 540 K standen Fahrzeug-Leergewichte von rund 2,25 Tonnen gegenüber. Das Vierganggetriebe hatte beim 540 K einen zusätzlichen Schnellgang (0,76 übersetzt), der die Drehzahlen bei schneller Autobahnfahrt niedrig hielt. Vorn wiesen die Fahrzeuge Doppelquerlenker und Schraubenfedern auf, hinten eine Pendelachse mit Doppelschraubenfedern. Die hydraulischen Vakuumbremsen verzögerten effizient. Drahtspeichenräder gab es serienmäßig. Der Kraftstoffverbrauch betrug bis zu 30 Liter auf 100 Kilometer, und einem solchen Konsum angemessen war das Fassungsvermögen des Benzintanks mit 110 Litern. Die reizvollste Version war das Autobahnkurier genannte Coupé, das teuerste der Spezialroadster auf einem kürzeren Fahrgestell (2980 statt 3290 Millimeter Radstand). In jeder Karosserieausführung – den Autobahnkurier ausgenommen – kostete der Mercedes-Benz 500 K 22.000 Reichsmark. **MG**

Typ 77 | Tatra (CS)

1934 • 2970 ccm, V8 • 60 PS/44,1 kW •
0–100 km/h in 38 Sek. • 140 km/h

Die Geschichte der Marke Tatra knüpft an die von Nesselsdorf an; sie entstand nach der Gründung der Tschechoslowakei im Jahre 1919, als die Stadt Nesselsdorf den Namen Koprivnice erhielt. Bei den Personenwagen blieb es bis 1923 bei der Bezeichnung Koprivnicka, danach bekamen die dort hergestellten Fahrzeuge den neuen und für Lastwagen bereits verwendeten Namen Tatra.

Die stets innovativen Konstruktionen verdankte Tatra dem Ingenieur Hans Ledwinka, der auch den 1934 präsentierten Typ 77 schuf. Im Vergleich mit seinen Zeitgenossen schien der Tatra 77 diesen um Jahrzehnte voraus. Der Viertürer hatte eine Ponton-Stromlinienkarosserie ohne Trittbretter, eine Panorama-Frontscheibe (wenn auch mit Eckstäben), versenkte Türgriffe und einen Pendelachsen-Zentralrohrrahmen. Eine Besonderheit war auch der luftgekühlte Heckmotor, ein V8 mit 2970 ccm Hubraum. Das Gewicht auf der Hinterachse sollten vorn der Kraftstofftank, die Batterie und zwei Reserveräder ausgleichen, die sich unter der abgerundeten Bughaube befanden. Der Wagen hatte ein Leergewicht von 1678 kg.

Auch die vordere Sitzbank bot drei Personen bequem Platz, so daß man zu sechst unterwegs sein konnte; Gepäck wurde hinter den Fondsitzen verstaut. Der Typ 77 blieb bis 1937 im Programm, bevor er vom Typ 87 abgelöst wurde. **MG**

Traction Avant | Citroën

1934 • 1303 ccm, Vierzylinder • 32 PS/23,5 kW • keine Angaben • 100 km/h

Heute ist Frontantrieb im Automobilbau eine Selbstverständlichkeit. 1934 war diese Technik aber noch wenig verbreitet. Und ausgerechnet mit seinem revolutionärsten Auto steuerte André Citroën in den Konkurs, und die Probleme, die sich daraus ergaben, waren auch die Gründe für den Verkauf seiner Firma. Den Durchbruch des Traction Avant erlebte er nicht mehr.

Das in so vieler Beziehung innovative Konzept dieses Frontantriebswagens, dessen Serienfertigung als 7 CV mit 1,3-Liter-Motor begann und ab 1935 als 11 CV mit 1,9 Liter, den das Foto zeigt, Weltruhm erlangen sollte, hatte sehr hohe Entwicklungskosten verschlungen. Auch erfolgte die Akzeptanz beim Publikum zunächst zögernd, da es sich herumsprach, daß das Getriebe und das Antriebssystem zu Reklamationen Anlaß gaben. Der Traction Avant drohte zu einem Flop zu werden, obwohl er mit seiner selbsttragenden Ganzstahlkarosserie ohne Trittbretter, mit seinen hydraulischen Bremsen und vorderer Einzelradaufhängung, hervorragenden Sitzen und genialem Schaltmechanismus am Armaturenbrett seiner Zeit weit voraus war. Dem Vierzylinder folgte 1938 ein um zwei Zylinder erweiterter Sechszylinder, der 15-six mit 2866 ccm Hubraum und 78 PS, gern als „Gangsterwagen" bezeichnet und 1954 Versuchsträger der ersten hydropneumatischen Federung (15-six H). Unter der Sammelbezeichnung Traction Avant gingen diese bis 1957 gefertigten französischen Klassiker als Meilensteine in die Automobilgeschichte ein, wobei die Bezeichnungen 7, 11 und 15 sich auf die französischen Steuer-PS bezogen. Mehr als 750.000 Exemplare sind hergestellt worden, einschließlich einer Lizenzversion in England. **RY**

150 Sport Roadster | Mercedes-Benz (D)

1935 • 1498 ccm, Vierzylinder • 55 PS/40,5 kW • keine Angaben • 125 km/h

In den frühen 1930er Jahren entstanden bei vielen europäischen Automobilherstellern Konzepte zu Heckmotorfahrzeugen, wie ja auch Ferdinand Porsches späterer Volkswagen in jener Zeit allmählich Gestalt annahm. Bei Daimler-Benz war es der Konstrukteur Hans Nibel, der Konzeptionen zu einer Baureihe von Heckmotor-Personenwagen erarbeitete, die ab 1934 auch gebaut wurden, so der 130 H und ab 1936 der 170 H. Die Vierzylindermotoren saßen hinter der Hinterachse und waren wassergekühlt.

Für die 2000-Kilometer-Fahrt durch Deutschland 1934 ließ Nibel auch fünf Sportlimousinen mit einem 1498-ccm-Motor bauen, der 55 PS (statt 26 im 130 H) leistete. Im Unterschied zum 130 H wies der 150 (Typenbezeichnung ohne H) einen etwas längeren Radstand auf, wobei der Motor jedoch mehr zur Wagenmitte hin versetzt wurde, was eine bessere Gewichtsverteilung bewirkte. Ein fünfter Gang war als Schnellgang ausgelegt und mit 0,75:1 untersetzt. 1923 hatte Hans Nibel, als er für Benz tätig war, ein solches Mittelmotorkonzept bereits erfolgreich bei Rennwagen erprobt.

Noch im gleichen Jahr entstanden in Stuttgart einige 150 als zweisitzige Roadster, gedacht für die damals populär werdenden Geländeprüfungen, aber auch für die Straße. Doch der zwar elegant aussehende, im praktischen Gebrauch aber wenig taugliche Sportwagen fand kaum Interesse. Mit 6600 Reichmark war er auch erheblich teurer als ein BMW 315/1, der ein Sechszylinder war und 5200 Mark kostete. Auch der Adler Trumpf Junior Sport war für weniger Geld zu bekommen. Es blieb bei nur zwanzig Exemplaren, die 1935-36 gebaut wurden, und nur zwei haben überlebt. **BS**

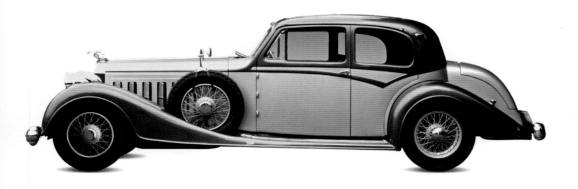

K6 | Hispano-Suiza

1934 • 5184 ccm, Sechszylinder • 125 PS/91,9 kW • keine Angaben • 145 km/h

Die spanisch-französische Firma Hispano-Suiza in Bois-Colombes verstand sich immer als Anbieter von Automobilen der Spitzenklasse, erwirtschaftete ihre Gewinne jedoch durch die Produktion von Flugmotoren.

Das Modell K6 war der letzte Hispano-Suiza, präsentiert Ende 1933 und hergestellt bis Anfang 1938. Er stellte eine Weiterentwicklung des HS 26 mit einem 5184-ccm-OHV-Sechszylindermotor dar. Das in Frankreich gebaute Auto war im Unterschied zu allen vorangegangenen Hispanos keine Konstruktion von Marc Birkigt, sondern ein Entwurf von Rodolfe Herrmann aus dem Birkigt-Team. Das Chassis entsprach dem des großen Zwölfzylinders J12, insgesamt war der Wagen jedoch sehr viel leichter. Der elitäre und sehr teure K6 fand nicht viele Käufer; bis zur Produktionseinstellung wurde er nur 204mal gebaut.

Als Damián Mateu, Hauptaktionär des spanischen Stammwerkes, der auch an der französischen Firma beteiligt war, im Jahre 1935 verstarb, verblieben seine Firmenanteile im Familienbesitz. Ohne Rücksicht darauf wurde die Hispano-Suiza-Flugmotorenproduktion ein Jahr später „entprivatisiert". Die Volksfront-Regierung unter Léon Blum begann 1936 mit der Verstaatlichung der Banque de France, der Eisenbahnen und aller Betriebe der Rüstungsbranche – damit war Hispano-Suiza die Existenzgrundlage entzogen worden. Die auf sich allein gestellte, unwirtschaftlich gewordene Fertigung von Luxusautomobilen machte keinen Sinn, weil es keine Kunden für solche Automobile mehr gab. Während des Zweiten Weltkrieges wurden im Auftrag der deutschen Luftwaffe in Bois-Colombes BMW-Flugmotoren produziert. **BS**

NA 8/90 | Buick (USA)

1934 • 5644 ccm, Achtzylinder • 116 PS/85,2 kW • keine Angaben • 160 km/h

Der Buick der Bauserie 90 war ein interessanter Wagen, denn er wartete mit einer Liste eindrucksvoller Innovationen auf. Sie umfaßten Scheiben aus Sicherheitsglas, Vakuum-Servobremsen, einen Frischluftventilator und einen mit dem Gaspedal gekoppelten Anlasser. Bei sämtlichen General-Motors-Modellen gab es beim 1934er Jahrgang ferner eine neue vordere Einzelradaufhängung, genannt „knee action suspension", von der auch der Buick 90 profitierte. Rolls-Royce adaptierte die Technik für den Phantom III in Gestalt eines lizensierten Nachbaus.

Man konnte den großen neuen Achtzylinder in vielen Ausführungen erhalten, etwa als siebensitzige Limousine, als Phaeton genannten Tourenwagen und als zweisitziges Cabrio. Die Sitze waren mit feinem Mohairtuch überzogen, die Limousine hatte Rollos aus Seide über den hinteren Türscheiben, und die Fondsitze wiesen eine herausklappbare Mittelarmlehne auf. Bei der Chauffeur-Limousine gab es ferner eine gläserne Separation hinter den Vordersitzen, und man genoß den Luxus von Leseleuchten und geräumigen Türtaschen. Ein Gepäckständer am Heck gehörte zur Serienausstattung, selbstverständlich auch zwei Reserveräder.

Der Achtzylinder-Reihenmotor stellte eine Weiterentwicklung aus dem Jahre 1931 dar und bewährte sich so gut, daß Buick ihn bis 1953 beibehielt. 1936 bekamen alle Baureihen einen Namen; aus dem 90 wurde der „Limited". Der Typ 40 avancierte zum „Special", der 60 zum „Century", der 80 zum „Roadmaster". Der große Buick galt als Außenseiter, mit dem GM nicht viel Umsatz machte. Von der Marke Chevrolet wurden 1934 mehr als zehnmal so viele Autos verkauft im Vergleich zu Buick. **BS**

◁ Mit einer aerodynamischen Karosserie war der 1934er Chrysler CU Airflow seiner Zeit weit voraus.

CU Airflow | Chrysler

1934 • 5302 ccm, Achtzylinder • 130 PS/95,6 kW • 0–100 km/h in 19,5 Sek. • 153 km/h

Im Jahre 1933 soll der Anblick eines Zeppelins am Himmel den amerikanischen Ingenieur Carl Breer inspiriert haben, eine Autokarosserie in Stromlinienform zu entwerfen. Zusammen mit seinen Kollegen Owen Skelton und Fred Zeder (sie wurden „die drei Musketiere" genannt) realisierte er diese Vision bei Chrysler. Sie schufen verschiedene Modelle einer viertürigen Limousine und stellten sie in den Windkanal, um Strömungsversuche vorzunehmen. Das Resultat war eine Karosserie mit fließendem Linienverlauf, für die es auch einen passenden Namen gab: Chrysler Airflow.

Der Wagen gab sich mit seinen rundlichen Kotflügeln, einem Kühlergrill in Wasserfall-Gestalt, integrierten Scheinwerfern und Stoßstangen recht ungewöhnlich und entsprach nicht dem herkömmlichen Styling eines Automobils, zumal für eine optimale Gewichtsverteilung auch die Proportionen gewöhnungsbedürftig waren. Doch eine konservativ eingestellte Käuferschaft fand wenig Gefallen an dem Erscheinungsbild des Achtzylinders – daß ein verringerter Luftwiderstand vor allem in einem günstigeren Kraftstoffverbrauch resultierte, interessierte sie nicht. Der enttäuschende Absatz des Airflow bewog Chrysler, die Frontpartie zu ändern, dennoch blieb das Auto im Abseits. Von der Schwestermarke DeSoto gab es ein identisches Modell, mit den gleichen fließenden Linien, geschlossenen hinteren Kotflügeln und in die Wagenfront integrierten Scheinwerfern. Technisch war der DeSoto hervorragend, doch das schien nachrangig zu sein. 1935 und 1936 wurden nur 11.797 Wagen verkauft, und auch der nachfolgende, weniger radikal gezeichnete Airstream überzeugte nicht. **BS**

402 BL | Peugeot

1938 • 2148 ccm, Vierzylinder • 68 PS/50 kW • keine Angaben • 120 km/h

Wie der Tatra 77, der Lincoln Zephyr und der Chrysler Airflow war der Peugeot 402 das Resultat von Überlegungen, durch eine konsequent stromlinienförmige Karosserie den Luftwiderstand und dadurch den Kraftstoffverbrauch zu reduzieren. Die Form des Autos hatte der Aerodynamiker Paul Jaray maßgeblich beeinflußt. Fortschrittlich waren auch das Tiefbett-Kastenchassis (genannt Bloctube) mit vorderer Einzelradaufhängung und der Zweiliter-Sechszylindermotor mit hängenden Ventilen. Die hintere Starrachse hing an Viertelelliptikfedern, wie es damals gängige Praxis war. Ab Juli 1937 gab es ein Modell 402 B mit etwas stärkerem Motor, sowie eine Version Légère mit dem leichteren Fahrwerk der Baureihe 302.

Als 402 BL kam im August 1938 eine zweitürige Variante heraus, die wie der 401 und der 601 mit einem versenkbaren Hardtop zu bekommen war. Das Patent hierfür hatte der Erfinder Georges Paulin 1935 an Peugeot verkauft.

Peugeot sprach von einer „éclipse décapotable". Die Betätigung erfolgte allerdings per Handkurbel, nicht elektromechanisch. Alle blanken Teile bestanden aus poliertem Aluminiumguß, was eine Gewichtsreduzierung mit sich brachte; leider neigte die Oberfläche auf Dauer zum Korrodieren und wurde stumpf. Die Scheinwerfer befanden sich – ungewöhnlich genug – hinter dem gewölbten Kühlergrill, und das Armaturenbrett im Art-Déco-Stil bestand wie alle Schalter und Hebel aus Bakelit. Was zum modernen Erscheinungsbild des 402 allerdings nicht paßte, waren seine mechanischen Vierradbremsen, als Bremshydraulik bei der Konkurrenz längst als Selbstverständlichkeit galt. **BS**

Roadster | Squire

1935 • 1496 ccm, Vierzylinder • 110 PS/80,9 kW • 0–100 km/h in 12 Sek. • 160 km/h

Obgleich Adrian Morgan Squire, Jahrgang 1910, nicht mehr als sieben Exemplare seines aufwendig konstruierten Sportwagens herstellte, erfuhren diese große Aufmerksamkeit. Der Squire galt Mitte der 1930er Jahre als einer der schönsten und leistungsfähigsten Zweisitzer Englands.

Der 1934 bis 1936 in Henley-on-Thames, Oxfordshire, gebaute Roadster entstand in Zusammenarbeit mit dem vermögenden Rennfahrer Jock Manby-Colegrave. Die Wagen, die Squire schon als Schüler entworfen hatte, erhielten einen Anzani-Motor mit 1496 ccm Hubraum und einen Roots-Kompressor; sie besaßen ein ENV-Vorwählgetriebe mit vier Gängen sowie hydraulische Bremsen mit großen Leichtmetalltrommeln. Fünf Karosserien ließ man bei der Firma Ranalah herstellen, doch es gab auch eine Version mit längerem Radstand (3,17 statt 2,59 m) und viersitzigem Vanden-Plas-Aufbau.

Der Squire kostete doppelt so viel wie jeder andere englische 1,5-Liter-Sportwagen und spielte dennoch seinen Herstellungsaufwand nicht ein. Auch im Rennsport brachte er es trotz seiner 110 PS nicht zum gewünschten Erfolg. Für eine Weiterentwicklung fehlte das Geld, und so wurde im Juli 1936 die Squire Car Manufacturing Co. Ltd. liquidiert. Adrian Morgan Squire zog sich im selben Jahr aus dem Geschäft zurück und ging zu Lagonda, anschließend zu Bristol. Ein Kunde namens Valerian Zethrin erwarb die verbliebenen Teile und baute bis 1939 mit Hilfe ehemaliger Squire-Mitarbeiter zwei weitere Fahrzeuge zusammen. Im Alter von nur 30 Jahren verlor Adrian Morgan Squire 1940 bei einem Bombenangriff sein Leben. **MG**

851 Speedster | Auburn

1935 • 4596 ccm, Achtzylinder • 150 PS/110 kW • 0–100 km/h in 15 Sek. • 160 km/h

Die Auburn Automobile Company war im Jahre 1900 von den Brüdern Eckhart in Auburn, Indiana, gegründet worden. Ihr Vater hatte dort eine Kutschenbaumanufaktur betrieben. Doch das Automobilgeschäft verlief enttäuschend, und eine Gruppe Geschäftsleute aus Chicago, die 1919 die Firma übernahmen, blieb ebenso glücklos. Erst als 1925 Errett Lobban Cord einstieg, entwickelte sich Auburn zu einer erfolgreichen Marke. 1925 wurde der Auburn 8-63 vorgestellt, versehen mit einem seitengesteuerten 4523-ccm-Motor von Lycoming. Noch im gleichen Jahr erschien als weiteres Modell der 8-88 mit 4896-ccm-Motor. Cord, dem auch die Marken Cord und Duesenberg gehörten, setzte auf Expansion.

Die Wagen der letzten Serie des 8-88 von 1928 wiesen bereits Zentralschmierung und hydraulische Bremsen auf. Im gleichen Jahr stellte man das Modell 115 vor, das auch in Rennen erfolgreich eingesetzt und von dem bis 1929 nicht weniger als 22.000 Einheiten verkauft wurden. 1928 erreichte ein Auburn Speedster bei einem Rennen in Daytona 175 km/h.

In Zusammenarbeit mit dem talentierten Designer Gordon Buehrig entstand der Auburn 850. Der Wagen besaß ein modernes Styling mit geneigtem Kühler und weit heruntergezogenen Kotflügeln. Der 1934 vorgestellte Wagen wies einen 150 PS leistenden Lycoming-Achtzylinder mit 4,6 Liter Hubraum auf. Die sportliche Variante 851 – das war natürlich wieder ein Speedster – ging in die amerikanische Automobilgeschichte als einer der schönsten Wagen seiner Ära ein. 1936 erhielt der Wagen die Typenbezeichnung 852. Im Sommer 1937 wurde die Fabrikation des Auburn allerdings eingestellt. **MG**

Citroën-Plakat, das sich auf die 1931 bis 1934 erzielten Weltrekorde mit der Rosalie bezieht.

Light Fifteen 12 HP | Citroën

1935 • 1911 ccm, Vierzylinder • 46 PS/33,8 kW • keine Angaben • 110 km/h

Bereits 1913 gründete der Zahnradfabrikant André Citroën in Slough, Buckinghamshire, eine britische Zweigniederlassung, die unter dem Namen Citroën Gear Ltd. Co. eingetragen wurde und von Citroën produzierte Zahnräder vertrieb, aber solche auch selbst herstellte. Mit der Zahnradfabrikation schuf sich Citroën die Basis für seine künftigen Unternehmungen. 1923 etablierte sich in Slough die erste britische Citroën-Vertriebsgesellschaft für die in Frankreich produzierten Autos, und am 18. Februar 1926 folgte die Eröffnung eines Montagewerkes unter dem Namen Citroën Cars Ltd. Hier wurden vom 5 CV Trèfle (auch in England Cloverleaf = Kleeblatt genannt) über den B12, C4, C6 und die 1934 eingeführten Traction-Avant-Modelle bis 1966 sämtliche Typen gebaut, die es auch als französisches Original gab, jedoch mit Rechtslenkung und unter Einbeziehung englischer Bauteile (wie etwa Instrumente, Elektrik). Der ab 1935 auch in England hergestellte 11 CV rangierte in der Slough-Version als Light Fifteen 12 HP, der große Sechszylinder 15-Six als Big Fifteen. Den Light Fifteen gab es sogar als zweisitziges Cabriolet mit einem aufklappbaren „Schwiegermuttersitz" im Heck. Aber nur Linkshänder kamen mit der Mittelschaltung im Armaturenbrett des rechtsgelenkten Wagens problemlos zurecht.

Nachdem die britische Citroën-Tochter schon häufiger eigene Ideen durchgesetzt hatte, etwa mit Sonderkarosserien für den B12, entstand dort 1959 auch eine für den britischen Markt gedachte Extraversion des 2 CV, genannt Bijou. Die Marke Citroën stand auch bei den Briten stets für fortschrittliche und ungewöhnliche Technologien. **HS**

8 CV Rosalie | Citroën

1935 • 1452 ccm, Vierzylinder • 32 PS/23,5 kW • keine Angaben • 112 km/h

Bevor Citroën 1934 den Traction Avant auf den Markt brachte, waren die Modelle 8 und 10 CV die letzten konventionellen Wagen dieser Marke mit Hinterradantrieb (allerdings gab es sie auf Wunsch des neuen Firmeneigentümers Michelin nach der Vorstellung der Frontantriebswagen weiterhin, da diese anfänglich technische Probleme hatten). Die Limousinen, im Volksmund „Rosalie" genannt, mit ihren hohen, geräumigen und komfortabel ausgestatteten Aufbauten und leicht geneigtem Kühlergrill, den ein großer Doppelwinkel – das berühmte Citroën-Emblem – schmückte, genossen den Ruf, sehr gut verarbeitet und langlebig zu sein.

Der seitengesteuerte Vierzylindermotor wurde für seine Laufruhe, Sparsamkeit und Lebensdauer gerühmt. Angeboten wurde innerhalb dieser Baureihe auch eine Version als Sechszylinder namens 15 CV mit 2650 ccm. Diese Autos waren die letzten, mit denen Citroën Geld verdiente, denn die nachfolgenden Frontantriebsmodelle, mit immensem Entwicklungsaufwand entstanden, benötigten lange Zeit, um Rendite abzuwerfen. Aufsehen erregten eine Reihe von Rekordfahrten, die mit einer „petite Rosalie", also einem 8 CV, und diversen 15 CV in Montlhéry absolviert wurden. Einer der insgesamt acht, teils als Einsitzer gebauten Wagen legte in 34 Tagen 300.000 Kilometer zurück, mit einer Durchschnittsgeschwindigkeit von 93 km/h. Als Sponsor hatte die Ölfirma Yacco die Aktionen finanziert. Die Modelle 8A und 8B wurden 38.824mal gebaut, die Modelle 10A und 10AL brachten es auf 49.168 Stück. Die Sechszylinder 15A und 15AL fanden allerdings nur 7228 Käufer. **MG**

Zephyr | Lincoln (USA)

1935 • 4400 ccm, V12 • 110 PS/80,9 kW • 0–100 km/h in 16 Sek. • 140 km/h

Mit dem Zephyr präsentierte auch die Ford-Marke Lincoln im Herbst 1935 eine Stromlinien-Baureihe. Dieses Luxusauto verkörperte das moderne Amerika, ohne das Volk zu verschrecken, wie dies Chrysler mit einem neuen Design gewagt hatte. Der Zephyr paßte in das neue Zeitalter einer von Kühnheit geprägten Architektur und verchromter Toaströster. Das Auto war beileibe kein Blender; es hielt, was sein Eindruck versprach. Bei 3,18 Meter Radstand ließen sich großzügig dimensionierte Karosserien aufsetzen, und auch die etwas gewichtigeren verkraftete der 110 PS starke V12-Motor problemlos. Das Dreiganggetriebe ließ sich an der Lenksäule schalten, die Columbia-Hinterachse hatte zwei Untersetzungen.

Außer der Option, sich eine Spezialkarosserie anfertigen zu lassen, hatte der Kunde die Wahl, seinen Zephyr mit einem Werksaufbau zu bekommen, darunter befand sich ein von Tom Tjaarda gezeichnetes Viertüren-Cabriolet, eine besonders gern gewählte Ausführung. Ein von der Firma Brunn gebautes Town Car (offenes Fahrerabteil, geschlossener Fond) avancierte zum persönlichen Wagen der First Lady des Hauses Ford, der Ehefrau Edsel Fords. Ähnliche Prestigeautos stellten die Karossiers Judkins, Dietrich und Willoughby her. Eine Miniversion des Zephyr-Stylings fand sich 1939 beim deutschen Ford Taunus wieder. **BS**

4/4 | Morgan (GB)

1935 • 1122 ccm, Vierzylinder • 34 PS/25 kW • 0–100 km/h in 28,5 Sek. • 120 km/h

Der Morgan 4/4 darf für sich in Anspruch nehmen, das am längsten produzierte Auto aller Zeiten zu sein. Noch 2005 gab es ihn zu kaufen, mittlerweile mit einem Ford-EECIV-Motor. Damit übertrifft dieses Fahrzeug auch den Käfer. Als die erste Version 1935 in Serie ging, erfüllte sich Henry F. S. Morgans Traum, ein vierrädriges Fahrzeug anbieten zu können, und die Bezeichnung 4/4 besagt auch: vier Räder, vier Zylinder.

Viele Konstruktionselemente blieben über die Jahrzehnte konstant, so der Rohrrahmen, die hintere Starrachse mit Blattfedern sowie die über einen Rahmen aus Eschenholz gebaute Roadsterkarosserie, von Hand gefertigt. Jede Tür beispielsweise ist Maßarbeit, individuell eingefügt und nicht ohne weiteres beliebig austauschbar.

1945 wurde die Nachkriegsproduktion aufgenommen, und ab 1955 wies der 4/4 einige Veränderungen auf; er hatte breitere und weiter ausladende Kotflügel, Trittbretter sowie einen etwas schräger geneigten Kühler. Doch vom Oldtimer-Look war der 4/4 nicht abgewichen. Mit leistungsstärkeren Motoren wurden die Roadster sportlicher, der Zweisitzer lief jetzt 160 km/h, ein Tempo, das bei der bretthartem Federung und einer sehr direkt übersetzten Lenkung ein Abenteuer darstellte ... **BS**

C28 Aerosport | Voisin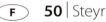

1935 • 2994 ccm, Sechszylinder • 102 PS/75 kW • keine Angaben • 150 km/h

50 | Steyr

1936 • 984 ccm, Vierzylinder • 22 PS/16,1 kW • keine Angaben • 90 km/h

Der Franzose Gabriel Voisin war eine der exzentrischsten Figuren der Belle Epoque des Automobils. Zahlreiche seiner im Flugzeugbau erworbenen Erfahrungen ließ er in seine Konstruktionen einfließen, und die Ergebnisse waren ebenso unkonventionell wie teils in der Fachwelt umstritten. Im Cockpit seiner stromlinienförmig karossierten Autos ging es wie in einem Flugzeug zu, seine Motoren waren architektonische Meisterwerke aus Aluminium. Auch Rennwagen entstanden in seiner Flugzeugwerft. Vom Zwei- bis zum Zwölfzylinder mit 11,6 Liter Hubraum blieb kein Bauprinzip unerprobt. Besonderes Aufsehen jedoch erregte der Typ C16, eine große Stromformlimousine mit 4,3- oder 5,8-Liter-Sechszylindermotor, Aerosport genannt. Auch in Gestalt des C25 und C28, den das Foto zeigt, entstanden in den frühen 1930er Jahren aufsehenerregende Gebilde mit Aufbauten aus Leichtmetall und interessanter, nicht unkomplizierter Technik. Die scheinbar aerodynamische Linienführung entbehrte allerdings jeglicher wissenschaftlicher Grundlage: Gabriel Voisin arbeitete rein intuitiv. Vom C28 wurden nur vier oder fünf gebaut, wovon noch einer existiert. Voisin baute aber auch Autos mit kutschenartig kantiger Karosserie – und nach dem Krieg einen Kleinstwagen mit Wellblechverkleidung. **MG**

Steyr in Österreich baute seit 1920 Autos; sie waren durchweg technisch hochwertig und galten als anspruchsvolle Konstruktionen. Eine Besonderheit stellte der 1936 vorgestellte Steyr 50 dar. Konstrukteur dieses Modells war der Ingenieur Karl Jenschke. Das kompakte, rundliche Fließheckauto mit serienmäßigem Stahlschiebedach hatte Einzelradaufhängung, einen wassergekühlten Vierzylinder-Boxermotor mit 984 ccm Hubraum und 22 PS. Als Modell 55 gab es das auch als „Steyr Baby" bezeichnete Auto ab 1938 mit 1158 ccm und 25,5 PS. Die viersitzige Ganzstahlkarosserie war selbsttragend, entbehrte also eines separaten Fahrgestells; eine sehr moderne Konstruktion. Doch der Wagen hatte Seilzugbremsen, obwohl andere Steyr-Modelle mit hydraulischen Bremsen ausgestattet waren. Die Gesamtlänge des Autos betrug nur 3,61 m. Die letzten Exemplare erhielten Lochfelgen und 16- statt der anfänglichen 17-Zoll-Reifen. Nachteilig waren die schlechten Sichtverhältnisse durch einen sehr hohen Vorbau und etwas zu tiefe Sitze.

Man durfte das „Baby" als österreichischen Volkswagen bezeichnen, und in seinem Gestehungsland war er auch sehr erfolgreich, zumal er mit umgerechnet 2980 Mark viel Auto fürs Geld bot. Man hörte häufig die Meinung, Porsche sei am Entwurf des Wagens beteiligt gewesen, was aber nicht der Fall war. **MG**

328 | BMW (D)

1936 • 1971 ccm, Sechszylinder • 80 PS/58,8 kW • 0–100 km/h in 11 Sek. • 140 km/h

Vor dem Zweiten Weltkrieg wurden bei BMW in München keine Autos gebaut; die Pkw-Produktion befand sich in Eisenach, hervorgegangen aus den Ende 1927 übernommenen Dixi-Werken.

Die in Thüringen gebauten Modelle, ab 1934 durchweg Sechszylinder-Fahrzeuge, genossen einen hervorragenden Ruf für ihre Qualität. Herausragend war der 80-PS-Sportwagen vom Typ 328, der sich in der Zweiliter-Kategorie im Motorsport als unschlagbar erwies und der Marke legendären Ruhm einfuhr. Die besten Rennfahrer Deutschlands gingen im 328 an den Start. Dieses und auch andere BMW-Modelle wurden in England als Frazer Nash-BMW vermarktet, und auch dort war der 328 einer der stärksten Konkurrenten seiner Klasse, selbst in den Nachkriegsjahren noch. Das unter der Leitung des Chefkonstrukteurs Fritz Fiedler entwickelte Konzept des BMW 328 basierte auf angewandter Leichtbau-Technologie. Der Rohrrahmen mit zwei Längsholmen und Traversen wies vorn und hinten Querblattfedern auf, die Roadsterkarosserie war spartanisch gehalten und dennoch mit allem Notwendigen ausgestattet.

Während der ersten beiden Baujahre wurde der 328 fast ausschließlich an Rennfahrer verkauft. Unzählige nationale und internationale Siege machten den Wagen begehrenswert; einen ernsthaften Konkurrenten gab es nicht. 464 Stück verließen bis 1940 das Eisenacher Werk, wo eine Weiterentwicklung nicht mehr die Produktionsreife erlangte: Durch die politische Entwicklung nach 1945 hatte die Münchner BMW-Zentrale ihr ostdeutsches Werk aufgeben müssen. Der 328 wurde weit über Europa hinaus zu einer Sportwagen-Ikone. **HS**

853 Cabriolet | Horch

1937 • 4944 ccm, Achtzylinder • 120 PS/88,2 kW • keine Angaben • 140 km/h

Als einer der Pioniere der deutschen Automobilindustrie hat sich August Horch, nachdem er unter anderem bei Benz gearbeitet hatte, 1899 erst in Köln, kurze Zeit später in Sachsen selbständig gemacht und mit der Konstruktion und dem Bau hochwertiger Fahrzeuge begonnen. Differenzen mit seinem Aufsichtsrat bewogen ihn, 1909 seine Firma in Zwickau zu verlassen und eine neue zu gründen: Audi.

Autos unter der Marke Horch (mit der ihr Gründer erst 1932 wieder zusammenkam, als man die Auto Union-Gruppe ins Leben rief) wurden ohne ihren Namensgeber weitergebaut und ihrem Renommee stets gerecht. Als Paul Daimler 1923 in die Firma eintrat, entwickelte er dort einen hervorragenden DOHC-Reihenachtzylinder, Grundlage des späteren Achtzylindermotors mit nur einer Nockenwelle, der – neben superben V8-Motoren – bis 1940 als eines der leistungsstärksten deutschen Spitzenaggregate gelten durfte. Der 1937 bis 1939 hergestellte Horch 853, ein Achtzylinder-Luxuscabriolet von 1900 kg Leergewicht, gehört neben den Mercedes 500/540 K heute zu den begehrtesten deutschen Klassikern jener Ära. Die bei der Firma Gläser in Dresden hergestellte Karosserie war ein Meisterstück deutscher Wertarbeit und saß auf einem Kastenrahmen mit Doppelgelenk-Hinterachse und zwei Querblattfedern vorn; hinter dem OHC-Motor befand sich ein ZF-Vierganggetriebe, wahlweise durch einem Autobahn-Schnellgang ergänzt.

Der 853 hatte beste Reisewagen-Qualitäten, wie eigentlich jeder Horch. Gut 30.000 Achtzylinder sind produziert worden – die meisten von ihnen haben den Krieg nicht überlebt. **MG**

135MS | Delahaye

1936 • 3557 ccm, Sechszylinder • 130 PS/95,6 kW • keine Angaben • 160 km/h

Die Firma Delahaye, 1895 in Tours an der Loire gegründet, wäre vielleicht eine Fabrik zur Herstellung von Lastwagen und schweren Limousinen geblieben, hätte man nicht 1935 ein Experiment gewagt: Man installierte einen besonders starken Lkw-Motor in ein spezielles, leichtes Sportwagenchassis und schuf damit einen schnellen Wettbewerber zu Bugatti. Den 3,3-Liter-Sechszylindermotor gab es in verschiedenen Versionen von 95 bis 110 PS, je nach Vergaserbestückung. Als Typ 135 setzte dieses Auto bemerkenswerte Akzente im Motorsport. Das Modell 135 Coupe des Alpes wies einzeln aufgehängte Vorderräder an Querblattfedern auf, Bendixbremsen sowie Speichenräder mit Zentralverschluß. Das Cotal-Getriebe ließ sich durch einen Hebel am Lenkrad elektrisch vorwählen; ein Tritt aufs Kupplungspedal aktivierte blitzartig den Schaltvorgang.

Der mit einem größeren 3557-ccm-Motor bestückte 135MS von 1936 hatte eine Leistung von 130 PS und war im Sport besonders erfolgreich: Mit einem solchen Wagen gewann Delahaye 1937 und 1939 die Rallye Monte-Carlo sowie die 24 Stunden von Le Mans, dazu zahlreiche weitere Wettbewerbe. Nach dem Kriege setzte man bei Delahaye die 135er Baureihe fort, und es gab auch wieder ein Modell MS. Es entstanden einige ganz hervorragende Fahrzeuge, von den letzten großen Couturiers des Landes eingekleidet, gleichwohl war die glanzvolle Zeit individueller französischer Autos vorüber. Delahaye, längst unrentabel geworden, wurde von Hotchkiss übernommen, damit verschwand ein traditionsreicher Markenname. Erstaunlich viele der etwa 2000 Wagen der Baureihe 135 haben jedoch überlebt. **MG**

810/812 | Cord （USA）

1936 • 4730 ccm, V8 • 125 PS/91,8 kW • 0–100 km/h in 20,1 Sek. • 145 km/h

Der extravagante L-29 mit Vorderradantrieb blieb nicht der einzige Cord, mit welchem der Luxuswagenhersteller in Auburn, Indiana, für Aufsehen sorgte: 1935 entstand das Modell 810. Dieses Auto sollte anfänglich unter der Marke Duesenberg herauskommen, doch Mr. Cord disponierte um und ließ das Fahrzeug mit seiner vom berühmten Designer Gordon Buehrig gezeichneten Stromform-Karosserie als Nachfolger des L-29 debütieren. Mit seiner Front im Art-Deco-Stil, hinter Klappen verborgenen Scheinwerfern – so etwas hatte es noch nie gegeben – und einem trittbrettlosen Monocoque war der Cord 810 so etwas wie eine mobile Skulptur. Unter der Motorhaube arbeitete ein neu konstruierter V8-Motor, der wie beim Modell L-29 die Vorderräder antrieb. Das Getriebe hatte vier Gänge, die sich elektro-pneumatisch schalten ließen.

1936 erschien der Cord 812 in identischer Aufmachung, jedoch mit dem Unterschied, daß der Motor mit einem Kompressor bestückt war. Die Leistung betrug bei diesem Wagen 190 statt bisher 125 PS. Es gab nur ein Problem: die Autos hielten nicht, was ihre moderne Erscheinung versprach, die Zahl der Reklamationen nahm ständig zu. Nachbesserungen noch vor der Auslieferung resultierten in Lieferverzögerungen, was Tausende von Kunden verärgerte und sie veranlaßte, ihre Order zurückzuziehen. Zahlreiche Cord-Händler mußten Konkurs anmelden. Die Marke büßte ihr Renommee ein, die Autos wurden zu billiger Second-Hand-Ware degradiert. 1937 endete die Produktion, ebenso die des Auburn und des Duesenberg. Der einst so erfolgreiche Autohersteller Errett Lobban Cord wechselte die Branche und wandte sich dem Immobilienhandel zu. **BS**

540 K | Mercedes-Benz

1936 • 5401 ccm, Achtzylinder • 115 PS/84,5 kW • 0–100 km/h in 16,4 Sek. • 170 km/h

Zu den großen Prestige-Automobilen der 1930er Jahre zählt der Mercedes-Benz 540 K. Er wurde 1936 bis 1940 in einer Auflage von 419 Stück hergestellt und gilt heute als eines der meistgesuchten Sammlerstücke, für das betuchte Liebhaber Millionen von Dollar oder Pfund anzulegen bereit sind.

Sein Debüt gab der Wagen auf dem Pariser Salon im Oktober 1936. Diese Ausstellung galt noch immer als die international bedeutendste in der ganzen Welt, im Hinblick auf erhoffte Exportgeschäfte war die Präsenz dort für Daimler-Benz wichtig.

Schon das Leergewicht des 540 K betrug 2,5 Tonnen. Um so viel Masse auf 170 km/h beschleunigen zu können, bedurfte es eines Leistungsschubs, für den der Roots-Kompressor sorgte, wenn man das Gaspedal durchtrat. Der Lader brachte zusätzliche 65 PS, und der daraus resultierende Benzinverbrauch schnellte von durchschnittlich 25 auch 40 Liter pro 100 Kilometer. Doch im Hochgeschwindigkeitsbereich fuhr man einen Prestigewagen wie diesen nicht lange, die Zusatzkraft war eher zum Beschleunigen und zum Überholen gedacht, und von den neuen Autobahnen waren ja auch erst wenige Kilometer fertig gestellt. Adäquate Verzögerung bewirken die hydraulischen Bremsen mit Saugluftunterstützung.

Den 540 K gab es wie den 500 K als zwei- oder viertüriges Cabriolet, als Tourer, als Roadster, als Coupé und als Limousine. Etliche Autos fanden Eingang in die Fahrzeugremisen der Inhaber hoher Staats- und Parteiämter im Dritten Reich, sie dienten Generälen als Dienstwagen und einigen Würdenträgern im Ausland als unverzichtbarer Ausdruck ihrer Wichtigkeit. **MG**

Jaguar SS100 | SS Cars (GB)

1936 • 2663 ccm, Sechszylinder • 102 PS/75 kW • keine Angaben • 155 km/h

Nicht mehr als 309 Exemplare des Jaguar SS100 sind zwischen 1939 und 1940 gebaut worden, und das Design dieses Zweisitzers war so epochal, daß es später mehrfach kopiert wurde. Der 155 km/h schnelle SS100 war auch der erste echte Sportwagen, der als Nachfolger des SS90 unter der Markenbezeichnung Jaguar angeboten wurde. Die SS Cars Ltd. in Coventry gab sich den Firmennamen Jaguar allerdings erst 1945, nachdem die Buchstabenkombination durch das Naziregime eine so negative Bedeutung erfahren hatte.

Das Fahrgestell des Jaguar SS100 war der verkürzte Rahmen der 1935 ebenfalls neu eingeführten Jaguar-Limousinen, der Motor ein beim Nachbarn Standard hergestellter 2663-ccm-Sechszylinder mit stehenden Ventilen. Ab 1938 war auch ein 3485-ccm-Motor mit 125 PS erhältlich, der aus dem SS100 ein 165-km/h-Auto machte. Die Zahl 100 sollte ja andeuten, daß der Wagen mindestens 100 Meilen (160 km) schnell war ... Seine niedrige Bauhöhe, die großen, eng nebeneinander stehenden Scheinwerfer und die ausgeschweiften Kotflügel waren die klassischen Merkmale dieses Automobils, das in den 1930er Jahren den Prototyp des britischen Sportwagens schlechthin darstellte.

In zahlreichen Wettbewerben bewies der SS100, welches Potential in ihm steckte. Berühmtester Rallyepilot war Ian Appleyard, Schwiegersohn des Firmengründers und Inhaber einer Jaguar-Vertretung in Yorkshire; mit Patricia Lyons als Navigatorin gewann er sogar noch 1948 den Alpenpokal. Mit dem SS100 gelang der Marke Jaguar der Durchbruch zu internationaler Popularität, die ihr nach dem Kriege half, erfolgreich weiterzumachen. **MG**

Eine Aufnahme von 1947: Der in Turin fabrizierte Fiat Topolino wurde nach dem Krieg unverändert weitergebaut.

101 | ZIS

1936 • 5766 ccm, Achtzylinder • 90 PS/66,2 kW • keine Angaben • 115 km/h

Unter der Marke ZIS (Zawod Imienij Stalin = Stalinwerke) entstanden sowohl Nutzfahrzeuge als auch Personenwagen, letztere waren nach einigen L1 genannten Exemplaren auf Buick-Basis 1933 die ersten in Serie hergestellten Luxuslimousinen der kommunistischen Sowjetunion. Ende April 1936 war der neue Versuchswagen fertig, mit dem Erprobungsfahrten nach Leningrad und Kiew unternommen wurden. Die Straßen waren in unglaublich schlechtem Zustand, was einen guten Härtetest bedeutete.

Der L1 war in Leningrad gebaut worden, doch der ZIS-101 wurde in Moskau hergestellt. Der Sechszylindermotor hatte 5766 ccm und anfangs 90 PS, ab 1937 110 PS. Bemerkenswerterweise bezog man die Karosserien von der Firma Ambi-Budd aus Berlin, denn es gab in der UdSSR kein Werk, das sie hätte herstellen können. Das Styling glich entfernt dem des Lincoln Zephyr.

Der ZIS-110 der Nachkriegzeit sah allerdings gänzlich anders aus und war im Grunde ein (kapitalistischer) Packard 180 Super Eight von 1939, dessen Werkzeuge die Russen aus den USA erhalten hatten. Dieses Modell war unter Alexander Ostrowtschew entstanden. Mit einem Radstand von 3,77 Meter war der Wagen sehr geräumig und bot acht Personen Platz. Der Reihenachtzylinder wies knapp 6,0 Liter Hubraum auf und leistete 140 PS, knapp ausreichend für 2575 kg Leergewicht. Es wurden auch Ambulanzwagen und Cabriolets gebaut, und die höchstrangigen Parteimitglieder erhielten kugelsichere Ausführungen, genannt ZIS-115. 1958 erschien als Nachfolger der 111, jetzt als ZIL bezeichnet, denn nach Stalins Tod hatte man dem Werk den Namen des leitenden Generaldirektors Lichatchew gegeben. **SH**

500 Topolino | Fiat

1936 • 569 ccm, Vierzylinder • 13 PS/9,6 kW • keine Angaben • 85 km/h

Der 1936 vorgestellte Fiat 500 rangierte in Italien viele Jahre als der populärste Kleinwagen. Dante Giacosas geniales kleines Meisterwerk, von den Italienern und später auch in aller Welt liebevoll „Topolino" (Mäuschen) genannt, gehört zu den Fiat-Meilensteinen. Der 569-ccm-Kleinwagen war ein Volksauto im besten Sinne, ein Zweisitzer mit Rolldach und ausreichend Platz für Einkäufe oder ein kleines Kind auf einem Chassis von nur 2,00 Meter Radstand. Der hinter der Vorderachse installierte, wassergekühlte Motor verfügte über genügend Kraft, um auch in bergigen Regionen bestehen zu können.

1948 folgte der 500B dem 500A, dem er äußerlich ähnelte. Doch der kleine Vierzylindermotor hatte jetzt obengesteuerte Ventile und leistete 16,5 statt 13 PS. Schließlich erschien 1949 der 500C mit gleichem Motorvolumen, aber einer modernisierten Karosserie, auch war er als komfortabler, viersitziger Kombi (genannt Giardiniera bzw. Belvedere) erhältlich. Die Scheinwerfer saßen in den Kotflügeln, doch die Türen öffneten nach wie vor nach vorn.

Der Topolino beherrschte das Straßenbild Italiens noch bis Mitte der 1950er Jahre, und auch in Deutschland war er häufig zu sehen. Von den Modellen A und B wurden 143.000 Stück produziert (in Frankreich gab es den identischen Wagen als Simca 5), und vom 500C noch einmal 376.370. Das letzte Modell mit Alu-Zylinderkopf und erstmals Scheibendefroster hatte noch immer 2,00 Meter Radstand und das beliebte Textil-Rolldach, das die kleine Berlinetta zu einer echten Cabriolimousine machte. Einen offenen Zweisitzer gab es ebenfalls, aber nur in Deutschland, hergestellt von den Karosseriewerken Weinsberg. **LT**

57SC Atlantic | Bugatti

1936 • 3257 ccm, Achtzylinder • 175 PS/129 kW • 0–100 km/h in 10 Sek. • 200 km/h

An Extravaganz kaum zu überbieten ist wohl der in nur sechs Exemplaren gebaute Bugatti Atlantic – ein Auto, dessen Wert heute auf 40 Millionen Dollar taxiert wird. Die Coupé-Karosserie mit ihrem eleganten – dennoch aerodynamisch zweifelhaften – Fließheck war unter dem Namen Aerolithe 1935 auf dem Pariser Salon vorgestellt worden. Der Kabinenkörper war in der Längsachse zweigeteilt und zu einer auffälligen „Bügelfalte" zusammengenietet. Das Material war extrem leichtes Magnesium, das sich zum Schweißen nicht eignete – es wäre verbrannt. Anschließend wurde eine kleine Serie dieses von Jean Bugatti entworfenen Wagens gebaut, im Unterschied zum Ausstellungsfahrzeug allerdings mit einem Aufbau aus Duraluminium. Die drei 1936er Exemplare des Kompressor-Coupés wiesen ein spezielles Underslung-Chassis auf, worauf die Bezeichnung SC Bezug nahm: Das C stand für compresseur, das S für surbaissée (tiefergelegt). Drei weitere Fahrgestelle wurden später ähnlich karossiert.

Der neunfach gelagerte DOHC-Motor des 57SC Atlantic hatte Magnetzündung und produzierte 175 PS ohne und 200 PS mit Kompressor. Es gab Trockensumpfschmierung, um die Bauhöhe des Motors gering zu halten; das Getriebe war mit dem Motor verblockt. Das Coupé mit einem Lenkrad, das dem Fahrer dicht vor dem Brustkorb saß, war theoretisch 200 km/h schnell – ein Tempo, das damals auf keiner normalen Landstraße in Europa zu erzielen gewesen wäre.

Nur die beiden Aluminium-Coupés existieren noch – eines im Besitz des Modedesigners Ralph Lauren –, dazu einige Nachbauten. Was aus den Wagen mit Magnesium-Karosserien geworden ist, weiß man nicht. **SH**

W25K | Wanderer

1936 • 1963 ccm, Sechszylinder • 85 PS/62,5 kW • keine Angaben • 145 km/h

Im Markenzeichen der vier Ringe der Auto Union steht einer für die Marke Wanderer, jene Firma, die 1885 in Chemnitz mit der Herstellung von Fahrrädern ihren Anfang nahm, dann auch Schreibmaschinen, Motorräder und Werkzeugmaschinen produzierte – mit großem Erfolg. 1905 schließlich stieg man in den Automobilbau ein. Diese Sparte kam 1932 zusammen mit Horch, Audi und DKW unter das Dach der Auto Union und hatte eine Reihe solider Mittelklassewagen im Programm.

Für Wanderer hatte der für die Auto Union freiberuflich tätige Konstrukteur Ferdinand Porsche um jene Zeit einen Sechszylinder-Reihenmotor mit auswechselbaren Laufbüchsen entwickelt, der auch bei Audi Verwendung fand, hier allerdings einschließlich Getriebe umgekehrt eingebaut, weil der Wagen Vorderradantrieb hatte. Porsche stand mit Wanderer zunächst wegen der Konzeption eines Rennwagens in Verbindung, ein Projekt, das später in der Regie der Auto Union realisiert wurde. Auch entwarf er eine Limousine mit 3,5-Liter-Achtzylindermotor.

Eine per Roots-Kompressor von 40 auf 85 PS erstarkte Version des Zweiliters bildete das Herzstück des Wanderer-Sportwagens W25K, gebaut von 1936 bis 1938. Gedacht war der bildschöne, von der Firma Gläser karossierte Speichenrad-Roadster als Konkurrenz zum BMW 328. Er wog sogar etwas weniger als der BMW, blieb dennoch im Hintertreffen – der anfänglich nicht für Kompressorbetrieb vorgesehene Motor erwies sich als nicht standfest genug, um in harten Rennen mithalten zu können. 250 Exemplare dieses Wagens sind hergestellt worden, sein Preis betrug bei der Einführung 6800 Reichsmark. **HS**

Durch seine glorreiche Rennsportvergangenheit zählt der Alfa Romeo 8C 2900 zu den meistbegehrten Sammlerwagen.

Arkona | Stoewer

1937 • 3610 ccm, Sechszylinder • 80 PS/58,8 kW • keine Angaben • 140 km/h

Die Motorfahrzeugfabrik Gebrüder Stoewer wurde 1899 gegründet. Der gelernte Büchsenmacher Bernhard Stoewer hatte als 24jähriger in Stettin eine kleine Fabrik zur Herstellung von Nähmaschinen und Schreibmaschinen etabliert, ehe Fahrräder hinzukamen. 1896 ließ er das Stettiner Eisenwerk als ein Zweigunternehmen ins Firmenregister eintragen, das Werkzeugmaschinen herstellte. Seine Söhne Emil und Bernhard experimentierten ab 1897 auch mit motorisierten Zwei- und Dreirädern, woraus sich eine ansehnliche Automobilproduktion entwickelte.

Stoewer-Wagen gewannen viele Langstreckenrennen; auch im Export hatte ihr Name einen guten Klang. In den 1920er und 1930er Jahren stellte man eine Vielzahl unterschiedlicher Modelle her, auch sehr große und teure, die alle als ausgereift galten und beste Reputation genossen.

Das letzte große, 1937 bis Anfang 1940 gebaute Stoewer-Modell Arkona hätte als „pommerscher Mercedes" durchaus Marktchancen gehabt, doch die vereitelte ihm das staatlich verordnete Restriktionsprogramm ebenso wie der 1939 ausgebrochene Krieg. Der Wagen mit modernem Ovalrohrrahmen, vorderer Einzelradaufhängung mit Querblattfederung und hinterer Starrachse war mit unterschiedlichen Karosserien erhältlich. Das Schwestermodell Sedina hatte einen 55 PS starken Vierzylinder-Reihenmotor von 2404 ccm Hubraum, der baugleiche Arkona einen um zwei Zylinder ergänzten Sechszylinder von 3610 ccm, 80 PS leistend. Von beiden zusammen wurden 1125 Stück gefertigt – ein Siebtel von dem, was Stoewer 1937-1943 an Militärfahrzeugen zu produzieren gezwungen war. **HS**

8C 2900B | Alfa Romeo

1937 • 2905 ccm, Achtzylinder • 180 PS/132 kW • 0–100 km/h in 9,5 Sek. • 225 km/h

Der Alfa Romeo 8C 2900 war ein klassischer Mille-Miglia-Wagen, konstruiert von Vittorio Jano. Nach seinen überzeugenden Erfolgen mit dem Sechszylindermotor war Jano an den Entwurf eines Reihenachtzylinders mit zwei obenliegenden Nockenwellen gegangen. Zwischen den zwei Vierzylindereinheiten, verbunden durch eine gemeinsame Kurbelwelle, befand sich der Königswellenabtrieb zu den Nockenwellen. Den Achtzylinder gab es in zwei Chassislängen, wobei die kürzere Version (Corto) den reinen Rennwagen vom Typ Monza vorbehalten blieb und die längere (Lungo) den zivileren Sportzweisitzern.

Mit ihren leichten, hochpotenten Fahrzeugen vermochten Alfa Romeo-Piloten Bentleys Nachfolge in Le Mans anzutreten, wo sie 1931 bis 1934 die Gesamtsiege für sich verbuchen konnten. Der anfangs auf 2,3 Liter ausgelegte Motor wuchs bald auf 2,6, dann auf 2,9 Liter Hubraum, und 1935 erschien ein 8C 2900 sogar mit zwei Kompressoren und einem auf Grand-Prix-Spezifikationen zugeschnittenen Fahrgestell mit Einzelradaufhängung. Prototypen dieses Modells belegten als Werksrennwagen die ersten drei Plätze der 1936er Mille Miglia. Ab 1937 gab es einen als 8C 2900B bezeichneten Wagen dieser Ausführung auch für Privatkunden zu kaufen. Als einer der schnellsten Serienwagen der 1930er Jahre wurde er mit Karosserien von Touring oder Farina versehen.

Ein 8C 2900B war 1938 zur Teilnahme an den 24 Stunden von Le Mans gemeldet. Bevor das Auto wegen technischer Probleme aufgeben mußte, drehte es mit 154,78 km/h eine Rekordrunde. Noch bis 1951 wurden Fahrzeuge dieser Baureihe in Rennen eingesetzt. **MG**

Aprilia | Lancia

1937 • 1352 ccm, V4 • 47 PS/34,5 kW • 0–100 km/h in 26 Sek. • 125 km/h

Nach seinem Ausscheiden als Konstrukteur bei Fiat hatte Vincenzo Lancia 1906 den Automobilbau in eigener Regie begonnen und war damit sehr erfolgreich geworden. Seine Wagen galten als fortschrittlich und wiesen schon in den frühen 1920er Jahren V-Motoren, Leichtmetall-Karosserien und Einzelradaufhängung auf. Auch der Lancia Aprilia von 1937 war eine in vieler Hinsicht innovative Konstruktion.

Im Vergleich zu zahlreichen anderen Fahrzeugen war das Auto seiner Zeit weit voraus, nach bester Tradition des Turiner Hauses. Der Spezifikation nach hätte der 1936 entwickelte Wagen ein Produkt der 1950er Jahre sein können. Er war Vincenzo Lancias letztes Werk.

Der Aprilia hatte einen Plattformrahmen mit Einzelradaufhängung ringsum, hydraulischer Bremsen und als Viertürer keine Mittelpfosten. Die im Windkanal ermittelte Form des Aufbaus zeigte ein schräg abfallendes Heck. Der Motor war wieder ein in V-Form gebauter Vierzylinder, er hatte knapp 1,4 Liter Hubraum, eine obenliegende Nockenwelle und leistete 47 PS. Durch sein geringes Gewicht und die strömungsgünstige Karosserieform war der Aprilia sparsam und wies bessere Fahreigenschaften auf als mancher zeitgenössische Sportwagen. Es gab den Wagen in drei Fahrgestellängen; die Bodenplattform erlaubte das Aufsetzen von Spezialkarosserien.

Nach dem Krieg wurde die Produktion des Aprilia wieder aufgenommen. Jetzt hatte der V4-Motor 1486 ccm Hubraum und ein etwas besseres Drehmoment. Das letzte Exemplar wurde 1949 ausgeliefert; in seinem Kofferraum fand man den handschriftlichen Abschiedsbrief eines unbekannten Bandarbeiters. **MG**

T150C SS Goutte d'Eau | Talbot-Lago

1937 • 3994 ccm, Sechszylinder • 140 PS/103 kW • 0–100 km/h in 13 Sek. • 175 km/h

Zu den wenigen Wagen, von denen man sagen kann, sie seien mobile Kunstwerke, zählt sicher der Talbot-Lago T150C. Seine Karosserie macht den Eindruck konsequent angewandter Aerodynamik, wenngleich ein Beweis hierfür fehlt. Auch die Vorgänger des T150C hinterließen bei Kennern einen tiefen Eindruck, etwa die ab 1926 gebauten Sechszylinder von 1999 bis 2867 ccm. Die galten als Fahrzeuge der Spitzenklasse. 1930 kamen zwei Reihenachtzylinder hinzu. Die Konstruktionsleitung in Suresnes unterstand drei Italienern, die vorher für Fiat gearbeitet hatten: Walter Becchia, Vincenzo Bertarione und Edmondo Moglia. Ein Italiener war ab 1935 auch der Firmeninhaber: Antonio Lago. Seinen Autos fügte er seinen Namen hinzu – nur inoffiziell allerdings, denn die neue Firma trug den Doppelnamen nicht. Um den Beweis anzutreten, wofür die Marke Talbot-Lago künftig stand, beauftragte er Walter Becchia, einen Rennwagen zu konstruieren, mit dem ein Team unter René Dreyfus 1936 beim Großen Preis von Frankreich antrat. Zwar ohne Chancen gegen die deutschen Silberpfeile, doch die französischen Rennfarben waren wieder ehrenvoll im internationalen Sport vertreten. Immerhin beendeten Lagos Boliden das Rennen in Reims auf dem 8., 9. und 10. Platz.

Straßenfahrzeuge der Marke Talbot-Lago zählten in der zweiten Hälfte der 1930er Jahre zu den schönsten Autos französischer Produktion. Der „Wassertropfen" stellt eine Kreation der Karosseriehersteller Figoni & Falaschi dar. Aerodynamik hin oder her: 1938 nahmen drei solcher Exemplare am 24-Stunden-Rennen von Le Mans teil, das unter Jean Prenant kam auf den dritten Platz. **BS**

V12 | Lagonda (D)

1937 • 4486 ccm, V12 • 175 PS/129 kW •
keine Angaben • 170 km/h

Y-Job | Buick (USA)

1938 • 5247 ccm, V8 • 141 PS/104 kW •
keine Angaben • keine Angaben

Der aus den USA nach England ausgewanderte Amerikaner Wilbur Gunn baute zunächst Motorräder und ab 1907 auch Automobile. Doch er verstarb, noch ehe die von ihm gegründete Marke Lagonda mit ihren 2,0-, 3,0- und 4,5-Liter-Modellen großen sportlichen Ruhm erlangte. Besonders stolz hätte er auf den fabelhaften V12 sein können, der 1937 herauskam und eine Konstruktion W. O. Bentleys war. Der berühmte Ingenieur hatte 1931 seine Londoner Firma aufgeben müssen, die darauf von Rolls-Royce übernommen wurde. Und genau der Rolls-Royce Phantom III mit Zwölfzylindermotor war es, zu welchem die Firma Lagonda ein Gegenstück auf den Markt zu bringen gedachte, und für die Konstruktion eines solchen Boliden war Bentley geradezu prädestiniert.

Doch die ersten Exemplare machten deutlich, daß der V12 wohl doch zu rasch entwickelt worden war. Es gab etliche Reklamationen, die erst 1939 aufhörten, als der große Lagonda wirklich ausgereift und in jeder Beziehung perfekt war. Eine erste Kostprobe lieferten hierfür zwei Prototypen, die der Lagonda-Chef Alan P. Good 1939 bei den 24 Stunden von Le Mans starten ließ. Sie kamen auf einen ehrenvollen dritten und vierten Platz. Bis Kriegsausbruch wurden 190 Stück gebaut, wobei die Limousinen an Schönheit den offenen Ausführungen nicht nachstanden. **MG**

Unter Harley Earl, General Motors' berühmtem Stylingchef, entstanden zahlreiche Show Cars, davon manche in gewagten Lackierungen, bei deren Präsentation vor dem GM-Vorstand Earl farblich abgestimmte Anzüge trug. Als sein signifikantester Beitrag zur GM-Geschichte gilt der 1938 gebaute Y-Job, ein zweisitziger, mehr als sechs Meter langer Buick Prototyp mit versenkbaren Scheinwerfern. Alle GM-Autos wiesen damals noch Scheinwerfer in separaten Gehäusen auf den Kotflügeln auf. Der Y-Job gab zu vielen Neuerungen Anstoß, die später in die Serie einflossen, so die Getriebeautomatik und ein elektrisch betätigter Verdeckmechanismus. Es gab in die Türen versenkte Handgriffe, elektrische Fensterheber und viele andere Innovationen. Auffallend waren auch die in den bauchigen Karosseriekörper integrierten Stoßfänger. Earl benutzte das Auto bis 1951 als Privatwagen und legte mit ihm Zehntausende von Meilen zurück, war mit ihm auch auf der Rennstrecke von Watkins Glen, um gegen seinen Freund Briggs Cunningham im Rennen anzutreten, oder in Chicago zur Eröffnung der dortigen Autoausstellung.

Der Entwurf des Y-Jobs stammte zwar von Harley Earl, die Ausführung im Detail jedoch hatte er seinem Assistenten George Snyder übertragen. Das Fahrzeug existiert noch heute. **BS**

Sixty Special | Cadillac (USA)

1938 • 5670 ccm, V8 • 130 PS/95,6 kW • keine Angaben • 145 km/h

Der Sixty Special war einer der erfolgreichsten Cadillacs, und die Baureihen-Bezeichnung „Sixty" gab es 55 Jahre lang (mit einer Unterbrechung von 1976 bis 1984), ehe sie 1993 verschwand. Für das Design des Wagens war Bill Mitchell verantwortlich, von dem später auch die Linien des Buick Riviera, des Stingray und des Pontiac GTO stammen. Bill Mitchell hatte seine Karriere als Zeichner in einer Werbeagentur begonnen. 1935 bekam er die Chance, bei General Motors in die von Harley Earl geleitete Stylingabteilung zu kommen. Earl bestimmte den talentierten Mann zu seinem Nachfolger, als er sich Ende 1958 verabschiedete. Bill Mitchell vollzog indes eine völlige Abkehr vom Styling-Barock, den Earl gepflegt hatte, und schuf eine Formensprache, die sachlicher und zeitgemäßer war, gleichzeitig dynamischer. Sein Sixty Special war länger und niedriger als seine Vorgänger, auch wies er keine Trittbretter mehr auf. Mit einem Verkaufspreis von 2080 Dollar war die V8-Limousine auch recht preiswert. Der günstige Preis bewirkte, dass 39 Prozent aller Cadillacs des Modelljahrgangs 1938 Sixty Specials waren. Das 1939er Modell konnte man sogar mit einem Schiebedach bekommen sowie mit einer Glas-Separation zwischen den vorderen Sitzen und dem Fond, was vorher nur beim Series 90 zur Serienausstattung bei den Limousinen gehörte. **MG**

Dolomite 16 Sports | Triumph (GB)

1938 • 1991 ccm, Sechszylinder • 70 PS/51,5 kW • 0-80 km/h in 15 Sek. • 130 km/h

Die Einführung der Dolomite-Baureihe durfte man als einen Versuch der Firma Triumph werten, verlorenes Terrain zurückzuerobern. Mit einem neuen Vierzylinder – eine Konstruktion, die unter Donald Healey entstanden war – sowie einem Sechszylinder von Coventry-Climax, der auch im Gloria 6 zu bekommen war, erschien der Dolomite in neuer Gewandung. Die elegante Karosserie, entworfen von Walter Belgrove, zeigte schwungvolle Linien, eine kühne Frontgestaltung, auch reichlich Chromdekor. Offensichtlich hatte Belgrove Gefallen an amerikanischen Vorbildern gefunden. Mit einem etwas schlichterem Bug gab es für weniger progressiv eingestellte Kunden den Dolomite Continental.

Der Vierzylinder, ein 14 HP, hatte 1767 ccm und leistete 62 PS, der 1991-ccm-Sechszylinder 16 HP Sports gut 70 PS. 1938 kamen Cabrioletausführungen hinzu. Als Luxusausführung bot man den Dolomite Royale an.

Zwar fanden sich für die Autos dieser Baureihe mehr als 7000 Käufer, aber es waren dennoch zu wenige, um der Triumph Motor Company Ltd. einen Fortbestand zu sichern. Sie meldete Mitte 1939 Konkurs an. Der für die Rüstungsproduktion während des Zweiten Weltkrieges treuhänderisch verwaltete Betrieb wurde 1944 von der Standard Motor Co. übernommen. **MD**

Zwei Volkswagen-Vorserienmodelle auf Versuchsfahrt auf der noch leeren Autobahn Berlin-Potsdam, 1938.

328 Le Mans Coupé | BMW

1939 • 1971 ccm, Sechszylinder • 110 PS/80,9 kW • keine Angaben • 180 km/h

Nicht allein die deutschen Grand-Prix-Silberpfeile beherrschten ab 1934 das Renngeschehen in Europa. 1938 gewann ein BMW 328 Roadster die Zwei-Liter-Klasse der Mille Miglia, und mit einem in Italien karossierten Stromliniencoupé errangen Prinz zu Schaumburg-Lippe und Fritz Wencher den Klassensieg und 5. Gesamtplatz in Le Mans. Technisch entsprachen diese Autos dem Serien-328, nur war die Leistung des Sechszylindermotors von 80 auf 110 PS angehoben worden. Zwei weitere BMW kamen in Le Mans auf den Plätzen 7 und 9 ins Ziel.

Für die Saison 1940 entstanden daraufhin weitere neue Wagen für den Renneinsatz. Die abermals gesteigerte Motorleistung belief sich bei diesen Fahrzeugen auf 130 PS – ein für diese Zeit sensationeller Wert. In der von Touring in Mailand kreierten „Superleggera"-Bauweise setzte man leichte Aluminiumkarosserien auf filigrane Gitterkonstruktionen. Die Linienführung der drei offenen Rennsportwagen entsprach der des Coupés, auch gab es eine Rennlimousine mit Kamm-Heck. Die drei Roadster und die geschlossenen Wagen gingen am 28. April 1940 in Brescia an den Start. Die aufregenden Duelle gegen Alfa Romeo bestanden die deutschen Wagen mit Bravour – am Ziel hatte das BMW-Team v. Hanstein/Bäumer 15 Minuten Vorsprung vor einem zweitplazierten und überlegen motorisierten Alfa Romeo 6C 2500 SS. Der aufsehenerregende Erfolg sollte für BMW zugleich der letzte Gesamtsieg bei der klassischen Wettfahrt bleiben, denn der Zweite Weltkrieg setzte nicht nur der Mille Miglia, sondern auch allen anderen Motorsport-Aktivitäten in Europa für viele Jahre ein Ende. **HS**

VW 38 | Volkswagen

1939 • 995 ccm, Vierzylinder-Boxer • 29 PS/19 kW • keine Angaben • 90 km/h

Ferdinand Porsche legte der deutschen Regierung im Januar 1934 ein Exposé vor, das die Schaffung eines „Volkswagens" betraf. Porsche bekam den erhofften Konstruktionsauftrag; die Prototypen für das Urmodell fertigte Daimler-Benz an. Anfang 1938 war der Volkswagen in seiner endgültigen Form fertig; der serienreife Prototyp trug die Konstruktionsnummer 38. Seine zweitürige Karosserie wies jene Käfer-Form auf, die Jahrzehnte ihre Gültigkeit behalten sollte. Der Wagen hatte einen Stahlblech-Plattformrahmen; die Vorderachse bestand aus zwei miteinander verbundenen Rohren, in den Blattfeder-Drehstäbe gelagert waren. Die Pendelachsen der Hinterräder wurden durch je einen breiten Führungshebel gehalten und waren mit verstellbaren Drehstäben verbunden. Zur Dämpfung verwendete man doppelt wirkende Teleskopstoßdämpfer. Der Viersitzer wies in die Kotflügel eingelassene Scheinwerfer, schmale Trittbretter und eine geteilte Heckscheibe auf. Die Innenausstattung war karg, aber zweckmäßig. Gepäck brachte man hinter der Fondlehne sowie im Fahrzeugbug unter, wo sich auch der Benzintank und das Reserverad befanden.

Der Volkswagen mit seinem luftgekühlten Vierzylinder-Boxermotor im Heck wurde bei vielen Presse- und Propagandafahrten der Öffentlichkeit vorgeführt, es wurden Anzahlungen entgegengenommen, Händlerbetriebe akquiriert und Prospekte gedruckt. Der Wagen sollte 990 Reichsmark kosten – ein Preis, den Hitler gewünscht hatte, der jedoch weit unterkalkuliert war. Ehe das Auto in Serie gehen konnte, brach der Krieg aus. Die propagierte Volksmotorisierung rückte in weite Ferne ... **HS**

Champion | Studebaker

1939 • 2687 ccm, Sechszylinder • 78 PS/57,3 kW • keine Angaben • 128 km/h

Das 1852 als Kutschenbaufirma gegründete Unternehmen Studebaker hatte auch als Automobilhersteller eine große Reputation erlangt, bis es mit 12 Millionen Dollar Schulden 1933 in den Strudel der Wirtschaftskrise geriet. Der Firmenchef Russell Erskine versuchte Selbstmord zu begehen, doch der Automobilbau kam durch neue Investoren wieder in Schwung und konnte sich mittels innovativer Konstruktionen sogar einen vorderen Platz in der US-Herstellerstatistik sichern. Das Erfolgsmodell hieß Champion, konstruiert von W.S. James, der zusammen mit dem Designer Raymond Loewy ein völlig neues Konzept entwickelte. Es resultierte in Studebakers erstem Großserienfahrzeug – das Modell Champion erreichte eine Gesamtstückzahl von annähernd einer halben Million. In der Ausführung des Modelljahrgangs 1939 wurden die fünfsitzige Limousine und das dreisitzige Coupé bis 1946 hergestellt, ehe eine Neuauflage im „Düsenjäger-Look" herauskam und für Aufsehen sorgte. Rückblickend kann man sagen, daß der Champion das erste konsequent nach ökologischen Gesichtspunkten gebaute Mittelklasseauto in den Vereinigten Staaten war, denn sein 2,7-Liter-Motor verbrauchte auf 100 Kilometer nur 11,6 Liter Benzin, was 1939 als sehr günstig erachtet wurde. Der im Gewicht niedrig gehaltene Fünfsitzer kostete nicht mehr als 425 Dollar und löste eine große Nachfrage aus.

Studebaker stellte während des Zweiten Weltkrieges hauptsächlich Lastwagen her. Der sich nach dem Kriege fortsetzende Erfolg des Champion, jetzt mit V8-Motor, hing auch damit zusammen, daß Studebaker schon im Frühjahr 1946 mit einer neuen Karosserie aufwarten konnte. **MG**

Continental | Lincoln

1939 • 4789 ccm, V12 • 120 PS/88,2 kW • keine Angaben • 125 km/h

Edsel Ford hatte den Lincoln Continental eigentlich nur in einem einzigen Exemplar bauen lassen wollen, zu seinem privaten Gebrauch, wenn er in Florida Urlaub machte. Der gigantisch dimensionierte Wagen mit seinem Zwölfzylindermotor, fertiggestellt Ende 1939, sollte demonstrieren, daß ein Lincoln dem Cadillac ebenbürtig war – mindestens. Für Edsel Ford, der seit der Übernahme der Marke Lincoln 1922 die Zweifel nicht losgeworden war, ob sein Vater ihr die gebührende Zuwendung hatte zuteil werden lassen, war eine solche Demonstration sehr wichtig. Zwar hatte Lincoln schon mit dem luxuriösen Modell Zephyr landesweit Bewunderung erregt, das hatte Edsel aber nicht genügt. Den Zephyr hatte er als einen Anfang betrachtet, der Marke zu neuem, noch größerem Prestige zu verhelfen; der Continental sollte sein Werk krönen. Doch bei einem privaten Einzelstück blieb es nicht: der Continental wurde in Serie gebaut – nicht zuletzt, um General Motors herauszufordern.

Die Verfolgung weiterer Pläne verhinderte der Krieg, in den die USA 1941 eintraten. Nicht mehr als 1642 Fahrzeuge wurden gebaut, ehe man bei Ford mit Jahresbeginn 1942 auf die Fertigung militärischer Produkte umschalten mußte (zu denen der Jeep gehörte, weil der damit beauftragte Automobilhersteller Willys-Overland zu wenig Kapazität besaß). Nach Kriegsende wurde die Herstellung des Continental mit V12-Motor wieder aufgenommen, im März 1948 doch schon wieder beendet. Die Modellreihe lebte zwar weiter, aber mit neuer Identität: sie trug den Namen Cosmopolitan und trat mit V8-Motoren an. Erst 1956 gab es wieder einen Continental. **MG**

Jeep | Willys

1941 • 2199 ccm, Vierzylinder • 60 PS/44,1 kW • keine Angaben • 100 km/h

Der Name Jeep leitet sich phonetisch von der Buchstabenkombination GP ab, die für „general purpose" stand: Mehrzweck. Entstanden ist der Allradwagen auf eine Ausschreibung des US-Verteidigungsministeriums hin, die 1940 an 135 Unternehmen erging. Das neue Militärfahrzeug sollte die bis dahin üblichen Motorradgespanne ersetzen und für Späher- und Kurierdienste, für den Transport von drei Personen mit Ausrüstung sowie als wendiges Kommandofahrzeug dienen. Sieger des Wettbewerbs wurde Willys aus Toledo, Ohio, mit einem Quad genannten Allradwagen. Erst sieben Wochen nach Einsendeschluss traf der Entwurf ein, dennoch machte er trotz der Verspätung das Rennen.

Bis zum Kriegsende wurden über 368.000 Jeeps fabriziert. Auch Ford beteiligte sich an der Produktion, als Willys an die Grenzen der Kapazität angelangt war.

Der bis auf Kleinigkeiten identische Ford-Jeep wurde in weiteren 277.000 Exemplaren gebaut. Den Militärversionen MA und MB (beide wurden 1951 durch das Modell M38A1 ersetzt) war bereits 1944 eine Zivilversion zur Seite gestellt worden, von der bei Willys 22 Prototypen unter der Codebezeichnung CJ1A und CJ2B entstanden. In Serie ging der CJ jedoch erst im August 1945. Seine Merkmale: eine Heckklappe, ein seitlich statt hinten angebrachtes Reserverad sowie Scheinwerfer ohne Tarnabdeckung.

1948 folgte der CJ-3A, der nun eine einteilige statt der vorher zweigeteilten Frontscheibe hatte. Mit größerem Grill und höherer Haube präsentierte sich 1953 der CJ-3B, nun mit einem neuen OHV-Vierzylinder Typ Hurricane und einem Sechszylindermotor Typ Lightning erhältlich. **JB**

Town & Country | Chrysler

1941 • 3957 ccm, Sechszylinder • 115 PS/84,5 kW • keine Angaben • 140 km/h

Der 1941 von Chrysler vorgestellte Town & Country war nicht der erste Kombiwagen mit hölzernen Seitenpaneelen. Aber er war der erste dieser Bauart mit einem Stahldach. Der im Volksmund „Woody" genannte Fahrzeugtyp blieb keine Besonderheit allein im Chrysler-Programm; auch Ford, General Motors und andere, darunter europäische Hersteller, stellten solche kombinierten Holz-Stahl-Aufbauten her, allerdings erst nach Kriegsende. Dabei waren es nicht etwa Stylingaspekte, die zu dieser reizvollen Kombination verschiedener Materialien geführt hatten, sondern Materialknappheit. Stahlblech war mit Kriegsbeginn teuer geworden, den Baustoff Holz hingegen gab es zumindest in den USA im Überfluß. Für die Woodys verwendete man vorzugsweise Rahmen aus massiver Esche und Flächen aus Mahagoni-Sperrholz. Die Werbung verstand es geschickt, den Ersatz als modische Extravaganz herauszustellen.

Wie zu alter Kutschenzeit konnte das holzverarbeitende Gewebe zeigen, was es vom Karosseriebau verstand. Doch mit zunehmender Massenproduktion war der hohe handwerkliche Aufwand bei der Fertigung des Woody nicht mehr vertretbar, und die Normalisierung der Rohstoffmärkte ab etwa 1949 machte Holz wieder entbehrlich. Was blieb, war der modische Effekt, mit einem Hauch von Nostalgie. Ad absurdum geführt wurde der Holzeffekt später durch ähnlich aussehende Stahlblechkarosserien, bei denen die Holzmaserung nur aufgemalt war.

Den Town & Country von 1941, mit dem alles begonnen hatte, gab es in nur 797 Exemplaren, und von diesen sind nur wenige erhalten geblieben. Er ist in zahlreichen amerikanischen Filmen zu sehen. **MG**

Interieur des 1953er Cadillac Eldorado, das erst 1959 grundlegend geändert wurde.

1945–1959

TC Midget | MG (GB)

1945 • 1250 ccm, Vierzylinder • 54,5 PS/40 kW • 0–100 km/h in 22,7 Sek. • 125 km/h

Das erste MG-Modell der T-Serie erschien 1936. Dies war der TA als Nachfolger des P-Modells, ein Sportzweisitzer mit Speichenrädern, Rucksacktank und umlegbarer Windschutzscheibe. Eine Neukonstruktion war der Motor: Das OHC-Aggregat war von einer OHV-Version mit 1292 ccm Hubraum abgelöst worden. Junge Paare, Sportsleute und junggebliebene Gentlemen gesetzten Alters entdeckten den TA als ihr Auto, und die Fahreigenschaften ließen keine Wünsche offen. Der Wagen verfügte über hydraulische Bremsen, ein Vierganggetriebe und lief 130 km/h.

Noch kurz vor Kriegsausbruch wurde aus dem TA der TB mit jetzt 1250 ccm Hubraum und 54,5 PS. Dieser Motor wurde bis 1954 beibehalten. Der TB war nicht schneller als der TA, auch seine äußere Erscheinung war so gut wie gleich geblieben.

Der kurzen Lebensdauer, die dem TB beschieden war, stand jene des TC gegenüber, der ab Herbst 1945 gebaut wurde; dieses Modell gab es bis 1949. Die meisten Fahrzeuge wurden nach USA verkauft – die jungen Amerikaner waren verrückt nach diesem preisgünstigen Flitzer.

Der mit einem Kastenrahmen, Starrachsen und Halbelliptikfedern recht konservativ gebaute MG TC hatte zwar einen synchronisierten dritten und vierten Gang, dennoch war das Schalten eine Kunst. Und trotz der Exporte nach USA war jeder TC ein Rechtslenker, man schaltete mit der linken Hand. Mehr als 10.000 Wagen wurden hergestellt, ein Erfolg, den der MG-Gründer Cecil Kimber nicht mehr miterleben durfte; er war in den letzten Kriegstagen bei einem Eisenbahnunglück ums Leben gekommen. **MG**

Silver Wraith | Rolls-Royce (GB)

1946 • 4257 ccm, Sechszylinder • keine Angaben • 0–100 km/h in 16,2 Sek. • 140 km/h

Der Silver Wraith war das erste Nachkriegsmodell von Rolls-Royce und blieb bis zum Frühjahr 1959 in Produktion, doch nur 1883 Stück wurden hergestellt. Aus der geringen Zahl für so einen langen Zeitraum wird deutlich, welchen Exklusivitäts-Status die Marke nach wie vor genoß. Die meisten Fahrzeuge gingen in den Export, denn kaum ein Engländer konnte sich in jenen Jahren einen neuen Rolls kaufen.

Sein Vorgänger war der 1938 vorgestellte Wraith und er war zugleich der erste Rolls-Royce mit vorderer Einzelradaufhängung. Noch etwas war neu an ihm: Wer sich für keine individuell angefertigte Karosserie entscheiden konnte oder wollte, dem bot das Werk eine Standardkarosserie an. Das bedeutete eine Trendwende. Die viertürige Limousine hatte den verbesserten Motor des Modells 20/25 (wie ihn auch der Bentley 4.25 Litre aufwies), verfügte über vom Fahrersitz aus verstellbare Stoßdämpfer, eingebaute Wagenheber und viele andere Finessen.

Nach dem Kriege wurde das Modell, jetzt Silver Wraith genannt, fast unverändert weitergebaut, ab 1951 jedoch mit einem auf 4566 aufgebohrten Motor versehen (als „big bore" bezeichnet). 1955 gab es abermals eine Vergrößerung, jetzt auf 4887 ccm, gut für etwa 160 PS. Offizielle Leistungsangaben veröffentlichte Rolls-Royce nicht. Die ab 1953 als Option erhältliche Getriebeautomatik gehörte ab 1958 zum Serienumfang.

Normalerweise erhielt man auch den Silver Wraith – wie schon 1938-39 den Wraith – mit einer Standard-Limousinenkarosserie, gleichwohl hatte der Kunde noch die Chance, für einen Sonderaufbau zu optieren. Erst mit Einführung des chassislosen Silver Shadow war damit Schluß. **MG**

◁ Der Renault 4 CV hatte den Motor im Heck. Dieses Foto stammt aus dem Jahre 1955.

4 CV | Renault

1946 • 756 ccm, Vierzylinder • 17 PS/12,5 kW • 0-90 km/h in 38 Sek. • 90 km/h

Bei dem noch vor dem Ende des Zweiten Weltkrieges verstaatlichten Automobilhersteller Renault befand sich bereits in den 1940er Jahren ein Kleinwagen mit Heckmotor in der Planung, und 1946 hatte er seine Serienreife erlangt. Die Renault-Werke waren von den Deutschen besetzt gewesen, dennoch hatten die Ingenieure es verstanden, ihre Kleinwagenpläne vor ihnen geheimzuhalten.

Den von Franzosen liebevoll „Cremeschnittchen" genannten 4 CV könnte man als das Gegenstück zum deutschen VW Käfer bezeichnen. Wie dieser besaß er einen Vierzylinder-Heckmotor, jedoch stehender Bauart und mit Wasserkühlung. Auch war der 4 CV ein Viertürer. Die Platzverhältnisse waren etwas beengt, denn der Wagen maß in der Länge nicht mehr als 3,61 Meter (Volkswagen: 4,08 m). Die selbsttragende Ganzstahlkarosserie wies vorn Einzelradaufhängung mit Schraubenfedern auf, hinten eine Pendelachse mit Schraubenfedern. Der anfänglich nur 17 PS leistende Motor reichte für 90 km/h. Einen kräftigeren Motor mit 26 PS bekam der 4 CV 1957; zum Dreigang-Schaltgetriebe war gegen Aufpreis eine elektromagnetische Kupplungsautomatik System Ferlec erhältlich. 1955-56 gab es auch eine Variante mit 1063 ccm und 32 PS, gut für eine Spitze von 130 km/h.

Im französischen Straßenbild spielte der 4 CV (die Bezeichnung bezog sich auf die Steuer-PS) in den Nachkriegsjahren eine bedeutende Rolle. Erhältlich war der kleine Wagen auch als Cabriolimousine und als Lieferwagen; die Gendarmerie hatte ebenfalls zahlreiche Exemplare in ihren Diensten. Der 4 CV war das erste französische Auto, von dem mehr als eine Million Stück produziert wurden. **SH**

DeLuxe | Ford

1946 • 3703 ccm, V8 • 90 PS/66,2 kW • 0–100 km/h in 23 Sek. • 130 km/h

1938 hatte Ford die DeLuxe-Reihe 6GA eingeführt, und nach Beendigung der kriegsbedingten Rüstungsproduktion stellte man sich in Detroit so rasch wie möglich auf die Fertigung von Personenwagen für zivile Zwecke um. Den V8-Motor hatte man auf 3,7 Liter Hubraum vergrößert; es gab eine 90- und eine 100-PS-Version. Da Ford schon im Juli 1945 mit der Produktion beginnen konnte, ergab sich gegenüber dem Rivalen General Motors ein beträchtlicher Vorsprung, denn GM begann erst ein halbes Jahr später, wieder Privatwagen auf den Markt zu bringen. Seit 1937 hatte die GM-Marke Chevrolet stets an der obersten Stelle in der Verkaufsstatistik rangiert; jetzt lag Ford erstmals vorn. Doch schon 1946 war Chevrolet an gewohnter Stelle zu finden und blieb dort auch bis 1958. Fords Triumph gegenüber seinem schärfsten Mitbewerber war also nur kurz gewesen. Firmengründer Henry Ford war 1945 zweiundachtzig Jahre alt; Vorstandsvorsitzender des Konzerns war kurz zuvor sein Enkel Henry Ford II geworden, der diese Position bis 1980 bekleidete.

Der Ford DeLuxe hatte zwar eine neue, glattflächige Pontonkarosserie erhalten, die ihn modern aussehen ließ, in technischer Hinsicht konnte man ihn aber nicht als ein spektakuläres Auto bezeichnen. Es handelte sich um eine preisgünstige, anspruchslose Familienkutsche, ganz dem Image all seiner Vorgänger entsprechend. Doch der Wagen, den es auch als Woody gab, prägte das Straßenbild der frühen Nachkriegsjahre in den USA, er spielte in vielen Filmen mit und galt in allen Klimazonen als zäh und unverwüstlich. Seine Karosserielinien wurden auch kopiert, etwa von Peugeot für das Modell 203. **MG**

Dieser Talbot-Lago T26 Grand Sport mit einer Karosserie von Jacques Saoutchik wurde 1948 auf dem Pariser Automobilsalon gezeigt.

E4 S47 | Tama

1947 • Elektroantrieb • 3,3 kW • keine Angaben • 35 km/h

Elektromobile gab es schon im späten 19. Jahrhundert, und seither haben viele Hersteller versucht, Autos mit elektrischer Energie zu bewegen. Im innerstädtischen Verkehr zumindest machte das auch Sinn, etwa bei Taxis oder Lieferfahrzeugen, die auf kurzen Entfernungen Verwendung fanden und nach einer Fahrstrecke von vielleicht 50 Kilometern – selten mehr – an die Steckdose kamen oder mit einem frisch geladenen Batteriesatz ausgestattet wurden.

1947 begann auch die Tokyo Electric Motorcar Co. in Tachikawa, ein Zweig der ehemaligen und von den Amerikanern nach dem Kriege in kleine Betriebe aufgeteilten Tachikawa Aircraft Company, mit der Herstellung von Elektrowagen, die unter dem Markennamen Tama vertrieben wurden. Der Tama E4 S47 mit seinem 3,3-kW-Motor (4,5 PS entsprechend) war eines der ersten Fahrzeuge, die nach 1945 in Japan produziert wurden und wies eine zweitürige Holzkarosserie mit vier Plätzen auf. 1948 folgten zwei neue Modelle mit Namen Junior und Senior; letzterer hatte einen 5,5-PS-Motor und bot fünf Personen Platz. Besonders kleine Fahrzeuge genossen nicht nur Steuervorteile, sondern waren in japanischen Städten mit ihrer hohen Verkehrsdichte in engen Straßen geradezu eine Notwendigkeit. Der Tama Electric stellte zugleich eine umweltschonende Alternative zu den abgasintensiven Verbrennungsmotoren dar. Außerdem war Vergaserkraftstoff in Japan damals rationiert und sehr teuer. Ab 1949 firmierte der Hersteller als Tama Electric Motorcar Co.; dort erstellte man auch den Prototyp eines großen Viertürers mit Benzinmotor, der zu Ehren des japanischen Kronprinzen Akihito den Namen Prince erhielt. **SH**

T26 Grand Sport | Talbot-Lago

1947 • 4482 ccm, Sechszylinder • 170 PS/125 kW • 0–100 km/h in 10 Sek. • 200 km/h

Beim Zusammenbruch des britisch geführten Sunbeam-Talbot-Darracq-Konzerns, dessen Rettung anschließend die Rootes Brothers versuchten, wurde der französische Zweig – das war die Marke Darracq – ausgegliedert. Der aus Italien stammende Automobilkaufmann Antonio Lago übernahm die Markenrechte für Talbot und begann in der ehemaligen Darracq-Fabrik in Suresnes bei Paris, in eigener Regie Fahrzeuge zu bauen. Es entstanden exklusive Sport- und Reisefahrzeuge, auch Rennwagen, die für Schlagzeilen sorgten. Nach dem Kriege war es das Modell T26 Grand Sport, das als luxuriös ausgestatteter GT sein Publikum suchte und fand – wenn auch in minimalen Stückzahlen. Die Klientel für teure Exklusivautos war längst nicht mehr so groß wie vor dem Kriege, zumal Autos mit hubraumstarken Motoren in Frankreich sehr hoch besteuert wurden.

Im Motorsport brachte es ein Talbot-Lago 1950 zum Gesamtsieg im 24-Stunden-Rennen von Le Mans. Einen identischen Wagen besaß der Hollywood-Regisseur George Sidney („Kiss me, Kate"), der mit ihm für erhebliches Aufsehen sorgte, nachdem der Le-Mans-Sieg auch in der amerikanischen Presse kommentiert wurde.

Die elegant karossierten Autos – eingekleidet etwa von Saoutchik, Vanvooren oder Figoni & Falaschi – hatten vordere Einzelradaufhängungen und einen vom Rennmotor abgeleiteten OHC-Sechszylinder von 4,5 Liter Hubraum. 1950 kam ein 2,7-Liter hinzu, „Baby Talbot" genannt. Einige Autos bekamen einen 2,6-Liter-V8-Motor von BMW. Lago hielt die Gratwanderung nahe am finanziellen Ruin immerhin bis 1959 durch, verkaufte dann aber seinen defizitären Betrieb an den Autohersteller Simca. **MG**

PV444 | Volvo (S)

1947 • 1414 ccm, Vierzylinder • 40 PS/29,4 kW • keine Angaben • 115 km/h

202 Gran Sport | Cisitalia (I)

1947 • 1088 ccm, Vierzylinder • 55 PS/40,4 kW • 0–100 km/h in 13 Sek. • 160 km/h

Mit dem PV444 schaffte es die 1927 in Göteborg gegründete Automarke Volvo, sich international zu etablieren. Der bereits 1944 entstandene „Buckelvolvo", wie er genannt wird, war auch der erste in Schweden hergestellte Personenwagen, der bedeutende Stückzahlen erreichte. Die vor 1940 fabrizierten Sechszylinder waren außerhalb des Landes kaum je bekannt geworden.

Die Klimaverhältnisse im Winter und die zum Teil rauen Straßenbeschaffenheiten des schwedischen Hinterlandes setzten für die Konstruktion eines Allroundfahrzeugs Parameter, nach denen ein besonders robuster Wagen entstehen sollte. Das war bestens gelungen. In seiner Erscheinung verleugnete der PV444 nicht, daß seine Stilisten sich an amerikanischen Vorbildern orientiert hatten (etwa am 1942er Ford). Vorn wies das Fahrwerk Dreieckslenker mit Schraubenfedern auf, und es gab hydraulische Bremsen. Der kopfgesteuerte, 1414 ccm große Vierzylindermotor leistete 40 PS. Da der Wagen aber nicht mehr als 968 kg wog, reichte das für 115 km/h.

Der ab 1947 gebaute Zweitürer mit seiner hohen Gürtellinie hatte eine geteilte Frontscheibe, die Sicht war für den Fahrer nicht gerade optimal. Dafür gab es mehr Power, als 1957 ein Motor mit 1582 ccm zur Verfügung stand, bevor der PV444 1958 durch das Modell PV544 ersetzt wurde. **LT**

Der Italiener Piero Dusio baute seine ersten, Cisitalia genannten Autos als einsitzige Rennwagen 1946. Sie hatten einen 1088-ccm-Fiat-Motor, 60 PS stark, und waren für eine spezielle Klasse vorgesehen, für die jedoch nur ein einziges Rennen ausgetragen wurde. Nach diesem D.46 genannten Boliden entstanden weitere, im Motorsport erfolgreichere Modelle, in Zusammenarbeit mit Porsche auch der Prototyp eines Monoposto mit Zwölfzylindermotor und Vierradantrieb, das war der Typ 360. Besonderen Ruhm erlangte der 1947 entstandene Cisitalia 202 Gran Sport, von dem ein Exemplar später als Beispiel für vorbildliches Design im New Yorker Museum of Modern Art seinen Platz fand. Die schlichte, zeitlos schöne Coupé-Karosserie aus Aluminium war von Pinin Farina gestaltet, das Rohrrahmenchassis hatte der Fiat-Konstrukteur Dante Giacosa beigesteuert.

Der sehr teure, von Hand gearbeitete Zweisitzer hatte wie der D.46 einen 1088-ccm-Fiat-Motor und war auch als Cabriolet zu bekommen. Piero Dusio hatte indessen keinen kommerziellen Erfolg mit seinen Autos, ihr hoher Gestehungsaufwand machte sich nicht bezahlt. Er schloß deshalb seine Fabrik und wanderte 1952 nach Argentinien aus, wo er Autos unter der Marke Autoar produzierte. Aus seinem Exil kehrte Dusio 1962 zurück. **MG**

8C Monterosa | Isotta Fraschini (I)

1947 • 3378 ccm, V8 • 125 PS/91,8 kW • keine Angaben • 165 km/h

Die berühmte italienische Automarke Isotta Fraschini genoß in den 1920er und frühen 1930er Jahren die gleiche Reputation wie Rolls-Royce. Nach längerer Pause, überbrückt mit Schiffsmotoren und Nutzfahrzeugen, gab es um die Jahreswende 1946-47 noch einmal den Versuch, in der Kategorie der Luxusautomobile einen Meilenstein zu setzen. Der bereits in den frühen vierziger Jahren konstruierte Heckmotorwagen wurde als Tipo 8C Monterosa vorgestellt. Das V8-Aggregat hatte zwei obenliegende Nockenwellen, anfänglich 2980 ccm und ab Mitte 1947 dann 3378 ccm Hubraum. Der modern gestaltete und mit Einzelradaufhängung versehene 8C wurde jedoch nur in sechs Exemplaren gebaut, von denen zwei mangels Käufer ohne Karosserie blieben. Die anderen vier bekamen Aufbauten von Touring, Zagato und Boneschi. Der Konstrukteur Luigi Fabio Rapi hatte für den 8C allerdings zwölf Karosserie-Varianten vorgesehen, darunter auch eine Limousine im englisch-konservativen Stil, einen schnellen Autobahn-Reisewagen und einen Sedanca de Ville, von dem er hoffte, der Vatikan würde ihn ordern. Unter dem hochklappbaren Mittelteil der vorderen Stoßstange des Monterosa verbarg sich das Reserverad. Zum Reifenwechsel konnte man die hinteren Radabdeckungen an Scharnieren hochklappen. Der 8C geriet bald in Vergessenheit. **HS**

A90 Atlantic | Austin (GB)

1948 • 2660 ccm, Vierzylinder • 88 PS/64,7 kW • 0–100 km/h in 16 Sek. • 145 km/h

Dem Kenner verrät das Aussehen des Atlantic, daß er eine Kreuzung aus britischem Designverständnis und dem Wunsch darstellt, damit in den USA zu punkten. Dieses Modell entstand in der Absicht, amerikanischen Kunden zu imponieren; zumindest glaubte man bei Austin, das Modell Atlantic müsse auf dem US-Exportmarkt ein Hit werden. Barocke Formen, angedeutete Panoramascheiben, eine Front mit drei Scheinwerfern, viel Chrom, zwei Kühlerfiguren sowie elektrische Fensterheber – erstmals bei einem in England gebauten Serienwagen – zeichneten den Wagen aus, den es anfangs nur als Cabriolet gab, mit elektrisch betätigtem Verdeck. Erst ein Jahr später folgte eine Limousine. Weißwandreifen, Ledersitze und Instrumente mit goldfarbenem Zifferblatt ließen den A90 sehr edel wirken. Doch die Amerikaner zeigten so gut wie kein Interesse an dem Auto, zumal unter der mächtigen Motorhaube nur ein Vierzylindermotor zu finden war, wenn auch mit knapp 2,7 Liter. Das Aggregat war später auch im Austin-Healey 100 zu finden. Von den 7981 gebauten Fahrzeugen wurden in den USA nicht mehr als 350 abgesetzt, so daß man von einem Flop sprechen mußte. 1952 verschwand das Modell wieder aus dem Programm. In die Geschichte ging es als kühner Versuch ein, ein Auto zu verkaufen, für das es keinen Markt gab. **MG**

401 | Bristol (GB)

1948 • 1971 ccm, Sechszylinder • 85 PS/62,5 kW • 0–100 km/h in 17,5 Sek. • 156 km/h

Die britischen Bristol Flugzeugwerke richteten nach dem Zweiten Weltkrieg eine Automobilsparte ein und begannen, mit den ihnen aus Reparationsleistungen überlassenen Konstruktionsunterlagen und den letzten noch verfügbaren Fertigungseinrichtungen mit dem Nachbau des BMW 327. Sogar den deutschen BMW-Techniker Fritz Fiedler hatte man zu diesem Zweck nach England geholt. So entstand 1947 der Bristol 400, dessen Motor der 80 PS starke Sechszylinder des BMW 328 war: ein exklusives und in hoher (Flugzeug-)Qualität gebautes Auto.

Ebenfalls dem BMW-Erbe entsprechend – sogar die Doppelniere hatte man übernommen – entstand nach dem Bristol 400 der Typ 401. Dieses Auto war schon viel volumiger als sein Vorgänger und kein 2+2 Coupé mehr, sondern ein echter Viersitzer mit 85-PS-Motor. Seine Aluminiumkarosserie saß auf einer Stahlrohrstruktur nach Vorbild der Superleggera-Bauweise von Touring; gleichwohl wurde der Aufbau nicht in Mailand, sondern in England hergestellt. Aluminium war aus dem Flugzeugbau im Gegensatz zu Stahlblech reichlich verfügbar. Die Aerodynamik des 401 war ein Ergebnis gründlicher Untersuchungen, denn Bristol verfügte über einen Windkanal und vermochte den Luftwiderstands-Beiwert optimal zu reduzieren. Noch zwanzig Jahre später wiesen nur vier von einhundert Personenwagen anderer Marken einen besseren cw-Wert auf der Bristol 401.

Auf der Grundlage des 401 entstand ein Cabriolet mit der Bezeichnung 402 sowie der 403, Bristols erstes Modell, das mehr als 100 Meilen (160 km/h) schnell war. Die Stückzahlen blieben gering, denn diese Autos waren teuer. Und noch immer hatten sie den BMW-Motor unter der Haube, inzwischen auf mehr als 130 PS erstarkt. **BK**

2 CV | Citroën

1948 • 375 ccm, Zweizylinder • 9 PS/6,6 kW • keine Angaben • 65 km/h

Ganz im Sinne eines „Volksautos" entstand kurz vor Ausbruch des Zweiten Weltkrieges bei Citroën die Konstruktion eines sehr einfachen, dabei genialen Viertürers. Das Auto sollte vier Personen, einen Sack Kartoffeln und eine Kiste Eier befördern können, und das bei minimalem Benzinverbrauch, auch auf den schlechtesten Feldwegen der Republik, gesteuert von Menschen ohne Autoerfahrung, und bei einer Panne sollte es leicht und kostengünstig zu reparieren sein. So stand es im Lastenheft für einen kleinen Frontantriebswagen, erstellt von Pierre Boulanger im Jahre 1936. Das Ergebnis der Konzeption eines solchen Autos ist bekannt: Es wurde auf dem Pariser Automobilsalon 1948 vorgestellt und nannte sich 2 CV. Ein „Regenschirm auf Rädern", der bei seiner Präsentation auf ebenso viel Ablehnung stieß wie auf Begeisterung.

Der Wagen wurde millionenfach gebaut und war mehr als nur ein simples Transportmittel; er gedieh zum Ausdruck einer Weltanschauung. Die Ente, wie das Auto später liebevoll in Deutschland genannt wurde, hatte einen luftgekühlten und daher nicht gerade sehr leisen Zweizylindermotor (erste Versionen waren wassergekühlt gewesen), der die Vorderräder antrieb. Als Stoßdämpfer dienten flüssigkeitsbefüllte Röhren, die parallelen Schwingarme von zwei Rädern je einer Seite waren miteinander per Federn verbunden, was dem Auto spektakuläre Fahreigenschaften verlieh. Das Stoffverdeck ließ sich über die ganze Dachlänge bis zur Stoßstange hinten aufrollen und diente auch als Kofferraum-Abdeckung. Ein Zweithand-Wagen war 1948 teurer als ein neuer: der hatte nämlich zwölf Monate Lieferzeit. **RY**

Titelseite eines Prospekts für den 1954er Porsche 356. Von Anfang an erfreute sich der Wagen einer begeisterten Anhängerschaft. ▷

T600 Tataplan | Tatra

1948 • 1952 ccm, Vierzylinder • 52 PS/38,2 kW • 0–80 km/h in 22 Sek. • 130 km/h

Den Tataplan durfte nicht jedermann kaufen. Er blieb den Staats- und Parteispitzen der Ostblockländer vorbehalten; nur gelegentlich fanden einige Exemplare den Weg in den Export. Tatra hatte auch im Ausland seit jeher einen guten Namen.

Noch im Winter 1945-46 hatten die Arbeiten am Tataplan begonnen, und bereits im Frühjahr 1946 konnten die ersten Prototypen auf Versuchsfahrt gehen. Sie hatten eine rundliche, nicht mehr ganz so extrem geformte Pontonkarosserie wie die Typen 77 und 87, aber ebenfalls einen Heckmotor, einen Reihenvierzylinder mit 1952 ccm Hubraum und 52 PS. Unter einer Plexiglasabdeckung befanden sich drei Frontscheinwerfer. Sechs Exemplare des Tataplan – der anfangs unter der Chiffre T107 figurierte – wurden auf der Prager Automobilausstellung 1947 gezeigt. Die Tschechoslowakei war damals ein freies, noch nicht von den Kommunisten in den Sozialistischen Block gezwängtes Land, was sich im Juni 1948 änderte, als die CSSR entstand und in die Planwirtschaft der UdSSR-Satelliten einbezogen wurde.

Als 1948 die Serienherstellung des Tataplan begann, waren auch die Modelle 57, 87 und 97 noch zu bekommen. Der Tataplan wirkte neben ihnen geradezu futuristisch. Die unterschiedlichsten Ausführungen wurden gebaut, einschließlich Lieferwagen, Ambulanzen, Cabriolets und Pickups. Einige Fahrzeuge mit Aluminiumaufbau bekamen den Namen Monte-Carlo und wurden im Rallyesport eingesetzt. Eine Armada T600 besetzte beispielsweise die ersten Plätze in der 1949er Österreich-Rallye. Damit hinterließ der Tataplan keinen schlechten Eindruck, und bald kursierte das geflügelte Wort: „Rechts ran, die Tschechen kommen ..." **BS**

356 | Porsche

1948 • 1086 ccm, Vierzylinder-Boxer • 40 PS/29,4 kW • 0–100 km/h in 17 Sek. • 140 km/h

Mit dem 356 nahm der Porsche-Mythos seinen Anfang. Die ersten Exemplare wurden ab Sommer 1948 noch im Porsche-Refugium Gmünd, Kärnten, angefertigt. Bis zum Herbst des darauffolgenden Jahres entstanden 50 Stück mit einer aus Leichtmetall hergestellten Karosserie, dazu zwei Cabriolets, die Beutler in der Schweiz aufbaute. Die offizielle Vorstellung des 356 fand im März 1949 auf dem Genfer Salon statt.

Der Zweisitzer hatte einen luftgekühlten VW-Boxermotor (zentrale Nockenwelle, hängende Ventile, Stirnradantrieb) im Heck. Die Ansätze zur Form des Wagens, sichtlich verwandt mit der des Volkswagens, ging auf die frühen 1930er Jahre zurück; auch waren 1939 drei Rennwagen für die geplante, jedoch nie gestartete Wettfahrt Berlin-Rom entstanden, die als Vorläufer des 356 anzusehen sind.

Ausgewogene Gewichtsverteilung, die reichliche Verwendung von Leichtmetall sowie Einzelradaufhängung vorn und hinten mit Drehstäben zeichneten den Porsche 356 als einen brillanten Sportwagen aus. Seine Übersteuer-Tendenz wußten talentierte Fahrer gut zu nutzen, vor allem im Rennen: der Wagen ließ sich durch Kurven driften, ohne daß der Pilot die Kontrolle verlor. Dabei war die Motorleistung von anfangs nur 40 PS aus 1086 ccm Hubraum eher bescheiden zu nennen.

1950 zog die Firma nach Stuttgart-Zuffenhausen um, wo Betriebsräume im Karosseriewerk Reutter angemietet wurden. Hier entstanden die Aufbauten nun in Stahlblech, was das Fahrzeuggewicht ansteigen ließ – als Ausgleich offerierte man dem Kunden die Option auf einen 1,3-Liter- und ab 1952 auf einen 1,5-Liter-Motor. Eine großartige Karriere hatte begonnen. **RY**

48-215 | Holden (AUS)

1948 • 2170 ccm, Sechszylinder • 60 PS/44,1 kW • 0–100 km/h in 28 Sek. • 130 km/h

Der Name Holden war der einer Kutschwagenfirma, die 1886 in Adelaide, Westaustralien, als Holden & Frost gegründet wurde und nach der Jahrhundertwende auch Automobilkarosserien herzustellen begann. Als Holden´s Motor Body Builders Ltd. fertigte sie zahlreiche Aufbauten für amerikanische und englische Importfahrzeuge. In den 1920er Jahren war Holden auch Repräsentant der britischen Traditionsmarke Morris und begann 1923 mit dem Import von General Motors-Fahrzeugen, eine Sparte, die zunehmend an Bedeutung gewann. 1931 wurde die Firma Holden von General Motors übernommen.

Doch avancierte Holden in Australien nicht vor 1948 zu einer Automobilmarke eigener Identität. In jenem Jahr entstand der Typ 48-215 (intern Typ FX genannt) mit einem 2170-ccm-Sechszylindermotor. Das Auto glich äußerlich keinem der gegenwärtigen amerikanischen GM-Autos, wurde als viertürige Limousine sowie als Pickup angeboten und fand reißenden Absatz in einem Land, das noch schwach motorisiert war. Das Design des neuen Großserienwagens kam gleichwohl von GM und war 1938 ursprünglich für einen Chevrolet oder Buick vorgesehen gewesen, dann aber für den US-Markt als zu klein erachtet worden. Gebaut wurde der Holden in einem neuen Werk in Port Melbourne, Victoria. 1954 wurden die ersten Holden-Automobile nach Neuseeland exportiert, und ab 1958 begann auch die Ausfuhr nach dem Nahen Osten, in einige Länder Afrikas und Asiens. In Australien blieb Holden bis 1982 unangefochtener Marktführer. Von den ersten 1948er Prototypen hat einer überlebt und ist heute ein Exponat im National Museum of Australia. **MG**

Dyna 110 | Panhard

1948 • 610 ccm, Zweizylinder-Boxer • 24 PS/17,6 kW • keine Angaben • 110 km/h

Panhard zählt zu den ältesten Automobilmarken der Welt. Die Gründung des Stammhauses geht auf das Jahr 1845 zurück, als die Zimmerleute Perin und Pauwels in Paris ein Unternehmen zur Herstellung von Bandsägen gründeten. Mit seinem Freund Emile Levassor richtete der Nachfolger René Panhard 1886 eine Werkstatt für Automobilbau ein, und das war das Fundament zu einer international bedeutenden Automarke, die bis 1967 Bestand hatte.

Während des Zweiten Weltkrieges entstand in strikter Geheimhaltung vor den deutschen Besatzern ein Autoprojekt, in das der Frontantriebs-Spezialist Jean-Albert Grégoire involviert war. 1942-43 baute man erste Prototypen. Grégoires luftgekühlter Zweizylinder-Viertakt-Boxermotor trieb die Vorderräder an. 1945 erhielt er den Posten des Chefkonstrukteurs bei Panhard.

Aus seinem Prototyp wurde der Panhard Dyna, der auch im Motorsport Furore machte. Beim 24-Stunden-Rennen von Le Mans errang der Dyna 1950 bis 1962 zehnmal den Index-Sieg.

Den Dyna gab es in mehreren Ausführungen, auch als Kombiwagen, Cabrio-Limousine und Cabriolet. 1947 begann mit dem Modell Panhard Dyna X84 die Serienfertigung. Sein 610-ccm-Motor leistete 24 PS, ab 1949 als Modell X85 28 PS.

Motorsportliche Beteiligungen standen stets hoch im Kurs; 1961 gab es sogar einen Dreifachsieg bei der Rallye Monte-Carlo. Vom Dyna X85 wurden in den Jahren 1947 bis 1953 mehr als 45.000 Exemplare gebaut; nachfolgende Versionen hatten 32, dann 35 und schließlich (Version Sprint) sogar 38 PS, allerdings aus 750 ccm Hubraum. Sehr attraktiv war das Sportcabrio Dyna 130. **MG**

Der Boxer Sugar Ray Robinson lehnt an seinem Series 61 Cadillac vor seinem Club in New York. Ein Foto von 1950. ▷

Kapitän | Opel

1948 • 2473 ccm, Sechszylinder • 55 PS/40,4 kW • 0–100 km/h in 29 Sek. • 126 km/h

Da für den Lkw Opel Blitz ab Mitte 1946 wieder der bewährte 2,5-Liter-Motor produziert werden konnte, erschien im Oktober 1948 auch ein Opel Kapitän, ähnlich dem, der bereits 1938 gebaut worden war. Die ersten Exemplare beanspruchten die US-Militärbehörden für sich.

Die viertürige Schrägheck-Limousine in selbsttragender Bauweise mit vorderer Schraubenfederung und hinterer Starrachse galt als sehr komfortabel und hatte 1948 noch keine Konkurrenz aus Stuttgart oder Bremen. Der Rüsselsheimer Sechszylinder mit seiner seitlichen Nockenwelle gab 55 PS bei moderaten 3500 Umdrehungen ab. Das komfortbetonte Fahrverhalten entsprach amerikanischen Vorbildern; Opel war schließlich eine General-Motors-Marke. Der damaligen Gepflogenheit entsprechend wurde das Getriebe an der Lenksäule geschaltet. Bis zum Februar 1951 wurden vom ersten Kapitän der Nachkriegsproduktion 30.431 Fahrzeuge gebaut. Das Auto kostete 9950 D-Mark.

Jahr für Jahr gab es Aufwertungen, wobei das 1954er Modell, im November 1953 eingeführt, mit seiner Pontonkarosserie, einem neuen Kühlergesicht und einem 68 PS leistenden Motor ein besonderes Highlight darstellte. Der amerikanischen Modellwechsel-Gewohnheit folgend, präsentierte Opel im September 1955 das 56er-Modell mit neuem Kühlergitter und ungeteilter Heckscheibe. Im Mai 1957 kam eine üppig ausgestattete L-Version hinzu, jetzt mit dem Opel-Zeichen im Kühlergrill, Chromleisten unter den Seitenfenstern und einem gepolsterten Armaturenbrett. Ab Modelljahr 1957 war das Dreiganggetriebe mit Overdrive erhältlich. Bis Februar 1958 wurden von diesem Modell 92.555 Exemplare hergestellt, vom Kapitän. **HS**

Serie 61 | Cadillac

1948 • 5670 ccm, V8 • 155 PS/114 kW • keine Angaben • 155 km/h

Der Cadillac Serie 61 hat eine wechselvolle Geschichte. Diese Modellreihe war 1939 eingeführt worden, um die luxuriöse Serie 60 Special abzulösen, die dann aber doch weiterproduziert wurde. Schon 1940 wurde die Serie 61 wieder aus dem Programm gestrichen, um durch die Serie 62 abgelöst zu werden – und nach einem knappen Jahr war sie dann doch wieder da und wurde bis Anfang 1942 angeboten. Inzwischen befanden sich die USA im Krieg, nachdem am 7. Dezember 1941 ihr Militärstützpunkt Pearl Harbor auf Hawaii von den Japanern angegriffen worden war.

Den Cadillac 61 offerierte General Motors wieder ab 1946. Nach einem umfangreichen Facelifting für das Modelljahr 1948 gab es die Reihe bis 1951, als man sie wegen zu geringer Nachfrage endgültig einstellte. Als die signifikanteste Änderung, die 1948 vorgenommen wurde, wären die geschwungenen Heckflossen zu nennen, die der Cadillac bekam, als der „space look" im Automobildesign modern zu werden begann. Die Überarbeitungen der Karosserie, auch im Frontbereich, standen im Gegensatz zum Interieur, das sich zwar anspruchsvoll gab, aber ziemlich konservativ blieb. Der 155 PS leistende V8-Motor erfuhr (auch für die anderen Cadillac-Baureihen) 1949 eine Optimierung und gab jetzt bei etwas geringerem Hubraum 160 PS ab. 1951 wurde der Chromschmuck ein wenig üppiger, der Radstand kürzer, die Motorhaube länger, der Wagen insgesamt niedriger. Dennoch fand der 61 immer weniger Käufer, im Gegensatz zur Serie 62, von der sich 1948 fünfmal so viele Exemplare verkaufen ließen. 1951 wurden nur mehr 4700 Stück produziert, vom 62 aber fast 82.000. Damit waren die Würfel gefallen. **MG**

Torpedo | Tucker

1948 • 5470 ccm, Sechszylinder-Boxer • 166 PS/122 kW • 0–100 km/h in 18 Sek. • 180 km/h

Am 15. Juni 1948 schrieb der amerikanische Ingenieur und Geschäftsmann Preston T. Tucker einen offenen Brief an die Automobilhersteller des Landes, mit dem er Unterstützung für das von ihm konstruierte Zukunftsauto zu erlangen hoffte: „... ein Wagen, auf dessen Ankündigung hin wir Hunderttausende von Zuschriften begeisterter Interessenten erhalten haben .." – eine geschickt inszenierte Kampagne, die allein auf Wunschdenken basierte. Aber ein Zukunftsauto war der Tucker schon. Vieles, was Jahrzehnte später als Neuerung gefeiert wurde, nahm er vorweg. Doch wer immer auf den Wagen wartete, wurde enttäuscht. Nur 37 Stück wurden gebaut, dazu später weitere 14 aus Materialbeständen. Mit einem großen Schuldenberg, eingebüßtem Vertrauen seitens seiner Finanziers und einer Reihe gegen ihn angestrengter Betrugsprozesse gab Tucker auf – ein Mann, der nur das Beste gewollt und doch alles falsch gemacht hatte.

Tuckers Torpedo war eine Stromlinien-Limousine mit einem 5,5-Liter-Sechszylinder in Boxerbauweise im Heck, das Vorwählgetriebe stammte vom Cord (es waren Gebrauchtwagen entnommene Einheiten). Das Chassis wies Gummifederung auf, die Räder waren einzeln aufgehängt und mit Scheibenbremsen versehen. Das Armaturenbrett war gepolstert, ein mittig eingebauter Scheinwerfer leuchtete, dem Lenkeinschlag folgend, Kurven aus. Zum bequemeren Einstieg waren die Oberkanten der Türen ins Dach hineingezogen. Die Frontscheibe sprang bei starkem Frontalaufprall aus dem Rahmen. An den Vorder- wie an den Rücksitzen gab es Sicherheitsgurte – wir schreiben 1948! Heute wird ein Tucker nur sehr selten angeboten. **MG**

XK 120 OTS | Jaguar

1948 • 3442 ccm, Sechszylinder • 160 PS/118 kW • 0–100 km/h in 10 Sek. • 185 km/h

Zu den Jaguar-Legenden zählt der XK 120 von 1948. Der traumhaft schön gezeichnete Zweisitzer mit seiner langen Motorhaube war keineswegs eine Neuauflage des SS 100. Schon das Herzstück war vollkommen neu: ein Sechszylinder von gut 3,4 Liter Hubraum mit zwei obenliegenden Nockenwellen. Kein anderer britischer Hersteller verstieg sich damals, einen DOHC-Motor in Serie zu produzieren. Die 120 in der Typenbezeichnung deutete auf 120 Meilen Spitze hin: 192 km/h.

Das Erstaunliche war, daß man mit dem XK 120 auch gemütlich auf der Landstraße bummeln konnte, was der elastische DOHC-Motor bestens vertrug. Auch im Großstadtverkehr benahm sich das Auto brav und zahm. Und wenn die Straße frei war, gab man Gas und zog davon wie in keinem anderen Wagen. Die ersten Exemplare hatten eine Karosserie aus Aluminium, ein Material, das leichter zu beschaffen war als Stahlblech. Aluminium war aus überzähligem Materialbestand der Flugzeugindustrie erhältlich. Mit seinem Holzrahmen als Unterzug war der Alu-XK-120 indessen schwerer als ein Fahrzeug mit Stahlblechaufbau. Der offene Zweisitzer (von Jaguar nicht als Roadster bezeichnet, sondern als Open Tourer Sports, OTS) wies außen keine Türgriffe auf.

Firmenchef William Lyons hatte mit höchstens 200 Bestellungen gerechnet; 12.000 wurden es. Das Werk vermochte mit der Nachfrage kaum Schritt zu halten.

Sein erstes Rennen bestritt der XK 120 mit Leslie Johnson im August 1949 in Silverstone. Seinem Sieg folgten unzählige weitere – in der Mille Miglia, bei der Tourist Trophy, in Le Mans, in Montlhéry, bei der Alpenfahrt. Auch in den USA avancierte der XK 120 zum sichersten Tipp der Szene. **LT**

Queen Elizabeth II. und der Herzog von Edinburgh 1954 in Australien. Der Land-Rover ist eine Spezialanfertigung.

Serie I | Land-Rover

1948 • 1596 ccm, Vierzylinder • 51 PS/38 kW • keine Angaben • 96 km/h

Als der Land-Rover in Produktion ging, war er für die Landwirtschaft als Arbeitsgerät gedacht. Der aber auch fürs Militär interessante Allradwagen, geschaffen von Maurice und Spencer Wilks, war eine einfache und preiswerte Konstruktion, zumal sich seine Karosserie ohne Preßwerkzeuge herstellen ließ. Der erste Auftritt des Autos erfolgte auf der Internationalen Automobilausstellung in Amsterdam im April 1948.

Der Land-Rover wurde ein Riesenerfolg. Die Bezeichnung Land-Rover wurde bereits 1947 während seiner Entwicklung verwendet. Bis 1980 wurde der Name mit Bindestrich oder in einem Wort geschrieben, anschließend erfolgte die offizielle Schreibweise in zwei Wörtern ohne Bindestrich. Die Produktion stieg von 48 Fahrzeugen 1948 auf 8000 im Jahre 1949 und verdoppelte sich im Folgejahr. Alle Fahrzeuge wiesen zunächst eine blaßgrüne Lackierung auf; die Farbe stammte aus Beständen der Royal Air Force.

Der anspruchslose 1596-ccm-Vierzylindermotor war der aus dem Rover-Personenwagen Typ 60, auch P3 genannt. 1952 wurde ein 1997-ccm-Motor eingeführt, und 1954 verlängerte man den Radstand von 80 auf 86 Zoll. Ab 1956 gab es zwei neue Modelle mit unterschiedlichem Radstand: 88 und 109 Zoll. Diese Basismodelle blieben bis 1985 im Programm, als sie vom Defender und vom 110 (One-Ten, 110 Zoll) abgelöst wurden. 1957 war der Land-Rover mit einem Dieselmotor erhältlich.

Als Serie II bezeichnet, erschien 1961 eine Ausführung mit 2286-ccm-Motor, die bis 1984 im Programm blieb, ehe sie von einem 2,5-Liter abgelöst wurde, der auch als Turbodiesel gebaut wurde. Einen 3,5-Liter-V8-Motor erhielt der Land Rover 1979. **JB**

Minor | Morris

1948 • 918 ccm, Vierzylinder • 27 PS/20,1 kW • 0–100 km/h in 36,7 Sek. • 100 km/h

1928 bis 1933 hatte es schon einmal einen Morris Minor gegeben, und den Namen 1948 erneut für einen kleinen Wagen zu verwenden, entsprach rein marketing-strategischen Überlegungen. Der neu konzipierte Minor sollte fast ein Vierteljahrhundert in Produktion bleiben, viel länger als seine Vorfahren, und in dieser Zeit gedieh er zu einer britischen Ikone wie die roten Londoner Doppeldeckerbusse.

Der schon während der Kriegsjahre entwickelte Minor war eine Schöpfung des Konstrukteurs Alec Issigonis, seit 1936 für Morris tätig. Die rundlich geformte Karosserie war selbsttragend, kam also ohne Chassis aus, und als Motoren standen zunächst zwei verschiedene Boxer-Vierzylinder zur Verfügung. Finanzielle Überlegungen diktierten schließlich die Verwendung eines seitengesteuerten Reihenmotors aus dem Programm. Im Oktober 1948 war der Minor serienreif.

Das Echo seitens Publikum und Presse war grandios, einen besseren Start hätte sich der kleine Morris nicht wünschen können. Mehr als 1,2 Millionen kauften den Wagen in seiner 23jährigen Lebenszeit, womit der Morris Minor das erste britische Auto darstellte, das die Millionenproduktion erreichte und sogar überschritt.

Es gab den Wagen zunächst als zweitürige Limousine und als offenen Viersitzer, mehr Tourer als Cabriolet. Ab 1950 war die Limousine auch als Viertürer zu bekommen. 1951 wurden die Scheinwerfer etwas höher gesetzt (bei Autos, die nach USA verkauft wurden, hatte man dies bereits 1949 vorgenommen), und nach der Fusion mit Austin im Jahre 1952 implantierte man in den Minor den etwas stärkeren 803-ccm-OHV-Vierzylinder mit 38 PS aus dem Austin A30. **SH**

6/80 | Wolseley

1948 • 2215 ccm, Sechszylinder • 72 PS/53,7 kW • 0–100 km/h in 21 Sek. • 137 km/h

Der Wolseley 6/80 war in den 1950er Jahren in Großbritannien das klassische Polizeiauto. Dabei hatte der Wagen gerade für diese Verwendung einen Nachteil: Als einziges Auto verfügte es über eine beleuchtete Kühlerplakette. Spitzbuben konnten also im Dunkeln schnell erkennen, ob ihnen Gesetzeshüter auf der Spur waren. Der Wolseley 6/80 wurde 1948 zeitgleich mit dem Vierzylinder 4/50 eingeführt, und diese beiden Modelle bildeten die ersten Nachkriegsmodelle der seit 1896 bestehenden und 1927 von Morris übernommenen Marke. In der zweiten Hälfte der 1930er Jahre waren Autos der Marke Wolseley bevorzugt von einer konservativen Käuferschaft in England gekauft worden, der es weniger um High-Tech ging als um solide Bauweise und stilvolle Erscheinung. Der Wolseley wurde nach dem Zweiten Weltkrieg zur Luxusausführung der technisch mit ihm fast identischen Morris-Modelle, die erheblich preisgünstiger waren und sich daher auch in größerer Zahl verkaufen ließen. Dieses „badge engineering" setzte sich im Morris-Konzern zunehmend durch. Doch der teurere Wolseley, der immerhin bis 1954 lieferbar blieb, hatte serienmäßig Ledersitze und eine Heizungs- und Lüftungsanlage, für die beim Morris wie bei den meisten Autos jener Zeit ein Aufpreis verlangt wurde, ferner dicke Teppiche im Fußraum. Ein Manko war, daß es beim Sechszylindermotor zu durchgebrannten Ventilen kommen konnte, was an einem mangelhaften Verbrennungsvorgang lag. Minderwertiges Benzin war die Ursache. Zumindest die Polizeiwagen bekamen deshalb Motoren mit Ventilen, die eine Kobaltchrom-Vergütung aufwiesen und die eine Verbrecherjagd somit nicht zum Fiasko geraten ließen. **MG**

Silverstone | Healey (GB)

1949 • 2443 ccm, Vierzylinder • 105 PS/78,3 kW • 0–100 km/h in 12,2 Sek. • 180 km/h

Donald Healey fuhr Rennen auf Fiat und Rover, bevor er 1931 auf einem Invicta die Rallye Monte-Carlo gewann, auch siegte er sechsmal im Trial von London nach Lands End. 1934 wurde Healey Testingenieur bei Triumph, mit deren Fahrzeugen er bis 1937 viermal die Rallye Monte-Carlo bestritt. Bis 1952 hatte er an 44 Rennen und Rallyes teilgenommen. Bei Kriegsausbruch 1939 wechselte Healey zu Humber, um Militärfahrzeuge zu entwickeln.

1946 gründete er in Warwick mit seinen drei Söhnen die Donald Healey Motor Co. Ltd. und begann mit der Herstellung von sportlichen Zweisitzern. Im Sommer 1949 stellte man das Modell Silverstone vor. Zu dessen Besonderheiten zählte eine zu zwei Dritteln versenkbare Frontscheibe, so daß nur ein niedriger Windschutz stehen blieb. Die Scheinwerfer saßen hinter dem Gitter des Kühlergrills, das Ersatzrad im rundlichen Heck, wobei ein Teil des Reifens herausschaute und als Stoßstange fungierte. Die Roadsterkarosserie aus Aluminium wies freistehende Kotflügel und in der Motorhaube Lufthutzen auf. Der leichte Wagen war mit seinem 105 PS starken 2,5-Liter-Riley-Motor sehr schnell.

Der Silverstone wurde 1950 durch den etwas breiteren E-Series ersetzt, der ein geräumigeres Cockpit aufwies und auch mehr Platz für Gepäck bot, eine vordere Stoßstange sowie auf der Motorhaube einen größeren Schlitz für die Ansaugluft hatte. Mit dem Healey Silverstone wurden viele Rennen gewonnen, bis sein Nachfolger Austin-Healey die Szene betrat. Wie das Modell Westland, gehört auch der Silverstone heute zu den seltenen, begehrten Sammlerstücken, und es wurden sogar Nachbauten angefertigt. **DS**

Der Saab 92 war ein ganz nach aerodynamischen Erkenntnissen karossiertes Auto. Schließlich wurde es ja in einem Flugzeugwerk gebaut.

92 | Saab

1949 • 764 ccm, Zweizylinder • 25 PS/18,4 kW • keine Angaben • 105 km/h

Nach Kriegsende 1945 suchte man bei der schwedischen Firma Saab nach einer Alternative zur Flugzeugherstellung. Mit einem Team von 15 Kollegen arbeitete Ingenieur Gunnar Ljungström an einem Automobilprojekt, das die Bezeichnung KP-92 erhielt. Im Gegensatz zu Volvo, wo man relativ schwere Automobile amerikanischen Stils baute, plante Saab, in den Kleinwagenbau einzusteigen. 1946 begann man mit dem Bau des Prototyps 92001; die Vorstellung eines zweiten, jetzt serienreifen Wagens vor der Presse erfolgte am 10. Juni 1947. Das Fahrzeug besaß einen 764-ccm-Zweizylinder-Zweitakter von DKW und trieb nach dem Vorbild des deutschen Autos die Vorderräder an. Die selbsttragende Karosserie des Zweitürers – eine Kreation des Flugzeugkonstrukteurs Sixten Sason – zeichnete sich durch minimalen Luftwiderstand aus, im Windkanal mit cw = 0,35 ermittelt. 1949 begann die Serienherstellung des Saab 92. Erst ab 1953 war der Kofferraum des Saab von außen zugänglich – dafür ließen sich die Sitze zu einer Liegestatt umfunktionieren. 1954 gab es einige Verbesserungen, zwei Jahre später löste der Typ 93 das Urmodell ab. Saab wurde stets seiner Rolle als Vorreiter in Sachen Sicherheit gerecht: Die Autos dieser Marke waren nicht nur sehr stabil gebaut, sondern wiesen bereits 1962 Sicherheitsgurte auf, ab 1964 Zweikreisbremsen. 1962 erschien auch eine Sportversion mit drei Vergasern; sie folgte dem Typ 750 Gran Turismo von 1960. Sportlich getunte Saabmodelle waren im Wettbewerb außerordentlich erfolgreich – so errang der für seine Vollgas-Fahrtechnik berüchtigte Eric Carlsson 1966 in der Rallye Monte-Carlo den Gesamtsieg, dem viele weitere Bestplazierungen folgten. **LT**

Hansa 1500 | Borgward

1949 • 1498 ccm, Vierzylinder • 48 PS/35,3 kW • 0–100 km/h in 30,6 Sek. • 121 km/h

Der Borgward Hansa 1500 war nicht nur der erste Wagen deutscher Herkunft mit einer konsequent geformten und selbsttragenden Pontonkarosserie, sondern auch der erste mit Blinkleuchten statt der herkömmlichen Klappwinker. Auch wies er Lenkradschaltung sowie einen von außen zugänglichen Kofferraum auf, was noch nicht allgemein üblich war. Durchgehende Sitzbänke statt Einzelsitze ergaben vorn wie hinten Platz für je drei Personen. Der geräumige Zweitürer gab im März 1949 auf dem Genfer Salon sein Debüt und stellte einen Beitrag zur neuen Automobilentwicklung dar. Von Juli 1949 bis September 1952 wurden 22.504 Wagen gebaut. Dem Zweitürer folgten ein Viertürer, ein Kombiwagen sowie ein Sportcabriolet mit Hebmüller-Aufbau in 2+2-Bauart und einem auf 68 PS getunten Zweivergaser-Motor. Zuletzt gab es sogar eine Ausführung mit 88 PS sowie Vier- statt Dreiganggetriebe. Noch vor Porsche verwendete Borgward die Bezeichnung „Carrera" für die schnellste Version.

Der Nachfolger des Hansa 1500 war der 1800; dieses Modell gab es auch in einer Dieselvariante. Borgward war mit seiner Modellpalette ein starker Rivale zu Mercedes-Benz. Auch die Sechszylindermodelle vom Typ 2400 erhielten den Doppelnamen; Borgward versuchte mit diesen Fahrzeugen ebenfalls Anschluß an die Klasse der Hochleistungs-Tourenwagen aus Stuttgart zu finden. Erst mit Einführung der Isabella im Frühjahr 1954 entfiel die Zusatzbezeichnung Hansa. Die sollte später in einer anderen Baureihe ihre Wiedergeburt erleben, so wie ja auch der kleine Lloyd, gebaut ab 1950, ein Namensträger mit klassischem Erbe war, denn die Marke Hansa hatte es schon 1905 gegeben. **MG**

Serie 62 | Cadillac

1949 • 5424 ccm, V8 • 160 PS/118 kW • keine Angaben • 140 km/h

Die Cadillac-Umsätze hatten sich 1948 nicht erwartungsgemäß entwickelt, auch nicht in der beliebten Serie 62, obwohl dieses Modell mit seinen modischen Heckflossen sehr attraktiv war und etliche andere Hersteller zur Nachahmung anregte. Doch das Blatt wendete sich, als Cadillac mit dem Modelljahr 1949 unter anderem einen neuen, stärkeren V8-Motor einführte. Der Absatz schnellte von 34.213 auf 55.643 Stück empor. Gegenüber den 1948er Modellen hatten alle Cadillacs jetzt eine niedrigere Motorhaube und einen in die Seiten herumgezogenen Kühlergrill. Letztmals gab es eine Sedanet genannte Fließheck-Karosserie. Einen Benzineinfüllstutzen suchte man vergeblich, wenn man das Auto nicht genau kannte: er verbarg sich unter der linken Rückleuchte. Das extravagante Styling des Cadillac war das Werk der GM-Designer Harley Earl, Bill Mitchell, Frank Hershey und Arthur Ross, beeinflußt vom Flugzeugbau der vierziger Jahre – eine Stilrichtung, die nicht allein den Amerikanern sehr gefiel. Autos im Flugzeug- oder gar Raketen-Look entstanden vereinzelt auch in Italien, Frankreich und sogar in Rußland. Das Image der Fliegerei galt im hohen Maße als positiv.

Sehr elegant nahm sich das neue Cadillac Coupé de Ville aus, in den USA als Hardtop Coupé bezeichnet. Mit 3497 Dollar war dieses Modell etwas teurer als das Cabriolet und wurde erst zögerlich angenommen, in den nachfolgenden Jahren aber fand die Hardtopversion immer mehr Käufer. Heute werden solche Autos unter Liebhabern mit gut 100.000 Dollar gehandelt, erstklassiger Zustand vorausgesetzt. Letzter Schrei des Jahres 1949 war ein Autotelefon, das sich im Handschuhfach unterbringen ließ. **MG**

P1 | Allard (GB)

1949 • 3622 ccm, V8 • 85 PS/62,5 kW • 0–100 km/h in 15 Sek. • 137 km/h

Mitte der 1930er Jahre baute Sydney Herbert Allard seine ersten Autos, doch erst 1949 nahm die Allard Motor Company Ltd. in London Geschäfte größeren Umfangs auf. Die Karriere des Sohns eines Bauunternehmers hatte mit einem Job in der Werkstatt der Motorenvertriebsfirma F. W. Lucas begonnen. 1936 entstand der erste Allard Special, eingesetzt im Highland Two Day Trial, einer Geländefahrt. Sydney Allard baute weitere Trial-Autos; sie hatten Ford-V8-Motoren und ähnelten Bugatti-Grand-Prix-Wagen. Ungewöhnlich war ihre vordere Einzelradaufhängung an geteilten Vorderachsen. 1937 erfolgte in Putney die Gründung der Allard's Motor Ltd. zum Bau von Sportwagen in kleiner Serie.

Am 14. Februar 1945 kam es in London zur Neugründung der Allard Motor Co. Ltd. unter Sydney H. Allard und seinem Sohn David J. Allard. Ihre als Einzelstücke angefertigten Sportwagen bestückten sie mit gebrauchten amerikanischen V8-Motoren. 1947 bauten sie einen Rennwagen, der von einem Steyr-V8-Motor von 3,8 Liter Hubraum angetrieben wurde; das Aggregat stammte von einem erbeuteten deutschen Wehrmachts-Lastwagen. Das erste, P1 genannte Allard-Serienmodell war ein voluminöser Zweitürer mit einer Karosserie aus Aluminium und einer – allerdings etwas hakeligen – Lenkradschaltung, die es kaum gestattete, den P1 einen Sportwagen zu nennen, obwohl Allard den Fünfsitzer als solchen anpries. Der Kunde hatte die Wahl zwischen einem 3622-ccm-Aggregat von Ford oder einem 4375-ccm-Motor von Mercury, beides V8-Motoren aus Großserien-Limousinen. Die Verwendung von viel Aluminium trug dazu bei, das Gewicht des großen Allard Sportcoupés niedrig zu halten. **MG**

166 Inter | Ferrari

1949 • 1995 ccm, V12 • 109 PS/80,1 kW • 0–100 km/h in 11 Sek. • 178 km/h

Enzo Ferraris Name ist für Erfolge im Rennsport seit neunzig Jahren ein Begriff. Als Hauswappen wählte er ein sich aufbäumendes Pferd. Denn als Enzo Ferrari 1923 auf Alfa Romeo den Großen Preis von Ravenna gewann, lernte er die Eltern Francesco Baraccas kennen; ihr Sohn war im Krieg über Montello abgeschossen worden. Das Wappen des Fliegerhelden Baracca, ein schwarzer Hengst auf gelben Grund, übernahm Ferrari fortan für seine Fahrzeuge als Emblem.

1925 eröffnete Ferrari in Modena eine Alfa Romeo-Vertretung. 1927 gab es für ihn zwei Siege und den Titel „Commendatore". Am 1. Dezember 1929 wurde die Scuderia Ferrari ins Leben gerufen, die fortan die rennsportlichen Aktivitäten für Alfa Romeo wahrnahm; das Unternehmen hatte infolge der Wirtschaftskrise die eigene Rennabteilung aufgelöst (das italienische Wort scuda bedeutet soviel wie Schuppen, die scuderia ist ein Stall). Ferraris Liaison mit Alfa Romeo hielt bis 1938.

1939 schickte Enzo Ferrari seine ersten eigenen Autos ins Rennen, die er – als ehemaliger Rennleiter des Hauses Alfa Romeo – aber noch unter einem Phantasienamen starten ließ, weil vertragliche Verpflichtungen ihm untersagten, sie Ferrari zu nennen. Doch der Auto Avio von 1939, ein Achtzylinder auf Fiat-Basis, hatte mit dem ersten „echten" Ferrari von 1947 nicht viel gemeinsam – dieses Fahrzeug war ein Roadster mit zwölf Zylindern bei nur 1,5 Liter Hubraum, konstruiert von Gioacchino Colombo. Es folgte der Typ 159, schließlich der 166, der unter Franco Cortese auch den Großen Preis von Turin gewann. Zu den Besonderheiten des Renners zählte ein Fünfganggetriebe. Das Rohrrahmenchassis wies vorn doppelte Dreieckslenker und Schraubenfedern, hinten Blattfedern auf. Der schnelle Wagen schrieb Rennsportgeschichte: mit ihm gewann die Marke Ferrari 1949 die Mille Miglia und die 24 Stunden von Le Mans. **MG**

Six 98 | Ford

1949 • 3703 ccm, Sechszylinder • 95 PS/69,8 kW • keine Angaben • 140 km/h

J2 | Allard

1949 • 3923 ccm, V8 • 140 PS/103 kW • 0–100 km/h in 6,0 Sek. • 185 km/h

Die Einführung einer Sechszylinder-Reihe, gegen die sich der Firmengründer so lange gesträubt hatte, brachte die Ford Motor Co. wieder auf Erfolgskurs. Gegenüber Chevrolet hatte sie zunehmend schlechte Karten gehabt. Deshalb hatte Henry Ford II nach dem Kriege das Unternehmen durch die Besetzung wichtiger Positionen durch neue Leute reorganisiert und etliche Tochterfirmen verkauft. Seine Maßnahmen zeitigten Erfolge, wenn auch nur langsam; erst 1959 lag Ford seit 1945 in den US-Charts wieder vor Chevrolet, was aber bis 1970 eine Ausnahme blieb.

Der Ford Six 98, ab 1949 in den Ausführungen Standard und Custom erhältlich, wurde in vier Ausführungen gebaut: Zweitürer, Viertürer, Coupé, Kombi. Auch ein Country Squire Station genannter Kombi in Woody-Bauweise war im Programm.

Die 1949er Modelle waren 8 Zentimeter niedriger, 5 Zentimeter kürzer und etwa 70 Kilogramm leichter als die vorangegangenen. Sie wiesen vordere Einzelradaufhängung auf und hatten in der Mitte des Kühlergrills ein globusförmiges Gebilde, wie es von Ford Köln 1955 für den 15M übernommen wurde. Der Six hatte einen seitengesteuerten Motor von 95 PS und ein Dreiganggetriebe. Von der Standard-Reihe wurden 1949 204.450 Stück hergestellt, von der Custom-Reihe 914.309. **MG**

Der Allard J2 war eine Neukonstruktion und hatte mit dem P1 nicht das geringste gemein. Er war nämlich kein dickbauchiges Coupé, sondern ein Rennsport-Zweisitzer mit Rohrrahmen, spartanischer Alu-Karosserie, hinterer De-Dion-Achse und Cycle Wings, eine höllisch schnelle Fahrmaschine, die von Könnern beherrscht sein wollte. Der Motor des J2 war ein aufgebohrter V8 vom amerikanischen Mercury, der den leichten Wagen in knapp sechs Sekunden von 0 auf 100 km/h beschleunigte – 1949 ein geradezu sensationeller Wert. Wies der Roadster statt des seitengesteuerten Motors einen OHV-V8 mit dem damals aktuellen Ardun-Tuning auf, war er sogar noch schneller, allerdings auch weniger zuverlässig.

Die meisten J2 fanden Abnehmer in den USA und wurden dort ohne Motor verkauft; die Kunden bauten sich Aggregate ihrer Wahl meist selbst ein. Das Chassis bot in dieser Hinsicht keine Schwierigkeiten. Viele entschieden sich statt für den Mercury-Motor für den großen Cadillac-V8 mit 5424 ccm Hubraum, 160 PS stark (getunt leistete er sogar bis 300). Mit einem solchen Wagen kamen Sydney Allard und Tom Cole beim 24-Stunden-Rennen von Le Mans 1950 auf einen beachtlichen dritten Platz im Gesamtklassement. Nach historischem Vorbild sind in jüngster Zeit einige Replikate des J2 entstanden. **MG**

205 | Abarth

1950 • 1090 ccm, Vierzylinder • 75 PS/55,1 kW • keine Angaben • 170 km/h

Karl (Carlo) Abarth kam im Alter von sechs Jahren von Wien nach Meran. Wie sein Vater erhielt er die italienische Staatsangehörigkeit. Nach dem Schulabschluß ging er zur Motorradfabrik Thun (MT) in Traiskirchen, Österreich, und baute sich im Alter von 19 Jahren sein erstes Motorrad. 1930 konstruierte er seinen ersten Rennauspufftopf und wurde Werksfahrer für DKW. 1950 war erstmals ein Auto unter der Marke Abarth zu sehen. Im gleichen Jahr zog Abarth auch eine Fertigung von Auspuffanlagen, speziellen Nockenwellen, Ventilfedern sowie kompletten Tuningsätzen für Fiat- und Lancia-Automobile auf.

Bald gab es von fast jedem Fiat eine Abarth-Version, und unter eigenem Namen präsentierte Abarth 1950 ein 205 genanntes Sportcoupé, gebaut in drei Exemplaren für das Rennen Brescia-Rom-Brescia. Doch die Autos fielen nacheinander aus ... Erst beim Sportwagenrennen in Monza sorgten sie für einen 1-2-3-Sieg in ihrer Klasse, und noch schnellere Zeiten absolvierten sie 1951 in der Mille Miglia.

Einer der ersten Abarth 205 nahm 2009 an der Historischen Mille Miglia teil und mußte wie 1950 einen Ausfall hinnehmen. Doch 2011 war Mark Gessler mit seinem Klassiker erneut dabei. Er kam pannenfrei ins Ziel, wenn auch nicht als Sieger ... **MG**

1900 | Alfa Romeo

1950 • 1884 ccm, Vierzylinder • 80 PS/58,8 kW • 0–100 km/h in 15 Sek. • 150 km/h

Die ersten Nachkriegs-Alfa Romeo-Modelle waren Sechszylinder vom Typ 6C 2500, und sie galten als schnelle und meist auch sehr reizvoll karossierte Sport- und Tourenwagen, wenngleich mit ihren rassigen Vorgängern nicht ganz vergleichbar. In eine Produktion größeren Stils – allein durch sie konnte Alfa Romeo überleben – stiegen die Mailänder jedoch erst 1950 mit dem Typ 1900 ein. Dieses Auto war der erste Serienwagen der Mailänder Marke, und es wurde großer Wert auf eine Qualitätskontrolle gelegt. Vom Erfolg des 1900 hing die Existenz von Alfa Romeo ab.

Mit seiner selbsttragenden Pontonkarosserie und einem von Orazio Satta Puliga entwickelten DOHC-Vierzylindermotor war der 1900 nach jüngsten aerodynamischen Erkenntnissen (hier zahlten sich Dr. Sattas Erfahrungen im Flugzeugbau ebenfalls aus) entstanden. Er markierte Alfa Romeos Einstieg in das Segment der mittleren Oberklasse, denn nur dort war Geld zu verdienen. Der kompakte, recht geräumige Viertürer wies die damals aktuelle durchgehende Vordersitzbank, Lenkradschaltung und vordere Schraubenfederung auf; die Hinterachse war starr. Ab 1953 gab es auch einen 1900 Super mit 1975 ccm Hubraum und einer auf 115 PS angehobenen Leistung. Handling, Leistung und Verarbeitung wurden allgemein gelobt. **MG**

Jet 1 | Rover (GB)

1950 • Gasturbine • 100 PS/73,5 kW • 0–100 km/h in 14 Sek. • 145 km/h

Düsentriebwerke hatten gegen Ende des Zweiten Weltkrieges die Luftfahrt revolutioniert. Eigneten sich Turbinenantriebe auch für eine Verwendung in Straßenfahrzeugen? Bei Rover in Solihull wollte man eine Antwort auf diese Frage finden und baute einen solchen Wagen, bei dem der Vortrieb allerdings nicht durch einen spektakulären Rückstoß erfolgte; die kleine, leichte Turbine (sie drehte 50.000 Touren) war vielmehr auf konventionelle Weise mit einem Hinterradantrieb verbunden, wobei auf ein Untersetzungsgetriebe natürlich nicht verzichtet werden konnte. Als Brennstoff eigneten sich unterschiedliche Stoffe. Der Jet 1 glich äußerlich einem normalen Sportzweisitzer. Doch schon die ersten Probefahrten ließen die Probleme zutage treten: Das Auto war zwar schnell zu fahren, taugte aber nicht zu niedrigen Geschwindigkeiten und ließ sich nur widerwillig starten. Zu hohe Tempi wiederum führten zu einer unerträglichen Wärmeentwicklung im Fahrzeug. Auch war der Brennstoffverbrauch zu hoch.

Dennoch gab es eine Weiterentwicklung. Gemeinsam mit dem Rennstall BRM baute Rover 1963 einen Turbinenwagen, der außer Konkurrenz unter Graham Hill und Richie Ginther die 24 Stunden von Le Mans bei einem Schnitt von 170 km/h mitfuhr. 1965 wurde das Experiment durch Hill und Jackie Stewart wiederholt. **SH**

DB2 | Aston Martin (GB)

1950 • 2580 ccm, Sechszylinder • 105 PS/77,2 kW • 0–100 km/h in 11,2 Sek. • 187 km/h

Ende 1946 trennte sich die Familie Sutherland von Aston Martin und verkaufte die Firma an den Traktorenhersteller David Brown, der sie mit Lagonda vereinigte. Damit begann eine neue Epoche für beide Marken. Der erste neue Serien-Aston-Martin war der Typ DB2 von 1950. Der DB1, von dem nur 14 Stück gebaut wurden, war mehr oder weniger ein Experimentalmodell.

Der DB2 war ein Coupé, dessen Linien vom Lagonda-Designer Frank Feeley stammten; Chassis und Fahrwerk waren aus dem DB1 entstanden. Claude Hill hatte auch den Motor entworfen, der aber bei David Brown durchfiel – was zur Folge hatte, das Hill kündigte. Es entstand eine neue Maschine, ein Sechszylinder nach Jaguar-Vorbild mit 2580 ccm Hubraum. Die ersten Exemplare pflegten nicht lange zu halten, sie litten an Schmierproblemen und gingen fest. Doch diese Schwierigkeiten bekam man in den Griff. Außer Frage stand die Verarbeitungsqualität beim Aston Martin, vor allem was die Paßgenauigkeit der Karosserie betraf, die im eigenen Hause mit neuen Maschinen angefertigt wurde. Nach feiner englischer Art verfügte der Wagen im Interieur über Ledersitze, Edelholzpaneele und dicke Wiltonteppiche. Der überwiegende Teil der Produktion ging ins Ausland, was aus Gründen der Devisenbeschaffung damals wichtig war. **JI**

1400 | Fiat   ## **Champion** | Studebaker

1950 • 1395 ccm, Vierzylinder • 44 PS/32,3 kW •
0–100 km/h in 35,7 Sek. • 120 km/h

1950 • 2786 ccm, Sechszylinder • 85 PS/62,5 kW •
0–100 km/h in 17,6 Sek. • 132 km/h

Der Fiat 1400 wurde als „Auto des Fortschritts" angekündigt und war der erste Wagen dieser Marke in selbsttragender Bauweise. Er durchlief mehrere Entwicklungsphasen, wurde 1954 zum 1400 A, 1956 zum 1400 B, und ab 1953 war auch eine Version mit Dieselmotor zu bekommen, der erste Diesel-Fiat überhaupt. In Spanien wurde aus ihm der Seat 1400; Fiat war zu einem Drittel an der Gesellschaft beteiligt. Um der Industrie des Landes neue Impulse zu verleihen und Arbeitsplätze zu schaffen, plante man durch Seat eine Lizenzproduktion aufzuziehen, und daß man als erstes Modell den Fiat 1400 wählte, war eine kluge Entscheidung. Er stellte schließlich eine neue, moderne Konstruktion dar mit Einzelradaufhängung und Pontonkarosserie, der Motor leistete 1953 an die 50 PS.

Mit einem Vierganggetriebe und hydraulischer Kupplung, komfortabler Innenausstattung und einem Radio war der Fiat 1400 wirklich up to date. Ein wenig übertrieben waren Werbefotos, die einen Chauffeur zeigen, der Unmengen von Gepäckstücken in den Kofferraum zu packen bemüht ist, während die Familie ihm zuschaut.

Den 1400 bot Fiat als Limousine, Cabriolet und Coupé an, und er blieb bis 1958 im Programm, in adretter Zweifarbenlackierung und mit einem Nebelscheinwerfer inmitten des Kühlergrills. **SH**

Der Nachfolger des auf Seite 136 beschriebenen Champion war 1950 so zeitgemäß wie man es von einem Studebaker erwarten konnte. Sein Design stammte im Ansatz von Raymond Loewy, der Studebaker seit 1938 beriet, doch die Ausführung des Karosseriestylings war die Arbeit von Virgil Exner, der anschließend für Chrysler tätig war, und seines Assistenten Robert E. Bourke. Die aggressive Frontpartie war kurz, das Heck umso länger. Durch eine geteilte Kardanwelle ergaben sich eine verhältnismäßig niedrige Bauhöhe und reichlich Innenraum. Dabei hatte der Champion nur 2,84 Meter Radstand, während das größere Modell Commander 3,02 Meter Radstand aufwies.

So sehr der Studebaker Champion mit seinem Düsenjäger-Look einem Flugzeug ähnelte – fliegen konnte er nicht. Immerhin entwickelte sein Sechszylindermotor 85 PS bei 4000 U/min, gut für 132 km/h Spitze. Sehr modern war seine vordere Einzelradaufhängung an Dreieckslenkern und Schraubenfedern; auf Wunsch gab es eine Getriebeautomatik von Borg Warner. An die 343.000 Exemplare verkaufte Studebaker 1950 von diesem Modell bei einem Basispreis von 1500 Dollar. Umso bedauerlicher, daß Studebaker gegen die Konkurrenz aus Detroit auf Dauer nicht bestehen konnte und 1966 – nach der Fusion mit Packard – vom Markt verschwand. **LT**

We also make a funny-looking car.

We make a car that looks like a beetle. And a station wagon that looks like a bus. (Or so we're told.)

But we think of them a little differently; both Volkswagens look just like what they are.

The VW Sedan is for carrying 4 people. The station wagon is for carrying 8, bag and baggage. (With almost as much headroom and legroom as you get in a real bus.)

The wagon also handles a staggering amount of just stuff. (It has 170 cubic feet of space, compared to about 105 in conventional wagons.)

Both Volkswagens have air-cooled rear engines. No water or anti-freeze needed; terrific traction on ice and snow.

Both park in practically the same space. (The wagon is only 9 inches longer.)

Both defy obsolescence. Nobody knows what year VW you drive. Except you.

Our sedan is a pretty familiar sight; not many people laugh at it any more. But our station wagon is still good for a few chuckles.

◁ Eine 1960 in den USA veröffentlichte Anzeige für den Volkswagen Samba-Bus, wie er seit Juni 1951 angeboten wurde.

Typ 2 | Volkswagen

1950 • 1192 ccm, Vierzylinder-Boxer • 30 PS/22 kW • 0–100 km/h in 31 Sek. • 86 km/h

Der ab März 1950 erhältliche VW-Transporter verkörperte ein revolutionäres Fahrzeugkonzept. Ein gutes Dutzend anderer Automobilhersteller übernahm es später und variierte es. Ob als Transporter, als Kleinbus (gern Bulli genannt), als Kombination aus beidem, als Pritschenwagen, Hochdachfahrzeug, Doppelkabine oder als Sonderausführung für kommunale und andere Zwecke – dieses Heckmotorfahrzeug, aus dem legendären Käfer entwickelt, war ein Bestseller.

Die technische Basis des sogenannten VW Typ 2 entsprach der des Typ 1, also dem Käfer. Sein einziges Handicap war die mangelnde Durchlademöglichkeit auf dem Fahrzeugboden bis zur Heckklappe, denn die Heckmotor-Bauart bedingte nun einmal einen entsprechenden Kasten, unter welchem sich der Vierzylinder-Flachmotor samt Gebläse befand. Die geteilte Frontscheibe wies plane Gläser und einen Mittelsteg auf, das Dach wölbte sich darüber mit integriertem Frischlufteinlaß. Am karg ausgestatteten Arbeitsplatz war die Tachoskala bis 80 km/h kalibriert, erst ab Mitte 1953 reichte sie bis 100 km/h. Was Bulli-Chauffeure besonders schätzten, war die hohe Sitzposition und die daraus resultierende gute Sicht. In der ersten Serie befand sich bis Ende Oktober 1951 das Reserverad stehend an der rechten Seite des Motorraums, sein Gewicht kompensierte der Benzintank auf der gegenüberliegenden Fahrzeugseite. Als Kombi bot VW den T2 einen Monat nach Einführung des Transporters an, Standardlackierung: Taubenblau. Auch in seiner Ausführung als Sieben- oder Achtsitzer erfreute sich die Kombi-Ausführung großer Nachfrage. Die erste Generation wurde nach 1,8 Millionen Exemplaren im August 1967 durch ein neues Modell abgelöst. **RY**

50-2106 | Holden

1951 • 2171 ccm, Sechszylinder • 60 PS/44,1 kW • 0–100 km/h in 27,7 Sek. • 105 km/h

Die Amerikaner mögen ihn erfunden haben, doch der australische Autohersteller Holden hat ihn kultiviert – den Pickup. Der Holden 50-2106 war ein elegant gestylter Personenwagen und überaus nützlicher Kleinlastwagen in einem, genannt Utility Vehicle, und in der im Englischen so gern praktizierten Abkürzungs-Gepflogenheit sprach man bald nur noch vom Ut (juh-tie). Autos mit zweiplätziger Kabine und einer Ladefläche im Heck gab es bereits 1911, und zwar als „Light Delivery" in Gestalt des T-Modells von Ford. Auf der Ladefläche konnte man ein paar Schweine, ein Dutzend Milchkannen oder fünfzehn Zentner Frachtgut vom Bahnhof zur Farm transportieren. Es gibt viele schöne Geschichten aus der Landwirtschaft, die sich um die Erfindung des Pickup beziehungsweise Utility ranken.

Der 1948 eingeführte Holden Sedan war eine amerikanische Konstruktion, aber ganz auf die Verhältnisse im australischen Outback zugeschnitten, und das daraus entstandene Utility Coupé von 1951 war besonders robust gebaut, denn in Australien mußte ein Auto in jenen Jahren noch härter im Nehmen sein als in den USA. Die vehement einsetzende Nachfrage nach dem neuen Pickup war so groß, daß es gegen Jahresende noch eine Warteliste mit 70.000 Bestellungen gab, die auf Erfüllung warteten. Der OHV-Sechszylinder bewährte sich ebenso gut wie die gesamte Fahrzeugkonstruktion, die es ohne weiteres vertrug, wenn man die offiziell zugelassene Nutzlast um die Hälfte oder mehr überschritt.

Bei seiner Einführung wurde der 50-2106 angepriesen als „... entwickelt für Australien und in Australien gebaut ... ein Fahrzeug, auf das sein Besitzer stolz sein kann!" – was absolut der Wahrheit entsprach. **JI**

235 | Delahaye

1951 • 3557 ccm, Sechszylinder • 152 PS/112 kW • 0–100 km/h in 12 Sek. • 193 km/h

Während andere Autohersteller in Europa, den wirtschaftlichen Gegebenheiten entsprechend, preiswerte und wirtschaftliche Serienwagen entwickelten und bauten, gab es in den frühen fünfziger Jahren noch immer einige Außenseiter, die auf hohen Luxus und Exotik setzten. Auch die Firma Delahaye gehörte zu jenen – mit ihrem Typ 235 zelebrierte sie ihren letzten großen Auftritt. Der 1951 vorgestellte Wagen war als Ersatz des Typ 135 gedacht, hatte jedoch dessen Chassis übernommen, einschließlich der mechanischen Trommelbremsen, die einem Hochleistungswagen von 152 PS längst nicht mehr angemessen waren. Älteren Datums war auch der 3,6-Liter-Motor. Doch für eine Neukonstruktion hätten die Mittel nicht gereicht.

Interessant aber war die Hinwendung zu neuen Karosserieformen. Die Standardaufbauten für den Delahaye 235 lieferten die Firmen Antem und Letourneur; die Autos wiesen einen großen, von amerikanischem Styling beeinflußten Grill auf, und die Coupés mit ihrer extrem langen Motorhaube waren potentielle Show-Gewinner. Der 235 durfte als schneller Wagen gelten: seine Höchstgeschwindigkeit betrug 193 km/h. Um die Qualität des Fahrzeugs unter Beweis zu stellen, organisierte Delahaye eine Nonstop-Fahrt durch ganz Afrika von Kapstadt nach Algier – eine Strapaze sondergleichen und nicht ohne Zwischenfälle. Wäre der Wagen auch vom Fahrwerk her so modern gewesen, wie er sich äußerlich gab, hätte er vielleicht mehr Abnehmer gefunden. Aber er war auch zu teuer, er kostete das Doppelte von einem Jaguar XK 120. So blieb es bei 84 Wagen in vier Jahren, ehe Delahaye vom Markt verschwand. Die Fabrik wurde von Hotchkiss übernommen. **MG**

BJ | Toyota

1951 • 3400 ccm, Sechszylinder • 84 PS/61,7 kW • keine Angaben • keine Angaben

Der von Toyota gebaute Land Cruiser war als Militärfahrzeug konzipiert und erwies sich schon bald als ein Erfolgsmodell. Seine Vorgeschichte begann 1941, als die japanische Armee die Philippinen besetzte, dort einen amerikanischen Bantam 4x4 erbeutete und ihn nach Japan verfrachten ließ. Toyota wurde beauftragt, ein ähnliches Fahrzeug zu bauen, das dem amerikanischen Vorbild aber nicht ähneln durfte. Es entstand ein BJ genannter Geländewagen mit einem Sechszylindermotor von 3,4 Liter Hubraum und 84 PS. Der robuste Leiterrahmen mit seinen Blattfedern, Starrachsen und 16-Zoll-Rädern glich dem eines Lastwagens. An Kampfeinsätzen nahm der BJ nicht teil, vermutlich war er noch nicht erprobt genug.

1950 schrieb die japanische Regierung die Konstruktion eines neuen Geländewagens aus; Toyota nahm an dem Wettbewerb teil und stellte einen Wagen auf die Räder, der entfernt dem Vorgängermodell ähnelte. Er ging 1951 in Serie und wurde von Behörden, Forstverwaltungen und dem in Japan stationierten amerikanischen Militär eingesetzt. Den Namen Land Cruiser bekam der BJ erst 1954. In jenem Jahr erfolgte die Einführung eines neuen Modells unter der Chiffre BJ 25, ein Jahr später folgte der FJ 35 mit 3,9 Liter und 105 PS, den es auch als Station Wagon gab. Besonders erfolgreich war die 1960-1986 angebotene Baureihe J4/J5, immer noch mit dem OHV-Sechszylinder, jetzt bis 125 PS leistend. Bis heute sind mehr als fünf Millionen Land Cruiser produziert und in 180 Ländern verkauft worden. Der Land Cruiser war auch der erste japanische Wagen, der im Ausland gefertigt wurde, als 1959 eine Toyota-Fabrik in Brasilien eröffnet wurde. **RY**

Ein in Frankreich veröffentlichtes Inserat für das Renault-Modell Frégate; es wurde von 1951 bis 1960 gebaut. ▷

Comète | Ford

1951 • 2158 ccm, V8 • 73 PS/53,7 kW • 0–100 km/h in 24 Sek. • 140 km/h

Es wäre heute undenkbar, ein Automodell auf jene Art und Weise entstehen zu lassen, wie sie zur Genesis des Ford Comète führte. Das Projekt eines sportlichen Luxuscoupés aus französischer Produktion war das persönliche und lange geheimgehaltene Anliegen von François Lehideux, Generaldirektor von Ford France (SAF = Sociétée Anonyme Ford). Den Entwurf hierfür ließ er bei Pinin Farina in Italien anfertigen, den Auftrag zur Herstellung eines Prototyps bekam die Firma Facel-Métallon. Zur Überraschung der gesamten Branche wurde das Comète genannte 2+2-Coupé im August 1951 in Biarritz vorgestellt. Mit seiner Pontonform im Hardtop-Look sah das Auto blendend aus – leider hatte man den Motor eine Nummer zu klein gewählt: der 2158-ccm-Achtzylinder von 73 PS hätte gut 25 PS mehr leisten dürfen. Im Oktober 1952 erschien das Coupé in überarbeiteter Form als Modell Monte-Carlo und hatte jetzt einen 3923-ccm-Motor, der 105 PS abgab und aus dem Ford-Lastwagen-Programm stammte. Er trug den Namen Mistral. Zwei Fahrzeuge wurden als Cabriolet gebaut.

Eine völlig eigenständige Entwicklung war der Comète dennoch nicht. Der V8-Motor und das Chassis stammten vom Ford Vedette, der in Poissy bereits seit 1948 vom Band lief. Eine Limousine, die unter Lehideux stilistisch noch verfeinert und wie der Comète 1952 mit dem größeren Motor bestückt wurde, war das Modell Vendôme.

Es gab den Comète Monte-Carlo und den Vedette nur bis 1954, zumindest beim Ford-Händler. Denn die französischen Ford-Werke waren von Simca übernommen worden, und unter einem neuen Markenlabel erhielten die Fahrzeuge auch ein frisches Image. **MG**

Frégate | Renault

1951 • 1996 ccm, Vierzylinder • 56 PS/41,1 kW • 0–100 km/h in 29 Sek. • 130 km/h

Das Modell Frégate entstand bei Renault unter der Regie von Pierre Lefaucheux. Nach der Befreiung des Lagers Buchenwald, wohin die Deutschen den Ingenieur während des Krieges verschleppt hatten, kehrte er nach Frankreich zurück und wurde wegen seiner Verdienste zum Präsidenten des verstaatlichten Renault-Werkes ernannt. Unter seiner Führung wurde Renault wieder aufgebaut und in einen modernen Industriekonzern umgeformt, und als erster neuer Großserienwagen entstand der 4CV, anschließend der Frégate.

Die Limousine war der erste größere Nachkriegs-Renault und ein direkter Konkurrent zum Peugeot 203 und zum Citroën 11 CV. Der Wagen hatte eine viertürige, selbsttragende Karosserie und folgte konventioneller Antriebstechnik: Motor vorn, Kardanwelle, Hinterradantrieb. Dank Einzelradaufhängung ringsum wartete der Frégate mit guten Fahreigenschaften auf, er war geräumig, hatte ein vollsynchronisiertes Viergangetriebe mit Lenkradschaltung, konnte aber auch mit dem halbautomatischen Transfluide-Getriebe geliefert werden. Zwei Sitzbänke boten Fahrgelegenheit für sechs Personen, und wer noch mehr Platz benötigte, konnte sich für die Kombimodelle Domaine oder den luxuriöseren Manoir entscheiden.

Der anfänglich auf 1996 ccm ausgelegte Motor mit 56 PS wurde 1955 auf 2141 ccm und 77 PS vergrößert. Ab Modelljahr 1953 hieß des Limousinen-Grundmodell Frégate Affaires, die besser ausgestattete Version Frégate Amiral. 1958 führte man bei allen Modellen 12-Volt-Elektrik ein. Wie so viele Autos jener Epoche war auch der Frégate leider sehr rostanfällig, was seine Lebensdauer einschränkte. **MG**

Vous en rêviez à l'automne
Vous y avez songé tout l'hiver
Vous allez l'essayer au printemps
Vous en serez heureux cet été
...et pendant de longues années encore.

Frégate
RENAULT
RÉGIE NATIONALE

Z-102 | ENASA Pegaso

1951 • 3178 ccm, V8 • 250 PS/184 kW • keine Angaben • 258 km/h

Für ihre Nutzfahrzeuge hatte die spanische Marke zwar einen bekannteren Namen, doch auch der Sportwagen Pegaso Z-102 erlangte Weltruf. Er trage Schuhe mit viel zu dicken Gummisohlen, als daß gute Ideen aus dem Nährboden der Erde ihren Weg bis zu seinem Gehirn fänden, spottete Enzo Ferrari über seinen Kollegen Wilfredo Ricart, der bis dahin in Barcelona nur Lastwagen und Omnibusse gebaut hatte. Den Namen Pegaso – das geflügelte Roß aus der Antike bezeichnend – auch auf schnelle Sportwagen zu übertragen, gehörte jedoch zu einem ernsten Anliegen Ricarts, und er setzte die Idee zum Erstaunen Ferraris auch in die Tat um. 1936 war Ricart zu Alfa Romeo gegangen, um dort einen Rennwagen zu entwickeln, der aber erst 1940 fertig wurde – zu spät für einen Einsatz. 1946 kehrte er nach Barcelona zurück und wurde Chef des Staatskonzerns ENASA (Empresa Nacional de Autocamiones), der Nutzfahrzeuge herzustellen begann.

Ricarts Z-102 genanntes Coupé, 1951 vorgestellt, nahm es nicht nur formal mit dem V12 seines italienischen Freundes Ferrari auf, sondern auch in technischer Hinsicht: Er hatte ein modernes Plattformchassis mit Einzelradaufhängung an Drehstäben und eine De-Dion-Hinterachse, sein Triebwerk war ein V8 mit Trockensumpfschmierung und vier obenliegenden Nockenwellen, je nach Hubraum (es gab Versionen von 2,8 bis 4,7 Liter), Vergaserbestückung und Tuning zwischen 190 und 360 PS leistend und mit einem Fünfganggetriebe kombiniert. Die meisten der 108 hergestellten Pagaso Z-102 hatten einen 3178-ccm-Motor mit 250 PS. Der Zweisitzer war höllisch schnell, nahm aber nur vereinzelt an Rennen teil. **MG**

Hornet | Hudson

1951 • 5047 ccm, Sechszylinder • 145 PS/107 kW • 0–100 km/h in 12,1 Sek. • 150 km/h

Der Detroiter Warenhauskönig Joseph J. Hudson stieg 1909 ins Automobilgeschäft ein, und das nicht in gerade bescheidenem Stil. Er verfügte über gute Konstrukteure und gute Werbeleute; Hudson-Autos wurden auf Anhieb ein Erfolg. 1912 erschien der erste Hudson Sechszylinder, wegen der Motorleistung von 54 PS als Modell 6-54 bezeichnet und mit einer Reihe unterschiedlicher Karosserien lieferbar. 1914 behauptete die Firma Hudson von sich, der Welt größter Hersteller von Sechszylinderwagen zu sein.

Mit einem neuen Konzept nahm die Firma Hudson nach dem Zweiten Weltkrieg den Autobau wieder auf. Die Fahrzeuge besaßen nach aktueller Bauweise kein separates Fahrgestell mehr und wiesen eine glattflächige Pontonform auf, die Hinterräder umschließend. Beim Modell Hornet von 1951 mit seiner gewölbten Frontscheibe kam diese Art der Aufbauform – auch als Cabrio – besonders gut zur Geltung. Der Motor war ein 5,1-Liter-Reihensechszylinder mit L-Kopf (also seitlich stehenden Ventilen) und 145 PS, der für seine Robustheit und Langlebigkeit berühmt wurde. Bemerkenswerterweise kehrte man nicht zum Achtzylinder der Vorkriegsjahre zurück; man blieb beim Straight-Six und bot ihn mit Optionen an, die ihn bis zu 170 PS leisten ließen.

Doch es fehlten die Mittel, um neue Motoren entwickeln zu können. Die Umsätze waren seit 1950 gesunken, das Kompaktmodell Jet mußte mangels Nachfrage wieder vom Band genommen werden. Hudson war ins Hintertreffen geraten. 1954 erfolgte die Fusion mit Nash, wodurch die American Motors Corporation (AMC) entstand. Der letzte Hudson wurde 1957 ausgeliefert. **BK**

Stirling Moss am Steuer eines Jaguar C-Type Werkswagens, mit dem er am 29. September 1951 das Sportwagenrennen in Goodwood gewann. ▷

Traveler | Kaiser

1951 • 3707 ccm, Sechszylinder • 100 PS/73,5 kW • 0–100 km/h in 16 Sek. • 145 km/h

Henry J. Kaiser war ein erfolgreicher amerikanischer Werftbesitzer und glaubte, sein unternehmerisches Geschick auch im Automobilbau zu Geld machen zu können. Er engagierte sich in vier Marken – Kaiser, Frazer, Henry-J und Jeep –, vermochte gegen die Großen von Detroit jedoch nicht zu bestehen. Sein erstes Auto war 1947 der Kaiser K100, für dessen Design er den Künstler Howard Darrin gewinnen konnte. Vom amerikanischen Durchschnitts-Straßenkreuzer hob sich der Wagen durch eine niedrige Gürtellinie und eine Reihe von Sicherheitsmerkmalen sowie Drehstabfederung ab.

Ein besonders interessantes Modell war der Traveler. Es handelte sich um eine Stufenheck-Limousine, deren Heckklappe geteilt war, so daß sich die untere und die obere Hälfte separat öffnen ließen. Die Rücksitzbank konnte man umlegen, was eine sehr große Ladefläche ergab. Es heißt, Henry Kaiser habe sich von Howard Darrin ein solches Auto eigentlich nur für die Mitnahme seiner Angelausrüstung ins Wochenende gewünscht, doch Darrin habe ihn überzeugen können, daß ein solches Auto auf dem Markt große Chancen haben würde. Kaiser versprach ihm eine Tantieme von 75 Cent pro verkauftem Auto, sofern er recht behielte. Von dem als luxuriöse Limousine angepriesenen Traveler hieß es in der Werbung: „Sie kaufen nur einen Wagen, aber sie bekommen zwei!" – in der Tat: in zehn Sekunden konnte man die Limousine in einen Transporter verwandeln. „Henry's Fishing Sedan" wurde ein Renner.

1963 bis 1970 stellte die Kaiser-Jeep Corp. in Toledo den von Willys geerbten Jeep und dessen Derivate her. Auch mit diesem Busineß fuhr Mr. Kaiser beträchtliche Gewinne ein. **BS**

C-Type | Jaguar

1951 • 3442 ccm, Sechszylinder • 200 PS/147 kW • 0–100 km/h in 6,5 Sek. • 230 km/h

Seine eigentliche Bezeichnung lautete XK 120C. Die Kenner nennen ihn jedoch C-Type, und sie meinen jenen Wagen, den Jaguar nur mit einem einzigen Ziel baute: 1951 die 24 Stunden von Le Mans zu gewinnen. Das Vorhaben gelang – und das sogar zweimal!

Der Rahmen war eine Stahlrohrkonstruktion mit strafferer Vorderradfederung und einem Querstabilisator hinten. Zahnstangenlenkung, eine auf 9:1 erhöhte Verdichtung und ein seitlich unter dem Cockpit herausgeführter Auspuff machten den flachen Wagen mit seiner schlanken Leichtmetallkarosserie zu einem 230-km/h-Renner. Alle anderen Bauteile entsprachen denen des XK 120.

Nach dem Rennsieg in Le Mans im Jahre 1951 von Peter Walker und Peter Whitehead erfuhr der C-Type noch zahlreiche Verbesserungen, bekam eine neue Doppelvergaseranlage, einen vorderen Panhardstab und Servobremsen. 54 Fahrzeuge wurden angefertigt, und in den Händen zahlreicher Privatfahrer und Rennteams (die wie die Ecurie Ecosse unabhängig vom Werk operierten) ergab sich eine lange Erfolgsliste. Beim Großen Sportwagenpreis von Reims 1952 fuhr Moss einen C-Type zum Sieg, weil er die besseren Bremsen hatte: erstmals wies ein Rennwagen Scheibenbremsen an den Vorderrädern auf. Ein neues Kapitel Automobilgeschichte hatte begonnen. Im 1953er Le-Mans-Rennen war der C-Type das erste Auto, das über die vollen 24 Stunden einen Gesamtschnitt von über 160 km/h absolvierte. Genau: 169,36 km/h. Von Sir William Lyons' Renn-Klassikern existieren noch zahlreiche Exemplare, doch wenn einer zum Verkauf ansteht, ist er unter 1,5 Millionen Dollar nicht zu haben. **MG**

8V | Fiat

1952 • 1996 ccm, V8 • 106 PS/77,9 kW • keine Angaben • ca. 195 km/h

Unter einem Fiat mit Achtzylindermotor hatten sich viele Kunden wohl etwas anderes vorgestellt. Doch der 8V (gesprochen: otto-vu), 1952 in Genf präsentiert, war ein verhältnismäßig kleines Fließheckcoupé mit einem Motor von nur 1996 ccm. Immerhin: es war der erste Fiat mit vier einzeln aufgehängten Rädern. Die ersten Exemplare hatten 105 PS, ihnen folgten 115- und 127-PS-Versionen. Das Fahrzeug hatte eine von Dante Giacosa entworfene Karosserie, von Pinin Farina beeinflußt, und bei Probefahrten kam Fiats Chefeinfahrer Carlo Salamano auf stolze 193 km/h. Bei der Firma Siata fand die Herstellung der Plattformrahmen statt, die Coupé-Karosserien wurden im Fiat-Werk Lingotto angefertigt. In Sportwettbewerben tauchte der 8V ebenfalls auf, so beim 12-Stunden-Rennen von Pescara und bei der Coppa Monza, obwohl er nicht als Wettbewerbswagen gedacht war.

Es geht die Legende, daß man bei Fiat Bedenken hatte, den Begriff „V8" zu verwenden, um nicht in eine juristische Auseinandersetzung mit Ford zu geraten. Tatsache ist, daß auch andere Hersteller von Fahrzeugen mit einem V8-Motor dieses technische Detail in Modellbezeichnungen verwendeten, bloß brachte man sie stets mit Ford zuallererst in Verbindung. Statt V8 sich des Kürzels 8V zu bedienen, war eine originelle Idee und ließ sich werblich gut herausstellen. Anfänglich sollte der 70-Grad-Achtzylindermotor auch in einer Limousine zum Einbau kommen, doch dieses Projekt wurde nicht weiter verfolgt, weil es zu kostspielig war.

Auf dem Turiner Salon 1954 wurde ein Exemplar mit Kunststoffkarosserie gezeigt. Doch es vermochte nicht zu überzeugen. Die Gesamtproduktion des 8V betrug 114 Exemplare. **JI**

C3 | Cunningham 🇺🇸 USA

1952 • 5425 ccm, V8 • 223 PS/164 kW • 0–100 km/h in 10 Sek. • 208 km/h

Der wohlhabende amerikanische Sportsmann Briggs Swift Cunningham baute 1940 auf einem Buick-Fahrgestell seinen ersten Rennwagen mit Mercedes-Motor, genannt Bu-Merc. Nach dem Zweiten Weltkrieg setzte er seine Ambitionen am Steuer von Ferrari-, Healey- und MG-Fahrzeugen fort. Für das 24-Stunden-Rennen von Le Mans baute Cunningham in den Jahren 1950 bis 1956 eine Reihe von Boliden mit Cadillac- und Chrysler-Motoren. Ab September 1950 nannte sich sein Unternehmen B.S. Cunningham Company mit Sitz in West Palm Beach, Florida, und ab 1951 stand nicht mehr Cadillac, sondern der Markenname Cunningham am Kühler seiner Fahrzeuge.

Dem Typ C1 folgte der C2, dessen V8-Motor beachtliche 325 PS leistete. Ab November 1951 bot Cunningham einen vom Typ C2 abgeleiteten Roadster zum Preis von 8000 Dollar an, ehe das Coupé C3 vorgestellt wurde, dessen Karosserie der italienische Designer Michelotti entworfen hatte. Es wies einen 210 PS starken Chrysler-Motor sowie Getriebeautomatik auf. Im März 1953 folgte eine Cabrioletversion, die auf dem Genfer Salon gezeigt wurde. Insgesamt wurden bei Cunningham in Florida 18 Coupés und neun Cabriolets gebaut.

Ende 1956 stellte Cunningham seine eigenen Rennsport-Aktivitäten ein und wurde Repräsentant der Firma Jaguar, für die er in den USA auch motorsportliche Einsätze organisierte. So wies auch Cunninghams letzter Wagen, der C6 RD von 1957, ein Jaguar-Triebwerk auf. 1958 gewann der passionierte Segler den America's Cup.

In Costa Mesa, 80 km südlich von Los Angeles, eröffnete er ein Automuseum, für das er einige der wertvollsten Oldtimer der Welt erwarb. **MG**

R-Type Continental | Bentley (GB)

1952 • 4564 ccm, Sechszylinder • 150 PS/110 kW • 0–100 km/h in 9,4 Sek. • 188 km/h

Nur 2323 Exemplare sind entstanden, und 165 von ihnen waren Continentals: der Liebhaberwert des Bentley R-Type war damit sozusagen programmiert. War der Bentley Mk.VI noch ein etwas massiv aussehendes Schwergewicht gewesen, so gab sich sein Nachfolger mit längerem Chassis und besseren Proportionen eleganter und feingliedriger. Sein Aufbau entsprach hohen Ansprüchen an Komfort und Eleganz. Der Motor war mit dem 4,5-Liter-Sechszylinder des Rolls-Royce identisch, der hängende Einlaß- und stehende Auslaßventile (ioe = inlet over exhaust) aufwies. Wie jeder Rolls-Royce bestach auch ein Bentley durch Laufruhe und souveränen Auftritt.

Eine Besonderheit stellte jener R-Type dar, der unter der Bezeichnung Continental gebaut wurde. Dies waren zweitürige Fließheck-Coupés, auf Kundenwunsch angefertigt bei der Firma H.J. Mulliner; sie gelten noch heute als das Nonplusultra im Bentley-Karosseriedesign. Liebhaber zahlen Höchstpreise für gut erhaltene Exemplare. Ab 1954 gebaute Continentals bekamen einen 4,9-Liter-Motor. Gebaut wurden die Wagen mit der zugelieferten Karosserie bei Rolls-Royce im Werk Crewe.

Dem Fließheck-Zweitürer nachempfunden war der 2002 entstandene Bentley Continental GT, erste Neuschöpfung unter dieser Marke seit der Übernahme Bentleys in den Volkswagen-Konzern. **MG**

Capri | Lincoln

1952 • 5203 ccm, V8 • 205 PS/151 kW • 0–100 km/h in 14,1 Sek. • 160 km/h

Daß der von 1952 bis 1959 gebaute Lincoln Capri imstande war, Straßenrennen zu gewinnen, sah man ihm nicht an. Denn ein Wettbewerbsfahrzeug sollte der Nachfolger des Lincoln Cosmopolitan gar nicht sein. Den Beweis seiner enormen Leistungsfähigkeit erbrachte eine Capri-Armada 1952 im Mexikanischen Straßenrennen, der berüchtigten, 3200 Kilometer langen Panamericana durch die Belegung der fünf ersten Plätze in der Internationalen Serienwagenwertung. Und das mit einer Stunde Vorsprung auf den Vorjahressieger Ferrari. In einer vom Magazin *Life* anberaumten Untersuchung wurde der schnelle, robuste und zugleich gut aussehende Capri als der sicherste Wagen des Jahres 1955 ermittelt. Bis dahin hatten bereits 53.225 Exemplare Käufer gefunden. Dann gingen die Absätze allerdings Jahr für Jahr zurück, denn er verlor allmählich seinen Status als exklusives Prestigefahrzeug. 1959 nahm Ford den Capri seiner Tochter Lincoln aus dem Programm.

Den Modellnamen verwendete Ford 1961-1963 erneut, und zwar für einen biederen Mittelklassewagen in England, ein 1,4-Liter-Coupé als Gegenstück zum Ford Classic Saloon. 1969 schließlich entstand das in England und Deutschland gefertigte Familien- und Sportcoupé gleichen Namens, das wie der Lincoln von 1952 auch als heißer Wettbewerbswagen Karriere machte. **MG**

Mark VI | Lotus (GB)

1952 • 1172 ccm, Vierzylinder • 50 PS/36,7 kW • 0–100 km/h in 15 Sek. • 120 km/h

RMF 2.5 Litre | Riley (GB)

1952 • 2443 ccm, Vierzylinder • 100 PS/73,5 kW • 0–100 km/h in 16,4 Sek. • 153 km/h

Der Mark VI war der erste in Serie hergestellte Lotus. Die Firma Lotus Engineering, 1952 gegründet von Colin Chapman und seiner Braut Hazel Williams, hatte zunächst einzelne Trial Cars auf Basis des Austin Seven hergestellt, bevor Chapmans kleine Sportwagen-Manufaktur in Nord-London ihre Arbeit aufnahm. Sie zog etwas später nach Cheshunt, Hertfordshire, um.

Chapmans Lotus Mark VI genannter Sportzweisitzer war der Auftakt zu einer Legende. Das Auto hatte einen einfachen Stahlrohrrahmen mit Aluminiumteilen für den Boden, die Seiten und die Spritzwand. Der Motor war vom Ford Popular oder von einem anderen Vierzylinder der 1,2- oder auch 1,5-Liter-Größenordnung – die Wahl blieb dem Kunden ebenso wie die der Räder überlassen, denn der Mark VI wurde ausschließlich als preiswerter Baukasten verkauft, als Kit Car, und der Zusammenbau einschließlich Motorenwahl war Sache des Käufers. Damit die Kosten niedrig blieben, wählten die meisten einen Motor aus einem Gebrauchtwagen und ließen ihm eine Leistungsspritze angedeihen.

Die agile Fahrmaschine erlangte große Popularität und war bei vielen der beliebten Clubrennen am Start. Mit Straßenausrüstung wies der Flitzer Kotflügel, Windschutzscheibe und Scheinwerfer auf, es gab sogar ein Verdeck und seitliche Einsteckscheiben. **JI**

Wegen ihrer ausgereiften Technik erfreute sich die RM-Serie von Riley unter Kennern in England großer Beliebtheit. Dabei war Riley nicht erst nach dem Kriege zum Außenseiter geworden: Durch ihre Modellvielfalt und unrationelle Fertigung hatte die Firma in den 1930er Jahren keine Rendite erwirtschaftet. Ende 1938 schloß sie sich daher der Nuffield Group an (Morris, MG, Wolseley). Ihre konstruktive Eigenständigkeit behielt die Marke noch lange bei, und so erschien auch das erste Nachkriegsmodell noch mit separatem Chassis und einer auf Holzrahmen aufgebauten Karosserie. Die Baureihe begann mit dem Modell RMA, einem eleganten Viertürer mit 1,5-Liter-Vierzylindermotor, vorderer Einzelradaufhängung und hinterer Starrachse. Der Motor wies – wie seit 1928 bei Riley üblich – zwei hoch im Block positionierte Nockenwellen und im Zylinderkopf hängende Ventile auf.

Auf dem RMA basierten auch die nachfolgenden Versionen wie der RME mit hydraulischen Bremsen, während die Ausführungen RMB, RMC, RMD und RMF einen größeren Vierzylindermotor (2443 ccm) hatten. Es gab auch ein Cabriolet, das in seiner 100-PS-Ausführung 160 km/h schnell war. Den RMF baute man in 2000 Exemplaren, ehe das Modell Pathfinder ihn Ende 1953 ersetzte. **SH**

◁ Ein Bristol 404 vor einer „Britannia" der Bristol Aeroplane Company, die ein Jahr vor dem Auto ihr Debüt gab.

404 | Bristol

1953 • 1971 ccm, Sechszylinder • 105 PS/77,2 kW • 0–100 km/h in 12,3 Sek. • 170 km/h

Strömungstechnisch wies der 1953 bis 1958 gebaute Bristol 404 noch günstigere Werte auf als sein Vorgänger 403, aus dem er entstanden war. Daß das Kerngeschäft der Firma Bristol der Flugzeugbau war und dementsprechend aerodynamische Prinzipien einen vorrangigen Stellenwert genossen, zeigte sich am 404 besonders deutlich.

Die noch besseren cw-Werte der Karosserie resultierten nicht zuletzt aus dem Verzicht auf die bisher dem BMW entlehnte Doppelniere, die einem schlichten Lufteinlaß ohne Zierrat gewichen war. Den Radstand des 404 hatte man etwas verkürzt, neu waren auch der vordere Querstabilisator und gerippte Aluminium-Bremstrommeln. Die Motorleistung des Sechszylinders war von 85 auf 105 PS angehoben worden.

Originell war die Unterbringung des Reserverades: es befand sich in einem Abteil im vorderen linken Kotflügel vor der A-Säule. Das Scharnier der Klappe war in der Zierleiste verborgen; auf der gegenüberliegenden Seite des Wagens befand sich die Batterie. Dieses Layout kam dem Kofferraumvolumen zugute. Bristol nannte den 404 „The Businessman's Express", eine treffende Bezeichnung für das 170 km/h schnelle Coupé mit Ledersitzen, hölzerner Armaturentafel und einem reichhaltigen Instrumentarium. Mit seinem verkürzten Chassis wies der 404 recht sportliche Fahreigenschaften auf, und bei Fahrzeugen mit einer auf 125 PS erhöhten Motorleistung, gut für 185 km/h, traf dies erst recht zu. Drei Bristol 404 belegten die ersten drei Plätze ihrer Klasse im 24-Stunden-Rennen von Le Mans 1955. Schließlich baute man auch ein paar Cabrios und auf verlängerter Bodengruppe einen Viertürer, genannt 405. **SH**

DKW F91 | Auto Union

1953 • 896 ccm, Dreizylinder • 34 PS/25 kW • 0–100 km/h in 34 Sek. • 120 km/h

Der DKW Sonderklasse war ein Produkt der Auto Union. Dieses Modell gab im März 1953 auf der IAA in Frankfurt seinen Einstand. Intern wurde der Wagen als Typ F91 bezeichnet; technisch entsprach er weitgehend dem schon vor Kriegsausbruch konstruierten DKW F9.

Während sein Vorgänger, der im Werk Ingolstadt gefertigte DKW F89, noch einen Zweizylindermotor gehabt hatte, wies der F91 einen Dreizylinder auf. Zweitakter waren sie beide, gemäß alter DKW-Tradition. Der Kühler stand hinter dem Motor und nicht vorn hinter dem Kühlergrill. Weitere Neuerungen waren eine Lenkradschaltung anstelle der Krückstockschaltung am Armaturenbrett und schräg stehende Teleskopstoßdämpfer an der sogenannten hinteren Schwebeachse. Beibehalten hatte man das Dreiganggetriebe (2. und 3. Gang synchronisiert) und den DKW-typischen Freilauf.

Bis September 1955 wurden in Düsseldorf 57.407 Limousinen und Coupés produziert, doch es gab auch zwei- und viersitzige Cabriolets, hergestellt bei der Firma Karmann in Osnabrück. Auch befand sich ein DKW Universal genannter Kombiwagen im Programm, der 15.193mal gebaut wurde. Äußerlich unterschied sich die Sonderklasse vom Vorgänger durch einen eleganteren Kühlergrill mit nur fünf statt neun Querleisten; das Coupé wies eine hintere Panoramascheibe auf. Das Modell war bereits auf der IAA 1953 zu sehen, wurde aber erst ab 1954 gebaut. Es hatte voll versenkbare Seitenscheiben vorn und hinten, ohne B-Säule – ganz nach amerikanischer Hardtop-Manier.

Wegen seines Zweitaktmotors zog der DKW stets eine feine, bläuliche Fahne hinter sich her. Noch störte sich kaum jemand daran. **HS**

Skylark | Buick (USA)

1953 • 5276 ccm, V8 • 188 PS/138 kW • 0–100 km/h in 12 Sek. • 165 km/h

Das zweitürige, Skylark genannte Buick-Cabriolet wurde von General Motors als die „Antwort auf den europäischen Sportwagen" bezeichnet – das klang ein wenig vermessen und war ein Vorgriff auf einen Anspruch, dem die Corvette viel eher gerecht wurde. Doch im GM-Konzern koordinierte man nicht konsequent die Positionierungen der einzelnen Marken, sondern machte sie einander streitig. Zweifellos war der Skylark ein attraktives Auto, doch das in barocker Straßenkreuzer-Manier gehaltene Cabrio war gewiß keine Alternative zu einem Sportwagen aus Europa à la Jaguar, Ferrari oder Porsche. Das Design des Viersitzers stammte von Harley Earl, der genau wußte, womit er seine Landsleute ansprach. Viele Buick-Liebhaber sind heute der Ansicht, der Skylark von 1953 sei der schönste Wagen, der unter dieser Marke je gebaut wurde. Er stellte zugleich ein Jubiläumsmodell dar, denn 1953 bestand die Marke Buick 50 Jahre.

Ganz neu war der V8-Motor, nachdem alle Achtzylinder bisher Reihenmotoren gewesen waren. Serienmäßig bekam der Wagen Getriebeautomatik, Servolenkung, Servobremsen und ein Radio, dessen Antenne sich durch Betätigen eines Knopfes im Fußraum ausfahren ließ. Öffnen und Schließen des Verdecks geschah elektrisch. Mit seiner Schraubenfederung und Hebelstoßdämpfern ringsum verfügte das Cabriolet über großen Fahrkomfort. Nach heutigen Maßstäben würde man die Lenkung als etwas indifferent und einen Wendekreis von 13 Metern als zu groß bezeichnen. Den Skylark produzierte man nur ein einziges Jahr lang; 1690 Stück wurden gebaut und zu je 5000 Dollar verkauft – leider viel zu billig, wie die Controller später ermittelten. **SH**

Corvette | Chevrolet

1953 • 3859 ccm, Sechszylinder • 150 PS/110 kW • 0–100 km/h in 11 Sek. • 160 km/h

Wenn ein in den USA gebautes Auto den Begriff Sportwagen für sich in Anspruch nehmen konnte, dann war dies die 1953 präsentierte Corvette. Erste Entwürfe zu einem solchen Fahrzeug hatte der GM-Designer Harley Earl bereits Ende 1950 angefertigt – unter der Tarnbezeichnung „Opel", was suggerieren sollte, es handele sich um eine Studie für die General-Motors-Tochter in Deutschland. Earls Konzept betraf einen Sportzweisitzer mit dem Motor und den Antriebselementen eines GM-Serienwagens. Das Auto sollte nicht mehr als 1800 Dollar kosten.

Earls Traumwagen entstand bei der Chevrolet Division, mit einer Karosserie aus Kunststoff – eine absolute Novität – und einem Chevi-Sechszylindermotor. Earl hätte gern den neuen V8 von Buick verwendet, doch dagegen sträubten sich die zuständigen Manager vehement.

Gleichwohl wurde die Corvette bei ihrer Präsentation als Sensation gefeiert. Bis Jahresende konnten 183 Stück ausgeliefert werden; weitere 120 dienten als Test- und Vorführwagen oder Ausstellungsobjekte. In seiner Rede auf der Pressekonferenz im Versuchszentrum Milford sagte Chevrolet-Boß Tom Keating: „Mit der Corvette haben wir einen Sportwagen ganz in amerikanischer Tradition geschaffen. Ein Rennfahrzeug, so wie man in Europa einen Sportwagen zu definieren pflegt, muß er nicht sein. Uns ging es um das Konzept eines attraktiven, komfortablen, durchaus auch leistungsstarken Zweisitzers. So wie die klassische amerikanische Limousine in der Welt einen Maßstab für Komfort und Luxus gesetzt hat, soll auch die Corvette als Standard für eine neue Generation von Sportwagen zu verstehen sein." **MG**

Popular | Ford

1953 • 1172 ccm, Vierzylinder • 30 PS/22 kW • 0–100 km/h in 80 Sek. • 100 km/h

Der Ford Popular gehörte zu jenen Autos, die viele Jahre nach ihrer „Dienstzeit" in der englischen Hot-Rod-Szene eine Rolle zu spielen begannen, so wie der Ford B in den USA. Das abgebildete, leicht verfremdete Exemplar war vermutlich einmal eine 1953er Limousine, wie sie zu Tausenden Britanniens Straßenbild mitprägte – das Auto war eines der preiswertesten, die es damals zu kaufen gab. Der Popular, in England einfach nur „Pop" genannt, war der Nachfolger sowohl des Anglia als auch des Prefect. Er bildete die neue Basis des englischen Ford-Programms.

Eine Neukonstruktion stellte der Popular aber nicht dar; man konnte auch sagen: er war ein weiter entwickelter Anglia mit einem seitengesteuerten 1172-ccm-Motor. Und der war sogar noch älter als der Ende 1945 eingeführte Anglia. Er war exakt das gleiche Aggregat wie das im 1939 in Deutschland eingeführten Ford Taunus (dessen britisches Gegenstück der parallel zum Anglia produzierte, viertürige Prefect darstellte) und wie es dort im 12M bis 1962 aktuell bleiben sollte. Auch der Popular blieb bis 1962 im Programm und war als Gebrauchtwagen noch weitere zehn Jahre lang sehr gefragt. Das Auto trug seinen Namen durchaus zurecht: er war in hohem Maße populär. Bis 1959 lief der Wagen unter der Typenbezeichnung 103E, danach als Typ 100E, der nun auch über eine Heizung und einen zweiten Scheibenwischer verfügte – damals noch keine Selbstverständlichkeiten in einem Billigauto. Ab 1953 bekamen sie alle eine – man darf sagen: langweilige – Pontonkarosserie. Der 1172-ccm-Vierzylinder fand übrigens auch in zahlreichen Kleinserien-Autos Verwendung, zum Beispiel bei Lotus, Morgan, Turner oder Buckland. **MG**

Minor Traveller | Morris   GB

1953 • 803 ccm, Vierzylinder • 30 PS/22 kW • 0–100 km/h in 52 Sek. • 100 km/h

Wenn ein Auto in das typisch englische Landschaftsbild mit seiner sonntäglichen Picknickfamilie auf dem Rasen und Schulkindern in Uniform, dem urigen Fachwerk-Pub an der High Street und dem roten Telefonhäuschen an einer einsamen Wegeskreuzung paßt, dann ist es der Morris Minor Traveller. Der kleine, pausbäckige Kompaktwagen mit seinen hölzernen Woody-Flanken war die Kombiversion des klassischen Minor; seine seitlich angeschlagenen Hecktüren verliehen ihm eine unverwechselbare Stylingnote. Den seit 1948 angebotenen Limousinen stellte man ab 1953 den Kombi zur Seite, ebenso einen Van mit geschlossenem Stahlblechaufbau ohne hintere Fenster, den die britischen Postbehörden und unzählige Gewerbetreibende in ihre Dienste nahmen. Selbstverständlich wiesen auch diese Versionen alle Besonderheiten der bisherigen Baureihe auf, die der Konstrukteur Alec Issigonis ihr auf der Weg gegeben hatte. In seiner ersten Version hatte der Motor 27,5 PS geleistet, ab 1952 – und somit auch im Traveller – gab er 30 PS ab.

Aus dem Morris Minor wurde 1956 der Morris 1000 mit 948-ccm-Motor (37 PS); gleichzeitig erhielt der Wagen eine einteilige Frontscheibe. Eine weitere Hubraumvergrößerung erfolgte 1962 auf 1098 ccm.

1969 wurde die Herstellung des Tourers eingestellt, 1971 endete im Werk Cowley, Oxford, die Produktion des Minor Pkw, jedoch erst 1974 die des Traveller – Autos, die das Straßenbild Englands (und auch Irlands) so entscheidend mitgeprägt haben. Sie sind zu Sammlerstücken avanciert, um die sich zahlreiche Liebhaber, Clubs und Ersatzteilhersteller kümmern, die so viele Exemplare des britischen „Volks"-Wagens wie möglich erhalten möchten. **JI**

Eine Anzeige für den Panhard Dyna Z, in der die Geräumigkeit, die Sparsamkeit und das Tempo des Wagens hervorgehoben werden. ▷

Olympia Rekord | Opel

1953 • 1488 ccm, Vierzylinder • 40 PS/29,4 kW • 0–100 km/h in 35 Sek. • 120 km/h

Dyna Z | Panhard

1953 • 851 ccm, Zweizylinder-Boxer • 42 PS/30,8 kW • keine Angaben • 126 km/h

Der Nachfolger des Mittelklassewagens Olympia erschien 1953 in Gestalt des Opel Rekord. Auch diese Baureihe war außerordentlich erfolgreich: Sie wurde bis 1986 zehnmillionenmal verkauft.

Das Aussehen des Autos hatte sich 1953 gänzlich verändert. Sein Design orientierte sich an der populär gewordenen Pontonform mit viel Chrom, ließ aber noch hintere Kotflügel-Ausformungen erkennen. Man hatte den Wagen auch innen optimiert. Mit diesem Modell begann man in Rüsselsheim, nach Vorbild des amerikanischen Mutterkonzerns GM, zu jedem neuen Modelljahr Retuschen an der Karosserie vorzunehmen. Das sollte ständig neue Kaufanreize schaffen, führte zugleich aber zu einem raschen Wertverfall eines einmal zugelassenen Wagens, für den auf dem Gebrauchtwagenmarkt nicht mehr viel zu erzielen war.

Modische Anpassungen des Kühlergrills erfolgten im Sommer 1955 für das Modell 1956 sowie 1956 für den Modelljahrgang 1957. Der kurzhubige 1,5-Liter-Motor wurde im Zuge der Modellpflege auf zuletzt 45 PS gesteigert.

Nachfolger des Olympia Rekord war ab Sommer 1957 der Rekord P1. Auch für dieses Modell übernahm Opel viele Details aus Detroit, zum Beispiel die Panoramascheiben hinten und vorn sowie die gebogenen Stoßstangen. Der Opel Rekord P2, der 1960 erschien, wirkte hingegen schon nicht mehr so amerikanisch. Der Opel Rekord A von 1963 glich dem Chevi II; ihm folgte 1965 der Rekord B und diesem 1966 der Rekord C. Dieser hatte erstmals eine Zweikreis-Bremsanlage und einen Bremskraftverstärker. Der Rekord D erschien 1972 und war später auch als Diesel erhältlich. **HS**

Die Pressevorstellung des Panhard Dyna Z erfolgte im Pariser Restaurant Les Ambassadeurs am 17. Juni 1953. Der Wagen kam aber nicht, wie erhofft, nur wenige Stunden später in die Schlagzeilen der großen Abendblätter: Am gleichen Tag fand nämlich der Volksaufstand in der DDR statt, der ganz Europa in Atem hielt. Schließlich standen sich in Berlin amerikanische und sowjetische Panzer gegenüber, eine Katastrophe schien sich abzuzeichnen.

Die verdiente Aufmerksamkeit erlangte der neue Panhard bei Kennern dennoch. Der glattflächige Viertürer wies einen leichten Hilfsrahmen mit einer halbtragenden Aluminiumkarosserie auf, auch viele weitere Bauteile bestanden aus Leichtmetall. Der Zweizylinder-Boxermotor trieb wie beim Vorgänger die Vorderräder an.

Durch den Dyna Z wurde der Dyna X abgelöst. Die Karosserie des neuen Modells mit ihren integrierten Scheinwerfern war ungleich geräumiger, und sie war aerodynamisch ausgefeilt. Das schlug sich in einem günstigen Benzinverbrauch nieder, was von großer Bedeutung war, denn die Kraftstoffpreise in Frankreich waren sehr viel höher als in anderen Ländern Europas. Einen bedeutenden Sicherheitsfaktor für die Insassen stellte das gepolsterte Armaturenbrett dar, wie es andere Hersteller erst Jahre später einführten.

Die Marke Panhard hatte seit Anbeginn einen Namen für einen hohen, innovativ-technologischen Standard und beste Fertigungsqualität. Im Motorsport hatten Panhard-Wagen unzählige Male ihre Fähigkeiten unter Beweis stellen können, dementsprechend hoch war auch der Vertrauensvorschuß, den das Modell Dyna Z mit auf den Weg bekam. **BS**

Der Schauspieler James Dean mit seinem Porsche 550 Spyder an einer Tankstelle. Nur wenig später verunglückte er tödlich. ▷

Starlight | Studebaker

1953 • 2786 ccm, Sechszylinder • 100 PS /73,5 kW • 0–100 km/h in 17 Sek. • 150 km/h

Die Studebaker Corporation gehörte zu den wenigen amerikanischen Autoherstellern, die wie Willys und Kaiser das Design ihrer Produkte an europäischen Maßstäben orientierten. Und damit letzten Endes Schiffbruch erlitten, als in den USA der Automobil-Barock in die Maßlosigkeit abgedriftet war. Auch das Starlight Coupé, 1947 eingeführt, hätte seinem Aussehen nach ein Europäer sein können.

Für das Karosseriedesign zeichnete Robert E. Bourke verantwortlich, der 1944 zu Studebaker gekommen war. Die von ihm gezeichneten Coupés für 1953 und auch die nachfolgenden, Ende 1955 eingeführten Hawk-Modelle Flight Hawk, Power Hawk, Golden Hawk gaben sich so unamerikanisch, daß sie Studebakers Abschied einläuteten. Wer die Massenmärkte nicht bediente, hatte keine Chance. Nur durch Militäraufträge vermochte Studebaker noch eine Weile zu überleben, bevor sich die Firma 1954 mit Packard zusammenschloß.

Die Studebaker-Packard Corp. geriet für beide Partner nicht zum Vorteil. Die Firma war ein Übernahmefall geworden. 1956 wurde sie von der Flugzeugfabrik Curtiss-Wright gekauft – als Abschreibeobjekt. Der Automobilbau setzte sich bis 1963 fort, wobei als letztes Limousinenmodell Ende 1958 der Studebaker Lark auf den Markt kam, angeboten mit einem Sechszylinder und einem V8-Motor. 1956 war Harold E. Churchill in den Vorstand gekommen, der den sinkenden Absatz mit dem Lark etwas bremsen konnte. In der Coupé-Reihe gab es ein neuen Hawk GT, gestaltet von Brooks Stevens. 1958-59 gab es auch noch einmal ein Starlight Coupé, doch es fand viel zu wenig Abnehmer. Zum Jahresende 1963 schloß die Fabrik in South Bend ihre Tore. **MG**

550 Spyder | Porsche

1953 • 1498 ccm, Vierzylinder-Boxer • 110 PS/80,9 kW • 0–100 km/h in 8,2 Sek. • 220 km/h

Mit einem Porsche 550 wurde Hans Hermann 1954 Sechster in der Mille Miglia. Nur knapp war er einer Kollision mit dem Schnellzug nach Rom entgangen, als er mit seinem ultraflachen Spyder unter einer geschlossenen Bahnschranke hindurchfegte. Nicht zuletzt dieses Husarenstück und der tödliche Unfall des Schauspielers James Dean am Steuer eines 550 machten das Auto berühmt.

Einen ersten Einsatz mit dem 550 absolvierte Helm Glöckler beim Eifelrennen 1953, bei welchem er die 1,5-Liter-Klasse gewann. Dieser Erfolg veranlaßte Porsche, zwei Wagen für Le Mans zu melden. Einen der Wagen pilotierten Hans Hermann und Helm Glöckler. Der Journalist Richard v. Frankenberg und sein Kollege Paul Frère steuerten den zweiten. Bei den Fahrzeugen saß der Motor anders herum als bei den Serienwagen, auch die Aufhängungen hatte man umgedreht, wodurch der 550 zu einem starken Übersteuerer wurde.

Es gab bald kaum ein Rennen in Europa und in den USA, in welchem kein 550 zu sehen war. Zu den aktivsten Porsche-Rennfahrern Amerikas zählte der gebürtige Schweizer Jean-Pierre Kunstle: „Ich kaufte meinen Spyder 1955. Richie Ginther und ich wollten an einem Wochenende in Salinas starten, unsere Fahrzeuge betreute der Porsche-Mechaniker Rolf Wütherich. Rolf verkündete uns so quasi nebenbei, man habe soeben einen von fünf neuen Spydern einem jungen Enthusiasten verkauft, und er würde sich uns gern anschließen, damit wir ihm beibringen könnten, wie man mit einem solchen Fahrzeug umgeht. Ich hätte nichts dagegen, erwiderte ich. Also gut, gab Wütherich zur Antwort, Ihr kennt den Burschen vielleicht, er ist Filmschauspieler. Sein Name ist James Dean." **HS**

1900 Super | Alfa Romeo

1954 • 1884 ccm, Vierzylinder • 115 PS/84,5 kW • 0–100 km/h in 11 Sek. • 180 km/h

Dem 1950 eingeführten Alfa Romeo 1900 kommt das Verdienst zu, wegweisend für eine ganz neue Fahrzeuggattung gewesen zu sein. Der moderne Viertürer verkörperte eine Familienlimousine, deren Charakteristik die eines reinrassigen Sportwagens war. Dieses Konzept, 1953 noch erheblich optimiert, wurde von einem späteren Konkurrenten sehr genau analysiert und aufgegriffen: BMW. Als gegen Ende 1960 unter Bernhard Oswald und Alex v. Falkenhausen in München das Projekt BMW 1500 Gestalt annahm (auf dem Markt ab 1962), wurde die Affinität zu Alfa Romeo nicht verleugnet. Auch das für eine Version des späteren BMW 1800 verwendete Kürzel TI hatten sich die Bayern von Alfa Romeo geliehen: Es stand für Turismo Internazionale.

Der Alfa Romeo 1900 von 1954 hatte einen von 90 auf 115 PS erstarkten Motor und sogar ein Fünfganggetriebe – jeder Tester der Motorpresse stellte diese Neuigkeit ganz groß heraus. Gelegentlich wurden Exemplare mit einer Sonderkarosserie versehen, etwa von Ghia. Eine besonders attraktive Schöpfung war der 1900 Super Sprint, karossiert von Zagato und mit Borrani-Speichenrädern versehen. In dieser Ausführung kostete der 1900 in Deutschland 31.000 D-Mark – mehr als ein Mercedes-Benz 300 SL Flügeltürer. Und dessen Getriebe hatte nur vier Gänge ... **SH**

Series 60 Century | Buick

1954 • 5276 ccm, V8 • 195 PS/143 kW • 0–100 km/h in 13,3 Sek. • 150 km/h

Den ersten Buick Century hatte es von 1936 bis Anfang 1942 gegeben, doch als kriegsbedingt die Personenwagenfertigung bei GM eingestellt wurde, bedeutete dies auch den Abgesang jener Modellreihe, mit der General Motors am Ende keine zufriedenstellenden Umsätze mehr gemacht hatte. Doch 1954 lebte diese Modellreihe wieder auf und erlangte neue Popularität, nachdem die California Highway Patrol eine größere Flotte speziell ausgestatteter Fahrzeuge in Auftrag gegeben hatte. Ein Jahr später wurden deren Einsätze sogar verfilmt, so daß GM die Werbebotschaft eines neuen Buick Century der Serie 60 auch über die TV-Bildschirme in alle amerikanischen Haushalte ausstrahlen konnte, ohne dafür bezahlen zu müssen. Auch im Ausland wurde die erfolgreiche „Highway Patrol" mit Broderick Crawford als Chief Dan Mathews gesendet. Die 156 Fortsetzungen liefen bis 1959 und sorgten für umsatzfördernde Publicity.

Buicks Rezept hatte gelautet: kleines Auto, großer Motor. Der hatte 5276 ccm Hubraum – ein Volumen, das allein in den USA als normal betrachtet wurde – und wurde 1957 sogar auf 5957 ccm erhöht. Der 1959 präsentierte Nachfolger unterschied sich kaum vom bisherigen Modell, die Karosserie natürlich ausgenommen, und hieß nun Invicta. Aber 1973 sollte es abermals einen Century geben. **MG**

Isabella TS | Borgward D

1954 • 1493 ccm, Vierzylinder • 75 PS/55 kW • 0–100 km/h in 19 Sek. • 150 km/h

Die Mutmaßung, daß der Name Isabella der einer von ihm verehrten Tänzerin war, hat Carl F. W. Borgward nie bestätigt. Doch er war gut gewählt für den neuen 1,5-Liter-Wagen, der in Deutschlands Wirtschaftswunderzeit die beste Alternative zu einem Opel der gleichen Kategorie darstellte. Die jedem Automobil-Liebhaber wohlbekannte Isabella war damals der bedeutendste Personenwagen der Borgward-Gruppe. Die zweitürige Vierzylinder-Limousine trat die Nachfolge der Hansa 1500/1800-Reihe an und eroberte sich rasch einen sicheren Platz im oberen Mittelklassebereich. Vor allem die TS-Version mit 75 statt 60 PS, vorderen Einzelsitzen und reichhaltigerer Ausstattung fand viele Interessenten; fast jede zweite Isabella wurde ab 1955 als TS ausgeliefert. Angeboten wurde ab 1957 auch ein zweisitziges Coupé, dessen Linienführung bildhübsch war. Praktisch und ebenso gutaussehend war ein Kombiwagen. Mit nur geringen Modifikationen (z.B. gab es ab 1958 einen kleineren Borgward-Rhombus im Kühlergrill) blieb die Isabella bis zum Produktionsende 1961 im Programm. Von allen Modellen zusammen wurden 202.862 Stück gebaut. Die Frage, warum die Borgward-Gruppe nicht vor dem Untergang bewahrt werden konnte, hat Wirtschaftshistoriker später noch lange beschäftigt. **MG**

2300S | Salmson F

1954 • 2320 ccm, Vierzylinder • 100 PS/73,5 kW • 0–100 km/h in 13 Sek. • 170 km/h

Vom Einschnitt, den der Zweite Weltkrieg verursacht hatte, konnte sich die Firma Salmson wirtschaftlich nicht mehr erholen. Dennoch war der letzte in Billancourt produzierte Salmson zugleich der beste. Der zwischen 1954 und 1957 in nur 227 Exemplaren (andere Quellen nennen 236) hergestellte 2300 Sport konnte es mit einem Pegaso oder Facel Vega aufnehmen, galt als sehr gut verarbeitet und war auch schnell.

Der Salmson 2300 Sport hatte jenen Vierzylindermotor mit zwei obenliegenden Nockenwellen, dessen Grundkonstruktion bereits 1921 entstanden war. Mit 100 PS war der auf 2,3 Liter gebrachte Leichtmetallmotor ein sportliches Aggregat, gut für 170 km/h – das war im Jahr 1953 ein hoher Wert. Auch in Le Mans tauchte der 2300S auf. Die Karosserie des Coupés bestand aus Stahlblech; bevor ihre endgültige Form gefunden war, hatte man sieben andere Modellausführungen in Erwägung gezogen, darunter einen von Henri Chapron entworfenen Viertürer. Es gab auch einige Cabriolets. Solche Experimente rentierten sich am Ende nicht, denn das Auto war teuer und fand in Frankreich zu wenig Interessenten. Schließlich endete die Produktion des 2300 Sport im Februar 1957; etwa 80 sollen heute noch existieren. Die Firma schloß ihre Tore, die Werksanlagen wurden vom Nachbarn Renault übernommen. **BS**

Giulietta Sprint | Alfa Romeo   I

1954 • 1290 ccm, Vierzylinder • 80 PS/58,8 kW • keine Angaben • 142 km/h

Mit dem Giulietta Sprint Coupé, vorgestellt Ende 1954, begann bei Alfa Romeo eine neue Ära. Das Sportcoupé hatte dieselbe Bodengruppe wie der später eingeführte Spider und die viertürige Limousine; es war ein 2+2, dessen Karosserie bei Bertone hergestellt wurde.

Beim Motor der Giulietta handelte es sich um einen Vierzylinder mit zwei obenliegender Nockenwellen und 1290 ccm Hubraum. Später wurde er auf 1570 ccm erhöht; diese Maschine kam ab 1962 auch in der Version Sprint zum Einbau. Mit dem 1290-ccm-Motor gab es auch eine Version Sprint Veloce mit 90 bzw. 100 PS aus einer Doppelvergaseranlage (Sprint Speziale), ein Auto mit Aluminium-Motor- und Kofferhaube sowie Schiebefenstern aus Plexiglas in der Türen. Jedes Gramm eingespartes Gewicht bedeutete ein Plus an Geschwindigkeit.

Eine Limousine (Berlina) kam 1955 hinzu. Sie überzeugte durch ihre ebenfalls sportlichen Qualitäten, vor allem als Giulietta TI mit 74-PS-Motor, vorgestellt 1964. Im Sommer 1958 übernahm in Deutschland die Firma NSU den Alfa-Romeo-Vertrieb, um ihre Umsatzbilanz aufzubessern. Die Liaison zahlte sich für beide Seiten aus.

Die Giulia 1.6 als Spider ersetzte 1962 das Modell Giulietta Spider; jetzt stand noch mehr Fahrvergnügen im Vordergrund, wobei das neue Fünfganggetriebe eine bessere Nutzung des Drehmoments erlaubte. Veloce-Versionen mit Doppelvergaser krönten die Baureihe. Besonders gesucht ist heute die 193 km/h schnelle Version Sprint Zagato (SZ) mit 116 PS. Daß so wenige Exemplare der Giulietta überlebt haben, liegt am Rostproblem, einem in jener Zeit vielen Autos anhaftenden Handicap. **JI**

220 S | Mercedes-Benz

1954 • 2195 ccm, Sechszylinder • 100 PS/73,5 kW • 0–100 km/h in 17 Sek. • 160 km/h

Mit dem Mercedes-Benz 220 besetzten die Stuttgarter nach dem Kriege wieder ihre Sechszylinder-Domäne, die sie nicht dem Opel Kapitän überlassen wollten. Der 1951 präsentierte Wagen gab sich erzkonservativ, war aber leistungsstark und auf lange Lebensdauer ausgelegt.

Im Stil und Aussehen des 1953 eingeführten Typs 180 als ersten Mercedes-Benz mit selbsttragendem Aufbau, in der aktuellen Pontonform gestaltet, gab es ab 1954 auch einen Sechszylinder, seinem Hubraum von 2,2 Liter entsprechend auch wieder 220 genannt. Nach neuesten Sicherheitskriterien konstruiert, durfte der Ponton-Mercedes als eines der sichersten Automobile der damaligen Zeit bezeichnet werden. Statt der bisherigen Schneckenlenkung hatten die Fahrzeuge Kugelumlauflenkung, ab September 1955 gab es Servobremsen. Die leicht gewölbte Windschutzscheibe, die Alligator-Motorhaube mit integriertem Kühlergrill sowie die dezenten Chromzierleisten machten den Viertürer zu einem topmodernen Wagen. Als einfachere Ausführung bot man 1956-59 den Typ 219 an; 1956 folgte der 220 S (100 PS), zwei Jahre später der 220 SE mit 115-PS-Einspritzmotor.

Vom 220 gab es ein attraktives Cabriolet, von den Modellen 220 S und SE auch zweitürige, viersitzige Coupés. Letztere erfreuten sich besonderer Seltenheit, und ihrer Formschönheit wegen wurden sie von Modefotografen gern als Titelbild-Staffage gewählt. Der Radstand war gegenüber der Limousine um 12 Zentimeter kürzer. Für das Coupé wie auch für das Cabriolet A – so bezeichnete Daimler-Benz seit jeher zweitürige 2+2-Cabrios ohne hintere Seitenscheiben – konnte der Kunde einen Gepäcksatz bestellen, der auf die Maße des Kofferraums abgestimmt war. **BS**

Rennwagen auf Abwegen? Ein Jaguar D-Type vor der Golden Gate Bridge, San Francisco.

Vega FVS | Facel

1954 • 4524 ccm, V8 • 180 PS/132 kW •
0–100 km/h in 10,7 Sek. • 180 km/h

An das Autofabrikat Facel erinnern sich heute nur mehr wenige. Dabei gehörten prominente Leute zu den Besitzern eines Wagens dieser Marke, etwa Albert Camus, Tony Curtis, Pablo Picasso, Fred Astaire, Dean Martin, Stirling Moss und Ringo Starr.

Die bei den Forges et Ateliers de Construction d'Eure et Loire, abgekürzt FACEL, gefertigten Produkte galten schon vor dem Krieg als hochwertig. Neben dem Werkzeug- und Formenbau unter der Leitung des Konstrukteurs Jean Daninos entstanden in Pont-à-Mousson auch komplette Autokarosserien, so für Panhard, Simca und Ford France. Daninos hatte aber auch Ambitionen, eigene Autos herzustellen, und so entstand 1954 als erste seiner Schöpfungen der Vega. Als Triebwerk wählte er einen 5,4-Liter-V8-Motor vom amerikanischen DeSoto mit 180 PS und einem Zweistufen-Automatikgetriebe (Handschaltung gab es nur optional). Das Rohrrahmen-Chassis wies vorn Dreieckslenker mit Schraubenfedern auf, hinten eine Starrachse. Die viersitzige Karosserie war von besonderer Eleganz; viel Aufsehen erregte die mächtige Panorama-Windschutzscheibe. Es standen auch andere Motorisierungen zur Wahl, so ein 4,5 Liter. 1957 gab es eine neue Dreistufen-Automatik, Bremsservo und auf Wunsch Scheibenbremsen an den Vorderrädern. Der Wagen erfuhr durchweg gute Beurteilungen, ließ aber noch Spielraum für Optimierungen, den Daninos auch zu nutzen wußte. In acht Jahren entstanden keine 3000 Exemplare, erstellt in Handarbeit und im Styling etwas amerikanisch angehaucht. Die Werksangabe von 180 km/h Spitze war bewußt untertrieben: leicht ging das Auto über 200. Der letzte Facel Vega wurde 1964 gebaut. **MG**

D-Type | Jaguar

1954 • 3442 ccm, Sechszylinder • 250 PS/184 kW •
0–100 km/h in 5,7 Sek. • 257 km/h

Zweimal hatte der Jaguar C-Type die 24 Stunden von Le Mans gewonnen. Ob der gleiche Wagen gegen die inzwischen erstarkte Konkurrenz 1954 eines drittes Mal den Sieg erringen würde, schien zweifelhaft. Also mußte eine erfolgversprechende Neukonstruktion geschaffen werden.

Den D-Type darf man also als den direkten Nachfolger des C-Type bezeichnen. Doch war dieser neue Rennwagen radikaler konzipiert, viel konsequenter, obwohl auch er „nur" eine Version des Serien-Sechszylindermotors aufwies. Der Monocoque des D-Type bestand aus Magnesium; Motor und Fahrwerk wurden von einem Rohrrahmen getragen. Durchbrochene Leichtmetall-Scheibenräder, Scheibenbremsen vorn und hinten sowie ein von Jaguar eigens zu Rennzwecken gebautes Vierganggetriebe waren weitere Besonderheiten. Hinter dem Fahrer ragte eine Stabilisierungsflosse empor.

Der Jaguar D-Type war, wie seine Erbauer erhofft hatten, im Motorsport außerordentlich erfolgreich. Unter anderem siegte er in Le Mans in den Jahren 1955, 1956 und 1957. Es war übrigens nicht das Werk, das die Wagen meldete, sondern die Ecurie Ecosse, ein in Schottland beheimatetes Team, wenngleich die Rennaktivitäten auch in Coventry koordiniert und die Fahrzeuge dort auch gebaut wurden. Einer der D-Types kam knapp an jenem schrecklichen Unfall vorbei, der sich bei seinem ersten Einsatz 1955 in Le Mans zutrug, als der Mercedes-Benz-Pilot Pierre Levegh von der Strecke abkam und 88 Zuschauer in den Tod riß. Jaguar hatte in Führung gelegen und beendete das Rennen auch als Sieger, Daimler-Benz zog seine verbliebenen Wagen zurück und sagte auch alle weitere Motorsportaktivitäten ab. **MG**

Metropolitan | Nash

1954 • 1489 ccm, Vierzylinder • 52 PS/38,2 kW • 0–100 km/h in 22,4 Sek. • 122 km/h

Bevor sich Donald Healey mit Austin liierte, arbeitete er mit der Nash Motor Company zusammen. Für den US-Markt sollte ein Sportwagen nach britischem Muster entstehen, die Fertigungsmöglichkeiten der Amerikaner nutzend. So kamen Fahrgestell und Motor aus der Nash-Produktion – nicht unbedingt zum Vorteil eines Sportwagens. Der Nash-Healey war zwar solide gebaut, fuhr sich aber schwerfällig und hatte unzulängliche Bremsen. Verglich man die pontonförmige Karosserie mit der eines Jaguar XK 120, wurde klar, warum dieses Fahrzeug kein Erfolg sein konnte. Doch damit war die transatlantische Zusammenarbeit nicht beendet. Als nächstes gemeinsames Produkt entstand der Metropolitan, der in den USA als Nash und in Europa als Austin vertrieben werden sollte. Nash-Präsident George W. Mason sah für ein Hardtop kleiner Abmessungen einen Markt in den Staaten, vor allem bei weiblicher Kundschaft. Der Metropolitan geriet zu einem Ponton-Straßenkreuzer en miniature. Das Styling zeigte Pinin-Farina-Einfluß und stammte von William Flajole.

Der Zweitürer bekam erst in seiner letzten Version von 1960 einen von außen zugänglichen Kofferraum, sonst hätte er sich als Zweitwagen fürs Shopping besser eignen können. Als Motor wies das Auto einen 1,5-Liter-Vierzylinder von Austin auf (es gab auch eine Variante mit dem Motor des MGA), das Fahrwerk bestand ebenfalls aus Austin-Komponenten. Während seiner siebenjährigen Bauzeit wurde der Metropolitan in den USA mehr als 100.000mal verkauft, was Masons Vision bestätigte. In Europa fand der Wagen, der in der alten Welt nicht zu überzeugen vermochte, indes kaum Abnehmer. **LT**

Monterey | Mercury

1954 • 4195 ccm, V8 • 161 PS/118 kW • 0–100 km/h in 14 Sek. • 170 km/h

Um die Lücke zwischen dem preisgünstigen Ford V8 und dem teuren Lincoln zu füllen, aber auch als Gegenstück zum Oldsmobile und Buick von General Motors, entstand auf Initiative Edsel Fords 1938 die Baureihe Mercury mit eigenem Markenstatus. Der Mercury war ebenfalls ein Achtzylindermodell und bewegte sich in Richtung Lincoln, was Technik und Ausstattung betraf. Es gab die üblichen Aufbauformen als Sedan, Convertible, Coupé und Station Wagon. Das 1952 präsentierte Modell Monterey war das Flaggschiff der neuen Marke im Ford-Konzern, das Modell Custom rangierte knapp darunter. Der alte Flathead mit seitlich stehenden Ventilen hatte ausgedient; jetzt hielt die neue OHV-Motorengeneration Einzug. Der V8 im Monterey leistete 125 PS. Dennoch war 1952 ein schwaches Jahr. Der Monterey wurde erst 1954 ein Markterfolg, nicht zuletzt durch Filmhelden wie James Dean, der in „Denn sie wissen nicht, was sie tun" 1955 einen solchen Wagen auf die Klippen zusteuerte. Es gab den Wagen als Cabriolet, als viertüriges Hardtopcoupé, als Limousine und als Kombiwagen – in 35 Lackierungen. Der schwere Mercury mußte mit Trommelbremsen auskommen, aber das war in den USA ohne Belang.

Der Monterey von 1954 bekam eine Wagenfront in Form eines breiten Haifischmauls, aber noch immer recht dezente Heckflossen. Es gehörte zum Styling beim Mercury, daß die vordere Stoßstange zugleich die Kühlermaske darstellte, was beim Modell 1956 bis ins Groteske gedieh.

Zählte man alle im Konzern gebauten Autos zusammen, so war ein roter 1954er Monterey Convertible der 40-millionste Wagen, der ein Ford-Fließband verließ. Die Modellreihe Monterey gab es bis 1974. **MG**

Thunderbird | Ford

1954 • 5114 ccm, V8 • 225 PS/165 kW • 0–100 km/h in 7,5 Sek. • 187 km/h

Der Thunderbird entstand als Antwort der Ford Motor Company auf die von General Motors präsentierte Corvette, zugleich aber als Reaktion auf die Invasion britischer Sportwagen in den USA. Der Name Thunderbird ergab sich aus einem Preisausschreiben; er bezog sich auf den mythologischen Donnervogel indianischer Totempfähle. Als der Wagen auf der Detroit Motor Show 1954 vorgestellt wurde, bot Ford ihn ausschließlich als Cabriolet mit V8-Motor an; ein aufsetzbares Hardtop mit runden Bullaugen an den Seiten gab es gegen Aufpreis. Chassis und Fahrwerk wiesen Komponenten der Ford-Serienmodelle Mainline und Fairlane auf. Ab 1958 war der Thunderbird im Gegensatz zur zweisitzigen Corvette mit einer Rücksitzbank ausgestattet, die nicht nur Kindern Platz bot. Die Umsätze verdoppelten sich, zumal die Ford-Werbung es geschickt verstand, eine weibliche Käuferschaft anzusprechen. Um die Promi-Klientel konnte man Ford nur beneiden, denn zu den begeisterten Thunderbird-Fahrern gehörten Frank Sinatra, Marilyn Monroe, Elvis Presley und John Travolta.

Für das Modelljahr 1956 bot man einen stärkeren 5114-ccm-Motor an, 225 PS leistend und erste Indizien verratend, denen zufolge Ford mit dem Thunderbird offensichtlich mehr vorhatte als ihn seinen Kunden nur zum Boulevard-Cruising anzudienen. Der nachfolgende Y-Block-312 hatte zwei Vierfach-Vergaser und leistete 270 PS, danach erschien eine Variante mit McCulloch-Kompressor und NASCAR-Racing-Kit; hier standen sogar 340 PS zur Verfügung. Nach einem Facelifting avancierte das Modell 1956 zum klassischen Thunderbird schlechthin, heute von Liebhabern am meisten gesucht. **MG**

300 SL Flügeltürer | Mercedes-Benz

1954 • 2996 ccm, Sechszylinder • 215 PS/158 kW • 0–100 km/h in 10 Sek. • 260 km/h

Der Prototyp des 300 SL war im Frühjahr 1953 entstanden, basierend auf dem Rennsportwagen W 194. Ein solches Fahrzeug im Verkaufsprogramm zu führen, war ein verlockender Gedanke – und dieser wurde Daimler-Benz vom amerikanischen Mercedes-Benz-Repräsentanten Max Hoffman vorgetragen. Und es war auch die New York Motor Show, auf der ein 300 SL in seiner verkäuflichen Ausführung zum ersten Mal zu sehen war.

Als Musterbeispiel konsequenten Leichtbaus kam das zweisitzige Coupé mit den aufsehenerregenden, nach oben zu öffnenden Flügeltüren auf ein Leergewicht von nur 1300 kg. Motor, Getriebe, Kraftübertragung, Vorder- und Hinterachse sowie die Lenkung entstammten dem Mercedes-Benz 300. Der Gitterrohrrahmen des 300 SL stellte eine Konstruktion des Rennwagen-Ingenieurs Rudolf Uhlenhaut dar.

Dem sportlichen Charakter des 300 SL Rechnung tragend, hatte man dem Motor einige Modifizierungen angedeihen lassen. Der mit einer mechanischen Bosch-Einspritzanlage versehene Reihensechszylinder war auf eine Leistung von 215 PS bei 5800 U/min gebracht worden; mit einer Literleistung von 71 PS distanzierte sich dieser Motor weit von den meisten Serienaggregaten jener Zeit. Man konnte für den 300 SL unterschiedliche Hinterachsübersetzungen bekommen; die mit 3,25:1 machte das Coupé an die 260 km/h schnell. Die Trommelbremsen verzögerten ausgezeichnet, wie überhaupt das Handling des Wagens nur beste Beurteilungen erfuhr.

Vom August 1954 bis Ende Mai 1967 wurde der 300 SL ausschließlich als Flügeltüren-Zweisitzer gebaut; 1400 Exemplare waren es, und die überwiegende Zahl ging in den Export. **Jl**

Darrin | Kaiser

1954 • 2683 ccm, Sechszylinder • 90 PS/66,7 kW • keine Angaben • 155 km/h

Der Darrin Zweisitzer mit Kunststoffkarosserie, 1954-55 in 435 Exemplaren gebaut, war das letzte vom Automobilhersteller Kaiser produzierte Auto. Seinen Namen hatte es nach dem niederländischen Designer Howard Darrin erhalten, der in seinem Studio auf eigene Kosten den Prototyp angefertigt hatte. Schon 1946 hatte „Dutch", wie seine Freunde ihn nannten, ein Cabriolet mit GFK-Karosserie gebaut; es handelte sich um den Vorläufer jenes Wagens für die Kaiser-Frazer Corporation, an der Darrin beteiligt war.

Die Seitentüren schoben sich zum Öffnen in die vordere Karosserie hinein, auch die Heckklappe hatte einen Schiebemechanismus. Und als erstes Automobil, das in den USA in größerer Stückzahl gebaut wurde, wies der Kaiser Darrin Sicherheitsgurte auf. Chassis, Fahrwerk, Lenkung und Aufhängungen stammten von der Kaiser-Limousine. Der Motor war ein Willys-Sechszylinder, mit nur einem Vergaser und 90 PS nicht sehr leistungsstark. In klassischer „three-position"-Bauweise ließ sich das Verdeck in halb geöffnetem Zustand arretieren; wahlweise bekam man auch ein aufsetzbares Hardtop. Mit seinem knapp bemessenen, rhombusförmigen Kühlergrill und den vielen Besonderheiten muß der Wagen den Amerikanern suspekt gewesen sein, sonst hätten sich mehr als nur 435 Käufer gefunden. Doch das Auto war auch teurer als eine Corvette, und es hieß, die Schiebetüren neigten zum Klappern. Eine Serie von 100 Fahrzeugen mit Cadillac-V8-Motor samt Kompressor verkaufte Darrin auf eigene Rechnung; diese Roadster waren 220 km/h schnell. Letzten Endes aber war das Schicksal des Kaiser Darrin vorgezeichnet – als das eines Museumswagens. **JI**

Magnette ZA | MG

1954 • 1489 ccm, Vierzylinder • 60 PS/44,1 kW • 0–100 km/h in 22,6 Sek. • 130 km/h

Die 1952 zur British Motor Corporation (BMC) zusammengeschlossenen Marken Austin, Wolseley, Morris und MG produzierten 40 Prozent aller in Großbritannien verkauften Personenwagen. Zu jener Zeit arbeitete Gerald Palmer, Chefdesigner der Morris-Gruppe, an einem neuen Wagen, der die MG-Limousine Y-Type ersetzen sollte. Es entstand der Magnette ZA, dem ein großer Erfolg beschieden sein sollte, obwohl er bei seiner Vorstellung auf der London Motor Show 1953 noch nicht die Beachtung fand, die man sich von ihm versprochen hatte. Doch später holte er auf.

Es war typisch für die BMC-Politik, identische Fahrzeuge unter mehreren Marken mit nur geringen Unterscheidungsmerkmalen anzubieten. So gab es den MG Magnette ZA auch als Wolseley 4/44, mit einem anderen Kühlergrill, anderen Scheinwerfern und Stoßstangen. Der 1,5-Liter-Motor gehörte zur sogenannten BMC-B-Serie; der Vierzylinder leistete 60 PS und fand anschließend auch im MGA und im MGB seinen Platz.

Das Fahrwerk des MG ZA war etwas anspruchsvoller als beim Wolseley, hatte eine Zahnstangenlenkung und straffere Dämpfung. Die Ausstattung des Interieurs war recht luxuriös mit viel Leder und Edelholz.

Der MG ZB mit 68 PS erschien 1956. Er wies eine größere Heckscheibe auf und konnte in Zweifarbenlackierung sowie mit einem Stahlschiebedach geliefert werden. BMC bot für den Wagen auch eine Kupplungsautomatik an, die ein Schalten ohne Pedalbetätigung erlaubte. Damit war man seiner Zeit weit voraus, doch von dieser Option wurde nur wenig Gebrauch gemacht. Den ZB gab es bis 1958, länger als die Sportwagen-T-Serie. Für den Export wurden auch Linkslenker gebaut. **BS**

XK 140 | Jaguar (GB)

1954 • 3442 ccm, Sechszylinder • 190 PS/140 kW • 0–100 km/h in 8,4 Sek. • 195 km/h

Es war die große Zeit der britischen Sportwagenkultur, als der Jaguar XK 140 erschien. Er gab ein Beispiel dafür ab, wie man ein gutes Auto noch besser machen kann, als er nach sechs Jahren den XK 120 ablöste. So taten der Karosserie ein paar Retuschen gut, zum Beispiel der schmalere Kühlergrill, und die Anhebung der Motorleistung wurde von den Fans ebenso begrüßt wie die Lenkung aus dem C-Type, ein attraktiveres Interieur und ab 1956 die Option auf Overdrive. Amerikaner freuten sich, daß sie den Wagen mit Getriebeautomatik bekommen konnten. Die kräftigeren Stoßstangen waren sicher praktisch, die des XK 120 aber wirkten eleganter. Etwas mehr Platz gab es im Cockpit, vor allem beim Coupé und beim Cabriolet DHC (drophead coupé), die wie der offene Zweisitzer OTS (open tourer sports) in der Bauart ebenfalls dem XK 120 entsprachen. Im Coupé gab es eine Kindersitzbank hinter den Vordersitzen. Noch hatte der XK 140 Trommelbremsen, und eine Servolenkung (immerhin jetzt per Zahnstange statt Kugelumlauf wie beim XK 120) wäre ebenfalls wünschenswert gewesen. Gegen Aufpreis wurde der Wagen mit Speichenrädern geliefert. Das höhere Gewicht des Wagens gegenüber seinem Vorgänger kompensierte das Plus von 30 PS allemal; der Wagen lief 210 km/h. In der Jaguar-Limousine Mk. VII M befand sich der gleiche DOHC-Motor.

In wenigen Exemplaren gab es vom XK 140 eine SE-Version; hier hatte der Motor den Zylinderkopf des C-Type Rennwagens und eine Leistung von 210 PS. Auf Jaguars Sporterfolge wies auch die Kofferraumplakette hin, auf der man lesen konnte: „Winner Le Mans 1951-3". Insgesamt entstanden vom XK 140 8884 Exemplare. **SB**

Aurelia B20 GT | Lancia

1955 • 2451 ccm, V6 • 110 PS/80,9 kW • 0–100 km/h in 12,3 Sek. • 180 km/h

Als Vincenzo Lancia am 15. Februar 1937 einer Herzattacke erlag, verpflichtete sich sein Sohn Gianni zur Fortführung des Unternehmens im Geiste des für seine Innovationsfreudigkeit bekannten Gründers. Als erstes warb er den genialen Konstrukteur Vittorio Jano von Alfa Romeo ab, der für die Firma Nutzfahrzeuge zu entwickeln begann und die Grundlagen zur Aurelia- und Appia-Baureihe schuf sowie für den D50 Rennwagen von 1954.

Im Lancia-Programm der frühen Nachkriegszeit hatte sich der Aprilia als eine erfolgreiche Konstruktion erwiesen, die inzwischen aber nicht mehr zeitgemäß war und einen Nachfolger benötigte – dieser präsentierte sich 1950 in Gestalt des Lancia Aurelia. Dessen Motor war ein V-Sechszylinder, bei dem die Zylinderwinkel 60 Grad betrugen. Die Bauweise des Wagens war selbsttragend, und wie sein Vorgänger wies der Aurelia ringsum Einzelradaufhängung auf. Der schlanke Aufbau war unter Mitwirkung von Pininfarina entstanden. Trotz seines 2,0-Liter-Motors war das Auto jedoch etwas langsamer als der Aprilia, denn er hatte ein höheres Gewicht.

Die Limousine lief unter der Bezeichnung B10, eine längere Ausführung unter B15. Das Coupé B20 GT mit zwei Vergasern war das interessanteste – schnell und sportlich. Mit diesem Fahrzeug wurden auch Rennen und Rallyes bestritten. Im Interieur ging es allerdings etwas nüchtern zu, auch paßte die Lenkradschaltung nicht ganz zum sportlichen Charakter. Doch alternativ war eine Stockschaltung erhältlich.

Juan Manuel Fangio nannte den B20 GT „herzerfrischend". Ebenfalls von Sergio Pininfarina stammte ein hübsches B24 Cabriolet; es erschien 1955 und wies den 2451-ccm-Motor des B20 GT auf. **BS**

403 Cabriolet | Peugeot (F)

1955 • 1468 ccm, Vierzylinder • 64 PS/47,1 kW • 0–100 km/h in 20,8 Sek. • 135 km/h

Wer sich der TV-Serie „Inspektor Columbo" mit Peter Falk erinnert, muß unwillkürlich an dessen Dienstwagen denken: ein etwas heruntergekommenes Peugeot 403 Cabriolet. Der Kultfigur Columbo, selbstverständlich mit Regenmantel und kalter Zigarre, wird sogar im Peugeot-Museum, Socheaux, Referenz erwiesen, zum Amüsement aller Besucher.

Als Cabriolet sah man den 403 nur selten auf den Straßen Frankreichs, noch seltener in anderen Ländern. Umso häufiger als Limousine und Kombiwagen, die auch in allen nordafrikanischen Staaten zum Verkehrsalltag gehörten, noch Jahrzehnte nach Produktionsschluß.

Der 403 war entstanden, um 1956 das Modell 203 zu ersetzen, doch blieb dieser Dauerbrenner aufgrund seiner Beliebtheit noch vier Jahre parallel zum neuen Modell im Programm. Im technischen Konzept glichen sich beide Fahrzeuge, nur hatte der 403 eine neue, von Pininfarina entworfene Karosserie erhalten. Das Grundmodell war eine viertürige Limousine mit dem 1290-ccm-Vierzylindermotor des 203, doch es gab auch eine auf 1468 ccm Hubraum aufgebohrte Version, und ab 1959 stand ein 1,8-Liter-Diesel im Programm, der allerdings nicht auf allen Exportmärkten zu bekommen war. Ab 1956 war der 403 als Kombiwagen (Break Familiale) erhältlich, unglaublich geräumig und das bevorzugte Fahrzeug vieler Gewerbetreibender.

Der auch im Export sehr erfolgreiche 403 trug in erheblichem Maße zur Verbesserung der französischen Zahlungsbilanz in den Nachkriegsjahren bei. Mehr als 1,1 Millionen Exemplare wurden produziert, und viele haben in aller Welt überlebt. Das macht eine 403 Limousine nicht gerade zu einer Rarität. **MG**

507 | BMW

1955 • 3168 ccm, V8 • 150 PS/110 kW • 0–100 km/h in 11,5 Sek. • 200 km/h

Der in New York residierende Automobilimporteur Max Hoffman gab nicht nur die Anregung zur Serienherstellung des Mercedes-Benz 300 SL Flügeltürers. Auf seine Initiative entstand auch einer der berühmtesten BMW-Sportwagen.

Auf der Internationalen Automobilausstellung (IAA) im September 1955 war BMW mit einem Programm vertreten, das gleich vier Neuheiten umfaßte. So gab die Isetta ihren Einstand, ferner eine 505 genannte und als Gegenstück zum Mercedes-Benz 300 gedachte Staatslimousine (die jedoch nicht in Serie gehen sollte), der elegante 503 sowie dessen sportliche Variante 507.

Wie der 503 war der BMW 507 eine Schöpfung des in den USA lebenden Designers Albrecht Graf Goertz, ein guter Bekannter Hoffmans. Im Unterschied zum 503 handelte es sich beim 507 nicht um einen Reisewagen, sondern um einen muskulösen Zweisitzer, dessen Ästhetik und Kraftentfaltung neue Maßstäbe setzte. Max Hoffmann und Graf Goertz stahlen damit der Corvette ein wenig die Show, in voller Absicht. Der hauptsächlich für den US-Markt gedachte Klassiker mit seinem 150 PS starken V8-Motor – die Corvette hatte ja mit einem Sechszylinder vorlieb nehmen müssen – avancierte schon bald zu einem gesuchten Kultfahrzeug, doppelt so teuer wie ein Jaguar. Und doch war der 507 nicht teuer genug: Mit jedem Wagen, meist feierlich übergeben von seiner Grauen Eminenz, dem Chefetester Rudolf Csap, setzte BMW Geld zu. Obwohl er im Motorsport nur sporadisch in Erscheinung trat, gehörte der BMW 507 in die Kategorie Sportwagen, und mit nur 252 Stück zählt er zu den höchstbewerteten Raritäten der späten fünfziger Jahre. **HS**

502 | BMW

1955 • 2580 ccm, V8 • 100 PS/73,5 kW •
0–100 km/h in 17,5 Sek. • 160 km/h

Im April 1951 präsentierten die Bayerischen Motoren Werke ihren ersten Nachkriegs-Personenwagen, auf den eine interessierte Öffentlichkeit sehnlichst wartete. Nach dem Verlust ihres Werkes in Eisenach durch die Teilung Deutschlands 1945 und der Zerstörung eines großen Teils der Münchner Betriebsanlagen konnte die BMW AG erst relativ spät den Automobilbau wieder aufnehmen. Die Serienfertigung des 501 genannten Nachfolgers der Limousine 326 begann 1952, und deren 2,0-Liter-Motor war ein Sechszylinder nach Vorkriegs-Baumuster. Der komfortable Reisewagen wurde in technischer Hinsicht ständig optimiert und avancierte 1954 zum 502 mit 2,6-Liter-V8-Motor; eine noch stärkere Version hatte 3,2 Liter Hubraum und galt mit 190 km/h lange Zeit als Deutschlands schnellste Reiselimousine, im Volksmund als »Bayerischer Barockengel« bezeichnet. BMW vermochte dennoch Mercedes-Benz nicht gefährlich zu werden und verfügte auch nur über ein kleineres Händlernetz als die etablierte Konkurrenz aus Stuttgart. Zudem kämpfte BMW mit finanziellen Problemen. Von den Sechszylinder-Modellen wurden 9973 und von den V8-Limousinen 6822 Wagen hergestellt, dazu etwa 300 Cabriolets und Coupés, deren Karosserien Baur in Stuttgart und Autenrieth in Darmstadt anfertigten. **HS**

Bel Air | Chevrolet

1955 • 4342 ccm, V8 • 162 PS/117 kW •
0–100 km/h in 9,9 Sek. • 165 km/h

Alle amerikanischen Autohersteller trachteten in den 1950er Jahren danach, ihre Modelle Saison für Saison größer, leistungsstärker und dennoch möglichst besonders preiswert auf den Markt zu bringen. Bei General Motors war es die Marke Chevrolet, die am erfolgreichsten operierte. Von ihren 1955 angebotenen Modellen 150, 210 und Bel Air setzte sie 1,7 Millionen Stück ab – ein Rekordwert. Insgesamt waren die drei Modellreihen in neun Konfigurationen erhältlich, und fast alle umfaßten den starken 4342-ccm-V8-Motor. Lediglich das Modell 150 war auch mit dem 3,9-Liter-Sechszylinder zu haben. Mit dem Modell Bel Air sicherte sich Chevrolet einen Platz in der Liga der zweitürigen Hardtops. Ab 1953 bot Chevrolet unter dem Namen Bel Air auch viertürige Limousinen sowie ein hübsches Cabriolet an; ein Station Wagon kam 1954 hinzu, seine Zusatzbezeichnung lautete Nomad. Mit einer überarbeiteten Karosserie 1955 und einem Facelifting 1956 hatte der Bel Air seine formale Höchstform erreicht – jeder amerikanische High-School-Absolvent träumte davon, sich ein solches Auto einmal leisten zu können.

Der Bel Air gedieh zu Chevrolets wichtigster Baureihe. Das Cabrio konnte man auf Wunsch mit einem elektrisch betriebenen Verdeck erhalten. Das Fahrzeug ist heute ebenso gesucht wie der dreitürige Nomad. **MG**

Super 88 | Oldsmobile (USA)

1955 • 5314 ccm, V8 • 202 PS/148 kW •
0–100 km/h in 12 Sek. • 170 km/h

Die Baureihe 88 führte man bei Oldsmobile 1949 ein. Sie spielte im Programm der Marke die Hauptrolle, nachdem es die Reihen 66 und 68 sowie 76 und 78 nicht mehr gab. Deren Sechs- und Achtzylindertriebwerke waren Reihenmotoren gewesen. 1955, dem Spitzenjahr der US-Automobilindustrie, war der 88 mit fast 465.000 produzierten Einheiten einer der besten Umsatzträger im General-Motors-Konzern, noch vor Pontiac. 1949 war auch der „Rocket" genannte V8-Motor mit 4977 ccm herausgekommen, und für den 88 mit etwas kürzerem Chassis im Vergleich zu dem des Modells 98 war diese Maschine tatsächlich so etwas wie ein Raketenantrieb. Einen besonders reichhaltig ausgestatteten Super 88 gab es seit 1951, und drei Jahre später erfuhr der Achtzylinder eine Vergrößerung auf 5314 ccm.

Getunte Exemplare gingen bei unzähligen Rennen an den Start, und ein 88 war es auch, der 1959 das erste in Daytona ausgetragene 500-Meilen-Rennen gewann. Einen starken Eindruck hinterließ zudem das 1953 auf der Detroit Motor Show gezeigte Concept Car namens Starfire 88, benannt nach einem amerikanischen Lockheed-Jäger. Das Auto besaß eine Karosserie aus Kunststoff, eine große Panoramascheibe sowie Radzierblenden, geformt wie die Räder eines römischen Kampfwagens. **MG**

C 300 | Chrysler (USA)

1955 • 5425 ccm, V8 • 300 PS/222 kW •
keine Angaben • 210 km/h

Mit dem C 300 begann Chrysler seine „Letter Series" im Gegensatz zu jenen Modellen, die so schöne Namen wie Imperial, Newport, Le Baron oder Town & Country trugen. Chryslers 300er-Baureihe bediente sich im Laufe der Jahre fast des ganzen Alphabets, begann jedoch erst bei C. Mit dem Modell C 300 stellte die Chrysler Corporation, die Nummer Drei in der US-Autohierarchie, 1955 einen Wagen vor, der an Wuchtigkeit und Leistung so gar nicht dem Bild des feingliedrigen, vornehmen Chrysler entsprach, wie man ihn bisher kannte. Doch war das Auto keineswegs plump. Unter der breiten Motorhaube arbeitete – wie die Modellbezeichnung erkennen lassen sollte – ein 300 PS starker 5425-ccm-V8 mit hemisphärischen Brennräumen (daher: Hemi-Motor), zwei Vierfach-Vergasern, steiler Sportnockenwelle und doppeltem Auslaßkrümmer. Für geschmeidigen Gangwechsel sorgte eine spezielle PowerFlite-Getriebeautomatik, und breite Blue-Streak-Rennreifen halfen die Kraft auf den Asphalt zu bringen.

Es gab den C 300 nur in Rot, Weiß oder Schwarz sowie mit Lederausstattung, und auch nur in der zweitürigen Hardtopversion. Einen Rückspiegel brauchte der Fahrer nicht – schon gar nicht als Teilnehmer am Grand National oder einem AAA Stock-Car-Rennen: wer diesem Auto hinterherfuhr, war ohnedies ein Looser. **MG**

Auch der beliebte Schauspieler Cary Grant vermochte sich dem Charme der Münchner Isetta nicht zu entziehen.

Isetta 250 | BMW

1955 • 247 ccm, Einzylinder • 13 PS/9,6 kW • 0–50 km/h in 30 Sek. • 85 km/h

Die BMW Isetta war der erste Großserien-Personenwagen, der je in München produziert wurde. Das „Jahrhundert-Ei", auch als „Knutschkugel" bezeichnet, war mit knapp 2,30 Meter Länge ein kompakter Zweisitzer mit einem überzeugenden technischen Konzept. Mehr als 160.000 Stück wurden von 1955 bis 1962 gebaut. Doch die Idee zu einem solchen Volksmobil war nicht in München entstanden, sondern in Italien. Dort hatte der Kühlschrankhersteller Renzo Rivolta in seiner Firma ISO 1953 eine motorisierte Kabine im Kleinformat entwickelt und in Turin ausgestellt. 1954 hatte BMW-Generaldirektor Grewenig den Turiner Automobilsalon besucht und war mit Rivolta ins Gespräch gekommen, weil ihm die Isetta gefiel. Das Fahrzeug hatte mittlerweile seine Bewährungsprobe abgelegt und einige Akzeptanz gefunden. Grewenig teilte Rivoltas Optimismus, die Zukunft eines solchen Fahrzeugs betreffend. Und da BMW sich gezwungen sah, ebenfalls etwas für die Sicherung seines Fundaments zu tun, stellte sich eine Übereinstimmung der Interessen beider Unternehmen heraus. BMW erwarb von ISO die Nachbaulizenz mit den Vertriebsrechten für Deutschland, Österreich, die Schweiz und Skandinavien.

Die Isetta gab es in fünf Grundversionen, nämlich als Ur-Isetta der italienischen Firma ISO, als Lizenzausführung in Frankreich unter der Markenbezeichnung Vélam, als deutsche Lizenz bei BMW, als brasilianische Lizenz bei der Firma Romi sowie als britische Lizenz, gebaut bei Isetta of Great Britain. Da jeder dieser Hersteller das Fahrzeug in diversen Ausführungen produzierte, drei- oder auch vierrädrig, sogar als Miniatur-Lastwagen mit Ladefläche, ergeben sich an die dreißig Isetta-Versionen. **RY**

Karmann Ghia | Volkswagen

1955 • 1192 ccm, Vierzylinder-Boxer • 30 PS/22 kW • 0–100 km/h in 33 Sek. • 118 km/h

Ein Sportwagen sollte der Karmann Ghia nicht sein. Aber doch ein sportlicher Wagen, vielleicht eine Art „Porsche für Jedermann" – oder erst recht für Jederfrau. Denn mit dem Karmann Ghia sprach VW besonders eine weibliche Kundschaft an.

Die Entwürfe zu einem sportlichen Coupé auf Basis des Volkswagens und auch ein Prototyp entstanden bei Ghia um 1952 in Italien; er war 1953 auf dem Pariser Salon zu sehen. Verhandlungen zogen sich über anderthalb Jahre hin, ehe Wolfsburg das Projekt absegnete und Karmann in Osnabrück damit beauftragte, den von Luigi Segre entworfenen Zweisitzer in Serie zu produzieren. Karmann war ein enger Verbündeter des VW-Werkes, nicht zuletzt durch die Produktion des VW Cabriolets.

Das erstmals auf der IAA 1955 gezeigte Karmann Ghia Coupé wies im vollen Umfang die Technik des später Käfer genannten Typ 1 auf und wurde auf Anhieb ein Erfolg. Im September 1957 folgte eine offene Ausführung, ebenfalls ein bildhübsches Auto, das wie das Coupé ab 1960 mit 34 PS und Vollsynchrongetriebe gebaut wurde, ab 1965 mit 1,3-Liter/40-PS-Motor und ab 1970 schließlich mit dem 50 PS starken 1,6-Liter-Boxermotor des 1303. Leider erhielt auch der Karmann Ghia ab August 1971 die massiven „Eisenbahnschienen" als Sicherheitsstoßstangen (und damit früher als der Käfer), dazu ein neues, schwarzes Armaturenbrett mit großen Rundinstrumenten. Insgesamt wurden 445.300 Exemplare des so genannten VW-Typ 14 produziert, 80.899 waren Cabriolets. Im brasilianischer Karmann-Werk entstanden von 1962 bis 1975 weitere 41.000 Exemplare, die in Südamerika verkauft wurden. **RY**

3100 Series Task Force | Chevrolet

1955 • 4343 ccm, V8 • 123 PS/90,4 kW • keine Angaben • 160 km/h

Der Chevi 3100 ist ein klassischer amerikanischer Pick-up, den man so schnell nicht vergißt, wenn man ihn einmal gesehen hat. Diese beliebte Aufbauform hat sich nach dem Zweiten Weltkrieg als eine vom Pkw separat geführte Fahrzeuggattung entwickelt, von Chevrolet seit 1947 angeboten. Die Autos wurden von Mal zu Mal größer und breiter; drei Personen fanden in der Kabine bequem Platz, und es gab jeden Komfort, den ein Personenwagen auch hatte, etwa ein Radio sowie Heizungs- und Lüftungsgebläse. Bald sah man die als „Trucks" bezeichneten Allzweck-Transporter nicht nur mehr auf dem Lande, sondern auch in den Städten. Ihren Status als Farmerfahrzeuge legten sie schnell ab, zumal ihr Styling immer anspruchsvoller wurde und damit auch eine jüngere, design-orientierte Kundschaft ansprach.

Chevrolet avancierte in den 1950er Jahren zum führenden Hersteller von Pickup-Trucks, wobei besonders der Chevi 3100 Task Force von 1955 ein großer Erfolg wurde. Als erster erhielt er eine Panorama-Windschutzscheibe, und mit seinem kräftigen V8-Motor, Servolenkung und Servobremsen ließ sich das Fahrzeug wie ein Personenwagen bewegen. Mehr als das: Der 3100 verfügte über so viel Power, daß er manches „normale" Auto glattweg stehen ließ, selbst voll beladen ging er an die 160 km/h. So schnell durfte man aber nur in Montana und Nevada unterwegs sein, in allen anderen US-Bundesstaaten galten strenge Speed Limits.

Der Chevi 3100 kostete 1955 nicht mehr als 1619 Dollar. Das machte ihn für Kleinunternehmer interessant, die sich nicht zwei Wagen – einen für die Familie, den anderen fürs Gewerbe – leisten konnten. **MG**

Bel Air Nomad | Chevrolet

1955 • 3858 ccm, Sechszylinder • 136 PS/100 kW • 0–100 km/h in 16,8 Sek. • 145 km/h

Neben seinen brillanten V8-Modellen führte Chevrolet in den 1950er Jahren nach wie vor einen Sechszylinder im Programm. Er hatte 3858 ccm Hubraum, und es gab eine Version mit 123 sowie eine mit 136 PS. Beide erhielt man in allen drei Baureihen 150, 210 und Bel Air. In dieser Reihenfolge rangierten auch ihre Wertigkeiten: Der Bel Air war die feudalste Ausführung.

Beide Motorisierungen standen auch für die Kombiwagen zur Verfügung, die Chevrolet ebenfalls in den Versionen 150, 210 und Bel Air anbot. Kombis, in Amerika Station Wagons genannt, erfreuten sich zunehmender Beliebtheit – lange, bevor sie sich in Europa durchsetzten. Bei Mercedes-Benz gab es einen Kombi nicht vor 1976, bei BMW sogar erst ab Ende 1987: die Hemmschwelle war hoch. Wie ausgezeichnet sich modisches Styling mit dem Charakter eines Nutzfahrzeugs vertrug, bewiesen die Amerikaner nicht nur bei den Pickup-Trucks, wie nebenstehend beschrieben, sondern auch bei den Station Wagons. Der Bel Air Nomad stellte eine gelungene Kombination aus dem typischen Hardtop Coupé und einem Kombi dar, damit bildete er fast eine Kategorie für sich. So etwas hatte es noch nie gegeben, und einige Manager bei GM äußerten Bedenken, ob die Kundschaft ein solches Auto vertragen würde. Die Herren behielten recht; der mit 2571 Dollar an sich sehr preiswerte Dreitürer fand nur wenig Akzeptanz. Dabei war er ideal für lange Überlandreisen mit Kindern ... wobei es nur einen Nachteil gab: Die großzügig verglaste Kabine heizte sich bei intensiver Sonnenbestrahlung enorm auf, und wärmeabsorbierende Scheiben kannte man noch nicht. Modelle namens Nomad bot Chevrolet bis 1972 und dann wieder ab 1980 an. **MG**

Fireflite | DeSoto

1955 • 4769 ccm, V8 • 200 PS/147 kW • C–100 km/h in 11 Sek. • 175 km/h

Zwei neue Modelle brachte DeSoto Mitte der Fünfziger Jahre auf den Markt, eines davon war 1955 der Fireflite, das andere 1956 der Adventurer. Als Zweitmarke für das untere Preissegment hatte Walter Chrysler 1928 die Marke Plymouth gegründet, mit der man Ford und Chevrolet etwas entgegenzusetzen gedachte; zugleich entstand eine neue Chrysler-Marke für die Mittelklasse unter dem Namen DeSoto. Er bezog sich auf den spanischen Eroberer Hernando de Soto, der als Entdecker jener Region gilt, die heute von den US-Bundesstaaten Arkansas, Alabama und Georgia gebildet wird, und der 1541 als erster Europäer den unteren Mississippi befuhr.

Der Fireflite zeichnete sich im Gegensatz zu den eher biederen Fahrzeugen der Marke in früheren Jahren durch ein extravagantes Styling aus, das von Virgil Exner stammte. Er gab dem Wagen große Heckflossen, deren Dimensionen 1957 und 1958 noch zunehmen sollten. Farbige Dekostreifen an den Flanken sollten

den Wagen schon im Stand „schnell" aussehen lassen. Einmal in Fahrt, war der Fireflite dann kaum zu halten: Er ging an die 175 km/h. Seit 1952 hatte DeSoto einen starken V8 im Programm, im Fireflite gab er 200 PS ab. Zu kaufen gab es den DeSoto beim Plymouth-Händler; die Chrysler Corporation vermarktete ihr gesamtes Markenportfolio, zu dem auch Dodge gehörte, über strikt getrennte Vertriebskanäle. Vom Fireflite wurden 1955 mehr als 37.000 Stück verkauft, vom Firedome fast 78.000. Das waren keine sensationellen Stückzahlen, aber die Autos kosteten ja auch mehr als 3000 Dollar. 1956 wurde ein in Weiß und Gold lackiertes Cabriolet als Pace Car beim 500-Meilen-Rennen in Indianapolis eingesetzt – ein großer Publicity-Effekt. Es war üblich, im Outfit dieser Schrittmacher-Autos anschließend eine limitierte Sonderserie zu produzieren, die reißenden Absatz fand. Verständlicherweise gab es eine lange Liste gewünschter Pace-Car-Vormerkungen. **MG**

Crown Victoria | Ford (USA)

1955 • 3654 ccm, Sechszylinder • 120 PS/88,2 kW • keine Angaben • 150 km/h

Eines der interessantesten Ford-Modelle war der 1955 präsentierte Fairlane, der seinen Namen nach der Fair Lane in Dearborn erhalten hatte, wo sich Henry Fords private Villa befand. Der Fairlane war das Spitzenmodell, erhältlich in verschiedenen Aufbauformen. Mehr als 626.000mal wurde dieses Auto in seiner Grundausführung im Einführungsjahr verkauft.

Eine besonders auffällig gestylte Version des Fairlane war der Crown Victoria Skyline mit halbtransparentem Kunststoffeinsatz. Allerdings ließ sich dieses Modell auch nur in geringer Stückzahl absetzen, denn in südlichen Gefilden mit hoher Sonneneinstrahlung heizte sich das Wageninnere durch das Acryldach stark auf. Knapp 2000 Stück wurden verkauft. Das Cabriolet der Victoria-Reihe hieß Sunliner, und von diesem ließen sich 50.000 absetzen.

Der Crown Victoria war niedriger als das Hardtop-Coupé Victoria, seine Höhe betrug nur 151 Zentimeter. Auffallend war der quer zur Fahrtrichtung über das Dach verlaufende Chrombügel, der dem Wagen den Spitznamen „Henkelkorb" einbrachte. Es blieb ein Geheimnis der Designer, warum sie das Auto einer solch unorganischen Zweiteilung unterzogen. Optisch schien es dadurch kürzer zu sein als die anderen Ford-Modelle, was aber täuschte, denn mit 5,04 Meter waren sie alle gleich lang. 33.166 Käufer entschieden sich immerhin für den merkwürdigen »Henkelkorb«.

In der Standardausführung wurde das Fahrzeug mit einem Sechszylindermotor geliefert, auf Wunsch gab es auch einen V8 mit 4457 ccm Hubraum und 162 oder 182 PS – das gleiche Triebwerk wie im Thunderbird, der ebenfalls 1955 das Licht der Welt erblickte. **JI**

410 Superamerica | Ferrari   Ⓘ

1955 • 4953 ccm, V12 • 340 PS/251 kW • 0–200 km/h in 6,6 Sek. • 265 km/h

Mit dem 410 wollte Enzo Ferrari beweisen, daß allein er es war, der die besten und schnellsten Sportwagen der Welt baute. Und die Bezeichnung America sollte erkennen lassen, daß dieses Auto für eine wohlhabende Kennerschaft jenseits des Atlantiks gedacht war. In dieser Zielsetzung setzte er seinen bisher stärksten V12-Motor, ein 340 PS starkes 4953-ccm-Triebwerk, in ein neu entwickeltes Chassis mit vorderer Schraubenfeder-Einzelradaufhängung.

1957 erschien eine Serie-II-Version mit dem geringeren Radstand des 250 GT. Nur acht Exemplare entstanden in dieser Ausführung, einschließlich einer 380-PS-Superfast-Version. Ferrari hatte die Begeisterung seiner amerikanischen Kundschaft für das Fahrzeug überschätzt. Die Pininfarina-Ausführung war ihr vielleicht zu dezent, die Ghia-Version mit Riesenflossen zu monströs.

In Maranello konzentrierte sich daher alles auf den besser verkäuflichen 250, so daß der 410 im Hintergrund blieb. Doch es erschien 1959 noch ein Serie III genanntes Modell mit 400 PS, von dem 14 Stück angefertigt wurden. Sein hoher Preis mag dazu beigetragen haben, daß die Auflage gering blieb. Aber ein Luxussportwagen mußte auch zuverlässig sein, und in dieser Beziehung ließ der Über-Ferrari zu wünschen übrig. Das mag die texanische Öl-Milliardärin Sandra West wenig bekümmert haben, die in ihrem Letzten Willen verfügte, man möge sie in einem Ferrari America beerdigen. Der Schah von Persien, Aga Khan, Nelson Rockefeller oder der vietnamesische Kaiser Bao Dai indessen sollen es vorgezogen haben, mit einem solchen Auto lieber gelegentliche Spritzfahrten innerhalb ihrer irdischen Paradiese zu unternehmen. **SH**

Silver Cloud I | Rolls-Royce (GB)

1955 • 4887 ccm, Sechszylinder • 170 PS/125 kW • 0–100 km/h in 13,5 Sek. • 165 km/h

Der Rolls-Royce Silver Cloud, eines der Lieblingsautos von Elvis Presley, wurde in drei Baureihen vom April 1955 bis zum März 1966 in einer Gesamtauflage von 7372 Stück hergestellt. Er war der Nachfolger des Silver Dawn und eine sehr elegante Erscheinung, gestylt vom Designer John P. Blatchley. Obwohl mit Standard-Limousinenkarosserie angeboten, machten einige Kunden von der Option Gebrauch, sich Sonderaufbauten anfertigen zu lassen, denn noch wies der Wagen ja ein separates Fahrgestell auf. In der Standardausführung entstanden vom Silver Cloud I insgesamt 2238, vom Silver Cloud II ab Herbst 1959 weitere 2417 und vom Silver Cloud III 1962-66 noch einmal 2044 Exemplare. Mit langem Radstand wurde er 673mal bestellt.

Doch auch die 673 individuell karossierten Silberwolken stellten nur Varianten der Standardkarosserie dar, wie das Mulliner-Cabriolet oder der Heckflossen-Wagen von Freestone & Webb, der in drei Exemplaren entstand.

Der Silver Cloud I hatte einen 4887 ccm großen Reihensechszylinder von schätzungsweise 170 PS und nach wie vor hydraulische Vorderrad- sowie mechanisch aktivierte Hinterradbremsen, vordere Einzelradaufhängung an Schraubenfedern und eine hintere Starrachse mit Blattfedern und Torsionsstäben. Servolenkung war ab Herbst 1956 zu bekommen. **SB**

MGA | MG (GB)

1955 • 1498 ccm, Vierzylinder • 72 PS/53 kW • 0–100 km/h in 16 Sek. • 157 km/h

Mit dem Buchstaben Z hatte die Limousinen-Baureihe aufgehört, und mit A signalisierte die BMC, daß sie der Marke MG eine neue Identität verleihen wollte.

Die strömungsgünstige Form des Zweisitzers verhalf dem Auto zu beachtlicher Geschwindigkeit, dennoch fuhr es sich weniger agil als es MG-Traditionalisten erwartet hatten, auch gab es Klagen über die nicht ausreichend verzögernden Trommelbremsen. Das Auto hatte einen leichten, mittragenden Aufbau, und der BMC-B-Motor lieferte mit 72 PS genügend Power.

Der Roadster bekam 1956 ein Coupé zur Seite gestellt. In ihm ging es recht eng zu, auch ließen sich die Seitenscheiben nicht öffnen.

Doch die agilen Gesamtqualitäten machten den MGA sowohl in offener als auch in geschlossener Ausführung zu einem beliebten Sportwagen, und etliche Exemplare wurden von Privat- und Werksfahrern auch im Motorsport eingesetzt, vorzugsweise in Rallyes. 1959 erschienen Roadster und Coupé in leistungsgesteigerter Form: Der Motor hatte jetzt 1588 ccm Hubraum, 80 PS leistend, auch hatte der Wagen von nun an Scheibenbremsen an den Vorderrädern. In dieser Ausführung gab sich der MGA reizvoller als in der Erstversion. Er war schnell, hatte einen sportlichen Sound und bremste sich bedeutend besser als der 1500. **BK**

TR3 | Triumph (GB)

1955 • 1991 ccm, Vierzylinder • 95 PS/69,8 kW • 0–100 km/h in 10,8 Sek. • 169 km/h

Speedster | Studebaker (USA)

1955 • 4249 ccm, V8 • 185 PS/136 kW • 0–100 km/h in 10 Sek. • 175 km/h

Die Marke Triumph gehörte ab Januar 1946 zu der seit 1903 bestehenden Standard Motor Co. und hatte einen guten Ruf für ihre erfolgreichen Sportwagen, zu denen auch der 1950 entstandene TR2 zählte. Von diesem unterschied sich der 1953 präsentierte TR3 nicht sehr; auffallend war aber der Kühlergrill, der jetzt die bisher schmucklose Öffnung an der Wagenfront abdeckte. Unter der Motorhaube arbeitete ein kräftigerer Vierzylinder; er hatte den gleichen Hubraum wie im TR2, jetzt jedoch dank größerer SU-Vergaser 95 PS leistend. In der sogenannten Le-Mans-Ausführung mit modifiziertem Zylinderkopf waren es noch einmal 5 PS mehr.

Im Herbst 1955 gab es einen bedeutenden Schritt voran, der nicht nur Triumph, sondern die Automobiltechnologie generell betraf. Der TR3 erhielt nämlich als erster britischer Serienwagen vordere Scheibenbremsen, entwickelt von der Firma Girling. Nicht zuletzt im Hinblick auf diese Neuerung zog der Absatz spürbar an, vor allem hatten jetzt auch die Amerikaner den kleinen, munteren und zudem preiswerten Sportwagen aus Coventry entdeckt. Weitere Verbesserungen ließen nicht lange auf sich warten. 1957 gab es einen neuen, jetzt sich über die ganze Breite ziehenden Kühlergrill mit integrierten Parkleuchten. Dieses Modell erhielt die Bezeichnung TR3A und wurde bis 1962 produziert. **SB**

Studebaker in South Bend, Indiana, stellte 1955 nicht mehr als 2215 Speedster her. Ihre heiße Spur verlor sich leider schon bald. Das Coupé gehörte zur Baureihe President, die es bis Ende 1958 gab und schon durch ihre Bezeichnung erkennen ließ, daß sie in Studebakers Topsegment angesiedelt war, oberhalb der Reihen Champion und Commander. Der President Speedster wies wie die anderen, 1955 eingeführten Coupés dieser Marke ein beinahe europäisch anmutendes Design auf und war eine sportliche Erscheinung mit auffallendem Kühlergrill und großen Stoßfängern, wie es die amerikanische Automode jener Zeit gebot. Mit einer Spitze von 175 km/h machte der Speedster seinem Namen alle Ehre.

Daß der Speedster mit 3252 Dollar sehr viel teurer war als die Limousine, deren Preis bei 2311 Dollar begann, lag nicht zuletzt an der üppigen Ausstattung. Denn sie umfaßte Optionen, für die man bei den anderen Modellen einen Aufpreis zu zahlen hatte, wie etwa mit Leder bezogene Sitze, ein Radio, eine Uhr mit Acht-Tage-Laufwerk, einen Zweistufen-Scheibenwischer und verchromte Aschenbecher. Der Kunde hatte die Wahl zwischen zwei- und dreifarbigen Lackierungen in gut aufeinander abgestimmten Gelb-, Grau- und Blauschattierungen. **MG**

Mit einem Großaufgebot fabrikfrischer Wagen weckte Fiat bei der Vorstellung des neuen 600 auf einem Parkplatz in Turin lebhaftes Interesse. ▷

Taunus 15M | Ford

1955 • 1498 ccm, Vierzylinder • 55 PS/40 kW • 0–100 km/h in 25 Sek. • 128 km/h

Nach dem Zweiten Weltkrieg setzten die Kölner Ford-Werke die 1,2-Liter Taunus-Baureihe mit den Ausführungen Standard, Spezial und De Luxe fort. Dieser „Buckeltaunus", wie der Volksmund ihn nannte, erhielt 1952 seinen Nachfolger als Taunus 12M (das M stand für „Meisterstück") in Pontonform, der es auf große Stückzahlen brachte: mehr als 220.000 fanden ihre Käufer.

1955 kam eine 1,5-Liter-Variante als 15M hinzu, intern als G4 B bezeichnet, und zwei Jahre später der 17M mit ausgeprägt amerikanischen Linien. Der Motor des 15M war ein Vierzylinder der Dimensionen 82 x 70,9 mm mit hängenden Ventilen, während der 12M-Motor ein Seitenventiler war. Auch für die De Luxe-Ausführung hatten die Spötter einen Spitznamen parat: „Dienstmädchen im Abendkleid". Doch der zweifarbig lackierte und mit großen Chromzähnen am Bug dekorierte De Luxe verdiente es nicht, mit Herablassung betrachtet zu werden, denn er erwies sich als ein äußerst belastbares, langlebiges Fahrzeug, mit einem Verbrauch von 9 Liter auf 100 Kilometer sparsamer als ein Volkswagen. Es wurden auch Kombiwagen sowie zwei- und viersitzige Cabriolets gebaut; diese hatten eine Karosserie von der Kölner Firma Deutsch. Der mit einer dekorativen Weltkugel oberhalb des Kühlergrills geschmückte 15M kostete in der Grundausführung 6375 D-Mark.

Mit V4-Motor und Vorderradantrieb präsentierte sich 1962 eine gänzlich neue Taunus-Generation, intern P4 genannt: Sie sollte gegen den VW-Käfer antreten. Den Namen Taunus führten zunächst auch dessen Nachfolger, die bis 1977 gebauten Wagen der Baureihe P6, ab 1967 jedoch ohne den Namen Taunus als 12M, 15M, 17M und 20M angeboten. **HS**

600 | Fiat

1955 • 633 ccm, Vierzylinder • 22 PS/16,2 kW • keine Angaben • 100 km/h

Auf dem Genfer Salon 1955 stellte Fiat einen kleinen Viersitzer aus, der nicht nur in Italien Furore machte. Der Seicento genannte Zweitürer hatte seinen Vierzylindermotor im Heck und verkörperte bei Fiat eine neue Konzeption. Bis zum Modellwechsel zum 600 D im Jahre 1960 wurde der Wagen 950.000mal gebaut. Der wassergekühlte OHV-Motor trieb ab 1956 auch den Frontlenker-Minivan Multipla an – ebenfalls ein wegweisendes, neues Fahrzeugkonzept. Der 600 hatte Einzelradaufhängung und bot einen erstaunlichen Komfort. Er war 3,22 Meter lang und 1,38 Meter breit, ideal für den Großstadtverkehr in Mailand, Rom oder Neapel. Seine Karosserie war selbsttragend und glattflächig wie die des 1400.

Fiat war schon immer Marktführer im eigenen Land gewesen, doch mit dem 600 war den Turinern ein ebenso großer Wurf gelungen wie in den 1920er Jahren mit dem 509. Heckmotor-Fahrzeuge galten als das Nonplusultra, nachdem der Volkswagen und der Renault 4CV sich als gut absetzbare Massenware etabliert hatten. Der ihm 1960 nachfolgende 600 D, mit 767 ccm Hubraum und 29 PS, war fast ebenso erfolgreich; er wurde 890.000mal gebaut. Ab Mai 1964 lief er vom Band, mit vorn angeschlagenen Türen, und in seiner letzten Ausführung bekam er größere Scheinwerfer.

Auf der Basis des 600 entstanden zahlreiche Sonderaufbauten fremder Karossiers: Sportwagen, Coupés und andere Derivate. Lizenzausführungen der Limousine baute man unter anderem bei Seat in Spanien, bei Zastava in Serbien und bei FSO in Polen. Die Fiat-Tochter in Argentinien produzierte den Seicento ebenfalls. **SB**

DS | Citroën

1955 • 1911 ccm, Vierzylinder • 75 PS/55 1 kW • 0–100 km/h in 23,3 Sek. • 140 km/h

War der Traction Avant der Wegbereiter des Frontantriebs beim Mittelklassewagen gewesen, so stellten die D-Modelle die konsequente Fortführung dieses innovativen Konzepts dar. Schon am ersten Tag der Pariser Automobilausstellung 1955, auf der dieses Auto sein Debüt gab, trugen sich 12.000 Besucher in die Optionslisten für einen Kaufvertrag ein.

Der neue große Citroën erschien wie ein Objekt aus einer anderen Welt. Sein kühnes Gesamtdesign – entwickelt unter der Leitung des Italieners Flaminio Bertoni – ohne einen ornamentreichen Kühlergrill, dafür mit einem lichtdurchlässigen Kunststoffdach und in dessen Abschlüsse integrierten Blinkleuchten, sein federndes Einspeichen-Lenkrad, sein Druckknopf-Bremspedal und seine ausgefeilte Hydropneumatik waren ohne Vorbild.

Das hydropneumatische Federungssystem stellte eine Kombination von kurzem Federweg und permanentem Niveauausgleich dar. Gleichzeitig waren etliche Aggregate an die Zentral-Hydraulik angeschlossen: Servolenkung, Bremsen mit Lastkraftverstellung und halbautomatische Schaltung samt Kupplung. Als der DS19 in Serie ging, war einzig der Block seines Vierzylinders nicht neu. Es handelte sich um den 1911-ccm-Motor aus dem 11 CV, jetzt jedoch mit Alu-Querstromzylinderkopf versehen. Ab 1956 gab es eine sparsamer ausgestattete Version namens ID19 mit abgespeckter Hydraulik, aber von der gleichen Dynamik gekennzeichnet wie der DS. Cabriolets durften nicht fehlen – und sie erschienen 1960 in Gestalt verschiedener Ausführungen, gebaut bei Chapron. Es gab zwei- und viersitzige Versionen sowie ein extravagantes Coupé. **RY**

190 SL | Mercedes-Benz (D)

1955 • 1897 ccm, Vierzylinder • 105 PS/77,2 kW • 0–100 km/h in 14,5 Sek. • 171 km/h

Wie schon der Mercedes-Benz 300 SL, so entstand auch der 190 SL auf Anregung des amerikanischen Importeurs Max Hoffman in New York. Der als Prototyp bereits im Februar 1954 in den USA gezeigte Sportzweisitzer sah wie ein verkleinerter 300 SL aus. Das Rezept war einfach: Es handelte sich um eine Variante der 180er Ponton-Limousine, die so attraktiv gelungen war, daß man ihr die brav-bürgerliche Herkunft nicht ansah. Der 105 PS starke OHC-Vierzylindermotor war allerdings eine Neuentwicklung, und er wurde später auch in der Limousine 190 verwendet. Ab 1959 gab es für den SL ein aufsetzbares Coupédach. Mit der Technik des bewährten Mercedes-Benz 180 von 1953 verfügte der 190 SL über beste Gene.

Gebaut wurde der Wagen vom Mai 1955 bis zum Februar 1963. Der mit 16.500 Mark verhältnismäßig preiswerte Zweisitzer genoß von Anfang an Liebhaberstatus. Einen Sportwagen im eigentlichen Sinne stellte er nicht dar; seine Pisten waren die Boulevards mondäner Stadtviertel, ob in Berlin, Frankfurt, Paris, Brüssel oder Wien.

Mit erprobter Einzelradaufhängung ringsum und der ab Mitte 1956 erhältlichen Servolenkung (auch Servobremsen) bot der 190 SL viel Fahrkomfort, und mit gut 170 km/h war er so schnell wie ein Porsche 1600 Super. Der Kofferraum bot Platz für genügend Reisegepäck. In erster Linie sollte der 190 SL in Nordamerika verkauft werden, doch er fand auch in Europa zahlreiche Kunden – nicht etwa nur in der Nitribitt-Halbwelt, wie es im Rückblick gerne dargestellt wurde. 25.881 Stück verließen die Stuttgarter Bänder, und es sind in Sammlerhand verhältnismäßig viele erhalten geblieben. **MG**

Imperial | Chrysler (USA)

1955 • 5426 ccm, V8 • 250 PS/186 kW • 0–100 km/h in 16 Sek. • 166 km/h

Einen Imperial hatte es bei Chrysler erstmals 1926 gegeben. 1955 stieg der Name Imperial, den bisher das Spitzenmodell getragen hatte, im Chrysler-Konzern zu einer eigenen Markenbezeichnung auf. Für das Design des Superwagens zeichnete Virgil Exner verantwortlich, einer der Berühmtesten seines Faches in den Staaten. Signifikant waren die lange Motorhaube und die kurze Heckpartie des Wagens, der opulente Kühlergrill und als Akzente auf die Heckflossen gesetzte Rückleuchten. Die Motorpresse sprach vom „feinsten Auto, das je in Amerika gebaut worden ist". Der Imperial bildete das Gegenstück Chryslers zum Cadillac Fleetwood und Lincoln Continental.

Noch länger wurde der Imperial im Modelljahr 1957, dennoch wirkten seine großen Heckflossen vornehmer als die monströsen Auswüchse auf den hinteren Kotflügeln der Konkurrenz. Die Verwendung von Chrom war sparsam, und die nach oben, in die Dachpartie hinein gewölbten Scheiben in den Türen waren etwas Neues. Bei der Länge des Wagens von 6,18 Meter fiel es kaum auf, daß er mit 2,05 Meter auch der breiteste war, der je in den USA auf den Markt kam. Es gab zwei- und viertürige Hardtops, eine Limousine ohne Mittelpfosten sowie ein Cabriolet. Mit 250 PS war der Imperial ausreichend, aber nicht zu stark motorisiert, denn sein Leergewicht betrug immerhin 2,3 Tonnen. Die TorqueFlite-Automatik bediente man per Knopfdruck. In jedem Modelljahr erfuhr der Imperial Modifikationen. Kritik an den 1961 überdimensional geratenen Heckflossen beantwortete Chrysler mit dem Hinweis, im Windkanal habe sich deren stabilisierende Wirkung bei schneller Fahrt erwiesen. **MG**

Adventurer | DeSoto   (USA)

1956 • 5594 ccm, V8 • 320 PS/235 kW • 0–100 km/h in 9 Sek. • 195 km/h

Der DeSoto Adventurer des Modelljahrgangs 1956 war das nächste neue Modell nach dem Fireflite. Der 320 PS starke Motor war ein Kraftprotz und beschleunigte den Straßenkreuzer in weniger als zehn Sekunden auf 100 km/h. Damit hängte er sogar einen Porsche Carrera ab. Superlative gab es beim Adventurer in großer Zahl, auch eine Wagenheizung gehörte dazu, von der die Werbung behauptete, sie könne in nur fünfzehn Sekunden Wohnzimmertemperatur erzeugen. Und unterhalb der Instrumententafel gab es auf Wunsch einen Plattenspieler für 45er-Vinyl-Platten, vor Einführung des Kassettendecks ein toller Hit. An der Wagenfront prangte der Namenszug in Goldbuchstaben.

Den Adventurer gab es als zweitüriges Hardtop, und mit 3728 Dollar war der Wagen ziemlich teuer. Mit diversen Optionen, zu denen in erster Linie Weißwandreifen zählten, war die 4000-Dollar-Grenze schnell erreicht. Es gab DeSoto-Fans, die ihre Fahrzeuge für Stock Car Rennen in Daytona frisierten und dort Tempi bis 220 km/h erzielten. Auf einer der Chrysler-Versuchsstrecken kam man sogar auf mehr als 230 km/h. Ein Auto dieses Kalibers war mit großen Servobremsen versehen (allerdings gab es noch keine Scheibenbremsen) sowie mit Servolenkung. Elektrische Sitzverstellung und Scheibenheber galten als selbstverständlich. Nachfolgende Modellgenerationen warteten mit immer größeren Heckflossen auf; diese Mode ging ins Groteske. 1960 endete die Produktion des Adventurer, der in seiner letzten Version einen 330 PS leistenden 6,3-Liter-Motor aufwies. Die Stückzahlen waren in all den Jahren stets gering ausgefallen; das beste Jahr war das letzte mit 11.597 Stück. **MG**

Das Inserat auf dem Cover von Autocar 1957 verdeutlicht, daß der britische Ford Zodiac Mk. II amerikanisches Styling aufwies. ▷

M-72 Pobjeda | GAZ

1956 · 2120 ccm, Vierzylinder · 51 PS/37,5 kW · keine Angaben · 96 km/h

Zodiac Mark II | Ford

1956 · 2553 ccm, Sechszylinder · 86 PS/63,2 kW · 0–100 km/h in 17,1 Sek. · 142 km/h

Der GAZ M-20 Pobjeda („Sieg"), von Ende 1946 bis 1956 in Gorkij hergestellt, rangierte in der Nomenklatur der sowjetischen Automobilindustrie als M-20. Er war eine Konstruktion des Ingenieurs Andrej Lipgart und basierte auf dem Ford B der dreißiger Jahre. Der Motor war ein Vierzylinder mit 2120 ccm Hubraum, kombiniert mit einem Dreiganggetriebe. Der Pobjeda sah wesentlich moderner als der Moskwitsch aus; er hatte eine viertürige Fließheckkarosserie sowie vordere Einzelradaufhängung mit Trapez-Dreiecksquerlenkern und Schraubenfedern. 1955 kam eine Geländeversion als M-72 mit Allradantrieb hinzu. Der Pobjeda wurde später unter der Bezeichnung GAZ M-21 geführt. Von Ende 1951 bis 1972 gab es einen identischen Wagen auch aus polnischer Produktion und hieß dort Warszawa.

Der Grundstein zum ersten großen sowjetischen Automobilwerk war am 2. Mai 1930 ca. 400 Kilometer östlich von Moskau gelegt worden. Die komplette Ausstattung sowie die Personalschulung hatte die Ford Motor Company übernommen. Daß man für den Bau der Fabrik nicht mehr als 18 Monate benötigte, war auf eine minutiöse Planung zurückzuführen – kompetentes amerikanisches Management eben. Die Produktion begann 1932 mit dem Lastwagen GAZ AA und dem Pkw-Modell GAZ A. Ihm folgte 1936 der GAZ M1 in optimierter Ausführung und mit modernerer Karosserie. Der gleiche Motor wie im A-Modell leistete im M1 gut 50 PS.

Aus dem M1 entwickelte sich der Allrad-Pkw GAZ 61, dem der Armee-Geländewagen GAZ 64 sowie eine Reihe weiterer Lastwagen folgten. Der M1 wurde bis 1941 gebaut. Bis zum Ausbruch des Krieges waren in Gorki 450.000 Fahrzeuge entstanden. **BS**

Es gab eine Zeit, in welcher das Styling britischer und deutscher Ford-Modelle sich auffallend an dem der amerikanischen Vettern orientierte. Zu diesen Autos zählte der Ford Zodiac mit seiner Pontonkarosserie, Panorama-Windschutzscheibe und zweifarbiger Lackierung. Der Zodiac stellte die Up-market-Version des Ford Zephyr dar und hatte seinen Einstand 1953 auf der Earl's Court Motor Show in London gegeben.

Drei Jahre vorher hatte Ford UK mit der Consul/Zephyr-Baureihe eine neue fortschrittliche Autokonstruktion vorgestellt, die im konservativen England für Gesprächsstoff sorgte. Die Fahrzeuge wiesen selbsttragende Karosserien auf, die Motoren waren kopfgesteuert (ein Novum bei Ford), die Vorderräder an McPherson-Federbeinen geführt, und die Umstellung von 6 auf 12 Volt war in jener Zeit ebenfalls ungewöhnlich. Der äußere Unterschied zwischen Consul und Zephyr war einfach: der Zephyr hatte für seinen Sechszylindermotor einen 10,2 cm längeren Radstand und einen anderen Kühlergrill.

Neue, nach amerikanischem Vorbild gestaltete Karosserien boten ab 1956 beim Zodiac Mk.II mehr Platz im Interieur. Modifiziert hatte man aber auch die Motoren. Und es gab jetzt auch erstmals eine attraktive Cabrioversion. 1966 wurde die Baureihe durch den Zephyr 4 ergänzt, der den Consul ersetzte und der erste britische Ford war, der 160 km/h lief, wodurch er es beinahe mit einem Jaguar Mk.2 aufnahm. Änderungen der Karosseriestruktur sorgten für mehr Fußraum. Mit dem Zodiac Executive von 1965 schließlich ließ Ford erkennen, daß man es tatsächlich auf Anteile im Luxusmarktsegment abgesehen hatte. **JI**

TC 108G | Alvis (USA)

1956 • 2993 ccm, Sechszylinder • 105 PS/77,2 kW • keine Angaben • 160 km/h

Jeder Alvis war in technischer und in stilistischer Beziehung eine Besonderheit. 1926 begab sich Alvis mit frontgetriebenen Fahrzeugen an den Start von Grand-Prix-Rennen, und Einzelradaufhängung ringsum gab es bei Alvis bereits 1929.

Der dem Bentley Mk. VI ähnelnde TC wies schmalere Fenstereinfassungen und eine schlankere B-Säule als seine Vorgänger auf, an der die Scharniere der Türen saßen; der Motor war der gleiche geblieben. Mit der Einführung einer von 90 auf 100 PS Leistung angehobenen Version hieß dieses Modell TC 21/100 oder Grey Lady. Die 100 stand zugleich für 100 mph, also 160 km/h Spitze, während das „Grey" sich auf die silbergraue Lackierung bezog, in der das Auto bei seiner Vorstellung 1953 zu sehen war. Zu den Veränderungen für 1956 zählten eine höhere Hinterachsübersetzung, neue Lüftungsklappen in den Seiten und die Option auf Speichenräder. Zunächst baute Mulliner in London die Limousinen, Tickford die Cabriolets. Besonders elegante Coupés und Cabrios stellte die Firma Graber in Wichtrach her, Importeur für Alvis in der Schweiz. Die Fertigung des TC 21 endete, als Mulliner einen Exklusivvertrag mit Standard-Triumph einging und Tickford von Aston Martin übernommen wurde. Ersatzweise sprang Willowbrooks in Loughborough ein. **BS**

503 | BMW (D)

1956 • 3168 ccm, V8 • 140 PS/103 kW • 0–100 km/h in 13 Sek. • 190 km/h

Nur wenige Bundesbürger konnten sich 1956 die Anschaffung eines Wagens erlauben, der 30.000 D-Mark kostete. Ein solches Luxusgefährt wer der BMW 503. Die beiden Extreme, nämlich die kleine Isetta auf der einen und der V8-„Barockengel" auf der anderen Seite der Skala, ließen zwar viel Platz für eine Mittelklasse-Baureihe, aber bei BMW setzte man in den 1950er Jahren auf Luxusautos und schuf als Varianten zum BMW 502 einige extravagante, sehr teure Cabrios und Coupés. Neben zu Cabriolets umgerüsteten 501/502 durch die Karosseriefirmen Autenrieth oder Baur gab es von 1956 bis Mai 1960 den Typ 503, einen von Albrecht Graf Goertz gezeichneten Viersitzer mit 3,2-Liter-Motor – ein Traum von einem 190 km/h schnellen Reisewagen, mit welchem BMW aber wie auch beim Modell 507 Geld verlor, denn der Absatz blieb weit hinter den Erwartungen zurück. Ab 1957 hatte der Wagen Mittel- statt Lenkradschaltung, und der Motor leistete 20 PS mehr als in der 502-Limousine. Alle vier Seitenscheiben ließen sich elektrohydraulisch bewegen. Der aus Leichtmetall gefertigte, 4,75 Meter lange Wagen war als Coupé sowie als Cabriolet erhältlich und kostete mit 29.500 Mark doppelt soviel wie ein Mercedes 220 SE. Die letzten der insgesamt 413 gebauten Exemplare kosteten sogar 32.950 D-Mark. **MG**

D-500 | Dual-Ghia (USA)

1956 • 5162 ccm, V8 • 240 PS/176 kW • 0–100 km/h in 9,2 Sek. • 184 km/h

Mit nur 117 Exemplaren blieb der Dual-Ghia D-500 eine Rarität. Es war der Transportunternehmer Eugene Casaroll, der in Detroit die Firma Dual Motors gründete und 1956 auf der Grundlage Virgil Exners Dodge Firebomb eine Serie Cabriolets zu bauen begann. Das Projekt Firebomb hatte das Prototypenstadium nicht überschritten, und Chrysler hatte Casaroll die Konstruktionsrechte an dem Auto überlassen. Im Deal enthalten waren ein 5162-ccm-V8-Motor sowie eine von Ghia entworfene Karosserie. Die Herstellung des Dual-Ghia vollzog sich kompliziert, denn die Fahrgestelle wurden zum Karossieren nach Turin zu Ghia expediert und anschließend nach Detroit zurückverschifft. Zur Ausstattung gehörten ein Interieur aus Connolly-Leder und viel Chrom.

Der Wagen war trotz des hohen Bauaufwands nicht teuer; mit 7646 Dollar kostete er weniger als ein Cadillac. Daß die Rechnung für Casaroll nicht aufgehen würde, hatten Skeptiker jedoch vorausgesehen. Er gab die Fertigung 1958 auf. 1961-62 entstanden noch einige Prototypen für eine Neuauflage, doch das Projekt zerschlug sich. Für den schnellen und eleganten Viersitzer interessierten sich vor allem Hollywood-Stars. Doch es besaßen auch drei US-Präsidenten einen Dual-Ghia: Richard Nixon, Ronald Reagan und Lyndon B. Johnson. **MG**

Ace | AC (GB)

1956 • 1991 ccm, Sechszylinder • 120 PS/88,2 kW • 0–100 km/h in 10,5 Sek. • 190 km/h

AC war eine britische, seit 1903 bestehende Traditionsmarke, bekannt für zuverlässige Qualitätswagen in kleinen Auflagen. Zu denen zählte auch der AC Ace. Der 1953 in London präsentierte Sportzweisitzer bildete einen interessanten Gegensatz zu den zwar eleganten, aber doch recht behäbigen Limousinen.

Der AC Ace basierte auf Ideen des begabten Automobilkonstrukteurs John Tojeiro, der bereits eine Anzahl erfolgreicher Rennsportwagen entworfen hatte. Ihre Besonderheit waren einzeln an Querblattfedern aufgehängte Räder vorn und hinten. AC verpflichtete Tojeiro für ein neues Sportwagenkonzept unter einer Bedingung: Der bewährte 2,0-Liter-Sechszylindermotor von 90 PS sollte weiterhin Verwendung finden.

1954 war der Leichtmetall-Zweisitzer serienreif. Auf Anhieb kamen 60 Bestellungen herein; das war eine hohe Zahl für AC-Maßstäbe. Weitere folgten kontinuierlich. Alternativ bot man ab 1956 den etwa 120 PS starken OHV-Motor von Bristol an (basierend auf dem BMW-328-Motor von 1936) oder den 170 PS starken 2553-ccm-Sechszylinder vom Ford Zephyr. Kunden und Presse waren begeistert von dem wohlproportionierten Wagen mit dem markanten Kühlergrill, der langen Motorhaube und Zentralverschluß-Speichenrädern – so hatte ein klassischer AC auszusehen. **MG**

Ein Inserat von 1961: Die Dauphine aus dem Hause Renault gab sich romantisch. Das Auto wurde bevorzugt von Damen gefahren.

Troll | Troll Plastik- og Bilindustri

1956 • 663 ccm, Zweizylinder • 30 PS/22 kW • keine Angaben • 130 km/h

1956 gründete der Norweger Hans Kohl-Laren in Lunde, Telemark, die Firma Troll Plastik- og Bilindustri zur Herstellung eines kleinen Coupés mit Kunststoff-Karosserie, geplant in Zusammenarbeit mit dem Schwimmwagen-Konstrukteur Hanns Trippel. Mißverständnisse und vertragliche Differenzen (Kohl-Larsen wartete auf Teile, die Trippel liefern wollte; Trippel wartete auf einen schriftlichen Auftrag) führten zu einer Verzögerung des Projekts, doch Kohl-Larsen gab nicht auf und setzte sich mit dem Konstrukteur Bruno Falck in Verbindung, der bereits für Gutbrod und auch für Trippels Protek GmbH tätig gewesen war, ferner mit dem früheren Saab-Ingenieur Erling Fjugstad. Mit diesen Männern plante er nun sein Automobilprojekt zu realisieren.

Von der Firma Gutbrod in Plochingen, die nach einer Produktion von 7000 Kleinwagen Konkurs angemeldet hatte, erwarb die Firma Troll die Produktionseinrichtungen; so entstand ein dem Gutbrod Superior ähnliches Coupé mit Zentralrohrrahmen. Im November 1956 wurde der Wagen namens Troll vorgestellt. Als Motor hatte man anfangs einen Saab-Dreizylinder mit 750 ccm Hubraum, 33 PS leistend, vorgesehen gehabt, doch nun bekam der Troll den 663-ccm-Zweizylinder-Einspritzmotor des Gutbrod Superior. Das Auto wies ringsum Einzelradaufhängung auf und war 130 km/h schnell.

Der Troll war produktionsreif, und am 2. Januar 1957 begann die Serienherstellung – doch nach nur fünfzehn Fahrzeugen war sie bereits am Ende. Vor dem Fabriktor warteten Materiallieferanten, die auf Bezahlung ihrer Rechnungen drangen, doch es war kein Geld in der Kasse. Hans Kohl-Larsen mußte Konkurs anmelden und setzte sich anschließend nach Saudi-Arabien ab. **BS**

Dauphine | Renault

1956 • 845 ccm, Vierzylinder • 28 PS/20,6 kW • 0–100 km/h in 32 Sek. • 120 km/h

Als Renault im März 1956 die Dauphine vorstellte, kamen mehr als 20.000 Menschen, um das neue Auto zu sehen. Es war der Nachfolger des 4CV (der dennoch weitergebaut wurde), ebenfalls mit einem wassergekühlten Heckmotor, jedoch auf 845 ccm vergrößert und 28 PS leistend. Der pausbäckige Stufenheckwagen war wieder ein Viertürer; er ging an die 120 km/h und fand bei den Franzosen regen Zuspruch. Allein im ersten Baujahr entstanden mehr als 110.000 Stück, und dieses Modell war auch das erste, das in großer Zahl in den USA verkauft wurde. In Nordamerika konnten allein in den ersten vier Jahren 200.000 Stück abgesetzt werden, was den Importeur verleitete, Folgebestellungen in einer Höhe zu ordern, die sich letztlich aber als fehlspekuliert erwies: Einige tausend Wagen standen dort noch jahrelang auf Halde und rosteten vor sich hin.

Lizenzversionen der Dauphine entstanden in Italien und in Brasilien. Mit einem auf 38 bis sogar 50 PS getunten Motor sowie vier statt drei Gängen gab es den Wagen als 145 bis 165 km/h schnelle Gordini-Version, und ein Modell mit 32 PS und gehobener Ausstattung hieß 1961-62 Ondine. Ab 1965 hatte die Gordini-Version Scheibenbremsen auch hinten. Die Fahreigenschaften der Dauphine waren allerdings nicht optimal, sie hatte einen zu hohen Fahrzeugschwerpunkt und neigte zu unkontrolliertem Übersteuern: mehr als 60 Prozent des Wagengewichtes lasteten auf der Hinterachse. Bei nasser Straße kam man schnell ins Schleudern. Ein amerikanischer Tester setzte die Dauphine auf seine Liste der „fünfzig schlechtesten Autos, die jemals produziert wurden" und meinte, sie sei das „unwürdigste Stück französischer Technik seit der Maginot-Linie". **BS**

make a DATE with the DAUPHINE

at your RENAULT dealer NOW!

Continental Mk.III | Lincoln

1956 • 6030 ccm, V8 • 300 PS/221 kW • 0–100 km/h in 10 Sek. • 185 km/h

Der überwiegend in Handarbeit erstellte Continental Mk.II erlebte keine hohen Stückzahlen, dafür war er viel zu teuer. Mit gleicher imponierender Länge wie seine Vorgänger erschien im Herbst 1956 der 1957er Continental Mk.III. Der 5,72 Meter lange Wagen war in einer Vielzahl von Varianten zu bekommen, einschließlich Coupé, Hardtop und Cabriolet. Mit diesem Auto wandte sich Ford an eine Klientel, die sich nicht zuletzt für einen Rolls-Royce interessierte. Auffallend bei der zweitürigen Hardtop-Version war eine kreisförmige Auswölbung im Kofferraumdeckel, unter der sich das Ersatzrad verbarg. Bald wurde es Mode, auch andere Autos mit deutlich zur Schau getragenen Ersatzrädern am Heck auszustatten, so etwa den Ford Thunderbird, für den es solche „Continental Kits" zur nachträglichen Montage als Extra zu kaufen gab. Das Lincoln Continental Hardtop kostete knapp 10.000 Dollar und damit doppelt so viel wie ein Lincoln Capri und fünfmal so viel wie ein Ford Custom. Dieser Exklusivität entsprechend hielt sich die Zahl der verkauften Wagen in Grenzen: 1956 und 1957 wurden nur 1769 Stück ausgeliefert.

Ob der Continental für den Hersteller Gewinn abwarf, stand nicht zur Diskussion, denn dieses Modell war einzig dazu ausersehen, das Image des Ford-Konzerns erstrahlen zu lassen. Es heißt, Lincoln-Händler hätten sich die Kunden genau ausgesucht und Interessenten, die ihnen nicht nobel genug erschienen, abblitzen lassen. Solche Geschichten wurden aber meist nur erfunden, um die Begehrlichkeit zu mehren, denn kein Autoverkäufer wird sich eine Möglichkeit entgehen lassen, ein besonders teures Fahrzeug an den Mann zu bringen. **SB**

88 Holiday Coupé | Oldsmobile (USA)

1956 • 5314 ccm, V8 • 240 PS/176 kW • keine Angaben • 180 km/h

Die Baureihe 88 gab es bei Oldsmobile seit 1949. In einigen Jahren erschienen Modelle, die besonders nachhaltige Eindrücke hinterließen – so wie 1955 der Super 88 und 1956 das Holiday Coupé, von dem viele Autoliebhaber meinen, es sei der schönste Wagen, den General Motors je hervorgebracht hat. Dabei waren die Änderungen am neuen Modell eher subtil, wie etwa der geteilte Kühlergrill, die neuen Rückleuchten, die ovalen statt bisher runden Instrumente. Beachtlich aber war der Leistungszuwachs von 202 auf 240 PS, und mit 4400 Touren drehte der Motor auch um 10 Prozent höher.

Man konnte den 88 Holiday nicht nur als zwei- oder viertüriges Coupé bekommen, sondern auch als zwei- oder viertürige Limousine. Das zweitürige Coupé fand die meisten Käufer; fast 75.000 von 179.000 insgesamt entschieden sich für diese Ausführung. Das entsprach 15 Prozent aller Oldsmobile-Kaufabschlüsse im Jahr 1956. Beliebt waren Weißwandreifen mit einem farbigen Zierstreifen sowie zweifarbige Lackierungen, wobei auch das Interieur zweifarbig gehalten war. Favorit war die Kombination Türkis mit Weiß – übrigens nicht nur bei Oldsmobile-Kunden. Es war die Zeit zunehmender Popfarben-Beliebtheit in ganz Amerika.

Das Holiday Coupé hatte erheblichen Anteil an Oldsmobiles Aufstieg von Platz Fünf in der US-Produktionsstatistik auf Platz Vier, erreicht zum Jahresende 1957. Dafür fiel die Marke 1959 auf Platz Sechs zurück und 1960 gar auf Platz Sieben. Nur ein einziges Mal hatte Oldsmobile den Spitzenplatz eingenommen – das war aber lange her, nämlich im Jahr 1905. Doch auch damals gab es in den USA schon heftige Konkurrenz. **MG**

1983 kam der Horrorfilm „Christine" in die Kinos. In Stephen Kings
Thriller spielte ein mörderischer Plymouth Fury die Hauptrolle. ▷

Multipla | Fiat

1956 • 633 ccm, Vierzylinder • 22 PS/16,2 kW •
keine Angaben • 90 km/h

Auf kleine Fahrzeuge verstand sich Fiat schon immer gut. Das beweisen die Modelle 500 und 600 ohne Einschränkungen. Erst recht aber gilt dies für den 1956 vorgestellten Frontlenker Multipla, eine genial konzipierte Variante des 600. Der viertürige Sechssitzer ließ sich in zwei Minuten in einen geräumigen Transporter mit 1,75 Quadratmeter Ladefläche verwandeln. Erst 1984 erschien mit einem vergleichbaren Raumkonzept der Renault Espace, der sieben Sitze hatte, von denen fünf einzeln herausnehmbar waren, wodurch sich der für Fracht nutzbare Raum bis auf 3 Kubikmeter erweitern ließ. Das wurde damals als revolutionär bezeichnet – als habe es keinen Multipla gegeben!

Der vor mehr als einem halben Jahrhundert von Fiat konzipierte Multifunktionswagen eignete sich für ein kleines Frachtauto schon deshalb, weil er keinen Frontmotor mit Kardanwelle hatte. So ließ sich die vordere Sitzbank weit vorn plazieren, direkt zwischen die Vorderräder. Die flache Wagenfront erinnert an die des BMW 600, der ein Jahr später auf den Markt kam. Verwendete man den Multipla als sechssitzigen Kleinbus, blieb natürlich so gut wie kein Platz für Gepäck, begnügte man sich aber mit fünf oder vier Sitzen, blieb hierfür genügend Stauraum. Tausende von Multipla waren in Italien als Taxi unterwegs; bei dieser Version befand sich neben dem Sitz des Fahrers eine Gepäckhalterung.

Der Fahrkomfort war exzellent, auch dank der Vorderachse mit Dreieckslenkern aus dem Fiat 1100. Einige Karosseriekünstler, unter ihnen Pininfarina, verwandelten den Multipla in einen Strandwagen mit offenen Seiten und einer halbrunden Sitzbank im Heck wie in einem Motorboot. **JI**

Fury | Plymouth

1956 • 4965 ccm, V8 • 240 PS/176 kW •
0–100 km/h in 11 Sek. • 185 km/h

Einen Plymouth Fury gab es von 1956 bis 1978, und einen Gran Fury noch einmal von 1980 bis 1989. Das Wort bedeutet so viel wie ungestüm oder zornig, in der Musikwelt kennt man das furioso und in der Antike die Furie als eine Göttin der Rache. Als die Chrysler-Furie 1956 erschien, beeindruckte sie durch Tempo: In Daytona durchmaß im Februar 1956 ein Exemplar die Meile bei stehendem Start mit 198 km/h. Just am gleichen Tag erfolgte die offizielle Vorstellung des neuen Plymouth auf der Chicago Auto Show, 1150 Meilen weiter nördlich, mit Nashville, Tennessee auf halbem Wege. Ein paar Wochen später trat ein Fury bei den Daytona Speed Weeks an und kam sogar auf 230 km/h. Es handelte sich bei diesem Wagen allerdings um ein präpariertes Vorserienfahrzeug. Otto Normalverbrauchers Serienwagen erreichte rund 185 km/h Spitze, was aber auch schon ein respektabler Wert war, mit welchem man sich auf normalen US-Highways nicht erwischen lassen durfte (wer heute so schnell unterwegs ist, riskiert bis zu 1000 Dollar Strafe, je nachdem, in welchem Bundesstaat man erwischt wird).

Die meisten Furys der ersten Serie wurden in eierschalenweißer Lackierung ausgeliefert mit einer goldfarben eloxierten Schmuckleiste an den Seiten. Kein anderer Plymouth kam so daher. Mit 2866 Dollar Basispreis gehörte der Fury zu der etwas teureren Kategorie, aber man wendete sich ja auch eine anspruchsvolle Klientel, die Exklusivität zu schätzen wußte. Entsprechend niedrig blieb die Auflage; sie betrug nicht mehr als 4485 Fahrzeuge. Ein 1958er Modell mit übernatürlichen Furienkräften spielte die Hauptrolle in Stephen Kings Horror-Roman Christine, der auch verfilmt wurde. **MG**

Ein Volvo 122S in New York. Seinen klangvollen Namen Amazon durfte das Auto in verschiedenen Exportländern nicht tragen. ▷

603 | Tatra

1956 • 2545 ccm, V8 • 100 PS/73,5 kW •
0–100 km/h in 16 Sek. • 169 km/h

Nach dem Debüt des Tatra 600 im Jahre 1948 dauerte es bis 1956, ehe ein neues Modell erschien. Die Pkw-Konstrukteure in Koprivnice hatten also acht Jahre Zeit, sich etwas Neues einfallen zu lassen. Aber war es wirklich neu?

Die lange Pause war indessen nicht etwa auf Ideenmangel zurückzuführen, sondern ließ etwas anderes deutlich werden: Bei Tatra war die Herstellung von Personenwagen absolut nachrangig. Die Nutzfahrzeugproduktion genoß den Vorzug, und da es zudem immer wieder zu den im Ostblock zum Alltag gehörenden Schwierigkeiten bei der Materialbeschaffung kam, hatte es zeitweilig längere Unterbrechungen in der Pkw-Herstellung gegeben. So erschien erst Ende 1956 ein neues Tatra-Modell, der 603 – und auch diese Limousine war wieder nach Ledwinkas bewährtem Konstruktionsprinzip entstanden. Der V8-Motor im Heck hatte etwas über 2,5 Liter Hubraum und leistete 100 PS. Die Verdichtung von nur 6,5:1 erlaubte die Verwendung niederoktaniger Kraftstoffe. Das Auto wog 1500 kg und war damit nicht leichter als der Typ 87, lief aber fast 170 km/h. Das Vierganggetriebe wurde an der Lenksäule geschaltet, und die Trommelbremsen wurden später durch Scheibenbremser ersetzt. Die Änderungen während der langen Laufzeit des 603 blieben minimal, abgesehen von einer neuen Frontpartie, die das Fahrzeug 1963 erhielt und bei der die Doppelscheinwerfer im Grill etwas weiter auseinander saßen.

Der unkonventionelle Viertürer war – wie sein Vorgänger – nicht von jedermann zu erwerben. Bevorzugt erhielten ihn Partei- und Regierungs-Dienststellen in Prag, Budapest, Warschau und Ost-Berlin zugeteilt. **BS**

Amazon | Volvo

1956 • 1583 ccm, Vierzylinder • 60 PS/44,1 kW •
0–100 km/h in 17 Sek. • 145 km/h

Volvos Baureihe 121/122/123 erreichte fast die dreifache Produktionszahl der Serie 544. Das Debüt des nordischen Klassikers namens Amazon erfolgte 1956. Das Auto hieß indessen nur in Schweden so: Der deutsche Mopedhersteller Kreidler hatte ältere Rechte an dieser Bezeichnung geltend gemacht und durchsetzen können, so daß Volvo auf diesen Namen im Export verzichtete. Dennoch wurde die Bezeichnung Amazon zu einem internationalen Begriff für dieses Auto. Für das Design des Wagens zeichnete Jan Wilsgaard verantwortlich, der seit 1950 für Volvo tätig war.

In seiner ersten Version wies der Wagen den 1583-ccm-Vierzylindermotor mit einem Vergaser auf, wie er im PV 544 zu finden war. Auch das Dreiganggetriebe war das des Vorgängers. Im März 1958 präsentierte Volvo die nächste Generation in Gestalt des 122S mit einem 85 PS starken Motor und Viergang-Synchrongetriebe. Die bisher viertürig angebotene Limousine erhielt im Oktober 1961 einen Zweitürer zur Seite gestellt, und ab Februar 1962 gab es auch einen Kombiwagen.

Im Zuge konstanter Verbesserungen erhielt die gesamte Serie 1965 Scheibenbremsen an den Vorderrädern. Als neues Einsteigermodell erschien der Typ Favorit mit geringerer Motorleistung, weniger Chrom und einem Dreiganggetriebe. Der Erfolg, den Volvo mit der 120er-Serie zu verzeichnen hatte, ließ auch nicht nach, als 1966 der Typ 140 als Nachfolger erschien. Man schuf sogar noch eine neue Modellvariante in Form des 123GT mit 1,8-Liter-Motor. Ende 1967 nahm man den Viertürer aus der Produktion; ihn ersetzte der neue 144. Der 121 blieb noch ein weiteres halbes Jahr lang der meistverkaufte Pkw in Schweden. **SB**

Winterliche Werbeaufnahme mit Brigitte Bardot, die sich auf der Motorhaube eines Lancia Flaminia einen warmen Sitzplatz gesichert hat … ▷

SE492 Sports | Berkeley

1957 • 492 ccm, Dreizylinder • 30 PS/22 kW • 0–100 km/h in 21,8 Sek. • 130 km/h

Von 1956 bis 1961 existierte in Biggleswade, Bedfordshire, die von Charles Panter gegründete Berkeley Cars Ltd. als Tochterfirma der für ihre Kunststoff-Aufbauten geschätzten Wohnanhänger-Fabrik Berkeley Caravan Manufacturing Ltd. Der Konstrukteur des Berkeley war Lawrence Bond, bekannt geworden auch für die dreirädrigen Kleinwagen, die seit 1947 seinen Namen trugen.

1955 liierte sich Bond mit Panter, dessen Wohnwagenfabrik sich inzwischen die größte in Europa nennen durfte, um mit ihm gemeinsam Autos herzustellen. Auf der Londoner Motor Show im selben Jahr gab der erste Berkeley sein Debüt. Gezeigt wurde ein Wagen mit einem Zweizylinder-Zweitaktmotor von Anzani (322 ccm, 15 PS), der die Vorderräder antrieb. Doch nicht vor September 1956 wurden die ersten Serienfahrzeuge gebaut. Der Zweisitzer war mit aufgesetztem Kunststoff-Hardtop und Seitenteilen zu haben. In der Serienausführung wies das Auto zunächst einen 328-ccm-Excelsior-Motorradmotor auf, ehe dieser von einem 492 ccm großen Dreizylinder mit 30 PS abgelöst wurde. Der mit diesem Motor bestückte Wagen erhielt die Typenbezeichnung B90. Bis Ende 1961 wurde das sportliche Fahrzeug in 620 Exemplaren gebaut. Ab 1958 gab es einen Berkeley Sports sowie ein Modell mit einem 750-ccm-Motor von Royal Enfield. Im gleichen Jahr nahm ein solches Fahrzeug an der Mille Miglia teil – es wurde Klassensieger. Weitere dreirädrige und vierrädrige Modelle folgten, wobei einer der kleinen Sportwagen das Design des Jaguar E-Type vorwegnahm. 1961 fand die Autoproduktion ein Ende; Panter mußte wegen Insolvenz Konkurs anmelden. Insgesamt waren 2500 Dreiradwagen und 2000 vierrädrige Berkeleys entstanden. **DS**

Flaminia Berlina | Lancia

1957 • 2458 ccm, V6 • 110 PS/80,8 kW • 0–100 km/h in 14,5 Sek. • 160 km/h

Selbst Enzo Ferrari mußte zugeben, daß der Lancia Flaminia einer der besten Wagen sei, den er je gefahren habe. Auch Juan Manuel Fangio zählte zu den zufriedenen Besitzern eines solchen Lancia. Kein Wunder, daß auch die Motorpresse einhellig begeistert war von diesem Wagen, der ebensoviel kostete wie ein Cadillac Eldorado, aber diesem weit überlegen sei.

Obwohl der Lancia Flaminia als Nachfolger des Aurelia vorgesehen war, überlebte dieser das Erscheinen des neuen, 1956 vorgestellten Modells um zwei Jahre. Der Flaminia wies weniger Rundungen auf, war schlanker, gestreckter, als Limousine aber auch schwerer. Mit seinen Heckflossen brachte der Wagen ein paar Kilo zuviel auf die Waage. Immerhin hatte man für den Flaminia einen neuen Motor entwickelt, einen V6 mit 2458 ccm, 110 PS stark. Die Serienfertigung begann 1957, und da Lancia mit dem neuen Modell eine gut betuchte Kennerschaft ansprach, ließ sich der Verkauf zufriedenstellend an.

Ab 1963 gab es die Version 2.8-3C mit einem 2775-ccm-Motor und drei Vergasern, damit hatte der Wagen spürbar mehr Temperament. Besonders in den ab 1959 angebotenen Sportversionen: Es gab von Touring sowie von Pininfarina gestaltete Coupés, wobei das von Touring wie ein Maserati 3500 GT aussah. Und in ganz geringer Zahl wurde ein raketenförmig gestylter Zweisitzer von Zagato angeboten, genannt Sport bzw. Supersport. Auch gab es ein Touring Superleggera-Cabriolet. Diese GTs auf verkürztem Chassis waren ästhetisch vollendet, mit ihrer üppigen Lederausstattung hochkomfortabel und mit 180 bis 200 km/h auch sehr schnell. 1970 endete die Flaminia-Produktion. **BS**

Bel Air | Chevrolet (USA)

1957 • 4637 ccm, V8 • 283 PS/209 kW • 0–100 km/h in 8,9 Sek. • 195 km/h

Ein gebrauchter Bel Air Baujahr 1957 war das Auto seiner Träume, das sich der amerikanische Rockmusiker Bruce Springsteen zulegte, nachdem er seinen ersten Plattenvertrag bekommen hatte. Das 1957er Chevrolet-Programm umfaßte seit 1953 die drei Baureihen 150, 210 und Bel Air in nur geringfügig variierter Grundspezifikation. Doch für 1957 gab es einen neuen V8-Motor mit 4637 statt 4342 ccm Hubraum, und in seiner stärksten Ausführung hatte er 283 SAE-PS. Ein so leistungsstarkes Aggregat hatte noch kein Serien-Chevrolet unter der Haube gehabt.

Durch ein gelungenes Facelifting wirkte der 1957er Bel Air länger und niedriger, insgesamt sportlich-dynamischer. Man hatte von 15- auf 14-Zoll-Räder gewechselt und den Heckflossen eine neue Form gegeben; durch eine seitliche und farblich abgesetzte Einkerbung, die sich über das gesamte hintere Fahrzeugdrittel erstreckte, wirkten sie optisch leichter als beim Vormodell.

Der Käufer hatte die Wahl zwischen einem Dreiganggetriebe mit Handschaltung oder der Powerglide genannten Zweistufen-Automatik. Eine stufenlose Automatik gab es gegen Aufpreis ebenfalls, genannt Turbomatik. Zum Tanken klappte man die linke Rückleuchte zur Seite; dahinter verbarg sich der Einfüllstutzen.

Der mit 283 PS heißeste Bel Air hieß Super Turbo Fire V8. Der Ramjet-Motor dieses Boliden wies eine mechanische Benzineinspritzung auf. Liebhaber schworen auf die Langlebigkeit dieses Modells, was auch Bruce Springsteen bestätigen konnte: Seinen Bel Air behielt er bis 1976. Ein Enthusiast bezahlte für das Auto vor nicht allzu langer Zeit 400.000 Dollar. Exemplare von weniger prominenten Vorbesitzern sind billiger. **SH**

Fairlane Skyliner | Ford (USA)

1957 • 4785 ccm, V8 • 212 PS/156 kW • 0–100 km/h in 11,6 Sek. • 165 km/h

Der interessanteste Wagen der Fairlane-Baureihe war der 1957er Skyliner. Das Besondere an diesem Ford war sein im Kofferraum versenkbares Hardtop. Peugeot hatte in den dreißiger Jahren einen ähnlichen Wagen gebaut (genannt Eclipse décapotable), doch Ford ging an sehr viel größere Stückzahlen heran. Wer einen Skyliner bestellte, mußte 400 Dollar Aufpreis bezahlen. Die Heckpartie des Wagens war zur Unterbringung des mobilen Stahldachs etwas länger als beim Auto mit festem Dach, dennoch war der verbleibende Kofferraum minimal. Der Bauaufwand umfaßte 18 Meter zusätzliche Verkabelung und Druckleitungen, zehn Schalter und Relais, acht Unterbrecher, drei Elektromotoren sowie einen Sicherheitsschalter, der dafür zu sorgen hatte, daß der Mechanismus nur aktiviert werden konnte, wenn der Schalthebel auf Leerlauf stand.

Der elektrisch-hydraulische Mechanismus zum Öffnen und Schließen wies in der täglichen Praxis mitunter Probleme auf, doch für solche Fälle gab es eine Handkurbel, mit der sich das Dach bewegen ließ. Das dauerte allerdings etwas länger als jene 60 Sekunden, die der elektrische Vorgang benötigte. Ein Coupé zu besitzen, das zugleich ein Cabriolet war, hatte seinen Reiz. Aber dennoch fanden sich zu wenige Interessenten für den Skyliner, der nur drei Jahre lang gebaut wurde.

Von den anderen Fairlane-Modellen unterschied sich der „Retractable" auch durch einen stärkeren V8-Motor und eine andere Unterbringung seines Benzintanks. 1958 wurde aus dem Fairlane der Galaxie, den es indessen nicht mit dem versenkbaren Coupédach, sondern nur mit einem normalen Cabrioverdeck gab, das sich aber ebenfalls elektrisch betätigen ließ. **LT**

Nuova 500 | Fiat

1957 • 479 ccm, Zweizylinder • 13 PS/9,5 kW • keine Angaben • 85 km/h

Der Nachfolger des Topolino war der Fiat 600. Doch die Turiner befanden, daß es unterhalb seiner Hubraumklasse noch Bedarf an Kleinerem gab, und so entstand ein neuer Cinquecento, um fast ein Viertel billiger als der zwei Jahre zuvor präsentierte 600. Wie jener hatte auch der Nuova 500 einen OHV-Heckmotor, jedoch mit nur zwei statt vier Zylindern und mit Gebläse- statt Wasserkühlung. Es gab ein Vierganggetriebe, Einzelradaufhängung und zwei hinten angeschlagene „Selbstmördertüren".

Noch im Verlauf des ersten Produktionsjahres machte man aus einem Modell zwei: es erschienen der Economica und der Normale. Der Economica stellte das Grundmodell dar, hatte wie der Normale drei PS mehr erhalten und war um 25.000 Lire billiger geworden; der Normale glänzte durch Scheinwerferblenden, Ausstellfenster in den Türen, eine gepolsterte Rückbank und zusätzliche Zierleisten.

1958 gab es sogar ein Modell Sport, dessen Namensgebung sich auf die ersten vier Klassenplätze beim 12-Stunden-Rennen von Hockenheim bezog, die der Fiat 500 für sich hatte verbuchen können. Dieses Modell hatte einen auf 499 ccm aufgebohrten Motor mit neuer Kurbelwelle, größeren Ventilen, modifiziertem Zylinderkopf und größeren Einlaßkanälen. Das 21,5-PS-Auto mit seinen roten Dekostreifen hatte ein festes Dach, kein Textilverdeck nach Topolino-Art wie die Serien-500er. Erst ab 1959 gab es den 500 Sport auch mit einem Klappdach. Ab 1969 war zusätzlich ein kleiner Kombi namens Giardiniera erhältlich. Zwanzig Jahre lang gab es den Cinquecento, mehr als vier Millionen Stück wurden gebaut – Zahlen, die für sich sprechen. **RY**

3500 GT | Maserati

1957 • 3485 ccm, Sechszylinder • 220 PS/162 kW • 0–100 km/h in 7,6 Sek. • 220 km/h

Ende 1957 stellte die Maserati SpA nach einigen schweren Unfällen ihre Rennaktivitäten ein und konzentrierte sich auf den Bau von Straßenfahrzeugen. Als erstes Modell entstand der 3500 GT, der erkennen ließ, daß Maserati dem Konkurrenten Ferrari die Alleinstellung als Italiens Supermarke streitig zu machen plante. Der 3500 GT stellte kein modifiziertes Rennfahrzeug dar, wie sein Vorgänger A6G. Und mit der Zahl von 2223 Exemplaren in sieben Jahren durfte man sogar von einer Großserienfertigung sprechen.

Vieles am 3500 GT, der als Coupé und bald auch als Cabriolet (Spyder) angeboten wurde, durfte als neu bezeichnet werden, einiges hingegen hatte bereits Maserati-Tradition. So war der Stahlrohrrahmen ein Erbe vom A6G, ebenso die schraubengefederte vordere Einzelradaufhängung und die hintere Starrachse an Blattfedern.

Der Motor des 3500 GT war ein Reihensechszylinder mit 3,5 Liter Hubraum. Seine Basiskonstruktion glich der des Grand-Prix-Motors im 250F sowie der des Sechszylinders in den Rennsportwagen 300S und 350S. Unter der Leitung des Chefingenieurs Giulio Alfieri hatte man den DOHC-Motor straßentauglich gemacht; er wies zwei Kerzen pro Zylinder sowie drei Weber-Vergaser auf. Durch die Anordnung der Zündkerzen glaubte man einen Zwölfzylinder vor sich zu haben.

So wie der Motor eine Besonderheit darstellte, waren auch die Aufbauten sehr speziell. Die meisten Coupés wurden von der Firma Touring in Mailand in deren „Superleggera"-Bauweise eingekleidet (superleicht – wegen der Verwendung von Leichtmetall), doch es gab auch solche von Allemano, Bertone, Boneschi, Frua und Moretti. **BS**

XKSS | Jaguar (GB)

1957 • 3442 ccm, Sechszylinder • 250 PS/184 kW • 0–100 km/h in 7,3 Sek. • 240 km/h

Die Leistungsdaten des Jaguar XKSS sind so eindrucksvoll, daß es einem zu glauben schwerfällt, daß sie sich auf einen Wagen beziehen, der vor mehr als einem halben Jahrhundert gebaut wurde. Einem Sportwagen von heute stünden sie ebenso gut an.

Das Auto entstand bei Jaguar aus der Überlegung, überzähliges Material aus der Rennabteilung zu verwerten. Es gab im Werk nämlich eine Anzahl nicht als Rennwagen aufgebauter D-Type-Rahmen und anderer Teile, die sich gut für einen leistungsstarken Straßensportwagen verwenden ließen. Ein solches Auto entstand als Zweisitzer mit minimalen Andeutungen von Türen, einer weit um die Seiten herumgezogenen Frontscheibe und einem flachen Heck ohne eine Stabilisierungsflosse wie beim D-Type. Doch die muskulöse Form des Aufbaus ließ erkennen, daß man es mit einem verkappten Rennwagen zu tun hatte. Von Komfort keine Spur; es ging eng zu in dem zweisitzigen Cockpit, und es gab auch nur ein primitives Stoffverdeck. Der Wagen ließ sich auf 240 km/h beschleunigen – 1957 ein sensationeller Wert. Ob dieses Auto in größerer Stückzahl seine Kunden gefunden hätte, bleibt eine hypothetische Frage, denn nachdem 16 Stück entstanden waren, vernichtete ein Feuer im Werk alle Einrichtungen und Materialvorräte, die für den XKSS vorgesehen waren. Auch andere Maschinen und eine große Zahl fertiger und halbfertiger Wagen anderer Baureihen fielen in jener Brandnacht der Zerstörung anheim. So blieb es bei 16 Exemplaren dieses Straßensportwagens, von denen die meisten in den USA verkauft wurden. Eine ganze Reihe von Replika-Herstellern fühlte sich später animiert, den XKSS detailgetreu nachzubauen. **JI**

300SL Roadster | Mercedes-Benz

1957 • 2996 ccm, Sechszylinder • 215 PS/158 kW • 0–100 km/h in 10 Sek. • 250 km/h

Von August 1954 bis Ende Mai 1967 wurde der Mercedes-Benz 300 SL ausschließlich als Flügeltüren-Coupé gebaut; 1400 Exemplare waren es, und die überwiegende Zahl ging in den Export. Dem „Gullwing" folgte eine Version als zweisitziger Roadster mit normalen Türen. Mit diesem Modell, intern als W198 II bezeichnet, erschloß sich Daimler-Benz neue Käuferkreise, die sich für den Flügeltürer nicht erwärmen konnten ... Eine wichtige Änderung gab es auch an der Hinterachse: Man war von der Pendel-Schwingachse zur Eingelenk-Pendelachse übergegangen mit zusätzlichen Ausgleichs-Schraubenfedern, was die Straßenlage verbesserte. Bei brüskem Bremsen gab es kein Versetzen der hinteren Räder mehr.

Platz für einen Notsitz gab es auch beim Roadster nicht. Hinter den Sitzen ließ sich etwas Gepäck unterbringen, und wenn man offen fuhr, mußte dort das Verdeck unter einer Klappe verschwinden. Doch im Heck gab es einen größeren Kofferraum als im Coupé, nachdem das Reserverad einen anderen Platz erhalten hatte: Es lag in eine Mulde oberhalb des 100 Liter fassenden Kraftstofftanks.

Als im Februar 1963 der letzte Wagen das Werk verließ (es war das 1858. Exemplar), war kein Nachfolgemodell geplant. Eine Ära ging zu Ende. Und eine neue begann: die der Verklärung, denn der 300 SL in beiden Ausführungen avancierte binnen kurzem zu einem der am höchsten bezahlten Liebhaber- und Sammlerwagen dies- wie jenseits des Atlantiks. Noch heute beträgt der Wert eines gut erhaltenen Originals das Vielfache seines damaligen Neupreises, der für den Roadster mit 32.500 D-Mark im Katalog stand. **BS**

Der AWZ P70 auf dem Fließband in Zwickau, wo er 1955 bis 1959 gebaut wurde. Dahinter eine Reihe der letzten EMW 327/2.

Aronde Plein Ciel | Simca

1957 • 1290 ccm, Vierzylinder • 55 PS/40,4 kW • keine Angaben • 132 km/h

Der Italiener Teodoro Enrico Pigozzi, ab 1926 Fiat-Generalimporteur in Paris und seitdem sich Henri-Théodore nennend, begann 1932 auch mit der Montage von Fiat-Fahrzeugen, was auf die Dauer lukrativer erschien als die Einfuhr, wobei er zahlreiche Bauteile von französischen Zulieferern einkaufte. Im November 1934 gründete er in Nanterre die Société Industrielle de Mécanique et Carrosserie Automobile, kurz S.I.M.C.A., die 1935 die Fertigung aufnahm. Gebaut wurden zunächst der 508 Balilla als Simca 6 CV und der Ardita als 11 CV, gefolgt vom 500 (Topolino) als 5 CV, der sich besonderer Beliebtheit erfreute. Ein Erfolg wurde auch der Simca 8 CV alias Fiat 1100. Im Prinzip waren die Simca mit dem Fiat identisch, nur gab es Unterschiede bei Karosserie-Details, und manche Neuerungen erschienen bei Simca eher als bei Fiat.

Nachdem man 1945 bei Simca mit dem Wiederaufbau des im Kriege zum Teil zerstörten Werkes begonnen hatte, setzte sich die Zusammenarbeit mit Fiat zwar fort, doch zusehends ging man in Nanterre eigene Wege. So erschien im Mai 1951 ein erster Simca mit eigener Identität, das Modell Aronde 9 CV. Es war ein Viertürer mit selbsttragender Karosserie, vorderer Einzelradaufhängung an Dreieckslenkern und Schraubenfedern sowie einem 1,3-Liter-Vierzylindermotor (später gab es auch ein 1,1-Liter-Sparmodell). Zwei Jahre später ergänzten ein La Châtelaine genannter Kombi sowie ein zweitüriges Coupé namens Grande Large das Programm. Ein Lieferwagen und ein Pickup kamen hinzu. Der Name Aronde war das französische Wort für Schwalbe, die als stilisierte Darstellung auch auf dem Simca-Markenemblem zu sehen war. **BS**

P70 | AWZ

1957 • 692 ccm, Zweizylinder • 22 PS/16,2 kW • keine Angaben • 88 km/h

Der AWZ P70 gehört zu den Vorläufern des Trabant; die Buchstaben AWZ stehen für Automobil-Werk Zwickau und damit für die frühere Produktionsstätte des DKW. Die Bezeichnung AWZ wurde als Marke nach dem Kriege, also zu Zeiten der DDR eingeführt. Das Automobil-Werk Zwickau gehörte zu der volkseigenen Organisation IFA (Industrieverwaltung Fahrzeugbau).

Die Besonderheit des von 1955 bis 1959 gebauten P70 war eine Karosserie aus gepreßter und mit einem Laminat armierter Holzschliffmasse und Baumwollfasern. Dieses hartflächige und in der Pflege anspruchslose Preßstoffmaterial, bereits vor dem Kriege entwickelt, bekam die Bezeichnung Duroplast". Die Arbeitsgruppe, die den Aufbau für den P70 konzipiert hatte, erhielt den Nationalpreis für Wissenschaft und Technik der DDR. Der 800 Kilogramm wiegende Zweitürer hatte einen Zweizylinder-Zweitaktmotor von 692 ccm im Bug, der 22 PS leistete und seine Kraft auf die vorderen Räder abgab. Das Fahrwerk basierte auf dem des Vorkriegs-DKW. Sächsische Traditionen blieben also gewahrt.

Der P70 wurde von 1956 bis 1959 als Limousine und ab 1957 auch als Kombiwagen in 36.796 Exemplaren gefertigt. Nachdem 1989 die Mauer gefallen war, bekamen viele Bundesbürger einen P70 zum ersten Mal zu sehen, denn zahlreiche Exemplare existierten im Verkehrsalltag der DDR noch. Nachfolger des P70 war der P50, der die Markenbezeichnung AWZ nicht mehr führte. Er wurde am 7. November 1957 (zum 40. Jahrestag der Oktoberrevolution) vorgestellt und war die unmittelbare Vorstufe zum Trabant von 1961, dessen Markenbezeichnung Sachsenring lautete, wie auch beim 1955-58 hergestellten Horch-Nachfolger P240. **HS**

Goggomobil TS 250 | Glas (D)

1957 • 247 ccm, Zweizylinder • 13,6 PS/10 kW • keine Angaben • 84 km/h

Die Landmaschinenfabrik Isaria im bayerischen Dingolfing brachte 1951 den ersten deutschen, voll verkleideten Motorroller auf den Markt, vom Firmeninhaber Hans Glas „Goggo" getauft (dies war der Kosename seines Enkelkindes). Mehr als 60.000 Stück wurden bis 1954 gebaut. Von 1953 bis 1955 wurden auch dreirädrige Lastenroller hergestellt, sie hatten einen 10 PS starken 197-ccm-Motor und waren für 250 kg Nutzlast ausgelegt.

Eine weitere brillante Idee des cleveren Unternehmers Hans Glas war es, ein Miniaturauto auf den Markt zu bringen, das im Unterschied zu den Kabinenrollern wie ein richtiges Auto aussah. Das vierplätzige und zweitürige Goggomobil, entstanden unter der Regie seines Sohnes Andreas Glas und des Chefkonstrukteurs Karl Dompert, hatte bei seinem Erscheinen 1955 einen 250-ccm-Zweitaktmotor mit Gebläsekühlung im Heck, der aber so schwach war, daß 350- und 400-ccm-Versionen bald folgten. Zwar war der PS-Zuwachs nur gering, aber er half dennoch, mit dem Verkehrsfluß besser mitzuhalten.

Das Goggomobil durchlief eine Reihe stetiger Verbesserungen; 1967 wurden auch die Türen vorn statt wie bisher hinten angeschlagen. Ab 1956 stand ein zwei-plus-zweisitziges Coupé TS zur Verfügung, mit einer Andeutung von Kühlergrill und großzügiger Verglasung.

Die nicht nur in Deutschland gut verkäuflichen Kleinstautos wurden, als Glas im November 1966 von BMW übernommen wurde, noch bis 1968 weitergebaut. Besonders das Coupé hat Kultstatus erreicht. Nicht viele haben die Wirren der Zeit überlebt. **HS**

Elite | Lotus (GB)

1957 • 1216 ccm, Vierzylinder • 75 PS/55,1 kW • 0–100 km/h in 10 Sek. • 187 km/h

Kann ein Serienwagen mit nur 1,2 Liter Hubraum wirklich 187 km/h erreichen? Der Lotus Elite konnte es. Denn er wog nur 505 kg, dank seiner leichten Bauweise. In der Reihenfolge der Konstruktionen war der Lotus Elite der Typ 14, doch so wurde er nur selten genannt. Seine Vorstellung fand gleichzeitig mit der des Rennwagens Typ 11 statt, aber er war ein reiner Straßenwagen. Und er wies als erstes Serienautomobil der Welt eine selbsttragende Kunststoffkarosserie auf, angefertigt bei der Flugzeugfabrik Bristol. Colin Chapmans schlanker, adretter GT erregte bei seiner Präsentation auf der Motor Show in London 1957 großes Aufsehen.

An eingegossenen Metallträgern waren die Anlenkungen der vorderen Einzelradaufhängung sowie der hinteren Trägerelemente befestigt. Es gab ringsum Scheibenbremsen – auch das war 1957 noch recht ungewöhnlich. Die Fahreigenschaften des Elite waren hervorragend, allerdings hatte man Dröhnen und Vibrieren in Kauf zu nehmen.

Die Motoren kamen von Coventry-Climax, und der des Elite S2 hatte zwei Vergaser. Die 1962 eingeführte SE-Version leistete 85 statt 75 PS, und noch stärkere Versionen hießen je nach Leistung Super 95, Super 100 oder Super 105. Die strömungsgünstige Karosserie (cw = 0,26) des Elite hatte Peter Kirwan Taylor entworfen, und ihren letzten Schliff hatte sie von Mike Costin bekommen, Chef-Aerodynamiker bei der de Havilland Aircraft Company. Sechsmal hat ein Elite den Klassensieg bei den 24 Stunden von Le Mans gewonnen, und daß von 1000 gebauten Wagen noch 700 existieren, ist ein Beweis seiner Qualität. Ein Geschäft war der Elite für die Firma Lotus Engineering nicht. **JI**

Der kleine Kompaktwagen auf der 1958er Autoausstellung Turin hieß zwar Vespa, doch er war ein französisches Fabrikat.

Vespa 400 | ACMA

1957 • 394 ccm, Zweizylinder • 14 PS/10,3 kW • 0–65 km/h in 23 Sek. • 90 km/h

Wir kennen die Vespa als einen klassischen Motorroller aus Italien. Aber es gab 1957-1961 auch ein Auto dieses Namens, produziert in Frankreich. Es war ein Produkt der Ateliers de Constructions de Motocycles et Accessoires (ACMA) in Fourchambault, Nievre. Die von Piaggo, dem Hersteller des Vespa-Motorrollers entwickelte kleine Cabrio-Limousine war ursprünglich für den italienischen Markt vorgesehen, doch mit Rücksicht auf den gleichzeitig erschienenen Fiat Nuova 500 des allmächtigen Konkurrenten in Turin nahm Piaggo Abstand von diesem Vorhaben und realisierte das Projekt stattdessen in Frankreich. Dort produzierte man unter Piaggo-Beteiligung täglich etwa 260 Vespa-Roller.

Der Vespa 400 bot Platz für zwei Erwachsene und zwei Kinder. Angetrieben wurde der Kleinwagen von einem luftgekühlten, 14 PS leistenden Zweizylinder-Zweitakter von 394 ccm im Heck. Die Karosserie war selbsttragend und durch zwei Längsträger unterhalb der Türschweller verstärkt. Der Beifahrersitz ließ sich doppelt zusammenfalten und nach vorn klappen, wodurch Raum für sperrige Güter entstand. Vorn wies das Auto Federbeine und mit einem Querstabilisator kombinierte Längslenker, hinten Dreiecksquerlenker und Schraubenfedern auf.

Im Herbst 1957 wurde der Vespa 400 auf dem Pariser Salon vorgestellt; erhältlich waren eine Normal- und eine De Luxe-Version. 34.000 Stück wurden bis 1961 gebaut; zweifellos hätte der Vespa 400 auch weiterhin bestehen können, doch der 1960 eingeführte Fiat 500 D war auch für eine Vermarktung in Frankreich gedacht, und abermals zog es Piaggo vor, sich mit Fiat nicht auf einen Wettbewerb einzulassen. **BS**

Cresta PA | Vauxhall

1957 • 2262 ccm, Sechszylinder • 82 PS/60,3 kW • 0–100 km/h in 18 Sek. • 140 km/h

Speziell britische Automobilhersteller sind sehr darauf bedacht, daß hochgestellte Persönlichkeiten oder besser noch Mitglieder der königlichen Familie zu ihrer Kundschaft zählen. Vauxhall genoß dieses Privileg beim Modell Cresta insoweit, als sich im Fuhrpark von Queen Elizabeth II. ein Exemplar befand und von ihr privat genutzt wurde. Der Wagen Ihrer Majestät war aber kein Serienfahrzeug, sondern ein nachträglich zum Kombiwagen umgebautes Auto.

Vauxhall war wie Opel eine General-Motors-Tochter, und der amerikanische Einfluß auf das Styling der Nachkriegsmodelle wurde speziell bei diesem Hersteller bei der Cresta-Baureihe besonders deutlich. Heckflossen, schwerer Chromschmuck, Panoramascheiben: was für die Kunden in den USA gut war, das sollte auch Autokäufern in Großbritannien gefallen. Nur auf die riesigen, unwirtschaftlichen Achtzylindermotoren wurde verzichtet. Sechs Zylinder taten es auch. Der 2262-ccm-Six im Vauxhall Cresta leistete 82 PS bei 4400 U/min, sein Dreiganggetriebe ließ sich an der Lenksäule schalten. Dem Zeitgeschmack entsprechend bot man den Wagen in zweifarbiger Lackierung an; die durch Weiß ergänzten Grundfarben waren Pink, Türkis, Hellgrün oder Rotbraun. Der Wagen sah geräumiger aus als er war, nur der weit ausladende Kofferraum hatte wahre Golfgepäck-Dimensionen. Irgendwie paßte das Styling des Cresta gut in die britische Teddyboy-, Dufflecoat- und Carnaby-Street-Zeit.

1960 erhöhte Vauxhall den Hubraum des OHV-Motors auf 2651 ccm, resultierend in 20 PS Mehrleistung. Dieser als Cresta PA bezeichnete Vauxhall blieb bis 1962 im Programm, bis er vom PB abgelöst wurde. **RY**

M-21 Wolga | GAZ (SU)

1957 • 2445 ccm, Vierzylinder • 70 PS/51,5 kW • keine Angaben • 130 km/h

Als US-Präsident George W. Bush am 8. Mai 2005 Wladimir Putin einen Besuch abstattete und von seinen russischen Amtskollegen in dessen privater Residenz empfangen wurde, ließ es sich der Potentat nicht nehmen, seinen Gast in einem seiner Oldtimer Platz nehmen zu lassen. Die anwesenden Pressefotografen schossen Hunderte von Bildern, die Bush am Steuer eines 1957er GAZ Wolga M-21 zeigen, mit einem lächelnden Putin auf dem Beifahrersitz.

Der Wolga (in manchen westlichen Ländern auch Volga geschrieben) vom Typ M-21 war der Nachfolger des Pobjeda M-20, der eine Auflage von einer Viertelmillion erlebte (siehe Seite 232). Die äußere Form des Wolga durfte man als schlicht, aber zeitgemäß bezeichnen, doch Chassis und Fahrwerk hatte man vom Vorgänger übernommen. Als einziges Mittelklassefahrzeug der damaligen Sowjetunion fand der M-21 nicht nur dort, sondern auch in allen anderen Ländern des Ostblocks große Verbreitung.

Bei dem Motor handelte es sich zunächst um einen seitengesteuerten Vierzylinder mit 2432 ccm Hubraum, der 1957 von einem 2445-ccm-Motor mit hängenden Ventilen (Kopfsteuerung) abgelöst wurde. Ein Jahr später kam der M-21 Serie II heraus, äußerlich bis auf einen modifizierten Kühlergrill und ein neues Armaturenbrett kaum verändert. Schließlich erschien 1962 auch ein Kombiwagen, der als M-22 figurierte. Auch der zur gleichen Zeit eingeführte M-21 Serie III erfuhr nur kosmetische Veränderungen. Mehr war nicht notwendig – gegen einen Konkurrenten hatte der Wolga ja nicht zu bestehen. Hergestellt wurde der etwas hochbeinige Wagen in den GAZ-Werken in Gorki. **SH**

Caravelle | Renault

1958 • 1108 ccm, Vierzylinder • 52 PS/38,2 kW • 0–100 km/h in 18 Sek. • 145 km/h

Basierend auf der Dauphine und für den amerikanischen Markt gedacht, wurde auf der Pariser Automobilausstellung im Oktober 1958 das Modell Caravelle vorgestellt. Einen Prototyp hatte Renault bereits in Genf gezeigt. Außerhalb von Nordamerika war die Caravelle in den ersten vier Jahren als Floride bekannt und bekam erst danach auch in Europa den Namen Caravelle. Das Foto zeigt die 1962er Ausführung, deren von Frua gezeichnete Karosserie kantiger und glattflächiger geworden war.

Die neue Caravelle unterschied sich auch im Dachaufbau von der Floride: Er war länger und bot im Fond mehr Kopffreiheit. Sparsamer war man mit Chromschmuck umgegangen, und es gab Scheibenbremsen jetzt auch an den Hinterrädern. Mit 2270 mm war der Radstand jedoch gleich geblieben. Die Lieferzeiten waren stets lang, und wenn der Kunde endlich sein Auto bekam, war er etwas enttäuscht: Das Temperament des Wagens ließ zu wünschen übrig. Serienmäßig hatte die Caravelle einen 9,2:1 verdichteten 1108-ccm-Motor mit 52 PS. Alternativ war ab Ende 1962 das Coupé mit dem 956-ccm-Motor der Floride S zu bekommen, 46 PS leistend – und damit noch ein wenig lahmer. Im Unterschied zur Floride hatte die Caravelle ein Viergangggetriebe; auch gab es eine Dreigang-Getriebeautomatik.

Zweifellos handelte es sich bei der Caravelle um ein gut durchkonstruiertes Auto, für das eine bestimmte Klientel existierte, dennoch rangierte dieses Modell als Außenseiter im Programm. Die Fahreigenschaften waren nur wenig besser als die der Dauphine, mit der sich der Wagen das Fahrwerk teilte. Dennoch fanden bis zum Produktionsende 1968 gut 117.000 Stück einen Käufer. **MG**

Im Jahr 2009, nicht 1960 aufgenommen: Taxistand am Bahnhof von Kolkata, Sitz der Firma Hindustan Motors. ▷

Grantura | TVR

1958 • 1216 ccm, Vierzylinder • 83 PS/61 kW •
0–100 km/h in 10,8 Sek. • 163 km/h

Der Grantura erschien als erster Serienwagen des Sportwagenherstellers TVR in Blackpool. Trevor Wilkinson hatte seine Firma Trevor Motors (später Layton Engineering) bereits 1947 gegründet, präsentierte aber nicht vor 1958 seinen ersten Grantura – eine phonetisch saloppe Verfremdung von „Grand Tourer". Bis dahin waren Einzelstücke unterschiedlicher Spezifikation entstanden, unter Verwendung von Bauteilen anderer Hersteller und mit Blechkarosserien. Die Wilkinson aber allesamt als zu schwer befand, weshalb er einen Aufbau aus glasfaserverstärktem Kunststoff entwarf. Das damit versehene Sportcoupé mit Frontmotor wies die hinteren Radaufhängungen des Volkswagens auf, eine eher ungünstige Lösung, die zu nicht immer kontrollierbarem Übersteuern führte. Dem Käufer überließ man die Wahl des Motors, wobei meist die Entscheidung zugunsten eines OHC-Vierzylinders von Coventry-Climax fiel, der mit gut 1,2 Liter Hubraum 83 PS leistete. Interessant war auch der 1,5-Liter-MGA-Motor oder einer der Ford-Vierzylinder Typ 100E oder 105E aus dem Anglia.

Den 1960 vorgestellten Grantura Mk.II erhielt man aber ausschließlich mit dem MGA-Motor. Der Mk.III von 1962 schließlich hatte eine neue, bei TVR entwickelte Einzelradaufhängung zu bieten, was den Fahreigenschaften zugute kam. Ab 1964 stattete man den Grantura mit einem 1,8-Liter-Motor aus, der ebenfalls dem MGB entstammte, und nannte das Coupé Mk.IV. Jede Version bekam ein paar Detailverbesserungen mit auf den Weg, vor allem bot das Cockpit viele Gelegenheiten zur Optimierung. Das kurze, steil abfallende Schrägheck mit der Panoramascheibe blieb das klassische Erkennungsmerkmal des Grantura. **JI**

Ambassador | Hindustan

1958 • 1489 ccm, Vierzylinder • 55 PS/40,4 kW •
0–100 km/h in 30,5 Sek. • 118 km/h

Es gibt Autos, die sind einfach unsterblich. So wie der in Indien seit Anfang 1958 produzierte Ambassador, der einst als Morris Oxford Serie III in Cowley vom Band lief. Der in Indien kurz „Amby" genannte Viertürer wird unter Verwendung des originalen Maschinenparks in einem Werk bei Kalkutta (Kolkata) in West-Bengalen hergestellt. Dort hatte Hindustan Motors 1942 mit dem Modell Landmaster die Automobilfertigung aufgenommen, und auch dieses Auto war damals schon so etwas wie ein britischer Oldtimer: Es handelte sich um den Morris Ten/4 von 1933. In Indien brachte er es zu einiger Berühmtheit, die vom Ambassador inzwischen übertroffen wird. Auch ein deutsches Fabrikat gab es lange Zeit als indische Nachbau-Lizenz: den Bajaj alias Tempo. Später ging Bajaj mit der Daimler-Benz AG einen Lizenzvertrag ein, der den Nachbau des Motors OM 616 vorsah. Die Bajaj Tempo Ltd. blieb mit den Nachfolgern der deutschen Tempo-Werke, die inzwischen zu Rheinstahl-Hanomag und dadurch ab 1969 zu Daimler-Benz gehörten, über diesen Umweg verbunden.

Mit Aufnahme einer eigenen Automobilproduktion erhöhte der Staat die Einfuhrzölle drastisch, um die junge heimische Fahrzeugproduktion zu fördern. Der Ambassador blieb 23 Jahre lang das einzige Hindustan-Modell und wird inzwischen mit einem 71 PS leistenden 1,8-Liter-Benzinmotor oder 1,5-Liter-Dieselmotor angeboten. Es gab im Laufe der Zeit einige Änderungen am Fahrzeug, aber das Erscheinungsbild änderte sich nicht. Bemühungen, den Ambassador nach Europa zu importieren, scheiterten nach einigen Anläufen an Sicherheitsauflagen, die das Auto nicht im Entferntesten zu erfüllen vermag. **RY**

Serie 62 Hardtop Coupé | Cadillac

USA

1958 • 5981 ccm, V8 • 310 PS/228 kW • 0–100 km/h in 10.9 Sek. • 182 km/h

Mit dem sogenannten Hardtop Coupé (von den Amerikanern „Kuup" ausgesprochen, ohne das bei uns betonte é) hatte Cadillac ein Modell im Programm, das sich seit seinem Erscheinen guter Nachfrage erfreute und innerhalb aller Modellgenerationen in ordentlichen Stückzahlen verkauft wurde. Die Konstruktion der Serie 62 Limousine bildete die Grundlage zu diesem Auto, ein reichhaltig ausgestattetes Hardtop mit massivem Chromzierrat an der Front. Die lange Motorhaube und die bis 1960 immer größer werdenden Heckflossen galten als Statussymbole. Neu waren Radios mit automatischem Senderdurchlauf und Türen mit zentraler Schließtechnik.

1956 wurde das Interstate-Highway-System in den USA eingeführt, das die Autobahnen der Bundesstaaten miteinander verknüpfte. Das bedeutete, daß der Langstreckenverkehr zunahm; die Amerikaner bewegten sich jetzt nicht mehr nur von Stadt zu Stadt,

sondern von Küste zu Küste. Deshalb wurden die Autos auch komfortabler. 1958 aber gab es eine Wirtschaftsrezession in den Staaten; die Autohersteller taten sich schwerer als zuvor, ihre neuen Modelle zu verkaufen. Gleichwohl war die Auswahl mehr als reichhaltig. Zu einem Klassiker mit besonderer Wertschätzung avancierte der 1958er Cadillac Serie 62. Üppigkeit und Luxus im Überfluß kennzeichneten auch diesen Caddy, den ein kräftiger 5981-ccm-Motor (ab 1959 sogar 6391 ccm) locker über die Highways transportierte. 1960 nahm Cadillac das Barockstyling etwas zurück, und 1965 war das Hardtop Coupé ein fast „normales" Auto europäischer Anmutung geworden. Sicherheit und Wirtschaftlichkeit rückten in den Vordergrund. Man stellte dem Coupé einen Viertürer (ohne Mittelpfosten) zur Seite, Sedan de Ville genannt, und zuletzt erschien auch ein Cabriolet. 1967 und 1969 wurden einschneidende Modifikationen vorgenommen. **BS**

Messerschmitt Tiger | FMR

1958 • 493 ccm, Zweizylinder • 19,5 PS/14,3 kW • 0–100 km/h in 32 Sek. • 125 km/h

Der dreirädrige Messerschmitt Kabinenroller, gebaut von 1953 bis 1964, war mit seinen Tandemsitzen, der aufklappbaren Plexiglaskuppel und einem Motorradlenker eine der merkwürdigsten Erscheinungen der deutschen Kleinstwagenwelt nach dem Kriege. Der Ingenieur Fritz M. Fend hatte 1947 in Regensburg einen Fertigungsbetrieb gegründet, wo erste Prototypen entstanden, ehe er die Firma Messerschmitt als Lizenznehmer für seine Dreiradfahrzeuge gewann. Der ehemalige Flugzeughersteller Messerschmitt war in dringender Verlegenheit, neue Geschäftsfelder zu finden. Die Fabrikation fand in einer Tochtergesellschaft namens Regensburger Stahl- und Metallbau GmbH statt, aus der im Januar 1957 die von Messerschmitt herausgelöste Fahrzeug- und Maschinenbau GmbH Regensburg, abgekürzt FMR, wurde und der Fend vorstand.

Der vorher im Messerschmitt-Werk produzierte Kabinenroller wurde hier unter der Markenbezeichnung FMR weitergebaut und erhielt zugleich ein neues Markenzeichen. Etwa 50.000 Einheiten des Messerschmitt KR 175 (1953-54) und KR 200 (1955-64) wurden insgesamt gebaut. Die vierrädrige, gut 125 km/h schnelle Sportversion gab es 1958 bis 1961 mit einem zweitaktenden 493-ccm-Sachs-Twin und hieß Tg 500 oder auch Tiger. Nicht mehr als 250 Exemplare wurden von diesem Straßenflugzeug hergestellt, wobei ein Preis von 3725 DM genau dem eines Volkswagens entsprach. Eigentlich hatte der Tiger bis auf seine sportliche Fahrcharakteristik nicht viel zu bieten, wie alle Kleinstwagen jener Zeit. Gepäck zum Beispiel mußte man außenbords aufschnallen. Dennoch: Der Tiger ist heute eine von Sammlern gesuchte Rarität. **HS**

Sprite Mk.I | Austin-Healey (GB)

1958 • 948 ccm, Vierzylinder • 43 PS/31,6 kW • 0–100 km/h in 20,5 Sek. • 136 km/h

Möglichst preiswert sollte er sein – und unverwechselbar. Donald Healey und sein Sohn Geoffrey lösten diese Aufgabe exzellent. Wobei das originellste Merkmal des Austin-Healey Sprite, nämlich die Froschaugen-Scheinwerfer, eigentlich eine Notlösung darstellten. Denn Donald Healey wollte sie versenkbar machen, was sich aber nicht durchführen ließ, weil ein Klappmechanismus zu kostspielig gewesen wäre. Also behielten sie ihre Position auf der Motorhaube auch bei, wenn man sie nicht eingeschaltet hatte ...

Dieser kleine, kompakte Zweisitzer entstand 1958 ohne Unterstützung Austins auf Initiative von Vater und Sohn Healey und deren Mitarbeiter Gerry Coker. BMC übernahm die Konstruktion ohne Zögern. Schnell eroberte der Sprite die Herzen junger Sportwagen-Enthusiasten. Das Auto wurde durch einen BMC-Vierzylinder von 948 ccm (A-Serie genannt) angetrieben, wie er auch im Austin A35 saß; das Getriebe stammte ebenfalls vom A35. Lenkung und Bremsen waren die des Morris Minor. Den Spitznamen „Frogeye" (Froschauge) bekam das Auto übrigens nur in Europa; die Amerikaner nannten es „Bugeye" (Käferauge). Besonders schnell war der Wagen nicht, bot aber viel Fahrvergnügen. Frisierte Exemplare mischten im Motorsport erfolgreich mit. 1961 wurde das knapp 49.000mal produzierte „Froschauge" vom Modell Mk.II abgelöst, fast baugleich mit dem MG Midget Mk.I aus dem gleichen Konzern. Über die Jahre gab es viele Verbesserungen wie vordere Scheibenbremsen sowie einen 1098- und einen 1275-ccm-Motor. Als 1970 der Vertrag zwischen Donald Healey und der Firma Austin auslief, hieß das letzte Modell, der Mk. IV, nur noch Austin Sprite. **JI**

PV445 Duett | Volvo

1958 • 1584 ccm, Vierzylinder • 66 PS/48,5 kW • 0–100 km/h in 24 Sek. • 140 km/h

Als der PV544 dem PV444 (siehe Seite 148) nachfolgte, machte die amerikanisch gestylte Limousine mit dem Katzenbuckel nicht den Eindruck, als verfüge sie über hohe sportliche Qualitäten. Genau das war aber der Fall. Mit dem 1958 eingeführten PV544 wurden unzählige Rundstrecken- und Rallyesiege eingefahren. Gegenüber dem PV444 gab es eine Menge Verbesserungen, zum Beispiel eine einteilige Windschutzscheibe und ein größeres Platzangebot im Fond. Der Wagen war in vier verschiedenen Ausführungen zu bekommen, was Ausstattung und Motorisierung betraf. Wahlweise erhielt man statt des serienmäßigen Dreigang- ein Vierganggetriebe. Besonders reizvoll war die Version Sport mit 85 PS (ein Motor, den vorher nur Exportfahrzeuge für die USA hatten). Ab 1960 stand auch ein 1,8-Liter-Motor zur Verfügung (Modellbezeichnung B18), mit zwei Vergasern und 90 PS – genau das richtige Fahrzeug für den erfolgreichen Einsatz im Motorsport. Die Bauart des PV444 ließ eine beliebige Veränderung der Karosserie nicht zu. Um dennoch einen Kombiwagen wie den oben abgebildeten herstellen zu können, mußte man andere Wege beschreiten: Statt in selbsttragender Bauweise erhielt der Aufbau des 1953 vorgestellten PV445 einen Kastenrahmen. Im übrigen war seine Mechanik mit der des PV444 identisch, auch der Motor und das Getriebe waren die gleichen. Hinten hatte das äußerst geräumige, mit zwei Flügeltüren am Heck versehene Auto Blattfedern und doppelt wirkende Teleskopstoßdämpfer. Die Zuladekapazität betrug 500 kg, und es gab auch eine Version als Pickup, ferner Lieferwagen, Bestattungswagen und Ambulanzen. Der PV445 wurde von 1953 bis 1969 hergestellt. **MG**

360 | Subaru

1958 • 356 ccm, Zweizylinder • 16 PS/11,8 kW • 0–80 km/h in 37 Sek. • 96 km/h

Subaru ist eine Automarke der Fuji Heavy Industries. Ihre Ursprünge gehen auf das Jahr 1917 zurück, und wie bei vielen großen Unternehmen Japans liegen die Wurzeln im Rüstungsgeschäft.

Das Modell 360 war, als es 1958 erschien, das erste Auto der Marke Subaru. Die Bezeichnung hatte man nach dem kleinen Zweitaktmotor gewählt. In dieser Hubraumgröße offerierten auch anderen japanische Firmen Kleinwagen, denn sie bot Steuer- und Versicherungsvorteile. „Kei Cars" wurden die Winzlinge genannt, die auf den engen Straßen japanischer Städte aber noch lange nicht die Rikscha und das Fahrrad ablösten. Kei Cars waren von der Vorschrift ausgenommen, nach welcher ein Autobesitzer einen Abstellplatz für sein Auto nachzuweisen hatte, wollte er den Wagen zulassen.

Der auch „Maia" (Marienkäfer) genannte Subaru war 3,0 Meter lang und 1,40 Meter breit; er hatte vier Räder und nicht nur drei, wie die meisten anderen Kei Cars, und er bot vier (kleinen) Personen Platz. Der Motor saß im Heck. Wie bei Zweitaktern üblich, wurde ein Benzin-Öl-Gemisch getankt, man mußte die Mixtur vor dem Einfüllen mischen. Die Bauart der Karosserie war sehr modern, denn sie bildete eine Monocoque-Struktur und entbehrte eines Chassisrahmens. Die Konstruktion des Fahrwerks mit der gemeinsamen Federung für die Räder einer Seite war dem Citroën 2CV entlehnt. Die Produktion stieg von 385 Stück im ersten Jahr auf insgesamt 75.781 bis zum Jahr 1967. Es gab diesen Subaru von 1958 bis 1971. Damals war die japanische Fahrzeugindustrie noch nicht exportorientiert, sonst hätte es den Wagen wohl auch in Europa gegeben. **JI**

Ein 1960 veröffentlichtes Inserat, das in England die Einführung des Ford Anglia ankündigt.

A40 Farina | Austin

1959 • 948 ccm, Vierzylinder • 34 PS/25 kW •
0–100 km/h in 35,6 Sek. • 123 km/h

1958 stellte die British Motor Corporation den Austin A40 vor, ein neues Modell, das über den Typ-A-Motor und das Getriebe vom Vorgänger A35 verfügte. Doch das Design der Karosserie wies den Weg in eine neue Richtung. Die Zusatzbezeichnung Farina ließ erkennen, wer an der Karosseriegestaltung maßgeblich mitgewirkt hatte: Pininfarina.

Der etwas unauffällig anmutende A40 Farina gehört zu den bedeutendsten Modellen, die je unter dem Austin-Label produziert wurden. Er war auch der erste Austin, dessen Design nicht vom BMC-Stylingchef Dick Burzi stammte, sondern von einer italienischen Firma. Und das Konzept, nach welchem der neue Mittelklassewagen entstand, machte in aller Welt Furore: Der Viersitzer war zugleich so etwas wie ein Kombiwagen, hatte statt eines Stufenhecks eine große Heckklappe.

Unter der Motorhaube fand sich nicht nur der Vierzylindermotor samt Getriebe vom A35, sondern auch Fahrwerk und Bremsen waren die des A35. Mit Einführung des Mk.II im Jahre 1961 wurden die Bremsen verbessert, der Radstand verlängert und der Kühlergrill verschönert. Und im Jahr darauf war das Auto auch mit einem stärkeren Motor erhältlich, jetzt mit 1098 ccm Hubraum, den man auch in etlichen anderer BMC-Autos fand. Der praktische und formschöne Wagen blieb lange Zeit von Sammlern verschmäht, was dazu führte, daß von den fast 350.000 produzierten Exemplaren nur wenige erhalten geblieben sind. Sportlichen Ruhm erntete der A40 ebenfalls: Im Januar 1959 beteiligten sich Pat Moss und Ann Wisdom mit einem solchen Wagen an der Rallye Monte-Carlo und kamen auf einen beachtlichen zehnten Platz in der Gesamtwertung. **SB**

Anglia 105E | Ford

1959 • 997 ccm, Vierzylinder • 39 PS/28,7 kW •
0–100 km/h in 26,9 Sek. • 112 km/h

Zwischen 1939 und 1967 hatte Ford in England vier verschiedene Baureihen auf den Markt gebracht, die den Namen Anglia trugen. Der letzte war der berühmteste – das Modell 105E. Der erste hieß E04A, kam kurz vor Kriegsausbruch heraus und war eine Weiterentwicklung des Ford Y. Ab 1949 gab es ihn als Mark II zu kaufen, und 1953 wurde aus ihm der Pupular, der sechs Jahre lang in Produktion blieb. Dann kam ein ganz neuer Anglia 100E in einem Gewand, das dem des Ford Consul ähnelte und viel Anklang fand: Mehr als 350.000 Stück wurden produziert. Nun war auch Großbritannien an seinem „Wirtschaftswunder" angelangt ...

Die vierte und letzte Variante kam in die Schaufenster der Händler im Jahre 1959. Daß seine Karosserie eine Menge amerikanischer Stilelemente aufwies, verdankte das Auto dem Designer Elwood Engel, den die US-Ford-Mutter nach Birmingham entsandt hatte. Angedeutete Heckflossen, Scheinwerfer mit „Augenlidern" und eine nach unten eingewinkelte Heckscheibe – alles angeblich im Windkanal getestet – verliehen dem 105E ein ungewöhnliches Aussehen. Endlich gab es auch jenen Scheibenwischer mit Unterdruckantrieb nicht mehr, der bei niedrigen Tourenzahlen zu erlahmen pflegte.

Die Fahreigenschaften durften als akzeptabel gelten, nur die Kugelumlauflenkung wirkte etwas unpräzise. Als ganz hervorragend aber ließ sich der Motor des neuen Anglia bezeichnen. Er war ein schnell drehender OHV-Vierzylinder von 997 ccm, versehen mit Fords erstem Vierganggetriebe. Dieses Aggregat erlebte eine lange Karriere als Basis für Rennmotoren, etwa in Formel-Junior-Wagen. Ab 1962 gab es den 105E als Kombiwagen und als Super mit 1,2-Liter-Motor. **RY**

GT | Gilbern (GB)

1959 • 1798 ccm, Vierzylinder • 95 PS/89,8 kW • 0–100 km/h in 9,7 Sek. • 163 km/h

Die erste Betriebsstätte der Gilbern Sports Car Co. befand sich in Llantwit Farbre, Wales. Die Vornamen der Firmengründer ergaben den Markennamen des Autos, das sie zu bauen beabsichtigten: Giles Smith und Bernhard Friese, ein ehemaliger deutscher Kriegsgefangener.

Der ab 1959 in Pontypridd gebaute Gilbern gehörte zu jenen Autos, die in Großbritannien auch als Bausatz zu bekommen waren, was 20 Prozent des Preises an Kaufsteuern sparte. Alle Preise verstanden sich damals „plus PT" – purchase tax. Doch auch ein fahrfertig montiert angebotener Gilbern GT war ein preisgünstiges Auto, denn seine Komponenten stammten weitgehend aus der Großserienproduktion. So befand sich unter dem Kunststoffaufbau mit Stahlrohrrahmen der kleine BMC-Vierzylindermotor vom Typ A, wie ihn auch der Austin A35 und der MG Midget hatten. Ganz erstaunliche Fahrleistungen konnte erzielen, wer einen Sharrock-Kompressor erwarb, wodurch sich die Leistung des Motors von 42 auf 68 PS anheben ließ. Damit wurde das kleine, gutaussehende Coupé zu einer Rakete. Nachfolgende GT-Modelle bekamen den 1098-ccm-Vierzylinder von Coventry-Climax oder den 1622-ccm-Motor vom MGA, und 1963 bot Gilbern den Wagen auch mit dem 1798-ccm-Motor mit 95 PS aus dem MGB an, den das Foto zeigt.

Der mit seinen dezenten Heckflossen versehene, sehr sauber verarbeitete und mit Speichenrädern besonders schmuck wirkende Gilbern GT wurde als Viersitzer bezeichnet, denn es gab im Fond eine schmale Sitzbank. Die Türen waren breit und öffneten weit genug, um hineinkrabbeln zu können. Insgesamt wurden nur 277 Gilbern GT hergestellt. **GT**

Sport Prinz | NSU

1959 • 596 ccm, Zweizylinder • 30 PS/22 kW • 0–100 km/h in 26 Sek. • 120 km/h

Lange bevor die vor allem für ihre Motorräder berühmt gewordene Firma NSU Ende der zwanziger Jahre ihre Pkw-Produktion an Fiat verkaufte, womit die Marke NSU-Fiat entstand, genossen die seit 1906 in Neckarsulm gebauten Autos einen guten Ruf.

Nach dreißig Jahren Abstinenz stellte NSU 1957 erstmals wieder ein Auto unter seinem eigenen Markenzeichen vor, einen Kleinwagen mit Heckmotor, der im März 1958 unter der Modellbezeichnung Prinz in Serie ging. Im September folgte ein schickes Sportcoupé in Fließheckbauweise, gestaltet von Nuccio Bertone. Die Mechanik des Zweisitzers war die des Prinz III bzw. Prinz IV mit dem gleichen luftgekühlten 596-Zweizylinder-Viertaktmotor im Heck. Bis zum Sommer 1962 wurde der Wagen komplett bei Bertone in Turin montiert, parallel dazu stellte aber auch die Heilbronner Karosseriefabrik Drauz Aufbauten her. Ab August 1962 erhielt sie hierzu den Alleinauftrag. Auf 20.831 Fahrzeuge belief sich die Gesamtproduktion, die 1967 endete.

Die Fahreigenschaften des Prinz Sport fanden allgemeine lobende Bewertung, solange man den Zweisitzer nicht zu forsch um die Kurven bewegte, was ihn zu plötzlichem Übersteuern animierte – eine typische Eigenart der meisten Heckmotorwagen, und vor allem bei Nässe nicht ganz ungefährlich. Mit einem Einstandspreis von 6550 D-Mark (der Prinz IV kostete 4700 D-Mark) war das Coupé nicht besonders preisgünstig; für nur 950 Mark mehr erhielt man einen Karmann-Ghia. Der Sport-Prinz wäre für den in Erprobung befindlichen Wankelmotor in Frage gekommen, doch dieses Privileg blieb einem Cabriolet vorbehalten, dem 1964 eingeführten NSU Wankel Spider. **BS**

3000 | Austin-Healey (GB)

1959 • 2912 ccm, Sechszylinder • 124 PS/91,1 kW • 0–100 km/h in 11,4 Sek. • 187 km/h

Von allen Big Healeys ist das von 1959 bis 1968 knapp 10.000mal gebaute Modell 3000 das berühmteste. Es entstand als Weiterentwicklung des 100-Six, als man den 2,6-Liter-Motor durch den 2,9-Liter der BMC-Serie S ersetzte. Zugleich erhielt der Roadster vorn Scheibenbremsen. Das Karosseriedesign stammte von Jensen Motors. Der Austin-Healey 3000 war in zwei Versionen zu bekommen, als BN7 sowie als 2+2 BT7 mit geräumigerem Cockpit, der sich größeren Zuspruchs erfreute: 10.000 Käufer von insgesamt ca. 13.000 wählten diese Ausführung. Die Fahrleistungen waren hervorragend; Autotester bescheinigtem dem Wagen eine Spitze von 187 km/h.

1961 fanden beide Modelle eine Aktualisierung und wurden als 3000 Mk.II bezeichnet. 1962 erschien der BJ7, der nun ein echtes Cabriolet war, mit winterfestem Klappverdeck statt „ragtop" und Kurbelscheiben in den Türen. Aus diesem recht luxuriösen Modell entstand 1963 der 3000 Mk.III B8J Phase 1 mit einer neuen Mittelkonsole und einem Armaturenbrett aus Edelholz. Doch schon ein Jahr später wurde auch dieses Modell wieder ersetzt, und zwar durch den BJ8 Phase 2, der leider noch immer eine zu geringe Bodenfreiheit aufwies – der einzige Nachteil im Alltagsgebrauch. Die Aufhängungen wurden schließlich doch noch überarbeitet; dies blieb die letzte Modifikation am Big Healey. Das Auto wurde 1968 aus der Produktion genommen, weil neue Sicherheitsbestimmungen in den USA, wohin die meisten Exemplare verkauft wurden, zu viele Änderungen erfordert hätten – aber auch, um mit den Sportwagen des jüngsten BMC-Familienmitgliedes Jaguar nicht zu konkurrieren. **RY**

356B 1600 | Porsche

1959 • 1582 ccm, Vierzylinder-Boxer • 60 PS/44,1 kW • 0–100 km/h in 16 Sek. • 160 km/h

Der erste mit der Typenbezeichnung 356 belegte Porsche erschien 1948 und hatte den luftgekühlten VW-Boxermotor (zentrale Nockenwelle, hängende Ventile, Stirnradantrieb) im Heck. Ausgewogene Gewichtsverteilung, die reichliche Verwendung von Leichtmetall sowie Einzelradaufhängung vorn und hinten mit Drehstäben zeichneten den Porsche 356, den das Foto zeigt, als einen brillanten Wagen aus.

Signifikante Änderungen erfuhr der Wagen im Jahr 1955, als der 356A erschien. Er wies eine etwas geänderte Frontpartie auf, hatte größere Rückleuchten und eine einteilige Windschutzscheibe. Das Interieur hatte man sichtbar aufgewertet, vor allem gab es zwei neue Vierzylindermotoren mit 1290 und 1562 ccm. Das Modell 1600 ersetzte den 1500 und war mit 75 oder 90 PS zu haben.

Im gleichen Jahr stellte Porsche den 356 Carrera vor. Der hatte nun wieder den 1498-ccm-Motor, auf 112 PS getunt und für 210 km/h gut (später war er in 1,6- und in 2,0-Liter-Versionen erhältlich). Den 356A und dessen Carrera-Version gab es bis 1959, als der 356B 1,6 Liter erschien. In seiner S-Version hatte er 75 PS, und als Super 90, wie seine Typenzahl aussagt, 90 PS. Gebaut wurden wie bisher Roadster, Coupés und Cabriolets. Nach drei weiteren Jahren war der 356C an der Reihe, mit optimiertem Fahrwerk und Scheibenbremsen an allen Rädern, die bisher nur die Carrera-Rennversion des 356B gehabt hatte. Der 1963 bis 1965 gebaute 356C, je nach Motorbestückung 175 bis 200 km/h schnell, war eine ausgereifte Weiterentwicklung dieses erfolgreichen Sportwagens, der innerhalb kurzer Zeit auch dem Rennsport neue Impulse verliehen hatte. **DS**

◁ Dieses Werbefoto von 1959 übertreibt charmant die Beladefähigkeit des neu herausgekommenen Mini.

Mini | Austin

1959 • 848 ccm, Vierzylinder • 34 PS/25 kW • 0–100 km/h in 25 Sek. • 116 km/h

Den nur drei Meter kurzen Frontantriebswagen mit Quermotor kennen wir schlichtweg als Mini. Bei seiner Vorstellung im Herbst 1959 aber hieß er Austin Seven oder auch Morris Mini Minor. Der Mini war eines der erfolgreichsten Exportgüter des Vereinigten Königreichs in alle Welt. Die Miniaturlimousine war die geniale Schöpfung des Ingenieurs Alec Issigonis, der für diese Leistung von der Queen später in den Adelsstand erhoben wurde.

Die Konstruktion des Mini basierte auf einem Konzept, das zahlreiche Adapten fand. In einer Zeit, in welcher der Heckmotor allgemein favorisiert wurde, wandte sich Issigonis dem Gegenteil zu: Er zog den Frontmotor mit angetriebenen Vorderrädern vor und setzte seinen Vierzylindermotor auf die Vorderachse quer zur Fahrtrichtung. Der gewonnene Platz erlaubte eine kurze Bauweise. Die Räder saßen an den äußersten Enden des Wagens.

Eine weitere Besonderheit des Mini war seine Gummibalgfederung, erdacht von Dr. Alex Moulton, der auch die Hydrolastic-Federung („Whiskyfederung") für weitere BMC-Fahrzeuge entwickelte. Die Summe seiner Eigenschaften, besonders auch das gute Handling, machte den Mini auch im Sport zum Erfolgswagen. Es gab im Laufe der Jahre eine Menge Verbesserungen, vor allem hob man die Motorleistung mehrmals an. 1960 kam ein Kombi hinzu, genannt Countryman. 1967 konnte man die erste Million feiern. Auf der London Motor Show in jenem Jahr war der Mini 1000 erschienen; wie der 850er war er auf Wunsch mit Getriebeautomatik in Form eines hydraulischen Wandlers und eines Viergang-Kegelradgetriebes erhältlich. Im Jahre 1969 erhob British-Leyland den Mini zu einer eigenen Marke. **SB**

M-13 Tschaika | GAZ

1959 • 5506 ccm, V8 • 195 PS/143 kW • 0–100 km/h in 22 Sek. • 160 km/h

Ab Ende 1958 entstand in der Gorkij Avtomobilnij Zawod (GAZ) unter anderem der Tschaika M-13, eine Prestige-Limousine etwas unterhalb des großen ZIL. Der ZIL wiederum war ein Nachfolger des ZIS und wurde in Moskau von 1958 bis 2005 gebaut. Nach Stalins Tod hatte man dem Werk den Namen des leitenden Generaldirektors Lichatchew gegeben, daher war das L anstelle des S gerückt. 1962 erfuhr der ZIL-110 ein neues Styling, und der Motor war ein Leichtmetall-V8 mit jetzt 7,0 Liter Hubraum, 300 PS leistend, und Transistorzündung. Der mit allem modernen Komfort ausgestattete, 6,20 Meter lange Repräsentationswagen lief an die 190 km/h, als ZIL-117 von 1972 sogar über 200 km/h.

Der (oder die) Tschaika – russisch für „Taube" – besaß einen nur 195 PS starken V8-Motor von 5506 ccm Hubraum und ein vollautomatisches Getriebe. Der Wagen wies eine Länge von 6,00 Metern auf und hatte ein Leergewicht von 2,5 Tonnen. Während der ZIL ausschließlich allerhöchsten Amtsträgern der UdSSR vorbehalten blieb, stand der Tschaika Vertretern der mittleren Führungsebene zur Verfügung. Da es keine Privatwirtschaft gab, kam auch kein Wagen in private Hände.

Es gab dieses Modell mit nur geringfügigen Änderungen bis 1977. Stilelemente des Packard und des Cadillac waren auszumachen, und es fehlte wie beim ZIL nicht an bestem Komfort, denn die hochgestellten Persönlichkeiten der Sowjetregierung stellten keine geringeren Ansprüche als VIPs aus dem kapitalistischen Westen. Einige Tschaikas wurde als viertürige Cabriolets gebaut; man sah sie gelegentlich auf Paraden. Die Produktion des Tschaika wurde erst im Verlauf des Jahres 1991 eingestellt. **BS**

SP 250 | Daimler   (GB)

1959 • 2548 ccm, V8 • 142 PS/104 kW • 0–100 km/h in 8,9 Sek. • 190 km/h

Die Daimler Motor Company entstand aus einer deutsch-englischen Vereinbarung über den Vertrieb von Daimler-Motoren und die Nutzung von Patentrechten an Gottlieb Daimlers Konstruktionen in Großbritannien. Ab 1896 trat die Firma in Coventry, die das Recht zur Führung des Namens Daimler miterworben hatte, auch als Produzent auf; anfangs nur für Motoren, bald auch für Fahrzeuge, die mit den in Deutschland gebauten nichts gemeinsam hatten. Die prosperierende Daimler Motor Company, die das Recht „für immer" erworben hatte, ihre Fahrzeuge als Daimler zu bezeichnen (weshalb Daimler in Stuttgart es 1901 vorzog, seine Personenwagen zur Unterscheidung künftig „Mercedes" zu nennen), brachte es zu hohem Ansehen.

Es entstanden die unterschiedlichsten Fahrzeuge, auch Omnibusse und Lastwagen. Ein besonderes Auto war der 1959 unter Jack Sangster vorgestellte Sportwagen SP 250. Den Wechsel in der Philosophie bei Daimler hatte Stewart Turner herbeigeführt, der von Triumph gekommen war. So glichen auch Chassis und Fahrwerk dem des Triumph TR3A, doch der Motor war ein neuer Aluminium-V8 mit 2,6 Liter Hubraum. Vorn gab es Scheibenbremsen, und das Heck zierten auffallende Flossen. Ungewöhnlich war auch, daß dieses Auto eine Kunststoff-Karosserie hatte. Sie erwies sich für ein 190-km/h-Auto indessen nicht verwindungsfrei genug, so daß man sie ab 1961 in einer verstärkten Version ausführte und sie ab 1963 (C-Serie) auch besser ausstattete.

Nachdem Jaguar 1960 Daimler übernommen hatte, wurde der SP 250 nicht mehr weiterentwickelt. Jaguar sah in ihm einen Konkurrenten zum E-Type und ließ 1964 die Produktion auslaufen. **BS**

Eldorado | Cadillac

1959 • 6391 ccm, V8 • 345 PS/254 kW • 0–100 km/h in 11 Sek. • 190 km/h

Der erste Cadillac namens Eldorado (spanisch für „der Vergoldete") war 1953 als Show Car entstanden. Ab 1959 gab man diese Bezeichnung dem Spitzenmodell der Marke, und als solches wies es auch extravagantes Styling auf. Zu diesem gehörten Heckflossen, die alles Bisherige übertrafen, auch in der Höhe: das Maß vom Boden bis zur obersten Schwanzspitze betrug 114 Zentimeter. Die Flossen liefen V-förmig aus mit je einem Paar raketenförmiger Rückleuchten in der Mitte.

Der amerikanische Rocket-Look hatte seinen Zenit erreicht. Zusammen mit einer überbordenden Chrompracht war in den Augen einiger Kritiker die Grenze des guten Geschmacks überschritten – gleichwohl gab es eine Klientel für diese Autos, die je nach Ausführung (Serie 62, 64, 69) bis zu 13.000 Dollar kosteten. Allerdings gab es auch eine etwas gemäßigtere Karosserieversion namens Brougham, entstanden in Zusammenarbeit mit Pininfarina. Dies war ein viertüriges Hardtop-Coupé, dessen Profil die europäische Handschrift anzusehen war.

Aber auch die Technik des 5,72 Meter langen Eldorado konnte mit Superlativen aufwarten: Einen 6,4-Liter-V8-Motor mit 345 PS Leistung hatte es bei einem Cadillac Serienwagen vorher beispielsweise noch nie gegeben. Doch obwohl der Eldorado so teuer war, gehörten elektrisch verstellbare Sitze oder elektrische Scheibenheber nicht zum Serienumfang. Erst recht nicht der „continental kit", worunter das außenbords am Heck befestigte Reserverad zu verstehen war, einschließlich schwer verchromter Halterung gut 130 kg wiegend und ein abstruser Anachronismus aus automobiler Ur-Zeit angesichts der Raketen-Mimikry. **MG**

Impala | Chevrolet

1959 • 3858 ccm, Sechszylinder • 135 PS/99,3 kW • keine Angaben • 145 km/h

Wer einem 1958er oder 1959er Chevi Impala hinterherfuhr, identifizierte den Wagen sofort. Unverwechselbar waren die großen, tropfenförmigen Rückleuchten unterhalb der ausladenden Heckflossen.

Der Name Impala war eigentlich der einer afrikanischen Springantilope, deren Wesensart mit dem Chevrolet gleichen Namens nicht viel gemeinsam hatte, denn dieses Auto war eine Art Sumo-Ringer. Dennoch sprachen die Amerikaner von einem „muscle car", weil dieses Modell in den 1960er Jahren ein Höchstmaß an Power verkörperte. Es bildete den Anfang der Supersport-Linie. Die Baureihe umfaßte Limousinen, Cabriolets und Hardtops, entweder mit einem 3,9-Liter-Sechszylinder bestückt oder – und das war häufiger der Fall – mit einem 5,4-Liter-V8-Triebwerk. 1965 erfuhr die Impala-Baureihe eine Überarbeitung, durch die das etwas kantige Aussehen der Karosserie sich ein wenig rundete. Der intern als Typ 409 geführte Motor machte dem als 396 Mk. VI bezeichneten 6489-ccm-V8 Platz, der bis Ende der 1960er Jahre aktuell blieb. Er gab im Modell Impala mit dem Hydramatic-Getriebeautomat eine perfekte Kombination ab. Und die Autos erwiesen sich als Umsatzgiganten: Chevrolet und Impala waren Synonyme geworden.

1966 erklärte GM den Caprice zum Chevrolet-Topmodell, und der Impala wurde ins zweite Glied gerückt. Der SS galt als „Performance Car". Man nahm ihm die tropfenförmigen Rückleuchten, stilistisches Merkmal seit 1958, was viel von seiner Persönlichkeit raubte, und aus dem Impala wurde eine Limousine ohne Individualität. GM hatte zwei hervorragende Pferde aus dem Rennen genommen. **MG**

5000 GT | Maserati   I

1959 • 4935 ccm, V8 • 340 PS/250 kW • 0–100 km/h in 6,5 Sek. • 260 km/h

1958 absolvierte Rezah Pahlevi, Schah von Persien, einen Besuch im Maserati-Werk in Modena und war beeindruckt vom 3500 GT. Doch die Bestellung eines persönlichen Exemplars machte er von einer Bedingung abhängig: Das Coupé sollte stärker motorisiert sein. Angeblich führte der Auftrag zur Anfertigung jener Reihe, die als 5000 GT in die Geschichte einging.

Die so erfolgreiche Rennsportkarriere der Marke Maserati hatte kurz zuvor ein dramatisches Ende gefunden. Bei einem Rennen 1957 in Venezuela, das zur Weltmeisterschaft zählte, war die gesamte Maserati-Equipe mit ihren 450S ausgefallen. Um im Rennsport keine weiteren Blamagen hinnehmen zu müssen, zog man einen Schlußstrich und widmete sich fortan nur noch der Herstellung von Straßenfahrzeugen, zumal es auch einige Unfälle mit Todesopfern gegeben hatte, an denen Maserati-Fahrzeuge beteiligt gewesen waren. Maserati verfügte noch über eine Anzahl von 4935-ccm-V8-Motoren aus dem 450S. Man installierte sie in den 3500 GT, woraus der 5000 GT entstand. Der auch äußerlich veränderte 2+2 wies vorn Scheibenbremsen auf; er hatte ein Vierganggetriebe und die gleichen Aufhängungen wie der Sechszylinder. Bis 1961 hatte der Motor Weber-Vergaser, danach Lucas-Kraftstoffeinspritzung und dann auch vier Scheibenbremsen sowie eine Fünfgangschaltung. Von den insgesamt 32 produzierten Fahrzeugen karossierte 21 Allemano, vier Touring. Je einen Aufbau stellten Pininfarina, Bertone, Frua, Michelotti, Monterosa und Vignale her. Zu den Abnehmern, die wie der Schah einen 5000 GT erhielten, zählten auch Aga Khan, König Ibn Saud von Arabien und Briggs Cunningham. **DS**

Bill Murray am Steuer eines Cadillac Miller-Meteor Ambulanzwagens im Film „Ghostbusters" (1984).

Dart | Buckle

1959 • 296 oder 395 ccm, Zweizylinder • 14,8 bzw. 20 PS/11 bzw. 15 kW • keine Angaben • 100 km/h

Selbst Australier erinnern sich kaum an ein Autofabrikat namens Buckle. Der erste Wagen dieser Marke der Jahre 1957 bis 1960 war ein von der Buckle Motors Ltd. in Punchbowl, Sydney, in etwa 20 Exemplaren gebautes Coupé mit Kunststoff-Karosserie (Konstruktion Raymond Mays und Stanley Brown); es hatte einen Ford-Zephyr-Motor von 2,5 Liter Hubraum.

Der Automobilkaufmann William G. Buckle hatte 1927 eine Import- und Handelsgesellschaft gegründet, die zunächst die britischen Marken Triumph und Talbot vertrat. Sein Sohn Bill Francis Buckle übernahm später das Unternehmen und fügte Vertretungen der Hersteller Armstrong-Siddeley und DeSoto hinzu, 1949 auch Citroën.

In der gleichen Firma entstanden auch Kunststoff-Karosserien für die Plattform nach Australien gelieferter und ihrer Karosserie entledigter Goggomobi e vom Typ T300 und T400, die dort mit einigen Veränderungen (Rechtslenkung) in 5000 Exemplaren gefertigt wurden. Eine Einfuhr kompletter Fahrzeuge wäre mit einem hohen Importzoll belegt worden. Mit der Etablierung der Marke Holden waren die Zolltarife drastisch angehoben worden, um die heimische Wirtschaft zu stützen.

Unter dem Namen Dart gab es eine Serie sportlicher Roadster; sie wiesen keine Türen auf und hatten ein Notverdeck. Mit nur 380 Kilogramm war das Fahrzeug sehr leicht, und da es irgendwie einem Go-Kart im Jaguar-E-Type-Look glich, erregte es wohlwollendes Aufsehen. Ein kommerzieller Erfolg wurde der Dart nicht, es wurden nur 700 Stück gebaut und verkauft. Der Prototyp des ersten Dart gehört heute einem deutschen Sammler. **HS**

Miller-Meteor | Cadillac

1959 • 6391 ccm, V8 • 325 PS/239 kW • 0–100 km/h in 11,5 Sek. • 190 km/h

Zwei der in den Vereinigten Staaten am weitesten verbreiteten Namen in der Branche der Bestattungs- und Ambulanzfahrzeuge vereinigten sich 1957: Miller und Meteor. Sie wurden von der Wayne Works Inc. in Richmond, Indiana, übernommen, einem Hersteller von Schulbussen. Die A. J. Miller Company hatte ihre ersten Leichenwagen 1853 in Bellafontaine, Ohio, gebaut, damals natürlich noch als Pferdefuhrwerke; die Firma Meteor hatte 1913 in Piqua, Ohio, mit der Herstellung von Krankenwagen ihr Geschäft aufgenommen und war auf diesem Gebiet zum größten Unternehmen der Welt aufgestiegen.

Der erste unter dem Doppelnamen Miller-Meteor herausgebrachte Ambulanzwagen erschien 1959 und war ein Cadillac Futura. Bei General Motors gab es seit Ende der 1940er Jahre ebenfalls eine eigene Abteilung zur Anfertigung solcher Fahrzeuge; hier verwendete man das extra lange Chassis der Serie 75 mit einem Radstand von 414 Zentimetern. Cadillac hatte auf diesem Gebiet 1954 den Konkurrenten Henney-Packard überrunden können, der 1962 dann gänzlich vom Markt verschwand. Die Kombination Miller-Meteor führte jedoch dazu, daß auch Cadillac sich selbst aus diesem Spezialsektor ausblendete. Man lieferte jetzt nur mehr die Fahrgestelle. Die Bestattungsfahrzeuge jener Ära wiesen ebenso große Heckflossen und Chromballast auf wie die Personenwagen, auf denen sie basierten. Viele Amerikaner legen auf größtmöglichen Pomp bei einer Beerdigung viel Wert, und ein Miller-Meteor-Cadillac macht aus jeder Beerdigung ein Staatsbegräbnis. Es gibt nicht wenige Automobilsammler, die für ausgerechnet solche Fahrzege viel Geld ausgeben. **BS**

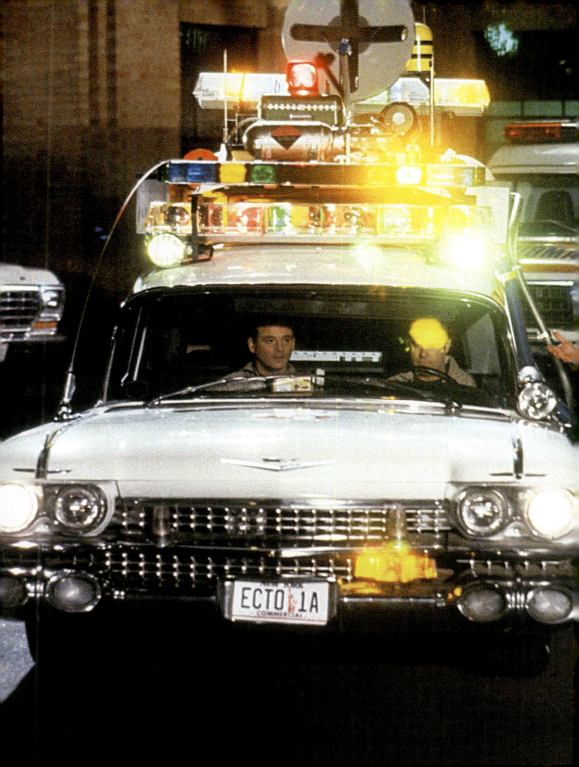

S211 Fairlady | Datsun (J)

1959 • 988 ccm, Vierzylinder • 34 PS/25 kW • keine Angaben • 113 km/h

Das Modell Fairlady stellte den ersten ernsthaften Versuch der Firma Datsun dar, ins Sportwagengeschäft einzusteigen. Man könnte dem offenen, im Verlauf des Jahres 1959 entwickelten Zweisitzer gewisse Ähnlichkeit mit dem MGB nachsagen, doch dieses Auto erschien erst zwei Jahre später. Sein Debüt als Prototyp gab der Datsun 1960 auf der Automobilausstellung in Tokio. Der Wagen wies ein separates Fahrgestell mit vorderer Schraubenfederung und doppelten Dreieckslenkern auf, hinten hatte er Blattfedern. Das mit einer GFK-Karosserie versehene Auto hatte in seiner ersten Version einen 988-ccm-Vierzylindermotor; in dieser Ausführung wurden aber nur zwanzig Stück gebaut. Mit der den Japanern eigenen Fähigkeit, Trends zu erkennen und Impulse von außen umzusetzen, benannten die Datsun-Manager ihren Wagen nach dem damals erfolgreichen Broadway-Musical „My Fair Lady" (Frederick Loewe, 1956).

Als 1962 eine zweite Serie als Roadster in die Produktion ging, war dieser mit einem 1499-ccm-Vierzylinder motorisiert, der mit 71 PS zwar stärker als der S211 war, jedoch hinter der europäischen Konkurrenz dennoch zurückblieb, so daß man 1963 eine 85-PS-Version anbot. Noch hatte das Auto Trommelbremsen.

International ernst genommen wurde die Fairlady ab 1964. Jetzt hatte der Roadster einen 96 PS starken 1596-ccm-Motor, vordere Scheibenbremsen sowie ein Vollsynchrongetriebe. 1967 erschien eine 2,0-Liter-Version: Dieser Motor hatte eine obenliegende Nockenwelle und 135 PS. Jetzt hatte die Marke MG Konkurrenz bekommen, zumal das Silvia genannte Coupé dem MGB GT glich. **SH**

Mark 2 | Jaguar (GB)

1959 • 2483 ccm, Sechszylinder • 120 PS/88,2 kW • 0–100 km/h in 14,4 Sek. • 190 km/h

Offiziell hieß die erste Ausführung der neuen Jaguar-Limousine 2.4-Litre Saloon, nicht Mk.1; diese Bezeichnung bekam das Modell erst mit Einführung des Mk.2 im nachhinein. Das Auto markierte Jaguars Einstieg in eine neue Fahrzeug-Kategorie – in die der Luxus-Mittelklasse, nach typischen Jaguar-Maßstäben. Als der Viertürer 1955 erschien, war er noch nicht so elegant wie sein Nachfolger, er wies viel zu dicke Stoßstangen auf, eine sehr breite B-Säule, eine hohe Gürtellinie. Doch im Interieur gab es viel Edelholz und Leder, nach bester Jaguar-Gepflogenheit. Der Motor war ein Sechszylinder mit zwei obenliegenden Nockenwellen, gut für 190 km/h. Zur Wahl standen ab 1957 ein Overdrive-Vierganggetriebe oder eine Automatik; Einzelradaufhängung sowie Scheibenbremsen an allen vier Rädern waren Standard. Bald gab es auch einen 3,4-Liter-Motor, den gleichen wie im XK-Sportwagen, und die Frontpartie gewann etwas durch einen breiter gehaltenen Kühlergrill.

Der Jaguar Mk.2 war dem Mk.1 in vielen Punkten überlegen. Er wies größere Fensterflächen auf, hatte vor allem eine deutlich größere Heckscheibe, eine etwas breitere Spur, Scheibenbremsen ringsum und eine verbesserte Ausstattung. An Motoren standen der bisherige 3,4-Liter-Sechszylinder oder der neue 3,8-Liter aus dem XK 150S zur Verfügung. Mit gut 200 km/h war der Mk.2 3,8 die schnellste Serienlimousine in Europa.

1965 erhielten alle Modelle Vollsynchrongetriebe. Ein Jahr später konnte man eine Sparversion des Mk.2 bekommen, die keine ledernen Sitze, sondern solche aus einem Kunstledermaterial aufwies und u.a. auch keine Nebelscheinwerfer hatte. Dafür bot Jaguar 1967 gegen Aufpreis eine Servolenkung an. **SB**

400 GT Superamerica | Ferrari

1959 • 3967 ccm, V12 • 340 PS/250 kW • keine Angaben • 257 km/h

Ein neuer, im Verlauf des Jahres 1959 entwickelter Ferrari Superamerica zog auf dem Brüsseler Automobilsalon 1960 die Aufmerksamkeit auf sich. Als Nachfolger des Modells 410 wies dieser Zwei-plus-zwei das etwas kürzere Chassis des Sportwagens 250 GT auf und hatte eine 3967-ccm-Version des ursprünglich von Gioacchino Colombo entworfenen V12-Motors unter der Haube. Auch wog der Motor weniger als der des 410 und trug dadurch zu einem niedrigeren Gesamtgewicht des neuen Modells bei. Die Zylinderköpfe und die drei Weber-Vergaser entsprachen denen im 250 GT; die Leistungsausbeute betrug stattliche 340 PS. Einer Spitze von 257 km/h entsprechend, wie sie Ferrari für den Wagen offiziell angab, hatte man das Fahrwerk ausgelegt: Dreieckslenker und Schraubenfedern vorn, eine Starrachse hinten und Scheibenbremsen an allen vier Rädern. Das Vierganggetriebe hatte einen Overdrive. Keine fünfzig Exemplare entstanden von diesem elitären Modell, meist als von Pininfarina eingekleidete Coupés und Cabriolets. Ab 1962 erhielt etwa die zweite Hälfte aller Wagen ein etwas verlängertes Fahrgestell für mehr Fondraum. In den USA ließ sich der 400 indessen weniger gut absetzen als gedacht; wieder einmal war dieser Ferrari außerordentlich teuer und zudem nicht sehr viel attraktiver oder schneller als ein 250 GT. Im Mai 2010 wechselte auf einer Auktion in Monaco eines der verbliebenen Exemplare den Besitzer für 3,8 Millionen Dollar, und es ist anzunehmen, daß der Wagen nicht zum Spazierenfahren an der Riviera verwendet wurde, sondern in Erwartung eines weiteren Wertzuwachses unauffällig in einer vollklimatisierten und gut gesicherten Garage verschwand. **RY**

250 GT SWB | Ferrari

1959 • 2953 ccm, V12 • 280 PS/206 kW • 0–100 km/h in 6,2 Sek. • 245 km/h

Mit einem auf 2,40 Meter Radstand verkürzten Chassis präsentierte Ferrari 1959 einen 250 GT als „short wheelbase", daher das Kürzel SWB. Das Auto hatte selbstverständlich Scheibenbremsen, nur sah sein Motor im Vergleich zu dem des 250 Europa von 1953 etwas anders aus: die Kerzen hatte man neu positioniert, die Ventilfedern waren jetzt spiralförmig. Die ersten 21 Exemplare dieses auf 280 PS erstarkten Ferrari stellten Wettbewerbsmodelle mit Aluminium- statt Stahlblechaufbauten dar, was 90 Kilogramm einsparte. Beim 1960er Le-Mans-Rennen kamen zwei Wagen auf Platz 4 und 5, auch die 12 Stunden von Sebring verliefen erfolgreich. Das kürzere und steifere Chassis brillierte mit einer ausgezeichneten Straßenlage und bestem Bremsverhalten, wie die Piloten zu bestätigen wußten. Rennen zu gewinnen, war mit dem Typ 250 das wichtigste Anliegen Ferraris. Eine Ausführung bekam den Beinamen „Tour de France" (TdF), nachdem der GT in den Jahren 1957, 1958 und 1959 dieses berühmte Straßenrennen in Frankreich dreimal hintereinander gewonnen hatte; auch dieser Wagen basierte auf dem 250 Europa.

Straßenversionen in Lusso-Ausführung gab es ab 1960. Ihre Karosseriekörper bestanden aus Stahlblech, nur Motorhaube, Kofferdeckel und Türen waren aus Leichtmetall. Die traumhaft schönen Karosserien waren ein Meisterwerk Pininfarinas. 1959 hatte Scaglietti auch einen 250 GT Spyder California anzubieten, ein ebenso reizvoller Klassiker. Jedes einzelne Exemplar ist in Sammlerhand, und wenn – was selten genug der Fall ist – ein Exemplar zum Verkauf angeboten wird, dann wechselt er für einen siebenstelligen Dollar- oder Pfundbetrag den Besitzer. **DS**

Interieur eines reichhaltig mit Extras ausgestatteten Ford Thunderbird, Modelljahrgang 1961.

1960–1969

Auf diesem Werbefoto kommt gut zum Ausdruck, welche Klientel Citroën für seine DS-Cabriolets ansprach.

Sabra GT | Autocars

1960 • 1703 ccm, Vierzylinder • 74 PS/54,4 kW •
0–100 km/h in 15 Sek. • 150 km/h

Im 1948 gegründeten Staat Israel gab es jahrelang keine nennenswerte Industrie, geschweige denn eine Automobilfabrikation. Alles wurde importiert. Zu jenen, die hierzu die Initiative hatten, gehörte Yitzhak Schubinski, der 1960 in Haifa die Autocars Co. Ltd. gründete zur Lizenzherstellung einer vom britischen Reliant-Konstrukteur David Ogle entwickelten Kombi-Limousine, versehen mit einem 1,7-Liter-Vierzylindermotor vom Ford Consul II. Der Sabra GT (das britische Pendant hieß Reliant Sabre) genannte Wagen mit Kunststoffkarosserie wurde 1963 vom Sabra Sussita abgelöst, dem 1967 eine viertürige Limousine als Gilboa 12 mit einem 1,2-Liter-Ford-Cortina-Motor folgte. Die Idee, eine GFK-Karosserie zu verwenden, war Schubinski anläßlich eines Besuches der London Motor Show gekommen, wo er auf dem Stand von Ashley Laminates Rohkarossen sah, die sich für eine Montage auf diverse Fahrgestelle eigneten. So mancher ausgediente Austin Ten oder Ford Anglia erlebte mit Ashleys Hilfe eine Reinkarnation.

Schubinski plante seine Sportcoupés nicht nur einer einheimischen Kundschaft anzudienen, sondern wollte auch exportieren. 1961 hatte er einen Stand auf der New York Motor Show. Aber er kam mit der Fertigung nicht nach – Reliant mußte einspringen.

Ab 1969 verwendete man für den Sabra einen 1296-ccm-Motor von Triumph. 1974 setzte die Rom Carmel Industries in Haifa Tirat-Carmel die Fertigung fort. Die Produktion der Autocars Ltd. war mit etwa 3000 Wagen pro Jahr nicht schlecht gewesen, hatte in den siebziger Jahren aber drastisch abgenommen. Der Nachfolger Rom Carmel blieb mit seinen Autos noch bis 1981 auf dem Markt. **SH**

DS Décapotable | Citroën

1960 • 1911 ccm, Vierzylinder • 83 PS/61 kW •
0–100 km/h in 18,3 Sek. • 160 km/h

Als Citroën 1955 das D-Modell vorstellte, galt dieser Wagen in vieler Hinsicht als eine automobile Sensation. Daß dieses technisch und auch formal so ungewöhnliche Fahrzeug auch zum Cabriolet taugen würde, war zwar vorstellbar, aber Ästheten befürchteten, das gestalterische Gesamtwerk der „Déesse" (Göttin) würde darunter leiden, wenn man sie „oben ohne" über die Pariser Boulevards schickte.

Der Herausforderung, dem D-Modell das Dach abzunehmen, ohne dem Design des Autos formalen Schaden zuzufügen, stellte sich Henri Chapron. Im Herbst 1958 präsentierte er die erste DS Décapotable, etwas später folgte ein Coupé. So gut wie jedes Cabriolet, Stück für Stück in individueller Handarbeit angefertigt, fiel etwas anders aus, denn der um Perfektion bemühte Couturier ließ immer wieder Verbesserungen einfließen. Die auch notwendig waren, um der Gefahr des Verziehens der Karosserie Rechnung zu tragen. Ab 1960 bot Citroën ein Cabrio auch werkseitig an. Neben diesen Werkscabriolets schuf Chapron eine Reihe weiterer Versionen, die sich von den Werksmodellen unterschieden. Anders als bei den Werkscabriolets verwendete Chapron mit nur wenigen Ausnahmen für seine eigenen Modelle eine um sechs Zentimeter niedrigere Frontscheibe. Von den anderthalb Millionen D-Modellen wurden 1365 zum Cabriolet umgebaut, wobei bis 1970 in fünf Serien etwa 120 reine Chapron-Cabriolets in verschiedenen Ausführungen gefertigt wurden. Zu ihnen gehören die viersitzige La Croisette (1958-1962; 52 Exemplare) und Palm Beach (1963-1970; 30 Exemplare) sowie das 2+2-sitzige Modell Caddy (1960-1968; 34 Exemplare). **BS**

◁ Der Peugeot 404, hier auf einem Werbefoto von 1960, wurde von Kennern auch als „französischer Mercedes" bezeichnet.

404 | Peugeot

1960 • 1618 ccm, Vierzylinder • 72 PS/53 kW •
0-100 km/h in 19,5 Sek. • 145 km/h

Der Peugeot 404 folgte dem 403. Seine Karosserie war ebenfalls eine Kreation Pininfarinas. Elegant, modern, technisch ausgereift – so präsentierte sich Peugeots neuer Millionen-Seller. Wahlweise bekam man den Wagen in Frankreich mit einem 1,5- oder einem 1,6-Liter-Motor; im Export wurde nur die größere Version angeboten. Sicherheitsgurte, vordere Scheibenbremsen, Blankteile aus rostfreiem Stahl und vordere Einzelradaufhängung waren die Besonderheiten des 404. Eine vordere Sitzbank und Lenkradschaltung gehörten zum Standard (später gab es auch Einzelsitze). Wer größeren Wert auf Sparsamkeit legte, entschied sich für den 53 PS starken 2,0-Liter-Indénor-Diesel. Mit diesem waren auch unzählige Taxis im Dienst, und wegen ihrer hohen Laufleistungen nannte mancher Kenner den 404 einen „französischen Mercedes". Der Wagen wurde in diversen Zweig- und Montagewerken auch im Ausland gebaut, so in Afrika und Südamerika.

Was der 404 zu leisten vermochte, bewies er auch im Rallyesport, zum Beispiel in der East African Safari: 1963 qualifizierten sich Nick Kowicki und Paddy Cliff aus Kenia für den Gesamtsieg, ein Erfolg, der sich 1966, 1967 und 1968 wiederholen ließ.

Mit weicheren Karosserielinien präsentierten sich die 1962-69 gebauten Coupés und Cabriolets (auch mit Einspritzmotor) – Fahrzeuge, deren Liebhaberwert heute weit über dem der Limousinen und Breaks liegt.

Hätte der Rost nicht so vielen Exemplaren arg zugesetzt, wären wohl sehr viel mehr 404 am Leben geblieben. In Nordafrika gehört der Wagen noch heute vielerorts zum Straßenbild, zumal die afrikanische Produktion nicht vor 1988 endete. **RY**

New Yorker | Chrysler

1960 • 6768 ccm, V8 • 350 PS/257 kW •
0-100 km/h in 7 Sek. • 200 km/h

Als letzte neue Baureihe vor Ausbruch des Zweiten Weltkrieges erschien bei Chrysler die mit der Bezeichnung C-23. Auf gemeinsamer Plattform und mit identischen Motoren bot man die Autos unter den Bezeichnungen Imperial, New Yorker und Saratoga an. Als teuerste Ausführung rangierte der New Yorker mit zweifarbig abgesetzten Sitzpolstern und üppigem Komfort. Die Anfang 1942 unterbrochene Produktion wurde 1946 fortgesetzt, erst 1949 gab es neue Modelle. Der New Yorker bekam 1951 einen längeren Radstand und einen Achtzylinder-V-Motor. Als 1955 der Imperial zu einer eigenen Modellreihe erklärt wurde, rückte bei Chrysler der New Yorker an seine Stelle, mit Ausführungen als zwei- und viertürige Limousine, Cabriolet und Kombiwagen. Ab 1957 gesellte sich Chrysler zur Heckflossen-Liga, und der Motor avancierte zum größten V8, der damals in den USA serienmäßig produziert wurde. Er hatte 6425 ccm Hubraum und die Leistung von sagenhaften 325 PS. Es gab diesen (auch in anderen Autos verwendeten) Motor bis 1959, und in jenem Jahr verschwanden bei Chrysler die Heckflossen. Auch der 1960er New Yorker mit 6768-ccm-Motor war wieder in allen Varianten zu haben, wobei das Cabrio mir 556 Exemplaren das seltenste blieb. Neu war, daß die Karosserie geschweißt wurde, nicht mehr geschraubt – die Autos wurden damit verwindungssteifer, doch die Schweißnähte stellten auch potentielle Roststellen dar. Chryslers Slogan „The car of your life for the time of your life" durfte man nicht wörtlich nehmen.

Der New Yorker blieb, mit zeitgemäßen Anpassungen über all die Jahre, bis 1996 Chryslers Flaggschiff und galt im Ausland als einer der letzten „seriösen Amerikaner". **BS**

300F | Chrysler

1960 • 6769 ccm, V8 • 375 PS/276 kW • 0–100 km/h in 7,1 Sek. • 205 km/h

In seinem sechsten Jahr hatte es der „Letter Car" im Chrysler-Programm zu beachtlicher Dimension gebracht. Schon der 300E von 1959, nur 647mal verkauft, war ein beeindruckendes Auto, auch den Motor betreffend. Der Hemi-V8 war im 300F ein 6769-ccm-Triebwerk von 375 PS mit 76 cm langen Ansaugrohren, zwischen den Zylinderbänken oberhalb der Vergaser plaziert. Die Leistung lag zwar geringfügig unter der des Vormodells, doch das Drehmoment war bei niedrigerer Drehzahl um 60 Nm gestiegen. Wem dies nicht genügte, konnte sich für einen 400-PS-Motor entscheiden, verbunden mit einem Handschaltgetriebe vom Facel Vega. Eine Klimaanlage gab es gegen Aufpreis.

Neu war auch die selbsttragende Ganzstahlkarosserie. Der Kühlergrill bildete eine Art Dreieck, die ultralangen Heckflossen mit ihren Bumerang-Rückleuchten setzten schon in der Mitte der Tür an. Der hohe Kardantunnel teilte den vier Sitzen ihre Nischen zu, und die Instrumente schienen in einer Glaskugel auf der gewölbten Armaturentafel zu schweben. Letztmalig gab es eine Aussparung für das Reserverad im Deckel des Kofferraums (auch als „toilet seat" bespöttelt).

Gewiß durfte dieses Auto – gebaut als Coupé und als Cabrio – als eines der ungewöhnlichsten bezeichnet werden, das in den Staaten je in Serie ging. Leider entsprachen die Fahreigenschaften nicht ganz dem hohen Qualitätsanspruch dieses Chrysler: Schnelle Kurven wollten mit Vorsicht angegangen werden, denn der große Wagen neigte aufgrund eines zu weichen Feder/Dämpfer-Systems zum Schwimmen, was in Kombination mit einer sehr großzügig übersetzten Servolenkung den Straßenkreuzer in Seenot bringen konnte. **MG**

Ghia L6.4 | Chrysler

1960 • 6279 ccm, V8 • 335 PS/246 kW • keine Angaben • 225 km/h

Der Ghia L6.4 basierte auf dem von Virgil Exner als Concept Car entworfenen Fire Arrow für Chrysler/Dodge und stellte einen weiteren Versuch der Turiner Firma Ghia dar, ein Auto unter eigenem Namen entstehen zu lassen. Der erste war der Dual-Ghia gewesen, dem es aber nicht vergönnt war, Karriere zu machen. Der L6.4 entstand in Zusammenarbeit mit Eugene Casaroll & Co und war ein riesiges Coupé mit dominantem Grill, Panoramascheibe und viel Chromwerk. Damit versuchte die Firma Ghia den amerikanischen Geschmack zu treffen, was ihr zumindest bei Kunden wie Frank Sinatra gelang – der ja auch italienischer Herkunft war. Der Sänger aus Palermo hat die Heimat seiner Vorfahren nicht nur im Herzen getragen.

Fahrwerk und Motor des Ghia L6.4 stammten wieder von Chrysler, die opulente Karosserie war feinste Turiner Handarbeit. Der Wagen wurde fast vollständig in Turin gebaut und nur in Detroit mit dem Motor bestückt, was zu der scherzhaften Behauptung führte, Chrysler verfüge über das längste Fließband der Welt. Der mit allem Komfort ausgestattete L6.4 war 225 km/h schnell. Sechs Fahrzeuge erfuhren eine Sonderbehandlung durch den Veredler George Barris, Inhaber der Barris Kustom Kar Company in Hollywood. Diese Exemplare fielen durch ihre größeren Scheinwerfer auf. Sinatras Auto gehörten zu diesen sechs wie auch die seiner Kollegen Dean Martin und Sammy Davis Jr. – eine bessere Public Relations konnte es für den Ghia nicht geben! „Einen Rolls-Royce kaufen nur jene, die keinen Ghia bekommen konnten", hat ein Kolumnist geschrieben. Von 1960 bis 1964 entstanden 26 Exemplare; daß es nicht mehr wurden, lag sicher an ihrem hohen Preis. **BS**

Allradantrieb einmal anders: Der Citroën 2 CV Sahara hatte je einen Motor vorn und hinten.

2 CV Sahara | Citroën

1960 • 2 x 425 ccm, Zweizylinder • zusammen 25 PS/18,4 kW • keine Angaben • 100 km/h

In privater Initiative entstand 1954 der erste 2 CV mit zwei Motoren. Um seinem Auto auf steilen, unbefestigten Bergstraßen eine bessere Traktion zu verleihen, kam der Franzose Bonnafous, ein Techniker aus den Savoyen, auf die Idee, seinem Deux-Chevaux im Heck einen zweiten 375-ccm-Motor zu installieren, der sich bei Bedarf zuschalten ließ, um die hinteren Räder anzutreiben. Ganz neu war die Idee freilich nicht, solche Autos hatte die deutsche Firma Tempo bereits in den 1930er Jahren gebaut.

Bei Citroën griff man Bonnafous' Zwei-Motoren-Konzept auf; es entstand im ehemaligen Panhard-Werk 1958 ein Prototyp, den man 97.000 Kilometer abspulen ließ – aus ihm entwickelte sich die Serienversion des 2 CV Sahara, wie sie ab 1960 zu bekommen war. Gedacht war die Allrad-Ente vor allem für Einsätze in Nordafrika, wo das kuriose Gefährt im Saharasand seine Qualitäten bewies. Auch den Namen des Wagens hatte man dementsprechend gewählt. Weil das Fahrwerk ohnehin mit Geländequalitäten gesegnet war, erwies sich die Kombination als überall dort brauchbar, wo bisher nur Land-Rover durchgekommen waren. Die Synchronisierung der beiden, mit nur einem gemeinsamen Gaspedal zu bedienenden Gelände-Spezialvergaser, war nicht ganz unkompliziert gewesen. Es gab zwei Zündschlösser und unterhalb der Sitze zwei separate Benzintanks, zu befüllen durch Ausschnitte in den Türen. Ein weiteres äußerliches Kennzeichen des 2 CV Sahara war auch das auf die Fronthaube plazierte Ersatzrad. Da die zweimotorige Ente aber doppelt so teuer wie die einmotorige war, ließ sie sich schlechter verkaufen als gedacht: bis 1971 wurden nur 694 Stück abgesetzt. **BS**

112 Sports | ZIL

1960 • 5980 ccm, V8 • 230 PS/170 kW • 0–100 km/h in 9 Sek. • 260 km/h

Der große ZIL war eine Luxuslimousine, die zwischen 1956 und 1967 hergestellt wurde und ausschließlich hochgestellten Persönlichkeiten der Staats- und Parteiführung zur Verfügung stand. Seine Karosserie verriet ihre amerikanische Herkunft (in Mißachtung ideologischer Grenzen), und auch der Motor entsprach klassischer US-Bauweise. Er war ein V8 mit 5980 ccm Hubraum; mit 230 PS hatte er einen immens hohen Benzinverbrauch. Die dem Powerflite entsprechende Getriebeautomatik wurde mittels Drucktasten betätigt.

1962 erfuhr der ZIL-111 eine Überarbeitung; Front- und Heckpartie wurden wesentlich schlanker. Als erstes Auto sowjetischer Fabrikation bekam der Wagen eine Klimaanlage, ferner gab es Servolenkung (bei mehr als 2,2 Tonnen Fahrzeuggewicht auch erforderlich) und elektrische Fensterheber. Langversionen mit sieben Sitzplätzen, gepanzerte Ausführungen mit 40 mm starken Scheiben und sogar Cabriolets mit elektrischem Verdeckmechanismus wurden gebaut. Eine Ausnahme von der Serie stellte der ZIL-112 dar, denn dieser war ein Zweisitzer mit erkennbar westlichem Stylingeinschlag. Er wies ringsum Scheibenbremsen auf. Fast sämtliche technischen Komponenten des Wagens stammten vom ZIL-111, die Lenkung vom GAZ M-21 alias Wolga. Um Gewicht zu sparen, wurde viel Leichtmetall verwendet. Doch das Auto wurde nur in zwei Exemplaren angefertigt; niemand in der Sowjetunion hatte Bedarf an einem solchen Produkt, dessen Herstellung von Kritikern als Verschwendung von wertvollem Material angesehen wurde. Immerhin erlebte der ZIL-112 auch einige Sporteinsätze ... Beide Autos stehen heute in einem Museum in Riga. **SH**

96 | Saab (S)

1960 • 841 ccm, Dreizylinder • 40 PS/29,4 kW • 0–100 km/h in 25,6 Sek. • 120 km/h

Außerhalb Skandinaviens genoß die Automarke Saab aus Trollhättan vor Erscheinen des Modells 96 wenig Verbreitung. Doch wer mit Sixten Sasens genialem Zweitakt-Auto einmal Bekanntschaft gemacht hatte, war von dessen Qualitäten überzeugt. Der Saab 96 hat längst den Status eine Kult-Ikone erreicht.

Der internationale Durchbruch kam für Saab mit dem 1960 eingeführten Typ 96. Auch er hatte noch einen Zweitaktmotor, jetzt 841 ccm groß, kombiniert mit einem Dreiganggetriebe (die Option auf vier Gänge stand nicht vor 1966 zur Verfügung). Als Kombiwagen rangierte das Auto als Typ 95.

Saab wurde stets seiner Rolle als Vorreiter in Sachen Sicherheit gerecht: Die Autos dieser Marke waren nicht nur sehr stabil gebaut, sondern wiesen bereits 1962 Sicherheitsgurte auf, ab 1964 Zweikreisbremsen. 1962 erschien auch eine Sportversion mit drei Vergasern; sie folgte dem 1960 eingeführten Modell 750 Gran Turismo. Sportlich getunte Saab waren im Wettbewerb außerordentlich erfolgreich; so gewann Eric Carlsson zwischen 1960 und 1963 dreimal die RAC Rallye und zweimal die Rallye Monte-Carlo. Carlssons Ehefrau Pat Moss war ebenfalls eine erfolgreiche Saab-Rallyepilotin, und nicht weniger berühmt waren die Werksfahrer Per Eklund, Stig Blomqvist und Simo Lampinen.

1965 kam ein neuer 96 mit geänderter Kühlerfront heraus, und zwei Jahre später (vier Jahre nach DKW) ersetzte man den Zweitaktmotor gegen einen Viertakter: dies war der 65 PS leistende V4-1,5-Liter von Ford Köln. Auch bekam der Wagen jetzt vordere Scheibenbremsen. 1968 ließ man der Karosserie ein Facelifting angedeihen. **SB**

DB4 GT Zagato | Aston Martin (GB)

1961 • 3760 ccm, Sechszylinder • 314 PS/231 kW • 0–100 km/h in 6,1 Sek. • 248 km/h

1958 hatte Aston Martin ein neues Modell vorgestellt, den DB4. Seine Besonderheit war ein neues Fahrgestell, das nun nicht mehr aus Hohlträgern mit quadratischem Querschnitt in Form eines Leiterchassis bestand, sondern aus einer Bodengruppe mit Längsträgern von 15 Zentimeter Durchmesser, die an deren Außenkanten verliefen. Ein Hilfsrahmen im Bug trug den Motor und die Vorderradaufhängung. Die Aluminiumkarosserie wurde von einem leichten Stahlrohrrahmen getragen, wie es dem Superleggera-Prinzip von Touring entsprach.

Auch der Motor war eine Neukonstruktion, geschaffen von Tadek Marek, der von Lagonda kam. Der als 3,0-Liter ausgelegte Sechszylinder aus Leichtmetallguß wies zwei obenliegende Nockenwellen auf und war von vornherein auf Vergrößerung zugeschnitten. Ursprünglich sollte der Block aus Gußeisen bestehen, doch es fand sich keine Gießerei, die Kapazitäten frei hatte – deshalb entschied man sich für Leichtmetall. Der DB4 war auf Anhieb ein Erfolg, und wie üblich wurde der Wagen ständig verbessert, so daß aus der Serie I von 1958 gegen 1962 die Serie 5 entstanden war. Der Wagen war länger, aber auch stärker geworden, vor allem in der Vantage-Ausführung.

Diese Version stellte auch die Basis für den DB4 GT dar, dessen Zagato-Variante heute den meistgesuchten aller klassischen Astons darstellt. Mit Zagato in Turin pflegten die Briten schon lange ein gutes Geschäftsverhältnis. Der italienische gestylte Aston Martin hielt jeden Vergleich mit einem Ferrari 250 GT aus, dem größten Rivalen der Briten. Nur 19 dieser Zagato-Coupés wurden gebaut, vier davon zu Rennzwecken; letztgenannte traten in zahlreichen Wettbewerben an. **JI**

E-Type Serie 1 | Jaguar (GB)

1961 • 3781 ccm, Sechszylinder • 265 PS/195 kW • 0–100 km/h in 6,7 Sek. • 240 km/h

Selbst Enzo Ferrari mußte es zugeben: Der Jaguar E-Type war das schönste Auto, das er je gesehen habe. Wenn es gälte, den faszinierendsten und in seiner Ästhetik überzeugendsten Sportwagen der Nachkriegszeit zu benennen, stünde der Jaguar E-Type vermutlich an erster Stelle.

Das Gesamtlayout des Zweisitzers entstand nach umfangreichen Vorarbeiten und Versuchen im Studio und auf der Teststrecke. Es galt einen Wagen zu entwikkeln, der im Rennsport ebenso einsetzbar war wie auf der Straße. Federführend bei der Formgebung war der Aerodynamiker Malcolm Sayer, der auch den D-Type gestaltet hatte. Die ersten beiden Exemplare waren auf dem Genfer Salon 1961 zu sehen; man hatte sie auf eigener Achse dorthin gefahren. Die Produktion des Roadsters und des Coupés begann noch im Juli des gleichen Jahres.

Die Fahrzeuge sahen nicht nur hervorragend aus, sie brillierten auch mit mustergültigen Fahreigenschaften, und sie waren schnell. Unter der langen Motorhaube, nach vorn aufschwenkbar, befand sich der bereits im XK 150S bewährte 3,8-Liter-Sechszylinder in DOHC-Bauweise, und man sah auch die Einzelradaufhängung an einer neuen Dreieckslenker-Konstruktion mit Schraubenfedern. Der gesamte Vorbau, der den Motor und das vordere Fahrwerk trug, saß in einem Hilfsrahmen. Der bis 1964 gebaute 3,8-Liter-Motor wurde von Kritikern höher gelobt als der ihm nachfolgende 4,2-Liter, der dennoch in größerer Zahl produziert wurde und auch ein stärkeres Drehmoment aufwies. Zugleich hatten Getriebe und Bremssystem Verbesserungen erfahren. Ebenso waren die Elektrik optimiert und die Innenausstattung verfeinert worden. **SB**

Imperial | Chrysler (USA)

1961 • 6767 ccm, V8 • 340 PS/250 kW • keine Angaben • 195 km/h

Chrysler behauptete vom 1961er Imperial, er sei das „beste Auto, das bisher in Amerika je produziert wurde". Darüber konnte man geteilter Meinung sein; Tatsache aber war, daß der Imperial eines der größten im Lande war. Seine Länge betrug 5,77 m, und seine Heckflossen waren so gewaltig, daß sie den Wagen optisch noch länger aussehen ließen. Einige anachronistische Stilmittel legten nahe, vom Retro-Look zu sprechen, etwa die frei stehenden Einzelscheinwerfer, die paarweise den senkrechten Kühlergrill flankierten. War man bei Chrysler ein wenig hinter dem Trend geblieben? Technisch jedoch gab sich der Imperial up to date. Alles funktionierte auf Knopfdruck: die Gangschaltung, die Klimaautomatik, die Verstellung der Sitze. Die mit Instrumenten reichhaltig bestückte Armaturentafel ließ erkennen, daß man im Raumfahrtzeitalter angekommen war.

Mehr rechteckig als rund präsentierte sich das Lenkrad.

Die Motoren des Imperial waren stets die größten V8-Aggregate im Konzern, wie der mit 5424 ccm von 1955 bis zum 7210-ccm-Aggregat, das 1966-1975 verwendet wurde. Bis 1967 behielt der Imperial sein Chassis, während die anderen Chrysler-Wagen ab 1960 selbsttragende Karosserien aufwiesen.

Das Exterieur- und auch das Interieurdesign des Imperial stammte von Virgil Exner, der vorher für Pontiac und Studebaker tätig gewesen war. Bei Chrysler war er von 1949 bis 1958 angestellt gewesen, anschließend arbeitete er freiberuflich auch für andere Autohersteller wie zum Beispiel Renault. Der 1961er Imperial war der letzte Chrysler, den der Künstler gestaltete, bevor er sich endgültig aus dem Berufsleben zurückzog. **JI**

Diese Werbeaufnahme von 1962 bringt den Charme des Innocenti 950 Spider sehr gut zum Ausdruck. ▷

967 | LuAZ

1961 • 887 ccm, V4 • 30 PS/22 kW • keine Angaben • 75 km/h Straße; 3 km/h im Wasser

Die Lutskji Avtomobilnji Zavod in Lutsk, Ukraine, stellte unter dem Namen LuAZ zunächst Lkw-Aufbauten her, bevor die Fabrik 1967 vom Staat beauftragt wurde, einen dem Saporoshez entsprechenden Allzweckwagen zu bauen. Dies war der Typ 969V mit luftgekühltem 30-PS-Motor und Frontantrieb. Als 4x4 gab es den Wagen ebenfalls, und für militärische Zwecke wurde auch eine Amphibienausführung namens 967 gebaut – allerdings ohne Antriebspropeller; allein die drehenden Räder sorgten für Vortrieb. Ebenso uneffizient war die Lenkung, die wie auf der Straße durch den Einschlag der Vorderräder bewirkt wurde.

Der LuAZ hatte nur 1,80 Meter Radstand und galt mit seinem permanenten Allradantrieb und Vorgelege als recht geländegängig. 1975 kam der 969A mit einem auf 40 PS vergrößerten Motor heraus. Die Fahrzeuge waren so gut wie identisch mit denen, die im Werk Saporoshje gebaut wurden. Als dort 1979 der 1,1 Liter Tavrja mit Wasserkühlung und permanentem Allradantrieb in Serie ging, gab es ebenfalls einen LuAZ als Parallelprodukt, genannt 1301. Auch in der DDR sah man diesen Wagen gelegentlich. Nach der Auflösung der UdSSR präsentierte LuAZ den 1302, eine Variante des ZAZ 1102 Tavrja. Für den Export vorgesehene Fahrzeuge wurden in der Tschechischen Republik komplett überarbeitet und auch mit einem 1,6-Liter-Dieselmotor von Peugeot bestückt. „Der LuAZ wird auf dem deutschen Markt eine interessante Alternative bieten", hieß es in einem Prospekt des deutschen Importeurs Walter Eckardt in Rehau. 1994 kostete der 1302 Allradwagen 15.985 DM. In den Jahren 1997-98 ging die Produktion erheblich zurück, ein Jahr später wurde der letzte LuAZ gebaut. **SH**

950 Spider | Innocenti

1961 • 948 ccm, Vierzylinder • 49 PS/36 kW • 0–100 km/h in 17 Sek. • 140 km/h

Ferdinando Innocenti, geboren 1891 in Pescia in der Toskana, gründete 1909 eine Mechanikerwerkstatt und wurde einer der bedeutendsten Hersteller Italiens für Stahlrohre und Werkzeugmaschinen, für deren Produktion er 1931 in Lambrate bei Mailand eine Fabrik einrichtete.

Nach dem Zweiten Weltkrieg entstand als Neugründung die Innocenti Anonima per Applicazioni Tubolari Acciaio, die sich außer der Stahlröhrenproduktion auch einem anderen Geschäftsgegenstand widmete: der Herstellung von Motorrollern. Innocentis berühmte Lambretta (wörtlich: „die aus Lambrate"), ab 1947 in Serie gebaut, trug – wie die Vespa von Piaggio – in erheblichem Maße zur Motorisierung Italiens in den Nachkriegsjahren bei.

Innocenti wandte sich dann auch wieder anderen Industrie-Sektoren wie der Schwermechanik (Karosseriepressen für die Autoindustrie) und schließlich auch der Automobilherstellung zu. Das erste, 1960 präsentierte Personenwagenmodell war eine Lizenzversion des Austin A40 von der British Motor Corporation (BMC), gefolgt vom Austin-Healey Sprite Mk. II, der in Italien als Innocenti 950 auf den Markt kam.

Der BMC-A-Motor war mit seinen 948 ccm Hubraum und 49 PS nicht gerade kraftvoll für einen Sportwagen. Mit 1098 ccm und 56 PS, die der Motor im Nachfolgemodell aufwies, war mehr Staat zu machen. In dieser Version und mit einem in vieler Hinsicht immer wieder verbesserten Outfit blieb der Innocenti-Roadster bis 1970 im Programm. Ab 1963 gab es auf Basis des Morris 1100 auch einen Innocenti IM3, zwei Jahre später einen Italo-Mini in der 998- und 1275-ccm-Version. **JI**

2300S Coupé | Fiat

1961 • 2279 ccm, Sechszylinder • 136 PS/100 kW • 0–100 km/h in 12 Sek. • 193 km/h

Mit den Modellen 1800 und 2100 gab es im Fiat-Programm ab 1959 neue Spitzenmodelle mit Sechszylindermotor; die OHV-Triebwerke unterschieden sich nur in der Bohrung von 72 und 77 mm bei 73,5 mm Hub, was 1795 bzw. 2054 ccm Hubraum ergab. Fiats erste Reihensechszylinder der Nachkriegszeit wiesen vordere Drehstabfederung auf. Die viertürigen Limousinen zeigten eine gewisse Ähnlichkeit mit dem Peugeot 404: beide Designs stammten von Pininfarina. Es wurden auch Kombiwagen angeboten, die man in erster Linie den Amerikanern anzubieten geplant hatte. Allerdings gelangte – aus welchen Gründen auch immer – kein solches Auto in die USA.

Die Liste der Optionen für den 1800 bzw. 2100 war lang und reichte vom Schiebedach bis zum Radio mit elektrisch ausfahrbarer Antenne, Heckfensterheizung und Weißwandreifen. In der gleichen Karosserie wurde ab 1961 auch ein 2279-ccm-Modell angeboten, 2300 genannt. Der 105 PS starke Fiat 2300, der als Mercedes-Rivale bis 1963 im Programm blieb, war an Doppelscheinwerfern und zusätzlichen Zierleisten zu erkennen und konnte mit Overdrive-Getriebe geliefert werden. 1962 bis 1968 gab es auch eine 1,5-Liter-Version, hauptsächlich als Taxi verwendet; 1964 erhielt dieses Modell einen neuen 75-PS-Motor. Besonders interessant aber war das Fließheck-Coupé 2300S mit großer Panorama-Heckscheibe. Der von Ghia schon 1960 als Prototyp auf dem Turiner Salon gezeigte Wagen kam 1961 mit einem 136-PS-Motor ins offizielle Fiat-Programm; 1965 gab es einige Änderungen an den Seiten und andere Felgen. Schade nur, daß der bildschöne Grand Tourer Kunststoff- und keine Ledersitze besaß. **JI**

Continental | Lincoln

1961 • 7045 ccm, V8 • 345 PS/254 kW • 0–100 km/h in 12,4 Sek. • 210 km/h

Nur minimale Designänderungen wies der Lincoln Mk.IV von 1958-59 im Vergleich zum Vormodell auf. Der Mk.V der Modelljahre 1959-60 stellte sich indessen nicht mehr ganz so massiv dar, gab sich zurückhaltender. Seine ultimative Form bekam der Continental 1961, und sie wurde bis 1969 beibehalten. Es gab eine Limousine und ein viertüriges Cabriolet mit zueinander öffnenden Türen. In einem 1961er Continental Convertible wurde John F. Kennedy 1963 Opfer eines Anschlags. Spätere Versionen des Präsidentenwagens wurden mit kugelsicheren Stahldächern versehen.

Das Interieur dieser Continentals wartete mit allen Luxusattributen jener Jahre auf: Ledersitze im Patchworkmuster, Applikationen in Holzimitation, Türsicherungen, die sich automatisch aktivierten, sobald der Wagen sich bewegte.

1964 erhielt der Continental wieder einen längeren Radstand, 1966 gab es einen auf 7565 ccm vergrößerten Motor, 365 PS leistend. 200 km/h auf der Ebene waren beeindruckend, enge Kurven ging man besser langsam an. Der Lincoln Continental von 1974 war von Ford allen Ernstes dazu auserkoren, Rolls-Royce Konkurrenz zu machen. Aus diesem Grund hatte man dem Wagen wohl auch eine Kühlerfront gegeben, die entfernt der eines Rolls glich, was übrigens auch beim zeitgleich gebauten Ford Thunderbird der Fall war. Beide hätten so etwas nicht nötig gehabt, doch in jenen Jahren hatten die Stilisten der amerikanischen Autohersteller ihre Hausmacht.

1993 war man beim Mk.VIII angelangt, und den Namen Continental bekam nur der geschlossene Wagen; das Cabriolet rangierte unter Lincoln Mk.VIII. **JB**

Consul Capri | Ford (GB)

1961 • 1340 ccm, Vierzylinder • 56 PS/41,2 kW • 0-100 in 19 Sek. • 155 km/h

Den Consul Capri bot Ford UK von 1961 bis 1964 an. Unter dem Modellnamen Capri gab es ab 1969 zwar eine Baureihe, die bekannter wurde, aber auch das erste, intern als Typ 109E bezeichnete Capri Coupé war ein reizvolles Auto.

Ihren Kunden in England versuchte die britische Ford-Tochter in den frühen sechziger Jahren nach amerikanischer Auffassung gestylte Autos schmackhaft zu machen. So waren der viertürige Consul Classic und das Consul Capri Coupé entstanden: in Dagenham, Essex, gebaute Miniatur-Amis. Mit dem Classic sollte die Lücke zwischen dem Consul und dem Anglia geschlossen werden, wobei die Vierzylindermotoren mit 1340 ccm in beiden Baureihen identisch waren. Der Classic konnte jedoch mit einem größeren Kofferraum aufwarten, immerhin 600 Liter fassend. Das Auto wies an den einzeln aufgehängten Vorderrädern Scheibenbremsen auf, die Karosserie war selbsttragend.

Interessant wurde der Classic aber erst durch den 1962 eingeführten 1498-ccm-Motor. Als im gleichen Jahr der Cortina erschien, waren die Tage des Classic jedoch gezählt. Die nicht ganz unkomplizierte Modellgeschichte beschränkte sich zum Glück auf Britannien; das Programm der in Deutschland gebauten und verkauften Ford-Autos war übersichtlicher.

Der Capri – also wohlgemerkt nicht identisch mit dem 1968 auch in Deutschland eingeführten und im internationalen Motorsport sehr erfolgreichen Familiensportwagen gleichen Namens – stellte eine etwas flottere Version des Classic dar und war anfangs ausschließlich für den Export vorgesehen. Die von Cosworth getunte 1963er GT-Ausgabe mit Doppelvergaser, steilerer Nockenwelle und größeren Ventilen war mit 79 PS spürbar spritziger als die erste Ausführung, dennoch blieb der Capri ein Außenseiter. Viele sind nicht erhalten geblieben. **JI**

*Eine einfache, zweckmäßige und vielseitig nutzbare Konstruktion:
Der Renault 4 war ein Vernunftauto für Leute, die kein Statussymbol brauchten.* ▷

Starfire | Oldsmobile

1961 • 6456 ccm, V8 • 345 PS/254 kW •
0-100 km/h in 11 Sek. • 200 km/h

In den fünfziger Jahren hatte Oldsmobile die Bezeichnung Starfire für die Autos seiner Baureihe 98 verwendet, doch 1961 bildeten die Fahrzeuge dieses Namens eine eigene Reihe. Er wurde ursprünglich für einen Lockheed Kampfjäger der US-Luftwaffe verwendet – aber ebenso passend war er für ein Auto mit starkem Motor, hoher Spitzengeschwindigkeit und eindrucksvoller Beschleunigung.

Anfangs war der Starfire nur als Cabriolet zu erhalten, dessen klare Linien sich deutlich von denen unterschieden, die viele andere Hersteller ihren Fahrzeugen angedeihen ließen. Der überbordende Barock hatte sich ausgelebt, vor allem die Heckpartie war ohne die Flossen, die noch 1958-59 gewaltige Dimensionen gehabt hatten, harmonischer geworden. Auch die Farbgebungen waren 1961 nicht mehr so schrill.

Im ersten Jahr wurden nur 7600 Starfire gebaut, doch 1962 waren es 42.000, und der Wagen war jetzt nicht nur als Cabriolet, sondern auch als zweitüriges Hardtop Coupé erhältlich. Dieses wurde von den Kunden bevorzugt, während sich nur noch 7149 Käufer für das Cabrio entschieden. 1962 war allerdings das Spitzenjahr für den Starfire, anschließend ging die Nachfrage wieder zurück, bis es 1966 nur mehr das Hardtop gab und mit einer Verkaufszahl von 13.019 die Oldsmobile-Manager zur Aufgabe dieser Baureihe veranlaßte. 1967 wurde sie nicht mehr angeboten.

Bei seiner Einführung kostete das Cabriolet 3564 Dollar. Heute sind Sammler bereit, das Zehnfache dieses Preises für ein gutes Exemplar zu bezahlen. Aber der Wertverlust des Dollars in vierzig Jahren ist größer ... **MG**

R4 | Renault

1961 • 845 ccm, Vierzylinder • 26 PS/19,1 kW •
0-100 km/h in 22,2 Sek. • 110 km/h

Mit dem R4 war ein Auto entstanden, das so gar nichts Spektakuläres an sich hatte, das einfach nur vernünftig, wirtschaftlich, anspruchslos und zuverlässig war und einen hohen Gebrauchsnutzen hatte, für tausendundeinen Zweck. Es war ein Transportmittel – basta.

Während seiner mehr als 30jährigen Produktionszeit wurden vom Renault 4 mehr als acht Millionen Stück hergestellt, damit war dieses Auto das am weitesten verbreitete französischer Herkunft. Die Grundkonzeption des fünftürigen Frontantriebswagens mochte der des Citroën entsprechen, doch die ganz und gar auf Zweckmäßigkeit ausgelegte Erscheinung des Wagens, seine kastenförmige Universal-Karosserie in praktischer Pontonform überzeugten mehr als beim 2 CV. Dem Renault 4 sah man an, daß er im Unterschied zum 2 CV kein Kind der 1930er Jahre war. Mit seinen Konkurrenten nahm er es hinsichtlich Robustheit, Wirtschaftlichkeit und Langlebigkeit in jeder Beziehung auf.

Anfänglich hatte der wassergekühlte Vierzylinder 845 ccm Hubraum (eine 603-ccm-Version gab es ausschließlich in Frankreich) und 26 PS. Im Laufe seiner langen Lebenszeit gab es zahlreiche Modellvarianten wie den L, TL, Super, GTL, Parisienne oder Sinpar (mit Allradantrieb!), wobei Motorleistung und Ausstattung variierten, nicht aber die Grundkonzeption. Die 4L-Version war am beliebtesten, und nach ihr bekam das Auto in Frankreich auch den Namen „Quatrelle". 1968 bis 1971 war der Plein-Air die einzige offene Ausführung, eine Art Jagd- oder Kübelwagen. Sehr beliebt war auch die Fourgonette als Lieferwagen. Meistexportierte Ausführung war der GTL mit 1108-ccm-Motor. **JI**

P 1800 | Volvo (S)

1961 • 1778 ccm, Vierzylinder • 85 PS/62,5 kW • 0-100 km/h in 13,8 Sek. • 165 km/h

Felicia Super | Skoda (CS)

1961 • 1221 ccm, Vierzylinder • 53 PS/39 kW • keine Angaben • 135 km/h

Auf dem Genfer Salon 1961 debütierten zwei interessante Sportwagen: der Jaguar E-Type und der Volvo P 1800. Der E-Type erfuhr zwar die größere Aufmerksamkeit, doch der Volvo war es, der die stärkeren Nehmerqualitäten hatte – er war schließlich ein Schwede.

Das Konzept des P 1800 war 1958 entstanden. Damals hatte Volvo den Konstrukteur Helmer Pettersen beauftragt, sich Gedanken zu einem Sportwagen zu machen. Während er die technischen Parameter schuf, übernahm sein Sohn Pelle die Aufgabe, die Karosserie zu entwerfen. Oft wurde gesagt, sie sei das Werk des italienischen Designers Frua gewesen. Pelle Pettersen arbeitete zwar bei Frua, doch der Maestro selbst überließ den Job zur Gänze seinem schwedischen Mitarbeiter.

Unter dem Blech ging es konventionell zu; als technisch innovativ ließ sich der Zweisitzer nicht bezeichnen. Auch wies er Verarbeitungsmängel auf. Die Ursache hierfür ließ sich bald analysieren: Zum ersten Mal hatte Volvo die Fertigung eines Serienmodells mangels Kapazitäten außer Haus vergeben – der P 1800 wurde bei Jensen in Großbritannien hergestellt. Dort herrschten andere Qualitätsauffassungen als in Schweden. 1963 übernahm Volvo die Herstellung im eigenen Werk; die hier gebauten Fahrzeuge bekamen die Bezeichnung 1800S. **SB**

Anfänglich trug dieser Skoda die schlichte Bezeichnung 450, denn Ziffernkombinationen hatte der tschechische Hersteller für seine Autos schon vor dem Kriege verwendet. 1959 bekam der Wagen den Namen Felicia: die Glückliche. Die Standardversion hatte einen 1089-ccm-Vierzylindermotor, der Super einen größeren mit 1221 ccm Hubraum.

Selbst wenn sie die übliche, sehr lange Wartezeit in Kauf nahmen, sahen sich nur wenige Autoliebhaber in der Tschechoslowakei imstande, ein solches Auto zu erwerben, das hauptsächlich für den Export in westliche Länder vorgesehen war. Die Felicia stellte Skoda zur gleichen Zeit wie die Octavia-Limousine vor, und das durchaus solide verarbeitete Cabriolet war wie jene eine Schwingachsen-Konstruktion mit Chassis und separatem Aufbau. Die Fahreigenschaften ließen sich allerdings als nicht ganz zeitgemäß bezeichnen. Der Vierzylinder aber war recht modern; er hatte eine obenliegende Nockenwelle und leistete 53 PS. Zu seinen Vorzügen zählten Wirtschaftlichkeit und Zuverlässigkeit, und ein Verbrauch von 9,5 Liter Normalbenzin auf 100 Kilometer galt als akzeptabel. Mit 135 km/h war das Cabrio schnell genug, und es sah auch flott aus. Gewöhnungsbedürftig waren die mit einem Plastikmaterial bezogenen Sitze und die primitiven Gummimatten auf dem Boden. **RY**

Tempest Le Mans | Pontiac (USA)

1962 • 3523 ccm, V8 • 190 PS/140 kW •
0-100 km/h in 9,9 Sek. • 184 km/h

Der 1960 vorgestellte Pontiac Tempest war eine Kreation des Ingenieurs John DeLorean und wurde in den USA zum „Auto des Jahres" gewählt. 1962 kam die Ausführung Le Mans hinzu: für Kunden, die es auf einen Pontiac GTO abgesehen hatten, ihn sich aber nicht leisten konnten. Dieses Auto basierte auf dem Tempest Coupé bzw. Convertible (die Limousine in dieser Baureihe war weniger gefragt), hatte zehn Prozent mehr Motorleistung als der Serienwagen, Räder nach Art des GTO, Lufteinlässe an den vorderen Kotflügeln, Einzelsitze vorn mit Schaumstoffauflagen sowie elektrische Fensterheber. Das Dach wies einen Vinyl-Überzug auf, und bei der Cabrioletversion ließ sich das Verdeck elektrisch betätigen. Kurioserweise bot Pontiac den als Sportwagen bezeichneten Tempest Le Mans auch in einer Kombiausführung mit imitierten Holzpaneelen nach „Woody"-Art an. Holzimitation gab es auch im Interieur. Nach einem Facelift für das 1969er Modell erhielt der Le Mans einen neuen Kühlergrill mit verchromter Einfassung. Bei den 24 Stunden von Le Mans war das Auto trotz seines Namens allerdings nicht zu sehen, wohl aber bei NASCAR-Rennen in den USA. General Motors zog sich damals zwar vom Rennsport zurück, doch von privater Seite wurden viele Pontiacs an den Start geschickt. Es gab den Wagen bis 1982, als er vom Bonneville abgelöst wurde. **MG**

Cedric | Nissan

1962 • 1488 ccm, Vierzylinder • 87 PS/63,9 kW •
keine Angaben • keine Angaben

In den 1960er Jahren erhielten einige Datsun-Modelle wieder den Namen Nissan, zum Beispiel die Autos der Baureihen Cedric und Silvia sowie der 4,0-Liter-V8-Wagen President. Erst ab Januar 1984 bekamen sämtliche Datsun-Personenwagen die Herkunftsbezeichnung Nissan. Den Namen Cedric soll, so geht die Legende, der Nissan-Generaldirektor Katsuji Kawamata einer Figur aus Francis Hodgsons Roman „Der Kleine Lord" entliehen haben. Nissan hatte damals den Austin A40 und den A50 in Lizenz hergestellt, jedoch die Absicht gehabt, eine Limousine eigener Konstruktion auf die Räder zu stellen. Der in dieser Zielsetzung entstandene Cedric geriet zu einer Mischung aus britischen und amerikanischen Elementen. Die Scheinwerfer allerdings glichen denen eines japanischen Vorortzuges. Alternativ zum 1488-ccm-Motor gab es einen Vierzylinder mit 1900 ccm Hubraum, auch wurden eine Limousine mit verlängertem Radstand sowie Kombiwagen und Vans gebaut. Für eine VIP-Klientel gab es sogar Limousinen mit Gardinen an den hinteren Fenstern. Das Radio konnte man herausnehmen, es funktionierte mit einem eigenen Batteriesatz (so etwas gab es übrigens auch bei uns). Die Cedric-Baureihe existierte bis 2004, erfuhr jedes Jahr etliche kosmetische Veränderungen und war auch mit Getriebeautomatik erhältlich. **SH**

250 GTO | Ferrari

1962 • 2953 ccm, V12 • 300 PS/221 kW • 0-100 km/h in 4,9 Sek. • 283 km/h

Der 250 GTO ist der berühmteste und der am höchsten bewertete Ferrari aller Zeiten. Nur 39 Exemplare wurden 1962-1964 gebaut. Die Bezeichnung GTO heißt Gran Turismo Omologato und sollte aussagen, daß es sich um die homologierte Version des 250 GT SWB handelte. Bemerkenswert ist, daß es Ferrari verstand, die FIA zu überzeugen, daß der GTO eine Entwicklung aus dem SWB darstellte – Tatsache ist, daß der GTO weitgehend eine Neuschöpfung war. Auch wurden keine 100 Stück gebaut, wie das Reglement vorschrieb.

Die Stahlrohrstruktur des Rahmens hatte zahlreiche Änderungen erfahren, die dem Renneinsatz Rechnung trugen. Der Starrachse gab man Parallel-Längslenker und ein Wattgestänge, wodurch sich die Straßenlage enorm verbesserte. Den V12-Motor verwendete man mit einigen Änderungen wie Trockensumpfschmierung und Ventilen größeren Durchmessers. Ferrari hatte eine Literleistung von 100 PS angestrebt: Jeder Motor, der auf dem Prüfstand nicht mindestens 296 PS brachte, wurde zerlegt und neu aufgebaut.

Obwohl sich der SWB als schnelles Fahrzeug erwiesen hatte, war man bei Ferrari davon überzeugt, daß durch aerodynamischen Feinschliff noch mehr herauszuholen war. Aus dieser Erkenntnis erfuhr der Wagen eine Überarbeitung, vorgenommen durch Giotto Bizzarrini, der sich des Windkanals bediente. Daraus ergab sich eine vollkommen neue Karosserie, die Schritt für Schritt optimiert wurde und als eine der formschönsten bezeichnet werden darf, die in den 1960er Jahren entstanden ist. 1962 und 1963 wurde der GTO zweiter Gesamtsieger in Le Mans; 1962, 1963 und 1964 errang Ferrari mit diesem Auto die GT-Markenweltmeisterschaft. **DS**

Vega II | Facel

1962 • 6277 ccm, V8 • 390 PS/287 kW • 0-100 km/h in 6,7 Sek. • 240 km/h

Jean Daninos war ständig bestrebt, seine an sich schon hervorragenden Autos noch zu verbessern. So nahm er sich 1961 in Pont-à-Mousson des seit 1958 gebauten HK500 an und gab ihm ein neues Aussehen.

Der „Aschka", wie die Franzosen den HK500 nannten, war ein eindrucksvolles Automobil und ebenso leistungsstark wie berühmte italienische Hochleistungsfahrzeuge, konnte eine exzellente Verarbeitung vorweisen und bot den Insassen durch üppige Verglasung (Panoramascheibe vorn) beste Sicht. Vor allem erregte man Aufsehen, wo immer man mit einem solchen Auto vorfuhr, den ein Facel galt als Exot und war selbst unter Kennern eine unbekannte Größe.

Ein zweitüriger Viersitzer wie der HK500 war auch der Facel Vega II, jetzt mit vergleichsweise schärferer Linienführung. Der Chrysler-V8-Motor mit seinem Hemi-Zylinderkopf entsprach dem des Vorgängers, leistete jetzt aber 390 (in späteren Ausführungen nur 350) PS. Die Windschutzscheibe hatte keine gebogenen Ecken mehr, doch insgesamt waren die Fensterflächen größer geworden, auch die Heckscheibe. Kleinere Ausmaße hatte der Kühlergrill, dafür wiesen die Marchal-Doppelscheinwerfer eine längliche Form wie beim Mercedes-Benz SL auf und steckten unter Klarsichtabdeckungen. Die meisten Kunden bestellten den Facel Vega II mit TorqueFlite-Automatik, jetzt allerdings nicht mehr per Knopfdruck zu schalten. Serienmäßig gehörten Scheibenbremsen zur Ausstattung (und waren bei einem solch schweren Auto auch erforderlich). Optional angebotene Speichenräder verliehen dem bis 1964 angebotenen Coupé einen besonderen Reiz. Gebaut wurden 184 Exemplare. **MG**

407 | Bristol (GB)

1962 • 5130 ccm, V8 • 250 PS/184 kW • 0-100 km/h in 8,3 Sek. • 200 km/h

Der Bristol 407 war das erste von der Bristol Cars Co. Ltd. hergestellte Automodell, nachdem diese Firma sich aus der Bristol Aeroplane Company herausgelöst und verselbständigt hatte. Als erstes trennte man sich von dem bisher verwendeten, noch vom Vorkriegs-BMW stammenden Sechszylindermotor – etwas sehr viel Leistungsstärkeres sollte den Bristol künftig antreiben. Am besten ein amerikanischer V8. So wurde der Ende 1961 entstandene Bristol 407 mit einem 5,2-Liter-Chrysler-Motor ausgestattet. Das Aggregat stammte von Chryslers Motorenfabrik in Kanada, kam damit also aus einem Commonwealth-Land. Der 407 war als Limousine entstanden, technisch eine Fortentwicklung des 406, jedoch mit Einzelradaufhängungen an Schrauben- statt der bisher verwendeten Querblattfedern. 1963 erschien der 408 mit überarbeiteter Karosserie, die sich noch etwas sportlicher gab, so wie auch der nachfolgende 409. Die Karosserie des 410 war noch strenger gezeichnet, hatte auch einen neuen Kühlergrill. Der 411 schließlich, 1969 vorgestellt, bekam einen auf 6,3 Liter vergrößerten Motor. Kenner sehen in ihm die gelungenste Kombination von gutem Design und kraftvoller Motorisierung. Die geringe Stückzahl von nur 88 Exemplaren, die vom 407 entstanden, hatte zur Folge, daß sie bald gesuchte Sammlerstücke darstellten. **MG**

Vitesse | Triumph (GB)

1962 • 1596 ccm, Sechszylinder • 70 PS/51,5 kW • 0-100 km/h in 17 Sek. • 142 km/h

Der Triumph Vitesse besaß einen hervorragenden Ruf als Sportlimousine, etwa so wie die Borgward Isabella TS. Er stammte in direkter Linie vom Triumph Herald ab, und da dieser noch über ein konventionelles, separates Fahrgestell verfügte, ließ er sich mit den unterschiedlichsten Karosserien bestücken. Also konnte man auch Spezialversionen wie den Vitesse bauen, der sozusagen einen Herald mit Sechszylindermotor darstellte. Dieses Modell erschien 1962, hatte ein verstärktes Chassis, vordere Scheibenbremsen, ein enger abgestuftes Getriebe und – gegen Aufpreis – einen Overdrive. Das äußerliche Unterscheidungsmerkmal zum Herald waren Doppelscheinwerfer, schräg zueinander angeordnet. Giovanni Michelottis Handschrift war unverkennbar.

Den Triumph Vitesse gab es auch als Cabriolet. Die Autos hatten durchaus sportliche Qualitäten, allerdings neigten die Räder bei schneller Kurvenfahrt zum seitlichen Versetzen. Erst 1968 wurde dieser Mangel behoben.

1966 bot Triumph den Wagen auch mit einer Zweilitermaschine an, das Getriebe war jetzt vollsynchronisiert. 1968 erschien der Wagen – mit der verbesserten Hinterradführung – als Vitesse Mk.II. Zugleich mit dem Herald endete die Produktion im Sommer 1971 nach einer Gesamtstückzahl von 51.000. **SB**

Avanti | Studebaker (USA)

1962 • 4734 ccm, V8 • 210 PS/154 kW •
0-100 km/h in 9,5 Sek. • 224 km/h

Eine eigenwillige Erscheinung war der 1962 eingeführte Studebaker Avanti. Der viersitzige Zweitürer mit V8-Motor und vorderen Scheibenbremsen – in einem amerikanischen Serienfahrzeug eine Sensation – stellte einen Versuch der Firma Studebaker dar, sich mit einem sportlichen, extravaganten Coupé aus ihrer Absatzkrise zu retten; ein Versuch, der letztlich nicht gelang. Es heißt, der Studebaker-Boß Sherwood Egbert habe die Form des Wagens während eines Geschäftsfluges entworfen und die Ausführung seinem von Raymond Loewy geleiteten Designer-Team aufgetragen, das innerhalb von nur sechs Wochen einen Prototyp auf die Räder stellte. Dessen 4,8-Liter-V8-Motor war auch mit einem Kompressor erhältlich, der die Leistung von 210 auf 300 PS steigerte.

Als Studebaker im Begriff war, die Tore zu schließen, fand sich eine Gruppe von Geschäftsleuten zusammen, der es gelang, die Konstruktionsrechte am Avanti zu erwerben. Als Avanti II wurde das Fahrzeug noch bis 1991 weitergebaut, ab 1988 sogar in einer längeren Ausführung. Es gab auch eine viertürige Limousine sowie ein Cabriolet. Motorisiert war der Avanti II mit einem Corvette-V8 von 5,4 bis 6,6 und ab 1990 mit 5,0 Liter Hubraum. Wie das Original, hatte auch der Avanti II einen Aufbau aus glasfaserverstärktem Kunststoff. **MG**

S3 Continental | Bentley (GB)

1962 • 6227 ccm, V8 • 205 PS/151 kW •
keine Angaben • 185 km/h

Die Bentley-Modelle S1 und S2 hatten sich als erfolgreich erwiesen, also setzte man auch große Erwartungen in den S3. Bentley-Liebhaber schätzen diese Fahrzeuge der S-Serie, weil sie die letzten Vertreter einer eigenen Karosserie-Individualität waren, bevor ein Bentley bis auf den Kühlergrill genauso wie ein Rolls-Royce aussah. Diese Tatsache war nicht zu leugnen, dennoch blieb ein Bentley stets ein individuelles Luxusprodukt und war jeden Penny seines hohen Preises wert.

Der 1955 vorgestellte S1 entsprach technisch dem zeitgleich produzierten Rolls-Royce und hatte wie dieser einen 4,9-Liter-Sechszylinder in IOE-Bauweise. Dies blieb bis 1959 so, als der S2 erschien. Vom S1 wie vom S2 gab es eine als Continental bezeichnete Fastback-Ausführung. Neu beim S2 war aber das Triebwerk: Es handelte sich um einen V8 mit 6,2 Liter Hubraum, zugleich stattete man alle Fahrzeuge mit Getriebeautomatik und Servolenkung aus. Auf dem Pariser Automobilsalon 1962 wurde das Modell S3 vorgestellt, ebenfalls als Saloon (Limousine) und Continental zu bekommen; in geringer Zahl wurden auch Cabriolets gebaut. Es gab jetzt etwas mehr Platz im Fond, und die Motorhaube war niedriger. Die Doppelscheinwerfer hatte man beim Coupé und beim Cabrio schräg versetzt installiert, was der Wagenfront ein exotisches Aussehen verlieh. **MG**

◐ Der offene Mercedes-Benz 300 SEC war ein Traumwagen. Mit 33.350 D-Mark aber auch traumhaft teuer.

300 SEC | Mercedes-Benz

1962 • 2996 ccm, Sechszylinder • 160 PS/118 kW • 0-100 km/h in 13 Sek. • 180 km/h

Es war eine glanzvolle Premiere für zwei luxuriöse Oberklasse-Automobile, die 1962 auf dem Genfer Salon gefeiert wurde: Daimler-Benz stellte das 300 SE Coupé und das 300 SE Cabriolet der Baureihe W 112 vor. Sie waren stilistisch auf Basis der entsprechenden Varianten des 220 SE entstanden. Die Rahmenbodenanlage wurde von der Heckflossen-Limousine übernommen, was den stattlichen Auftritt der beiden zweitürigen Fahrzeuge mit einem 2,75 Meter Radstand und einer Gesamtlänge von 4,88 Metern unterstrich. Der Reihensechszylinder-Leichtmetallmotor M 189 IV leistete zunächst 160 PS, ab 1964 stellte der Motor 170 PS zur Verfügung. Je nach Hinterachsübersetzung und Motorvariante erreichten Coupé und Cabriolet damit Höchstgeschwindigkeiten von 189 bis 195 km/h.

Zur Serienausstattung gehörten ein Viergang-Automatikgetriebe mit Schaltung am Lenkrad, Servolenkung, Luftfederung sowie eine Zweikreisbremsanlage mit Scheibenbremsen an Vorder- und Hinterrädern. Der zusätzliche Chromschmuck umfaßte eine von den Scheinwerfern bis zu den Heckleuchten durchgehende Chromleiste in der Längssicke sowie Zierleisten an den Radläufen. Die beiden neuen Typen markierten nicht nur die Spitzenposition ihrer Baureihe. Sie setzten auch ganz allgemein Maßstäbe für zwei exklusive Karosserieformen, hinter denen jeweils eine besondere Interpretation der Faszination am Automobil steckte. Die Exklusivität hatte aber auch ihren Preis: das Coupé kostete 31.350 und das Cabrio 33.350 D-Mark. Im Dezember 1967 endete die Bauzeit von 300 SE Coupé und 300 SE Cabriolet. Erst im September 1969 standen als Nachfolger die Typen 280 SE 3.5 Coupé und Cabriolet bereit. **HS**

Djet | René Bonnet

1962 • 1108 ccm, Vierzylinder • 68 PS/50 kW • keine Angaben • 165 km/h

Eigentlich sollte er Jet heißen. René Bonnet aber glaubte, seinen Landsleuten bei der richtigen Aussprache des Wortes entgegenkommen zu müssen und wählte für die Bezeichnung seines Sportwagens die Schreibweise „Djet". René Bonnet war ein französischer Renn- und Rekordfahrer, der eine Citroën-Vertretung besaß. 1937 rief er mit Charles Deutsch die Automarke DB ins Leben, die bis 1961 bestand. Sein erster unter eigenem Namen und mit einem Renault-Motor bestückter Rennsportwagen gab 1962 auf dem Nürburgring seinen Einstand; in Le Mans traten ebenfalls drei René-Bonnet-Wagen an. Auch Formel-2-Wagen stellte Bonnet auf die Räder. Sie wiesen einen Halb-Monocoque auf; der Rohrrahmen war außen mit Aluminium und innen mit Kunststoff verkleidet.

Im Herbst 1962 präsentierte Bonnet einen Mittelmotorwagen (Renault-Gordini-Vierzylinder) mit Kunststoff-Karosserie, dies war der Djet und zugleich erste Mittelmotor-Sportwagen Frankreichs, der in Serie für die Straßenzulassung gebaut wurde.

Bevor die Sté. Matra 1964 die Firma Bonnet und deren Mittelmotorkonzept erwarb, war das Industrieunternehmen vor allem als Maschinen- und Raketenproduzent bekannt. Nun setzte sie René Bonnets Autobau fort. Auch der jetzt als Matra Djet 5 angebotene Zweisitzer hatte einen Renault-Motor, 70 bis 95 PS stark, und eine innovative Kunststoff-Karosserie. Über dem schmalen Lufteinlaß am Bug befanden sich Klappscheinwerfer. Ab 1966 hob man den Hubraum des Vierzylinders auf 1255 ccm an, die Leistung stieg auf 103 PS. Die hiermit versehenen Autos erhielten die Modellbezeichnung Djet 6. **MG**

Elan | Lotus

1962 • 1498 ccm, Vierzylinder • 100 PS/73,5 kW • 0-100 km/h in 7,9 Sek. • 185 km/h

Als der Elan auftauchte, nahm die Konkurrenz der international renommierten Sportwagenhersteller von der Firma Lotus aufmerksam Kenntnis. Colin Chapman, so schien es, betrieb nicht nur irgendeine Bastelwerkstatt in der englischen Provinz: In Hezel, Norfolk, entstanden Autos von Weltklasse-Niveau!

Der Lotus Elan sah nicht nur gut aus, er fuhr sich auch superb. Sein Zentralrahmen war vorn und hinten gabelförmig geteilt und gab dem Fahrzeug mehr Stabilität im Vergleich zum Elite; die Dreieckslenker mit Schraubenfedern entstammten dem Triumph Herald; auch hinten hatte der Elan Einzelradaufhängung an von Chapman konstruierten Querlenker/Dämpfer-Einheiten. Die Straßenlage des Wagens ließ sich als vortrefflich bezeichnen, sie war responsiv und ausgeglichen, es gab kein Über- oder Untersteuern.

Den Elan trieb ein Lotus-Vierzylindermotor mit zwei obenliegenden Nockenwellen an. Block und Ölwanne stammten vom Ford Cortina, den DOHC-Kopf hatte Harry Mundy gezeichnet (ein Ex-Jaguar-Konstrukteur). Auch das Vierganggetriebe kam von Ford. Der erste Elan hatte 100 PS, doch dieser Motor wurde bald durch einen höher drehenden 1558-ccm-Motor mit 106 PS ersetzt. Im Verhältnis zu seinem Leergewicht von nur 668 kg war der Elan jetzt noch besser motorisiert und verfügte über eine gute Beschleunigung.

Die Karosserie des Elan hatte Ron Hickman gezeichnet, ein hauseigener Designer, auch die Anfertigung des Kunststoff-Aufbaus fand bei Lotus statt. Zunächst war nur ein offener Zweisitzer zu bekommen, doch ab 1963 gab es für ihn ein aufsetzbares Hardtop, und ein Coupé mit festem Dach erschien als Elan S3 im Herbst 1965. **DS**

MGB | MG   (GB)

1962 • 1798 ccm, Vierzylinder • 95 PS/69,8 kW • 0-100 km/h in 12,5 Sek. • 170 km/h

Als erfolgreichsten MG aller Zeiten registriert die Statistik britischer Sportwagen den 1962 bis Ende 1980 gebauten MGB. Erstaunlich, daß dieses Auto, dessen Bodengruppe mit der eines Austin 40 und des Sherpa Lieferwagens identisch war, sich zu einem solchen Welterfolg entwickelte und in einer halben Million Exemplaren verkauft wurde. Nun, das Auto sah gut aus, es war praktisch und anspruchslos.

Zuerst erschien das Cabrio. Es hatte eine selbsttragende Karosserie; die Seitenscheiben ließen sich herunterkurbeln, das Dach war solide verarbeitet, es gab Platz für reichlich Gepäck. Für Fahrvergnügen sorgte die jüngste Version des BMC-B-Motors mit 95 PS.

Ein Coupé erschien 1965, MGB GT genannt. Das Schrägheck wies eine seitwärts zu öffnende Klappe auf, ideal zum Be- und Entladen. Ein Fortschritt war die gleichzeitige Einführung eines Motors mit fünffach gelagerter Kurbelwelle und eines Vollsynchrongetriebes mit besseren Untersetzungen. Optional konnte man einen Overdrive bekommen.

Zur London Motor Show im Oktober 1970 erhielt der MGB eine Anzahl von Verbesserungen, zu ihnen zählten ein optimiertes Heizungs- und Lüftungssystem, automatisches Innenlicht und teleskopische Haubenhalterungen. Bereits Mitte 1971 war der 250.000. MGB entstanden; mehr als drei Viertel waren exportiert worden.

Im August 1973 erschien der MGB GT V8. Zwar war der V8-Motor vom Rover leichter als der Grauguß-Vierzylinder, aber die Nebenaggregate ergaben leider auch eine erhöhte Kopflastigkeit. Die Leistung betrug 137 PS; Servobremsen gehörten jetzt zur Serienausstattung. Der V8 wurde bis 1976 gebaut. **SB**

Dies ist der 1964er Shelby Cobra 289 CSX2473, der sich unzählige Siege auf den berühmtesten Rennstecken der Welt holte.

Cobra 289 | AC

1962 • 4261 ccm, V8 • 264 PS/194 kW • 0-100 km/h in 5,5 Sek. • 230 km/h

Die Entstehungsgeschichte des AC Cobra ist undramatisch, doch sie stellt den Beginn einer Legende dar. Ein texanischer Hühnerzüchter (und Rennfahrer) namens Carroll Shelby besorgt sich 1961 einen AC Ace, idealisiert den Wagen seinen Vorstellungen gemäß – und implantiert in das Rohrrahmenchassis einen starken V8-Motor von Ford, einen 4,26 Liter, der nicht einmal sehr viel mehr wog als der Original-AC-Sechszylinder.

Bei AC war man von Shelbys Arbeit so begeistert, daß man den bestehenden Vertrag mit Ken Rudd, bisher Lieferant des für AC frisierten 2,6-Liter-Six, kündigte, um künftig mit Shelby zusammenzuarbeiten. Nach einem Jahr ging man zu einem 4,7-Liter-Motor über, dessen Hubraum von 289 c.i. dem (oder der) neuen Cobra den Typennamen gab. Äußerlich hatte der britisch-amerikanische Zweisitzer keine allzu großen Änderungen erfahren, so daß man ihn für einen normalen Ace halten konnte. Erst die letzten, mit dem Beinamen „Sports" versehenen Exemplare erhielten breitere Räder und Reifen sowie stärker ausgeformte Kotflügel, wie sie dann auch das 1965 eingeführte Nachfolgemodell 427 aufwies. Zu Rennzwecken entstand auch eine ganze Anzahl von 289 Coupés. 1982 begann die schottische Firma Autocraft mit der Anfertigung von Nachbauten, denen etliche weitere folgten; schließlich entschied sich Carroll Shelby sogar selbst, „continuation cars" zu bauen.

Man muß davon ausgehen, daß fast jeder Shelby Roadster, der heute gelegentlich auf der Straße zu sehen ist, ein Replikat darstellt. Denn die Originale sind viel zu wertvoll, als daß ihre Besitzer sie den Risiken des heutigen Verkehrs aussetzten. **JB**

Kadett | Opel

1962 • 993 ccm, Vierzylinder • 40 PS/29,4 kW • 0-100 km/h in 28 Sek. • 120 km/h

Der ab 1962 in Bochum produzierte Kadett war die bedeutendste Neuentwicklung des Hauses Opel nach 1945. Mit diesem Auto trachtete die deutsche General-Motors-Tochter wieder ein angestammtes Marktsegment früherer Epochen zu besetzen: die Klasse unter 1 Liter Hubraum. Der Wagen fand ausgezeichnete Resonanz; bis August 1965 wurden 649.512 Fahrzeuge produziert, darunter 126.616 Kombiwagen alias Caravan.

Im Rahmen der Modellpflege wurde der Kadett immer attraktiver, besser, stärker und schneller; die Auswahl nahm an Umfang zu. So war der Kadett ab August 1965 mit 1,1-Liter-Motor lieferbar, ab November 1966 mit zwei Vergasern (RS-Version), ab Februar 1967 mit vorderen Scheibenbremsen, ab August 1967 mit einer neuen, schraubengefederten Hinterachse, Sicherheitslenksäule und Dreispeichenlenkrad. Dann folgten weitere Motorversionen: 1,5 Liter, 1,7 Liter und 1,9 Liter. Damit hatte der Kadett Eingang in die Mittelklasse gefunden. Einige Versionen blieben dem Export vorbehalten. Außerdem gab es eine LS-Version als Fastback – noch heute ein zeitlos schöner Klassiker – sowie eine Luxusreihe unter der Bezeichnung Olympia A mit Vinyldach. Erstmals bot Opel auch eine fünftürige Caravan-Version an, und ab November 1968 war auf Wunsch eine Getriebeautomatik erhältlich. Bis zum Produktionsende des Kadett B im Juli 1973 wurden von dieser Baureihe 2.649.501 Fahrzeuge hergestellt, davon 426.136 in der LS-Ausführung. In gebührenden Abständen folgten die Baureihen C (1973-79), D (1979-84) und E (1984-93), alle mit einer Fülle von Karosserie-, Motor- und Ausstattungsvarianten. Nachfolger des Kadett wurde die Modellreihe Astra. **HS**

SX 1000 | Ogle

1962 • 997 ccm, Vierzylinder • 68 PS/50 kW •
0-100 km/h in 13,5 Sek. • 155 km/h

Bei der englischen Firma Ogle Design in Letchworth, Hertfordhire, entstanden der Reliant Scimitar sowie eine Spezialversion des Riley One-point-Five, der acht Käufer fand. Doch es war der SX 1000, mit welchem sich die Firma dem Publikum Ende 1961 eingehender bekannt machte. Ab 1962 gab es den Wagen für 550 Pfund Sterling zu kaufen. Als Plattform diente die eines Mini Van, auf der der Aufbau eines Schrägheck-Coupés aus Kunststoff saß. Der Kunde hatte die Wahl zwischen verschiedenen BMC-Motoren, etwa dem 997- oder dem 1275-ccm-Vierzylinder mit allen technischen Extras des Mini Cooper S. Das 2+2-Coupé lief je nach Motorisierung 155 bis 177 km/h. Das luxuriös ausgestattete Interieur wurde nach Kundenwunsch variiert. Solche als „customized" bezeichneten Fahrzeuge bot Ogle auch in anderer Form an, etwa als normalen Mini, individualisiert für Kunden, die das Besondere schätzten. Solche Arbeiten schlugen allerdings mit hohen Preisen zu Buche.

Die Firma brach zusammen, als ihr Gründer David Ogle am Steuer eines SX 1000 einen Verkehrsunfall mit tödlichem Ausgang erlitt. Das Vertrauen in den Wagen war in Frage gestellt. Die Baurechte am Ogle SX 1000 erwarb Norman Fletcher, doch während es den SX 1000 immerhin 69mal gab, wurde der Fletcher GT in Walsall, Staffordshire, in nur vier Exemplaren gebaut. **JB**

Wagoneer | Kaiser-Jeep

1963 • 3780 ccm, Sechszylinder • 140 PS/103 kW •
0-100 km/h in 17,5 Sek. • 147 km/h

Lange vor dem Erscheinen des Range Rover war der Jeep Wagoneer der Welt erster Luxus-Geländewagen in Station-Wagon-Bauweise, entworfen von Brooks Sevens, dem Erfinder des Begriffs „programmierte Vergänglichkeit", wonach Verbrauchsgüter nur eine begrenzte Haltbarkeit aufweisen sollen (um den Konsum zu fördern). Paradoxerweise war ausgerechnet der Wagoneer wie für die Ewigkeit gebaut. Zu seinen Luxusattributen gehörten Getriebeautomatik und Servolenkung.

1963 war der Jeep-Hersteller Willys Motors Inc. in Kaiser Jeep Corporation umbenannt worden. Inzwischen galt die Bezeichnung Jeep, obwohl geschützt, längst als Allgemeinbegriff für einen Geländewagen.

Mit wenigen Änderungen blieb der Wagoneer auch im Programm, als die Jeep-Modellreihen 1970 von American Motors übernommen wurden. Ebenso war es 1978, als AMC und Renault einen Vertrag schlossen, der eine Koordination des Verkaufsnetzes in den USA und in Kanada vorsah. Auch die Montage eines Renault-Modells in einem AMC-Werk und der Jeep-Vertrieb durch Renault auf Exportmärkten wurden diskutiert. Anfang 1979 wurde das Abkommen konkret – damit war der Jeep ein Halbfranzose geworden und rangierte als eigene Marke. **RY**

Mistral Spyder | Maserati

1963 • 3485 ccm, Sechszylinder • 235 PS/173 kW • 0-100 km/h in 6,8 Sek. • 235 km/h

Neben dem 5000 GT erschien als eine weitere Variante des 3500 GT im November 1963 der Maserati Mistral. Das auf der Automobilausstellung in Turin präsentierte Coupé hatte den Motor des Sebring, aber einen kürzeren Radstand und ein durch Vierkantstahlrohr-Traversen verstärktes Chassis. Die Produktion begann sechs Monate später. Ein Jahr nach der Vorstellung des Coupés ließ Maserati die zweisitzige Spyder-Version folgen, deren Design – wie das des Coupés – von Pietro Frua stammte. Angefertigt wurden die Karosserien in Fruas Auftrag bei der Firma Maggiora; mit Ausnahme der hinteren Kotflügel beim Spyder bestanden alle Bauteile aus Aluminium.

Auffallend war beim Coupé das großflächige Heckfenster, das sich öffnen ließ. Das Hardtop für den Spyder wies nur ein kleines Rückfenster auf. Das Fahrwerk des Mistral entsprach dem des 3500 GT mit Scheibenbremsen an allen Rädern. Seltsamerweise waren die Autos unterschiedlich motorisiert: Das Coupé hatte einen 3692-ccm-Motor mit 245 PS, während das Cabriolet den älteren, 235 PS starken 3485-ccm-Motor aufwies. Ab 1967 stand auch ein 4014-ccm-Sechszylinder zur Verfügung. Sie alle waren mit Benzineinspritzung versehen. Die Räder hatten Zentralverschluß. Pietro Frua verwendete fast genau das gleiche Karosseriedesign beim AC 428. Den Mistral gab es bis Ende 1969. **RD**

Corvette Sting Ray | Chevrolet

1963 • 5359 ccm, V8 • 360 PS/265 kW • 0-100 km/h in 6,5 Sek. • 200 km/h

Die erste Baureihe der Corvette, später als C1 bezeichnet, wurde 1963 durch den Sting Ray abgelöst. Die markante Coupé-Karosserie des „Stachelrochen" mit seinem geteilten Panorama-Heckfenster bestand wie beim C1 aus Kunststoff. Von außen zugänglich war der Kofferraum leider noch immer nicht. Serienmäßig gab es jetzt Einzelradaufhängungen auch hinten, ferner Kraftstoffeinspritzung sowie Räder mit Zentralverschluß. Zu den Optionen gehörten Servolenkung, Klimaanlage sowie Ledersitze. Wie in den Jahren zuvor, war Rot die Lieblingsfarbe der Corvette-Käufer. Eine zu Rennzwecken entwickelte Version, genannt Z-06, mit einem 5,4-Liter-V8 war auf Anregung des Entwicklungschefs Zora Arkus-Duntov ebenfalls entstanden.

Der von Bill Mitchell gestaltete Sting Ray wies auf der Motorhaube Lüftungsschlitze auf – die aber Attrappen darstellten, wie das gesamte Auto auf Showeffekte ausgerichtet war.

Durfte der Sting Ray in seinen beiden ersten Jahren schon als ein gut verkäufliches Auto gelten, so war der Jahrgang 1965 ein noch besserer. An allen Rädern gab es nach gründlicher Erprobung jetzt endlich Scheibenbremsen mit radialen Belüftungslöchern, vier Kolben und geteilten Bremszangen. Fahrwerkstechnisch hatte der Sting Ray seine Bestform erreicht. **RY**

Connery in seiner Rolle als James Bond wurde ebenso berühmt wie sein Aston DB5, mit dem er in einigen Filmen unterwegs war.

F11, F12 | DKW

1963 • 889 ccm, Dreizylinder • 40 PS/29,4 kW • 0-100 km/h in 25 Sek. • 124 km/h

Die Popularität der Marke Auto Union-Marke DKW war in den 1930er Jahren enorm. Nach dem Kriege hatte sie allerdings Einbußen erlitten; in der deutschen Autolandschaft hatten sich nach Auftauchen des Volkswagens die Ansprüche gewandelt. Doch mit der Einführung des DKW Junior im August 1959 knüpfte die Auto Union an ihre Tradition des kleinen, volkstümlichen Gebrauchswagens an, wie er die Marke berühmt gemacht hatte. Der modern gezeichnete, nur 3,97 Meter lange Junior war ein Zweitürer mit vorderer Drehstabfederung; sein Dreizylinder-Zweitaktmotor hatte erst 741, ab 1961 (Junior de Luxe) 796 ccm Hubraum. Es gab dieses Auto nur als Zweitürer. Schon bald entdeckten junge Leute die sportliche Seite dieses Autos, mit dem man in der Klasse der dominierenden Fiat Abarth beträchtliche Erfolge einfahren konnte. Alljährlich zu Pfingsten gab es auf dem Nürburgring Rennen, die ausschließlich DKW-Wagen vorbehalten waren.

Als Nachfolger mit etwas geräumigerer Karosserie und 40 PS starkem 889-ccm-Motor präsentierte sich 1963 der DKW F12, in einer einfacher ausgestatteten 34-PS-Variante F11 genannt. 1964-65 gab es den F12 auch als Cabriolet. Um den lästigen Vorgang des Mischens von Benzin und Öl beim Tanken abzuschaffen, hatten die Fahrzeuge ab Herbst 1961 eine „Frischölautomatik", bei der ein Quantum Motoröl in einen separaten Behälter gefüllt wurde, von wo es dem Vergaser zufloß; eine Vorrichtung, die sich auch im AU 1000 S bewährte. DKW Junior und F11/12 wurden nicht mehr in Düsseldorf, sondern im neuen Werk in Ingolstadt gebaut, wohin 1962 auch der Firmensitz verlegt worden war. **HS**

DB5 | Aston Martin

1963 • 3995 ccm, Sechszylinder • 282 PS/208 kW • 0-100 km/h in 7,1 Sek. • 230 km/h

Den Aston Martin DB5 assoziieren die meisten von uns spontan mit dem James-Bond-Auto aus dem Film „Goldfinger" und einiger nachfolgender 007-Streifen, vor allem, wenn uns ein silberfarbenes Exemplar begegnet. Die Einführung dieses Modells vollzog sich unspektakulär, zumal es kaum anders aussah als sein Vorgänger. Wenn Sean Connery aber seinen Wagen in Begleitung vergoldeter Filmsternchen über die Champs Elysées fuhr, hielt Paris den Atem an ...

Der DB5 ersetzte sowohl den DB4 als auch den DB4GT, von dem er einige Besonderheiten mit auf den Weg bekam, so die Scheibenbremsen an allen vier Rädern, den 4,0-Liter-DOHC-Motor mit drei SU-Vergasern sowie die etwas zurückgesetzten Scheinwerfer mit Plexiabdeckungen. Das Cockpit war noch besser gegen den Motorraum hin abgeschottet, Federung und Dämpfung etwas weicher geworden. Der DB5 fuhr sich, weil er etwas schwerer geworden war, nicht ganz so sportlich wie der DB4, mit Ausnahme der Vantage-Ausführung, die mit drei Weber- statt SU-Vergasern und einem Fünfganggetriebe von ZF geliefert wurde. Wie seine Vorgänger war der DB5 auch als Cabriolet erhältlich, interessanterweise aber auch als Sportkombi. Doch nicht mehr als zwölf Stück karossierte die Firma Radford auf Kundenwunsch als „Shooting Break" (irrtümlich oft „Brake" geschrieben). Zu diesem Zweck erhielt der Superleggera-Aufbau einen Zusatzrahmen im Heck, und das Ergebnis sah gar nicht einmal schlecht aus.

Die vornehme Ausstattung des Interieurs mit Leder und Edelholz entsprach ganz dem noblen Ruf der Marke. Nur 886 Coupés und 123 Cabriolets wurden in Newport Pagnell in Handarbeit hergestellt. **SH**

P6 2000 | Rover

1963 • 1978 ccm, Vierzylinder • 90 PS/66,2 kW • 0-100 km/h in 14,6 Sek. • 167 km/h

1964 wurde in England erstmals ein „Auto des Jahres" proklamiert, und der erste Wagen, dem diese Ehre zuteil wurde, war der im Herbst des Vorjahres erschienene Rover 2000. Ein Auto, von welchem Daimler-Benz glaubte, es auf die Liste der ernsthaften Konkurrenten zum Mercedes 220 setzen zu müssen.

Verglichen mit seinen konservativen Vorgängern, gab sich der Rover 2000 der Baureihe P6 sehr modern. Seine Karosserie war eine Neuentwicklung, nicht zu vergleichen mit dem „Elefanten" P5. Ungewöhnlich war deren Bauart, denn sie bildete mit der Bodenwanne ein Stahlgerüst, mit welchem die Bleche verschweißt waren. Vor allem aber hatte das Auto einen neuen Motor, einen OHC-Vierzylinder. Scheibenbremsen mit Servo gab es an allen Rädern. Anfänglich hatte nur der Rover 2000 Handschaltung; 1966 kam der TC hinzu, dessen Motor zwei Vergaser und etwas mehr Power hatte. 1968 erfolgte die Einführung des Rover 3500 mit dem im P5 erprobten Aluminium-V8, erst in Kombination mit Automatik, beim 3500S ab 1971 auch mit Handschaltung.

1973 gab man dem Rover 2000 mehr Hubraum und machte ihn zum Modell 2200. Traurige Berühmtheit erlangte ein 3500, als er mit Gracia Patricia von Monaco am Lenkrad am 13. September 1982 von der Straße abkam und 40 Meter tief die Böschung hinabstürzte. Über die Todesumstände der monegassischen Fürstin entstanden mehrere Spekulationen, unter anderem die Theorie, die erst 17jährige Prinzessin Stephanie habe am Steuer gesessen. Diese Annahme stützte sich auf die Aussagen des Besitzers des Grundstückes, auf dem das Fahrzeug aufsetzte. Sie wurde von der Prinzessin bestritten sowie später von Zeugen entkräftet. **LT**

Quattroporte | Maserati

1963 • 4136 ccm, V8 • 256 PS/188 kW • 0-100 km/h in 8,3 Sek. • 210 km/h

Mit dem Modell Quattroporte stellte die Firma Maserati 1963 ein Supercar vor, das als viertüriger GT ohne Beispiel gewesen war. Und wie von einem klassischen Maserati zu erwarten, ergänzten sich Stil, Komfort und ein sportlich-hohes Leistungspotential aufs Beste. Das neue Modell gab auf der Automobilausstellung Turin 1963 sein Debüt und galt als der schnellste serienmäßig hergestellte Viertürer der Welt. Von Pietro Frua stammte das Design der Karosserie, angefertigt wurde sie bei der Firma Vignale – beides Namen von Weltrang. Der Motor war ein V8, basierend auf dem Aggregat des Rennwagens 450S, mit vier obenliegenden Nockenwellen und knapp 4,2 Liter Hubraum. Beim Chassis handelte es sich um eine Neukonstruktion mit einem Hilfsrahmen für den Motor und vorderer Einzelradaufhängung mit doppelten Dreieckslenkern sowie einer hinteren De-Dion-Achse. Die sich aber nicht bewährte, denn 1966 ging man zu einer normalen Starrachse mit Halbelliptikfedern über. Wahlweise erhielt der Kunde seinen Wagen mit einem per Hand zu schaltenden Vierganggetriebe oder einer Dreistufen-Automatik.

1969 erschien der Quattroporte 107A. Er wartete mit geringen Änderungen auf (schon 1967 hatte es andere Scheinwerfer gegeben), auch hatte dieses Modell einen Motor mit 4,7 Liter Hubraum und 30 PS mehr Leistung. Selbstverständlich wiesen alle Wagen eine Klimaanlage, Ledersitze und elektrische Fensterheber auf. Vom Quattroporte fühlten sich viele Prominente angesprochen, vom Hollywoodstar bis zu Vertretern der europäischen Monarchie und kommunistischen Machthabern. In der Beurteilung ihres Autos dürften sie sich einig gewesen sein. **JI**

Lotus Cortina | Ford (GB)

1963 • 1558 ccm, Vierzylinder • 105 PS/77,2 kW • 0-100 km/h in 9,2 Sek. • 174 km/h

Mit dem Cortina hatte Ford endlich einen modernen Mittelklassewagen anzubieten, der zum Familien- und Geschäftswagen ebenso taugte wie er im Motorsport einzusetzen war. Seine Entstehung verdankte der Cortina einem Wettbewerb zwischen Köln und Dagenham. Denn als der Chef von Ford UK erfuhr, daß die Deutschen mit Unterstützung der Amerikaner einen neuen Mittelklassewagen – Projektbezeichnung Cardinal – mit V4-Motor und Vorderradantrieb planten, setzte Sir Patrick Hennessy zum Gegenzug an. Es entstand das Projekt Archbishop. Damit lagen die Briten zwar ein Jahr hinter den Deutschen zurück, aber sie holten auf: Ihr neues Auto entstand nach Flugzeug-Leichtbauart auf einer Bodenplattform mit konventionellem Heckantrieb; für das Karosseriedesign zeichnete Roy Brown verantwortlich.

Um das Image der Marke Ford aufzuwerten, tat sich Dagenham mit dem Sportwagenhersteller Lotus zusammen: Es ergab sich eine lang anhaltende Liaison. In Gestalt des Lotus Cortina entstand in Cheshunt ein Auto mit DOHC-Motor und Rennfahrwerk; Türen, Motor- und Kofferdeckel fertigte man aus Aluminium an. Im Tourenwagen-Rennsport setzte dieses Auto neue Akzente.

1966 bekam der Cortina eine etwas kantigere Karosserie, eine breitere Spur und einen neuen 1,3-Liter-Motor mit fünffach gelagerter Kurbelwelle. Wie beim Vormodell standen auch für den Mk.II jede Menge Extras zur Wahl. Als Pakete angeboten machten sie aus dem Basismodell einen De Luxe Super oder GT. Als Lotus Cortina rangierte ebenfalls eine Variante, doch ohne Aluminium-Bauteile und in Dagenham, nicht in Cheshunt gebaut. **SB**

230 SL „Pagode" | Mercedes-Benz

1963 • 2281 ccm, Sechszylinder • 150 PS/110 kW • 0-100 km/h in 11 Sek. • 200 km/h

Der allgemein „Pagode" genannte Sportzweisitzer war der Nachfolger des berühmten Mercedes-Benz 190 SL. Er wurde im Frühjahr 1963 vorgestellt, konzipiert als eleganter Zweitwagen für eine begüterte Klientel – nicht als brettharter Roadster nach englischem Muster. Ein ausgemachter Sportwagen sollte er nicht sein, obwohl er seine sportlichen Qualitäten hatte und 1963 unter Eugen Böhringer die Rallye Spa-Sofia-Lüttich gewann. Drei Varianten waren lieferbar: ein Cabrio mit Faltverdeck, ein Coupé-Hardtop und ein Coupé-Roadster. Alle drei konnten offen gefahren werden. Den (inoffiziellen) Beinamen „Pagode" erhielt das Auto, intern W 113 genannt, wegen seiner hochgezogenen Außenkanten des Hardtops. Ein Design, das wie der gesamte Wagen vom Stilisten Paul Bracq stammte, der damals unter Kurt Wilfert für Daimler-Benz tätig war. Die höheren Seitenkanten gestatteten ein besseres Ein- und Aussteigen. Die Fahrzeugfront des SL wurde in traditioneller Mercedes-Roadster-Manier von einer horizontalen Kühlerfront mit Sternsymbol beherrscht.

Der Wagen gab sich geräumig und komfortabel, seine Fahreigenschaften waren exzellent, egal, ob man im Stadtverkehr, auf serpentinenreichen Paßstraßen oder auf der Autobahn unterwegs war. Mit 150 PS – wie sie auch der im Dezember 1966 eingeführte 250 SL (2436 ccm) hatte – war man gut 200 km/h schnell. Ab Januar 1968 standen im 280 SL (2778 ccm) 170 PS zur Verfügung, was in einem spürbaren Drehmoment-Plus resultierte. Der 230 SL hatte Scheibenbremsen nur an den Vorderrädern, 250 SL und 280 SL auch an den Hinterrädern. Insgesamt wurden von allen Ausführungen 48.912 Exemplare gebaut. **SH**

Ein Porsche 904 an den Boxen von Le Mans, 1964. Die Rennkarriere dieses Modells währte allerdings nicht sehr lange.

904 | Porsche

1963 • 1966 ccm, Vierzylinder-Boxer • 180 PS/132 kW • 0-100 km/h in 5,5 Sek. • 263 km/h

Den Porsche 904 hat es in nur 116 Exemplaren gegeben. Der Nachfolger des Rennwagens vom Typ 718 mußte laut GT-Reglement in einer Anzahl von mindestens 100 Fahrzeugen gebaut werden. Porsche bot den Wagen relativ günstig an und stieß bei Privatfahrern auf großes Interesse. Produktionsbeginn war im November 1963.

Der Wagen erhielt als erster Porsche aus Gewichtsgründen eine Kunststoff-Karosserie, die von Heinkel in Speyer angefertigt wurde. Man klebte sie auf einen Kastenrahmen aus Stahlblech (zwei Längsträger mit Querverbindungen). Diese Konstruktion wurde gewählt, um das Fahrzeug trotz geringen Gewichts kostengünstiger zu halten als mit einem Gitterrohrrahmen.

Als Triebwerk diente der Zweiliter-Boxermotor mit vier obenliegenden Nockenwellen in der Wagenmitte, der schon beim Porsche 550 Verwendung gefunden hatte; er leistete bei 7800 U/min 180 PS. In Werksrennwagen wurden später auch Sechs- und Achtzylinder verwendet.

Der Motor befand sich unmittelbar hinter den Sitzen (Mittelmotor), dahinter das Getriebe. Im Bug des Fahrzeugs waren der Ölkühler für die Trockensumpfschmierung untergebracht, ferner das vom Reglement für GT-Fahrzeuge vorgeschriebene, fertig montierte Reserverad und der Tank (110 Liter). Der ebenfalls vorgeschriebene Kofferraum (mindestens 65 x 40 x 20 Zentimeter) war in den abnehmbaren Heckdeckel integriert.

Den ersten Erfolg als GT erzielte der Typ 904 bereits bei seinem Debüt, der Targa Florio mit einem Doppelsieg. Vorher war der 904 schon bei den 12 Stunden von Sebring als Prototyp an den Start gegangen und Kategoriesieger geworden. **DS**

Bellett GT-R | Isuzu

1963 • 1584 ccm, Vierzylinder • 120 PS/88,2 kW • 0-100 km/h in 12,8 Sek. • 190 km/h

In vieler Hinsicht war der Isuzu Bellett GT-R seiner Zeit voraus, und als erster Japaner trug er diese Typenbezeichnung, die seine Bestimmung als Straßenrennwagen kennzeichnete. Der japanische Geländewagen- und Dieselmotorenhersteller Isuzu (seit Jahren ein Zulieferer seiner GM-Schwesterfirma Opel) hatte 1918 mit einem Lizenz-Wolseley begonnen, baute 1953 bis 1965 den Hillman Minx nach und stellte anschließend in der Bellett-Baureihe auch Sportwagen her.

Der erste Bellett (der in Japan Bellel hieß) war 1961 entstanden, hergestellt als zwei- oder viertürige Limousine, zweitüriges Coupé, zweitüriger Kombiwagen namens Bellett Express und als in geringer Stückzahl gefertigter Pickup Wasp. Beim Isuzu Bellett GT, der Ende 1963 entstand und im April 1964 präsentiert wurde, handelte es sich um ein zweitüriges Sportcoupé mit 1,6-Liter-Doppelvergaser-Motor. Im September 1964 erschien ferner eine 1,5-Liter-Version; zugleich erhielt der Wagen vordere Scheibenbremsen und eine geänderte Frontpartie. Im September 1967 wurde die Leistung des Basismotors erhöht und eine Fließheck-Karosserie eingeführt. Zwei Jahre darauf erhielt der 1,6-Liter eine obenliegende Nockenwelle.

Der GT-R war die Rennversion des GT. Der GT-R, im September 1969 vorgestellt, besaß die 16-Liter-Maschine mit zwei obenliegenden Nockenwellen aus dem Coupé 117, Servobremsen und zahlreiche weitere Neuerungen. Optisch unterschied sich der GT-R von den übrigen Bellett-Modellen durch die mattschwarz lackierte Motorhaube. Der GT-R war im japanischen Motorsport sehr erfolgreich; er entstand bis 1971 in einer Auflage von etwa 1400 Stück. **JI**

600 | Mercedes-Benz

1964 • 6332 ccm, V8 • 250 PS/184 kW • 0-100 km/h in 10 Sek. • 207 km/h

Ein Hersteller wie Daimler-Benz fühlte sich geradezu verpflichtet, ein Fahrzeug anzubieten, das dem Rolls-Royce ebenbürtig war – wenn nicht überlegen, wie einst der 770 in den dreißiger Jahren. Bereits 1956 waren Überlegungen zu einer Limousine der Superlative angestellt worden. 1959 standen die Parameter fest, auch bezüglich des Motors, der ein 5,4-Liter-V8 sein sollte. Es dauerte jedoch bis zum Herbst 1962, ehe die ersten Prototypen im Straßenversuch liefen, und diese hatten dann einen Motor mit 6,0 Liter Hubraum und 240 PS. In der ab Dezember 1964 ausgelieferten Serienausführung hatte der OHC-V8 schließlich 6332 ccm und eine Leistung von 250 PS.

Der „Große Mercedes" 600 war 5,54 Meter lang und wog in der Basisversion 2,4 Tonnen. Die Pullman-Ausführung mit 3,90 statt 3,20 Meter Radstand – stets mit Separation geliefert – hatte eine Gesamtlänge von 6,24 Meter und wog 2,7 Tonnen (zulässiges Gesamtgewicht:

3280 kg!). Es gab auch eine Landaulet-Ausführung. Der mit zahlreichen Servo- und Hydraulikeinrichtungen sowie einem Kältekompressor für die beiden Klimaanlagen versehene Gigant bot einen Komfort, der den des Rolls-Royce weit in den Schatten stellte, zum Beispiel Luftfederung mit Niveauregelung, selbstverständlich ringsum Scheibenbremsen sowie Türen, die sich durch Unterdruck so gut wie lautlos selbst ins Schloß zogen.

Je nach Ausstattung nahm die Anfertigung eines 600 bis zu 18 Wochen in Anspruch. Ein Preis von 49.000 bis 56.000 Mark schien nicht hoch zu sein in Anbetracht der Qualität, Dimension und Ausstattung des Wagens; das Landaulet schlug mit 158.000 Mark zu Buche, und es gab jede Menge teurer Extras. Im Mai 1981 verließ der letzte Mercedes-Benz 600 das Werk; in 17 Jahren waren 2677 Stück gebaut worden, 2190 davon mit langem Radstand und 59 als Landaulet. **HS**

Von seiner Vorstellung im Jahre 1963 an galt der Mini Cooper S als Ikone, nicht zuletzt dank seiner internationalen Rallyeerfolge.

Turbinenwagen | Chrysler

1963 • Gasturbine • 130 PS/96 kW • 0-100 km/h in 12 Sek. • 174 km/h

Einen Personenwagen mit einer drehmomentstarken, stufenlos arbeitenden Gasturbine statt mit einem Verbrennungsmotor mit Untersetzungsgetriebe anzutreiben, beschäftigte in den 1950er Jahren eine ganze Reihe von Ingenieuren in den großen Automobilfabriken in Europa und in den USA. Auch bei Chrysler in Detroit entstanden 1955 einige Fahrzeuge mit Turbinenmotor, die über Tausende von Erprobungsmeilen geschickt, letztlich aber als nicht serienfähig erkannt wurden. Doch die Entwicklung ging weiter; 1963 legte man sogar eine Serie von 50 Stück auf, die man nacheinander 200 Familien zur Verfügung stellte, um deren Erfahrungen auswerten zu können.

Eine praktische Anwendung des Prinzips, strömende Gase von hoher Temperatur in mechanische Arbeit umzusetzen, blieb jedoch weiterhin der Luftfahrt und der Raumfahrt vorbehalten. Gasturbinenwagen wurden zwar sogar im Rennsport getestet, aber allein die Umwandlung von flüssigem in gasförmigen Kraftstoff war ein komplizierter Prozeß, für den ein sogenannter Gemischerzeuger notwendig war – groß, schwer und konstruktiv sehr aufwendig (es kursiert eine Anekdote, nach der auch der Präsident von Mexiko einen solchen Wagen besessen haben soll und als „Kraftstoff" versuchsweise Tequila getankt haben soll, nachdem er erfahren hatte, daß der Gemischerzeuger ein Allesbrenner ist).

Die Gasturbine hat den doppelten Raumbedarf im Vergleich zu einem Ottomotor, der Bauaufwand beträgt mindestens das Vierfache. So avancierten auch Chryslers Versuchswagen allesamt zu Museumsfahrzeugen, wie auch die Prototypen vieler anderer Hersteller, die ähnliche Experimente unternehmen. **SH**

Mini Cooper S | BMC

1963 • 1071ccm, Vierzylinder • 70 PS/51,5 kW • 0-100 km/h in 13,5 Sek. • 145 km/h

Es stellte eine Herausforderung dar, den Mini im Motorsport einzusetzen. Einer der ersten, die in dieser Richtung die Initiative ergriffen, war John Cooper, der sich 1960 an die BMC wandte und seine Dienste als Mini-Tuner anbot. Der für seine erfolgreichen Rennwagen bekannte Motoren- und Fahrwerksspezialist arbeitete schon länger mit der BMC zusammen. Der erste Mini Cooper erschien im September 1961. Sein Motor hatte größere Ventilquerschnitte, eine spezielle Nockenwelle, zwei Vergaser, wies 997 ccm Hubraum und 55 PS auf, gut für knapp 150 km/h. 1963 folgte der Cooper S mit 68 bis 70 PS. Eine weitere Besonderheit dieser Fahrzeuge waren ihre vorderen Scheibenbremsen. Es folgten der Cooper 1071 S, der 970 S mit 65 PS und der 1275 S mit 76 PS. Diese Modelle hatten eine Hydrolastic-Verbundfederung mit Gummifederkissen und Dämpfung durch eine ventilgesteuerte, alkoholhaltige Flüssigkeit.

Schon bald bewiesen die Cooper-Versionen, daß sie sowohl bei Rundstreckenrennen als auch im Rallyesport scharfe Konkurrenten waren. Besonders der im März 1964 präsentierte Cooper 1300 mit 1275-ccm-Motor war ein heißes Sportinstrument. Sechs volle Jahre lang, bis Ende Saison 1968, dominierten die rasanten Winzlinge ihre Klasse; Rennleiter Stuart Turner und sein Nachfolger Peter Browning konnten mit ihren Teams großartige Triumphe feiern. Die Rallye Monte-Carlo war eine der Domänen des Mini, und Fahrer wie Paddy Hopkirk, Timo Mäkinen, Tony Fall, Paul Easter, Henry Liddon, Tony Ambrose und Rauno Aaltonen schrieben ein bedeutendes Kapitel Rallyegeschichte. Von 1964 bis 1971 wurden allein 40.479 Mini Cooper S 1250 hergestellt. **SB**

Nicht nur, wer den 1963 vorgestellten Peel 50 fährt, sondern auch, wer ihn auf der Straße sieht, muß unwillkürlich lachen! ▶

911 | Porsche

1963 • 1991 ccm, Sechszylinder-Boxer • 130 PS/95,6 kW • 0-100 km/h in 10 Sek. • 200 km/h

Zu den berühmten Porsche-Klassikern gehört der 911. Fast fünf Jahrzehnte bildet er das Kernstück des Porsche-Modellprogramms. Seine Vorstellung erfolgte 1964, wobei er damals als 901 bezeichnet wurde. Nicht lange: Peugeot reklamierte dreistellige Typenzahlen mit einer Null in der Mitte für sich. Porsche machte aus dem 901 einen 911. Mit seinem Vorgänger hatte das Coupé die Grundform und das Antriebsprinzip gemeinsam, doch der Zweilitermotor war ein Sechszylinder. Der Wagen hatte Trockensumpfschmierung, vorn und hinten Scheibenbremsen, ein Getriebe mit fünf Gängen sowie Zahnstangenlenkung.

Im Herbst 1965 kam eine Variante ins Programm: der Targa. Seine Besonderheit waren ein breiter Schutzbügel über dem Cockpit, abnehmbare Dachteile und wahlweise eine feste oder ausknöpfbare Heckscheibe. Als weitere Variante kam 1966 der 911 S auf den Markt. Sein Motor leistete 160 PS, die Scheibenbremsen waren innenbelüftet, die Felgen aus geschmiedetem Magnesium. Als vereinfachte Ausführung erschien 1967 der 911 T mit 110 PS. Alle Modelle waren mit halbautomatischem Vierganggetriebe lieferbar.

Mit längerem Radstand und breiteren Kotflügeln präsentierte Porsche den 911 im August 1968 als Serie B, außerdem gab es das S-Modell und einen neuen 911 E mit mechanischer Saugrohr-Einspritzung. Im Jahr darauf erhielt der 1991-ccm-Motor durch eine um 4 mm erweiterte Bohrung eine Hubraumvergrößerung auf 2195 ccm, ehe 1971 ein neuer Motor mit 2341 ccm zur Verfügung stand. Aus dem 2,4 Liter entstand 1973 der 2,7 Liter (150 bis 210 PS), 1975 schließlich der 3,0 Liter (165 bis 200 PS). **JI**

P50 | Peel

1963 • 49 ccm, Einzylinder • 4,5 PS/3,3 kW • keine Angaben • 61 km/h

Im Guinness-Buch der Rekorde wird der Peel P50 zu Recht als das kleinste je in Serie fabrizierte Automobil geführt. Die auf der Isle of Man ansässige Peel Engineering Co. Ltd. stellte ihren einsitzigen Stadtwagen 1963 unter der Bezeichnung P50 vor: Er besaß eine selbsttragende Karosserie aus Kunststoff und hatte nur eine Tür an der linken Seite. Der knapp anderthalb Jahre lang gebaute, gerade einmal 59 kg wiegende Dreirad-Kleinstwagen besaß einen 4,5 PS starken 49-ccm-DKW-Mopedmotor, verbunden mit einem Dreiganggetriebe. Über eine verdeckte Kette wurde die an einer Schwinge geführte Hinterachse angetrieben. Einen Rückwärtsgang gab es nicht. Der britischen Fernseh-Autotester Jeremy Clarkson hatte sich bei der TV-Vorstellung des P50 in einen Fahrstuhl des Londoner BBC-Hochhauses hineinmanövriert; ohne fremde Hilfe wäre er nicht mehr herausgekommen, da ja der Platz nicht reichte, die Seitentür zu öffnen.

Auf dem Kurs der Tourist Trophy auf der Isle of Man wurden Testfahrten durchgeführt, mit mäßigem Tempo, denn es ging ja lediglich um eine Erprobung der Verkehrstauglichkeit. Bereits im Spätsommer 1964 wurde der nur 47mal gebaute und zu einem Preis von 198 £ angebotene Peel P50 vom Modell Trident abgelöst. Es wies eine halbkugelförmige Dachkanzel aus Plexiglas auf und bot immerhin zwei Personen Platz, besaß aber ebenfalls den 4,5-PS-Zweitakter. Für dieses Auto fanden sich ebenso wenig Interessenten wie für den Viking Sport von 1965, einen vierrädrigen Viersitzer mit Komponenten des Mini. Eine neu gegründete Firma Peel brachte 2010 ein Replikat des P50 auf den Markt – mit einem Elektromotor. **LT**

24 CT | Panhard

1963 • 848 ccm, Zweizylinder-Boxer • 60 PS/44,1 kW • 0-100 km/h in 19,3 Sek. • 140 km/h

Aus dem Panhard Dyna wurde 1960 der Panhard PL-17, technisch stark von Citroën beeinflußt. Im FL-17 Tigre leistete der Zweizylindermotor 60 PS bei 5750 Touren. Der futuristisch gestylte Wagen (ohne Kühlergrill) litt allerdings unter dem Handicap, daß seine Stahlkarosserie eine Tendenz zur Rostbildung zeigte. Die Blankteile bestanden aus poliertem Aluminium; sie behielten ihren Glanz beinahe ewig. Das Fahren im Panhard bereitete Vergnügen; der Motor hatte ein gutes Anzugsvermögen, der Wagen verfügte über ausgezeichnete Bremsen und bot ausreichenden Komfort.

Im Juli 1963 benannte man die PL-Limousine in 24 B bzw. 24 BT um (B für Berline), gleichzeitig wurde unter der Bezeichnung PL-24 ein 2+2-Coupé vorgestellt, das auf der Plattform des PL-17 basierte und wie jenes Modell eine bei Chausson fabrizierte Stahlkarosserie aufwies. Als 24 C hatte der von Louis Bionier gestaltete Wagen einen 42-PS-Motor, als 24 CT den Tigre-Motor mit 60 PS. Noch immer galt der Zweizylinder-Flachmotor als wirtschaftliches, anspruchsloses und vor allem preiswert herzustellendes Antriebsaggregat.

Das kantige Design des Coupés mit dünner B-Säule und großem Heckfenster, trapezförmigem Dach und stark betonter Sicke in Hüfthöhe war gewöhnungsbedürftig; die Nachfrage hielt sich in Grenzen.

1965 fand die endgültige Übernahme Panhards durch Citroën statt, womit die Einstellung der Fertigung als beschlossene Sache galt. Lediglich die Militärfahrzeug-Herstellung wurde in einer neu gegründeten Firma weitergeführt. Im Juli 1967 endete die 1890 begonnene Personenwagen-Produktion bei Panhard et Levassor. **MG**

Corvair Monza | Chevrolet ⬬ USA

1963 • 2687 ccm, Sechszylinder-Boxer • 95 PS/69,8 kW • 0-100 km/h in 15 Sek. • 148 km/h

In vieler Beziehung durfte der Chevrolet Corvair als ein innovatives Automobil gelten. Es fand bei seinem Erscheinen auch eine überraschend große Akzeptanz in den USA – und wurde durch die Veröffentlichung eines Buches schon bald darauf schachmatt gesetzt.

Der Corvair mit einem luftgekühlten Sechszylinder-Heckmotor in flacher Bauweise sowie Einzelradaufhängung war bei GM als Antwort auf die in Europa immer beliebter werdenden und auch nach USA erfolgreich exportierten Heckmotorwagen entstanden. Der VW stellte den erfolgreichsten, wenn auch nicht den einzigen Vertreter dieser Spezies dar. Die Limousine sah eher bieder aus, umso flotter aber gaben sich die ab 1962 angebotenen, Monza genannten Coupés und Cabriolets. Wie beim VW oder bei der Dauphine von Renault befand sich der Kofferraum im Bug. Aber es gab auch einen Monza Kombiwagen. Doch dann erschien Ralph Naders Buch „Unsafe at any Speed", eine Abrechnung mit der Automobilindustrie ganz allgemein, doch im besonderen hatte es der schreibende Rechtsanwalt auf den Corvair abgesehen. Er bezog sich auf das angeblich problematische Lenkverhalten des Wagens, das er für lebensgefährlich hielt, und er beschrieb auch einige folgenschwere Unfälle, die sich mit dem Corvair ereignet hatten. Später ergab sich zwar, daß die von Nader kritisierten Fahreigenschaften durch falschen Reifendruck entstanden waren. Aber zu spät: die amerikanische Öffentlichkeit war aufgebracht. Verbesserungen an der hinteren Aufhängung, Karosserie-Retuschen und die Einführung eines 180 PS starken Turbomotors nützten nicht mehr viel, der Corvair hatte an Sympathie verloren. **MG**

Der Schauspieler Peter Sellers 1965 am Lenkrad seines gletscherblauen Ferrari 275 GTB. Damals drehte er „What's New Pussycat?" ▷

Mini Moke | BMC

1964 • 847 ccm, Vierzylinder • 33 PS/24,3 kW • 0-100 km/h in 22 Sek. • 105 km/h

275 GTB | Ferrari

1964 • 3286 ccm, V12 • 320 PS/235 kW • 0-100 km/h in 6,2 Sek. • 266 km/h

Der originelle Mini Moke entstand aus einem Versuch von seiten der British Motor Corporation, dem Militär ein für den Fallschirmabwurf taugliches Leichtfahrzeug anzudienen; ferner überlegte die Royal Navy einen Einsatz auf Deck ihrer Flugzeugträger. Das Fahrzeug sollte aber auch geländegängig sein, eine Forderung, die sich mit der geringen Bodenfreiheit durch die kleinen Räder nicht vereinbaren ließ. Das Projekt verschlang Unsummen, bis die Militärbehörden schließlich ihr Desinteresse signalisierten. BMC wollte das Konzept eines auf dem Mini basierenden, leichten Allzweckwagens jedoch nicht zu den Akten legen und machte aus dem Militärfahrzeug ein Freizeitmobil. In der Konzeption ließ sich der Mini Moke mit dem Citroën Méhari vergleichen.

Ein Freizeitauto ohne jeglichen Wetterschutz hatte in Europa, erst recht in England, nur geringe Marktchancen, und so blieben die Stückzahlen gering. Von 1964 bis 1981 wurde der Moke zunächst im alten Morris-Werk, Oxford, produziert, dann in der Austin-Fabrik in Longbridge.

Doch auf der anderen Seite der Erdkugel kam der Moke umso besser an: Er wurde ab 1966 in Australien produziert und fand dort zumindest in einigen Holiday-Regionen die Aufnahme, die er verdient hatte. In Portugal gab es 1980-81 ebenfalls eine Lizenzfertigung.

Im Swinging London der späteren 1960er Jahre spielte der Mini Moke eine Rolle bei Jugendlichen aus wohlhabendem Hause, die ein bißchen Spaß haben wollten. Und dann gab es noch einmal einen Versuch, den Wagen dem Militär schmackhaft zu machen: als 4x4 mit je einem Motor hinten und vorn, doch es blieb bei einigen Prototypen. **SB**

Als der erfolgreiche Ferrari 250 GT 1964 abgelöst wurde, trat der 275 GTB an seine Stelle. Daß dieses Auto, offiziell als Straßenwagen angeboten, unter der Haut reine Rennwagentechnik barg, machte ihn besonders reizvoll. Es gab hintere Einzelradaufhängung und ein Transaxle-Getriebe auf der Hinterachse, und die proportional so gelungene Coupékarosserie stammte von Pininfarina. Einschließlich Steilheck wies der Wagen die besten Elemente vorangegangener GT- und GTO-Modelle auf. Die eingekapselten Scheinwerfer bildeten einen Teil der „short nose"-Version, wie dieser Typ auch genannt wurde im Vergleich zu dem 1965 herausgebrachten „long nose". In geschlossener Ausführung figurierte der Wagen als GTB Berlinetta, als Cabriolet hieß er GTS Spyder.

Das Chassis war eine Neukonstruktion, doch sie ließ noch immer ihre direkte Verwandtschaft zu den Ferrarimodellen frühester Bauart erkennen. Klassisch war auch der V12-Motor, jetzt mit größerer Bohrung auf 3286 ccm gebracht und mit Trockensumpfschmierung versehen. Mit seinen drei Weber-Doppelvergasern kam das Triebwerk auf eine Leistung von 280 PS, wobei es auch eine Version mit sechs einzelnen Vergasern und 320 PS gab.

Interessant war das Fünfganggetriebe, das hinter der Hinterachse auf einem Ausleger ruhte. Diese Bauart trug zu einer günstigeren Gewichtsverteilung bei und sorgte auch für mehr Platz im Cockpit. 1966 kam das Modell 275 GTB/4 hinzu, dessen Motor zwei Nockenwellen aufwies. 16 Exemplare wurden als Lightweight-Rennwagen GTB/C gebaut; ein Exemplar errang 1966 beim 24-Stunden-Rennen von Le Mans den Klassensieg. **DS**

Wankel Spider | NSU

1964 • 498 ccm Kammervolumen • 50 PS/36,8 kW • 0-100 km/h in 16 Sek. • 152 km/h

Auf der IAA 1964 präsentierte der Autohersteller NSU einen Roadster, der gegenüber seinem Lizenzpartner Mazda nur ganz knapp den Ruhm verfehlte, als erstes Auto mit Wankelmotor vorgestellt zu werden. Doch die Serienfertigung begann in Neckarsulm eher als in Hiroshima. Der Wankel Spider stellte eine offene Version des von Bertone gestalteten und 1959 eingeführten Sport-Prinz Coupés dar und erschien drei Jahre vor dem legendären NSU Ro80. Im Unterschied zu jenem wies der Kreiskolbenmotor des Spider nur eine Scheibe statt deren zwei auf; das Kammervolumen betrug 498 ccm. Er entwickelte 50 PS bei 6000 U/min und trieb die Hinterräder an. Chassis und Fahrwerk entsprachen dem des Sport-Prinz, mit Ausnahme eines geringfügig längeren Radstands, einer etwas breiteren Spur vorn und hinten sowie der vorderen Scheibenbremsen, die der Wankel Spider mit auf den Weg bekam. Das kleine Auto fuhr sich ausgezeichnet, war aber nicht frei von Kinderkrankheiten, was in Anbetracht der neuen Antriebstechnik nicht verwundern konnte. Einer der Schwachpunkte waren die Dichtleisten auf dem Läufer im Motor. Beim Spiegel lief ein Spider 1965 im Dauerversuch: „Während über 35.000 Fahrtkilometern war bei 16 Werkstattaufenthalten niemals am Motor etwas zu reparieren gewesen ...", hieß es. Doch bei 36.289 km war ein neuer Wankel vonnöten. NSU stellte kostenlos Ersatz, wie in so vielen anderen Fällen.

Die Akzeptanz war aber auch angesichts des hohen Preises von 8500 D-Mark verhalten; der Sport-Prinz kostete 2000 D-Mark weniger Es wurden bis Mitte 1967 nicht mehr als 2375 Wankelmotor-Cabriolets hergestellt. **HS**

GT40 | Ford   (USA)

1964 • 4737 ccm, V8 • 335 PS/246 kW • 0-100 km/h in 6,0 Sek. • 323 km/h

1963 gab Ford grünes Licht für die Entwicklung eines Rennsportwagens, der bei den 24 Stunden von Le Mans Ferrari den Schneid abkaufen sollte. Das Auto sollte bei Ford in England entstehen, doch einen großen Teil der Technologie steuerten die Amerikaner bei; sie entwickelten auch die GFK-Karosserie des GT40 genannten Mittelmotorcoupés. Herzstück des Wagens war ein Lola-V8 4,2-Liter-Motor.

Die Bezeichnung GT40 hatte der Wagen erhalten, weil seine Gesamthöhe nur 40 Zoll betrug: 102 Zentimeter. Die folgenden Fahrzeuge hatten statt des 4,2-Liter-Motors einen mit 4,7 Liter Hubraum sowie ein ZF-Getriebe. Vorn wies das Fahrwerk doppelte Dreieckslenker mit Schraubenfedern auf, hinten Längslenker mit einer Dreieckslenker-Kombination ebenfalls mit Schraubenfedern.

Ab 1965 gab es für Kunden mit dicker Brieftasche auch eine Straßenausführung des GT40. Dieses Auto wies einen gewissen Grad von Komfort auf. Der GT40 Mk.III wurde ausschließlich als Straßenwagen angefertigt.

In Le Mans tauchte der erste GT40 1964 auf. Doch er blieb ohne Erfolg, wenngleich Phil Hill die schnellste Runde absolvierte. 1966 wurde die Herstellung des GT40 nach USA verlegt, wo das Fahrzeug eine neue Struktur mit einem Wabenchassis erhielt. In Amerika entstand auch eine 7,0-Liter-Version, doch ein solches Auto trat in Le Mans nicht an. Hier kam es 1966 vielmehr zum Einsatz einiger Mk.I und Mk.II, und das endlich mit triumphalem Erfolg: drei GT40 liefen in 1-2-3-Formation ins Ziel ein. Im Jahr darauf holte sich ein Mk.IV abermals den Gesamtsieg. Der GT40 hatte seine Aufgabe erfüllt. **SB**

Der Schauspieler Steve Carrell benötigte keinen Stuntman, um in einem 2008 gedrehten Krimi diesen Sprung mit einem Sunbeam Tiger zu absolvieren.

Tiger | Sunbeam

1964 • 4261 ccm, V8 • 164 PS/121 kW •
0-100 km/h in 9 Sek. • 190 km/h

Auf der Basis des Alpine Serie IV entstand der Sunbeam Tiger, ein rassiger Zweisitzer mit steil aufragenden Heckflossen – und einem Ford-V8-Motor! Es war der AC-Cobra-Konstrukteur Carroll Shelby, der die Idee zu einem solchen Auto gehabt hatte, womit er seine erfolgreiche Cobra-Rezeptur ein weiteres Mal anwendete.

Nicht nur die Neumotorisierung des Alpine war Shelbys Werk. Auch das Fahrwerk hatte er modifiziert; der Radstand betrug 2,64 Meter, und die Hinterachse war mit einem Panhardstab versehen worden. Am Bau des Tiger war der Renningenieur Ken Miles beteiligt, dessen Name im Zusammenhang mit dem Ford GT40 bekannt geworden war.

Der Wagen war entstanden, um ihn wie den AC Cobra vor allem auf dem US-Markt anzubieten, wo er ab Frühjahr 1964 zu bekommen war. Kritik gab es nur bezüglich der Bremsen – zumindest hatten Tester in Europa an ihnen etwas auszusetzen. Als Ende 1964 der Chrysler-Konzern bei der Rootes Gruppe mitzureden hatte, mißfiel es den amerikanischen Managern, daß der Tiger einen Motor von der Konkurrenz hatte. Gleichwohl wurde dieser weiterhin verwendet, sogar von 4261 auf 4727 ccm Hubraum erhöht, gut für 200 km/h. In einigen Rallyes erwies sich der Sunbeam Tiger als scharfer Konkurrent zu dem werksseitig eingesetzten Austin-Healey 3000. Ein aufgemotztes Exemplar machte 2008 Filmkarriere mit dem Schauspieler Steve Carrell am Steuer („Get Smart"). Sein Roadster wies fast ebenso viele Besonderheiten auf wie James Bonds Aston Martin. Nach insgesamt 7000 Fahrzeugen (nur 571 hatten den größeren Motor erhalten) wurde der Tiger 1967 aus der Produktion genommen. **LT**

Malibu SS | Chevrolet

1964 • 5354 ccm, V8 • 300 PS/221 kW •
0-100 km/h in 8 Sek. • 200 km/h

Es gab 1964 in den Vereinigten Staaten kaum ein Cabriolet, das dem Genießer automobiler Freiheit ein schöneres Lebensgefühl vermittelt hätte als ein Chevrolet Malibu. Malibu ist der Name eines am Pazifik gelegenen Badeortes bei Los Angeles und gilt als Inbegriff sorglosen Strandlebens mit Surfen und Beach-Boys-Songs. Ein Traumwagen für eine Traumwelt also, und die Version Super Sports (SS) vermochte das Lifestyle-Glück sogar noch zu steigern. Denn dieses elegante Cabrio verfügte über sportliche Einzelsitze und eine Mittelkonsole im Cockpit – so etwas bot kein anderes amerikanisches Luxusauto.

Der Malibu gehörte, genaugenommen, zur Chevrolet-Baureihe Chevelle. Mit der 1964 eingeführten Chevelle wollte General Motors dem Ford Fairlane Kunden wegnehmen und das Chevrolet-Angebot um ein Modell ergänzen, das sich in Größe und Konzept an den erfolgreichen Chevis von 1955-57 orientierte. Im Modellprogramm der mittsechziger Jahre belegten die Chevelle und ihre Luxusversion Malibu den mittleren Bereich zwischen den Kompaktwagen Corvair und Nova einerseits und den großen Modellen Impala und Caprice andererseits.

Obwohl also nicht zur Spitzenklasse zählend, war der Malibu ein Auto der Superlative – allerdings auch im Hinblick auf einen Verbrauch von 20 Liter Benzin auf 100 Kilometer. Aber das spielte in den USA keine große Rolle. Mit 2600 Dollar war der SS sehr preiswert und ließ sich fast 77.000mal verkaufen. Es gab auch 2012 noch einen Chevrolet Malibu, mittlerweile in der achten Generation: Indiz für die erfolgreiche Weiterentwicklung eines ansprechenden Konzepts. **SH**

Grifo | Iso

1964 • 5359 ccm, V8 • 360 PS/264 kW • 0-100 km/h in 7 Sek. • 256 km/h

Der Neupreis für einen Iso Grifo betrug 1964 beim Importeur Auto-Becker, Düsseldorf, 54.000 D-Mark. Heute notieren erstklassig erhaltene Exemplare je nach Motorisierung zwischen 160.000 und 200.000 Euro – Tendenz steigend.

Der Iso Grifo erschien schon kurze Zeit nach dem Iso Rivolta; er wies das gleiche Chassis auf, jedoch in verkürzter Form. Die zweiplätzige Karosserie mit ihrer langen Motorhaube, einem betonten Hüftschwung, in den schmalen Frontgrill eingelassenen Scheinwerfern und breiter Panoramascheibe war bestens proportioniert. Wie beim Rivolta sorgte auch beim Grifo ein Chevrolet-V8-Motor von 5,4 Liter für den Antrieb, wobei der Kunde zwischen einer 300- und einer 360-PS-Version die Wahl hatte. Letztere verhalf dem Coupé zu einer Spitze von 256 km/h. Angeboten wurden Getriebe mit vier oder fünf Gängen sowie eine Automatik. Um gegen den Ferrari Daytona und den Maserati Ghibli bestehen zu können, erschien der Iso Grifo 1968 sogar mit einem 390 PS starken 7,0-Liter-Motor. Im ersten Gang beschleunigte dieser Wagen auf 112 km/h, die Spitze betrug 275 km/h. Das großvolumige Aggregat bedingte eine markante Auswölbung der Motorhaube.

1970 gab man dem Fahrzeug eine andere, etwas weicher gezeichnete Frontpartie mit Scheinwerfern, bei deren Einschalten sich die obere Hälfte ihrer Abdeckung in die Motorhaube schob. Der Grifo war Renzo Rivoltas letzte Kreation, ehe er 1975 verstarb. Wobei aber Giotto Bizzarrini, der vorher für Ferrari tätig gewesen war, ebenfalls großen Anteil an der Entstehung des Grifo hatte, ebenso wie Giorgetto Giugiaro, von dem das Karosseriedesign stammte. **MG**

GK1 | Gordon-Keeble

1964 • 5356 ccm, V8 • 280 PS/222 kW • 0-100 km/h in 7,7 Sek. • 217 km/h

Mit italienischem Styling, amerikanischer Power und britischen Technik-Genen stellte der Gordon-Keeble eine interessante Alternative zu den großen GTs der 1960er Jahre von Aston Martin oder Jaguar dar. Der in Eastleigh, England, hergestellte Gordon Keeble sei nach den Standards im Flugzeugbau gebaut, hieß es in der Werbung. Das 2+2-Coupé mit seiner attraktiven Karosserie aus Kunststoff war eine Schöpfung der Konstrukteure John Gordon und Jim Keeble. John Gordon, ein ehemaliger US-Air-Force-Pilot, war auch an der 1954-60 bestehenden Autofirma Peerless beteiligt gewesen. Als Markenzeichen hatte man eine Schildkröte gewählt.

Im Oktober 1960 hatte man ihren Prototyp auf der London Motor Show bewundern dürfen, dort hatte er einen Achtzylindermotor von „nur" 4639 ccm gehabt. Doch es dauerte bis 1964, ehe die Fertigung in Gang kam. Die Gestaltung des Coupés stammte von Bertones Mitarbeiter Giugiaro, damals erst 21 Jahre alt und schon Chef des Designbüros; später ging er zu Ghia. Für den Antrieb des serienmäßigen GK1 sorgte ein 5,4-Liter-Motor, wie ihn Chevrolet in der Corvette anbot. Mit seinem Stahlrohrrahmen, der De-Dion-Hinterachse und vorderer Einzelradaufhängung fuhr sich der Gordon Keeble ausgezeichnet.

Innerhalb eines Jahres verließen 83 Wagen den Betrieb, doch dann mußte pausiert werden: Gordon und Keeble war das Geld ausgegangen. Bei einem Verkaufspreis von 2798 Pfund Sterling hatten sie bei jedem Wagen Geld zugesetzt. Sie konnten ihre Lieferanten nicht mehr bezahlen und meldeten Insolvenz an. Unter neuem Management entstanden 1966 noch weitere 16 Autos, dann wurden die Tore geschlossen. **DS**

Tony Curtis, hier auf einem Foto von 1965, war wie so viele Hollywood-Promis stolz auf seinen Excalibur.

Shanghai SH760 | FAW

1964 • 2195 ccm, Sechszylinder • 90 PS/66,2 kW • 0-100 km/h in 21 Sek. • 130 km/h

Excalibur | SS Automobiles

1964 • 5354 ccm, V8 • 300 PS/221 kW • 0-100 km/h in 5,2 Sek. • 190 km/h

Aus einer im Jahre 1920 in Shanghai gegründeten Autowerkstatt zur Reparatur der wenigen in China laufenden Ford-T-Modelle entstand ein Unternehmen, das sich nach dem Zweiten Weltkrieg als First Auto Works (FAW) etablierte. Mit technischer Unterstützung durch die Sowjetunion wurde 1955 mit dem Bau einer modernen Automobilfabrik begonnen; der erste hier gefertigte Personenwagen war 1958 der Hong-Qi („Rote Fahne"). Die Autos standen nur Regierungsmitgliedern und hohen Behördenvertretern der VR China zur Verfügung. Der Hong-Qi war das Statussymbol der Mächtigen und wurde 1960 erstmals auch auf der Leipziger Messe gezeigt.

Dem ersten, in nur 30 Exemplaren gebauten Modell CA-72 folgte 1960 der Typ CA-700. In steter Modellpflege entwickelte sich die Reihe bis zum C7560 LH, einer 1992 vorgestellten Staatslimousine von 5,18 Meter Länge, die bis 1998 gebaut wurde.

1958 wurde auch die Produktion eines Feng-Huang genannten Geländewagens aufgenommen, im Westen unter dem Namen Phoenix bekannt geworden. Gebaut wurden ferner dreirädrige Transportfahrzeuge und ab 1960 ein Mittelklasse-Serienmodell mit der Bezeichnung SH760. Es glich dem viertürigen Mercedes-Benz Ponton-220 und wies wie jener einen 2,2-Liter-Sechszylindermotor von 90 PS auf. Ab 1965, dem Jahr der chinesischen Kulturrevolution trugen die in der First Auto Works gebauten Fahrzeuge den Markennamen Shanghai, die Bezeichnung Phoenix hatte man aufgegeben.

1974 erhielt der SH760 einen anderen Kühlergrill und ein anderes Heck, er trug nun die Bezeichnung SH760 A. Die meisten Wagen wurden in den Großstädten Chinas als Taxifahrzeuge eingesetzt. **SH**

Die Geschichte des Excalibur begann in den 1950er Jahren, in denen der amerikanische Designer Brooks Stevens Prototypen für Kaiser und Studebaker entwarf. 1952 entstand der erste als Excalibur bezeichnete Sportwagen, genannt Modell J. 1961 entwickelte die Davis Brooks Stevens Research Corp. einen avantgardistischen Excalibur Roadster mit einem im Heck installierten Lincoln-Motor, und ein Jahr später entstand der Excalibur Hawk, ein Coupé auf Studebaker-Basis. 1964 schließlich schuf Stevens den Nachbau des klassischen Mercedes-Benz SSK Tourenwagens von 1927. Das Auto basierte ebenfalls auf einem Studebaker und war als Hommage an Daimler-Benz gedacht, die seinerzeit durch die Studebaker Corporation in den USA vertreten wurde.

Die gemeinsam mit den Stevens-Söhnen Dave und Steve in Milwaukee gegründete Firma SS Automobiles Inc. begann dann mit dem Serienbau dieses ersten Replikas in den USA; es entstanden etwa 3000 Exemplare in den Serien I bis IV. Sie hatten GM-Motoren und auch andere Bauteile amerikanischer Großserienhersteller.

Dem Mercedes-Nachbau folgte 1969 der Excalibur Type 35 X nach dem Stilmuster des Bugatti T35 (1924-1930), gezeichnet von Giovanni Michelotti. Dieses Modell fand aber lediglich 27 Käufer. Der Motor dieses Wagens war ein Sechszylinder vom Opel Commodore GS.

Einen Excalibur fuhren prominente Stars wie Cher, Frank Sinatra und Dean Martin, Filmschauspieler wie Tony Curtis, Steve McQueen und Bill Cosby. Selbst der König von Spanien wurde als einer der 3500 Käufer genannt. Die Firma geriet einige Male in Finanznot, konnte ihre Produktion jedoch stets weiterführen. **MG**

4-4-2 | Oldsmobile (USA)

1964 • 6551 ccm, V8 • 310 PS/228 kW • 0-100 km/h in 7,5 Sek. • 186 km/h

Wie General Motors' erstes Frontantriebsauto, der Oldsmobile Toronado, gehörte der 4-4-2 zu den Muscle Cars. Der Wagen wurde 1964 als zweitüriger Fastback auf Basis des Cutlass eingeführt. Der Pontiac GTO hatte gezeigt, wie erfolgreich sich Autos dieser Kategorie verkaufen ließen, daher gedachte GM auch dem Oldsmobile-Modellprogramm einen Muskelprotz hinzuzufügen. Die hastige Produktion merkte man ihm nicht an.

Die Bezeichnung 4-4-2 des neuen Wagens bedeutete: 400 c.i. (6551 ccm), 4 Vergaser, 2 Auspufftrakte. Auch so lassen sich Modellbezeichnungen erfinden!

1968 folgte eine Cabrioletversion, anschließend ein Hardtop-Coupé mit Stufenheck. Neben dem 400-c.i.-Motor mit 290 PS standen ein 190 PS starker sowie ein 400 PS starker V8 zur Wahl – letzterer war das 7,4-Liter-Triebwerk aus dem Toronado. Chassis und Fahrwerk entsprachen dem des Cutlass, jedoch mit härterer Federung/Dämpfung. Das bedeutete, daß der 4-4-2 auf geraden Strecken extrem schnell war, bei schneller Kurvenfahrt jedoch ein hohes Maß an Konzentration erforderte, wie dies bei allen amerikanischen Großfahrzeugen jener Zeit der Fall war. Viele Kunden entschieden sich für einen 4-4-2, nachdem sie erfahren hatten, daß Cutlass-Fahrzeuge der Highway Patrol mit gleicher Technik ausgestattet wurden, Police Package genannt. Angeboten wurde das 4-4-2-Paket nicht nur für Coupés und Cabrios, sondern auch für Limousinen.

Wie für viele vergleichbare Autos, kam das Ende für den 4-4-2 durch die verschärften Emissionsvorschriften in den USA, die den hubraumstarken Motoren ihre ganze Kraft und Herrlichkeit nahmen. Wenig später tat die weltweite Energiekrise ein übriges dazu. **GL**

Barracuda V8 | Plymouth (USA)

1964 • 4474 ccm, V8 • 180 PS/132 kW • 0-100 km/h in 12,9 Sek. • 170 km/h

Dem Ford Mustang gebührt der erste Platz unter den amerikanischen Pony Cars, doch der Plymouth Barracuda folgte dichtauf. Beide Fahrzeuge erschienen fast zu gleicher Zeit.

Der Barracuda wies die Bodengruppe des Plymouth Valiant auf und glich ihm auch in der Frontpartie. Im Interieur ging es konventionell zu; es gab zwei durchgehende Sitzbänke für je drei Personen. Das Besondere waren seine großzügig dimensionierten Fensterflächen und seine Heckpartie mit großen Rückleuchten. Eine weitere Besonderheit des Barracuda war seine Fondrückenlehne: sie ließ sich in den Wagenboden klappen, wodurch sich ein Kofferraum von beachtlicher Größe ergab.

1965 kam eine S-Performance-Version mit zehn Prozent mehr Leistung ins Programm. Das S-Paket umfaßte härtere Federung und Querstabilisatoren, die dem Fahrzeug zu einer wesentlich verbesserten Straßenlage verhalfen.

Ein ganz neuer Barracuda erschien 1967, und mit diesem Modell vermochte Plymouth auf dem Markt der Pony Cars schon wesentlich besser zu konkurrieren. Der Wagen hatte einen längeren Radstand (jetzt 2,70 m) bekommen, auch stand eine größere Auswahl an V8-Motoren zur Verfügung. Der größte hatte 6,3 Liter Hubraum und 350 PS, der kleinste 5,0 Liter und 145 PS. Die seitlich herumgezogene Heckscheibe hatte man aufgegeben, dafür umfaßte das Programm drei Karosserievarianten: ein Fastback-Coupé, ein Stufenheck-Coupé und ein zweitüriges, sechssitziges Cabriolet. Und es gab ebenfalls wieder die S-Option mit strafferer Federung, Tourenzähler und breiteren Reifen. Doch den Status des Ford Mustang erreichte auch dieser Cuda nicht **JI**

Viele Amerikaner betrachten den 1964er Pontiac GTO als das erste Auto, dem man das Prädikat „muscle car" bescheinigen durfte.

8 Gordini | Renault

1964 • 1108 ccm, Vierzylinder • 78 PS/57,3 kW • 0-100 km/h in 14,3 Sek. • 160 km/h

Im Juni 1962 begann die Régie Renault mit der Produktion des R8. Dies war ein Heckmotor-Vierturer der unteren Mittelklasse, gedacht als Nachfolger der Dauphine. Ein knappes Jahr später war ein Automatikgetriebe mit elektromagnetischer Kupplung verfügbar; die Automatik ließ sich über Drucktasten im Armaturenbrett steuern. Beim Motor handelte es sich um den bewährten 1100er mit fünffach gelagerter Kurbelwelle.

Der Renault 8 Gordini kam 1964 auf den Markt, zunächst ebenfalls mit 1108 ccm, ein knappes Jahr danach mit 1255 ccm Hubraum und 88 PS, gut für 175 km/h. Der Rennwagenkonstrukteur Amadeo Gordini war für Renault als technischer Berater tätig; er hatte sich 1957 aus seinem eigenen Geschäft zurückgezogen und seine Fahrzeuge an die Gebrüder Schlumpf verkauft.

Die meist im französischen Rennblau lackierte „Gorde" hatte ein Fünfganggetriebe. Der Wagen sah nicht nur gut aus, er zeigte auch im Sport seine Qualitäten: Bei der Tour de Corse 1965 belegte er die Plätze eins, drei, vier und fünf. 1966 schrieb Renault mit den Coupe Gordini einen eigenen Markenpokal aus; die teilnehmenden Fahrzeuge mußten der Serie entsprechen, lediglich ein Sportlenkrad, eine Öldruckanzeige und härtere Stoßdämpfer waren erlaubt. Viele Nachwuchsfahrer zogen mit ihrer „Gorde" durchs Land und verdienten sich in ihrem Auto, das nicht selten auch als Schlafplatz für die Nächte zwischen den Renntagen diente, ihre Sporen.

Von 1969 bis 1971 gab es den Renault 8S mit einem Doppelregistervergaser und zwei Weitstrahlern. Eine Luxusversion trug die Bezeichnung R8 Major. Im Sommer 1973 endete die Produktion. **JI**

GTO | Pontiac

1964 • 6899 ccm, V8 • 356 PS/261 kW • 0-100 km/h in 6,0 Sek. • 205 km/h

Mit dem Pontiac GTO folgte GM ausnahmsweise nicht dem amerikanischen Trend, die Autos immer größer und luxuriöser werden zu lassen. Wohl investierte Pontiac in die Entwicklung stärkerer Motoren, doch die installierte man in Kompaktfahrzeuge. Beim GTO war es das Tempest Le Mans Coupé, mit 5,16 Meter das kürzeste Modell im Programm. Pontiacs Chefkonstrukteur war um jene Zeit John DeLorean. Er wandte einen Trick an, um seinen Traum von einem Super-Pontiac realisieren zu können, indem er den GTO nicht als Serienmodell bezeichnete, sondern seinen Hochleistungsmotor als Option rangieren ließ. Zur GTO-Ausstattung gehörten ein 356 PS leistender 6,9-Liter-Motor, ein Doppelauspuff, eine direkter übersetzte Lenkung, straffere Aufhängungen und Breitreifen. Das Paket kostete nur 300 Dollar Aufpreis. Nachdem die Bezeichnung GTO der Ferrari-Nomenklatur entliehen war, kamen Autofans nicht umhin, die Leistungsdaten beider Fahrzeuge zu vergleichen. Der Pontiac beschleunigte wie der Ferrari von Null auf 100 km/h in nur sechs Sekunden!

Ein guter Verkaufsstart veranlaßte Pontiac, schon für das nachfolgende Modelljahr den Wagen kosmetisch zu optimieren. Man verpaßte ihm neue Doppelscheinwerfer und eine Motorhaube mit Lufthutze für den beliebten Ram-Air-Effekt. Die Street Scoops sorgten für direkte Zufuhr von Ansaugluft zum Mischrohr der Vergaser.

Die anhaltende Nachfrage nach der GTO-Option veranlaßte GM 1966 zu einer Änderung der Marketingpolitik. Der GTO erhielt die ihm zustehende eigene Identität, war im Coke-Bottle-Design mit akzentuiertem Hüftschwung gehalten und durfte als Performance Car bezeichnet werden. **MG**

350 GT | Lamborghini

1964 • 3463 ccm, V12 • 270 PS/198 kW • 0-100 km/h in 7,5 Sek. • 243 km/h

Ferruccio Lamborghini hatte in Bologna das Collegiale Industriale besucht, bevor er 1946 begann, aus Resten überzähligen Militärmaterials Landmaschinen herzustellen; zwei Jahre später gründete er einen Tuningbetrieb für Fiat-Sportwagen. 1949 eröffnete er in Cento eine Traktorenfabrik; hier entstanden die ersten Schlepper ebenfalls wieder aus Beständen amerikanischer und britischer Fahrzeugparks. 1960 erweiterte Lamborghini seine Produktion um die Herstellung von Ölbrennern, auch produzierte er Ventilatoren und erwirtschaftete damit sein Startkapital zum Bau jener Sportwagen, mit denen er gegen Ferrari zu konkurrieren begann.

Die Leidenschaft des Traktorenfabrikanten Lamborghini für schnelle Automobile fand zunächst Ausdruck in der Anschaffung eines Ferrari, mit dem er eines Tages ein Problem bekam und bei dessen Lösung man sich im Werk nicht sehr entgegenkommend zeigte. Lamborghini reagierte auf seine Weise: Er beschloß, künftig seine Autos selbst zu bauen. Hierzu warb er die besten Ingenieure von Ferrari ab, unter ihnen Giotto Bizzarrini.

Unter dessen Regie entstand 1964 in Sant'Agatha der Lamborghini 350 GT, ein Coupé mit V12-Motor (was Ferrari konnte, vermochte Lamborghini auch zu bieten!) und einer bei Touring in Mailand gebauten Karosserie aus Leichtmetall. Giampaolo Dallara steuerte zur Komposition Girling-Scheibenbremsen, eine ZF-Lenkung, ein Fünfganggetriebe und ein Salisbury-Differenzial bei.

Der in 120 Exemplaren produzierte 350 GT mochte ein paar Fehler haben, zum Beispiel zu weit abgestufte Getriebegänge, doch er ließ sich ausgezeichnet fahren und war der Wegbereiter künftiger Erfolge. **DS**

Imperial | Humber (GB)

1964 • 2965 ccm, Sechszylinder • 135 PS/99,2 kW • 0-100 km/h in 13,7 Sek. • 163 km/h

In der Kategorie der Prestigeautomobile, wie sie in Großbritannien Tradition hatten, wollte auch Humber nicht zurückstehen und stellte 1948 das Modell Imperial vor. Die Stilelemente der Luxuslimousine mischten sich aus zwei Epochen, wie es bei anderen Herstellern gleichermaßen gehandhabt wurde. Der seitengesteuerte Sechszylindermotor und das Dreiganggetriebe mit Lenkradschaltung gehörten in die Zeit, ebenso die vordere Einzelradaufhängung an Querblattfedern. Wie frühere Pullman-Modelle wies auch dieser Humber einen langen Radstand von 3,30 Meter auf. Es gab indessen keine Trennung zwischen Fahrerabteil und Fond. 1952 erhielt der Imperial einen auf Kopfsteuerung modifizierten Motor, mit welchem er bis 1954 in Produktion blieb.

1964 bis 1967 gab es wieder einen Humber Imperial, jetzt mit einem 2965-ccm-Sechszylindermotor, Doppelvergasern und serienmäßiger Getriebeautomatik, Servolenkung, elektrisch einstellbaren Stoßdämpfern und separater Fondheizung. In den Rückenlehnen der Vordersitze waren ausklappbare Picknicktischchen aus Edelholz (wie beim Rover P5), das Dach hatte einen Überzug aus schwarzem Kunstleder. Da der Imperial als Chauffeurswagen gedacht war, verfügte er auch über eine gläserne Separation.

Doch als im Jahre 1967 Chrysler die Rootes Group übernahm, zu der Humber gehörte, war nicht nur das Ende der Baureihen traditioneller Familien-Mittelklasseautos gekommen, sondern auch der Humber-Modelle Hawk, Super Snipe und Imperial. Neue und etwas uniform wirkende Wagen in der aktuellen Keilform, dem neuen Trend entsprechend, aber ohne eigene Identität, traten an ihre Stelle. **JI**

Der 1964er Ford Mustang erlangte weltweite Berühmtheit und war auch in zahlreichen Filmen zu sehen.

Mustang | Ford

1964 • 4942 ccm, V8 • 240 PS/176 kW •
0-100 km/h in 8,5 Sek. • 187 km/h

Der Ford-Chef Lee Iacocca war davon überzeugt, daß ein Sportwagen mittlerer Abmessungen, in Amerika entwickelt und gebaut, große Marktchancen haben müßte. Auf ihn geht die Idee eines „pony car" zurück, das nach Art europäischer Vorbilder ein Zweisitzer sein sollte, nur etwas größer. So diente die Bodengruppe des Ford Falcon als Basis für einen Wagen, der die Verwendung von Sechszylinder- oder auch V8-Motoren gestattete.

1964 erfolgte die Einführung dieses Ford als Fastback, Hardtop-Coupé und Cabrio. Auf dem deutschen Markt durfte der Wagen allerdings nicht Mustang heißen: Dort gab es einen Krupp-Lastwagen dieses Namens, und deshalb hieß er, als er in der Bundesrepublik vorgestellt wurde, schlicht T5.

Natürlich favorisierte die Kundschaft den V8 mit 270 statt 240 PS, der dem Auto jenes Sprintvermögen gab, das sein Äußeres verhieß. Besonders schnelle Versionen entstanden in Zusammenarbeit mit Carroll Shelby, so ein GT-350 mit Fastback. Dessen 4736-ccm-Motor produzierte 305 PS in der Standard- und 360 PS in der Rennversion GT-350R.

1967 unterzog man das Styling des Mustang einigen Veränderungen, wodurch er noch aggressiver wirkte, mit neuem Grill, neuem Heck und einer neuen Dachlinie beim Coupé. Unter der Motorhaube gab es mehr Platz für größere Triebwerke, etwa den 6391-ccm-V8, der den 4727-ccm-Motor ersetzte. Eine Krönung stellte der Shelby GT-500 dar, dessen Maschine 7014 ccm hatte. Dies war der letzte von Shelby-America aufgemotzte Mustang. Ein neuerliches Restyling erlebte der Mustang 1969, womit sich auch der Charakter des Fahrzeugs wandelte. **SB**

1800 | Marcos

1964 • 1786 ccm, Vierzylinder • 114 PS/83,8 kW •
0-100 km/h in 9,1 Sek. • 185 km/h

Die 1959 in Luton, Bedfordshire, von Jem Marsh und Frank Costin gegründete Firma Marcos baute ihr erstes Auto auf einem Chassis aus Bootsbausperrholz. Es war ein eigenartig aussehendes Coupé mit flacher, langer Motorhaube und einer kugeligen Kanzel, deren Türen sich nach oben öffneten. Das aus Holz und Kunststoff bestehende Auto wies die Vorderradaufhängung vom Triumph Herald auf sowie eine hintere Ford-Starrachse mit Panhardstab; der Vierzylindermotor kam ebenfalls von Ford. Der Wagen blieb vier Jahre im Programm, wurde zwischendurch vom Designer Dennis Adams optimiert und erhielt mehr Kunststoffteile. Doch es blieb bei insgesamt nur 39 verkauften Exemplaren.

Ein neues, viel gefälliger aussehendes Coupé präsentierte Marcos Ende 1964. Der von Adams gezeichnete Wagen zeigte entfernte Ähnlichkeit mit einem Ford GT40. Die gekapselten Scheinwerfer und die vorn angelenkte Fronthaube wurden zu Marcos-Markenzeichen. Holzlaminat und Kunststoff waren auch beim 1800 die wesentlichen Baustoffe, während der Motor jetzt ein 1,8-Liter-Vierzylinder von Volvo war; der gleiche Motor saß im P1800. Die Vorderradaufhängungen entsprachen denen eines Triumph, hinten gab es eine De-Dion-Achse und Schraubenfedern. Im Cockpit ging es eng zu, die Sitze waren fest installiert, dafür waren jedoch die Pedale verstellbar. Daß von den 99 gebauten Exemplaren nur mehr wenige existieren, liegt am Verrottungsprozeß des Baustoffs Sperrholz. Fahrverhalten und Straßenlage wurden von Sportfahrern gerühmt – nur war der Marcos 1800, von dem viele Exemplare in Baukastenform verkauft wurden, recht teuer, und die Firma geriet zunehmend in wirtschaftliche Schwierigkeiten. **JI**

DB6 | Aston Martin

1965 • 3995 ccm, Sechszylinder • 282 PS/207 kW • 0-100 km/h in 8,4 Sek. • 240 km/h

Alle Welt bekam mit, daß Prinz William seine frisch angetraute Ehefrau Catherine Middleton nach dem Trauungs-Zeremoniell im Buckingham Palace im April 2011 zum anschließenden Empfang in einem Aston Martin DB6 Volante chauffierte – ein Cabriolet, das sein Vater zum 21. Geburtstag geschenkt bekommen hatte. Aston Martin hatte den DB6 im Herbst 1965 herausgebracht, eine offene Version folgte ein Jahr später. Das Volante genannte Cabriolet wurde zunächst auf der Basis des DB5 mit kürzerem Radstand („short chassis") gebaut, ehe es auch ein echtes DB6-Cabrio gab.

Den DB6 durfte man als die Krönung a ler Sechszylindermodelle der Marke Aston Martin bezeichnen. Äußerlich entsprach er dem klassischen DB-Design, dennoch handelte es sich um einen Wagen gänzlich neuer Konzeption. Nach wie vor bestand der Aufbau aus Aluminium, jedoch nicht mehr in der Superleggera-Bauweise auf einem Stahlrohrrahmen. Die Karosserie stellte eine tragende Gesamtstruktur dar und kam ohne Rahmen aus. Diese Bauweise war einfacher und durch die Verwendung stärkerer Bleche zugleich stabiler, ohne daß sie mehr wog. Die kleine Aufwölbung des Kamm-Hecks war gewöhnungsbedürftig, aber aerodynamisch gut durchdacht. Der Spoilereffekt wurde unterstützt durch revidierte Feder- und Dämpferkennungen, so daß die Straßenlage des bis 240 km/h schnellen DB6 wirklich vorbildlich war. Gegenüber seinem Vorgänger verfügte der DB6 um 5 Zentimeter mehr Kopffreiheit und ein wenig mehr Platz im Fond für gelegentliche Mitfahrer. Auf Wunsch wurde der Wagen mit Servolenkung und einer Klimaanlage geliefert. **RY**

MGB GT | MG (GB)

1965 • 1798 ccm, Vierzylinder • 95 PS/69,8 kW • 0-100 km/h in 13,5 Sek. • 169 km/h

Die Coupéversion des beliebten, 1962 eingeführten MGB erschien 1965, MGB GT genannt. Es hieß zwar, das Coupé sei ein 2+2, doch die hinteren Sitze taugten allenfalls für die Mitnahme kleiner Kinder. Dafür wies das Schrägheck eine praktische, seitwärts zu öffnende Klappe auf, ideal zum Be- und Entladen von Gepäck. Ein Fortschritt war die Einführung eines Motors mit fünffach gelagerter Kurbelwelle und eines Vollsynchrongetriebes mit günstigeren Untersetzungen. Optional konnte man einen Overdrive bekommen.

Auf der London Motor Show im Oktober 1970 wurde der MGB mit einer Anzahl Verbesserungen gezeigt, so mit einem optimierten Heizungs- und Lüftungssystem, automatischem Innenlicht und teleskopischen Haubenhalterungen. Bereits Mitte 1971 war der 250.000. MGB entstanden; mehr als drei Viertel der Produktion waren in den Export gegangen. Anfang 1972 wurde ein V8-Umbausatz für den MGB angeboten, entwickelt von Ken Costello auf Basis des 3,5-Liter-V8 des Rover 3500. Man erwog, ein solches Modell in die Serienfertigung aufzunehmen.

Weitere Veränderungen ließ man dem MGB im Herbst 1972 angedeihen. Er wies jetzt einen chromgefaßten Kühlergrill aus schwarzem Kunststoff mit einem vertikalen Mittelstab auf; die Scheibenwischerarme waren ebenfalls schwarz. Lenkrad und Schaltknauf waren mit Leder überzogen. Im Coupé gab es mit Nylongewebe bezogene Sitze und eine Heckscheibenheizung. Endlich bekam der MGB jetzt auch Gürtelreifen.

Im August 1973 erschien schließlich der MGB GT V8. Die Leistung seines Motors betrug 137 PS, und Servobremsen gehörten jetzt zur Serienausstattung. Das V8-Modell wurde bis 1976 gebaut. **DS**

Calais | Cadillac (USA)

1965 • 7030 ccm, V8 • 308 PS/226 kW • 0-100 km/h in 9,9 Sek. • 190 km/h

Den Cadillac der Serie 62 ersetzte General Motors 1965 durch den 682, im Verkauf als Modell Calais bezeichnet. Mit der französischen Hafenstadt dieses Namens hatte das Auto zwar nichts zu tun, aber GM liebte die Verwendung französisch klingender Modellnamen seit jeher, zumal ja auch Cadillac ein Name französischen Ursprungs war. Auch in der griechischen Mytholgie taucht der Name auf, nämlich als einer der Götter des Windes (gesprochen Kala-is) in der Familie der Argonauten. Ob die GM-Marketingmanager nun den mediterranen Windmacher oder doch den Anlegeplatz der Fähre nach Dover bei ihrer Namenswahl im Sinn hatten, blieb deren Geheimnis.

Der V8-Motor im Calais hatte einen Hubraum von 7030 ccm. Das Auto gab es als zweitüriges Hardtop-Coupé, als viertürige Limousine oder als viertürige Hardtop-Limousine ohne Mittelpfosten. Durch eine lange Liste von Optionen ließ sich das Auto individualisieren, so daß jeder Kunde das Gefühl haben konnte, ein auf seine Wünsche maßgeschneidertes Fahrzeug zu besitzen. Freilich, die Extras kosteten viel Geld, denn allein eine Klimaanlage wurde mit 495 Dollar berechnet, ein Tempomat mit 97 Dollar, für ein Radio mit Fondlautsprecher und Fernbedienung mußte man 246 Dollar ausgeben. Gurte auf den Rücksitzen waren noch nicht üblich, sie kosteten 18 Dollar. Der Grundpreis von 5059 Dollar ließ sich, wenn man dies und mehr zu haben wünschte, auf 6500 Dollar steigern – dafür erhielt man schon zwei Chevrolet Bel air. Vom Calais wurden schon im Jahr seines Erscheinens 34.211 Exemplare verkauft. Cadillac galt nach wie vor als der Inbegriff automobilen Luxus in den USA, auch wenn die Ära der Heckflossen vorüber war. **MG**

TR4A | Triumph (GB)

1965 • 2138 ccm, Vierzylinder • 100 PS/73,5 kW • 0-100 km/h in 11,4 Sek. • 175 km/h

Der TR4 basierte zwar auf dem TR3A und hatte auch dessen Fahrwerk geerbt, machte aber einen moderneren Eindruck. Mit seinem Styling, der bewährten Technik und einem großzügigen Platzangebot war er manchem Konkurrenten überlegen. Das Auto hatte Servobremsen und ein vollsynchronisiertes Vierganggetriebe bekommen. In seiner Grundversion leistete der 2138-ccm-Motor 100 PS, wahlweise gab es aber noch den 1991-ccm-Motor mit 90 PS, der aber nur von wenigen Kunden geordert wurde. Wer sich für den neuen Triumph entschied, wollte ihn auch mit dem stärkeren Motor haben.

Triumph mußte sich anstrengen, den TR4 gut zu vermarkten, denn MG und Austin-Healey hatten starke Positionen inne. Mit Ausnahme weniger Optimierungen (zu ihnen zählten 1962 neue Sitze und 1963 Stromberg- statt SU-Vergaser) blieb der TR4 bis 1965 unverändert. Bis er zum TR4A mutierte. Diesen Wechsel nahm man hauptsächlich des MGB wegen vor, der Triumph immer mehr Kunden wegnahm. Der TR4A glich äußerlich dem TR4, hatte jedoch ein neues Fahrgestell erhalten; es wies ringsum Einzelradaufhängung auf und entsprach darin dem Chassis des neuen Triumph 2000 Saloon. Der Radstand von TR4 und TR4A war mit 2335 mm gleich geblieben, die Gesamtlänge des Wagens mit 3965 mm ebenfalls.

Nur geringfügig hatte man den Grill geändert und dabei die Positionslichter auf die Kotflügel gesetzt. Das höhere Gewicht des Wagens glich ein Plus von 4 PS aus, erzielt durch Änderungen am Einlaßkrümmer. Den TR4A gab es bis 1967. Bis zum August 1967 waren 28.465 TR4A produziert worden; vom TR4 hatte man 40.253 Stück gebaut. **JI**

Inserat für den 1965er Holden HD mit seiner luxuriösen Innenausstattung, veröffentlicht in einer australischen Zeitschrift. ▷

Diplomat V8 | Opel

1965 • 5354 ccm, V8 • 230 PS/169 kW • 0-100 km/h in 10 Sek. • 200 km/h

Die „Großen Drei": Kapitän, Admiral, Diplomat wurden von Opel in eindeutiger Absicht gegen Mercedes-Benz ins Feld geführt. Seit 1964 gab es einen neuen Kapitän, und aus dessen L-Modell entstand der Admiral, und erstmals war auch ein V8-Modell im Opel-Programm vertreten: der Diplomat. Sein Motor kam von Chevrolet und hatte 4638 ccm Hubraum, wie man ihn im Chevi II Nova, im Biscayne oder in der Chevelle 300 fand, also ein Massenprodukt. Im Diplomat Coupé, ab Februar 1965 lieferbar und von Karmann karossiert, wies der Motor sogar 5354 ccm auf. Dieses Coupé – serienmäßig mit der Powerglide-Getriebeautomatik geliefert – stellte das neue Flaggschiff der Marke Opel dar, blieb dennoch eine Rarität. Der Wagen wurde nämlich nur in 347 Exemplaren gebaut. Er zeichnete sich durch eine luxuriöse Ausstattung aus, zu der auch eine heizbare Heckscheibe zählte, die damals noch bei keinem anderen deutschen Auto zur Grundausstattung gehörte.

Ab September 1966 war der größere V8 auch in der Diplomat-Limousine zu finden und der 4,6-Liter im Admiral (623 Exemplare) sowie ab März 1965 im Kapitän (113 Exemplare). Die erste Baureihe der Großen Drei kam bis Ende 1968 auf insgesamt 24.249 Kapitän, 55.876 Admiral und 9152 Diplomat. Ab März 1969 erhielten alle drei Modelle der neuen B-Serie eine aufwendig konstruierte De-Dion-Hinterachse. Der Kapitän blieb bis April 1970 im Programm, den Admiral und den Diplomat gab es bis Juli 1977.

Es folgte der Senator, dem man den Rang des Kapitäns bescheinigen durfte; dem Admiral und dem Diplomat entsprechende Fahrzeuge bot Opel seither nicht mehr an. **HS**

HD | Holden

1965 • 2933 ccm, Sechszylinder • 140 PS/103 kW • 0-100 km/h in 15,8 Sek. • 141 km/h

Als Holden 1965 das Modell HD vorstellte, verhieß die Werbung den Australiern ein völlig neues Lebensgefühl. Wurde damit zuviel versprochen? Es gab die Limousine in drei Motorisierungsvarianten: mit 100, 115 und 140 PS. Der Sechszylindermotor der stärksten wies eine steilere Nockenwelle sowie Doppelvergaser auf. „Power, wie man sie noch nie verspürt hat, Power für zügiges Überholen auf dem Highway ...", wie es vollmundig hieß. Doch in der Praxis ging es nicht ganz so euphorisch zu. Holden hatte als australisches Fabrikat fast zwanzig Jahre lang die Führungsposition besetzen und Ford auf Distanz halten können, bis das Undenkbare eintrat: Die Motorpresse beurteilte den neuen Holden als ein „Auto des Schreckens" und als eine mißglückte Konstruktion. Dabei hatte sein 1963 bis 1965 gebauter Vorgänger EH zu keinerlei Kritik Anlaß gegeben.

Der HD wartete mit einer neuen Powerglide-Getriebeautomatik auf, mit optimierten Radaufhängungen, neu gestalteten Rückleuchten. Er war länger und breiter, dadurch geräumiger. Zu den vielen Extras zählten erstmals auch Scheibenbremsen an allen vier Rädern. In der Ausführung X2 gab es sogar eine neue Instrumententafel mit Skalen auch für Öldruck und Kühlwassertemperatur anstelle der bisherigen Warnlämpchen. Doch der Verriß des Holden HD in der Presse zeigte eine nachhaltige Wirkung. Der in der General-Motors-Zentrale in Detroit entwickelte Wagen wurde zu einem Flop. Die Modellplaner mußten einsehen, daß für Amerika gültige Maßstäbe sich nicht ohne weiteres auf australische (oder europäische) Verhältnisse anwenden ließen. **BS**

Luxury and elegance wherever you turn

Sitting in the new luxury Holden Premier reminds you of cars costing at least £2,000.

The extra spaciousness, for example, that goes with Premier's new curved doors and windows. Or Premier's sumptuous new front bucket seats, with spongy bolster edges for extra comfort.

And much more besides... a centre console with driver's glove-box and heater-demister... deep pile carpet, and more. Wherever you turn, there's luxury and elegance.

Savour this, and the performance you get from your choice of engines up to the fiery 140-hp X2, and you'll appreciate that this car at its price is unmatched for sheer driving pleasure.

HOLDEN PREMIER

AUSTRALIA'S TOP VALUE LUXURY CAR — FROM £1,100 PLUS TAX

GENERAL MOTORS-HOLDEN'S

Silver Shadow | Rolls-Royce

1965 • 6227 ccm, V8 • 200 PS/147 kW • 0-100 km/h in 10,9 Sek. • 184 km/h

Als im Herbst 1965 der Silver Shadow vorgestellt wurde, brach für die Marke mit dem berühmten Doppel-R ein neues Zeitalter an. Der Silver Shadow war ein Automobil, dessen Konstruktion zwei Jahrzehnte lang Bestand haben sollte. Es wurde zum meist gebauten Rolls-Royce aller Zeiten: 27.950 Stück verließen das Werk in Crewe. Erstmals war mit ihm ein Modell in selbsttragender Bauweise erschienen, allein dies galt als sensationell. Vorn und hinten gab es Hilfsrahmen für die Fahrwerkselemente; der Wagen hatte auch hinten Einzelradaufhängung. Vorn fanden doppelte Trapez-Dreieckslenker und ein Panhardstab Verwendung, hinten Längslenker, die Blattfedern hatte man durch Schraubenfedern ersetzt. Automatische Niveauregulierung, regulierbare Stoßdämpfer und Servolenkung gehörten ebenso zum Serienumfang wie Scheibenbremsen an allen vier Rädern und Klimaautomatik. Eine niedrigere Bauhöhe, einhergehend mit einer tieferen Gürtellinie, hatte auch zu einem neuen Kühler geführt, dessen Grill annähernd quadratisch wirkte. Platz für den Einbau einer Trennscheibe zum Fond gab es nicht; den erlaubte erst die Long-Wheelbase-Version, die 1969 vorgestellt wurde. Nur 10 Zentimeter mehr maß der Radstand des LWB, doch sie reichten, um den Silver Shadow zu einer Chauffeurs-Limousine zu machen. **MG**

Fairlady SP311 | Datsun

1965 • 1596 ccm, Vierzylinder • 96 PS/9,8 kW • keine Angaben • 170 km/h

Der Fairlaidy SP311 sieht wie ein britischer Sportwagen in einem italienischen Gewand aus, und das ist kein Zufall. Datsun wollte mit dem Wagen auf den europäischen Märkten trumpfen, ebenso auf dem amerikanischen, wo Sportwagen aus Europa einen hohen Stellenwert genossen. Als Prototyp hatte der Fairlady genannte Wagen 1960 auf der Automobilausstellung in Tokio die Aufmerksamkeit auf sich gezogen; er wies ein separates Fahrgestell mit vorderer Schraubenfederung und doppelten Dreieckslenkern auf, hinten hatte er Blattfedern.

International ernst genommen wurde der Fairlady aber erst ab 1964. Jetzt hatte der Roadster einen 96 PS starken 1596-ccm-Motor, vordere Scheibenbremsen sowie ein Vollsynchrongetriebe. 1967 erschien sogar eine 2,0-Liter-Version: dieser Motor hatte eine obenliegende Nockenwelle und 135 PS. Jetzt hatte vor allem die Marke MG Konkurrenz bekommen, zumal das 2+2-Coupé dem MGB GT glich. Obwohl in nur geringer Zahl gebaut, ließ dieser Japaner erkennen, womit auf dem Markt künftig zu rechnen war. Sie hatten aber auch mitbekommen, wo die Nachteile europäischer Sportwagen lagen, und sie versuchten, diese zu vermeiden. Da war vor allem das Rostproblem, unter welchem britische Fabrikate litten. Der von Datsun verwendete Karosseriestahl erwies sich als erheblich besser. **JI**

President | Nissan

1965 • 3988 ccm, V8 • 197 PS/145 kW • keine Angaben • 185 km/h

Fulvia Coupé | Lancia

1965 • 1216 ccm, V4 • 80 PS/58,8 kW • 0-100 km/h in 15,8 Sek. • 167 km/h

Den Luxuswagen President gab es im Nissan-Programm von 1965 bis 2010. Das Fahrzeug bildete das Topmodell für Geschäftsleute und Spitzenpolitiker in Japan, die Wert auf die Benutzung eines heimischen Fabrikats legten, anstatt sich einer teuren Importmarke zu bedienen, wie es vorher die Regel gewesen war. Besonders Mercedes-Benz bekam es zu spüren, daß Nissan jetzt den President und Toyota seit 1964 den Crown Eight anbot. Die Stuttgarter Sechs- und Achtzylinder hatten im Land der aufgehenden Sonne schon immer einen hohen Statuswert verkörpert. Mit 5,00 Meter Länge war der Nissan President ein Wagen der Superlative, wobei es außer dem 3988-ccm-V8-Motor auch einen Sechszylinder mit 2996 ccm gab. Beide Ausführungen wurden mit einer Dreistufen-Getriebeautomatik und Hinterradantrieb geliefert, ABS war ab 1971 serienmäßig vorhanden.

Doch bei Nissan konnte man auch rechnen. Die Herstellung des President war ein Zuschußgeschäft. Anfangs hatte man mit seinem Bau die Erfüllung einer patriotischen Pflicht im Sinn gehabt, doch 2010 strich man das Prestigeauto aus dem Programm, weil Minusposten nicht länger zu rechtfertigen waren, zumal jüngste Sicherheits- und Umweltschutzauflagen hoch zu Buche schlugen. Nicht mehr als insgesamt 56.000 Stück waren hergestellt worden. **JI**

Als 1963 der kantige, aber voll dem Designtrend entsprechende Lancia Fulvia als Nachfolger des Appia vorgestellt wurde, überraschte der kleine Italiener mit seinem 1,1-Liter V4-Motor durch eine reichhaltige Ausstattung für ein Auto dieser Kategorie. Er wies Vorderradantrieb mit Einzelradaufhängung und vier Scheibenbremsen auf. Zwei Jahre später wurde der Limousine ein Coupé zur Seite gestellt.

Es gab dieses Coupé in einigen Varianten, wobei Zagato ein attraktives Fastback beisteuerte. Interessant war auch das bei Lancia selbst produzierte HF-Coupé aus Aluminium, ein leistungsgesteigerter Wettbewerbswagen, der sich in fast jeder Rallye den Klassensieg und Lancia 1972 sowie 1973 den Titel des Rallyeweltmeisters sicherte – vor Fiat auf dem zweiten und Porsche auf dem dritten Rang.

Den Fulvia gab es als 1,3- und 1,6-Liter, die HF-Version auch als 1,2 und 1,4 Liter in insgesamt fünf verschiedenen Spezifikationen. Laufende Modellpflege, zu der auch die Einführung eines Fünfganggetriebes zählte, machte den Fulvia zu einem Evergreen, von dem Lancia die bisher höchste Stückzahl verkaufte. Lancia-Fahrer waren begeistert von den hervorragenden Fahreigenschaften des Wagens – ein Urteil, das durch viele Sporterfolge ja auch seine Bestätigung fand. **LT**

Miura | Lamborghini   ⓘ

1966 • 3929 ccm, V12 • 350 PS/257 kW • 0-100 km/h in 6,7 Sek. • 273 km/h

Die Ausstrahlung des Miura (italienisch für einen Kampfstier) ist schwer zu beschreiben. In seiner schlichten Eleganz war er kaum zu übertreffen, und doch wartete er mit einer Opulenz auf, mit der die Kraftmeierei der 1960er Jahre zum Ausdruck kam. Der Miura war hinreißend schön – wie die meisten Leute, die ihn fuhren.

Giampaolo Dallara und Paolo Stanzani, für die Konstruktion des Miura verantwortlich, waren Rennsport-Enthusiasten und beeindruckt von den Leistungen eines Ford GT40 oder Ferrari 250LM. Doch ihr Miura sollte ein Straßen- und kein Rennwagen werden.

Bei Bertone entstand die Karosserie, gezeichnet von dem jungen Designer Marcello Gancini. Das erste Fahrzeug mit seinem quer hinter dem Cockpit eingebauten V12 war 1965 in Turin zu sehen. Das stählerne Monocoque-Chassis wies vorne und hinten doppelte Dreieckslenker sowie Querstabilisatoren auf. Bug- und Heckteile des langen, flachen Fahrzeugs ließen sich hochklappen; das vordere Teil barg Kühllufteinlässe und die Scheinwerfer, die bei Nichtgebrauch hinter Klappen mit hervorstehenden Rändern oben und unten verschwanden. Die Windschutzscheibe besaß leider noch keine wärmedämmende Schicht; dafür waren die Seitenscheiben klein, die Türen gleichwohl groß genug für bequemen Ein- und Ausstieg. Zur Kühlung der hinteren Scheibenbremsen gab es Lufthutzen in den Seitenschwellern. Und da sich der Motor unmittelbar hinter den Sitzen befand, kaum schall- oder wärmeisoliert, übertrugen sich ins Cockpit Lärm und Hitze bis an die Grenze des Erträglichen. Doch darüber beschwerte sich niemand – der Klang der 350 PS wurde als Musik empfunden ... **LT**

400 GT | Lamborghini

1966 • 3929 ccm, V12 • 300 PS/221 kW • 0-100 km/h in 7,5 Sek. • 250 km/h

Ferruccio Lamborghinis erster Serienwagen war der 350 GT. Als kommerziellen Erfolg konnte man den Wagen zwar nicht bezeichnen, aber als ein technisches und formales Meisterwerk allemal. Aus dem Lamborghini 350 GT machten die Stilisten bei Touring Milano 1966 einen 2+2, wenngleich die zusätzlichen Sitze im Fond auch etwas knapp ausfielen und lediglich Kindern Platz boten. Um die Gestehungskosten im Rahmen zu halten, entschied sich Lamborghini für die Anfertigung des Aufbaus in Stahlblech statt in Leichtmetall; aus Gewichtsgründen wurden lediglich Motorhaube und Kofferraumdeckel aus Aluminium hergestellt. Äußerlich hatte sich der Wagen nur geringfügig verändert; die Heckpartie war ausladender als beim 350 GT, auch gab es jetzt Doppelscheinwerfer. Die waren bei allen Autos jener Ära groß im Kommen.

Mit dem um 150 Kilogramm erhöhten Gewicht wurde der Motor leicht fertig, denn er hatte – wie die Modellbezeichnung andeutet – 4,0 Liter Hubraum. Mehr Drehmoment und mehr Leistung standen zur Verfügung, gut für eine Spitze von beachtlichen 250 km/h. Der erfahrene Testpilot Valentino Balboni soll später einmal gesagt haben, daß der Sound dieses Motors der beste aller je gebauten Lamborghini-V12 gewesen sei.

Es gab auch Zweisitzer-Cabriolets sowie eine kleine Zahl nicht mehr bei Touring, sondern bei Marazzi gebauter Karosserien. Die Mailänder Firma Touring befand sich in Liquidation. Den Erzrivalen Ferrari dürfte die Konkurrenz aus Sant'Agatha indessen wenig gestört haben, der Commendatore, der für Ferruccio nur Spott übrig hatte, produzierte siebenmal so viele Autos wie Lamborghini. **DS**

Offensichtlich lag es am neuen Karosseriedesign, das dem 1966er Pontiac GTO eine Verdreifachung der Verkaufszahlen einbrachte. ▷

Sonett | Saab

1966 • 1498 ccm, V4 • 73 PS/53,7 kW • 0-100 km/h in 12,5 Sek. • 160 km/h

Mit dem ersten Sonett vom Typ 94, entwickelt von Rolf Mellde, hatte Saab wenig Erfolg gehabt. Nur sechs Exemplare waren entstanden. Vom 1966 in Genf präsentierten Sonett II bzw. Typ 97 versprachen sich die Schweden etwas mehr. Mindestens 3000 Stück sollten abgesetzt werden – doch auch diese Vorstellung erfüllte sich nicht: das Auto war einfach zu teuer.
Den Prototyp des flott gezeichneten Coupés mit der ausladenden Bugpartie und extravagantem Bürzelheck hatte man aus Stahlblech entstehen lassen, doch in der Serie bekam der Zweisitzer einen Kunststoffaufbau. Das sparte Gewicht, denn der Motor des Wagens war nur ein Zweizylinder-Zweitakter von knapp 60 PS. So waren 740 kg Fahrzeuggewicht gerade noch zumutbar. Die Relation verbesserte sich 1967 mit der Einführung des V4-Viertakters von Ford (wie im Saab 96) mit 1498 ccm und 73 PS. Mit dem neuen Motor stieg auch die Nachfrage nach dem Sonett, dennoch blieb sie insgesamt hinter den Erwartungen zurück. Das Zweitaktmodell hatte 258 Käufer gefunden, das Viertaktmodell 1609. Saab ersetzte 1970 den Wagen durch eine überarbeitete Version mit neuer Karosserie, entworfen von Sergio Coggiola. Der Aufbau war schlanker geworden, hatte Klappscheinwerfer und auf der Motorhaube eine Lufthutze. 1971 ersetzte man den 1,5-Liter-V4-Motor durch einen 1,7-Liter.
    Bis man die Produktion des Sonett III 1974 einstellte, gab es zwar noch ein paar Verfeinerungen, doch hatten sich nur 8368 Exemplare verkaufen lassen. Saab zog es vor, sich auf die Produktion seiner sportlichen Limousinen statt modischer, aber schwer absetzbarer Spielzeuge zu konzentrieren. **SH**

GTO | Pontiac

1966 • 6375 ccm, V8 • 335 PS /246 kW • 0-100 km/h in 7,9 Sek. • 193 km/h

Der 1964er GTO hatte sich für Pontiac als sehr erfolgreich erwiesen, das Auto war mehr als 32.000mal verkauft worden. Der Trend setzte sich fort, und mit einer gänzlich neuen Karosserie erschien der Pontiac GTO dann zum Modelljahr 1968. Eines ihrer auffallendsten Bestandteile war die Frontpartie aus Polyurethan mit geschickt integriertem Kühlergrill, den neuesten Verformbarkeits-Vorschriften bei einem Aufprall entsprechend. Eine separate Stoßstange war damit entbehrlich geworden. Wirkungsvoll verstand der GM-Technikvorstand John DeLorean im amerikanischen Fernsehen zu demonstrieren, wie hart diese neuen Bauteile im Nehmen waren: er schlug mehrmals mit einem Vorschlaghammer auf sie ein, ohne daß sie einen erkennbaren Schaden davontrugen.
Eine weitere Besonderheit waren gitterförmige Abdeckungen vor den Scheinwerfern, die sich zur Seite schoben, wenn das Licht eingeschaltet wurde. Beim Mercury Cougar gab es eine ähnliche Vorrichtung. Der ultimative GTO war das Modell Judge mit 400-PS-Motor, Dreigang-Handschaltung und einem auffälligen Heckflügel. Mit diesem Auto ging die Ära des GTO aber auch zu Ende. Von 1971 bis 1974 stand die Chiffre GTO wieder nur für ein Optionspaket, das Pontiac für den Typ Le Mans anbot. Die jüngere Pontiac-Klientel interpretierte die drei Buchstaben übrigens nicht als die italienische Rennformel Gran Turismo Omolgata, deren Abkürzung sie bildeten, sondern sprach GTO „goat" aus (was Ziege bedeutet), und noch respektloser war die Deutung „Gas, Tyres, Oil" (Benzin, Reifen, Öl) – in bezug auf die hohen Verbrauchs- und Verschleißwerte dieses Pontiac. **MG**

Toronado | Oldsmobile

1966 • 6965 ccm, V8 • 385 PS/283 kW • 0-100 km/h in 7,5 Sek. • 216 km/h

Die Bezeichnung Toronado war ein Phantasiename und hatte weder eine mythologische oder sonst eine Bedeutung. Oldsmobile hatte sie 1963 erstmals für ein Show Car verwendet. Der Serienwagen dieses Namens, mit dem GM 1966 für Schlagzeilen sorgte, war ein mit dem Buick Riviera und Cadillac Eldorado verwandter Zweitürer. Doch er wies Besonderheiten auf, die ihn von der Elite seiner Mitbewerber unterschieden.

Um 385 PS wirkungsvoll in Traktion umzuwandeln, hatte sich Frontantrieb im Automobilbau bislang nicht gerade als optimaler Weg angeboten. Im Land der unbegrenzten Möglichkeiten jedoch wurde genau das praktiziert. Der 1966 präsentierte Oldsmobile Toronado wies Vorderradantrieb auf.

Mit seinem aggressiven Design, das mit verhältnismäßig wenig Chrom auskam, und einem reizvollen Motorsound verkörperte der Toronado ein Supercar, und das Auto fuhr sich prächtig. Ein automatisches Getriebe mit großem Drehmomentwandler sorgte für angemessene Kraft- und Drehzahldosierung des 7,0-Liter-V8-Motors. Interessant war indessen die Erkenntnis, daß es den durchschnittlichen Autokäufer in den USA gar nicht interessierte, ob der Wagen Front- oder Heckantrieb hatte. In Detroit hatte man viele Millionen Dollar investiert, um den ersten frontgetriebenen Großserienwagen in größtmöglicher technischer Perfektion anbieten zu können – doch die Kaufentscheidung traf der Kunde allein nach dem Karosseriedesign! Leider sagte dies nicht jedem zu, auch litt der Toronado unter hohem Reifenverschleiß. Und Scheibenbremsen hätten ihm auch gut angestanden. Immerhin kürte ihn die Leserschaft des Magazins *Motor Trend* zum Wagen des Jahres 1966. **RY**

Charger | Dodge (USA)

1966 • 5210 ccm, V8 • 230 PS/170 kW • 0-100 km/h in 9 Sek. • 210 km/h

Als „Anführer einer Dodge-Rebellion" wurde im Januar 1966 der neue Charger in der Werbung bezeichnet, erhältlich war das neue Auto aus dem Chrysler-Konzern allerdings erst ab September jenes Jahres. Aber wirklich neu war der Charger nicht, denn die Plattform und großenteils auch die Karosserie des Coupés hatte man vom Dodge Coronet übernommen; die Ähnlichkeit beider Modelle war unverkennbar. Das senkrecht abfallende Heck und die sich neigende Dachlinie (Fastback) waren markant. Die hinteren Kotflügelspitzen hatten die Designer etwas betont, wodurch stilistisch kleine Heckflossen angedeutet wurden, wenngleich dies 1966 als nicht mehr zeitgemäß galt. Der Kühlergrill erstreckte sich über die gesamte Fahrzeugbreite, die verdeckten Scheinwerfer ließen sich bei Bedarf elektrisch nach vorn drehen. Die hinteren Einzelsitze waren umklappbar, wodurch sich ein großes Kofferraumvolumen ergab. Bald sahen Tausende von Amerikanern den Charger in der NASCAR-Rennserie, und zwar mit einem Heckspoiler, weil der Wagen die Tendenz hatte, bei hohem Tempo sein Achterteil anzuheben.

Da NASCAR-Autos sich aber laut Reglement von Serienwagen konstruktiv nicht unterscheiden durften, bekamen sämtliche Charger ab Werk diesen Flügel. Damit war der Charger ein klassischer MPV (multi purpose vehicle), also ein Mehrzweckwagen, der sich für die Teilnahme an diversen Wettbewerben verwenden ließ, an Rundstrecken- oder auch Dragster-Rennen. Meist wurde der Charger mit einem 440-Magnum- oder einem 428-Hemi-Motor bestückt. Leider erwies sich die Coupékarosserie für den Renneinsatz etwas ungeeignet. **RY**

◁ Mit seinem Gewicht von annähernd drei Tonnen benötigte das Batmobil einen starken Motor, um sich vom Fleck bewegen zu können.

Batmobil | George Barris

1966 • 6390 ccm, V8 • 500 PS/369 kW • keine Angaben • keine Angaben

Batman: Im amerikanischen Fernsehen der 1960er und 1970er Jahre war der mit übernatürlichen Kräften ausgestattete und einer Gesichtsmaske dekorierte Held im wehenden Mantel zu einer Kultfigur avanciert, die natürlich angemessen motorisiert werden mußte. Jeden Samstagvormittag hetzte die Fledermausfigur Batman über die Bildschirme in einem Fahrzeug, das aus einem 1955er Lincoln Concept Car entstanden war.

Der Wagen stellte eine Schöpfung des Ford-Designerteams dar und trug die Bezeichnung Futura. Gebaut wurde das Space-Age-Vehikel bei Ghia in Turin; das Projekt verschlang zwei Millionen Dollar. Die kantige Form und die Flossen erinnerten an den Chevrolet Mako Shark oder an den Manta Ray. Viel wußte man nachher mit dem Auto nicht anzufangen, also wurde es verkauft. Für einen Dollar erwarb es George Barris, Inhaber der Barris Kustom Kar Company in Hollywood. Bei ihm entstanden die eigenartigsten Filmautos, und der verrückte Lincoln paßte gut in seinen Fundus. Barris versah den Wagen mit einer Gasturbine, wenngleich diese auch nie länger als 15 Sekunden lang in Aktion treten konnte, ferner mit einem Bremsfallschirm, einer Schere für Stahlseile und einem Rauchentwickler. Unter dem Stahl- und Plastikgebilde verbarg sich ein etwa 500 PS leistender V8 mit 6390 ccm Hubraum.

Im Verlauf seiner Filmkarriere erwies sich der Lincoln-Motor für hohe Belastung jedoch als unzuverlässig, so daß man ihn eines Tages gegen einen Ford-V8-Motor auswechselte, dessen Daten aber nicht überliefert sind. Die drei bei Bertone 1953-55 unter der Bezeichnung BAT gebauten Alfa Romeo brachten es leider zu keinerlei Filmruhm. **JI**

124 | Fiat

1966 • 1197 ccm, Vierzylinder • 65 PS/47,8 kW • 0-100 km/h in 16 Sek. • 142 km/h

Die Baureihe 124 schrieb Automobilgeschichte als Nachfolger des Fiat 1300/1500. Der Fiat 124 wurde auf dem Genfer Salon 1966 vorgestellt; die schlichte Pontonkarosserie des Viertürers mit Stufenheck entsprach dem aktuellen Designverständnis. Unter der Fronthaube arbeitete ein neu entwickelter Vierzylindermotor mit Kopfsteuerung und einer sportlichen Verdichtung von 8,8:1. Das Vierganggetriebe wurde nicht mehr, wie beim Vorgänger, an der Lenksäule geschaltet, sondern am Boden. Ungewöhnlich für einen 1,2-Liter-Wagen war die Ausstattung mit vier Scheibenbremsen. Das Fahrwerk verfügte vorn und hinten über Querstabilisatoren. Auf dem Turiner Automobilsalon im November 1966 stellte Fiat die Kombiversion vor, genannt Familiare.

Der Fiat 124 war das erste Auto italienischer Herkunft, das als Europa-Auto des Jahres gewählt wurde. Es folgten ein Sport Spider und ein zweitüriges Coupé, beide mit einem auf 1438 ccm vergrößerten Motor, den auch der 124 Special erhielt. Diese 155 km/h schnelle Limousine kam 1968 ins Programm, zu erkennen am neuen Kühlergrill mit Doppelscheinwerfern. Leider hatten alle 124 einen zu kleinen Benzintank; mit 39 Litern kam man nicht sehr weit. Und um den Wagen so preisgünstig wie möglich zu halten, hatte Fiat ihn auch sehr spartanisch ausgestattet. Vor allem aber erwies sich das Auto als extrem rostanfällig. Das lag an der schlechten Qualität der aus Rußland gelieferten Bleche, die Fiat als Kompensation seiner Hilfe für die Lada-Fertigung bekommen hatte. Und als Lada lebte der Fiat 124 ab 1974 auch weiter, ebenso als Lizenzprodukt in Spanien, Bulgarien und in der Türkei. **DS**

Interceptor FF | Jensen (GB)

1966 • 6276 ccm, V8 • 284 PS/210 kW • 0-100 km/h in 7,3 Sek. • 220 km/h

Die Brüder Alan und Richard Jensen hatten 1934 in West Bromwich, England, eine Karosseriemanufaktur gegründet und ein Jahr später unter ihrem Namen einen Wagen herausgebracht, der ein umgebauter Ford V8 3,6 Liter war. Nach dem Krieg setzten die Jensens ihre Ambitionen fort und stellten 1946 ein neues Auto vor. Dessen Chassis war ein Kastenrahmen mit Rohrtraversen und entsprach Vorkriegsbauart, hatte vordere Einzelradaufhängung sowie hydraulische Bremsen. Der Jensen PW wurde seinem Anspruch als Luxusauto durchaus gerecht, denn er war mit einem Reihenachtzylindermotor bestückt. Von all den folgenden, stets in kleinen Serien hergestellen Wagen war der Interceptor FF besonders interessant. Der Zweitürer wurde von Touring in Mailand eingekleidet und war teurer als die meisten Ferrari, nicht nur wegen seiner luxuriösen Ausstattung und des großen V8-Motors von Chrysler. Der Interceptor hatte nämlich Allradantrieb System Ferguson (daher die Bezeichnung FF = Ferguson Four Wheel Drive). Dieses Auto war der erste Luxus-Personenwagen mit vier permanent angetriebenen Rädern. Revolutionär war auch das Antiblockiergerät „Maxaret" von Dunlop, ursprünglich für Flugzeuge entwickelt. In dieser Version gab es das Auto bis 1971. Die meisten Wagen wurden als Hatchback-Coupé hergestellt, doch es gab auch ein Coupé mit Stufenheck sowie ein – nur 267mal gebautes – Cabriolet. Der Mk.II von 1969 wies eine geänderte Frontpartie auf, während der Mk.III von 1971 gegossene Leichtmetallfelgen hatte.

Die Firma Jensen mußte 1976 Bankrott anmelden, nachdem insgesamt 7408 Fahrzeuge unter dieser Marke hergestellt worden waren. **JB**

Camaro | Chevrolet

1966 • 5359 ccm, V8 • 210 PS/154 kW • keine Angaben • 192 km/h

Herausgefordert durch den Erfolg, den Ford mit dem Mustang zu verzeichnen hatte, schuf man bei General Motors einen ähnlich konzipierten Semi-Sportwagen, den Chevrolet Camaro. Die ersten Prototypen gingen 1964 in Erprobung, Ende 1966 war das Auto serienreif. Produziert wurden ein Hardtop-Coupé und ein Cabriolet mit V6- oder V8-Motor. In drei Ausstattungspaketen boten die Händler 40 Zubehörposten an. Jedes dieser Pakete machte aus dem Camaro einen ganz individuellen Wagen; das RS-Paket beispielsweise beinhaltete u. a. einen mattschwarzen Kühlergrill und Scheinwerferabdeckungen. Zum SS-Paket gehörte ein 5733-ccm-V8-Motor, und die teuerste Version L35 war die mit einem 6489-ccm-Triebwerk von 325 PS („big block") oder gar 375 PS. Die schärfste Ausführung war der Z-28, ein Auto, das sogar in der TransAm-Rennserie mitfuhr.

Dem Handel bot General Motors Bausätze an, mit deren Hilfe jeder Kunde seinen Camaro vor Ort optimieren lassen durfte, wollte er mit dem Wagen Rennen fahren. Gegen die vom Werk präparierten Rennwagen vom Typ ZL1 war allerdings nicht anzukommen; diese Autos wurden in der NHRA Super-Stock-Rennklasse eingesetzt und hatten einen 500-PS-Motor mit Aluminiumblock und -köpfen. Das Aggregat wog nicht mehr als 225 kg.

Chevrolet bot dieses Auto auch Privatkunden an, einschließlich Zulassung und 50.000-Meilen-Laufgarantie, sein Preis betrug 7200 Dollar. Für den Werks-Renneinsatz standen 69 Exemplare zur Verfügung. Der Mustang verkaufte sich zwar doppelt so gut wie der Camaro, doch 221.000 Stück im ersten Jahr waren für GM schon ein ansehnlicher Erfolg. **MG**

Susan Sarandon und Geena Davis posieren mit einem Ford Thunderbird bei Dreharbeiten zum Film „Thelma and Louise" (1991). ▷

Duetto Spider | Alfa Romeo

1966 • 1570 ccm, Vierzylinder • 105 PS/77,2 kW • 0-100 km/h in 9,9 Sek. • 183 km/h

Der Alfa Romeo Duetto Spider war der Nachfolger des Giulietta Spider. Der Zweisitzer überzeugte durch eine attraktive Formgebung und eine kraftvolle DOHC-Maschine. Mit ihren durch Klarsichthauben abgedeckten Scheinwerfern wirkte die von Pininfarina gestylte Karosserie wie ein verkleinerter Jaguar E-Type. Der Leistung des 105 PS starken DOHC-Motors entsprachen die vier Scheibenbremsen, wie überhaupt Kraft und perfektes Handling für pures Fahrvergnügen sorgten. Seinen treffenden Namen Duetto hatte dieser Alfa Romeo durch einen international ausgeschriebenen Wettbewerb erhalten; als Preis erhielt der Gewinner das zu benennende Auto. Intern sprach man vom „coda lunga", was „langes Heck" bedeutet.

Doch so brillant sich der Spider fuhr, so sehr ärgerten sich seine Besitzer über Rostprobleme. Der Korrosionsschutz war damals noch ungenügend. Nach 18 Monaten Produktionszeit erhielt der Duetto Spider Ende 1967 einen Nachfolger namens Spider Veloce 1750, erkennbar an dem jetzt nicht mehr runden, sondern kantigen Heck. Ein Jahr später folgte eine 1290-ccm-Version, der Spider 1300 Junior, der sich vom größeren Bruder äußerlich durch die fehlenden Scheinwerfer-Abdeckungen unterschied.

1970 erhielten die Heckpartien eine nicht sehr vorteilhaft wirkende Verlängerung, dafür erfuhr der Motor kurze Zeit später eine Vergrößerung auf 2,0 Liter Hubraum (Spider 2000), was allerdings zu Lasten der Elastizität ging. Die Leistung von 133 PS fand ihr Adäquat in größer dimensionierten Bremsen. Ein Handicap für den Absatz des Wagens waren die immer strengeren Zulassungs-Restriktionen in den USA. **SB**

Thunderbird | Ford

1966 • 7064 ccm, V8 • 350 PS/257 kW • 0-100 km/h in 8,4 Sek. • 185 km/h

1958 machte Ford aus dem Thunderbird einen Viersitzer. Es gab dieses Auto als Vollcabrio oder als Hardtop mit festem Dach. Jetzt hatte der Thunderbird auch eine selbsttragende Karosserie sowie vordere Einzelsitze. Es war vorgesehen gewesen, eine Retractable-Variante mit versenkbarem Hardtop zu bauen, doch die Komplikationen, wie man sie vom Skyliner her kannte, ließen dieses Projekt wieder in der Versenkung verschwinden.

Mit einer scharf akzentuierten Frontpartie präsentierte sich 1961 die dritte Thunderbird-Generation. Zu deren Besonderheiten zählten Doppelscheinwerfer und dezente Heckflossen oberhalb der runden Heckleuchten, die sich wie kleine Düsentriebwerke ausnahmen. Das Fahrwerk war auf mehr Komfort ausgelegt, das Sportwagen-Feeling gehörte der Vergangenheit an. Aus dem Thunderbird war ein behäbiger Familienwagen geworden.

Einen Zweisitzer bot man erst 1962 wieder an – doch der war eigentlich ein Viersitzer mit abgedecktem Fond und Kopfstützen nach Rennwagen-Art, eine Kreation des Designers Bud Kaufmann. Der Wagen wurde als Sport-Roadster bezeichnet. Der Thunderbird dieser Generation blieb bis 1963 im Programm. Eine neue Option war das Landau-Hardtop mit imitierten Verdeckbügeln, die auch bei späteren T-Bird-Ausgaben noch zu sehen waren. Das Town Landau genannte Modell mit einem Dachbezug aus Vinyl (in vier Farben stand dieses Lederimitat zur Wahl) galt als besonders beliebt; allein 1966 wurde es 35.000mal verkauft. Dieser Jahrgang war der letzte, der das ursprüngliche T-Bird-Konzept verkörperte – die nachfolgende Generation ließ jegliche Individualität missen. **JI**

S800 | Honda

1966 • 791 ccm, Vierzylinder • 70 PS/51,5 kW • 0-100 km/h in 13,4 Sek. • 160 km/h

Der japanische Zweiradhersteller Honda hatte mit dem S800 keineswegs sein erstes Auto anzubieten. Ihm vorangegangen waren der N500 und der N600, die wiederum aus dem N360 entstanden waren, einem jener Miniaturautos, die in Japan aus steuerlichen Gründen eine hohe Verbreitung fanden. Diese Autos bildeten die sogenannte Kei-Klasse. Hondas Erfahrungen in der Motorrad-Technologie wurden auch bei den Autos erkennbar: der Antrieb erfolgte per Kette.

Ein kleiner Honda kostete weitaus weniger als ein Mini Cooper oder Triumph Spitfire bei vergleichbarem Fahrspaß, nur bereitete es einige Mühe, den Wagen im Griff zu behalten. Auf der Geraden erwies er sich bei hohem Tempo als instabil. Dies änderte sich beim S800 Roadster mit 70 PS und verbessertem Fahrwerk; dieser Wagen ließ sich auch bei 140 km/h gut beherrschen. Als schickes Coupé war der Honda S800 ebenfalls lieferbar.

Im Vergleich zur Motorradproduktion blieb die Zahl der hergestellten Autos zunächst bescheiden; 1964 waren es nicht mehr als 5210 Fahrzeuge. Doch sie fanden schon deshalb Beachtung, weil Honda sich im Formel-1-Sport engagierte. 1965 gewann ein Honda erstmals einen Grand Prix, und zwar den von Mexiko. Es war der Auftakt zu einer Erfolgsserie.

In Europa gehörte die Schweiz zu den ersten Importländern, gefolgt 1967 von Großbritannien. Einige Autos fanden auch ihren Weg nach Deutschland. Daher erfreut sich der S800 nicht nur in Japan unter Liebhabern heute eines großen Interesses, und Honda-Clubs in aller Welt pflegen die erhalten gebliebenen Exemplare mit viel Liebe. **JI**

GT6 | Triumph (GB)

1966 • 1998 ccm, Sechszylinder • 95 PS/69,8 kW • 0-100 km/h in 10,4 Sek. • 171 km/h

Das von Giovanni Michelotti gezeichnete Fastback-Coupé bekam nicht ohne Grund den Spitznamen „poor man's E-Type". Das Auto verkörperte Rasse und Klasse, es rangierte in der Zweiliter-Kategorie als ein Traumwagen, den man sich auch mit schmalem Geldbeutel leisten konnte. Und er war schneller als der MGB GT.

Als Triumph den Spitfire und zugleich die Vitesse produzierte, lag es nahe, die Fahrzeuge miteinander zu kombinieren und eine Powerversion des Spitfire Roadsters zu schaffen. Heraus kam jenes Fastback-Coupé, das die Bezeichnung GT6 erhielt; der Wagen hatte den Sechszylinder-Vitesse-Motor mit zwei Liter Hubraum und 95 PS. Der kernige Sound des drehmomentstarken Motors vermittelte den Eindruck, als habe man es mit einem sehr viel kräftigeren Triebwerk zu tun. Ein ähnlich aussehendes Coupé hatte es bereits auf Basis des Spitfires gegeben, gebaut für Renneinsätze. Beim GT6 war das Fließheck jedoch als Ladeklappe ausgebildet. Und wie der Herald und der Spitfire wies auch der GT6 die in schnell gefahrenen Kurven zum Versetzen neigende Hinterradaufhängung mit umgekehrten Dreiecksquerlenkern und Schubstreben sowie einer oberen Querblattfeder auf. Erst mit Erscheinen des GT6 Mk.II 1968 gab es eine überarbeitete Konstruktion.

1970 erschien der GT6 Mk.III; bei ihm hatte man die gleichen Änderungen an der Fahrzeugfront vorgenommen wie beim Spitfire. Auskragungen an den Radhäusern verstärkten den dynamischen Ausdruck.

Der Mk.IV war ein kurzlebiges Modell; es erschien im letzten Lebensjahr des GT6 und wurde nur in geringer Zahl gebaut. Wie schade, daß alle GT6 so rostanfällig waren. **LT**

Dino Spider | Fiat

1966 • 1997 ccm, V6 • 160 PS/118 kW • 0-100 km/h in 8,1 Sek. • 204 km/h

Der Fiat Dino Spider verkörpert ein interessantes Kapitel italienischer Sportwagengeschichte, denn er war ein Wagen, der in erster Partnerschaft Enzo Ferraris mit dem Automobilgiganten Fiat entstand. Dino war die Kurzform von Alfredo; so hieß Enzo Ferraris kürzlich verstorbener Sohn.

Der Fiat Dino Spider erfuhr auf der Turiner Automobilausstellung 1966 gebührende Beachtung. Der von Pininfarina meisterhaft gestaltete Sportwagen wies ein heißes Triebwerk unter der Haube auf; es handelte sich um einen bei Ferrari konstruierten Sechszylinder-V-Motor mit 1997 ccm Hubraum und drei Weber-Doppelvergasern 40DCNF, 160 PS leistend. Doch nicht allein aus partnerschaftlicher Verbundenheit hatte Ferrari diesen Motor Fiat überlassen; vielmehr mußte man in Maranello, um den V6 für die Formel 2 homologieren lassen zu können, innerhalb von zwölf Monaten 500 Einheiten gebaut haben. Und Ferrari lag sehr viel an einem Formel-2-Auftritt. 1967 bot Fiat den Dino auch als Coupé an. Dieses Modell hatte einen etwas längeren Radstand und wurde bei Bertone karossiert; die technischen Spezifikationen waren im übrigen die des Spiders.

In der zweiten Generation wies der Fiat Dino einen neuen Motorblock aus Grauguß auf, und statt der 1997 ccm wie beim Aluminiummotor hatte der neue V6 2418 ccm Hubvolumen. Die Leistung war auf 180 PS geklettert. Neu war auch die Hinterradaufhängung, identisch mit der im Fiat 130. Mit dem Dino wurde die Übernahme Ferraris durch den Fiat-Konzern eingeläutet, die 1969 mit zunächst 50 Prozent begann und eine noch engere Zusammenarbeit zu beider Nutzen mit sich brachte. Allerdings bekam der Dino keine Ferrari-Plakette. **DS**

Midget Mk.III | MG (GB)

1966 • 1275 ccm, Vierzylinder • 65 PS/47,8 kW • 0-100 km/h in 14,6 Sek. • 160 km/h

Anfangs entsprach der MG Midget technisch dem Austin-Healey Sprite. 1964-66 gab es einen verbesserten Mk.II, und 1966 erschien der MG Midget Mk.III. Dieses Modell hatte einen 65 PS leistenden 1275-ccm-Motor (wie im Mini Cooper, dort jedoch höher verdichtet und 75 PS stark) unter der Haube. Das 160-km/h-Auto wurde auch mit einem Allwetterverdeck geliefert; beim Mk.II hatte es nur einen Hardtop-Aufsatz gegeben.

Als sich British Leyland 1968 als Treuhänder der meisten Traditionsmarken Großbritanniens etablierte, beließen deren Manager die Marke MG zunächst in ihrem angestammten Segment. Bis 1974 durfte der Midget weiterleben. 1969 bekam der Wagen einen mattschwarzen Kühlergrill und ebensolche Schutzleisten an den Schwellern, und 1972 erhielten die hinteren Radausschnitte eine kreisrunde Form, was den Radwechsel erleichterte. Jeder Wagen der Ära 1966-74 vermittelt noch heute großen Fahrspaß.

Dunkle Wolken zogen erst herauf, als schärfere Sicherheits- und Umweltschutzauflagen die Branche zwangen, ihre Produkte zu ändern. So bekam auch der Midget einen neuen Motor, einen obengesteuerten 1493-ccm-Vierzylinder der Schwester Triumph. Mit 65 PS ein munteres Triebwerk, gut zum Midget passend. Weniger erfreulich sah es in bezug auf das Erscheinungsbild aus. Den neuen Verordnungen entsprechend mußten die Scheinwerfer 8 cm nach oben rücken. Der von 1974 bis 1979 in dieser Form verkaufte Midget Mk.IV überlebte den Austin-Healey Sprite Mk.IV (1966-72) um eine Weile, hatte dann aber ausgedient – und fand auch keinen direkten Nachfolger. Eine Ära war mit dem letzten Midget zu Ende gegangen. **SH**

Auf diese Weise demonstrierte Volvo 1971 in einer Werbekampagne die Stabilität der Karosserie ihres Modells 144. ▷

80 | Audi

1966 • 1696 ccm, Vierzylinder • 80 PS/58,8 kW •
0-100 km/h in 14 Sek. • 152 km/h

1965 ließ die Auto Union in Ingolstadt das Fabrikat Audi wieder auferstehen, und wie seine sächsischen Ahnen in den 1930er Jahren hatten die Autos dieser Marke Vorderradantrieb. Der Mehrheitsaktionär Daimler-Benz – der Audi kurze Zeit später an VW weitergab – steuerte den 72 PS starken Mitteldruckmotor (10,2 1 verdichtet) bei, entwickelt von dem ehemaligen Rennmotor-Konstrukteur Jakob Kraus. Der Audi 72 als Ablösung des aus der Mode gekommenen Zweitakt-DKW verkaufte sich sehr gut, und ein Ausbau der Modellreihe sowohl nach oben als auch nach unten bot sich an. So entstanden zunächst der Audi 60 und der Audi 75, und ab September 1966 gab es auch einen Audi 80. Gebaut wurden zwei- und viertürige Limousinen sowie ein Variant genannter Kombiwagen. Mit seiner ingeniösen Drehstabfederung und dem Vorderradantrieb fuhr sich der Audi ausgezeichnet. Das Styling war nicht gerade aufregend, man sah ihm die Verwandtschaft zum letzten DKW-Modell noch an. Dafür überzeugte der Wagen durch gutes Finish. Opel, BMW und Ford stand ein harter Wettbewerb bevor.

Wie richtig man in Ingolstadt den Erfolg des Audi-Gesamtkonzepts eingeschätzt hatte, bewiesen die hohen Verkaufszahlen. Zwar machte sich der VW-Konzern gegenüber seinen Wolfsburger Autos selbst Konkurrenz, aber man besetzte letztlich Marktfelder, auch mit dem neuen Audi 90 und dem 100, letzterer mit OHC-Motor. Ihre Karosserielinien waren ab Jahrgang 1968 straffer gezeichnet, ihre Serienausstattung war umfangreicher geworden. Für die Fahreigenschaften und die Wirtschaftlichkeit des Audi 80 gab es in jedem Testbericht Bestnoten. **HS**

144 | Volvo

1966 • 1778 ccm, Vierzylinder • 118 PS/86,7 kW •
0-100 km/h in 14,1 Sek. • 148 km/h

Mitte der sechziger Jahre begann für die Volvo AB die ertragreichste Zeit ihrer gesamten Existenz. Eine neue Modellreihe löste den Amazon mit seinem US-orientierten Styling ab, gekennzeichnet durch kastenartige Formen, wie sie fast alle modernen Stufenhecklimousinen jetzt aufwiesen. Und was Volvo im Vergleich zu seinen Wettbewerbern noch stärker auszeichnete als bisher, war der hohe Sicherheitsstandard.

Zwar sah er nicht mehr so reizvoll aus wie sein Vorgänger, doch der Volvo 144 war ein kultivierter, leistungsstarker und komfortabel ausgestatteter Wagen. Viele seiner mechanischen Komponenten hatte es bereits in der 120er-Serie gegeben, auch der Radstand von 2,60 Meter war bei beiden Fahrzeugreihen gleich. Neu war beim 144 die Sicherheitslenksäule, und für die Fondsitze gab es Sicherheitsgurt-Verankerungen. Die Einzelradaufhängung hatte man – mit geringen Veränderungen – ebenfalls vom 120er übernommen. Bei seiner Einführung gab es das Auto mit dem 1,8-Liter-Motor, später auch mit einem Zweiliter. In der Zwei-Vergaser-Version hatte der Vierzylinder eine Leistung von 118 PS.

1968 wurde ein fünftüriger Kombiwagen vorgestellt, das Modell 145. Ein halbes Jahr später kam ein Zweitürer 142 hinzu, für den es bei Volvo stets eine große Nachfrage gegeben hatte.

Wie seine Konkurrenten erhielt auch der Volvo 1972 stärkere Stoßstangen, um den in den USA verlangten 5-mph-Aufprallschutz zu bieten. Der als Serie 2 bezeichnete Wagen hatte auch ein neues Armaturenbrett. Weitere Änderungen beschränkten sich auf kosmetische Details. Insgesamt wurden 412.986 Zweitürer, 523.808 Viertürer und 268.317 Kombiwagen hergestellt. **SH**

Corolla | Toyota (J)

1966 • 1068 ccm, Vierzylinder • 59 PS/43,4 kW • keine Angaben • 138 km/h

Nimmt man alle Baureihen über einen Zeiraum von acht Autogenerationen zusammen, darf man den Toyota Corolla als den meist gebauten Personenwagen der Welt bezeichnen; damit rangiert er noch vor dem Volkswagen Käfer und dem Ford Model T. Dabei beschrieb ihn die Motorpresse – zuletzt die Times im Jahr 2008 – wiederholt als ein ziemlich langweiliges Auto. Was aber nur ein weiteres Mal beweist, daß es keineswegs besonders aufregende Konstruktionen sind, die es zu Welterfolgen bringen. Denn was braucht man mehr als ein simples, einigermaßen komfortables Gehäuse auf Rädern, um die Familie problemlos von A nach B zu transportieren?

Genau diese Zielsetzung definierte die Firma Toyota, als sie 1966 den Corolla auf den Markt brachte und über ein spezielles Händlernetz verkaufte, das kein anderes Toyota-Modell führte. Der neu entwickelte, mit einem Vierganggetriebe versehene Motor bewegte sich oberhalb der Ein-Liter-Grenze, damit die Fahrleistungen nicht gar zu bescheiden ausfielen. Mit vorderen McPherson-Federbeinen und Querblattfederung hielt man sich beim Fahrwerk an europäische Gepflogenheiten. Hinten gab es eine konventionelle, an Längsblattfedern geführte Starrachse. Bewährtes aufzunehmen, machte sich bezahlt: Millionen von Käufern waren mit den Fahreigenschaften ihres Corolla sehr zufrieden. **JI**

Cortina Mark II | Ford (GB)

1966 • 1298 ccm, Vierzylinder • 62 PS/45,6 kW • 0-100 km/h in 18 Sek. • 135 km/h

Vier Jahre nach dem Erscheinen des ersten Ford Cortina wurde dessen Nachfolgemodell in Gestalt des Mk.II vorgestellt. Es wies eine kantigere Karosserie auf mit breiterer Spur und einen neuen 1,3-Liter-Motor. Wie beim Vormodell standen für den Mk.II eine Menge Extras zur Wahl. Als Pakete angeboten, machten sie aus dem Basismodell einen De Luxe Super oder GT. Auch als Lotus Cortina rangierte eine dieser Varianten.

1967 erschien der Cortina 1600E (das E stand für „Executive") mit 1,6-Liter-Motor; damit hatte Ford ein Modell für den anspruchsvollen Geschäftsmann im Programm. Der Wagen wies den GT-Motor und das Lotus-Fahrwerk auf, breite Rostyle-Felgen und eine Armaturentafel mit Holzdekor.

Mit dem Mk.III kam 1970 eine neuerlich überarbeitete Version auf den Markt, gestaltet im in den USA so beliebten Coke-Bottle-Design. Die Modellpalette umfaßte weitere Varianten, genannt X, XL, GT und GXL mit neuen OHC-Motoren von 1,6 und 2,0 Liter Hubraum.

Der letzte Cortina von 1976 war ein Werk des Konstrukteurs Uwe Bahnsens. Der Mk.IV sah noch kantiger aus, wies größere Fensterflächen auf und war mit 1,3-, 1,6- oder 2,0-Liter-Motor zu bekommen; 1977 kam ein 2,3-Liter-V6 hinzu. 1982 löste der Ford Sierra den Cortina ab. **SB**

Europa | Lotus (GB)

1966 • 1470 ccm, Vierzylinder • 78 PS/57,3 kW • 0-100 km/h in 9,6 Sek. • 178 km/h

1958 erhielt Ron Hickman von Lotus den Auftrag, einen GT mit Ford-Motor zu entwickeln, mit dem man in Le Mans gegen Ferrari anzutreten gedachte. Zugleich machte sich Hickman Gedanken um einen leichten Mittelmotor-Rennsportwagen. Aus diesen Überlegungen entstand der Lotus Europa, ein rasantes Straßenfahrzeug ganz nach dem Geschmack von Lotus-Chef Chapman.

Indirekt war der Europa ein Nachfolger des Lotus Seven, zugleich stellte er eine preisgünstige Alternative zum Elan dar. Als Mittelmotorcoupé mit hoher Heckpartie – ein Design von John Frayling – offenbarte der Europa ein ungewöhnliches Konzept, und es fand ebenso viele Befürworter wie Kritiker. Die niedrige Bauhöhe, der tiefe Schwerpunkt und die Einzelradaufhängung trugen zu einer guten Straßenlage bei; der Motor kam vom Renault 16, war etwas getunt und um 180 Grad gedreht eingebaut. Eng und auch heiß ging es im Cockpit zu. Die Sicht nach hinten war gleich Null. Das Modell S2 von 1968 wies elektrische Fensterheber auf und bot mehr Sitzkomfort. Wer den Lotus Europa als nicht ausreichend motorisiert empfand, war mit dem 1971 eingeführten Twin-Cam-Modell besser bedient. Dieser Wagen bot etwas mehr Fuß- und Ellenbogenfreiheit im Cockpit, und der 1972er John Players Special in Schwarz und Gold hatte sogar 126 PS. **DS**

GT | Unipower (GB)

1966 • 1275 ccm, Vierzylinder • 67 PS/59,2 kW • 0-100 km/h in 8 Sek. • 190 km/h

Dieser von der Universal Power Drives Ltd., einer britischen Lastwagenfirma, geschaffene Sportzweisitzer debütierte 1965 bei einem Rennen in Goodwood. Das Auto stellte eine Art Coupéversion des Lotus Seven dar, gebaut von Val Dare-Bryan und Ernie Unger in der Werkstatt des Rennfahrers Roy Pierpoint. Der GT hatte einen 995-ccm-Mittelmotor vom Hillman Imp, einen Gitterrohrrahmen und eine Aluminiumkarosserie. 1966 nahm eine von dem Rennfahrer Tim C. Powell und Andrew Hedges gegründete Abteilung innerhalb der Firma die Serienfertigung dieser Unipower genannten Sportwagen mit einem 998- oder 1275-ccm-Motor vom Mini auf. 60 Exemplare wurden gebaut.

Weil sie Kapazität für sich selbst benötigten, gliederten die Lkw-Hersteller 1965 die Sportwagen-Manufaktur aus; das Projekt übernahm Tim C. Powell, der im Januar 1966 ein neues Modell präsentierte. Kurz vorher war der futuristische Unipower Quasar entstanden, benannt nach seinem Designer Quasar Khanh. Diese Vitrine auf Rädern mit Schiebetüren hatte einen 1,1-Liter-Motor.

1968 veräußerte Powell die Konstruktionsrechte am Unipower GT an Piers Weld Forrester in London, der bis Ende 1969 noch 15 weitere Fahrzeuge baute. Ein Exemplar nahm an der Targa Florio teil, zwei am 500-Kilometer-Rennen auf dem Nürburgring. **JB**

◁ Für den Wettbewerbseinsatz war der Fiat 124 Spider eigentlich nicht konzipiert, doch er nahm erfolgreich an einigen Rallyes teil.

124 Sport Spider | Fiat

1966 • 1438 ccm, Vierzylinder • 90 PS/66,2 kW • 0-100 km/h in 11 Sek. • 170 km/h

An seiner langen Bauzeit gemessern, darf man den Fiat 124 Spider als einen der erfolgreichsten italienischen Sportwagen bezeichnen. Zwanzig Jahre lang wurde er produziert und war in Europa wie in den USA ein Renner. Auf dem verkürzten Rahmen der 124 Berlina – ein zwar ebenfalls sehr erfolgreiches, aber doch eher braves Familienauto – war der Zweisitzer bei Pininfarina entstanden und wurde dort auch gefertigt, lediglich die Endmontage nahm man im Fiat-Werk vor.

In der ersten als AS bezeichneten Serie hatte der 124 Spider einen 90 PS leistenden 1438-ccm-DOHC-Vierzylindermotor und ein Fünfganggetriebe; in der 1969 präsentierten Ausführung BS wies der Motor 1608 ccm auf, hatte zwei Weber-Vergaser (deren Luftfilter zwei Auswölbungen in der Motorhaube erforderlich machten) und 110 PS. Das attraktive Aussehen, sein lebendiger Motor, gute Fahreigenschaften und ein günstiger Preis trugen zum internationalen Erfolg des 124 Sport Spider bei.

Die schnellste Version dieses Fahrzeugs war das Modell Abarth Rally. Sein Motor war mit zwei 44IDF-Vergasern bestückt und leistete 128 PS. Der Wagen hatte eine modifizierte Hinterradaufhängung sowie Türen, Motorhaube und Kofferdeckel aus Leichtmetall. Knapp über 1000 Stück wurden hiervon gebaut, und mit diesem Fahrzeug wurden Rallyes bestritten, womit es seinem Namen schließlich auch gerecht wurde.

Von 1974 an konzentrierte sich Fiat auf die Vermarktung des 124 Sport Spider vor allem in den Vereinigten Staaten. Als Spider America wies der Wagen ab 1976 eine schwächere Maschine auf (87 PS); erst mit einem 1995-ccm-Motor und Benzineinspritzung ließ sich die Bilanz leistungsmäßig ausgleichen. **DS**

Highspeed | Monteverdi

1967 • 7210 ccm, V8 • 375 PS/276 kW • 0-100 km/h in 6,3 Sek. • 260 km/h

Automobile der nur wenigen Liebhabern bekannten Marke Monteverdi aus Basel-Binningen waren in aufwendiger Handarbeit erstellte Luxusfahrzeuge. Schon als 18jähriger hatte Peter Monteverdi seinen ersten Wagen gebaut – aus einem unfallbeschädigten Fiat 508; damals besaß er noch gar keinen Führerschein. Unter der Bezeichnung MBM (Monteverdi Basel Mantzel) begann er Ende 1956 mit dem Bau von Formel-Junior-Rennwagen. Der von Albrecht Wolf Mantzel, Ingolstadt, getunte DKW-Dreizylindermotor hatte 90 PS. Die Vorderradaufhängung und andere Komponenten stammten aus einem Porsche. Bis 1962 wurde der MBM in kleiner Stückzahl gebaut. 1961 erlitt Peter Monteverdi bei einem Rennen in Hockenheim einen Unfall, durch den er gehbehindert wurde. Er hatte sich einen Formel-1-Wagen gebaut, motorisiert mit einem Porsche-Vierzylinder von 145 PS. Das Fahrzeug war kaum erprobt – Monteverdi wurde das Opfer seiner Unbekümmertheit.

1961 entstand bei MBM (das zweite M stand jetzt für Motor) auch ein zweisitziger Sportwagen mit einem auf 100 PS getunten 1,1-Liter-Osca-Motor. Das Transaxle-Coupé blieb ein Einzelstück. 1966 verwirklichte sich Monteverdi mit seinem Highspeed 375 S genannten Modell den Traum von einem Supercar. Mit potenten V8-Motoren von Chrysler sowie bei Frua in Italien gebauten Karosserien entstanden verschiedene Versionen. Neben der Limousine gab es einen 2+2, einen 375/4 (der mit Separation zu bekommen war) und ein Cabriolet.

Die Verarbeitung, die das Finish in Monteverdis Betrieb in Basel-Binningen einbezog, geschah in höchster Perfektion. Die Stückzahl seiner Autoproduktion hat Monteverdi allerdings nie veröffentlicht. **MG**

Dino | Fiat

1967 • 2418 ccm, V6 • 180 PS/132 kW • 0-100 km/h in 8,1 Sek. • 210 km/h

Schon der auf der 1966er Automobilausstellung in Turin präsentierte Fiat Dino Spider hatte viel Aufmerksamkeit erfahren, denn er stellte den ersten Wagen dieser Marke dar, der einen Ferrari-Motor unter der Haube hatte, und noch dazu einen Sechszylinder. Er hatte 1997 ccm Hubraum und leistete 160 PS. Aber es war ein Fiat – kein Ferrari.

Ab 1967 offerierte Fiat den Dino auch als Coupé. Dieses hatte einen etwas längeren Radstand als der Spider; seine Karosserie wurde bei Bertone hergestellt. Die technischen Spezifikationen waren im übrigen die des Spiders. Der Pininfarina- und der Bertone-Wagen wiesen Unterschiede im Styling auf, die Handschriften beider Häuser hatten nun einmal ihre eigenen Ausprägungen. Viele Kritiker sind der Ansicht, das Bertone-Design sei schöner.

In der zweiten Generation wies der Fiat Dino einen neuen Motorblock aus Grauguß auf, und statt der 1997 ccm wie beim Aluminiummotor der ersten Serie hatte der neue Viernockenwellen-V6 jetzt 2418 ccm Hubvolumen. Die Leistung des für die Formel 2 konzipierten Wagens war damit auf beachtliche 180 PS angestiegen. Neu war auch die Hinterradaufhängung, identisch mit der im Fiat 130. Das Tipo 246 genannte Mittelmotor-Coupé kam auch zu Filmruhm: In dem Thriller „Jagd auf Millionen" (im Original: „The Italian Job") spielt ein solches Auto eine mehr oder weniger ruhmreiche Rolle.

Es hätten vielleicht mehr Fiat Dino Cabriolets und Coupés überlebt, wäre die Qualität der Karosseriebleche seinerzeit besser gewesen. Rostfraß hat vielen Exemplaren den vorzeitigen Garaus bereitet. Überlebende im Topzustand sind daher selten. **DS**

Ro80 | NSU

1967 • 995 ccm in zwei Kammern • 115 PS/84,5 kW • 0-100 km/h in 14 Sek. • 181 km/h

Wie eine Erscheinung aus einer anderen Welt zeigte sich auf der IAA in Frankfurt 1967 der lang erwartete große NSU mit Zweischeiben-Wankelmotor. Doch keineswegs nur wegen seines Kreiskolbenmotors erregte der Wagen in der Branche Aufmerksamkeit. Die von Claus Luthe, der später zu BMW ging, gestaltete viertürige Limousine nahm eine Designlinie vorweg, die bald in ganz Europa Adapten finden sollte. Sie wies Keilform auf und damit eine ungewöhnlich günstige Aerodynamik, dazu Frontantrieb, eine halbautomatische Kraftübertragung (das Berühren des Schalthebels genügte, um die Kupplung zu aktivieren) sowie Vierrad-Scheibenbremsen mit Zweikreissystem. Der Motor leistete 115 PS, gut für 181 km/h.

Die Fahreigenschaften waren brillant. Allerdings mußte man bei Kurzstreckenverkehr einen hohen Benzinverbrauch im Kauf nehmen, er betrug bis zu 18 Liter auf 100 Kilometer. Ein weiteres Handicap waren die Dichtleisten der Trochoiden, die bis 5000 Umdrehungen pro Minute die variablen Kammern im Umlaufgehäuse abzudichten hatten und aus einem Material bestanden, das hohem Verschleiß ausgesetzt war Vor 1970 bekam NSU dieses Problem nicht in den Griff; bis dahin hatten viele Kunden auf Kulanz einen neuen Motor erhalten ... 1971 bekam das Aggregat eine aufwendige Abgasreinigungsanlage mit Lufteinblasung und Nachbrenner, besserer Emissionswerte wegen. Daß der Ro80 nach nur 37.000 Exemplaren 1977 nicht weiter gebaut wurde, lag jedoch nicht am Dichtleisten-Dilemma: Der Konzernpartner Audi erkannte dem Audi 100 Priorität zu und hatte an hauseigener Konkurrenz verständlicherweise kein Interesse. **SH**

Firebird Trans Am | Pontiac

1967 • 6561 ccm, V8 • 366 PS/269 kW • 0–100 km/h in 7 Sek. • 200 km/h

Nachdem Ford mit dem Mustang einen so erfolgreichen Bestseller herausgebracht hatte, mußte General Motors reagieren. Es entstanden der Chevrolet Camaro und der Pontiac Firebird, beide in der Kompaktklasse plaziert und einander ähnlich. Sie teilten sich Chassis und Grundkarosserie, und die Aufteilung einer Konstruktion in zwei Marken geschah in der Erwartung, daß beide eine loyale Käuferschaft finden würden. Für den Pontiac Firebird versprach sich General Motors mehr als eine Million Interessenten – und die Rechnung ging auf.

Das Topmodell wies den 7,5-Liter-V8-Motor des Pontiac GTO auf. Es gab Handschaltung mit drei oder vier Gängen sowie eine Dreistufen-Automatik. Optional bot Pontiac vordere Scheibenbremsen an sowie eine höher übersetzte Hinterachse. Der Firebird kostete je nach Ausstattung aber 200 bis 600 Dollar mehr als der Camaro. Ein günstiger Preis und ein seit jeher größerer Kun-

denstamm resultierten dann auch in doppelt so hohen Absatzahlen des Camaro im Vergleich zum Firebird.

Sein erstes Facelift erhielt der Firebird im Modelljahr 1969. Es umfaßte Änderungen an der Fahrzeugfront und im Interieur. Die Ausführung Trans Am war anfänglich eine Sonderversion des Firebird mit weißer Lakkierung und blauen Rennstreifen. 1967 avancierte der Trans Am zu einer eigenen Baureihe.

In ganz neuem Auftritt erschien der Firebird 1970. Wie der Camaro hatte er jetzt eine neue, Aufprallenergie schluckende Front aus Polyurethan mit kräftiger betontem Mittelstück sowie Scheinwerfern in rechteckigen Gehäusen. Das Coupé konnte als T-Top mit herausnehmbaren Dachteilen geliefert werden. Servobremsen und -lenkung waren aufpreispflichtig. Gebaut wurde der Firebird in den Ausstattungsvarianten Standard, Esprit und Formula 350, 400, 455 – bezeichnet je nach Hubraum. **RY**

2000 GT | Toyota

1967 • 1988 ccm, Sechszylinder • 150 PS/110 kW • 0-100 km/h in 8,4 Sek. • 220 km/h

Bei den japanischen Fabrikaten findet man heute Hochleistungsfahrzeuge mit weltweit richtungsweisender Technologie. Das war nicht immer so; was in den 1960er Jahren aus Japan kam, galt zwar als langlebig und zuverlässig, aber doch auch als bieder und hausbacken. Es blieb Toyota vorbehalten, dieses Image nachhaltig zu verändern: mit dem 2000 GT. Er war ein Vorzeige-Objekt und nicht dazu bestimmt, Devisen zu erwirtschaften.

Als Supercar und als E-Type aus dem Fernen Osten wurde der Toyota 2000 GT zuweilen bezeichnet, der 1967 nach vierjähriger Entwicklungszeit vorgestellt wurde. Von Anfang an war er ein Liebhaberauto. Der Fließheck-Zweisitzer hatte Charme und Eleganz; der Sechszylindermotor unter der langen Fronthaube war der des Toyota Crown. Es handelte sich um ein DOHC-Aggregat von knapp zwei Liter Hubraum und 150 PS Leistung. Das langte für eine Spitze von 220 km/h; von Null auf 100 beschleunigte der GT in nur 8,4 Sekunden. Das Fahrwerk umfaßte Einzelradaufhängung und Scheibenbremsen an allen Rädern.

So gut der Wagen aussah und so brillant er sich fuhr – er schien die Fachwelt außerhalb Jaspans kaum zu interessieren. Nach drei Jahren nahm Toyota den Wagen wieder aus dem Programm; er hatte seinen Zweck ja auch erfüllt. Für den 1967 teils in Japan gedrehten James-Bond-Thriller „You only live twice" (Sean Connery, Nancy Sinatra) hatte Toyota eine Cabrioversion angefertigt. Erst relativ spät wurden Sammler exotischer Raritäten auch in Europa auf den Toyota 2000 GT aufmerksam, denn die Zahl der hergestellten Exemplare blieb auf 337 Stück beschränkt. Heute werden für das Coupé hohe Preise gezahlt. **JI**

33 Stradale | Alfa Romeo

1967 • 1995 ccm, V8 • 230 PS/170 kW • 0-100 km/h in 5,5 Sek. • 278 km/h

Nur achtzehn Stück wurden gebaut, und das macht jeden dieser Alfa Romeo 33 Stradale zu einem edlen Solitär. Der Typ 33 war ursprünglich ein Rennsport- und kein Straßenfahrzeug. Sein Debüt auf der Piste gab dieser Wagen erstmals 1967. Die für den Straßeneinsatz taugliche Version, Stradale genannt, wies einen um 10 Zentimeter verlängerten Radstand auf und hatte eine attraktive Coupékarosserie, entworfen von Bertones ehemaligem Stardesigner Franco Scaglione. Der Aufbau bestand aus Aluminium und wurde auch in Scagliones Manufaktur in Turin hergestellt. Entfernt ähnelte der 33 Stradale dem von Pininfarina geschaffenen Ferrari Dino.

In seiner Straßenversion trieb den Stradale der gleiche V8-Motor an, der auch im Rennwagen saß, nur war er etwas geringer verdichtet. In Kombination mit einem Sechsganggetriebe war das Zweiliter-Triebwerk gut für 260 km/h, ein Spitzenwert in jener Zeit.

Die achtzehn Exemplare waren nicht alle identisch, denn sie wurden von verschiedenen Karossiers eingekleidet. So entstanden bei Bertone der niedrige, aggressiv wirkende Carabo, bei Giugiaro der Iguana, wie ein zusammengedrückter Alfetta GTV aussehend, und bei Pininfarina zwei offene Versionen, P33 und 33/2 genannt. Die zwölf Exemplare der als Rennwagen gebauten Serie hatten einen Gitterrohrrahmen, woraus sich die Bezeichnung TT („telaio tubulare") ableitet. In dieser Ausführung leistete der Motor 270 PS, gut für eine Spitze von 298 km/h. 1967 gewann der Wagen das Fléron-Bergrennen in Belgien, und ein Jahr darauf belegte der Tipo 33/2 die ersten drei Plätze in seiner Kategorie bei den 24 Stunden von Le Mans. **MG**

Das Rover P5 Coupé strahlte eine aristokratische Noblesse aus, wie sie von vielen Persönlichkeiten der Society geschätzt wurde. ▷

1750 GTV | Alfa Romeo

1967 • 1779 ccm, Vierzylinder • 120 PS/88,2 kW •
0-100 km/h in 9,6 Sek. • 190 km/h

Von Anfang an gab es den Alfa Romeo 1750 als Limousine, als Spider und als Coupé namens GTV. Nach 18 Monaten Produktionszeit des Duetto erhielt das Cabriolet Ende 1967 in Gestalt des Veloce einen Nachfolger, erkennbar an dem jetzt kantigen Heck. Ein Jahr später folgte eine 1290-ccm-Version, der Spider 1300 Junior, der sich vom größeren Bruder durch die fehlenden Scheinwerfer-Abdeckungen unterschied.

Besonders gelungen aber war das neue 1750 GTV Coupé, entstanden nach Entwürfen von Giorgetto Giugiaro, der auch die Karosserien für den VW Golf und für den Audi 80 schuf. Er war damals bei Bertone beschäftigt. Der 1750 GTV ließ die Herzen der Alfisti höher schlagen, nicht zuletzt wegen seines hervorragenden Aluminiummotors mit zwei obenliegenden Nockenwellen. Es folgten Versionen mit 1230 ccm und mit 1962 ccm Hubraum, alles Zweiventiler mit Doppelvergaser. Nur die in den USA verkauften Ausführungen versah man mit Einspritzung, weil die Vergaserausführungen die dort geltenden Emissionsvorschriften nicht erfüllten. Zu einer Zeit, als es auf der italienischen Autostrada noch keine Radarfallen gab, machte es italienischen Heißspornen großen Spaß, das Gespedal ihres GTV voll durchzutreten. Leider war, wie das Magazin *Motor Klassik* schrieb, Rost „das Stigma des Bertone-Coupés ... die hübsche Karosserie wird mangels Konservierung von nahezu allen Seiten angegriffen. Die Frontmaske macht den Anfang, dann arbeitet sich die braune Pest über Stehbleche, A-Säule und Schweller weiter vor bis zu den hinteren Radhäusern, den Radläufen und schließlich zum Kofferraumboden". Dennoch wies der 1750 GTV eine bessere Blechqualität auf als seine Nachfolger. **SH**

P5 3.5-Litre Coupé | Rover

1967 • 3528 ccm, V8 • 160 PS/118 kW •
0-100 km/h in 12 Sek. • 185 km/h

Margaret Thatcher, Harold Wilson, Bruno Kreisky und viele andere hochrangige Persönlichkeiten wurden in einem Rover P5 chauffiert, sogar Queen Elizabeth II. Mit dem P5 hatte Rover sich in die automobile Oberklasse begeben. Das Besondere an diesem Modell war nicht nur seine luxuriöse Ausstattung mit viel Edelholz, dicken Teppichen und Leder, sondern seine selbsttragende Karosserie. Das Design des Aufbaus stammte von David Bache.

Motorisiert war der große, 1959 eingeführte Viertürer von einem 2995-ccm-IOE-Motor mit sechs Zylindern. 1962 schuf der Konstrukteur Harry Weslake einen neuen Zylinderkopf und ermöglichte dadurch eine Steigerung von 110 auf 125 PS, gut für 175 km/h.

Ein Jahr später erschien eine Coupéversion, gleichwohl mit vier Türen, aber mit einer um 8 Zentimeter niedrigeren und hinten schräg abfallenden Dachpartie. Die Gefälligkeit der Proportionen dieses Wagens mit seiner hohen Gürtellinie wurde vier Jahrzehnte später von anderen Herstellern wiederentdeckt ... Vordere Scheibenbremsen, Servolenkung und Overdrive gehörten zum Serienumfang. Das Armaturenbrett wies zwei Handschuhfächer und ein herausnehmbares Tablett mit Bordwerkzeug auf, es gab Picknicktischchen in den vorderen Rücklehnen, Leseleuchten in den Kopfstützen und eine separate Fondheizung.

1967 stattete Rover den Wagen mit einem 3,5-Liter-V8-Motor (eine von Buick übernommene Konstruktion) und Getriebeautomatik aus; in dieser Ausführung gab es den Wagen bis 1973. Gegenüber dem Sechszylinder unterschied sich der 3,5-V8 äußerlich durch zusätzliche Nebelscheinwerfer, einen schmaleren Mittelsteg im Kühlergrill und andere Felgen. **JI**

3-Litre | Austin (GB)

1967 • 2912 ccm, Sechszylinder • 124 PS/91,1 kW • 0-100 km/h in 16 Sek. • 165 km/h

Der Austin 3-Litre war Ende der 1960er Jahre ein Nachfolger des Westminster und Austins Beitrag zur Oberklasse. Den BMC-Motor der C-Serie hatte man auf knapp drei Liter aufgebohrt, mit zwei Vergasern sowie einem Dreiganggetriebe mit Overdrive versehen. Seit 1959 gab es vorn Scheibenbremsen, zum ersten Mal bei einer Austin-Limousine. 1961 verlängerte man den Radstand, was dem Innenraum zugute kam, und stattete das Auto mit Sitzgurten aus. Ein Jahr später wurden Servolenkung und Klimaanlage angeboten. Als A110 Westminster Mk.II gab es den Wagen ab 1964 auch mit Viergangschaltung. Der Nachfolger dieses Austin 3-Litre erschien 1967 als ein modifizierter Austin 1800 mit neuem Grill und Doppelscheinwerfern, doch hatte das Auto nicht Front-, sondern Hinterradantrieb, und seinen Sechszylindermotor fand man nzwischen in keinem anderen British-Leyland-Modell mehr mit Ausnahme des MGC. Serienmäßig verfügte der 3-Litre über Servolenkung, Niveauausgleich an der Hinterachse und ein üppiges Lederinterieur. Wahlweise erhielt man ein Handschaltgetriebe mit Overdrive oder eine Automatik. Der Wagen war nicht ohne Reiz, doch er verkaufte sich nur in geringer Stückzahl, zumal er auch teuer war. Nicht mehr als 9992 Exemplare wurden ausgeliefert. **DS**

Cougar | Mercury (USA)

1967 • 4736 ccm, V8 • 200 PS/147 kW • 0-100 km/h in 8,5 Sek. • 177 km/h

Nachdem sich der Mustang so gut verkaufen ließ, wollte man im Ford-Konzern auch für die Marke Mercury ein vergleichbar erfolgreiches Modell dieser Kategorie schaffen, das dem Mustang jedoch keine Kunden abspenstig machen durfte. So entstand der Cougar. Er erschien zunächst als sportlich aufgemachtes, zweitüriges Hardtop-Coupé, etwas größer als der Mustang und außerdem stärker motorisiert. Mercurys „Personal Car" war auch etwas teurer. Der Kunde hatte die Wahl zwischen einem Drei- oder Vierganggetriebe mit Handschaltung oder einer Getriebeautomatik von Borg-Warner, ebenfalls mit drei oder vier Schaltstufen lieferbar. Alle Motoren waren V8-Zylinder, anfangs mit 4736 ccm Hubraum, später mit Alternativen bis zu 7030 ccm. Mit abgedeckten Hauptscheinwerfern und geschwungener vorderer Stoßstange machte der Cougar einen kühnen Eindruck, und mit dieser Optik übertraf er den Mustang und den Thunderbird. Das amerikanische Magazin *Motor Trend* erkor den Cougar 1967 zum Wagen des Jahres.

In den 1970er Jahren wirkte der Cougar mit seinem Wasserfall-Kühlergrill und angenieteten Ornamenten zwar etwas überladen, doch das Modell RX7 mit 370 PS, besonders als Cabriolet, sowie der GT-E mit Sportfahrwerk erlangten in den USA Liebhaberstatus, ebenso wie das 1969er Modell Eliminator. **MG**

Cosmo | Mazda

1967 • 982 ccm in zwei Kammern • 110 PS/80,9 kW • 0-100 km/h in 16 Sek. • 185 km/h

Die 1928 gegründete Firma Toyo Kogyo nahm 1960 unter der Marke Mazda die Herstellung von vierrädrigen Personenwagen auf. Mit dem Cosmo 110S kam Mazda dem Lizenzgeber NSU um nur wenige Tage zuvor, als es um die Einführung des ersten Serienautos mit Kreiskolbenmotor ging. Gezeigt wurde das Fahrzeug in Tokio 1964, doch es dauerte noch eine geraume Weile bis zur Serienreife.

Der Cosmo war zugleich Mazdas erster Sportwagen. Sein Zweischeiben-Wankelmotor mit 491 ccm Kammervolumen leistete 110 PS. Vorne hatte der Zweisitzer Einzelradaufhängung mit Schraubenfedern sowie Scheibenbremsen, hinten eine De-Dion-Achse. Der Motor trieb die Vorderräder an. Nicht gelöste Materialprobleme, die auch NSU zu schaffen machten, sorgten für zahlreiche Reklamationen, doch Mazda betrieb eine intensive Weiterentwicklung und blieb als einziger Hersteller diesem Motorenprinzip treu. 1967 gab es Änderungen am Motor, der jetzt zwei Kerzen je Kammer und zwei Zündvereiler aufwies. Der 1968 eingeführte L10B hatte einen längeren Radstand, und 1969 gab es den Cosmo mit mehr Motorleistung. Um die Zuverlässigkeit des Wankelautos zu beweisen, schickte Mazda 1968 zwei Wagen zum Marathon de la Route, eine Dauerprüfung, die eines der beiden Autos auf dem vierten Platz beendete. **JB**

Gamine | Vignale

1967 • 499 ccm, Zweizylinder • 18 PS/13,2 kW • keine Angaben • 100 km/h

Der von der Karosseriefirma Vignale angebotene Gamine war ein Fiat 500 im Retrolook, wie ein Kinderauto mit Batteriebetrieb anmutend. Doch er war durchaus als Fahrzeug für Erwachsene gedacht. Eine Zeitlang gab es den lustigen Miniroadster mit 185 Zentimeter Radstand sogar über ein Versandhaus in Hamburg zu kaufen – bis der Verband der Importeure seinen Protest gegen diese Art des Autovertriebs durchsetzte.

Anklänge an den 1933er Fiat Balilla und den Weinsberg-Roadster als Variante des Topolino (den es 1939 ausschließlich in Deutschland gab) waren beim Gamine unverkennbar, wobei der nostalgische Kühlergrill natürlich eine Attrappe darstellte, denn der Gamine hatte wie der Fiat 500 ja einen Heckmotor, in den späteren Ausführungen sogar mit 650 statt 499 ccm und 30 statt 18 PS. Hinter den Sitzen befand sich ein Metallbügel, über den sich ein Verdeck spannen ließ. Ein zweites Leben war dem Gamine beschieden, als der griechische Automobilkaufmann Frixos Dimetriou den Import für Großbritannien übernahm, nachdem Alfredo Vignale in Italien und Deutschland kaum mehr Käufer für das kleine Auto fand. Dabei war der Gamine in England recht teuer, und die Karosserie obendrein rostanfällig, so daß nur wenige Exemplare überlebt haben. **JI**

Mustang GT500 | Ford   (USA)

1967 • 7014 ccm, V8 • 355 PS/260 kW • 0-100 km/h in 4,8 Sek. • 216 km/h

Eine Krönung der Mustang-Baureihe stellte der 1967er Shelby GT500 dar, dessen Maschine gewaltige 7014 ccm Hubraum und 355 PS hatte. Dies war zugleich der letzte von Caroll Shelby extrem getunte Mustang. Das Muskelpaket auf Rädern wurde besonders populär, nachdem der Filmheld Steve McQueen damit über die amerikanischen Filmleinwände gedonnert war.

Ein nachhaltiges Restyling mit 85 Kilogramm Gewichtszunahme verzeichnete der Mustang 1969, womit sich auch der Charakter des Fahrzeugs wandelte. Es gab eine Version Mach I mit 5752-ccm-Motor sowie eine mit 7014 ccm, genannt Cobra Jet, die in drei Tuningstufen angeboten wurde. Spitzenmodell war der Super Cobra Jet mit feingewuchteter Kurbelwelle, stärkeren Pleueln, modifizierten Hinterachsübersetzungen (3,91:1 oder 4,30:1) und ohne Klimaanlage.

Der populäre Mustang 500 Boss hatte seine Bezeichnung nach Semon Knudsen erhalten: So nannten den Ford-Präsidenten die Leute im Stylingbüro unter Larry Shinoda. Der Boss war ein insbesondere für NASCAR-Rennen präparierter Mustang mit 7030-ccm-Motor, Ölkühler, Vierganggetriebe, Rennfahrwerk und in den Kofferraum versetzter Batterie. 1971 war für den Mustang auch insoweit ein besonderes Jahr, als die Serienversionen abermals länger, breiter und schwerer, die Motorleistungen zurückgenommen und die Fahrleistungen geringer wurden. Nur der Mach I hatte noch seine sportlichen Qualitäten behalten. 1974 traten die neuen US-Emissionsgesetze in Kraft, so daß selbst ein großvolumiger 331-c.i.-V8 nur noch 155 PS von sich gab, um den Schadstoffregelungen in den Staaten zu genügen. **JI**

Ghibli | Maserati

1967 • 4719 ccm, V8 • 340 PS/251 kW • 0-100 km/h in 6,8 Sek. • 248 km/h

Seine Vorstellung erfolgte auf der 1966er Automobilausstellung in Turin, jedoch nicht auf dem Maserati-, sondern auf dem Ghia-Stand. Seine Serienfertigung begann erst im darauffolgenden Jahr. Von allen Fahrzeugmodellen mit dem Dreizack an der Wagenfront dürfte der Ghibli als jener Maserati in die italienische Automobilgeschichte eingegangen sein, der die größte Ausstrahlung, das größte Charisma hatte.

Wie so viele Maserati, hatte auch der Ghibli seinen Namen nach einem Wind bekommen. Omen est nomen: die Aerodynamik dieses Coupés war im Windkanal ermittelt worden und entsprach dem Anspruch des Wagens als schnelles Sport- und Reisefahrzeug. Bei seinem Motor handelte es sich um den 340 PS starken Achtzylinder mit 4719 ccm Volumen und vier obenliegenden Nockenwellen. Der Motor saß vorne im Fahrzeug; noch folgte man bei Maserati nicht dem Trend zum Mittelmotor. Es war das stärkste Serienaggregat, das Maserati bisher je gebaut hatte. Der Verbrauch bewegte sich bei rund 22 Liter auf 100 Kilometer. Konservativ für einen solchen Wagen nahm sich die blattgefederte hintere Starrachse aus, die bei hohen Tempi schon einmal die Grenzbereiche der Kontrollierbarkeit erreichte.

Da der V8-Motor des Ghibli Trockensumpfschmierung, also keine bauchige Ölwanne hatte, ließ sich die Fronthaube flach nach vorn abfallend gestalten, und um diese fließenden Linien nicht zu stören, verbargen sich die Hauptscheinwerfer bei Nichtgebrauch hinter Klappen. Mit dem Ghibli etablierte Giorgetto Giugiaro seine Reputation als Spitzendesigner. 1968 folgte eine Cabrioversion, ebenfalls bei Ghia entstanden. **RD**

1968 flog dieses Chitty Chitty Bang Bang genannte Fantasieauto durch die Kinos und amüsierte ein Publikum aller Altersklassen. ▷

Lotus Cortina Mk.II | Ford

1967 • 1558 ccm, Vierzylinder • 115 PS/84,5 kW • 0-100 km/h in 11,1 Sek. • 174 km/h

Die erste Lotus-Version des Ford Cortina unterschied sich vom Basisfahrzeug durch eine große Zahl von auch äußerlich erkennbaren Modifikationen. Man mußte mit dem Auto aber umzugehen verstehen, um sein Potential nutzen zu können. Auch der Lotus Cortina Mk.II, der 1967 auf den Markt kam, war ein sehr schneller Wagen, aber er fuhr sich doch kultivierter als sein Vorgänger und taugte für den Straßeneinsatz ohne Einschränkungen. Er basierte wieder auf dem Standard-Cortina, der ein Jahr zuvor als Mk.II herausgekommen war. Kenner sind der Ansicht, der 1967er Lotus Cortina sei der beste überhaupt gewesen.

Dieses Auto entstand aber nicht in einer speziellen Manufaktur oder gar in der Firma Lotus, sondern lief in der britischen Ford-Fabrik Dagenham wie jeder andere Cortina vom Band. So war auch die Karosserie identisch mit dem Großserienmodell, während der Mk.I noch einige Teile aus Aluminium gehabt hatte. Der Motor mit seinen beiden obenliegenden Nockenwellen war etwas weniger scharf getunt, die Getriebegänge waren weniger eng abgestuft. Man hatte beim Fahren nicht mehr das Gefühl, ein ungebändigtes Wildfohlen zu reiten, sondern ein geschultes Turnierpferd.

Die markanten grünen Streifen auf weißem Grund, mit denen der Mk.I im Straßenbild aufgefallen war, wurden beim Mk.II nicht mehr angeboten. Das Auto wurde in den gleichen Serienlackierungen geliefert wie man sie beim normalen Cortina erhalten konnte. Die neue Karosserieform war auch gar nicht dafür geeignet, Rennstreifen verpaßt zu bekommen. Understatement war angesagt, denn der neue Lotus Cortina war keine Krawallbüchse mehr. **SB**

Chitty Chitty Bang Bang

1968 • 2994 ccm, V6 • 136 PS/100 kW • keine Angaben • keine Angaben

Unter dem Namen Chitty Chitty Bang Bang entstanden 1968 sechs Fantasieautos mit Ford-Zodiac-Motor für einen Film, in welchem Dick van Dyke einen Erfinder namens Caractacus Potts spielt und das Auto sogar fliegen läßt ... das konnten die Vorbilder gleichen Namens natürlich nicht. Nach dem Ende des Ersten Weltkrieges hatten einige Engländer die Idee gehabt, ausgediente Flugmotoren in Autofahrgestelle zu installieren, um Rekordfahrten zu unternehmen. Graf Louis Zborowski gehörte zu jenen, die einen solchen Motor in das Chassis eines Mercedes Simplex mit Kettenantrieb einbauten. Der Sechszylindermotor hatte 23 Liter Hubraum und 150 PS; er stammte von Maybach. Das 1921 fertiggestellte Fahrzeug bekam den Namen Chitty Chitty Bang Bang – seinem Motorgeräusch entsprechend. Bei niedriger Tourenzahl waren Ansauggeräusch und Ventile des Langsamläufers ebenso deutlich zu hören wie der nur minimal gefilterte Auspufflärm und das Rasseln der Antriebsketten.

Jahre 1924 erwarb Captain J. E. Howey den Chitty Chitty Bang Bang und gab das Fahrzeug später an die Brüder Doyle weiter; ihr Vater Sir Arthur Conan Doyle war durch seine Sherlock-Holmes-Romane berühmt geworden. Der Wagen existierte bis 1934.

1922 war ein zweiter Wagen dieser Art entstanden, ein Viersitzer, genannt Chitty Bang Bang II. Der Benz-Flugmotor dieses Autos hatte 18,8 Liter Hubraum und 230 PS. Am Lenkrad dieses Fahrzeugs nahm Zborowski an einer Expedition durch die Sahara teil. Chitty III, ebenfalls von Zborowski in Auftrag gegeben, war ein Mercedes mit Kardanantrieb und einem 14,7-Liter-Sechszylinder-Flugmotor. **RY**

◁ Der preisgünstige Datsun Fairlady Sports 2000 konkurrierte in Großbritannien mit den Sportwagen der Marke Triumph.

Fairlady Sports 2000 | Datsun

1968 • 1982 ccm, Vierzylinder • 100 PS/73,5 kW • 0-100 km/h in 8,4 Sek. • 193 km/h

Bei Datsun hatte man sehr richtig erkannt, daß es weltweit einen lukrativen Markt für Mittelklasse-Sportwagen gab, wie sie die Engländer erfolgreich verkauften. Noch hatten die Japaner geringe Marktanteile außerhalb ihres Landes, aber die Bemühungen um einen Export waren schon klar erkennbar, und der Datsun Fairlady fungierte als Türöffner.

Es gab den Zweisitzer ab 1962, doch international zur Kenntnis genommen wurde das Auto erst ab 1964. Jetzt hatte der Roadster einen 96 PS starken 1596-ccm-Motor, vordere Scheibenbremsen sowie ein Vollsynchrongetriebe. Ende 1967 erschien eine 2,0-Liter-Version: Dieser Motor hatte eine obenliegende Nockenwelle und 135 PS. Jetzt hatte zumindest auf dem britischen Markt die Marke MG echte Konkurrenz bekommen, zumal die Silvia genannte 2+2-Coupé-Variante dem MGB GT glich. Dieser Japaner ließ erkennen, womit auf dem Markt künftig zu rechnen war.

Der Datsun Fairlaidy 2000 wies eine gefälligere Karosserie als sein Vorgänger auf und hatte eine höhere Windschutzscheibe mit eingebautem Rückspiegel. Entfernt glich der Wagen einem Triumph TR5. Unter der Karosserie verbarg sich ein konventionelles Chassis. Serienmäßig gab es ein Fünfganggetriebe, damals recht ungewöhnlich. Als Option bot Datsun sogar ein „Competition Tuning"-Paket an, das die Motorleistung von 100 auf 130 PS anhob. Statt des flachen Armaturenbretts aus Blech gab es eine gepolsterte Sicherheits-Instrumententafel mit versenkten Bedienungsschaltern.

Nach wie vor war das Fahrzeug erstaunlich preiswert (in Deutschland wurde es nicht angeboten), doch es überlebte sich schnell. **JI**

2002 | BMW

1968 • 1990 ccm, Vierzylinder • 100 PS/73,5 kW • 0-100 km/h in 11 Sek. • 173 km/h

Auf den neuen Vierzylinder-BMW der oberen Mittelklasse hatte man lange warten müssen – er war geradezu überfällig, als er 1962 auf den Markt kam und damit die Lücke schloß, die Borgward mit der Stillegung seiner Fertigung hinterlassen hatte. Die berühmten BMW-Manager Paul G. Hahnemann, Helmut Werner Bönsch und Alex von Falkenhausen waren es, die die Einführung der „Neuen Klasse" forcierten. Doch die 1966 nachfolgende Nullzwei-Baureihe war noch erfolgreicher. Es handelte sich bei diesen Autos um eine zweitürige Version auf gleicher Grundlage. kompakt, sportlich, zweckmäßig und elegant gezeichnet – ein Erfolgskonzept. Bald wurde die Baureihe nur noch „Nullzwei" genannt. Den Anfang machte der 1600-2, ab 1971 1602 geschrieben. In diversen Motorisierungen von 1,6 bis 2,0 Liter gab es für jeden Kunden das passende Modell, einschließlich einer Touring genannten Schrägheck-Limousine (1971-74) und eines bei Baur gefertigten Cabriolets mit und ohne Targabügel. Jene Modelle, deren OHC-Motoren ab 1971 mit Einspritzung arbeiteten, erhielten die Zusatzbezeichnung ti (120 PS) bzw. tii (130 PS). Der 1968 bis 1975 gebaute 2002 gehörte zu den beliebtesten Ausführungen, und mit 9480 D-Mark war er kein billiges Auto. Die aufregendste Variante war der erste BMW mit Abgas-Turbolader, der 2002 turbo von 1973, an die 170 PS stark und 210 km/h schnell. Für den Einsatz im Motorsport eignete sich der Nullzwei ausgezeichnet; er gewann unzählige Rundstreckenrennen und Meisterschaften in ganz Europa, und mit ihm fanden auch Firmen wie Alpina, Schnitzer und Koepchen den Einstieg ins Renngeschehen. **JI**

504 | Peugeot

1968 • 1971 ccm, Vierzylinder • 87 PS/63,9 kW • 0-100 km/h in 14,9 Sek. • 170 km/h

Als 1968 der Peugeot 504 vorgestellt wurde, geschah dies zu einem denkbar ungünstigen Zeitpunkt. In Paris waren Studentenunruhen ausgebrochen, die sich auch auf Deutschland ausdehnten. In Frankreich führten sie zu einem wochenlangen Generalstreik, der fast das ganze Land lahmlegte. Langfristig zog diese Revolte kulturelle, politische und ökonomische Veränderungen nach sich. In dieser Phase allgemeiner Unruhe die Aufmerksamkeit auf ein neues Auto zu lenken, war ein Unterfangen mit Hindernissen.

Der 504 mit seiner geneigt abfallenden Heckpartie, die in Kontrast zum Flossenheck des 404 stand, war nicht weniger erfolgreich als sein Vorgänger. Der Wagen wies ringsum Scheibenbremsen auf und hatte beste Fahreigenschaften. Die schräge Plazierung der Scheinwerfer wurde künftig zu einem Peugeot-Merkmal. Es gab auch ein Coupé und ein Cabrio, und ab 1971 war ein Kombi verfügbar, ein geräumiges Fahrzeug mit der Option einer dritten Sitzreihe (wie beim 404 und 403), wodurch der Break zum Achtsitzer wurde. Er hatte einen etwas längeren Radstand als die Limousine.

Der 504 besaß einen auf 1971 ccm vergrößerten OHV-Vierzylinder, der als Vergaserversion (87 PS) oder mit Benzineinspritzung (97 PS) erhältlich war. Für die Limousine war 1971 ein neuer 2112-ccm-Dieselmotor lieferbar. April 1973 kamen die etwas vereinfachten Peugeot 504 L und 504 L Diesel hinzu; statt der hinteren Einzelradaufhängung hatten sie eine Starrachse und Trommelbremsen. Ab 1974 gab es Coupé und Cabrio auch mit V6-Motor, ein 2664-ccm-OHC-Vergaseraggregat, das sich Peugeot mit Renault und Volvo (deshalb „Europamotor" genannt) teilte. **SH**

HK Monaro GTS | Holden

1968 • 5360 ccm, V8 • 250 PS/184 kW • 0-100 km/h in 7,6 Sek. • 185 km/h

Der Monaro nimmt unter den australischen Automobilen eine Sonderstellung ein, denn er war das erste „muscle car" des Landes. Seinen Namen hatte das Auto nach der Region Monaro in Neusüdwales bekommen. In der Sprache der Aborigines bedeutet das Wort „Hochebene".

Es gab ab Juli 1968 zunächst ein zweitüriges Coupé ohne B-Säule, und das Design des Monaro entsprach ganz der sozialen Veränderung, die damals in Australien stattfand. Es hatte die Kaufkraft gut verdienender junger Leute zugenommen, und die Yuppies interessierten sich auch für den Motorsport. Da paßte es ausgezeichnet, daß ein Holden HK Monaro das erste australische Straßenrennen gewann, das Hardie-Ferodo 500. Auch den zweiten und dritten Platz belegten zwei Monaros – das war überzeugend und kurbelte den Umsatz spürbar an. Der mit seiner geneigten Dachlinie gut aussehende und dazu leistungsstarke Wagen wurde in drei Ausführungen angeboten, als Standardversion sowie als GTS und GTS 327. Die Fahrzeuge hatten einen 5,0-Liter-Sechszylindermotor unter der Haube, aber es gab wahlweise auch einen 5360-ccm-V8, wie er in den USA im Chevrolet zu finden war. Mit einem solchen Kaliber vermochte kein anderer Wagen auf den Straßen Australiens mitzuhalten.

Anfang 1971 endete die Produktion des Monaro, aber noch im gleichen Jahr fand sie dann doch eine Fortsetzung in Gestalt des GTS 350. Erst 1979 verschwand der Modellname Monaro ein weiteres Mal. Es dauerte bis 2001, ehe Holden ihn abermals aufgriff und ein Modell so benannte, das mit alljährlichen Optimierungen bis 2005 im Programm blieb. **BS**

Plus 8 | Morgan (GB)

1968 • 3529 ccm, V8 • 184 PS/135 kW • 0-100 km/h in 6,7 Sek. • 198 km/h

Der letzte Plus 8 verließ die Werkshalle im April 2008 – nach 40 Jahren Produktionszeit. Morgan hat niemals selbst Motoren fabriziert, sondern diese stets bei anderen Herstellern eingekauft. So sicherte man sich in Malvern Link in kluger Voraussicht einen großen Posten überzähliger 3,5-Liter-V8-Motoren, bei General Motors konstruiert und unter anderen im Rover und Range Rover verwendet.

Der Morgan Plus 8 wurde auf der London Motor Show, Earls Court, im September 1968 präsentiert. Er fand weltweites Interesse, auch in Deutschland, und wurde von den Firmen Merz & Pabst in Stuttgart und Flaving, Unna, sofort für eine Anzahl überzeugter Morgan-Fans geordert. In Österreich vertrat Max Bulla die britische Traditionsmarke. Der Leichtmetall-Achtzylinder in Verbindung mit einem verstärkten Morgan-Rahmen stellte eine interessante Kombination dar – für Könner zumindest. Der Plus 8 erwies sich durch seine Frontlastigkeit nämlich als heftiger Übersteuerer: das leichte Wagenheck tendierte zum Ausschlagen. Als man 1977 den Plus 8 auch mit Aluminium- statt mit Stahlkarosserie erhalten konnte, war er leichter und noch schneller, aber damit nicht genug: 1990 stattete man den Wagen mit einem 3,9-Liter-Motor aus, mehr als 190 PS stark (er stammte vom neuen Range Rover), und dem folgten ein 4,0- und ein 4,6-Liter mit Katalysator und Fünfganggetriebe, zuletzt bis zu 240 PS leistend. Mit diesen Kraftwerken gehört der Roadster zu den schnellsten „Oldtimern" auf der Straße. Indes, der mit einem 330 PS starken BMW-Motor bestückte Aero 8 von 2002 verkörperte eine gänzlich neue Morgan-Generation. **RY**

365 Daytona | Ferrari

1968 • 4390 ccm, V12 • 347 PS/255 kW • 0-100 km/h in 5,4 Sek. • 278 km/h

Der Ferrari 365 Daytona war der Nachfolger des 275 GTB und GTB/4. Den inoffiziellen Beinamen Daytona hatte dieses Auto wegen des Erfolges 1967 erhalten, als beim 24-Stunden-Rennen von Daytona Ferrari die ersten drei Plätze belegt hatte. Offiziell erschien der Name Daytona aber nirgendwo, in der Werbung war stets vom Modell 365 die Rede.

Mit 1600 Kilogramm war der Daytona kein Leichtgewicht. Doch seine Motorleistung glich dies allemal aus. Der 4390 ccm große OHC-V12 entsprach der bewährten Colombo-Konstruktion, doch war es den Ingenieuren in Maranello gelungen, ihn auf 4,4 Liter zu vergrößern. Im Superfast 500 war dieses Aggregat zuerst erschienen; es war das größte, das bei Ferrari je entstanden war, und leistete 352 PS bei einem Drehmoment von 429 Nm.

Dieser Frontmotor-GT, einer der großartigsten aller Zeiten, wies eine besonders ästhetische Karosserie auf; ihre Linien stammten von Pininfarinas begabtem Designer Leonardo Fioravanti. Ihm war es gelungen, den gewaltigen Motor des Wagens unter einer Hülle zu verstecken, die ihn schlank und rank erscheinen ließ. Erstmals bei einem in Europa gebauten Wagen befanden sich die Scheinwerfer in einem Band hinter einer Plexiglasabdeckung, die auch die Blinkleuchten einschloß; die für den Export nach Amerika vorgesehenen Exemplare erhielten jedoch Klappscheinwerfer. Um die frontbetonten Proportionen noch deutlicher zu akzentuieren, machte Fioravanti den hinteren Überhang so kurz wie möglich.

Es gab den Wagen von 1969 bis 1973 auch als Spyder, der als 365 GT4/s figurierte, von dem aber nicht mehr als 122 Exemplare gebaut wurden. **RY**

XJ6 | Jaguar   (GB)

1968 • 4235 ccm, Sechszylinder • 205 PS/151 kW • 0-100 km/h in 8,7 Sek. • 204 km/h

Der XJ6 gab sein Debüt im Oktober 1968. Alles, worin ein Jaguar Bestnoten erhalten konnte, vereinte sich in diesem neuen Wagen – einer großen Limousine mit Doppelscheinwerfern. Die Konzeption des Wagens stammte von Sir William Lyons noch persönlich und war von zeitloser Gültigkeit. Denn 23 Jahre lang blieb diese Baureihe im Programm. Lyons bezeichnete den XJ6 als sein schönstes Auto, und dieser Ansicht waren viele Jaguar-Liebhaber ebenfalls. Als Serie 1 war der Viertürer anfangs mit normalem Radstand lieferbar, ab 1972 als LWB (long wheel-base). Zugleich erfolgte die Einführung des im E-Type erprobten V12-Motors, was eine Traumkombination ergab. In guter Jaguar-Tradition war die Limousine in Edelholz und Leder gehalten: luxuriöse Club-Atmosphäre British Style. Die Serie II des XJ6 kam 1973 auf die Straße, mit etwas kleinerem Grill, höher angesetzten Stoßstangen und ab 1975 mit der Option eines 3,4-Liter-Motors und jetzt mit serienmäßiger Servolenkung. Besonders reizvoll waren die zweitürigen Coupés namens XJ6C und XJ12C mit kürzerem Radstand, dennoch vollwertig als Viersitzer verwendbar. Das Dach des Coupés war mit schwarzem Vinyl bezogen. Es gab 1968 bis 1983 aber auch eine 2,8-Liter-Version des XJ6, mit 149 PS immer noch standesgemäß motorisiert und 190 km/h schnell.

Vier Jahre später erhielten die XJ-Modelle größere Fensterflächen und eine etwas feinere Frontpartie; der jetzt nicht mehr so hohe Kühlergrill stand dem Wagen sehr viel besser. An den Motoren änderte sich nichts. Der XJ12 dieser Serie III ist heute der begehrteste Wagen der Familie. 1986 löste der XJ40 den Sechszylinder ab, den V12-Serie III gab es bis 1991 zu kaufen. **JI**

Phantom VI | Rolls-Royce

1968 • 6750 ccm, V8 • 200 PS/147 kW • 0-100 km/h in 13,2 Sek. • 180 km/h

In der Erbfolge der Phantom-Baureihe hatte es 1935-39 einen in 710 Exemplaren gebauten Phantom III mit V12-Motor gegeben, der ohne direkten Nachfolger blieb. 1950-55 entstand in nur 18 Exemplaren ein Phantom IV mit 5,7-Liter-Motor. Er war ein Staatswagen, der für die Krönung Elisabeth II. zur Königin ebenso taugte wie zu Paraden, die der Schah von Persien, der Emir von Kuwait oder Generalissimo Franco abnahmen. Erst 1959 gab es erneut einen Phantom, jetzt die Nr. V, und mit einer Auflage von 832 auch Rolls-Royce-Kunden ohne Regierungsamt zugänglich, wenngleich die ersten Exemplare dem Buckingham Palace vorbehalten blieben.

Bis auf wenige Ausnahmen wurde der Phantom V als viertürige Limousine mit Separation oder als Landaulet gebaut, hergestellt bei Park Ward, James Young und der damals noch unabhängigen Firma H. J. Mulliner. Zwei Exemplare erwarb der deutsche Kaufhauskönig Helmut Horten. Das Triebwerk des Phantom V (Radstand 3,66 m) war ein 6,3-Liter-V8-Motor aus Aluminium, der später auch in den Modellen Silver Cloud sowie Silver Shadow Verwendung fand.

Der nachfolgende Phantom VI war ebenfalls ein Auto, das jedermann kaufen konnte. Es kostete „nur" 9000 Pfund Sterling, dennoch gab es nicht mehr als 374 Bestellungen im Verlauf von 23 Jahren. Rolls-Royce machte 1977 ein Exemplar der englischen Königin zum Geschenk; es existiert im Buckingham Palace noch heute und war in vielen Paraden mit der Queen und dem Prinzgemahl an ihrer Seite zu sehen. Catherine Middleton und Prince William wurden in diesem Auto am 29. April 2011 zur Trauung in der Westminster Abbey gefahren. **MG**

Continental Mark III | Lincoln (USA)

1968 • 7538 ccm, V8 • 365 PS/267 kW • 0-100 km/h in 6,5 Sek. • 210 km/h

Cadillac punktete mit dem Eldorado, als „Auto der Zukunft" apostrophiert, und bei Ford war es der 5,50 Meter lange Lincoln Continental, der um die Gunst der wohlhabenden Prominenz buhlte. „Your personal luxury car" lautete der Slogan, mit dem man für diesen opulenten Straßenkreuzer warb. Ein Nachfolger des letzten Continental von 1956-57 war in Gestalt des Mark II im Modelljahr 1958 erschienen, doch dieses Auto starb einen frühen Tod.

Endlich kam 1968 ein neuer Continental auf den Markt, folgerichtig als Mark III bezeichnet. Da die Amerikaner Masse gern dem Begriff Klasse gleichsetzen, durfte der Prestigewagen aus Dearborn kein Leichtgewicht sein. Mit 2,54 Tonnen bestand auch keine Gefahr, als solches fehlgedeutet zu werden ... Ein derartiges Monstrum mußte natürlich adäquat motorisiert sein.

365 PS aus rund 7,6 Liter Hubraum verhalfen der Limousine bzw. dem Hardtop auch zu respektablen Fahrleistungen, wobei die werksseitig angegebene Spitze von mehr als 200 km/h in den USA von nur theoretischer Bedeutung war: Weder in den USA noch sonstwo hätte man mit dem Continental ein solches Tempo absolviert.

Das Interieur des Wagens, der auf dem gleichen Band wie der Thunderbird gebaut wurde, gab sich mit seinen Lederpolstern anspruchsvoll. Allerdings war die Holzmaserung im Cockpit nur eine Imitation. Dem Fahrer standen Servolenkung, elektrische Sitzverstellung und elektrische Fensterheber zur Verfügung. Kurios war die völlig sinnlose Auswölbung im Kofferraumdeckel, die in früherer Zeit durch das Reserverad bedingt gewesen war. Das befand sich beim Continental Mark III an ganz anderer Stelle. **JI**

Espada | Lamborghini

1968 • 3929 ccm, V12 • 350 PS/256 kW • 0-100 km/h in 6,6 Sek. • 250 km/h

Espada nennt sich der Säbel des spanischen Matadors (das deutsche Wort „Spaten" ist damit verwandt). Der Lamborghini, der diesen Namen bekam, war auf dem Genfer Salon im März 1967 als Prototyp zu sehen gewesen; dort rangierte der von Marcello Gandini entwickelte Viersitzer aber noch unter der Bezeichnung Marzal. Doch seine Serienfertigung war beschlossene Sache, und bei Bertone sollte der Espada karossiert werden. Als Viersitzer wurde der V12-Frontmotorwagen recht volumig, doch Gandini brachte es fertig, den Wagen dennoch schlank erscheinen zu lassen. Statt der Flügeltüren, wie sie der Marzal aufgewiesen hatte, besaß der Espada konventionelle Türen, für den Einstieg zum Fond aber breit genug, und die großzügig bemessene Verglasung auch hinten erlaubte ein sehr viel besseres Einparken als bei den anderen Lamborghini-Modellen.

Im Interieur brillierte der Espada mit kostbarer Lederausstattung und einer Armaturentafel in Edelholz. Auch die hinteren Einzelsitze waren mit Kopfstützen versehen, ein wenig knapp war nur der Fußraum im Fond. Da man selten zu viert fuhr, fiel das nicht ins Gewicht. Stärker zu bemängeln war indessen der Arbeitsplatz des Fahrers. Der Positionierung der Instrumente hatte man nicht viel Aufmerksamkeit geschenkt, und bei angelegtem Sicherheitsgurt (damals noch ohne Aufrollautomatik) war die Handbremse nicht erreichbar.

Zu den Prominenten, die einen Espada besaßen, gehörten die Beatles Ringo Starr und Paul McCartney (der kaufte ihn aus zweiter Hand) sowie der Schah von Persien, der ein Faible für exotische Spitzenautomobile besaß. **DS**

Islero | Lamborghini

1968 • 3929 ccm, V12 • 325 PS/237 kW • 0-100 km/h in 6,1 Sek. • 260 km/h

1968 präsentierte Lamborghini einen rassigen GT, genannt Islero. Dieses Modell gab es zeitweilig parallel zum Miura; er war der Nachfolger des 400 GT. Und als solcher war er kein für die Straße konzipierter Playboy-Rennwagen, sondern ein komfortabler Gran Turismo, wie ihn Ferruccio persönlich bevorzugte. Mit Ferrari im Motorsport zu konkurrieren, war nie seine Absicht gewesen, und ein Rennsport-Engagement hätte auch zu viel Geld verschlungen.

Der Name des Islero war wieder der eines berühmten Kampfstiers (der 1947 den Matador Manolete getötet hatte). Das Fahrzeug war als 2+2 konzipiert und basierte auf dem Rohrrahmenchassis seines unmittelbaren Vorgängers, war jedoch etwas breiter und dabei kürzer. Mit dem Design des Coupés hatte Lamborghini das Stylingstudio Marazzi beauftragt, welches inzwischen den Betrieb der 1964 in Insolvenz geratenen Karosseriefirma Touring in Mailand übernommen hatte. Die relativ sparsame Verwendung von Chrom und die Schlafaugenscheinwerfer trugen zu einer unauffälligen Frontgestaltung bei, unter der flach verlaufenden Fronthaube befand sich der Vierliter-V12 des 400 GT. Mit breiteren Rädern und leicht ausgewölbten Radhäusern, Lüftungsschlitzen hinter den Vorderrädern sowie Nebelleuchten gab es 1970 einen Islero S, und mit 350 statt 325 PS war dieser auch etwas kräftiger motorisiert.

Nicht mehr als 225 Islero sind gebaut worden, fünf davon mit Rechtslenkung für den Verkauf in Großbritannien. Einen davon besaß der 007-Darsteller Roger Moore. Dieses Auto mit seiner Signatur auf der Sonnenblende wurde 2010 versteigert und brachte 156.616 Dollar. **SH**

300 SEL 6.3 | Mercedes-Benz

1968 • 6330 ccm, V8 • 250 PS/184 kW • 0-100 km/h in 8 Sek. • 225 km/h

Understatement gehörte seit jeher zu den Eigenschaften einer Mercedes-Benz-Limousine. Das Motto „Mehr Sein als Schein" machten sich auch zahlreiche Besitzer eines Wagens der S-Klasse zu eigen, indem sie die Chromziffern auf dem Kofferraumdeckel entfernen ließen, die den Modelltyp kennzeichnen.

Im Sommer 1965 hatte man bei Daimler-Benz eine Neuordnung der Typenpalette eingeführt. Im oberen Bereich erschienen der 250 S und SE (E für Einspritzer), im August 1965 folgte der 300 SE, im März 1966 der 300 SEL (L für Luftfederung), und im Januar 1968 kamen die Modelle 280 S, 280 SE und 280 SEL hinzu. Hauptmerkmal der neuen S-Klasse war das schlichte, elegante Design der Karosserien mit ihren senkrechten Leuchteinheiten vorn in Verbindung mit einer niedrigeren Motorhaube und einer flacheren, breiteren Kühlermaske sowie einer niedriger verlaufenden Gürtellinie. Der Innenraum der neuen Modellreihe stellte eine formversteifte Sicherheits-Fahrgastzelle dar, auch gab es mehr Platz als bei den Vormodellen. Vorn und hinten hatte der Wagen selbstverständlich Scheibenbremsen, es gab wahlweise ein Vier- oder Fünfganggetriebe bzw. eine Dreistufen-Automatik. Die Eingelenk-Pendelachse war mit einer hydropneumatischen Ausgleichsfeder ausgerüstet.

Das Spitzenmodell 300 SEL 6.3 wurde im März 1968 vorgestellt; es hatte den Motor vom Mercedes-Benz 600, gut für 225 km/h. Dieses Modell war zweifellos die interessanteste Version der Baureihe W 108/109, mit rund 45.000 Mark auch ein sehr teures Fahrzeug. Die sportlichen Fahreigenschaften der schweren Limousine überraschten selbst Porsche-Fans. Nur 6526 Stück wurden von ihm gebaut, was seine Exklusivität unterstreicht. **SH**

Scimitar GTE | Reliant (GB)

1968 • 2994 ccm, V6 • 135 PS/99,2 kW • 0-100 km/h in 8,9 Sek. • 195 km/h

Nach den in Großbritannien geltenden Bestimmungen genügte dort ein Motorradführerschein, um ein Dreiradauto bewegen zu dürfen. Viele Hersteller solcher „Threewheeler" profitierten von diesem Umstand, so auch die seit 1935 existierende Firma Reliant in Tamworth, Staffordshire. Bis 1951 hatte sie den dreirädrigen Raleigh gebaut; den vierrädrigen Reliant konnte man als dessen Nachfolger betrachten. In seiner 1968er Ausführung war er als Designstudie bei Ogle entstanden und anfangs nicht für eine Serienherstellung vorgesehen. Die Konstruktion basierte auf der Plattform eines Daimler SP 250. Die Reliant-Manager fanden jedoch so großes Gefallen an diesem Auto, daß sie Ogle die Baurechte abkauften und den Wagen in Serie zu fertigen begannen. Statt der Technik des Daimler erhielt der Scimitar GT den Unterbau des Sabre Six einschließlich Ford-Reihensechszylinder. Die Karosserie bestand aus Kunststoff.

Der dem GT nachfolgende GTE gehörte zur Spezies der Sportkombis. Seine Basiskonstruktion war noch immer die des Sabre. Der Shooting Break war schnell, leichtgewichtig und bot viel Fahrvergnügen. Optional waren Overdrive oder eine Getriebeautomatik zu bekommen. Vier Personen hatten reichlich Platz, ebenso gab es viel Raum für Gepäck.

Der erste GTE, intern als SE5 bezeichnet, war der attraktivste; nachfolgende Ausführungen wurden länger und breiter, sie wiesen nicht mehr den sportlichen Charme der Urversion auf. Dafür hatten sie einen starken 3,0-Liter-V6-Motor (aus dem Ford Capri) mit Einspritzung. und ein Cabrio gab es ebenfalls. Mehr als 10.000 Stück wurden insgesamt gebaut. **DS**

Hilux | Toyota

1968 • 1490 ccm, Vierzylinder • 77 PS /56,6 kW • keine Angaben • 130 km/h

Nicht nur das Baugewerbe in Fernost setzt seit Jahrzehnten auf den Toyota Hilux. Das brave Arbeitspferd hat sich als strapazierfähiger Pickup in aller Welt einen Namen gemacht; es gibt kaum eine Branche, in welcher er nicht vertreten wäre. Dabei gab sich das Auto bei seiner Einführung als bescheidenes Mauerblümchen und wurde von der Konkurrenz belächelt. Der Hilux hatte einen 1,5-Liter-Vierzylindermotor und noch keinen Allradantrieb. Im Laufe der Jahre legte er aber zu, wurde immer robuster, leistungsfähiger und auch komfortabler. Vor allem erstarkte seine Motorisierung, und ab 1979 gab es Wagen mit Allradantrieb. Damit faßte der Hilux auf Märkten Fuß, die bis dahin ausschließlich von amerikanischen Fabrikaten besetzt waren. Der Starrachser hatte simple Blattfedern vorn und hinten, wie ein Lastwagen der Urzeit, aber gerade diese unkomplizierte Konstruktion war für rauhe Arbeitseinsätze richtig. Und nicht nur dort: Mit dem Hilux wurden weite Forschungsreisen in unwegsame Regionen unternommen, bis hinauf zum Nordpol, wohin ein Team des britischen Senders BBC den Wagen fuhr und darüber berichtete.

Heute wird der Hilux in unzähligen Variationen angeboten, mit zwei- oder auch viertüriger Kabine und Sondervorrichtungen für die Landwirtschaft oder Kommunaldienste. Den Hilux setzen auch Hilfsorganisationen, Polizei und Militär etlicher Staaten ein. Allein bis Oktober 2005 waren über 12 Millionen Einheiten des Hilux verkauft worden. Ein baugleiches Modell des Hilux wurde von Volkswagen von 1989 bis 1997 unter der Bezeichnung VW Taro im Nutzfahrzeugwerk Hannover produziert. **JI**

◁ Ein modifizierter Dodge Charger, genannt „The General Lee", wie er in einer amerikanischen TV-Show zu sehen war.

Charger | Dodge

1969 • 5210 ccm, V8 • 230 PS/170 kW •
0-100 km/h in 9 Sek. • 187 km/h

Den Dodge Charger bezeichnete man in den USA als MPV („multi purpose vehicle") – also als einen Mehrzweckwagen. Darunter verstand man allerdings nicht ein Auto für unterschiedliche Nutzung, sondern vielmehr einen Wagen, der letzten Endes doch nur einem einzigen Zweck diente, nämlich dem Einsatz im Motorsport. So bezog sich das „multi" auf die Teilnahme an verschiedenen Arten von Wettbewerben, für die er sich herrichten ließ. Also für Rundstrecken- oder für Dragster-Rennen, aber auch für die Straße. Meist wurde der Charger mit einem 440-Magnum- oder einem 428-Hemi-Motor bestückt. Die Coupékarosserie durfte laut Reglement mit einem Spoiler versehen werden. Die 1968er R/T-Version (Road and Track) strich den „Mehrzweck" noch deutlicher heraus, indem das Auto strömungsgünstigere Linien hatte. 1969 ließ man dem Charger ein Facelifting angedeihen. Der Charger R/T war zwar nur eines der vielen Kraftpakete, die Dodge anzubieten hatte, doch mit dem 7,2-Liter-Magnum-Motor (440 c.i.) war er nach dem Charger 500 das zweitstärkste Kaliber. Mit solchen Monstren Rennen zu fahren, wie es Steve McQueen im Film auch Nicht-Amerikanern demonstrierte, war für die Piloten wie fürs Publikum gleichermaßen aufregend. Das schärfste Modell stellte der Charger Daytona dar mit 60 cm hohem Heckflügel und Kunststoff-Bug. Auf der Rennstrecke war dieses Fahrzeug 332 km/h schnell.

1978 endete die Produktion des Charger, er wurde durch das Modell Magnum abgelöst. Doch in den 1980er Jahren gab es erneut einen Dodge Charger, ein nicht sehr schönes Fließheck-Coupé, und 2006 eine Dodge-Limousine dieses Namens. **RY**

411 | Bristol

1969 • 6277 ccm, V8 • 335 PS/246 kW •
0-100 km/h in 7 Sek. • 230 km/h

Der Bristol 411 hatte das Zeug, einen Ferrari abzuhängen, doch während seiner siebenjährigen Bauzeit fanden nur 600 Exemplare einen Käufer. In der Mehrzahl waren es anspruchsvolle Gentlemen der „upper class", die sich einerseits einer britischen Traditionsmarke verpflichtet fühlten, andererseits auf die unerschöpfliche Kraft eines amerikanischen Achtzylinders nicht verzichten wollten. Im Modell 411 fand diese Symbiose ihre bisher höchste Ausprägung. Ende der 1950er Jahre hatte man sich bei Bristol vom BMW-Erbe gelöst und eigene Konstruktionen entstehen lassen. Auch in bezug auf ihre Motorenbestückung bedeuteten sie einen Quantensprung: sie bekamen kraftvolle V8-Aggregate aus amerikanischer Fertigung implantiert. So war schon der im Werk Felton gebaute Bristol 407 von 1961 mit einem 5,7-Liter-Chrysler-Motor ausgestattet worden; das Auto war als Limousine entstanden, eine Fortentwicklung des 406, jedoch mit Einzelradaufhängungen an Schrauben- statt der bisher verwendeten Querblattfedern.

1963 erschien der 408 mit überarbeiteter Karosserie, die sich wieder etwas sportlicher gab, so wie auch beim nachfolgenden 409. Der 410 war in dieser Beziehung noch strenger gezeichnet, hatte auch einen neuen Kühlergrill. Der 411 schließlich, 1969 vorgestellt, bekam einen auf 6,3 Liter vergrößerten Motor mit einer Dreistufen-Getriebeautomatik. Kenner sehen in ihm die gelungenste Kombination von gutem Design und kraftvoller Motorisierung. Die geringe Stückzahl, die von allen Modellen jeweils gefertigt wurde, resultierte in hohen Preisen und hatte natürlich auch zur Folge, daß sie als Raritäten gesuchte Sammlerstücke darstellen. **JI**

Indy | Maserati

1969 • 4163 ccm, V8 • 260 PS/191 kW • 0-100 km/h in 7,2 Sek. • 246 km/h

Der Nachfolger des Maserati Sebring war der Indy. Als dieses Auto 1968 erstmals öffentlich präsentiert wurde, war es ein Concept Car, also eine Studie, entworfen vom Karosseriedesigner Giovanni Michelotti. Auf der Turiner Automobilausstellung wurde es auf dem Stand der Firma Vignale gezeigt. 1969 war der Indy in Genf auf dem Maserati-Stand zu sehen; inzwischen war seine Serienfertigung beschlossen worden. Kurze Zeit danach begann die Produktion. Der Name dieses Maserati bezog sich auf das 500-Meilen-Rennen von Indianapolis, das 1939 und 1940 ein Maserati gewonnen hatte.

Das im Vergleich zum Sebring sehr viel schlankere und gestrecktere Design entsprach dem Stilempfinden der mittsechziger Jahre, wie es auch der Ghibli aufwies, der indessen eine Schöpfung Giugiaros darstellte. Der Indy war übrigens nicht nur bei der Carrozzeria Vignale als Konzept entstanden, dort wurde er in Maseratis Auftrag auch gebaut. Gemeinsam mit dem Ghibli hatte

er die Schlafaugen-Scheinwerfer, wies aber ein etwas höheres Fastback auf, was dem Innenraum zugute kam und den Fondpassagieren des 2+2 mehr Kopffreiheit gewährte.

Das Chassis des Indy entsprach dem des Quattroporte, wobei der Karosserie eine mittragende Funktion zukam. Dies war bei einem Maserati etwas Neues, und der Mangel an Erfahrung auf diesem Gebiet resultierte auch in einigen Rostnestern, die sich an versteckten Stellen bilden konnten. Hohlraumversiegelung wurde damals noch wenig praktiziert. Die ersten Autos stattete man mit dem 4,2-Liter-4OHC-Motor des Quattroporte aus, versehen mit vier Weber-Vergasern, 1970 erweiterte man den Hubraum des V8 auf 4930 ccm, woraus sich eine Leistung von 290 PS ergab. Der Indy war für Maserati ein erfolgreiches Modell, wie aus der Zahl von 1136 gebauten Exemplaren hervorgeht. Die Fertigung endete 1975. **RD**

Mustang Boss 429 | Ford

1969 • 7033 ccm, V8 • 375 PS/276 kW • 0-100 km/h in 5,1 Sek. • 195 km/h

Fragte man den Designer Larry Shinoda nach jenem Projekt, dem er sich 1968 mit größtmöglicher Geheimhaltung widmete, pflegte er zu antworten: „Es handelt sich um einen Wagen für den Boß", womit er den Ford-Präsidenten Semon Knudsen meinte. Der hatte Shinoda von General Motors abgeworben. Das Auto namens Boss war ein insbesondere für NASCAR-Rennen und die Trans-Am-Trophy präparierter Mustang mit 7033-ccm-Motor, Ölkühler, Vierganggetriebe, Rennfahrwerk und in den Kofferraum versetzter Batterie. Zwei Jahre lang blieb das Auto aktuell. 1971 war für den Mustang insoweit ein besonderes Jahr, als die Serienversionen länger, breiter und schwerer wurden, die Motorleistungen zurückgenommen und die Fahrleistungen geringer wurden. Als 1974 neue Emissionsgesetze in Kraft traten, gab selbst ein großvolumiger 331-c.i.-V8 nur noch 155 PS von sich, um den Schadstoffregelungen in den USA zu genügen. Neue Stoßstangen, die eine Aufprallenergie bei Kollisionen bis 8 km/h zu absorbieren vermochten, ließen einen Mustang nicht hübscher aussehen.

Vom Mustang Boss 429 wurde 1969 mehr als 850 Exemplare verkauft; 500 wären für eine Homologation notwendig gewesen. 1970 folgten weitere 499. Es gab auch einen etwas schwächer motorisierten Boss 302, im Motorsport aber ebenso erfolgreich. Die wenigsten dieser Mustangs fanden ihren Weg nach Europa; im Schaufenster eines Ford-Händlers war ein Mustang höchstens in der Schweiz zu sehen. Doch der Markenname wurde fortgeführt und ins neue Millennium übernommen. Mustangs mit 400-Kompressor-PS setzen wieder Akzente im Ford-Programm. **MG**

Datsun 240Z | Nissan

1969 • 2392 ccm, Sechszylinder • 151 PS/111 kW • 0-100 km/h in 8,3 Sek. • 200 km/h

Eher unspektakulär vollzog sich Japans Aufstieg zu einer Automobilmacht wie die USA oder Deutschland. Was aus dem Fernen Osten kam, galt zunächst als wenig aufregend; in aller Regel waren es einfache, vernünftige und vor allem preiswerte Autos. In bezug auf Sportwagen galten die Briten noch in den späten 1960er Jahren als führend, auch auf dem US-Markt. Doch das änderte sich mit dem Erscheinen des Datsun 240Z. Ihn lancierte Nissan zum strategisch richtigen Zeitpunkt.

Das Sportcoupé sah hervorragend aus, verfügte über brillante Fahreigenschaften und bot eine Menge Autovergnügen fürs Geld. Das Styling mit der langen Motorhaube und dem kurzem Heck entsprach bester E-Type-Philosophie. Es waren aber nicht die Briten, die hier Pate gestanden hatten, vielmehr kam der Entwurf für den 240Z von einem Deutschen. Albrecht Graf Goertz, der auch den BMW 507 geschaffen hatte, stand in den 1960er Jahren bei Nissan unter Vertrag. Für die Umsetzung seiner Ideen war Akio Yoshoda zuständig; die technische Konstruktion war das Werk der Ingenieure Hidemi Kamahara und Tsuneo Benitani.

Der seidenweich laufende und elastische Sechszylindermotor, das Fünfganggetriebe, Zahnstangenlenkung und Einzelradaufhängung ringsum ergaben ein ausgezeichnetes Handling. Kein Wunder, daß die Amerikaner ganz wild auf diesen Wagen waren und ihn zehn Jahre lang in den Meisterschaftsläufen des SCCA mitfahren ließen. In den 1970er Jahren gedieh der 240Z zum meistverkauften Sportwagen der Welt. In Japan lief das Auto unter der Bezeichnung Fairlady Z und wurde dort (aus steuerlichen Gründen) mit einem kleineren Motor ausgeliefert. **SH**

Anzeige für den Ford Capri in Frankreich, erschienen 1971. Auch dort war er außerordentlich erfolgreich.

411 E | Volkswagen

1969 • 1679 ccm, Vierzylinder-Boxer • 80 PS/58,8 kW • 0-100 km/h in 17 Sek. • 155 km/h

Immer wieder mußte sich der Volkswagen-Vorstand gegen Kritik verteidigen, mit dem Käfer und dem Typ 3 (1500/1600) allein ein unzulängliches Pkw-Programm anzubieten. Bis 1968 der „Große VW" erschien. Auch der VW Typ 4 war nach dem Heckmotor- und Plattformrahmen-Bauprinzip des Käfers entstanden. Fast bis an die Grenze des Absurden wurde bei diesem Wagen eine Philosophie strapaziert, die sich hier in Massigkeit und einer Scheu demonstrierte, endlich neue Wege zu gehen.

Der „Nasenbär", wie der Typ 4 im Volksmund hieß, bot zwar ein Maximum an Platz, dafür aber fragwürdige Fahreigenschaften. Mit seiner selbsttragenden Karosserie, die endlich auch einen Viertürer ermöglichte, war der Wagen immerhin eine Neukonstruktion, doch eine kurzlebige. Als 411 hatte er einen 1,7-Liter-Boxer im Heck, 68 PS leistend. Interessant war indessen der 411 E, gebaut ab August 1969. Der Motor dieses Modells wies eine elektronisch gesteuerte Krafteinspritzung auf, mit welcher die Leistung auf 80 PS stieg. Zugleich gab es eine gefälligere Frontpartie mit Halogen-Doppelscheinwerfern. Auch war jetzt neben dem Zwei- und dem Viertürer ein Variant genannter Kombiwagen erhältlich.

1973 wurde der Hubraum auf 1,8 Liter, die Leistung auf 75 bzw. 85 PS beim E-Motor erhöht. Auf Wunsch war eine Getriebeautomatik erhältlich. Ab Herbst 1972 wies der 412 eine stärker abfallende Motorhaube und Doppelscheinwerfer in rechteckigen Rahmen auf. Attraktiver wirkte er dadurch allerdings nicht ... Nach 355.200 Stück (alle Ausführungen) stellte man die Produktion im Mai 1974 ein. **HS**

Capri 1700 GT | Ford

1969 • 1699 ccm, V4 • 75 PS/55,1 kW • 0-100 km/h in 15 Sek. • 165 km/h

Als britisch-deutsches Gemeinschaftsprodukt entstand Ende der 1960er Jahre der Ford Capri. Seine Präsentation fand im Januar 1969 statt. Abgesehen von der Positionierung des Lenkrades unterschieden sich die Fahrzeuge in England von denen auf dem Kontinent nur durch ihre jeweils landestypische Motorenbestückung.

Für die deutschen Ford-Händler erschien der Capri genau zum richtigen Zeitpunkt. Der als Familien-Coupé bezeichnete Zweitürer glich die in letzter Zeit stark zurückgegangenen Umsätze aus. Der Capri war so etwas wie ein Mustang für Europa, und ähnlich wie beim amerikanischen Erfolgswagen war es auch die sportliche Silhouette mit langer Motorhaube und kurzem Aufbau, die den Capri so attraktiv machte. Und da das breite Motorenangebot auch dem Liebhaber echter Sportwagen allerlei zu bieten hatte, war der Capri kein Blender. Daß er keinen allzu großen Sitzkomfort und nur beschränkte Rundumsicht bot, störte die Ford-Fans nicht.

Im Februar 1969 erhielten die ersten Kunden ihre Autos; wer einen Sechszylinder bestellt hatte, wurde ab Mai beliefert. Am besten fuhr sich der 2+2 mit dem 1,7-Liter-V4 und dem 2,0-Liter-V6, während der 1300 und der 1500 etwas atemschwach waren. Ab September 1969 war eine Getriebeautomatik lieferbar, und den 2300 GT gab es statt mit 108 jetzt mit 125 PS. Ein Jahr später ersetzte der 2600 GT den 2300 GT (bei gleicher Leistung). Zugleich stattete man alle Sechszylinder mit einer Drehstrom-Lichtmaschine aus. Das Spitzenmodell stellte der ab 1972 lieferbare 3000 GT bzw. GXL dar, ebenfalls ein V6, aber mit 2993 ccm Hubraum und 140 PS, fast 200 km/h schnell und von Null auf 100 in nur 9 Sekunden beschleunigend. **JI**

917 | Porsche

1969 • 5374 ccm, Zwölfzylinder-Boxer • bis zu 1400 PS/1029 kW • 0-100 km/h in 2 Sek. • 420 km/h

Mit dem 917 errang Porsche 1970 die 24 Stunden von Le Mans – Porsches erster Gesamtsieg auf dem Sarthe-Kurs. Dabei war dieser Rennwagen in so kurzer Zeit entstanden und anfangs mit so vielen Kinderkrankheiten behaftet gewesen, daß dieser Sieg umso höher zu bewerten war.

Nicht nur die Entstehung des 917, auch alle anderen Rennsportaktivitäten der Firma Porsche half VW finanzieren. Immer jedoch unter der Bedingung, daß luftgekühlte Motoren zum Einsatz kamen. So konnte es sich der Porsche-Chefkonstrukteur Ferdinand Piëch erlauben, jährlich 60 bis 70 Rennwagen auf die Räder zu stellen. Die Vorarbeiten zum 917 nahmen im Juli 1968 ihren Anfang. Hans Mezger entwarf einen Zwölfzylinder-Flachmotor von 4,5 Liter Hubraum unter Übernahme zahlreicher Elemente vom 908; so entstand ein Motor, der lediglich vier Zylinder mehr als der des 908 besaß. Durch Veränderungen der Hub- und Bohrungsmaße ließ sich Porsche Ende 1969 auch eine 4,9-Liter-Version homologieren. Wer einen 917 erwerben wollte, mußte 1971 280.000 D-Mark bezahlen; 1969 hatte Porsche dafür noch die Hälfte veranschlagt. Für den 917/10 Spyder verlangte Porsche 323.000 Mark, für den 917/30 mit Turbolader 450.000.

Mit dem 917 und allen seinen Derivaten errangen die besten Fahrer ihrer Zeit in Europa und Amerika, wo es um die begehrte Can-Am-Trophy ging, unzählige Erfolge. Er verhalf Porsche zu einem Durchbruch in die Spitzenklasse. Mit Steve McQueen kam der 917 auch zu Filmehren: Mit Original-Rennszenen von Le Mans entstand 1971 ein Spielfilm, der in aller Welt zum Kassenschlager wurde, zumal veritable Piloten mitspielten. **DS**

Skyline GT-R | Nissan (J)

1969 • 1998 ccm, Sechszylinder • 160 PS/118 kW • keine Angaben • 195 km/h

Die Modellbezeichnung Skyline ist ein Synonym für eine erfolgreiche Nissan-Baureihe, auch wenn sie für den jüngsten GT-R dieser Marke nicht mehr Verwendung findet. Die Anfänge des Nissan Skyline gehen auf eine relativ unauffällige, viertürige Limousine zurück, die 1969 vorgestellt wurde. Doch war der Name vorher schon einmal benutzt worden, und zwar von der Prince Motor Company, die sich 1966 mit Nissan/Datsun liiert hatte. Solche Zusammenschlüsse in der Automobilindustrie wurden von der japanischen Wirtschaft und auch von der Regierung gern gesehen, weil man sich damit einen stärkeren Auftritt gegenüber der mächtigen Konkurrenz aus den USA erhoffte.

Die Version GT-R, wie sie auf der Automobilausstellung in Tokio 1969 besichtigt werden konnte, stand neben dem Nissan-Rennwagen R380. Das machte Sinn, denn der Motor des R360 war im Grunde der gleiche wie im GT-R. Es handelte sich im einen Zweiliter-Sechszylinder mit zwei obenliegenden Nockenwellen, vier Ventilen pro Zylinder und drei Doppelvergasern von Weber (später schaltete man auf Lucas-Benzineinspritzung um). Das Getriebe hatte fünf Gänge, die hintere Starrachse wurde an Blattfederpaketen geführt. Da auch das Interieur spartanisch gehalten war, ohne Heizung oder Radio, konnte man dem Auto nicht ansehen, über welche Qualitäten es verfügte; es sah eben aus wie eine ganz normale Serienlimousine.

Wie erfolgreich das Konzept war, sollte sich schon bald erweisen: Mit dem GT-R gewann Nissan in 18 Monaten 33 Rennen. Damit war das Fahrzeug zu einer Herausforderung geworden, die von der japanischen Konkurrenz zunehmend zur Kenntnis genommen wurde. **JI**

280 SE 3.5 Cabriolet | Mercedes-Benz

1969 • 3499 ccm, V8 • 200 PS/147 kW • 0-100 km/h in 10 Sek. • 210 km/h

„Der offene Mercedes-Benz 280 SE mit V8-Motor ist so ungefähr das Teuerste und Edelste, was man in Deutschland diesseits des Mercedes 600 auf die Räder stellte", schrieb die Auto Zeitung 2010. Das von 1969 bis 1971 angebotene Auto gab es als Coupé und Cabriolet, und diese Fahrzeuge gelten in der Tat auch heute noch als Traumwagen. Keine 5000 Stück wurden gebaut, hergestellt in Einzelanfertigung. Sie waren echte Viersitzer, hatten eine vornehme Ausstattung in Leder und Edelholz, verfügten über einen geräumigen Kofferraum und erstmals über Gummileisten auf den Stoßstangen. Scheibenbremsen befanden sich an allen vier Rädern.

Das Herzstück dieser noblen Autos war ein V8-ohc-Motor von 3,5 Liter Hubraum mit Transistorzündung und elektronisch geregelter Bosch-Benzineinspritzung. Wahlweise bekam der Kunde den Wagen mit einem von Hand zu schaltenden Vierganggetriebe oder einer Vierstufenautomatik mit dem Wählhebel an der Lenksäule oder auf der Mittelkonsole. Der Verbrauch war nicht gerade gering: Er betrug 18,5 Liter Superkraftstoff auf 100 Kilometer, und die Automatik-Version brachte es gern auf 20 Liter. Bei seiner Einführung kostete das Cabriolet rund 34.000 D-Mark, das entsprach dem Wert von sieben VW-Käfern 1200. Heutiger Marktwert: bis zu 100.000 Euro.

Als Limousine gab es den 280 SE 3.5 ebenfalls, doch erst ab Februar 1971. Dieses Modell wies einen etwas schmaleren und höheren Kühlergrill als das Cabrio und das Coupé auf. Die Werbung bezeichnete den V8 als den „Motor der Zukunft" – was Packard von seinem ersten Serien-V12 aber ebenfalls behauptet hatte. Und das war im Jahre 1915. **SH**

TR6 | Triumph

1969 • 2498 ccm, Sechszylinder • 150 PS/110 kW • 0-100 km/h in 8,2 Sek. • 190 km/h

Die Konzernleitung der BLMC war auf die Vermeidung von Modellüberschneidungen bedacht, doch verständlicherweise vertraten die Verantwortlichen jedes Markensegments nur die eigenen Interessen. In bezug auf einen neuen Sechszylinder-Sportwagen mußte MG allerdings zurückstecken, dafür erhielt Triumph mit dem TR6 eine zweite Chance.

Diesmal war es nicht Michelotti, der die Karosserie für den neuen Wagen zeichnete, sondern die deutsche Firma Karmann. Bodengruppe, Radstand, Windschutzscheibe und Türen sollten unverändert vom TR5 übernommen werden, so blieb nicht viel Spielraum für eine Neukonstruktion.

Mit neuer Front- und Heckpartie war dennoch die Verwandtschaft mit dem TR5 kaum auszumachen. Das längere Heck bot den Vorteil eines größeren Kofferraums. Bei Karmann hatte man auch ein neues Verdeck, ein neues Hardtop und neue Sitze entworfen. Breitere Felgen und Reifen erforderten Auskragungen an den Radhäusern. Sie verliehen dem Profil einen zusätzlichen Akzent. Länger als jeder andere TR blieb der TR6 in Produktion, nämlich acht Jahre lang. Man ließ ihm im Laufe der Zeit einige Verbesserungen angedeihen; so bekam er 1971 ein stärkeres Getriebe (es war das des Stag). Nur bei den für die USA vorgesehenen Fahrzeugen gab es weitere Änderungen; sie betrafen wegen immer schärferer Emissionsgesetze in erster Linie die Abgasanlage.

Der TR6 fand großen Zuspruch, weil er die Fahrqualitäten des TR5 aufwies, sogar um einiges verbessert, und andererseits komfortabler, geräumiger und auch besser verarbeitet war. Fast 95.000 Exemplare wurden hergestellt, ehe der Nachfolger TR7 erschien. **JI**

◁ 16. Mai 1971: Ein Ferrari Dino 246GT durchquert anläßlich der Targa Florio ein sizilianisches Dorf.

Dino 246GT | Ferrari

1969 • 2418 ccm, V6 • 195 PS/143 kW •
0-100 km/h in 7,1 Sek. • 235 km/h

Enzo Ferraris nicht allzu ausgeprägte Begeisterung für Automobile mit Sechszylindermotor und der Tod seines Sohnes Alfredo, genannt Alfredino, führten zu einem eigenartigen Kompromiß: Der Commendatore gab den Bau eines „kleinen Ferrari" in Auftrag, der einen V6-Motor erhielt und zu Ehren seines Sohnes Dino genannt wurde. Der Motor des Dino 206 hatte 1987 ccm Hubraum und saß im Chassis quer zur Fahrtrichtung; er wurde bei Fiat gebaut, und bei Fiat war ja ebenfalls ein Dino ins Programm aufgenommen worden, mit dem nämlichen Motor. Nicht allein aus partnerschaftlicher Verbundenheit hatte Ferrari diesen Motor Fiat überlassen; vielmehr mußte man in Maranello, um den V6 für die Formel 2 homologieren lassen zu können, innerhalb von zwölf Monaten 500 Einheiten gebaut haben. Auf den Seiten 378 und 386 wird auf die Fiat-Modelle näher eingegangen.

Das formschöne Ferrari-Coupé besaß einen Aluminiumaufbau auf einem Stahlrahmen. Der Entwurf für die Karosserie stammte von Pininfarina; sie wurde bei Scaglietti gebaut. 1969 wurde aus dem 206GT der 246GT – durch einen auf 2418 ccm Hubraum vergrößerten Motor, nach wie vor ein V6, jedoch mit Gußeisenblock und 195 PS. Doch das langte nicht, um das Mehrgewicht zu kompensieren, verursacht durch einen längeren Radstand mit entsprechend schwerer Stahlblech-Karosserie. Weitere Modifikationen betrafen einen größeren Tank, neue Felgen und elektrische Scheibenheber. In seiner 1972er Ausführung wies der 246GTS ein Targadach auf; die hinteren Seitenscheiben wurden durch Lüftungsschlitze ersetzt. Beide Versionen gab es noch bis 1973; bis dahin waren 2732 GT und 1189 GTS entstanden. **SB**

Rapier H120 | Sunbeam

1969 • 1725 ccm, Vierzylinder • 88 PS/64,7 kW •
0-100 km/h in 13 Sek. • 170 km/h

In der britischen Automobilgeschichte spielen die Marken der Rootes Group eine wichtige Rolle. Sie war 1927 als Vertriebsgemeinschaft von Hillman, Humber und Commer entstanden; 1935 kamen Talbot und Sunbeam hinzu, 1955 Singer. Seit 1964 war Chrysler an ihr beteiligt, damit bekamen die Amerikaner auf die Modellpolitik erheblichen Einfluß. 1967 wurde die Gruppe von Chrysler zur Gänze übernommen. Das im Rootes-Konzern praktizierte „badge engineering", also identische Technik unter verschiedenen Marken anzubieten, entsprach Gepflogenheiten, wie sie bei British Leyland ebenfalls an der Tagesordnung waren. So stellte der neue Sunbeam Rapier von 1967 nichts anderes dar als einen Hillman Hunter. Vielleicht waren es Chryslers Direktiven, nach denen der Wagen dem Plymouth Barracuda gleichen sollte, doch der Designer Roy Axe, für das Hillman- und für das Sunbeam-Styling zuständig, hat einen amerikanischen Einfluß auf seine Arbeit stets verneint.

Mit 88 PS aus 1725 ccm Hubraum war das großzügig verglaste Fließheckcoupé ausreichend motorisiert, das Getriebe war gut abgestuft, Overdrive ließ sich zuschalten. Eine Sonderausführung war der Rapier mit Holbay-Tuning, das unter anderem Doppelvergaser, eine Spoilerlippe auf dem Heck und Rostyle-Felgen (wie sie auch der Rover P5 hatte) umfaßte. Diese Version war bis zu 190 km/h schnell.

Das gleiche Coupé wurde unter dem vertrauten Namen Alpine angeboten, war aber die bescheidener ausgestattete Version. Ihr Motor hatte nur einen Vergaser und leistete ein paar PS weniger. 1976 verschwand der Markenname Sunbeam, wurde aber 1979 als Talbot-Sunbeam noch einmal wiederbelebt. **JI**

Rad eines Ferrari Dino 308 GT4 2+2 Coupés von 1973.

1970–1979

Hai 450 | Monteverdi

1970 • 7206 ccm, V8 • 390 PS/287 kW • 0-100 km/h in 6,9 Sek. • 290 km/h

Dieses Auto entstand in nur zwei Exemplaren. Zwischen 1967 und 1984 produzierte Peter Monteverdi in Basel insgesamt acht verschiedene Fahrzeugtypen mit diversen Abwandlungen, daneben präsentierte er eine Reihe von Studien und Prototypen, zu denen man auch den 1970 erstmals gezeigten Hai rechnen kann. Er war ein zweisitziges Mittelmotorcoupé, das wegen seiner Aufsehen erregenden Karosserie und seiner hohen Fahrleistungen noch heute als einer der attraktivsten Sportwagen der 1970er Jahre gilt. Der Hai 450 ergänzte die Modellpalette des Unternehmens, das drei Jahre zuvor mit dem Modell 375 High Speed die Fertigung aufgenommen hatte. Auch beim Hai 450 verband Monteverdi amerikanische Antriebstechnik mit einer Karosserie in europäischem Stil. Als Chassis wies der Hai einen Stahlrahmen aus Vierkantrohren auf. Das Fahrwerk bestand vorn aus Trapez-Dreiecksquerlenkern und Schraubenfedern, hinten verwendete Monteverdi eine De-Dion-Achse mit Wattgestänge und Schraubenfedern. Das flache, langgestreckte Design des Wagens stammte von Peter Monteverdi selbst, doch Experten glauben, es habe einen Einfluß durch die Carrozzeria Fissore gegeben, bei der ja auch die Aufbauten für den High Speed hergestellt wurden. Mit 1350 Kilogramm hielt sich das Gewicht in Grenzen.

Zwischen 1970 und 1973 entstanden zwei als Hai 450 SS und Hai 450 GTS bezeichnete Versionen dieses Hochleistungs-Sportwagens, die sich technisch und auch in den Ausmaßen geringfügig voneinander unterschieden. Der 450 SS kam im Jahr 2010 in den USA zur Versteigerung und wurde für 520.000 Dollar zugeschlagen. **MG**

Junior Zagato | Alfa Romeo

1970 • 1290 ccm, Vierzylinder • 89 PS/66,4 kW • 0-100 km/h in 11,3 Sek. • 170 km/h

Auf dem Turiner Automobilsalon im November 1969 war der Alfa Romeo 1300 Junior zum ersten Mal zu sehen. Er war ein rechter Blickfang und ergänzte die Reihe der Alfa-Romeo-Coupés 105/115, die es seit 1963 gab. 1970 stellte man dem 1300 Junior Coupé eine Zagato-Version zur Seite. Zagato war in der italienischen Sportwagenwelt ein ebenso verheißungsvoller Name wie Abarth für Fiat.

Auf der bewährten Bodengruppe des Alfa Romeo Spider, versehen mit dem Motor und dem Fünfganggetriebe der Giulietta, war bei dem italienischen Designer Elio Zagato 1969 in Mailand der Prototyp dieses viersitzigen Sportcoupé entstanden, das er in der Serienausführung unter seinem eigenen Namen vermarktete. Mit der stark nach vorn abfallenden Motorhaube, dem Fließheck und großen Fensterflächen war das Auto keine ausgesprochen schöne, aber doch eine auffällige Erscheinung.

Konsequenter Leichtbau und gute Aerodynamik hatten einen schnellen Wagen ergeben, der das Alfa-Romeo-Grills würdig war, den gläserne Flächen flankierten: hinter ihnen befanden sich die Scheinwerfer. Der 1290-ccm-DOHC-Motor drehte hochtourig und hatte einen guten Drehmomentverlauf; er taugte für eine Spitze von 170 km/h. Der geringfügig längere Junior Z 1600 mit 1570-ccm-Maschine, vorgestellt 1972, lief sogar an die 190. Gebaut wurde auch dieser Wagen im Zagato-Betrieb, und durch zeitintensive Handarbeit blieb die Stückzahl gering. Bis Ende 1972 wurden von den Zagato-Versionen nicht mehr als 1115 Stück hergestellt. Um wirtschaftlich für alle Beteiligten erfolgreich zu sein, war der Wagen zu teuer. **MG**

Montreal | Alfa Romeo

1970 • 2593 ccm, V8 • 197 PS/145 kW • 0-100 km/h in 8 Sek. • 220 km/h

Einen ungewöhnlichen Zweisitzer präsentierte Alfa Romeo zur Weltausstellung 1967 in Montreal, Kanada, und sorgte damit für Schlagzeilen. Den Namen Montreal hatte man dem Wagen gegeben als Hommage an die Stadt, in welcher er sein Debüt absolvierte.

Es handelte sich, wie es schien, um den Prototyp eines Mittelmotorcoupés mit 2,6-Liter-V8-Motor, von Marcello Gandini gezeichnet und bei der Firma Bertone karossiert. Doch die Mittelmotor-Optik täuschte, denn das Auto war ein Frontmotorwagen mit Hinterradantrieb per Kardanwelle. 1970 wurde ein produktionsreifes Modell auf dem Genfer Salon gezeigt; im gleichen Jahr setzte die Serienfertigung ein, wobei der Wagen gegenüber dem Ausstellungsstück von Kanada nicht mehr ganz so schlank aussah. Der Motor war ein Ableger des Achtzylinders vom Typ 33, jetzt mit Benzineinspritzung versehen, was zu seiner Kultiviertheit beitrug. Die Beschleunigung war hervorragend, die Spitze betrug annähernd 220 km/h. Interessant war die hälftige Abdeckung der Scheinwerfer, die sich unter „Augenlidern" innerhalb des Kühlergrills verbargen, so daß man sie am Tage kaum sah. Die Schlitze in der hinteren Dachsäule hatten keine Funktion, sie stellten nur optische Gags dar. Im Cockpit ging es eng zu, zumal eine hohe Mittelkonsole den Raum teilte. Der Schalthebel war entsprechend kurz.

Der Alfa Romeo Montreal rangierte als Flaggschiff der Marke, galt aber als empfindlich und in der Wartung kompliziert. Als Neuwagen kostete er in der Bundesrepublik 35.000 D-Mark. Die Energiekrise der 1970er Jahre erschwerte den Verkauf des Montreal, weswegen ihm ein Erfolg versagt blieb. **SB**

SM | Citroën

1970 • 2675 ccm, V6 • 163 PS/120 kW • 0-100 km/h in 9 Sek. • 220 km/h

Nach dem genialen technischen Konzept des DS entstand bei Citroën Mitte der 1960er Jahre ein Wagen, der als Spitzenmodell der Marke vorgesehen und mit allen Luxusattributen versehen war, die der anspruchsvolle Kunde bei einem teuren Automobil erwarten durfte. Das groß dimensionierte, zwei-plus-zweisitzige Coupé SM war ein kühn gezeichneter Zweitürer mit einem 2,7-Liter-Einspritzmotor. Das Triebwerk kam von der Firma Maserati, die Citroën 1968 gekauft hatte. Den Voll-Aluminium-V6 mit vier obenliegenden Nockenwellen hatte Maseratis Chefingenieur Alfieri nach Citroën-Vorgaben entwickelt, das Gesamtdesign des Wagens war ein Werk des berühmten Designers Robert Opron.

Nachdem Maserati unter dem Dach Citroëns angesiedelt war, gab es einen regen italienisch-französischen Technologietransfer. Der zeigte sich zum Beispiel bei den Maserati-Modellen Bora und Merak. Im Merak wurde Maseratis Zugehörigkeit zu Citroën sogar besonders deutlich: Sein V6-Motor war mit dem im Citroën SM identisch, ebenso war dies bei den Instrumenten und beim Lenkrad der Fall. Auch waren das Fünfganggetriebe, die Hydropneumatik für Kupplung und Bremsen französischer Herkunft. Als der Citroën SM 1970 präsentiert wurde, durfte man ihn als eine Tour de Force der Technik und der Ästhetik bezeichnen. Es handelte sich damals um den schnellsten Frontantriebswagen der Welt. Allerdings galt der Kraftstoffverbrauch als recht hoch. Die Energiekrise der Jahre 1973-74 trug dazu bei, die Verkaufszahlen unter die Erwartungen zu drücken. Bei der Integration der Marke Citroën in den Peugeot-Konzern wurde der SM 1975 aus dem Programm genommen. **SB**

Gremlin | AMC

1970 • 3258 ccm, Sechszylinder • 128 PS/94 kW •
0-100 km/h in 15,3 Sek. • 152 km/h

Nicht nur, weil er am 1. April vorgestellt wurde, sondern weil er so skurril aussah, witzelte die amerikanische Nation über diesen Wagen. Nur sehr langsam vermochte sich der Gremlin von American Motors durchzusetzen. Dann aber erwies er sich als Bestseller wie vorher der AMC Rambler Classic.

Gebaut von 1970 bis 1978, war er für US-Verhältnisse (obwohl einige Zentimeter länger als der VW-Käfer) ein winziges Auto – und auch nicht brandneu, denn viele Karosserie- und Fahrwerks-Elemente hatte er mit dem AMC Hornet gemeinsam. Doch das scharf gezeichnete Hatchback nahm sich grotesk aus. Dabei war das Gesamtkonzept nicht schlecht, denn bei umgelegter Fondlehne ergab sich ein ordentliches Gepäckabteil. Sieben Leistungsvarianten und 30 Zubehöroptionen standen zur Verfügung, sogar einen 5-Liter-V8-Motor konnte man bekommen, womit die Bezeichnung „economy car" nicht mehr ganz zutraf. Doch die meisten Käufer entschieden sich für den Sechszylinder oder für den ab 1976 angebotenen 2-Liter-Vierzylinder von Audi. Insgesamt 670.000mal wurde der Gremlin verkauft. Er sei der beste „Importwagen, der im Inland fabriziert wird", hieß es in der AMC-Werbung für ein Auto, das gegen den Chevrolet Vega und Ford Pinto antrat. Mit 1879 Dollar war der Gremlin auch ein sehr preiswerter Wagen. **MG**

Celica | Toyota

1970 • 1588 ccm, Vierzylinder • 115 PS/84,5 kW •
0-100 km/h in 11,5 Sek. • 168 km/h

Der 1970 auf der Tokyo Motor Show vorgestellte Toyota Celica war ein sportliches, gleichwohl fünfsitziges Hardtop-Coupé, das parallel zum Modell Carina mit identischem Radstand und Fahrwerk gebaut wurde. Es gibt den Celica inzwischen seit 35 Jahren im Verlauf von sieben Generationen, das spricht für die Beliebtheit dieser Reihe.

Auch das Motorenangebot des Celica glich dem der Carina, doch kam neben dem 1,4-Liter eine 1,6-Liter-Version mit zwei obenliegenden Nockenwellen und 115 PS hinzu. Zwar verleugnete auch der Celica seine japanische Herkunft nicht, aber seinen Designern war es gelungen, ihm eine Form zu verleihen, die auch in Europa überall Anklang fand. Vorn hatte das Coupé Einzelradaufhängung mit McPherson-Federbeinen und einem Querstabilisator, hinten eine an Schraubenfedern geführte Starrachse. In Genf zeigte Toyota 1978 das Stufenheck-Modell Celica 2000 XT. Es hatte einen neuen 2,0-Liter-Motor, erhältlich in einer OHC- oder DOHC-Version. Mit dem Celica konkurrierte Toyota gegen den Ford Capri, und das mit Erfolg: Das Auto wurde bis 1977 in mehr als 1,2 Millionen Exemplaren verkauft, dann erschien der Mark II mit einem Styling von David Stollery. 1981 erfolgte die Ablösung durch den Mark III, von dem es ein Jahr später auch eine Turboversion gab. **RY**

Manta GT/E | Opel

1970 • 1897 ccm, Vierzylinder • 90 PS/66,2 kW •
0-100 km/h in 13 Sek. • 170 km/h

Parallel zum Ascona führte Opel den Manta ein. Es war die sportliche Version des Ascona, ein mit gleicher Basistechnik versehener Zweitürer, der gegen den Ford Capri antrat. Das Manta A Coupé gab es anfangs als 1,6- und als 1,9-Liter in diversen N- und S-Versionen, wobei der ab März 1974 produzierte Manta 19 E mit 105 PS starkem Einspritzmotor und 185/70-Bereifung der schnellste war: er lief 188 km/h. Wie beim Ascona hatte man beim Manta alle positiven Elemente bisheriger Opel-Modelle zusammengefaßt: kompakte Abmessungen mit optimaler Raumnutzung und guten Platzverhältnissen, Wirtschaftlichkeit durch gute Abstufung von Leistung und Ausstattung sowie technische Überlegenheit durch Adaption von Konstruktionsmerkmalen der oberen Mittelklasse. Der Manta A wurde 498.553mal gebaut, wobei das Modell 19 S knapp die Hälfte ausmachte, gefolgt vom 16 S und 19 S Rallye. Im August 1975 erschien der Manta B als Nachfolger des Manta A. Die 1,2- bzw. 1,6-Liter-Modelle gab es in den Versionen Standard, Luxus, Berlinetta, SR und GT/E. Im August 1976 ersetzte der 1,9-N-Motor den 1,6-S-Motor, ein Jahr später führte Opel den 2,0-E-Motor als Ersatz für den 1,9 ein. 1978 gab es den Manta auch als Kombicoupé (Modellbezeichnung: CC), ein Fließheckcoupé mit Heckklappe. **SB**

Camaro SS 396 | Chevrolet

1970 • 6587 ccm, V8 • 375 PS/275 kW •
0-100 km/h in 6,2 Sek. • 205 km/h

Motiviert durch die Verkaufserfolge, die Ford mit dem Mustang zu verzeichnen hatte, schuf man bei GM den Chevrolet Camaro. 1967 war das Auto serienreif. Angeboten wurden ein Hardtop-Coupé und ein Cabriolet. Die schärfste Camaro-Ausführung war der Z-28, ein Auto, das sogar in der Trans-Am-Rennserie mitfuhr. Neben straffer abgestimmter Dämpfung/Federung wies der Z-28 optimierte Bremsen und einen auf 400 PS getunten Motor auf. 225 km/h genügten in den 1960er Jahren, um ganz vorn mitmischen zu können.

Mit einem neuen Styling erschien die 1970er Modellgeneration des Camaro. Der Wagen sah hervorragend aus, war um fünf Zentimeter länger geworden, hatte breitere Türen erhalten und wartete mit einer wirksameren Geräuschisolierung auf. Nur geringfügige kosmetische Änderungen gab es ab Ende 1970, dafür aber acht verschiedene Motoren. Der stärkste hatte Holley-Vergaser, eine steilere Nockenwelle und leistete 375 PS, angeboten im Camaro SS. Bald aber wurden der neuen Abgasgesetze wegen die Motorleistungen aller in den USA gebauten Autos zurückgenommen. An die Öffentlichkeit drang die unrühmliche Nachricht, daß im Werk 1100 Camaros verschrottet wurden, weil sie den neuen Vorschriften nicht entsprachen. Die SS-Option wurde 1973 aus dem Programm genommen. **LT**

Gary Gabelichs Weltrekordwagen Blue Flame auf den Salzseeflächen von Bonneville, Utah, im September 1970.

RS Coupé | Thurner

1970 • 1177 ccm, Vierzylinder • 65 PS/47,8 kW • keine Angaben • 168 km/h

Von 1970 bis 1974 baute der erfolgreiche Bergrennfahrer Rudolf Thurner, Jahrgang 1925, in Bernbeuren bei Augsburg zweisitzige Sportwagen mit Kunststoffkarosserie auf der Basis des NSU TT 1200. Ein erster Prototyp war 1968 entstanden. Einen anderen Eigenbau hatte der damals 44jährige Versicherungskaufmann schon zuvor auf die Räder gestellt: Dies war ein modifizierter BMW 700 mit dem Motor eines Glas 1700.

Thurners neuer Mittelmotor-Sportwagen RS war ein nur 1,10 Meter flaches, sportliches Fahrzeug mit nach oben öffnenden Flügeltüren. Der Motor war ein quer eingebauter, 65 PS leistender OHC-Vierzylinder vom NSU 1200. Es gab auch eine Rennausführung mit 135 PS starkem NSU-Abt-Einspritzmotor für den Gruppe-5-Einsatz in Rundstrecken- und Bergrennen. Ein Thurner RSR genanntes Sonderexemplar erhielt den Mittelmotor des Porsche 914. Rudolf Thurners motorsportliche Ambitionen rangierten höher als der Wunsch nach Fahrkomfort, so beschränkte sich auch die Cockpitausstattung aufs Wesentlichste.

Front- und Heckpartie des Thurner-NSU ließen sich jeweils um den Anschlag am Fahrgestellende um 90 Grad aufwärts schwenken; bauchige Lufteinlässe hinter den Türen sollten dem Triebwerk Kühlluft zuführen. Die Windschutzscheibe stammte vom Porsche 904.

Natürlich war Thurner bei NSU in Neckarsulm vorstellig geworden, wo man an einer Übernahme seines Konzepts aber kein Interesse zeigte. 1974 mußte Thurner Konkurs anmelden, die Erträge hatten den Aufwand seiner kleinen Manufaktur in Bernbeuren nicht gedeckt. 121 Stück wurden insgesamt in Handarbeit produziert. **HS**

Blue Flame

1970 • Raketenantrieb • 58.000 PS/42.630 kW • 0-100 km/h in 1 Sek. • 1001,667 km/h

In der Geschichte der Weltrekorde für Landfahrzeuge haben die eigenartigsten Vehikel für Eintragungen gesorgt. Die ersten beiden Autos, die eigens für Weltrekordfahrten gebaut wurden, entstanden 1898 durch den Belgier Camille Jenatzy und den Franzosen Comte Chasseloup-Laubat. Letzterer trug mit 63,158 km/h den ersten Sieg davon (mit einem Rennfahrrad war man allerdings schon schneller). Jenatzy kam wenig später im Parc Agricole d'Achères bei Paris auf 66,667 km/h. Beide Autos waren Elektrowagen. Und am 29. April 1899 überschritt Jenatzy als erster Automobilist mit einem neuen, zigarrenförmigen Elektro-Einsitzer, genannt „La jamais Contente" (die ewig Unzufriedene) die 100 km/h-Grenze. Seine gemessene Geschwindigkeit: 105,882 km/h.

Unzählige Rekordversuche folgten, und eines Tages wurde auch die magische 1000-km/h-Grenze in Angriff genommen. Es war der Amerikaner Gary Gabelich, der sie 1970 überschritt und somit als schnellster Autofahrer der Welt für Schlagzeilen sorgte – nicht nur in der Motorpresse. Der Sohn aus Kroatien eingewanderter Eltern hatte als 17jähriger mit dem Frisieren ausgedienter Ford-A-Modelle begonnen und sich später dem professionellen Motorsport zugewandt. 1960 absolvierte er auf den Salzseen von Bonneville, Utah, erstmals einen Weltrekord mit einem Düsentriebwerk-Wagen und kam auf 587,41 km/h; mit einem anderen Raketenwagen, genannt Blue Flame, kam er am 23. Oktober 1970 auf 1001,667 km/h. Dies war ein Rekord, der bis 1983 Bestand haben sollte. Gabelich, der auch auf dem Wasser Rekordversuche unternahm, verlor sein Leben 1985 bei einem Verkehrsunfall auf einem Motorrad. **MG**

Bug | Bond (GB)

1970 • 701 ccm, Vierzylinder • 31 PS/23,1 kW • 0-100 km/h in 22,8 Sek. • 115 km/h

In den frühen siebziger Jahren war es vorbei mit den dezenten Farbgebungen für Gebrauchsgegenstände. Besonders die Engländer wagten sich mit »pop colours« aus dem Grau des Alltags heraus. Nicht nur Schallplattenhüllen oder Badezimmergarnituren erstrahlten in neuer Buntheit, sondern auch Autokarosserien. So wie der Bond Bug, der in grellem Orange daherkam. Zu ihrem Mut zu mehr Farbigkeit bekannten sich die Autobauer dennoch ungern: Sie sprachen lieber von Sicherheitsfarben.

Die britischen Autohersteller Reliant und Bond benutzten für die Aufbauten ihrer Fahrzeuge weitgehend Kunststoff. Beide kamen aus dem Dreirad-Geschäft und gingen anschließend zum Bau von vierrädrigen Sportwagen über. 1969 wurde Bond von Reliant übernommen; die Fabrik in Preston wurde geschlossen und die Produktion auf Tamworth konzentriert. Eine noch nicht realisierte Bond-Konstruktion übernahm Reliant und lancierte sie unter dem übernommenen Markennamen, um den eigenen im Falle eines Flops nicht zu beschädigen: den dreirädrigen Bond Bug, diesmal mit vorderem Einzelrad. Der ausschließlich in Orange erhältliche Kleinwagen mit Klappdach und herausnehmbaren Seitenteilen hatte einen Reliant-Vierzylindermotor mit 701 (ab 1973 mit 748) ccm Hubraum. Die modern gestylte Plastikkarosserie bot zwei Personen Platz, sofern sie ohne Gepäck reisten; das Auto war ein Stadtwagen. Sein Design stammte von Tom Karen, der auch für die Kleinwagen von Ogle verantwortlich zeichnete. In vier Jahren wurden 2240 Stück gebaut. Wer den Bond Bug besaß, liebte ihn – alle anderen pflegten ihn trotz seiner auffallenden Farbe zu ignorieren. **SB**

Jimny LJ10 | Suzuki

1970 • 539 ccm, Zweizylinder • 21 PS/15,6 kW • keine Angaben • 76 km/h

Der Suzuki Jimny ist ein ungewöhnliches Auto. Er ähnelt einem Jeep en miniature, und das dürfte alles andere als ein Zufall sein, denn er ist ja auch ein Geländewagen. Und sogar ein sehr tüchtiger.

Ende 1955 nahm Suzuki die Herstellung von leichten Autos auf; es waren Vierradwagen mit Zweitaktmotor und Vorderradantrieb, genannt Suzulight. In der japanischen Kleinwagen-Formel für 360 ccm fügte sich der Wagen unauffällig in die Schar der Konkurrenten, und es waren zunächst nur wenige Einzelexemplare, die gebaut wurden – nicht vor 1961 begann in Hamamatsu die Großenserienfertigung.

Bisher hatten Mopeds und Fahrrad-Hilfsmotoren das Fabrikationsprogramm bei Suzuki ausgemacht. Doch das 1962 gezeigte Suzuki Automobil mit 785-ccm-Dreizylinder-Zweitaktmotor sollte erst knapp zwei Jahre später in Produktion gehen, als er den Fronte 360 im Export ablöste; nur in Japan wurde dieser weiterhin angeboten. Der kompakte Viersitzer wies eine selbsttragende Karosserie und Einzelradaufhängung auf.

Mit dem 360-ccm-Zweitakter wurde 1970 auch ein Geländewagen präsentiert, genannt Jimny – mit ihm nahm eine Baureihe ihren Anfang, für die Suzuki bald ebenso bekannt wurde wie für ihre Leichtmotorräder. Der Wagen maß nicht mehr als drei Meter in der Länge. Das Reserverad fand seinen Platz neben dem einzelnen Rücksitz. Der Hubraum des Zweizylinders wurde kurze Zeit später auf 539 ccm erhöht, dann ging man auf 797 ccm. Als LJ80 wurde der Wagen auch in Europa eingeführt. Den Jimny, zuletzt auch mit einem 1,3 Liter Turbodiesel, gab es noch im neuen Jahrtausend. **JI**

El Camino LS6 | Chevrolet

1970 • 6587 ccm, V8 • 450 PS/331 kW • 0-100 km/h in 9 Sek. • 170 km/h

Ende der fünfziger Jahre wurde der Ruf australischer und amerikanischer Farmer nach einem starken Wagen, mit welchem sie werktags Schafe zum Viehmarkt und am Sonntag ihre Familie zur Kirche fahren konnten, immer lauter. Ford entsprach dieser Forderung durch den Ranchero, General Motors ließ den Chevrolet El Camino entstehen. Unter dieser Bezeichnung gab es erst einen unauffälligen Pickup mit einer Andeutung von Komfort im Fahrerhaus; bis 1970 war daraus ein veritabler Straßenkreuzer geworden, PS-stark und mit nur mehr einen kleinen Ladefläche im Heck als Alibi für seine angebliche Mehrzweckbestimmung. Zwar gab es nach wie vor eine Sitzbank im Fond für Mitfahrer, doch es war offenkundig, daß es sich beim El Camino um einen heißen Offroad-Renner handelte, mit dem der moderne Cowboy seiner Braut zu imponieren gedachte anstatt auf der Ladefläche Wiederkäuer zu transportieren. Allenfalls sah man dort Surfbretter.

Welch gewaltiges Stück Technik man vor sich hatte, verrieten schon die fetten 7-zölligen RWL-Reifen, und wenn man die Fronthaube öffnete, gewahrte man einen der vier großen V8-Motoren, die Chevrolet für den Wagen anbot. Auch die Abstufung der Gänge im Handschaltgetriebe war in Renncharakteristik ausgeführt.

Doch kaum war der El Camino vorgestellt worden, nahm GM einige Änderungen vor. Sie galten vor allem einer Anpassung an die neuen Abgasvorschriften in den USA. Die Verdichtung der Motoren wurde zurückgenommen, damit bleifreies Benzin getankt werden konnte. Zugleich trug diese Maßnahme zur Verringerung von Verschleiß und damit zu einer Verlängerung der Lebensdauer bei. **GL**

Chevelle SS | Chevrolet (USA)

1970 • 6489 ccm, V8 • 350 PS/256 kW • 0-100 km/h in 7 Sek. • 195 km/h

Die 1964 bis 1980 gebaute Chevelle war dazu ausersehen, das Bindeglied zwischen dem kompakten Chevy II und den „full-sized cars" darzustellen. Sie hatte einen eigenen Markenstatus und wurde in den USA auch durch eine separate Händlerkette verkauft.

Auf der Grundlage von zwei Basismodellen – Chevelle 300 und Malibu genannt – bot Chevrolet elf verschiedene Aufbauvarianten an, auch Kombis, wobei der Supersport SS als Muscle Car im mittleren Bereich rangierte, als Gegenstück zum Pontiac GTO. Es stand eine eigene V8-Motorenreihe zur Verfügung, die von 5359 bis 6489 ccm reichte. 1968 unterzog man das Styling der Chevelle einer Überarbeitung und ergänzte die Reihe um einen Kombiwagen, ebenfalls SS genannt; die Front wirkte gestreckter, das Heck war kürzer geworden. Es gab Schraubenfederung ringsum und Gürtelreifen.

Den Zweitürer durfte man als echten Fastback im Wortsinne bezeichnen. Er besaß in der Tat einen „schnellen Rücken".

Die Chevelle SS bekam 1970 die kräftigste Maschine in ihrer Modellgeschichte, den LS6-454-V8 mit 350 PS. 1973 war das letzte Jahr für dieses attraktive Modell, bevor die gesamte Baureihe einen neuen Auftritt erhielt und die Leistung der Motoren herabgesetzt wurde. Neu war das Hardtop-Modell Colonnade mit seiner massiven B-Säule, vermutlich aus Gründen der Sicherheit – eine Maßnahme, die den meisten interessanten Autos jener Epoche ihre formale Individualität kostete. Die Absatzzahlen waren seit 1968 kontinuierlich gesunken, und 1972 konnten nur noch 5333 Wagen abgesetzt werden. Verständlich, daß General Motors den Wagen daraufhin aus dem Programm strich. **MG**

◁ Werbeaufnahme für den Triumph Stag mit Blick in das Interieur des Cabriolets. Seine Qualität ließ allerdings zu wünschen übrig.

Stag | Triumph

1970 • 2997 ccm, V8 • 147 PS/108 kW •
0–100 km/h in 10 Sek. • 185 km/h

Deauville | De Tomaso

1970 • 5763 ccm, V8 • 330 PS/245 kW •
keine Angaben • 228 km/h

Als gutaussehendes Sportcabrio mit einem leistungsstarken V8-Motor verfügte der Stag über optimale Startbedingungen. Nur erschien er zur falschen Zeit. Nicht vom Konzept her, sondern in bezug auf die Bedingungen, unter denen er produziert wurde, denn der Stag entstand in British-Leyland-Regie. Die Produkte des Staatskonzerns hatten in punkto Fertigungsqualität einen Tiefstand erreicht.

Die ersten Skizzen für dieses Auto hatte Michelotti bereits 1963 angefertigt, nach ihnen entstand eine sportliche Version des Triumph 2000 für seinen Privatgebrauch. Als Triumph-Chefkonstrukteur Harry Webster 1966 Michelotti einen Besuch abstattete, sah er dieses Unikat und holte es nach England. 1968 hätte seine Serienfertigung beginnen sollen, doch es kam zu Verzögerungen, so daß es 1970 wurde, ehe die Produktion startete.

Um den Stag adäquat zu motorisieren, sollte er einen V8-Motor bekommen. Aus diesem Grund wurden zwei Vierzylinder aus dem Dolomite 1850 zusammengefügt. Wahlweise bot man den Wagen mit Handschaltung oder Automatik an. Anfangs lief der Verkauf gut – bis die ersten Reklamationen eintrafen. Der Motor neigte zum Überhitzen, es kam zum Verziehen der Zylinderköpfe. Es sprach sie herum, daß man mit dem Wagen Ärger hatte. Dann kam die Energiekrise, die den Absatz ebenfalls behinderte. Drei Viertel der Fahrzeuge hatte man bis dahin in die USA verkauft, mit der Folge, daß sich Triumph dort seinen Namen zuerst verdarb. Der Stag wurde nicht weiter nach Nordamerika exportiert, obwohl man die Motorenprobleme später in den Griff bekam. 1977 ging die Produktion zu Ende. **SB**

Alejandro de Tomaso war ein argentinischer Geschäftsmann und Gentleman-Rennfahrer, der es vorgezogen hatte, sich in Italien niederzulassen. Er heiratete eine junge und sehr vermögende Dame aus der Ford-Dynastie, was auch seine Ambitionen erklärt, Ford-Motoren in seinen Automobilen zu verwenden und diese teils auch über das Ford-Händlernetz zu vermarkten. 1959 waren Entwürfe zu Formel-1-Fahrzeugen entstanden, Anfang 1962 auch zu Straßensportwagen. Sein erstes, für den Serienbau konzipiertes Auto war ein Mittelmotor-Zweisitzer mit Zentralträger-Chassis, Stahlrohr-Hilfsrahmen und Einzelradaufhängung an Schraubenfedern. Als Triebwerk hatte der erste De Tomaso einen Vierzylinder-Cortina-Motor von Ford.

Mit seinem Modell Deauville bewies de Tomaso ein weiteres Mal, daß er auch großartige Autos zu bauen verstand. Zweifellos orientierte er sich beim Entwurf der viertürigen Luxuslimousine am Jaguar XJ6, doch der Deauville war kompakter, weil er einen kürzeren Radstand als der Jaguar aufwies. Dabei hatte er eine größere Spur, das machte ihn komfortabler als den XJ, der stets unter zu geringer Raumbreite litt. Als Triebwerk verwendete de Tomaso den bewährten V8 des Pantera, wobei der Kunde zwischen einem Automatikgetriebe oder Handschaltung wählen konnte. Das Fahrwerk mit Einzelradaufhängung an Dreieckslenkern fand bei den Kritikern einhelliges Lob, die bei der berühmten Firma Ghia entstandene Karosserie nicht weniger. Dennoch konnte der Deauville seine konstruktive Nähe zum Massenhersteller Ford nicht leugnen. Auch mangels einer Vertriebsorganisation blieb der Wagen ein Außenseiter. **RY**

Escort RS1600 | Ford (GB)

1970 • 1558 ccm, Vierzylinder • 120 PS/88,2 kW • 0-100 km/h in 9 Sek. • 190 km/h

Mit einem neuen Einsteigermodell gedachte Ford nicht nur Kunden in Großbritannien, sondern in weiten Teilen Europas zu bedienen. So entstand der Escort, Anfang 1968 eingeführt und noch im Herbst des gleichen Jahres auch in Deutschland verkauft. Produziert wurden die Rechtslenker im britischen Ford-Werk Halewood, Linkslenker-Versionen für die kontinentalen Märkte im belgischen Werk Genk, später in Saarlouis. Der mit Hinterradantrieb versehene Escort war auserkoren, gegen den VW Käfer, den Opel Kadett und den Fiat 1100 zu bestehen. Doch seine Form mit dem »Hundeknochen«-Kühlergrill, seine hintere Starrachse und sein mäßiger Komfort überzeugten nicht so recht; in Deutschland fand der Wagen jedenfalls sehr viel weniger Zuspruch als in England. Der Escort wurde ständig weiterentwickelt, und für weitere Popularität sollte sein Einsatz im Motorsport sorgen. Ford investierte viel Geld in dieses Marketiginstrument.

In seiner ersten Serie, die bis 1975 lief, erlebte der Escort zahlreiche Verbesserungen und Modellaufwertungen. So gab es neben dem 1100er-Basismodell eine Version 1300 und ab 1973 einen RS2000. Die Ausstattungsvarianten hießen XL, GXL, GT und GL. Den Zweitürer (auch als Kombi zu haben) ergänzte man Ende 1969 durch einen Viertürer; der 1300 GT mit 64 statt 52 PS bekam eine Mittelkonsole und einen Zweistufen-Scheibenwischer. Ein Jahr später führte Ford eine Längslenker-Hinterachse ein, die zu einer wesentlich besseren Straßenlage beitrug sowie zu höheren Motorleistungen. Nur in Großbritannien wurde das Modell 1600 RS angeboten – ein potentieller Rallyesieger mit 120 PS und optimiertem Fahrwerk. **GL**

Escort Mexico | Ford

1970 • 1558 ccm, Vierzylinder • 87 PS/63,9 kW • 0-100 km/h in 11 Sek. • 160 km/h

Ford hatte mit einem Escort 1970 die Rallye London-Mexiko gewonnen; sie war anläßlich der Fußball-Weltmeisterschaft in Mexiko City ausgeschrieben worden. Der Escort hatte bereits einen Namen als erfolgreiches Rallyefahrzeug und errang auch in den anschließenden Jahren noch zahlreiche Siege und Meisterschaften. Die Rallye nach Mexiko hatte über 25.750 Kilometer durch ganz Westeuropa, Süd- und Mittelamerika geführt; die Veranstaltung zog sich über sechs Wochen hin. Das Siegerteam bestand aus dem Finnen Hannu Mikkola und dem Schweden Gunnar Palm. Auch die Plätze Drei, Fünf und Sechs sicherten sich Escorts. Um diesen Erfolg auch für den Verkauf zu nutzen, wurde ein Spezialmodell mit dem Namen Mexico versehen; es verfügte über Recaro-Sitze und eine Armaturentafel im Edelholz-Look. Das Auto überbrückte die Lücke zwischen dem GT und den Twin-Cam-Modellen. Etliche Amateur-Rallyefahrer interessierten sich für das Mexico-Auto, das es bis 1974 gab und insgesamt mehr als 9000mal gebaut wurde. Zum sportlichen Image der Marke trug es ebenso viel bei wie vorher der Ford Cortina.

Für den kontinentalen Markt gab es erst ab Ende 1971 ein ähnlich heißes Modell, den Escort 1300 Sport mit breiteren Kotflügeln für 165-SR-13-Gürtelreifen und mattschwarz lackiertem Grill, der nur als Zweitürer angeboten wurde. 1972 bekamen alle Modelle eine bessere Innenausstattung und eine heizbare Heckscheibe. Den Escort GT ersetzte 1974 der GXL mit Gürtelreifen und reichhaltigerer Innenausstattung. Im November 1975 lief die erste Escort-Baureihe aus, nachdem in England 1,3 Millionen und auf dem Kontinent etwa 850.000 Stück gefertigt worden waren. **RY**

Challenger R/T | Dodge (USA)

1970 • 7206 ccm, V8 • 375 PS/275 kW • 0-100 km/h in 5,5 Sek. • 265 km/h

1959 hatte es in kleiner Auflage einen Dodge Silver Challenger gegeben, seinem Namen entsprechend in silberfarbener Lackierung. Als man sich zehn Jahre später entschloß, den Namen Challenger erneut zu verwenden, sollte er abermals einem ganz besonderen Modell zugedacht sein. Man dachte an ein „pony car", wie man seit 1964 in den Vereinigten Staaten Autos nannte, die in der Kategorie des Ford Mustang rangierten.

Die Chrysler Corporation hatte sich Zeit gelassen, um auf das Erscheinen des Ford Mustang, des Chevrolet Camaro und des Pontiac Firebird zu reagieren. Der Dodge Charger nahm die Herausforderung zwar an, war aber viel zu groß, um verglichen werden zu können. Ein „pony car" war er nicht. So blieb es dem Dodge Challenger und seinem Schwestermodell, dem Plymouth Barracuda, vorbehalten, in dieser Kategorie gegen die Konkurrenz anzutreten. Mit dem Ford Mustang ließ sich der Dodge Challenger durchaus vergleichen. Wie jenen konnte man den gutaussehenden Wagen als Coupé und als Cabriolet bekommen, in Standard- oder R/T-Version (Road and Track). Dodge bot den Challenger sowohl als Lustobjekt für den Enthusiasten an, der durch Feintuning aus dem Auto einen Rennwagen machen konnte, als auch als einen ganz normalen Straßenwagen für Leute, die nur ein wenig auffallen wollten. In den vier Jahren seiner Laufzeit gab es eine verwirrende Fülle von Motoroptionen. Das Angebot reichte vom Sechszylinder bis zum Hemi-V8 mit 7 Liter Hubraum (427 c.i.) und 375 PS. Doch im Vergleich zum Mustang war der Challenger mit seinem hohen Benzinverbrauch unwirtschaftlich, außerdem nicht gut verarbeitet. 1974 lief die Produktion aus. **MG**

Road Runner Superbird | Plymouth (USA)

1970 • 7210 ccm • 425 PS/312 kW • 0-100 km/h in 6,6 Sek. • 280 km/h

Wissenschaftlich ermittelte Aerodynamik wurde bei der Entstehung amerikanischer „muscle cars" kaum angewendet, dafür besaßen sie viel Power. Um diese aber über die Antriebsräder wirkungsvoll einzusetzen, bedurfte es nachträglich montierter Hilfsmittel, zumindest bei im Rennsport eingesetzten Wagen, auf daß sie nicht abhoben. Das erklärt die teils grotesken Heckflügel bei Dodge und Plymouth. Sie kamen aus dem gleichen Stall, waren dennoch Konkurrenten im National Stock Car Racing (NASCAR). Dodge hatte mit seinem Modell Daytona 1969 die Staatsmeisterschaft erringen können, was Plymouth zum Kontern mit einem neuen Wagen herausforderte – dies war der Superbird, entwickelt aus dem Modell Road Runner. Die Regularien schrieben vor, daß von einem Wettbewerbsmodell so viele Exemplare hergestellt werden mußten wie es in den USA Händler gab, das bedeutete bei Plymouth 1920 Stück. Der Superbird fiel durch seinen riesigen Heckflügel auf und hatte eine um 48 cm verlängerte, weit heruntergezogene Wagenfront, und er war leuchtend gelbgrün lackiert. Groteskerweise wurde der Wagen mit vorderer Sitzbank für drei Personen verkauft; Einzelsitze mit Hosenträgergurten gab es nur gegen Aufpreis. Anzeigeinstrumente für Öldruck und Öltemperatur waren serienmäßig vorhanden.

Kraft zu rasanter Beschleunigung gab's im Überfluß: 425 PS standen im Superbird zur Verfügung. Und da der Road Runner ein amerikanischer Laufvogel ist, der zu Fuß bis zu 27 km/h schnell sein kann und einen markanten Piepton von sich gibt, gab es eine solche „Piep-Piep"-Hupe für den Wagen auch als Zubehör zu kaufen. **SH**

So sah der Range Rover bei seiner Vorstellung aus. Das Design der britischen Ikone stammte von David Bache.

K70 | Volkswagen

1970 • 1605 ccm, Vierzylinder • 75 PS/55,1 kW •
0-100 km/h in 16 Sek. • 148 km/h

Der K70 war eine Entwicklung aus dem Hause NSU und sollte die Alternative zum Ro80 für jene Kunden darstellen, die einem herkömmlichen Hubkolbenmotor gegenüber dem neuen Wankelmotor den Vorzug gaben. Auf dem Genfer Salon 1969 sollte der NSU K70 vorgestellt werden, an die Journalisten waren bereits Pressemappen verschickt worden – als die Präsentation in letzter Minute abgesagt wurde. Denn zur gleichen Zeit hatte die zum Volkswagen-Konzern gehörende Auto Union (DKW) sich mit den NSU Motorenwerken zusammengeschlossen, woraufhin VW die Vorstellung absagte, vor allem im Hinblick auf die Modelle VW 411 und Audi 100. Andererseits konnte der produktionsreife Wagen nicht einfach in der Versenkung verschwinden, zumal ein interessiertes Käuferpublikum den offiziell angekündigten NSU unbedingt haben wollte. Kurz entschlossen nahm Volkswagen ihn dann doch ins Programm auf, und zwar ins eigene: Der VW K70 wurde ab November 1970 in einem neuen Werk in Salzgitter in Serie gebaut, mit 75- und 90-PS-Motor. Er war das erste Modell der Marke, das einen wassergekühlten Reihenmotor und Vorderradantrieb hatte, in gänzlicher Abkehr von der bisher praktizierten technischen Philosophie. Somit verdankt Volkswagen den Neckarsulmern Ingenieuren den Einstieg in eine neue Fahrzeugkategorie, vier Jahre vor dem Golf, der ihn ablöste.

1971 gab es beim K70 modifizierte Stoßstangen, das einheitliche VW-Lenkrad mit Polsterung und eine Vorrichtung zur Motordiagnose. 1972 nahm man aerodynamisch notwendige Verbesserungen an der Karosserie vor, ein Jahr später gab es für den Wagen einen 100-PS-Motor, gut für 162 km/h. **HS**

Range Rover | Rover

1970 • 3528 ccm, V8 • 135 PS/99,2 kW •
0-100 km/h in 13,9 Sek. • 165 km/h

Der luxuriöse, dreitürige Geländekombi Range Rover war ein Produkt der Sparte Land Rover und gehörte damit zur Rover-Familie. Er wurde in Juni 1970 vorgestellt und sorgte mit seinem ungewöhnlichen Konzept und anspruchsvollen Design für weltweites Aufsehen. In diesem Wagen kamen wie im P5 3.5 Litre und im 3500 Saloon der von Buick übernommene V8 zum Einsatz, und zwar mit 135 DIN-PS Leistung (Verdichtung 8,5 statt 10,5:1). Er bot permanenten Vierradantrieb, und sein Vierganggetriebe war mit einem Zentraldifferential und einem Untersetzungsgetriebe gekoppelt. Auch eine manuelle, unterdruckgesteuerte Differentialbremse stand zur Verfügung. Der Range Rover hatte einen Kastenrahmen mit Traversen und wies vorn wie hinten Starrachsen mit Schraubenfedern sowie Scheibenbremsen auf. Er sollte zum Vorbild für eine Vielzahl von Oberklasse-Geländewagen werden, und er war der Urahn des damals kaum erahnten Erfolges dieser Fahrzeugkategorie. Ohne echten Bedarf für ein Geländefahrzeug fühlten sich bald Zehntausende von Käufern nur vom Design und der Ausstrahlung des Range Rover zu dessen Anschaffung motiviert. 1972 machte der Range Rover insoweit Geschichte, als eine britische Expedition mit zwei speziell vorbereiteten Fahrzeugen erstmals die Verbindung zwischen Nord- und Südamerika bezwang, eine Darién Gap genannte Sumpf- und Urwaldregion, die bisher für Autos als unpassierbar gegolten hatte.

1973 erhielt der Range Rover u. a. serienmäßig eine Heckscheibenwisch- und -waschanlage, auch war eine Servolenkung lieferbar. Im Modelljahr 1975 kam ein elektrisches Schiebedach auf die Mehrpreisliste. **SB**

Hemi Cuda | Plymouth

1970 • 7013 ccm, V8 • 425 PS/311 kW • 0-100 km/h in 5,8 Sek. • 188 km/h

1968 kam Chrysler dem Wunsch zahlreicher Plymouth-Kunden nach und rüstete auf Bestellung Barracuda-Coupés mit Hemi-Motoren aus. Die mit halbkugelförmig geformten Verbrennungsräumen versehenen Motoren, auch in andere Autos (zum Beispiel im Monteverdi High Speed) eingebaut, brachten Chrysler hohe Anerkennung ein. Doch der Hemi Cuda war zunächst ein Auto nur für die Rundstrecke, denn mit seinen Plexi-Seitenscheiben, einer Kunststoff-Motorhaube und vielen anderen Modifikationen (es gab auch keine Schalldämpfer!) bekam das Auto nirgendwo in den Staaten eine Straßenzulassung. Das aber entsprach nun nicht den Vorstellungen zahlreicher Käufer, so daß Chrysler am Ende doch Kompromisse eingehen mußte, um die US-Zulassungsbehörden zufrieden zu stellen. Von den insgesamt 652 hergestellten Exemplaren in den grellsten Farben von Orange bis Dschungelgrün wurden 14 als Cabriolet gebaut. Der Kunde hatte die Wahl zwischen einem Vierganggetriebe mit Handschaltung oder einer Automatik, und weil diese die Schaltvorgänge schneller vorzunehmen imstande war als man es per Handarbeit schaffte, wurde die Automatik allgemein bevorzugt. Bei ihr gab man einfach nur kräftig Gas, und ab ging die Rakete – natürlich bei einem exorbitant hohen Spritverbrauch. Doch es traf ja nicht die Ärmsten.

Vier Jahre lang blieb der Hemi Cuda im Programm. Erstaunlich, daß er zu einem veritablen Sammlerstück aufstieg, denn im Grunde handelte es sich bei ihm ja nur um einen frisierten Serienwagen ohne technische Besonderheiten. Aber Liebhaber in den USA zahlen für ein gut erhaltenes Stück fast jeden Preis. **GL**

Monte Carlo | Chevrolet (USA)

1970 • 5733 ccm, V8 • 250 PS/184 kW • 0-100 km/h in 8,7 Sek. • 202 km/h

1970 war ein Spitzenjahr der amerikanischen „muscle cars". Pontiac war seit 1962 mit dem Modell Grand Prix am Gipfel angelangt, und bei der Chevrolet Division setzte man alles daran, um mit der GM-Schwestermarke gleichzuziehen. Der Wettbewerb war insoweit interessant, als der neue Generaldirektor Elliot M. Estes vorher Pontiac-Boß gewesen war, und das äußerst erfolgreich. Estes rechte Hand war der Chefdesigner Dave Holls, und unter dessen Regie entstand jenes viersitzige Coupé, mit welchem Chevrolet gegen Pontiac antreten sollte. Der Wagen wurde in diversen NASCAR-Rennen eingesetzt, was dessen Popularität in ganz USA förderte.

Das Monte Carlo genannte Hardtop-Coupé wies das längere Chassis der Chevelle-Baureihe auf. Mit diesem 1970 hinzugekommenen Modell, das „die längste Motorhaube der Markengeschichte" erhielt, wollte John Z. DeLorean, Generaldirektor und GM-Vizepräsident, das sportliche Chevy-Image betonen. Im Herbst 1969 war das Modell erstmals gezeigt worden, allerdings hatte Estes zu diesem Zeitpunkt seinen Posten schon wieder verlassen und war durch DeLorean ersetzt worden.

Obwohl es in jenem Werk, wo der Grand Prix produziert wurde, einen längeren Streik gab, wurden 159.000 Stück gefertigt. Im Modelljahrgang 1971 zeigten sich die Scheinwerfer weiter nach außen versetzt und das Kühlergitter feinmaschiger. Die beiden Motoren waren mit einer SS-Ausstattung sowie einer hinteren pneumatischen Niveauregulierung kombiniert. Vordere Scheibenbremsen samt Servo waren beim Monte Carlo serienmäßig. Das Auto wurde immer wieder modifiziert und änderte mehrmals seinen Charakter blieb aber bis 1988 im Chevrolet-Programm. **MG**

Spyder GTS | Puma

1970 • 1584 ccm, Vierzylinder • 90 PS/66,2 kW • keine Angaben • 150 km/h

Falcon GT-HO | Ford

1971 • 5752 ccm, V8 • 380 PS/279 kW • 0-100 km/h in 6,4 Sek. • 230 km/h

Der Puma war ein Brasilianer und existierte seit 1966. Auf dem Autosalon von Sao Paulo im November 1970 stellte die Puma Veiculos e Motores Ltda. erstmals den 1600 GT Spyder aus; er basierte wie das seit 1969 gefertigte Coupé auf der verkürzten Plattform des VW 1600 von Volkswagen do Brasil und besaß eine Kunststoffkarosserie. Die Konstruktion stammte von einem Amateurrennfahrer namens Rino Malzoni, der zuvor GFK-Coupés mit DKW-Dreizylindermotor gebaut hatte.

Für den Export in die USA und in die Schweiz gab es das Modell GTE mit einem 1,8-Liter-Motor, ebenso eine Version mit 2,2-Liter-Motor. In Europa war der Puma selten zu sehen; auf dem Genfer Salon 1972 konnte man zwar einen GTE 1600 Spyder bewundern, aber er fand nur wenig Käufer. Ende November des gleichen Jahres wurde in Sao Paulo das Modell GTO präsentiert, ein deutlich größeres, 2+2-sitziges Coupé auf Basis des brasilianischen Chevrolet Opala mit Vier- und Sechszylindermotor von 2,5 bzw. 4,1 Liter (81 bzw. 140 SAE-PS). Das Fastback-Design stammte ebenfalls von Rino Malzoni.

1976 erhielt der GTE ein neu gestaltetes Heck mit nach innen geneigter Heckscheibe. An die Stelle der hinteren Lufteintrittsöffnungen trat eine zusätzliche Seitenscheibe, wodurch sich die Sicht nach hinten verbesserte. **SH**

Mit dem Falcon hatte Ford USA 1960 seinen Einstieg in die Kompaktklasse vollzogen. Der Wagen sah gut aus und war geräumig, obwohl er einen Meter kürzer war als jeder „full size"-Straßenkreuzer. Es gab zunächst eine zwei- und eine viertürige Limousine; erst 1963 standen auch sportlichere Varianten zur Verfügung, ein Hardtop und ein Cabriolet. Den Antrieb besorgte ein elastischer Sechszylindermotor. Wie zu erwarten, wurde ein V8 aber schon bald nachgereicht: im Falcon Futura Sprint standen 260 PS zur Verfügung. Konkurrenz aus eigenem Hause veranlaßte die Ford-Manager, das Sprint-Modell 1964 wieder zurückzufahren – des Mustangs wegen. Anschließend setzte der Falcon Fett an, wurde behäbiger und träger. 1966 verschwanden auch Hardtop und Cabrio wieder. Dafür gab es jetzt ein gediegen ausgestattetes Futura Coupé, von Ford als Sportwagen bezeichnet.

1969 teilte man die Baureihe in die Linien Falcon und Torino, doch der Name Falcon wurde aufgrund einer jener unergründlichen Entscheidungen kluger Marketingleute 1970 nicht weitergeführt. Dafür überließ man ihn der australischen Ford-Tochter, und die bot 1971 ein Sondermodell mit dem Zusatz HO an, was für „handling options" stand. Der GT-HO durfte sich eine Zeitlang sogar als eine der schnellsten Serienlimousinen der Welt bezeichnen lassen. **GL**

Nova SS | Chevrolet

1971 • 5733 ccm, V8 • 210 PS/155 kW •
0-100 km/h in 7 Sek. • 195 km/h

Im Herbst 1970 wurde GM von einem 67 Tage dauernden teuersten Streik seiner Geschichte getroffen; 400.000 Arbeitnehmer mußten Lohneinbußen hinnehmen. Wegen des Streiks und der Rezession sanken die GM-Verkäufe in Nordamerika 1970 von 5,76 auf 3,88 Millionen Fahrzeuge. In dieser Phase setzte GM in der Kompaktklasse alles auf den Chevy Nova. Es gab ihn als Viertürer mit sechs Sitzen sowie als Coupé. Im Modelljahrgang 1971 wurde allerdings der vom Chevy II übernommene Vierzylindermotor nicht mehr angeboten. Der Unterbau umfaßte vorn einen Hilfsrahmen und Trapez-Dreiecksquerlenker, hinten gab es eine Starrachse mit Einblattfedern. Auf Wunsch waren Bremsservo, vordere Scheibenbremser, Servolenkung sowie eine Differentialbremse zu haben; beim Topmodell zählten vordere Scheibenbremser zur Serienausstattung. Auf der Chicago Auto Show 1971 wurde ein Rally Nova gezeigt.

Ab 1975 hieß das Auto Chevrolet Nova unter Verzicht auf das Kürzel Chevi. Dafür gab es ein besonders heißes Modell SS mit 5733-ccm-Motor und 210 PS – was in damals den USA in Anbetracht der Umweltschutzauflagen als ein Optimum akzeptiert werden mußte. Eine 6,5-Liter-Version war ebenfalls erhältlich, aber mehr als gedrosselte 260 PS leistete auch dieses Aggregat nicht. **MG**

Alfasud | Alfa Romeo

1971 • 1186 ccm, Vierzylinder-Boxer • 63 PS/46,3 kW •
0-100 km/h in 15 Sek. • 150 km/h

Mit dem Alfasud begann für Alfa Romeo ein neues Kapitel. Für den ersten Frontantriebswagen dieser Marke war in der Nähe Neapels mit staatlicher Förderung ein neues Werk entstanden, nach Entwürfen des österreichischen Ingenieurs Rudolf Hruska, von dem auch die Konstruktion des dort gebauten Alfasud stammte. Mit dem Alfasud sollte in der schwachen Südregion Italiens die Wirtschaft angekurbelt werden, und nur deshalb hatte die Regierung das Projekt auch unterstützt.

Vier Jahre hatten die Vorbereitungen in Anspruch genommen. Als besonders heikel erwies sich das Anlernen von 15.000 Arbeitskräften, die von industriellen Arbeitsabläufen nicht die geringste Ahnung hatten.

Der neue Wagen wies einen 1,2-Liter-Vierzylinder-Boxermotor auf – was nicht verwundert, wenn man weiß, daß Hruska einst ein enger Mitarbeiter Ferdinand Porsches war. Doch in Verbindung mit Frontantrieb war das technische Konzept mit dem des Volkswagens nicht zu vergleichen. Viel Platz, beste Rundumsicht und eine präzise Lenkung zeichneten den Wagen aus. 1981 spendierte man dem Schrägheck eine Klappe, die das Beladen erleichterte. Vorhersehbar waren die Vergrößerungen des Hubraums, der 1977 auf 1286 ccm und 1978 auf 1350 bzw. 1490 ccm anwuchs. Eine sportliche TI-Version ergänzte das Programm ab 1974. **SB**

3.0 CSL | BMW

1971 • 3003 ccm, Sechszylinder • 206 PS/152 kW • 0-100 km/h in 7,5 Sek. • 220 km/h

Entwickelt als Rennsportwagen für die europäische Tourenwagen-Meisterschaft, war der BMW 3.0 CSL der stärkste Gegenspieler des 3.0 Liter Ford Capri. Die drei Buchstaben standen für Coupé, Sport, Leichtbau.

Neben den Autos der Neuen Klasse hatte BMW eine neue Coupé-Baureihe geschaffen, die aber nicht nur im Sport Akzente setzen sollte. Zunächst hatte es den 2000C bzw. CS gegeben. Mit seiner ausgestellten Hüftlinie, durch eine Chromleiste betont, war es ein etwas modisch wirkendes Fahrzeug, technisch aber auf der Höhe seiner Zeit. Mehr Individualität und sportliche Prägnanz erhielten die Nachfolger, vor allem durch den Einbau neuer Sechszylinder-OHC-Motoren. Zuerst erschien 1968 der 2800, dem 1971 der 3.0 in diversen Ausführungen folgte, je nach Motorisierung und Ausstattung als CS, CSL und CSi bezeichnet. Der CSL war eine besonders spurtstarke Leichtbauversion mit einem auf 3,2 Liter vergrößerten 206-PS-Motor, der CSi hatte Kraftstoffeinspritzung. Die schärferen Versionen des Dreiliter machten im Motorsport Furore; ihren Einsatz organisierten berühmte Teams wie die von Faltz, Lindner oder Schnitzer, ehe BMW 1975 die Motorsport GmbH schuf. Aufgeladene 3,5-Liter-Motoren leisteten bis zu 1000 PS.

Von 1968 bis 1977 gab es auch eine große Limousinen-Baureihe mit 2,5-, 2,8- und 3,0-Liter-Motoren; 1974-77 kam ein 3,3 Liter mit langem Radstand und serienmäßiger Getriebeautomatik hinzu. Durch diese luxuriösen Fahrzeuge war BMW wieder in der großen Prestige-Klasse präsent, und mit einer Gesamtstückzahl von 198.876 Limousinen gegenüber 30.546 Coupés war diese Baureihe für BMW nicht uninteressant. **HS**

Bora | Maserati

1971 • 4719 ccm, V8 • 310 PS/228 kW • 0-100 km/h in 7 Sek. • 285 km/h

Traditionsgemäß hatte man bei Maserati auch für dieses Modell wieder den Namen eines mediterranen Windes gewählt. Und der Bora war die erste Maserati-Neukonstruktion seit der Übernahme durch Citroën 1968.

Daß die siebziger Jahre für Maserati Probleme zeitigen könnten, war noch nicht erkennbar, als 1971 auf dem Genfer Salon der Bora präsentiert wurde; noch gingen die Geschäfte gut. Der Bora war ein Mittelmotorcoupé, mit welchem Maserati den Konkurrenten De Tomaso (Mangusta), Ferrari (365 GT4 B) und Lamborghini (Miura) folgte. Der längs hinter dem Cockpit installierte V8-Motor war das 4719-ccm-4OHC-Aggregat des Maserati Ghibli, jedoch auf 310 PS Leistung reduziert und mit einem Fünfganggetriebe von ZF auf der Hinterachse (Transaxle-Konstruktion) kombiniert. Die Einzelradaufhängung umfaßte doppelte Dreieckslenker an allen Rädern. Citroëns Einfluß machte sich bei der Bordhydraulik bemerkbar, die für das Bremssystem, die Pedal- und Sitzverstellung sowie den Scheinwerfer-Klappmechanismus zuständig war. Das Design war ein weiteres Mal ein Werk des jetzt 32jährigen Giorgetto Giugiaro, der inzwischen seine eigene Firma leitete, Ital-Design genannt. Die stählerne Ganzstahlkarosserie war selbsttragend ausgeführt. Einige Exemplare wurden auch in Aluminium gebaut. Giugiaro selbst bezeichnete den Bora als „überzeugend sportlich, aber nicht aggressiv ... innovativ, aber nicht revolutionär".

1975 kam in den für USA bestimmten Exemplaren ein neuer, abgasreduzierter Motor zum Einbau, jetzt mit 4930 ccm; Kunden in Europa mußten auf diesen Motor jedoch bis 1977 warten. In acht Jahren wurden 571 Bora gebaut. **DS**

1971 für den Ford Mustang Mach 1 erschienene Anzeige, die sein Design sehr gut zum Ausdruck bringt. ▷

Rekord D | Opel

1971 • 1698 ccm, Vierzylinder • 66 PS/48,5 kW •
0-100 km/h in 20 Sek. • 143 km/h

Kurz vor Jahresende 1971 bekamen Deutschlands Motorjournalisten aus Rüsselsheim die Einladung, sich einen ersten Eindruck vom neuen Opel Rekord zu verschaffen. Sie waren sich einig: In der vierten Generation war der Rekord ein Auto ohne jeden Makel, ein rundum ausgereiftes Produkt anerkannt guter Qualität und angeboten in einer Auswahl, die jeden Opel-Kunden zufriedenstellen mochte. Es gab das Vierzylindermodell der oberen Mittelklasse als Benziner mit 1,7 und 1,9 Liter sowie als Wirbelkammerdiesel mit 2,1 Liter Hubraum. Offiziell hieß die neue Baureihe Rekord II, in der Generationsfolge war es das Modell D. Ab Januar 1972 begann die Auslieferung.

Wie gut der neue Wagen ankam, bewiesen die Absatzerfolge. Bis zum Ende des Jahres 1974 hatte Opel 666.000 Stück verkaufen können, was umso höher zu bewerten war, als die Autobranche ab Herbst 1972 unter starken Einbußen litt. Die Wertschätzung der gut aussehenden und in ihrer Technik unproblematischen Autos schlug sich auch im hohen Wiederverkaufspreis nieder, den ein Rekord erzielte. Der Einführung des Rekord II folgte wenig später der Commodore B, der dem Rekord sehr ähnelte, aber einen Sechszylindermotor hatte. Der gefürchtete Automobilkritiker Werner Oswald bezeichnete ihn als „leistungsfähig, luxuriös, kultiviert und komfortabel" – solche Worte bedeuteten von einem Mann, der für seine harten Beurteilungen in der Presse bekannt war, höchstes Lob. Einzig am Diesel-Rekord hatte er zu bemängeln, sein Motor sei weniger harmonisch, und er fand den Wagen mit 12.240 D-Mark auch zu teuer. Den Commodore bot Opel mit einem Diesel erst gar nicht an. **HS**

Mustang Mach 1 | Ford

1971 • 4942 ccm, V8 • 141 PS/103 kW •
0-100 km/h in 10 Sek. • 178 km/h

Mit dem Modelljahr 1971 hatte man dem Mustang eine neue Karosserie spendiert, ohne daß er dadurch seine modelltypischen Merkmale eingebüßt hatte. Sie war um fünf Zentimter gewachsen, länger und breiter und damit noch bulliger geworden. Anstelle der Fastback-Version gab es jetzt das Sports-Roof-Coupé mit abgeschnittenem Heck. Es wurde für amerikanische Tourenwagenrennen auch in der Sportversion Boss angeboten; daneben gab es den Mustang als Hardtop-Coupé und als Cabriolet. Die Topmodelle trugen die Zusatzbezeichnungen Mach 1 und Grande.

Im belgischen Montagewerk wurde der Mustang für das Modelljahr 1971 in Eigenregie zur Shelby-Ausführung aufgerüstet – die Shelby Automotive Co. hatte solche Umwandlungen eingestellt – und als 250 GT (4,9 Liter), 350 GT (5,8 Liter) und 500 GT (5,8 oder 7,0 Liter) angeboten. Auch war 1971 ein verbessertes Fahrwerk eingeführt worden. Vordere Servo-Scheibenbremsen gab es jedoch nur optional. Modellabhängig gab es die härtere HD-Federungsabstimmung auf Wunsch oder in Serie. Wer wollte, erhielt eine Servolenkung (bei V8-Motor mit variierender Untersetzung), ein verstellbares Lenkrad und – bei den Modellen ab 5,8 Liter – eine Kaltluftinduktion.

Trotz verringerter Verdichtung für 91-ROZ-Benzin, zwecks Erfüllung der neuen Abgasnormen, kam der Mach 1 dank hydraulischer statt mechanischer Ventilstößel, einer Hochleistungsnockenwelle und Autolite-Vierfachvergaser auf eine akzeptable Leistung, gleichwohl war sie mäßig in Anbetracht des großen Motors. Für Clubrennen wurde er natürlich wirkungsvoll getunt. **MG**

Mustang. It's a personal thing.

Like anything that lets you be yourself.
It happens every time. Get into a Mustang and something gets into you.
Is it because Mustang has more rooflines than all its competitors? A choice of six different engines?
Or is it because Mustang offers so many options to select from—so many ways to make it uniquely, totally personal?
Is it something simple, like an instrument panel that gives you organized information for a change?
Is it the proud new profile of this Mach I? Is it the NASA-type hood scoops and competition suspension you get at no extra cost?
No. Mustang is more. It's greater than the sum of its parts. It's something you have to discover. Like yourself.
Your Ford Dealer will help you make Mustang an original creation.
Ford gives you better ideas. (A better idea for safety: Buckle up.)

Pantera | De Tomaso

1971 • 5763 ccm, V8 • 350 PS/257 kW • 0100 km/h in 5,2 Sek. • 273 km/h

Der Legende nach soll Elvis Presley seinem Pantera mit einem Schuß aus dem Jagdgewehr den Garaus gemacht haben. Vielleicht gab es auch andere Besitzer eines solchen Wagens, die von ihm enttäuscht waren – Tatsache aber ist, daß der De Tomaso Pantera zu den erfolgreichsten Supercars gehörte, die je in Serie gebaut wurden, und es gab ihn schließlich nicht ohne Grund zwanzig Jahre lang.

Der Pantera war der Nachfolger des Mangusta. Sein Debüt hatte er auf der New York Motor Show 1970. Sein Chassis war eine Neuschöpfung des Rennwagen-Konstrukteurs Giampaolo Dallara. Im Vergleich zum Mangusta wies der Pantera 57 Prozent der Gesamtmasse auf der Hinterachse auf, die Verteilung ließ sich damit als ideal bezeichnen. Das Handling war dem des Mangusta dadurch überlegen; entsprechend zivilisiert fuhr sich der flach gebaute Zweisitzer. Drei Motorisierungsvarianten standen zur Wahl: 280, 310 und 330 PS.

De Tomaso war sich im Klaren darüber, daß schnelle Technik auch attraktiv verpackt sein mußte. Mit dem Design der Karosserie beauftragte er deshalb Tom Tjaarda, der bei Ghia tätig war und ein Coupé schuf, das von zeitloser Aktualität war. Dabei durfte man die Technik der schönen Hülle als konventionell bezeichnen. Es handelte sich um einen selbsttragenden, zweitürigen und leicht herzustellenden Monocoque-Aufbau aus Stahlblech.

Es gelang De Tomaso, den Pantera in den USA durch die Lincoln-Mercury Division des Ford-Konzerns vermarkten zu lassen. Die von dort bezogenen Motoren hatten eine bewußt niedrig gehaltene Leistung, um Zuverlässigkeit und lange Lebensdauer gewährleisten zu können. **LT**

Riviera Gran Sport | Buick   (USA)

1971 • 7459 ccm, V8 • 330 PS/242 kW • 0-100 km/h in 7,4 Sek. • 192 km/h

Mit dem Riviera realisierte General Motors das Konzept, in den USA eine Modellreihe nach europäischem Muster zu vermarkten. Natürlich war dieser Buick, den amerikanischen Ansprüchen an einen Gebrauchswagen entsprechend, größer und auch stärker motorisiert. Der Riviera war ein viersitziges Coupé und als Spitzenmodell der Marke positioniert. 1970 erfuhr der Riviera einige Änderungen, die ihn allerdings nicht schöner machten. Die Scheinwerferklappen gab es nicht mehr, die Hinterräder hatte man mit Verkleidungen versehen. Serienmäßig hatte dieser Wagen einen neuen 7459-ccm-V8-Motor, doch in Anbetracht des hohen Wagengewichts empfanden viele Kunden dessen 370 PS als zu wenig, um sich sportlich bewegen zu können. 1971 waren es sogar nur noch 330 PS. Dem Modell Riviera neuen Schwung zu verleihen, war dem GM-Designer Bill Mitchell gelungen, dessen Handschrift auch der Cadillac Seville aufwies. Die Silhouette des Buick akzentuierte die hinteren Kotflügel, und das Fastback-Heck lief annähernd spitz zu. Das Coupé sah mit diesem Heck sehr gut aus, dennoch blieben die Verkaufszahlen hinter den Erwartungen zurück. Nach wie vor galt der Riviera als zu schwach motorisiert. Die Umstellung auf bleifreies Benzin hatte die Motorleistungen generell gesenkt, und 330 PS im Gran Sport schien den potenziellen Käufern wohl nicht genug.

1973 zogen die Umsätze etwas an, doch dies war auch das letzte Jahr für den Spitzheck-Wagen. Für das kommende Modelljahr hatte man einen aufgeblähten, mit 2047 Kilogramm Leergewicht noch schwereren Wagen geplant – und mit nur 218 PS motorisiert. Dies bedeutete das endgültige Aus für die Baureihe. **MG**

Miura P400 SV | Lamborghini ⓘ

1971 • 3929 ccm, V12 • 385 PS/282 kW • 0-100 km/h in 6,7 Sek. • 280 km/h

Der erste, 1966 eingeführte Miura wird auf Seite 364 dieses Buches vorgestellt, doch zu Beginn der 1970er Jahre präsentierte Lamborghini eine Neuauflage seines Klassikers, die sich vom Urmodell erheblich unterschied. Den P400 S bot Lamborghini aber weiterhin an.

Das Miura SV genannte Coupé hatte ein verstärktes Chassis und eine geänderte Frontpartie erhalten. Die Spur des nur 110 Zentimeter niedrigen Zweisitzers war hinten um drei Zentimeter verbreitert, vorn hingegen etwas verringert worden. Von außen erkannte man den SV an geringfügig geänderten Lufteinlaß- sowie Auslaßöffnungen und breiteren Ausbuchtungen der Radhäuser; dort ließen sich Räder mit breiteren Reifen montieren. Etwas modifiziert hatte man auch die Scheinwerfer, die bei Nichtgebrauch ohne Abdeckungen himmelwärts blickten.

Der Kastenrahmen (es handelte sich um eine halbselbsttragende Karosserie) entsprach dem des P400 S,

die Aufhängungen umfaßten vorne und hinten Trapez-Dreiecksquerlenker. Hinzu kamen Vierrad-Servoscheibenbremsen und eine Zahnstangenlenkung. In dieser Ausführung war der Miura das schönste Spielzeug, das sich ein Mann von seiner reichen Freundin wünschen konnte.

Der Prototyp des SV, der auf dem Genfer Salon 1971 zu sehen gewesen war, ist im Jahre 2010 in den USA versteigert worden – für 1,7 Millionen Dollar, die ein Bieter aus Paris auszugeben bereit war. Nicht ganz so viel brachte ein Exemplar, das dem Schah von Persien gehört hatte. Wer immer sich das Auto aus dem Palast des ehemaligen Regenten trotz aller politischer Widrigkeiten „organisiert" haben mag – die Mühe hat sich gelohnt. Mit dem Image, in den siebziger Jahren das favorisierte Sportgerät der Superreichen dieser Welt gewesen zu sein, hat der Miura SV hohen Sammlerstatus erreicht. **DS**

Merak | Maserati

1972 • 2965 ccm, V6 • 182 PS/134 kW • 0-100 km/h in 8,2 Sek. • 217 km/h

Merak: Auch dieser Name steht für einen Seewind über dem östlichen Mittelmeer. Bei Maserati liebte man solche äolischen Bezüge. So wie der Bora Maseratis Antwort auf den Lamborghini Miura gewesen war, so stellte der Merak mit seinem V6-Motor quasi das Gegenstück zum Ferrari Dino dar. Der Merak erschien ein Jahr nach dem Bora und war wie dieser ein Mittelmotorwagen, ähnelte ihm auch im Profil, war jedoch erheblich leichter. Und er blieb länger im Programm, nämlich bis 1983.

Im Merak, jenem eleganten, von Giorgetto Giugiaro gezeichneten Coupé, wurde Maseratis Zugehörigkeit zu Citroën besonders deutlich. Der V6-Motor war mit dem im Citroën SM identisch, ebenso war dies bei den Instrumenten und beim Lenkrad der Fall. Auch waren das Fünfganggetriebe sowie die Hydropneumatik für Kupplung und Bremsen französischer Herkunft. Die Frontpartie des Merak glich der des Bora, während die seitlichen Heckabschlüsse durchbrochen waren, was etwas eigenwillig aussah. Der Motor hatte 3,0 Liter Hubraum, doch für Italien gab es auch eine 2,0-Liter-Version – aus steuerlichen Gründen.

Aufregender war der Merak SS ab 1975 mit einer auf 295 PS getunten Maschine und dem Fünfganggetriebe von ZF, zu erkennen am schwarzen Grillgitter in der Vorderhaube. Allerdings wies dieses Modell nicht die Citroën-Bremshydropneumatik auf und hatte auch ein anderes Instrumentarium. Der Grund: Citroën hatte die Marke Maserati an De Tomaso weitergereicht, der über eigene Zulieferer verfügte. Es gab den Merak noch bis 1982. Nicht in allen Tests schnitt er gut ab: Es gab gelegentlich Pleiten, Pech und Pannen. **RD**

X1/9 | Fiat

1972 • 1290 ccm, Vierzylinder • 75 PS/55,1 kW • 0-100 km/h in 12,2 Sek. • 161 km/h

Nach diesem Auto drehte man sich auf der Straße unwillkürlich um. Der X1/9 erregte Staunen und Neugierde.

Bei Fiat hatte man nach der erfolgreichen Verwandlung der kleinsten Autos von der Heck- zur Frontmotorbauweise beschlossen, auch dem 850 Spider einen nach modernen Gesichtspunkten konzipierten Erben nachfolgen zu lassen. Die Versetzung des Motors machte aber auf dem Weg nach vorne schon nach wenigen Zentimetern halt: Das neue Auto wurde kein Frontantriebs-, sondern ein Mittelmotorfahrzeug. So entstand in der Gestalt des X1/9 etwas gänzlich anderes als etwa ein direkter 850-Nachkomme.

Der 1972 vorgestellte, von Bertone gestylte Targabügel-Zweiplätzer bekam auch einen größeren Motor, nämlich einen 1290 ccm großen Vierzylinder mit 75 PS. Das Fahrwerk wies McPherson-Federbeine auf und hatte ringsum Scheibenbremsen. Mit seiner niedrigen Sitzposition, dem Mittelmotor, den Klappscheinwerfern und dem offenen Dach präsentierte sich der Wagen als ein „Ferrari des kleinen Mannes", zumal er sich auch schon bald im Motorsport bewährte. 1978 implantierte man einen auf 1498 ccm vergrößerten Motor – es war der des Fiat Ritmo – mit Fünfganggetriebe, wobei lediglich die neuen Stoßfänger (nach US-Diktat) den Spaß etwas verdarben. Auf Wunsch waren eine Klimaanlage, wärmedämmende Scheiben und eine Heckscheibenheizung lieferbar. Unter der Zusatzbezeichnung Corsa erhielt der X1/9 ab dem Genfer Salon 1975 eine etwas sportlichere Ausstattung. 1983 übernahm Bertone die komplette Herstellung des X1/9, und noch bis 1988 gab es den Wagen über das weltweite Fiat-Händlernetz zu kaufen. **LT**

◁ Inserat für den jungen Renault 5. In den 1970er Jahren hatte man keine Hemmungen, Autos in Bachbetten abzuseifen!

5 | Renault

1972 • 1289 ccm, Vierzylinder • 45 PS/33 kW • 0-100 km/h in 18,1 Sek. • 135 km/h

Wie der Renault 4 wurde auch der Renault 5 ein Millionenerfolg. Und wie in Frankreich üblich, hatte auch er seine Modellbezeichnung nach der fiskalischen, in Frankreich gültigen Steuerformel erhalten. Der Frontantriebs-Zweitürer kombinierte die pfiffige Lösung der Motoranordnung hinter dem Getriebe des Renault 4 mit dem Heckklappen-Layout des Renault 16. Das nur 3506 Millimeter kurze Auto war ein idealer Stadtwagen, eignete sich durch seine Geräumigkeit gleichwohl zum Verreisen. Zu seinen Besonderheiten gehörte die Einzelradaufhängung an Drehstäben; der lange Radstand trug zur guten Straßenlage ebenso bei wie zur Nutzung des Innenraums, indem die Radhäuser an den äußersten Ecken des Autos lagen. Die Bodengruppe war nach vorn und hinten durch Kastenträger verlängert und die Kabine versteift worden; die Front und auch das Heck waren als Knautschzonen ausgebildet. Erstmals wurden bei Renault Stoßfänger aus Polyester verwendet. Und wie beim Renault 4 war der Radstand wegen der Aufhängungsverschränkung unterschiedlich: rechts betrug er 2400, links 2430 Millimeter.

Mit seinen fröhlichen Farben und einem komfortablen, hell gehaltenen Interieur sprach der Renault 5 in erster Linie eine weibliche Käuferschaft an. Auch die „Putzteufelchen"- und Shopping-Werbung, sich an klassischen Klischees orientierend, ließ das klar erkennen.

Es gab auch schnellere Versionen wie den Alpine, der in den USA als Le Car verkauft wurde (obwohl es auf gut Französisch hätte La Car heißen müssen) und in Großbritannien unter der Bezeichnung Gordini lief. 1981 kam ein Viertürer heraus, und 1994 nahm man an der Karosserie etliche Änderungen vor. **BS**

TT | NSU

1972 • 1177 ccm, Vierzylinder • 65 PS/47,8 kW • 0-100 km/h in 14 Sek. • 153 km/h

Mit der Kleinwagen-Baureihe Prinz hatte NSU einen enormen Erfolg. Allein vom Prinz 4 wurden von 1961 bis 1973 570.000 Stück gebaut; von den flotten TT-Versionen (1965-1971) weitere 66.000 und vom 110/1200 (1965-1973) noch einmal fast 240.000 – für ein Unternehmen wie NSU in Neckarsulm gewaltige Stückzahlen. Die kompakten Heckmotor-Viersitzer besaßen betont sportliche Qualitäten, die sie in vielen Berg- und Rundstreckenrennen bewiesen, und als man sich 1965 entschloß, den Sportmodellen die Zusatzbezeichnung TT zu verleihen (die 1998 Audi aufgriff), geschah dies im Rückblick auf die Tourist Trophy, die für die Motorradmarke NSU in den 1930er Jahren einen hohen Stellenwert besaß. Denn für ihre Motorräder hatte die Marke ja einmal einen ebenso guten Ruf genossen wie BMW oder DKW.

Unzählige Siege und Meisterschaften gingen auf das Konto der Marke NSU. Doch das Rad der Zeit ließ sich nicht anhalten: 1972 lief der letzte TT vom Band. Er war als NSU Prinz 1000 TT im September 1965 geboren worden und galt von Anfang an als eine qualitätvolle Sportlimousine im Kleinformat, vergleichbar mit dem Fiat Abarth 1000 TC. Der im Heck geneigt installierte, gebläsegekühlte 1177-ccm-Motor (vorher 996 und 1085 ccm) leistete mit zwei Fallstromvergasern 65 PS, hatte eine obenliegende Nockenwelle und drehte bis zu 6000 Touren. Er saß quer zur Fahrzeuglängsachse – wie der Frontantriebsmotor im Mini; ringsum gab es Einzelradaufhängung mit Schraubenfedern, vorn Scheibenbremsen. Als der neue NSU-Eigner VW den erfolgreichen TT vom Band nahm, war das Bedauern groß, denn für dieses Auto gab es unter den deutschen Fabrikaten nirgendwo Ersatz. **HS**

Jensen-Healey | Jensen (GB)

1972 • 1974 ccm, Vierzylinder • 140 PS/102 kW • 0-100 km/h in 7,8 Sek. • 192 km/h

Im März 1972 wurde in Genf der Jensen-Healey präsentiert. Es war aufgrund einer Idee des Amerikaners Kjell Qvale entstanden, dem neuen Healey-Besitzer. Die im Geschäft nach wie vor aktive Healey-Familie baute das Fahrzeug, verwendete jedoch so viele Fremdteile wie möglich, um Werkzeugkosten zu sparen. So kam der Vierventil-Motor von Lotus und die Vorderradaufhängung von Vauxhall (dem Viva entliehen), das Getriebe bezog Healey aus dem Rootes-Baukastenlager. Das Design der Karosserie stammte von William Towns, der später für Aston Martin-Lagonda arbeitete. Aufregend aussehende Prototypen wurden zur Machbarkeit heruntergefahren, so daß das Serienprodukt etwas unauffällig geriet. Leider erwies sich auch der Lotus-Motor als nicht sehr zuverlässig, und die Karosserie neigte zum Rosten.

    1974 bekam der Wagen ein Fünfganggetriebe, und mittlerweile hatte man auch die Probleme im Griff; die letzten Wagen waren die besten. Unterm Strich aber war niemand glücklich geworden, weder Kjell Qvale noch die Healeys. Der Mangel an Ausstrahlung und die Energiekrise bereiteten dem Jensen-Healey ein Ende. 1975 wurde die Produktion eingestellt. Die Firma hieß ab Juni 1976 Jensen Parts & Services Ltd. und war nur mehr ein Reparaturbetrieb. **SB**

J72 | Panther (GB)

1972 • 3781 ccm, Sechszylinder • 190 PS/140 kW • 0-100 km/h in 6,4 Sek. • 183 km/h

In Walton-on-Thames, später in Weybridge nahe der Brooklands-Rennstrecke, befand sich Bob Jankels bescheidene Automobilmanufaktur, in welcher er 1972 seinen ersten Wagen anfertigte. Er hatte einen Klassiker zum Vorbild: den Jaguar SS 100. Noch wurden solche Autos nicht als Neo-Classics oder Retro-Autos bezeichnet, eher als Replikas, was allerdings beim Panther auch nicht zutraf. Doch es gab eine Klientel für solche Autos – zu denen, die Jankels J72 als erste erwarben, gehörte beispielsweise Elizabeth Taylor.

    Der J72 war ein breiter, niedriger Nostalgie-Roadster mit überproportional großen Scheinwerfern, ausladenden Kotflügeln und ausgeschnittenen Türen. Der Motor stammte vom Jaguar der XJ-Serie; der Kunde konnte sich für einen Sechs- oder einen Zwölfzylindermotor entscheiden. Das Chassis war ein von Jankel entworfener Rohrrahmen mit Starrachsen. Die bewußt gesuchte Nähe zu Jaguar drückte auch der Name aus, den Jankel seiner Firma gegeben hatte: Panther Westwinds Ltd.

    Das Handling des mit viel Sorgfalt gebauten Autos ließ sich mit dem eines Morgan Plus 8 vergleichen. Leider war der J72 sehr teuer: er kostete mehr als ein Jaguar E-Type V12. Aber er war bei seiner guten Verarbeitung, mit seiner Lederausstattung und den dicken Teppichen jeden Penny seines Preises wert. **JB**

911 Targa | Porsche

1972 • 2341 ccm, Sechszylinder-Boxer •
125 PS/91,9 kW • 0-100 km/h in 10 Sek. • 205 km/h

Für das Modelljahr 1971 hatte Porsche die Modelle 911 T, 911 E und 911 S anzubieten und zwar als Coupé sowie als Targa-Cabriolet mit Überrollschutz und Panorama-Heckscheibe. Der Hubraum des ursprünglich 1991 ccm großen luftgekühlten Sechszylinder-Boxermotors im Heck mit je einer obenliegenden Nockenwelle und Leichtmetall-Köpfen und -Kurbelgehäuse hatte 1969 2195 ccm erreicht. Mit 2341 ccm und zwei Zenith-Fallstrom-Dreifachvergasern kam der 911 T im Jahr 1972 auf 125 PS, während der 911 E und der 911 S dank Benzineinspritzung 155 PS bzw. 180 PS leisteten. Die Kompression erreichte 8,6, 9,1 und 9,8:1. Allen gleich war der faszinierende Motorklang.

Als Kraftübertragung diente beim T ein Vierganggetriebe oder auf Wunsch eine Fünfgang-Einheit, außerdem war die halbautomatische Sportomatic (Drehmomentwandler und Vierganggetriebe) erhältlich. Beim Modell E bestand die Wahl zwischen fünf Gängen und der Sportomatic, beim S wurde ausschließlich das Fünfganggetriebe verwendet. Der Porsche 911 hatte vorn Querlenker mit Längstorsionsstabfedern und Dämpferbeinen, hinten Schräglenker, querliegende Drehfederstäbe mit Gummihohlfedern. Beim T wurden vorn auf Wunsch, beim E und S serienmäßig hydropneumatische Federbeine eingebaut. **GL**

Nova | ADD

1972 • 1493 ccm, Vierzylinder-Boxer • 44 PS/32,3 kW • keine Angaben • keine Angaben

Von 1971 bis 1980 stellte eine Firma namens Automotive Design and Development Ltd. in England Sportcoupés mit Kunststoffkarosserie her. Die Bezeichnung ADD stand als Abkürzung für den Firmennamen. Der elegante ADD Nova wies entfernte Ähnlichkeit mit dem Ford GT 40 auf; das Auto hatte jedoch nur ein Volkswagen-Chassis und auch einen VW-Motor. Als Konstrukteur zeichnete Richard Oakes verantwortlich. Zum Ein- und Aussteigen mußte man die große, flache Frontscheibe einschließlich Dach und Seitenfenster an Bügeln hochstemmen. Heckfenster, Motor- und Kofferraumdeckel befanden sich unter einem demontablen Lamelleneinsatz. Für das Interieur hatte man ein spezielles Ventilationssystem konstruiert. Bis Ende 1974 wurden rund 400 Nova hergestellt, die meisten Exemplare jedoch als Bausätze, die der Käufer in eigener Regie komplettierte, denn der Wagen war ein „kit car", bei dessen Erwerb man in Großbritannien die hohe Kaufsteuer umgehen konnte. 1974 war ADD pleite; daraufhin nahmen 1975-76 einige andere Unternehmer die Herstellung des Nova von neuem auf. Er erlebte seine Wiedergeburt als Sterling in den USA und als Purvis Eureka in Australien. Schließlich übernahm 1980 die neu gegründete Firma Nova Cars Ltd. in Ravensthorpe, Dewsbury, West Yorkshire, den Bau des Wagens. **JB**

Gewaltverherrlichung als Groteske: Mel Gibson als
Mad Max mit Wunderwaffe und Wunderauto (1979). ▶

Comobil | Citroën-NSU

1973 • Zweischeiben-Wankelmotor • 90 PS/66,2 kW • keine Angaben • keine Angaben

1973 sollte ein Citroën mit einem NSU-Wankelmotor auf den Markt kommen, alles war dafür vorbereitet. Bereits 1965 war in Genf die Firma Comobil als Jointventure von Citroën und NSU (Halter der Wankelmotorenrechte) für den Bau eines gemeinsamer Automobils mit Wankelmotor etabliert worden. 1967 kam es in Luxemburg zur Gründung der Comotor S.A. für die gemeinsame Herstellung von Wankelmotoren. Inzwischen entstanden Prototypen wie der Citroën M 35. Als Serienmodell war jedoch eine Version des Citroën GS vorgesehen, der auch als NSU kommerzialisiert werden sollte. Auf Anraten von NSU war hierfür nachträglich ein Zweischeibenmotor vorgesehen. Anfang 1969 waren jedoch NSU und die VW-Tochterfirma Audi zur Audi NSU Auto Union AG zusammengeschlossen worden.

Als die Comotor am 2. Juni 1972 in Luxemburg ihre Hauptversammlung durchführte, konnte sie berichten, auf einem in Altforweiler im Saarland erworbenen Grundstück von 85 Hektar bereits ein erstes Gebäude von 10.000 Quadratmeter Grundfläche vollendet zu haben. Zudem war – vor allem auf Betreiben von Audi NSU – die Einstellung des Führungs- und sonstigen Personals für die dortige Motorenherstellung in Großserie angelaufen. Es war geplant, die Wankelmotoren-Produktion Anfang 1973 aufzunehmen und es noch im gleichen Jahr auf einen Tagesausstoß von 500 Stück zu bringen. Aber schon im Herbst 1972 verlautete, daß Audi NSU seinen 50-Prozent-Anteil an Comotor auf wenige Prozent reduziert habe. Die deutsche Seite war unter VW-Führung an einem Comobil nicht mehr interessiert; die Ölkrise trug das ihrige zum Scheitern des Projekts bei. Enttäuscht ging Citroën eigene Wege. **HS**

Falcon XA | Ford

1973 • 4100 ccm, Sechszylinder • 130 PS/95,6 kW • 0-100 km/h in 9,7 Sek. • 174 km/h

Einen Meilenstein für Ford in Australien stellte der lang erwartete Falcon XA dar. Es handelte sich um den ersten Ford, der zur Gänze in Australien entwickelt worden war, zugleich eine der kühnsten Konstruktionen im Zeichen des Ford-Emblems überhaupt. Zuerst als Limousine angeboten, später auch als zweitüriges Hardtop, war dieses Auto dazu ausersehen, gegen den erfolgreichen Monaro des Konkurrenten Holden anzutreten. Das Hardtop fuhr man allerdings besser ohne Passagiere im Fond: dort gab es viel zu wenig Kopffreiheit und auch so gut wie keinen Platz für die Füße. Die vorn Sitzenden jedoch konnten sich über Mangel an Komfort nicht beklagen; der Falcon XA verfügte über alle Bequemlichkeiten, die man sich nur wünschen konnte. Und vieles, wofür man früher hatte Aufpreise zahlen müssen, war jetzt serienmäßig vorhanden, wie Klimaanlage, Sitzgurte oder Servolenkung. Auf letztere konnte man auch verzichten, was aber nicht ratsam war.

Ford bot auch ein GT-Modell an, das sich auf den Rennstrecken Australiens recht wohl fühlte und mit seinen ausgewölbten hinteren Kotflügeln für Breitreifen großen Eindruck machte. Es gab auch eine Straßenzulassung für den GT, der vielen Kunden schon deshalb gefiel, weil er ein Cockpit mit Instrumenten wie in einem Flugzeug hatte, dazu Sitze mit besserer Ergonomie und sechs einzelne Rücklichter. Das verhältnismäßig kleine Heckfenster reichte gerade einmal aus, um im Rückspiegel die Verfolger zu erkennen, auch hinderte die hohe Rückenlehne der Fondsitze den Blick nach hinten. Insgesamt überwogen die Vorteile, und die Australier waren sehr stolz darauf, ihren eigenen Ford herausgebracht zu haben. **BS**

Super Seven | Caterham (GB)

1973 • 1558 ccm, Vierzylinder • 126 PS/92,5 kW • 0-100 km/h in 7,1 Sek. • 166 km/h

1967 hatte die Firma Caterham Car Sales den Vertrieb des legendären Lotus Seven übernommen, Colin Chapmans geniales Lightweight-Sportinstrument, das 1957 als Baukastenauto entstanden war. 1973 wurde auch die Produktion dieses automobilen Urgesteins an Caterham delegiert, denn jezt gab es in Großbritannien keine „purchase tax" mehr für komplette Autos. Der Super Seven von 1973 vermochte seinen Fans noch immer „das Höchste der Fahrgefühle" zu vermitteln. Angetrieben wurde der puristische Zweisizer vom Lotus-1558-ccm-Motor mit zwei obenliegenden Nokkenwellen und 126 DIN-PS. Er trug die Bezeichnung Big Valve und besaß zwei Doppelvergaser von Weber oder Dell'Orto. Die niedrige Kunststoffkarosserie saß auf einem Rohrrahmen, vorn befanden sich Trapez-Dreiecksquerlenker, hinten eine Starrachse mit vier Längslenkern, einem Querlenker sowie Schraubenfedern; auch stand eine Zahnstangenlenkung zur Verfügung. Auf Wunsch bekam man den Wagen auch mit einem 72 PS starken 1298-ccm-Motor aus dem Ford Escort GT.

Je nach Land wurde der Super Seven mit als Türen dienenden Seitenteilen aus flexiblem Material samt Schiebefenstern ausgeliefert. Statt des Notverdecks konnte man einen festen Dachaufsatz aus schwarzem Kunststoff mit aufklappbarer Heckscheibe bekommen.

1974 wurde die Kühleröffnung mit rechteckigem Querschnitt durch eine Version mit sanft gerundetem oberem Abschluß ersetzt. Diese Form sollte bis ins nächste Jahrhundert Bestand haben. In Großbritannien wurden die Seven-Modelle nicht nur in Clubrennen, sondern zeitweise auch in Sportwagen-Rennklassen eingesetzt. **SB**

365 GT/4 Berlinetta Boxer | Ferrari

1973 • 4390 ccm, V12 • 380 PS/278 kW • 0-100 km/h in 5,0 Sek. • 302 km/h

Noch bevor Sie diesen Satz zu Ende gelesen haben, läßt sich ein Ferrari BB vor Null auf 100 km/h beschleunigen. Auf dem Turiner Salon im Herbst 1971 hatte Pininfarina den Prototyp des Mittelmotor-BB gezeigt – lange genug hatte man auf einen solchen, für den Straßengebrauch geeigneten Ferrari gewartet. Mit der schlanken Silhouette des Coupés war Pininfarina einmal mehr ein hervorragendes Design gelungen. BB stand für Berlinetta Boxer.

Der vor der Hinterachse in Längsrichtung eingebaute Motor war ein flacher Zwölfzylinder, wie er in den Wettbewerbsfahrzeugen 312 B (Formel 1) und 312 P (Sportprototypen) zum Einsatz kam.

Im BB von Pininfarina steckten viele neue Ideen. Die versenkten Scheinwerfer dienten gleichzeitig als Fernlicht und Nebellampen; die Umstellung erfolgte elektromagnetisch. Das Wasser der Scheibenwaschanlage wurde automatisch aufgeheizt, bevor es durch die Düsen ausgespritzt wurde. Die äußeren Türfallen waren aufrecht parallel zum hinteren Türfensterrahmen angeordnet und störten die Seitenfläche somit nicht mehr (eine Lösung, wie sie erst 26 Jahre später beim Alfa Romeo 156 aufgegriffen wurde). Ungewöhnlich war auch der Einzelscheibenwischer mit Parallelogramm, an dem am unteren Teil ein zweiter Wischer montiert war.

Im November 1972 wurde die nur im Detail geänderte Serienversion vorgestellt, wie sie 1973 bei Scaglietti in Serie ging. Die offizielle Typenbezeichnung lautete 365 GT/4 BB, und die Leistung des 4,4-Liter-V12 wurde mit 380 PS angegeben. Bis zum Frühjahr 1976 wurde dieser Mittelmotor-Supersportwagen 387mal gebaut. **MG**

260Z | Datsun

1973 • 2665 ccm, Sechszylinder • 150 PS/110 kW • 0-100 km/h in 8 Sek. • 204 km/h

In Japan hieß er Fairlady Z, im Export Datsun 260Z. Den Modellwechsel vom 240Z zum 260Z bewirkten nicht zuletzt die scharfen Emissionsgesetze in den USA, dem Hauptmarkt des Automobilherstellers Nissan. Um auf 150 PS zu kommen, ohne die Kompression anzuheben, mußte man den Hubraum heraufsetzen, und seinen 2665 ccm verdankt der 240Z-Nachfolger seine Bezeichnung 260Z.

Der neue Wagen erwies sich als sogar noch erfolgreicher: allein 1975 wurden 63.930 Exemplare abgesetzt. Skeptiker, die mit einem Rückgang gerechnet hatten, wurden eines Besseren belehrt. Nissan betrieb in den siebziger Jahren eine sehr offensive Marketingpolitik, hatte sich aber auch einen Namen für gute Fertigungsqualität erworben. Vielleicht beruhte der Erfolg des Sportcoupés auch auf dem neuen Interieur-Konzept: Es gab im Fond zwei Klappsitze, durch deren Umlegen ein großer Gepäckraum entstand. Äußerlich konnte man nur geringfügige Änderungen entdecken; so hatte die Front neue Stoßfänger bekommen, um auch hiermit den gesetzlichen Anforderungen in den USA zu genügen. Da es mit den Abgaswerten des OHC-Motors jedoch regelmäßig Probleme gab, weil die Auflagen in den Abnehmerländern (speziell in Kalifornien) immer strenger wurden, verschwanden 1975 die Hitachi-Horizontalvergaser zugunsten einer Einspritzanlage, die Nissan von der deutschen Firma Bosch bezog. Exklusiv für den US-Markt wurde der Hubraum des Motors auf 2,8 Liter erhöht, in (nur) 147 PS resultierend. 1977 erschien für den 280Z ein Fünfganggetriebe mit dem fünften Gang als Overdrive, wobei die Motorleistung angehoben wurde und jetzt 170 PS betrug. **SH**

Khamsin | Maserati

1973 • 4930 ccm, V8 • 320 PS/235 kW • 0-100 km/h in 6,8 Sek. • 248 km/h

Als Protoyp war der Khamsin bereits in Turin 1972 auf dem Bertone-Stand zu sehen gewesen, bevor er 1973 sein offizielles Debüt als neuer Maserati gab. In zeitgemäßem Design erschien er als Ablösung des Indy. Die Gestalt des 2+2 war ein Werk Marcello Gandinis, dessen größter Erfolg sieben Jahre zuvor der Lamborghini Miura gewesen war. Das Heck dieses keilförmigen Coupés lief spitz aus, und die Seitenfenster waren vergleichsweise niedrig. In technischer Hinsicht ließ der Khamsin indessen keine besonderen Fortschritte erkennen. Er hatte einen Frontmotor, weil bei knappem Radstand sonst kein Viersitzer möglich gewesen wäre. Doch hatte der Khamsin ringsum Einzelradaufhängung an doppelten Trapez-Querlenkern; hinten lagerte sie mit dem Differential auf einem Fahrschemel. Die Zahnstangenlenkung mit geschwindigkeitsabhängigem Servo stammte vom Citroën SM. Für den Antrieb sorgte der bekannte 4930-ccm-V8-Motor mit vier obenliegenden Nockenwellen, auf Trockensumpfschmierung umgebaut, um eine flache Fahrzeugsilhouette zu ermöglichen. Die Citroën-Hydropneumatik fand nicht nur für die Servolenkung, sondern auch für Bremsen, Kupplung, Scheinwerfer-Klappmechanismus und Sitzverstellung Anwendung. Da Gandini für Bertone tätig war, wurde dort auch der selbsttragende Aufbau hergestellt. Die hinten schräg abfallende Dachpartie schränkte den Platz für Fondpassagiere sehr ein; beim Indy hatte es mehr Raum gegeben. Aber dem Styling mit dem Kamm-Heck zuliebe wollte man keine Kompromisse eingehen. Obwohl die Verkäufe nur zäh liefen, blieb der Khamsin bis 1982 im Programm und wurde insgesamt 425mal verkauft. **SB**

Urraco | Lamborghini

1973 • 2463 ccm, V8 • 220 PS/162 kW • 0-100 km/h in 6,7 Sek. • 240 km/h

Auf dem Turiner Salon im Oktober 1970 wurde ein kleiner Lamborghini mit der Bezeichnung P 250 gezeigt. Mit ihm plante man gegen den bereits seit Ende 1966 unter der Marke Dino verkauften kleinen Ferrari ins Feld zu ziehen. Während sich dieser aber mit einem V6-Motor begnügte, sollte der P 250 – die Typenbezeichnung Urraco bekam er erst später – einen 220 PS starken V8 erhalten. Jede Zylinderreihe seines neu konstruierten Motors wies eine obenliegende Nockenwelle auf (Antrieb durch Zahnriemen), und die Gemischzufuhr besorgten vier Weber-Doppelvergaser. Wie im P400 Miura war der Motor quer vor der Hinterachse eingebaut. Getriebe, Kupplung und Differential bildeten eine Einheit, mit dem Motor verschraubt. Als Aufhängung dienten vorn und hinten Federbeine mit Querlenkern; zudem gab es Kurvenstabilisatoren und Reaktionsstreben sowie belüftete Vierrad-Scheibenbremsen mit Servo. Trotz der Mittelmotorbauweise war der P 250 ein – wenn auch knapper – Viersitzer, was sich durch den Quereinbau der auf einem Schemel montierten Antriebseinheit ermöglichen ließ. Die Karosserie mit unterhalb der Stoßstange kaschiertem Kühllufteinlaß war ein Meisterstück der Firma Bertone, bei der auch die Aufbauten hergestellt wurden. Die Luftauslässe auf der Fronthaube harmonierten mit den Motorlufteinlässen in den hinteren Dachträgern. Das großzügig verglaste Oberteil verlieh dem P 250 Eleganz und Leichtigkeit. Um problemlos sowohl links- als auch rechtsgelenkte Wagen bauen zu können, waren die Rundinstrumente in der Armaturenbrettmitte gruppiert. Erst auf dem Turiner Salon im November 1972 wurde die Aufnahme der Serienherstellung bestätigt. **SH**

Gran Torino | Ford

1973 • 5766 ccm, V8 • 161 PS/118 kW • 0-100 km/h in 10,8 Sek. • 178 km/h

Die mittelgroßen Modellreihen der amerikanischen Marke Ford – bezeichnet als Torino, Gran Torino, Gran Torino Sport und Gran Torino Squire – hatten für das Modelljahr 1972 neue Karosserien bekommen; beim Gran Torino fiel das wuchtige, fast quadratische Kühlermaul auf. Überraschend war der Übergang von der selbsttragenden Bauweise zum Kastenrahmen mit Traversen, womit auch das Fahrwerk von den großen Ford-Modellen übernommen wurde. Weiterhin gab es einen Hardtop-Sedan, ein Hardtop-Coupé und einen Station Wagon. Der Torino Sport wurde jedoch nur als Hardtop- und als Fastback-Coupé angeboten. Durch die verordnete Umstellung auf bleifreien Kraftstoff leistete der 7,0-Liter-V8 nur noch müde 208 statt 375 PS, während der 5,8-Liter-V8 immerhin auf 161 PS kam. Vordere Scheibenbremsen wiesen alle Torino-Versionen auf.

In den USA kam der 1973er Ford Torino zu anhaltendem Filmruhm durch eine TV-Serie, die sich über vier Jahre erstreckte. Die 92 Folgen von „Starsky und Hutch" wurden auch in Europa gesendet. Die Handlung dreht sich um die Arbeit der beiden jungen Polizisten Dave Starsky und Ken Hutchinson im imaginären Bay City (gedreht in Los Angeles). Die Serie bot viele komödiantische Elemente, vor allem in Form von humorvollen Dialogen der beiden unkonventionellen Cops und ihres Freundes und Informanten Huggy Bear. Neben actionreichen Szenen wurde auch ein realistisches Bild sozialer Brennpunkte und von den Schattenseiten der Polizeiarbeit gezeichnet. Ford in Dearborn betrieb damals einen Fahrzeugverleih eigens zu Filmzwecken und stellte aus diesem Pool jene Wagen zur Verfügung, die man für die Rollen der Hauptdarsteller geeignet hielt. **MG**

Bagheera | Matra-Simca (F)

1973 • 1294 ccm, Vierzylinder • 84 PS/61,7 kW • 0-100 km/h in 13 Sek. • 178 km/h

Im Jahre 1969 hatte Matra Sports seine Verbindung zu Renault gelöst und war eine neue mit Simca eingegangen. In gemeinsamer Arbeit entstand der Bagheera – ein ungewöhnlicher Sportwagen insoweit, als er drei Personen nebeneinander Platz bot. Namensgeber war ein Panther aus Rudyard Kiplings Dschungelbuch von 1894. Die herkömmlichen Namen aller bekannten Wildkatzen waren nicht mehr verfügbar gewesen ...

Der Bagheera war das Resultat einer Marktstudie, die von Matra und Chrysler France durchgeführt worden war. Es sollten möglichst viele Komponenten des Simca 1100 Spécial verwendet werden; der mit zwei Weber-Doppelvergasern 84 PS leistende Vierzylinder war quer und um 15 Grad geneigt hinter den Sitzen eingebaut.

Die Aufhängung bestand vorn aus Dreiecksquerlenkern und Längstorsionsstäben, hinten aus Längslenkern und querliegenden Drehstabfedern. Die Vierrad-Scheibenbremsen arbeiteten mit Servo, die Lenkung via Zahnstange. Das Lenkrad war unten abgeflacht, hinten waren wie bei Hochleistungssportwagen größere Reifen als vorn montiert. Als Hatchback-Coupé bot der Bagheera eine rahmenlose Heckscheibe, die sich öffnen ließ. Das Chassis war eine Spaceframe-Konstruktion aus Stahlrohren und Stahlblechpaneelen und trug einen Kunststoff-Aufbau; das Design stammte von Philippe Guedon.

Der 1975 eingeführte Bagheera S mit 1442 ccm vermittelte ein etwas größeres Fahrvergnügen. Der gut absetzbare Dreisitzer blieb auch nach der Übernahme Simcas durch den PSA-Konzern 1980 in Produktion, bekam allerdings die Markenbezeichnung Talbot-Matra. Noch im gleichen Jahr erschien jedoch der Matra Murena als Nachfolger des Bagheera. **SH**

Robin | Reliant (GB)

1973 • 701 ccm, Vierzylinder • 26 PS/19,1 kW • 0-100 km/h in 22 Sek. • 110 km/h

Im Oktober 1973 stellte die Firma Reliant mit dem Robin einen etwas moderner geformten Nachfolger des Regal 3/30 vor. Durch solche Dreiradwagen war Reliant überhaupt erst bekannt geworden. Diese profitierten von Steuervorteilen – weshalb auch Morgan und BSA so erfolgreich mit ihnen waren – und fanden Verbreitung bei jenen Kreisen, die eine Alternative zum Motorrad mit Beiwagen suchten.

Bei den Reliant Threewheelern saß das Einzelrad vorn an einem Schwingarm mit Schraubenfeder, während der Antrieb auf die Hinterräder erfolgte; sie saßen an einer Starrachse mit Halbelliptikfedern und Trommelbremsen. Die auf einem Profilstahlrahmen mit Querstreben aufgebaute Kunststoffkarosserie war trotz nur 3430 Millimeter Länge bei relativ langer Motorhaube viersitzig. Außer der Stufenheckkarosse mit einwärts geneigtem Heckfenster gab es eine dreitürige Kombiversion. Als Antrieb diente beim Modell Regal 3/30 der von Reliant selbst produzierte 701-ccm-Vierzylindermotor aus Leichtmetall, erst 28 PS und ab 1969 26 PS leistend. Das Getriebe wies vier Gänge auf.

Bei Reliant war übrigens auch der in der Türkei gebaute Anadol entwickelt worden. Der – vierrädrige! – Reliant Scimitar war ebenfalls erfolgreich; bis Anfang 1973 stieg die Produktion des Scimitar GTE von 35 auf beachtliche 60 Einheiten pro Woche.

Der 1973 eingeführte Reliant Robin hatte wie sein Vorgänger einen Profilstahlrahmen mit Querstreben und vorderem Einzelrad mit Schwingarm; die hintere Starrachse war mit Halbelliptikfedern versehen. Er war jedoch für seine mangelhafte Balance bekannt. Der Entwurf des Robin stammte von der Ogle Design Ltd. **BS**

Dolomite Sprint | Triumph (GB)

1973 • 1998 ccm, Vierzylinder • 129 PS/95,8 kW • 0-100 km/h in 8,4 Sek. • 190 km/h

Dem 1973 eingeführten Triumph Dolomite Sprint fiel die Aufgabe zu, der Limousinen-Baureihe dieser Marke neue Impulse zu verleihen. Der Dolomite hatte bisher ein für die British-Leyland-Programmpolitik typisches Schicksal durchlebt. 1965 hatte es unter der Marke Triumph erstmals einen Wagen mit Frontantrieb gegeben, den 1300. Mit seinem Michelotti-Styling glich er dem größeren 2000. 1970 wurde das Fahrzeug umkonstruiert und mit Hinterradantrieb versehen; in dieser Ausführung wurde es als Toledo bezeichnet. Der Typ 1300 erhielt zur gleichen Zeit statt des 1296- einen 1493-ccm-Motor und figurierte als Triumph 1500, und den gab es – jetzt mit etwas veränderter Bug- und Heckpartie – ebenfalls mit Heckantrieb. Das gleiche Fahrzeug versah British Leyland 1972 mit einem 1850 ccm großen, geneigt eingebauten OHC-Vierzylinder: So ausgestattet bekam es den Namen Dolomite 1850. Mit seiner gehobenen Ausstattung gab sich dieser Wagen eleganter als der 1500. Und als Dolomite Sprint erschien 1973 eine Zweiliter-Version, deren 16-Ventil-Motor – der erste in Großserie gebaute – für sportlichen Fahrspaß sorgte. Für einige Jahre war dies das bevorzugte Modell britischer Jungmanager. Auffallend war die freche Farbgebung für den Sprint: man erhielt ihn in Knallgelb mit schwarzen Streifen, womit er wie eine große Biene auf Rädern aussah. Über eines der wenigen in Deutschland zugelassenen Exemplare sagte kürzlich sein Eigner im Magazin *Auto Classic*: „Ich fahre ihn, weil er individuell, praktisch, schnell und selten ist."

1976 wurde aus dem Toledo ebenfalls ein Dolomite. Die Modellfamilie blieb bis 1980 im Triumph-Programm. **SB**

2002 turbo | BMW

1973 • 1997 ccm, Turbo-Vierzylinder • 170 PS/125 kW • 0-100 km/h in 6,9 Sek. • 211 km/h

Er war nicht der erste BMW mit Abgas-Turbolader. Schon 1969 hatte es einen Nullzwei mit Aufladung gegeben, 280 PS stark. Dieter Quester war auf einem solchen Fahrzeug sogar Tourenwagen-Europameister geworden, Ernst Furtmeyer Europäischer Bergmeister.

Versuche mit Aufladung nahmen bei BMW ihren Fortgang, vielleicht auch mit einem Seitenblick auf Porsche. Auf der IAA 1973 gab es das Resultat in Gestalt des 2002 turbo zu sehen. Unglücklicherweise erschien er zum falschen Zeitpunkt. Wer der Marke mit dem Schnellfahrer-Image ohnehin etwas am Zeug zu flikken hatte, für den war das Auto das sprichwörtliche Öl im Feuer.

Nicht für die Rennstrecke, sondern für die Straße gedacht war der Wagen. Mit seinen bauchigen Kotflügeln und seinem 170 PS leistenden Turbomotor war er der bislang stärkste Serien-Vierzylinder unter der weiß-blauen Marke. Die Eigenschaften des 2002 turbo bezeichnete BMW als „komfortabel, sicher und umweltgerecht". Er trug seine Modellbezeichnung in großen Buchstaben auf dem Frontspoiler in Spiegelschrift. Wer den Wagen im Rückspiegel nahen sah, sollte wissen, daß er die Überholspur freizugeben hatte. Daß nur wenig später die Welt mit einer Mineralölkrise konfrontiert werden könnte, hatte niemand vorhergesehen. Der in Chamonixweiß oder in Polaris-Silbermetallic gelieferte BMW 2002 turbo entstand nur 1672mal.

Als die ersten Exemplare des 2002 turbo zur Auslieferung kamen, trugen sie keine Aufschrift auf dem Frontspoiler. Auch auf den Anzeigen, die das Auto abbildeten, nicht – hier war die Schürze lediglich mit einem dekorativen, blau-roten Streifen versehen. **HS**

Zu solchen Stunts sind amerikanische Highway-Sheriffs höchstens im Film fähig, wie in „The Blues Brothers", gedreht 1980.

Capri RS 3100 | Ford

1973 • 3093 ccm, V6 • 146 PS/107 kW •
0-100 km/h in 7,1 Sek. • 200 km/h

Der in und für Großbritannien produzierte Ford Capri unterschied sich nicht nur durch die Rechtslenkung von seinen kontinentalen Geschwistern, sondern teils auch in der Motorisierung. Der englische Capri 2000 GT zum Beispiel wurde von einem 1996-ccm-V4-Motor angetrieben, das deutsche Gegenstück war ein V6 mit 1998 ccm Hubraum. Und während in Deutschland als Topmodell der Capri RS 2600 mit 150 DIN-PS angeboten wurde, besaß die englische Spitzenvariante einen 3,1-Liter-V6 mit 146 SAE-PS.

Die vier unteren Capri-Modelle 1300, 1300 GT, 1600 und 1600 GT hatten für 1971 eine Leistungserhöhung erfahren. Die englischen Capri wurden jetzt jedoch nur noch für das United Kingdom und die EFTA-Länder gebaut, und ab Ende 1970 kamen sie auch nicht mehr in die Schweiz, wie noch deren Vorgänger.

Als Ford UK 1973 das Capri-Modell RS 3100 vorstellte, hatte das Werk in Brentford bereits mehr als eine Million Capri-Coupés aller Kaliber gebaut, eine erstaunlich hohe Zahl für britische Verhältnisse. Der neue Wagen ersetzte den 2,6-Liter, und die Bezeichnung RS sollte erkennen lassen, daß es sich wieder um einen Wettbewerbswagen handelte. In der Tat setzte Ford den RS 3100 1974 in der Europäischen Tourenwagen-Meisterschaft (ETC) ein, und er hatte das Zeug dazu, den Titel zu erringen. Es galt, BMW zu bezwingen; die Bayern hatten die Serie 1973 gewonnen. Ford heuerte als Spitzenfahrer Niki Lauda an und setzte alles daran, BMW abzuhängen. Den Pokal zu gewinnen, gelang Ford schließlich auch – aber nicht mit einem Capri, sondern mit einem Zakspeed Escort in einer anderen Kategorie. **MG**

Monaco | Dodge

1974 • 5898 ccm, V8 • 180 PS/132 kW •
0-100 km/h in 10,8 Sek. • 185 km/h

Turnusmäßig waren die Dodge-Modellreihen Polara, Polara Custom und Monaco 1972 an der Reihe, neue Karosserien zu erhalten. Der Monaco unterschied sich von den anderen durch Klappscheinwerfer. Einen Sechszylindermotor und Handschaltung gab es nicht mehr; Servolenkung zählte ebenso zur Serienausstattung wie vordere Scheibenbremsen mit Servo. Stahlgürtelreifen waren für alle Modelle außer den Station Wagons erhältlich. Wegen ihrer lauten Abrollgeräusche erforderten sie eine verbesserte Geräuschdämpfung der Karosserien. Alle Motoren liefen nun mit bleifreiem Benzin mit 91 Oktan und waren entsprechend leistungsschwach. Die Amerikaner mußten damit leben lernen ... 1973 wiesen die Motoren eine noch wirksamere Abgasentgiftung mit einer elektronischen Zündung auf. Bei den großen Dodge-Modellen Polara und Monaco zählten vordere Scheibenbremsen samt Servo nun zum Serienumfang, auf Wunsch waren Gürtelreifen erhältlich.

Für den Modelljahrgang 1974 gab es abermals neue Karosserien. Die Gürtellinie verlief niedriger, die Seitenfenster waren entsprechend höher. Die Polara-Reihe wurde aufgegeben; es gab jetzt nur noch die Typen Monaco, Monaco Custom und Monaco Brougham.

Bei den Polizeibehörden von Chicago gehörte der Monaco Mitte der 1970er Jahre zu den Dienstfahrzeugen. Man sah sie daher auch in spektakulären Filmen wie „The Blues Brothers", wo die Hauptakteure die Mehrzahl der sie verfolgenden Polizeifahrzeuge in Massenunfälle verwickeln und neben Feuerwehr und Polizei auch die Armee und die Nationalgarde auf den Plan rufen. Dreizehn Dodge Monaco wurden in diesem Szenario zu Schrott gefahren. **MG**

560 | Monica

1974 • 5560 ccm, V8 • 280 PS/206 kW • 0-100 km/h in 8 Sek. • 238 km/h

Ab Ende 1972 gab es eine neue Marke in Form einer Luxuslimousine der Prestigeklasse. Der Monica 560 war eine britisch-französische Gemeinschaftskonstruktion; das Konzept und der Motor stammten aus England, während die Herstellung in Frankreich bei der Compagnie Française des Produits Métallurgiques (CFPM) in Balbigny bei Lyon geplant war. Dieses Unternehmen gehörte Jean Tastevin und hatte bis dahin Eisenbahnwaggons hergestellt. Die Bezeichnung Monica entsprach dem Vornamen seiner Frau. In Chris Lawrence fand Tastevin einen Konstrukteur, der sich in England bereits einen Namen mit sportlichen Kleinserienfahrzeugen gemacht hatte.

Der Aluminium-V8-Motor des Wagens hatte zwei obenliegende Nockenwellen und zunächst 3,0 Liter Hubraum. Größere Probleme ergaben sich mit der Konstruktion der viertürigen Karosserie, bis die italienische Firma Abate die Presseinrichtungen für die Produktion bereitstellen konnte. Daher lief die Serie mit zweijähriger Verspätung an. Der Unterbau des Monica bestand aus einem Rahmen mit Rohren quadratischen Querschnitts. Ein Stahlblechboden und zwei beiderseits an den Chassisseiten angeschraubte 57-Liter-Tanks sorgten für zusätzliche Versteifung. Vorn wurden obere und untere Dreiecksquerlenker verwendet, hinten eine De-Dion-Achse mit Zugstreben und Panhardstab. Im Interieur gab es Lederbezüge, eine Klimaanlage und elektrische Scheibenheber. Insgesamt bestach der Monica durch schlichte Eleganz; die Dachlinie fiel in sanftem Bogen fast stufenlos ins langgezogene Schrägheck ab. Die Form stammte von Anton Rascanu, einem jungen Talent rumänischer Herkunft. **JB**

Cougar | Mercury

1974 • 5766 ccm, V8 • 156 PS/114 kW • 0-100 km/h in 10,8 Sek. • ca. 180 km/h

„Power, speed and beauty" hieß das Motto für den Cougar, ein Mercury, dessen Name sich auf eine Wildkatze in den Tropen bezieht, die man auch als Puma kennt. Daß der Begriff „Cougar-Phänomen" auch eine zwischenmenschliche Bedeutung hat, sorgte nur in Deutschland für Heiterkeit; da aber der Wagen hierzulande kaum verkauft wurde, blieb dies irrelevant.

Bis 1973 gab es den Cougar auch mit einem 7,0-Liter-Motor. Als in jenem Jahr die dritte Generation vorgestellt wurde, reduzierte man den Hubraum auf 5769 ccm, wobei auch eine 170- und (für den Export) eine 270-PS-Version zur Wahl stand. 1974 wurden jedoch wieder ein 5766-, ein 6590- und ein Jahr später auch wieder ein 6950- und ein 7536-ccm-V8 angeboten. Diese Motorenauswahl zwischen 156 und 220 PS führte zu einer verwirrenden Vielfalt ohne erkennbare Highlights, denn die durchwegs reduzierten Leistungen blieben im Lande des 55-Meilen-Limits ja ohne Effekt.

Dem Cougar war bei Mercury jene Rolle zugedacht, die bei Ford der Mustang spielte. Er erschien als sportlich aufgemachtes Hardtop-Coupé, etwas größer als der Mustang und auch ein wenig stärker motorisiert. Weil er damit nicht mehr aus dem Baukasten des Ford Mustang II zu bestücken war, wurde der Cougar 1974 dem Montego angeglichen. Er war 400 Millimeter länger als zuvor, und anstatt Blattfedern besaß seine Starrachse Schraubenfedern. Gebaut wurde das Auto nur noch als Typ Cougar XR-7. Zur Ausstattung zählten eine Servobremsanlage, vorn mit Scheiben, eine Servolenkung, Automatikgetriebe, Opera Windows im hinteren Seitenbereich und ein Vinyldach. Besonders schick war eine Kühlerfigur, die im Fall einer kräftigen Touchierung nachgab. **MG**

Countach | Lamborghini

1974 • 5167 ccm, V12 • 449 PS/340 kW • 0-100 km/h in 4,9 Sek. • 288 km/h

Der Countach stellte das Superlativ-Automobil der 1970er Jahre dar. Er basierte auf dem Miura, doch sein V12-Motor saß nicht quer, sondern längs in der Fahrzeugmitte. Heute wie vor mehr als drei Jahrzehnten war dieses Fahrzeug die Quintessenz des Automobils in seiner pursten Form. Angeblich bekam das Auto seinen Namen durch den überraschten Ausruf eines Ingenieurs in Sant'Agata, als er des Coupés zum ersten Mal ansichtig wurde. „Countach!" ist ein im Piemont gebräuchliches Kompliment der etwas derberen Art, auf attraktive Frauen angewendet. Das Fahrerlebnis im Countach versetzte den, der es auskosten durfte, in eine andere Welt. Mit 288 km/h war der Countach nicht nur der schnellste in Serie gebaute Straßenwagen, sondern auch der aufregendste. Schon im Stand strahlte der Countach Dynamik aus. Seine kompromißlose Silhouette verdankte er dem gestalterischen Talent eines Marcello Gandini. Die tief herabgezogene Fahrzeugfront ging in direkter Linie in die rechteckige Windschutzscheibe über, aufklappbare Doppelscheinwerfer unterbrachen die Silhouette. Die Türen waren vorn angelenkt und öffneten in steilem Winkel nach oben. In den ersten Exemplaren war das Cockpit eine recht nüchterne Angelegenheit und entsprach dem futuristischen Erscheinungsbild des Wagens. Nicht mehr als 23 Fahrzeuge waren entstanden, ehe 1978 der Countach LP400S erschien. Er wies ein verstärktes Chassis, modifizierte Aufhängungen und Pirelli-Breitreifen auf. Nachdem die Firma Lamborghini an die Mimran-Brüder verkauft worden war, erschien der LP500S mit größerem Motor, der als Vierventiler am Ende 455 PS leistete. Der letzte Countach wurde 1990 gebaut. **DS**

SV-1 | Bricklin

1974 • 5896 ccm, V8 • 223 PS/164 kW • 0-100 km/h in 8,5 Sek. • 195 km/h

Bevor Malcolm Bricklin sich mit einigem Erfolg als Subaru- und Fiat-Importeur für Nordamerika etablierte, war er bereits Millionär, denn von seinem Vater hatte er ein florierendes Unternehmen geerbt, das die Baubranche belieferte und aus welchem eine Franchise-Kette entstanden war. Dann aber wurde der Subaru 360 in einem Report als das „unsicherste Fahrzeug in den USA" gebrandmarkt, und Bricklin büßte durch unverkäufliche Haldenautos sein halbes Vermögen ein. Die andere Hälfte wurde er durch ein Abenteuer los, auf das er sich mit einer eigenen Autokonstruktion einließ.

Mit staatlicher Unterstützung stellte Bricklin 1974 in St. Johns, New Brunswick, eine High-Tech-Fabrik hin und begann dort einen Sportwagen unter der Bezeichnung SV-1 zu bauen. Die Buchstaben standen für „safety vehicle", und nur weil der Begriff Sicherheit im Vordergrund stand, hatte die Regierung 23 Millionen kanadische Dollar locker gemacht. Entsprechend plump sah der Sicherheits-Sportwagen trotz seiner Flügeltüren und diverser durchdachter Innovationen aus: ein Konglomerat aus Kunststoff und Acryl, ohne Charme und mit einem AMC-5,9-Liter-Motor plus Automatik unter der schräg abfallenden Haube. Später gab es einen Ford-Motor und Handschaltung. Das mit großen Erwartungen gestartete Projekt fand bereits nach Jahresfrist ein Ende: Signifikante Qualitätsmängel und eine nur schwache Nachfrage bedeuteten das Aus – zu Lasten der kanadischen Steuerzahler. Mit 14,5 Millionen Dollar Verlust machte Bricklin Pleite. 2854 Wagen waren gebaut worden; 1100 waren bei Eintritt der Insolvenz noch unverkauft. Doch bald erzielten noch nicht abgesetzte Exemplare Liebhaberpreise. **MG**

Noch jeder Citroën war bisher eine ungewöhnliche Erscheinung gewesen; der neue CX machte da keine Ausnahme.

CX 2200 | Citroën

1974 • 2175 ccm, Vierzylinder • 112 PS/82,3 kW • 0-100 km/h in 13 Sek. • 182 km/h

Der Historiker David Lillywhite schrieb einst, daß der CX als der letzte große Akt zu bezeichnen war, der über die Citroën-Bühne ging, ehe die Firma 1975 von Peugeot übernommen und der PSA-Konzern gegründet wurde. Der erfolgreiche Viertürer stellte die konsequente Fortentwicklung der D-Modell-Baureihe dar. Einige Stylingelemente innen und außen glichen hingegen denen beim GS. Die geniale Hydropneumatik (die von Rolls-Royce in Lizenz nachgebaut wurde), eine sich selbst zentrierende Lenkung mit Einspeichenlenkrad, ringsum Scheibenbremsen und eine leicht konkav geformte Heckscheibe stellten nur einige Details der zukunftsorientierten Limousine dar, die 17 Jahre lang produziert wurde. Der sprichwörtliche Citroën-Komfort ließ kaum Wünsche offen.

Anfänglich erhielt man den CX mit einem 1985- oder einem 2175-ccm-Vierzylinder, wie sie auch das D-Modell gehabt hatte. Etliche Varianten folgten, wobei vor allem der Diesel und der 138 PS starke 2,5-Liter-Turbo zu erwähnen sind. Spitzenmodell war das Modell Prestige (das u. a. Präsidenten und anderen Würdenträgern als Dienstfahrzeug zur Verfügung stand), während der Break (Kombi) als eines der geräumigsten Mehrzweckfahrzeuge seiner Art Geschichte machte; er wurde als Liefer-, Kranken- und Leichenwagen genutzt. Rostprobleme, unter denen die Fahrzeuge der ersten Baujahre gelitten hatten, traten ab 1986 kaum noch auf, so daß die sprichwörtliche Langlebigkeit eines Citroën auch beim CX gewährleistet war. In Frankreich rivalisierte der CX erfolgreich mit Importmarken wie BMW und Mercedes-Benz der gleichen Kategorie, obwohl diese Autos Sechszylindermotoren hatten. **SH**

M-24 Wolga | GAZ

1974 • 2445 ccm, Vierzylinder • 105 PS/77,2 kW • keine Angaben. • 165 km/h

In der Sowjetunion entstand eine ganze Reihe von Autos, die in westlichen Ländern kaum wahrgenommen wurden. Der Kraftfahrzeugbau war eine Angelegenheit des Staates, der auch darüber zu befinden hatte, wer sich überhaupt ein Auto anschaffen durfte.

Im Sommer 1968 war ein verhältnismäßig modern aussehender GAZ 24 herausgekommen. Seine aus vertikalen Chromstäben zusammengesetzte Kühlerfront wirkte sehr eindrucksvoll. Das in Gorkij produzierte Auto war zwar nicht länger als sein Vorgänger, wies aber 10 Zentimeter mehr Radstand auf. Die Konstruktionsweise war identisch geblieben, nur hatten die Trommelbremsen Servounterstützung. Der 2,4-Liter-Motor leistete 105 oder 110 PS, je nach Verdichtung, die 6,7, 7,8 oder 8,2:1 betrug. Der Typ 24 besaß ein Vierganggetriebe mit Stockschaltung.

Ab Anfang 1971 wurde der GAZ 24 nach einer Präsentation auf dem Brüsseler Salon mit der Zusatzbezeichnung Rover Diesel bei Scaldia in Belgien montiert. Wie der Name aussagte, hatte dieses Modell einen von Rover eingekauften Diesel unter der Haube. Auf dem Turiner Salon im November 1971 wurde als Schwestermodell der Wolga M-24 mit dem Indenor-Dieselmotor von Peugeot gezeigt. 1973 kam die Kombiwagenversion M-24-02 hinzu; auffallend war der über das Dachende gezogene Windabweiser für die Heckscheibe. Die GAZ-Wolga-24-Baureihe spielte ihre Rolle im Alltag der Comecon-Länder als Behörden- und Taxifahrzeug. Die im Westen mit Dieselmotor angebotenen Autos trafen in Antwerpen als bis auf den Motor komplett vormontierte Fahrzeuge ein. Hauptabnehmer der Scaldia-Montagewagen waren auch in Belgien Taxibetriebe. **HS**

Zweckmäßige Technik in ästhetischer Vollendung. Komfort für den Fahrer war beim Lancia Stratos nachrangig. ▷

518 | BMW

1974 • 1766 ccm, Vierzylinder • 90 PS/66,2 kW • 0-100 km/h in 15 Sek. • 163 km/h

„Der neue Zweiliter-Vierzylinder-Wagen der Bayerischen Motoren Werke trägt die Modellbezeichnung BMW 520 (sprich: fünf-zwanzig). Dabei kennzeichnet die erste Ziffer den Wagentyp, die zweite und dritte den Motorhubraum." Mit dieser knappen Erklärung zur Einführung einer neuen Viertürer-Modellreihe stellte BMW auf der IAA im September 1972 das Modell 520 vor.

Die Mittelklasse erfuhr mit dem 5er BMW eine Definition, die sich vom bisherigen Muster abzuheben begann. Das Erscheinungsbild der beiden zunächst gezeigten Modelle BMW 520 und BMW 520i ließ eine neue Formensprache erkennen. Große Fensterflächen bei niedriger Gürtellinie waren die auffälligsten Merkmale dieses Designs. Im Cockpit dominierte eine strenge Funktionalität. Der BMW-Chefgestalter Paul Bracq hatte die Grundlage zu einem Stil geschaffen, der Jahrzehnte überdauern sollte und die Marke unverwechselbar machte. Der intern als E12 bezeichnete neue Viertürer wies eine programmierte Sicherheitskarosserie mit Knautschzonen an Bug und Heck auf, hatte die damals so prestigeträchtigen Doppelscheinwerfer sowie Instrumente mit orangefarbener Beleuchtung. Das Fahrwerk mit der Längslenker-Hinterachse entsprach klassischer BMW-Bauweise.

Mit einem 1766-ccm-Vierzylinder erschien im Juni 1974 ein „Sparmobil" in der BMW 5er-Palette: der Typ 518. Äußerlich unterschied sich dieser Wagen vom 520 nur durch seine Typenbezeichnung am Heck. Zur Erinnerung: Es herrschte weltweit eine Mineralölkrise, und alle Autohersteller waren darauf bedacht, ihrem Programm leistungs- und verbrauchsminimierte Alternativen hinzuzufügen. **HS**

Stratos | Lancia

1974 • 2418 ccm, V6 • 190 PS/140 kW • 0-100 km/h in 6 Sek. • 230 km/h

Der Stratos schrieb ein großartiges Kapitel italienischer Motorsportgeschichte. Er war ein kompromißlos konzipierter Wettbewerbswagen, gedacht für die härtesten Einsätze im Rallyesport. Mit ihm setzte Lancia seine erfolgreichen Rallyeaktivitäten fort und führte sie zu neuen Höhepunkten.

Die Anregung zu diesem Mittelmotor-Coupé war von Nuccio Bertone gekommen, der das Auto 1970 als Show Car präsentiert und 1971 mit einem Ferrari-Dino-Motor versehen hatte. Cesare Fiorio, Lancia-Sportchef, sicherte seiner Firma die Baurechte an diesem Wagen und vermochte ihn als Lancia zu deklarieren, was sehr clever war, weil sowohl Ferrari als auch Lancia inzwischen unter einem gemeinsamen Fiat-Dach angesiedelt waren. Denn es wäre auch denkbar gewesen, daß der Zweisitzer unter der Marke Dino-Fiat an den Start gegangen wäre, schon in Anbetracht des verwendeten Transaxle-Dino-Motors. Um als Wettbewerbswagen für die Gruppe 4 (Spezial-GT) homologiert werden zu können, mußten indessen 500 identische Serienmotoren gebaut und auch in Serienfahrzeugen verwendet werden.

Das extrem keilförmige, kompakte Auto von nur 870 Kilogramm Leergewicht, ein Stahlblech-Monocoque mit Kunststoffpaneelen und Plexiglasscheiben, sollte nichts anderes als eine hochmotorisierte Fahrmaschine sein, in der sich zwei Mann und 190 PS für Lancia-Ruhm auf die Straße begaben.

Drei Rallye-Weltmeisterschaften (1973, 1974, 1975) fuhr der Stratos ein, und Sandros Munari wurde mit dem Stratos – als 24-Ventiler in der letzten Phase bis zu 240 PS getunt – in den Jahren 1975, 1976 und 1977 Gesamtsieger der Rallye Monte-Carlo. **DS**

Lafer | MP (BR)

1974 • 1584 ccm, Vierzylinder-Boxer • 64 PS/47 kW • 0-100 km/h in 20,4 Sek. • 110 km/h

Die Lafer SA war eine Möbelfabrik im brasilianischen Sao Bernardo do Campo, die Anfang 1974 eine Kopie des Sportwagens MG TD von 1951 auf den Markt brachte. Ein von Percival Lafer, einem Liebhaber britischer Automobiklassiker, entworfener Prototyp war bereits 1972 gezeigt worden.

Der MP Lafer basierte auf dem VW-Käfer-Plattformrahmen mit dem 1584-ccm-Heckmotor des Modells Brasilia von Volkswagen do Brasil. Es waren vor allem die kleineren, breiteren Räder, die den MP Lafer optisch von einem echten MG TD unterschieden; hinzu kam das verräterische Motorengeräusch. Auf den Kunststoff-Roadster ließ sich ein Verdeck über seitlich zu montierende Stützen aufziehen. Ab April 1979 wurde der MP Lafer auch in der Schweiz angeboten, sogar mit Echtleder- und Edelholzausstattung.

Die Mode, „nachempfundene" Oldtimer auf VW-Käfer-Plattform in die Welt zu setzen, grassierte in den 1970er Jahren auch in Europa und in den USA. Die meisten Hersteller begnügten sich allerdings mit dem Liefern von Bausätzen und einer Bastelanleitung, während es dem Kunden überlassen blieb, sich einen alten Volkswagen zu suchen und die Transformation in eigener Regie durchzuführen. Ungezählte Projekte dieser Art endeten in der Aufgabe der Bemühungen, zumal es fraglich war, ob solche Objekte am Ende eine Straßenzulassung erhielten. Im Anzeigenteil der populären Motorzeitschriften konnte der Interessierte viele Anbieter solcher Kits finden. Betagte Käfer im Urzustand zu belassen, sollte sich am Ende als klüger erweisen, denn der Marktwert für Autos à la Lafer tendierte eines Tages gegen Null. **SH**

De Ville | Panther

1974 • 5343 ccm, V12 • 270 PS/198 kW • 0-100 km/h in 12 Sek. • 200 km/h

Die britische Firma Panther Westwinds, die mit ihrem Jaguar-SS-100-Nachbau 172 recht erfolgreich gewesen war, dehnte ihr Programm der Nostalgie-Autos kontinuierlich aus und stellte 1974 einen Giganten auf die Räder, der entfernte Ähnlichkeit mit einer Bugatti Royale von 1931-32 hatte. Die Panther De Ville genannte Limousine war jedoch ein topmodernes Auto, kein Oldtimer-Replikat. Der Wagen wies einen Rohrrahmen in Leiterform auf, hatte ringsum Scheibenbremsen, Servolenkung, einen Aufbau aus Leichtmetall und ein komfortables Interieur. Mit seiner zweifarbigen Lakkierung und dem Hufeisenkühler imitierte der Wagen ebenfalls das Bugatti-Vorbild, während die Trommelscheinwerfer sich an amerikanischem Stilempfinden orientierten. Originellerweise stammten die Türen vom MGB, wenn auch mit neuen, angepaßter Außenhaut – gut, daß Ettore Bugatti dieses Fahrzeug niemals zu Gesicht bekam.

Als Antriebsaggregat diente der 5,4-Liter-V12-Motor aus dem Jaguar XJ12, und ab 1976 wurden auch von Jaguar bezogene 4,2-Liter-Sechszylinder verwendet.

Dem De Ville durfte man ein ebenso imponierendes Auftreten wie einem Rolls-Royce bescheinigen, und die Preise beider Wagen waren fast identisch. Als Einzelstück gab es auch ein zweitüriges Cabriolet – es war das teuerste in England angebotene Automobil. In elf Jahren wurde der De Ville nicht mehr als 60mal gebaut, damit gehörte er zu den exklusivsten Nobelwagen. Wer kaufte einen solchen Wagen? Es waren Popstars und arabische Ölprinzen, die über mehr Geld als Geschmack verfügten und sicher sein konnten, daß ihnen damit die erwünschte Aufmerksamkeit zuteil wurde. **RY**

Golf I | Volkswagen

1974 • 1471 ccm, Vierzylinder • 70 PS/51,5 kW • 0-100 km/h in 13 Sek. • 156 km/h

Lange genug hatte man sich bei Volkswagen gesträubt, einen Nachfolger für den Käfer auf den Markt zu bringen. Nicht vor Mai 1974 wurde die Öffentlichkeit gewahr, daß Wolfsburg an neuen Konzepten gearbeitet hatte, sogar an solchen, die eine völlige Abkehr von der bisherigen Modellpolitik bedeuteten.

VW bekannte sich zu einer neuen Technologie. Der unter dem Namen Golf präsentierte Wagen hatte einen wassergekühlten Motor, der die Vorderräder antrieb. Auch mit seiner Karosserie, die eine Heckklappe aufwies, war er der Gegenpol zum Käfer. Die beiden Grundmodelle mit 1093- bzw. 1471-ccm-Motor waren sowohl zwei- als auch viertürig lieferbar. Die technische Konzeption und die Technik des Golf mit seinem Quermotor entsprach der des Audi 80, der seit Juli 1972 angeboten wurde und für den Golf als Wegbereiter gedient hatte. Kompakte Autos mit Frontantrieb hatten in Italien, Japan und Großbritannien längst den Trend vorgezeichnet; daß VW folgen würde, war nur eine Frage der Zeit gewesen. Der Käfer war zum Auto der Nostalgiker geworden, wenngleich er in Mexiko und Brasilien auch weiterhin fabriziert wurde.

Das 70-PS-Modell war ab Mai 1974 erhältlich, das 50-PS-Modell ab September. Ausstattungsvarianten wurden durch das Suffix L, S oder LS gekennzeichnet. Das Design des Golf zeigte die Handschrift des Italieners Giorgio Giugiaro.

Hatte es der Käfer geschafft, den Produktionsrekord der Tin Lizzie von Ford zu brechen, so blieb es dem Golf vorbehalten, im Laufe seiner mehreren Generationen alle Bestmarken zu übertreffen. Allein vom Golf 1, bis 1983 produziert, wurden sechs Millionen Stück gebaut. **DS**

504 V6 Cabriolet | Peugeot

1974 • 2664 ccm, V6 • 136 PS/100 kW • 0-100 km/h in 10,2 Sek. • 188 km/h

Auf dem Pariser Salon im Oktober 1974 wurde der Peugeot 504 als Cabriolet und Coupé vorgestellt. Beide waren Pininfarina-Kreationen und wurden auch in Turin gebaut. Und sie wiesen einen V6-Motor auf: Dieser wurde von der Société Franco-Suédoise des Moteurs PRV (eine von Peugeot, Renault und Volvo gegründete Firma, jetzt je zur Hälfte im Besitz von Peugeot und Renault) in Douvrin, Nordfrankreich, hergestellt, die den gleichen Sechszylinder an Volvo lieferte. Der 2664-ccm-OHC-V6 besaß einen Gabelwinkel von 90 statt 60 Grad, der Block und die Köpfe bestanden aus Leichtmetall. Zwecks Abgasreduktion wurde eine elektronische Zündung verwendet. Die Gemischaufbereitung erfolgte über einen Fallstromvergaser und einen pneumatisch aktivierten Zweistufen-Zusatzvergaser. Zur Kraftübertragung diente vorerst nur ein Vierganggetriebe.

Das V6-Coupé und -Cabriolet erhielt durchgehende Abdeckungen der Doppelscheinwerfer, versenkte Türgriffe, neue Lochfelgen sowie vergrößerte Schlußleuchten. Zur serienmäßig angebotenen Ausstattung zählten Kopfstützen, Aufrollgurte sowie beim Coupé eine Heckscheibenheizung. Auch war das Fahrwerk der höheren Motorleistung angepaßt worden, unter anderem mit breiteren Rädern und breiterer Spur.

Im November 1974 begann sich der Zusammenschluß von Peugeot und Citroën zu konkretisieren. François Gauthier, Präsident der Peugeot SA Holding, wurde Aufsichtsratsvorsitzender der neuen Citroën SA. Ab Herbst 1976 hieß die Gruppe PSA Peugeot-Citroën. Der Peugeot 504 überlebte bis Juli 1983, und zum gleichen Zeitpunkt endete auch die Produktion des Cabriolets und des Coupés. **SH**

Der 308 GTB entwickelte sich zum erfolgreichsten Ferrari, der jemals verkauft wurde. Dies ist ein Modell von 1978. ▷

Pacer | AMC

1975 • 3801 ccm, Sechszylinder • 101 PS/74,2 kW • 0-100 km/h in 14,5 Sek. • 156 km/h

Eine Schönheit sei er nicht, wurde oft behauptet, und manche Leute finden ihn auch heute noch lächerlich. Doch der von der American Motors Corporation 1975 vorgestellte Pacer war gut durchdacht und hatte seine praktischen Seiten. Das Design stammte von Richard Teague, und er sagte später, er habe den Pacer „von innen nach außen" entwickelt.

Der Wagen rangierte als sogenannter Sub-Compact und wies beinahe europäische Dimensionen auf. AMC ließ dieses mit ungewöhnlich großen Scheiben versehene Auto deshalb auch gegen die immer stärkere Konkurrenz aus Europa (und Japan!) antreten. Es war mit 1955 Millimeter recht breit und wies als Besonderheit eine große Heckklappe sowie unterschiedlich große Seitentüren auf. Die stark akzentuierte B-Säule nahm sich wie ein Überrollbügel aus. Die Karosserie war selbsttragend mit einem vorderen und hinteren Hilfsrahmen. Ihr Plus war die Geräumigkeit bei besten Sichtverhältnissen. In Deutschland wurde der Pacer nicht angeboten, wohl aber in der Schweiz, wo er je nach Ausstattung bei der Keller AG in Zürich zwischen 16.250 und 22.000 Franken kostete.

Anfänglich sollte den Pacer ein Wankelmotor antreiben, doch davon nahm man Abstand und bot das Auto mit zwei Sechszylindermotoren (3801, 4235 ccm) und einem V8 (4979 ccm) an. Wie beim AMC Gremlin, entsprach die Bezeichnung „economy car" nicht ganz der Realität, denn der Verbauch betrug je nach Motorisierung bis zu 17 Liter auf 100 Kilometer. Nicht viele Pacer haben überlebt, und so ist es kein Wunder, daß der originale Wagen schon wegen seiner Seltenheit heute Kultstatus genießt. **BK**

308 GTB | Ferrari

1975 • 2926 ccm, V8 • 255 PS/188 kW • 0-100 km/h in 6 Sek. • 248 km/h

In Gestalt des 308 GTB debütierte ein neuer Ferrari-Zweisitzer im Herbst 1974 auf der Pariser Autoausstellung. Er wies den verkürzten Rahmen des 308 GT4 auf; mit Ausnahme der Fronthaube bestand der Karosseriekörper aus glasfaserverstärktem Kunststoff. Die Formgebung war das Werk des Designers Fioravanti bei Pininfarina, der auch den 1967er Dino gestaltet hatte: die Autos sahen einander ähnlich. Beide Modelle fielen durch eine niedrige Gürtellinie auf, eine scharf gezeichnete Bugpartie sowie eine extrem schlanke Gesamterscheinung. Der quer installierte V8-Motor im 308 GTB verfügte über genügend Leistung und Drehmoment, die Gänge ließen sich weich schalten. Mit 255 PS kam man auf eine Spitze von 248 km/h, auf 100 km/h beschleunigte das Auto in sechs Sekunden. Für einen 3-Liter-Saugmotor waren das ausgezeichnete Werte.

1976 nahm man am 308 einige Änderungen vor. Die GFK-Karosserie wich einer aus Stahlblech, und ein Jahr später brachte Ferrari auch eine GTS-Version auf den Markt. Dieses Modell wurde auf der IAA 1977 gezeigt; sein Reiz lang in einem Dach, das sich entfernen ließ. Im Zuge der Änderungen erhielt der Achtzylindermotor auch Naß- statt der bisherigen Trockensumpfschmierung; später wurde auch die Motorleistung herabgesetzt, als Abgasvorschriften die Verwendung bleifreien Benzins erforderten. Der Original-GTB wurde bis 1979 gebaut; 2897 Wagen waren bis dahin entstanden.

Wer glaubte, Ferrari konzentriere sich zu sehr auf die Formel 1 und vernachlässige den Motorsport auf der Straße, irrte sich. Mit einem 308 gewann Jean-Claude Andruet 1981 und 1982 die Tour de France. **RY**

911 Turbo 3.0 | Porsche   (D)

1975 • 2994 ccm, Sechszylinder-Boxer • 260 PS/192 kW • 0-100 km/h in 6 Sek. • 250 km/h

Als eine Spielart des 911 stellte das Haus Porsche im September 1973 auf der IAA in Frankfurt am Main das intern Typ 930 genannte Turbo Coupé vor. Der silbermetallic lackierte Wagen wies auffälige Kotflügelverbreiterungen wie beim Modell RSR auf und hatte auch dessen breite Räder. Es waren die breitesten, die Porsche bisher je einem Serienwagen gegeben hatte: 215/60 VR 15 von Dunlop (in der Serie montierte man dann Pirelli-Reifen 225/50 VR 15 P7). Der Schriftzug „Carrera" erstreckte sich über die gesamte Wagenbreite parallel zum groß dimensionierten Heckspoiler, ein weiteres Styling-Merkmal des Traumcoupés aus Zuffenhausen.

Eigentlich hatte der 911 Turbo die gleiche Charakteristik wie ein klassischer 911, und doch war er anders. Das Herz des Zweisitzers war ein 2994-ccm-Sechszylindermotor mit einer auf 6,5:1 reduzierten Kompression. Für die nötige Musik sorgte ein Turbolader von KKK (Kühnle, Kopp & Kausch) Typ 3LDZ mit einem Ladedruck von 0,8 bar, der ein Leistungsplus von 130 PS erzeugte. Das war ein Wert wie bei einem Rennwagen – doch dieses Auto war für die Straße gedacht, und jedermann konnte es kaufen! Porsche-Entwicklungschef Ernst Fuhrmann hoffte, mindestens 200 Interessenten zu finden, um eine entsprechende Serie auflegen zu können und damit auch eine Renn-Homologation zu erlangen. Der 911 Turbo 3.0 alias 930 fand weitaus mehr Liebhaber, bis Ende 1976 waren es 1300. Einschließlich Klimaanlage und Lederausstattung kostete der Wagen 65.000 D-Mark, das war mehr als angemessen für dieses feine Automobil – es handelte sich schließlich um das Spitzenmodell der Marke Porsche. **DS**

18-22 Princess | Austin

1975 • 2226 ccm, Sechszylinder • 110 PS/80,9 kW • 0-100 km/h in 14 Sek. • 167 km/h

In der zweiten Hälfte der 1970er Jahre ging es in England nicht sehr friedlich zu. Ein Streik folgte dem anderen, in den Industriestädten gab es Unruhen, der Export brach ein. Als Margaret Thatcher 1979 Premierministerin wurde, hatte sie den schwersten Stand aller europäischen Regierungschefs. Kein günstiges Umfeld für die Plazierung eines neuen Autos.

Der 1975 von der BLMC vorgestellte Princess (Styling: Harris Mann) sollte das Erbe der Reihe 1800/2200 antreten. Als Austin existierte der Typ 18-22 nur wenige Monate, dann hatte er die Ehre, unter einer eigenen Marke weiterzuleben. Gleichzeitig mit der Umbenennung der Wagenmarke in Princess traten die traditionsreichen Marken Wolseley und Morris ab.

Der Motor war entweder der 1,8-Liter Vierzylinder des 1800 oder der 2,2-Liter Sechszylinder des Austin Maxi. Beide Aggregate erwiesen sich für den Wagen jedoch als zu schwach. Die Federung arbeitete nach dem Hydragas-System. Das Auto hätte auch eine Heckklappe bekommen können, begnügte sich indessen mit einem kleinen Kofferraumdeckel. Innen bot der Viertürer einigen Komfort und genügend Platz auch im Fond. Doch Verarbeitungsmängel zeigten, daß die britische Automobilindustrie ihre Leistungsbereitschaft eingebüßt hatte; Importeure betrieben viel Aufwand, um auf eigene Rechnung Nachbesserungen vorzunehmen.

1978 gab es eine Serie II mit einem neuen Vierzylinder, den älteren Sechszylinder bot man aber weiterhin an. 1931 endlich verpaßte man der Schräghecklimousine eine Heckklappe und nannte sie nun Austin Ambassador, was deutlich werden ließ, daß die Prinzessin das Klassenziel verfehlt hatte. **JI**

Ein Auto wie den TR7 mit einer Rakete zu vergleichen, war nicht neu:
Oldsmobile hatte das 30 Jahre zuvor schon mit dem „88" getan. ▷

Seville | Cadillac

1975 • 5737 ccm, V8 • 182 PS/134 kW •
0-100 km/h in 12 Sek. • 178 km/h

Mit dem Modell Seville wurde deutlich, daß bei Cadillac eine Epoche zu Ende gegangen war – nämlich die, wonach ausschließlich das Prinzip „je größer desto besser" die Modellpolitik bestimmt hatte. Der Seville wog eine halbe Tonne weniger als ein Eldorado. Von einem Kompakt-Cadillac war schon seit einiger Zeit die Rede gewesen; vorgestellt wurde der „Kleine" schließlich im April 1975. Das Design und der Kühlergrill ließen ihn gleichwohl als echten „Caddie" erkennen, doch er war in der Tat deutlich kleiner: Radstand/Gesamtlänge betrugen 2905/5180 mm. Mit dem Seville wollte General Motors Kunden erreichen, die einen Importwagen aus Europa, etwa einen Mercedes-Benz oder BMW 3.3 kauften. Viel billiger als die großen Cadillac-Modelle war der Seville nicht, dafür war er besonders reichhaltig ausgestattet.

Den V8-Motor hatte man von Oldsmobile übernommen. Er war mit einer elektronischen Einspritzanlage bestückt, wie sie bei europäischen Topmodellen längst zu finden war und für die größeren Cadillacs seit kurzem ebenfalls angeboten wurde. Der mit dem gewohnten Turbo-Hydra-Matic-Getriebe kombinierte Achtzylinder kam auf 182 Netto-PS und galt als sparsam. Die Vorderräder waren mittels Querlenker an einem über Silentblöcke mit dem Aufbau verbundenen Hilfsrahmen angelenkt, hinten fand sich eine konventionelle Blattfeder-Starrachse. Weitere Besonderheiten waren eine automatische Niveauregulierung, Bremskraftverstärker, Servolenkung mit variierender Untersetzung, aufwendige Geräuschisolation, eine reiche Auspolsterung des Innenraums sowie eine Klimaanlage mit automatischer Temperaturregulierung. **BK**

TR7 | Triumph

1975 • 1798 ccm, Vierzylinder • 94 PS/69,1 kW •
0-100 km/h in 12,5 Sek. • 170 km/h

Als er 1975 präsentiert wurde, war der TR7 als Sproß der Triumph-Familie nicht auf Anhieb erkennbar. Das mißfiel einigen Traditionalisten – andere hingegen sparten nicht mit Applaus.

Die Grundkonstruktion des TR7 basierte auf dem Dolomite, und für das Design der Karosserie borgte man sich Harris Mann von Austin-Morris aus. Er war ein Verfechter kantig akzentuierter Seitenflächen und der Keilform. Was Mann dem Vorstand präsentierte, fand volle Zustimmung. Während seiner Umsetzung zur Serienausführung erfuhr die Form jedoch einige Einbußen; der radikale Eindruck ging etwas verloren. Doch die kantigen Flanken, die Klappscheinwerfer und die markante Form der Heckscheibe blieben erhalten und gaben noch genügend Anlaß zu Debatten. Der Designer Giugiaro soll dem Vernehmen nach um den Wagen herumgegangen sein und gesagt haben: „Oh mein Gott, auf der anderen Seite sieht er ganz genauso aus ..."

Als Motor für den TR7 diente der Vierzylinder aus dem Dolomite Sprint mit 1998 ccm Hubraum, jedoch mit einem 16-Ventil-Kopf. Damit war der Wagen zwar schnell, aber sensationelle Fahrwerte bot er nicht. Auch das enttäuschte manchen TR-Fan. Dennoch war der Verkaufserfolg nicht schlecht. Der TR7 wurde anfangs in einer Fabrik in Liverpool hergestellt, ein Platz häufiger Streiks, was sich auf die Qualität der Produkte auswirkte. Im Mai 1978 holte BL die Fertigung nach Coventry, wo es ruhiger zuging und die Verarbeitungsqualität besser war. 1979 stellte man dem Coupé ein Cabrio zur Seite. Nachdem weit über 100.000 Exemplare gebaut worden waren, nahm man den TR7 1981 aus der Produktion. **SB**

XJS | Jaguar (GB)

1975 • 5343 ccm, V12 • 289 PS/212 kW • 0-100 km/h in 7,9 Sek. • 242 km/h

Viele Jaguar-Enthusiasten hatten erwartet, daß der XJS ein vollwertiger E-Type-Nachfolger sein würde. Doch dem war nicht so. Der glattflächig gestaltete Zweisitzer mit seinen auffallend großen, ins Heck ausladenden Dachschürzen, ohne Kühlergrill, aber massiven Stoßfängern bot zwar Technik vom Feinsten und ein großartiges Fahrvergnügen, aber er hatte das Charisma seiner Vorgänger bei weitem nicht. Immerhin lief der Wagen mit seinem V12-Einspritzmotor über 240 km/h. Es gab den XJS auch als Cabriolet.

1983 kam ein neuer Motor ins Jaguar-Programm. Es handelte sich um einen Sechszylinder mit 3,6 Liter Hubraum, einen Vierventiler. Mit diesem Motor und einem Handschaltgetriebe beschleunigte der XJS besser als mit der Zwölfzylinder-Automatik-Kombination. Die Auswahl an Motoren wurde abermals erweitert, als 1991 ein 4,0-Liter-Sechszylinder hinzukam, jetzt serienmäßig mit Katalysator. Im letzten Baujahr stattete man den Wagen sogar mit einem 6,0-Liter-V12 aus, in der Sonderausführung XJR-S 330 PS stark und 270 km/h schnell.

Inzwischen hatten die E-Type-Protagonisten jedoch anerkennen müssen, daß sich der XJS in seinen verschiedenen Ausführungen zu einem formidablen Sportgerät entwickelt hatte, dazu über hohen Langstreckenkomfort verfügte und auch in jeder anderen Beziehung ein klassischer Jaguar war. 1976 bis 1978 setzte die amerikanische Group 44 getunte XJS sogar in der Trans-Am-Rennserie ein: Bob Tullius gewann 1977 die US-Fahrermeisterschaft und 1978 die Markenmeisterschaft. Und 1984 gewann der Schotte Tom Walkinshaw mit seinem XJS V12 sogar die Europa-Tourenwagenmeisterschaft. **SH**

Beta Montecarlo | Lancia

1975 • 1995 ccm, Vierzylinder • 120 PS/88,2 kW • 0-100 km/h in 9 Sek. • 190 km/h

Der Lancia Beta Montecarlo schien mehr herzumachen als der Beta Spider, doch er war nicht etwa eine Variante dieses Beta. Es handelte sich im Grunde genommen um eine Fiat-Konstruktion, konzipiert als größere Ausführung des X1/9 mit einem 3,0-Liter-V6-Motor. Das gesamte, dem Dino ähnliche Fahrzeugkonzept wurde bei Pininfarina koordiniert. Doch durch die Energiekrise zu Anfang der 1970er Jahre sah man sich veranlaßt, die Pläne für den Wagen zu ändern und auch mit dem Motorvolumen herunterzugehen, womit die ganze Brisanz auf der Strecke blieb. Als das Coupé schließlich Produktionsreife erlangt hatte, war es zu einem Lancia-Nischenmodell mit 1995-ccm-Motor mutiert.

Der filigrane DOHC-Vierzylinder saß nicht unter der langen Fronthaube, sondern als Mittelmotor hinter den Sitzen. Die Fahreigenschaften wurden durchweg als ausgewogen und deshalb positiv beurteilt, die Lenkung als präzise, die Bremsen als wirkungsvoll. Angeboten wurde das Auto als Coupé mit festem Dach sowie mit einem herausnehmbaren Oberteil nach Targa-Art. Serienmäßig wies der Montecarlo ein Fünfganggetriebe und Einzelradaufhängung auf.

Für den Export in die USA erhielt das Auto, dort Scorpion genannt, einen 1746-ccm-Motor, nur 80 statt 120 PS leistend und damit nicht sehr temperamentvoll. Den US-Umweltschutzgesetzen mußte Tribut gezollt werden. Von 1978 bis 1980 gab es keinen Montecarlo, und das unter dieser Bezeichnung anschließend neu in die Modellpalette aufgenommene Modell wies eine modifizierte Frontpartie auf. Die Amerikaner mußten auf den neuen Montecarlo jedoch verzichten, womit sie nicht viel verpaßt haben. **BK**

Der Porsche 924 sah gut aus, doch zufriedenstellende
Leistungen erbrachte er erst ab 1979 mit einem Turbomotor. ▷

66 DL | Volvo

1975 • 1108 ccm, Vierzylinder • 47 PS/34,5 kW •
0-100 km/h in 15,6 Sek. • 136 km/h

924 | Porsche

1975 • 1984 ccm, Vierzylinder • 125 PS/91,8 kW •
0-100 km/h in 10,5 Sek. • 200 km/h

Als Typ 66 war der kleine holländische Kompaktwagen im September 1972 als letzter DAF vorgestellt worden, und wie alle seine Vorgänger wies er ein Getriebe namens Variomatik mit automatischer Übersetzungswahl auf, das per Kickdown arbeitete. Zu schalten hatte man nur auf Vorwärts oder Rückwärts.

Ein niederländischer Kleinwagen mit dem Namen Daffodil (Tulpe) war erstmals im Herbst 1957 von der Van Doorne's Automobielfabriek NV in Eindhoven angekündigt worden und zwei Jahre später in Produktion gegangen. Der innovative Winzling fand zahlreiche Interessenten auch außerhalb des Benelux-Raums.

1977 erschien eine modernisierte Version des nur 3900 Millimeter kurzen Zweitürers als Volvo. Denn zum 1. Januar 1975 hatten die Schweden ihre Beteiligung an der DAF-Personenwagensparte von 33 auf 75 Prozent erhöht, während das staatliche Bergbauunternehmen Nederlandse Staatsmijnen das restliche Viertel übernahm. Am 1. Mai erfolgte die Umbenennung aller DAF-Modelle in Volvo. Die Autos erhielten eine neue Wagenfront und zahlreiche Verbesserungen; zu ihnen zählte eine verfeinerte Variomatic-Kraftübertragung, bei der mit neuem Treibriemen das Getriebegeräusch verringert worden war. Das Anfahren erfolgte bei Kaltstart jetzt spürbar sanfter. Weiterhin bestand die Wahl zwischen den von Renault bezogenen Motoren mit 1,1 oder 1,3 Liter Hubraum mit 47 bzw. 57 PS. Die stärkere Version gab es bald auch in einer GL-Ausführung. Mit dem Modelljahr 1977 erhielt der 66 DL auch größere Blinker, einen mattschwarzen Außenspiegel und ein neu gestaltetes, mattschwarzes Armaturenbrett samt neuem Sicherheitslenkrad. **HS**

Der im November 1975 vorgestellte Porsche 924 verkörperte eine Abkehr von dem bis dahin unumstößlichen Bekenntnis zum luftgekühlten Heckmotor. Zwar hatte der 924 eine Porsche-typische Front ohne sichtbaren Kühllufteinlaß, doch fiel die Motorhaube – denn der Motor lag vorn! – nicht zwischen den Scheinwerfern ab, und diese befanden sich unter Schutzklappen. Das Fastback wurde von einer kuppelförmigen Heckscheibe gebildet, die sich öffnen ließ. Mit 2400 Millimeter Radstand und 4215 Millimeter Länge besaß der 924 ähnliche Maße wie der 911, war jedoch etwas breiter und niedriger. Der 924 wurde als 2+2 angeboten, wobei im Fond deutlich mehr Platz zur Verfügung stand als im Porsche 911.

Beim Motor handelte es sich um ein von Audi fabriziertes OHC-Aggregat, auch wurde der komplette Wagen im Audi-Werk Neckarsulm (ehedem NSU) hergestellt. Mit mechanischer K-Jetronic-Einspritzung von Bosch erreichte die Leistung 125 PS. Die von der Standardbauweise abweichende Besonderheit lag in dem zur Hinterachse verlegten, mit dem Differential verblockten Vierganggetriebe. Vorn wurden Federbeine und Querlenker, hinten Schräglenker und querliegende Drehfederstäbe verwendet. Die Servobremsanlage umfaßte vorn Scheiben, die Lenkung erfolgte über eine Zahnstange. Das mit einer Mittelkonsole und karierten Stoffsitzen ausgestattete Cockpit war betont funktionell. Zusätzlich war ein Sportpaket für eine straffere Fahrwerkabstimmung erhältlich. Anfangs wurde eine zu schwache Leistung bemängelt – bis Porsche Ende 1978 den 924 Turbo auf den Markt brachte. Mit dem Abgasturbolader von KKK stieg die Leistung auf 170 PS und somit in die Nähe des 911. **DS**

450 SEL 6.9 | Mercedes-Benz

1975 • 6834 ccm, V8 • 286 PS/210 kW •
0-100 km/h in 7,5 Sek. • 230 km/h

Er war 1979 mit 69.930 D-Mark sehr teuer, und vier Jahre später kostete er sogar 82.000 D-Mark. Aber der Mercedes-Benz 450 SEL 6.9 bot auch Technik und Komfort vom Feinsten. Das 6,9-Liter-V8-Triebwerk stammte vom 6,3-Liter im Modell 600 ab, wobei die Hubraumvergrößerung den Leistungsverlust auszugleichen hatte, der durch Emissionsschutzmaßnahmen und Nebenaggregate verursacht wurde. Der drehmomentstarke Motor vereinte die kontinuierliche Benzineinspritzung K-Jetronic Bosch/MB mit einer kontaktlosen Transistorzündung, wies einen Ventilspielausgleich durch Drucköl sowie Trockensumpfschmierung auf. Zur Kraftübertragung diente eine Dreistufenautomatik eigener Konstruktion einschließlich Differentialbremse.

Neu war die hydropneumatische Federung mit Gasfederspeichern, Federbeinen sowie Niveauregulierung vorn und hinten. Hinten kam die klassische Diagonal-Pendelachse mit Koppelachse zum Einbau. Die Vierrad-Scheibenbremsen waren mit einer Verschleißwarnleuchte gekoppelt, und die Servolenkung erwies sich als besonders gut gedämpft. Zur reichhaltigen Ausrüstung zählten eine Klimaanlage, wärmedämmende Scheiben (vorn und hinten Verbundglas), elektrische Fensterheber, Zentralverriegelung, Scheinwerfer-Reinigungsvorrichtung sowie je vier Aufrollgurte und Kopfstützen. **SH**

Pony | Hyundai

1975 • 1238 ccm, Vierzylinder • 55 PS/40,4 kW •
0-100 km/h in 15,4 Sek. • 145 km/h

1967 wurde die Hyundai Motor Company zum Lizenzbau von Ford-Modellen gegründet. Im Oktober 1974 gab sie bekant, daß sie Ende 1975 das erste in Südkorea konstruierte Auto in Produktion nehmen werde: den viertürigen Pony mit einem 1283-ccm-Vierzylinder, Konstruktion Mitsubishi. Die viertürige Schrägheck-Karosserie war ein Entwurf von Giugiaro. Der Pony war robust und auf Wirtschaftlichkeit ausgerichtet, er war in Standardbauweise mit Hinterradantrieb gehalten. Der 1238-ccm-OHC-Motor leistete 55 PS. Die Aufhängung umfaßte vorn Federbeine und Querlenker, hinten eine Starrachse mit Halbelliptikfedern. 96 Prozent aller Pony-Teile wurden im Lande hergestellt; eingeführt wurden u. a. die Solex-Vergaser. Erst mit der Vorstellung auf dem Genfer Salon 1977 erfolgte für die Marke Hyundai der Europastart, nachdem bereits Westafrika, Zentral- und Südamerika sowie Länder des Nahen Ostens beliefert worden waren. Gleichzeitig wurde ein 1440-ccm-Motor (wie von Mitsubishi im Lancer eingebaut) und die mit einem Vinyldach und weiteren Verschönerungen aufgewertete Version GSL präsentiert. Zunächst waren Lieferungen nach England, den Benelux-Staaten und Skandinavien vorgesehen. Mit dem Jahrgang 1978 kam ein fünftüriger Kombi ins Programm; 1980 erhielt die Zweitüren-Variante eine Heckklappe. **DS**

Chevette HS | Vauxhall (GB)

1976 • 2279 ccm, Vierzylinder • 135 PS/99,2 kW • 0-100 km/h in 8,5 Sek. • 188 km/h

Das von General Motors als T-Car bezeichnete Projekt, aus dem die britische GM-Tochter Vauxhall ihre Chevette entstehen ließ, entsprach dem Plan von einem Weltauto. Isuzu in Japan, Opel in Deutschland und Vauxhall in Großbritannien sollten sich in eine gemeinsame Konstruktion teilen. Zuerst war die Chevette 1973 in Brasilien auf den Markt gekommen, dann erschien sie als Opel Kadett C (ebenfalls 1973) und bald darauf auch als Isuzu Gemini (Oktober 1974). Da Vauxhall und Opel vorerst ein kleineres Modell benötigten, gaben die britischen und deutschen Ingenieure der Chevette ein kürzeres Schrägheck mit Klappe.

Als Kraftquelle diente der 1256-ccm-Motor des Vauxhall Viva. Die Vorderräder wurden von oberen und unteren Querlenkern geführt, die starre Hinterachse von je zwei Längslenkern und einem Panhardstab. 1976 kam eine viertürige Limousine hinzu, aber auch eine besonders heiße Coupéversion: die Chevette 2300HS, ein nur 400mal gebauter Hochleistungswagen, von dem 50 Stück in Rallyeausführung gebaut und verkauft wurden – allerdings doppelt so teuer wie das Grundmodell. Die Chevette 2300HS hatte größere Bremsen, ein Fünfganggetriebe, breitere Leichtmetallfelgen und einen Heckspoiler. Meist kam das Auto in Silberlackierung zur Auslieferung. **DS**

Esprit S1 | Lotus (GB)

1976 • 1973 ccm, Vierzylinder • 160 PS/118 kW • 0-100 km/h in 6,8 Sek. • 220 km/h

Es überraschte niemand in der Szene, daß Lotus das aktuell gewordene Mittelmotor-Thema weiter verfolgen würde, so wie es 1976 beim Modell Esprit seine Realisierung fand. Die Karosserie hatte Giorgetto Giugiaro entworfen, dessen Firma jetzt ItalDesign hieß. Verwendung fand wieder das klassische Lotus-Mittelträgerchassis, der Motor war der als 907 bezeichnete Vierzylinder-Zweiliter mit zwei obenliegenden Nockenwellen. Hinterachse und Getriebe (Transaxle-Bauart) stammten bemerkenswerterweise aus dem Citroën SM. Die Konstrukteure des Esprit waren Mike Kimberley (der später Lotus-Chef wurde) und Tony Rudd.

Der Esprit S1 litt unter thermischen Problemen, die erst die 1979 eingeführte Version S2 nicht mehr aufwies. Auch hatte der S2 einen Frontspoiler, breitere Reifen und ein verbessertes Interieur.

1980 bot Lotus eine Turboversion an. Der 2,2-Liter-Motor erfuhr seine Auflaogade durch einen Garrett-T3-Lader. In Verbindung mit dem Turbolader hatte man dem Esprit ein strafferes Fahrwerk gegeben, und mit ein paar weiteren Modifikationen erschien das Turbo-Modell 1981 als Esprit S3. Bis 2004 erreichte die Gesamtstückzahl 10.600. Die Verkaufszahlen wären höher ausgefallen, hätte der Esprit gleich zu Anfang einen besseren Ruf gehabt. **SB**

Mark II Escort RS 2000 | Ford

1976 • 1993 ccm, Vierzylinder • 110 PS/80 kW • 0-100 km/h in 8,9 Sek. • 177 km/h

Mit dem Escort hatte Ford ein Modell im Programm, das nicht nur gegen die kleinen, europäischen General-Motors-Wagen gerichtet war, sondern auch die Volkswagen-Kunden ins Visier nahm. Und die Einführung sportlicher Sonderversionen sprach junge Leute an, denen schon eine peppige Aufmachung genügte, um daraus mehr Fahrvergnügen zu ziehen. Aber es gab mit der zunehmenden Etablierung des Escort, vor allem als Vierventiler ab 1970, auch ernst zu nehmende Sportauftritte in diversen Hubraumklassen.

Im Januar 1975 war die Baureihe Mark II mit neuen, etwas kantigeren Karosserien erschienen. Mit dem neuen Escort wurde der rennerprobte RS 1600 durch den RS 1800 abgelöst. Hierzu erweiterte man die Bohrung von 80,97 auf 86,90 mm, was den Hubraum des BDA-DOHC-Motors von 1601 auf 1840 ccm und Leistung auf 125 DIN-PS ansteigen ließ. Der RS 1800 wies sich durch Spoiler an Bug und Heck aus, ferner durch Radausbuchtungen für die Aufnahme von 7-Zoll-Rädern sowie Fahrwerkanpassungen. Daneben gab es den RS 1800 auch in Rennsportausführungen mit einem auf 1993 ccm Hubraum vergrößerten Motor aus dem Cortina, der die Zwei-Liter-Klasse optimal nutzte und auch wesentlich mehr Leistung hatte. 230 PS waren es für den Rallye- und 275 PS für den Rundstreckeneinsatz. Alle Ausführungen begnügten sich mit einem Frontspoiler, schmalem Heckbürzel, einem Vierganggetriebe und hinteren Trommelbremsen. In ziviler Straßenversion begnügte sich der sparsame Vierzylinder (9,4 Liter auf 100 Kilometer) mit 110 PS, womit man aber immer noch 177 km/h schnell war. Leichtmetallfelgen und „Rennstreifen" trugen zum Sportlook bei. **SH**

Golf I GTI | Volkswagen

1976 • 1588 ccm, Vierzylinder • 110 PS/80,9 kW • 0-100 km/h in 9 Sek. • 182 km/h

Der Golf GTI war das erste werksseitig getunte Alltagsauto aus dem Volkswagenprogramm. Bei seiner Vorstellung auf der IAA im September 1975 ahnte wohl kaum jemand, daß dieser Zweitürer mit Schrägheck zu einem Großerfolg avancieren würde.

Die Buchstaben GTI standen für Gran Turismo Injection. Als Antrieb diente ein 9,5:1 verdichteter Einspritzmotor mit Bosch K-Jetronic und vergrößerten Ventilen. Zusätzliche schwarze Zierelemente, Halogenlampen, zwei Außenspiegel, Verbundglas-Windschutzscheibe, heizbare Heckscheibe mit Scheibenwischer und im Innenraum konturierte Sportsitze mit Karostoff, Sportlenkrad, Drehzahl- und Öldruckmesser unterstrichen den sportlich-luxuriösen Auftritt des Wagens, dem andererseits auch ein tiefer gelegtes Fahrwerk, eine härtere Dämpfung und breitere Reifen Rechnung trugen. Der Golf GTI wurde allerdings erst ab Frühsommer 1976 geliefert und war ausschließlich in Rot und Silbergrau erhältlich. Die Warteliste war lang, und es gab Lieferfristen von drei bis vier Monaten.

Nicht weniger attraktiv waren aber auch die Modelle Golf S und LS. Vom Modelljahr 1976 an wiesen sie statt des 1,5-Liter-Motors eine neue 1,6-Liter-Maschine mit 75 PS auf. Hinzu kamen zahlreiche Detailverfeinerungen, teils auch für den sportlichen Scirocco.

Der Golf GTI gab der gesamten Baureihe aber erst die Würze. Die Presse titulierte ihn als den „schnellsten Serien-VW, der je gebaut wurde", und mit seinem feinen Streifen, der die Kühlerfront umrundete, sah das Auto auch elegant aus. Als Schaltknauf diente ein – Golfball! Gut erhaltene Exemplare sind auf dem Markt für Liebhaberautos bereits sehr gesucht. **BK**

Lima | Panther (GB)

1976 • 2279 ccm, Vierzylinder • 109 PS/80,1 kW • 0-100 km/h in 7,6 Sek. • 180 km/h

Der von Panther Westwinds angebotene Lima erreichte mit 918 Exemplaren die höchste Stückzahl aller Panther-Automobile, deren deutscher Importeur die Firma Auto-Becker in Düsseldorf war. In England erhielt man den Lima bei einigen Vauxhall-Händlern, die auch für den Service zuständig waren. Der zweisitzige Lima Roadster gab sich als Neo-Klassiker und basierte technisch auf dem Vauxhall Magnum, was für gutes Handling sprach; Bodenwanne, Türen und Windschutzscheibe entstammten hingegen dem MG Midget. Alle anderen Karosserieelemente bestanden überwiegend aus Kunststoff.

Das Cockpit war zwar eng und nicht gerade bequem, doch der Wagen vermittelte viel Fahrspaß und war vor allen Dingen preisgünstig. Dennoch verlief der Absatz anfangs so schleppend, daß Firmenchef Robert Jankel in Schwierigkeiten geriet und 1981 seine mit Verlust arbeitende Firma verkaufen mußte. Sie wurde von einer Gruppe koreanischer Enthusiasten übernommen, die auch eine Weiterentwicklung finanzierten – sie kam als Panther Kallista auf den Markt. Jetzt hatte der Zweisitzer einen Rohrrahmen, Aufhängungen vom Ford Cortina und Vier- oder V6-Zylindermotoren von Ford. Das Fahrzeug hätte in vieler Hinsicht der Verfeinerung bedurft. **MG**

Accord | Honda (J)

1976 • 1955 ccm, Vierzylinder • 68 PS/50 kW • 0-100 km/h in 13,8 Sek. • 165 km/h

Mit dem im Frühjahr 1976 auf dem japanischen Markt eingeführten Accord setzte Honda einen Trend in Bewegung. Der Wagen war ein gefällig geformtes Mittelklassecoupé mit fünf Sitzen, Fließheck und Heckklappe. Wie der Civic besaß er Frontantrieb und Quermotor, doch Radstand und Länge waren deutlich angewachsen. Und da die Bauart des Wagens ähnlich der des Mini einen großzügig bemessenen Innenraum ergab, gab es vorn und im Fond so viel Platz wie kaum in einem anderen Auto dieser Kategorie.

Der OHC-Motor mit drei Ventilen je Zylinder war mit einem Vier- oder Fünfgang-Handschaltgetriebe bzw. mit einer Zweistufen-Halbautomatik kombinierbar. Für den Export nach Europa war ein Zweiventilmotor vorgesehen. Vorn wie hinten umfaßte die Aufhängung Federbeine, untere Querlenker und Zugstreben; vorn gab es Scheibenbremsen, die Zahnstangenlenkung war auf Wunsch mit geschwindigkeitsabhängig arbeitendem Servo zu haben..

Im Oktober 1977 wurde der Accord auch als viertürige Stufenhecklimousine gezeigt; bei unverändertem Radstand übertraf ihre Länge jene des Coupés um 220 mm. Für den japanischen Inlandsmarkt und den Export in die USA kam im September 1978 eine 1750-ccm-Version des Dreiventil-Motors hinzu. **SH**

2002 tii Alpina | BMW

1975 • 1990 ccm, Vierzylinder • 145 PS/106 kW •
0-100 km/h in 7,4 Sek. • 210 km/h

Burkard Bovensiepen kann für sich beanspruchen, das älteste für BMW tätige Unternehmen der Sportbranche zu führen. Unmittelbar nach der Vorstellung des BMW 1500 im Herbst 1961 begann er mit dem Modifizieren von Serienwagen. Mit der Leistungsoptimierung von Motoren durch Weber-Doppelvergaser und dem Verbessern von Fahrwerken hatte es angefangen – schon bald umfaßte das Alpina-Angebot für BMW-Kunden weitaus mehr. Die Grundlage hierfür ergab sich aus einem intensiven Engagement im Motorsport in Zusammenarbeit mit dem Werk. Vor der im Frühjahr 1972 erfolgten Gründung der BMW Motorsport GmbH oblagen nämlich den Betrieben Schnitzer und Alpina die Wahrnehmung der BMW-Wettbewerbsaktivitäten im Tourenwagensegment. Acht Europatitel gingen auf das Konto von Alpina. Vor allem mit dem 2002 (1971-75) war man aktiv: In seiner Klasse fuhren unter anderem Dr. Helmut Marko zusammen mit Gert Hack, Dieter Hegels und anderen eine Reihe großartiger Alpina-Siege ein.

Auch den neuen 320er BMW (E21) machte Alpina 1976 zu einem 200-km/h-Siegerauto in der Europa-Tourenwagen-Meisterschaft. Doch jetzt verlagerten sich Bovensiepens Aktivitäten auf die exklusiven Straßenautomobile, die in seiner Manufaktur entstanden und die einen weltweiten Spitzenruf genießen. **RD**

Kyalami | Maserati

1976 • 4136 ccm, V8 • 226 PS/166 kW •
0-100 km/h in 6,8 Sek. • 240 km/h

Als Citroën 1974 zum Peugeot-Konzern kam, stand die Marke Maserati zur Disposition. Alejandro de Tomaso, einst Rennfahrer und inzwischen in Italien zu einem renommierten Automobilhersteller avanciert, startete eine Rettungsaktion und bewahrte Maserati vor dem Untergang. Und unter seiner Regie entstand auch der Kyalami.

Doch die Marke Maserati hatte ihre Identität eingebüßt. So glich der Kyalami bei genauem Hinsehen dem ebenfalls von de Tomaso gebauten und von Tom Tjaarda gezeichneten Longchamp, nur mit einer anderen, von Frua entworfenen Frontpartie, der die modischen Doppelscheinwerfer nicht fehlen durften. Immerhin gab es einen großen Unterschied, denn der Kyalamai hatte nicht den V8-Ford-Motor des Longchamp unter der Haube, sondern nach wie vor einen Maserati-Achtzylinder von 4136 ccm Hubraum. Damit war der Kyalami auch schneller als der De Tomaso. Optional stand ab 1977 ein 4930-ccm-V8 zur Verfügung.

Mit dem Kyalami konkurrierte Maserati jetzt weniger gegen Ferrari oder Lamborghini, sondern gegen Mercedes-Benz, den Jaguar XJ6 oder den BMW 633 CSi. Die bisherige Maserati-Kundschaft blieb fern – das resultierte in einer sehr geringen Zahl von Verkäufen, die bis 1983 nur die bescheidene Zahl von 150 erreichten. **RD**

Niva | Lada   (SU)

1977 • 1568 ccm, Vierzylinder • 78 PS/57,3 kW • 0-100 km/h in 17 Sek. • 145 km/h

Bei allen Mängeln, die er haben mag, wurde der Lada Niva („wogendes Kornfeld") zu einem Liebhaberauto. Im Mai 1966 hatte die Volzskij Avtomobilnij Zavod (VAZ) im Auftrag der Regierung der UdSSR mit Fiat ein Abkommen geschlossen mit dem Ziel, ein neues Personenwagen-Werk zu errichten. Acht Wochen danach fiel die Entscheidung für den Standort Togliattigrad (später: Togliatti), am Ende des Wolga-Stausees mit einem Kraftwerk gelegen. Fiat leistete auch bei der Entwicklung eines Pkw-Modells auf der Basis des millionenfach bewährten Fiat 124 Geburtshilfe. Das Auto bekam den Namen Lada.

Ende 1975 wurde der zweimillionste Lada gebaut, zugleich war erstmals von einem 4x4 namens Niva die Rede. Er erlebte jedoch erst auf dem Brüsseler Salon im Januar 1978 seine Westpremiere. In Rußland hieß dieses Modell Shiguli VAZ-2121. Es hatte eine gedrungene, kubische Form mit kurzen Überhängen. Der 78-PS-Motor entstammte dem Shiguli-Lada 1600. Zum Vierganggetriebe für den Allradantrieb kam ein Reduktionsgetriebe. Die Karosserie war selbsttragend, die Aufhängungen bestanden vorn aus Trapez-Dreiecksquerlenkern und hinten aus einer Starrachse mit Schraubenfedern, Längsschubstreben und Panhardstab. Der Niva verkörperte einen Pkw-ähnlichen, leistungsfähigen und im Westen überaus erschwinglichen Geländekombi. Er sollte über Jahrzehnte Bestand haben. In der Bundesrepublik Deutschland begann der Aufbau einer Lada-Vertriebs- und Service-Organisation 1973 durch den damaligen Importeur Satra GmbH & Co. in Neu-Wulmsdorf bei Hamburg, ein Unternehmen, dessen Stammhaus sich in New York befand. **SH**

SC 100 Whizzkid Coupé | Suzuki

1977 • 970 ccm, Vierzylinder • 47 PS/34,5 kW • 0-100 km/h in 16,5 Sek. • 143 km/h

Dieser kleine Flitzer war die Exportversion des Cervo SS 20, entstanden aus Giorgetto Giugiaros Fronte Coupé, mit welchem Suzuki auf dem Markt der Miniatur-Sportwagen Eingang gefunden hatte. In der Exportausführung hatte der Cervo statt des Dreizylindermotors einen Vierzylinder im Heck. Die Wagenfront hatte man zum Gewichtsausgleich etwas schwerer gehalten, und statt der runden Scheinwerfer gab es rechteckige mit nach innen zum Kühlergrill verlegten Richtungsanzeigern. Ab Anfang 1978 bot Suzuki das Coupé auch in Großbritannien an, als erstes Auto dieser Marke. Hier bekam es die Modellbezeichnung SC 100 Whizzkid.

In den 1970er Jahren herrschte in Europa noch die Ansicht, daß japanische Autos weniger wert seien als Fahrzeuge aus eigener Produktion. Suzuki versuchte diesem Vorurteil durch möglichst viele Besonderheiten zu begegnen. So versah man den SC 100 Whizzkid ringsum mit Einzelradaufhängung und gab ihm Heckscheibenheizung, Liegesitze und ein Drucktastenradio. Als noch besser ausgestattete Version gab es eine GX-Option. Dabei kostete der Wagen in England weniger als ein Mini. Er wurde bis 1982 importiert und fand 4696 Abnehmer. Angeboten wurde er auch in den Niederlanden, Südafrika, Neuseeland, Hongkong und einigen südamerikanischen Ländern. Der erste in der Bundesrepublik Deutschland angebotene Suzuki war hingegen der LJ 80, vorgestellt auf der IAA 1979.

Zu den Tugenden des Whizzkid, den deutsche Autofahrer leider nicht kennenlernten, zählte seine Genügsamkeit: Er verbrauchte nicht mehr als vier Liter Benzin auf 100 Kilometer über Land und 5,6 Liter im gemischten Zyklus. **GL**

Gamma Coupé | Lancia

1977 • 2484 ccm, Vierzylinder-Boxer • 140 PS/102 kW • 0-100 km/h in 9,4 Sek. • 196 km/h

Dieser bei uns kaum verbreitete Luxus-Zweitürer war eines der elegantesten Automobile der 1970er Jahre. Der Lancia Gamma stellte das Flaggschiff der Fiat-Gruppe dar. Dabei hatte es einen Gamma schon einmal 1910 gegeben, als Lancia das griechische Alphabet für seine Modellbezeichnungen entdeckt hatte.

Ein 1971 in Zusammenarbeit mit Citroën konzipierter Wagen gleicher Bezeichnung blieb jedoch in seiner Vorentwicklung stecken, als die Liaison Fiat-Citroën aufgelöst wurde. 1969 hatte Fiat 15 Prozent des Citroën-Kapitals übernommen, während 38 Prozent noch dem Reifenkonzern Michelin gehörten. Wegen der seit einigen Jahren erlittenen Verluste hatte Citroën 1971 eine Partnerschaft angestrebt. Doch Ende Juni 1973 kam es wieder zur Trennung. So wurde nichts aus dem italo-französischen Gemeinschaftsprojekt, und die Fiat-Tochter Lancia machte nach kurzer Unterbrechung allein weiter. Das Modell Gamma teilte sich einige Komponenten mit dem Beta, bekam aber einen neuen Motor; es war ein Flachmotor mit 1999 ccm Hubraum für Italien und 2484 ccm für den Export. Frontantrieb verstand sich bei Lancia mittlerweile von selbst.

Es entstanden ein Limousine und ein Coupé, beide von Pininfarina meisterhaft gestaltet. Die viertürige Limousine, gedacht für eine Positionierung in der unteren Oberklasse, sah nicht besonders interessant aus, dafür war das Coupé von ganz besonderem Reiz. Leider ließ die Verarbeitung etwas zu wünschen übrig, und schlimm wurde es, wenn die Nockenwellenriemen Schlupf bekamen, was gelegentlich geschah. Thermische Probleme kamen hinzu sowie die üblichen Rostschäden. **SH**

Lagonda | Aston Martin (GB)

1977 • 5341 ccm, V8 • 310 PS/228 kW • 0-100 km/h in 7 Sek. • 225 km/h

Als 1976 der Aston Martin Lagonda vorgestellt wurde, war er das erste Serienauto der Welt mit digital-elektronischen Instrumenten. Der von William Towns entworfene neue Lagonda erwarb sich den Status einer Legende, aus formalen und auch aus technologischen Gründen.

Nach einem vorangegangenen, wenig überzeugenden Versuch, die alte britische Marke Lagonda wiederzubeleben, ließ man bei Aston Martin dem Konstrukteur William Towns freie Hand, eine neue Limousine ganz nach seinen Vorstellungen zu entwickeln, ohne Rücksicht auf Kosten. William Towns war ein Verfechter kantiger Keilformen. Er schuf auf der um 300 Millimeter verlängerten Plattform eines AMV8 einen Wagen der Extreme, der auf der London Motor Show für großes Aufsehen sorgte, und nichts anderes war beabsichtigt gewesen. Die V8-Limousine nahm die Zukunft durch eine Reihe von Innovationen vorweg, zu denen Bedienungsknöpfe mit Sensorik gehörten sowie die erwähnten Displays mit digitalen Anzeigen. Auch Türschlösser, die per Fernbedienung zu betätigen waren, kannte man bislang nicht. Doch Aston Martin verfügte nicht über die Mittel, den Wagen mit all seinen Raffinessen wie geplant in Serie gehen zu lassen. Als es 1979 endlich soweit war, hatten viele Kunden ihre Bestellung zurückgezogen. Und die komplizierte Elektronik gab ständig Anlaß zu Reklamationen. Häufig genug kam es beispielsweise vor, daß die Fernbedienung der Türschlösser versagte und der Besitzer sein teuer erworbenes Auto nur noch von außen bewundern durfte. Der Wagen wurde immerhin bis 1990 gebaut und hatte zum Schluß keine Kinderkrankheiten mehr. **MG**

99 Turbo | Saab

1977 • 1985 ccm, Turbo-Vierzylinder • 145 PS/107 kW • 0-100 km/h in 10 Sek. • 198 km/h

Beim Saab 99 Turbo handelte es sich um den ersten Großserien-Personenwagen der Welt mit Abgas-Turbolader. Schon seit längerer Zeit hatte man bei Saab die Aufladungstechnologie erforscht, bevor im September 1977 auf der IAA der 99 Turbo gezeigt wurde, ein Kombi-Coupé, dessen 1985-ccm-Motor mit der Bosch-K-Jetronic und einem Abgasturbolader versehen war. Bei einer Verdichtung von 7,2:1 ergab sich eine Leistung von 145 PS; für den Export nach USA begnügte man sich mit 137 PS. Äußerlich war der Turbo am Heckspoiler zu erkennen. Abgasturbolader hatten sich schon seit mehreren Jahren im Rennsport bewährt; in Alltagsautos waren sie noch kaum zu finden. BMW hatte zwar 1973-74 den BMW 2002 turbo angeboten, und für das Modelljahr 1978 hatte Buick ein Modell Regal Turbo herausgebracht, aber diese Autos waren nicht dafür konzipiert, das breite Publikum anzusprechen. Dies blieb dem Saab vorbehalten, der bei seiner Einführung 28.000 D-Mark kostete. Saab rechnete zunächst mit einem Jahresabsatz von 4000 Stück, doch die Nachfrage war höher als gedacht: innerhalb von sechs Monaten lagen 10.000 Bestellungen vor. Die Basisausführung des 99 war bereits zehn Jahre auf dem Markt und verzeichnete eine loyale Käuferschaft, so daß es keiner großen Anstrengungen bedurfte, auch den Turbo zu vermarkten. **SH**

Rancho | Matra-Simca

1977 • 1442 ccm, Vierzylinder • 80 PS/58,8 kW • 0-100 km/h in 15,2 Sek. • 145 km/h

Er wurde im Januar 1977 der Presse vorgestellt und sah aus wie ein verkleinerter Range Rover. Doch der Offroader-Look täuschte. Der Matra-Simca Rancho hatte keinen Allradantrieb und wartete mit einer nur bescheidenen Motorisierung auf. Der Dreitürer verfügte jedoch über viel Platz und verkörperte ein von vielen Herstellern aufgegriffenes Fahrzeugkonzept. Leider enttäuschte der Rancho in anderer Beziehung: Die Karosserie hätte besser verarbeitet sein müssen, und es hätte einer stärkeren Motorisierung bedurft. Auch war er unausgeglichen in seiner Gewichtsverteilung. Fuhr man ihn unbeladen, war er frontlastig; packte man ihn voll, büßten die vorderen Antriebsräder Traktion ein. Zu den Vorteilen des Rancho zählte sein variables Interieur, bei welchem durch Umlegen der hinteren Sitze ein großer Laderaum entstand. Platz für Fracht gab es auch auf dem Kabinendach. Der Motor war der des Bagheera. Die stählerne Bodenplattform war rostanfällig, im Gegensatz zu der robusten (leider nicht viertürigen) GFK-Karosserie. Die vordere Einzelradaufhängung umfaßte Dreieckslenker und Drehstabfedern, hinten gab es Längslenker und einen quer eingebauten Torsionsstab.

1979 wurde das Modell in Talbot Matra umbenannt. Kein Problem: Die Buchstaben auf der Motorhaube waren aus dünner Folie und nur aufgeklebt. **SH**

4104 | ZIL (SU)

1978 • 7695 ccm, V8 • 300 PS/221 kW •
0-100 km/h in 12,1 Sek. • 195 km/h

Die Vorstellung des großen ZIL 4104, auch Typ 115 genannt, erfolgte anläßlich des 1978er Jahreskongresses der Kommunistischen Partei der Sowjetunion, der KPdSU. Deren Spitzenvertreter konnten also sicher sein, daß man ihnen wieder eine ihrer Position angemessene Repräsentationslimousine liefern würde, so wie es ZIL seit den dreißiger Jahren tat. Auch hohe Militärdienststellen gehörten zu den privilegierten Abnehmern.

Das neue Prestigemodell hatte einen 7695-ccm-V8-Motor unter der Fronthaube, der über genügend Leistung verfügte, um das 3,3 Tonnen schwere Gefährt von der Stelle zu bewegen. Vom Vormodell übernommen hatte man die grobschlächtige Kastenform der Karosserie. Doch es waren einige Adaptionen westlicher Stilelemente erkennbar, zu denen auch Chromleisten als Einfassungen der Radausschnitte gehörten. Der neu gestaltete Kühlergrill wies ebenfalls massiven Chromschmuck auf – Sinn für dekorative Ornamentik hatten in der UdSSR nicht nur ordensgeschmückte Generäle. Die Doppelscheinwerfer und vorderen Blinker hatten getrennte Gehäuse bekommen – darauf beschränkte sich der Modernisierungsprozeß. Doch es gab im Interieur hochglanzpolierte Birkenholzpaneele und Sitzbezüge aus dickem Leder. Der Aufwand an Handarbeit war bei jedem einzelnen Wagen immens. **BS**

3000S | TVR (GB)

1978 • 2994 ccm, V6 • 138 PS/101 kW •
0-100 km/h in 7,7 Sek. • 200 km/h

Anfangs hieß dieser TVR nicht 3000S; diese Bezeichnung gab man ihm erst im Nachhinein. Der Wagen rangierte einfach als TVR Convertible und stellte eine Karosserievariante des 3000M dar. Doch er war mehr als eine Variante, denn vom Windschutzscheibenrahmen an war er neu gezeichnet worden. Die M-Reihe war das Anliegen des neuen TVR-Chefs Martin Lilley gewesen. Sie stellte sich als eine Mischung verschiedener Konstruktionselemente aus dem Grantura und dem Vixen dar. Der M-Series hatte ein Zentralrohrchassis und war mit einem Vier- oder Sechszylindermotor erhältlich; kleinstes Aggregat war der 1599-ccm-Ford-Motor im 1600M, größtes der 2994-ccm-V6 im 3000M. Erstmals gab es auch einen Triumph-Motor, nämlich den 2.5 Litre Six mit Einspritzung. Dieses Modell figurierte als TVR 2500M. Das neue, als 3000S bezeichnete Auto hatte einen ordentlichen Kofferraum und ein Allwetterverdeck. Die Gesamtproportionen mit der langen Motorhaube waren als sehr harmonisch zu bezeichnen.

Übernommen hatte man den Zentralrohrrahmen und ringsum Einzelradaufhängung, dem Sportwagencharakter des Cabrios angemessen. Mit seinen 138 PS war man an die 200 km/h schnell. Wer es eiliger hatte, orderte seinen 3000S mit Turbomotor, der 230 PS abgab. **DS**

M1 | BMW

1978 • 3453 ccm, Sechszylinder • 277 PS/204 kW • 0-100 km/h in 5,8 Sek. • 262 km/h

Der 1978 präsentierte BMW M1 stellte die Realisierung einer brillanten Marketingidee dar. Ein Auto, mit dem sein Hersteller nur indirekt Geld verdiente, nicht etwa durch das Produzieren und Verkaufen bestimmter Stückzahlen. Doch bei einem Stückpreis von 113.000 D-Mark legte BMW auch nicht drauf.

Der M1 war ein ultraflacher Mittelmotorwagen. Das M stand anfangs auch für Mittelmotor, wurde dann aber für Motorsport interpretiert und als Präfix bald auch für andere schnelle BMW-Fahrzeuge verwendet.

In erster Linie war der M1 für den Einsatz im Rennsport gedacht, doch eine Straßenversion gab es ebenfalls. Ein Plan, das Auto bei Lamborghini bauen zu lassen, zerschlug sich; die Italiener befanden sich in einer Krise und vermochten ihre Produktionszusage nicht einzuhalten. So entstand der Wagen letztlich bei BMW, die Kunststoffkarosserie lieferte die Stuttgarter Firma Baur. Der Motor war ein 3,5-Liter mit Einspritzung und Trockensumpfschmierung, in der 400mal gebauten Straßenausführung 277 PS stark. Mit Turboaufladung konnte man aus dem Reihensechszylinder jedoch bis zu 850 PS herausholen. Für die eigens für den M1 geschaffene Procar-Rennserie wurden 49 Stück aufgelegt. Diese Procar-Rennen wurden von Privatfahrern und hochkarätigen Formel-1-Piloten wie Hans-Joachim Stuck und Niki Lauda bestritten. Es gab 1978 und 1979 jeweils acht Läufe im Jahr, ausgetragen im Grand-Prix-Rahmenprogramm.

Die vom Werk gestellten Autos waren sämtlich absolut identisch – somit ließ sich beweisen, wer die besseren Fahrer waren. Und der Sieger durfte seinen M1 als Prämie behalten. **SB**

928 | Porsche   (D)

1978 • 4474 ccm, V8 • 240 PS/176 kW • 0-100 km/h in 7,2 Sek. • 240 km/h

Der im März 1977 als Hochleistungscoupé präsentierte Porsche 928 war sozusagen der große Bruder des 924. Ernst Fuhrmann hatte die Einführung des Wagens wegen der Erdölkrise um ein Jahr verschoben, um dem 924 marktpolitisch Vorrang einzuräumen. Fuhrmann oblag die Verantwortung für Konstruktion, Entwicklung und Design im Porsche-Zentrum Weissach sowie für den Motorsport und die Fertigung in Zuffenhausen.

Als erster Porsche wies der 928 einen V8-Motor auf. Das Leichtmetall-Aggregat hatte 4474 ccm Hubraum und Bosch-Jetronic, es leistete 240 PS. Das mit dem Differential verblockte Fünfganggetriebe sorgte für eine optimale Gewichtsverteilung. Auf Wunsch stand eine Dreistufen-Automatik zur Verfügung. Und wie der 924 war der 928 ein Transaxle-Wagen – Motor vorn, Getriebe vor der Hinterachse. Die Klappscheinwerfer hatten keine Abdeckungen wie beim 924, sondern blickten bei Nichtgebrauch unverdeckt himmelwärts. Die hinteren Seitenfenster bildeten mit dem als Heckklappe ausgebildeten Rückfenster eine stilistische Einheit.

Die Aufhängung mit Anfahr- und Bremsnickausgleich umfaßte vorn obere und untere Dreiecksquerlenker und Federbeine. Die als Weissach-Achse bezeichnete Hinterradaufhängung war eigens für den 928 entwickelt worden und bestand aus oberen Quer- und unteren Diagonallenkern.

Das Projekt 928 unterstand dem Ingenieur Helmut Felgl. „Den 928 entwickelten wir gänzlich aus amerikanischer Sichtweise", sagte er in einem Interview. Die USA waren schließlich Porsches Hauptabsatzmarkt. Im Unterschied zum 924 war der 928 jedoch niemals dazu ausersehen, im Rennsport eingesetzt zu werden. **DS**

L'il Red Express | Dodge

1978 • 5899 ccm, V8 • 225 PS/165 kW • 0-160 km/h in 19 Sek. • 190 km/h

Einer der in aller Welt am besten bekannten Pickups ist der 1980 eingeführte Dodge Ram. Auch davor gab es von diesem amerikanischen Hersteller schon solche Autos, gebaut ab 1961 und als D-Series bezeichnet. In der dritten, ab 1972 verkauften Generation hatten diese rustikalen Nutzfahrzeuge ziemlich rundliche Karosserien, wobei die attraktivste Ausführung eine Sonderedition namens L'il Red Express darstellte. Es gab das Fahrzeug nur 1978-79, also zu einer Zeit, als die Amerikaner besonders große Motoren produzierten, die jedoch immer geringere Leistungen erbrachten, um den neuen Emissionsgesetzen genügen zu können. Diesen Auflagen unterlagen Nutzfahrzeuge jedoch nicht, und so erlebten die Pickups einen wahren Boom. Mit seinem 225-PS-Motor lief der „kleine rote Expreß" beinahe jedem Muscle Car davon. Das Magazin Car and Driver ließ einmal einen solchen Pickup gegen eine Corvette und einen Pontiac Firebird Trans Am antreten und stellte dabei fest, daß der Lastwagen schneller auf 160 km/h kam als die anderen beiden Autos.

Den Pickup gab es, wie sein in goldenen Lettern auf den Türen zu lesender Name verdeutlicht, nur in Rot mit senkrecht hinten der Kabine aufragenden Auspuffrohren und einer Ladefläche aus Holz. Dodge vermarktete das „Spielzeug für Erwachsene" als ein Lifestyleobjekt; sein eigentlicher Sinn und Zweck stand im Hintergrund.

Serienmäßig gab es eine schwarz oder rot bezogene Dreiersitzbank, aber auf Wunsch erhielt man auch zwei Einzelsitze. Der Li'l Red Express stellte übrigens nicht die einzige Sonderausführung der D-Series dar; es gab auch einen Warlock, einen Adventurer und einen Macho Power Wagon. **RY**

RX-7 | Mazda

1978 • 1146 ccm, Wankelmotor • 105 PS/77,2 kW • 0-100 km/h in 11,4 Sek. • 180 km/h

Als der Mazda RX-7 vorgestellt wurde, durfte man davon ausgehen, daß der Kreiskolbenmotor System Wankel keine Schwierigkeiten mehr bereitete. Das Dichtleistenproblem, mit dem auch Besitzer eines NSU Ro80 ihre Erfahrungen gesammelt hatten, war auskuriert worden. Mazdas Beständigkeit wurde belohnt – das RX-7 genannte 2+2-Coupé wurde ein Bestseller.

Lizenznehmer des Wankelmotors waren neben vielen anderen auch einige Motorrad- und Seaboard-Produzenten sowie die Automobilhersteller General Motors, Suzuki, Daimler-Benz, Ford, Rolls-Royce, American Motors, Nissan und Toyota. Sie alle unternahmen mehr oder weniger aufwendige Versuche, ein Wankelauto zu konstruieren, gaben aber auf, als auch NSU die Flagge strich. Allein Mazda hielt durch, und es zahlte sich aus.

In der ersten Version des RX-7 leistete der Motor 105 PS, ab Jahrgang 1981 aber 115 PS. Es gab ab 1983 eine Version mit Kraftstoffeinspritzung und Abgas-Turbolader, 165 PS stark und gut für eine Spitze von 220 km/h. Der Wagen hatte eine ausgezeichnete Form, die über die Tatsache hinwegtäuschte, daß er eine hintere Starrachse besaß. Die Klappscheinwerfer in der sanft abgerundeten Fronthaube und das kurze Heck standen dem Fahrzeug ausgezeichnet, die Ausstattung war wie bei allen Japanern reichhaltig. 1989 erfolgten einige Retuschen, und das Auto erhielt nun einen 148 PS starken Motor sowie hintere Einzelradaufhängung. Von 1988 bis 1992 gab es auch ein Cabriolet, ebenfalls mit dem aufgeladenen Motor. Der bis 2002 an die 500.000mal gebaute RX-7 war in jeder Hinsicht ein reizvolles Auto und erwies sich für Mazda als ein Exportschlager. **SH**

Rocket | Budweiser

(USA)

1979 • Flüssigkeitsrakete • keine Angaben • 0-800 km/h in 10 Sek. • 1190,27 km/h

In den 1970er Jahren machte sich der amerikanische Filmregisseur Hal Needham daran, das schnellste Landfahrzeug der Welt auf die Räder zu stellen – nur mal eben so, „um Geschichte zu machen", wie er sagte, und weil die Brauerei Budweiser das Projekt zu finanzieren zugesagt hatte. Der von William Frederick konstruierte Dreiradwagen erhielt eine Flüssigkeitsrakete als Antriebsaggregat.

Erste Fahrversuche hatten ergeben, daß sich dieses Fahrzeug nicht, wie die Regularien für offizielle Weltrekorde es erforderten, unmittelbar hintereinander in beide Richtungen fahren ließ, weil dafür der Treibstoffvorrat nicht langte. Auch kam das Dreirad nicht auf das gewünschte Tempo. Also änderte man die Zielsetzung und peilte ein anderes Vorhaben an: die Schallgrenze zu durchbrechen. Hierfür organisierte sich Hal Needham sechs Sidewinder-Raketen von der U.S. Navy und ließ jeweils eine hinter das Cockpit montieren; sie wurde gezündet, wenn die Flüssigkeitsrakete den Wagen auf Top Speed beschleunigt hatte – dann sorgte der zusätzliche Schub für eine Steigerung des Tempos auf den gewünschten Wert. Im Dezember 1979 gelang das Experiment auf einem ausgetrockneten Seebett beim Edwards Luftwaffenstützpunkt in Kalifornien. Die Air-Force-Monitoren bescheinigten dem Budweiser-Geschoß ein Tempo von 1190,27 km/h. Am Steuer saß Needhams Freund Stan Barrett, der sich durch die enorme Beschleunigung ein Halswirbel ausrenkte. Da das Experiment nicht unter der Ägide der FIA (das ist die oberste internationale Motorsportbehörde) stattgefunden hatte, fand der Rekord keine offizielle Anerkennung. **SH**

Bulldog | Aston Martin (GB)

1979 • 5340 ccm, V8 • 700 PS/515 kW • keine Angaben • 307 km/h

Dieses Fahrzeug blieb ein Einzelstück. Und mit seiner scharfkantigen Keilform hob es sich auch sehr von einem modernen Serienwagen der Marke ab. Doch als Prototyp eines Supercar durfte die „Bulldogge" mit jeglicher Extravaganz aufwarten, die seinen Designern in den Sinn kam. Sie erarbeiteten das Projekt unter der Führung von William Towns, was erkennbar wird, wenn man das Coupé mit dem 1974er Aston Martin Lagonda vergleicht, der ebenfalls von Towns stammt.

Ungewöhnlich war nicht nur die extreme Keilform. Mit seinen Flügeltüren und der zweifarbigen Silberlackierung sah er dem DeLorean DMC-12 ähnlich. Eigenwillig war auch das Arrangement von fünf Frontscheinwerfern.

Die Bauhöhe des Fahrzeugs betrug nur 1100 Millimeter. Im Kontrast zu einem keilförmigen Außenspiegel, einem streng geometrischen Körper, gab es keinen Innenspiegel, dafür eine Kamera, die dem Fahrer auf einem Monitor den Blick nach hinten vermittelte. Aber man schaute besser nach vorn als nach hinten, vor allem bei Vollgasfahrt. Dabei soll die offiziell angegebene Spitze von 307 km/h noch untertrieben sein – aber es fehlt bis heute auch der Nachweis, daß die Bulldogge noch schneller ist.

Das ganz mit braunem Leder ausgeschlagene und mit dicken Teppichen belegte Cockpit gab sich typisch englisch, obwohl Kevlar und Aluminium zum Fahrzeugkonzept besser gepaßt hätten. Das Vorhaben, mehrere Exemplare zu bauen, zerschlug sich, und wo sich dieser Aston Martin heute befindet, ist nicht bekannt. Nur, daß er vor längerer Zeit für 200.000 Dollar den Besitzer wechselte. **RY**

3000 ME | AC   (GB)

1979 • 2994 ccm, V6 • 136 PS/100 kW • 0-100 km/h in 8,5 Sek. • 203 km/h

Unter der im Jahre 1904 in London gegründeten Marke AC – die Buchstaben standen für „Auo Carrier" – wurden in den 1920er und 1930er Jahren ganz hervorragende Sportwagen gebaut, und die legendäre Cobra bildet einen Teil der AC-Historie. 1929 hatte die Familie Hurlock das Unternehmen gekauft, und ihr gehörte es noch immer, als AC 1979 den Versuch unternahm, sich mit einem frischen Sportwagenkonzept in der Sportwagenszene neu und zugleich weniger spektakulär als mit der Cobra zu etablieren. Dr. Derek Hurlock gab die Konstruktion eines Zweisitzers in Auftrag, der als Typ 3000 ME mit Stahlchassis, GFK-Karosserie und V6-Mittelmotor entstand; der Prototyp lief unter dem Namen Diablo und gab sein Debüt auf der London Motor Show 1973. Ein Fertigungsbeginn war für das kommende Jahr geplant.

Zwischen 3000 und 4000 Pfund sollte das niedrige Schlafaugen-Coupé kosten. Doch als der AC 3000 ME (die Bezeichnung stand für 3000 ccm mid-engine) 1979 endlich produktionsreif war, war man bei 13.000 Pfund angelangt, zudem erwies sich jetzt die Konstruktion als nicht mehr zeitgemäß im Vergleich zu den Sportwagen von Lotus, TVR und vor allem Porsche. Tester kritisierten die Straßenlage und die zu geringe Motorleistung, konzedierten jedoch, daß der Zweisitzer ein praktisches Gesamtlayout aufwies und stilistisch gelungen war. Erst in den 1990er Jahren hatte sich der 3000 ME – nach etlichen Modifikationen und der Implantierung eines neuen Getriebes und eines Turboladers – zu einem konkurrenzfähigen Sportwagen gemausert. Heute genießt dieser Wagen Liebhaberstatus und gehört wie jeder AC zu den Seltenheiten auf der Straße. **MG**

Mustang III | Ford

1979 • 2301 ccm, Vierzylinder • 88 PS/64,7 kW • 0-100 km/h in 16,2 Sek. • 150 km/h

In seiner dritten Generation war der Ford Mustang zum Viersitzer geworden, was ihm einen erheblichen Marktvorteil gegenüber der Corvette sicherte. Der länger und höher gewordene Wagen basierte jetzt auf der sogenannten Fox-Plattform, die auch den Modellen Fairmont und Mercury Zephyr diente. Doch von seiner ursprünglichen Signifikanz hatte der Mustang viel eingebüßt. „Warum müssen unsere Autos von Jahr zu Jahr größer werden, warum können wir einen kleinen Wagen nicht klein lassen? Nur, um ihn durch einen neuen kleinen zu ersetzen?", fragte einst ein Aktionär Henry Ford II, der darauf aber keine einleuchtende Antwort zu geben vermochte. Seine Marketingdirektoren schienen genau zu wissen, warum sie den Mustang aufquellen ließen.

Zugleich war das viersitzige Coupé des Modelljahrgangs 1979, das es in vier Ausführungen mit unterschiedlicher Ausstattung gab, vergleichsweise schwach motorisiert. Das Basismodell hatte einen Vierzylinder von 2,3 Liter Hubraum und 88 PS, das langte für gerade einmal 150 km/h. Der Motor nahm sich unter der Fronthaube etwas verloren aus, was Ford als Vorteil hinzustellen wußte, weil das eine bessere Zugänglichkeit gewährte. Der nächststärkere Motor war ein V6 mit 2,8 Liter, auch gab es einen 3,3-Liter-Reihensechszylinder und schließlich einen 4,2-Liter-V8, mit 118 PS aber auch nicht gerade ein Muskelprotz.

Gut durchdacht war das dreitürige Schrägheckmodell, das alternativ zu haben war und enorm viel Platz für Gepäck bot. In der Ausstattungsversion Ghia war der Mustang besonders elegant, und als Krönung der Baureihe bot Ford die Sonderserie King Cobra (5000 Exemplare) an. **GL**

Im AMC-Management galt das Crossover-Konzept des Eagle zwar als umstritten, aber die Baureihe fand beim Kunden gute Aufnahme.

F50 | Daihatsu

1979 • 2530 ccm, Vierzylinder • 75 PS/55,2 kW • keine Angaben • 105 km/h

Die Daihatsu Kogyo Co. in Osaka hatte den Autobau Mitte der 1950er Jahre mit einem Dreiradfahrzeug begonnen. Später spezialisierte sich Daihatsu auf Kleinstwagen, sogenannte Microcars, bevor auch größere Personenwagen und 1974 Geländefahrzeuge ins Programm kamen. Diese rangierten unter der Sammelbezeichnung TAFT, deren Buchstaben sich aus den Initialen von Tough Almight Fourwheel Touring Vehicle ergaben.

Der Daihatsu Taft besaß nur 2020 Millimeter Radstand und wurde von einem 958-ccm-Vierzylindermotor mit 58 SAE-PS angetrieben, der mit einem Vierganggetriebe samt Reduktionsgetriebe und Vierradantrieb verbunden war. Als Chassis diente ein Kastenrahmen mit Starrachsen und Halbelliptikfedern. Damit 215 Millimeter Bodenfreiheit erreicht wurden, hatte man den Antriebsstrang an der Vorderachse seitlich versetzt. Die Karosserien von 3280 oder 3320 Millimeter Länge boten vier oder sechs Sitze (hinten zwei sich gegenüber liegende Bänke). Die B-Säule des Fahrzeugs wurde von einem massiven Überrollbügel gebildet, anstatt Türen gab es zwei Stäbe. Auf dem Genfer Salon 1976 wurde der Taft schließlich mit Dach, Stofftüren und hinterem Verdeckteil gezeigt, und statt Taft lautete hier die Bezeichnung F10 bzw. F10 L, die Motorleistung wurde mit 45 DIN-PS angegeben.

Auf der Turiner Autoausstellung 1976 kam der Taft F20 mit 80 SAE-PS leistendem 1,6-Liter-Motor hinzu, und auf dem Genfer Salon 1977 wurde dieses Modell auch mit Ganzmetallkarosserie gezeigt. 1979 erschien der F50, dieser hatte einen 2,5-Liter-Dieselmotor von 75 PS unter der Haube. **GL**

Eagle | AMC

1979 • 4235 ccm, Sechszylinder • 112 PS/82,3 kW • 0-100 km/h in 15,2 Sek. • 140 km/h

American Motors war 1954 aus dem Zusammenschluß von Nash und Hudson hervorgegangen. 1970 war AMC hinter General Motors, der Ford Motor Co. und der Chrysler Corporation der vierte – aber auch weitaus kleinste – Autokonzern der USA. Jeep zählte ebenfalls zu AMC, bevor im Oktober 1979 diese Marke zu Renault kam.

Vom Modelljahr 1971 an wurden die fünf AMC-Marken Ambassador, Gremlin, Hornet, Javelin und Matador geführt. Als weitere Fabrikate kamen 1977 Concord und 1979 Eagle hinzu. Mit dieser Baureihe begab sich AMC in ein neues Marktsegment, das eigentlich erst in den 1990er Jahren und nach dem Jahrhundertwechsel richtig zum Tragen kommen sollte und unter der Bezeichnung SUV rangierte. Die Karosserien des Eagle – viertüriger Sedan, Coupé mit Opera Windows und Station Wagon mit Schrägheck – waren von den AMC-Concord-Modellen abgeleitet, doch unterschieden sie sich von denen durch die hohe Bodenfreiheit von 180 Millimeter und dem permanenten Vierradantrieb Quadra-Trac. Das Verteilergetriebe ging auf eine im englischen Jensen FF hinreichend erprobte Konstruktion zurück. Deren Rechte befanden sich inzwischen im Besitz der englischen GKN Ltd., die Chrysler für Nordamerika eine Lizenz überlassen hatte. AMC bezog diesen Teil der Kraftübertragung somit von Chrysler. Die Kraftverteilung wurde von einer Flüssigkeitskupplung zwischen Vorder- und Hinterachse übernommen; es gab kein Reduktionsgetriebe. Der Eagle war mit einem Sechszylindermotor versehen und auch in der Luxusversion Limited erhältlich. Neben einem Niveauausgleich für die Hinterachse gab es für Coupé und Kombi auch ein Sportpaket. **RY**

Cortina Mark V | Ford (GB)

1979 • 1993 ccm, Vierzylinder • 101 PS/74,2 kW • 0-100 km/h in 10,5 Sek. • 170 km/h

Der britische Ford Cortina bekam für 1979 eine neue Karosserie, die bis auf Kleinigkeiten exakt identisch mit der des in Deutschland gebauten Ford Taunus war. Auch die Motoren und die Antriebstechnik hatte man einander angeglichen. Das Programm umfaßte drei OHC-Vierzylinder als 1,3-Liter, 1,6-Liter und 2,0-Liter sowie einen 2,0-Liter- und einen 2,3-Liter in V6-Bauweise. In Großbritannien erfreute sich das vierzylindrige 2,0-Liter-Modell der größten Beliebtheit. In besonders feiner Ausstattung war die Version Ghia erhältlich, in Deutschland wie in England. Jeder siebte in Großbritannien zugelassene Neuwagen war damals ein Cortina – das sagt alles über die Popularität dieser Reihe. Ford stand aber auch in dem Ruf, eine höhere Verarbeitungsqualität aufzuweisen als man sie von den British-Leyland-Autos her kannte.

In der fünften Generation war der Cortina noch etwas geräumiger geworden, bot größere Fensterflächen mit schmaleren Säulen. Die Dachlinie verlief niedriger, die Kühlerfront war breiter. Man hatte die Wahl zwischen einer vier- und einer zweitürigen Limousine, auch gab es einen Kombiwagen mit Heckklappe. Nur für Australien wurde ein 4,1-Liter-Modell gebaut. Autofabriken unterhielt Ford auch in Taiwan und Südkorea, die den Cortina ebenfalls produzierten. Cortina und Taunus wurden im Verlauf von zwanzig Jahren in mehr als 4,3 Millionen Exemplaren hergestellt, bevor 1982 ihre Stelle vom Sierra eingenommen wurde, der aber einen so gänzlich anderen Auftritt hatte, daß die Traditionalisten unter den Ford-Kunden darauf erpicht waren, bei der Ankündigung des Modellwechsels einen allerletzten Cortina zu erwischen – und das sogar noch zum Ausverkaufspreis. **SH**

Sunbeam Lotus | Talbot ⓖⒷ

1979 • 2172 ccm, Vierzylinder • 152 PS/112 kW • 0-100 km/h in 6,6 Sek. • 196 km/h

Ein Konglomerat von Marken- und Modellbezeichnungen, die in verschiedenen Ländern auch noch differierten, ergab sich aus dem Zusammenschluß von Matra, Simca und Sunbeam, nachdem Chrysler-France sich dieser Fabrikate entledigt und der Peugeot-Citroën-Konzern PSA die Marke Talbot wieder zum Leben erweckt hatte. Produziert wurden die Autos in England, Frankreich und Spanien.

Bei den Limousinen bot man ein Modell namens Simca Sunbeam an, was eine Verknüpfung zweier bestens renommierter Namen bedeutete und beim Kunden gewisse Erwartungen weckte. Ihr 1295-ccm-Vierzylinder mit 60 PS war ein braver, seitengesteuerter Dauerläufer, der in der Regel eine doppelt so hohe Lebensdauer hatte wie die Karosserie, in der er steckte. Doch die Fahrleistungen waren natürlich bescheiden. Das TI-Modell mit zwei Vergasern und 101 PS gab sich schon etwas munterer.

Das zweifarbig lackierte und mit etlichen Extras ausgestattete Sondermodell Sunbeam Lotus war jedoch ein ganz anderes Kaliber. Hier hatte der Vierzylindermotor 2172 ccm Hubraum und leistete 152 PS. Er war ein Vierventiler und hatte zwei obenliegende Nockenwellen. Der Motor gab seine Kraft über ein Fünfganggetriebe auf die Hinterräder ab. Für Rallyeeinsätze wurde sogar eine 240-PS-Ausführung mit hinteren Scheibenbremsen gebaut. Ein Exemplar des nur 965 Kilogramm wiegenden Sunbeam Lotus gewann 1980 die Rallye Portugal, und bei der englischen Lombard-RAC-Rallye gab es im gleichen Jahr ebenfalls einen Sieg. 1981 sicherte sich Talbot sogar die Rallye-Weltmeisterschaft vor Datsun und Ford. **BS**

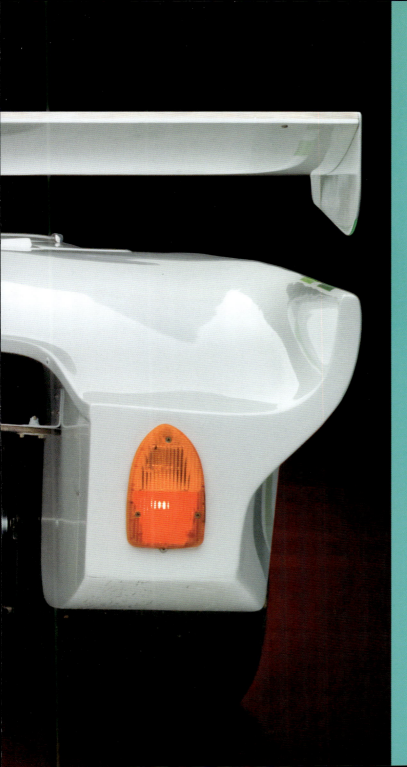

Blick auf die Heckpartie des 1984er Jaguar GT-Prototyp XJR-5, der international Rennsportgeschichte schrieb.

1980–1989

Piazza Turbo | Isuzu

1980 • 1950 ccm, Turbo-Vierzylinder • 148 PS/108 kW • 0-100 km/h in 8,4 Sek. • 209 km/h

Der japanische Geländewagen- und Dieselmotorenhersteller Isuzu – zeitweilig einer der wichtigsten Zulieferer seiner GM-Schwesterfirma Opel – begann seinen Einstieg in die Automobilbranche 1918 mit dem Bau eines Lizenz-Wolseley, produzierte 1953-65 eine Kopie des Hillman Minx und hat vor allem Lastwagen hergestellt.

Mit dem Isuzu Piazza unternahm General Motors den Versuch, ein sportliches Coupé für den Weltmarkt zu schaffen. Die Amerikaner wollten damit der Herausforderung von seiten des Toyota Celica und des Mazda RX-7 begegnen. Das Vorhaben gelang nicht ganz, obwohl man für das Design des Piazza den prominenten Stilisten Giugiaro engagiert hatte.

Das dreitürige Schrägheck-Coupé bezeichnete Giugiaro selbst als „eine Kombination meiner besten Ideen" – in Wahrheit bestand diese Kombination aus einem Mix älterer Entwürfe, mit denen er die Wände seines Studios dekoriert hatte. Daß der Piazza bei Isuzu und nicht an einem anderen Platz gebaut wurde, lag an freien Produktionskapazitäten bei den Japanern. Sie fühlten sich durch die Entscheidung aus Detroit geschmeichelt und rüsteten sofort einige ihre Lkw-Bänder um. Piazza hieß der Viersitzer nicht in allen Ländern; in den USA verkaufte man ihn als Impulse, und in Kanada lief er unter dem Namen Asua Sunfire. In seiner ersten Ausführung hatte das Auto einen 90-PS-Motor und lockte niemanden hinter dem Ofen hervor, erst als 1985 eine 148 PS starke, 200 km/h schnelle Turbo-Ausführung auf den Markt kam, nahm das Interesse an diesem Fahrzeug zu. Auch wurde Lotus eingeschaltet, um das Fahrwerk zu optimieren. 1990 bekam das Auto Frontantrieb. **SH**

M535i | BMW

1980 • 3453 ccm, Sechszylinder • 218 PS/160 kW • 0-100 km/h in 7,2 Sek. • 220 km/h

Etliche Tuner hatten sich des 5er BMWs schon bald nach seinem Erscheinen angenommen, indem sie den stärksten verfügbaren Motor in den relativ leichten Karosseriekörper des 528i einbauten. Eine solche Operation vollzog BMW 1980 aber auch selbst. Der M535i mit einem dem 7er entliehenen Hochleistungs-Einspritzmotor wurde über die noch junge BMW Motorsport GmbH ausgeliefert, und eine tief herabreichende Frontschürze ließ wie das Präfix M in der Modellbezeichnung erkennen, daß dieses Auto offenbar einer besonderen Spezies angehörte.

Ein teilweise verstärktes Fahrwerk mit innenbelüfteten Scheibenbremsen vorn und hinten trug der Leistung von 218 PS Rechnung, ein Fünfganggetriebe hatte der Wagen serienmäßig. Generell entsprach das Fahrwerk mit der Längslenker-Hinterachse klassischer BMW-Bauweise. Die viertürige Sportlimousine, 43.595 D-Mark teuer, wies eine im Werk Dingolfing produzierte, rechnerprogrammierte Sicherheitskarosserie mit Knautschzonen an Bug und Heck auf, hatte die damals so prestigeträchtigen Doppelscheinwerfer sowie Instrumente mit orangefarbener Beleuchtung.

Der intern als E12 bezeichneten BMW 5er der ersten Generation, die im Juni 1981 zu Ende ging, machte beim M535i keine Ausnahme von der Modellwechsel-Regel, als es ihn keinen Tag länger zu kaufen gab – sehr zum Bedauern eingefleischter Fans, die keines der rund 1000 Exemplare erwischt hatten. 200 davon wurden mit Rechtslenkung für den Export gebaut. Der Nachfolger E28 wurde in einer M-Version nicht angeboten; erst 1985 gab es in Gestalt des M5 wieder ein entsprechendes Fahrzeug, 286 PS stark und 245 km/h schnell. **RD**

◁ Der Fiat Panda, 1980 vorgestellt, zeichnete sich in einer Ära der Überfrachtung durch angenehme Schlichtheit aus.

Panda | Fiat

1980 • 652 ccm, Zweizylinder • 30 PS/22 kW • 0-100 km/h in 36 Sek. • 115 km/h

Als im März 1980 der Fiat Panda vorgestellt wurde, zeichnete er sich durch angenehme Schlichtheit aus. Der preisgünstige Zweitürer hatte alles, was man von einem normalen Auto erwarten durfte, und er entbehrte aller Schnickschnacks, auf die man auch heute noch verzichten könnte. Er war eine Kiste auf Rädern, und als „Kiste" bezeichnete Fiat das Auto sogar in der Werbung.

Die Motorisierung des von Giorgetto Giugiaro gezeichneten Viersitzers umfaßte einen 652-ccm-Zweizylinder und einen 903-ccm-Vierzylinder, beide seitengesteuert, wassergekühlt und die Vorderräder über ein Vierganggetriebe antreibend. Die Motoren waren alte Bekante: der kleinere (Typ 30) kam aus dem Fiat 126, der größere (Typ 45) aus dem Fiat 127. Vorn hatten die Autos Scheibenbremsen. Sehr praktisch war die große Heckklappe der selbsttragenden Karosserie. Und wem der Laderaum zu klein war, konnte ihn mit ein paar Handgriffen vergrößern: durch Umlegen der Fondrückenlehnen. Die Sitzbezüge waren herausnehmbar, damit man sie in die Waschmaschine stecken konnte. Optional war ein Schiebedach aus Textilmaterial erhältlich. Das Fahrwerk war völlig wartungsfrei, nur alle 10.000 Kilometer war eine Inspektion fällig.

Es machte Spaß, die „Kiste" zu fahren, jedenfalls auf kleinen, kurvenreichen Dorfstraßen Italiens, weniger auf der Autobahn, wo der Panda eher ein Verkehrshindernis darstellte, wie ja auch der Fiat 500 oder 126. Verbesserungen ließen aber nicht lang auf sich warten; es erschien ein 1,3-Liter Diesel samt stufenloser Automatik, und sogar ein Allradwagen und ein Elektromobil. In seiner Urform gab es den Panda noch bis 2003, gebaut in insgesamt 4,5 Millionen Exemplaren. **SH**

745i | BMW

1980 • 3210 ccm, Sechszylinder • 252 PS/185 kW • 0-100 km/h in 9 Sek. • 222 km/h

Wer sich an die Modellbezeichnungen von BMW gewöhnt hatte, wußte seit 1977, daß der neu eingeführte 728 ein 2,8-Liter war, der 730 ein 3,0-Liter und der 735 ein 3,5-Liter.

Die neue 7er-Luxus-Baureihe der weiß-blauen Marke war von vornherein für große Sechszylindermotoren ausgelegt, und ein V12 war ebenfalls schon in der Planung (er sollte 1987 als 750i erscheinen). Der 1980 vorgestellte BMW 745i war aber kein 4,5-Liter. Vielmehr handelte es sich um eine Limousine mit einem 3,2-Liter-Turbomotor. Es war das erste BMW-Modell nach dem 2002 turbo von 1973-74 mit Auflading. Der Abgas-Turbolader von KKK mit Intercooler verhalf dem Sechszylinder mit L-Jetronic zu beachtlichen 252 statt 197 PS. Das 54.200 D-Mark teure Flaggschiff der BMW-Flotte kostete ebenso viel wie ein Mercedes-Benz 500 SE, zu welchem es in harten Wettbewerb trat. Das wie der 3er, 5er und 6er BMW in Dingolfing produzierte Auto wurde mit einer Dreistufen-Automatik geliefert, besaß Hochgeschwindigkeitsbereifung und ABS, damals eine bahnbrechende Neuerung. Serienmäßig waren auch die Klimaautomatik und eine Niveauregulierung. Besondere Aufmerksamkeit erfuhr der Bordcomputer mit einer Fülle von Inboard-Funktionen – ein „Mäusekino" mit großem Display für Fahrer und Beifahrer. Die Vielzahl der Tasten und Knöpfe heischte Respekt. Es gab ab 1984 auch eine Executive-Ausführung mit Edelholz-Applikationen und Lederausstattung.

Der von 1980 bis 1986 angebotene 745i (der nachgestellte Buchstabe i wies auf Benzineinspritzung hin, als parallel noch Vergasermotoren im Programm waren) fand 15.302 Käufer. **HS**

Corvette C3 | Chevrolet

1980 • 5735 ccm, V8 • 190 PS/140 kW • 0-100 km/h in 7,8 Sek. • 200 km/h

Bei Chevrolet genoß die Corvette einen Sonderstatus. Seit ihrem Erscheinen war sie kontinuierlich aufgewertet worden. Das Modelljahr 1979 war für sie zugleich ein Jahr der Rekorde: Es wurden 53.807 Corvetten produziert, obwohl die Emissions- und Sicherheitsauflagen immer neue Hürden darstellten. Die Motoren hatten durch Feinarbeit an den Abgassystemen ein wenig an Power zugelegt, so daß man den Wagen noch immer als ein Sportfahrzeug bezeichnen durfte. 1979 kostete eine Corvette in der Basisversion erstmals mehr als 10.000 Dollar, nämlich genau 10.220,23. Da die Höchstgeschwindigkeit auf amerikanischen Fernstraßen auf 55 mph (85,5 km/h) begrenzt war, reichten ab Ende 1979 die Skalen der Corvette-Tachometer nur bis 85 Meilen (137 km/h). Aber obwohl die Corvette gezwungen war, sich so langsam zu bewegen, erhielt sie im Rahmen eines Facelifts doch einen Front- und einen Heckspoiler.

Die Kalifornier mußten akzeptieren, daß ihre Regierung ihnen sogar noch härtere Auflagen zumutete als dies in den anderen US-Staaten der Fall war. So fand die 1980er Corvette mit nur 180 PS aus 4998 ccm Hubraum dort nicht mehr als 3221 Abnehmer. 1981 jedoch erhielten die Corvetten für den Verkauf in ganz USA einen 5735-ccm-Motor mit immerhin 190 PS. Was aber offenbar nur wenige Amerikaner als so dürftig empfanden wie es eigentlich war, denn es wurden immerhin 40.606 Fahrzeuge verkauft. Für die Reinhaltung der amerikanischen Luft wurde der Autokäufer indes kräftig zur Kasse gebeten: der Grundpreis der Katalysator-Corvette war bei 16.258 Dollar angelangt! 1982 war das letzte Jahr der C3 genannten dritten Generation, zu deren Abschied GM eine Sonderedition auflegte. So mancher C3 wurde später von Tunern stärker motorisiert oder durch Chiptuning auf höhere Leistung gebracht, die er ja mühelos verkraftete. **MG**

Murena | Talbot Matra

1980 • 2156 ccm, Vierzylinder • 118 PS/86,7 kW • 0-100 km/h in 9,3 Sek. • 200 km/h

Anfang Juli 1979 erfuhr die Öffentlichkeit, daß die Ende 1978 von Peugeot-Citroën übernommenen europäischen Chrysler-Marken Simca, Chrysler-Simca, Matra-Simca und Chrysler-Sunbeam (UK) unter dem Markennamen Talbot vereint werden sollten. Aber einige Modelle führten weiterhin Doppelnamen, wie der Talbot Matra Bagheera, der Rancho, der Murena.

Wie der Bagheera hatte auch der 1980 vorgestellte Murena drei Sitze nebeneinander und war ein Mittelmotorcoupé. Es handelte sich um eine Kreation des Designers Antonis Volanis, der auch den Bagheera geschaffen hatte und später den Renault Espace entwarf. Um der Rostbildung vorzubeugen, die den Bagheera gebrandmarkt hatte, war die Bodenplattform des Murena galvanisiert. Die zweitürige Karosserie war solchen Problemen nicht ausgesetzt, denn sie bestand aus glasfaserverstärktem Kunststoff. Wahlweise wurde das Fahrzeug mit einem 1,6- oder einem 2,2-Liter-Motor geliefert. Der Preisunterschied betrug 3000 D-Mark. Wobei der 1,6 Liter mit 22.600 D-Mark nicht gerade sehr preiswert war; einen Triumph T7 bekam man für weniger Geld. Aber der Motor des hubraumgrößeren S-Modells war immerhin kopfgesteuert (OHC), und bei einem Verbrauch von 9,3 Liter Benzin auf 100 Kilometer konnte man das Auto durchaus als genügsam bezeichnen. **SH**

Beaufighter | Bristol

1980 • 5898 ccm, V8 • keine Angaben • 0-100 km/h in 7 Sek. • 240 km/h

Die Bristol Aeroplane Company hatte die Bezeichnung Beaufighter erstmals 1939 verwendet – für einen Kampfbomber. Mit dem Krieg fand auch die Bomberproduktion ein Ende, dafür nahm bei Bristol die Automobilfertigung ihren Anfang. Flugzeugnamen im Autobau wieder zu verwenden war ein Usus, den auch Armstrong-Siddeley gepflegt hatte.

Das Targa-Coupé Beaufighter war nach Entwürfen von Zagato entstanden. Die Mechanik war aus dem Bristol 412 bekannt, der 1975-82 gebaut worden war: die Bodenplattform, der amerikanische V8-Motor, die Verwendung von Leichtmetall für die Karosserie. Doch es gab da ein paar Besonderheiten, über die viel diskutiert wurde. So besaß der 5,9-Liter-Achtzylinder aus dem Hause Chrysler einen Abgas-Turbolader, über dessen Leistungsplus die Motorpresse allerdings nicht informiert wurde; wie Rolls-Royce verschwieg auch Bristol seit einiger Zeit Leistungsangaben (übrigens auch Produktionszahlen). Turbomotoren gab es bislang nur bei Porsche, Saab, BMW und TVR, insofern war es ungewöhnlich, diesem Lager beizutreten. Die abnehmbaren Dachteile, die den Bristol (fast) zu einem Cabriolet machten, bestanden aus glasfaserverstärktem Kunststoff. In dieser Ausführung blieb der Beaufighter bis 1993 im Programm. **MG**

Seville | Cadillac (USA)

1980 • 6045 ccm, V8 • 147 PS/108 kW •
0-100 km/h in 12,7 Sek. • 175 km/h

Der Name Seville taucht im Cadillac-Lexikon 1956 zum ersten Mal auf. Damals erschien er beim Modell Eldorado Seville, der Hardtop-Version in der Cadillac-Spitzenbaureihe. Dann verschwand der Name im Jahr 1960 und kam 1975 zurück, jetzt als Bezeichnung für den ersten „kleinen Cadillac". Der verkaufte sich gut, aber nicht gut genug. Als verkaufsfördernd erwies sich dann die Einführung neuer Elektronik wie die des Trip Computers, der die analogen Instrumente durch digitale ersetzen ließ.

1980 wurde ein neuer Seville im Premium-Segment präsentiert; er hatte Vorderradantrieb und Einzelradaufhängung. Doch der riesige V8 brachte es nur auf 147 PS und eine Spitze von 175 km/h. Der Wagen fiel durch sein Styling auf: der Kofferraum ragte achtern aus wie bei einem britischen Daimler der fünfziger Jahre, und seine Silhouette entsprach genau der Form des hinteren Seitenfensters. Solche Kleinigkeiten geben häufig den Ausschlag für eine Kaufentscheidung. Die Linienführung des Seville stammte von Bill Mitchell, der bereits vier Jahrzehnte für General Motors tätig war; seine erste Kreation war der 1938er Cadillac Sixty Special gewesen. Mit dem Seville bewies Mitchell, daß er sich auf der Höhe seines Könnens befand – das Auto kam glänzend an und hatte sich, bis Mitchell 1985 in den Ruhestand ging, fast 200.000mal verkaufen lassen. **MG**

Fleetwood Brougham | Cadillac (USA)

1980 • 6045 ccm, V8 • 147 PS/108 kW •
0-100 km/h in 13,2 Sek. • 166 km/h

Der Cadillac Fleetwood Brougham war eine Repräsentationslimousine, wobei es eine Ausführung mit Trennscheibe gab, die „Formal Limousine" genannt wurde und ein Chauffeurswagen war. Aber im Vergleich zu den vorherigen großen GM-Modellen war auch das Spitzenmodell in den Radstands- und Längenmaßen 1980 geschrumpft. Nach wie vor besaß der Fleetwood einen Kastenrahmen mit Traversen sowie Frontantrieb. Neu war die hintere Einzelradaufhängung mit schräg gestellten Längslenkern und pneumatischer Niveauregulierung. Der Wagen hatte Vierrad-Scheibenbremsen und einen außerordentlich hohen Grad an Komfort. Schon immer war die Reihe Fleetwood alias 75 die automobile Ultima ratio der USA gewesen. Ein Karosseriebauunternehmen namens Fleetwood war 1912 durch H. C. Urich in Fleetwood, Pennsylvania, gegründet worden. 1925 wurde die Firma, die sich besonders der Fertigung von luxuriösen und eleganten Aufbauten widmete, von der 1908 gegründeten Karosseriefirma Fisher Body Corporation übernommen, die wiederum ein Jahr später unter die Kontrolle von General Motors kam. So waren wichtige Monopole unter einem Dach, und GM gab sich große Mühe, das hohe Niveau des Automobilbaus unter dem Label Fleetwood zu bewahren. Erst 1992 ließ General Motors den traditionsreichen Namen entfallen. **MG**

Der DeLorean war alles andere als ein kommerzieller Erfolg. Doch er setzte beachtliche Akzente im modernen Automobilbau.

Strada/Ritmo 75 | Fiat

1981 • 1499 ccm, Vierzylinder • 75 PS/55,1 kW •
0-100 km/h in 13,9 Sek. • 160 km/h

In Italien und vielen anderen Ländern hieß er Ritmo, in Großbritannien und den USA jedoch Strada. Die Einführung des Ritmo fand im April 1978 statt. Es gab einen 1,1, einen 1,3 und einen 1,5 Liter, ferner einen 1,7 Liter Diesel. Auffällig waren seine großen Kunststoff-Frontschürzen sowie die Heckschürzen mit schmalen Rückleuchten. Im Laufe der ersten Serie wurden die Kunststoffteile im Innenraum zweifarbig abgesetzt. Anfang 1981 erhielten sämtliche Modelle allerlei Retuschen, unter anderem neue Außenspiegel. Ebenso ersetzte man das bisher an der Motorhaube angebrachte Fiat-Zeichen durch den einen Lorbeerkranz in der Mitte des vorderen Schutzschildes.

Ende 1981 erschien ferner als dritte Karosserievariante ein von Bertone entworfenes und auch dort gebautes Cabriolet; es besaß einen breiten Targabügel mit Stoffdach. Im Oktober 1982 erhielt der Ritmo eine neue Front mit Doppelscheinwerfern und fünf schrägen Stäben aus Chromstahl, große Heckleuchten und geänderte Stoßfänger. Ursprünglich gab es nur die Normal- sowie die S-Version, mit dem Erscheinen der L-Ausstattung (erkennbar an Einfachscheinwerfern) gab es dann auch ein Modell CL. Gleichzeitig wurde der vorher unter dem Kofferraum angebrachte Kraftstofftank unter die Rücksitzbank versetzt und die Karosseriestruktur punktuell verstärkt. Der Tankeinfüllstutzen wanderte in den Bereich oberhalb des rechten Hinterrades und wurde nun mit einem karosseriebündigen Deckel versehen. Ferner wurde der Ritmo 60 S ab April 1985 auch in einer spritsparenden Variante angeboten. Innerhalb von zehn Jahren wurden 1,8 Millionen Ritmo bzw. Strada verkauft. **SH**

DMC-12 | DeLorean

1981 • 2849 ccm, V6 • 132 PS/97 kW •
0-100 km/h in 10,5 Sek. • 197 km/h

Mit dem DMC-12 sollte sich ein langgehegter Traum erfüllen – der Traum vom vernünftigsten Auto aller Zeiten. Doch der ehemalige General-Motors-Manager John Zachary de Lorean ging mit seinem Flügeltüren-Coupé nicht gerade ruhmreich in die Geschichte ein. Nicht des Wagens wegen, der eine interessante und innovative Konstruktion darstellte, sondern wegen der Umstände, die seine Entstehung und seinen Niedergang begleiteten. De Lorean hatte 1980-81 in Dunmurry, Nord-Irland, eine ultramoderne Fabrik auf Kredit gebaut, und auch die Technik und das Design – in Auftrag gegeben bei Giugiaro – waren Posten in seiner Bilanz, die niemals ausgeglichen wurden. Mit Schulden von mehr als 60 Millionen Pfund Sterling verabschiedete sich de Lorean (der später wegen Drogendelikten einsaß) nach nur einem Jahr von der Szene. Sein immerhin 4243mal gebauter DMC-12 besaß ein Lotus-Chassis in Form eines doppelten Y und Einzelradaufhängung; der Motor im Heck war ein V6 von 2849 ccm mit Bosch-Einspritzung. Es handelte sich um das gleiche Aggregat, das Renault und Peugeot sich mit Volvo teilten. Die hinteren Räder waren größer als die vorderen, was zu fragwürdigen Fahreigenschaften führte. Dafür war das Coupé schnell: die Spitze betrug annähernd 200 km/h.

Die Karosserie bestand aus glasfaserverstärktem Kunststoff mit einer dünnen, polierten Stahlschicht als Oberfläche. Ein teures Verfahren, und die Sache erwies sich zudem als unpraktisch: jeder noch so kleine Kratzer markierte sich unauslöschlich.

De Lorean war ein brillanter Ingenieur, verstand aber nichts von Marketing, Werbung, Vertrieb – sein Traum war sehr bald ausgeträumt. **SB**

VH Commodore | Holden

1981 • 3298 ccm, Sechszylinder • 113 PS/83,1 kW • keine Angaben • 175 km/h

Biturbo | Maserati

1981 • 1996 ccm, Biturbo-V6 • 180 PS/132 kW • 0-100 km/h in 6,5 Sek. • 215 km/h

Dem australischen Holden ging es in den frühen 1980er Jahren nicht besonders gut. Eines der Werke in Neusüdwales mußte geschlossen werden, weil die Absätze massiv eingebrochen waren; der Konkurrent Ford hatte mit seinem Modell Falcon erheblich bessere Karten. Gleichwohl gab Holden nicht auf und präsentierte Ende 1981 eine neue Version des Commodore, genannt VH. 1978-80 hatte es einen VB und 1980-81 einen VC gegeben. Nicht nur der Name, auch die Konstruktion dieses Wagens leitete sich vom deutschen Opel Commodore ab.

Die Neuerungen am VH, der bis 1984 gebaut wurde, hielten sich in Grenzen. So hatte man dem Kühlergrill eine vertikale Optik gegeben, was den Wagen breiter erscheinen ließ, auch machten sich neue Scheinwerfer recht attraktiv. In der Technik glich der VH seinem Vorgänger. Es gab elektronische Zündung und erstmals auch digitale Instrumente sowie eine Sitzhöhenverstellung. Verfügbar waren eine viertürige Limousine und ein Kombiwagen mit 1,9-Liter-Vierzylindermotor oder zwei Sechszylinder von 2,9 bzw. 3,3 Liter Hubraum. Sogar ein 4,1-Liter-V8 war zu bekommen, mit Vierfachvergaser 156 PS stark. Selbstverständlich hatten alle Fahrzeuge Rechtslenkung. Kein Personenwagen wurde in Australien mehr als Linkslenker zum Straßenverkehr zugelassen. **BS**

In aktuellem Design und mit neuester Turbotechnik präsentierte sich 1981 der Maserati Biturbo. Die Vorstellung erfolgte am 14. Dezember, dem 67. Jahrestag der Maserati-Gründung. Mit dem Biturbo wollte der Maserati-Besitzer de Tomaso beweisen, daß unter jener Marke noch echte Innovationen zu erwarten waren. Dabei sah man dem Wagen nicht an, daß er ein 215-km/h-Bolide war; sein Design gab sich unauffällig. Die Frontpartie wirkte mit ihren rechteckigen Doppelscheinwerfern und einem trapezförmigen Kühlergrill wie eine verkleinerte Ausgabe der Front des Quattroporte und sorgte damit für Familienähnlichkeit. Der Motor indessen war etwas Besonderes. Es handelte sich um einen OHC-Sechszylinder in V-Form mit drei Ventilen pro Brennraum und einem Weber-Fallstromvergaser; der Hubraum betrug zwei Liter. Zwei Abgas-Turbolader trugen zu einer Leistung von 190 PS bei. Im Rahmen permanenter Modellpflege erschienen nachfolgend ein 2,5-Liter, ein 2,8-Liter, Modelle mit Ladeluftkühler sowie mit Katalysator.

Dem Zweitürer folgte ein Jahr später eine viertürige Ausführung, doch die reizvollste Variante war der 1984 von Zagato beigesteuerte Biturbo Spyder, dessen Liebhaberstatus vorgezeichnet war ... 1987 und 1992 gab es einige Faceliftings; die Produktion endete 1994. **RD**

Capri 2.8i | Ford

1981 • 2792 ccm, V6 • 160 PS/117 kW •
0-100 km/h in 7,9 Sek. • 210 km/h

Fiesta XR2 | Ford

1981 • 1599 ccm, Vierzylinder • 84 PS/61,7 kW •
0-100 km/h in 10,1 Sek. • 170 km/h

Die europäischen Ford-Töchter in Deutschland, Großbritannien, Benelux und Spanien hatten ihre Modellangebote vereinheitlicht und boten den Capri 1981 in identischer Ausführung an. In den USA war der Capri zwar kein Verkaufsschlager, aber in Europa, speziell in Deutschland, ließ er sich – noch – gut vermarkten. Auf dem Genfer Salon 1981 war eine neue Variante vorgestellt worden, der 2.8i; ein Auto, das große Beliebtheit errang.

Den Anstoß zum Bau dieses Modells hatte der Vorstandsvorsitzende von Ford Europa gegeben, Bob Lutz. Er wollte dem vorhersehbaren Exitus des Capri zuvorkommen und ließ eine Version entstehen, die mit möglichst viel Power aufwartete. Zum Einbau in das Coupé kam ein in Köln entwickelter 2,8-Liter-V6 mit hoher Verdichtung und Bosch-K-Jetronic, 160 PS leistend. Die zentrale Nockenwelle wurde durch Zahnräder angetrieben, Transistorzündung und vordere Scheibenbremsen waren selbstverständlich.

Im Herbst des gleichen Jahres gab es in Gestalt des Capri turbo sogar noch eine Steigerung (188 PS, 220 km/h). Sein Image als biederes Familiencoupé hatte der Capri längst abgelegt, sogar die Briten hatten ihre Vorurteile gegenüber dem „deutschen Capri" aufgegeben. Im Motorsport hatte das Auto genügend Beweise seiner Seriosität erbracht. **BS**

Auch der Ford Fiesta war ein Europa-Auto. Er hatte sein Debüt im Juni 1976 gegeben und sich durch konstante Modellpflege ein gutes Image aufbauen können. Mit dem Fiesta hatte der VW Golf eine Kampfansage bekommen, und speziell der GTI mußte sich einen Vergleich mit dem Fiesta Supersport gefallen lassen. Dessen Steigerung stellte der im Dezember 1981 präsentierte XR2 dar. Der Motor in diesem Modell kam aus den USA und war ein wenig getunt worden, um das Auto gut 160 bis 170 km/h schnell zu machen. Auch die runden Scheinwerfer und die vorderen Blinker hatte man den amerikanischen Vettern abgeguckt. Dazu gab es Alufelgen im Salzstreuer-Look und sechs Zoll breite Reifen unter verbreiterten Radläufen. Mit einem leicht tiefergelegten Fahrwerk und hinterem Kurvenstabilisator fuhr sich der XR2 recht sportlich, mit ihm konnte man dem Golf GTI durchaus die Schau stehlen. Vor allem kostete der Ford rund 3000 D-Mark weniger als der VW. Bis 1984, als der Mk.II eingeführt wurde, hatte der XR2 „boy racer" allein in Großbritannien 20.000 Käufer gefunden. Sie waren meist unter Dreißig und ambitionierte Schrauber, die ihre Fahrzeuge in Eigenregie immer noch ein wenig zu verbessern trachteten. Leider vertrug der US-Motor eine weitere Optimierung nur in geringem Umfang ... **DS**

David Hasselhoff und sein Co-Star Kitt aus der Serie „Knight Rider" – ein modifizierter Pontiac Firebird Trans Am. ▷

900 Turbo | Saab

1981 • 1985 ccm, Turbo-Vierzylinder • 145 PS/107 kW • 0-100 km/h in 9 Sek. • 195 km/h

Im Mai 1978 war der Saab 900 mit Schrägheck eingeführt worden, und ab April 1980 gab es den Viertürer auch mit einer Stufenheckkarosserie und akzentuiertem Kofferraum. Daß es die beim Modell 99 eingeführte Turboversion auch beim 900 geben würde, ließ sich absehen. Der Saab 900 APC war das erste Auto, bei welchem ein Abgas-Turbolader mit Vierventiltechnik kombiniert wurde, und das APC-System (Automatic Performance Control) steuerte zudem den Ladedruck elektronisch je nach Fahrsituation. Es erfolgte auch eine selbsttätige Anpassung an die Treibstoffqualität, so daß man den billigsten Normalkraftstoff ebenso gut tanken konnte wie hochoktaniges Superbenzin. Das war für diverse Exportmärkte von großem Vorteil.

Noch mußte man sich mit dem berühmten Turboloch abfinden, das der Fahrer zwischen Gasgeben und Ansprechen des Laders bemerkte, aber daran gewöhnte man sich. Der Turbo-Saab geriet jedenfalls zu einem Erfolg; jeder dritte Wagen der schwedischen Marke war 1983 ein Turbo. Mit niedrigerem Ladedruck arbeitete der Motor im 900 S, der ab 1988 auf den europäischen Märkten zu bekommen war, und bei diesem Modell spürte man kein Turboloch mehr. 1989 erhielt der 900 einige aerodynamische Hilfsmittel an die Karosserie geheftet, zugleich gab es neue Alufelgen im Dreispeichen-Look. In Schweden wurde die Polizei mit dem 900 Turbo ausgerüstet, und als auch noch James Bond mit einem solchen Auto – natürlich kugelsicher und mit Panzerglas sowie Head-up-Displays versehen – durch die Filmwelt jagte, gab es in Europa kaum noch jemanden zwischen 18 und 80, der den Saab 900 nicht kannte. **JB**

Firebird Trans Am | Pontiac

1982 • 5001 ccm, V8 • 167 PS/123 kW • 0-100 km/h in 7,9 Sek. • 190 km/h

Den ersten Pontiac Firebird hatte General Motors 1967 vorgestellt, und in den darauffolgenden fünfzehn Jahren erschienen unter dieser Bezeichnung eine Menge unterschiedlicher Fahrzeuge mit Vier-, Sechs- und Achtzylindermotor. 1982 brachte man ein Modell mit dem Zusatz Trans Am heraus. Das Recht an diesem Namen gehörte seit 1966 dem Sports Car Club of America (SCCA), und GM hatte sich verpflichtet, für jeden verkauften Wagen fünf Dollar als Finanzierungsbeitrag für die Trans Am-Rennserie an den Club abzuführen.

Mehr als den klangvollen Namen hatte das Basismodell des 1982er Firebird mit Amerikas großem Motorsportbegriff nicht gemein, denn das war ein schwachbrüstiger Vierzylinder mit 90 PS, der mit Not 155 km/h Spitze schaffte. Doch der ebenfalls erhältliche Fünfliter-V8-Einspritzmotor verlieh dem keilförmigen Schrägheck-Coupé imponierende Fahrleistungen; die Beschleunigung von Null auf 100 km/h war nicht weit von der eines Porsche entfernt. Das Kammheck mit aufgesetztem Spoiler und der tief heruntergezogene Bug mit versenkbaren Scheinwerfern, auch die glattflächigen Radzierblenden verrieten angewandte aerodynamische Erkenntnisse, ganz im Kontrast zu einem Pontiac Bonneville. Mit einem Neigungswinkel von 60 Grad war die Windschutzscheibe des Trans Am die flachste, die je ein GM-Personenwagen aufzuweisen hatte. Eigenartig nahmen sich die breiten, flachen Richtungsanzeiger an der Unterkante der Motorhaube aus.

Ausgerechnet den schwächsten Firebird wählte das US-Magazin *Road & Track* zu einem der zwölf besten Autos Welt. Die Version mit dem 167 PS starken Einspritzmotor hätte das Prädikat eher verdient gehabt. **BS**

Spider Veloce | Alfa Romeo

1982 • 1962 ccm, Vierzylinder • 128 PS/94 kW • 0-100 km/h in 10 Sek. • 195 km/h

Manche italienischen Sportzweisitzer durchliefen eine lange Evolutionsphase. Nach anderthalb Jahren Produktionszeit des Duetto erhielt der Alfa Romeo Zweisitzer Ende 1967 einen Nachfolger namens Spider Veloce, jetzt nicht mehr mit einem runden, sondern kantigen Heck. Seines 1779-ccm-Motors wegen gab man dem Sportwagen die Zusatzbezeichnung 1750 (obwohl 1800 richtiger gewesen wäre). Ein Jahr später folgte eine 1290-ccm-Version, der Spider 1300 Junior, der sich vom größeren Bruder äußerlich durch die fehlenden Scheinwerfer-Abdeckungen unterschied.

1970 erhielten die Heckpartien eine nicht sehr vorteilhaft wirkende Verlängerung, dafür erfuhr der Motor kurze Zeit später eine Vergrößerung auf 2,0 Liter Hubraum (Spider 2000), was allerdings zu Lasten der Elastizität ging. Die Leistung von knapp 130 PS fand ihr Adäquat in größer dimensionierten Bremsen. Ein Handicap für den Absatz des Wagens waren die immer strengeren Zulassungs-Restriktionen in den USA, einem der Haupt-Exportmärkte Alfa Romeos. Die dort angebotenen Fahrzeuge hatten nur 122 PS und eine Spice-Einspritzanlage. Auch mußten diese Fahrzeuge mit dicken Gummi-Stoßfängern versehen sein. Vieles, was die Behörden in den Vereinigten Staaten vorschrieben, hatte auch für den Rest der Exportwelt zu gelten, und die akzeptierte es widerspruchslos.

Plastik-Accessoirs und Spoiler, in der Wagenfarbe lackiert, entsprachen dem Zeitgeist. 1986 bekam die Serie III ein neues, recht attraktives Interieur, und in seiner letzten Auflage, die bis 1993 auf dem Markt war, ließ Pininfarina dem Zweisitzer noch einige kosmetische Facelifting-Maßnahmen angedeihen. **SH**

911 SC Cabriolet | Porsche

1982 • 2994 ccm, Sechszylinder-Boxer • 204 PS/150 kW • 0-100 km/h in 6,4 Sek. • 235 km/h

Aus den unterschiedlichsten Gründen hatte es in den ersten zwanzig Jahren des Porsche 911 kein echtes Vollcabriolet gegeben. Mit dem offenen SC war das Vergnügen des Frischluft-Porschefahrens zurückgekehrt.

Auf der im zweijährigen Turnus stattfindenden IAA im September 1981, wo vor 18 Jahren der 901 als der spätere 911 präsentiert worden war, sorgte auf dem Porsche-Stand ein Wagen für ebenso großes Aufsehen wie der 901 im Jahre 1963. Es war ein 911 Cabriolet mit einem 3,3-Liter-Turbomotor und Vierradantrieb. Das Auto stand auf einem Mosaik von Spiegelflächen, auf denen man seine Unterseite betrachten konnte. Im März 1981 hatte man in Zuffenhausen auf Betreiben des Managements mit den Vorbereitungen für eine Cabriolet-Produktion begonnen. Der Allradwagen blieb zunächst ein Versuchsmodell. Doch in Genf 1982 war das serienreife 911er Cabrio mit dem auffallenden Heckspoiler ein ebenso großer Anziehungspunkt wie der Superstar von Frankfurt sechs Monate zuvor. Der Dreiliter-Einspritzmotor (Bosch K-Jetronic) des 911 SC wies Einzelzylinder aus Leichtmetall sowie Trockensumpfschmierung auf; wahlweise gab es ein Fünfganggetriebe mit Handschaltung oder eine Dreistufen-Automatik. Scheibenbremsen an allen Rädern verstanden sich von selbst. Das Chassis war vollkommen wartungsfrei, ein Ölwechsel war nur alle 20.000 Kilometer nötig.

Das 911 Cabriolet wies eine völlig eigenständige Karosseriestruktur auf, war also keine vom Coupé abgeleitete Variante wie der Targa. Das bedeutete einen hohen konstruktiven und fertigungstechnischen Aufwand, über dessen Wirtschaftlichkeit man bei Porsche lange im Zweifel gewesen war. **BS**

Sierra-Produktion bei Ford 1984: Roboter und Multipunkt-Schweißautomaten fügen Karosseriepaneele zusammen. ▷

BX | Citroën

1982 • 1361 ccm, Vierzylinder • 62 PS/45,6 kW • 0-100 km/h in 15,6 Sek. • 155 km/h

Sierra | Ford

1982 • 1998 ccm, Vierzylinder • 90 PS/66,2 kW • 0-100 km/h in 12,5 Sek. • 176 km/h

Peugeot und Citroën hatten sich 1976 liiert. Seither erschienen unter beiden Marken äußerlich zwar unterschiedliche, konstruktiv aber verwandte Modelle, wie dies auch beim Peugeot 405 und beim Citroën BX der Fall war. Der im September 1982 erstmal ausgestellte BX war eine Schräghecklimousine mit Heckklappe, Quermotor, Frontantrieb und hydropneumatischer Federung. Er hatte Scheibenbremsen an allen Rädern, und es gab wahlweise ein Vier- oder ein Fünfganggetriebe. Wie beim D-Modell und beim CX ließ sich die Bodenfreiheit variieren.

Bei den Motoren hatte der Kunde seine Wahl zu treffen. Zur Disposition standen ein 1361-ccm-Motor mit 62 oder 72 PS sowie ein 1580-ccm-Aggregat mit 90 PS. Die Wagenfront des BX wirkte mangels markanter Elemente etwas bieder, doch in der Silhouette erwies sich der von Marcello Ghandini gezeichnete Viertürer als ein stilistisches Meisterwerk. Die Karosserie wies nur halb so viele Schweißpunkte auf wie sein Vorgänger GSA und wurde bereits mit Hilfe von Computern entwickelt. Aus Gewichtsgründen bestanden Motorhaube und Heckklappe aus Kunststoff. Das konsequent durchgeführte Leichtbaukonzept sorgte dafür, daß der BX kaum schwerer war als der kleinere GSA.

Im April 1985 folgte die Vorstellung eines Kombis. Der BX Break überzeugte durch sein großes Ladevolumen, das durch das höhergestellte Dach noch optimiert wurde. Im Juli 1986 wurde der BX innen und außen überarbeitet. Von da an bezeichnet man den BX als Serie I. Im Herbst 1989 stellte Citroën die Modelle BX 4WD Break und BX GTi 4WD mit Vierradantrieb vor. Der bis 1994 gebaute BX brachte es auf 2,5 Millionen Stück. **SH**

Er sollte ein vernünftiger, wirtschaftlicher Familienwagen sein, attraktiv zwar, aber unauffällig. Doch seine strömungsgünstige Karosserie hob den Sierra signifikant ab von der keilförmigen Kantigkeit seiner Mitbewerber. Der in seiner Leistung so biedermännische Ford Sierra hätte eher ein Fabrikat aus dem Fernen Osten sein können, denn als typischen Ford hätte man ihn ohne seine Markenplakette nicht erkannt. Seine Profilierung gewann der Sierra auch nicht auf der Straße, sondern auf der Rennstrecke. Und zwar in Gestalt des Cosworth-2-Liter, 1980 für die (Serienwagen-)Gruppe A gedacht, zu deren Homologation mindestens 5000 gleiche Exemplare gebaut werden mußten.

Zu diesem Zweck rüstete man den zweitürigen Sierra mit einem auffallenden Heckspoiler und einer Lippe unterhalb des Kühlergrills aus, um die 300 PS des Vierzylinders auf den Boden zu bringen. Der von Cosworth getunte Turbomotor war in einer Straßenversion mit 205 PS zu bekommen. 500 Fahrzeuge entstanden bei Tickford (zu Aston Martin gehörend) mit einem 224-PS-Motor, der aber ebenfalls zu tunen war und sogar auf 550-Renn-PS kam.

Der erfolgreiche Cosworth-Sierra gewann so viele Rennen, daß die Konkurrenz kaum eine Chance hatte. 1988 gab es auch eine viertürige Version und ab 1990 eine Ausführung mit Allradantrieb.

Insgesamt gedieh der Sierra zu einem der erfolgreichsten Modelle, die Ford je zu bieten hatte. In zwei Modellreihen wurden zwischen Sommer 1982 und Frühjahr 1993 insgesamt 2.700.500 Exemplare in Deutschland, Belgien, Großbritannien, Südafrika, Venezuela, Argentinien und Neuseeland produziert. **SH**

SD1 Vitesse | Rover (GB)

1982 • 3532 ccm, V8 • 193 PS/142 kW • 0-100 km/h in 7,6 Sek. • 217 km/h

Wie schon das Rover-Modell P6 wurde auch der SD1 zum Wagen des Jahres gewählt. Und noch mehr als der P6 distanzierte sich der SD1 von seinem Vorgänger – dieses Auto war in mehrfacher Hinsicht überzeugend fortschrittlich. Seine Bezeichnung SD stand für „Specialist Division", eine zentrale Entwicklungsabteilung bei British Leyland, wo der Wagen entstanden war.

Die Frontpartie des SD1 erinnerte etwas an den Ferrari Daytona, die gesamte rückwärtige Partie des Schräghecks ließ sich als Klappe nach oben schwenken. Der Interieur gab sich modern und kam ohne Edelholz, Leder und Chrom aus, wie man es bisher von einem britischen Klassiker der Premiumkategorie gewohnt gewesen war. In seiner ersten Version hatte der SD1 den bewährten 3,5-Liter-V8-Motor unter der Haube, danach erschienen die Sechszylinder-Modelle 2300 (2351 ccm) und 2600 (2597 ccm). 1982 folgten zwei Vierzylinder, der 2000 sowie der 2400 D (Diesel).

Gelegentliche Schwierigkeiten in der Fertigung resultierten in Qualitätsmängeln, die im Laufe der Zeit jedoch behoben wurden. 1982 gab es ein Facelift, gleichzeitig kamen Sondermodelle wie der Vitesse und der Vanden Plas heraus. Der Vitesse 3,5 war mit seiner durch erhöhte Verdichtung von 157 auf 193 PS gesteigerten Leistung das Spitzenmodell der Marke Rover. Bei der Version Vanden Plas standen dekorative Komfortattribute im Vordergrund. Schließlich bezog sich der Name auf eine alte Kutschenfabrik, die um 1913 den Karosseriebau aufgenommen hatte. Seit 1967 gehörte das Unternehmen zu British Leyland. 1986 lieferte man den letzten dieser „echten" Rover aus, ehe das Konstruktionsgut von Honda übernommen wurde. **RD**

944 | Porsche

1982 • 2479 ccm, Vierzylinder • 163 PS/120 kW • 0-100 km/h in 8,4 Sek. • 220 km/h

Kritiker bemängelten, dieser Wagen sei nicht als typischer Porsche zu bezeichnen. Er wirke zu sanft, zu dezent. Doch der 944 war ein Sportwagen ohne Kompromisse, mit viel Power unter der Haube. Bei seinem 2,5-Liter-Motor handelte es sich um den halbierten V8 aus dem 928 mit einer obenliegenden Nockenwelle.

Der 944 avancierte zu einem der erfolgreichsten Sportwagen der Welt. Innerhalb eines Jahres fanden sich bereits 30.000 Käufer, und durch sorgfältige Modellpflege wurde der Wagen immer besser. Ab 1984 wurde der Wagen mit Katalysator ausgeliefert, und 1988 konnte Porsche das 100.000. Exemplar feiern. Servolenkung und Zentralverriegelung gehörten ebenso zur Serienausstattung wie elektrische Fensterheber und ein Heckscheibenwischer. 1988 erhöhte man den Hubraum auf 2,7 Liter, was zwar nur ein geringes Plus an Leistung brachte, aber gut zehn Prozent mehr Drehmoment. Mit der Hubraumvergrößerung gingen eine neue Motorelektronik, größere Ventile und neue Nockenwellen-Steuerzeiten einher. Wer's heißer mochte, konnte sich ab 1986 für den 190 PS starken 944 S entscheiden, dessen Motor 16 Ventile und zwei obenliegende Nockenwellen aufwies. ABS und Sportfahrwerk gehörten zum Standard. Als 944 S2 mit 211 PS aus 3,0 Liter Hubraum und einer von 228 auf 280 km/h gestiegenen Spitze krönte dieser Wagen die Baureihe. Ab 1985 war der 944 auch mit Turbolader erhältlich. Der Wagen rangierte zwischen dem 944 mit Saugmotor und dem 928 S, und sein Motorenkonzept war den gesetzlichen Anforderungen um Jahre voraus. Zudem trat Porsche mit diesem Wagen den Beweis an, daß die Turbotechnologie sich nicht auf den Rennsport beschränkte. **DS**

SM 4.1 | Santa Matilde　　　BR

1982 • 4093 ccm, Sechszylinder • 116 PS/85,3 kW • keine Angaben • 170 km/h

Die als Bergwerksunternehmen 1916 gegründete Cia. Industria Santa Matilde in Conselheiro Lafaiete (Minas Gerais) dehnte ihre Geschäftstätigkeit später auf die Reparatur von Eisenbahnwaggons und die Herstellung von E-Lokomotiven aus. Ab 1959 nahm man auch die Produktion von Traktoren, Bulldozern und Mähdreschern auf, die Brasilien dringend benötigte. In einer Tochtergesellschaft in Rio de Janeiro entstand ein 2+2-sitziges Sportcoupé mit der Mechanik des brasilianischen Chevrolet Opala; der SM 4.1 hatte einen 4093-ccm-Sechszylindermotor von ca. 116 PS sowie eine GFK-Karosserie im Fastback-Stil. Das Design mit einer abgeschrägten Frontpartie und senkrecht eingefügtem Kühlergrill wirkte recht eigenwillig. Auf der Automobilausstellung von Sao Paulo 1976 war das Auto zum ersten Mal zu sehen. Das Echo war überraschend groß, so daß eine Serienfertigung des SM 4.1 beschlossen wurde. Die kleine Manufaktur wurde von Humberte Duarte geleitet, das Styling des Sportwagens stammte von seiner Tochter Ana Lidia.

Seither wurden kontinuierlich Verbesserungen an dem Coupé vorgenommen. 1982 gab es auch einen 2,5-Liter-Turbomotor; zur Serienausstattung gehörten ringsum Scheibenbremsen, Ledersitze und eine Klimaanlage. Nur ging es im Cockpit etwas eng zu: groß gewachsene Menschen mußten den Kopf einziehen.

Das Modell von 1984 besaß einen verlängerten Radstand und wurde auch als Cabriolet gebaut. Das Chassis hatte vorn und hinten stoßabsorbierende Elemente, und das Auto wurde in Crashtests auf seine Unfallsicherheit untersucht. Trotz einiger Facelifts blieb das von Ana Lidia geschaffene Design bis 1997 so gut wie unverändert. **SH**

Thunderbird | Ford

1983 • 4942 ccm, V8 • 152 PS/111 kW • 0-100 km/h in 9,6 Sek. • 175 km/h

Der T-Bird ist ein Klassiker des amerikanischen Automobilbaus. Am Anfang war der Thunderbird der Baujahre 1955–1957 ein sportlicher Zweisitzer, gedacht als Konkurrent zur Corvette. Für den Ford sprach damals der V8-Motor, den die Corvette erst später bekam.

Die nachfolgenden Modelle bis 1969 hatten die charakteristische, etwas kantigere Form der damaligen Zeit. Die Motorleistung wuchs von 150 bis auf über 300 PS, und die Fahrzeuge waren inzwischen deutlich größer als das Ursprungsmodell.

Die von 1980 bis 1982 angebotenen Autos rangierten ihrer Form wegen als »Box Birds«. Dem Trend entsprechend, war der achte Thunderbird in der Länge von 5502 auf 5090 Millimeter geschrumpft, behielt aber das barocke Design und zahlreiche Stylingdetails der Vorgänger (auch Klappscheinwerfer) bei. Technisch basierte er auf der Fox-Plattform der Baureihe Fairmont. Angeboten wurden Basis- und Town Landau-Modelle, dazu 1980 ein Silver Anniversary-Modell (25 Jahre Thunderbird), 1981 und 1982 wieder eine Heritage Edition wie auch schon 1979. Für den Vortrieb sorgten V8-Motoren mit 4,2 oder 5,0 Liter Hubraum (117 bzw.133 PS); ab 1981 gab es auch einen 3,3-Liter-Reihensechszylinder mit 189 PS. Dann erschienen 1983 die »Aero Birds«: Der Thunderbird der neunten Generation wurde wieder zum Sportcoupé. Es zeichnete sich durch eine modernere Linie aus und war eine deutliche Abkehr vom Thunderbird-Stil. Als Motorisierungen standen zur Verfügung: 3,8-Liter-V6 (112–142 PS), 5,0-Liter-V8 (132–157 PS) und im Turbo Coupe der 2,3-Liter-Reihenvierzylinder (144–203 PS). Vom »Aero Bird« verkaufte Ford in sechs Jahren 884.000 Stück. **BS**

Escort XR3i | Ford

1983 • 1596 ccm, Vierzylinder • 105 PS/77,2 kW • 0-100 km/h in 8,5 Sek. • 193 km/h

Der Escort in seiner dritten Generation präsentierte sich als Frontantriebsmodell mit Schrägheck, womit er sich als direkter Konkurrent zum VW Golf und zum Opel Ascona qualifizierte. Er schien die Juroren für die Wahl zum europäischen Wagen des Jahres sehr zu beeindrucken, denn sie erkannten ihm 1981 dieses Prädikat einstimmig zu.

Ford verfügte über eine lange Tradition im Aufwerten von Großserienwagen durch interessante Optionen, wie etwa 1962 beim Lotus Cortina. So kam auch die Sportversion des neuen Escort in Gestalt des XR3 beim Ford-Publikum sehr gut an: Allein in Großbritannien wurden innerhalb der ersten zwölf Monate 11.581 Stück verkauft. Mit seinem schwarzen Heckspoiler, speziellen Leichtmetallrädern und etlichen anderen Attributen war die zweitürige Limousine so recht etwas zum Angeben. Mit der Leistung war es anfangs allerdings nicht ganz so weit her; der Golf GTI war ihm überlegen. Das änderte sich mit einem im Januar 1983 vorgestellten neuen Modell, das im Ford-Werk Saarlouis gebaut wurde. Jetzt wies der Vierzylindermotor Kraftstoffeinspritzung von Bosch auf, gut für 105 PS und 193 km/h; das Fahrwerk war optimiert worden, das Fünfganggetriebe besser abgestuft. Der Escort XR3i ließ sich nun wie ein Sportwagen fahren.

Styling-Retuschen erfuhr das Auto in den Jahren 1986, 1992 sowie 1995. Und Ford schaffte es, den Preis für dieses Modell stets unter dem zu halten, den man für einen GTI von Volkswagen oder Peugeot zu zahlen hatte. Fans mit geringerem Budget waren mit dem Escort XR3i bestens bedient. Bemerkenswertes Aperçu: Dieses Auto wurde in den 1980er Jahren in Großbritannien häufiger gestohlen als jedes andere. **DS**

Sierra XR4i | Ford   GB/D

1983 • 2792 ccm, V6 • 150 PS/110 kW • 0-100 km/h in 7,8 Sek. • 208 km/h

Im Herbst 1982 hatte Ford die Modellreihe Sierra eingeführt, zu haben mit Vierzylinder- oder V6-Motor sowie einem Diesel von Peugeot. Und wieder gab es auch für den Sierra ein Sportpaket, 1983 herausgebracht und für den Dreitürer gedacht. Das Modell XR4i wies einen sehr großen Heckspoiler auf der Heckscheibe und einen weiteren auf der Kofferraumkante auf, die offenbar notwendig waren, damit man das Auto bei 200 km/h noch einigermaßen sicher beherrschte. Der Motor des XR4i war ein 2927 ccm großer V6 mit Benzineinspritzung, wie er auch im Capri 2.8i verwendet wurde. Die Leistungsabgabe erfolgte mit gewisser Spritzigkeit, das Fahrverhalten ließ hingegen Wünsche offen.

Es gab für den Sierra XR4i einige Optionen, sogar einen nachrüstbaren Turbolader, der die Leistung auf 200 PS anhob.

Der XR4i wurde 1985 durch den XR4x4 ersetzt. Das war ein Viertürer mit Schrägheck und, wie seine Bezeichnung aussagte, Vierradantrieb. Sein 2792-ccm-Einspritzmotor war der gleiche wie im XR4i. Der Wagen fuhr sich ausgezeichnet. Für Südafrika produzierte Ford ferner einen Sierra X6 mit 3,0-Liter-Motor und für Argentinien einen XR4 mit 2,3 Liter Hubraum.

Im Rahmen ihres globalen Masterplans schickte die Ford Motor Company den XR4i auch nach USA. Dort hieß er Mercury XR4Ti und trat mit einem 2,3-Liter-Turbomotor an. Das Fahrzeug stieß dort jedoch nicht auf das erhoffte Interesse. Ein Exemplar machte allerdings wieder diesseits des Atlantiks Karriere: Andy Rouse gewann mit ihm die Britische Tourenwagenmeisterschaft des Jahres 1985. Als nächste Evolutionsstufe entstand aus diesem Auto der Cosworth Sierra. **SH**

quattro | Audi

1983 • 2226 ccm, Fünfzylinder • 136 PS/100 kW •
0-100 km/h in 8,6 Sek. • 200 km/h

Der Audi quattro war zuerst als Sportcoupé mit permanentem Allradantrieb entstanden und wurde in dieser Form von 1981 bis 1991 produziert. Mit 11.452 gebauten Einheiten war er das erste in größeren Stückzahlen hergestellte Straßenfahrzeug dieser Bauart. Federführend für die Entwicklung des Audi quattro war Ferdinand Piëch, seinerzeit Vorstand der Fahrzeugentwicklung in Ingolstadt.

1983 erfolgte die Vorstellung des Audi Sport quattro auf der IAA in Frankfurt am Main. Im gleichen Jahr wurde die quattro GmbH gegründet, ferner war der permanente Allradantrieb optional für immer mehr Audi-Fahrzeuge verfügbar, auch für die großen Limousinen. Ab dem Baujahr 1982 bis einschließlich 1987 konnte man beide oder nur die hintere Sperre manuell elektropneumatisch ein- und ausschalten. Der quattro wurde im Laufe der Jahre weiter überarbeitet, insbesondere wurde sein Allradsystem ab dem Modelljahr 1987 mit einem Torsen-Mitteldifferential noch verfeinert. Das hintere Differential blieb manuell elektropneumatisch schaltbar. So waren diese Fahrzeuge bestens für Winterfahrten oder für anderweitige schwierige Einsätze auf glatten Fahrbahnen geeignet. Im Rallyesport setzte der quattro ganz neue Maßstäbe; zu den erfolgreichsten Spitzenfahrern zählten Stig Blomqvist, Michèle Mouton und Hannu Mikkola. **SB**

M635 CSi | BMW

1984 • 3453 ccm, Sechszylinder • 286 PS/210 kW •
0-100 km/h in 6,5 Sek. • 255 km/h

Im Frühjahr 1984 stellte BMW den M635 CSi vor. Sein Fahrwerk war identisch mit dem des kurze Zeit später vorgestellten Großen BMW der 7er-Reihe. Dazu gehörten Servolenkung, Scheibenbremsen und Einzelradaufhängung. Und es verstand sich für BMW fast von selbst, daß es eine M-Version geben würde. Was die BMW Motorsport GmbH aus dem 6er Coupé machte, bekam den Namen M635 CSi und in den USA M6. Der 3453-ccm-DOHC-Motor leistete in der M-Optimierung 286 PS (Serie: 218 PS), gut für 255 km/h; ein Fünfganggetriebe, Sportsitze mit Lederbezügen, Speziallenkrad, ein sportlicher abgestimmtes Fahrwerk sowie Leichtmetallfelgen gehörten zum Serienumfang. Die Kundschaft für diese Art von Automobilen hielt sich in ihrer Fahrweise nicht sehr zurück und demonstrierte auf der Autobahn gern die PS-Überlegenheit ihrer teuren Spielzeuge, teils unter häufiger Betätigung der Lichthupe. Was BMW-Fahrern den Ruf der „Drängler" einbrachte, zum Leidwesen derer, die mit ihrem Nullzwei brav die rechte Spur einhielten. 6000 Fahrzeuge wurden gebaut, und mit 91.250 D-Mark rangierte das Coupé mit der auffallenden, schwarzen Heckspoilerkante in der BMW-Preisliste ganz oben. Die 6er-Reihe feierte im Jahre 2003 mit dem 645 Ci eine von den Medien gebührend herausgestellte Wiederauferstehung. **RD**

Espace | Renault (F)

1984 • 1995 ccm, Vierzylinder • 110 PS/80,9 kW • 0-100 km/h in 10,7 Sek. • 181 km/h

Der französische Autohersteller Matra entwickelte in den Jahren 1978 bis 1982 zusammen mit Renault eine Großraumlimousine, die im Gegensatz zum VW-Bus nicht aus einem Nutzfahrzeugkonzept abgeleitet war. 1984 gedieh das Espace genannte Fahrzeug zur Serienreife. Für das Design verantwortlich war Antonis Volanis.

Wegbereitend war nicht allein das Raumkonzept des Espace mit seinen sieben Sitzen, von denen fünf einzeln herausnehmbar waren und somit drei Kubikmeter Laderaum ergaben. Vielmehr bewies Matra, daß ein Fahrzeug dieser Abmessungen auch mit einer großen Zahl von GFK-Karosserieteilen herzustellen war. Die Rohkarosse des Espace, bestehend aus Stahlblech-Pressteilen der Bodengruppe, der vorderen Spritzwand sowie der Dachrahmen und -holme, war punktgeschweißt und feuerverzinkt. Anschließend wurden Flächenteile aus Verbundmaterial auf den Rahmen gesetzt. Hierdurch konnte die Fahrzeugmasse des 4,25 Meter langen Espace von 1200 kg auf dem Niveau eines Mittelklasse-Pkw gehalten werden.

Die erste ab März 1984 erhältliche Generation des Espace wurde intern als Typ J11 bezeichnet. Er brachte es nach schleppendem Anfang auf 191.674 Zulassungen. Als Motorisierung standen ein 2,0-Liter-Benziner und ein 2,1-Liter-Turbodiesel zur Verfügung. **MG**

288 GTO | Ferrari (I)

1984 • 2855 ccm, V8 • 394 PS/290 kW • 0-100 km/h in 4,1 Sek. • 306 km/h

Der Ferrari 288 GTO entsprach dem Konzept des 308, war dennoch eine Neukonstruktion und für die Homologierung in der Gruppe B für Sportwagenrennen gedacht. Der Einspritzmotor wies einen reduzierten Hubraum auf, ferner zwei Turbolader und einen Intercooler. Das technische Hilfswerk resultierte in knapp 400 PS, dem Wagen eine Spitze von 306 km/h verleihend.

Die Positionierung des Motors differierte von der im 308 insoweit, als er nicht quer, sondern längs im Rahmen saß. Das verstärkte Chassis war dennoch leichter geworden, wies doppelte Dreieckslenker vorn und hinten mit Schraubenfedern und koaxialen Dämpfern sowie Querstabilisatoren auf. Die dem 308 gleichende Karosserie hatte zusätzliche Einlaßöffnungen erhalten; sie bestand aus diversen Leichtbaumaterialien wie Kevlar, Nomex und Aluminium. Im Kühlergrill gab es Zusatzscheinwerfer, und auffallend waren die großen Außenspiegel sowie die drei schrägen Kühlschlitze hinter den Hinterrädern.

Das Reglement für die Gruppe B erforderte die Herstellung von mindestens 200 identischen Fahrzeugen – der 288 brachte es innerhalb von weniger als zwei Jahren auf 273. Doch entgegen der Planung wurden in dieser Gruppe gar keine Wettbewerbe ausgetragen, so daß der 288 GTO ein Straßenfahrzeug blieb. **MG**

Mondial t 3.4 Cabriolet | Ferrari

1984 • 3405 ccm, V8 • 295 PS/217 kW • 0-100 km/h in 7,5 Sek. • 254 km/h

Das kleine „t" stand bei diesem Ferrari für „transversale" und wies auf einen längs statt quer eingebauten Motor hin. Damit war der von Pininfarina gestaltete Mondial t 3.4 der erste Wagen einer neuen Generation. Die technischen Veränderungen waren insgesamt bedeutender als die leicht veränderte Karosserie des 348 tb vermuten ließ. Der V8-Motor war vergrößert und weiterentwickelt worden, außerdem war er jetzt auch schadstoffärmer. Wie beim 348 tb war er längs eingebaut und saß damit tiefer als im Vorgänger. Das Getriebe lag hinter dem Achsantrieb. Ob offen oder geschlossen, der Mondial war in jedem Fall nur bedingt ein Viersitzer.

Motor und Getriebe saßen in einem Hilfsrahmen, der auch eine neue Radaufhängung trug. Dem Motor hatte man statt einer halbmechanischen K-Jetronic (mit separater Verteilerzündung) eine moderne Motronic in doppelter Ausführung spendiert. Damit bekam der 3,4-Liter-V8 pro Zylinderbank eine separate Einspritzanlage, also Steuergerät, Luftsammler, Drosselklappe, Luftmengenmesser, verteilerlose Zündanlage, Katalysator, Lambdasonde und Benzinpumpe. Ein Sperrdifferential gab es serienmäßig.

Der Oval-Rohrrahmen des Mondial war grundlegend überarbeitet worden, um die neue Positionierung von Motor und Getriebe zu ermöglichen. Das Auto war mit Servolenkung und ABS ausgerüstet, außerdem konnte zwischen drei verschiedenen Einstellungen der Bilstein-Coilover-Stoßdämpfer gewählt werden. Dabei wurde unabhängig von der manuellen Einstellung durch elektronische Auswertung der Beschleunigungs- und Giersensoren je nach Fahrsituation nötigenfalls automatisch nachgeregelt. **RD**

Corvette C4 | Chevrolet (USA)

1984 • 5735 ccm, V8 • 205 PS/151 kW • 0-100 km/h in 7 Sek. • 240 km/h

Verordnete Leistungsbeschränkungen auf 205 PS in Verbindung mit einem aus Sicherheitsauflagen resultierenden höheren Fahrzeuggewicht (es betrug 1600 Kilogramm) führten den Charakter der Corvette fast ad absurdum. Dabei war dieses Fahrzeug in seiner vierten Generation das bisher beste dieser Baureihe.

Das Chassis war eine Zentralrahmen-Konstruktion, durch deren Tunnel die Kardanwelle verlief, ebenso das Auspuffrohr, die Kraftstoffleitung und der Kabelstrang. Am Tunnel befanden sich auch die Anlenkpunkte für die Mehrlenker-Hinterradaufhängung. Für einen neuen Motor hatte die Zeit nicht gereicht, so beließ man es beim 1982er „Small Block", dem Cross-Fire-Einspritzer. Im Verlauf des Modelljahres 1984 wurde die Vierstufen-Getriebeautomatik durch eine neu entwickelte Automatik ersetzt, bei der man im zweiten, dritten und vierten Gang den Overdrive zuschalten konnte. Gedacht war dieses System zum Kraftstoffsparen (mit einem höheren Normverbrauch wäre die Corvette in eine ungünstigere Steuerklasse gekommen). Viele Käufer entschieden sich aber für das jetzt wieder ohne Aufpreis erhältliche Getriebe mit Handschaltung.

Etwas verrückt fanden es aber selbst überzeugte Corvette-Freunde, daß die Fahrzeuge des Modelljahrgangs 1984 bereits im Januar des Vorjahres, also 1983, in Verkehr kamen, womit dieser Jahrgang eine Laufzeit von 17 Monaten umfaßte. Gut zumindest für die Statistik, denn so ergaben sich für das „model year" 1984 immerhin 51.546 Corvettes. In ihrer Basisausführung hatten sie den 5735-ccm-Motor mit 205 PS. Der Preis von 21.800 Dollar schloß ein Radio und das neue Targadach ein. **MG**

Testarossa | Ferrari

1984 • 4942 ccm, Zwölfzylinder • 390 PS/287 kW • 0-100 km/h in 4,9 Sek. • 291 km/h

Der Name „testarossa" bedeutet Rotkopf. Er bezieht sich auf die rot lackierten Ventildeckel des Zwölfzylinder-Flachmotors und wurde von Ferrari schon in den fünfziger Jahren benutzt, damals noch in sprachlich korrekter Trennung „testa rossa" geschrieben. Der 1984 eingeführte, als Nachfolgemodell des 512 BB gedachte Testarossa sorgte bei seiner Vorstellung in Paris für großes Aufsehen. Was am neuen Testarossa als erstes auffiel, waren seine großen Lufteinlässe an den Flanken, deren fünf waagerechte Streben sich bis in die Türen hinein fortsetzten. Hiermit hatte Pininfarina wieder einmal ein signifikantes Designelement geschaffen, das auch bald Nachahmer fand – es kamen sogar Attrappen in dieser Art als Deko-Elemente in den Handel.

Rahmen und Unterbau entsprachen mit seinen doppelten Dreieckslenkern denen des 512 BB, doch die Dimensionen hatten in der Länge und Breite zugenommen. Dem Gewicht des volumigen Wagens

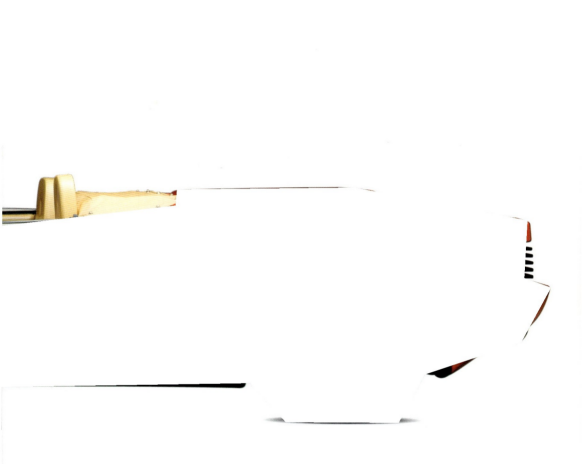

entsprechend gab es Schraubenfedern mit doppelten Windungen. Die Bereifung betrug vorn 240/45, hinten 280/45.

Der vom 512 BB übernommene Flachmotor mit 4942 ccm Hubraum wies jetzt vier Ventile pro Zylinder auf sowie eine Bosch-K-Jetronic und elektronische Marelli-Zündung. Die gewaltigen 390 PS taugten für eine Spitze von 291 km/h. Wen störte es da schon, daß man beim rückwärts Einparken dieses grandiosen Renners keine Sicht in die hinteren Diagonalen hatte. Die Rückleuchten saßen hinter schwarzen Grillgittern, das Cockpit bot jeden Komfort. Erstaunlicherweise war der Luftwiderstands-Beiwert mit cw 0,36 verhältnismäßig hoch, doch dafür entwickelte die Karosserieform optimale Bodenkräfte (auch Downforce genannt). Dieser bis 1991 angebotene Ferrari wurde durch den 512 TR ersetzt; er hatte mehr als 7000 Käufer gefunden, eine außerordentlich hohe Zahl. **MG**

205 T16 | Peugeot

1984 • 1775 ccm, Turbo-Vierzylinder • 450 PS/331 kW • 0-100 km/h in 4,5 Sek. • keine Angaben

Nach fünfjähriger Entwicklungszeit gab sich Peugeot 1983 mit dem 205 einen neuen Markenauftritt. Mit insgesamt 5.278.000 Fahrzeugen wurde der 205 ein großer Erfolg für Peugeot. In der Bundesrepublik war der 205 mit insgesamt 410.510 Exemplaren der bestverkaufte Peugeot überhaupt, bis ihn im Jahr 2007 sein Nachfolger 206 überholte. In den Jahren 1985 und 1986 war er das erfolgreichste Importmodell in Deutschland und auch in anderen Ländern.

Der Peugeot 205 wurde mit einer großen Vielfalt an Motoren gebaut. Besonders interessant war der 205 Turbo 16 als Vierventiler, ein für die Gruppe B entwickeltes Rallyefahrzeug mit Gitterrohrrahmen, Vierradantrieb und Turbo-Mittelmotor. Das Reglement verlangte für die Gruppe B eine Mindestzahl von 200 gebauten Exemplaren, und für eine aufgerüstete Evolutionsversion mußten mindestens 20 weitere der FIA vorgeführt werden. Auf den ersten Blick handelt es sich beim T16 um eine stark verbreiterte normale zweitürige Limousine, offensichtlich wird allerdings der andere Aufbau durch das Mittelmotorkonzept, wenn die Heckpartie hochgeklappt wird. Leistungsmäßig lagen die Wettbewerbsfahrzeuge je nach Entwicklungsstufe zwischen 350 und 500 PS. Die meisten dieser Autos befinden sich in den Händen von Sammlern, nur selten wechselt ein 205 T16 den Besitzer. Konkurrenten zum 205 T16 waren der Audi Sport quattro, der Lancia Delta S4 und der Ford RS200.

Über die Regeln der Gruppe B hinaus modifizierte 205 Turbo 16 nahmen 1987 und 1988 auch erfolgreich u. a. an der Rallye Dakar teil und bewarben sich bis einschließlich 1992 um die Europameisterschaft im Rallyecross. **DS**

205 GTI 1.6 | Peugeot

1984 • 1580 ccm, Vierzylinder • 115 PS/84,5 kW • 0-100 km/h in 9 Sek. • 197 km/h

Der französische Erfolgswagen der achtziger Jahre ist noch heute auf den Straßen Europas zu sehen. In seinen Standardausführungen besitzt er (noch) nicht Sammlerstatus, den aber hat der 205 GTI erreicht. Er hat zwar mit dem GTI-Mythos nicht angefangen (dies muß man dem VW Golf zuerkennen), doch läßt sich der Peugeot 205 GTI zweifellos als eine Ikone seiner Zeit bezeichnen.

Mit seinem ersten, 105 PS leistenden Motor, mit dem dieses Modell 1984 vorgestellt wurde, war der 205 GTI kein besonders heißes Eisen – flott, aber nicht sensationell. Doch zwei Jahre später bot Peugeot zwei Alternativen an, einen 115 PS starken 1,6-Liter und einen 130 PS starken 1,9-Liter: das bedeutete Fahrspaß pur. Der 205 GTI wurde rasch zu einem Kultauto, und das ist er heute erst recht. An seinen hervorragenden Fahreigenschaften fanden insbesondere jüngere Fahrer Gefallen. In Frankreich begegnen einem mitunter extrem tiefergelegte, mit Breitreifen und Marchal-Rallyescheinwerfern bestückte Spezies, und wenn sie links vorbeigezogen sind, wird man gewahr, woher der kräftige Sound kommt: aus einem übergroßen Auspuff-Endrohr. Schwarz, Silbermetallic oder Knallrot waren die bevorzugten Lackierungen der Do-it-yourself-Tuner. Mit südländischem Temperament gesegnete Franzosen handelten sich mit diesem Auto so manches „Ticket" ein, denn ein kurzer Tritt aufs Gaspedal genügte, um jedes Tempolimit sofort zu überschreiten.

Mitte 1988 erfolgten Detailänderungen: Es gab ein neues Armaturenbrett, dickere runde Hebel für Blinker, Licht und Scheibenwischer, abgerundete Außenspiegel und eine überarbeitete Heckklappe mit integriertem Heckspoiler. **DS**

Fiero GT | Pontiac

1984 • 2838 ccm, Vierzylinder • 142 PS/104 kW • 0-100 km/h in 10 Sek. • 195 km/h

Im September 1983 stellte GM ein neues Coupé vor, den Pontiac Fiero. Der Vierzylindermotor war vor der Hinterachse quer eingebaut – für einen Wagen aus Detroit höchst ungewöhnlich, ebenso die sportliche Einzelradaufhängung. Der Kunde hatte die Wahl zwischen einem Vierganggetriebe mit Handschaltung und einer Automatik. Man hätte meinen können, ein so sportliches Fahrzeug hätte GM der Corvette nicht entgegensetzen dürfen. Doch das Management sah das anders, zumal der Fiero preislich unterhalb der Corvette rangierte. Die Motorpresse kritisierte das etwas schwächliche Leistungsangebot, gleichwohl ließ sich das Coupé besser als erwartet verkaufen, so daß die Fertigungskapazität im Werk Michigan mit der Nachfrage kaum Schritt halten konnte. In fünf Jahren wurden mehr als 370.000 Fiero geordert.

Unter dem eleganten Karosseriegewand gab sich das Coupé bürgerlich und hatte ein solides Stahlchassis. Der Aufbau bestand wie bei der Corvette aus Kunststoff. Für ein Mittelmotor-Layout hatte man sich wegen der idealen Gewichtsverteilung entschieden, wobei es später neben dem Fließheck-Coupé auch eines mit Stufenheck gab. 1985 kam ein 2,8-Liter-V6-Motor ins Programm.

1988 endete die Fertigung des Fiero. Zum einen entwickelten sich die Umsätze rückläufig, zum anderen hatten die Medien über einige Fälle berichtet, in denen ein Fiero abgebrannt war, vermutlich durch ausgetretenes und entzündetes Öl. Wiederholt hat die amerikanische Presse durch das Aufbauschen von Einzelfällen Panikeffekte ausgelöst – nach dem Corvair war jetzt der Fiero an der Reihe, und 1986 Audi. **RY**

Mantula | Marcos

1984 • 3532 ccm, V8 • 155 PS/114 kW • 0-100 km/h in 6 Sek. • 236 km/h

Die 1959 in Luton, England, von Jem Marsh und Frank Costin gegründete Firma Marcos baute ihr erstes Auto auf einem Chassis aus Bootsbau-Sperrholz. Es war ein seltsam aussehendes Coupé mit langer Motorhaube und einer kugeligen Kanzel, deren Türen sich nach oben öffneten. Danach folgten die unterschiedlichsten Konstruktionen, stets mit Motoren und Fahrwerkskomponenten anderer Hersteller.

Besonders populär wurde der 1965 entstandene Mini-Marcos, eine Glasfiber-Konstruktion unter Einbeziehung des Original-Hilfsrahmens vom Mini und seines 1275-ccm-Motors. Ein solches Auto belegte 1966 einen beachtlichen 16. Platz im Gesamtklassement der 24 Stunden von Le Mans und war 1971 der einzige britische Teilnehmer, der das Rennen in Wertung beendete. Mit Verbesserungen wurde der Mini-Marcos bis 1981 angeboten. Zwischendurch war Marcos jedoch bankrott gegangen und von der Rob Walker Group übernommen worden. 1981 kaufte Jem Marsh die Firma zurück und ließ aus dem zuletzt hergestellten 3.0-Litre Coupé den Mantula mit einem 3,5-Liter-V8-Motor von Rover entstehen. Der Wagen erhielt aus Gründen der Aerodynamik einen Lippenspoiler sowie Schürzen an den Flanken. Der anfänglich registrierten Tendenz, bei höherem Tempo – das Coupé ging an die 240 km/h – die Nase in die Luft zu heben, wurde damit entgegengewirkt.

Es gab den Marcos Mantula als zweisitziges Coupé sowie als Cabriolet mit voll versenkbarem Verdeck. Für das Jahr 1989 stand ein neuer Motor zur Verfügung: das 3,9-Liter V8-Aggregat aus dem Range Rover mit Einspritzung. **MG**

350i | TVR (GB)

1984 • 3532 ccm, V8 • 190 PS/140 kW • 0-100 km/h in 6,5 Sek. • 216 km/h

In den späten 1970er Jahren fühlte sich die Firma TVR in Blackpool bemüßigt, ihr Programm etwas aufzufrischen. So machte man aus dem ab Ende 1983 mit einem 3,5-Liter-V8-Motor angebotenen TVR Tasmin den 350i, so wie es auch einen 280i (mit 2,8-Liter-Ford-V6-Motor) gab. Der TVR 350i blieb mehr als sieben Jahre lang im Programm. Derivate dieser Reihe waren die späteren Modelle 390SE, 420SEAC und 450SEAC.

Der Motor des TVR 350i war der seit vielen Jahren bewährte Aluminium-V8 aus dem großen Rover. Seine auf 190 PS gesteigerte Leistung ergab in Kombination mit einer leichten Kunststoffkarosserie beeindruckende Fahrwerte. Von Rover bezog TVR auch das Fünfganggetriebe; nur in einigen Ausnahmefällen wurde der 350i mit Getriebeautomatik geliefert. Fast sämtliche Fahrzeuge verließen das Werk als Cabriolets, keine fünfzig Stück als Coupés. Federführend bei TVR war jetzt der Investor Peter Wheeler, dem es weniger auf Rendite ankam als auf ein gutes sportliches Renommee seiner Autos. Dazu gehörte auch ein entsprechender Motorsound. TVR-Eigner planten ihre Wochenendausflüge gern so, daß sie durch lange Straßentunnels führten – des akustischen Effekts wegen!

Mit dem Erscheinen des 350i verloren die anderen Modelle an Bedeutung; der kleine Betrieb in Blackpool war mit der Produktion des 350i mehr als ausgelastet. Es kam auch zum Bau einiger Wagen mit V6-Motor, für den es ebenfalls großes Interesse gab – das war der erwähnte 280i. 1985 kam der Series 2 heraus; seine Karosseriekonturen verliefen etwas weicher, überarbeitet hatte man auch die Radaufhängungen. Vom 350i sind insgesamt 955 Stück hergestellt worden. **DS**

MR2 Mk. I | Toyota   (J)

1984 • 1588 ccm, Vierzylinder • 122 PS/89,7 kW • 0-100 km/h in 8 Sek. • 205 km/h

In den 1980er Jahren stand der Name Toyota für brave Familienautos. Doch es gab auch Pläne für einen agilen, preiswerten Sportzweisitzer für eine junge Klientel, mit dem die Japaner etwas Farbe in ihr Programm zu bringen gedachten. Das Projekt hatte 1976 seinen Anfang genommen, ging aber nur langsam voran, weil man sich über die optimale Motorisierung lange nicht im Klaren war. Unter der Leitung von Akio Yoshida entstanden schließlich einige in Japan und Amerika getestete Prototypen, wobei einer der Versuchsfahrer der F1-Pilot Dan Gurney war. Einen der Prototypen zeigte Toyota 1983 auf der Automobilausstellung in Tokio 1983 als Concept Car mit der Bezeichnung SV-3 und löste damit ein lebhaftes Echo aus. Es war ein Zweisitzer mit Mittelmotor, der innerhalb eines Jahres zum Serienprodukt reifte und als MR2 auf den Markt kam. Das Kürzel stand für Mid-engined Runabout Two-seater. Das Besondere am MR2 war, daß er, wie vorgesehen, recht preisgünstig angeboten werden konnte und schon aus diesem Grund ein Schlager wurde. Es gab das nur 1050 kg wiegende Auto wahlweise mit einem 1588-OHC-Motor oder einem 1453-ccm-OHC-Triebwerk. Die Maschine hatte 122 bzw. 143 PS und saß oberhalb der Antriebsachse, und es gab für einige Exportländer sogar eine Kompressorversion. Von 800 Touren im Leerlauf ließ sich der Vierzylinder in Sekundenschnelle auf 7500 hochdrehen, die Beschleunigung auf 100 km/h vollzog sich in acht Sekunden; mit der aufgeladenen Version war man in gleicher Zeit auf 195. Ringsum hatte der MR2 McPherson-Federbeine und Scheibenbremsen, und die Ausstattung des Coupés war ebenso reichhaltig wie man es bei Toyota gewohnt war. **SB**

M3 | BMW (D)

1985 • 2302 ccm, Vierzylinder • 200 PS/147 kW • 0-100 km/h in 6,9 Sek. • 235 km/h

Der M3 war eine Schöpfung des BMW-Entwicklungsingenieurs und Chefs der BMW M GmbH, Paul Rosche. Der 3er-Reihe eine Sportlimousine beizugeben, bot sich geradezu an, denn sie war, 1975 als Ergänzung zum „Fünfer" eingeführt, auf dem Wege zur erfolgreichsten aller BMW-Baureihen und verhalf ihrem Hersteller zum Titel eines der bedeutendsten Unternehmen in Europa.

Entstanden aus der 02-Reihe, trat der „Dreier" ein vielversprechendes Erbe an. Seine Besonderheit, ein Zweitürer zu sein, nahm er nur bis 1985 in Anspruch; dann gab es auch Viertürer, Cabriolets, Allradversionen, Diesel – die Vielfalt des Programms wurde in jedem Modelljahr um eine Variante erweitert. So war es fast logisch, daß es auch eine M-Version geben würde; deren Vorstellung erfolgte mit der zweiten Bauserie, E30 genannt, 1985. Der als M3 bezeichnete Wagen wies einen DOHC-Vierzylindermotor mit 16 Ventilen auf, erhielt für die Unterbringung seiner breiten Pneus auffallende Kotflügelauswölbungen sowie einen Heckspoiler auf der Kofferklappe.

Mit einer Reihe weiterer Modifikationen hatte man dem Auto rennwagenähnliche Eigenschaften verliehen, und mit fast 60.000 D-Mark kostete es auch doppelt so viel wie ein BMW 325. Spätere M3 wiesen Sechszylindermotoren auf, wie auch das Evolutionsmodell von 1989; den Vierzylinder bot man bis 1991 an. Der M3 war die Basis für zahlreiche Wettbewerbswagen, ein Umstand, den eine enthusiastische Privatkundschaft gern zur Kenntnis nahm. Bis heute bilden leistungsgesteigerte 3er-Limousinen im BMW-Programm das sprichwörtliche Salz in der Suppe. **HS**

328 | Ferrari

1985 • 3185 ccm, V8 • 266 PS/195 kW • 0-100 km/h in 5,1 Sek. • 257 km/h

Der 328 darf als einer der Bestseller in der Ferrari-Historie bezeichnet werden. Und sein Erscheinungsbild verdankt er Pininfarina, von dem auch der legendäre Testarossa stammte.

Gut zehn Jahre nach der Einführung der erfolgreichen Baureihe 308 war zu erwarten gewesen, daß Ferrari in dieser Kategorie etwas nachlegen würde. So erschien zur Frankfurter Automobilausstellung 1985 dieser Ferrari mit neuem Outfit. Besonderes Merkmal waren die in der Wagenfarbe gehaltenen Stoßfänger vorn und hinten mit schwarz abgesetztem Spoiler. Der 328 genannte Wagen war eine Kleinigkeit länger als sein Vorgänger – um genau zu sein: das Plus betrug einen Zentimeter. Erheblich größer geworden war hingegen der leistungsstarke Achtzylindermotor. Mit geänderten Hub- und Bohrungsmaßen hatte er jetzt 3185 ccm Hubraum. Nach wie vor saß er quer zur Fahrtrichtung als Mittelmotor hinter den Sitzen. Die Vierventilköpfe (QV = quattro valvole) hatte man vom vorherigen Motor übernommen. Mit seinem 301-Nm-Drehmoment und einer Spitze von 257 km/h war der 328 ein begehrenswerter Sportwagen, der sich hervorragend fahren ließ und während seiner Produktionszeit nur geringe Veränderungen erfuhr, etwa in Form neuer Innentürgriffe. Ab 1988 – es war übrigens das Todesjahr Enzo Ferraris – waren optional Bremsen mit ABS zu bekommen. Als GTS mit Cabrioverdeck wurden 6068 Exemplare gebaut, als GTB 1344. Das B stand für Berlinetta, wie man bei Ferrari ein Coupé zu nennen pflegt. Diese Autos waren die letzten Ferrari mit quer eingebautem V8; ihnen folgte 1989 der 348 tb mit längs eingebautem Achtzylindermotor. Ein gut erhaltener 328 wird inzwischen mit 50.000 Euro gehandelt. **MG**

Metro 6R4 | MG (GB)

1985 • 2991 ccm, V6 • 410 PS/301 kW • 0-100 km/h in 3,2 Sek. • 193 km/h

Im Oktober 1980 stellte British Leyland den Austin Metro vor, dem die Rolle zugedacht war, eines Tages den Mini zu ersetzen. Nur vier Wochen später zog BL den Triumph TR7 V8 aus dem Rallyeprogramm zurück. Um im Motorsport aber weiterhin präsent zu bleiben, entschieden sich die Manager für die Konzentration auf einen Gruppe-B-Wagen auf der Basis des Metro, und die Entwicklung eines solchen Boliden legte man in die Hände von Williams Grand Prix Engineering. Dort kam Anfang 1984 der 6R4 auf die Räder, ein Allradwagen mit Sechszylinder-Mittelmotor, den BL unter der Marke MG einzusetzen plante. Bis auf die rot-weiße Lackierung der in Monte-Carlo einst so siegreichen Mini Cooper hatte der 6R4 mit seinen Vorgängern aber nichts gemein. Er besaß ein Space-Frame-Chassis mit integriertem Überrollbügel sowie eine Karosserie, die überwiegend aus Kunststoff und Leichtmetall bestand, breite Spoiler und dicke Reifen aufwies. Die laut Reglement erforderlichen 200 identischen Exemplare wurden als 6R4 Clubman verkauft. Wirklich erfolgreich war das Auto im internationalen Rallyesport jedoch nicht; die beste Platzierung war ein dritter Rang in der 1985er Lombard-RAC Rally. Doch der MG Metro 6R4 macht optisch eine ganze Menge her – wo er auftaucht, dreht man sich nach ihm um. **DS**

Uno Turbo | Fiat (I)

1985 • 1372 ccm, Turbo-Vierzylinder • 116 PS/85 kW • 0-100 km/h in 7,7 Sek. • 209 km/h

Schrägheck-Limousinen waren in den 1980er Jahren auf Europas Straßen vorherrschend. Auch der von Giugiaro gestylte Fiat Uno gehörte zu dieser Kategorie. Es stand zu erwarten, daß jemand aus diesem Auto bald eine „heiße Kiste" machen würde. Fiat nahm diesen Prozeß selbst in die Hand und gab der Abteilung Abarth einen entsprechenden Auftrag. 1971 waren Carlo Abarths Anteile an der Abarth & Co. SpA an Fiat verkauft worden, zwei Jahre später herrschte Fiat allein im Abarth-Haus. Der Name genoß beste Reputation, und von dieser profitierte auch der Uno, dessen OHC-Motor durch einen Turbolader auf 116 PS gebracht wurde. Ein paar aerodynamische Modifikationen unterschieden das Auto ebenfalls von der Großserie. Zwar konnte man den Fiat nicht mit seinen Rivalen von Renault oder Peugeot vergleichen, doch er bot viel Fahrvergnügen fürs Geld. Nach und nach wurde er aufgewertet, bekam mehr Leistung und eine reichhaltigere Ausstattung. Ringsum gab es Scheibenbremsen, das Getriebe hatte fünf gut abgestimmte Gänge. Die Optionen: Ledersitze, ein Heckspoiler, Leichtmetallräder und ABS. Der Turbomotor verfügte über ein ordentliches Tuningpotential, was viele Amateure zu nutzen verstanden; es hieß, einige hätten den Vierzylinder bis zu 250 PS erstarken lassen. **SH**

Celica GT | Toyota

1985 • 1998 ccm, Vierzylinder • 148 PS/108 kW • 0-100 km/h in 8,5 Sek. • 210 km/h

Der 1970 auf der Tokyo Motor Show vorgestellte Celica war ein sportliches, gleichwohl fünfsitziges Hardtop-coupé, das parallel zum Carina mit identischem Radstand und Fahrwerk gebaut wurde. Auch das Motorenangebot war identisch, doch kam neben dem 1,4-Liter als Besonderheit eine 1,6-Liter-Version mit zwei obenliegenden Nockenwellen und 115 PS hinzu. Zwar verleugnete auch der Celica seine japanische Herkunft nicht, aber seinen Designern war es gelungen, ihm eine Form zu verleihen, die auch in Europa großen Anklang fand. Vorn hatte das Coupé Einzelradaufhängung mit McPherson-Federbeinen und einem Querstabilisator, hinten eine an Schraubenfedern geführte Starrachse.

Auf dem Genfer Salon 1978 zeigte Toyota das Stufenheck-Modell Celica 2000 XT. Dieses Fahrzeug hatte einen neuen 2,0-Liter-Motor, erhältlich in einer OHC- oder DOHC-Version, letztere im Celica GT offeriert. Mit dem Celica, für den sich schon bald Fanclubs bildeten, konkurrierte Toyota gegen den Ford Capri. Das Auto wurde bis 1977 in mehr als 1,2 Millionen Exemplaren verkauft. In ganz neuer Aufmachung präsentierte sich der Celica in der vierten Generation, gab sich gerundeter und hatte Frontantrieb. Das im Motorsport eingesetzte GT-Modell mit einem 148 PS starken Turbomotor wurde in Köln präpariert. **MG**

Delta S4 | Lancia

1985 • 1759 ccm, Turbo-Vierzylinder • 394 PS/290 kW • 0-100 km/h in 3,2 Sek. • 245 km/h

Der Lancia Delta S4 war als Rallyefahrzeug entstanden, um in der Gruppe B zu starten. Er war der Nachfolger des Modells 037, mit dem Lancia 1983 die Produktionsmeisterschaft gewonnen hatte, danach aber nicht mehr den Rivalen Audi und Peugeot gewachsen war. 1985 ging es wieder voran: Der Finne Henri Toivonen gewann am Lenkrad eines Delta S4 die britische RAC Rally.

Der Wagen war ein absolutes High-Tech-Produkt, nur für den motorsportlichen Einsatz gebaut, und hatte mit einem Serien-Delta bis auf die Silhouette nichts gemein. Dessen Modellnamen trug er nur aus marketingstrategischen Gründen.

Den Motor hatte man sowohl mit einem Kompressor als auch mit einem Turbolader versehen. Der Kompressor trat bei geringeren Drehzahlen in Aktion, der Turbolader bei höheren. Das Resultat dieser Kombination war eine unerhörte Beschleunigung, teils noch besser als die vom Werk angegebenen 3,2 Sekunden von Null auf 100 km/h. Zu den Siegen des Delta S4 gehörten 1986 die Rallye Monte-Carlo, die Rallye Argentinien, die Rallye Akropolis. Aber bei der Korsika-Rallye gab es einen tragischen Unfall. Henri Toivonen und sein Beifahrer Sergio Cresto stürzten in eine Schlucht und kamen ums Leben. Der Delta S4 wurde kurze Zeit später aus dem Verkehr gezogen, ohne eine Meisterschaft errungen zu haben. **MG**

Turbo R | Bentley ⓖⓑ

1985 • 6750 ccm, Turbo-V8 • 295 PS/217 kW • 0-100 km/h in 7,5 Sek. • 220 km/h

Im Jahre 1985 kehrte der „Blower Bentley" zurück – in Gestalt des Turbo R. Firmengründer Walter Owen Bentley hätte das vielleicht nicht gefallen, umso weniger, als dieser Bentley von der Herkunft ja ein Rolls-Royce war. Mr. Bentley war der Ansicht, Auflagung verkürze die Lebenszeit des Motors. Was in den zwanziger Jahren auch simmte. Aber ungeachtet solcher Überlegungen war der jüngste Bentley mit aufgeladenem Motor ein fabelhafter Wagen, in vielen Tests hochgelobt, und der Absatz von mehr als 7200 Exemplaren in knapp zwölf Jahren war für ein weitgehend von Hand gebautes Automobil keine schlechte Zahl. Mit einem solchen Erfolg hatte man in Crewe kaum gerechnet. Auf normalen Autobahnstrecken konnte man nur selten von der vollen Leistung des Motors Gebrauch machen, zumal man den Achtzylinder auf 220 km/h abgeregelt hatte. Wer diesen Eingriff zu manipulieren verstand, brachte den Turbo R auf eine

Spitze von 270 km/h. Der Turbomotor war der gleiche wie im Bentley Mulsanne. Auch war der Turbo R der erste Bentley, der serienmäßig Aluminiumfelgen hatte. Sehr spät war man darauf gekommen, daß die ungefederten Massen des Fahrwerks eine Reduzierung erforderten.

In engen, schnell gefahrenen Kurven allerdings neigte der Wagen zum Übersteuern, aber solchen Extremsituationen setzte sich der Herrenfahrer ja kaum aus, doch im Vergleich zum Mulsanne hatte er ein beer abgestimmtes Feder-Dämpfer-System.

Den Turbo R gab es bis 1997, als er vom Arnage abgelöst wurde, der Bentley in die Volkswagen-Ära führte. 1989 hatte es noch ein Facelift gegeben, in dessen Verlauf rechteckige Scheinwerfer die runden ablösten. Der Turbo R darf als der letzte große Bentley-Klassiker gelten, bevor die Marke von britischen in deutsche Hände überging. **MG**

◁ Ein Sinclair C5 im Londoner Stadtverkehr, als 1989 ein Streik der Bus- und Subway-Fahrer die öffentlichen Verkehrsmittel lahmlegte.

C5 | Sinclair

1985 • 250-Watt Elektromotor, 12-Volt-Batterie • 0,25 kW • keine Angaben • 24 km/h

Sir Clive Sinclair verdankt die Welt den ersten erschwinglichen Personal Computer, kurz PC ZX80, entwickelt von der Sinclair Research Ltd. in Cambridge. Dann wandte sich Sinclair dem Transportwesen zu: Es entstand ein kleines Dreirad mit vorderem Einzelrad und Elektromotor, genannt C5. Der Einsitzer mit offenen Seiten und ohne Verdeck wurde mit einem Lenker zwischen den Knien des Fahrers gesteuert, maß nur 175 Zentimeter in der Länge und war knapp 80 Zentimeter hoch. Wegen seiner geringen Geschwindigkeit unterlag er in Großbritannien nicht der Zulassungspflicht. Die Herstellung des C5 mit Plastikkarosserie übernahm die Staubsaugerfabrik Hoover in Merthyr Tydfil, Wales.

Das lustige Vehikel gab seinen Einstand am 10. Januar 1985 im Londoner Alexandra Palace, fand dort aber mehr Spötter als Bewunderer. Bei einer Testfahrt in Anwesenheit des Fernsehens wäre der Einsitzer beim Umfahren eines Verkehrskreisels fast umgekippt, nachdem sich das kurveninnere Hinterrad angehoben hatte. Anwesende beurteilten den C5 mehr als Verkehrshindernis als daß sie in ihm einen Beitrag zur Individualmobilität sahen, und bei schlechtem Wetter war man dem Regen genauso ausgesetzt wie auf einem Fahrrad. War es kalt, langte die Kapazität der Batterie für nur wenige Meilen. Auch war der Anschaffungspreis mit 399 Pfund Sterling plus Überführungskosten sehr hoch. Zwar ließ sich der Formel-1-Fahrer Stirling Moss für eine Werbekampagne einspannen, aber sie überzeugte nicht, so daß der Sinclair C5 zu einem Flop geriet. Hoover behauptete, Bestellungen für 17.000 Stück erhalten zu haben, dennoch wurde die Fertigung nach nur sieben Monaten eingestellt. **SB**

Saga | Proton

1985 • 1299 ccm, Vierzylinder • 72 PS/52,9 kW • 0-100 km/h in 14,9 Sek. • ca. 150 km/h

Nachdem Malaysias Premierminister Mahathir bin Mohamad verkündet hatte, sein Land werde künftig auch Automobile herstellen, nahmen die Dinge rasch ihren Lauf.

Innerhalb von nur zwei Jahren entstand die Firma Proton mit einem großen Fertigungsbetrieb in Shah Alam, in der Nähe von Kuala Lumpur, deren erstes Auto der Auftakt zu einer erfolgreichen Produktion darstellte. Proton ist die Abkürzung für Perusahaan Otomobil Nasional, übersetzt „Nationale Automobil-Gesellschaft". Innerhalb von zwölf Monaten wurden 10.000 Fahrzeuge hergestellt. Es handelte sich um eine Lizenz des Mitsubishi Lancer 1,3-Liter mit 72 PS; einen 1,5-Liter mit 82 PS gab es ebenfalls.

Die Firma Proton war so erfolgreich, daß sie es sich erlauben konnte, zwei Jahrzehnte später für 51 Millionen Pfund Sterling Lotus zu übernehmen und sich im Motorsport zu etablieren, in der Formel 1 ebenso wie in Indianapolis. Der Pkw-Export weitete sich kontinuierlich aus und geht heute in fünfzig Länder. Denn mit dem viertürigen Modell Saga alias Mitsubishi Lancer entsprach Proton nicht nur den Bedürfnissen im eigenen Land. Proton zielte stark auf den Export nach Europa und in die pazifischen Nachbarstaaten, ferner nach Südamerika und Afrika. Importeur in Großbritannien war ab 1989 David Brown; seine Proton Cars (UK) Ltd. besaß mehr als 150 Vertretungen. 1993 wurde in Bristol die Proton Cars Europe Ltd. als Europa-Vertriebszentrale gegründet. Die anfängliche 30-Prozent-Beteiligung Mitsubishis ging 1997 in malaysische Hände über, und von 1995 bis 2001 wurden Proton-Autos auch in Deutschland angeboten. **SH**

V8 Zagato | Aston Martin (GB/I)

1986 • 5341 ccm, V8 • 423 PS/310 kW •
0-100 km/h in 4,9 Sek. • 300 km/h

Alpine V6 GTA | Renault (F)

1986 • 2458 ccm, V6 • 200 PS/147 kW •
0-100 km/h in 5,7 Sek. • 250 km/h

Die Firma Aston Martin, nach mehreren Anteilstransaktionen ab 1987 im Mehrheitsbesitz der Ford Motor Company, war schon immer für Überraschungen gut gewesen. Zu ihnen zählte zum Beispiel der aufregende, brillante DB4GT der 1960er Jahre mit seinem Zagato-Aufbau, und mit einem von Zagato entwickelten Coupé gedachte man auch in den 1980er Jahren wieder einmal einen Meilenstein zu setzen. Es entstand ein spartanischer Zweisitzer ohne Zugeständnis an Komfort, dafür leicht, kurz und schnell. Man hatte registriert, daß es einen Markt gab, auf welchem sich Supercars wie ein Porsche 959 oder Ferrari 288GTO verkaufen ließen; diesem exklusiven Club gedachte Aston Martin beizutreten. Die Mailänder Firma Zagato erhielt also ein um 406 Millimeter verkürztes Chassis mit dem 5,4-Liter-V8-Motor, auf welches er für die IAA in Frankfurt 1985 einen Prototyp aufbaute – einen Traumwagen aus Aluminium und Glas. Der Wagen fand den erhofften Zuspruch, und so blieb es nicht bei der anfänglich geplanten Kleinserie von 50 Exemplaren. Innerhalb von zweieinhalb Jahren fanden sich immerhin 83 Käufer, die vor allem Spaß an der enormen Leistung des Motors hatten: sie betrug 423 PS. Auf Kraftstoffeinspritzung hatte man verzichtet; der V8 wies vier Weber-Vergaser auf. **JB**

Im zur Renault-Gruppe gehörenden Werk in Dieppe, Nordfrankreich, wurde seit 1954 der Alpine hergestellt. Damals hatte der Rallyefahrer Jean Rédélé (1922-2007) begonnen, den kleinen Renault 4CV zu einem Sportcoupé mit zweisitziger Leichtmetallkarosserie zu modifizieren. Seine Alpine genannten Flitzer sorgten bei Einsätzen in Le Mans und in Sebring für viel Aufsehen.

Der 1986 in Dieppe gebaute Alpine A610 GTA gehört zu den Supercars. Es gab nur einen kleinen Unterschied zur Konkurrenz: Dieses Auto kostete einen Bruchteil dessen, was man 1986 für einen 270-km/h-Renner der internationalen Nobelklasse anlegen mußte. Das Mittelmotor-Coupé stand in zwei Motorisierungen zur Verfügung; man hatte die Wahl zwischen einem 160 PS starken 2,8-Liter-Saugmotor und einem 200 PS leistenden 2,5 Liter mit Turbolader, beide als V6 ausgelegt. Die ideale Gewichtsverteilung und breite Reifen sorgten für exzellente Traktion, die Beschleunigung mit nur 5,7 Sekunden von Null auf 100 km/h war beeindruckend.

Der GTA war ein 2+2 mit mäßiger Kopffreiheit für die Fondpassagiere; er eignete sich besser für schnelles Langstreckenreisen zu zweit. Seine Kunststoffkarosserie war gut verarbeitet, die Ausstattung reichhaltig. Bedauerlicherweise wurde der Wagen in der Szene der Performance Cars ein wenig unterbewertet. **SH**

412 | Ferrari (I)

1986 • 4943 ccm, V12 • 340 PS/250 kW •
0-100 km/h in 6,6 Sek. • 240 km/h

Eine 400er-Serie gab es bei Ferrari seit 1976. Nach mehr als zehn Jahren hatte es diese Modellreihe verdient, eine Aufwertung zu erfahren, und in Gestalt des 1986 vorgestellten 412 war dies bestes gelungen. Er blieb bis 1989 im Programm und wurde 576mal gebaut.

Noch immer sah der Zweitürer dem 365 GT4 2+2 von 1972 sehr ähnlich, von dem er abstammte, war aber doch in vielerlei Hinsicht überarbeitet worden. Mit der Umstellung erhielt die Baureihe einen größeren V12-Motor mit einer Leistung von 340 DIN-PS. Zum ersten Mal bei Ferrari wurde im 412 auch ein Antiblockiersystem angeboten; er war das erste italienische Auto mit serienmäßigem ABS.

Die von Pininfarina geschaffene Karosserie war nur in Details verändert worden. So hatte der 412 einen höheren Kofferraum, Stoßstangen in der Wagenfarbe, geänderte Alufelgen und Nebelscheinwerfer, die nicht mehr vom Gitter des Kühlergrills abgedeckt wurden. Technische Neuerungen betrafen die Verwendung einer Bosch-K/KE-Jetronic, einer elektronischen Zündung, einer neuen Auspuffanlage und einer größeren Zweischeibenkupplung. Im Innenraum gab es jetzt elektrische Sitzverstellung und überarbeitete Kopfstützen. Wie zuvor konnte man zwischen Schaltgetriebe und Automatik wählen. **MG**

560 SEC | Mercedes-Benz (D)

1986 • 5547 ccm, V8 • 300 PS/221 kW •
0-100 km/h in 7,2 Sek. • 250 km/h

In der großen S-Coupé-Baureihe W126 von Mercedes-Benz rangierte der 134.000 D-Mark teure 560 SEC an oberster Stelle. Die Coupékarosserie unterschied sich von der Limousine durch kleinere Scheinwerfer statt Breitbandscheinwerfer mit nebeneinander liegenden Haupt- und Nebelscheinwerfern; die Nebelscheinwerfer waren in den Stoßfänger integriert. Dadurch wurde der Kühlergrill breiter und in die Motorhaube einbezogen. Ferner lagen die Außentürgriffe über großen Kunststoffschalen, und die Chromleiste am unteren Rand der Kofferraumhaube, die bei der Limousine nur den Bereich zwischen den Heckleuchten ausfüllte, war beim Coupé breiter ausgeführt und reichte bis in die hinteren Kotflügel. Durch die fehlenden B-Säulen und die auch hinten fast zur Gänze versenkbaren Seitenfenster ergab sich der typische Hardtop-Look. Im Fond verfügte das Coupé über zwei Einzelsitze.

Die Baureihe 126 war die erste Fahrzeugbaureihe der Welt, die bereits in den 1970er Jahren auf den versetzten Frontalcrash ausgelegt wurde, den sogenannten Offset-Crash. Nicht zuletzt deshalb wurde die S-Klasse von der US-amerikanischen Sicherheitsbehörde, die im Auftrag von Kfz-Versicherungen Crashtests durchführt, in den Jahren 1988 und 1989 zum sichersten Auto auf nordamerikanischen Straßen erklärt. **MG**

Der 1986 vorgestellte LM002 hatte mit einem rassigen Lamborghini Coupé nicht viel gemein, höchstens mit einem Traktor dieser Marke. ▷

Charger GLH-S | Shelby

1986 • 2212 ccm, Turbo-Vierzylinder • 146 PS/107 kW • 0-100 km/h in 6,5 Sek. • 200 km/h

LM002 | Lamborghini

1986 • 5167 ccm, V12 • 450 PS/331 kW • 0-100 km/h in 6,9 Sek. • 223 km/h

Es mag sich ja nicht gerade schmeichelhaft anhören, doch will man das Aussehen des Shelby Charger GLH-S beschreiben, müßte man sagen: Stell dir vor, jemand habe einen Ford Mustang oder Pontiac Firebird mit mäßiger Geschwindigkeit gegen eine Mauer gefahren, dann den Rückwärtsgang eingelegt und die Prozedur wiederholt. Nun ist zum Glück das äußere Erscheinungsbild eines Autos nicht immer gleichbedeutend mit seinen anderen Qualitäten, und die Frontpartie des Charger war ja auch nicht das Ergebnis eines Unfalls, auch wenn sie so aussah. Leider war aber auch des Interieur des Wagens eine ergonomische Katastrophe und so unattraktiv wie das Äußere des Schrägheck-Coupés mit seinen riesigen seitlichen Blindflächen, fast so groß wie die Türscheiben.

Es handelte sich beim Shelby Charger GLH-S um einen modifizierten Dodge Omni GLH, der zur Kategorie der „muscle cars" zählte und eines der wenigen Hochleistungsfahrzeuge aus dem Chrysler-Konzern war. Und bei denen zählte Leistung, nicht Aussehen oder Komfort. GLH bedeutete zwar nicht „goes like hell", aber 200 km/h ging der Wagen mit seinem Dodge-Turbomotor schon. Für die Verwendung im Shelby Charger hatte man den Vierzylinder von braven 96 auf 146 PS getunt. Da der Wagen nicht mehr als 500mal gebaut wurde, qualifizierte er sich nicht als Wettbewerbsfahrzeug nach dem SCCA-Reglement, das mindestens 1000 erforderte. Dieser Umstand kam den Mustang- und Trans-Am-Fahrern zugute, denen damit ein heißer Konkurrent erspart blieb. Seine Beschleunigungswerte waren nämlich exzellent, was den Asphaltkavalieren zumindest beim Ampelstart zupaß kam. **BS**

Der „Rambo Lambo" mit seinem bärenstarken V12 aus dem Countach war ein Auto ohnegleichen. Er war 1977 als „Projekt Cheetah" mit einem Chrysler-Motor auf Kiel gelegt worden und nahm den Auftritt des Hummer und aller SUVs vorweg. Doch erst 1981 hatte der Prototyp LM001 seine Testreife erreicht, und als 1986 endlich die Serienproduktion begann, trug der Geländekombi die Bezeichnung LM002.

Die Karosserie des gigantischen Viertürers, einem Panzerwagen nicht unähnlich, hob sich von den üblichen Gestaltungsformen für Geländewagen weitgehend ab. In der Endausführung vermißten viele Kritiker einigen Feinschliff; das Magazin *auto motor und sport* bezeichnete das Fahrzeug 1987 „grobschlächtig" und als eine „barbarisch gestaltete Wüstenlimousine". Aber im Gelände fahre sich der Wagen hervorragend, räumten die Tester ein.

Mit einer Höhe von 1850 und einer Breite von mehr als 2000 Millimeter zählte der LM002 zu den größten Geländewagen, bevor der Hummer erschien. Statt eines Kofferraums besaß der LM002 eine kleine Ladefläche, die jedoch durch einen Einsatz auch als Kofferraum genutzt werden konnte. Trotz seines hohen Leergewichts von 2700 Kilogramm ließ sich der LM002 mit seinem 450-PS-Motor in weniger als sieben Sekunden von Null auf 100 km/h beschleunigen und erreichte eine Höchstgeschwindigkeit von 223 km/h. Mit diesen Fahrleistungen war er viele Jahre der schnellste Geländewagen der Welt. Allerdings war sein Durst enorm: Der LM002 verbrauchte zwischen 26 und 42 Liter Superbenzin auf 100 Kilometer. Insgesamt wurden 301 Fahrzeuge verkauft. **MG**

M5 | BMW

1986 • 3453 ccm, Sechszylinder • 286 PS/210 kW • 0-100 km/h in 6,1 Sek. • 251 km/h

1985 bis 1987 produzierte BMW eine besonders leistungsstarke Variante der 5er-Limousine in Nachfolge des M535i. Das jetzt M5 genannte Auto der Baureihe E28 wurde gegen Jahresende 1985 erstmals gezeigt und entstand bei der BMW M GmbH weitgehend in Handarbeit. Bis auf einen dezenten Front- und Heckspoiler, Radlaufverbreiterungen sowie eine Tieferlegung in Verbindung mit einer größeren Radreifenkombination glich der M5 äußerlich weitgehend einer 5er-Serienlimousine. Als Antrieb diente der leicht modifizierte 3,5-Liter-Vierventil-Reihensechszylinder aus der Straßenversion des BMW M1; er leistete 286 PS und beschleunigte den M5 in 6,1 Sekunden aus dem Stand auf 100 km/h und ermöglichte eine Höchstgeschwindigkeit von 251 km/h (das Werk gab „nur" 245 km/h an). Der M5 hatte wie alle bisher gebauten BMWs Hinterradantrieb und war nur in Verbindung mit einem Fünfgang-Schaltgetriebe lieferbar. Durch die exklusive Fertigung bei der BMW M GmbH waren mehr Sonderausstattungen möglich als bei den übrigen Modellen, zum Beispiel eine Lederausstattung, bei der das komplette Armaturenbrett einschließlich der Mittelkonsole sowie der Dachhimmel, die kompletten Türverkleidungen und sogar Teile im Kofferraum aus Leder waren. Allerdings war selbst die Klimaanlage aufpreispflichtig. In der Grundausstattung kostete der 2145mal gebaute M5 81.000 D-Mark; mit allen Extras kam man dicht an die Grenze zu 100.000.

Den M5 (intern als E28S bezeichnet) gab es in Deutschland übrigens nie in einer Kat-Version, im Gegensatz zum zeitgenössischen BMW M635 CSi mit dem identischen Triebwerk, das mit Katalysator 260 PS leistete. **RD**

RS200 | Ford

1986 • 1803 ccm, Vierzylinder • 250 PS/183 kW • 0-100 km/h in 6,1 Sek. • 225 km/h

Der Ford RS200 war ein Rallyefahrzeug in Gruppe-B-Spezifikation. Die erste Version hatte man 1984 auf der Automobilausstellung in Turin sehen können, gestylt von der Carrozzeria Ghia, die zum Ford-Konzern gehörte. Das Mittelmotor-Coupé gab sich als wahres Motorsportmonster mit einer extremen Dachgestaltung, mit der die Anpreßkräfte auf die Antriebsräder verstärkt werden sollten – sicher erforderlich bei einem Wagen, dessen Turbomotor einige Käufer bis zu 650 PS tunen ließen.

Die Herstellung des RS200 begann 1986. Er stellte kein Derivat eines Serienautos dar, sondern war eine Neukonstruktion, geschaffen vom Rennwagenspezialisten Tony Southgate. Er und sein Team entwickelten ein Mittelmotorcoupé, dessen Vierzylinder eine Evolution des Rallyemotors BDA aus dem Escort darstellte, jetzt aber mit Turboaufladung versehen wurde. Der Wagen erhielt einen Allradantrieb von FF Development mit drei Viskosekupplungen; der Rahmen bestand aus Kohlefasermaterial, Kevlar und Stahlrohren. Die Einzelradaufhängung und die Dämpferhärten ließen sich variieren. Den RS200 gab es sowohl mit Links- als auch mit Rechtslenkung.

Leider setzte die FIA die Gruppe B Ende 1986 wieder außer Kraft; es hatten sich einige schwere Unfälle ereignet, so bei der Portugal-Rallye, wo es drei Todesopfer gegeben hatte. Der Aufwand zur Entstehung des RS200 schien vergebens. Ford ließ die verbliebenen RS200 von der Firma Tickford zu Fahrzeugen für eine normale Straßenzulassung umrüsten. Solch ein Wagen kostete 45.000 Pfund Sterling und bereitete wenig Fahrvergnügen, denn im Cockpit ging es eng und laut zu. **RY**

Mit dem 1986er RS Cosworth schaffe es Ford, Begeisterung für das futuristische Styling des Modells Sierra zu wecken. ▷

Challenge | Sbarro

1986 • 4973 ccm, V8 • 350 PS/257 kW • 0-100 km/h in 5 Sek. • 315 km/h

Noch auf jedem Genfer Automobilsalon hatte Franco Sbarro mit einem aufsehenerregenden Fahrzeug für Gesprächsstoff sorgen können. So auch im März 1986 mit seinem Modell Challenge. Der seit 1957 in der Schweiz ansässige Italiener präsentierte einen schneeweißen Wagen mit brauner Lederausstattung, der wieder einmal höchst ungewöhnlich war. Motor und Antrieb stammten vom Porsche 928; die Karosserie ließ sich während der Fahrt herabsetzen, um mehr Anpreßdruck zu entwickeln. Später wurde bei Citroën im Windkanal ein cw-Wert mit 0,26 gemessen. Sbarro war nicht nur ein genialer Konstrukteur, sondern auch ein empirisch arbeitender Aerodynamiker, wie er auch als Pionier in der Herstellung moderner Kunststoffkarosserien galt.

Im März 1978 hatte Sbarro die A.C.A. (Ateliers d´Etudes et de Constructions Automobiles) in einer ehemaligen Zigarettenfabrik in Grandson am Neuenburger See gegründet; hier richtete er später auch eine Designerschule ein. Von den Absolventen dieser Schule kamen bemerkenswerte Kreationen, die nicht nur in Genf gezeigt wurden und durch zahlreiche Innovationen für Aufmerksamkeit in der Branche sorgten. Er habe aber kaum je ein Fahrzeug nur aus kreativer Lust heraus entwickelt, sagte Sbarro einmal; so gut wie jedem Wagen habe ein Kundenauftrag zugrunde gelegen.

Sbarros Challenge fanden immerhin sieben weitere Interessenten so gut, daß sie 320.000 Schweizerfranken anzulegen bereit waren, um ein Exemplar zu erhalten. Paarweise wichen die Autos von den jeweils vorangehenden in einigen Details ab, weshalb sie die Bezeichnungen Challenge I, II und III bekamen. **JB**

Sierra RS Cosworth | Ford

1986 • 1993 ccm, Vierzylinder • 205 PS/151 kW • 0-100 km/h in 6,2 Sek. • 233 km/h

Bei seiner Ende September 1982 erfolgten Präsentation auf dem Pariser Salon sorgte der Ford Sierra mit seinem aerodynamischen Design (cw-Wert = 0,34) und seinem Schrägheck in der Fachwelt für einiges Aufsehen – und doch gab sich das Auto bürgerlich und unspektakulär. Irgendwie fand das Auge keinen Punkt zum „Festhalten". Die Motoren und Getriebe waren mit denen im Vorgänger beinahe identisch, neu war aber die Hinterachse mit Einzelradaufhängung an Schräglenkern. Und wie der Taunus hatte der Sierra Hinterradantrieb.

Ende 1986 wurde der Sierra an Front und Heck erneuert; die Motorhaube ging nun weiter in den Stoßfänger hinein. Die Ausstattungen hießen CL, GL, Ghia, S und XR4x4. ABS war bei allen Versionen serienmäßig vorhanden. Ende 1987 wurde auch ein neuer Sierra Cosworth eingeführt, der in der Straßenversion weiterhin über einen 2,0-Liter-Vierzylinder-Turbomotor mit 204 PS Leistung verfügte, in der Rennausführung aber ca. 300 PS leistete. Ab April 1988 erfuhr der Sierra-Absatz mit dem Sondermodell Finesse zusätzliche Belebung, zumal dieses Auto über ein Fünfgang-Schaltgetriebe verfügte. Zudem löste der neue 2,9i mit 145 PS den mittlerweile überholten 2,8-Liter-V6 aus dem XR4i und XR4x4 ab. Ein 1,8-Liter-Turbodiesel (1753 ccm, 75 PS) war ab Oktober 1988 ebenfalls erhältlich.

Gebaut wurde der schnelle Sierra im Werk Genk, Belgien, als Dreitürer; Hochgeschwindigkeitstests führte man in Nardo, Süditalien, durch. Hier wurde u. a. ermittelt, daß man dem Heck einen Spoiler geben mußte. Die RS-Ausführung wurde nur in Schwarz, Rot oder Blau angeboten, hatte Recaro-Sitze, einen zusätzlichen Turbolader und kostete rund 45.000 D-Mark. **SH**

959 | Porsche

1986 • 2847 ccm, Sechszylinder-Flachmotor • 450 PS/331 kW • 0-100 km/h in 3,9 Sek. • 317 km/h

Der Wagen glich mehr einem rollenden Laboratorium als einem Rallyefahrzeug. Und er ließ sich beschleunigen wie ein Formel-1-Monoposto. So durfte sich der Porsche 959 bei seinem Erscheinen als das schnellste Serienauto der Welt bezeichnen lassen. Dabei war er ein volltauglicher Straßenwagen, von dem es eine Serie von 200 Exemplaren gab, denn das Coupé sollte in der Gruppe B als Rallyefahrzeug homologiert werden. Ein Vorserientyp hatte 1986 die berühmt-berüchtigte Rallye Paris-Dakar, die damals noch nicht nach Südamerika verlagert worden war, im Doppelpack gewonnen. Ein weiteres Einzelstück holte sich bei den 24 Stunden von Le Mans den Klassensieg.

Das Grundkonzept des 959 entsprach dem guten alten Porsche 911. Der Wagen wies im Heck einen luftgekühlten Sechszylinder-Flachmotor mit Kraftstoffeinspritzung auf, hinter der Hinterachse angeordnet. Der Sechszylinder leistete weit über als 400 PS; das Getrie-

be wies sechs Gänge auf. Die Drehmomentkurve stieg schon bei geringen Tourenzahlen steil an, das berüchtigte Turboloch gab es beim Gasgeben praktisch nicht mehr. Doch der 959 hatte ein weiteres technisches Merkmal – nämlich Allradantrieb wie später der 911 Carrera 4. Zu den Besonderheiten des 959 gehörten ferner Türen, Motor- und Fronthaube aus Leichtmetall. Die Monocoque-Wanne des Wagens bestand aus einem besonders leichten und festen Kunststoff. Mit allen elektronischen Fahrhilfen der Zeit versehen, bot der Zweisitzer ein Optimum an Handling. Der mit zwei Turboladern bestückte Wagen fuhr sich erstaunlich leicht, ganz im Gegensatz beispielsweise zu einem Ferrari F40, mit dem er am ehesten zu vergleichen war. Wer einen 959 als Privatkunde erwerben wollte, mußte sich bis 1987 gedulden und 420.000 D-Mark bereithalten. Zu den Käufern eines solchen Wagens gehörten Boris Becker, Herbert von Karajan und Bill Gates. **DS**

Der Saab 900 war ein typisch schwedischer Qualitätswagen, und das Cabriolet bot zusätzliches Fahrvergnügen. ▷

5 GT Turbo | Renault

1986 • 1397 ccm, Vierzylinder • 160 PS/117 kW • 0-100 km/h in 7,9 Sek. • 198 km/h

Die entfernte Ähnlichkeit mit einem Serienwagen und seine Bezeichnung täuschten. Der Renault 5 „Supercinq" Turbo war ein Wettbewerbswagen der heißen Sorte, wenngleich er auch mit Straßenzulassung geliefert wurde. Sein Antriebsaggregat war ein Aluminium-Vierzylinder mit 1,4 Liter Hubraum. Dank Turbolader hatte der Motor 160 PS. Als „normaler" Renault 5 GTL 1.4 mit Heckklappe kam er mit 60 PS daher.

Die auffälligen Schlitze an den markanten, ausgewölbten hinteren Kotflügeln dienten der Kühlluftzufuhr, denn der Wagen hatte einen Mittelmotor. Um Gewicht zu sparen, wies das Interieur nur eine spartanische Ausstattung auf, auch bestanden die Türen, die Motorhaube und die Heckklappe aus Leichtmetall. Weitere Besonderheiten umfaßten extra starke Bremsscheiben, Breitreifen und eine straffe Federung/Dämpfung. 1983 kam das Modell Turbo 2 heraus, und ab 1986 gab es ein GT-Modell. Mit nur 822 Kilogramm Gewicht und der gewaltigen Leistung ging dieses kleine Auto ab wie eine Rakete. Es fiel durch weitere Plastik-Zusatzbauteile auf, die es um 60 Zentimeter breiter als den Serienwagen mit Vorderradantrieb werden ließen. Der Renault 5 GT Turbo galt zu seiner Zeit als der schnellste Anderthalbliter-Wagen aus französischer Produktion.

Der im Herbst 1986 eingeführte R5 GTE besaß einen 1,7-Liter-Saugmotor von 94 bis 97 PS Leistung. In der Sportlichkeit war der GTE vom GT Turbo jedoch weit entfernt, da es ihm an Durchzugsvermögen fehlte und zudem das Fahrzeuggewicht höher war. Zwischen Ende 1986 und Anfang 1991 wurde von der belgischen Firma EBS auch eine Cabrioversion gebaut, davon 14 Stück als GT Turbo. **SH**

900 Turbo CD | Saab

1986 • 1985 ccm, Vierzylinder • 175 PS/129 kW • 0-100 km/h in 8,7 Sek. • 210 km/h

Der Saab 900 war 1978 als Weiterentwicklung des Typs 99 vorgestellt worden und hatte im Verlauf seiner Karriere eine bemerkenswerte Evolution durchgemacht. 1984 zeigten die Schweden in Brüssel den Turbo 16 (Vierventiler), und ab Frühjahr 1986 gab es dieses Modell auch in einer Cabrioversion, speziell entwickelt für den Exportmarkt USA. Diesen Wagen in den Staaten anzubieten erschien schon deshalb interessant, weil kein amerikanischer Hersteller damals ein Cabriolet im Programm führte. Aber der Bau eines offenen Wagens stellte für Saab Neuland dar. Das Auto wurde auch nicht in Schweden fabriziert, sondern bei der Firma Valmet in Finnland, und es war die letzte Neuerscheinung, bevor Saab Ende 1989 in die Hände von General Motors überging. Valmet Automotive war 1951 als Valtion Metallitehtaat in Uusipaukunki gegründet worden, ein Betrieb, der Nutzfahrzeuge und Personenwagen für andere Unternehmen herstellte. Mit Saab erfolgte 1968 die Einrichtung einer modernisierten Autofertigung; auch Porsche hat hier zeitweilig produzieren lassen. Saab zog sich 1992 aus dem Joint-Venture allerdings zurück.

Das Saab Cabrio erwies sich als ein Glückstreffer. Die Nachfrage war höher als erwartet, es gab Vorbestellungen auf eine Produktion von drei Jahren. In jedem Jahr wurden 10.000 Stück gebaut, mehr konnte man bei Valmet nicht herstellen. Doch nachdem Saab-Scania von General Motors übernommen worden war, neigte sich die Saab-Umsatzkurve abwärts; die neue Generation des 900 II war nichts anderes als ein Opel Vectra. Ab Sommer 1994 wurde der Saab 900 II jedoch ebenfalls als Cabrio angeboten. **SH**

Croma Turbo Diesel i.d. | Fiat

1986 • 1929 ccm, Vierzylinder • 92 PS/67,6 kW • 0-100 km/h in 11,9 Sek. • 185 km/h

Bis in die 1980er Jahre hinein galt der Diesel im Vergleich zum Benzinmotor als laut, leistungsschwach und übelriechend. Nur wenige Hersteller vermochten dieses Image allmählich zu verändern, und zu ihnen zählte Fiat. Mit dem Ende 1985 vorgestellten Croma Turbo Diesel hatte die gehobene Mittelklasse einen Diesel-Vertreter bekommen, der auf dem Wege war, ein Technologieführer zu werden. Der Turbo-Wirbelkammerdiesel mit Bosch-Motormanagement war quer eingebaut und trieb die Vorderräder an. 1988 war Fiat dann der erste Hersteller, der mit dem Diesel-Croma einen Direkteinspritzer anbot. Bis dahin wurde dieser Motor nur im Nutzfahrzeug Ducato eingebaut, da die Laufruhe noch nicht dem Komfortstandard für Personenwagen entsprach. In Zusammenarbeit mit Marelli wurde jedoch eine elektronische Einspritzsteuerung entwickelt, die einen ruhigeren Motorlauf ermöglichte. So konnten Einspritzzeitpunkt und -menge durch Sensoren an die Drehzahl und Lastzustände des Motors angepaßt und optimiert werden.

Der Croma teilte sich die Basiskonstruktion mit drei anderen Autos verschiedener Marken: Saab 9000, Lancia Thema und Alfa Romeo 164. Diese rangierten im oberen Exklusiv-Segment ihrer Programme, während der Fiat dazu auserkoren war, ein Großserienprodukt zu sein. **SH**

205 GTI 1.9 | Peugeot

1986 • 1905 ccm, Vierzylinder • 130 PS/95,6 kW • 0-100 km/h in 7,6 Sek. • 198 km/h

Gegen Mitte der 1980er Jahre hatte sich eine kleine Elite leistungsstarker Schrägheck-Limousinen etabliert, die sich zunehmender Beliebtheit erfreute, wie der Ford Escort RS Turbo oder der Vauxhall Astra GTE Mk.II. Die Franzosen traten dem Club bei und brachten den Peugeot 205 GTI 1,9 Liter heraus, für viele Fans der interessanteste „hot hatch" überhaupt. Der Wagen bereitete Fahrspaß pur. Der 205 GTI entwickelte sich nicht nur in Frankreich zu einem Kultauto (und ist es sogar heute noch), an dessen brillanten Fahreigenschaften insbesondere jüngere Fahrer Gefallen fanden. Die Spitze von annähernd 200 km/h ließ sich praktisch nur auf deutschen Autobahnen legal ausfahren, und wer den kleinen Wagen bis ans Limit hernahm, mußte sich gut zu konzentrieren und mit dem französischen Temperament des Autos umzugehen verstehen. 1988 ließ das *Car Magazine* in einem transeuropäischen Vergleichstest den 205 GTI gegen den Lotus Esprit Turbo antreten, wobei die Motorjournalisten zu dem Ergebnis kamen, daß der Franzose dem viermal so teuren Briten weit überlegen war. Der Peugeot trug viel zu einer allgemeinen Aufwertung des Images französischer Autos bei. Als der 205 im Jahre 1998 von der Bühne abtrat, waren mehr als fünf Millionen Exemplare produziert worden. **DS**

Sierra Cosworth RS500 | Ford (GB)

1987 • 1994 ccm, Vierzylinder • 227 PS/167 kW • 0-100 km/h in 6.1 Sek. • 250 km/h

Das FIA-Reglement für die Gruppe A (Serienwagen) verlangte, daß von einem an den Start gebrachten Wagen mindestens 500 identische Exemplare produziert werden mußten. Ford gedachte 1987 mit einer leistungsgesteigerten Version des Ford Sierra Cosworth den Rundstrecken-Rennsport gehörig aufzumischen und baute eine Sonderserie, genannt RS500 (die Zahl bezog sich auf die Anzahl der hergestellten Autos). Die Rechnung ging auf, der Super-Sierra mit seinen 227 PS gewann zahlreiche Rennen und hat heute bereits Liebhaberwert. Sein Anschaffungspreis lag 1987 um rund 10.000 D-Mark höher als der für das Standardmodell.

Die Feinabstimmung des RS500 erfolgte bei der Firma Tickford, einer Tochter des seit kurzem mit 75 Prozent zu Ford gehörenden Automobilherstellers Aston Martin. Hier entstand für den Motor ein neuer Block, die Kraftstoff-Einspritzanlage wurde optimiert. Man gab dem Auto größere Bremsen, steifere Aufhängungen und Spoiler für eine bessere Aerodynamik. Dort, wo beim Serienwagen die Nebelscheinwerfer saßen, plazierte man Einlässe für den Luftdurchsatz zum Ladeluftkühler. 392 Fahrzeuge – und damit die meisten – kamen mit schwarzer Lackierung auf die Straße; 56 waren weiß, 52 blau lackiert. Etwa die Hälfte aller RS500, so schätzen Experten, ist noch heute zum Verkehr zugelassen. **SH**

Thema 8.32 | Lancia (I)

1987 • 2927 ccm, V8 • 212 PS/156 kW • 0-100 km/h in 6,8 Sek. • 240 km/h

Der Lancia Thema teilte sich die Grundkonstruktion mit dem Alfa Romeo 164, dem Fiat Croma und dem Saab 9000. Die Limousine war im Oktober 1984 eingeführt worden, war also schon drei Jahre auf dem Markt, bevor man ihr eine interessante Motoren-Transplantation angedeihen ließ. Das betreffende Triebwerk war ein Dreiliter-V8, wie er auch im Ferrari 308 zu finden war und knapp unter die Fronthaube des Thema paßte. Die Modellbezeichnung 8.32 nahm auf die Motorkonstruktion Bezug: 8 Zylinder, 32 Ventile. Es gab auch andere leistungsstarke Thema-Versionen, so den 2,0-Liter Turbo, der sogar noch besser beschleunigte. Auf die Ferrari-Konnektion machte Lancia nur indirekt aufmerksam, indem es in der Werbung hieß, der Motor des 8.32 habe das Temperament eines „sich aufbäumenden Pferdes". Aber auf den Ventildeckeln konnte man lesen: Lancia by Ferrari. Erstmals praktizierte man die Bauweise eines quer eingebauten V8-Motors in einem Auto mit Vorderradantrieb. Und um die Ferrari-Power verkraften zu können, bekam dieses Fahrzeug eine Reihe von Verstärkungen verpaßt sowie größere Bremsen. Auch wurde das Interieur verfeinert. Äußerlich unterschied sich der Wagen von seinen zahmen Geschwistern nur durch einen elektrisch ausfahrbaren Heckspoiler – und selbstverständlich durch einen markanten Motorsound. **RD**

Der Jeep Wrangler war ein Rauhbein im Straßenanzug – geländetauglich und doch zivilisiert genug für den städtischen Alltag.

260 | Venturi

1987 • 2849 ccm, V6 • 260 PS/192 kW • 0-100 km/h in 5,2 Sek. • 269 km/h

Nicht sehr oft geschieht es, daß eine neue Sportwagenmarke entsteht, indem zwei Mitarbeiter einer renommierten Firma einfach kündigen und in eigener Regie weitermachen. Doch genau so vollzog es sich bei Claude Poiraud und Gérard Godefroy, die den Nutzfahrzeug- und Prototypenhersteller Heuliez verließen, um einen GT eigener Vorstellungen auf den Markt zu bringen. Allerdings konnten sie sich auf ein starkes finanzielles Backing verlassen. Ihnen schwebte eine Mischung aus Ferrari und Porsche vor. Als der erste Wagen 1985 unter dem Namen MVS präsentiert wurde, mußte man zur Kenntnis nehmen, daß die Herren es ernst meinten. Die Buchstaben standen für Manufacture de Voitures de Sport, doch entschied man sich wenig später für den Namen Venturi.

Der V-Sechszylinder-Mittelmotor kam von Renault, er hatte 200 PS und katapultierte das Coupé auf 250 km/h. 1987 erhielt der Wagen einen 260-PS-Kompressormotor.

Der Venturi 260 konnte sich einer guten Presse erfreuen und fand auch seine Käufer. Sogar eine eigene Renntrophäe war ausgeschrieben worden: die „Gentlemen Drivers Trophy". Auf dem Höhepunkt ihres Erfolges beschlossen Poiraud und Godefroy jedoch, ihr Unternehmen – inzwischen 400 Mitarbeiter stark – zu verkaufen; so kam es 1994 an den schottischen Geschäftsmann Hubert O'Neill, der den Venturi verstärkt im Rennsport einzusetzen gedachte. Er gab dem Wagen karbon-keramische Bremsen und ließ ihn mehrmals in Le Mans antreten. 1996 und 2000 wechselte die Firma abermals ihre Besitzer; heute gehört sie dem Monegassen Gildo Pallanca, dessen Ambitionen dem Elektroantrieb gelten. **JB**

Wrangler | Jeep

1987 • 4235 ccm, Sechszylinder • 114 PS/83,8 kW • 0-100 km/h in 12 Sek. • 140 km/h

Der Wrangler ist der Nachfahre des Willys Jeep, der seine Karriere im Zweiten Weltkrieg als Militärfahrzeug begann. Er ist der Urvertreter jener Fahrzeugkategorie, die man später als Sports Utility Vehicle – kurz SUV – bezeichnete. Mit der Übernahme der Marke Jeep durch Chrysler im Jahr 1987 vollzogen sich auch Änderungen technischer Art; die Allradautos wurden stärker motorisiert und komfortabler ausgestattet. Die Exportversion hatte aber nur 3956 ccm Hubraum. Chrysler zielte auf eine neue Käuferschaft. Nach wie vor war der Jeep ein Rauhbein, jetzt aber im ordentlichen Straßenanzug – geländetauglich und doch zivilisiert genug für den städtischen Alltag.

Viele Jeep-Besitzer hatten kaum eine Ahnung von der Herkunft ihres Wagens und von der Rolle, die er seit der Landung der Alliierten Truppen 1944 in der Normandie gespielt hatte. Der Wrangler wurde aber auch eher als Lifestyle-Objekt gekauft, weniger als Offroader, obwohl er beste Geländequalitäten hatte. In der Stadt und an den mondänen Stränden sah man ihn (zumindest in den USA) jedenfalls öfter als im weglosen Terrain. Mit seinen grobstolligen Reifen, kurzen Überhängen, einem Unterbodenschutz und einem Gelände-Zusatzgetriebe durfte er als volltauglicher 4x4 gelten, und in der stählernen Bodenwanne mit ihren Hartplastik-Armierungen gab es Löcher, damit eingedrungenes Wasser ablaufen konnte. Denn das Auto ermöglichte mit 50 Zentimeter Wattiefe auch ein Durchqueren von Wasserläufen.

Gebaut wurde der Wrangler in Ontario, Kanada, bis 1992. Danach verlegte man die Fertigung in das ursprüngliche Werk der Firma Willys in Toledo, Ohio. **SH**

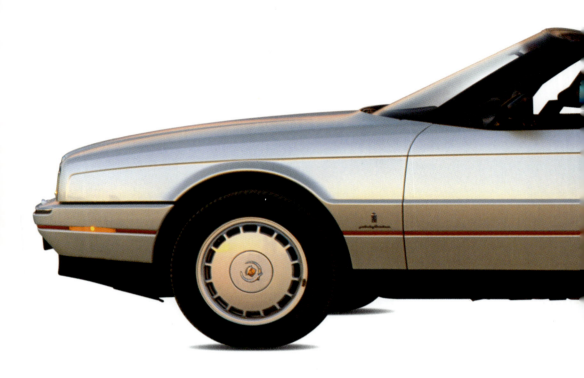

Allanté | Cadillac

1987 • 4087 ccm, V8 • 172 PS/126 kW • 0-100 km/h in 9,8 Sek. • ca. 200 km/h

Die einst unangetastet ihren hohen Prestigestatus genießende Marke Cadillac hatte in den späten 1960er Jahren erleben müssen, daß immer mehr Importfabrikate der Premiumklasse ihr Marktanteile streitig machten. Es dauerte aber bis in die 1980er Jahre, ehe General Motors aufgeholt hatte und wirkungsvoll mit den anspruchsvollen Limousinen von Mercedes-Benz und Jaguar konkurrieren konnte. Dies geschah auch nicht ganz aus eigener Kraft – man versicherte sich hierzu vielmehr der Dienste renommierter Europäer wie Pininfarina.

So war der im September 1986 vorgestellte Cadillac Allanté eine in Turin entwickelte Konstruktion – sogar die komplette Karosserie wurde bei Pininfarina gebaut. Es handelte sich um einen luxuriösen Zweitürer mit V8-Motor. Die Fertigstellung des Wagens fand in Detroit statt, zu diesem Zweck wurden die in Italien hergestellten Karosseriekörper mit speziell hierfür mo-

difizierten Boing 747-Maschinen allwöchentlich über den Atlantik geflogen. „The flying Italian Cadillac" wurde von 1987 bis 1993 gebaut und war insoweit ein besonderes Auto, als es der erste als Zweisitzer konzipierte Cadillac war und zudem Frontantrieb hatte. Zu dem Textilverdeck gab es ein aufsetzbares Hardtop. Die Ledersitze ließen sich elektrisch zehnfach verstellen, das Instrumentarium arbeitete digital, das Hi-Fi-System kam von Bose. 1989 kam ein neuer 4,5-Liter-V8 zum Einbau, der 200 PS bei gleicher Drehzahl leistete. Dazu erhielt der Allanté eine geschwindigkeitsabhängig arbeitende Fahrwerkskontrolle, genannt Speed Dependent Damping Control oder kurz SD2C. Ab einer Geschwindigkeit von 40 km/h und, in einer zweiten Stufe, ab 60 km/h machte sie die Dämpfung härter. Mit 21.000 verkauften Exemplaren blieb der Allanté hinter den Absatzerwartungen weit zurück – woran auch sein hoher Preis von fast 55.000 Dollar schuld war. **BK**

Galant 2000 VR-4 | Mitsubishi (J)

1987 • 1997 ccm, Vierzylinder • 205 PS/151 kW • 0-100 km/h in 7,3 Sek. • 230 km/h

Auch der von Mitsubishi 1967 eingeführte Galant war zu Anfang eine wenig aufregende Familienlimousine, ehe sie sich zu einem leistungsstarken Wettbewerber zu den besten europäischen Fabrikaten entwickelte. 1987 kam die Galant-Baureihe mit neuen Karosserien heraus, und die umfangreiche Auswahl an Motoren wurde durch DOHC-Vierventiler mit und ohne Abgas-Turbolader erweitert. Neu waren auch Modelle mit Allradantrieb – und sogar Allradlenkung.

Der Galant 2000 wurde in den Staaten als Dodge 2000 GTX und in einigen anderen Ländern als Eterna oder Eagle verkauft. In der Standardausführung hatten diese Autos einen zweiventiligen 1755-ccm-Vierzylindermotor mit 94 PS; das Spitzenmodell war der Zweiliter mit vier Ventilen je Brennraum, zwei obenliegenden, durch Zahnriemen aktivierten Nockenwellen, Turbolader plus Intercooler und Kraftstoffeinspritzung. Mit Allradantrieb, 15-Zoll-Rädern und einer hydraulischen Mitlenkung der hinteren Räder (sie trat erst bei mehr als 50 km/h in Aktion) ergab sich ein Auto der Superlative, das in der Welt seinesgleichen suchte.

In dieser Ausführung gewann der Galant einige bedeutende Rallyes, bevor Mitsubishi die Antriebs- und Fahrwerkstechnologie auf den Lancer übertrug, der damit im Rallyesport noch erfolgreicher war. **SH**

Grand National GNX | Buick

1987 • 3791 ccm, V6 • 276 PS/203 kW • 0-100 km/h in 5,5 Sek. • 200 km/h

Unter dem Titel Grand National pflegt man in England seit 1836 ein Pferdehindernisrennen zu veranstalten; der Begriff übertrug sich auf die USA, wo man ein solches Rennen alljährlich in Kentucky austrägt. Als Buick 1982 erstmals ein Automodell Grand National nannte, war das ein Bezug zu einer großen amerikanischen Tradition. Aber auch zu einer NASCAR-Autorennserie, die es mittlerweile unter gleichem Namen gab und die Buick 1981 und 1982 gewonnen hatte. Den Wagen gab es in 215 Exemplaren. 1983 nahm Buick an der Rennserie nicht teil; erst 1984 gab es wieder ein Modell dieses Namens, jetzt in einer Exklusivauflage 2000mal aufgelegt.

1987 schließlich stellte Buick einen Grand National Experimental vor, abgekürzt GNX, ein kantig geformtes, dem Modell Electra ähnelndes Hochleistungs-Coupé mit vier Sitzen, das mit einer enormen Beschleunigung aufwartete und de facto zehn Prozent schneller war als im Katalog angegeben. Mit 29.000 Dollar war der Wagen aber auch extrem teuer. Insgesamt wurden 547 Stück gebaut, und viele Käufer spekulierten auf einen raschen Wertzuwachs dieses seltenen Fahrzeugs. Sie fuhren es nicht, sondern motteten es ein paar Jahre ein. Sie lagen völlig richtig: Inzwischen zahlen Liebhaber für ein so gut wie neuwertiges Exemplar bis zu 50.000 Dollar. **MG**

Corolla | Toyota

1987 • 1296 ccm, Vierzylinder • 73 PS/53,7 kW •
0-100 km/h in 12,8 Sek. • 153 km/h

Das Mittelklassemodell Corolla brachte Toyota 1987 in neuer Aufmachung heraus. Das Auto, jetzt in seiner sechsten Generation, war auf bestem Wege, das meistgebaute der Welt zu sein. Es gab auch einige sportliche Versionen, die zu fahren viel Spaß machten. Einige hatten Schlafaugen-Scheinwerfer, andere ein Schrägheck nach Kombi-Coupé-Art.

Der Corolla Mark VI wies technische Optimierungen auf und war ein Frontantriebswagen, wobei es auch eine Allradversion gab. Die Grundmotorisierung stellte ein 1,2-Liter Vierzylinder dar, und nur in Japan erhältlich war ein Schrägheck-Zweitürer mit aufgeladenem 1,6-Liter-Motor, 162 PS leistend. Weltweit bot Toyota den Corolla 1987 als zwei- oder viertürige Stufenheck-Limousine an, ferner als drei- oder fünftürigen Hatchback, als Coupé sowie als Kombiwagen. Es gab außer der Fabrik in Japan und in sechs weiteren Ländern eine in Kalifornien und ab 1987 auch eine in Kanada. Der in den USA als Joint-Venture mit General Motors gebaute Corolla lief unter fremdem Etikett – er hieß dort Geo Prizm, der in Australien gebaute Holden Nova. Ebenfalls mit dem Corolla verwandt war der Charmant des zum Toyota-Konzern gehörenden Herstellers Daihatsu. Gleichviel: Alle Autos genossen einen Ruf als äußerst zuverlässige Alltagsfahrzeuge. **SH**

Delta Integrale | Lancia

1988 • 1995 ccm, Vierzylinder • 200 PS/147 kW •
0-100 km/h in 5,5 Sek. • 220 km/h

Den Delta hatte Lancia dazu bestimmt, für die Rallye-Markenweltmeisterschaft an den Start zu gehen, und der HF 4x4 erfüllte seinen Zweck hierzu mit Bravour. Als ob dies nicht genug gewesen wäre, legte Lancia im Oktober 1987 nach: mit dem Delta Integrale. Er war aus dem Allrad-Turbo-HF entstanden, und um den Wagen durch die FIA in der Serienfahrzeug-Gruppe A homologieren lassen zu können, mußten 5000 Stück gebaut werden. Hier entstand so etwas wie eine verkleinerte Ausgabe des BMW M3 mit wuchtig ausgeformten Kotflügeln für breite Reifen, und 1990 wurde aus dem Zweiventilmotor ein Vierventiler. Und es wurden weitaus mehr als die von der FIA geforderten 5000 Stück produziert – nämlich 44.296.

Als Integrale Evoluzione mit noch mehr Muskelkraft präsentierte sich das Nachfolgemodell 1991, erkennbar an einem Spoiler auf der oberen Kante der Heckklappe. Mit leistungsstärkerem Motor erschien ein Jahr später der Evoluzione 2. Von 1987 bis einschließlich 1992 gewann Lancia mit diesen Autos jedes Jahr die Rallye-Markenweltmeisterschaft – ein grandioser Triumph. Er war ein gefährlicher Herausforderer des Audi quattro, kostete aber nur halb so viel. Als der Integrale 1994 aus dem Programm genommen wurde, bekam er zum Bedauern vieler Lancia-Enthusiasten leider keinen Nachfolger. **SH**

V8 | Audi D

1988 • 3568 ccm, V8 • 250 PS/184 kW • 0-100 km/h in 7,4 Sek. • 245 km/h

Was die Pressesprecherin des Hauses Opel auf der IAA 1988 spontan – natürlich nur hinter vorgehaltener Hand – vom neuen Audi V8 hielt, faßte sie in die Worte: „Es ist das schönste Auto, das ich je gesehen habe." Und der neue große Audi wartete nicht nur mit einem vollendeten Design und einer Spitzenausstattung auf, sondern war auch in technischer Hinsicht ein Meisterwerk, was man nicht nur bei Opel mit Anerkennung zur Kenntnis nehmen mußte: Mercedes-Benz und BMW bekamen einen potentiellen Rivalen im Topsegment.

Der V8-Motor war ein Vierventiler mit Katalysator und trieb über eine Vierstufen-Getriebeautomatik alle vier Räder an, ABS gab es serienmäßig. Die vollverzinkte Karosserie war selbsttragend und hatte einen vorderen Hilfsrahmen. Ab Januar 1990 war der große Audi auch mit Handschaltgetriebe sowie in einer Langversion mit 3010 statt 2700 Millimeter Radstand zu bekommen. Erst recht waren jetzt der 7er BMW und die Mercedes-Benz S-Klasse im Visier der Ingolstädter.

Als weltweit erste Oberklassen-Limousine mit permanentem Allradantrieb galt der Wagen als Meilenstein. Dennoch ließ der Erfolg zu wünschen übrig. Zum einen war die Ähnlichkeit zu den Modellen 100/200 zu groß, obwohl es sich um eine Neukonstruktion handelte, zum anderen wurde schon kurz nach der Präsentation des Audi V8 das Nachfolgemodell des Audi 100 vorgestellt, der Audi 100 C4 von 1990. Es wurde vom V8 sogar eine Kombiwagenversion gebaut – jedoch nur in einem einzigen Exemplar, das der vielfache Familienvater und Audi-Chef Ferdinand Piëch für seinen persönlichen Bedarf nutzte. Das Unikat steht inzwischen im hauseigenen Audi-Museum in Ingolstadt. **SH**

164 3.0 V6 | Alfa Romeo

1988 • 2959 ccm, V6 • 184 PS/135 kW • 0-100 km/h in 7,9 Sek. • 230 km/h

In der automobilen Oberklasse gab es in den späten achtziger Jahren in Europa einige Neuzugänge, die Mercedes-Benz und BMW die Positionen streitig zu machen versuchten. Wie etwa den Alfa Romeo 164, eine sportlich-luxuriöse Limousine mit Vorderradantrieb und quer eingebautem Motor. Der elegante Viertürer hatte ein Fünfganggetriebe und ringsum Einzelradaufhängung. Die Karosserie stammte von Pininfarina.

Im Herbst 1987 war der 164 erstmals auf der IAA in Frankfurt zu sehen. Ende 1988 war eine Version mit 2,0-Liter-V6-Motor produktionsreif, ebenso eine Getriebeautomatik; die Serienfertigung begann im Februar 1989. Bis dahin hatte es den Wagen nur mit Vierzylindermotoren von zwei Liter Hubraum gegeben, wobei die Turbo-Variante mit 175 PS sogar noch besser beschleunigte als der Dreiliter-V6. Ende 1989 kam ein 2,5-Liter Turbodiesel hinzu. Mit dem ließen sich immerhin 200 km/h Spitze erreichen, und das bei einem durchschnittlichen Verbrauch von nur 7,5 Liter auf 100 Kilometer.

Der Alfa Romeo 164 war vom Aufbau her identisch mit den zeitgleich produzierten Fiat Croma, Lancia Thema und Saab 9000. Ein englischer Tester nannte den Alfa einen „typisch deutschen Wagen" – sollte er damit auch seine Elektrik gemeint haben, so lag er daneben, denn die stammte leider nicht von Bosch, wie es sich viele Käufer eines 164 dringend gewünscht hätten. Immerhin wurden von diesem Auto mehr als eine viertel Millionen Exemplare verkauft, ein ganz ausgezeichnetes Ergebnis für jene Konstruktion, welche die letzte war, bevor Alfa Romeo zur Gänze von Fiat geschluckt wurde. **SH**

◁ Der Ferrari F40 wies alle Attribute eines Straßenrennwagens auf – die sich jedoch so gut wie nirgendwo voll auskosten ließen.

F40 | Ferrari

1988 · 2936 ccm, V8 · 478 PS/351 kW ·
0-100 km/h in 3,6 Sek. · 322 km/h

Nicht nur anläßlich des 40. Geburtstages der Marke Ferrari war der F40 entstanden, sondern auch als Antwort auf den Porsche 959, der sich als der schnellste Serienwagen der Welt bezeichnete. Der Zweisitzer aus Maranello war wohl die beste Interpretation eines Rennwagens für die Straße.

Rahmen und Motor hatte der F40 vom 288 GTO geerbt; so hatte der V8-Vierventiler ebenfalls zwei Turbolader mit Ladeluftkühler. Bei einer Verdichtung von 7,8:1 ließen sich 478 PS herausholen.

Der Motorblock bestand aus Silumin mit Leichtmetall-Laufbüchsen. Jede Zylinderbank hatte zwei Nockenwellen, über Zahnriemen gesteuert. Und durch eine Abdeckung aus transparentem Kunststoff konnte man dem Motor (im Stand) bei der Arbeit zuschauen. Wem die Leistung nicht genügte, dem offerierte das Werk ein Tuningkit mit noch schärferen Nockenwellen und größerem Turbolader für weitere 200 PS.

Die auf einem Stahlrohrrahmen sitzende Karosserie des F40 war eine Neuschöpfung aus dem Hause Pininfarina aus Karbonfiber, Kevlar und Aluminium, teils in Bienenwabenstruktur, aerodynamisch perfekt, funktional und vor allem leicht. Mit einem fahrfertigen Gewicht von nur 1089 kg brachte der F40 nicht mehr als 2,27 kg pro PS auf die Waage. Das niedrige Gewicht rührte auch von der Tatsache her, daß nur die Frontscheibe aus Sicherheitsglas bestand, die anderen Scheiben hingegen waren aus Kunststoff. Die vielen Öffnungen im Aufbau führten Kühlluft zu den Scheibenbremsen sowie zum Motor mit seinen Turboladern. Die Abtriebskräfte wurden durch einen auffälligen Heckbügel verstärkt. **MG**

V8 | Giocattolo

1988 · 4987 ccm, V8 · 300 PS/221 kW ·
keine Angaben · 257 km/h

Der Giocattolo V8 gehört in die Kategorie jener Versuche, die hoffnungsvolle Australier unternahmen, um ins Geschäft mit einem Traumwagen zu kommen – für den es keine Chancen gab.

Der Name Giocattolo kommt aus dem Italienischen und bedeutet Spielzeug. Treffend gewählt für das Auto aus Caloundra an der Sunshine Coast von Queensland, erdacht von Paul Halstead und dem Formel-1-Konstrukteur Barry Lock. Innerhalb von zwei Jahren bauten sie 15 Exemplare ihres Spielzeugautos. Daß es einen italienischen Namen bekam, hatte seinen Grund: Es basierte auf dem Alfa Romeo Sprint und sollte mit einem ebenfalls von Alfa stammenden V6-Motor versehen werden. Eine Operation, die zu teuer gekommen wäre, weshalb sich Halstead und Lock für einen V8 von Holden aus heimischer Produktion entschieden. Es war ein von Tom Walkinshaw getuntes Aggregat mit 300 PS, das sie in ihrem Zweisitzer als Mittelmotor einbauten.

Der Wagen wurde unter Ausschöpfung aller Möglichkeiten für einen Einsatz in der Gruppe B präpariert, so auch in Bezug auf die Karosserie mit Kevlar-Elementen sowie Aufhängungen und Bremsen im Formel-1-Standard.

Die Firma Motori Giacottolo bekam Hindernisse in den Weg gelegt, als eine neue Importverordnung in Australien die Einfuhr von Autokarosserien ohne Inhalt untersagte. Dadurch sollte die heimische Industrie zwar geschützt werden, doch für Halstead und Lock bewirkte sie die Aufgabe ihres Projekts. Bis zu diesem Zeitpunkt hatte es ohnehin seine Investitionen nicht eingespielt, so daß die beiden Unternehmen 1989 in Liquidation gehen mußten. **BS**

Reatta | Buick

USA

1988 • 3791 ccm, V6 • 165 PS/122 kW • 0-100 km/h in 9,7 Sek. • 200 km/h

Als 1988 der Reatta vorgestellt wurde, war er der erste zweisitzige Buick seit 1946. Und auch das erste Auto dieser Marke, das man als Sportwagen bezeichnen durfte. Es wäre auch schneller als 200 km/h gegangen, doch bei dieser Spitze regelte die Elektronik ab und gab zudem ein Alarmsignal von sich. Die wenigsten Amerikaner dürften es je vernommen haben, da es bis auf Utah und einige Teilen in Texas nirgendwo erlaubt ist, schneller als mit 75 mph (120 km/h) fahren. Bis 1987 waren sogar nur 55 mph (88,5 km/h) gestattet, und wer in jener Zeit gezwungen war, in den USA lange Distanzen mit dem Auto zurückzulegen, denkt an die Langweiligkeit solcher Reisen mit Schaudern zurück.

Der Reatta war kein Großserienwagen nach GM-Maßstäben; er wurde weitgehend in Handarbeit gefertigt und bekam alle aktuellen Elektronik-Gadgets jener Zeit mit auf den Weg. Anfangs war er nur als Coupé erhältlich, doch 1990 kam auch ein Cabriolet ins Programm. General Motors hatte aber die Aufnahmefähigkeit des Marktes für einen solchen Wagen überschätzt. Mit 20.000 Bestellungen pro Jahr hatte man kalkuliert, doch innerhalb des ersten Jahres kamen nicht einmal 5000 zusammen. Vielleicht war es die Überfrachtung mit Elektronik, die viele traditionelle Buick-Kunden von einem Kauf abhielt. Und die jüngere Generation verband mit dem Namen Buick ein großväterliches Image. In den Südstaaten galt Buick zudem als die bevorzugte Marke der Afroamerikaner, was bei den Nordstaatlern Vorurteile aufbaute. 1989 wurden 7000 Wagen abgesetzt, 1990 waren es 8515. Zu wenig, um GM zufriedenzustellen. 1991 nahm man den Buick Reatta aus dem Programm. **MG**

Corrado | Volkswagen

1988 • 1781ccm, Vierzylinder • 160 PS/118 kW • 0-100 km/h in 8,3 Sek. • 225 km/h

Der Corrado läßt sich als Nachfolger des Scirocco bezeichnen, doch als er im August 1988 vorgestellt wurde, trat der Scirocco noch längst nicht von der Bühne ab. Viele sahen im Corrado auch die Wolfsburger Alternative zum Porsche 924. Das viersitzige 1,8-Liter Coupé war auf der Bodengruppe des VW Golf II entstanden und wurde im Karmann-Werk montiert. Das Auto verfügte über eine praktische Heckklappe und wie der Golf über Frontantrieb. Serienmäßig gab es den Corrado – wie den Scirocco – mit Katalysator (in einige Länder exportierte man diese Autos auch ohne Kat) und Teves-ABS; alle Räder hatten Scheibenbremsen. Das Besondere am Motor war seine Digifant genannte elektronische Benzineinspritzung und die Bestückung mit einem mechanischen Spirallader inklusive Ladeluftkühler. Der OHC-Vierzylinder hatte einen Aluminiumkopf und übertrug seine Kraft auf ein Fünfganggetriebe. Nach den Werksferien im August 1991 wurden in Deutschland Modelle mit 16V- und VR6-Aggregat vorgestellt. Dabei wurden einige Modifikationen vorgenommen; für den Einbau des voluminöseren VR6-Motors waren eine Neukonstruktion des vorderen Querträgers und eine Änderung der Motorhaube notwendig geworden. Eine Version des VR6-Motors hatte 2792 ccm Hubraum und 174 PS, wurde in dieser Ausführung aber nur für den Export gebaut. In Deutschland bot man den Sechszylinder mit 2861 ccm an, 190 PS leistend. In dieser Ausführung gab es den Corrado vom August 1991 bis zum Juli 1995, als auch der letzte Vierzylinder ausgeliefert wurde. Vom Corrado wurden in acht Jahren 97.521 Fahrzeuge gefertigt, von denen mehr als die Hälfte in den Export gingen. **DS**

405 Mi16 | Peugeot

1988 • 1905 ccm, Vierzylinder • 158 PS/116 kW • 0-100 km/h in 8,6 Sek. • 220 km/h

Der Peugeot Mi16 war eine diskrete Sportversion des 405. Der Vierventil-Motor verlieh dem Wagen ein Temperament, das man von einem Familienauto nicht ohne weiteres erwartet hätte. Auf dem meist verstopften Pariser Boulevard Périphérique wurde es genutzt, um in den wenigen Verkehrslücken rasant beschleunigen zu können, bei aller Unauffälligkeit im Erscheinungsbild. Schon im Jahr seiner Einführung war der 405 zum Europäischen Wagen des Jahres gekürt worden. Besonders in der Version Mi mit optimiertem, sprich: härter abgestimmtem und niedrigerem Fahrwerk galt er als ein ausgewogenes, perfekt zu beherrschendes Auto. Zu seiner Ausstattung gehörten Leichtmetallfelgen, eine schmale Lippe auf dem Kofferraumdeckel und eine Bugschürze.

Der zu hoher Leistungsentfaltung getunte Vierzylindermotor war im Grunde ein einfaches Citroën/Peugeot-Serienaggregat, aber mit zwei obenliegenden Nockenwellen versehen sowie mit je vier Ventilen pro Zylinder und elektronisch gesteuerter Kraftstoffeinspritzung. Hinzu kamen ein sportlich abgestuftes Fünfgang-Handschaltgetriebe und vier Scheibenbremsen mit ABS. In Gestalt des Mi16 4x4 wurden einige Exemplare auch mit Allradantrieb gebaut, wobei die Antriebstechnik vom Lancia Integrale stammte.

1992 stellte Peugeot eine Spezialversion vor, die mit besonders nobler Wildlederausstattung den Beinamen Le Mans trug, und als Spitzenmodell schuf man zur gleichen Zeit den T16, der ausschließlich in Frankreich angeboten wurde. In dieser Ausführung hatte der Wagen nicht nur Allradantrieb, sondern auch 220 PS. Eine Serie von 60 Stück wurde von der französischen Gendarmerie bestellt. **SH**

Civic CR-X | Honda

1988 • 1590 ccm, Vierzylinder • 116 PS/85,3 kW • 0-100 km/h in 9,3 Sek. • 190 km/h

Den Honda Civic gab es in einer Fülle unterschiedlicher Spezifiktionen, angepaßt an die Erfordernisse der vielen Importländer (in denen er teils als Honda Ballade verkauft wurde). 1983 eingeführt und 1987 beträchtlich optimiert, war der kompakte Civic als Zwei-, Drei- oder auch Fünftürer erhältlich sowie als CR-X genanntes Coupé.

Bei seiner Neuauflage hatte nicht nur die Karosserie Änderungen erfahren, sondern es gab auch neue Radaufhängungen, und alle Motoren waren Vierventiler. Außerdem gab es eine Version mit Allradantrieb. Dem CX-R bescheinigt man heute schon einen gewissen Liebhaberstatus. Dabei rangiert er in Europa als 2+2, in den USA indessen als reiner Zweisitzer. Zunächst nur mit 1,3-Liter-Motor angeboten, war der Civic nicht besonders aufregend, doch der 1,6-Liter mit Vierventiltechnik unterschied sich von jenem beträchtlich. Und in der Ausführung VTEC, wie er ab 1989 zu bekommen war, hatte er die höchste Reifestufe erreicht, denn die Abkürzung stand für variable Steuerzeiten, was nicht nur in effizienterer Leistungsausbeute resultierte, sondern auch die Wirtschaftlichkeit erhöhte. Dies, eine hervorragende Straßenlage und eine präzise Lenkung machten den CR-X zu einem Auto, das zu fahren viel Vergnügen bereitete. Mit 29.000 D-Mark war der Wagen um 10.000 D-Mark preisgünstiger als ein Audi 2,0-Liter quattro Coupé, mit welchem er sich vergleichen ließ. Er gewann viele hohe internationale Auszeichnungen und blieb bis 1997 im Programm. Das Magazin *Road & Track* zählte den CR-X – der auch im Motorsport auftrat – sogar zu den zehn besten Autos aller Zeiten. **SH**

Mit dem 1989 eingeführten Discovery entsprach Land Rover seiner hohen Reputation als Hersteller erfolgreicher Offroadfahrzeuge. ▷

XJR | Jaguar

1988 • 5999 ccm, V12 • bis zu 450 PS/331 kW • 0-100 km/h in 4,5 Sek. • ca. 300 km/h

Unter dem Kürzel XJR rangierten bei Jaguar die Rennsportwagen, wie sie 1988 in der Gruppe C und in der amerikanischen IMSA-Serie als XJR-9 eingesetzt wurden. Der XJR-15 von 1991 hingegen war auch mit Straßenzulassung erhältlich. Jedes Exemplar verkörperte einen Wert von 500.000 Pfund Sterling, also rund 1,4 Millionen D-Mark. Nach britischer Art wurden auf die Erfolge der Autos in einer Rennserie Wetten abgeschlossen: die Höhe des Einsatzes entsprach dem Fahrzeugpreis. Der Siegerwagen von Spa zum Beispiel brachte dem „Spieler" nicht nur seine Einlage zurück, sondern 26.000 Pfund Prämie. Basierend auf der Technik des XJR-9, war der XJR-15 für die Teilnahme am IMSA-Cup vorgesehen. Ursprünglich sollte der Wagen XJR-9R heißen. Sein V12-Saugmotor mit Trockensumpfschmierung und Sechsganggetriebe ließ sich bis zu 450 PS tunen. Die Entwicklung des Wagens hatte im August 1988 begonnen, nach Jaguars sechstem Sieg in Le Mans. Dem Konzept hatte die Entwicklung eines Supersportwagens für die Straße zugrunde gelegen. Dann meinten die Männer bei JaguarSport, daß sich ein solches Auto besser verkaufen ließe, wenn man es in Rennen einsetzte. Zu erwähnen wäre auch der 1991 für die USA gebaute und bei TWR entstandene XJR-16, der in Amerika vier von zehn Rennen gewann. Der V6-Motor des XJR-16 war auf einen Hubraum von 3,0 Liter reduziert worden, hatte gleichwohl eine Leistung von 650 PS. Ende 1991 entstand ein weiterer Rennwagen mit V6-Motor unter der Bezeichnung XJR-17; er war für die amerikanische IMSA Camel Light Trophy gedacht. Doch da das Reglement jetzt keine Auflaudung mehr erlaubte, sah man von seinem Einsatz ab. **SH**

Discovery | Land Rover

1989 • 3532 ccm, V8 • 154 PS/113 kW • 0-100 km/h in 11,8 Sek. • 163 km/h

Der Markt der Offroadfahrzeuge unterlag einem ständigen Wandel. Bei Land Rover hatte man nach wie vor das „Arbeitstier" vom Typ 90 bzw. 110 im Programm, den Klassiker mit dem Erbe des ersten 4x4 von 1948, und seit 1970 auch den anspruchsvollen Range Rover – aber dazwischen klaffte eine weite Lücke, die zu schließen man lange genug fremden Herstellern überließ. Überfällig war daher die Entwicklung eines Modells, wie es der Discovery darstellte. Er gab sein Debüt 1989 in Frankfurt.

Basierend auf dem Range Rover, schien der Discovery funktionaler, rustikaler zu sein, jedoch ohne die kühle Sachlichkeit des Land Rover auszustrahlen. Der Dreitürer war der perfekte Allrounder und bot „the best of two worlds", wie die Engländer sagen. Mit dem V8-Motor und der hinlänglich erprobten Antriebstechnik des Range Rover ging man nicht das geringste Risiko ein, ebenso beließ man es beim permanenten Allradantrieb, bei den Starrachsen, den Schraubenfedern und der hydraulischen Niveauregulierung. Zur Wahl standen auch ein 2,5-Liter-Turbodiesel und zeitweilig ein 2,0-Liter-Vierzylinder.

Das Interieur stellte das Resultat eine Designwettbewerbs dar – so etwas war in der Branche ungewöhnlich. Die von der Conran Design Group vorgeschlagene Gestaltung umfaßte unter anderem auf der Mittelkonsole einen Behälter aus Leinengewebe für Utensilien, den man herausnehmen und als Schultersack verwenden konnte. Oberhalb der Windschutzscheibe gab es ein Kartenfach, über den Türen Haltegriffe, und das Radio verfügte über eine Fernbedienung. Im Dach ließen sich zwei Paneele herausnehmen und hinter den Rücksitzlehnen verstauen. **SH**

Favorit | Skoda   (CS)

1989 • 1289 ccm, Vierzylinder • 68 PS/50 kW • 0-100 km/h in 16 Sek. • 155 km/h

Die Automobilindustrie der ehemaligen Tschechoslowakei kann auf eine lange Tradition zurückblicken. Es sind dort hervorragende Konstruktionen entstanden; die Technikpioniere dieses Landes gehören zu den berühmtesten in Europa. Skoda entstand als Marke aus Laurin & Klement, kurz L&K, gegründet 1895 in Jungbunzlau/Mähren. Mit dem Ausrufen der Tschechoslowakischen Republik Ende 1918 war aus Jungbunzlau Mlada Boleslav und aus L&K eine tschechoslowakische Firma geworden. Sie wurde 1925 vom Rüstungsunternehmen Skodovy Zovody übernommen; die in Mladá Boleslav produzierten Fahrzeuge erhielten ab 1927 den Markennamen Skoda. In der Zeit nach dem Zweiten Weltkrieg entstanden zwar ebenfalls noch einige interessante Konstruktionen, aber sie wurden im Westen kaum wahrgenommen. Bis 1987 der Favorit erschien.

In den 1930er Jahren hatte es einen Skoda dieses Namens auch schon gegeben. Doch mit dem neuen Favorit hatte man einen Quantensprung vollzogen. Er war eine viertürige Limousine mit einer modernen Schrägheck-Karosserie von Bertone. Der Wagen hatte einen Vierzylindermotor, Frontantrieb und eine hintere Torsions-Kurbellenkerachse. In Deutschland standen zwei Varianten des seitengesteuerten 1289-ccm-Motors zur Wahl: mit 54 PS und mit 68 PS. Gegenüber dem leistungsschwächeren wies der stärkere Motor einige Abweichungen auf; sie betrafen Steuerteil, Einspritzung, die Ansaugbrücke, die Nockenwelle, Kolben und den Zylinderkopf. Nach der Übernahme von Skoda durch den Volkswagen-Konzern im Jahr 1993 kam es zu zahlreichen technischen und qualitativen Verbesserungen. 1994 wurde der Favorit vom Felicia abgelöst. **SH**

S-Cargo | Nissan

1989 • 1487 ccm, Vierzylinder • 72 PS/52,9 kW • keine Angaben • keine Angaben

Der S-Cargo war eines der verrücktesten Autos, das jemals von einem seriösen Hersteller wie Nissan auf die Räder gestellt wurde. Ein Minivan im Retro-Look wie aus einem Cartoon. Einige Kritiker meinen, der Wagen sei abgrundhäßlich, andere sehen in ihm den Beginn eines Kults. S-Cargo ließ sich im Englischen als Small Cargo (kleiner Frachter) auslegen, sprach man es französisch aus, klang es wie Escargot, also Schnecke. Und wie ein Schneckenhaus auf Rädern sah das Gefährt auch aus.

Man darf davon ausgehen, daß seine Konstrukteure durchaus frankophil gepolt und vom Citroën 2 CV beeindruckt waren, dessen Konzept mit dem der japanischen Schnecke vergleichbar ist. Französisch muten die Scheinwerfer à la Twingo an, ebenso das Einspeichen-Lenkrad. Seine Kabine hingegen finden wir beim Citroën Pluriel von 2003 wieder – hier scheint ein Inspirationsaustausch stattgefunden zu haben. Der S-Cargo wurde nur als Rechtslenker gebaut und wies eine Dreistufen-Automatik auf, deren Wählhebel aus dem Armaturenbrett ragte. Als Antrieb diente ein 1487-ccm-Vierzylindermotor. Einige Technikkomponenten waren die des frontgetriebenen Nissan Sunny und des Micra. Der kleine Van verfügte über eine Klimaanlage und ein elektrisch betätigtes Schiebedach. Die hinteren Sitze ließen sich leicht herausnehmen, und über dem Armaturenbrett gab es eine ebene Fläche für Karten oder Schreibzeug. Auf Wunsch erhielt man in den hinteren Seitenflächen rechts und links ein ovales Fenster.

Innerhalb von drei Jahren wurde 12.000 Stück produziert. Ein Export war nicht vorgesehen, doch es gab Privatverkäufe ins Ausland. Dort waren die putzigen Autos als Werbeträger beliebt. **SH**

TC | Chrysler **Golf G60 Rallye** | Volkswagen

1989 • 2213 ccm, Vierzylinder • 160 PS/118 kW • 0-100 km/h in 10,2 Sek. • 210 km/h

1989 • 1781 ccm, Vierzylinder • 160 PS/118 kW • 0-100 km/h in 8,3 Sek. • 216 km/h

In den 1980er Jahren vermochte sich Chrysler dank Lee Iacocca wirtschaftlich zwar zu erholen, doch entstanden unter seinem Management keine nennenswerten Entwicklungen, mit denen man viele neue Kunden gewinnen konnte. Deshalb wandte sich Iacocca an seinen Freund Alejandro de Tomaso, der 1975 Maserati gekauft hatte. Chrysler benötigte etwas Glamour in seinem Programm, und de Tomaso brauchte Geld, nachdem mit dem Biturbo nicht viel zu verdienen war. Das Resultat des Deals in Gestalt des Chrysler TC stellte beide Seiten dennoch nicht zufrieden. Zumal die Produktion des Wagens erst mit zweijähriger Verspätung begann.

Das lag nicht zuletzt am komplizierten Zuliefersystem, denn das in den USA konstruierte, aber in Turin gefertigte Auto bekam das Getriebe und die Reifen aus Deutschland, die Elektrik aus Spanien, das ABS-Bremssystem aus Frankreich und Motorenteile aus Florida. Das mit einem Maserati-Motor bestückte Fahrzeug wurde schließlich über den Atlantik geschickt – und begeisterte dort niemanden. Es ähnelte einem LeBaron von gestern und kostete auch noch doppelt soviel. Die Bezeichnung TC sollte vermutlich an bessere Chrysler-Zeiten erinnern, als die Buchstaben für Town & Country gestanden hatten. **BS**

Der Golf II löste den 1974 eingeführten Golf I ab und wurde von August 1983 bis Dezember 1992 in mehr als 6,3 Millionen Exemplaren gebaut. Es gab eine Reihe von Sondereditionen, die sich in der Ausstattung und auch in technischen Details unterschieden, wie GT/GTE, GTI Edition Blue, Fire & Ice, Function, Limited, Rallye und so fort. Zwar wurde der Rallye-Golf nicht als GTI bezeichnet, doch mit seinem 1,8-Liter-Motor mit G-Spirallader gehörte er eigentlich dazu. Dieses Allrad-Sondermodell sowohl für die Straße als auch für den Rallye-Einsatz wurde in einer Auflage von 5000 Stück im Werk Brüssel gebaut. Um nicht mit stärkeren Fahrzeugen konkurrieren zu müssen, wurde der Hubraum des Serien-G60-Motors auf 1760 ccm verringert, womit er noch in die Wertungsklasse bis 1700 ccm fiel. Um die Leistungseinbuße durch den verringerten Hubraum zu kompensieren, wurde ein größerer Ladeluftkühler installiert. 50 Exemplare erhielten ein Schiebedach sowie eine Vollederausstattung, eine Version, die nur in die Schweiz exportiert wurde. Zwölf Fahrzeuge entstanden für VW-Motorsport mit einem modifizierten 1,8-Liter-Vierventilmotor und G60-Spirallader, der 209 PS leistete. Die Karosserie des Rallye-Golf wies verbreiterte Kotflügel und breite Schwellerverstärkungen auf, der Kühlergrill war in der Wagenfarbe lackiert. **DS**

E30 RZ | Alfa Romeo

1989 • 2959 ccm, V6 • 210 PS/155 kW •
0-100 km/h in 7,0 Sek. • 245 km/h

Nachdem Fiat 1986 den bisherigen Staatsbetrieb Alfa Romeo übernommen hatte, wollten die Turiner mit einem exklusiven Fahrzeug einen Beweis der unveränderten technischen Kompetenz und der Exklusivität der Marke Alfa Romeo liefern. Als Grundlage für ein solches Auto wählte man die Technik des Alfa 75 in der Wettbewerbsversion, die einige Jahre zuvor für die Gruppe A entwickelt worden war. Eine V6-Transaxle-Maschine mit 3,0 Liter Hubraum und 210 PS garantierte beste Fahrleistungen. Die Höchstgeschwindigkeit des Zweisitzers lag bei 245 km/h.

Das auffallende Styling des E30 entstand aus der Zusammenarbeit zwischen den Designstudios von Fiat, Alfa Romeo und Zagato. Die Grundlinie des Wagens schuf der französische Stilist Robert Opron, der in den 1970er Jahren die Citroën-Modelle SM und CX entworfen hatte und jetzt für das Fiat Centro Stile tätig war. Es gab ein SZ genanntes Coupé und einen Roadster RZ. Das Z stand für Zagato.

Aufgabe der Designer war, eine ausgefallene, aufsehenerregende Form für den E30 zu entwickeln. Der Wagen wurde im März 1989 in Genf vorgestellt. Nicht zuletzt wegen des hohen Preises von 102.000 D-Mark wurden nur wenige Exemplare verkauft. Die Gesamtstückzahl betrug bis 1992 etwa 1000 Exemplare. **SH**

XM V6 | Citroën

1989 • 2975 ccm, V6 • 170 PS/125 kW •
0-100 km/h in 8,8 Sek. • 235 km/h

Der Citroën XM wurde 1990 zum Wagen des Jahres gewählt. Drei Designstudios hatten an seiner Entstehung gearbeitet: die Citroën-Designabteilung, die Peugeot-Designabteilung sowie die Carrozzeria Bertone. Die Ähnlichkeit zum Citroën SM ist unverkennbar.

Vorgestellt wurde der XM auf der IAA im September 1989, und noch im selben Jahr wurden 2000 Exemplare in der Bundesrepublik Deutschland verkauft. 1991 und 1992 wählten die Leser der Zeitschrift *auto, motor und sport* den XM zum besten Importwagen seiner Klasse. Der Vierzylinder-Benzinmotor des XM mit 2,0 Liter Hubraum wurde in Deutschland als Einspritzer mit 121 PS und später auch aufgeladen als Turbo C.T. (Constant Torque: konstantes Drehmoment) mit 141 PS, ab 1994 mit einer etwas erhöhten Leistung von 147 PS angeboten. Außerdem gab es einen V6-Motor mit 3,0 Liter Hubraum und 170 PS – die wohl reizvollste Version.

Die erste Serie (Y3) wurde von Mai 1989 bis Juli 1994 produziert, die zweite (Y4) von August 1994 bis Oktober 2000. Äußerlich erkennbar ist die zweite Serie an dem vorn nun mittig (statt in Fahrtrichtung links) angebrachten Markenemblem sowie an einem geänderten Heckspoiler. Ab November 1991 war der Wagen auch als XM Break mit ungewöhnlich großem Stauraum erhältlich. **SH**

Celica | Toyota J

1989 • 1998 ccm, Vierzylinder • 156 PS/114 kW • 0-100 km/h in 8,4 Sek. • 220 km/h

In der fünften Generation – intern als T18 bezeichnet – präsentierte sich der Toyota Celica 1989 in rundlich geglätteter Form. Sein elegantes Design diente manchem anderen Hersteller als Vorbild. Der neue 1,6-Liter Vierzylinder mit 16 Ventilen leistete 105 PS, der 2,0-Liter-Motor kam auf 156 PS. Später kamen das Allradmodell turbo 4WD und 1993 das Sondermodell Carlos Sainz mit Turbomotoren, gut 200 PS stark, für den Renn- bzw. Rallyeeinsatz in der WRC hinzu. Carlos Sainz war jener spanische Fahrer, der für Toyota 1992 die Rallyemeisterschaft gewonnen hatte.

Die Motorenbestückung war je nach Importland verschieden; in den USA und Australien beispielsweise gab es eine 2,2-Liter-Version, die auf keinem anderen Markt angeboten wurde. Alle aber waren DOHC-Einspritzer mit Katalysator, auch waren ABS und ein hoher Komfortstandard überall gleich. Alle Fahrzeuge hatten elektrische Scheibenheber und Automatikgurte. Der V6 mit Allradantrieb war die beliebteste Ausführung, und mit seiner Einzelradaufhängung fuhr sich das flotte Coupé mit der großen Heckklappe und dezentem Spoiler ebenso hervorragend wie es aussah. Im Alltagsgebrauch erwies sich sein Betrieb als sehr wirtschaftlich.

Nur von wenigen Autos konnte man Ende der 1980er Jahre behaupten, daß sie ihre technischen Qualitäten in einer so attraktiven Verpackung anboten. Und wie beim Vorgänger T16 (1985-89) gab es ab 1990 auch eine Cabrioversion; der Umbau erfolgte bei der Firma American Speciality Cars (ASC) in Los Angeles. Der Celica T18 blieb bis 1994 auf dem Markt, ehe er von der sechsten Generation abgelöst wurde. **Jl**

Taurus SHO | Ford

1989 • 2986 ccm, V6 • 223 PS/164 kW • 0-100 km/h in 7,6 Sek. • 220 km/h

Der Markterfolg des amerikanischen Ford Taurus SHO (Super High Output) übertraf alle Prognosen, was in Dearborn mit Genugtuung registriert wurde. Die erste Baureihe der 1986 eingeführten Kompaktlimousine ähnelte mit ihrer aerodynamischen Form – unbeabsichtigt? – dem ab Mitte 1982 produzierten Audi 100, aber er war durch diesen gewiß auch inspiriert worden. Nicht nur stilistisch, auch technisch war dieser Wagen ein Schritt nach vorn: er wies Frontantrieb auf.

Der Taurus war der Nachfolger des LTD. Hauptmerkmal waren ein modernes, aerodynamisch perfekt gestaltetes Design mit bündig eingepaßten Scheinwerfern und der Verzicht auf einen traditionellen Kühlergrill. Die Ausstattungsstufen umfaßten das Basismodell L, das Benzinsparmodell MT5, ferner GL und LX. Als Motoren standen ein 2,5-Liter-Reihenvierzylinder mit 89 PS und ein 3,0-Liter-V6 mit 142 PS zur Verfügung. 1989 kam der Taurus SHO als Sportlimousine mit einem 223 PS starken V6 hinzu, den Ford gemeinsam mit Yamaha entwickelt hatte, wo er auch fabriziert wurde. Es handelte sich um einen Vierventiler mit zwei obenliegenden Nockenwellen. Der SHO wies ferner ein Fünfganggetriebe, ein hartes Sportfahrwerk und eine sportlichere Ausstattung auf. Alle Modelle erhielten im Spätsommer 1989 einen überarbeiteten Innenraum mit Airbag-Lenkrad und ein neues Armaturenbrett. Der Vierzylinder kam ab Ende 1990 durch sequentielle Einspritzung auf nunmehr 106 PS und erhielt eine Viergangautomatik. Dem SHO spendierte Ford 16-Zoll-Alufelgen.

Die Fahrleistungen des SHO ließen sich mit denen eines gleich großen BMW vergleichen – der in den USA aber doppelt so teuer war. **BS**

Der Filmregisseur Tim Burton auf seinem Batmobil während der Dreharbeiten zu seinem Film in den Pinewood Studios, England. ▷

quattro 20V | Audi

1989 • 2226 ccm, Fünfzylinder • 220 PS/162 kW • 0-100 km/h in 6,3 Sek. • 230 km/h

Der im März 1980 auf dem Genfer Automobilsalon vorgestellte Audi quattro kündigte eine Neupositionierung der Marke Audi an. Die Aussage „Vorsprung durch Technik" durfte man hier wieder einmal wörtlich nehmen. Und mit einem weiteren Quantensprung trumpfte Audi 1989, als ein neuer 20-Ventil-Motor eingeführt wurde. Der Fünfzylinder-Benziner hatte einen Abgasturbolader mit Ladeluftkühlung, wobei der Hubraum anfangs 2144, dann 2226 ccm betrug, wodurch die Leistung von 200 auf 220 PS stieg.

Für den Fünfzylinder hatte sich Audi 1976 mit dem Modell 100 5E entschieden. Fünfzylinder-Reihenmotoren stehen in der Laufkultur und Entfaltungscharakteristik zwischen Vier- und Sechszylinder-Reihenmotoren. Die Laufruhe ist von Natur aus besser als bei einem Vierzylinder, aber schlechter als bei einem Sechszylinder. Die freien Massenmomente erster Ordnung konnten mit einer gegenläufig zur Kurbelwelle rotierenden Ausgleichswelle reduziert werden. Audi hatte es geschafft, alle Schwingungsprobleme in den Griff zu bekommen; die Motoren waren nach den damaligen Maßstäben außerdem erfreulich langlebig und verfügten über einen günstigen Leistungs- und Drehmomentverlauf. Das sportliche Fahrwerk des quattro 20V umfaßte vorn und hinten Schraubenfedern mit Gasdruckstoßdämpfern; alle Elemente waren in Federbeinen kombiniert. Einzelradaufhängung vorn und hinten durch Federbeine und untere Dreiecksquerlenker plus Stabilisator vorn – von Vorteil war auch der spurstabilisierende Lenkrollradius an der Vorderachse.

Nach 11.452 produzierten quattro 20V endete die Produktion des am längsten gebauten Audi-Modells im Mai 1991. **HS**

Batmobil | Warner Bros.

1989 • Gasturbine • keine Angaben • 0-100 km/h in 3,7 Sek. • 530 km/h

„Batman" ist eine Verfilmung des gleichnamigen Comics von Bob Cane mit weltweitem Erfolg. Der unter der Regie von Tom Burton gedrehte Streifen wurde ebenfalls ein Kassenschlager, wenn nicht überhaupt der am häufigsten aufgeführte Film seit 1989 schlechthin. Natürlich mußte der Filmheld Michael Keaton mit einem Automobil der Superlative ausgestattet werden, wobei man es dem für ihn gebauten Batmobil nicht ansah, daß es auf einem simplen Chevrolet Impala basierte. Wo es auftauchte, bekamen es die Schurken von Gotham City mit der Angst zu tun.

Das Styling des Monsterfahrzeugs stammte von dem britischen Filmdesigner Anton Furst. Für seine Kreation bekam er sogar einen Oscar verliehen. Das Auto war natürlich mit dem ungewöhnlichsten Equipment ausgestattet. Um bei hohem Tempo scharfe Kurven nehmen zu können, verfügte es zum Beispiel über Wurfanker, an deren Drahtseil sich blitzschnell die Wendung vollzog. In den vorderen Kotflügeln gab es Maschinengewehre, und ein Scheibenwurfgerät konnte pro Sekunde 15 Schneidscheiben schleudern. Um Verfolger abzuschütteln, konnten Ölspuren gelegt und Rauchbomben ausgeworfen werden. In einem 1992er Remake des Films lösten sich sogar die Räder und Seitenverkleidungen des Batmobils, wenn schmale Passagen nur ein raketenartiges Geschoß durchließen.

Es gab nicht nur ein Batmobil – bereits 1966 hatte George Barris ebenfalls eines gebaut. Und 2011 entstand eine Rekonstruktion, die ein amerikanischer Rennwageningenieur auf die Räder stellte. Als Antrieb wählte er eine Flugzeugturbine – gleichwohl erhielt er für das Fiction-Auto eine ganz normale Straßenzulassung. **SH**

Elan M100 | Lotus   (GB)

1989 • 1588 ccm, Vierzylinder • 167 PS/123 kW • 0-100 km/h in 8,2 Sek. • 196 km/h

Für viele Sportwagenfans ist der Elan M100 der „vergessene" Lotus. Dieser 1989er Elan sollte ein direkter Nachfolger seines Namensvetters aus den 1960er Jahren werden. Aber eine Reihe firmenpolitischer Umstände – Lotus war inzwischen Mitglied der General Motors Corporation, und die damals noch nicht zu Volkswagen gehörende Firma Bugatti löste Lotus 1993 wieder heraus – ließ das ganze Konzept nach zwei Jahren wieder einschlafen. Immerhin wurden von dem mit einem Isuzu-Motor versehenen Zweisitzer einige Tausend gebaut. Den gleichen Motor gab es auch in diversen Toyota-Modellen. Das Design des neuen Elan stammte wieder von Peter Stevens, die interaktive Vorderradaufhängung war eine Konstruktion des Rennwagen-Ingenieurs John Miles.

Dieser Elan war der erste Lotus mit Vorderradantrieb, das war ungewöhnlich genug. Und im Nachhinein bezweifelte man bei General Motors die Richtigkeit des Konzepts. 35 Millionen Pfund Sterling hatte GM in die Entwicklung des Elan M100 investiert. Der Wagen bot viel Platz, war komfortabel, reichhaltig ausgestattet und von hervorragendem Handling. Die Fachwelt äußerte sich durchweg positiv. Nur war der M100 sehr teuer, was sich auf den Verkauf nachteilig auswirkte. Hinzu kam, daß Mazda den MX-5 herausbrachte, der sich an die gleiche Klientel wandte und das mit grandiosem Erfolg. Der Mazda war konservativer gehalten als der Lotus, bot aber das gleiche Vergnügen. Vom Elan gab es noch eine Nachserie S2 von 800 Stück, mit größeren Rädern, etwas geändertem Verdeck und modifizierter Aufhängung. Rechtzeitig zur Präsentation des Lotus Elise im Jahre 1995 war dieser Elan S2 ausverkauft. Insgesamt hatte es der M100 auf 4655 Exemplare gebracht. **DS**

Escort RS Cosworth | Ford (GB)

1989 • 1993 ccm, Vierzylinder • 217 PS/160 kW • 0-100 km/h in 6,2 Sek. • 220 km/h

Es gibt Autohersteller, die in der Werbung von einem Modell behaupten, es handele sich um einen verkappten Renn- oder Rallyewagen für die Straße. Meistens ist das eine Übertreibung. Doch beim Escort RS Cosworth stimmte die Aussage. Er war ein Straßenwagen, mit dem Ford die Rallye-WM zu gewinnen trachtete, und zwar in der Gruppe A, in welcher die Fahrzeuge weitgehend der Großserie zu entsprechen haben. Um von vornherein mit guten Chancen starten zu können, baute man einen Escort mit Turbomotor und Allradantrieb. Der Motor, das Fahrwerk und das Getriebe entnahm man dem Sierra Cosworth. Als „Verpackung" diente der Escort Mk.V, wenn er auch jede Menge geänderte Karosserieteile erhielt.

Die erste Serie des mit dem 1993-ccm-Motor versehenen Wagens wurde mit einem T35-Abgaslader von Garrett bestückt und so auch von der FIA homologiert. Den für eine normale Straßenzulassung vorgesehenen Fahrzeugen jedoch verpaßte Ford einen weniger starken Lader, womit sich das Auto auch besser beherrschen ließ.

Was der Escort RS Cosworth zu leisten vermochte, bewies er binnen kurzem. Es gab zahlreiche Erfolge, so auch bei der Rallye Monte-Carlo 1993, die ein Escort auf dem zweiten Platz in der Gesamtwertung beendete. Viele Engländer betrachteten das Auto als „Rabauken-Ford", schon wegen seines aggressiven Aussehens mit dem riesigen Heckspoiler, der wie die Schwanzflosse eines Wals wirkte. Grelle Lackierungen hatten ebenfalls Schockwirkung. Später hatte man die Option, auf die Flosse zu verzichten – wovon aber nur wenige Käufer Gebrauch machten, denn sie wollten ja einen schon von weitem erkennbaren Rallyesieger fahren. **JI**

Ein kunterbunt lackierter Porsche 911 GT2 von 1997. Dieses Modell stellte die Rennversion des 911 Turbo dar.

1990–1999

Der Lamborghini Diablo erregte durch sein Design großes Aufsehen, doch seine Leistungen waren nicht weniger eindrucksvoll.

Shamal | Maserati

1990 • 3217 ccm, Biturbo-V8 • 326 PS/240 kW • 0-100 km/h in 5,3 Sek. • 270 km/h

Der auf dem Biturbo basierende Maserati Shamal war ein High-Performance-Coupé mit aufgeladenem V8-Motor und einem Sechsgang-Handschaltgetriebe von Getrag. Eine Besonderheit war auch sein elektronisch gesteuertes Stoßdämpfersystem, das von Koni kam. Die Karosserie war selbsttragend; es gab Vierrad-Scheibenbremsen und ein Fahrwerk wie in einem Rennwagen. Die 16-Zoll-Felgen waren vorn 8 Zoll und hinten 9 Zoll breit. Der vierventilige Leichtmetallmotor wies vier obenliegende Nockenwellen auf sowie ein elektronisches Motormanagement; mit zwei Abgasturboladern mit Ladeluftkühlern ließen sich 326 PS aus dem Motor holen.

Die Vorstellung des Shamal fand Mitte Dezember 1989 statt, die Auslieferung begann im Februar 1990. Die Präsentation war auf den 75. Jahrestag der Maserati-Gründung gelegt worden, Merkmale der von Designer Marcello Gandini gestalteten Karosserie waren die vom Biturbo abgeleitete, detailliert überarbeitete Frontpartie mit Doppelscheinwerfern und tiefer Frontschürze mit integrierten Nebel- und Zusatzscheinwerfern. Komplett geändert hatte Gandini Dachlinie und Heck. Die breite, nach vorn geneigte B-Säule war in Schwarz gehalten. Ein typisches Gandini-Designmerkmal waren die asymmetrisch gestalteten, sich nach oben auswölbenden hinteren Radausschnitte. Das Werk gab eine Höchstgeschwindigkeit von 270 km/h an.

Es wurden große Hoffnungen in den Shamal gesetzt, denn Maserati-Eigner Alejandro de Tomaso stand vor finanziellen Schwierigkeiten und löste sie erst 1993 durch den Verkauf Maseratis an Fiat.

Vom Shamal wurden zwischen 1990 und 1996 genau 369 Exemplare hergestellt. **HS**

Diablo | Lamborghini

1990 • 5703 ccm, V12 • 492 PS/362 kW • 0-100 km/h in 4,5 Sek. • 325 km/h

Zu den berühmtesten Supercars aller Zeiten dürfte der Lamborghini Diablo zählen. Schon sein Konzept war darauf ausgelegt, um jeden Preis aufzufallen, wie das bei seinem Vorgänger Countach ja auch der Fall gewesen war. Seine Motor- und damit Fahrleistungen durfte man als ebenso sensationell bezeichnen wie sein Design, das ihn zu einer Ikone einer ganzen Generation machte. Die niedrige Bauart mit dem enormen Heckflügel, die sich scherenförmig öffnenden Türen mit den auffallenden Lufteinlässen dahinter, die Schlafaugen-Scheinwerfer – dies alles summierte sich zu einer einmaligen Komposition.

Doch es war kein geradliniger Weg gewesen, der dahin führte. Marcello Gandini – auch hier wieder einmal involviert – hatte einen noch viel radikaleren Entwurf ausgearbeitet. Aber als Chrysler, neuer Eigentümer von Lamborghini, ihn vorgelegt bekam, schien er in Detroit einen Schock auszulösen. Die Amerikaner aktivierten ihre eigenen Designer und ließen die Linien des Mittelmotor-V12-Coupés „soften". Was Gandini maßlos ärgerte. Er zog Konsequenzen: Er packte seine Sachen und ging mit einigen Mitarbeitern zu Cizeta, wo sein Auto so gebaut wurde, wie er es sich vorgestellt hatte.

Dennoch hatte der Diablo die besseren Chancen als der Cizeta, in die Geschichte einzugehen. Er wurde noch 2012 gebaut und das bisher in mehr als 3000 Exemplaren. Das Coupé hat inzwischen Vierradantrieb erhalten, ein abnehmbares Dach und noch mehr Power. Dabei war die Mechanik des Wagens keineswegs sensationell und längst nicht so raffiniert wie bei einem Porsche. Aber Lamborghini-Enthusiasten ziehen solche Vergleiche nicht. **SH**

Silhouette | Oldsmobile

1990 • 3129 ccm, V6 • 120 PS/88,2 kW • 0-100 km/h in 10 Sek. • keine Angaben

Der Oldsmobile Silhouette war wie der Chevrolet Lumina APV und der Pontiac Trans Sport ein moderner Minivan, eine Fahrzeuggattung, die aus dem Chrysler Mini-Max der 1970er Jahre entstanden war – wenn man vom Volkswagen Transporter/Bus („Bulli") einmal absieht, dem aber ein anderes technisches Konzept zugrunde lag. Der GM Van erschien 1990 in luxuriöser Aufmachung, doch kaum war er auf dem Markt, gab es Reklamationen. Das Instrumentenbrett reflektierte nämlich in lästiger Weise jeglichen Lichteinfall. Und die Fläche vor dem Lenkrad erstreckte sich über 1,20 Meter Tiefe bis zur Frontscheibe, ergonomisch ein Unding.

Die gestreckten Proportionen gaben Anlaß zu kontroversen Diskussionen, auch innerhalb des GM-Managements. Spötter bezeichneten die Wagenfront als ein Gebilde, das an einen Staubsauger erinnerte. Entsprechend schleppend zog sich der Verkauf des Wagens hin. Dabei war seine Innenarchitektur gut durchdacht, denn man konnte die Einzelsitze der drei Reihen herausnehmen und den Raum somit beliebig variieren. Die seitlichen Schiebetüren wiesen eine sensorgesteuerte Automatik auf, die ein Schließen verhinderte, wenn ein Hindernis im Wege war; es gab Traktionskontrolle, und etliche Karosserieteile bestanden aus glasfaserverstärktem Kunststoff, der (sehr) kleine Rempler vertrug, ohne zu beulen. Der geringe Absatz des Vans hatte aber auch einen anderen Grund: Man mußte für den Wagen eine höhere Versicherungsprämie bezahlen, weil die Gesellschaften ihn in eine hohe Unfall-Risikokategorie einstuften. Was aber GM nicht veranlaßte, nachzubessern. Der Oldsmobile Silhouette blieb bis März 2004 unverändert im Programm. **BS**

454 SS Pickup | Chevrolet

1990 • 7440 ccm, V8 • 230 PS/169 kW • 0-100 km/h in 7,6 Sek. • 193 km/h

1990 schloß sich Chevrolet dem neuen Trend des amerikanischen Edel-Pickups an. Das jüngste GM-Modell dieser Spezies war der C1500 mit geräumiger Ladefläche, Hinterradantrieb, 7440-ccm-Motor und einer massigen Front, hinter der sich je ein Kühler für den V8, für das Motoröl und das Getriebeöl verbargen. Der Motor war so groß, daß er den gesamten Bereich unter der Fronthaube ausfüllte und den Truck zu einem Kraftpaket machte. Mit ihm konnte man das Fahrzeug beschleunigen wie einen Ford Mustang. Damit nicht genug: Chevrolet gab ihm einen vorderen Querstabilisator, eine sportlich-direkt übersetzte Lenkung und eine Innenausstattung, wie man sie sonst nur in luxuriösen Autos der Spitzenklasse fand, beispielsweise verstellbare Einzelsitze, getönte Scheiben und Cruise Control. Die SS-Version wurde meist in Onyx-Schwarz-metallic geliefert, auch der Grill war so lackiert. Verchromt waren lediglich die Schlitzfelgen. Nirgendwo entdeckte man Zierleisten.

Trotz seines hohen Schwerpunkts ließ sich der SS Pickup mit seiner zweiplätzigen Kabine gut handhaben und war auch für lange Distanzen ein dankbarer Wagen. Seine Frachtkapazität beschränkte sich allerdings auf 500 kg; andere Pickups vertrugen das Doppelte. Und der PS-starke V8-Motor brauchte viel Benzin. Das waren Handicaps, die den Absatz einschränkten. Dafür hatte der Wagen andere Qualitäten und ließ sich ermüdungsfrei den ganzen Tag lang fahren – das konnte man von der Konkurrenz nicht behaupten. Für die meisten Käufer war es wichtig, daß ihr „muscle truck" viel hermachte. Als reines Nutzfahrzeug verschlissen zu werden, dafür war er zu schade. **BS**

900 Carlsson | Saab (S)

1990 • 1985 ccm, Turbo-Vierzylinder • 185 PS/136 kW • 0-100 km/h in 8,2 Sek. • 210 km/h

Als Sondermodell des Saab 900 erschien 1990 die Version Eric Carlsson. Mit dieser Bezeichnung ehrte man den berühmten Rallyefahrer und zweimaligen Monte-Carlo-Sieger, der sogar einem der 007-Filmdarsteller Fahrkünste beigebracht hat. Der für seinen extremen Fahrstil und seine Rallyeerfolge auf Saab sowie seine Ehe mit Stirling Moss' jüngerer Schwester Pat – ebenfalls eine erfolgreiche Rallyepilotin – berühmt gewordene Schwede, Jahrgang 1929 und in der Saab-Stadt Trollhättan geboren, war eine der populärsten Figuren im Motorsport der fünfziger und sechziger Jahre mit zwölf Gesamtsiegen und zahlreichen Meisterschaftstiteln. Sein Spitzname war „Carlsson on the roof", nachdem er spektakuläre Überschläge mit seinem Wagen überlebt hatte.

Der Carlsson-Saab wies Dreispeichenräder und ein paar weitere Extras auf, ferner Ledersitze und Lederlenkrad, Spezialreifen, ein Stahlschiebedach und geänderte Instrumente. Der Motor war ein Vierventiler mit Abgasturbolader. Tester empfanden das Fahrverhalten etwas „bockig", aber das harte Fahrwerk war nun einmal auf Sportlichkeit ausgelegt. Nicht mehr als 600 Stück wurden von diesem Zweitürer zwischen 1990 und 1992 gebaut, den es in Schwarz, Rot oder Weiß gab. Das Auto trug die Originalsignatur des Namensgebers und avancierte schon deshalb zu einem Sammlerstück. **SH**

LS400 | Lexus (J)

1990 • 3969 ccm, V8 • 250 PS/184 kW • 0-100 km/h in 6,9 Sek. • 250 km/h

Als der Lexus erschien, eroberte er die Luxuskategorie im Sturm. Toyota hatte eine neue Marke für ein Segment entstehen lassen, in welchem die Japaner bislang nicht vertreten waren und wo sie gegen Mercedes-Benz, Jaguar, Cadillac und den BMW 7er antraten. Eine Milliarde Dollar ließ sich Toyota das Projekt kosten, 450 Prototypen wurden gebaut und mit ihnen 2,7 Millionen Testkilometer absolviert. Als Ergebnis entstand binnen Jahresfrist ein neues Auto der Spitzenklasse.

Der erste Lexus hatte einen V8-Motor, klassischen Hinterradantrieb und eine viertürige Karosserie. Und wie es sich für einen Wagen dieser Sorte gehört, besaß er alle entsprechenden Attribute wie ein verstellbares Lenkrad, elektrische Sitzverstellung und ebensolche Sitzgurte, automatisch auf Blendung reagierende Rückspiegel, ein Memorysystem für fahrerbezogene Einstellungen. Alles funktionierte schneller, müheloser und leiser als bei der Konkurrenz. Die Schaltvorgänge des Automatikgetriebes vollzogen sich elektronisch gesteuert. Die Cadillac Division erwarb einen Lexus, um ihn zu zerlegen und zu analysieren – und kam zu dem Schluß, das GM nicht über die Möglichkeiten verfügte, um ein Auto von vergleichbarer Qualität und Ausstattung zu bauen. Einzig ein zu bescheidenes Design fanden Kritiker am Lexus auszusetzen – man sah ihm seine Tugenden nicht an ... **SH**

3000GT/GTO | Mitsubishi

1990 • 2972 ccm, Twinturbo-V6 • 280 PS/206 kW •
0-100 km/h in 4,8 Sek. • 250 km/h

Ein „muscle car" aus Fernost, das sich wie ein Objekt von einem anderen Stern ausnahm – das war der Mitsubishi 3000 mit seiner High-Tech-Ausstattung, die alles umfaßte, was 1990 trendy war, wie Allradantrieb und mitgelenkte Hinterräder oder eine adaptive Aerodynamik und rechnergesteuerte Fahrwerksaufhängungen. Sogar die Auspuffanlage war regulierbar und ließ sich auf Sport- oder Reisemodus einstellen.

Im Fahrzeugbug saßen Klappscheinwerfer und ein automatisch ausfahrender Spoiler (auf dem Heck gab es einen solchen ebenfalls). Das Modell von 1994 bekam Breitbandleuchten. Verschiedene Motorisierungen standen zur Wahl, wobei die höchste Stufe ein V6 mit zwei Turboladern darstellte. Verwirrend war, daß auf verschiedenen Märkten voneinander differierende Motoren angeboten wurden, einige in OHC-, andere in DOHC-Bauweise. So bekamen die Amerikaner anfangs den Mitsubishi 3000GT mit einem bescheidenen 160-PS-Motor, ehe der feuerspeiende VR4 eingeführt wurde. Je mehr Gadgets das Auto erhielt, desto mehr wirkte sich das aufs Gewicht aus, was die Fahrleistungen beeinträchtigte. Der als 2+2 gebaute Wagen wurde als GTO bezeichnet, zumindest auf dem japanischen Markt. Mitsubishi fürchtete, im Ausland damit Ferrari gegen sich aufzubringen und beließ es im Export bei der Bezeichnung GT. **SH**

190 Evolution | Mercedes-Benz

1990 • 2463 ccm, Vierzylinder • 232 PS/171 kW •
0-100 km/h in 7,5 Sek. • 240 km/h

Mit dem 190 Evolution (Baureihe W201) reagierte Daimler-Benz auf den BMW M3 Sport Evo, und die Stuttgarter hatten mit ihrem Auto nur eines im Sinn: Rennen zu gewinnen. Signifikant waren die breiten Räder der Limousine unter entsprechend verbreiterten Radhäusern sowie der mächtige Flügel auf dem Heck, der größte, der bisher je einen Mercedes-Benz verunziert hatte. Unter der Fronthaube des tiefergelegten W201 war der Serien-Vierzylinder zu finden, doch mit einer Reihe von Modifikationen. So wies er einen auf 2,5 Liter vergrößerten Hubraum auf, eine höhere Verdichtung, schärfere Nockenwellen, ein optimiertes Zündungs- und Einspritzsystem. Damit betrug die Leistung 232 statt 195 PS. Der evolutionierte 190 war schneller als der 190 2.5-16 (Vierventiler), ließ sich dank überarbeitetem Fahrwerk auch besser fahren. Die Bodenhöhe konnte man den Straßenbeschaffenheiten entsprechend elektronisch einstellen – ein Griff zum Schalter genügte. Die Bezeichnung Evolution 1 ließ erkennen, daß mehr zu erwarten war, und so folgte die Stufe 2 mit 17-Zoll-Rädern und anderen Modifikationen schon innerhalb Jahresfrist, zum Vergnügen der Mercedes-Fans, die an den Rundstrecken spannende Duelle gegen aggressive BMW M3 zu sehen bekamen. Die weitgehende Seriennähe dieser Autos verlieh den Rennen besonderen Reiz. **BS**

Sunny/Pulsar GTI-R | Nissan

1990 • 2000 ccm, Turbo-Vierzylinder • 227 PS/167 kW • 0-100 km/h in 5,8 Sek. • 232 km/h

In einigen Ländern wurde er als Sunny bezeichnet, in anderen als Pulsar. In jedem Fall war das kleine Auto ein aufregender Rallyewagen, mit dem die Firma Nissan plante, sich an Wettbewerben um die Rallye-Weltmeisterschaft zu beteiligen. Dabei war der Schrägheck-Zweitürer in Rennwagentechnik gehalten, wies permanenten Vierradantrieb und einen aufgeladenen Zweilitermotor mit zwei obenliegenden Nockenwellen und 16 Ventilen auf. Seinem militanten Auftritt entsprach das Handling: der Rallye-Sunny fuhr sich wie ein hochkarätiger „Straßenfeger".

Natürlich sprach das Auto eine überwiegend junge Klientel an, und die konnte es mit Straßenzulassung sogar kaufen. Mit seinem Heckspoiler und der tief herabgezogenen Bugschürze ließ sich kräftig Eindruck schinden. Das tiefergelegte Fahrwerk und die innenbelüfteten Scheibenbremsen entsprachen dem Wettbewerbscharakter des Wagens. Das Cockpit war in mattem Schwarz gehalten, es gab Schalensitze, ein Sportlenkrad und sogar eine Klimaanlage. Nur 500 Exemplare hätte Nissan herstellen müssen, um die WRC-Homologation zu erlangen, doch die Nachfrage war so groß, daß man schließlich rund 15.000 Stück baute. Wobei der GTI-R im Rallyesport gar nicht einmal besonders erfolgreich war, nicht ein einziger Sieg ließ sich verbuchen. Wofür man viele Gründe fand: mal trugen untaugliche Reifen am Mißerfolg Schuld, mal war es der Ladeluftkühler, der bei heißem Wetter angeblich nicht seine volle Leistung erbrachte. Die eigentliche Ursache lag am Management: Die Nissan-Zentrale in Japan und die Sportfunktionäre in Europa arbeiteten letztlich nicht effizient zusammen. **SH**

MX-5 Miata | Mazda

1990 • 1598 ccm, Vierzylinder • 115 PS/84,5 kW • 0-100 km/h in 8,5 Sek. • 187 km/h

Wenn ein Sportwagen auf dem Markt erfolgreich sein soll, muß er ein simpler, leichter Zweisitzer sein. Dieser Grundformel entsprach jener Roadster, den Mazda als MX-5 oder auch Miata 1990 herausbrachte (in Japan hieß er Eunos). Er war ein Roadster mit Textilverdeck und Hinterradantrieb, entstanden in Zusammenarbeit mit Designern aus den Vereinigten Staaten und Europa, denn gerade dort sollte er ja sein Publikum finden.

Mit seinem Retro-Look einschließlich Schlafaugenscheinwerfern erinnerte der MX-5 an den Lotus Elan der 1960er Jahre. Dank guter Achslastverteilung, die etwa 50:50 betrug, fuhr sich der Roadster ausgezeichnet. Doppelte Dreieckslenker vorn, Kurvenstabilisator, Vierrad-Scheibenbremsen und eine sehr direkt übersetzte Zahnstangenlenkung trugen zum Fahrvergnügen bei. ABS gab es serienmäßig. Nur war der Kraftstofftank mit 45 Liter ein wenig klein geraten. Zu den Extras gehörten ein abnehmbares Hardtop, eine Stereoanlage mit Lautsprechern in den Kopfstützen sowie ein Lederinterieur. Ein Supercar war der Zweisitzer nicht und sollte es auch nicht sein, allenfalls die moderne Interpretation eines MGB oder Austin-Healey Sprite. Entsprechend preiswert war das Auto auch, und seine Popularität erlangte es nicht zuletzt wegen seiner Zuverlässigkeit. In aller Welt entstanden MX-5-Fanclubs.

Zunächst war nur ein 1,6-Liter-Motor verfügbar, später auch ein 2,0-Liter mit 165 PS, und im Laufe der Jahre gab es diverse Optimierungen. Leider verschwanden dabei die Klappscheinwerfer. Als erfolgreichstes Auto seiner Art erhielt es 2011 einen Eintrag im Guinness-Buch der Rekorde, als die Produktion 900.000 überschritten hatte. **LT**

MR2 Mk.II | Toyota

1990 • 1998 ccm, Turbo-Vierzylinder • 225 PS/165 kW • 0-100 km/h in 6,2 Sek. • 240 km/h

Der erste Toyota MR2 war ein innovativer, zugleich preisgünstiger Sportwagen mit eckiger Formgebung gewesen, der in seiner zweiten Baureihe, angeboten ab 1990, ein attraktives Updating erfahren hatte. Die Karosserie sah gefälliger aus, die zur Verfügung stehenden Motoren kraftvoller. Das Grundmodell hatte einen 2,0-Liter-Vierzylinder in dohc-Bauweise vor der Hinterachse, versehen mit Benzineinspritzung und 158 PS leistend. Danach rangierte ein 2,2 Liter mit 132 Katalysator-PS, der jedoch nur für den Export gefertigt wurde. Spitzenmotorisierung: 2,0-Liter mit Abgas-Turbolader, mit 225 DIN-PS (in den USA auf 203 PS verringert).

Kritiker waren der Ansicht, die Fahreigenschaften des Mk.II seien nicht ganz so brillant wie die des Mk.I, aber das waren vielleicht eher subjektive Empfindungen. Zu den Extras zählten ein T-Top mit zwei herausnehmbaren Dachteilen aus getöntem Kunstglas, ein großer, mattschwarzer Heckspoiler und eine Ausstattung in Vollleder. Für seinen günstigen Preis bot der MR2 enormes Fahrvergnügen, die Amerikaner nannten den Zweisitzer sogar „the poor man's Ferrari".

Zu Wettbewerbszwecken bot Toyota Rennkits an. Sie umfaßten ein Tuning in verschiedenen Stufen. Auch bei den 24 Stunden von Le Mans 1991 nahm Toyota mit dem MR2 teil (genannt MC8-R). Der Motor in diesem Fahrzeug hatte 4,0 Liter Hubraum und zwei Turbolader, resultierend in 600 PS. Weniger stark modifizierte Exemplare traten bei den Tourenwagen in der Japanischen Rennsport-Meisterschaft an.

Nach einigen laufenden Verbesserungen, vor allem am Fahrwerk, avancierte der MR2 Mk.II im Jahr 2000 zum Mk.III. **SH**

NSX | Honda

1990 • 2977 ccm, V6 • 255 PS/187 kW • 0-100 km/h in 5,9 Sek. • 270 km/h

Der Honda NSX entsprach den Kriterien eines Supercars. Die Konstrukteure des zweisitzigen Mittelmotor-Coupés hatten sich den Ferrari 348 zum Vorbild genommen, was die Besucher der Chicago Auto Show 1989 durchaus erkannt haben dürften. Die Fertigung nahm 1990 ihren Anfang. Der NSX wurde in begrenzter Stückzahl von 200 handverlesenen Ingenieuren gebaut und war der erste Serienwagen mit einer Karosserie gänzlich aus Aluminium – wenn man die tragende Struktur mit einbezieht (sonst würde dem Napier von 1903 dieses Prädikat zuerkannt werden müssen).

Die Abstimmung des Fahrwerks vertraute Honda erfahrenen Formel-1-Fahrern an, wie Satoru Nakajima oder Ayrton Senna, die auf der Suzuka-Strecke Tausende von Testkilometern absolvierten und ihre Beurteilungen einbrachten. Ein Jahr, nachdem der Honda NSX auf dem nordamerikanischen Markt Eingang gefunden hatte, wurde er dort als Wagen des Jahres gekürt. Ein Exemplar legte sich der bekannte Rennwagenkonstrukteur Gordon Murray zu. Es gab auch eine Version mit Getriebeautomatik und elektrischer Servolenkung.

Im Laufe der Jahre erfuhr der NSX zahlreiche Aufwertungen, nicht zuletzt durch eine Vergrößerung des Hubraums. Bei Versuchsfahrten auf dem Nürburgring erwies sich der Über-Honda mit Rundenzeiten von 7 Minuten und 56 Minuten als ebenso schnell wie ein Ferrari 360 Challenge Stradale, dessen Motor 50 PS mehr abgab. Und in einem Science-Fiction-Film trat 1994 ein NSX auf, in welchem der Fahrer der berühmten Ausspruch tat: „Wo liegt das? In dreißig Minuten Entfernung? Gut, in zehn Minuten bin ich da!" – und dann schaffte Mr. Wolf es sogar in neuneinhalb. **DS**

Lotus Omega | Opel

1990 • 3615 ccm, Biturbo-Sechszylinder • 382 PS/280 kW • 0-100 km/h in 5,4 Sek. • 285 km/h

So wie Ford und Lotus in den 1970er Jahren gut zusammengearbeitet hatten, kooperierten ab Ende der 1980er Jahre auch Lotus und General Motors, als sie gemeinsam den Vauxhall Carlton schufen, dessen deutsches Schwestermodell Lotus Omega hieß. Technisch waren der Vauxhall und der Omega identisch, vorgestellt im August 1986 in diversen Motorisierungen und Ausstattungen.

Der 1990 als Sondermodell Carlton präsentierte Vauxhall Lotus Carlton alias Lotus Opel war eine Zeitlang der schnellste (und auch am häufigsten gestohlene) Serien-Viertürer der Welt, doch leider ließen sich die 285 km/h Spitze in England nirgendwo ausfahren. Nicht einmal jenseits des Ärmelkanals, in Frankreich, durfte man so schnell unterwegs sein. Der Kat-Motor des Viertürers war ein Biturbo-Sechszylinder in Reihe mit zwei obenliegenden Nockenwellen und 24 Ventilen. Bei einer Kompression von 8,2:1 leistete er 382 PS bei 5500 Touren (568 Nm/4200). Ab Juli 1990 waren die ersten Exemplare dieser Monsterlimousine mit größeren Bremsen und 17-Zoll-Rädern erhältlich. Serienmäßig waren das Sechsganggetriebe, ein Limited-slip-Differential, Kurvenstabilisatoren vorn und hinten sowie eine elektronisch aktivierte Dämpfereinstellung. Die Kugelumlauflenkung arbeitete mit einschlagbezogener Servotronik. Eine tiefe Bugschürze und ein Heckspoiler waren außer den Breitreifen die einzigen auffälligen Merkmale dieser GM-Rakete im Vergleich zum Großserienwagen. Standardlackierung war ein Schwarzgrün mit Metalliceffekt. Insgesamt sollten 1100 Exemplare produziert werden, doch die einsetzende Rezession machte GM einen Strich durch die Rechnung. **SB**

300ZX | Nissan

1990 • 2960 ccm, Biturbo-V6 • 283 PS/208 kW • 0-100 km/h in 6,1 Sek. • 250 km/h

Markante Veränderungen kennzeichneten die zweite Generation des Nissan 300ZX Die bisherige Linie der Z-Serie wurde nicht weitergeführt, man hatte eine gänzlich neue geschaffen. Diesmal waren keine italienischen Stardesigner am Werk gewesen, vielmehr hatte Nissan diesen Job einem Cray-Computer in Seattle anvertraut. In CAD-Technologie (computer-aided design) entstand dort die Konstruktion eines Sportcoupés mit niedriger Dachlinie und kurzen Überhängen vorn und hinten bei relativ großem Radstand, wie es sich überall durchzusetzen begann. Das amerikanische Magazin GQ wertete den Zweisitzer als den „elegantesten Wagen der letzten fünfzig Jahre".

High-Tech pur stand in Einklang mit dem schikken Design des Coupés. Es wartete mit Vierradlenkung auf sowie mit variabler Steuerzeitenregelung, damals noch sehr ungewöhnlich. Die Servolenkung wurde mit zunehmender Geschwindigkeit direkter, und vom Fahrersitz aus ließen sich die Kennungen der Feder/Dämpfereinheiten auf den Modus „Reisen" oder „Sport" einstellen. Eine Version ohne Abgas-Turbolader, aber auch mit 24 Ventilen, war ebenfalls erhältlich

Das luxuriöse, in Schwarz gehaltene Interieur wies eine Klimaautomatik auf, Airbags, elektrische Sitzverstellung und auf Wunsch ein HiFi-Audiosystem von Bose.

Neu war, daß Nissan das Z-Coupé auch als 2+2 anbot, und erstmals gab es zudem eine Cabrioletversion. Im Motorsport hinterließ der 300ZX ebenfalls seine Spuren: Der Schauspieler Paul Newman fuhr ein Exemplar zum Sieg im Trans-Am-Rennen in Lime Rock, es gab einen ersten Platz bei den 24 Stunden von Daytona und einen Klassensieg in Le Mans. **SH**

Trotz richtungweisender Technologie und vieler Vorschußlorbeeren gelang es dem EB110 nicht, an das großartige Bugatti-Erbe anzuknüpfen. ▷

Super Saphier | Jehle

1990 • 6495 ccm, V12 • 1000 PS/735 kW • 0-100 km/h in 3,1 Sek. • 400 km/h

Xaver Jehle ist ein Autohersteller in Schaan, Liechtenstein. Eigentlich entstehen bei Jehle Nutzfahrzeugaufbauten, auch baut er Spezialtanks und Flugpisten-Leitlichtsysteme. In den 1970er Jahren bekam Jehle eine Exklusivvertretung für DeTomaso. Aus diesem Geschäft entwickelte sich ein weiterer Geschäftszweig, der sich mit der Karosserieveredelung und dem Motortuning befaßt. Schließlich begann Jehle in geringer Stückzahl auch Sportwagen eigener Konstruktion herzustellen, genannt Saphier.

Dieses Auto weist eine extrem keilförmige Karosserie auf. Türen gibt es nicht; stattdessen öffnen sich zum Ein- oder Aussteigen Windschutzscheibe, Dach und Seitenverkleidungen, die als Ganzes nach vorn aufgeklappt werden können. Die Karosserie besteht aus Kunststoff.

Bemerkenswerterweise wählte Jehle als Plattform seines Autos die des VW-Käfers. Aber es gab auch eine Variante mit einer speziell konstruierten Doppelträger-Bodengruppe aus Leichtmetall. Zudem gab es die unterschiedlichsten Motoren, vom 75-PS-Vierzylinder aus dem VW Golf bis zum 1000 PS leistenden V8 amerikanischen Ursprungs, mit welchem sich der Super Saphier angeblich auf ein Spitzentempo von 400 km/h bringen läßt. Wem Tempi unter 320 reichen, entscheidet sich für einen 350-PS-Achtzylinder, und die ganz bescheidenen Jehle-Kunden, die mit der Golf-Motor-Variante zufrieden sind, brauchen bei 170 km/h Spitze auf den schweizerischen Autobahnen auch nur mit einem Bußgeld von höchstens 500 Franken zu rechnen, während die, die in einem der drei gebauten Super Saphier mit 400 km/h zwischen Vaduz und Chur erwischt werden, ein wenig härter bestraft werden. **SH**

EB110 | Bugatti

1991 • 3499 ccm, Turbo-V12 • 553 PS/407 kW • 0-100 km/h in 3,7 Sek. • 343 km/h

Der aus Südtirol stammende Millionär Romano Artioli durfte sich als Selfmademan bezeichnen. Er plante eine Neubelebung der Marke Bugatti; die Markenrechte hatte er sich 1987 verschafft. Er ging sehr professionell vor und begann mit der Aufnahme der Arbeit an einem Mittelmotorcoupé mit einem 3,5-Liter-V12-Turbomotor, mehr als 500 PS leistend, und Vierradantrieb; die Heckflügel-Karosserie in Alu-Sandwich-Bauweise für den Zweisitzer ließ sich Artioli von Marcello Gandini entwerfen, nachdem ein Prototyp von Giugiaro auf seine Ablehnung gestoßen war. Das Auto wies ein Kohlefaser-Chassis auf und sollte in einer eigens dafür errichteten Fabrik in Campogalliano bei Modena entstehen.

Das Debüt des neuen Bugatti war für den September 1991 geplant. Leiter des Projekts war Paolo Stanzani, der von 1968 bis 1975 Direktor bei Lamborghini gewesen war. Artioli war Ferrari-Vertragshändler und verfügte über erhebliche finanzielle Mittel. Seine Firma Bugatti International setzte pro Jahr ca. 500 Millionen D-Mark aus dem Umsatz mit Luxusartikeln um, die das Bugatti-Emblem trugen. Keines der inzwischen zahlreich erschienenen Bugatti-Replikate (mit Ausnahme das der Firma La Chapelle) besaß übrigens je das Recht, das rot-weiße Emblem und die Wortmarke Bugatti zu verwenden.

Als Artioli und sein Chefkonstrukteur Nicola Materazzi im September 1991 den neuen Wagen in Paris vorstellten, feierte man zugleich den 110. Geburtstag des „Patron", und so bekam der Bugatti auch die Modellbezeichnung EB110. Es wurden 150 Fahrzeuge gebaut – zu wenige, um den hohen Aufwand zu rechtfertigen. 1995 gab Artioli auf, das Werk in Campogalliano wurde verkauft. **RD**

Griffith | TVR (GB)

1991 • 3950 ccm, V8 • 240 PS/177 kW •
0-100 km/h in 5,2 Sek. • 254 km/h

Der neue Griffith entstand nach einer Idee des TVR-Chefs Peter Wheeler. 1963 bis 1965 hatte es schon einmal einen Sportwagen dieses Namens bei TVR gegeben. Wie seine Vorgänger war der Griffith von 1991 ein leichtgewichtiger (1048 Kilogramm) Zweisitzer mit V8-Motor und Hinterradantrieb. Die Karosserie bestand aus Kunststoff. Anfangs hatte der Griffith einen 4,0 Liter großen V8-Motor von Rover; 1992 erfolgte eine Hubraumvergrößerung auf 4,3 Liter mit einem Leistungsanstieg von 240 auf 280 PS. Schon ein Jahr später gab es abermals einen neuen Motor, einen selbst entwickelten 5,0-Liter-V8 mit 340 PS – ein Novum bei TVR, nachdem bisher nur Fremdaggregate Verwendung fanden; allerdings basierte auch der neue V8 auf dem Rover-Motor, kombiniert mit einem Fünfgang-Handschaltgetriebe.

Der Roadster wies nur innenliegende Türgriffe auf, hatte eine harmonische, allseits abgerundete Linienführung und ein gut gestaltetes Cockpit. Das Gesamtdesign und ein verhältnismäßig günstiger Preis von 24.800 Pfund Sterling machten den Griffith zu einem attraktiven Sportwagen. Mit 3000 Stück war er der am meisten gebaute TVR. Schon bei seiner Präsentation gab es mehr als 300 Bestellungen. Im Jahre 2000 gab TVR das Ende des Griffith bekannt und baute noch einmal eine auf 100 Stück limitierte Special Edition. **RD**

Syclone | GMC (USA)

1991 • 4300 ccm, Turbo-V6 • 280 PS/206 kW •
0-100 km/h in 4,3 Sek. • 205 km/h

Es wäre ein Irrtum, den GMC Syclone für ein aufgemotztes Nutzfahrzeug zu halten. Er mag entfernt wie ein Pickup aussehen, doch seine Bestimmung war von Anfang an, im Rennsport eingesetzt zu werden. Denn auch für solche Fahrzeugtypen werden Wettbewerbe ausgeschrieben, und der Syclone war der erste seiner Art, der auf mehr als 200 km/h kam. Getestet hat man das vorab im Jahre 1990 auf den Utah-Salzseen bei Bonneville. Dazu verwendete man aber einen 549 PS leistenden Motor und zur Verzögerung einen Bremsfallschirm, denn das dort bewegte Auto war auf 338 km/h gekommen. Da wären selbst die größten Scheibenbremsen rotglühend geworden.

Das für die Straße gebaute Monstrum mit „nur" 280 PS entsprach im Grundaufbau dem GMC Sonoma mit 4,3-Liter-Vortec-V6 und Turbolader. Daß er besser beschleunigte als ein Ferrari 348ts, sei nur am Rande vermerkt. Als erster Serien-Pickup war er mit ABS ausgestattet. Doch mit Rücksicht auf das Sportfahrwerk mit seiner filigranen Federung/Dämpfung war die Beladung der Pritsche auf 225 Kilogramm begrenzt, was bei den Heavy-Duty-Truckern des amerikanischen Südens nur ein mattes Lächeln hervorrief. Doch wen kümmerte das – GMC hatte den Syclone ja als einen Sportwagen konzipiert, der nur zufällig einem Lkw ähnelte. **BS**

780 Coupé Turbo | Volvo (S)

1991 • 2849 ccm, Turbo-V6 • 200 PS/147 kW • 0-100 km/h in 8,7 Sek. • 213 km/h

RX-7 | Mazda (J)

1991 • 1308 ccm, Zweischeiben-Turbo-Wankel • 280 PS/206 kW • 0-100 km/h in 5,3 Sek. • 246 km/h

Eine Klasse für sich waren die großen Volvo-Modelle der Baureihen 740 bis 940, die im Februar 1982 eingeführt wurden. Doch bei einem der Fahrzeuge hatten sich die Volvo-Marketingmanager verkalkuliert – das war das 780 Coupé. Es sollte gegen die Konkurrenz aus Deutschland antreten, fand seine Zielgruppe jedoch nicht. Und das lag nicht nur an einer etwas überzogenen Werbung, sondern an der Marke Volvo selbst. Deren Image war zwar ausgezeichnet hinsichtlich Qualität und Langlebigkeit, doch mit einem Coupé der Oberklasse waren die Schweden schon einmal hineingefallen, das war der 1985 erschienene 480 ES. Der 2+2-sitzige war wie alle Fahrzeuge der 400er-Reihe im holländischen DAF-Werk entstanden und hatte einen 1721-ccm-Vierzylindermotor von 109 PS, der die Vorderräder antrieb.

Der diesem Modell im Jahre 1990 nachfolgende 780 mit konventionellem Hinterradantrieb wies alle Besonderheiten auf, die aktuell waren und Luxus verkörperten: ABS, ein elektrisches Schiebedach aus getöntem Glas, automatischer Niveauausgleich, ein halbsperrendes Differential, Birkenholz-Applikationen und Ledersitze.

Aber irgendwie sah das Auto etwas altmodisch aus, so gut es verarbeitet war. Auch erwies sich sein Preis als zu hoch. So fanden innerhalb von fünf Jahren weltweit nur 8500 Exemplare einen Käufer. **SH**

Die jüngste Wankelmotor-Generation aus dem Hause Mazda war die bislang beste. Die Marke hatte sich einen Ruf als innovativer High-Tech-Pionier erworben, und der hinterradgetriebene RX-7 war das Sahnehäubchen im 1991er Modellprogramm. Der Motor war ein Zweischeiben-Wankel mit einem sequentiell arbeitenden Doppelturbo, der eine sanfte, zügige Beschleunigung ohne das berüchtigte Turboloch gewährleistete.

Den ersten RX-7 hatte Mazda 1978 auf den Markt gebracht. Als er erschien, war die Zeit des Wankelmotors beinahe beendet. Doch Mazda startete frisch durch – und hatte Erfolg. Der RX-7 FD von 1991 stellte die Weiterentwicklung des ihm vorangegangenen RX-7 FC dar. Mit einem erneut verbesserten, turbogeladenen Wankelmotor wurde in der letzten Ausbaustufe eine Leistung von 280 PS bei 6500 U/min erreicht. Der RX-7 FD war damit das leistungsstärkste Modell aus der RX-7-Reihe und überzeugte mit besonderen Details wie einer üppig dimensionierten Bremsanlage und Schalensitzen. In Deutschland wurde dieser RX-7 nur von Frühjahr 1992 bis Anfang 1996 verkauft, ehe neue Abgasvorschriften die Zulassung einschränkten. Auch führte der damals sehr hohe Neupreis von über 80.000 D-Mark dazu, daß der Absatz in der Bundesrepublik eher niedrig war. Zuletzt wurde der RX-7 nur in Japan angeboten. **SH**

Trotz seines überzeugenden Designs und starker Motorisierung geriet der Cizeta-Moroder V16T zu einem kommerziellen Mißerfolg. ▷

Astra | Opel

1991 • 1389 ccm, Vierzylinder • 60 PS/44,1 kW • 0-100 km/h 16 Sek. • 160 km/h

Im Juli 1991 stellte Rüsselsheim den Nachfolger des Opel Kadett vor, den Astra. Es gab das neue Auto zunächst nur als Heckklappenlimousine und als Caravan; erst ab März 1992 auch als Stufenhecklimousine. Das Motorenangebot war vielfältig und reichte vom 1,4 Liter bis zum DOHC-Zweiliter mit 16 Ventilen und einem 1,7-Liter Turbodiesel. Ein Cabriolet, wie der offene Kadett E bei Bertone entwickelt, rundete im August 1993 das Programm ab. Der Buchstabe, der beim Kadett die Modellreihe angab, wurde beim Astra fortgeführt, weshalb das erste Modell die Bezeichnung Astra F bekam. Den Wagen gab es auch mit einer Vierstufen-Getriebeautomatik.

Ein unrühmliches Kapitel des Astra F war eine Rückrufaktion wegen Konstruktionsfehlern am Tankeinfüllstutzen sowie starker Rostbildung, resultierend aus Verarbeitungsmängeln bei der Produktion. Weitere Mängel wie schwache Zahnriemen, Verteilerprobleme oder Ärger mit der Lichtmaschine machten aus dem Astra F anfangs einen häufigen Werkstattkunden. Zur Modellüberarbeitung im September 1994 wurde eine bessere Rostschutzvorsorge getroffen. Bei Überarbeitungen im September 1994 und Ende 1995 wurden Details verändert, etwa die Außenspiegel, die Türgriffe, der Kühlergrill, die Scheinwerfer, die seitlichen Stoßleisten, der Heckstoßfänger sowie der Dachkantenspoiler.

Im März 1998 wurde der Astra G vorgestellt, womit die Produktion der Astra F Limousinen wie auch die des Caravan endete. Das Cabrio lief noch bis Januar 2000 vom Band.

Die Astra-Modelle wurden in England unter der Marke Vauxhall, in Südamerika als Chevrolet und in Australien als Holden verkauft. **HS**

V16T | Cizeta-Moroder

1991 • 5995 ccm, V16 • 520 PS/382 kW • 0-100 km/h in 4,5 Sek. • 328 km/h

Die in Modena – wo sonst? – beheimatete Firma Cizeta entstand 1988. Der Markenname stand für die Initialen Claudio Zampollis (CZ, ausgesprochen Ci Zeta) und den Bozener Filmkomponisten Giorgio Moroder. Der berühmte Komponist war für kurze Zeit unter die Automobilproduzenten gegangen und schuf gemeinsam mit Zampolli, der 1966-1973 für Lamborghini tätig gewesen war, einen Sportwagen der Superlative. Der Cizeta-Moroder wies einen 520 bis 560 PS starken V16-Motor auf; er bestand aus zwei Vierventil-Achtzylinder-Reihen im 90 Grad-Winkel. Zylinderblock und Zylinderkopf waren aus Aluminium. Interessanterweise saß der Motors quer zur Fahrtrichtung vor der Hinterachse, um zehn Grad nach vorne geneigt. Das Fünfganggetriebe kam von ZF.

Drei Jahre dauerte die Entwicklung des Projekts V16T. Für das Karosseriedesign zeichnete Marcello Gandini verantwortlich, der den Entwurf lieber bei Lamborghini verwirklicht hätte. Der superflache Zweisitzer mit seiner großen Windschutzscheibe, einem flachen, langen und breiten Heck, Renault-Alpine-Rückleuchten und niedrigen Seitenscheiben wirkte aufregend. Breite seitliche Lufteinlässe versorgten Motor und Bremsen mit Kühlluft.

1989 gab der Wagen auf dem Genfer Automobilsalon sein Debüt; man sprach von 25 bis 50 Stück, die jährlich gebaut werden sollten. Der Preis: rund 500.000 DM. Doch 1991 stieg Moroder aus dem Automobilgeschäft wieder aus, Zampolli setzte die Produktion des rasanten Sportwagens unter dem verkürzten Markennamen Cizeta fort. 1994 war sein Preis bei 800.000 DM angelangt, die Stückzahlen blieben minimal. Und 1995 war Schluß. **JB**

Der von Nissan in kleiner Stückzahl gebaute Figaro war so beliebt, daß die Verkäufe über das Los erfolgten.

Figaro | Nissan

1991 • 988 ccm, Turbo-Vierzylinder • 76 PS/55,9 kW • 0-100 km/h in 12 Sek. • 150 km/h

In ihrem Retro-Look sah die 3,74 Meter kurze Cabriolimousine aus wie ein Gutbrod Superior der fünfziger Jahre, gekreuzt mit einem MG Midget Mk.IV, und wie jene beiden avancierte der Nissan Figaro schon bald zu einem Liebhaberauto. Vorgestellt wurde der bullige 2+2 als Prototyp anläßlich Nissans 50. Produktionsjubiläum unter dem Slogan „Zurück in die Zukunft" auf der Tokyo Motor Show 1989. Von vornherein war die 1991 beginnende Fertigung auf maximal 20.000 Stück ausgelegt, doch die Nachfrage nach dem Faltdach-Cabrio setzte so vehement ein, daß man das Auto nicht einfach beim Händler bestellen konnte – die Zuteilung wurde ausgelost. Glückliche Gewinner bekamen Angebote weit über Listenpreis für ihr Los, falls es gezogen worden war.

Das Verdeck verschwand nach dem Öffnen im Kofferraum, die weißen Lederpolster wiesen eine farbige Paspelierung auf. Und wie in den fünfziger Jahren bestimmten Pastelltöne den Gesamteindruck. Es gab viel Chromdekor sowie Radzierblenden mit weiß lackierten Ringen, auch das Lenkrad war weiß.

Unter der nostalgisch verbrämten Karosserie verbarg sich moderne japanische Autotechnik. So wies der 988-ccm-Vierzylindermotor elektronisch gesteuerte Benzineinspritzung und einen Turbolader mit Intercooler und Ölkühlung auf. Das Getriebe war eine Dreistufen-Automatik. Auch hatte der Figaro eine Klimaanlage, Servolenkung, eine Audioanlage mit CD-Player sowie elektrische Fensterheber.

Den Figaro zu fahren machte Spaß, schon weil alles so einfach und mühelos vonstatten ging. Man tut dem Auto unrecht, wenn man(n) es als Spielzeug für junge Damen abwinkt. **SH**

300 SE/SEL | Mercedes-Benz

1991 • 3199 ccm, Sechszylinder • 231 PS/207 kW • 0-100 km/h in 9,4 Sek. • 225 km/h

Im März 1991 stellte Daimler-Benz seine neue Oberklasse-Limousine vor, bezeichnet als „S-Klasse". Als Baureihe W140 blieb sie bis September 1998 im Programm. Von der luxuriös ausgestatteten Limousine, die es auch in einer Langversion gab, wurden mehr als 400.000 Stück gebaut. Länger, breiter und in der Gesamterscheinung massiger als der vorangegangene W126, fand der noble Viertürer nicht nur Beifall – vielen Mercedes-Freunden war das Auto eine Nummer zu groß geraten. Das Angebot umfaßte die Modelle 300 SE, 400 SE, 500 SE und 600 SE. Die Langversionen waren durch ein angehängtes L gekennzeichnet.

Bei der Konstruktion wurde auf die Möglichkeit zum weitgehenden Recycling von Fahrzeugbauteilen Wert gelegt; hierfür wurden selbst kleinste Kunststoffteile nach Sorten gekennzeichnet. Zum ersten Mal praktizierte man auch eine Vernetzung von elektronischen Steuergeräten über den sogenannten CAN-Bus.

Bei den Ottomotoren reichte die Palette von Sechszylinder-Reihenmotoren über Achtzylinder-V-Motoren bis zu einem 6,0-Liter V12 (ursprünglich hatte man sogar einen 800 SEL mit V16-Motor und 540 PS geplant). Der kleinste Motor im S 280 leistete 190 PS und beschleunigte den Viertürer bis zu 215 km/h. Der Grundpreis für den S 280 betrug bei seiner Markteinführung 88.467 D-Mark und bei der Einstellung der Produktion im April 1998 92.100 D-Mark, während die Preise für den 600 SE bei 200.000 D-Mark begannen. Ab 1992 war auch ein Sechszylinder-Vorkammerdiesel mit Turbolader erhältlich. Alle Modelle wiesen eine Getriebeautomatik auf. Die weiteste Verbreitung erfuhr der 300 SE mit seinem DOHC-4,0-Liter-Vierventilmotor. **HS**

Cappuccino | Suzuki

1991 • 657 ccm, Turbo-Dreizylinder • 64 PS/47 kW • 0-100 km/h in 8 Sek. • 140 km/h

Einige wenige Exemplare fanden ihren Weg nach Deutschland und Frankreich, einige nach Großbritannien, wo auch der Auslandspressechef von Jaguar ihn fuhr – den Suzuki Cappuccino im Kei-Car-Format, 3925 Millimeter lang, 1395 Millimeter breit, 725 Kilogramm leicht. Aber der sportliche Zweisitzer war nicht für die Steuer sparende Kei-Car-Kategorie konzipiert, sondern gedacht als Miniatur-Roadster für Japans beengte Straßenverhältnisse. Und für den knappen Parkraum in den dortigen Städten. Wobei ein hoher Spaßfaktor mitgeliefert wurde, denn der Cappuccino war ein flottes Vehikel mit Turbomotor, gut für 140 km/h – damit war man auch auf der Autobahn kein Verkehrshindernis.

Pfiffig war zudem die Dachkonstruktion. Die Teile ließen sich einzeln abnehmen, so daß man den Wagen als Coupé, Targa oder Vollcabrio fahren konnte. Aber wenn man offen fuhr, erlaubten die im Kofferraum verstauten Teile fast keine Mitnahme weiteren Gepäcks.

Der erste Prototyp wurde 1989 gezeigt. Die ab 1993 auch in Europa verkauften Exemplare kosteten umgerechnet etwa 48.000 D-Mark. Es gab auch einige Optimierungen, die bis zum Produktionsende im Jahr 1997 das Auto immer besser machten, wie geschwindigkeitsrelevante Servolenkung, ABS, Dreistufen-Getriebeautomatik. Einige Besitzer bauten sich auch einen größeren Motor ein oder hoben die Leistung des Dreizylinders per Chip-Tuning an. Mit einem größeren oder Zweistufen-Turbolader kam man bis auf 150 PS (und von dieser technischen Möglichkeit machte besagter Jaguar-Manager eingehend Gebrauch). Kein Wunder, daß der Cappuccino, der leider über keinen Katalysator verfügte, zu einem gesuchten Kultfahrzeug avancierte. **SH**

Cinquecento | Fiat

1991 • 899 ccm, Vierzylinder • 40 PS/29,4 kW • 0-100 km/h in 18 Sek. • 140 km/h

Ein typisches Stück Italien auf Rädern, hätte man meinen können – doch der Fiat Cinquecento („Fünfhundert") kam gar nicht aus Italien. Er wurde zur Gänze in Polen gebaut, bei FSO in Tychy – dort, wo auch der Fiat 126 in Lizenz produziert worden war. Nachdem in den Ländern des Ostblocks der politische Umbruch stattgefunden hatte, war Fiat unverzüglich auf den Plan getreten und hatte das Werk käuflich erworben. Auch andere Fiat-Autos wie der Seicento und der Panda werden in Tychy hergestellt.

Er mag heute ein wenig langweilig daherkommen, doch 1991 galt der von Giorgetto Giugiaro gestylte kleine Frontantriebs-Zweitürer als hochmodern. Cinquecento hatte außer dem Namen mit seinem legendären Vorgänger wenig gemein. Seine Motoren mit 0,7, 0,9 und 1,1 Liter Hubraum paßten gut zu diesem Auto mit seinem eigenständigen Image. Der Kofferraum faßte 170 Liter.

Die Standardversion für Deutschland wurde von einem quer eingebauten Reihenvierzylinder mit 899 ccm und einem Fünfgang-Schaltgetriebe angetrieben. Die Fahrzeuge wurden mit nicht lackierten Stoßstangen und Außenspiegeln mit schwarzen Kunststoffgehäusen ausgestattet. Auch gab es Radvollblenden anstelle der kleinen Radnabendeckel wie bei den Autos für den polnischen Markt. Die Hauptunterschiede in der Ausstattung zwischen den ED-Modellen mit dem 700-ccm-Motor und der in Deutschland lieferbaren Variante waren ausstellbare Seitenscheiben hinten, ein abschließbarer Tankdeckel und ein Heckscheibenwischer mit Waschanlage sowie das Fünfganggetriebe. Die Scheinwerfer waren von innen einstellbar. **SH**

Brooklands | Bentley

1992 • 6750 ccm, V8 • 300 PS/221 kW • 0-100 km/h in 10 Sek. • 225 km/h

Bemerkenswerterweise boten zu Zeiten wirtschaftlicher Rezession auch Fahrzeughersteller von Luxusautos Modelle an, die auf Sparkurs liefen, obwohl die Interessenten beispielsweise eines Bentley ihre Kaufentscheidung nicht unbedingt nach Ersparniskriterien trafen. Aber den Brooklands bekam man in Deutschland für „nur" 258.000 D-Mark im Vergleich zum Modell Turbo R, für den 362.000 D-Mark zu zahlen waren.

Der Brooklands wurde als Auto für den Selbstfahrer vermarktet, also für Gentlemen, die man in England als Owner Driver zu bezeichnen pflegt, die sich also keines Chauffeurs bedienen. Technisch war der Wagen, bei aller luxuriöser Ausstattung, auch einfacher gehalten als der Turbo R, denn sein Motor besaß keinen Lader. Der Name Brooklands war mit Bedacht gewählt, denn er weckte zumindest bei den Briten Assoziationen mit der berühmten Rennstrecke südlich von London, wo Bentley in den zwanziger und frühen dreißiger Jahren so häufig die Sieger stellte. Andererseits signalisierte der Name aber auch Rückständigkeit und Beharrung. Brooklands ist heute schließlich nur noch ein Museum. Und museal ging es auch im Interieur des Spar-Bentley zu, was konservative Engländer aber als anheimelnd empfinden. Die üppige Verwendung von Edelholz und cremefarbenem Leder paßte gut zu den antiquierten Armaturen, wenngleich diese auch digitale Anzeigen umfaßten.

Unter der Motorhaube arbeitete ein betagter Rolls-Royce-Motor, dessen Power sich über eine Automatik auf die Hinterräder übertrug. Innerhalb von fünf Jahren wurden 1400 Fahrzeuge verkauft – für Bentley kein schlechtes Ergebnis. **SH**

Camry | Toyota

1992 • 2496 ccm, V6 • 175 PS/129 kW • 0-100 km/h in 10 Sek. • 200 km/h

Vierzehn Jahre hatte der Camry gebraucht, um auf dem amerikanischen Markt Fuß zu fassen. 1983 waren die ersten Exemplare in den USA aufgetaucht, und bis 1992 hatten die Japaner ihn schrittweise dem amerikanischen Geschmack angepaßt. 1997 schließlich rangierte er in der US-Zulassungsstatistik an erster Stelle, und diese Position hielt er noch 2012.

Der Vorgänger des Camry war der heckgetriebene Corona gewesen, den die Amerikaner als etwas seltsames Gebilde aus Japan betrachtet hatten, das trotz seines niedrigen Preises ein Außenseiter blieb. Sein Nachfolger mit Vorderradantrieb war größer, komfortabler und stärker motorisiert, tat sich anfangs aber ebenfalls noch schwer. Mehr als 50.000 Stück ließen sich im Einführungsjahr 1983 in den USA nicht verkaufen. Im Laufe der Zeit erfuhr der Camry aber zahlreiche Verbesserungen, sowohl hinsichtlich seiner Ausstattung als auch seiner Technik. Die Amerikaner mußten zur Kenntnis nehmen, daß der Camry einen höheren Qualitätsstandard hatte als alles, was aus Detroit kam, und das bedeutete höhere Zuverlässigkeit und garantierte einen besseren Wiederverkaufswert.

1992 gab es den Camry mit besonders leistungsstarken 2,5- und 3,0-Liter-Motoren und Getriebeautomatik, doch was das Wichtigste war: dieser japanische Wagen wurde jetzt in den USA hergestellt. Die neue Toyota-Automobilfabrik in Kentucky war auf hohe Kapazitäten ausgelegt und produzierte Tag und Nacht, um die hohe Nachfrage befriedigen zu können. Auch übertraf Toyota mit mehr als 80 Prozent im Lande hergestellten Komponenten jedes US-Fabrikat. Viele Amerikaner fragten sich: Wieso ist Toyota eigentlich eine japanische Marke? **SH**

RV8 | MG   (GB)

1992 • 3946 ccm, V8 • 190 PS/140 kW • 0-100 km/h in 7 Sek. • 220 km/h

Der König ist tot – lang lebe der König! Unter diesem Heroldsspruch aus der alten französischen Erbmonarchie ließ man 1992 den seit dreißig Jahren „toten" MGB wieder auferstehen. Es entstand beim Rover Group's Special Products Team in Gaydon, normalerweise zuständig für den Prototypenbau, nach dem Motto: So würde der MGB heute aussehen, wäre er 1980 weitergebaut worden. Aber vielleicht war es gut, daß seine Zeit damals zu Ende ging, denn die Rover Group hätte gar nicht die Mittel gehabt, den Roadster weiterzuentwickeln.

Die Karosserieschale des RV8 stammte aus einer Serie, die man im Rahmen eines Programms für Ersatzteilversorgung produziert hatte. Es gab eine konstante Nachfrage nach Austauschkarosserien (Rost!). Sie waren recht teuer, aber auch qualitativ hochwertiger als das Original. So geriet auch das Nostalgie-Auto zu einem kostspieligen Vergnügen: es kostete 25.440 Pfund Sterling. Dafür bekam man schon fast einen Morgan Plus 8 oder TVR Chimaera. Unter der Fronthaube des RV8 arbeitete ein Range-Rover-V8-Motor, ansonsten hatte das Fahrzeug recht konservative Merkmale: Blattfederung, Starrachse, hintere Trommelbremsen. Allzu viel Anklang fand der RV8 nicht, denn MGB-Fans suchten lieber nach einem Original, und wer seinen Glauben an die Marke Rover oder MG noch nicht verloren hatte, wäre 1992 mit einer Neukonstruktion à la Mazda MX-5 glücklicher gewesen. Diese Fans mußten bis 1995 warten, als der MG-F herauskam. Immerhin ließen sich 1982 RV8 an den Kunden bringen, von denen die meisten in Japan lebten. Denn das Auto war nur als Rechtslenker gebaut worden. **LT**

Viper | Dodge

USA

1992 • 7990 ccm, V10 • 406 PS/298 kW • 0-100 km/h in 4,6 Sek. • 266 km/h

Der Dodge Viper sollte das Erbe des legendären, von Carroll Shelby geschaffenen AC Cobra der sechziger Jahre antreten. Shelby war an der Entstehung der Viper ebenfalls beteiligt. Die Arbeiten hatten 1988 begonnen, das Resultat war auf der Detroit Auto Show 1989 zu sehen. Der Prototyp der Viper wies einen 8,0-Liter-Frontmotor in V10-Bauweise mit Heckantrieb auf, der auch in einem Pickup Verwendung fand, aber für den Sportwagengebrauch modifiziert und auf eine Leistung von gut 400 PS getrimmt war. Der Motor war ein Zweiventiler mit zentraler Nockenwelle und Saugrohreinspritzung. Das Handschaltgetriebe wies sechs Gänge auf. Im Januar 1992 begann die Serienherstellung.

Schon das brutale Erscheinungsbild des Zweisitzers mit seinen gewaltigen Lufteinlässen und den seitlich herausgeführten Auspuffrohren heischte Respekt. Die Karosserie bestand aus Kunststoff und saß auf einem konventionellen Kastenrahmen mit Einzelradaufhängung. Schraubenfederung, koaxiale Teleskopdämpfer und Vierrad-Scheibenbremsen kennzeichneten ein „schnelles" Fahrwerk.

Die zweite Generation der Giftschlange gab ihr Debüt 1996 mit 420 bis 457 PS; jetzt war der Wagen auch als Coupé erhältlich. Signifikante Änderungen aber zeigte die Version von 2003, bezeichnet als SRT-10. Die Buchstaben standen für Street & Racing Technology, und sie bezeichneten zugleich eine neue Sparte innerhalb der Chrysler Group. Der 503 PS starke Motor wog dank Verwendung von viel Leichtmetall 200 kg weniger als sein Vorgänger. Ein amerikanischer Journalist meinte, der Dodge Viper sei das aufregendste Fahrzeug nach Ben Hurs römischem Streitwagen ... **SH**

850CSi | BMW

1992 • 5357 ccm, V12 • 326 PS/240 kW • 0-100 km/h in 6 Sek. • 250 km/h

Der BMW 8er war ohne Zweifel das neue Flaggschiff unter der weiß-blauen Marke. Er wurde von 1989 bis 1999 gebaut und stellte in der BMW-Coupégeschichte einen Meilenstein dar. Seine Acht- und Zwölfzylindermotoren katapultierten ihn locker auf (elektronisch abgeregelte) 250 Stundenkilometer und ermöglichten dem exklusiven Kreis seiner Liebhaber ein bis dahin unerreicht genußvolles Dahingleiten. Durch die rasante, aber diskret absolvierte Beschleunigung und die Fahrkultur bei hohem Tempo fand man sich rascher als „gefühlt" jenseits mancher Geschwindigkeitslimits.

Liebhaber sportlicher BMW-Coupés betrachteten den 8er – intern E31 genannt – als einen Nachfolger des 635CSi. Die flach abfallende Frontpartie mit ihren Klappscheinwerfern erinnerte jedoch an den Rennsportwagen M1.

BMW bezeichnete den 850i als „Höchstmaß an Ingenieurskunst und Perfektion", und das war nicht

übertrieben. Der rassige 2+2 mit seiner Integrallenker-Hinterachse und spurstabilisierender Regelung des Antriebsmoments (ASC+T), Sechsgangschaltung und 250 km/h Spitzengeschwindigkeit war als ein Gran Turismo anzusehen, der Weltformat hatte und jeden Pfennig seines Preises von 135.000 D-Mark wert war. Die Ausstattung war komplett, hervorragend verarbeitet und ein Musterbeispiel an Ergonomie. Im Oktober 1992 erschien die zweite Auflage des Coupés als 850Ci und als 850CSi, und im Februar 1993 kam der Achtzylinder 840Ci hinzu. Der 850Ci entsprach bis auf einige Ausstattungsdetails dem bisherigen 850i, doch der 850CSi hatte einen von 4988 auf 5357 ccm vergrößerten Motor mit 326 statt bisher 300 PS. Nicht in höherer Endgeschwindigkeit resultierte dieses Powerplus des 4OHC-V12, sondern in noch ruhigerem Lauf, mehr Elastizität und höherem Drehmoment, das sich im Anzugsvermögen bemerkbar machte. **RD**

Man war sich bei Renault anfänglich nicht sicher, ob das Design des Twingo ankommen würde. Doch der Wagen wurde ein Erfolg.

Thema | Lancia

1992 • 2959 ccm, V6 • 175 PS/129 kW • 0-100 km/h in 8,6 Sek.• 220 km/h

Der Lancia Thema war ein Wagen der Oberklasse und mit verschiedenen Motorisierungen erhältlich, von 117 bis 175 PS; auch ein Turbodiesel befand sich darunter. 1992 wurde ein neuer V6 Dreiliter von Alfa Romeo angeboten, damit war das Auto so schnell wie es auch aussah.

Die Grundkonzeption war 1984 gemeinsam mit Saab entstanden. Die damals noch konzernunabhängigen Hersteller Saab und Lancia hatten vereinbart, bei der Entwicklung eines Fahrzeuges der Oberklasse zusammenzuarbeiten, da jeder für sich die Entwicklungskosten kaum hätte tragen können. Das Ergebnis war so vielversprechend, daß Fiat und Alfa Romeo sich an diesem Projekt ebenfalls beteiligten. Das Konzept wurde für die Fahrzeuge Saab 9000, Fiat Croma und Alfa Romeo 164 genutzt – und für den Lancia Thema. Für das Design der Karosserie zeichnete Giorgetto Giorgiano (ItalDesign) verantwortlich.

Für zufriedenstellende Fahrleistungen sorgte ein 117 oder ein 165 PS starker Zweiliter-Vierzylindermotor mit Abgasturbolader. Das Modell mit V6-Motor war überwiegend für die Exportmärkte vorgesehen, denn in Italien wurden Autos über zwei Liter sehr hoch besteuert. Es handelte sich hierbei um den sogenannten Europa-Motor, eine Gemeinschaftsentwicklung von Peugeot, Renault und Volvo. Der Thema wurde im Herbst 1988 optisch und technisch aufgefrischt. Es folgten Neuerungen wie die Vierventiltechnik. Die dritte und zugleich letzte Serie wurde Ende 1992 nochmals mit vielen Neuerungen versehen, unter anderem wurde ein neuer 2,0-Liter-Motor mit VIS (Variable Induction System) zur Verbesserung des Drehmomentverlaufs im unteren Drehzahlbereich eingeführt. **HS**

Twingo | Renault

1992 • 1239 ccm, Vierzylinder • 55 PS/40,4 kW • 0-100 km/h in 14 Sek. • 150 km/h

Im Oktober 1992 stellte Renault auf dem Pariser Automobilsalon einen neuen Kleinwagen vor. Er trug den Namen Twingo, sein Design stammte von Patrick de Quément. Der Stilist kam von VW und war ab 1987 für Renault tätig; unter anderem entwickelte er das Design der Topmodelle Mégane, Laguna, Avantime und Vel Satis. Seinem schöpferischen Geist verdankt die Marke eine Vielzahl genialer Konzepte auf hohem Niveau. Der Twingo war von so zeitlosem Schick, daß er mit seinem Design und seinem Innenraumkonzept ohne nennenswerte Änderungen fast fünfzehn Jahre gebaut wurde. Während seiner Bauzeit von 1993 bis 2007 fand der Twingo allein in Deutschland mehr als 500.000 Käufer. Insgesamt liefen rund 2,42 Millionen Stück vom Band. Produziert wurde er im Werk Flins-sur-Seine.

Die erste Generation wurde im März 1993 mit jenem zunächst 55 PS starken 1,3-Liter-OHV-Motor präsentiert, wie er seit 1972 im Renault 5 und in diversen anderen Renaults zu finden war (intern hieß er C-Motor). Als Sonderausstattung gab es ab Oktober 1993 ein Faltdach, das 800 D-Mark Aufpreis kostete. Im September 1994 wurde der Fahrer-Airbag serienmäßig, einen Monat später folgte das Modell Easy mit halbautomatischem Getriebe. Mit dem Modelljahr 1996 wurde im September 1995 der Beifahrer-Airbag serienmäßig; ABS war optional erhältlich. Ein Motor mit 1,2 Liter Hubraum gab es ab Oktober 1996. Anfänglich leistete er ebenfalls 55 PS, bevor seine Leistung im August 1997 auf 60 PS angehoben wurde.

Das Echo auf die Vorstellung des Twingo war überwältigend. Renault hatte wieder einmal einen Volltreffer gelandet. **SH**

XJ220 | Jaguar (GB)

1992 • 3498 ccm, V6 • 542 PS/400 kW • 0-100 km/h in 3,6 Sek. • 320 km/h

Ein 1988 als Denkansatz unter Jaguar-Managern diskutiertes Thema gedieh zu einem Projekt unter der Bezeichnung XJ220, wobei die Zahl sich auf die angepeilte Geschwindigkeit von 220 Meilen bezog. Im Frühsommer 1992, so meldete Jaguar, werde ein neuer Zweisitzer in Serie gehen.

Doch der XJ220 erschien zu einem ungünstigen Zeitpunkt: viele Wirtschaftszweige und insbesondere das Automobilgeschäft erlebten weltweit Einbrüche. Im Zuge dieser Rezession geriet Jaguar in Schwierigkeiten, deshalb erfuhr auch der XJ220 Abstriche. So wies der 1992 in seiner endgültigen Ausführung gelieferte Zweisitzer zwar nach wie vor eine elegante, von Geoff Lawson gezeichnete Karosserie auf, aber der Wagen hatte einen kürzeren Radstand als der Prototyp, wodurch er vorne und hinten kolossale Überhänge bekam. Die nach oben schwingenden Türen waren durch solche in konventioneller Form ersetzt worden, und statt eines V12-Motors mit 6,2 Liter erhielt der XJ220 einen 3,5-Liter-V6. Der aber mittels zweier Turbolader immerhin 542 PS lieferte, mit denen er die Hinterräder antrieb – nicht alle vier. Gut 1200 Interessenten hatten sich für einen XJ220 vormerken lassen, aber die meisten waren vom Vertrag zurückgetreten, weil der Wagen nicht mehr den Ankündigungen entsprach.

Die Sichtverhältnisse in dem fünf Meter langen und zwei Meter breiten Fahrzeug waren nicht ideal. Durch enge Straßen zu lenken, war in diesem ansonsten hervorragend ausgestatteten Supercar ein Kunststück. In Sachen Komfort war man im XJ220 aber besser dran als in vielen vergleichbaren Boliden – und schneller sowieso. **SB**

Rocket | Light Car Company

1992 • 1070 ccm, Vierzylinder • 171 PS/126 kW • 0-100 km/h in 3,8 Sek. • 240 km/h

Das einzige von der Light Car Company (LCC) hergestellte Modell war ein Monoposto namens Rocket in Gestalt eines Formelwagens vergangener Zeiten. Der Entwurf stammte vom Rennwagenkonstrukteur Gordon Murray. Seine Überlegungen waren leicht nachvollziehbar. Er gedachte den Einsitzer so leicht zu machen, daß ein kleiner Vierzylinder zu seiner Motorisierung ausreichen mußte. Bei nur 381 Kilogramm Leergewicht kam daher ein Motorradmotor in Frage, und die Kalkulation ging auf: Seinem Namen entsprechend ging das Mittelmotor-Auto ab wie eine Rakete und ließ sich auch hervorragend handhaben.

Das wie ein Grand-Prix-Wagen der fünfziger Jahre anmutende, für eine Straßenzulassung gedachte Fahrzeug ließ sogar einen Caterham gewichtig aussehen. Natürlich war der LCC Rocket ein höchst unpraktisches Gefährt – es verfügte weder über Türen noch über ein Verdeck, hatte keine Frontscheibe und keinen Platz für die Mitnahme von Gepäck. Der Fahrer mußte eine Rennkombi anziehen, einen Helm tragen, sich Stöpsel in die Ohren stecken. Theoretisch konnte ein Mitfahrer sich hinter den Piloten quetschen, wenn er seine Beine zu beiden Seiten nach vorne streckte, doch von dieser Option machte man besser keinen Gebrauch.

Die Technik entsprach dem Stand der Zeit mit Einzelradaufhängung vorn und hinten, einstellbaren Stoßdämpfern, Scheibenbremsen an allen vier Rädern in Rennausführung. Das sequentielle Getriebe hatte zehn Gänge. Gebaut wurde der silberfarbene Renner in einer kleinen Firma in Oxfordshire, die ihn für 38.000 Pfund Sterling anbot, wobei die Hersteller vermutlich draufzahlten. **SH**

Arnold Schwarzenegger benutzte einen Hummer H1 2005 in Kalifornien auf seinen Wahlreisen.

Roadster | Panoz

1992 • 4942 ccm, V8 • 305 PS/224 kW • 0-100 km/h in 4,3 Sek. • 225 km/h

Der Panoz Roadster war so etwas wie ein amerikanischer Lotus Seven. Die Marke steht für verschiedene Rennwagen, geschaffen von Donald E. Panoz, Sohn einer irisch-italienischen Familie. 1969 hatte Mr. Panoz in Irland die Elan Corporation gegründet, die sich zu einem weltweit führenden pharmazeutischen Forschungslabor entwickelte. Panoz verdiente damit so viel Geld, daß er die US-Rennstrecken Sebring und Road Atlanta sowie Mosport in Kanada kaufen konnte. Was lag näher, als daß der Besitzer großer Rennstrecken sich den Traum von einem Wagen unter eigenem Namen erfüllte?

Panoz' erste Konstruktion umfaßte ein aus Aluminium bestehendes Chassis und eine ebensolche Karosserie. Das Auto entstand nach einem Entwurf des Ingenieurs Freeman Thomas, der zusammen mit Peter Schreyer u. a. den New Beetle schuf.

Mit einem kleinen Vierzylindermotor gab man sich indessen nicht zufrieden; Panoz entschied sich für einen großen V8 vom Ford Mustang.

Es folgten weitere Kreationen wie der 1997 vorgestellte Panoz Esperante GT, der seinen Einstand bei den 12 Stunden von Sebring gab. Der Wagen hatte ein Reynard-Chassis und ebenfalls einen Ford-V8-Turbomotor. Der nächste Rennwagen war der Panoz AIV (Aluminium Intensive Vehicle), wieder mit Ford-Mustang-Motor, der in Straßenausführung bei der Panoz Auto Development in Braselton, Georgia, mehr als 800mal gebaut wurde. Eine spezielle Version startete bei den 24 Stunden von Le Mans 2000. Der Panoz LMP-1 Roadster verfügte ebenfalls über ein Aluminiumchassis und einen 5,0-Liter V8-Motor von Ford; die Straßenversion nannte sich Panoz GTR-1. **SH**

H1 | Hummer

1992 • 6200 ccm, V8 • 194 PS/143 kW • 0-100 km/h in 18 Sek. • 135 km/h

Dem kalifornischen Gouverneur Arnold Schwarzenegger hat die Zivilwelt den Geländewagen Hummer zu verdanken. Das Auto gab sein Debüt im Golfkrieg 1990-91 und nannte sich offiziell M998 Series High Mobility Multi-Purpose Wheeled Vehicle, abgekürzt HMMWV, phonetisch „Humvee", woraus Hummer wurde. Ein Wort, das so viel wie Brummen bedeutet. Das bei der Rüstungsfirma AM General gebaute Militärfahrzeug war nicht für den Straßengebrauch gedacht, doch „Arnie" wußte sich ein Exemplar zum privaten Gebrauch zu verschaffen und inspirierte die Firma AM General, eine Zivilversion zu bauen. Als H1 wurde sie 1992 präsentiert und kostete 93.650 Dollar. Erhältlich waren ein geschlossener Viertürer, ein offener Wagen, ein Pickup und eine Edelversion namens Alpha Wagon. Nach intensiver Überarbeitung erschien 2003 die Baureihe H2.

Auf der Straße fährt sich der Hummer wie ein großer Lkw. Im Interieur geht es spartanisch und eng zu. Aber das eigentliche Bewegungsfeld ist das Gelände, dort überwindet der Wagen Hindernisse bis zu 56 Zentimeter Höhe, kann mit einer Wattiefe von 75 Zentimeter aufwarten und verträgt bis zu 48 Grad Seitenneigung.

Nach anfänglicher Begeisterung der Machos für einen solchen Giganten sanken die Verkäufe 2005 und 2006 so sehr, daß der inzwischen zu General Motors gehörende Hersteller die Fertigung einzustellen erwog, ein Beschluß, der aber revidiert wurde. 2009 gab es Verhandlungen mit dem chinesischen Maschinenhersteller Sichuan Tengzhong zwecks Übernahme der Fertigungsanlagen. Doch der Verkauf scheiterte; GM begann im Februar 2010 deshalb mit der Abwicklung. **LT**

968 Club Sport | Porsche

1992 • 2990 ccm, Vierzylinder • 240 PS/177 kW • 0-100 km/h in 6,3 Sek. • 257 km/h

1982 brachte Porsche den 968 auf den Markt, ein Wagen, der das Erbe des 944 mit einem wassergekühlten Frontmotor antrat und die letzte Evolutionsstufe der Transaxle-Technologie verkörperte. Die Bugpartie erinnerte an die des 928, und es gab auch ein Cabriolet. Obwohl es im Porsche-Portfolio das preiswerteste Modell war, entbehrte der 968 keiner Luxusattribute und wartete mit Lederlenkrad, elektrischen Fensterhebern, Servolenkung, getönten Scheiben, doppelten Airbags, Diebstahlsicherung und beheizten Außenspiegeln auf. Das Coupé verfügte über einen Heckscheibenwischer, das Cabrio über einen elektrischen Verdeckmechanismus.

Mit 50 Kilogramm weniger Gewicht erschien Ende 1992 das Modell 968 Club Sport. Um 20 Millimeter tiefergelegt und auf 17-Zoll-Rädern – in der Ausführung Turbo S sogar 18 Zoll – rollend, machte das Auto seinem Namen alle Ehre. Wegen fehlender Airbags konnte es aber nicht in den USA angeboten werden. Mit einem KKK-Turbolader kam der Dreiliter-Motor sogar auf eine Leistung von 305 PS, gut für 280 km/h.

Die Modelljahrgänge 1994 und 1995 erfuhren nur geringfügige Veränderungen, zu denen etwa beheizte Ledersitze und einige Extras für den Club Sport gehörten, die im Sport-Paket, im Comfort-Paket und im Safety-Paket zusammengefaßt wurden. Mit dem 1995er Modell endete die Produktion des 968, der bis dahin 11.435mal gebaut worden war. Seltenstes Modell war das Turbo S Coupé, von dem es nur 14 Stück gab. Ersatz für den 968 war aber schon in Vorbereitung – ein Wagen, der in seiner Konfiguration und seinem Design der Marke Porsche viele neue Enthusiasten zuführen sollte. **DS**

M3 | BMW

1992 • 2990 ccm, Sechszylinder • 286 PS/210 kW • 0-100 km/h in 6 Sek. • 250 km/h

Mit dem 1986 vorgestellten M3 setzte BMW wieder einmal neue Akzente. Auffällig waren die Kotflügelauswölbungen für die breiten Reifen auf Leichtmetall-Spezialfelgen im Speichenlook. Der im Sport bewährte Vierzylindermotor des BMW M3, angeboten bis Ende 1990, war ein 2,3-Liter in DOHC-Vierventil-Bauweise. Tuner brachten den Motor auf gut 250 PS und 260 km/h Spitze.

In seiner dritten Generation (E36) präsentierte sich der BMW 3er im Oktober 1990. In der Form noch kompakter und gedrungener, hatte der Wagen vor allem im Frontbereich enorm gewonnen. Die Flächen beiderseits der Doppelniere wurden fast zur Gänze von breiten Leuchteinheiten gefüllt, die Scheinwerfer saßen hinter großen Abdeckungen. Im Profil wirkte der Wagen gestreckter als sein Vorgänger. Einen BMW M3 in der Baureihe E36 gab es von Dezember 1992 bis Dezember 1999 als Coupé und 1994 bis 1999 auch als viertürige Limousine sowie als Cabriolet. Das Spitzenmodell der 3er-Reihe lag mit 286 PS auf dem Leistungsniveau des früheren BMW 635CSi. Doch der M3 fuhr sich handlicher, wendiger und war wirtschaftlicher als der alte Sechser. Der Motor war ein 2990-ccm-Vierventiler.

Das Fahrwerk mit der Zentrallenker-Hinterachse entsprach beim neuen M3 dem der in der Serie verwendeten, war aber straffer abgestimmt, was Zugeständnisse an den Fahrkomfort bedeutete. Serienmäßig war die 25prozentige Differentialsperre. Die 286-PS-Ausführung bot BMW bis Dezember 1995 an, als dieses Modell durch eine 3,2-Liter-Version mit 321 PS und sequentiell schaltbarem Getriebe abgelöst wurde. **RD**

⊲ Der Renault Zoom mag entfernt dem Smart ähneln, entstand aber völlig unabhängig von diesem und war von vornherein ein Elektroauto.

Zoom | Renault

1992 • Elektromotor • 45 kW • 0-100 km/h in 6 Sek. • 120 km/h

In Form von Konzeptstudien zeigen Automobilhersteller immer wieder gern, woran sie gegenwärtig arbeiten und womit morgen oder übermorgen zu rechnen sein könnte. In diesem Sinne war auch der 1992 von Renault gezeigte Kleinstwagen Zoom zu verstehen, innovativ und seit zwanzig Jahren wohl der wichtigste Beitrag zum Thema „urbane Mobilität von morgen". Denn der auf dem Pariser Automobilsalon dem Publikum präsentierte Zoom war ein zweisitziger Stadtwagen, der eine Menge vorwegnahm, was später auch den Smart auszeichnete.

Angetrieben wurde der Zoom von einem emissionsfreien 45-Kilowatt-Elektromotor, dessen Batterien laut Herstellerangabe für 150 Kilometer Fahrstrecke reichten, sofern die Bedingungen günstig waren. Wie die Flügel eines Maikäfers ließen sich die beiden Türen zum Ein- und Aussteigen nach oben klappen – ideal für enge Parklücken.

Zwischen den beiden Sitzen befand sich eine Konsole mit einem Kommunikationssystem, das eine Freisprech-Telefonanlage und Satelliten-Navigation umfaßte. Die Front- und die Heckscheibe ragten weit in die Dachfläche hinein, was die in freundlichen Farben gehaltene Kabine taghell machte. Die Bedienung der Audioanlage befand sich im Lenkrad. Besonders interessant war der variable Achsenabstand: Bei höherer Geschwindigkeit schoben sich die hinteren Räder ein wenig zurück, um mehr Richtungsstabilität zu erzeugen, und beim Parken „zoomte" sich der Radstand auf die kürzeste Position. Die Karosserie bestand aus einem während des Herstellungsprozesses eingefärbten Kompositmaterial, das keine Lackierung benötigte. Schade, daß der Zoom nie in Serie ging. **SH**

Calibra Turbo 4x4 | Opel

1992 • 1998 ccm, Turbo-Vierzylinder • 204 PS/150 kW • 0-100 km/h in 6,8 Sek. • 245 km/h

Im März 1989 hatte Opel den Calibra vorgestellt, ein zweitüriges Heckklappen-Coupé auf der Basis des Opel Vectra. Zunächst gab es nur ein Frontantriebsmodell, jedoch mit verschiedenen Motoren zur Wahl. Die Briten und ihre angestammten Exportländer erhielten das Auto unter der Markenbezeichnung Vauxhall.

Der Calibra wies eine ausgefeilte Aerodynamik auf, was sich in günstigem Kraftstoffverbrauch niederschlug. Dies ließ Spielraum für Optimierungen, und so arbeitete man 1991 in Rüsselsheim an einer leistungsgesteigerten Version. Es entstand ein 16-Ventil-Vierzylinder mit Abgas-Turbolader, gut für mehr als 200 PS. Um so viel Kraft auf den Boden zu bringen, stattete man den 2+2 mit permanentem Allradantrieb aus mit einer schlupfabhängigen Kraftverteilung vorn/hinten über Planetengetriebe und Viscokupplung sowie einer elektronisch gesteuerten Lamellen-Trennkupplung zum Sechsganggetriebe. Die leider nicht ganz problemfreie Allradtechnik bezog Opel von Steyr-Daimler-Puch in Österreich. Mit seinem härter ausgelegten und abgesenkten Fahrwerk fuhr sich der Wagen ungleich sportlicher als man es von einem Serien-Opel hätte erwarten können. Einzig der Reifenverschleiß erwies sich als hoch, was bei einem hart gefahrenen 4x4-Sportwagen jedoch nicht ungewöhnlich ist.

Ab Jahresbeginn 1992 war das 245 km/h-schnelle Auto lieferbar. Wo es nicht als Opel oder Vauxhall verkauft wurde, trug es die Markenbezeichnung Chevrolet (wie in Brasilien) oder Holden (wie in Australien).

1993 nahm man einige Änderungen an der Karosserie vor, die leider der Aerodynamik nicht förderlich waren. Doch dem Turbo-Coupé tat dies keinen großen Abbruch. **SH**

4/4 | Morgan (GB)

1993 • 1796 ccm, Vierzylinder • 114 PS/83,8 kW • 0-100 km/h in 8,7 Sek. • 180 km/h

Der Morgan 4/4 war 1936 der erste vierrädrige Wagen gewesen, den die für ihre Threewheeler bekanntgewordene Morgan Motor Company auf den Markt brachte. Seither etablierte sich das Modell 4/4 (vier Räder, vier Zylinder) als fester Begriff. Es gab den Wagen als Zwei- und als Viersitzer, später auch mit Motoren von mehr als vier Zylindern, die das Unternehmen grundsätzlich von anderen Herstellern bezog. Den Luxus eines eigenen Motorenbaus leistete es sich zu keiner Zeit.

Der Morgan 4/4 von 1993 wies einen besonders starken Vierzylindermotor auf; es war der Zetec-1800 von Ford, der 114 PS abgab und das leichte Fahrzeug auf 180 Kilometer zu beschleunigen vermochte. Der bisher so harmlose Roadster mit seiner erzkonservativen Karosserielinie war dadurch zu einem superheißen Sportinstrument geworden, was das Fahren ein wenig anstrengend machte. Wer sich ein solches Auto bestellte, mußte über viel Geduld verfügen. Denn der handwerkliche Herstellungsprozeß vollzieht sich in Malvern Link langsam. Wartezeiten bis zu fünf Jahren sind die Regel. Und Morgan hat sich die Karosserieform seiner Autos als Gebrauchs- und Designmuster weltweit schützen lassen: Nachahmer würden Probleme bekommen. Der 4/4 ist wie eh und je nicht sehr komfortabel. Man sitzt fast auf dem Boden, kann wenig Gepäck mitnehmen und ist bei Regen trotz eines Verdecks den Wetterunbilden ausgesetzt. Aber ein Klassiker à la Morgan darf gar nicht anders beschaffen sein. Servolenkung und andere Arbeitshilfen würden zu ihm nicht passen. Man muß den Kontakt mit der Straße spüren, mit dem Wagen eins sein. Morgan-Fahrer sind eine Spezies für sich! **BS**

Camaro Z28 | Chevrolet (USA)

1993 • 5733 ccm, V8 • 275 PS/202 kW • 0-100 km/h in 6,8 Sek. • 240 km/h

Der Camaro hat große Krisen überlebt und wurde zu einer Chevrolet-Legende. Zuerst war es die Ölkrise 1973-74 – die kostete dem Modell SS die Karriere. Zwar wurde für 1975 eine neue Generation angekündigt, doch deren Erscheinen ließ sieben Jahre auf sich warten. Als Ende der 1980er Jahre die Zeiten abermals schlecht wurden, machte man aus dem Camaro ein langweiliges Frontantriebsauto. Einen dritten Tod sollte der Camaro 1993 erleiden, doch in letzter Minute wendete sich das Blatt. Der Name Camaro ließ sich endlich wieder mit seinem ersten Träger assoziieren und erlebte eine Wiedergeburt. Das Fahrzeug in seiner neuen Form geriet sogar zu einem Vorbild für andere Hersteller.

Die elegante, superschlanke Karosserie bestand aus einem speziellen Kunststoff-Laminat; es gab Fahrer- und Beifahrer-Airbags sowie ABS. Viel Mühe hatte man der Neukonstruktion des Fahrwerks angedeihen lassen, das im Vergleich zu dem der vorherigen Modelle nicht mehr als „Knochenschüttler" bezeichnet werden konnte, sondern wesentlich weicher war, ohne Zugeständnisse an die sportliche Charakteristik des Wagens einzugehen.

Und wer auf das Prestige des Camaro bedacht war, registrierte es mit Freude, daß ein Camaro endlich wieder einmal seit 1982 für die 500 Meilen von Indianapolis als Pace Car in Aktion trat. Doch für eine kontinuierliche Modellpflege hatte General Motors kein Geld. Stattdessen fanden aus Spargründen immer mehr Corvette- und Cadillac-Bauteile Verwendung. Als die Verkäufe 2002 einen neuen Tiefstand erreicht hatten, ließ GM die Produktion auslaufen – bis 2009 eine neue Generation vorgestellt wurde. **BS**

Supra Mk4 | Toyota

1993 • 2997 ccm, Twinturbo-Sechszylinder • 320 PS/235 kW • 0-100 km/h in 5 Sek. • 200 km/h

Als Toyota den Supra Mk4 vorstellte, brillierte er mit einem deutlichen Leistungsplus im Vergleich zu seinem Vorgänger. Das Modell hatte als Ableger des Celica seine Laufbahn begonnen, hatte sich dann aber als eigene Baureihe verselbständigt. Verwendung fanden aber Teile aus dem Lexus S30 Soarer. Mit einer rundlicheren Karosserie gab sich der Mk4 weniger scharf und aggressiv als sein Vorgänger. In seinen Abmessungen war das Coupé ein wenig kürzer und dabei breiter geworden.

Zwei neue Motoren standen zur Wahl, beides Sechszylinder mit drei Liter Hubraum, wovon der eine mit zwei Turboladern bestückt war. Jene Exemplare, die in Europa und Amerika verkauft wurden, leisteten 320 PS; die auf dem japanischen Markt angebotenen waren etwas schwächer ausgelegt. Die beiden Lader waren hintereinander geschaltet, wobei der zweite zusätzlich bei höheren Drehzahlen in Aktion trat, was ein lochfreies Beschleunigen ermöglichte.

Serienmäßig gab es den Turbo-Supra mit einem Sechsgang-Handschaltgetriebe, doch eine Automatik war optional verfügbar. Die Bremsen entsprachen dem hohen Leistungspotential. Beim Chassis und bei den Radaufhängungen war reichlich Aluminium verwendet worden, auch andere superleichte Baustoffe fanden sich am Fahrzeug. Daraus resultierte ein sehr günstiges Leistungsgewicht – wie bei einem Supercar. Wer die elektronische, auf 200 km/h begrenzte Abriegelung zu deaktivieren verstand, kam auf mehr als 290 km/h. In den USA wurde der Turbo-Supra zu einem Lieblingskind der High-Performance-Tuner und der Drag-Racing-Fans. **JI**

Impreza Turbo | Subaru

1993 • 1944 ccm, Vierzylinder-Boxer • 208 PS/153 kW • 0-100 km/h in 6 Sek. • 220 km/h

Denken Sie einmal an einen erfolgreichen japanischen Rallyewagen, der sich ebenso gut im zivilen Straßenverkehr bewegen läßt. Richtig: das kann nur der Subaru Impreza sein.

Seit 1957 stellt Subaru Autos her. Der Name Subaru bedeutet „vereinen", und die sechs Sterne im Markenzeichen sind das Symbol für die sechs Firmen, aus denen der Subaru-Hersteller Fuji Heavy Industries hervorgegangen ist. Der erste Subaru war ein 360-ccm-Winzling mit Zweizylinder-Zweitaktmotor im Heck.

Subaru war lange Zeit nur Insidern ein Begriff. Zum Beispiel in der Schweiz, wo die Allradlimousinen seit den 1980er Jahren ein ausgezeichnetes Image genießen. Doch mit dem Impreza Turbo wurde Subaru auch im Motorsport weiteren Kreisen bekannt. Beteiligt an dem Renommee ist natürlich der zuverlässige und raumsparende Vierzylinder-Flachmotor. Im 1993er Impreza Turbo leistete er 208 PS – nicht schlecht für ein Auto von nur 2200 Millimeter Radstand. Der permanente Allradantrieb umfaßt eine zentrale Viscokupplung zwischen dem vorderen und dem hinteren Antriebsstrang. Zur Verbesserung der Traktion an den hinteren Rädern wies der Wagen ein selbsthemmendes Differential auf. Dem Fahrwerk der Rallyefahrzeuge (Modellbezeichnung: WRX) ließ man spezielle Modifikationen angedeihen.

Der Wagen war nicht nur sehr schnell, sondern ließ sich auch virtuos fahren. Auf gewundenen Wegen wußten gute Fahrer mit stärker motorisierten Konkurrenten ohne weiteres Schritt zu halten. So gab es für den Subaru Impreza auch zahlreiche Klassensiege im Rallyesport, zum Beispiel durch Colin McRae und Richard Burns, denen zu Ehren Subaru Sonderserien benannt hat. **JI**

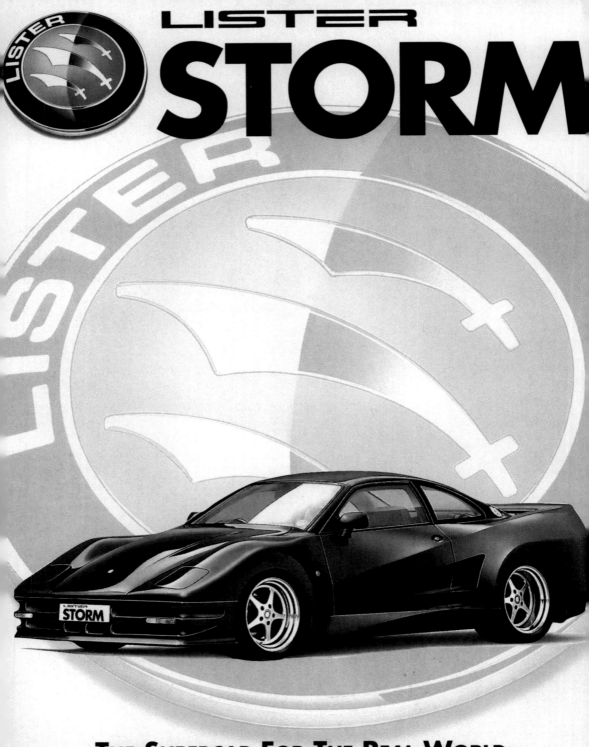

◁ 1993 veröffentlichtes Inserat für den Lister Storm, fast zu bescheiden für ein 220.000 Pfund Sterling teures Automobil …

Storm | Lister

1993 • 6996 ccm, V12 • 546 PS/401 kW • 0-100 km/h in 4,2 Sek. • 335 km/h

Kenner bringen den Namen Lister in Verbindung mit Jaguar. Brian H. Lister begann 1954 in der väterlichen Firma George Lister & Sons in Cambridge mit dem Tunen von Motoren und präparierte Jaguar D-Types für Rennen.

Nach einigen Aktivitäten, die 1984 die Modifikation des Jaguar XJS V12 zum Inhalt hatten, entstand 1986 eine neue Firma Lister, ins Leben gerufen von Ron Beaty, Laurence Pearce, John Lewis und Iain Exeter, jetzt in Letherhead, Surrey; sie führte die Jaguar-Umbauten erfolgreich fort.

Im Mai 1992 tauchte der Name Lister in einem weiteren Zusammenhang auf: Es erschien ein Knobbly genannter Nachbau des Jaguar D-Type von 1958. Anläßlich des hundertjährigen Bestehens der Firma Lister, die 1890 von George Lister gegründet worden war, wurde eine Serie von 25 Wagen aufgelegt. Sie hatten einen 3,8-Liter-Jaguar-Motor mit speziellem Zylinderkopf und Trockensumpfschmierung.

Ende 1993 erschien der Lister Storm GT 1, ein 1450 kg wiegendes Zweisitzercoupé für die 24 Stunden von Le Mans. Profis wie Geoff Lees, Rupert Keegan und Dominic Chappell sollten ihn fahren. Auch dieser 2+2 hatte einen auf 7,0 Liter vergrößerten Jaguar-V12 unter der Haube, 655 PS leistend. Das Chassis des Lister Storm war ein Verbund aus Aluminium-, Kohlefaser- und Kevlar-Komponenten. Nach nur 40 Runden wurde der Wagen mit Getriebeschaden an den Boxen abgestellt. Doch es entstanden vier weitere Exemplare für Privatfahrer, und Lister gewann im Jahre 2000 sogar die FIA GT-Weltmeisterschaft mit dem Werksfahrer Jamie Campbell-Walter, der den Fahrertitel zuerkannt bekam, während sein Arbeitgeber den Konstrukteurstitel erhielt. **SH**

Mondeo | Ford

1993 • 1796 ccm, Vierzylinder • 115 PS/84,5 kW • 0-100 km/h in 11,1 Sek. • 195 km/h

Der Ford Mondeo folgte ab März 1993 der Modellreihe Sierra. Nach 22 Jahren kehrte Ford wieder zum Frontantrieb zurück. Zunächst gab es den Mondeo mit drei Vierzylinder-Vierventil-Benzinmotoren und einem Diesel. 1994 folgte der Duratec-Leichtmetall-V6. Die Ausstattungen reichten vom Basismodell CLX über den GLX mit mehr Komfort bis zur Topvariante Ghia; zeitweise gab es auch Sondermodelle. Allrad- und Automatik-Versionen hinzugerechnet, ließen sich 1993 vierzig Varianten kombinieren.

Das Design des Mondeo stand bereits 1986 fest. Es sah vor, den Raum für die Technik so weit wie möglich zu begrenzen, um die Fahrgastzelle weiter vorn beginnen zu lassen. Um dem Mondeo ein schlankes Erscheinungsbild zu verleihen, wählten die Designer eine tief angesetzte und flach ansteigende Motorhaube, große, bündig eingesetzte Scheiben und schmale Dachsäulen. Die stetig, aber kaum merklich ansteigende Seitenlinie ließ die Heckpartie zierlich wirken.

Um beim Kombiwagen (Turnier) einen möglichst tiefen Laderaum zu erreichen, wurde eine aufwendige Hinterradaufhängung entwickelt. Sie bestand im wesentlichen aus drei Querlenkern und einem Längslenker. Die weit außen, tief montierten Anlenkpunkte der Radführungen ermöglichten zusammen mit getrennten Federn und Dämpfern eine große Ladefläche.

In Anbetracht der neuen Vierventil-Benzinmotoren gehörte der Mondeo zu den modernsten Fahrzeugen der Mittelklasse. Auch das mit Hilfe des Ex-Weltmeisters und Ford-Beraters Jackie Stewarts abgestimmte Fahrwerk galt als vorbildlich. Nur wurde die Optik in der Fachpresse als etwas zu dezent kritisiert. **HS**

Celica | Toyota

1993 • 1998 ccm, Turbo-Vierzylinder • 242 PS/178 kW • 0-100 km/h in 7 Sek. • 238 km/h

In den 1990er Jahren hatte sich der Celica weltweit etabliert. Und die sechste Generation hatte man einer gründlichen Überarbeitung unterzogen: Front- und Heckpartie waren gefälliger geworden, die Gesamterscheinung gab sich exotisch, aber nicht aufdringlich. Lieferbar waren ein zweitüriges Coupé, eine dreitürige Schräghecklimousine und ein Cabrio. Alle Ausführungen hatten vorn angetriebene Räder mit der Option auf Allradantrieb. Verschiedene Motorisierungen standen zur Wahl.

Im Verlauf seiner 22jährigen Modellgeschichte hatte sich der Celica zu einem Fahrzeug entwickelt, dessen Qualitäten allgemein Anerkennung fanden. Er eignete sich hervorragend als Reisewagen, zumal der Name Toyota weltweit für hohe Zuverlässigkeit und Belastbarkeit stand. Der Hersteller warb mit der Aussage, der neue Celica sei stärker, schneller, sicherer und geräumiger als irgendein vorangegangenes Modell. Dem war nicht zu widersprechen, und das überarbeitete Fahrwerk mit McPherson-Federbeinen sorgte zudem für eine superbe Straßenlage. Das Spitzenmodell war der GT-4 mit Allradantrieb, der von Toyotas Engagement in der WRC profitierte. Sein Turbomotor leistete 242 PS (sogar 251 in der japanischen Ausführung) – der Motorsound machte kein Hehl daraus. **SH**

Fleetwood 75 | Cadillac

1993 • 5733 ccm, V8 • 185 PS/138 kW • 0-100 km/h in 11 Sek. • 204 km/h

Die Karosseriebaufirma Fleetwood wurde 1912 durch einen Mr. H.C. Urich in Fleetwood, Pennsylvania, gegründet. Doch die Wurzeln des Unternehmens reichen viel weiter zurück, bis in das 17. Jahrhundert, als ein britischer Aristokrat namens Henry Fleetwood sich in den USA als Siedler und Unternehmer etablierte und mit dem Bau von Postkutschen begann.

1925 fusionierten Fleetwood und die Fisher Body Co. und taten ihre Potentiale zusammen, ein Jahr später übernahm GM als einer der wichtigsten Kunden der Firma die Majorität und sicherte sich die Exklusivrechte an der Karosserieproduktion.

So war auch der jüngste Cadillac 75 Fleetwood ein Prestigeautomobil im obersten Segment, und mit einer Länge von 5710 mm war es einer der längsten Serienwagen, der je in den USA vom Band lief. Hinsichtlich Opulenz und Komfort nahm er es mit teuren Limousinen aus Europa auf, allerdings nicht in der Leistung und in der Verarbeitung. Ein Ausbund an Schönheit war er auch nicht. Dafür war der 75 Fleetwood aber billiger und kostete nur 30.000 Dollar. Den meisten Käufern kam es auf den Prestigewert an, den Cadillac in den Staaten nun einmal genoß, und es gab eine über Jahrzehnte loyale Klientel. Erst 1996 wurde die Reihe beendet – nach 90.000 Exemplaren. **MG**

Clio Williams | Renault

1993 • 1998 ccm, Vierzylinder • 136 PS/102 kW • 0-100 km/h in 8 Sek. • 215 km/h

Impreza WRX | Subaru

1993 • 2457 ccm, Turbo-Vierzylinder • 320 PS/236 kW • 0-100 km/h in 5 Sek. • 254 km/h

Der Clio Williams war ein leichter Schrägheck-Viersitzer mit mäßiger Motorisierung, aber besten Handlingeigenschaften. Aber es gab auch eine stärkere, limitierte Version, und die vermarktete Renault unter dem Namen Williams – dieser bezog sich auf das Williams Formel-Team, das Renault damals mit Motoren versorgte. Die Williams-Konstrukteure hatten mit dem Auto selbst jedoch nichts zu tun, auch wenn eine Plakette am Armaturenbrett dies vermuten ließ.

Diese erste Baureihe fand schnell ihre Käufer. Die Autos waren dunkelblau lackiert und mit goldfarbenen Alurädern bestückt. Die Getriebegänge wiesen engere Abstufungen als beim Serienmodell auf, die Aufhängungen waren härter, die vordere Spur breiter. Vor allem hatte der OHC-Motor in Vierventiltechnik mit Zentraleinspritzung 136 statt nur 60 PS – das machte den größten Unterschied aus. Kein Wunder, daß der Clio Williams schnell ausverkauft war.

Um an diesen Erfolg anzuknüpfen, machte Renault den Fehler, eine zweite Auflage folgen zu lassen, später sogar eine dritte. Das entwertete die Exklusivität der ersten, und die Käufer sahen sich getäuscht. Abgesehen von ein paar Sicherheitsoptimierungen und einem Schiebedach waren alle Autos identisch. Die Gesamtproduktion belief sich auf 12.100 Stück. **RD**

Subaru hat im internationalen Rallyesport heute einen Rang, der sich mit dem der Marke Ferrari in der Formel Eins vergleichen läßt. Diese Reputation verdanken die Japaner im Grunde nur einem einzigen Modell, dem Impreza in WRX-Konfiguration. Subaru hatte, als Anfang der 1990er Jahre neue Regeln für die Rallye-Weltmeisterschaft angekündigt wurden, mit der Entwicklung eines entsprechenden Fahrzeugs begonnen, das den Legacy RS ersetzen sollte. Es entstand 1993 der Impreza WRX 555, der auf Anhieb überzeugte. Seine Erfolge generierten eine rege Nachfrage, viele junge Fahrer interessierten sich für den allradgetriebenen Turbo-Wagen. In den Jahren 1995 bis 1997 gewann Subaru mit diesem Auto dreimal die Rallye-Markenweltmeisterschaft. Wer nicht als Wettbewerbsfahrer anzutreten gedachte, konnte seinem Wagen trotzdem das volle Tuningprogramm angedeihen lassen: Subaru Technica International (STI) nahm im privaten Kundenauftrag Leistungssteigerungen am Motor und am Fahrwerk vor, die einen Impreza mindestens ebenso potent machten wie Autos, die viermal so teuer waren. Inzwischen gab es im Rahmen der jährlichen Modellpflege ein paar Modifikationen, die den Impreza vielleicht nicht gerade schöner machten, aber seinen Qualitäten tat diese keinen Abbruch. **DS**

Guarà | DeTomaso

1993 • 4605 ccm, V8 • 305 PS/224 kW • 0-100 km/h in 5 Sek. • 277 km/h

Alejandro de Tomasos große Zeit lag lange zurück, als er eines Tages die Branche noch einmal mit einem aufsehenerregenden Supercar überraschte. Der Argentinier wollte mit seinem guten Namen nicht zurückstehen, als in aller Welt solche Fahrzeuge für Schlagzeilen sorgten, und entwarf ein Sportcoupé, das er 1993 auf dem Genfer Automobilsalon unter dem Namen Guará vorstellte. Es gibt in Südamerika Wildhunde, die so heißen.

Der Wagen machte allerhand Eindruck, doch unter seiner Karosseriehaut ging es weniger aufregend zu als gedacht. De Tomaso hatte sich als Basis für den Guará eines Maserati-Prototyps von 1991 bedient. Diese Barchetta Stradale bestand aus einem Rohrrahmen-Chassis, dessen Mittelmotor man gegen einen V8 von BMW ausgetauscht hatte. Die Konstruktion stammte von Carlo Gaino. Der mit einer Karosserie aus Kunststoff und Karbon versehene Guará wurde als Coupé, als Barchetta und als Spider angeboten. Nur die letztgenannte Version wurde auch mit dem BMW-Motor ausgeliefert, die anderen bekamen einen V8 von Ford mit 305 oder – wenn mit Kompressor bestückt – 430 PS. Daß die offenen Wagen nicht diesen Motor bekamen, lag an dem benötigten Stauraum für das Verdeck, für das der amerikanische V8 keinen Platz ließ.

Leider erwies sich der Guará als nicht sehr erfolgreich. Er brachte der Firma so hohe Verluste ein, daß sie 2004 in Liquidation ging. Bis dahin waren fünfzig Coupés verkauft worden, dazu zehn Barchetta und fünf Spider. Ein Jahr vorher war Alejandro de Tomaso 75jährig verstorben. Mit ihm verließ eine große Marke die Szene. **JB**

Aurora | Oldsmobile

1994 • 3995 ccm, V8 • 250 PS/184 kW • 0-100 km/h in 8,9 Sek. • 217 km/h

Die traditionsreiche amerikanische Marke Oldsmobile litt von den 1980er Jahren an unter einem Imageproblem. Der Name stand sozusagen für Opas Auto. General Motors investierte viel Geld und Mühe, um ein Konzept für den Neustart der Marke zu finden. Endlich hatte man in Detroit auch ein Modell entwickelt, das alle Voraussetzungen mitzubringen schien, um eine erfolgversprechende Wiederbelebung zu ermöglichen. Dies war eine Limousine sportlichen Zuschnitts und mit allen Attributen eines Qualitätsautos. Aber es hatte einen Fehler: Es ließ sich nirgendwo erkennen, welcher Herkunft es war. Ein großes „A" stand für Aurora – General Motors hatte offensichtlich das Vertrauen in seine älteste Marke verloren und genierte sich, den Wagen als Oldsmobile anzubieten. 1989 war erstmals ein Konzeptfahrzeug gezeigt worden, das schon in etwa verriet, woran man arbeitete. Auffallend waren die rahmenlosen Scheiben und Rückleuchten über die gesamte Heckbreite. Das frische Design der Karosserie signalisierte eine völlige Abkehr von Opas Auto. Mit seinem 3995-ccm-V8 war der luxuriös ausgestattete Viertürer bestens motorisiert. Die Fachpresse lobte in höchsten Tönen die neue, selbsttragende Karosseriestruktur des Aurora, sein brillantes Fahrverhalten, die zwei individuell regelbaren Klimaanlagen, die edlen Holzapplikationen im Interieur. Es gab elektrisch verstellbare Ledersitze und Airbags für Fahrer und Beifahrer. Für Indianapolis wurde eine Flotte von Servicefahrzeugen mit getunten Motoren bereitgestellt, ein wichtiger PR-Effekt. Dennoch ließ die Begeisterung für den Aurora nach einem guten Start bald nach. Der Wagen vermochte GMs Oldsmobile-Problem nicht zu lösen. **BS**

Den Ferrari F355, hier in seiner Version von 1995, kann man als Straßenfahrzeug in Formel-1-Konfiguration bezeichnen.

Vertigo | Gillet

1994 • 4195 ccm, V8 • 420 PS/309 kW • 0-100 km/h in ca. 3,3 Sek. • keine Angaben

Der ehemalige Rennfahrer Tony Gillet handelte in Belgien mit aus den Niederlanden importierten Donkervoort Sportwagen, bis er eines Tages auf die Idee verfiel, Autos in eigener Regie zu bauen. Das Resultat präsentierte sich 1995 in Gestalt eines Supercars namens Vertigo, in kleiner Serie sorgfältig von Hand gebaut. Das Auto hatte einen Frontmotor und klassischen Hinterradantrieb; zum Einbau kamen unterschiedliche Motoren.

Den Vertigo gibt es noch immer. Sein verwindungssteifes, wabenförmig gestaltetes Chassis besteht aus Karbon und wiegt nur 58 Kilogramm; das Gesamtgewicht des Vertigo beträgt 950 Kilogramm. Zu den Käufern dieses belgischen Exoten gehörten der Sänger Johnny Hallyday und Fürst Albert von Monaco. Der Name Vertigo bezeichnet in der Medizin einen Schwindelanfall, eine Sinnesverwirrung – vielleicht hat Tony Gillet das nicht gewußt ...

Doch die Sinne verwirren kann das Hochleistungs-Coupé durchaus. Die erste Version kam mit einem aufgeladenen 2,2-Liter-Cosworth-Motor daher, gut für eine Beschleunigung von nur 3,3 Sekunden von Null auf 100 km/h. Bekannt wurde das Auto, weil es 1995 für alle ProCar-Meisterschaftsläufe in Europa als Pace Car eingesetzt wurde, ebenso für das Rennen um den Großen Preis von Monaco im gleichen Jahr.

Das jüngste Modell heißt Vertigo.5 Spirit und hat einen V8-Motor von Maserati, ein sequentielles Getriebe und Schmetterlingstüren. Bis 2012 wurden nicht mehr als 26 Fahrzeuge gebaut und verkauft, dennoch ist die Verbreitung sehr viel größer, denn der Vertigo erscheint als virtuelle Fahrmaschine in beliebten Videospielen wie Need for Speed, Gran Turismo und Forza Sport. **SH**

F355 | Ferrari

1994 • 3495 ccm, V8 • 375 PS/276 kW • 0-100 km/h in 4,9 Sek. • 298 km/h

Gelegentlich hat man das eine oder andere Straßenfahrzeug als verkappten Formel-1-Boliden bezeichnet. Doch wenn diese Bezeichnung auf einen Wagen der 1990er Jahre wirklich zutrifft, dann auf den Ferrari F355. Schon in bezug auf den Motor, der Magnesium-Pleuel aufwies, wie man sie nur in F1-Motoren findet. Jeder der acht Zylinder hatte fünf Ventile, drei für den Einlaß, zwei für den Auslaß, eine Technologie, die einen optimalen Gasdurchlaß bewirkt und sehr hohe Drehzahlen ermöglicht. Geschaltet wurde – unter Verzicht auf ein Kupplungspedal – über Drucktasten hinter dem Lenkrad, genauso wie bei einem Formelwagen. Statt der Automatik war aber auch ein Sechsgang-Handschaltgetriebe erhältlich. Mit dem F355 ließen sich um sieben Sekunden bessere Rundenzeiten auf Ferraris Teststrecke in Maranello erzielen als mit dem auch nicht gerade trägen F348.

Bei der Vorstellung des Wagens wurden zwei Ausführungen angeboten, ein Coupé und ein GTS in Targa-Bauweise. Ein Vollcabrio folgte ein Jahr später. Auf die auffälligen Lufteinlässe in den Flanken à la Testarossa hatte man bei Pininfarina verzichtet, als man dort die Formen für diesen Wagen schuf; das Mittelmotor-Coupé gab sich sehr viel rundlicher und wies Schlitze für den Lufteinlaß auf, die mehr funktional als dekorativ wirkten, gleichwohl zum Charakter des Fahrzeugs paßten. Formel-1-gemäß war auch die Gestaltung des Unterbodens im Hinblick auf maximal möglichen Abtrieb, um höhere Kurvengeschwindigkeiten zu gewähren.

Dem F355 folgte der F360, der seinen Vorgänger aber nicht zu toppen vermochte. Mit 11.200 Exemplaren war der F355 der meistgebaute Ferrari aller Zeiten. **BS**

FTO | Mitsubishi

1994 • 1998 ccm, V6 • 168 PS/123 kW • 0-100 km/h in 7,5 Sek. • 210 km/h

In der Autogeschichte kommt es nicht oft vor, daß die Markteinführung eines Modells von seiten der Kunden regelrecht erzwungen wird – wie beim Mitsubishi FTO. Das Coupé war nur für einen Verkauf in Japan bestimmt, doch viele Engländer, die von dem Wagen Kenntnis bekommen hatten, besorgten sich ein Exemplar auf dem Grauen Markt. Mitsubishi UK wurde mit immer mehr Anfragen bestürmt, so daß das Modell schließlich in begrenzter Stückzahl eingeführt wurde. Einige gingen auch nach Australien, Neuseeland und Irland. In Deutschland wurde das rechtsgelenkte Auto nie angeboten. Die Produktion des FTO währte von 1994 bis 2000, wobei die Nachfrage stetig abnahm. 36.500 Stück wurden insgesamt fabriziert.

FTO steht für „Fresh Touring Origination", wobei Mitsubishi den Namen bereits 1971 für eine Version des Galant Coupés benutzt hatte. Zur Wahl standen ein 1,8-Liter Vierzylinder und ein 2,0-Liter V6 mit 24 Ventilen. In Japan wurde der FTO sogar zum Auto des Jahres 1994 gewählt. Daraufhin entstand bei Mitsubishi eine GPX genannte Sonderauflage, deren V6-Motor auf 197 PS getunt war. Alle Modelle hatten ein Fünfganggetriebe sowie Frontantrieb. Optional war eine Automatik erhältlich, die sich elektronisch auf den Fahrstil des Fahrers selbst programmierte. Die Karosserielinien gaben sich typisch japanisch – einerseits funktional und gut proportioniert, andererseits leidenschaftslos. Dafür ließ sich das Fahrwerk mit seiner Einzelradaufhängung (vorn McPherson-Federbeine, hinten eine Mehrlenkerachse) als perfekt bezeichnen. Wer sich agil bewegen wollte, mußte die Maschine ordentlich drehen lassen; bei niedrigen Tourenzahlen tat sich nicht viel. **JI**

F1 | McLaren

1994 • 6064 ccm, V12 • 627 PS/461 kW • 0-100 km/h in 3,2 Sek. • 386 km/h

Bruce McLarens erster Straßensportwagen war der M6GT, der für Le Mans gedacht war. Aber als 1968 der Prototyp auf den Rädern stand, war er nicht mehr reglementkonform. McLaren verstarb 1970; mit ihm wurde auch das Projekt eines Straßensportwagens beerdigt.

1988, als sich das McLaren-Team unter der Führung von Ron Dennis zu einem der stärksten Formel-1-Herausforderer entwickelt hatte, erinnerte man sich des Projekts. Cheftechniker Gordon Murray nahm den Bau des ultimativen britischen Supercars in die Hand: Mit dem geplanten Fahrzeug sollte der beste und schnellste Supersportwagen der Welt entstehen. Er wurde zu einem Dreisitzer mit einem in der Mitte plazierten Fahrer. Die Aufbaustruktur bestand weitgehend aus Kohlefaserstoff, und um Gewicht zu sparen, wurden auch die Sitzschalen aus diesem Material hergestellt. Das Sechsganggetriebe erhielt Handschaltung; BMW steuerte den 6,0-Liter-V12-Motor bei, der bei 7400 U/min 627 PS abgab.

Die aus der Formel 1 längst verbannten „ground effect"-Vorrichtungen zur Optimierung des Abtriebs und der Richtungsstabilität konnten bei Murrays Lieblingsspielzeug volle Anwendung finden. Das Tempo regelte bei 370 km/h ab, aber 386 waren durchaus zu schaffen, wie Andy Wallace bei einem privaten Ausritt ermittelte. Der McLaren F1 war damit der schnellste Straßenwagen der Welt und blieb es bis zum Auftauchen des Bugatti Veyron. Für Renneinsätze war der McLaren F1 nicht vorgesehen, dennoch wurde eine Wettbewerbsvariante für Kunden gebaut, die das wünschten und sich auch leisten konnten. Diese Autos bekamen einen noch stärkeren Motor und eine Karosserie mit verlängertem Heck. **SB**

Mustang GT | Ford (USA)

1994 • 4942 ccm, V8 • 215 PS/158 kW •
0-100 km/h in 6,9 Sek. • 217 km/h

Ein Bilderbuchstart: Bereits am Tage seiner Präsentation wurde der Mustang von rund 22.000 Interessenten bestellt. Das war 1964, als Ford seinen neuen Bestseller auf den Markt brachte. 1994 hatte man in Detroit Anlaß, den anhaltenden Erfolg des Mustang zu feiern und brachte ein Jubiläumsmodell heraus. Es handelte sich um den ersten neuen Mustang seit fünfzehn Jahren, und er konnte mit allem aufwarten, was Mustang-Fans sich erhofft hatten. Die Bodengruppe gehörte zur „Fox"-Baureihe, auf der seit 1979 jeder Mustang basierte. Der Motor mit seinem Volumen von 4942 ccm war verbessert worden, gab aber ein paar PS weniger ab als beim Vormodell; wer auf Trab bleiben wollte, mußte die Drehzahlen nutzen und fleißig schalten. Enthusiasten vermißten ein wenig den Biß, um mit dem Camaro mithalten zu können. Gleichwohl war es der beste Mustang seit Jahren, und das amerikanische Magazin *Motor Trend* wählte ihn zum Wagen des Jahres 1994. Ford sonnte sich im Glanz seines Evergreens, und zu einem Empfang am Charlotte Motor Speedway in North Carolina kam sogar Präsident Bill Clinton in einem Mustang vorgefahren. Der Camaro mag mehr Pferde unter der Motorhaube gehabt haben, doch die zählten nicht gegenüber der symbolischen Kraft des Hengstes, der auf dem Kühlergrill des Ford Mustang prangte ... **BS**

Ram V10 | Dodge (USA)

1994 • 7997 ccm, V10 • 300 PS/221 kW •
0-100 km/h in 8 Sek. • keine Angaben

Die Entstehung des Dodge Ram V10 Pickup für den Modelljahrgang 1994 basierte auf einer Meinungsumfrage unter prospektiven Käufern. Und die äußerten sich dahingehend, daß sie sich ein Fahrzeug wünschten, dessen Aussehen einem schweren Lkw glich, einem „big-rig truck", wie die Amerikaner sagen. Also gaben die Designer in Detroit dem Ram V10 die Frontpartie eines 40-Tonners. Man war sich bei Dodge darüber im Klaren, daß wohl nicht jeder Kunde das schön finden würde – aber das Fahrzeug sollte zumindest ein unverwechselbares Aussehen erhalten.

Die Motorisierung reichte von einem 3.9-Liter V6 und einem etwa gleichgroßen Diesel bis zu einem Zehnzylinder mit 7997 ccm Hubraum, der auch im Dodge Viper seinen Dienst tat; seine Konstruktion war in Zusammenarbeit mit Lamborghini entstanden. Für die Verwendung im Dodge Ram waren der Motorblock und die Zylinderköpfe in Aluminiumguß ausgeführt.

Das Fahrgestell war ein Leiterrahmen mit hinterer Starrachse, wie bei den meisten Pickups üblich. Trotz der hohen Motorleistung war das Auto also nicht gerade wie ein Sportwagen zu fahren. Aber darauf kam es ja auch nicht an. Dodge verkaufte allein 1994 fast eine Viertelmillion Exemplare. Damit hatte die Chrysler-Gruppe im Nutzfahrzeugsektor neue Maßstäbe gesetzt. **JI**

A8 quattro | Audi D

1994 • 4172 ccm, V8 • 300 PS/221 kW •
0-100 km/h in 7,3 Sek. • 250 km/h

Der A8 war der erste Audi mit einer korrosionsresistenten Aluminium-Karosserie in Space-Frame-Bauweise, vorgestellt Ende Februar 1994. Angeboten wurde der große Reise- und Repräsentationswagen mit einem 2,8-Liter V6-Motor und einem 4,2-Liter V8-Motor, beide in OHC-Technik. Der Vollaluminium-Achtzylinder hatte 32 Ventile und war mit 300 PS ein besonders spurtstarker Bolide, der seine Kraft auf alle vier Räder abgab.

Die Ingolstädter pflegten ihre Autos sehr nobel auszustaffieren, doch der A8 war mit edlen Holzfurnieren und feinem Leder besonders aufwendig eingerichtet – jedem britischen Prestige-Automobil ebenbürtig. Auch die Komfortattribute ließen keine Wünsche offen; so konnte man die beheizbaren Vordersitze in 14 verschiedenen Positionen justieren. Es gab zwei getrennte Klimaanlagen, ein Bose-HiFi-Audiosystem, jede Menge Airbags und die Option auf ein tiefergelegtes Fahrwerk. Das insgesamt konservative Design kontrastierte zu sportlichen Leichtmetallfelgen. Der erste A8 mit Dieselmotor (2.5 TDI) erwies sich mit 150 PS allerdings als untermotorisiert und wurde ab dem Modelljahr 2000 durch eine Version mit 180 PS ersetzt. Im selben Jahr erfolgte die Vorstellung des ersten Achtzylinder-Diesels als Trendsetter für den Boom großvolumiger Dieselmotoren in der Oberklasse. **SH**

Avant RS2 | Audi D

1994 • 2226 ccm, Fünfzylinder • 315 PS/232 kW •
0-100 km/h in 5,8 Sek. • 262 km/h

Der Audi Avant RS2 ist ein Sport-Kombi und entstand in einer Kooperation von Audi und Porsche. Bei seinem Erscheinen 1994 war er der stärkste und schnellste je gebaute Serien-Audi und das leistungsfähigste Fahrzeug in der Audi-Modellpalette. Auf dem Emblem ist der Porsche-Schriftzug zu sehen, was auf die Zusammenarbeit der beiden Automobilhersteller hindeutet.

Die Faszination des Avant RS2 ergab sich durch die Tatsache, daß er Fahrleistungen und Fahrverhalten eines Sportwagens mit einer trotz verschiedener Modifikationen recht dezent gebliebenen Kombikarosserie vereinte. Die Buchstaben RS ließen sich zwar als „Rennsport" definieren, doch den Wagen konnte man als ganz normalen Kombi nutzen, seine Zuladekapazität betrug 550 Kilogramm. Der RS2 erhielt den permanenten Allradantrieb quattro und eine große Zahl von Sicherheits-Features. Die 17-Zoll-Felgen wiesen ein besonderes Design auf. Der Wagen war nur als Avant – wie die Audi seine Kombimodelle nennt – geplant, doch wurden auch einige Limousinen gebaut; eine davon steht im Audi-Museum.

Die Produktion des Avant RS2 begann im März 1994, geplant waren 2200 Einheiten. Der Preis betrug 98.900 D-Mark. Insgesamt wurden jedoch 2891 Exemplare produziert. **BS**

Spider | Alfa Romeo

1995 • 2959 ccm, V6 • 192 PS/141 kW • 0-100 km/h in 7,5 Sek. • 225 km/h

Liebhaber sportlicher Automobile waren begeistert, als Alfa Romeo auf dem Pariser Salon 1994 einen neuen Spider und ein neues GTV Coupé präsentierte. Ihr Design dokumentierte eine radikale Abkehr von dem mehr als dreißig Jahre alten Erscheinungsbild des Duetto, das sich in jeder Hinsicht überlebt hatte, wenngleich damit auch ein gewisser Charme verschwand.

Doch der moderne, aggressive Auftritt der neuen Modelle überzeugte. Die Autos hatten jetzt Frontantrieb, eine extreme Keilform mit sehr kurzen Überhängen und einem auffallend überhöhten Heck. Beim Spider fiel auch die stark geneigte Windschutzscheibe auf, zu der parallel eine Karosseriesicke verlief, die sich vom Bug bis zum hinteren Cockpitabschluß hinzog. Den Designern bei Pininfarina war es gelungen, dem Wagen ein charakteristisches Profil zu verleihen, das auf Nachhaltigkeit ausgelegt war. Der Baubeginn erfolgte Anfang 1995.

Da Alfa Romeo einen Teil des Fiat-Imperiums bildete, profitierten beide Marken vom Technologie-Transfer. Aber auch in produktionstechnischer Hinsicht waren Austauschprozesse erkennbar: Der Spider wies die gleiche Bodengruppe auf wie der Fiat Tipo mit Schrägheckkarosserie. Nicht zuletzt dadurch bekam der Spider ein besonders verwindungssteifes Chassis. In Verbindung mit einem Sportfahrwerk ergab sich daraus eine gelungene Kombination. Zur Verfügung standen ein 1996-ccm-Reihenvierzylinder, quer eingebaut, mit zwei obenliegenden Nockenwellen von 150 PS (mit Turbolader 200 PS) sowie ein Dreiliter V6, ebenfalls in DOHC-Ausführung, mit 192 PS. Technisch waren der zweisitzige Spider und das Coupé identisch. **SH**

Barchetta | Fiat

1995 • 1747 ccm, Vierzylinder • 131 PS/96,2 kW • 0-100 km/h in 8,9 Sek. • 200 km/h

Das „Schiffchen", wie die Übersetzung des Wortes Barchetta lautet, stellte eine Cabrioletversion des Fiat Punto dar. Doch das sah man dem flotten Sportwagen nicht an, denn seine Karosserie wies ein eigenständiges Design auf. Mit seinem Vierventil-DOHC-Vierzylinder von etwa 1,8 Liter Hubraum war das kleine, 1060 Kilogramm leichte Auto sehr agil. Der Motor hatte ein elektronisch gesteuertes Einspritzsystem und war überdies Fiats erster mit variabler Ventilsteuerung. Das Design des Barchetta zeigte einige Retro-Elemente mit Anklängen an frühere Fiat- oder auch Alfa-Roadster. Es gab auch den Prototyp einer Coupéversion, einem Engländer der 1960er Jahre ähnelnd und gebaut vom Designstudio Maggiora. Leider ging diese Studie nicht in Produktion. Ein anderer Prototyp von Stola stellte einen verdecklosen Renner dar mit einem Zweiliter-Turbomotor von Fiat, gut für 270 km/h und einer beeindruckenden Beschleunigung. Auch hier blieb es bei einem einzigen Versuchswagen.

Der Zweisitzer hätte gute Chancen gehabt, auch in England und Japan Käufer zu finden, doch es gab keine rechtsgelenkte Ausführung. Das Vergnügen, den Barchetta zu fahren, wurde von Besitzern und von Testern als groß bezeichnet – sie schätzten vor allem das gute, vom Punto übernommene Fahrwerk mit Einzelradaufhängung ringsum. Das Kurvenverhalten war ausgezeichnet. Und für seinen relativ bescheidenen Preis war der Zweisitzer gut ausgestattet: Er verfügte über ein Fünfganggetriebe, Vierrad-Scheibenbremsen mit ABS und Airbags. Als Extras wurden Aluminiumräder, Klimaanlage und Ledersitze angeboten. Mit 3915 Millimeter Länge und 1640 Millimeter Breite war das Auto kompakt und großstadtgerecht. **SH**

Integra Type R | Honda

1995 • 1797 ccm, Vierzylinder • 187 PS/137 kW • 0-100 km/h in 6,5 Sek. • 233 km/h

Im Jahre 2006 inszenierte ein britisches Automagazin einen Gruppentest, in welchem es um „das beste Auto aller Zeiten mit Frontantrieb" ging. Vom Peugeot 2005 GTI bis zum Lotus M100 Elan und MINI Cooper Works waren die unterschiedlichsten Modelle vertreten. Nun darf man solchen „Tests" zwar mit großer Vorsicht begegnen, dennoch ist bemerkenswert, daß ein Honda Integra R aus dem Jahr 1995 auf den ersten Platz kam. Einer der Journalisten meinte, der Wagen sei in seinem Fahrverhalten „so gutmütig, wie ich es noch bei keinem anderen Auto je erlebt habe". Man könne alle anderen Fronttriebler vergessen ...

Den Integra gab es seit 1985; die Amerikaner hatten ihn als Einstiegsmodell der nur in den USA vertriebenen Marke Acura kennengelernt. Erst 1997 kam die Honda-Marke Acura nach Europa. In der dritten Generation erschien das Modell Integra auch mit Hondas R-Emblem, das besonders sportliche Versionen kennzeichnet. Der VTEC-Saugmotor drehte bis zu 9000 Touren und leistete 187 PS. Eine Reihe von Fahrwerksverstärkungen und ein Tieferlegen um 15 Millimeter trug der hohen Leistung und dem sportlichen Charakter des Wagens Rechnung. Ferner gab es dünnere Scheiben, Schalensitze und Leichtmetallfelgen, und zur weiteren Reduzierung des Gewichts wurde auf einiges Schalldämm-Material verzichtet.

Um zu beweisen, welche Qualitäten der Integra R hatte, ließ Honda ihn in Rundstreckenrennen antreten – mit gutem Erfolg. Ein zumindest ideeller Ausgleich für den wirtschaftlichen Verlust, der sich aus der Produktion ergab, denn das Auto spielte seine hohen Gestehungskosten in keiner Weise ein. **DS**

Coupé 20v Turbo | Fiat

1995 • 1998 ccm, Turbo-Fünfzylinder • 220 PS/162 kW • 0-100 km/h in 7 Sek. • 225 km/h

Der amerikanische Designer Christopher Bangle wurde durch seine Arbeiten für BMW weltbekannt. Vorher war er für Fiat tätig und schuf dort u. a. das Ede 1995 vorgestellte Coupé. Scharfe Akzente durch diagonale obere Radausschnitt-Abschlüsse und ein hohes, schräg abfallendes Stufenheck machten das Coupé zu einer auffallenden Erscheinung – so etwas sah man nicht alle Tage. Für das ebenso kühne Interieur mit seinen umlaufenden Streifen in der Wagenfarbe zeichnete Pininfarina verantwortlich. Dort ließ Fiat das Auto auch produzieren.

Der Wagen sollte Fiat zusammen mit dem von Frühjahr 1995 bis Mitte 2005 gebauten Spider Barchetta (siehe Seite 671) ein neues sportliches Image verleihen und an die Coupéhistorie der Marke anknüpfen. Im Gegensatz zum Barchetta war das Coupé in verschiedenen Motorversionen lieferbar. Von großem Reiz war der Fünfzylinder mit Turboaufladung, zwei obenliegenden Nockenwellen und vier Ventilen pro Zylinder. Das Auto war der schnellste Fronttriebler, den Fiat bisher je gebaut hatte.

Das Coupé war nicht nur schick und schnell, sondern auch praktisch, denn es verfügte über zwei ordentliche Fondsitze und einen vernünftigen Kofferraum. Zur Standardausrüstung gehörten Ledersitze, ABS, doppelte Airbags, eine Klimaanlage und ein Fünfganggetriebe. Die Turbo-Version war später auch mit sechs Gängen erhältlich. 1998 kam eine nummerierte Limited Edition (LE) heraus mit leichten Karosserieretuschen, Recarositzen, einem roten Anlasserknopf, roten Bremszangen und einem härter abgestimmten Fahrwerk. Eines der ersten Exemplare sicherte sich der Formel-1-Weltmeister Michael Schumacher. **SH**

MG-F | MG (GB)

1995 • 1796 ccm, Vierzylinder • 145 PS/106 kW • 0-100 km/h in 7,6 Sek. • 210 km/h

Mit einem zweisitzigen Mittelmotor-Sportwagen sollte das klassische Erbe der Marke MG eine Fortsetzung finden. Doch auf das Erscheinen des MG-F mußte man bis zum März 1995 warten, als er in Genf präsentiert wurde. Die MG-Rover-Gruppe war 1994 von BMW übernommen worden, und in Zusammenarbeit mit BMW hatte der MG-F auch seinen letzen Schliff bekommen.

Der Roadster entstand aus der Einbeziehung von Teilen des Rover 200 und 400, was Produktionskosten sparen half. Der 1,8-Liter-Vierzylinder des MG-F war ein DOHC-Vierventiler von 120 PS; mit variablen Einlaßnockenwellen figurierte er als 1,8i VVC und leistete 145 PS. Mit seiner Hydrogasfederung (identisch mit dem im Austin Allegro) und einem exzellenten Fahrwerk bot der MG-F viel Fahrvergnügen, nur erlaubte die Mittelmotor-Bauweise kaum die Mitnahme von Gepäck.

Autotester lobten die Ausgewogenheit und die sportliche Charakteristik des Wagens, sein gelungenes Styling und die umfangreiche Ausstattung. Sondermodelle wie der Platinum Silver oder der Brooklands, erschienen anläßlich des 75jährigen Markenjubiläums, stellten in limitierter Zahl gebaute Highlights für den Liebhaber dar. Immerhin wurden mit MG-F keine schlechten Umsätze erzielt: innerhalb von vier Jahren wurden 50.000 Stück verkauft. BMW hatte sogar überlegt, einen Nachfolger des MG-F auf der Plattform des BMW Z3 Roadsters zu entwickeln, eine Idee, die aber nicht weiter verfolgt wurde.

Im Mutterland fand der MG-F besonders viele Freunde, und er entpuppte sich als ein scharfer Rivale zum Mazda RX-5, den er dort in der Zulassungsstatistik lange auf Distanz halten konnte. **DS**

Sport Spider | Renault

F

1995 • 1998 ccm, Vierzylinder • 148 PS/109 kW • 0-100 km/h in 6,8 Sek. • 210 k/h

Ein interessantes Exponat auf dem Genfer Automobilsalon von 1994 war auf dem Renault-Stand der Sport Spider. Er bildete einen fröhlichen Kontrast zum übrigen Programm der französischen Marke. Und das Auto sah nicht nur pfiffig aus, sondern wurde sogar im Motorsport eingesetzt im Wettbewerb um einen Renault-Pokal. Seine Hersteller sprachen von einem „Monoposto für zwei Personen" – die sich, wenn das Wetter schlecht war, regenfest anziehen mußten, denn ein Verdeck gab es nicht.

Der 1998-ccm-Vierzylindermotor aus dem Renault Clio Williams befand sich hinter den Sitzen und entsprach in etwa dem im Lotus-Fliegengewicht Elise (Seite 681). Doch der Franzose hatte mehr Power. Die Bremsen kamen vom Alpine A610, die Karosserie bestand aus glasfaserverstärktem Kunststoff. Um Gewicht zu sparen, wies der Sport Spider weder Heizung noch Windschutzscheibe auf. Ein Heißluftaustritt als Wärmeabfuhr vor dem Cockpit wirkte als Fahrtwindabweiser. Doch wem das zu „windig" erschien, konnte eine Windschutzscheibe bestellen; alle 200 nach England gelieferten Exemplare bekamen sie vorsorglich ab Werk. Den spartanisch ausgestatteten Sport Spider mit seinen Schmetterlingstüren baute Renault nur kurze Zeit und in limitierter Zahl, er kostete rund 60.000 D-Mark. Knapp 100 Stück wurde in Rennspezifikation ausgeliefert, weitere 1541 fanden Abnehmer, die das Auto mit Straßenzulassung bekamen. Die Rivalität zur Elise von Lotus war programmiert – zumal der Brite gegenüber dem Franzosen ein Verdeck besaß und auch bessere Fahreigenschaften hatte. Aber wer dem Frischluftvergnügen pur den Vorzug gab, entschied sich für den Renault. **RD**

Azure | Bentley (USA)

1995 • 6761 ccm, Twinturbo-V8 • 456 PS/335 kW • 0-100 km/h in 6,7 Sek. • 241 km/h

Fünfzehn Arbeitsstunden benötigte ein fleißiger Bentley-Mann, um das Lenkrad mit einem handvernähten Lederüberzug zu versehen. Die Häute von zwölf argentinischen Rindern waren erforderlich, um das Interieur auszukleiden. Ebenso viele Arbeitsgänge umfaßte die Lackierung der von Pininfarina gestylten Karosserie mit ihrem elektrisch versenkbaren Verdeck, das eine Länge von mehr als zwei Metern aufwies. Die Verwendung von Kohlefasermaterial bei den Hilfsrahmen und anderen Chassisteilen sorgte für eine Stabilität bei gleichzeitiger Gewichteinsparung, wie sie noch kein Bentley bisher zu verzeichnen hatte.

Der Azure genannte Bentley geriet zum teuersten und auch größten Luxuscabriolet seiner Zeit. Der Wagen teilte sich seine Plattform mit dem Bentley Continental R Coupé, war 5,30 Meter lang und brachte (leer) 2610 Kilogramm auf die Waage. So viel Masse erforderte angemessene Motorisierung. Die garantierte ein Twinturbo-V8 von 456 PS. Doch die ließen sich nicht rasch mobilisieren: Die Wartezeit auf einen Azur betrug mindestens zwölf Monate. Im ersten vollen Produktionsjahr wurden in Crewe nicht mehr als neun Stück fertiggestellt; bis Ende 2009 waren es insgesamt nur 251. Im letzten Baujahr wies der Motor sogar 507 PS auf.

Darf man einen Bentley kritisieren? Der Filmregisseur Michael Winner tat es unverblümt: „Man sitzt in dem Wagen wie auf einem Bürostuhl, und die Holzapplikationen sehen aus wie aus dem Ikea-Katalog ..." Winner besaß einen 1975er Corniche und fühlte sich zu Vergleichen legitimiert. Uns Nicht-Bentley-Besitzern aber bleibt nur der Respekt und vielleicht ein wenig Neid. **BS**

A4 V6 | Audi

1996 • 2598 ccm, V6 • 150 PS/110 kW • 0-100 km/h in 10 Sek. • 220 km/h

Im Juni 1996 hatte Audi eine neue Modellreihe vorgestellt, genannt A3. Sie schloß nach unten an den erfolgreichen A4 an, den es seit 1994 gab. Er blieb jedoch der Bestseller im Mittelklassesegment, an den einstigen Audi 80 anschließend, aber in sehr viel modernerem Gewand. Es standen verschiedene Benzinmotoren (auch mit fünf Ventilen!) sowie ein Turbodiesel zur Wahl.

Mit seinem Slogan „Vorsprung durch Technik" versprach Audi nicht zuviel. BMW und Mercedes-Benz hatten es immer schwerer, gegen Audi zu bestehen. In den USA lautete der Spruch: „innovation through technology", was nicht ganz dasselbe bedeutet, zumal Technik und Technologie nicht identisch sind, was gern ignoriert wird.

Identisch waren hingegen viele Audi-Komponenten mit solchen von Volkswagen, was auch für die Motoren und Antriebsaggregate zutraf. Schon aus Gründen der Service- und Ersatzteilversorgung innerhalb der VW-Gruppe mache dies Sinn. Nur bei den quattro-Baureihen durfte Audi Exklusivität in Anspruch nehmen.

Den ab 1994 angebotenen A4 – vergleichbar mit dem VW Passat und intern als B5 bezeichnet – gab es als viertürige Limousine und ab November 1995 auch als Avant (Kombi). Eine technische Neuheit war die Vierlenker-Vorderachse, die auch beim A8 zum Einsatz kam. Sie sollte das Lenkverhalten verbessern und Auswirkungen von Fahrbahnunebenheiten auf die Lenkung minimieren. Die überarbeitete Verbundlenker-Hinterachse für frontgetriebene Modelle wurde neu abgestimmt und leichter. Fahrzeuge mit dem Allradantrieb quattro erhielten die aus dem Audi 80 bekannte Hinterachse mit Doppelquerlenkern. **SH**

Cerbera | TVR   (GB)

1996 • 4475 ccm, V8 • 440 PS/324 kW • 0-100 km/h in 4,2 Sek. • 310 km/h

In der griechischen Mythologie hat der böse Höllenhund Cerberus drei oder auch fünf Köpfe und den Schwanz einer Schlange. Vielleicht wollten die Namensgeber beim britischen Autohersteller TVR andeuten, daß ihr schärfstes Modell jeden Fahrer zu zerfleischen droht, der mit 440 PS nicht richtig umzugehen versteht.

Der Cerbera war der erste TVR, der als Hardtop-Coupé erschien, und er war auch der erste mit einem im eigenen Hause gebauten Motor. Das Coupé war viersitzig ausgelegt, wobei einer der Fondsitze nach vorn geschoben wurde: dies ergab eine 3+1-Konfiguration. Zum Bau eines eigenen Motors war es gekommen, weil 1994 die Rover Group von BMW geschluckt worden war und die Manager bei TVR befürchteten, daß damit ihr Motorenlieferant künftig ausfallen würde. Man ging daher an die Konstruktion eines 4,2-Liter V8, für den der Formel-1-Ingenieur Al Melling verantwortlich zeichnete. TVR-Boß Peter Wheeler nannte den Achtzylinder „Speed Eight" und kündigte schon im Vorfeld an, das Aggregat sei für einen leichten Zweisitzer viel zu leistungsstark, weshalb man einen relativ großen Wagen für ihn bauen müsse. Den 4,2-Liter vergrößerte man etwas später sogar zum 4,5-Liter. Schon durch seine ruppige Akustik ist die größere Version zu erkennen. Und es gab eine weitere Steigerung, genannt „Red Rose": Dies war ein V8 mit sogar 440 PS und noch mehr Biß. Der ultimative Cerbera aber war der Speed Twelve genante 7,7 Liter V12, für den TVR keine Leistungsangaben veröffentlichte; angeblich brachte der Motor beim Probelauf den Prüfstand zum Kollaps. Ein Exemplar für die Straße wurde verkauft. **DS**

XK8 | Jaguar

1996 • 3996 ccm, V8 • 290 PS/213 kW • 0-100 km/h in 6,8 Sek. • 246 km/h

Auf den XK8 hatten Jaguar-Liebhaber seit dem Verschwinden des legendären E-Type sehnlichst gewartet. Der 1996 präsentierte neue Sportwagen durfte sich als echter Jaguar bezeichnen lassen, obwohl Skeptiker befürchtet hatten, er würde ein verkappter Ford werden. Aber schon die Frontpartie des 2+2 machte deutlich, daß man es mit einem E-Type-Nachfolger zu tun hatte. Das einzige von Ford übernommene Bauteil war der Microchip im Zündschlüssel.

Erstmals trieb ein V8-Motor einen Jaguar Sportwagen an. Er leistete 290 PS und wartete mit einer erstaunlichen Elastizität auf. Es gab ein Coupé und wenig später auch ein Cabriolet, dessen Verdeckmechanismus Jaguar aus Deutschland bezog. Die Fahreigenschaften wurden ohne Einschränkungen als exzellent beurteilt; der Wagen verfügte über eine Traktionskontrolle sowie ABS. Die Geräuschdämmung war perfekt. Das lauteste innen vernehmbare Geräusch bei schneller Fahrt rührte von den Reifen her.

Der Jaguar XK8 hat im Verlauf seiner Karriere nur wenige, aber doch bedeutende Modifikationen erfahren. Die wichtigste dürfte die Einführung einer Aluminiumkarosserie sowohl für das Coupé als auch für den Roadster im Jahre 2005 gewesen sein. Der genietete und geklebte Aufbau war nicht nur um 170 Kilogramm leichter, sondern in seiner Struktur auch stärker geworden. Stilistische Retuschen an der Wagenfront (Scheinwerfer, Lufteinlässe), an den Flanken und an der Heckpartie (mit einer großen Klappe beim Coupé) machten den XK8 ein weiteres Mal zu einem außerordentlich attraktiven Sportwagen. Der 2+2 wurde unverändert mit einem 4,2-Liter-V8-Motor und einer 6-Stufen-Automatik von ZF angeboten. **BS**

Boxster | Porsche

1996 • 2480 ccm, Sechszylinder-Boxermotor • 204 PS/150 kW • 0-100 km/h in 7 Sek. • 240 km/h

Boxster: Der Name war eine Wortkombination aus Boxer (wie man den Porsche-Flachmotor häufig zu bezeichnen pflegt) und Speedster; der Designer Steve Murkett hatte ihn sich ausgedacht. Der Wagen und der Name wurden von der Presse und vom Fernsehen mit Begeisterung aufgenommen, als die Premiere 1993 in den USA über die Bühne ging. Der Roadster – intern als Typ 986 geführt – mit seinem wassergekühlten Mittelmotor ging im Sommer 1996 in Serie und war dazu auserkoren, Porsche aus einem Absatztief herauszukatapultieren.

Was den Boxster von seinen Konkurrenten unterschied, war das relativ große Platzangebot. Dank seines Mittelmotorkonzepts hatte er vorn und hinten je einen Kofferraum. Das serienmäßig elektrisch betriebene Verdeck fand in einem Verdeckkasten über dem Motor Platz.

Der Motor mit seinem Zylinderblock aus Aluminiumguß wies 2480 ccm Hubraum auf und leistete 204 PS. Für die Ingenieure, die in Weissach auch den Motor für den 911/996 zu entwickeln hatten, kam nur Wasserkühlung in Frage: „Wasserkühlung ermöglicht uns eine bessere Leistungsbilanz, weil die Temperaturregelung an den Zylinderköpfen optimaler ist." 2002 vergrößerte man den Motor auf 2687 ccm, gut für 220 PS. Das S-Modell hingegen hatte einen 3,2-Liter-Motor mit einer Leistung von 252 PS. 2003 brachte der 2,7-Liter-Motor 8 PS mehr, ein Jahr später kletterte die Leistung des 3,2 Liter auf 266 PS. Der Boxster S ließ sich in 5,7 Sekunden von Null auf 100 km/h beschleunigen und lief 266 km/h Spitze. 2003 ließ Porsche der Boxster-Baureihe ein Facelift angedeihen. Es gab Änderungen an der Bug- und Heckpartie sowie an den seitlichen Lufteinlässen. **DS**

Elise S1 | Lotus (GB)

1996 • 1796 ccm, Vierzylinder • 122 PS/89,7 kW • 0-100 km/h in 6 Sek. • 200 km/h

Er wurde erstmals 1995 auf der IAA in Frankfurt am Main gezeigt – und nicht in seinem Heimatland. Das Konzept war ungewöhnlich: Geringe Abmessungen, ein relativ kleiner Mittelmotor und Verzicht auf jeglichen Komfort ergaben in Verbindung mit hochwertiger Leichtbauweise einen Sportwagen mit exzellenten Fahrleistungen. Und preiswert war das Auto obendrein.

Die Elise stand damit in der Tradition klassischer britischer Roadster. Sein Kernelement stellte das raffinierte Chassis dar, entworfen vom Lotus-Konstrukteur Richard Rackham. Produziert wurde es vom dänischen Zulieferer Hydro Aluminium. Es bestand aus Leichtmetall-Legierung, wog nur 65 Kilogramm und wurde durch Kleben und Nieten zusammengefügt, wobei die Nieten die Schälbeanspruchung von den Klebestellen fernhielten und so ein Abreißen an den Klebestellen verhinderten. Der Aufbau des Zweisitzers besteht aus GFK. Eine geschlossene, vom Rennsport abgeleitete Variante wurde 2000-01 als Exige angeboten.

Das Modell S1, die ab 1996 verkaufte erste Serie der Elise, wurde zu einem Verkaufsschlager. Das Auto war mit dem weit verbreiteten 1,8-Liter-Motor aus der K-Serie der MG Rover Group bestückt; in der Standardausführung leistete der Vierzylinder 122 PS. Einen identischen Motor hatte der MG-F.

Ab 1998 war die Version 111S lieferbar, deren Motor mit variabler Ventilsteuerung versehen war und 145 PS leistete. Daneben bot Lotus einige Sondermodelle mit leistungsgesteigerten Motoren an. Zwischen 1998 und der Einstellung des Typs S1 im Jahr 2000 gab es Sondereditionen mit Motoren von 136 bis 192 PS. Viel Fahrspaß fürs Geld boten sie alle. **SB**

Esprit V8 | Lotus (GB)

1996 • 3506 ccm, V8 • 354 PS/260 kW • 0-100 km/h in 5,2 Sek. • 282 km/h

Der Esprit war ein von 1976 bis 2003 gebauter Mittelmotor-Sportwagen des britischen Automobilherstellers Lotus. Während seiner fast 30jährigen Modellgeschichte wurde er in mehreren Versionen mit verschiedenen Saug- und Turbomotoren angeboten. Die Grundform der Karosserie blieb dabei unverändert, wurde aber im Laufe der Zeit modernisiert und erfuhr mehrere Male eine intensive Modellpflege.

1996 wurde eine neue Ausführung vorgestellt, versehen mit einem neu entwickelten 3,5-Liter-Biturbo-V8-Motor in Vier-Ventil-Bauart und einer Leistung von 354 PS. Der Esprit V8 war der erste und einzige Lotus mit Achtzylindermotor und zugleich die leistungsstärkste Version in der Esprit-Geschichte. Dennoch verkaufte sich das Modell schleppend. Die Modelle mit Achtzylindermotor wurden bis 1998 als V8 bezeichnet, danach als GT und SE, wobei die SE-Ausstattung die höherwertige war (Lederausstattung, Klimaanlage, Heckspoiler). Ein auf 50 Exemplare limitiertes 350-Sport-Sondermodell ergänzte 1999 das Programm. Dies war das schnellste und leistungsfähigste je gebaute Modell der Lotus-Esprit-Reihe. Die Innenausstattung des 350-Sport war vereinfacht. Dieses Modell war nur in Silber erhältlich, der Motor war blau lackiert. Der SE erhielt die stärkere 330-mm-AP-Bremsanlage des 350-Sport-Modells, erkennbar an den gelochten Bremsscheiben. Zum letzten Modelljahr 2002/03 erhielten die Coupés runde Heckleuchten sowie die Frontspoilerlippe des 350-Sport-Modells. Wenn es Nachteile gab, dann waren es die bedrückende Enge im Wagen, die das Ein- und Aussteigen schwermachte, und der zu klein bemessene Fußraum. **BS**

550 Maranello | Ferrari

1996 • 5474 ccm, V12 • 485 PS/356 kW • 0-100 km/h in 4,6 Sek. • 300 km/h

Gut 25 Jahre lang wiesen alle Ferrari Supercars einen Mittelmotor auf, vom Testarossa bis zum 512M. Und dann erschien 1996 der 550 Maranello, ein zweisitziges GT-Coupé als Antwort auf die Frage, ob ein Zwölfzylinder-Frontmotorwagen wohl die gleichen Fahrleistungen erbringen könnte wie ein gleichstarker Mittelmotor-Sportwagen. Sergio Pininfarina gehörte zu denen, die das bejahten: „Ferrari beweist, daß dies beim heutigen Stand der Technik möglich ist."

Der 5474-ccm-Motor des Modells 550 Maranello leistete 485 PS bei 7600 U/min, war aber nur ein Teil des Innovationspaketes. Der andere bestand in einem elektronisch gesteuerten Kraftverteilungssystem mit Schlupfregelung namens ASR. Das System tritt in Aktion, wenn die Räder beim Anfahren des Fahrzeugs anfangen durchzudrehen, wenn sie also keine oder nur wenig Haftung auf der Straße bringen. Droht ein Schlupf der Antriebsräder, wird das Antriebsmoment durch einen automatischen Brems- oder/und Motormanagementeingriff reguliert. Das Regelsystem, das seine Informationen auch über die ABS-Raddrehzahlsensoren erhält, gewährleistet damit Traktion und Fahrstabilität während der Beschleunigungsphase sowohl auf gerader Strecke als auch bei Kurvenfahrt. Man konnte das ASR-System auch abschalten.

Die Innenausstattung des Coupés mit seinem klassischen Instrumentarium und dem filigranen Schalthebel war so, wie man es von einem Ferrari gewöhnt war. Für den etwas knapp bemessenen Kofferraum bot man einen passenden Koffersatz an. Schade nur, daß man die 300 km/h Höchstgeschwindigkeit nirgendwo gefahrlos auskosten konnte. **BS**

Berlingo | Citroën (F)

1996 • 1998 ccm, Vierzylinder • 89 PS/66,4 kW • 0-100 km/h in 13,4 Sek. • 160 km/h

Mit dem Berlingo hatte es Citroën geschafft, einen Van mit einem Familienauto zu kombinieren. Und es gab auch beide Varianten, mit oder ohne Seitenfenster hinter den Türen. Das Auto wies ein intelligentes, variables Layout auf; es bot eine gute Sitzposition, viele Ablagemöglichkeiten und zufriedenstellende Fahreigenschaften.

Der im September 1996 erstmals in Hannover gezeigte Berlingo war in verschiedenen Ausführungen erhältlich, mit einer oder (ab 1999) zwei Schiebetüren, mit Heckklappe oder Heckflügeltüren. Eine Besonderheit war das Multifunktionsdach Spacelight bzw. Modutop. Außerdem war bis März 2007 ein Faltdach erhältlich. Auch ein Elektro-Berlingo wurde angeboten.

Citroën war mit dem Berlingo der erste Anbieter dieser neuen Klasse von Hochdachkombis, die dem Fahrer eine erhöhte Sitzposition bieten und durch eine höhere Karosserie über die Innenraumlänge ein großes Ladevolumen haben. Der Renault Kangoo, der VW Caddy und der Opel Combo sind in gleicher Bauweise gehalten. Als Motorisierung bot Citroën einen 1,1- und einen 1,4-Liter Benziner an, ab 1997 auch einen 1,9-Liter Diesel. Ab Herbst 1999 gab es auch einen 2,0-Liter Benziner wie im Xantia.

Die Berlingo-Modelle für den deutschen Markt werden im spanischen Werk Vigo hergestellt. **SH**

GT | Keinath (D)

1996 • 2962 ccm, V6 • 211 PS/155 kW • 0-100 km/h in 8 Sek. • 210 km/h

Der Ingenieur Horst Keinath (1943-2011), Sproß eines Opel-Händlers in Dettingen, hat neben etlichen Einzelanfertigungen von 1993 bis 2003 auch Sportwagen auf Opel-Basis hergestellt. 1972 erfolgte eine Verlagerung des Betriebs in das Industriegebiet Schwöll. Als Grundform des Keinath GT diente ein Opel GT aus den 1970er Jahren. Zuerst als Coupé gebaut, entstand später auch ein Cabriolet mit voll versenkbarem Kunststoffdach. Unter der ebenfalls aus GFK bestehenden Karosserie steckten ein Opel-V6-Motor und ein Opel-Fahrwerk.

2000 erschien der Keinath GT/C. Seine Karosserie lehnte sich stilistisch nun nicht mehr an den Opel GT an, sondern war eine Entwicklung der Edag Engineering + Design AG. Wie sein Vorgänger wies er einen Stahlrahmen und eine Kunststoffkarosserie auf und wurde von einem Opel-V6-Motor vom Omega angetrieben. Das Dreiliter-Aggregat mit vier obenliegenden Nockenwellen und Benzineinspritzung leistete 211 PS, doch es gab auch eine 3,2-Liter-Version mit etwa 230 PS. Allerdings entstanden von diesem GT/C nur zwei Prototypen. Auch wurde ein Fahrzeug mit einem V12-Motor vom Mercedes-Benz S 600 bestückt und ein anderes mit einem 5,7-Liter V8 aus der Corvette. Die geringe Stückzahl macht selbst jeden Serien-Keinath heute zu einer Rarität. **JB**

156 2.6 16V | Alfa Romeo (I)

1997 • 2492 ccm, V6 • 190 PS/140 kW •
0-100 km/h in 7,3 Sek. • 230 km/h

Als eine neue Stufenheck-Limousine mit Quermotor und Vorderradantrieb stellte Alfa Romeo im September 1997 das Model 156 vor. Es handelte sich um den Nachfolger des 155, mit dem die Italiener planten, dem BMW 3er Konkurrenz zu machen. In der Tat erwies sich der neue Alfa Romeo als ein Verkaufserfolg; insgesamt wurden mehr als 680.000 Stück produziert und abgesetzt.

Es gehörte zu den Stilmerkmalen eines sportlichen Alfa, daß er sein vorderes Kennzeichen asymmetrisch trug. Es gab keinen Griff, mit welchem man den Kofferraum hätte von außen öffnen können, und als Option konnte man ein Lenkrad aus Mahagoni bekommen. Der Vierzylindermotor war ein Vierventiler und mit 1,6, 1,8 oder 2,0 Liter Hubraum zu bekommen, ferner gab es einen V6 mit 2,5 Liter, einen Turbodiesel mit 1,9 Liter (Common Rail, Zweiventiler) sowie einen 2,4-Liter Fünfzylinder mit Garrett-Lader – eine wahre Rakete mit rasanter Beschleunigung. Liebhabern überflüssiger, aber auffallender Karosseriedekorationen bot Alfa Romeo einen großen Heckspoiler an, auch gab es eine Auswahl attraktiver Alufelgen. Wer es eine Nummer bescheidener mochte, entschied sich für den Alfa Romeo 146, der Anfang 1997 mit einem neuen 150-PS-Vierventil-Motor herausgekommen war und mit 210 km/h fast so flott war wie der 155. **SH**

V70 T5 | Volvo (S)

1997 • 2319 ccm, Fünfzylinder • 260 PS/190 kW •
0-100 km/h in 6,8 Sek. • 250 km/h

Die Marke Volvo hatte schon immer einen sehr guten Ruf für ihre geräumigen, strapazierfähigen Kombiwagen in der oberen Mittelklasse. Sie galten als extrem langlebig und zuverlässig. Doch mit dem V70 T5 drangen die Schweden nun auch in Europas Premiumklasse vor – und das ebenfalls mit einem Kombi, der damit ganz neue Maßstäbe setzte. Die Herstellung einer Limousine war nicht vorgesehen.

Das Herzstück des Wagens war sein Fünfzylinder-Benzinmotor mit Kraftstoffeinspritzung und zwei obenliegenden Nockenwellen. Er bestand aus Leichtmetall und wies einen Hochdruck-Turbolader auf, der für eine Leistung von 241 PS sorgte. Damit vermochte der skandinavische Kleiderschrank (Zuladung: 450 Kilogramm) mit Vorderradantrieb imponierender zu beschleunigen als mancher Sportwagen. In Schweden verfügte die Autobahnpolizei über eine Anzahl dieser Autos.

Zu den Besonderheiten des V70 T5 gehörten Stabilitäts- und Traktionskontrolle, eine Lederausstattung und Alufelgen. Im Fahrerraum gab es Zweistufen-Frontairbags sowie Seitenairbags und Sicherheitssitze; in den Türen waren Kollisionsschutzschienen eingebaut. Im Rahmen der Modellpflege erhielt das Fahrzeug im Herbst 2000 einen auf knapp 2,4 Liter vergrößerten Motor mit variabler Ventilsteuerung und 260 PS. **SH**

◁ Der Raketenwagen Thrust SSC 1997 in der Wüste von Nevada im Angriff auf die Schallgrenze.

Thrust SSC | SSC Program (GB)

1997 • Zwei Düsentriebwerke • 110.000 PS/80.850 kW • 0-160 km/h in 4 Sek. • 1228 km/h

Im Oktober des Jahres 1997 machte sich wieder einmal jemand daran, einen neuen Weltrekord für Landfahrzeuge aufzustellen, und nachdem Hal Needham 1979 bereits mit Mach 1 unterwegs gewesen war, lag es dem neuen Herausforderer Andy Green an einem Beweis, daß es noch schneller ging. Der britische Fliegeroffizier kam im Oktober 1997 auf der Ebene der Black Rock Desert in Nevada, USA, auf 1228 km/h. Damit war er als erster Mensch mit einem Landfahrzeug der Schallgeschwindigkeit am nächsten gekommen, die nach wissenschaftlicher Definition bei einer Temperatur von 20 Grad Celsius 1234,8 km/h beträgt.

Der Thrust SSC war mit zwei Düsentriebwerken von Rolls-Royce versehen, wie sie im Kampfflugzeug F-4 Phantom zu finden sind. Die Kraftentfaltung entspricht der von etwa 145 Formel-1-Rennwagen. Das in England gebaute Rekordfahrzeug ist 16,5 Meter lang, wiegt 10,5 Tonnen und verbrauchte bei seinem Einsatz in Nevada umgerechnet 5500 Liter Treibstoff auf 100 Kilometer. Der schnelle Düsentriebler steht heute im Transport Museum zu Coventry.

Andy Green, nebenbei Toboggan-Teamchef der RAF-Mannschaft beim Cresta Run, hält auch den Weltrekord für ein Dieselfahrzeug, aufgestellt mit einem JCB Dieselmax mit 529 km/h. Green hatte bei Redaktionsschluß zu diesem Buch vor, seinen Rekord mittels kombiniertem Raketen/Düsenantrieb auf 1600 km/h zu schrauben. Doch in der Anerkennung der Rekorde gibt es eine Einschränkung: Die schnellsten Fahrzeuge verfügen sämtlich nicht über angetriebene Räder. Die hat nur der Rekordhalter Vesco Turbinator, 757 km/h schnell. **SH**

Alpina B10 V8 | BMW (D)

1997 • 4619 ccm, V8 • 340 PS/250 kW • 0-100 km/h in 5,9 Sek. • 280 km/h

Alpinas Kooperation mit BMW funktionierte von Anfang an ausgezeichnet. Denn es war von großer Bedeutung, daß keine Konkurrenzsituation entstand und sämtliche Aktivitäten mit BMW abgestimmt wurden. Man legte bei Alpina wie auch bei BMW stets Wert darauf, daß dem auch an alle Automobile aus Buchloe angehefteten weiß-blauen Emblem nur Spitzenattribute zuerkannt wurden. Der BMW 860i beispielsweise wurde der B12 mit 461 statt 300 PS. Der B3 und der B6 basierten auf demselben 3er-Grundmodell, letzterer war mit einem auf 240 PS erstarkten 2,8-Liter-Motor zu bekommen. Der B11 war ein optimierter 735i. Und etwas ganz Besonderes stellte der B8 dar, nämlich ein 3er Coupé mit 4,0-Liter V8-Motor, 313 PS stark und 275 km/h schnell.

Die auf hohem technischen Niveau vorgenommene Veredelung serienmäßiger BMW-Wagen zu automobilen Meisterwerken erfolgte zunehmend in einem Umfang, der es rechtfertigte, daß Burkard Bovensiepens Automobilmanufaktur sich beim Verband der Automobilindustrie als Hersteller akkreditierte. Alpina verfügt über umfangreiche Test- und Versuchseinrichtungen sowie Labor- und Fertigungsanlagen.

Jeder von Alpina gebaute Wagen ist ein Einzelstück mit individueller Geschichte, auch die Motoren kommen keineswegs von der Stange. Die Blöcke und andere Komponenten liefert zwar BMW, aber jedes Aggregat erfährt seine Individualisierung und Feinabstimmung. Der Motor des Alpina B10 zum Beispiel, basierend auf dem E39 (5er-Generation ab 1995), war ein auf 4,6 Liter aufgebohrter 3982-ccm-V8 aus dem 540i, 61 PS mehr leistend und gut für 280 km/h. **HS**

Corvette C5 | Chevrolet (USA)

1997 • 5670 ccm, V8 • 345 PS/253 kW • 0-100 km/h in 4,9 Sek. • 290 km/h

Nach der Vorstellung des Chevrolet-Entwicklungschefs Dave McLellan sollte das Modell C5 als Vertreter der fünften Corvette-Generation in der gesamten Autobranche als einer der „ersten Wagen des 21. Jahrhunderts Furore machen, nicht etwa als letzter des 20. Jahrhunderts".

Der Sportwagen bekam einen Zentralrahmen, zu dessen Herstellung man eine Technik anwendete, die den Stahl unter hohem Wasserdruck verformte („Hydroforming" genannt). Es gab viele weitere Innovationen im Herstellungsprozeß. Wie die Manager es sich vorgestellt hatten, erweckte der C5 nicht nur bei Corvette-Fans Interesse, denn lange genug hatten sie auf das neue Modell warten müssen.

Als die ersten Exemplare Ende Februar 1997 in die Schaufenster kamen, hatten sie einen auf 2654 mm verlängerten Radstand, wobei die Gesamtlänge mit 4564 mm sich nur geringfügig verändert hatte. Das Rad-

standsmaß war wegen des Transaxle notwendig geworden und gewährte ein gutes Equilibre: 51,4 Prozent des Fahrzeuggewichts lasteten auf den Vorderrädern, 48,6 Prozent auf den Hinterrädern. Beim Indy-500-Rennen fungierte ein C5 Cabrio als Pace Car – das machte Eindruck!

Der Hubraum des neuen Aluminiumblock-Motors hatte man von 350 auf 346 c.i. reduziert (5670 ccm); er leistete jetzt 345 PS bei 5600 U/min. Angeboten wurde der C5 erst einmal nur als Hatchback-Coupé mit Targa-Dach für 37.495 Dollar. Das verkürzte Modelljahr 1997 resultierte in einer Produktionszahl von nur 9752 Wagen. 1998-99 sah es anders aus: Das Coupé brachte es auf 19.235 Stück, das Cabriolet auf weitere 11.849. Und zum ersten Mal seit 1962 hatte die Corvette einen von außen zugänglichen und geräumigen Kofferraum. Vorgabe gewesen war die Unterbringungsmöglichkeit von zwei Golfbags auch bei versenktem Verdeck. **JI**

Prowler | Plymouth (USA)

1997 • 3523 ccm, V6 • 214 PS/158 kW • 0-100 km/h in 7,5 Sek. • 180 km/h

Das Nachrichtenmagazin *Time* nominierte den 1997 erschienenen Plymouth Prowler als eines der „50 schlechtesten Autos aller Zeiten". Wie kam es dazu? Eigenwillig war das Auto schon – aber war es wirklich so schlecht?

Man hatte den Chrysler-Entwicklungsingenieuren völlig freie Hand gelassen beim Entwurf eines spaßigen Hot-Rods. Sie entschieden sich für einen offenen Zweisitzer mit freistehenden Vorderrädern samt Aufhängungen und einer leichten Karosserie aus Aluminium. Der in dunkelroter Lackierung gelieferte Prowler (wie im Amerikanischen auch Polizeiautos genannt werden) mit 3,5-Liter-V6-Motor fand durchaus Anklang, und da im ersten Jahr nur 312 Exemplare aufgelegt wurden, überboten sich die Interessenten mit Offerten für einen Vertrag.

Was Hot-Rod-Traditionalisten allerdings irritierte, war das automatische Getriebe sowie die Bestückung mit einem V6- statt mit einem V8-Motor. Für kleinere Schocks sorgten der Kofferraum, in welchem sich nur das Verdeck verstauen ließ und dadurch kaum Platz für etwas Gepäck blieb (weshalb Plymouth einen Anhänger anbot, als „trunk trailer" bezeichnet), und der vordere Stoßfänger, der dem Aussehen des Autos recht abträglich war.

1998 gab es einen mit 253 PS spürbar stärkeren Motor – aber es war leider noch immer kein V8, und auch eine Handschaltung wurde noch immer nicht angeboten. Das waren Wermutstropfen, mit denen die Fans sich abzufinden hatten. Doch zu den 50 schlechtesten Autos der ganzen Welt hätte Time den Prowler nicht herabstufen müssen. Der Verdacht drängt sich auf, daß da jemand vielleicht eine persönliche Rechnung zu begleichen hatte. **BS**

CLK GTR | Mercedes-Benz AMG

1997 • 5986 ccm, V12 • 612 PS/450 kW • 0-100 km/h in 3,9 Sek. • 345 km/h

Als Ende 1996 die Internationale Tourenwagenmeisterschaft keine Fortsetzung fand, schien AMG eines ihrer Hauptbetätigungsfelder zu verlieren. Der AMG-Mercedes aus Affalterbach in Gestalt eines Mercedes-Benz CLK war in der GT1-Kategorie zu einem starken Herausforderer vor allem für Porsche geworden.

Mit Beginn des Jahres 1997 trat ein neues FIA-Reglement für die GT-Klasse in Kraft. Der Mercedes-Sportdirektor Norbert Haug sagte: „Ich mußte sicherstellen, daß wir gut präsentiert waren, im Falle die FIA-GT-Meisterschaft an Popularität zunahm und damit ein breites Fernsehpublikum bekam." Die Marketing-Chance wollte man sich keinesfalls entgehen lassen, und so entstand ein dem CLK ähnelndes GTR-Coupé, allerdings mit Kohlefaser-Monocoque, Mittelmotor und Rennfahrwerk. Von den in Frage kommenden Motoren unter Berücksichtigung der Ansaugluft-Mengenbegrenzung und der Relation zum Fahrzeuggewicht wählte man den 6,0-Liter V12 der S-Klasse. In nur vier Monaten stand der AMG CLK GTR auf seinen Rädern. Nach kurzer Zeit war der silberne Renner ein zuverlässiger Favorit, gefahren von Bernd Schneider und Klaus Ludwig. Schneider errang 1997 die Meisterschaft, als Markenchampion plazierte sich AMG-Mercedes vor BMW.

1998 lag Mercedes erneut ganz vorn. AMG hatte dafür den CLK LM gebaut, mit einem 4OHC-V8. Es gab eine 5,0- und eine 6,0-Liter-Version. In seiner niedrigeren und längeren Form war dieses Auto unschlagbar, mußte nur ein Mal Porsche den Vortritt lassen: in Le Mans. Beide AMG-Mercedes waren dort wegen eines Materialfehlers ausgefallen. Alle anderen zehn Rennen 1998 gewannen sie ohne Pannen. **BS**

Der Ferrari F50 machte den Eindruck eines Hochleistungswagens. Er reichte auch an die Leistungen der Konkurrenz heran, übertraf sie aber nicht. ▷

VehiCross | Isuzu

1997 • 3165 ccm, V6 • 215 PS/158 kW • 0-100 km/h in 9 Sek. • 170 km/h

Der kompakte, nur etwas über vier Meter lange Offroader aus Tokio bestach durch sein eigenwilliges Design. Er hatte die Front eines Sportwagens und den Torso eines Geländewagens der Land-Rover-Fakultät. Als Concept Car hatte man den Isuzu 1993 auf der Automobilausstellung in Tokio sehen können, und manche belächelten ihn. Dennoch gab es eine erstaunlich große Nachfrage zu verzeichnen, so daß Isuzu beschloß, den Wagen in Serie gehen zu lassen.

Dem kompakten 4x4 durfte man bescheinigen, daß er zur Avantgarde gehörte. Sein Design war kühn zu nennen, und es war ausnahmsweise nicht das Ergebnis von intensiven Marktuntersuchungen oder langen Direktoriumskonferenzen. Man ließ den Konstrukteuren und Stilisten freie Hand, und so geriet auch das technische Konzept nicht zu einem im Vorfeld ausgehandelten Kompromiß. Der Motor war ein Vierventil-V6 mit vier obenliegenden Nockenwellen, vollkommen in Aluminium ausgeführt und mit elektronischer Einspritzung versehen. Klassisch war die hintere Starrachse an einem Fahrgestell mit Längsholmen und Traversen, aber Schraubenfederung und Kurvenstabilisator; vorn gab es doppelte Dreiecksquerlenker und Torsionsfederstäbe. Die Antriebskraft verteilte sich auf die vier Räder durch computergesteuerte Sensoren, so daß unter allen Umständen immer die optimale Traktion gewährleistet war.

Als ein VehiCross 1998 die Rallye Paris-Dakar gewann, mögen sich viele gewundert haben. Wer sich mit dem Wagen jedoch näher befaßt hatte, war davon nicht überrascht. Dieser hochmotorisierte Allrounder mit fast 20 Zentimeter Bodenfreiheit und Getriebeautomatik war zur Siegernatur geboren. **SH**

F50 | Ferrari

1997 • 4698 ccm, V12 • 513 PS/377 kW • 0-100 km/h in 3,9 Sek. • 312 km/h

Das Konzept des F50 folgte dem des F40. Es sollte eine Art Formel-1-Wagen für die Straße entstehen, und das mit einem V12-Motor, der ebenfalls in der Formel Eins Verwendung fand. Dadurch geriet der F50 nicht nur länger und breiter als der F40 mit seinem Twinturbo-V8, sondern auch erheblich teurer. Er kostete eine halbe Million Dollar.

Die von Pininfarina geschaffene Karosserie durfte man als Evolution aus der für den F40 bezeichnen. Die rückwärtige Partie hatte größer als beim F40 ausfallen müssen, damit sich der V12-Motor und sein Getriebe unterbringen ließen. Die gewaltige Breite machte den F50 zu einem Auto, das sich für ein Durchfädeln auf schmalen Straßen wenig eignete. In Sachen Komfort war der F50 seinem Vorgänger allerdings überlegen.

In jeder anderen Beziehung aber wies der F50 reine Rennwagen-Charakteristik auf. Das Space-Frame-Chassis war mit Kohlefaserflächen verkleidet, der Motor hatte mittragende Funktion und war direkt mit dem Querschott des Cockpits verschraubt. Am Getriebe saßen die Aufnahmen für die hinteren Stoßdämpfer. Der Viernockenwellen-V12 hatte 4,7 Liter Hubraum sowie ein Sechsganggetriebe mit Handschaltung. Doch so hoch wie bei einem Grand-Prix-Wagen drehte der Motor nicht. Er gab seine 513 PS bei 8000 Touren ab.

Es erwies sich als müßig, Vergleiche zwischen dem F40 und F50 zu ziehen, denn letzterer war schon durch seine Motorleistung der potentere Wagen. Der Sound des Motors war so markant, wie man es von einem Ferrari-Zwölfzylinder erwarten konnte. Nach 350 Stück produzierten Wagen schloß man das Kapitel ab. Es gab neue Prioritäten. **BS**

Prius | Toyota

1997 • 1497 ccm, Vierzylinder + E-Motor • 58 PS/43 kW • 0-100 km/h in 12,9 Sek. • keine Angaben

Als 1997 der Toyota Prius erschien, nannte man ihn einen Meilenstein der modernen Automobilgeschichte: Er war ein Hybridwagen. Freilich, es war nicht der erste – den schuf Ferdinand Porsche bereits im Jahre 1900. Aber die Japaner hatten eine zeitgemäße Interpretation des aktuellen Themas zu präsentieren.

Der Prius bezog seine elektrische Energie nicht aus dem Stromnetz. Vielmehr lud sich sein Nickel-Metallhydrid-Akku während der Fahrt per Verbrennungsmotor über einen Generator sowie durch Energierückgewinnung beim Bremsen und im Schubbetrieb auf.

Der Prius verfügte über ein Energiemanagement-System, das selbständig entschied, welcher Motor wann eingesetzt wird: Beim Anfahren und bei geringer Beschleunigung des Fahrzeugs sowie beim Rückwärtsfahren wurde der Prius ausschließlich durch den Elektromotor angetrieben und hatte in diesen Phasen keinen Spritverbrauch. Bei Stop-and-go-Verkehr wurde der Benzinmotor zum Beschleunigen gestartet, jedoch automatisch wieder abgeschaltet, sobald man das Gas zurücknahm. Das automatische Abschalten des Benzinmotors erfolgte auch beim Bergabfahren, beim Bremsen oder beim Ausrollen. Die Reichweite des Elektromotors allein, wenn der Benzinmotor manuell abgeschaltet wurde, betrug zwei Kilometer bei 50 km/h. **JI**

Forester | Subaru

1997 • 1994 ccm, Vierzylinder-Flachmotor • 122 PS/89,7 kW • 0-100 km/h in 12,1 Sek. • 178 km/h

Als der Subaru Forester erschein, wußte man ihn nicht gleich einzuordnen. Er war eine Schräghecklimousine im Geländewagen-Look, war auch mit permanentem Allradantrieb versehen. So betrachtet, konnte man ihn mit dem Range Rover vergleichen, doch er wies nicht dessen aristokratische Höhe auf. Auch ließ sich der japanische Fünftürer sportlicher bewegen als der britische Klassiker, und einige nannten ihn einen „Softroader". Über ein zentrales Differential mit Viskokupplungen ließ sich eine gleichmäßige Drehmomentverteilung vornehmen, so daß der Wagen auf der Straße wie im Gelände gleich gute Fahreigenschaften hatte. Wer vorwiegend auf der Straße fuhr, bestellte ihn mit Normal- und nicht mit Geländebereifung.

Es standen für den Forester drei Motoren zur Wahl: ein 122 PS starker Zweiliter mit 16 Ventilen, ein ebensolcher Vierzylinder mit 2,5 Liter Hubraum und 150 PS sowie ein 4OHC-2,0-Liter mit doppeltem Abgasturbolader plus Intercooler mit 250 PS. Alle Aggregate waren in Flachmotor-Bauweise gehalten, typisch für Subaru. Ein Dieselmotor war nicht im Programm. Die Motorkonstruktion erlaubte eine relativ niedrige Motorhaube. Das ideale Freizeitauto wurde sogar mit einer Handwaschschüssel (oder war es ein Hundenapf?) ausgeliefert: Sie befand sich in der Mulde des Reserverades. **SH**

406 Coupé V6 | Peugeot (F)

1997 • 2946 ccm, V6 • 190 PS/140 kW •
0-100 km/h in 7,9 Sek. • 235 km/h

Auf dem Pariser Automobilsalon im Oktober 1996 erschien ein neues Coupé von Peugeot. Ein von Pininfarina wieder einmal meisterhaft gezeichnetes Auto, das manchen Besitzer eines Mercedes-Benz SEC überlegen ließ, ob er die Fronten wechseln sollte. Gerüchten zufolge war das Design des Zweitürers für einen Ferrari vorgesehen; es hieß, Lorenzo Ramaciotti – Schöpfer des 456 und des 550 Maranello – habe nur sein Konzept für ein „kleines Supercar" nicht durchsetzen können, weshalb daraus ein Peugeot wurde.

1997 begann die Auslieferung. Basismotor war ein vierventiliger 2,0-Liter-Vierzylinder mit 132 PS, doch der 3,0-Liter-V6 mit vier obenliegenden Nockenwellen und ebenfalls vier Ventilen pro Zylinder stellte natürlich eine reizvollere Alternative dar. Beide Motoren verfügten über eine elektronische Einspritzung von Bosch. Serienmäßig hatte das Coupé Leichtmetallfelgen, eine digitale Klimaanlage, einen Innenspiegel mit Abblendautomatik, Scheibenwischer mit Regensensoren, Bordcomputer, Seiten-Airbags, eine Scheinwerfer-Wasch-Anlage, ein Brembo-Vierkolben-Bremssystem und eine Lenkung, die bei zunehmender Geschwindigkeit direkter wurde. Eine Lederausstattung verstand sich da fast schon von selbst. Erstaunlich war die enorme Größe des Kofferraums. **SH**

R390 | Nissan (J)

1998 • 3500 ccm, V8 • 641 PS/471 kW •
0-100 km/h in 3,1 Sek. • 350 km/h

Als die Firma Nissan 1995 ihre Motorsportaktivitäten wieder aufnahm, gab es zunächst nur eine Zielsetzung: die 24 Stunden von Le Mans zu gewinnen. Zu diesem Zweck entstand mit Hilfe britischer Ingenieure der R390 GT1. Das Design steuerte Ian Callum bei, einer der besten Männer für diesen Job, der vorher für Jaguar und Aston Martin tätig gewesen war. Die von ihm gezeichnete Karosserie umhüllte einen V8-Motor von 641 PS, an dessen Konstruktion Ian Walkinshaw mitgewirkt hatte. Um eine Homologation für Le Mans zu bekommen, mußte mindestens ein Exemplar für die Straße gebaut werden. Daraus ergab sich der wohl aufregendste Nissan, der je mit einem amtlichen (japanischen) Kennzeichen für den Verkehr zugelassen wurde. Der Wagen war metallic-blau lackiert und wies eine Innenausstattung in rotem Leder auf. Er galt als unverkäuflich – bis ein Interessent aus Europa erschien und alle Hebel in Bewegung setzte, um dieses Fahrzeug zu erwerben; Geld spielte keine Rolle. Nissan ließ sich auf den Handel ein, gab das Auto dennoch nicht her – und baute stattdessen ein identisches Exemplar für den hartnäckigen Supercar-Sammler, der Wert darauf legt, anonym zu bleiben. Einschließlich der in Le Mans eingesetzten Fahrzeuge gibt es den R390 GT1 in acht Exemplaren. **JB**

◁ In der zweiten Generation von 2006 gab sich das Design des Audi TT noch konsequenter als bei der Vorstellung des Wagens 1998.

TT | Audi

1998 • 1781 ccm, Turbo-Vierzylinder • 180 PS/132 kW • 0-100 km/h in 7,4 Sek.• 228 km/h

Der ab Mitte 1998 im ungarischen Audi-Werk Gyor produzierte TT erhielt seine Modellbezeichnung nach dem legendären NSU TT Sportwagen der Jahre 1965-72, und der einstige Audi-Partner NSU wiederum hatte ihn sich von der Isle of Mans ausgeliehen, wo NSU-Motorräder einst erfolgreich um die Tourist Trophy kämpften. Daß man einem sportlichen Coupé, entwickelt im kalifornischen Desgin Center der Volkswagen-Gruppe, diesen Namen gab, war eine gute Idee. Der Prototyp des Autos wurde im Herbst 1995 vorgestellt. Obwohl auf der Frontantriebs-Rahmengruppe des VW Golf IV basierend, bekam das Auto eine völlig eigenständige Charakteristik, was viele Details innen und außen unterstrichen. Mattes Aluminium und harmonische Linienführung ergaben eine ästhetische Gesamtkomposition – mit einem Hauch von Retro, denn im Profil gab es Anklänge an Bernd Rosemeyers Horch-Coupé namens „Manuela" von 1938.

Bei Testfahrten stellte sich heraus, daß der formschöne Wagen in seiner (optionalen) 4x4-Konfiguration über zu wenig Abtrieb auf der Hinterachse verfügte. Es war aus diesem Grund zu Unfällen gekommen. Dies führte zur nachträglichen Montage eines Heckbürzels, den der TT ab Ende 1998 bekam. Vor allem mit Sechsganggetriebe und einer 224-PS-Version war der TT schon bald ein Liebhaberauto für die Jungen Wilden, die es nicht störte, daß die Fondsitze nur dekorativen Sinn hatten. Dafür verfügte das Auto mit seiner großen Heckklappe über einen riesigen Kofferraum – wie einst das Horch-Coupé des Auto Union-Rennfahrers Bernd Rosemeyer. 2006 erschien ein stark überarbeitetes Nachfolgemodell. **HS**

Golf III Cabrio | Volkswagen

1998 • 1781 ccm, Vierzylinder • 75 PS/55,1 kW • 0-100 km/h in 15,5 Sek. • 163 km/h

Im August 1997 hatte Volkswagen den Golf IV präsentiert. Doch in seiner Cabrioletausführung blieb es beim Golf III, allerdings erhielt er im Frühjahr 1998 eine überarbeitete Karosserie, was den viersitzigen Zweitürer mit seinem signifikanten Targabügel zu einem noch attraktiveren Auto machte. Die Veränderungen betrafen eine veränderte Front- und Heckpartie sowie einige Details im Innenraum; dort gab es jetzt eine blau-rote Armaturenbeleuchtung und neue Oberflächen.

Das Golf Cabrio war nach dem Porsche Targa eines der ersten offenen Fahrzeuge mit einem festen Überrollbügel, den vor allem die USA vorschrieben. Dort hatte eine öffentliche Diskussion bezüglich Fahrzeugsicherheit begonnen. Demnach galt Cabriofahren plötzlich als unsicher, da offene Fahrzeuge wenig Schutz bei Seitenkollision oder gar bei Unfällen mit Überschlag boten. Aus diesem Grund führte auch VW beim offenen Golf den Überrollbügel ein – der amerikanische Markt war schließlich wichtig.

Die Karosserien aller Golf Cabrio-Generationen stellte Karmann in Osnabrück her, die auch an der Entwicklung des offenen Golfs beteiligt war und noch bis Januar 1980 das Vorgängermodell Käfer Cabrio produziert hatte.

Beim vom ab Sommer 1993 erschienenen Golf III Cabrio gab es ebenso diverse Sondermodelle: Pink Floyd, Rolling Stones, Bon Jovi, Joker, Highline und Classic Edition. Außerdem war das Golf III Cabrio einer der wenigen offenen Wagen, die damals auch mit einem Dieselmotor lieferbar waren.

Der offene Volkswagen der Golf-Baureihen I bis III erfreut sich einer großen Fangemeinde und verzeichnet einen beachtlichen Wertzuwachs. **HS**

3200 GT | Maserati

1998 • 3217 ccm, V8 • 370 PS/272 kW • 0-100 km/h in 5 Sek. • 280 km/h

Der 3200 GT war der erste Maserati, der unter Ferrari-Ägide entstand. 1997 hatte man bei Fiat beschlossen, 50 Prozent Anteile der Tochter Maserati an Ferrari zu verkaufen und die beiden Marken enger zusammenrücken zu lassen, um Synergien nutzen zu können. Fiat hatte die Marke Maserati 1993 von de Tomaso übernommen, der sie zuvor – mit wenig Fortüne – von Chrysler zurückgekauft hatte. Der Autohersteller Fiat war nicht direkt Besitzer von Ferrari, wie oft angenommen wird; vielmehr gehörte Ferrari zur Fiat-Holding. In Ferrari-Regie wurde der Achtzylinder-Maserati-Motor überarbeitet, wie er im 3200 GT zum Einbau kam, ebenso im Maserati Quattroporte, wo er wahlweise mit Sechs- und Achtzylinder-Turbomotor erhältlich war. Klassisch war der Sound des Twin-Turbo-V8, besonders bei höheren Drehzahlen – Musik in den Ohren der Fans!

Der 3200 GT war ein elegantes, viersitziges Coupé, gestaltet von Giorgetto Giugiaro (ItalDesign). Die Vorstellung erfolgte auf dem Pariser Salon 1998. Das Auto wollte beherrscht sein; einem britischen Journalisten gelang es, seinen Testwagen auf Anhieb zu zerlegen ...

Im Jahre 2001 stellte man dem Coupé 3200 einen Spyder GT mit 390-PS-V8-Motor (4244 ccm) zur Seite. Er war superschnell, wies ein Sechsgang-Schaltwippen-Getriebe sowie eine Bosch-Traktionskontrolle auf und war für eine limitierte Auflage von 2000 Exemplaren jährlich geplant. Vier Jahre lang gab es den 3200 GT, der einzig seine Freunde in den USA nicht ganz glücklich werden ließ, denn dort mußte er mit anderen Rückleuchten bestückt werden. 4800 Stück wurden insgesamt gebaut, die meisten fanden ihre Käufer auf dem europäischen Markt. **RD**

C12 | Callaway USA

1998 • 5665 ccm, V8 • 440 PS/323 kW • 0-100 km/h in 4,7 Sek. • 304 km/h

In Old Lyme, Connecticut, etablierte sich 1973 Reeves Callaway als Unternehmer mit hohen Ambitionen: Er plante den Bau und den Einsatz von Rennwagen. Womit er auch erfolgreich war. Callaway weitete sein Busineß aus und modifizierte Pickups zu verkappten Straßenrennern und ging schließlich auch an die Konstruktion und die Herstellung von Supercars wie den 1998 präsentierten C12.

An der Entstehung dieses Autos war maßgeblich ein Kanadier namens Paul Deutschmann beteiligt, der in dieser Branche bereits über einen guten Namen verfügte. Er entwarf den C12 als Coupé, Targa und Cabriolet. Unter der attraktiven Karosserie verbarg sich reine Corvette-Technik, denn Callaway konzentrierte seine Arbeiten vorwiegend auf Chevrolet-Substanzen. Er verfügte über entsprechende Erfahrungen, zumal er im Werksauftrag für Corvette – auch für Aston Martin und Holden – als Motorentuner aktiv gewesen war. Für den C12 zauberte er fast 100 PS mehr aus dem von Haus aus 345 PS starken V8

Der C12 hatte eine Ausstattung in Echtleder und ein anderes Armaturenbrett als die aktuelle Corvette C5. Die Einfärbung des Interieurs erfolgte nach Kundenwunsch. Das Fahrwerk war betont sportlich ausgelegt und stellte eine Entwicklung der MVI Engineering Group in München dar, einer Partnerfirma Callaways. Die MVI Group hat eine lange Historie innerhalb der Automobilindustrie. 1968 als Entwicklungs-Dienstleistungsunternehmen gegründet, kamen einige weitere Firmen hinzu. MVI wurde zu einem bedeutenden Technologie-Partner für die internationale Automobilindustrie, nicht allein für Callaway. **SH**

2002 in den USA erschienene Anzeige, als der Smart von DaimlerChrysler vertrieben wurde.

Indigo 3000 | Jösse Cars

1998 • 2922 ccm, Sechszylinder • 204 PS/150 kW • 0-100 km/h in 6,5 Sek. • 250 km/h

Der im Oktober 1994 als Prototyp vorgestellte und ab 1998 in Handarbeit gebaute Indigo Roadster wurde von der Jösse Cars AB in Arvika, Schweden, angeboten und stellte eine Konstruktion des Ingenieurs Bengt Lidmalm dar. Er und einige seiner Mitarbeiter waren vorher für Volvo tätig gewesen, so auch der Designer Hans Philip Zackau, der unter anderem die Volvo 850 Limousine entworfen hatte.

Vorgesehen war eine Jahresproduktion von etwa 50 Exemplaren. Der Indigo 3000 besaß einen 3,0-Liter-Sechszylinder-Aluminiummotor von Volvo (24 Ventile, 204 PS), ein manuell zu schaltendes Fünfganggetriebe, Hinterradantrieb, vier Scheibenbremsen und einen verzinkten Space-Frame-Stahlrahmen, auf dem die zweisitzige Kunststoff-Komposit-Karosserie saß. Auch ein Hardtop wurde angeboten. Serienmäßig gab es Servolenkung, elektrisch justierbare und beheizte Außenspiegel und ein verstellbares Lenkrad. Nur für ABS mußte man extra bezahlen. Als Basispreis für den offenen GT wurden umgerechnet rund 70.000 D-Mark genannt. Der Preis wäre sicher höher ausgefallen, hätte Jösse nicht so viele Bauteile aus der Volvo-Großserienfabrikation einfließen lassen können.

Das Auto sah sehr gut aus, war mit seinen Überrollbügeln hinter den Sitzen und einer hohen Gürtellinie auf Sicherheit ausgelegt und hätte so etwas wie der Nachfolger des Austin-Healey 3000 werden können. Leider sind nicht mehr als 48 Stück entstanden, also weit weniger als geplant, denn daß Jösse schon nach 16 Monaten schließen mußte, war nicht absehbar gewesen. Somit hat jeder seiner charmanten Roadster hohen Seltenheitswert bekommen. **SH**

Smart | MCC

1998 • 599 ccm, Dreizylinder • 45 PS/33,1 kW • 0-100 km/h in 18,9 Sek. • 135 km/h

Der Name Smart kam über Swatch-Mercedes-Art zustande. Das ursprünglich vom Uhrenhersteller Nicholas Hayek konzipierte Swatch-Auto sollte die Automobilwelt revolutionieren, und wie die Swatch-Armbanduhr sollte auch das Swatchmobil ein Konsumartikel sein, preiswert, praktisch und kompakt, mit Platz für zwei Personen und zwei Kästen Bier – ein City-Coupé.

Mercedes-Benz interessierte sich für das Konzept und entwickelte das Auto bis zur Produktionsreife. Seine Grundstruktur bestand aus kurzen Deformationswegen um einen Metallrahmen-Rohbau, der Tridion-Sicherheitszelle. Die zwischen den Achsen verlaufende Sandwich-Plattform hob den Fahrgastraum über die Stoßebene eines eventuellen Unfallgegners. Knautschzonen im Front- und Heckbereich, zwei Airbags, Gurtstraffer und weitere konstruktive Merkmale hoben die passive Sicherheit des Smart auf ein in diesem Segment unerreichtes Niveau. Für den Antrieb standen vier Unterflurmotoren zur Diskussion: ein Dreizylinder-Benziner, ein Dreizylinder-Turbodiesel, ein Diesel-Elektro-Hybrid und ein reiner Elektromotor. Dann kam der kugelige Isetta-Nachfahr zunächst mit einem 45 PS starken 0,6-Liter-Turbomotor auf den Markt – mit drei Zylindern, Doppelzündung und Ladeluftkühlung hatte man ein kompaktes, laufruhiges, sparsames und emissionsarmes Aggregat.

Als Produktionsort war Hambach in Lothringen vorgesehen. Die gemeinsam von Daimler-Benz und Hayek gegründete MCC (Micro Compact Car AG) rechnete mit einem jährlichen Absatz von 200.000 Stück. Die Weltpremiere des Smart erfolgte im September 1997 auf der IAA in Frankfurt, der Verkauf begann 1998. **LT**

Multipla | Fiat

1998 • 1581 ccm, Vierzylinder • 103 PS/75,7 kW • 0-100 km/h in 12,6 Sek. • 170 km/h

In mehrfacher Hinsicht war der neue, 1989 vorgestellte Fiat Multipla ein recht bemerkenswertes Auto, anders als alle anderen. Von hinten betrachtet, erinnerte er an die Vorfahren des Automobils, die Kutschen. Er war nämlich am Dach breiter als in der Taille. Stand man vor der Frontpartie, stachen als erstes der Knubbel unterhalb der Windschutzscheibe und die auf drei verschiedenen Ebenen angeordneten Scheinwerfer ins Auge. Dann die ungewohnten Proportionen – das Auto war sehr breit und relativ kurz bei langem Radstand. Doch durch geniale Innenraumaufteilung fanden im Multipla sechs Passagiere Platz, was an sich nichts Ungewöhnliches gewesen wäre, doch die Anordnung des Gestühls war nicht alltäglich: drei Einzelsitze befanden sich in der ersten Reihe, drei weitere im Fond. Die mittleren davon waren einzeln einstellbar, im Gegensatz zu einer durchgehenden Sitzbank. Klappte man deren Lehnen herunter, ergaben sich breite Ablageflächen zwischen den verbliebenen Sitzen. Durch die Kürze des Wagens blieb jedoch wenig Gepäckraum. Es sei denn, man entfernte die hintere Sitzreihe komplett, was einen fünftürigen Van ergab.

Der Frontantriebswagen hatte einen quer eingebauten DOHC-Vierzylindermotor, den es auch in einer „Bipower"-Version gab. Diese erlaubte ein wahlweises Betreiben mit Superbenzin oder Erdgas. Auch eine Ausführung, die nur mit Erdgas arbeitete, wurde angeboten, sowie ein 1,9-Liter Turbodiesel, 105 PS leistend. Da Fiat-Dieselmotoren von bekannter Qualität sind und man dem Gemischt-Betrieb skeptisch gegenüberstand, schon wegen der noch lückenhaften Gasversorgung, fiel den meisten Käufern eines Multipla die Entscheidung leicht. **SH**

Cube | Nissan

1998 • 1275 ccm, Vierzylinder • 82 PS/60,3 kW • keine Angaben • 160 km/h

Einige Spötter behaupteten, beim Entwurf des Nissan Cube hätten sich die Designer von Kühlschränken der 1950er Jahre inspirieren lassen. Natürlich war dem nicht so. Gedacht war der „Kubus" als einfacher Minivan auf der Plattform des Nissan Micra.

In seinem Heimatland Japan, wo er auch produziert wird (während wir den Micra aus britischer Produktion beziehen), lächelt man nicht abfällig über solche Autos. Man erkennt ihre praktischen Seiten und andere Vorteile, mit denen der Cube zweifellos aufwarten kann. Es folgte 2002 eine zweite Generation, und ab 2008 bekam man das Auto endlich auch in den USA und in Europa zu kaufen.

Man kann den Cube jener Kategorie zuordnen, in die auch der S-Cargo (Seite 605) und der Figaro (Seite 635) passen. Diese Autos muß man lieben – oder man haßt sie. Diejenigen, die sie lieben, begeistern sich für das erstaunliche Platzangebot in dem nur 3,75 Meter langen Minivan, wobei – das sei eingeräumt – Passagiere von japanischer Körpergröße mehr Komfort genießen als nordische Langbeiner. Wer aber die Verkehrs- und Raumverhältnisse in japanischen Städten kennt, weiß jeden Zentimeter in der Länge und Breite zu schätzen, auf den ein Auto zu verzichten vermag.

Die Ausstattung des Cube ist gut; er verfügt über ein gläsernes Dach mit UV-Schutzbeschichtung, Navigationssystem, ABS und Aluminiumräder. Wahlweise ist zum 1,3-Liter-Vierzylinder ein Vierstufen-Automat oder ein stufenlos arbeitendes Getriebe (CVT genannt) zu bekommen. Erst später bot Nissan auch ein Handschaltgetriebe sowie größere Motoren an, wohl mit Rücksicht auf Käufer im Ausland. **SH**

Drivers wanted.

◁ Volkswagen bot den New Beetle in allen Farben des Regenbogens an, wie dieses Inserat von 1999 zeigt.

New Beetle | Volkswagen

1998 • 1984 ccm, Vierzylinder • 116 PS/85,3 kW • 0-100 km/h in 10,9 Sek. • 185 km/h

Er ist eine zweitürige Limousine mit Quermotor und Frontantrieb, nicht wie sein Urahn mit einem luftgekühlten Boxer im Heck. Denn als 1998 der New Beetle vorgestellt wurde, ließ sein Erscheinungsbild unschwer erkennen, daß er dem legendären Käfer nachempfunden war – nur entsprach sein technisches Konzept nicht dem eines Ferdinand Porsche aus den dreißiger Jahren. Das Käfer-Imitat basierte auf dem VW Golf IV und damit auch auf dem Audi A3.

Mit seinen molligen Kotflügeln, der runden Fronthaube, dem Buckelheck und den als Trittbretter zu interpretierenden Schwellern glich der Wagen in der Tat dem Käfer. Auch in der Gestaltung des Innenraums bemühte man die Nostalgie, bis hin zur Blumenvase am Armaturenbrett. Bedingt durch die „Konzernplattform" hatte die Realisierung eines Heckmotors natürlich keine Chance. Auch mußten die Fahrzeugfedern und die Abgasanlage angepaßt werden. Im Unterschied zum „Concept 1" genannten Prototyp verfügte der New Beetle über ausgeprägte Stoßstangen, und die Blinker versetzte man aus den Scheinwerfern in die Fontpartie. Entfallen war auch der Durchbruch für das Endrohr der Abgasanlage in der Heckschürze.

Der New Beetle wurde im mexikanischen Volkswagen-Werk Puebla gefertigt. Im Frühjahr 2003 stellte VW das New Beetle Cabriolet vor, das ebenfalls viele Parallelen zum einstigen VW Käfer Cabrio aufwies, zum Beispiel das geöffnet auf der Karosserie ruhende Verdeck samt Schutzhülle.

2001 kam die Version RSi heraus, dessen Motor ein 224 PS leistender, 3,2-Liter V6 in Vierventiltechnik ist; das Modell war auf 250 Einheiten limitiert. **DS**

TD 2000 Silverstone | TD Cars

1998 • 1998 ccm, Vierzylinder • 128 PS/94 kW • 0-100 km/h in 6,8 Sek. • 180 km/h

Vermutlich sollte sich die Buchstabenkombination TD auf den berühmten MG TD beziehen, dem der in Malaysia gebaute Retro-Sportwagen entfernt ähnlich sieht. Das Auto hat viel Charme und weist alle Attribute eines britischen Oldtimers der guten alten Zeit auf, als schnauzbärtige Fliegerhelden am Lenkrad solcher Roadster mit Drahtspeichenrädern, Lederpolstern und einem Riemen quer über der Motorhaube ins Wochenende abdüsten ... Auch dem TD 2000 Silverstone hat man wunderschöne Lederpolster verpaßt, dazu eine Armaturentafel aus Walnußbaumholz und ein ebensolches Lenkrad. Die einsteckbaren Seitenscheiben sind ebenfalls recht originalgetreu, ebenso die Instrumente mit weißen Skalen. Die Motorhaube ist beidseitig aufklappbar, das Ersatzrad ist auf dem Koffer befestigt. Darüber gibt es einen verchromten Gepäckhalter, und vor dem Kühler kann man auf einem Chrombügel Plaketten befestigen.

Der mit einem stählernen Chassis und einer Karosserie aus Kunststoff versehene Zweisitzer verfügt über einen 2,0-Liter-Vierventil-Motor von Toyota, wie er auch im Avensis zum Einbau gelangt. So modern wie der Motor ist auch das Fahrwerk: es gibt an allen vier Rädern Scheibenbremsen sowie Einzelradaufhängung, und die Lenksäule schiebt sich bei einer Kollision zusammen. Der Sicherheit dienen auch ein Überrollbügel sowie seitlich eingefügte Schutzstähle. Wahlweise wird das Auto mit einer Getriebeautomatik oder Fünfgang-Handschaltung geliefert. Die Beschleunigung ist mit knapp 7 Sekunden von Null auf 100 beeindruckend – der MG TD von 1952 hat dafür fast dreimal so lange gebraucht. **SH**

Accord Type R | Honda (J)

1998 • 2157 ccm, Vierzylinder • 212 PS/152 kW •
0-100 km/h in 7,2 Sek. • 228 km/h

So ohne weiteres ließ sich der Honda Accord Type R nicht von anderen Accord-Modellen unterscheiden. Weder sah man das optimierte Fahrwerk mit den steiferen Aufhängungen noch die verstärkten Bremsen oder das Limited-Slip-Differential. Auch das Sechsganggetriebe und eine spezielle Auspuffanlage blieben dem Betrachter des Wagens verborgen. Ebenso der getunte 2,2-Liter-VTEC-Motor. Also blieb nur ein kleines rotes „R" am Kühlergrill und auf dem Kofferdeckel, woran man das Auto identifizieren konnte.

In den USA entwickelte sich der Honda Accord zu einem Bestseller; in Europa hingegen blieb er eine etwas zu teure Randerscheinung. Die viertürige Limousine hatte Vorderradantrieb und war komfortabel, aber auch etwas bürgerlich. Umso interessanter seine Fahrleistungen, die auch aus einer Abmagerungskur im Interieur resultiert; auf hintere Elektro-Scheibenheber und auf das Schiebedach wurde verzichtet. Dafür gibt es ein Momo-Lenkrad und Recaro-Sportsitze.

Den Accord Type R bot man ausschließlich in Europa an; es gab ihn fünf Jahre lang. Honda bewies, daß ein Auto mit der Anmutung einer biederen Familienlimousine nicht nur für den Transport der Familie geeignet sein muß. Das 40.000 D-Mark teure Fahrzeug war übrigens nicht der teuerste Honda – das war das NSX Coupé. **SH**

Seville STS | Cadillac (USA)

1998 • 4565 ccm, V8 • 300 PS/221 kW •
0-100 km/h in 7 Sek. • 217 km/h

Von weitem sind die Unterschiede zwischen einem 1997er und einem 1998er Cadillac Seville kaum auszumachen. Die Veränderungen im Styling des STS waren minimal. Das Auto war nur ein wenig breiter, eine Spur kürzer, etwas rundlicher. Der Hauptunterschied betraf seine Motorisierung, denn die neue, viertürige Frontantriebs-Limousine hatte den V8-Horthstar-Motor unter der Haube. Dem Urteil der Experten nach einer der besten Motoren der Welt. Der Achtzylinder-Einspritzer arbeitete vollkommen wartungsfrei, bis die erste Inspektion nach 100.000 Meilen fällig wurde. Der STS verfügte auch über „Performance Algorithm Shifting", kurz PAS, das beim Angehen einer Kurve selbsttätig die Getriebeautomatik aktivierte und herunterschaltete. Sensoren ermittelten ferner die Straßenbeschaffenheit und regulierten ohne Zutun die Fahrtwerkshärte. Der Fahrer hatte nichts weiter zu tun, als sein Auto in die gewünschte Richtung zu lenken.

Daß der Wagen Frontantrieb hatte, ließ sich zu werblicher Argumentation kaum nutzen. Dem Amerikaner war es gleichgültig, ob die hinteren oder vorderen Räder seines Wagens angetrieben wurden. Doch in Europa, wo der Wagen zunehmend verkauft wurde, schien man dafür aufgeschlossener zu sein. Leider war der Benzinverbrauch des V8 recht hoch. **BS**

Racing Puma | Ford (USA)

1999 • 1679 ccm, Vierzylinder • 155 PS/114 kW • 0-100 km/h in 7,8 Sek. • 210 km/h

Die Entstehung des Puma ST160 sei durch erfolgreiche Rallyefahrzeuge inspiriert worden, ließ Ford verlautbaren. Das kleine, kompakte Sportcoupé sorgte auf dem Genfer Autosalon 1999 für Aufsehen, und da das Interesse groß war, beschlossen die Amerikaner eine Serie von 1000 Stück des Racing Puma aufzulegen. Die Produktion erfolgte in Zusammenarbeit mit der britischen Firma Tickford Engineering.

Die in Handarbeit assemblierten Autos, im Ford-Rennblau lackiert, basierten auf der Standardversion des Puma, erhielten aber ein gänzlich neues Interieur in Alcantara, ferner Rennsitze von Sparco und ein spezielles Dreispeichen-Lenkrad. Beim Motor handelte es sich um den vierventiligen Sigma-Vierzylinder, den Ford gemeinsam mit Yamaha entwickelt hatte, kombiniert mit einer Janspeed-Abgasanlage. Der 1,7-Liter-Motor hatte 30 PS mehr als der im Standardmodell. Testfahrer verliehen dem Racing Puma gute Noten; es hieß, er sei mit dem Honda Integra Type R und dem Lotus Elan M100 der beste Fronttriebler, den sie je kennengelernt hatten. Leider war der Modifikationsaufwand bei Tickford so teuer, daß der Preis des Racing Puma zu hoch geriet. Und obwohl er 23.000 Pfund Sterling kostete, setzte Ford mit jedem verkauften Exemplar noch Geld zu. Am Ende wurden statt 1000 nur 500 Exemplare gebaut. **DS**

Celica Mk.VII | Toyota (J)

1999 • 1794 ccm, Vierzylinder • 188 PS/138 kW • 0-100 km/h in 7,4 Sek. • 225 km/h

In seiner siebten und zugleich letzten Generation erschien 1999 Toyotas Evergreen Celica in neuer Aufmachung. Der bis Ende 2006 gebaute Celica Mk.VII wies ein kürzeres Heck mit Spoiler auf, Lufthutzen auf der Fronthaube und vor den Vorderrädern sowie aggressiv wirkende, weit hochgezogene Scheinwerfer-Schlitzaugen. Das Coupé sah unerhört schnell aus, aber ein 300-km/h-Auto war es nicht. Dazu hätte es einer stärkeren Motorisierung bedurft. Doch erhältlich war der Mk.VII nur mit einem 1,8-Liter Vierzylinder, den bekam man allerdings in verschiedenen Leistungsstufen. Die beste war die hochdrehende VVT-i-Version mit variablen Steuerzeiten und Multipoint-Kraftstoffeinspritzung. Die für Europa geltenden Leistungsdaten sind die obenstehenden; in die Vereinigten Staaten lieferte Toyota eine etwas schwächere Variante mit Rücksicht auf die schärferen Emissionsvorschriften.

Mit seinen Sicherheits-Features, einem hohen Zuverlässigkeitsgrad und guter Verbrauchsökonomie konnte der Wagen durchaus punkten; nur war das Platzangebot recht begrenzt. Auf den Rücksitzen konnte man nur kleine Kinder platzieren. Dafür befand sich unter dem großen Liftback ein ordentlicher Gepäckraum, der sich noch vergrößerte, wenn man die Fondlehnen umlegte. **SH**

DB7 Vantage | Aston Martin (GB)

1999 • 5935 ccm, V12 • 420 PS/309 kW • 0-100 km/h in 5 Sek. • 270 km/h

Beim DB7 handelte es sich um den ersten Aston Martin, der in Zusammenarbeit mit Ford entwickelt wurde. 1988 hatte die Ford Motor Company die Marke gekauft – eine renommierte Rennwagenschmiede im Konzern zu wissen, war den Detroitern seit jeher ein großes Anliegen gewesen. Der DB7 gab seinen Einstand auf dem Genfer Salon 1993 und basierte auf der Plattform des Jaguar XJS, und der Motor war ein Derivat des Jaguar-Achtzylinders im XJR. Mit dem neuen Jaguar Coupé XK8 war eine engere Verwandtschaft auch nicht unverkennbar. Aber dennoch war der Aston Martin DB7 der Anfang einer neuen Baureihe, die sich vom Jaguar zusehends entfernte, wenn es auch technische Übereinstimmungen gab – konzernbedingt.

1999 bekamen der DB7 sowohl in der Coupéausführung als auch in der Cabrioversion die Vantage-Variante zur Seite gestellt. Wie alle Modelle mit dieser Zusatzbezeichnung, wartete der Vantage mit einem stärkeren Motor auf. Und beim 1999er DB7 handelte es sich erstmals um einen V12 mit Sechsganggetriebe oder Automatik. Der Vierventiler mit vier obenliegenden Nockenwellen produzierte ein Drehmoment von 540 Nm bei 5000 U/min. Dem Leistungszuwachs entsprechend hatte der Wagen verstärkte Brembo-Bremsen und auch ein spürbar modifiziertes Fahrwerk mit steiferen Aufhängungen erhalten. Im Interieur mit viel Leder und Holz und einer Vielzahl von Instrumenten gab es nichts, worauf ein anspruchsvoller Aston-Martin-Käufer hätte verzichten mögen. Das Fahrverhalten war brillant, und wer den Wagen auf der linken Fahrspur davonziehen lassen mußte, hatte auch etwas davon: einen unbeschreiblich sonoren Sound. **BS**

SC-5A | Strathcarron

GB

1999 • 1200 ccm, Vierzylinder • 125 PS/91,9 kW • 0-100 km/h in 5,8 Sek. • 200 km/h

Der Strathcarron SC-5A war ein ultraleichter Sportwagen, den ein Motorjournalist und Kriminalbuchautor namens Ian Macpherson entworfen hatte. Die Firma Strathcarron Sportscars in Tebworth gehörte 1998 zu den jüngsten Vertretern der britischen Kleinhersteller. Als SC-4 war Macphersons Auto erstmals auf dem Genfer Salon zu sehen, er hatte ein von der Firma Reynard Motorsport entwickeltes Chassis und einen Monocoque-Aufbau nach Art eines Straßensportwagens aus einem Verbund von Aluminium und Kunststoff. Der 560 Kilogramm leichte Mittelmotor-Zweisitzer wurde von einem 1,2-Liter-Vierzylinder-Motorradmotor (Triumph) angetrieben.

Ende 1999 lief die Produktion an, jetzt trug der Wagen die Bezeichnung SC-5A. Erst ab 2006 war Macpherson übrigens offizieller Strathcarron-Namensträger, nämlich als sein Onkel, Lord David Strathcarron, verstorben war. Dieser galt als Berühmtheit: Er hatte während des Zweiten Weltkrieges bei der RAF gedient und betätigte sich 1948-1950 als Rennfahrer in der 500-ccm-Klasse. Er fuhr leidenschaftlich Motorrad, arbeitete ab 1954 als Motorjournalist, war für verschiedene Unternehmen der Automobilbranche als Repräsentant tätig, wurde von der britischen Regierung als Verkehrssachverständiger berufen und bekleidete Posten in Verbänden und Organisationen. Er gehörte standesgemäß dem House of Lords (Oberhaus) an, war viermal verheiratet, ein Sammler wertvoller Vintagewagen und starb 2006 an den Folgen eines Unfalls, in welchem er mit einer Straßenkehrmaschine kollidiert war. Der SC-5A hatte schon 2001 das Zeitliche gesegnet, nachdem nur 17 Wagen gebaut worden waren. **HS**

Technisch vollendet und auch in ästhetischer Hinsicht ein Meisterwerk, ist der Pagani Zonda ein Meilenstein in der Supercar-Geschichte. ▷

Insight | Honda

1999 • 995 ccm, Dreizylinder + E-Motor • 67 PS/50 kW • 0-100 km/h in 11 Sek. • 180 km/h

Der von Toyota präsentierte Hybridwagen Prius war zu einem früheren Zeitpunkt vorgestellt worden, doch als erstes Auto dieser Bauart in die Serienproduktion ging sein Rivale Honda Insight. 1999 tauchte er nicht nur in Japan, sondern auch auf den Weltmärkten auf. Den Prius gab es erst ab 2001 zu kaufen.

Mit Intensität nahmen sich die amerikanischen Umweltschutzbehörden der neuen mobilen Heilsbringer an; von deren Gutachten hing für die Hersteller der Verkaufserfolg ab. Mit 4 bis maximal 4,6 Liter Benzinverbrauch auf 100 Kilometer konnte sich der Honda Insight sehen lassen. Die japanischen Hersteller gingen noch weiter und veranlaßten die amerikanische Motorpresse zu weiteren Tests, bei denen ein Verbrauch von nur 2,3 Litern gemessen wurde bei einem Durchschnittstempo von 93 km/h. Doch im richtigen Leben sah es anders aus: da wurden es rasch 5 Liter, und einen solchen Wert erreichten andere Spar-Autos ebenfalls.

Hilfsweise stand ein 10-kW-Elektromotor zur Verfügung, der Brems- oder Schubkräfte rekuperierte und den Energiehaushalt ökonomisieren half. Das war klassische Hybrid-Technologie. Nur wurden Ökofreaks nicht mit dem Design des Wagens glücklich – es erschien ihnen zu avantgardistisch. Bei Honda hatte man geglaubt, eine umweltbewußte Käuferschaft sei zugleich aufgeschlossen für futuristische Gestaltung. Der tropfenförmige Insight mit seinen abgedeckten Hinterrädern sah aber doch zu gewagt aus, und er war auch nur ein Zweisitzer mit wenig Platz für Gepäck. Während der Prius sich auf eine Millionenauflage hin bewegte, verharrte der Insight auf der Stelle, bis man ihn 2006 wieder aus dem Programm nahm. **LT**

Zonda | Pagani

1999 • 5987 ccm, V12 • 398 PS/292 kW • 0-100 km/h in 4 Sek. • 375 km/h

Sehr überzeugend vermochte Horacio Pagani das Projekt seines Supercars zu präsentieren. Der Argentinier hatte sich einst seine eigenen Motorräder gebaut, dann ein Sportcoupé auf Renault-Basis, 1992 einen Formel-2-Rennwagen. 1983 war Pagani nach Italien übersiedelt, anschließend hatte er für Lamborghini gearbeitet; von ihm stammten die Jubiläumsversion des Countach und ein Nachfolgemodell für den Jalpa, das aber nicht mehr verwirklicht wurde. Nach einem Gastspiel bei Ferrari machte sich der auf Karbonverarbeitung spezialisierte Pagani auf, das Nonplusultra eines Supercars in Eigenregie auf die Räder zu stellen.

Für seinen Traumwagen wählte Pagani einen V12-Motor von Mercedes-Benz mit 398 PS; der Motor war der des S600 Serienwagens. Dann kamen ein 7,0 und anschließend ein 7,3 Liter von AMG zum Einbau, zum Schluß 547 PS stark. Im Jahr 2006 entstand ferner ein Roadster mit einem 739-PS-Motor.

Der Zonda bietet aber mehr als eine beeindruckende Power. Die Verarbeitung bis ins kleinste Detail darf man als einmalig bezeichnen. Im Cockpit kontrastiert der Rennwagen-Look zu hochfeiner Lederausstattung und gebürstetem Aluminium. Der V12-Motor im Heck stellt nicht etwa nur ein zugekauftes Bauteil dar; es ist vielmehr ein ganz individuelles Stück High-Tech. Überall wird größte handwerkliche Sorgfalt sichtbar, praktiziert von Spitzenkönnern.

Der Pagani Zonda ist ein Gesamtkunstwerk und viel zu schade, um auf der Straße bewegt zu werden. Wozu man ohnehin nur wenig Gelegenheit hat, denn um dem Zonda richtig Auslauf verschaffen zu können, bedarf es einer abgesperrten Rennstrecke. **DS**

TT Roadster | Audi

1999 • 1781 ccm, Turbo-Vierzylinder • 224 PS/165 kW • 0-100 km/h in 6,4 Sek. • 243 km/h

Dasselbe Team, das die Entwürfe zum Volkswagen New Beetle geschaffen hatte, war unter dem Designer Peter Schreyer auch für Entstehung des Audi TT verantwortlich. Das Coupé hatte sich schon gleich bei seinem Erscheinen einen großen Kreis begeisterter Käufer geschaffen, und viele von ihnen waren erpicht auf die Cabrioletversion, die ihnen versprochen wurde. Der Prototyp lief anfänglich unter der Chiffre TTS, doch als 1999 der offene Wagen in Serie ging, hieß er TT Roadster. Die Bezeichnung TTS blieb einer Sportversion vorbehalten; sie wurde im zweiten Quartal 2008 vorgestellt. Als Motor wurde das neue 2-Liter-TFSI-Aggregat mit 272 PS verwendet. Der gesamte Ansaugtrakt, die Abgasanlage und der Turbolader waren für diesen Wagen optimiert worden. Und nun gab es auch ein TTS Cabriolet. Die erste, „normale" Cabrioversion entsprach – abgesehen von ihrer offenen Bauart – dem Coupé. Reizvoll war die Ausführung der Sitzpolster in Veloursleder, deren Ränder nach Art indianischer Mokassins mit Lederschnüren dekoriert waren. Es sah nach Wildwest aus, paßte aber nicht immer zur Garderobe weiblicher Fahrer, die sich für den Roadster überwiegend interessierten.

Wie beim Coupé gab es eine quattro-Option sowie zwei verschiedene Motoren, beides Vierzylinder. Die Leistungen betrugen 180 PS bei 5500 U/min bzw. 224 PS bei 5900 U/min mit zwei Ladeluftkühlern. Besondere Beliebtheit erlangte der TT Roadster im Süden der USA. Angeblich gab es bei quattro-Modellen, die von 1998 bis 2000 gebaut wurden, Probleme mit den hinteren Querlenkern. Doch die blieben wohl auf Einzelfälle beschränkt. Häufiger geklagt wurde über gelegentliche Elektronik-Blackouts. **HS**

S 2000 | Honda

1999 • 1996 ccm, Vierzylinder • 240 PS/177 kW • 0-100 km/h in 6,6 Sek. • 250 km/h

In Gestalt eines europäisch anmutenden Klassikers mit Frontmotor und Hinterradantrieb stellte Honda auf dem Genfer Salon im März 1999 einen offenen Zweisitzer vor, den die Japaner aus Anlaß ihres 50jährigen Automobilbau-Jubiläums geschaffen hatten. Der bewußt konservativ gehaltene, nur 4110 Millimeter lange Zweisitzer hatte jedoch einen sehr modernen Motor unter der Haube, einen vierventiligen DOHC-Vierzylinder mit Leichtmetallkopf und elektronischer Einspritzung. Das 10,5:1 verdichtete Aggregat dreht bis zu 8300 Touren, 240 PS leistend – ohne Auflademitting. Die Steuerzeiten paßten sich automatisch der Lastabfrage an. Bei Vollgas kreischte der Motor wie der eines GP-Motorrades in Höchstform. Der Motor erwies sich dabei als erstaunlich widerstandsfähig, und mit ihm gewann Honda nicht weniger als fünf Mal den Internationalen Titel „Motor des Jahres".

Außerdem verfügte der Honda S 2000 über eine Servolenkung von hoher Präzision und ließ sich gut handhaben, jedenfalls von Fahrern, die im Allrad-Zeitalter noch mit Hinterradantrieb umzugehen wußten. Das Sechsganggetriebe war recht eng abgestuft, das Differential war selbsthemmend. Mit doppelten Dreieckslenkern vorn und hinten, Torsionsstäben und Schraubenfederung entsprach der Wagen klassischer Sportwagen-Technik. Doch obwohl das Auto überall hohe Bewertungen erfuhr, erreichten seine Verkaufszahlen nicht die des vergleichbaren Mazda MX-5. Im Rahmen der Modellpflege erhielt der Wagen Traktionskontrolle, etwas härtere Aufhängungen und eine Motorhaube mit Schnellverschluß, was den Umsatz aber nicht ankurbelte. 2009 wurde die Produktion des S 2000 beendet. **SH**

THE S-TYPE TWIN TURBO DIESEL

Beauty *cannot be measured* by one thing alone. Only the *perfect combination* of poise and good looks *stops everyone* in their tracks.

[C] Auch bei Jaguar konnte man nicht widerstehen, die Nostalgie zu beschwören. Das Resultat war der S-Type von 1999.

S-Type 3.0 | Jaguar

1999 • 2967 ccm, V6 • 238 PS/175 kW • 0-100 km/h in 8 Sek. • 235 km/h

Mit seinem Kühlergrill nach Vorbild des Mk.II, rundlichem Rückfenster und vier separaten Scheinwerfern zeigte der 1999er Jaguar S-Type Anklänge an einen seiner Ahnen der sechziger Jahre. Jaguar hatte zum klassischen Retro-Design gefunden. Aber das galt nur für das äußere Erscheinungsbild der in Castle Bromwich produzierten Limousine. Denn unterm Blech ging es sehr zeitgemäß zu, wenn auch nicht – mehr – Jaguar-like. Die Konzernmutter Ford setzte auf Sparkurs und gab dem S-Type den gleichen Unterbau wie dem Thunderbird. Die Technik mit Hinterradantrieb ließ sich mit einem 3,0-Liter V6- oder einem 4,0-Liter V8-Motor kombinieren, beides Einspritzer in Vierventiltechnik.

Der Ende 1998 erstmals gezeigte „kleine" Jaguar war zwar 16 Zentimeter kürzer als die XJ-Limousine, hatte aber einen größeren Radstand, was dem Innenraum zugute kam. Die Karosserie hatte Geoff Lawson entworfen, Jaguars Stardesigner, der kurz nach Serienanlauf des S-Type unerwartet verstarb. Sein letztes Werk fand einhelligen Beifall auch von Umsteigern aus dem BMW- und dem Mercedes-Benz-Lager. Ende 2001 präsentierte Jaguar die S-Type-Baureihe mit einigen Retuschen. Der Wagen hatte eine neue Vorderachse mit geschmiedeten Querlenkern und Trägern aus Aluminium erhalten, auch die Hinterachsführungen waren überarbeitet worden. Das Programm umfaßte einen neuen 2,5-Liter-V6 mit 200 PS und einen 4,2-Liter-V8 mit 4196 ccm; diesen Motor erhielt man auch in Kompressorversion mit 395 PS. Detailänderungen und einstellbare Pedale mit Memory-Funktion machten den S-Type ab 2002 noch interessanter als seinen Vorgänger. Ab Herbst 2005 konnte man auch einen Turbodieselmotor bekommen. **SH**

Skyline GT-R R34 | Nissan

1999 • 2688 ccm, Sechszylinder • 276 PS/203 kW • 0-100 km/h in 5,3 Sek. • 250 km/h

Der letzte Nissan, der den Namen Skyline trug, war der R34 – Vertreter der fünften Generation von Hochleistungsfahrzeugen. Sein Nachfolger hieß dann nur noch GT-R. Der Skyline war ursprünglich von dem japanischen Hersteller Prince konzipiert worden und kam mit der Übernahme von Prince in das Nissan-Programm. Während der Konzern seine kleineren Modelle bis 1983 unter dem Markennamen Datsun anbot, trugen der Skyline und einige andere Modelle des Konzerns stets den Markennamen Nissan.

Der Motor des 1999er Skyline GT-R 34 war identisch mit dem des Vorgängers. Doch wies das Auto eine geringere Länge auf und hatte auch weniger vorderen Überhang, wie die gesamte Frontpartie ein neues Aussehen bekommen hatte. Eine Veränderung, die sich bei späteren Ausgaben des GT-R fortsetzen sollte. Im Interieur gab es ein Armaturenbrett mit unzähligen LCD-Anzeigen, so für die Öltemperatur, für den Turbodruck, für die Drehmomentverteilung und sogar für die Stellung der Drosselklappe. Der 2688-ccm-Motor leistete mit seinen beiden Turboladern 276 PS, zumindest auf dem Papier. In der Praxis fiel die Leistung meist höher aus, zumal etliche Privatfahrer keine Mühe scheuten, ihre Motoren höchstmöglich tunen zu lassen, was nicht allzu schwierig war. Das Material und auch das Getriebe verkrafteten die Leistungszunahme ohne weiteres.

Der Wagen hatte Allradantrieb, was eine gleichmäßige Verteilung der Antriebskräfte auf alle vier Räder gewährleistete. Es gab auch ein Modell namens R34 V-Spec (sollte heißen: Victory Specification) mit dem sogenannten ATTESA-System, das die Kraftverteilung noch besser kontrollierte und dosierte. **JI**

Beim Audi E-tron von 2010 griff man die über 100 Jahre alte Idee der vier Radnabenmotoren wieder auf.

2000–HEUTE

Der BMW Z8 Roadster gab seinen Einstand im James-Bond-Film „Die Welt ist nicht genug", dessen Premiere 1999 stattfand.

ML 55 AMG | Mercedes-Benz

2000 • 5439 ccm, V8 • 347 PS/255 kW • 0-100 km/h in 6,9 Sek. • 232 km/h

Z8 | BMW

2000 • 4941 ccm, V8 • 400 PS /294 kW • 0-100 km/h in 4,8 Sek. • 250 km/h

Daß auch die Mercedes-Benz-Baureihe M durch AMG eines Tages eine Veredelungskur erfahren würde, lag auf der Hand: Als Offroader der Superlative erschien Ende 1999 der ML 55 AMG. Sein Herzstück war ein 3,2- oder 4,3-Liter V8-Motor in Vierventiltechnik aus Aluminium. Im Jahr 2000 krönte man die Reihe mit einem 5,5-Liter, sagenhafte 347 PS leistend – die natürlich im Gelände ebenso nutzlos waren wie auf der Straße, aber der im Werk Tuscaloosa, USA, gefertigte Nobel-4x4 war ja auch mehr ein Show Car als ein Nutzfahrzeug. Der gleiche Motor hatte seinen Platz in einer von AMG optimierten Limousine der E-Klasse. Aber auch der SL, der SLK, der C, der CLK und der G waren mit dem 55er-Motor von AMG zu bekommen.

Zu den Besonderheiten, die der ML selbstverständlich aufzuweisen hatte, gehörten eine elektronisch arbeitende Traktionskontrolle und eine Fünfstufen-Getriebeautomatik. Als erster SUV hatte der ML 55 AMG auch seitlich installierte Airbags. Das Interieur erstrahlte in poliertem Walnußholz, es gab Sitze aus teurem Büffelleder und eine Menge elektronischer Spielereien an Bord.

Erst vor knapp Jahresfrist hatte die Daimler AG 51 Prozent der AMG-Firmenanteile von Hans Werner Aufrecht übernommen, dadurch entstand die Mercedes-AMG GmbH mit Firmensitz in Affalterbach. Das für seinen hohen Qualitätsanspruch bekannte Unternehmen fand an den aus Alabama nach Schwaben geschafften ML-Fahrzeugen noch viel nachzubessern – ein enormer Aufwand, der sich in einem hohen Preis niederschlug: 140.000 D-Mark kostete das „Auto für reiche Scheichs", wie AutoBild schrieb. **BS**

BMW-Fans konnten den Z8 Roadster 1999 erstmals im James-Bond-Thriller „Die Welt ist nicht genug" (mit Pierce Brosnan am Steuer) bewundern; die offizielle Präsentation fand auf der darauffolgenden IAA statt. Anfang 2000 begann die Auslieferung.

Als eindrucksvoller Klassiker im dezentem Retro-Look setzte der Roadster Z8 (intern E52 genannt) eine Tradition der Marke BMW fort: Er war ein Hochleistungs-Sportwagen für eine verwöhnte Klientel. Die stilistisch angedeuteten Anklänge an den legendären BMW 507 ergaben sich aus den Proportionen der Frontpartie, des Instrumentariums und jenes auffälligen Lufteinlaßdekors, das als Extravaganz an den Karosserieseiten des 507 schon auf der IAA 1955 für Gesprächsstoff gesorgt hatte. Man durfte von einem Sportwagen der Superlative sprechen. Bereits eine vorher gezeigte Studie namens Z07, vorgeführt in Paris im Oktober 1997 und in Detroit Anfang 1998, hatte erkennen lassen, daß man im Münchner Entwicklungszentrum an einem Roadster arbeitete, der dem BMW 507 nachempfunden war – und der Kenner erkannte beim Z8 dann auch die gesuchten und gefundenen Parallelen.

Der bewußt auf eine begrenzte Stückzahl ausgelegte Z8 hatte einen Alu-Space-Frame und wies auch im Fahrwerk und im Aufbau zahlreiche Leichtmetall-Komponenten auf, für die man vor allem im Werk Dingolfing, wo der Wagen in Handarbeit (Klebetechnik) gebaut wurde, über viel Erfahrung verfügte. Die Höchstgeschwindigkeit des Zweisitzers mit seinem 400 PS starken V8-Motor – ein Vierventiler mit vier Nockenwellen – aus dem BMW M5 hatte man bei 250 km/h abgeregelt. **RD**

M3 | BMW

2000 • 3246 ccm, Sechszylinder • 334 PS/246 kW • 0-100 km/h in 5,1 Sek. • 250 km/h

Der neue M3 absolvierte sein Debüt im Oktober 2000 in Paris als zweitüriges Cabrio. Als Coupé gab es den intern E46 genannten Dreier in M-Version bereits ab 1998. Einen überarbeiteten M3 kündigte BMW dann im Juni 2000 an. Der Wagen wies eine variable Differentialsperre mit elektronisch gesteuertem Traktionsausgleich auf. Dieser M3 war der erste BMW, dessen Grundpreis 100.000 D-Mark betrug – allerdings einschließlich schwarzer Lederausstattung, Klimaautomatik, dynamischer Stabilitätskontrolle (DSC) und vieler anderer Extras. Die auffällige, als Stoßfänger ausgebildete Bugschürze mit extrem breitem Lufteinlaß und integrierten Nebelleuchten verfehlte ihre aggressive Wirkung nicht. Der Verzicht auf Gummileisten an Front und Heck ließ das Auto noch bulliger erscheinen. Wahlweise gab es ein Sechsganggetriebe mit herkömmlicher Handschaltung oder mit sequentieller Schaltung.

334 PS – ohne Auflagung! – bei einem Eigengewicht von nur 1550 Kilogramm: Dieser M3 hatte die Beschleunigung eines Rennwagens und war mit seiner auf 250 km/h abgeregelten Höchstgeschwindigkeit keineswegs am Limit seiner Fähigkeiten angelangt. Wer den Begrenzer auszuschalten verstand, kam auf über 300 km/h. Der E46 war der letzte M3 mit Sechszylindermotor, denn sein Nachfolger hatte einen V8. **HS**

Impreza P1 | Subaru

2000 • 1994 ccm, Vierzylinder-Flachmotor • 280 PS/206 kW • 0-100 km/h in 5 Sek. • 250 km/h

1999 sahen sich britische Subaru-Händler vor ein Problem gestellt: Sie hätten ein Auto verkaufen können, das ihnen das Werk aber nicht lieferte. Es handelte sich um den Impreza P1, ein potentes Sportgerät, das nur in Japan auf den Markt kam. Grau importierte Einzelexemplare konnte man nur in Einzelabnahme zulassen, und diese Prozedur war in England ebenso heikel wie bei uns.

Deshalb kam es zu einem Abkommen zwischen Subaru und der englischen Firma Prodrive Ltd., die in Europa für Subaru die Rallye-Werkseinsätze managte. Der in ihrer Obhut eingesetzte Impreza P1 wurde nun auch in einer kleinen, speziell präparierten Serie für den Verkauf an Privat vorbereitet und bekam den Status eines Subaru-Serienmodells mit einer Freigabe, die unserer ABE entspricht. Der britischen Verhältnissen angepaßte Wagen wurde nur als zweitürige Limousine angeboten. Seine Front- und Heckspoiler waren das Werk des Designers Peter Stevens, von dem auch der Weltmeisterschaftswagen 555 und der McLaren F1 stammten. Zur Ausstattung des Impreza P1 zählten ABS, eine direktere Lenkung, ein Getriebe mit kürzeren Schaltwegen sowie OZ-Leichtmetallfelgen. Die Käufer eines solchen Autos freuten sich, daß auch die Motorleistung jener der Werkswagen entsprach. **JI**

LE Defender | Land Rover (GB)

2000 • 3947 ccm, V8 • 182 PS/134 kW • keine Angaben • 140 km/h

Den Defender gab es seit 1983. Er war das Arbeitspferd unter den Land Rovern, der Erbe der tüchtigen Typen 88, 109, 90 und 110. Diese Zahlen kennzeichneten stets den Radstand in Zoll. In der Motorisierung gab es immer wieder Änderungen; letzte Bereicherung unter den Triebwerken stellte ein 1999 eingeführter Turbodiesel mit fünf Zylindern dar.

Nach wie vor gilt der Defender als das ideale Fahrzeug für Expeditionen und spezielle Einsätze, so wie der abgebildete LE 110 für eine Filmoperation in Kambodscha, wo Szenen für den „Tomb Raider" mit Angelina Jolie gedreht wurden. Dieser Landie mit V8-Motor (ein 4,0-Liter-Einspritzer) weist jede Art von Ausrüstung auf, die nur vorstellbar ist, vom Überrollkäfig bis zum Ansaugschnorchel für Flußdurchquerungen, von der Motorseilwinde bis zu Suchscheinwerfern auf dem Dach. Hinter der zweiplätzigen Kabine gibt es eine Arbeits- und Gepäckplattform. Zwei solcher Fahrzeuge wurden von der Land Rover Special Vehicle Operations für die Filmsafari in Fernost hergerichtet, sie kosteten je 110.000 Pfund Sterling. Anschließend entstanden jedoch 250 Stück mit dem erwähnten Turbodiesel-Fünfzylinder in exakt gleicher Aufmachung bis hin zur grau-schwarzen Farbgebung und dem kompletten Offroad-Zubehör. **DS**

X5 Le Mans | BMW (D)

2000 • 5999 ccm, V12 • 700 PS/515 kW • 0-100 km/h in 4,6 Sek. • 280 km/h

Der X5, seit 1999 gebaut im neuen Werk Spartanburg, USA, wird von BMW als SAV, bezeichnet: „Sports Activity Vehicle", als Abwandlung des in den USA gebräuchlichen SUV. Mit seinem SAV X5, einem intern E53 genannten Viertürer mit Heckklappe, erregte BMW großes Aufsehen. Der Hersteller reagierte auf einen Trend, der sich in Nordamerika stark ausgeprägt hatte und auch in Europa Verbreitung fand. Mit seinem von der Firma Magna in Österreich entwickelten Allradantrieb und einem Fahrwerk, das im technischen Aufbau dem des 7er BMW entsprach, war der X5 15 Zentimeter kürzer als der 5er Touring. Seine Fahreigenschaften ließen keine Kompromisse erkennen – offroad (wenn man ihn nicht mit einem Land Rover verglich) wie onroad. Als Motorisierung standen zunächst ein 3,0-Liter Sechszylinder (231 PS) und ein 4,4-Liter V8 (286 PS) zur Verfügung; 2000 folgte ein 3,0-Liter Turbodiesel.

In Genf war 2000 ein besonderer X5 zu sehen, ein Le Mans genanntes Concept Car. Der Name bezog sich auf den Motor, mit dem BMW im Vorjahr das 24-Stunden-Rennen gewonnen hatte. Außer den 20-Zoll-Rädern gab es jede Menge Leichtbau-Modifikationen. BMW lud Hans-Joachim Stuck ein, den Wagen um den Nürburgring zu jagen: Mit 7:50 Minuten war er schneller als mit einem BMW Z8. **RD**

Die futuristische Gestalt des Lotus Elise 340R fügt sich gut in die unheimliche Kulisse eines Kernkraftwerkes.

Elise 340R | Lotus

2000 • 1796 ccm, Vierzylinder • 187 PS/137 kW • 0-100 km/h in 4,4 Sek. • 210 km/h

Der Lotus Elise 340R entstand als Gemeinschaftsarbeit von vier britischen Journalisten und einem Team von Lotus-Entwicklungsingenieuren. Sie hatten sich die Aufgabe gestellt, einen kompromißlosen Straßenrenner für möglichst großes Fahrvergnügen zu bauen. Angestrebt war ein Leistungsgewicht von 340 PS zu 1000 Kilogramm (daher auch die Bezeichnung des Fahrzeugs) und ein Preis von maximal 55.000 Pfund Sterling, falls es zu einer Serienfertigung käme. Der Hersteller Caterham signalisierte Lizenz-Interesse.

Die aus Kunststoff bestehende Karosserie des 340R saß auf einer Aluminiumwanne, die auch das Cockpit einbezog. Es gab weder Türen noch Verdeck noch Kotflügel, sondern nur minimale Abdeckungen über den Reifen. Ein großer Heckspoiler sollte genügend Abtriebskräfte generieren, um schnelle Kurvenzeiten zu ermöglichen. Nicht nur die Räder standen frei, sondern auch alle Bauteile der Aufhängungen, wie bei einem Formel-1-Wagen. Irgendwie erinnerte dieser „entblätterte" Auftritt an das Ducati Monster, jenes ebenso völlig unverkleidete Motorrad. Chassis und Fahrwerk wurden von Testfahrern als „nicht nur brillant, sondern geradezu unglaublich" bezeichnet. Der 1796-ccm-Vierzylindermotor des 340R war eine getunte Variante des Rover VHPD (Very High Power Derivative), wie er auch im Lotus Exige verwendet wurde, und erwies sich als eine optimale Ergänzung. Dem Wagen bescheinigte man die gleichen Fahrqualitäten wie dem mehr als siebenmal so teuren Pagani Zonda. Der Modellbezeichnung gemäß sollten nur 340 Exemplare hergestellt werden. Sie waren bereits verkauft, noch ehe man bei Lotus mit der Produktion begonnen hatte. **DS**

206 CC | Peugeot

2000 • 1587 ccm, Vierzylinder • 109 PS/80,2 kW • 0-100 km/h in 9,3 Sek. • 204 km/h

Im Herbst des Jahres 2000 überraschte Peugeot mit einem attraktiven neuen Modell: dem 206 CC, ein Coupé-Cabriolet mit zweiteiligem, elektrohydraulisch betätigtem Klappdach. Als Limousine war der 206 bereits im August 1998 vorgestellt worden; er ersetzte den 205, der seit 15 Jahren auf dem Markt war und wegen unzureichender Sicherheitsausstattung mit der Konkurrenz nicht mehr mithalten konnte. Die Basisausführungen des 206 waren drei- und fünftürige Schräghecklimousinen; das Coupé-Cabriolet ergänzte die Reihe.

Eigentlich war die Bauform nicht neu, denn Peugeot hatte bereits in den dreißiger Jahren (siehe Seite 104) Autos mit versenkbarem Dach angeboten. Doch erst 2000 erlebte die „Eclipse" ihre Wiederauferstehung. Zuvorgekommen war ihr indessen der Mercedes-Benz CLK mit fast gleicher Technik. Kleinere Modellpflegemaßnahmen folgten peu à peu, und ab April 2005 gab es den 206 CC auch mit einem 1,6-Liter-Dieselmotor.

Der hübsche 2+2 (ihn Viersitzer zu nennen wäre übertrieben) hatte allerdings seine Schwachstellen, vor allem die Elektrik betreffend, auch war das Klappdach mit seiner elektrohydraulischen Betätigung anfällig. Es wurden Klagen geäußert, daß der Bewegungsablauf von Dach und Kofferdeckel gestört sei. Schuld waren undichte Hydraulikzylinder, lockere Mikroschalter oder gerissene Seilzüge der Entriegelung. Auch war die Verarbeitung nicht immer so, wie man sie erwartet hätte: der 206 CC neigte mitunter zum Klappern. Gleichwohl verkaufte sich der innovative Franzose gut, man begegnete ihm auf den Straßen Europas immer häufiger. Mehrere Jahre hintereinander rangierte der 206 CC als das beliebteste Cabriolet in Deutschland. **HS**

Tuscan | TVR (GB)

2000 • 3605 ccm, Sechszylinder • 350 PS/258 kW • 0-100 km/h in 3,7 Sek. • 254 km/h

Die jüngste Schöpfung der kleinen Firma TVR in Blackpool, England, war die Neuauflage des Tuscan von 2000. Es war die dritte Tuscan-Baureihe; die erste, damals mit V8-Motor, hatte TVR 1967 vorgestellt.

Der neue Tuscan unterschied sich von seinen Vorgängern erheblich, denn er hatte einen im eigenen Hause gebauten Motor. Er war ein Reihensechszylinder mit einem Block von Rover und trug die Bezeichnung Speed 6, seine Leistungsausbeute betrug 350 PS. Es gab auch einen 4,0-Liter-Motor mit 400 PS. Der rassige Zweisitzer wurde als Coupé, Targa und Cabriolet angeboten, wobei die Preise bei angemessenen 40.000 Pfund Sterling begannen.

Die Entwicklung des Speed 6 war bereits weit fortgeschritten, als Rover in die Hände von BMW überging. Bei TVR fürchtete man, die Belieferung mit Rohmaterial könnte in absehbarer Zeit zu Ende gehen. Die Arbeiten wurden mit erhöhtem Tempo fortgesetzt, und mit einem Anflug von Patriotismus ließ TVR-Chef Peter Wheeler verlautbaren, daß er „nichts Deutsches" in seinem Auto wünschte. Das gefiel vielen seiner Landsleute sehr, die den Rover-BMW-Deal ohnehin mit Argwohn verfolgten. Allerdings verschwieg Wheeler, daß er die Benzinpumpe und Teile der Zündung von Bosch bezog ...

Komplizierte Sicherheits-Features suchte man im Tuscan vergebens. Airbags, Traktionskontrolle und ABS würden den Fahrer nur zur Sorglosigkeit verleiten und ihm Verantwortung abnehmen, wurde einem Journalisten auf diesbezügliche Fragen geantwortet. Kein Wunder, daß der Wagen in den USA nicht verkauft werden durfte. Im Oktober 2005 wurde ein Mark-II eingeführt, mit der aber nur ein kleines Facelift einherging. **RD**

Exige | Lotus

2000 • 3456 ccm, V6 • 345 PS/253 kW • 0-100 km/h in 3,8 Sek. • 277 km/h

Kenner haben den Lotus Exige als den aggressiveren Bruder der hübschen Elise bezeichnet. Das Hardtop-Coupé nahm sich in der Tat etwas martialisch aus mit seiner betonten Buglippe, dem Heckspoiler und einem Motor, der sehr viel kräftiger war als der 122-PS-Vierzylinder der offenen Elise (siehe Seite 681).

Der Exige stellte die Straßenversion eines Wettbewerbsfahrzeugs dar. In der Basisausführung war der 1759-ccm-Mittelmotor mit variabler Steuerzeitenregelung (VVC = variable valve controle) identisch mit dem in der Elise, jedoch auf 179 PS getrimmt, und die Fahreigenschaften waren in etwa vergleichbar. Der Exige Series 1 aus dem Jahr 2000 hat heute schon einen gewissen Sammlerwert, denn in großer Stückzahl wurde der Zweisitzer mit seinem Leichtmetallrahmen nicht gebaut. Inzwischen erschien die Version Series 2 mit einer optimierten Aerodynamik und Abtriebskräften, die achtmal größer als bei der Elise sind. Die Version S260 bekam einen 257 PS starken Toyota-Motor gleichen Hubraums und steigerte das Fahrerlebnis noch einmal beträchtlich.

Die Krönung stellte die Version Exige S3 von 2012 dar, deren Daten oben angegeben sind. Mit dem 3,5-Liter V6-Motor aus dem jüngsten Lotus Evora und einem etwas verlängerten Chassis, bei nur 1080 Kilogramm Leergewicht, war dieses Auto extrem schnell und sportlich zu fahren. Es wurde unter der Bezeichnung R-GT für die Rallye-Weltmeisterschaft eingesetzt, um dort gegen mindestens ebenso starke Herausforderer aus Deutschland und Italien anzutreten, wie etwa in der Rallye Monte-Carlo oder in der Rallye San Remo. **DS**

GTR | Ultima (GB)

2000 • 6300 ccm, V8 • 534 PS/393 kW • 0-100 km/h in 2,6 Sek. • 372 km/h

Die in Hinckley, Leicstershire, beheimatete Marke Ultima kennen nicht einmal viele britische Fans. Ihre Anfänge gehen auf die Noble Motorsports Ltd. zurück, gegründet vom Rennwagenhersteller Lee Noble. Er war auch der Konstrukteur des Chassis für den McLaren F1.

1992 wurde das Unternehmen von Ted Marlow übernommen und unter dem Namen Ultima Sports Ltd. neu gegründet. Den bisherigen Sports Spyder-Kit gab es weiterhin zu kaufen. Eine Novität aber war der Noble M12 GTO, ein Mittelmotorcoupé mit einem 310 PS starken 2,5-Liter Turbo-V6 von Ford. Und 2000 erschien der Ultima GTR Mittelmotorwagen mit einem LS3-Motor von Chevrolet, 6,5 Liter groß und 534 PS leistend. Mit ihm kombiniert war ein Transaxle von Porsche. Es gab Tuner, die – um dringenden Bedürfnissen zu entsprechen – den V8-Motor sogar auf 1000 PS brachten. Viele Fremdteile fanden Eingang in den GTR, eigenartigerweise auch Türschlösser vom Fiat Panda – „leichtere haben wir nicht gefunden", sagten die Konstrukteure. Schlägt man die Flügeltüren empor, gewahrt man liebevoll gearbeitete Ledersitze und Hosenträgergurte. Komfort spielt eine gewisse Rolle, denn der Wagen ist für die Straßenzulassung gedacht.

Mit einer Beschleunigung von Null auf 100 km/h in nur 2,6 Sekunden und anderen Superlativwerten hält der GTR eine Anzahl von Rekorden. Sie betreffen auch Verzögerungen wie die von 160 km/h auf Null in 3,6 Sekunden. Das Auto konnte man bisher bei diversen Rundstreckenrennen sehen. Erstaunlich wie die Rundenzeiten ist der Preis des Ultima GTR. Er war 2012 nach wir vor auch als Baukastenwagen erhältlich und kostete (allerdings ohne Motor) 15.931 Pfund Sterling. **RD**

VX220 | Vauxhall (GB)

2000 • 2196 ccm, Vierzylinder • 145 PS/107 kW • 0-100 km/h in 6 Sek. • 217 km/h

Was dem Engländer ein Vauxhall VX220, ist dem deutschen Sportwagen-Liebhaber der Opel Speedster. Der Mittelmotor-Flitzer führt ein Doppelleben und wird von jeder der beiden Nationen als „ihre" Kreation reklamiert. Die Entstehungsgeschichte des Zweisitzers ist aber auch recht kosmopolitisch, denn für das Styling zeichnete ein Australier verantwortlich, während die Gesamtkonstruktion in Deutschland entstand und die Herstellung in Großbritannien in Zusammenarbeit mit Lotus erfolgte. Es sollte ein potentieller Nachfolger der Elise Series 1 entstehen, und die Ähnlichkeiten sind auch offenkundig. Anfänglich sollte der Wagen sogar Lotus Type 116 heißen. General Motors erhoffte sich durch den VX220 eine Aufwertung des Vauxhall-Ansehens, deshalb war es wichtig, daß der Wagen in England auch diese Markenbezeichnung erhielt.

1999 konnten die ersten Vorserienexemplare der Presse anvertraut werden, und das Echo war positiv. Zumal das Auto mit ABS und Airbags ausgestattet war. Besonderes Lob erfuhren die Fahreigenschaften dank ausgewogener Mittelmotor-Bauart.

Der Verkaufspreis für den VX220 war in England ebenso hoch wie der für die Elise. Wie stark jedoch das Herz für die Marke Lotus schlug, zeigte sich sehr schnell: Von der Elise wurden fünfmal so viele abgesetzt wie vom VX200, obwohl dieser Wagen etwas besser ausgestattet war. Die Marke Vauxhall hatte keinen „Biß" mehr. Bis zum Juli 2005 wurden nicht mehr als 5996 Stück verkauft, die linksgelenkte Opel-Version mitgezählt. Die Fertigung wurde beendet, denn man sah keine Chance, das gesteckte Ziel von 10.000 verkauften Exemplaren zu erreichen. **DS**

Einen Tanz auf dem Eis demonstrierte James Bond im Aston Martin V12 Vanquish, doch die Tugenden des Wagens lagen ganz woanders.

Vanquish | Aston Martin (GB)

2001 • 5935 ccm, V12 • 460 PS/338 kW • 0-100 km/h in 4,3 Sek. • 305 km/h

Aston Martin hat es immer wieder verstanden, automobile Ikonen in die Welt zu setzen. Zu ihnen gehörte auch der 2001 präsentierte Vanquish. Wie alle Astons wird er überwiegend in Handarbeit hergestellt. Das Fahrzeug war als reiner Zweisitzer, auf Wunsch aber auch als 2+2-Sitzer erhältlich (mit zwei engen Plätzen im Fond). Serienmäßig wurde er mit Vollederausstattung, Sitzheizung, Navigationssystem, Einparkhilfe und weiteren Komfortmerkmalen ausgestattet, womit er der Markenphilosophie folgte, möglichst luxuriöse Sportwagen zu bauen. Auf Wunsch wurde das Fahrzeug mit einer Namensplakette für den Besitzer versehen, auch war die Lackfarbe individuell aus mehreren tausend möglichen Farbtönen wählbar.

Im Vanquish vereinten sich ultramodernes High-Tech mit alter Automobilbautradition. Die tragende Fahrzeugstruktur bestand aus Leichtmetall, verbunden mit Elementen aus Karbon und Stahl. Das Fahrzeug wurde von einem V12-Motor mit knapp 6,0 Liter Hubraum angetrieben. Er leistete 460 PS und besaß ein maximales Drehmoment von 542 Nm. Es war ein bei Ford in den USA hergestelltes Triebwerk mit 32 Ventilen. Das Getriebe ließ sich sequentiell über ein „paddle board" schalten und hatte sechs Gänge. Die äußere Gestalt des Vanquish stellte ein Meisterwerk des britischen Designers Ian Callum dar, der seine Karriere bei Ford begonnen und später auch den Jaguar XK8 geschaffen hatte. Zugleich war dieser Aston Martin der letzte, bei welchem so viel Handarbeit aufgewendet wurde, und er war auch der letzte, den man im seit 50 Jahren bestehenden Stammwerk Newport Pagnell baute; 2007 wurde die Fertigung nach Gaydon verlegt. **JI**

XTR2 | Westfield (GB)

2001 • 1299 ccm, Vierzylinder • 170 PS/125 kW • 0-100 km/h in 3,2 Sek. • 250 km/h

Die Westfield Sports Cars Ltd. in Kingswinford bei Birmingham wurde 1982 von dem Rennfahrer Chris Smith gegründet und entwickelte sich zu einem der größten Kit-Car-Hersteller in Europa. Mit vielen seiner Autos wurden Rennen bestritten. Der Chassisboden bestand aus Alublechen; der Motor stammte vom MG Midget oder Austin-Healey Sprite, die Karosserie bestand aus GFK. Ein weiterer klassischer Westfield war ein Replikat des Lotus Seven, genannt Westfield SE und mit Rennwagentechnik versehen. Die Basis war ein verwindungssteifer Gitterrohrrahmen; alle Räder wurden an doppelten Querlenkern geführt. Die Motoren stammten von Ford und waren 1,6- oder 2,0-Liter-Vierzylinder in diversen Tuningstufen.

Das Modell XRT2 verkörperte eine neue Generation von besonders leichten und zugleich stark motorisierten Zweisitzern. Das Space-Frame-Chassis trug auch hier einen leichten GFK-Aufbau, der an einen Le-Mans-Wagen erinnerte und zur Intensivierung der Abtriebskräfte einen großen Heckflügel aufwies. Mit nur 410 Kilogramm fahrfertigem Gewicht – ein MINI Cooper S wiegt dreimal so viel – erreichte die XRT2 eine Beschleunigung von nur 3,2 Sekunden von Null auf 100 km/h. Der Motor stammte von einem Suzuki-Motorrad, nannte sich Hayabusa GSXR-1300R und wurde auf 180 PS getrimmt. Wollte man die volle Kraft des Triebwerks in Anspruch nehmen, mußte man bis zu 11.000 Touren hochdrehen. In den unteren Drehzahlbereichen gab es nicht viel zu holen.

Westfield bot für den Do-it-Yourselfer auch dieses Auto als Kit Car an. Der Bausatz kostete um die 6000 Pfund, doch wer das Fahrzeug fix und fertig geliefert bekommen wollte, mußte 20.000 bezahlen. **DS**

Clio V6 | Renault

2001 • 2946 ccm, V6 • 227 PS/167 kW • 0-100 km/h in 7,5 Sek. • 235 km/h

In seiner Standardausführung war der 1990 eingeführte Clio ein braves, kleines Familienauto mit einigen Tugenden, durch die es zum Europäischen Wagen des Jahres gewählt wurde. Die erste Generation hatte den Renault 5 abgelöst. Die zweite Generation – genannt Clio Typ B – startete im Sommer 1998. Ab 2000 war der erste Renault Clio Sport mit einem 2,0-Liter Vierventilmotor und 169 PS erhältlich. Damit setzte Renault die Tradition sportlicher Kleinwagen fort, zu denen auch der R5 Turbo und der Renault Clio Williams gehört hatten.

Die Generation unterteilte sich durch mehrere Überarbeitungen in fünf Phasen. Im Juni 2001 erfolgte das erste Facelift, genannt Clio B Phase II, das an den dynamischer gestalteten Frontscheinwerfern und neuen Rückleuchten zu erkennen war. Aber es gab eine noch interessantere Version, gedacht für den Einsatz um den Renault-Markenpokal: den Clio V6. Der Motor dieses Dreitürers hatte drei Liter Hubraum, leistete 227 PS und wies variable Steuerzeiten auf. Es heißt, Porsche habe geholfen, den Motor zu optimieren.

Der Potenz der kleinen Rakete entsprachen die verstärkten Bremsen à la TVR. Fondsitze gab es nicht, denn in der Fahrzeugmitte war ja der Motor untergebracht statt vorn wie beim Serien-Clio. Einher mit der veränderten Gewichtsverteilung ging ein vergrößerter Lenkradius – beides ergab ein gänzlich anderes Fahrverhalten.

Das Auto wurde nicht in Frankreich, sondern bei TWR in Schweden gebaut, die Karosserie kam von der finnischen Firma Valmet. „Sieht aus wie eine Bulldogge und beißt wie eine Bulldogge", lautete das Urteil eines Testfahrers. **RD**

Avantime | Renault

(F)

2001 • 3058 ccm, V6 • 207 PS/152 kW • 0-100 km/h in 8,6 Sek. • 220 km/h

Als die Jahrhundertwende näher rückte, begann man bei Renault über ein neues Automobilkonzept nachzudenken. Der Stardesigner Patrick Le Quément erhielt den Auftrag, dem Begriff „Limousine" eine neue Definition zu geben, und so entstand ein eigenartiges Gebilde, Coupé und Minivan zugleich und von seinem Schöpfer „Coupéspace" genannt. Klar, daß ein solches Auto ein Außenseiter bleiben würde, und deshalb setzte man die Verkaufserwartung entsprechend niedrig an.

Der Avantime bot eine Anzahl technischer Innovationen. So war beispielsweise der Mechanismus einzigartig, durch den die 1,40 Meter langen und 60 Kilogramm schweren Seitentüren beim Öffnen platzsparend auf einer Kurvenbahn zusätzlich nach vorn bewegt und damit die Einstiegsöffnung ohne erhöhten seitlichen Platzbedarf vergrößert wurde. Weitere Besonderheiten waren das große, getönte Panorama-Glasschiebedach und das zweifarbig lackierte Exterieur sowie die luxuriöse Lederausstattung. Sie galt aber als nicht besonders bequem. Wahlweise gab es einen 2,0-Liter Turbo-Reihenvierzylinder mit 1988 ccm Hubraum und 163 PS, einen 3,0-Liter V-Sechszylinder mit 3058 ccm Hubraum und 207 PS sowie einen 2,2-Liter Diesel-Vierzylinder mit 2188 ccm und 150 PS. Die Fahreigenschaften erfuhren gute Beurteilungen.

Produziert wurde das Fahrzeug ab 2001 bei Matra in Romorantin und hatte wie der Espace eine Kunststoffkarosserie, die auf einem verzinkten Stahlchassis montiert war. Der Avantime wurde jedoch infolge von Absatzproblemen zum wirtschaftlichen Debakel, selbst die nur niedrig angesetzten Verkaufserwartungen erfüllten sich nicht. 2003 gab man die Herstellung auf. **LT**

Der Saleen S7 war in jeder Hinsicht ein Supercar:
superleicht, superschnell und superteuer.

ZT-260 | MG (GB)

2001 • 4601 ccm, V8 • 260 PS/191 kW •
0-100 km/h in 6,3 Sek. • 218 km/h

In erkennbarer Distanz zum neuen Hausherrn BMW schufen die Ingenieure von MG-Rover 2001 ein Fahrzeugkonzept, das als MG ZT XPower 500 bezeichnet wurde. Es basierte auf einem Rover 75 und war als Einzelstück gedacht, nicht als Prototyp für eine Serienfertigung. Man wollte nur einmal demonstrieren, was sich aus dem Rover machen ließ, ohne daß ein großes Budget zur Verfügung stand. Einigermaßen unerwartet fiel das Echo positiv aus, und München gab grünes Licht fürs Weitermachen. So entstand der MG ZT-260, dem Rover 75 noch sehr ähnlich sehend – nur der Vierfach-Auspuff verriet, daß dieses Auto eine Besonderheit darstellte.

Der Motor kam von Ford und war ein 4,6-Liter V8. Und im Gegensatz zum Rover 75 wurden die hinteren Räder angetrieben. Die Operation war in Zusammenarbeit mit der Firma ProDrive vorgenommen worden. Das Auto, vom dem es auch eine Kombiversion gab, machte den Eindruck, als könnte es von jeder älteren Dame bewegt werden – doch das täuschte: Es handelte sich beim MG TZ-260 um ein schwer zu bändigendes Kraftpaket. Ein noch weiter modifiziertes und mit einem 765 PS starkes 6,0-Liter-V8 bestücktes Exemplar mit Kombikarosserie wurde 2003 sogar zu Weltrekordfahrten anläßlich der Bonneville Speed Week Nationals in die USA geschickt und absolvierte dort ein Tempo von 361 km/h.

Am 20. Juli 2005 bestätigte der chinesische Staatsbetrieb Shanghai Automotive Industrial Corporation sein Interesse an einer Übernahme von MG-Rover und bot 80 Millionen Euro für die Produktpalette. Der Deal wurde perfekt. Damit war Rover eine chinesische Marke und der MG TZ-260 Geschichte geworden. **RD**

S7 | Saleen (USA)

2001 • 7011 ccm, V8 • 558 PS/410 kW •
0-100 km/h in 3,8 Sek. • 322 km/h

Der amerikanische Trans-Am-Rennprofi und Serienfahrzeug-Veredler Steve Saleen stellte 1984 einen von ihm konstruierten Sportwagen vor. Der von der Saleen Autosport Inc. mit Sitz in Anaheim, Kalifornien, angebotene Zweisitzer basierte auf dem Ford Mustang und hatte einen 4,9-Liter-V8-Motor, je nach Tuningstufe 208 bis 300 PS leistend. Es folgten eine 5,7-Liter-Version mit Kompressor und 450 PS sowie eine 7,0-Liter-Version mit über 500 PS und schneller als 320 km/h. Das S7 genannte Auto besaß einen verwindungssteifen Space-Frame aus Stahl und Aluminium sowie eine leichte, aber enorm feste Flügeltürer-Karosserie aus kohlefaserverstärktem Kunststoff.

Nachdem ein besonders präpariertes Exemplar mit einer Zeit von 299 km/h gestoppt worden war, durfte der Saleen S7 sich zu den drei schnellsten Serienwagen der Welt zählen lassen. Die Viertelmeile mit stehendem Start durchmaß der Wagen in 11,75 Sekunden, das entsprach einem Tempo von 203 km/h. Ab 250 km/h sorgte eine Automatik für eine Erhöhung der Abtriebskräfte.

Das fahrfertige Gewicht des Mittelmotor-Zweisitzers betrug nur 1247 Kilogramm. Das riesige Antriebsaggregat hinter den Rücklehnen arbeitete ohne Turbolader und bezog seine Kühlluft durch große Hutzen.

Als der S7 im Jahre 2001 erschien, war er der schnellste amerikanische Wagen mit Straßenzulassung, doch dann holte die Konkurrenz auf. Was Saleen veranlaßte, 2005 einen noch stärkeren Motor zu verwenden – mit 750 PS, gut für 400 km/h. Solch ein Exemplar kostete 600.000 Dollar, und wer noch ein paar Scheine drauflegte, erhielt das „competition package"; mit diesem lassen sich 1000 PS mobilisieren. **SH**

Aero 8 | Morgan (GB)

2001 • 4398 ccm, V8 • 325 PS/238 kW • 0-100 km/h in 5 Sek. • 270 km/h

Viel blieb im Verlauf der vergangenen Jahrzehnte vom Nostalgie-Look des Morgan nicht übrig, doch genug, um das Auto wie aus einer Welt von gestern erscheinen zu lassen. Aero hatten schon in den 1920er und 1930er Jahren dreirädrige Morgan Sportwagen geheißen, aber das dürften nur wenige Fans gewußt haben, die auf dem Genfer Salon 2000 den Aero 8 mit seinen „schielenden Augen" bestaunten. Der Roadster war mit 56.000 Pfund Sterling recht teuer, und das Coupé kostete sogar fast das Doppelte. Es nannte sich Aeromax, und in Targaversion hörte es auf den Namen SuperSports.

Der Aero 8 war Morgans erste Neukonstruktion seit 1948. Und da die kleine Firma in Malvern Link zu keiner Zeit eigene Motoren gebaut hatte, bekam auch der Aero 8 ein Triebwerk fremder Produktion. Erstmals war es ein deutsches Fabrikat, denn der Achtzylinder kam von BMW. Es war der gleiche Vierventiler, der im BMW 540i seinen Dienst tat. Deutsche Technologie war seit dem ab 1998 erfolgten Engagement der Bayern für Rolls-Royce in Großbritannien kein Tabu mehr. Ab 2006 bekam der Aero 8 auch Scheinwerfer vom MINI und damit quasi ebenfalls von BMW. Das enorme Powerpotential des V8 reizte natürlich zum Ausloten, und so traten diverse Morgan Aero 8 sogar bei den 24 Stunden von Le Mans an – und hielten durch.

Die Unterzüge der Kabine bestehen wie zur guten alten Zeit aus Eschenholz, und jeder Arbeitsgang beim Bau des Fahrzeugs geschieht per Hand. Die aufgewendete Sorgfalt schlägt sich in langer Bauzeit und hohen Arbeitskosten nieder. Dafür hat der Kunde die Wahl zwischen 80 verschiedenen Lederfarben fürs Interieur. **LT**

Thunderbird | Ford

2001 • 3933 ccm, V8 • 256 PS/188 kW • 0-100 km/h in 7,6 Sek. • 235 km/h

Welten lagen zwischen dem Thunderbird von einst und dem des Jahrgangs 2001, dem Jahr seiner Wiedergeburt. Doch der Zweipluszweisitzer hatte zu seiner Ursprünglichkeit zurückgefunden. Mehrmals hatte der T'Bird, wie die Amerikaner ihn nennen, im Verlauf vieler Jahrzehnte seinen Charakter verändert, doch jetzt, nach gut einjähriger Pause, war er so wie früher, ein „personal car" mit sportlicher Note. Als Concept Car hatte man den Prototyp bereits auf der Detroit Motor Show 1999 und danach auf ein paar weiteren Ausstellungen im Jahr 2000 sehen können; die Serienfertigung begann nicht vor September 2001. Man sprach von einem retrofuturistischen Design. Das konnte bedeuten, daß jemand in den fünfziger Jahren dieses Fahrzeug entworfen haben könnte – einschließlich Hardtop mit Bullauge. Das Ding war jedoch so schwer, daß zwei Personen Mühe hatten, es aufzusetzen oder abzunehmen. Unter der weitgehend aus Kunststoff bestehenden Karosserie befand sich Lincoln-Technik, die auch im Jaguar zu finden war. Damit war der Thunderbird von 2011 auch 275 Zentimeter länger als sein Urahn von 1955. Der Motor war ein vierventiliger V8 mit vier obenliegenden Nockenwellen, Leichtmetallköpfen und elektronisch gesteuerter Einspritzung. Das Getriebe war ein Fünfstufen-Automat.

Viele Freunde fand der neue Thunderbird nicht, obwohl er preisgünstig war. Die Akzeptanz für Nostalgie war an ihre Grenzen gestoßen. Viele Amerikaner hatten sich auch Optionen auf stärkere Motoren gewünscht, doch das war nicht geplant. Vielleicht mutete das Auto auch zu europäisch an. 2005 lief die Fertigung bereits wieder aus. **JI**

Murciélago | Lamborghini

2001 • 6192 ccm, V12 • 580 PS/427 kW • 0-100 km/h in 3,6 Sek. • 330 km/h

Im September 2001 zeigte Lamborghini den Nachfolger des Diablo: den Murciélago. Der Zweisitzer mit Vierradantrieb hatte seinen Namen nach einem berühmten Stier bekommen, der selbst nach 30 Säbelstichen durch den Matador El Lagartijo nicht den Weg ins Jenseits anzutreten bereit gewesen war. Auch der Murciélago wies eine extrem keilförmige Karosserie, einen Mittelmotor sowie Scherenflügel auf. Wer den Wagen bestellte, brauchte sich für die nächsten drei Jahre nicht um den Service zu kümmern – der war im Preis von einer halben Million D-Mark inbegriffen. Ab 2002 wurde er ausgeliefert: jetzt betrug sein Preis 226.000 Euro. Lamborghini gehörte seit 1998 zu Audi. Der Murciélago stellte nach elf Jahren die erste Neukonstruktion unter der Marke mit dem Stier dar. Wie der damalige Lambo-Chef Dr. Josef Paefgen unwidersprochen sagte: „Er ist extrem und reinrassig, wie es der Marke zukommt ... unmißverständlich italienisch!" Auch war der Murciélago der letzte in Serie hergestellte Lamborghini mit jenem V12-Motor, dessen Urversion 1964 im 350 GT seinen Dienst getan hatte. Doch das Viernockenwellen-Triebwerk hatte eine Vielzahl von Modifikationen über sich ergehen lassen müssen und wies mit 6192 ccm fast doppelt so viel Hubraum auf. Man sah es dem rasant gezeichneten Coupé an, daß es weit über 300 km/h schnell war und über enorme Beschleunigungskräfte verfügte. Der Designer des Murciélago, Luc Donckerwolke, sagte in einem Interview mit dem Automagazin *Road & Track*, daß der amerikanische Langstreckenbomber Northrop B-2 ihm als Inspiration für die Formgestaltung des Wagens gedient habe, insbesondere für die des 2005 präsentierten Roadsters. **DS**

C8 | Spyker   (NL)

2001 • 4172 ccm, V8 • 405 PS/298 kW • 0-100 km/h in 4,5 Sek. • 300 km/h

1925 hatte der niederländische Automobil- und Flugzeughersteller Spyker aufgehört zu existieren, doch auf der Birmingham Motor Show 2000 stellte der Niederländer Victor Muller einen neuen Spyker vor. Entstanden war die Initiative zum Bau des C8 bereits 1990 durch den Ingenieur Maarten de Bruijn, als er einen Mittelmotor-Sportwagen mit einem Audi-V8-Motor auf die Räder stellte. Zunächst trug das Projekt den Namen Silvestris, bis daraus 1997 der Spyker wurde. Der Wagen bestand überwiegend aus Aluminium, und den Mittelmotor hatte man durch Feintuning auf rund 400 PS gebracht – gut für 300 km/h. Etwa 25 Exemplare pro Jahr plante die Spyker Automobielen BV zu bauen.

Als Spyker C8 Laviolette erschien eine weiterentwickelte Version auf der Amsterdamer AutoRAI 2001, ein ultraflaches Coupé mit einer Glaskuppel wie bei einem Düsenjäger. Eine Rennversion, genannt Spyker C8 Double 12 (in Anspielung auf den Spyker-Rekord von 1922 beim Double Twelve Hour Race in Brooklands), wurde für die Teilnahme in Sebring und in Le Mans 2002 entwickelt. In Florida qualifizierte sich das Auto bestens, nur in Le Mans mußte man den Wagen nach 14 Stunden und 26 Minuten mit Motordefekt abstellen. Doch 2003 hielt der Spyker durch und kam auf den 10. Rang in der GT-Klasse, ein guter Erfolg. Als Straßenversion wurde der C8 Laviolette bzw. Spyder 4,2 Liter in kleiner Auflage weitergebaut, und Ende 2004 entstand auch eine Straßenversion des Le-Mans-Wagens als C12 La Turbie mit dem 6,0-Liter W12-Motor des Volkswagen Phaeton mit mehr als 550 PS, zwölf Auspuffrohren und 325 km/h Spitze. Sein Preis: eine Million Euro. **SH**

RS6 Avant | Audi (D)

2002 • 4172 ccm, Twinturbo-V8 • 450 PS/331 kW •
0-100 km/h in 4,9 Sek. • 250 km/h

Der RS6 war das Spitzenmodell der Reihe A6 und wurde auf dem Genfer Salon 2006 zum ersten Mal gezeigt. Der Wagen entstand in Einzelanfertigung durch die quattro GmbH, jener Audi-Tochter, die sich individueller Kundenwünsche annimmt und in kleinsten Serien Sonderausführungen erledigt. Hier wird viel Handarbeit geleistet, und entsprechend teuer sind diese Autos.

Der RS6 Avant war ein Kombiwagen (eine Limousine gab es ebenfalls) und hatte einen auf 450 PS getrimmten Doppelturbo-V8-Motor mit Intercooler unter der Haube. Der Antrieb erfolgte permanent auf alle vier Räder über ein zentral angeordnetes Torsen-Differential. ESP-Fahrdynamik-Regelung gehörte zum Serienumfang.

Die weitere Sonderausstattung beschränkte sich nicht auf ein härter abgestimmtes Fahrwerk, erheblich größere Bremsen oder ein Lenkrad kleineren Durchmessers. Deutschlands schnellster Kombiwagen wies auch eine Tiptronic-Halbautomatik auf sowie adaptive Stoßdämpfer für sicheres Handling in engen, schnell angegangenen Kurven. 2004 kam eine Version RS6-plus hinzu, deren fünfventiliger Motor eine Cosworth-Spezialbehandlung aufwies, gut für 280 km/h. In Anspielung auf das Audi-Markenzeichen sprechen die Bewunderer solcher Leistungen vom „Herr der Ringe", wenn sie einen RS6 meinen. **SH**

XC90 | Volvo (S)

2002 • 2783 ccm, Sechszylinder • 272 PS/200 kW •
0-100 km/h in 9,6 Sek. • 206 km/h

Man hört mitunter, der XC90 sei der erste Offroader, den Volvo gebaut habe. Das stimmt nicht ganz. Das war der Volvo C202, der 1961 bis 1981 hergestellt wurde. Doch das war kein Luxus-Allradler in BMW X5- oder Mercedes-Benz-ML-Diktion. Und gegen diese SUV-Konkurrenz hatte der 2002 vorgestellte XC90 gute Karten. Der Geländekombi kam so gut an, daß er innerhalb von zwei Jahren Volvos international meistverkauftes Modell war.

1999 hatte die Ford Motor Co. für 6,45 Milliarden Dollar Volvos Personenwagen-Produktion übernommen. Damit hatte der Konzern neben Jaguar und Aston Martin eine weitere europäische Topmarke im Portfolio. Der bereits konzipierte XC90 schien für den US-Markt maßgeschneidert. Der XC90 verfügt über ein ausgeklügeltes Stabilitätsprogramm und zahlreiche weitere Sicherheitsmerkmale. Eine patentierte Knautschzone gehört dazu, die auch einen Fußgängerschutz umfaßt, ebenso ein integrierter Überrollkäfig mit verstärkter Dachpartie. In dieser Beziehung ist der XC90 Rekordhalter. Zu 286 Zentimeter Radstand und 480 Zentimeter Länge paßt eine Bodenhöhe von mehr als 22 Zentimetern, und auch die Anstellwinkel vorn und hinten sind geländetauglich. Zur Verfügung stehen mehrere Motoren, darunter auch ein Turbodiesel sowie ein 4,4-Liter V-Achtzylinder, den Yamaha beisteuert. **SH**

Leon Cupra R | Seat

2002 • 1781 ccm, Vierzylinder • 210 PS/155 kW • 0-100 km/h in 7,2 Sek. • 237 km/h

Im September 1982 trafen Volkswagen und Seat ein Abkommen über die Produktion einiger VW-Modelle auf der iberischen Halbinsel. Seat hatte damit Aussicht auf eine neue Dimension in Europa. Nachdem sich Seat von seiner 30jährigen Fiat-Liaison gelöst hatte, begann im zweiten Halbjahr 1984 eine neue Ära im Automobilbau. Dank Volkswagen avancierte Seat zum größten Automobilhersteller Spaniens und baute seine Stärke kontinuierlich aus. Eine Fülle von Modellen ist seither erschienen.

Ein besonders interessanter Seat ist der 2002 vorgestellte Cupra R in der seit 1999 existierenden Leon-Baureihe. Er hat einen 1,8-Liter Turbomotor mit 210 PS, und in einigen Ländern kann man ihn auch mit einem 2,8-Liter V6-Motor und permanentem Allradantrieb bekommen. Der Buchstabe R steht für Racing, und für den Wettbewerbseinsatz vorgesehene Fahrzeuge erfahren eine Sonderbehandlung durch ein modifiziertes Einlaß- und Auslaßsystem, einen größeren Ladeluftkühler, größere Bremsen, ein tiefergelegtes Fahrwerk, härtere Stoßdämpfer und eine direktere Lenkung. Der rundliche Cupra R fällt auch durch größere Lufteinlässe in der Frontschürze auf, doch ansonsten ist er eine ganz normale viertürige Limousine geblieben – mit einem für Spanien untypischen Understatement. **SH**

Aerio/Liana | Suzuki

2002 • 1586 ccm, Vierzylinder • 105 PS/77,2 kW • 0-100 km/h in 11,5 Sek. • 175 km/h

Auch der bescheidene Aerio von Suzuki gehört zu jenen unauffälligen Hochleistungswagen, die wie Familienlimousinen aussehen und doch als Wölfe im Schafspelz unterwegs sind – wenn man sie entsprechend präpariert. Der in Europa auch unter der Modellbezeichnung Liana verkaufte Japaner war obendrein verhältnismäßig preiswert. Um zu erkennen, daß einige Exemplare als „Rennkisten" hergerichtet waren, mußte man schon genau hinschauen; nur ein integrierter Überrollbügel und Schalensitze deuteten darauf hin.

Das 2001 bis 2007 weltweit in einer Schrägheck- und auch in einer Stufenheckvariante angebotene Auto, optional mit Allradantrieb lieferbar, ließ sich zwar sportlich fahren, hatte aber einige Qualitätsmängel. Bekannt wurde das Modell zumindest in England dank seiner regelmäßigen Auftritte in der britischen TV-Autosendung „Top Gear", in der prominente Fahrer mit dem Liana auf eine Rundstrecke geschickt wurden, um sich mit anderen Promis zu messen. Der japanische Viertürer mußte im Verlauf von 1600 Runden einhundertmal neue Bremsen und Reifen sowie sechsmal eine neue Kupplung bekommen. Auch andere Teile verschlissen überdurchschnittlich schnell.

Produziert und angeboten wurde das Modell ab 2008 nur noch in China und in Pakistan. **SH**

Kraft und Schönheit waren die Attribute, mit denen der Ferrari Enzo im Jahre 2002 seine Hommage an den Firmengründer zum Ausdruck brachte.

Enzo | Ferrari

2002 • 5998 ccm, V12 • 651 PS/479 kW • 0-100 km/h in 3,1 Sek. • 350 km/h

Der Ferrari Enzo ist zum Maßstab aller nachfolgenden Supercars geworden, an welchem sie sich messen lassen müssen. Dabei gab es in seinem Erscheinungsjahr 2002 Konkurrenten, die ihm mindestens ebenbürtig waren – aber es war der Enzo, der auf großen Postern sehr bald die Wände der Halbwüchsigen schmückte.

Dieser Supersportwagen war ein Entwurf von Pininfarina und rangierte in der Liga des Lamborghini Murciélago, Saleen S7 und McLaren F1. Ursprünglich war der Enzo für eine limitierte Produktion von 349 Stück gedacht. Ferrari schickte Einladungen an seine besten Kunden, und es gingen so viele Bestellungen ein, daß die Produktion ausverkauft war, noch ehe sie begonnen hatte. Deshalb wurden weitere 50 Stück gebaut und das Stück zu rund 700.000 Euro verkauft.

Die Konstruktion des Enzo beinhaltete in großem Umfang Formel-1-Technologie. Es gab eine sequentielle Gangschaltung mit einer habautomatischen Kupplung sowie karbon-keramische Bremsscheiben; die Karosserie des Mittelmotor-Zweisitzers bestand überwiegend aus ultraleichtem, karbonfaserverstärktem Kunststoff. Bei Tempo 300 reduzierte ein Computer die Antriebskraft durch elektrisch aktivierte Spoiler.

Ein Tester des britischen Motormagazins *Evo* schrieb nach einer Probefahrt: „Schon bei zwei Dritteln des erzielbaren Tempos starrst du mit aufgerissenen Augen durch die große Frontscheibe und erkennst die vor die liegende Fahrbahn nur noch als Nadelöhr, durch welches du dich hindurchzwängen mußt ... jede Lücke scheint zu eng ... und dann dieses unbeschreibliche Gefühl des Eins-Seins mit dem Wagen ...Der Alte Herr wäre stolz auf ihn gewesen!" **DS**

57/62 | Maybach

2002 • 5513 ccm, V12 • 550 PS/404 kW • 0-100 km/h in 5,4 Sek. • 250 km/h

Die Wiederbelebung der Marke Maybach kam nicht überraschend. Doch der Name stand noch 1998 für Hochleistungsmotoren in Triebwagen, Lokomotiven, Panzern und Halbketten-Zugmaschinen. Und ab 2002 auch wieder für Automobile. Eine erste Studie hierzu wurde im Oktober 1997 auf der Tokyo Motor Show gezeigt. Es ging um ein Projekt, angesiedelt noch oberhalb des Mercedes S600 – als Konkurrent zum Rolls-Royce.

Der neue Maybach war mit 5,77 Meter um 56 Zentimeter länger als der S-Klasse 600. Auch eine Langversion von 6,16 Meter war geplant. Mit Bezug auf die Fahrzeuglänge erhielten die Autos die Bezeichnungen 57 und 62. Im Interieur ging es so opulent zu wie in einem Privatjet; die Tönung des gläsernen Panoramadachs ließ sich stufenlos regeln. Die Karosserie bestand aus Leichtbauwerkstoffen. Der Motor des neuen Flaggschiffs war ein Biturbo-V12 von 5,5 Liter, der 550 PS mobilisierte. Der Typ 57 kostete 310.000, der Typ 62 360.000 bis 480.000 Euro.

Maybach war zur Elite des europäischen Automobilbaus zurückgekehrt. Leider aber erwiesen sich die Marktprognosen als zu hoch angesetzt. Als Problem für den Absatz entpuppte sich auch das Design des Fahrzeugs. Während wohlmeinende Kommentatoren von dezenter Linienführung sprachen, waren andere Kritiker gnadenloser in ihrem Urteil: Von einer „aufgepumpten S-Klasse" war die Rede, und deutlich wurde auf die mangelnde Eigenständigkeit der Modelle hingewiesen. Bis 2005 wurden nur halb so viele Fahrzeuge wie geplant abgesetzt. Im Jahr 2007 fanden nur noch 29 Wagen in Deutschland einen Käufer, 2008 waren es 26 und 31 im Jahr 2009. **LT**

735i | BMW   D

2002 • 3600 ccm, V8 • 272 PS/200 kW • 0-100 km/h in 7,5 Sek. • 250 km/h

1977 brachte BMW einen neuen Oberklasse-Viertürer heraus, den 7er. Serienmäßig wies diese Premium-Limousine eine Ausstattung auf, die kaum Wünsche offenließ. Der Wagen verfügte über ein Control-Check-System, Seitenscheibenbelüftung und Hohlraumversiegelung. Basismodelle waren der 728 und der 730.

Der ersten Serie des neuen 7er BMW folgte im Juli 1979 eine zweite, bei der man durch konsequente Leichtbaumaßnahmen – äußerlich aber nur an der noch sparsameren Verwendung von Chrom, etwa am Kühlergrill, erkennbar – Gewicht an der Karosseriekonstruktion eingespart und durch leistungsstärkere, zugleich wirtschaftlichere Motoren ein Plus bei den Fahrleistungen erreicht hatte.

Schon seit langem kursierten Gerüchte, wonach eine Version mit V12-Motor in der Entwicklung sei. Ein solcher Wagen wurde dann auf dem Genfer Automobilsalon im März 1987 vorgestellt, die ersten Auslieferungen für Juni zugesagt. Einen Zwölfzylinder hatte es in Deutschland seit den dreißiger Jahren nicht mehr gegeben. Doch noch nie zuvor hatte ein BMW für so viel Diskussionsstoff gesorgt wie der 7er der vierten Generation (E65): Der im Juli 2001 präsentierte Wagen entsprach in seiner Formensprache den anderen, von Chris Bangle gezeichneten BMW-Modellen jüngster Generation mit einer durch größere Lufteinlässe und stark ausgeformte Leuchteinheiten akzentuierten Front, doch es war der wie nachträglich aufgesetzt wirkende Kofferdeckel, der die Gemüter erregte. Der mit viel Publicity 2001 begleiteten Einführung des neuen 7er folgten 2002 die Modelle 730i, 730d und 740d. Sie alle hatten eins gemeinsam: Luxus ließ sich mit nur drei Buchstaben beschreiben – B, M und W. **HS**

Escalade EXT | Cadillac

USA

2002 • 5967 ccm, V8 • 350 PS/258 kW • 0-100 km/h in 8,4 Sek. • 175 km/h

In neuem Gewand präsentierte sich Ende 2001 der Cadillac Escalade, jener geländegängige Kombi, mit welchem seit 1998 die Marke Cadillac ebenfalls zu den SUV-Anbietern gehörte. Eine Neukonstruktion stellte das Fahrzeug nicht dar; es war vorher als GMC Yukon Denali und als Chevrolet Tahoe verkauft worden. Wie in großen Konzernen üblich, versuchte man auch bei General Motors neue Kaufanreize durch Umbenennungen („badge engineering") zu generieren.

Es hieß, der Cadillac Escalade sei der anspruchsvollste SUV, den die Welt je gesehen habe. Diese Behauptung bestätigte die erste Auflage nicht ganz – die von Ende 2001, verkauft ab Januar 2002, schon eher. Den geräumigen Achtsitzer konnte man mit einem 5,3- oder einem 6,0-Liter-V8 bekommen. Was die Werbung nicht verriet: der größere Motor war der eines Chevy-Lastwagens. Aber in seiner Leistung war er vergleichbar mit dem im Mercedes ML 55 AMG. Nur kam der amerikanische SUV nicht in der Beschleunigung und im Tempo mit: Welten lagen dazwischen. Wahlweise erhielt man den Cadillac mit Allradantrieb, doch da viele Käufer sowieso niemals vorhatten, ihr feines Auto durchs Gelände zu schicken, fand die preisgünstigere Ausführung nur mit Hinterradantrieb mehr Zuspruch. In der mit Leder üppig ausgekleideten Kabine fand sich jeder erdenkliche Luxus von der Freisprech-Mobiltelefonanlage bis zum Computer mit Internetzugang und beheizbaren Fondsitzen. Die Fahreigenschaften waren dank aktiver Aufhängungstechnologie, elektronischer Stabilitätskontrolle und direkter Lenkung überraschend sportlich. Man hatte das Gefühl, einen sehr viel kleineren Wagen zu lenken, was für einen Ami ungewöhnlich war. **SH**

Crossblade | Smart (D)

2002 • 698 ccm, Dreizylinder • 61 PS/44,8 kW • 0-100 km/h in 15,5 Sek. • 150 km/h

Der Smart Crossblade ist ein von der Bertrandt AG in Ehingen entwickeltes und in Kleinserie von Binz in Lorch modifiziertes Smart Fortwo ohne Dach und Frontscheibe. Das Fortwo Cabrio war ein viersitziger Smart mit elektrisch zu öffnendem Stoffdach und herausnehmbaren Dachholmen. Das Stoffverdeck ließ sich in drei verschiedenen Varianten offen nutzen. Zum einen ließ sich das Verdeck elektrisch bis zur hinteren Dachkante zurückfahren und wieder schließen, selbst während der Fahrt. Auch konnte man das Verdeck per Knopfdruck in einer Führung herunterfallen lassen, so daß es dann zusammengefaltet über dem Kofferraumdeckel lag. Ferner ließen sich die Dachholme herausnehmen und in der Heckklappe verstauen. Der entblätterte Smart Crossblade war ein auf reines Schönwetterfahren ausgelegtes „Spaßauto". Zum Spaß gehörte eine kräftige Motorisierung, und für die garantierte das Brabus-Tuning des Dreizylinders. Die Brabus GmbH ist ein Unternehmen in Bottrop, das hauptsächlich im Bereich Fahrzeugtuning für Mercedes-Benz-Fahrzeuge tätig ist.

Der von März 2002 bis Ende 2003 produzierte Roadster war zum Preis von 24.360 Euro erhältlich, die Anzahl war auf 2000 Stück limitiert. Der Crossblade habe keinerlei Konkurrenten, heiß es in der Werbung – stimmt: Kein anderer Hersteller hätte einen Grund haben können, ein vergleichbares Fahrzeug zu bauen.

Der Crossblade mit der Seriennummer 0001 wurde vom englischen Musiker Robbie Williams auf seiner 2002er-Tournee präsentiert und anschließend versteigert. Es wurden 51.050 Euro erzielt, die einer Stiftung zu wohltätigen Zwecken zugute kamen. **RD**

Ram SRT10 | Dodge (USA)

2002 • 8275 ccm, V10 • 510 PS/375 kW • 0-100 km/h in 5,2 Sek. • 248 km/h

Der Dodge Ram ist weitaus mehr als ein schwerer Pickup – er hat sich zu einer amerikanischen Ikone entwickelt. Diesen Status hatten während des Zweiten Weltkrieges schon die Allrad-Dreivierteltonner WC und CC 52, mit denen die Legende ihren Anfang nahm. Die Version SRT10 bildete 2002 die Krönung, zumal dieser Truck den Motor eines Rennsportwagens unter der Haube hatte. Es handelte sich um den V-Zehnzylinder aus der Viper mit 8275 ccm Hubraum und sagenhaften 510 PS. Mit so viel Power hatte bisher noch kein Farmer sein Kalb zum Metzger oder ein Surfer seine Ausrüstung an den Strand transportiert. Aber keine Sorge: Der Dodge Ram war nach wie vor ein Nutzfahrzeug und durfte 3,7 Tonnen auf den Haken nehmen.

Klar, daß ein Fahrzeug dieser Qualitäten ins Guinness Buch der Rekorde gehört. So absolvierte der Rennfahrer Brendan Gaughan mit einem – angeblich völlig serienmäßigen – SRT10 im Februar 2004 über den Kilometer mit fliegendem Start eine Höchstgeschwindigkeit von 248,783 km/h. Chrysler freute das insoweit, als der Rekord mit 235 km/h vorher von einem Ford SVT Lighting aufgestellt worden war.

Der starke Dodge kam auf 22-Zoll-Rädern aus geschmiedetem Aluminium daher, wies Einzelsitze und eine Kabinenauskleidung in Wildleder auf. In der Cab-Ausführung gab es Fondtüren und hinten Platz für zwei Kinder. Der Grundpreis lag bei 22.425 Dollar, und mit ein paar Extras konnte sich dieser Betrag rasch verdoppeln. Das bekümmerte echte High-Society-Cowboys nicht, denn sie fanden sich auch mit einem Spritverbrauch von 31 Litern auf 100 Kilometern ab. Noch sind die USA ein Land der Superlative. **LT**

Die Gelassenheit, mit welcher sich der Nissan 350Z präsentiert, läßt nicht auf sein beeindruckendes Temperament schließen. ▷

Roadster | Burton

2002 • 602 ccm, Zweizylinder • 29 PS/21,3 kW •
0-100 km/h in 13 Sek. • 140 km/h

350Z | Nissan

2002 • 3498 ccm, V6 • 280 PS/206 kW •
0-100 km/h in 5,9 Sek. • 250 km/h

In den meisten Katalogen sucht man den Burton Roadster vergebens. Er wird in Zuthpen, Niederlanden, hergestellt und basiert auf dem Citroën 2 CV. Die auf Citroën spezialisierte Firma bewies großes Geschick im Umbau der „Ente" in einen Retro-Zweisitzer.

Die Initiative hierzu hatten die Brüder Dimitri und Iwan Göbel, Liebhaber des 2 CV seit jeher. Zuerst reparierten und restaurierten sie solche Fahrzeuge, bis sie auch Umbauten vorzunehmen begannen und Pickups anboten. Dann folgten Roadster, die man auch als Baukasten erwerben konnte. Sogar ein Flügeltüren-Coupé bauten sie. In den Niederlanden, wo die „Ente" einst ihren auch von den Deutschen übernommenen Spitznamen erhielt, waren genügend Organspender zu finden, aus denen die Brüder Göbel ihre Kreationen entstehen ließen. Die Inspirationen zu ihren Roadstern holten sie sich von Vorkriegs-Sportwagen, und da ein Burton nur zwei Drittel so viel wiegt wie ein 2 CV, kann man sich mit einem solchen Vehikel flott bewegen. Zumal man bei Burton einiges unternahm, um den Boxermotor von 24 auf 29 PS zu trimmen. Er bekam zum Beispiel eine andere Nockenwelle, elektronische Zündung und ein leichteres Schwungrad. Ein fix und fertig assembliertes Exemplar kostete 2002 knapp 20.000 Euro, und aus zweiter Hand angebotene Fahrzeuge rangieren noch immer in fünfstelligen Bereich.

Die Brüder Göbel beließen es nicht beim Retro-Roadster mit seinem Citroën-Motor. Sie begannen, diese Autos zu elektrifizieren. Das äußere, nostalgische Erscheinungsbild behielten sie bei, doch mit Batteriebetrieb (16 Kilowatt) surrt solch ein Roadster mit einer Ladung 140 Kilometer weit. **SH**

Mit einer neuen Z-Baureihe setzte Nissan 2002 seine langjährige Tradition sportlicher Coupés mit Frontmotor und Hinterradantrieb fort. Der 350Z war jetzt noch attraktiver, stärker und schneller geworden – und kam damit einem Porsche gefährlich nahe. Dabei kostete der Zweisitzer nicht mehr als eine große Limousine der oberen Mittelklasse. Die Auswahl an Optionen war immens, aber auch die Serienausstattung war beachtlich. Es gab sechs Airbags, eine Klimaautomatik, eine Audioanlage mit CD-Wechsler und Xenon-Scheinwerfer (in Europa allerdings nichts Neues – sie waren 1991 erstmals in einem 7er BMW angeboten worden). Der in Japan als Fairlady Z verkaufte Sportwagen befand sich jetzt in seiner fünften Generation, fuhr sich ausgezeichnet und erfreute die Fans zudem durch einen rauhen Sound, der die Leistung von 280 PS auch akustisch zur Wirkung brachte. Der V-Sechszylinder war hoch verdichtet, hatte vier Ventile pro Zylinder und vier obenliegende Nockenwellen. ABS und elektronische Stabilitätskontrolle verstanden sich von selbst.

Spezialisten tunten den Motor auf noch höhere Leistungen für den Einsatz im Motorsport. Die damit ausgestatteten Fahrzeuge hießen 350Z GT. Der Prototyp einer ganz besonders heißen Variante gab seinen Einstand 2006 beim Goodwood Festival of Speed: Dieses Show-Coupé hatte einen 383 PS starken Kompressormotor und stahl jedem Porsche die Schau. Es hieß, Nissan würde den Kompressor zur Selbstmontage im Handel einführen, doch das Gerücht bestätigte sich nicht. Die Zeiten waren nicht danach, als daß Nissan sich mit solch aufwendigen Spielereien abgegeben hätte. **SH**

Z4 | BMW

2002 • 2979 ccm, Sechszylinder • 231 PS/170 kW • 0-100 km/h in 6,2 Sek. • 244 km/h

Wem der 1996 eingeführte BMW Z3 Roadster zu bescheiden, in seinem Potential zu wenig BMW-like erschienen war, wurde mit dem Z4 (intern: E85), der im Oktober 2002 auf dem Pariser Salon erstmals vorgestellt wurde, bestimmt glücklich. Zwar hatte der neue Zweisitzer die gleiche Länge wie der Z3, war aber ein gutes Stück breiter geworden, was nicht nur für die Insassen mehr Platz bedeutete, sondern auch das Kofferraumvolumen erhöhte. Besonders markant war aber der Unterschied im Styling. Mit seinen konkaven und konvexen Formen im Wechsel entsprach der Karosseriekörper diversen Prototypen, die zuvor als Concept Cars gezeigt worden waren. Konstruktiv gesehen war der Z4 aber nicht ein Generations-Nachfolger des Z3. Der Z4 war größer und wirkte erwachsener, und er wurde zunächst auch nur mit Sechszylindermotoren angeboten. Dadurch machte BMW den Anspruch des neuen Fahrzeugs geltend, daß es höherwertiger als der

Z3 sein sollte. Konkurrenten bewegten sich jetzt eher auf der Ebene eines Porsche Boxster oder Audi TT und weniger in der Liga eines Mazda MX-5.

Mit seinem indirekt beleuchteten Markenemblem in den Blinkleuchten an den Flanken, einem stark in die Breite gezogenen Kühlergrill und einem barock aufgewölbten Kofferdeckel war der Z4 eine auffällige Erscheinung. Angeboten wurde der Wagen mit einem 2,5- und einem 3,0-Liter Sechszylinder aus dem BMW-Motorenregal. Serienmäßig gab es eine elektrisch aktivierte Servolenkung. Zunächst wurde der amerikanische Markt bedient; dort fand auch die Produktion des Wagens statt. Erst im März 2004 erfolgte die Markteinführung in Deutschland. Die Geduld der Fans wurde hier auf eine harte Probe gestellt. Ein halbes Jahr danach nahm man geringe Modifikationen vor, stellte aber auch einen Z4M 3.3i mit 343 PS vor; in dieser starken Ausführung blieb das Modell bis Mai 2009 im Programm. **HS**

CS | Lexus

2002 • Elektroantrieb • 500 kW • keine Angaben • 123 km/h

Der amerikanische Filmregisseur Steven Spielberg, Besitzer eines Lexus, war an den Hersteller Toyota mit der Bitte herangetreten, ihm einen Traumwagen für seinen geplanten Sience-Fiction-Film „Minority Report" zu bauen. Es sollte ein radikal gezeichneter Sportwagen mit Elektroantrieb sein. Der Film mit Tom Cruise in der Hauptrolle spielt im Jahre 2054. Der Lexus SC geriet aber nicht nur zu einem Stylingprojekt, sondern war voll funktionsfähig und erhielt eine ganze Reihe von innovativen Details, die gar nicht lange Utopie bleiben sollten. Zum Beispiel eine Einparkhilfe, einen Bordcomputer und ein Diagnosesystem, das etwaige Fehler erkennt. Heute alles Realitäten, aber 2002 klang das nach Zukunftsmusik.

Auf die 47 sich „selbst aufladenden" Batterien des Elektromotors allerdings werden wir bis 2054 wohl warten müssen. Ein rechnergesteuertes, tempo-relevantes Fahrwerk-Einstellungssystem, Keramikbremsen sowie Reifen, deren Traktion sich jeder Fahrbahn anglich, gab es ebenfalls.

Tom Cruise bewegte das attraktive Coupé mit einer Kraft von 500 Kilowatt durch den Film. In der Realität mußten die Batterien natürlich extern nachgeladen werden; der Aktionsradius betrug etwa einhundert Kilometer. Der Hauptdarsteller aktivierte sämtliche Funktionen nur durch seine Stimme (voice control), und einen Zündschlüssel brauchte er auch nicht, denn eine DNA-Erkennung reichte, um den Wagen in Betrieb zu nehmen. Auch war das Auto ganz ohne Fahrer mobil: Es hielt an, sobald dieser auszusteigen wünschte, fuhr selbsttätig auf einen Parkplatz und holte den Fahrer auf Kommando wieder ab. **SH**

Streetka | Ford

2003 • 1598 ccm, Vierzylinder • 95 PS/69,8 kW • 0-100 km/h in 12,1 Sek. • 173 km/h

Der von Ford-Europa 1996 eingeführte Ka hatte sich als ein großartiger Erfolg erwiesen. Die Versionen Sportka und Streetka schlugen ebenso gut ein. Besonders attraktiv war der offene Streetka mit seiner von Pininfarina gestalteten Karosserie, im Frühjahr 2003 präsentiert und für eine limitierte Auflage vorgesehen. In der Werbung wandte sich Ford an eine weibliche Käuferschaft und lag damit auch ganz richtig. Für Damen eignete sich auch der sehr leicht zu bedienende Verdeckmechanismus, der einhändig zu betätigen war. Viel Aufwand hatte man in die Stabilisierung der Karosseriestruktur investiert; auf schlechten Straßen erwies sie sich im Vergleich zu manchem teureren Cabriolet als besser. Ein exzellentes Handling, beste Traktion und eine präzise Lenkung machten das Fahren zum Vergnügen. Zur Serienausstattung gehörten Türschlösser mit Fernbedienung, elektrische Scheibenheber, Leichtmetallfelgen und ein CD-Radio. In der Luxusversion kamen Ledersitze und einige weitere Besonderheiten hinzu.

Der 95 PS starke Vierzylindermotor war ein Zweiventiler mit obenliegender Nockenwelle und Leichtmetall-Zylinderkopf. Er war quer eingebaut und trieb die Vorderräder an, wie im dreitürigen Ford Ka bzw. Sportka, die aber auch mit 1,3 Liter Hubraum geliefert wurden.

2004 brachte Ford eine Sonderausführung mit pinkfarbener Lackierung heraus als Promotion für einen Film. Damen, die ein Exemplar erwarben, mußten diese Farbe sehr lieben und sich darüber im Klaren sein, das rosafarbene Auto eventuell nie mehr loszuwerden, denn kein männliches Wesen mochte sich je darin sehen lassen. **LT**

Das Gesicht der Dodge Viper von 2003 glich durchaus dem der Giftschlange, nach welcher das Auto seinen Namen bekommen hatte. ▶

A2 1.4 TDI 3L | Audi

2003 • 1422 ccm, Dreizylinder • 75 PS/55,1 kW •
0-100 km/h in 12,6 Sek. • 173 km/h

Daß Audi einmal ein Modell mit einem Dreizylindermotor auf den Markt bringen würde, hätte niemand vermutet. Der letzte Dreizylinder aus Ingolstadt war 1968 ein DKW Munga gewesen, an den ehemalige Bundeswehrangehörige sich nicht besonders gern erinnern.

Auch gegenüber dem 1997 auf der IAA in Frankfurt erstmals gezeigten und ab Ende 1999 produzierten Audi A2 rümpften viele Freunde der vier Ringe die Nase. Zu eigenartig schien ihnen das Design der kompakten Großraumlimousine mit einem Space-Frame und einer schräg abfallenden Dachpartie, in ein gewinkeltes Heckfenster mündend. Doch die Designer Peter Schreyer und Peter Pfefferle erhielten für ihre Kreation hohe Auszeichnungen.

Der TDI 3L als Niedrigenergiefahrzeug unterschied sich in vielen Merkmalen von den anderen Audi A2. So wurde sein automatisches Getriebe wie im Volkswagen Lupo 3L hydraulisch über einen Gangsteller betätigt und bewirkte durch eine optimierte Steuergerätesoftware sehr frühe Gangwechsel. Im Eco-Modus wurde bei der Gaswegnahme in den Freilauf geschaltet, um keine Energie durch Motorbremswirkung zu verlieren. Zusätzlich wurde eine Start-Stopp-Automatik aktiviert, die nach vier Sekunden Stillstand den Motor abstellte. Beim Wechsel in den Automatikmodus wurde automatisch auf Eco-Modus umgeschaltet, wodurch zusätzlich ein sparsameres Motormanagement mit maximal 33 kW Leistung aktiviert wurde. Doch es war möglich, mittels Tiptronic-Schaltgasse die Gänge auch manuell zu schalten. Das Fahrzeug verfügte nur über einen 20-Liter-Kraftstofftank; auf eine Klimaanlage und Sonderausstattungen wurde aus Gewichtsgründen verzichtet. **HS**

Viper SRT-10 | Dodge

2003 • 8277 ccm, V10 • 506 PS/372 kW •
0-100 km/h in 3,9 Sek. • 306 km/h

Als Studie wurde der SRT-10 in Detroit im Januar des Jahres 2000 präsentiert, im Spätherbst 2002 begann seine Fertigung. 2003 erschien diese gefährlichste aller automobilen Giftschlangen auch in Europa.

Noch immer ist es der große Hubraum, der amerikanischen Autofans am meisten imponiert. Daß man auch mit der Hälfte von 8,3 Liter Motorvolumen 700 Newtonmeter produzieren kann, interessiert die Kunden von Corvette & Co. nicht sonderlich, und gerade Corvette-Enthusiasten waren es, denen Chrysler mit dem Dodge Sportzweisitzer ein wenig Nervosität zu bereiten trachtete.

Seit 1998 gehörte der US-Hersteller Chrysler zur Firma Daimler, deren Vorstandschef Jürgen Schrempp den Zusammenschluß zur DaimlerChrysler AG als eine „Hochzeit im Himmel" bezeichnet hatte. Bei einigen Chrysler-Modellen hatte sich inzwischen europäischer Einfluß bemerkbar gemacht – nicht allerdings bei der Viper. Die blieb ur-amerikanisch, obwohl ihr Design ein paar Zugeständnisse an globalisierte Märkte erkennen ließ, zumal es von einem Japaner namens Osamu Shikado stammte. Die neue Viper war ein wenig kürzer als ihre Vorgängerin, wobei sich der Radstand verlängert hatte und die Überhänge knapper geworden waren. Die Bezeichnung SRT stand für „Street and Racing Technology", durch deren Anwendung das Chassis leichter und zugleich verwindungssteifer geworden war. Das Entwicklungsteam hatte auch auf die Akustik Einfluß genommen und die beiden Abgastrakte zusammengelegt. Jetzt vernahm man nicht mehr das Schlangenzischeln zweier Fünfzylinder, sondern ein Zehnzylinder-Orchester. **SH**

Super Sport Roadster | Chevrolet (USA)

2003 • 5326 ccm, V8 • 300 PS/221 kW • 0-100 km/h in 7,7 Sek. • 203 km/h

Retro-Design futuristisch zu verpacken, war zu Beginn des neuen Jahrtausends in Mode gekommen. Bei Chrysler war es der Plymouth Prowler gewesen, der den Anfang machte, dann war 2000 der PT Cruiser im nostalgischen Gewand eines 1939er Utility erschienen. Auch andere Hersteller bemühten sich, Autos entstehen zu lassen, die so aussehen sollten, als habe man einen 1950 entworfenen Zukunftswagen vor sich. Bei GM fühlte man sich ebenfalls bemüßigt, die Uhr rückwärts laufen zu lassen, und konzipierte 2000 eine Art von Pickup, der den Namen Super Sport Roadster bekam. Ein Roadster war dieser Chevrolet nicht, eher ein Stromlinien-Coupé mit einem Rucksack und ausgewölbten hinteren Kotflügeln, die wie das Hinterteil eines Pavians anmuteten. Das Heck des Quasiabschleppwagens nahm das zweigeteilte Dach auf, wenn man es (elektromechanisch) verschwinden lassen wollte. Der Chevrolet SSR hatte einen 5,4 Liter großen V8-Motor unter der Haube, der die Hinterräder antrieb. 2003 begann die Fertigung. Verantwortlich für das SSR-Projekt war Ed Welburn, der Mann, der bei GM auch die fünfte Generation des Camaro auf den Weg gebracht hatte. Der 2132 Kilogramm wiegende SSR teilte sich die Plattform mit dem Trailblazer und die Antriebstechnik mit der Corvette. Statt der Getriebeautomatik konnte man auch ein Handschaltgetriebe mit sechs Gängen bekommen. Lederpolster waren serienmäßig, doch fast alle weiteren Komfortattribute waren aufpreispflichtig. Das mehr als 40.000 Dollar teure Fahrzeug fand nicht allzu viele Interessenten, so daß nur 25.000 Stück hergestellt und die Fertigung 2006 wieder eingestellt wurde. **LT**

Fulgura | Laraki

2003 • 5513 ccm, V12 • 670 PS/492 kW • 0-100 km/h in 3,2 Sek. • 398 km/h

Der erste in Marokko entstandene Supersportwagen wurde 2002 in Casablanca gebaut. Er war das Werk des Ingenieurs Abdeslam Laraki, der sich vorher in einer anderen Branche betätigt hatte: als Architekt für Luxusyachten. Und da er die Ambitionen seiner wohlhabenden Klientel richtig einzuschätzen verstand, fiel es ihm nicht schwer, für diese auch Autos zu bauen. Es entstanden aber nur zwei Stück.

Larakis Fulgura wurde im März 2002 in Genf als Prototyp mit einem Lamborghini-V12-Motor gezeigt. Ein Jahr später sah man dort die „Serienausführung", die aber ebenfalls ein Einzelstück blieb. Das Coupé hatte jetzt einen Mercedes-Benz-Motor, wie ihn der S600 aufwies, wo er aber „nur" 500 PS produzierte. Laraki hatte den für seinen Traumwagen bestellten Biturbo-V12 auf sagenhafte 670 PS tunen lassen. Aber die Karosseriestruktur war die des Lamborghini Diablo. In ihr saß das längs eingebaute Kraftwerk mittschiffs hinter den Sitzen und trieb die Hinterräder an. 2004 war der Wagen erneut zu sehen, und Laraki bot seinen mit Karbonfasermaterial karossierten, nur 1150 Kilogramm wiegenden Supersportwagen wahlweise mit einem V8- oder V12-Motor an, und es muß sich offenbar auch ein Kunde gefunden haben, der bereit war, für den Fulgura eine halbe Million Dollar hinzublättern.

Ein weiteres Mal stellte Laraki einen Wagen 2007 aus. Wie es hieß, leistete der V8-Mercedes-Benz-Motor jetzt sogar 920 PS. Das Coupé trug den Namen Borac und hatte das Kompressor-Antriebsaggregat vorn eingebaut, so daß es hinter den Sitzen etwas Platz im Fond gab. Es ist nicht überliefert, ob es für den Borac einen Käufer gegeben hat. **SH**

Copen | Daihatsu

2003 • 659 ccm, Vierzylinder • 64 PS/47,1 kW • 0-100 km/h in 11,7 Sek. • 170 km/h

In der klassischen Kleinwagenkategorie Japans kam es immer wieder zu lustigen Konstruktionen, wie sie nur dort entstehen können. Autos dieser Größenordnung genießen in Nippon Steuervorteile, doch gelegentlich geraten diese Fahrzeuge auch außerhalb Japans in das Blickfeld einer interessierten Auto-Öffentlichkeit.

Der im Juni 2002 eingeführte kleine Daihatsu Copen war ein sportlicher, zweitüriger Frontantriebs-Zweisitzer mit versenkbarem Aluminiumdach, im Retro-Stil gestaltet und mit einem quer eingebauten Dreizylinder-Turbomotor versehen. Als Daihatsu den Wagen auch im asiatischen Ausland anzubieten begann, kam er dort nicht mit einem Dreizylindermotor, sondern entweder mit einem 659-ccm- oder mit einem DOHC-1298-ccm-Vierzylinder in den Handel, wie im Daihatsu Sirion. Ab 2003 wurde der Wagen schließlich auch nach Europa geliefert.

Das hydraulisch versenkbare Dach ließ noch Platz für Gepäck im Kofferraum; der Vorgang des Öffnens und Schließens dauerte nicht länger als zwanzig Sekunden. Im Cockpit ging es etwas eng zu, aber es wies Ledersitze und ein Lederlenkrad auf.

Mit nur 850 Kilogramm war der Copen ein Leichtgewicht und ließ sich entsprechend flott bewegen. Zur Serienausstattung gehörten ABS, Alufelgen und eine Klimaanlage. Spötter bezeichneten den kleinen Daihatsu als ein Auto für Kinder, doch diese westlich überhebliche Betrachtungsweise ignoriert die Gegebenheiten im Herstellungsland, wo nun einmal andere Maßstäbe für die Individualmobilität gelten. Der Import des Rechtslenkers nach Deutschland wurde Ende 2005 eingestellt und durch einen Linkslenker ersetzt, den es bis 2010 gab. **SH**

Roadster | Smart

2003 • 689 ccm, Dreizylinder • 82 PS/60,3 kW • 0-100 km/h in 10,9 Sek. • 175 km/h

Eine interessante Variante des Smart erschien Ende August 2002 in Gestalt des Roadsters, der irgendwie an den MG Midget erinnerte. Jens Manskes Konstrukteursteam war es hervorragend gelungen, die Smart-Philosophie (siehe Seite 700) ins Sportliche zu übertragen. Der Zweisitzer bescherte seinen Insassen ein hohes Maß an Frischluft-Fahrvergnügen nach dem Motto: Es wird das maximale Minimum geboten.

Mit einem tieferen Schwerpunkt als beim Smart Fortwo und einem längeren Radstand – 2360 statt 1810 Millimeter – konnte der Targa-Roadster mit einer guten Straßenlage aufwarten. Aber man mußte mit dem Fahrzeug auch umgehen können, denn es war für Überraschungen gut, wenn enge Kurven zu schnell angegangen wurden. Der von Mercedes-Benz entwickelte Suprex-Motor war ein Dreizylinder mit elektronischer Einspritzung, Alukopf und Turbolader; die obenliegende Nockenwelle wurde durch eine Gliederkette aktiviert. Es gab eine Version mit 61, mit 82 und mit 102 PS. Die stärkste Variante taugte für mehr als 190 km//h – zur Freude aller Radarkameras an deutschen Bundesstraßen. Mit nur 790 Kilogramm Leergewicht war man schnell an jedem Tempolimit angelangt. Scheibenbremsen hatte der Roadster nur vorne.

Einige Übung erforderte der Umgang mit dem sequentiellen Sechsganggetriebe, eigentlich war dies die einzige Achillesferse des smarten Sportwagens. Die Tuningfirma Brabus baute einen Roadster mit zwei Dreizylindermotoren, die zu einem V6 verschmolzen und 216 PS abgaben. Dieses gefährlich schnelle Einzelstück nahm es mit einem Porsche 911 auf – und war zum Glück nicht für eine Serienfertigung geplant. **RD**

◁ Der Hummer H2 von 2003 in extremer Offroad-Modifikation: Nichts für engagierte Naturschützer!

H2 | Hummer (USA)

2003 • 5967 ccm, V8 • 320 PS/236 kW • 0-100 km/h in 10 Sek. • 180 km/h

Auch der 2002 eingeführte Hummer H2 durfte sich der zweifelhaften Ehre erfreuen, von der amerikanischen Zeitschrift TIME unter die „schlechtesten 50 Autos aller Zeiten" eingereiht zu werden. Dennoch wählte man den Geländewagen zum „Truck of the Year 2003".

Wie die vorangegangenen Modelle (Seite 648) hatte auch der H2 seinen Ursprung einem nach militärischen Gesichtspunkten erstellten Lastenheft zu verdanken. 1999 hatte General Motors die Produktionsrechte übernommen und die Fertigung von Zivilausführungen intensiviert. Für einen Geländewagen der Übermaße schien es nicht nur in den USA einen Markt zu geben.

Der H2 basierte auf dem Chassis des Chevrolet Tahoe Truck und setzte die mit dem Humvee der U.S. Army eingeführte „Großspurigkeit" fort: extreme Breite (mehr als zwei Meter) und eine Kühlerfront, deren Grill so aussah, als trüge der Wagen eine Zahnspange.

Bei einem Basispreis von 48.800 Dollar hätte man erwarten können, daß der mächtige Allradler mit voller Gefechtsausrüstung geliefert wurde. Aber nicht alle Käufer waren militante Buschkriegernaturen. Die enorme Geländegängigkeit und die Zugkraft von fast vier Tonnen waren gute Argumente für eine Anschaffung. Wem der H2 als Arbeitsfahrzeug diente, fand sich auch mit einem Benzinverbrauch von knapp 30 Litern auf 100 Kilometern ab. In klassischer Bauart hatte der Wagen hinten eine Starrachse und auf Wunsch Luftfederung. Immer häufiger sah man den H2 aber auch auf den Parkplatzflächen amerikanischer Einkaufszentren – es war in gewissen Kreisen offenbar wieder fashionable geworden, Größe zu zeigen. **LT**

Golf V 2.0 FSI | Volkswagen (D)

2003 • 1984 ccm, Vierzylinder • 150 PS/110 kW • 0-100 km/h in 8,9 Sek. • 206 km/h

Der im November 2003 vorgestellte Volkswagen Golf V war der Nachfolger des erfolgreichen Golf IV und wurde bis zum Herbst 2008 produziert. Wie sein Vorgänger hatte er Frontantrieb und einen quer zur Fahrtrichtung eingebauten Motor, und es gab auch wieder die unterschiedlichsten Editionen.

Die Vierzylinder mit direkter Kraftstoffeinspritzung hießen bei VW FSI-Motoren, wobei es einen 1,6- und einen 2,0-Liter dieser Bauart gab. Mit 150 PS Kraftentfaltung war der Zweiliter die interessanteste Version. Serienmäßig bekam der Golf V vier Scheibenbremsen, eine elektromagnetisch arbeitende Servolenkung, ASR (Antischlupfregelung), ESP (elektronisches Stabilitätsprogramm) und ABS (Anti-Blockiersystem) mit auf den Weg. Innen gab es sechs Airbags sowie elektrische Fensterheber, auch ließen sich die Außenspiegel elektrisch verstellen.

Im Rahmen der Modellpflege wurde der Golf V permanent verbessert – sofern dies noch möglich war, denn dieser Golf war ohnehin der beste und am reichhaltigsten ausgestattete seit je. 2004 bekam jeder Käufer einige Geschenke obendrein: eine Klimaautomatik und ein Sechsganggetriebe; VW feierte 30 Jahre Golf. Zu bekommen war auch ein Modell mit Allradantrieb, 4-motion genannt, und wie bisher ein 200 PS starker GTI, der ab 2005 geliefert wurde. Ebenfalls ab 2005 wurden einige Sparmaßnahmen wirksam, wie zum Beispiel eine Stabantenne (wie beim IV) sowie dunklere und haptisch ansprechendere Materialien am Armaturenbrett, nur noch acht anstatt zehn Lautsprecher, kleinere Batterien. Die Veränderungen waren jedoch je nach Ausstattungsvariante unterschiedlich. **HS**

M3 CSL | BMW (D)

2003 • 3245 ccm, Sechszylinder • 343 PS/253 kW • 0-100 km/h in 5,5 Sek. • 250 km/h

Der BMW M3 hatte seit jeher eine treue Klientel. Die von 2000 bis 2007 gebaute Ausführung, intern E46 genannt, besaß einen hochdrehenden 3,3-Liter Sechszylinder-Reihenmotor und unterschied sich äußerlich von anderen Modellen der 3er-Reihe durch die Auswölbung auf der Aluminiummotorhaube, dem sogenannten Powerdome, der jedoch ohne Funktion war und lediglich dem bulligen Auftritt dienen sollte. Unterschiede waren ferner breitere Radkästen, aerodynamisch optimierte Außenspiegel, Alufelgen in 18 oder 19 Zoll, eine Auspuffanlage mit vier Endrohren sowie Luftauslässe in den Kotflügeln.

Die große vordere Bugschürze mit den angedeuteten Spoilerecken und den großen Luftschächten für Wasser-, Öl- und Bremsenkühlung zählte ebenso zur Serienausstattung wie die dezente Spoilerleiste – genannt „Gurney" – auf der Kante des Kofferraumdeckels. Sie war für die deutlich verringerten Auftriebskräfte an der Hinterachse zuständig.

Der Motor war sehr drehfreudig – er vertrug gut 8000 Touren. Trotz der hohen Nenndrehzahl bot der M-Motor ein großes nutzbares Drehzahlband. Das Fahrwerk war eine konsequente Weiterentwicklung des Vorgänger-Fahrwerks vom E36. Aber es war nun eine variable M-Differentialsperre zum Einsatz gekommen, die einen Sperrwert zwischen 0 und 100 Prozent erlaubte. **HS**

VX220 Turbo | Vauxhall (GB)

2003 • 1998 ccm, Turbo-Vierzylinder • 200 PS/147 kW • 0-100 km/h in 4,9 Sek. • 243 km/h

Den Vauxhall VX220 alias Opel Speedster gab es seit dem Frühjahr 2001, nachdem der Prototyp 1999 in Genf für einiges Aufsehen gesorgt hatte. General Motors beschloß, den luftigen Mittelmotor-Zweisitzer sowohl als Opel als auch unter der Markenbezeichnung Vauxhall anzubieten. Sich in das enge Cockpit über sehr breite Seitenschweller einzufädeln, verlangte einige Akrobatik – doch als Antwort auf die Frage an eine Managerin auf dem Genfer Opel-Stand, ob das Ein- und Aussteigen auch mit engem Rock zu bewerkstelligen sei, demonstrierte es die Lady in aller Schicklichkeit. Die Journalisten waren beeindruckt.

Ende Februar 2003 war für den Speedster ein neuer Motor zu bekommen. Es handelte sich um einen DOHC-Vierzylinder mit Abgas-Turbolader, mit dem 200 statt der bisher verfügbaren 147 PS zu mobilisieren waren. Das mögliche Tempo von 243 km/h auszufahren, war ein berauschendes Erlebnis, sogar ein zugluftfreies, denn die nach hinten auslaufende und die Motorabdeckung einfassende Aufwölbung hinter den Sitzen diente wirkungsvoll als Windschott. Den gleichen Motor bot Opel auch im Astra an. Dank Anwendung vieler Bauteile in Aluminium wog der Wagen nur 930 Kilogramm. Schade, daß die Produktion im Juli 2005 mangels Nachfrage eingestellt werden mußte. **DS**

Gallardo | Lamborghini (I)

2003 • 4961 ccm, V10 • 500 PS/368 kW • 0-100 km/h in 4,2 Sek. • 309 km/h

1998 war Lamborghini von Audi übernommen worden und damit zur VW-Gruppe gekommen. Sogleich wurden auch Pläne ausgearbeitet für einen „Baby Lambo". So entstand ein Mittelmotor-Coupé mit permanentem Allradantrieb, das im Frühjahr 2003 seinen Einstand gab. Das Fahrzeug hörte auf den Namen Gallardo. Es war nicht der erste Lamborghini, der in deutscher Regie entstand – das war der Murciélago. Doch der Gallardo machte deutlich, was VW mit der Marke Lamborghini künftig vorhatte.

Das neue Auto war kürzer, wenn auch nur um zehn Zentimeter, und wies als erster Lamborghini einen V10-Motor auf. Er gab seine Kraft über Viscokupplungen auf alle vier Räder ab, wobei sich die Antriebskräfte automatisch je nach Beladung und Traktion verteilten, damit stets der optionale Grip gewährleistet war und kein Rad durchdrehte. Der Kunde konnte sich für ein manuelles Sechsganggetriebe oder eine Wippenschaltung am Lenkrad entscheiden. Obwohl er unterhalb vom Murciélago und dessen Vorgängern rangierte, wies der Gallardo (selbstverständlich war auch dies wieder der Name eines Kampfstiers) alle Attribute eine Supersportwagens auf; seine Plattform ist die des Audi R8. Wie richtig man mit dem Konzept lag, beweist die Zahl von 10.000 Stück, die innerhalb von sieben Jahren verkauft wurden. **JI**

RX-8 | Mazda (J)

2003 • 2616 ccm, Zweischeiben-Wankel • 250 PS/184 kW • 0-100 km/h in 6,4 Sek. • 235 km/h

Im Januar 2003 trat der Mazda RX-8 die Nachfolge des RX-7 an, und wie dieser war er ein viertüriges Coupé mit Zweischeiben-Wankelmotor. Auch die Fahreigenschaften konnte man als vergleichbar bezeichnen, dennoch gab es einige signifikante Unterschiede.

Die Türen des Viersitzers öffneten zueinander ohne Mittelpfosten, wobei die vorderen Türen breiter als die hinteren waren, die sich aber erst öffnen ließen, wenn die vorderen ebenfalls geöffnet waren. Im Fond ging es etwas eng zu, aber nicht so sehr wie in vielen anderen als 2+2 bezeichneten Coupés. Die Kabine und die Auswölbungen der Radkästen waren größer als beim RX-7, die Frontpartie weiter heruntergezogen. Den sequentiell arbeitenden Turbolader des Vormodells hatte man nicht übernommen; der Wankel im RX-8 arbeitete als Saugmotor. Je nach Exportland variierte die Leistungsabgabe, weil es verschiedene Emissionsvorschriften gab.

Das Auto erfreute sich guter Kritiken, und wenn es Nachteile zu nennen gab, die einer weiteren Verbreitung des Wankel-Mazda entgegenstanden, dann die sehr geringen Abmessungen des Kofferraums und der verhältnismäßig hohe Benzinverbrauch. Versuchsweise wurde auch ein Wagen mit Wasserstoffmotor gebaut, genannt RX-8 RE. In der Serienausführung blieb der Wagen bis 2012 im Programm. **SH**

Phantom | Rolls-Royce (GB)

2003 • 6749 ccm, V12 • 453 PS/333 kW • 0-100 km/h in 6 Sek. • 240 km/h

Nach der Übernahme von Rolls-Royce durch BMW im Jahre 1998 entstand ein neues Modell und in Südengland auch gleich eine neue Fabrik, in der er gebaut wurde. Das Areal gehörte dem Earl of March. Der Wagen bekam den traditionsreichen RR-Namen Phantom und demonstrierte einen derart massiven Auftritt, daß er fast wie eine Karikatur seiner selbst wirkte – mit einem klotzigen Kühler und sehr kleinen, rechteckigen Scheinwerfern zu dessen Seiten. Egal, ob der Phantom die Eleganz des Silver Seraph missen ließ oder nicht: Jeder Scheich und jeder Oligarch, jeder Rapper und jeder Fußballstar mußte den neuen Wagen haben, und es gab keinen Kunden, der nicht kostspielige Wünsche hinsichtlich einer Individualisierung hatte.

Der Vierventil-V12-Motor des Phantom (es war der des teuersten BMW 7er) und die gesamte Antriebstechnik kamen aus Deutschland, so auch die Sechsstufen-Getriebeautomatik von ZF. Britische Patrioten nahmen es mit gemischten Gefühlen zur Kenntnis.

Der Rahmen war ein Leichtmetall-Space-Frame. Der mit größtmöglicher Üppigkeit ausstaffierte Viertürer (die Fondtüren öffneten sich per Knopfdruck nach vorne) hatte Luftfederung, die auch die härtesten Fahrbahnstöße zu schlucken vermochte, und beim Manövrieren halfen eingebaute Kameras. In jeder Tür befand sich ein Etui mit einem Regenschirm. Feinste Schafwollteppiche halfen, Wohlgefühl auch den Füßen zu vermitteln. Perfektion im kleinsten Detail: Das RR-Zeichen in der Lenkradnabe blieb immer in senkrechter Position, unabhängig vom Einschlag. Ganz ohne Zweifel war das 350.000 Euro teure Luxusgefährt jeden Cent seines Preises wert. **LT**

SLR McLaren | Mercedes-Benz (D)

2003 • 5439 ccm, V8 • 626 PS/461 kW • 0-100 km/h in 3,8 Sek. • 334 km/h

Einen Supersportwagen für die Straße, aber mit allen Attributen eines Rennwagens ohne Verzicht auf Komfort nach bester Gran-Turismo-Tradition auf die Räder zu stellen – das war nicht nur ein Wunsch des Daimler-Chefs Dr. Dieter Zetsche, sondern auch seiner Marketingstrategen.

Nach dem Vorbild des klassischen Mercedes-Benz 300 SL mit Flügeltüren und dessen Wettbewerbsversion SLR von 1955 entstand ein Zweisitzer, der Ende 2003 seinen Einstand gab und in der ganzen Welt für Schlagzeilen sorgte. Nicht nur die Silhouette und die charakteristischen „gull wings", sondern auch die Entlüftungsschlitze an den Seiten und auf der Motorhaube entsprachen beim SLR in etwa dem historischen Vorbild. Die Karosserie bestand aus einem durch Kohlefasern verstärkten Kunststoff und wies Armierungen wie bei einem Formel-1-Wagen auf. Die leichte, extrem feste Außenhülle umschloß einen Käfig, dessen Mittelteil das zweisitzige Cockpit bildete. Das einzige Teil der Karosserie, das nicht aus Karbonkunststoff bestand, war der Aluminium-Motorträger. Ein elektrisch verstellbarer Heckspoiler erzeugte bei hohen Geschwindigkeiten zusätzlichen Anpreßdruck auf die Hinterachse und wirkte auch als Luftbremse.

Der SLR hatte einen 5,4-Liter-V8-Motor mit Kompressor und leistete 626 PS. Mit seiner Fünfgang-Automatik ließ sich das Fahrzeug in nur 3,8 Sekunden von 0 auf 100 km/h beschleunigen, die Höchstgeschwindigkeit betrug 334 km/h. Es gab auch eine offene Ausführung in zwei Leistungsstufen wie den Roadster „722 Edition" und den SLR „Stirling Moss" mit 650 PS, gebaut bis Ende 2009. **JI**

Draufsicht auf den Porsche Carrera GT von 2003 mit seinem gut 600 PS starken Zehnzylinder-V-Motor hinter dem Cockpit.

Cayenne | Porsche

2003 • 4511 ccm, V8 • 340 PS/250 kW • 0-100 km/h in 6,8 Sek. • 242 km/h

Man hatte sich auf ein Doppelkonzept mit Volkswagen geeinigt, von dem man sich viel versprach. Es sollte ein zusätzliches Standbein werden, mit dem Porsche die Zukunft des Unternehmens abzusichern gedachte. Es galt, die Begeisterung der Porsche-Kundschaft für einen SUV zu wecken, eine Kategorie, in der Wettbewerber bereits mit Erfolg Fuß gefaßt hatten. Doch eine Art Land Rover für die Prärie hatte Porsche nicht im Sinn. Marktforscher hatten gesagt, als prospektive Kundschaft habe man sich Familien mit drei Kindern vorzustellen, für die ein Porsche schon immer im Begehrkreis stand, vor allem der Leistung wegen.

Porsche stellte im Herbst 2002 den Cayenne S mit Saugmotor sowie den Cayenne Turbo als 2003er Modelle vor. Bis dahin hatten Prototypen ein so umfassendes Testprogramm absolviert, wie dies kein Porsche je zuvor hatte über sich ergehen lassen müssen. Denn die superben Leistungen und Fahreigenschaften, die der Cayenne als typischer Porsche auf der Straße erbrachte, verlangten die Ingenieure von ihm auch abseits der Straße: Er sollte zugleich ein exzellenter Komfort-Offroader sein.

Der 4,5-Liter V8 der ersten Generation war auf eine Leistung von 340 PS ohne Auflading ausgelegt, in der Turboversion auf 450 PS. Der permanente Allradantrieb verteilte die Kraft zu 62 Prozent auf die Hinterräder und zu 38 Prozent auf die Vorderräder. Die Tiptronic-Getriebeautomatik mit sechs Gängen korrespondierte mit einem elektronisch aktivierten Sperrdifferential, einem zusätzlichen Reduktionsgetriebe und einer Differentialbremse. Porsches Ziel war es, in jedem Jahr mindestens 20.000 Stück zu bauen. **SH**

Carrera GT | Porsche

2003 • 5733 ccm, V10 • 604 PS/444 kW • 0-100 km/h in 3,5 Sek. • 330 km/h

Der Carrera GT war das Ergebnis eines langen Entwicklungsprozesses und wurde Porsches neues Flaggschiff. Dieser Prozeß hatte mit der Formel 1 begonnen, sich danach in Richtung Le Mans fortgesetzt. Der Carrera GT sollte Formel-1-Power haben, sich aber wie ein Porsche fahren lassen und die klassische Porsche-Familienähnlichkeit aufweisen. Wichtig war, daß der Wagen sich unter normalen Bedingungen auf der Straße ebenso benutzen ließ wie auf der Rennstrecke. Dazu gehörte ein großer Kühler für den 600 PS starken Motor. Auch wollte man die Leistung eines Supersportwagens nicht zugunsten eines großen Kofferraums eingrenzen. Denn es war davon auszugehen, daß der Carrera GT nicht nur auf der Autobahn gefahren wurde. Es war nicht leicht, den Motor sowohl für die Straße als auch für die Rennstrecke tauglich zu machen.

Wie aber verhält sich ein solcher Motor, wenn man länger im Stau steht? Eine unter allen Konditionen gewährleistete Alltagstauglichkeit des Wagens zu schaffen, bedeutete für die Konstrukteure eine große Herausforderung. Dazu gehörte der Entwurf eines Daches, das auch ein Offenfahren ermögliche. Es sollte bei 330 km/h ebenso fest sitzen wie sich auch die Kanten der versenkbaren Seitenscheiben bei hohem Tempo dicht anpressen mußten. Die Bügel sollten einerseits unauffällig sein, andererseits aber ihren Zweck erfüllen können.

Als die Fertigung im Sommer 2003 begann, gab es für den Carrera GT bereits so viele Vormerkungen, daß Porsche davon ausgehen konnte, 1500 Stück zu verkaufen. Es entstanden drei Autos pro Tag, hergestellt von 150 Mitarbeitern im neuen Werk in Leipzig. **DS**

Crossfire | Chrysler (USA)

2003 • 3199 ccm, V6 • 218 PS/161 kW • 0-100 km/h in 6,8 Sek. • 250 km/h

Er wirkte athletisch und kerngesund, modern und solide. Der Crossfire war ein Wagen des noch jungen 21. Jahrhunderts und das Resultat einer transatlantischen Liaison zweier Partner, die ihr Know-how zu einem rundum gelungenen Ergebnis koordiniert hatten. Der Technologietransfer zwischen Mercedes-Benz und Chrysler war auf einem ersten sichtbaren Höhepunkt angelangt.

Für das Design des Chrysler Crossfire zeichnete der Amerikaner Eric Stoddard verantwortlich (der später zu Hyundai wechselte). Das Retro-Heck, die Side-Pipes, die großen 18-Zoll-Räder – alles paßte bestens zusammen bei diesem Sportcoupé, dem man nicht ansehen konnte, daß es ein enger Verwandter des Mercedes-Benz SLK war. Doch als der SLK 2004 eine neue Definition erfuhr, zog der Crossfire nicht mit und verharrte auf seinem Standard, der konstruktiv aus dem Jahre 2001 stammte. Deshalb war der Chrysler aber keineswegs ein technisch veraltetes Auto, denn es wies Stabilitäts- und Traktionskontrolle auf, ferner ABS und jede Menge elektronischer Gags. Daß die Lenkung etwas schwammig und das Interieur ein wenig unkomfortabel waren, konnte man auf das Konto Detroit buchen – Amerikaner waren halt so. Dafür gab es eine Klimaautomatik, elektrisch verstellbare Ledersitze und eine 240-Watt-Stereoanlage, Ab Januar 2004 gab es auch ein Cabriolet, gefolgt von einer Kompressor-Version mit 330 PS, genannt Crossfire SRT-6. Gleichwohl blieben die Absätze hinter den Erwartungen zurück. Als die angeblich „im Himmel geschlossene" Ehe zwischen Daimler und Chrysler 2007 wieder getrennt wurde, waren keine 100.000 Stück verkauft worden. **SH**

Quattroporte | Maserati

2003 • 4244 ccm, V8 • 400 PS/294 kW • 0-100 km/h in 5,2 Sek. • 275 km/h

Maseratis Klassiker war seit jeher der Quattroporte, eine viertürige Limousine, wie der Name aussagt. Im Laufe der Jahre hat sich dieses Modell mehrmals verändert und wurde dem Stand der Technik angepaßt; so war auch die Neuauflage von 2003 wieder ein neues und in seinem Design äußerst reizvolles Luxusautomobil, jetzt in der fünften Generation.

Bei Pininfarina war seine äußere Form entstanden, und als der Wagen auf der IAA in Frankfurt zum ersten Mal gezeigt wurde, war der Beifall groß. Das Amerika-Debüt fand anläßlich des alljährlichen Concours d'Elégance in Pebble Beach statt.

Die Kühleröffnung hatte eine ovale Form erhalten und entsprach dem rundlichen Gesamtdesign der Limousine. An den Flanken gab es drei Öffnungen zur Wärmeabfuhr, und ein klassisches Stylingelement im Interieur war die mandelförmige Uhr im Armaturenbrett. Dezent verpackt waren die 400 PS des vierventiligen V8-Motors unter der Fronthaube, doch während andere Limousinen dieses Kalibers längst Allradantrieb aufwiesen, begnügte sich der Quattroporte mit Hinterradantrieb. Zum Gewichtsausgleich wies er aber das Getriebe (sechs Gänge, Handschaltung) als Transaxle-Baueinheit mit dem Differential an der Hinterachse auf. Die Zeitschrift *Auto Express* war der Ansicht, der Wagen produziere den „großartigsten Motorenklang aller Serienwagen", mokierte sich aber über die hakelige Gangschaltung, die einem Wagen dieser Kategorie nicht gut stehe. Bei Maserati muß es noch weitere diesbezügliche Klagen gegeben haben, denn ab 2007 wurde der Quattroporte mit einem Sechsganggetriebe von ZF ausgeliefert. **RD**

T6 Roadster | Caresto

2004 • 2922 ccm, Twinturbo-Sechszylinder • 330 PS/243 kW • keine Angaben • keine Angaben

Der Caresto machte deutlich, daß es in Schweden so etwas wie eine Hot-Rod-Szene gab. Das Auto entstand nach Entwürfen des Ingenieurs Leif Tufvesson, der vorher für Volvo und Koenigsegg tätig gewesen war. Nun könnte man den Caresto zwar als einen automobilen Scherzartikel bezeichnen, aber er basierte technisch auf dem Volvo XC90 und wies erstaunliche Qualitäten auf. Tufvessons kleines Team werkelte in einem Betrieb in Südschweden und konnte Erfolge verbuchen; der T6 ließ sich durchaus verkaufen. Der Sechszylinder war als Mittelmotor eingebaut und trieb die hinteren Räder über ein sequentielles Vierganggetriebe an. Auf dem Stahlrohrrahmen saß eine Karosserie aus Aluminium mit einem abnehmbaren Hardtop aus Polyester.

Der Dreilitermotor hatte zwei Turbolader, mit deren Hilfe sich 330 PS mobilisieren ließen, und da der T6 nur 1075 Kilogramm auf die Waage brachte, war er verflixt schnell – über die Höchstgeschwindigkeit gab es allerdings keine offiziellen Angaben. Zumal viele Eigner durch individuelles Tuning dem T6 zusätzlich Beine machten …

Eine reine Fahrmaschine war der Hardtop-Roadster keineswegs. Man hatte ihm eine luxuriöse Ausstattung gegeben mit handgenähten Lederpolstern und polierten Alufelgen. Es gab ABS und Federn aus Karbonmaterial, und wenn der Motor eine kritische Temperatur zu erreichen ansetzte, öffnete sich eine Klappe auf dem Achterdeck für zusätzliche Frischluftzufuhr.

Das amerikanische *Hot Rod Magazine* bezeichnete den T6 als eines der „bemerkenswertesten Autos, das wir auf unseren Seiten je das Vergnügen zu beschreiben hatten". **SH**

T4 | Troller (BR)

2004 • 3000 ccm, Vierzylinder • 161 PS/118 kW • keine Angaben • 150 km/h

Die in Bela Horizonte, Ceará, gegründete Troller Veiculos Especiais S.A. begann 1993 für den brasilianischen Markt Softtop-Geländewagen unter dem Markennamen Troller zu produzieren. Das Unternehmen ist in Europa kaum bekannt und gehört der brasilianischen Ford-Tochter. Der Troller T4 wies zunächst einen 2,0-Liter Volkswagen-Motor von 114 PS auf und hatte Allradantrieb. Optisch glich der Wagen dem Jeep Wrangler, und vom amerikanischen Original hatte man auch die Leichtbau-Philosophie übernommen. Im Jahr 2000 war er mit einem Direkteinspritzer-Diesel von 2,8 Liter erhältlich sowie mit einem 3,0-Liter Vierzylinder-Turbodiesel der brasilianischen Marke MWM. Das Modell von 2004 hatte ein manuelles Fünfganggetriebe und Allradantrieb mit einer hinteren Starrachse. Die leichte Kunststoffkabine, deren oberer Teil sich abnehmen ließ, saß auf einem kräftigen Stahlrahmen; für sie hatte man sich entschieden, um Rostproblemen vorzubeugen, die in brasilianischen Regenwaldgebieten an der Tagesordnung sind. Zum Serienumfang gehörten Servolenkung, eine Klimaanlage, elektrische Scheibenheber, Leichtmetallräder und Lederpolster. Sehr kurze Überhänge vorn wie hinten ermöglichten ein gefahrloses Angehen von Hängen, ohne daß es an den Stoßstangen zu Bodenberührungen kam. An der hinteren Ladeklappe war das Ersatzrad befestigt, ferner gab es Dachgepäckhalter und auf Wunsch nach oben über das Dach herausgeführte Auspuffendrohre für Wasserdurchquerungen. Man hat den Troller auch in Gelände-Wettbewerben sehen können, etwa bei der Rallye Paris-Dakar, und da seine Auftritte recht überzeugend waren, kam es zur Gründung eines Montagebetriebes in Angola. **SH**

DB9 | Aston Martin (GB)

2004 • 5935 ccm, V12 • 469 PS/345 kW • 0-100 km/h in 4,6 Sek. • 300 km/h

Nachdem als letzter Aston Martin das Modell Vanquish noch in der seit fünfzig Jahren bestehenden Fabrik in Newport Pagnell entstanden war, durfte sich der DB9 als der erste Wagen der Marke feiern lassen, der in Gaydon, Warwickshire, gebaut wurde. Während sein Vorgänger, der DB7, noch weitgehende Übereinstimmungen mit dem Jaguar XKS aufgewiesen hatte, stellte der DB9 von 2004 eine eigenständige Neuentwicklung dar, in die der Ford-Konzern – Firmeninhaber seit 1987 – sehr viel Geld investiert hatte. Zu den Innovationen gehörte eine Plattform aus Aluminium, wie sie auch der AMV8 Vantage erhielt.

Warum übersprang man in der Modellbezeichnung die 8 und ließ auf den DB7 den DB9 folgen? Das hatte einen einfachen Grund. Bei Aston Martin befürchtete man nämlich, daß ein B8 irrtümlich hätte für ein Achtzylinder-Modell gehalten werden können, und der neue Sportwagen hatte doch einen V12 unter der Haube, den gleichen Motor, der sich bereits im Vanquish (Seite 729) bewährt hatte.

Der DB9 war ebenfalls eine Kreation des Designers Ian Callum, auf dessen Konto auch den Jaguar XK8 ging. Gewisse Ähnlichkeiten beider Autos waren daher nicht nur zufällig. Sie konkurrierten auch auf dem Markt und richten sich an die gleiche Käuferschaft.

Zum ersten Mal wurden bei Aston Martin Roboter in der Fertigung eingesetzt, und zwar für die Verklebung der Karosserie-Aluminiumflächen. Doch ein hoher Aufwand an handwerklicher Arbeit wurde nach wie vor gepflegt, und der Faktor Sicherheit spielte eine größere Rolle als je zuvor. Crashtests, die das bestätigten, wurden in Schweden absolviert – bei Volvo. **JI**

Titan | Nissan

2004 • 5552 ccm, V8 • 305 PS/224 kW • 0-100 km/h in 7,2 Sek. • 185 km/h

Wenn etwas typisch amerikanisch ist, dann die weit verbreitete Vorstellung: „the bigger the better". Das gilt für Hamburger wie für Wolkenkratzer und selbstverständlich auch für Autos. So nahmen die anfänglich aus Personenwagen entstandenen Pickups im Laufe der Jahrzehnte riesenhafte Dimensionen an, und ausländische Hersteller, die sich in den USA durchsetzen wollten, durften da nicht zurückstehen. Toyota folgte dem Trend zur Aufblähung schon früh, Nissan zog nach. Mit den amerikanischen Anbietern vermochten sie aber nicht Schritt zu halten. Bis 2004 das Nissan-Modell Titan erschien, sechs Meter lang und – das war vielen Käufern wichtig – in den USA fabriziert, wo die Japaner im Bundesstaat Mississippi seit 2003 ein neues Werk betrieben. Ein US-Japaner hatte auf dem amerikanischen Markt von Haus aus gute Karten.

Auch der mächtige V8-Motor war made in USA, wenngleich japanische Technologie seine Entstehung kennzeichnete. Er war im Gegensatz zu etlichen seiner Rivalen ein Vierventiler. An Leistung war er jedem Konkurrenten mindestens ebenbürtig. Zu bekommen war der Titan in zwei Ausführungen, so als King Cab mit zwei Türen und zwei Behelfssitzen im Fond oder als Crew Cab mit vier Türen und vier bis fünf vollwertigen Sitzen, woraus sich aber eine Reduzierung der Ladefläche ergab. Wer öfters Passagiere mitzunehmen hatte, entschied sich für das Crew Cab.

Nissan hatte mit dem Titan einen Volltreffer gelandet. Und da die Japaner längst gelernt hatten, wie man auf dem amerikanischen Markt für ein gutes Produkt erfolgreich wirbt, kamen sie mit ihrem großen Pickup in der Zulassungsstatistik schnell nach ganz oben. **JI**

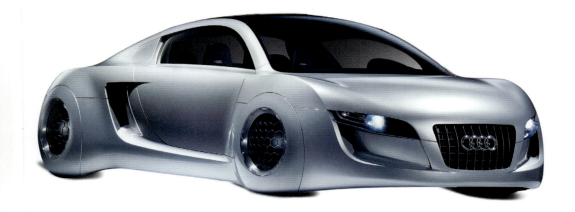

RSQ | Audi (D)

2004 • keine Angaben

Wir schreiben das Jahr 2035. Durch die Straßen von Chicago kurvt ein Polizeistreifenfahrer in einem silberfarbenen Coupé, das unschwer als Audi erkennbar ist. Audi war es schon häufiger gelungen, Autos in Spielfilmen (man nennt das „product placement") unterzubringen. Doch im Falle des 2004 nach einer Romanvorlage von Isaac Asimov gedrehten „I, Robot" stellte die Plazierung eines Autos etwas Besonderes dar.

Wie hatte man sich ein Auto im Jahr 2035 vorzustellen? Nur zehn Wochen Zeit hatten die Audi-Designer, sich hierüber Gedanken zu machen und diese auch eins zu eins umzusetzen. Es entstand der RSQ als gänzliche Neukonstruktion. Wichtig war, daß der Wagen Stilelemente erhielt, die einen Bezug zur Marke erkennen ließen. Denn es steckten ja auch Marketingüberlegungen hinter diesem Projekt, und die aufgewendeten Kosten sollten zumindest ihren Ausgleich auf der Image-Seite finden. So bekam das Mittelmotorcoupé die trapezförmige Kühlerfront (wie anno 2004) und das Logo mit den vier Ringen. Im Gesamtstyling erkannte man Parallelen zum TT und zum R8. Nach vorn öffnende Scherentüren à la Lamborghini durften nicht fehlen. Besonders auffallend waren die fast zur Gänze umhüllten Räder, nur die Reifenaufstandsfläche freilassend. Es gab einen voll funktionsfähigen Autopilot sowie ein U-förmiges Lenkrad, das sich bei Nichtgebrauch automatisch ins Armaturenbrett einschob, ebenso wenn der Wagen sich per Autopilot selbsttätig bewegte. Kinobesucher, die genau hinschauten, entdeckten im Cockpit ein Relikt aus uralten Zeiten, nämlich von 2004: Audis Multi Media Interface-Computer. **SH**

Mark III La Joya | Bufori

2004 • 2656 ccm, V6 • 172 PS/126 kW • 0-100 km/h in 6,7 Sek. • 220 km/h

Die Bufori Motor Car Company Pty. Ltd. wurde 1986 von den Brüdern Anthony, George und Gerry Khouri in Sydney gegründet; später kam in Kepong bei Kuala Lumpur in Malaysia ein Zweigunternehmen hinzu. Beide Firmen stellten Sportwagen im Stil der 1930er Jahre her, die den Markennamen Bufori trugen – das sollte eine Zusammensetzung aus „beautiful, unique, fantastic, original, romantic, irresistible" sein. Und La Joya ist das spanische Wort für „Juwel". Die Technik stammte wie bei so vielen Fahrzeugen dieses Genre zunächst vom VW Käfer, wobei es später auch Modelle mit einem 2,2-Liter-Vierzylindermotor von Subaru oder einem 172 PS starken V6 von Holden gab.

Die Proportionen des Wagens konnte man nicht als durchweg gelungen bezeichnen, es gab zu viele Stilbrüche und Stilmischungen. Ganz ohne Zweifel aber war die technische Substanz vom Feinsten. Es wurden in dem Roadster nur Kevlar und Karbonmaterial verbaut, und der 4OHC-Sechszylindermotor übertrug seine Kraft über eine hochmoderne Tiptronic-Automatik auf die Hinterräder. Es gab Abstands- und Einpark-Sensoren, ABS, Traktionskontrolle, einen stimmaktivierten Bordcomputer, Reifendruck-Fernkontrolle und viele andere High-Tech-Spielereien. Im Inneren fanden sich persische Bodenteppiche, Instrumente mit Einfassungen aus 24-karätigem Gold, eine Armaturentafel aus poliertem Nußbaumholz. Man konnte eine massiv goldene Kühlerfigur bekommen sowie Edelsteinbesatz an allen gewünschten Stellen. Der Bufori verfügte über eine lange Motorhaube, was darüber hinwegtäuschte, daß der Wagen seinen Motor hinter den Sitzen hatte. Etwa 300 Autos entstanden jährlich in Kepong. **SH**

612 Scaglietti | Ferrari

2004 • 5748 ccm, V12 • 540 PS/398 kW • 0-100 km/h in 4,2 Sek. • 315 km/h

Designgeschichte wiederholt sich nicht nur mit der Beschwörung alter Zeiten durch retroperspektivische Plagiate klassischen Karosseriestylings. Manche Elemente, einst als aerodynamisch sinnvoll erkannt und im Lauf der Jahre aus modischen Erwägungen wieder verschwunden, werden wiederbelebt, quasi neu erfunden – wie die Kehle in den Flanken des Ferrari 612 Scaglietti von 2003, die in verblüffender Ähnlichkeit schon 1958 bei der Corvette zu sehen gewesen war.

Damit erschöpft sich aber auch schon ein Vergleich zwischen diesen ungleichen Autos, zumal die Corvette ein Zweisitzer war und der Ferrari vier Personen Platz bot. Der von Pininfarina gezeichnete Wagen mit Aluminium-Space-Frame und Frontmotor brachte trotz konsequenten Leichtbaus 1,8 Tonnen Leergewicht auf die Waage. Sein V12 hatte vier obenliegende Nockenwellen, Trockensumpfschmierung und elektronische Bosch-Einspritzung; er leistete 540 PS bei 7250 U/min. Das Getriebe war mit dem Differential verblockt und sowohl mit Sechsgang-Handschaltung zu bekommen als auch mit einer „paddle-shift"-Halbautomatik. Fahrleistungen wie bei einem Rennsportwagen einerseits und gutmütiges Verhalten auch im dichten Großstadtgewühl andererseits machten den 612 Scaglietti zu einem Universal-Ferrari. Der Name Scaglietti nahm Bezug auf den ehemaligen Betrieb dieses Karrossiers in Modena, in welchem das Auto gebaut wurde. Man gedachte bei Ferrari Sergio Scaglietti zu ehren, selbst wenn dieser für Ferrari seit siebzehn Jahren nicht mehr tätig gewesen war. Erst zwei Stunden vor der Präsentation hatte der 83jährige hatte von der Hommage erfahren: „Irgend jemandem war eingefallen, mich dazu einzuladen ..." **SH**

M400 | Noble (GB)

2004 • 2968 ccm, V6 • 425 PS/312 kW • 0-100 km/h in 3,2 Sek. • 301 km/h

Bei einigen britischen Automobilherstellern hat es eine lange Tradition, daß sie hervorragende Fahrzeuge bauen, aber keine eigene Motorenproduktion haben und ihre Aggregate von Fremdherstellern beziehen, überwiegend aus den USA. Railton, Jensen oder Allard verfuhren so. Zum Beispiel auch Noble. Die Noble Motorsports Ltd. in Leicester war in den 1980er Jahren von dem britischen Rennwagenhersteller Lee Noble gegründet worden, der für die Konstruktion des Ultima, Ascari, Prosport 3000 und für die Chassis-Entwicklung des McLaren F1 verantwortlich war. Der Firmensitz befand sich in Leeds, aber die Fahrzeugfertigung wurde in Südafrika vorgenommen.

2004 debütierte eine neue Noble-Kreation: der M400, und zur Motorisierung dieses Rennsport-Coupés hatte man einen Dreiliter-V6 von Ford gewählt, wie er im Mondeo ST220 zu finden war. Auf dem Stahlrahmen des M400 saß eine Karosserie aus glasfaserverstärktem Kunststoff, die entfernte Ähnlichkeit mit einem Lotus hatte. Doch bevor die Noble-Männer den Motor ins Heck des Coupés versenkten, hatten sie ihm eine eingehende Überarbeitung zuteil werden lassen. Er bekam Hochdruckkolben, zwei hintereinander geschaltete Turbolader und ein anderes Kraftstoff-Einspritzsystem. 204 PS leistete der Sechszylinder im Mondeo, 425 im Noble. Und da das Auto nur 1060 Kilogramm wog, ließ es sich von 0 auf 160 km/h in nur 7,52 Sekunden katapultieren. Spitze: über 325 km/h. Eine ausgefeilte Aerodynamik trug zu solchen superben Werten bei, ebenso zu einem ausgezeichneten Kurvenverhalten, denn der M400 war für die Rennstrecke konzipiert. **JI**

SLK | Mercedes-Benz (D)

2004 • 1796 ccm, Vierzylinder • 163 PS/120 kW •
0-100 km/h in 7,9 Sek. • 230 km/h

Der Mercedes-Benz SLK weist alle Tugenden eines Sportwagens auf: Er ist ein Zweisitzer, wiegt nicht viel und ist schnell. Die drei Buchstaben stehen treffenderweise für sportlich, leicht und kurz. 1996 gab das Modell sein Debüt und entwickelte sich zu einem Konkurrenten für den BMW Z3 und den Porsche Boxster. Der Gag beim SLK war sein Klappdach aus Leichtmetall, das sich, fünffach gefaltet, automatisch im Kofferraum versenken ließ und das aus dem Roadster ein Coupé oder umgekehrt machte.

Mit erheblichen Veränderungen präsentierte sich das Modell des Jahrgangs 2004, nachdem es 2000 ein Facelift gegeben hatte. Jetzt war die Front wie bei einem Formel-1-Wagen gestaltet; der Wagen konnte mit verschiedenen neuen Motoren geliefert werden, von einem 1,8-Liter Kompressor-Vierzylinder bis zum 4,4-Liter V8. In dieser Ausführung hatte ein SLK – von AMG entsprechend präpariert – eine Weile als Safety Car bei Grand-Prix-Rennen gedient.

Zur Ausstattung gehörte ein Warmluft-Windschott „Airscarf", das die Insassen beim Offenfahren vor Zugluft im Nacken bewahrte (eine bekannte Roadster-Malaise) und je nach Geschwindigkeit den Luftstrom regelte. Der SLK bot jede Menge Fahrvergnügen fürs Geld, und das Einstiegsmodell war für weniger als 30.000 Euro zu bekommen. **JI**

Roadster V6 | Morgan (GB)

2004 • 2967 ccm, V6 • 204 PS/150 kW •
0-100 km/h in 4,9 Sek. • 216 km/h

Mit einem Morgan schneller als 200 km/h unterwegs zu sein, erfordert starke Nerven. Der 2004 vorgestellte Morgan Roadster V6 war sogar noch schneller, dank einem neuen Motor, der selbst für den Viel-Motoren-Verwender Morgan ein Novum war. Es handelte sich um den ersten Sechszylinder in V-Formation, der je in einem Wagen aus Malvern Link zu finden war. Das Auto war eigentlich ein Plus Eight, wie er 1968 auf den Markt gekommen war. Fast unverändert durchlebte dieses Modell die Jahrzehnte, bis es nach 36 Jahren auch mit einem Ford-Sechszylinder bestückt wurde.

Der moderne V6 war nicht nur sparsamer als der Achtzylinder von Rover, sondern sprach auch ganz anders an, wenn man Gas gab. Seine Charakteristik war von Haus aus sportwagengemäß. Der Roadster mit seinen tief im Wagen installierten Sitzen und glitzernden Speichenrädern, seiner Aluminiumkarosserie und auf dem Heck montierten Reserverad, hinteren Blattfedern und seitlichen Einsteckscheiben mochte aus einer anderen Zeit stammen – aber er war das Original, keine Kopie, kein Replikat, kein Plagiat. Zugeständnisse an moderne Zeiten waren der Motor und die vorderen Scheibenbremsen. Der stählerne Rahmen war eine Konstruktion aus der Urzeit und der Begriff Fahrkomfort wie eh und je bei Morgan eine relative Größe. **JI**

C55 AMG | Mercedes-Benz (D)

2004 • 5439 ccm, V8 • 367 PS/270 kW •
0-100 km/h in 5,2 Sek. • 250 km/h

Der C55 AMG war eine Limousine der Mercedes-Benz C-Klasse. Diese hatte sich aus der Baureihe W 201 von 1982 entwickelt, damals die unterste Klasse bei Mercedes-Benz. 1993 wurde eine neue Nomenklatur eingeführt, und die C-Klasse rangierte als W 202, aus der im Jahr 2000 die Reihe W 203 wurde. Inzwischen war die Tuningfirma AMG von Daimler übernommen worden, und von jeder Baureihe gab es bald eine leistungsgesteigerte AMG-Version, so wie man einen BMW auch in Alpina-Variante bekommen konnte.

Der C55 AMG schien auf den ersten Blick eine ganz normale Stufenheck-Limousine der C-Klasse zu sein, doch bei genauem Hinsehen entpuppte sich der Viertürer als ein „muscle car". Der 5,5-Liter V8-Motor gab bei 5750 Touren 367 PS ab und hätte Fahrer wie Fahrwerk des Wagens glattweg überfordern können, speziell auf kurvenreicher Strecke bei nassem Wetter – wäre das Auto nicht mit so viel hilfreicher Elektronik versehen gewesen, die ein Beherrschen des Kraftwerks auf Rädern zu einem Vergnügen machte. Die Fünfstufen-Getriebeautomatik ließ sich in verschiedenen Modi programmieren und über Wippen schalten. Bei deaktivierter Stabilitätskontrolle stand der Gasfuß in enger Tuchfühlung mit dem V8, was zu Gummispuren auf dem Asphalt führen konnte, wenn man's darauf anlegte. **JI**

G55 AMG | Mercedes-Benz (D)

2004 • 5439 ccm, V8 • 476 PS/350 kW •
0-100 km/h in 5,6 Sek. • 210 km/h

Die G-Klasse (G steht für Geländewagen) ist eine Modellreihe, die seit 1979 produziert wird. In seiner Grundform wurde das Fahrzeug seither kaum verändert, technisch erfuhr es jedoch ständig Verbesserungen, vor allem Motorvarianten und Sicherheitsmerkmale betreffend.

Den Mercedes-Benz-Offroader sehen wir auf fast allen Konfliktschauplätzen dieser Welt ebenso wie im Entwicklungsdienst, in der Forstwirtschaft oder im Katastrophenschutz. Nicht für solche Zwecke gedacht ist die Version G55 AMG, bei der ein mit Kompressor versehener 5,5-Liter-Motor 476 PS produziert, um dem Geländewagen von zweieinhalb Tonnen Leergewicht abgeregelte 210 statt 173 km/h zu ermöglichen – trotz einer Aerodynamik wie die einer Fertiggarage. So verhindern bei Höchstgeschwindigkeit die Windgeräusche auch jegliche Konversation. Ist die Fahrt moderater, läßt sich zumindest der Motorenklang genießen, der einem Sportwagen gut anstünde. Die hohe Sitzposition und das schraubengefederte Fahrwerk verleihen dem Kastenrahmen-Starrachser gute Eigenschaften im Gelände, wenngleich ein 576-PS-Wagen seine Kraft dort auch kaum auszuspielen vermag. Das G-Modell mit einem 2,7-Liter Turbodiesel und völlig ausreichenden 156 PS ist hier die vernünftigere Alternative. **JI**

Evo VIII FQ-400 | Mitsubishi (J)

2004 • 1997 ccm, Vierzylinder • 405 PS/298 kW • 0-100 km/h in 3 Sek. • 282 km/h

Mit vollem Namen heißt dieses Auto Mitsubishi Lancer Evolution. Aber es wird nur Evo genannt, so wie ein Schumi eben ein Schumi ist. Wäre die Autowelt eine Bar, käme dieser Allradrakete die Rolle des streitsüchtigen Raufbruders zu, der auf der Theke die Gläser umwirft und auch noch mit Ihrer Braut anbandelt. So einer ist der Evo VIII FQ-400, und Amerikaner deuten die Bezeichnung der Buchstaben F und Q auch auf ihre Weise, was Mitsubishi billigend in Kauf nimmt. Doch die Zahl 400 bezieht sich auf die Motorleistung, die man auch in Japan noch immer nicht in Kilowatt mißt, und sie kommt aus einem kleinen Vierzylinder von nur zwei Liter Hubraum (beim Evo VIII 276 lag sie noch erheblich darunter). Mit einer Literleistung von mehr als 200 PS bewegt sich der Wert in einem Bereich, der zumindest für einen in Serie gebauten Straßenwagen bislang noch nie erzielt worden war.

Um zu einem solchen Ergebnis zu gelangen, schaltete Mitsubishi drei Firmen in Großbritannien ein: Rampage Tuning, Flow Race Engines sowie die Owen Developments Ltd. Sie entwickelten einen neuen Motorblock, neue Kolben, ein neues Abgassystem und versahen den Motor mit einem maßgeschneiderten Garrett-Turbolader. Kaum ein Teil, das keine Optimierung erfuhr. Damit das Ganze noch beherrschbar blieb, hatten die Experten ein volles Programm moderner Elektronik zur Anwendung gebracht, so auch eine automatische Kraftverteilung, die vier angetriebenen Räder betreffend, damit der Evo VIII FQ-400 in der Spur blieb. Ungewollte Drifts sollte es nicht geben. Aber wo die Kraft auf den Boden kam, geschah dies mit unglaublich viel „Biß"; der Evo FQ-400 war nun einmal der Bad Boy, der sich mit jedem anlegen wollte. **JI**

Cayman S | Porsche

2005 • 3387 ccm, Sechszylinder-Flachmotor • 295 PS/217 kW • 0-100 km/h in 5,4 Sek. • 275 km/h

Wer behauptete, der Cayman sei ein Porsche für jene, die sich die Anschaffung eines 911 nicht leisten könnten, lag falsch. Der Wagen war eine Klasse für sich und konkurrierte nicht gegen seine Stallgefährten.

Das Auto stellte eine Kreation des Designers Pinky Lai dar, zuständig auch für die zweite Boxster-Generation. Er sollte Ideen ausarbeiten, wie man aus dem Boxster ein Coupé entwickeln könnte. Die Marketing-Leute befürchteten, der Boxster würde in Anbetracht der Wettbewerbssituation nur überleben können, wenn man ihm eine geschlossene Version zur Seite stellte. Die Silhouette des Wagens mußte sich aber an den Proportionen und Abmessungen des Boxsters orientieren.

Von Anfang an bot Porsche das Cayman genannte Coupé auch in einer stärker motorisierten Form an. Das Basismodell hatte einen 2,7-Liter Sechszylinder-Flachmotor mit 245 PS und war 258 km/h schnell. Der Cayman S hingegen verfügte über einen 3,4-Liter-Motor, 295 PS leistend und gut für 275 km/h bei einem Beschleunigungswert von 5,4 Sekunden. Die Trockensumpfschmierung vom Boxster hatten auch die Cayman-Motoren. Doch während der Basis-Cayman Porsches Fünfgang-Handschaltgetriebe aufwies, gab es beim Cayman S ein Sechsganggetriebe. Die Fünfgang-Tiptronic gab es auf Wunsch bei beiden Modellen. Das Zweimassen-Schwungrad und eine hydraulische Kupplung hatten ebenfalls beide jedoch serienmäßig. Und bei 120 km/h stellte sich ein Heckspoiler auf.

Das Fahrwerk verfügte vorn und hinten über McPherson-Federbeine sowie über das Porsche Stability Management. Das Basismodell lief auf 17-Zoll-Rädern, das S-Modell wurde mit 18-Zöllern geliefert. **HS**

⊲ Der Bugatti Veyron von 2005 ist ein technisches Meisterwerk – für Normalsterbliche allerdings unbezahlbar …

Veyron EB 16.4 | Bugatti

2005 • 7993 ccm, W16 • 1001 PS/736 kW • 0-100 km/h in 2,5 Sek. • 408 km/h

Eine Reihe einstmals legendärer Automarken hat im Laufe der Zeit ihre Wiederauferstehung feiern dürfen, doch nicht eine von ihnen ist so überzeugend in der Philosophie ihres Gründers zu neuem Leben erweckt worden, wie das bei Bugatti der Fall ist. Der Volkswagen-Chef Ferdinand Piëch war es, der die Chance erkannte, seinem Konzern eine der berühmtesten Automarken der Welt eingliedern zu können. Er ließ einige Prototypen bauen, die der Welt zeigten, wie sie sich einen künftigen Bugatti vorzustellen hatte.

Piëchs Supercar Veyron gab sein Debüt auf dem Genfer Salon 2000. Wie es hieß, handelte es sich um das stärkste, schnellste und exklusivste Automobil, das je seine vier Räder auf die Straße brachte. Piëch wollte mit diesem Fahrzeug einen markanten Akzent setzen nach der Etablierung Volkswagens als Global Player im Bereich „normaler" Gebrauchsfahrzeuge.

Der nach dem Le-Mans-Sieger von 1939 benannte Bugatti Veyron sprengte aber nicht nur die Grenzen des ihm anfänglich zubemessenen Entwicklungs- und Produktionsbudgets, sondern warf mit seinen 1001 PS Leistung auch Probleme im Fahrverhalten auf, die in den Griff zu bekommen einige Anstrengungen kostete. Der Wagen mit seinem Mittelmotor-V16 mit Aufladung durch vier Turbolader brachte 1888 Kilogramm auf die Waage. Wer diese Masse zu beherrschen antrat, mußte die Gesetze der Physik genau kennen.

In seiner neuen Ausführung präsentierte sich der Veyron Ende 2005 und protzte, wie Piëch es gewünscht hatte, mit schierer Kraft. Die geballte Faust des Vier-Turbo-Sechzehnzylinders schlug so gewaltig zu, daß der Wagen eine Spitze von 405 km/h erreichte. **HS**

Haval H3 | Great Wall

2005 • 2000 ccm, Vierzylinder • 128 PS/94,1 kW • 0-100 km/h in 12 Sek. • 180 km/h

In der Chinesischen Volksrepublik hat sich gegen Ende des 20. Jahrhundertes die Automobilindustrie in einem Maße zu entwickeln begonnen, wie man es sich in westlichen Ländern kaum vorzustellen vermag. Sowohl mit importiertem Know-how als auch aus eigener Kraft entstanden neue Konstruktionen aller Bauarten. Zu den bei uns wenig bekannten Marken zählt Great Wall (vollständig: Baoding Great Wall Automobile Holding Co., Ltd., abgekürzt GWM). Der Name und das Markenemblem stehen für die berühmte Chinesische Mauer und sollen Robustheit und Langlebigkeit vermitteln. Das Programm umfaßt vom Kleinwagen bis zum Van eine enorme Modellvielfalt.

Der Great Wall Haval H3 weist alle Stilelemente eines SUV auf, wie sie ein Auto dieses Kalibers auch in den USA oder Europa, Südkorea oder Australien haben könnte. Das Einstiegsmodell Haval H3 wird in einige Regionen auch fleißig exportiert. In Australien und anderen Ländern des Pazifikraums trägt der Wagen die Bezeichnung X240.

Der Haval, in einer Parallelausführung Hover genannt, wurde ab 2007 auch in mehreren Ländern Europas vertrieben. In Italien konnte man ihn als Benziner mit zusätzlicher Gasanlage bekommen; er erfüllte damit sogar die Euro-4-Norm.

Angetrieben wird der Haval H3 von einem von Mitsubishi gelieferten 2,0-Liter-Motor, ist aber auch mit einem Diesel erhältlich. Optional wird ein Allradantrieb angeboten, serienmäßig sind hingegen ABS und Airbags.

Der Hover wurde auch in Form einer schweren Stretch-Limousine gebaut, 6,7 Meter lang und mit einem 2,4-Liter-Motor etwas untermotorisiert. **SH**

Corvette C6 | Chevrolet

2005 • 5965 ccm, V8 • 405 PS/298 kW • 0-100 km/h in 4,8 Sek. • 300 km/h

Mit der fünften Corvette-Generation hatte Chevrolet gute Umsätze erzielt. 248.355 Stück waren von 1997 bis 2004 verkauft worden. Frohen Mutes sah man der Einführung des C6 entgegen, die bereits für Anfang 2003 geplant gewesen war. Doch der Modellwechsel hatte verschoben werden müssen: Die Katastrophe des 11. September („Nine/Eleven") 2001 brachte bekanntlich das Leben nicht nur in den USA völlig durcheinander, so daß die Präsentation erst 2005 stattfinden konnte.

Von vornherein war allen Beteiligten klar, daß der C6 gegenüber dem C5 in vielen Details erneuert werden mußte. Man wollte den Wagen bulliger machen, sportlicher aussehen lassen und für höhere Geschwindigkeiten auslegen, weshalb man diverse Modelle an die tausend Stunden im Windkanal testete und so lange bearbeitete, bis sie einen cw-Wert von 0,28 aufwiesen. Der Wagen bekam nicht nur eine ganz neue Frontpartie, sondern – unter Beibehaltung des Chassis – einen um 31 Millimeter verlängerten Radstand bei gleichzeitig kürzerer Wagenlänge, die sich von 4564 auf 4437 Millimeter verringerte. Der Zweisitzer war damit kompakter geworden.

Der Motor sollte vom C5 übernommen werden, aber ein höheres Drehmoment erhalten. Dies bedingte eine Vergrößerung des Hubraums; er wuchs von 346 c.i. (5670 ccm) auf 364 c.i. (5965 ccm). Sehr gut dazu paßte das ebenfalls optimierte Tremec-Sechsganggetriebe, das durch eine neue Synchronisierungstechnik etwas kürzere Schaltwege bot und den Gangwechsel noch präziser vollzog. Die auf 405 PS erstarkte sechste Corvette-Generation konnte ihren verspäteten Siegeszug antreten. **SH**

Plus 4 | Morgan   (GB)

2005 • 1999 ccm, Vierzylinder • 200 PS/147 kW • 0-100 km/h in 6,5 Sek. • 200 km/h

Ein Klassiker – auch im Jahr 2005 „still going strong" wie Johnny Walker. In seinem sechsten Lebensjahrzehnt war der Morgan Plus Four so jung wie am Anfang, ganz in der Philosophie seiner Schöpfer in Malvern Link. Im Alter von 25 Jahren hatte Henry Frederick Stanley Morgan 1906 dort eine Autowerkstatt eröffnet, auch betrieb er mit einem Wolseley einen Omnibusdienst zwischen Malvern und Gloucester.

H.F.S. Morgans erstes eigenes Fahrzeug war ein Eagle-Tandem mit einem 8-PS-De-Dion-Motor, und es brachte ihn auf die Idee, ein solches Gerät selbst zu konstruieren. Er kaufte sich einen 7 PS starken Zweizylindermotor der Marke Peugeot und installierte ihn in einen Rohrrahmen mit drei Rädern: Der erste Morgan Runabout war geboren. H.F.S. hatte nicht die Absicht, den Wagen zu vermarkten. Doch die lebhafte Resonanz auf das Dreirad bewog den jungen Techniker, unter Inanspruchnahme finanzieller Hilfe von seinem Vater weitere Exemplare des Threewheelers zu bauen. Er meldete sein Fahrzeug sogar zum Patent an. Und als er eines Tages zur Erkenntnis kam, daß ein Fourwheeler auch gut verkäuflich sein würde, entstand der Morgan Plus Four. Die jüngste Version weist einen 1999-ccm-Vierzylinder von Ford auf (Duratec genannt) und hat dank konsequenter Leichtbauweise ein besseres Leistungsgewicht als ein VW Golf GTI. In einem Fernsehbericht über den Wagen im britischen Sender BBC hieß es: „Der Morgan ist eine ebenso typisch britische Institution wie eine Dusche, aus der kein warmes Wasser kommt – und genauso anheimelnd." Doch für Morgan-Fans gibt es nichts Schöneres als ein Fahrerlebnis unter just solch puristischen Begleitumständen. **DS**

575 Superamerica | Ferrari

2005 • 5748 ccm, V12 • 533 PS/392 kW • 0-100 km/h in 4,3 Sek. • 320 km/h

Ein Ferrari kann immer für einen Superlativ gut sein. So wartete auch das Modell 575 Superamerica mit einem solchen auf: Es hieß, er sei das schnellste Cabrio der Welt. Aber wer möchte in einem Cabrio mit 320 km/h unterwegs sein? Der Wagen wurde in einer limitierten Auflage als Derivat des 575 Maranello für eine Klientel produziert, der Superlative aber nun einmal viel bedeuteten. Beim 575 Maranello jedoch handelte es sich im Grunde um einen modifizierten 550M, entstanden Mitte der 1990er Jahre. Nach Ferrari-Maßstäben schon fast ein Veteran, und so war der 575 Superamerica auch der letzte Sproß dieser Reihe. Da dieses Auto aber zugleich so exotisch war, strahlte es den Charme einer alternden, aber großartigen Diva aus.

Noch vor dem Starten ließ sich auf Knopfdruck die erste Überraschung zelebrieren: Das gesamte Verdeck drehte sich um 180 Grad um seine hinteren Stützen und legte sich auf das Fahrzeugheck. Ein Vorgang, der nur sieben Sekunden benötigte. Es ließ gleichwohl genügend Platz im Kofferraum für Gepäck. Das Rückfenster mutierte zum Windschott. Das Dachmaterial bestand aus Stahl und Licht absorbierendem Glas, das sich zudem stufenlos blau einfärben ließ – so etwas hatte es im Autobau bisher nirgendwo gegeben.

Mit einem noch etwas leistungsfähigeren Motor als beim Coupé hatte der Superamerica die Qualitäten eines Traumwagens schlechthin. Wie dumm, daß er nur 599mal aufgelegt wurde, zumal die Bezeichnung des rasanten Cabriolets an jene gleichnamigen Modelle von 1955 und 1959 erinnerte, mit denen Ferrari schon einmal in den Staaten die Herzen der Schönen und Reichen erweicht hatte. **SH**

Solstice | Pontiac (USA)

2005 • 2384 ccm, Vierzylinder • 177 PS/130 kW • 0-100 km/h in 7,4 Sek. • 193 km/h

Dieser adrette Roadster war identisch mit dem ebenfalls von General Motors angebotenen Saturn Sky. Und beide waren dazu ausersehen, dem erfolgreichen Evergreen Mazda MX-5 Kunden abspenstig zu machen.

Technisch waren sie Zwillingsbrüder, nur im Design gab es Unterschiede. Der als Pontiac vermarktete Zweisitzer entsprach nämlich dem Solstice Concept Car, 2002 gezeigt auf der Detroit Auto Show. Der Saturn Sky hingegen war nach dem VX Lightning von 2003 alias Opel GT entstanden. General Motors' Strategie war es, der Marke Pontiac den sportlichen Klang von einst zurückzugeben, und das gelang mit dem Solstice durchaus. Sein Preis lag unterhalb von 20.000 Dollar, während der in der Hierarchie höher angesiedelte Saturn Sky etwa 24.000 Dollar kostete. Der Preis des Mazda MX-5 lag zwischen diesen beiden.

Geschickt war die Frontpartie des Solstice so geformt, daß sie auf den ersten Blick einen Pontiac erkennen ließ, dank zweigeteiltem Kühllufteinlaß und klassischem Markenemblem. Das Auto kam breitbeinig daher, was dem Auftritt eines Pontiac in früheren Zeiten entsprach. Auf der Straße war das Auto nicht gerade ein Windspiel, doch es war schnell genug und hatte eine gute Straßenlage. Es machte – wie am Lenkrad eines MX-5 – Spaß, den Solstice auf kurvenreichen Nebenstraßen zu bewegen, wobei er mit geschlossenem Verdeck mindestens ebenso gut aussah wie offen. Ärgerlich war nur, daß die Betätigung des Verdecks recht umständlich war. Nach dem Konkurs von General Motors 2009 und der damit verbundenen Umstrukturierung des Konzerns wurde die traditionsreiche Marke Pontiac Ende des Jahres 2010 aufgegeben. **LT**

Der Maserati MC12 von 2005 überzeugte durch eine Linienführung, die ihre Entstehung dem Windkanal verdankte.

Roadster | Leopard

2005 • 5967 ccm, V8 • 405 PS/298 kW • 0-100 km/h in 4 Sek. • 250 km/h

Polen ist nicht gerade ein Land, aus dem Automobile mit hoher Signifikanz kommen (bösartige Menschen würden hinter vorgehaltener Hand behaupten: ganz im Gegenteil). Doch Ausnahmen galten schon immer, und eine solche war der Supersportwagen Leopard im Retro-Look, der von 0 auf 100 km/h nur vier Sekunden benötigte und mit einer abgeregelten Höchstgeschwindigkeit von 250 km/h aufwarten konnte.

Das in der Gegend von Mielec gebaute Auto entstand durch den Nuklear-Ingenieur Zbyslaw Szwaj und seinen Sohn Maxel, beides begeisterte Autoliebhaber. Maxel hatte einige Jahre Erfahrungen bei Rover in Coventry und im Porsche Design Center in Kalifornien sammeln können.

So entstand ein High-Tech-Roadster im Gewand eines Oldtimers mit vielen technischen Raffinessen. Der Rahmen war eine ausgewogene Stahlrohrkonstruktion, der Sechsliter-V8-Motor entstammte einer Corvette, das Sechsganggetriebe mit Handschaltung einer Dodge Viper. Die Lenkung bezog man von einem britischen Zulieferer, der Lenksysteme auch für Morgan produzierte. Ohne Rücksicht auf die Kosten bekam der Roadster ferner hochwertige Brembo-Bremsen, ein edles Momo-Lenkrad, eine Abgasanlage aus rostfreiem Stahl, individuell produzierte Leichtmetallfelgen sowie einen handgebauten Kühler von der schwedischen Firma Setrab. Bei der Anfertigung der Karosserie kam nur Aluminium zur Anwendung. Für das mit umgerechnet 150.000 Dollar teuerste Auto, das je in Polen entstand und von dem nur 25 pro Jahr gebaut wurden, kann es nicht viele Kunden geben. Doch zu ihnen zählt immerhin König Carl XVI. Gustaf von Schweden. **SH**

MC12 | Maserati

2005 • 5998 ccm, V12 • keine Angaben • 0-100 km/h in 3,9 Sek. • 330 km/h

Dieser Maserati entstand in nur 55 Exemplaren. 25 waren für eine Homologation zu Rennzwecken als GT gedacht, 25 für eine Straßenzulassung und fünf sollten zu Versuchszwecken dienen. Konnte solch ein Auto seine Gestehungskosten je einspielen?

Basierend auf der Kohlefaser-Wanne und der technischen Grundlage des Ferrari Enzo war man 2004 an die Konstruktion des Maserati MC12 gegangen. Geplant war ein Rennwagen für die Straße. Im Vergleich zum Supercar Enzo wies der MC12 gut 15 Zentimeter mehr Radstand und 44 Zentimeter mehr Gesamtlänge auf, war 6 Zentimeter breiter und 5,5 Zentimeter höher. Damit hatte er nicht ganz die agilen Fahreigenschaften des Enzo. Giugiaros Karosseriekonzept erfuhr eine leichte Überarbeitung und bekam aus Gründen der Aerodynamik ein längeres Heck.

Im Interieur gab sich der MC12 nicht so luxuriös wie der Enzo, eher nüchtern-funktional. Daß man es mit einem Rennwagen zu tun hatte, ließ der kräftige Überrollbügel im Cockpit erkennen. Gleichwohl durfte man den Wagen als einen Grand Tourer bezeichnen, denn er verfügte immerhin über einen kleinen Kofferraum, der die Mitnahme von etwas Gepäck gestattete. Aber wenn man die Unterschiede zwischen dem MC12 und dem Enzo genauer in Erfahrung bringen wollte, mußte man sich mit deren Spezifikationen eingehender befassen. In einer Sendung des britischen BBC wurden einmal beide Modelle von einem Profi auf die Rennstrecke genommen, und zu seiner Überraschung wie zu der seiner Zuschauer erwies sich der Maserati um eine Zehntelsekunde schneller als der favorisierte Ferrari. Den Maserati-Brüdern hätte das zweifellos sehr gefallen. **RD**

Mark LT | Lincoln

2005 • 5409 ccm, V8 • 300 PS/221 kW • 0-100 km/h in 8,9 Sek. • 162 km/h

Mit dem Mark LT habe sich die Luxusmarke Lincoln in einem Fahrzeugbereich etabliert, für welchen sie noch vor kurzem niemals in Frage gekommen wäre, sagte David Hazel, Präsident von Lincoln Mercury, auf der North American Auto Show 2005: „... bei den Nutzfahrzeugen.

Im Ford-Konzern hatte man richtig erkannt, daß auch auf dem Truck-Markt Platz für ein luxuriöses Fahrzeug war. Das Image der altehrwürdigen Marke Lincoln hatte ein wenig Staub angesetzt, und diesen galt es, mit einem sensationellen Monster-Pickup abzuschütteln.

Freilich hatten auch der Ford F150 und der Dodge Ram jede Menge Luxusattribute zu bieten. Aber diese Fabrikate kamen aus dem bürgerlichen Lager, und die Marke Lincoln versprach schon vom Namen her eine höhere Wertigkeit.

Daß der Lincoln LT alle Qualitäten eines Western Truck mit auf den Weg bekam, war durch die Verwendung eines Chassis gesichert, das dem des Ford F150 entsprach. Es gestattete eine Anhängelast von vier Tonnen, wenn's nötig war. Im Styling glich der Truck etwas dem Lincoln-SUV Navigator. Die Fahrzeugfront zierte ein verchromter Wasserfallgrill, und ein breites Chromband zog sich rings um den ganzen Wagen. Auch die monströsen 18-Zoll-Räder hatten dicke Chromspeichen. Die wirkungsvoll schallisolierte Kabine wies jeden erdenklichen Komfort auf, mit Einlagen in echtem Ebenholz und Sitzpolstern aus Nudo-Leder.

Der Mark LT fand wenig Zuspruch, so daß man ihn 2008 aus dem Programm nahm. Nur in Mexiko erfreute er sich großer Beliebtheit, woraus eine Wiedereinführung für den dortigen Markt im Jahr 2010 resultierte. **LT**

Exelero | Maybach

2005 • 5513 ccm, V12 • 700 PS/516 kW • 0-100 km/h in 4,4 Sek. • 351 km/h

Für diejenigen, die den Maybach Exelero vermutlich niemals live zu sehen bekommen werden, ist es tröstlich zu wissen, daß es auf YouTube Kurzvideos gibt, die dieses Monster in Aktion zeigen. Zu Gesicht bekommen haben das 2,5 Tonnen schwere Luxuscoupé aber zumindest die Besucher der Berliner Automobilausstellung 2005.

Schon in den 1930er Jahren hatte es eine Zusammenarbeit der Reifenfirma Fulda mit dem Autohersteller Maybach gegeben, in deren Verlauf ein Hochgeschwindigkeitsfahrzeug gebaut wurde. Hintergrund war eine Werbekampagne für Autoreifen, deren Qualität durch eine Dauerbelastung mit diesem Fahrzeug belegt werden sollte. Mit der Markteinführung ihres neuen Hochgeschwindigkeitsreifens Fulda Carat Exelero im Jahr 2005 erinnerte man sich bei den Fuldawerken an das Projekt von 1935 und nahm Kontakt mit der Daimler-Marke Maybach auf. Daraufhin wurde auf Basis eines Maybach 57 als Einzelstück ein Coupé gebaut, dessen Karosserie von Studenten des Studiengangs Transportation Design an der Hochschule Pforzheim entworfen wurde. Mit Reifen der Größe 315/25 ZR 23 wurden durch den Rennfahrer Klaus Ludwig Hochgeschwindigkeitstests auf der Rennstrecke Nardo durchgeführt, bei denen der Exelero die geforderten 350 km/h noch übertraf. Bemerkenswert war auch die Beschleunigung von Null auf 100 km/h in 4,4 Sekunden bei einem Leergewicht von 2730 Kilogramm. Die im Jahr 1900 gegründeten Reifenwerke Fulda gehören heute zur Dunlop-Goodyear-Gruppe. Fulda konzentriert sich mittlerweile fast ausschließlich auf das Ersatzgeschäft mit Lieferungen an den Reifenfachhandel. **SH**

Alpina B5 | BMW   D

2005 • 4398 ccm, V8 • 493 PS/362 kW •
0-100 km/h in 4,5 Sek. • 314 km/h

Die auf hohem Niveau vorgenommene Veredelung serienmäßiger BMW-Wagen zu Meisterwerken erfolgt bei Alpina in einem Umfang, der es rechtfertigte, daß die Automobilmanufaktur sich beim Verband der Automobilindustrie als Automobilhersteller akkreditierte. 500 Fahrzeuge werden im Jahresschnitt unter dem Alpina-Label auf die Räder gestellt.

    Jeder von Alpina gebaute Wagen ist ein Einzelstück, auch die Motoren kommen keineswegs von der Stange. Die Blöcke und andere Komponenten liefert zwar BMW, aber jedes Aggregat erfährt seine Individualisierung und Feinabstimmung, und unter Verwendung selbst entwickelter Bauteile auch eine Leistungssteigerung.

    Der Motor des BMW Alpina B5 paßte millimetergenau unter die Fronthaube der 5er-Limousine. Der V8 war das Aggregat aus dem 545i, jedoch um einen Lader plus Intercooler ergänzt. Im Gegensatz zum BMW M5 setzte beim Alpina die Vehemenz schon bei geringeren Drehzahlen ein, und die Getriebeautomatik regulierte die Kraftabgabe in jedem Bereich optimal.

    Das Auto wurde auf dem BMW-Fließband in Dingolfing gebaut, doch seinem Sonderstatus gemäß wurde „just in time" alles, was den Wagen zu einer Besonderheit machte, so beigebracht, daß dieser Alpina-BMW ebenso wie jeder andere seiner Zunft ein Solitär war. **RD**

Evo IX FQ360 | Mitsubishi   J

2005 • 1997 ccm, Turbo-Vierzylinder • 360 PS/265 kW •
0-100 km/h in 3,9 Sek. • 253 km/h

Der Mitsubishi Evo stand für die Rallye-Weltmeisterschaft in der Gruppe A, die das japanische Werksteam 2005 errang. Der Evo IX, logischerweise Nachfolger des Evo VIII (siehe Seite 778) und Vorgänger des 2008 eingeführten Evo X, hatte wieder einen 2,0-Liter-Vierzylindermotor mit Turbolader, 360 PS leistend. Der Wagen wies einen großen Heckspoiler auf, einen in die Bugschürze integrierten Ölkühler und ein Auspuff-Endrohr, das auch einem 40-Tonnen-Lastwagen gut angestanden hätte. Die Karosserie bestand aus Aluminium, die Bremsen kamen von Brembo, und das Allrad-Antriebssystem funktionierte rechnergesteuert. Auf dem Papier rangierte der FQ360 hinter dem Evo VIII FQ400, doch er verfügte um ein spürbar größeres Drehmoment, und das über einen größeren Tourenzahlenbereich. Mitsubishis Tuner hatten ganze Arbeit geleistet.

    Das britische Automagazin *Car* jedenfalls schien vom Evo IX FQ360 begeistert zu sein und schrieb: „Er ist ein absoluter Knüller ... für exzentrische Fahrer, unglaublich schnell, aber auch unglaublich gut zu beherrschen, mit hervorragendem Fahrwerk und superber Lenkung ..." Das Auto konnte sich mit dem heißesten Subaru Impreza oder einem BMW M3 vergleichen lassen, war aber um etwa 40 Prozent preisgünstiger als der bayerische Bolide. **DS**

F430 | Ferrari

2005 • 4308 ccm, V8 • 483 PS/356 kW •
0-100 km/h in 4 Sek. • 315 km/h

Der erste Testfahrer, der einen F430 im Fernsehen vorführte, war Jason Plato, britischer Tourenwagenmeister von 2001. Er demonstrierte sein Können in jedem Modell der Ferrari-Palette des Jahrgangs 2005 auf den Landstraßen um Maranello, und nachdem er dem gelben F430 entstiegen war, sagte er: Den würde er kaufen, hier auf der Stelle.

Was machte den Wagen für den Briten so attraktiv? Nun, das formschöne Coupé sah blendend aus. Es war hervorragend motorisiert, mit einem V8, der hinter den Sitzen unter einer transparenten Abdeckung zu sehen war und einen herrlichen Sound von sich gab. Den gleichen 483-PS-Motor fand man bei Maserati, und es war die erste Neukonstruktion dieser Bauart nach fünfzig Jahren Dino-Tradition. Der F430 konnte mit zwei Innovationen aufwarten: mit einem elektronisch aktivierten Differential, das Ferrari für Schumis Formel-1-Fahrzeug entwickelt hatte, sowie mit einem am Lenkrad einstellbaren Dynamiksystem. Mit seiner Hilfe ließen sich die Modi Sport, Rennen sowie Schnee und Eis einstellen. Das von den Italienern „manettino" genannte System stimmte in jedem Modus Drosselklappen, Aufhängungen und das E-Differential aufeinander ab. Nur die ganz Mutigen wie Plato deaktivierten die Anlage zwecks Erhöhung ihres Adrenalin-Kicks. **SH**

STS-V | Cadillac

2005 • 4371 ccm, V8 • 446 PS/336 kW •
0–100 km/h in 4,9 Sek. • 266 km/h

Das hatte es bisher noch nie gegeben: einen Cadillac mit Kompressor! Das Geschäfts- und Präsentationsautomobil des seriösen Busineßmanns war kaum als Hot Rod vorstellbar, doch der STS mit seinem Vierventil-Northstar-V8 verkörperte genau dies. Und das Modell mit dem Suffix V war eine noch heißere Version, denn es hatte eine abgesenkte Frontpartie, eine verdächtige Auswölbung auf der Motorhaube und einen größeren Kühlergrill für effizientere Luftzufuhr. Auch die Aerodynamik war nicht zu kurz gekommen: Auf dem Heck befand sich ein großer Spoiler.

Der Kompressor aktivierte weitere 120 PS zur Leistung des serienmäßigen STS-Motors. Vor ein paar Jahren hätten 400 und mehr PS gereicht, um den Caddy zum Klassenprimus zu machen, aber inzwischen gab es doch eine ganze Reihe viertüriger Luxuslimousinen, die in dieser Liga spielten. Nichtsdestoweniger war der Cadillac STS-V eine ausgezeichnete Alternative zu den teuren, gleich stark motorisierten Importfahrzeugen aus Europa, wies auch sämtliche elektronischen Systeme auf, mit denen diese prahlten, hatte außerdem größere Räder und Reifen sowie Einparkhilfen per Kamera. Aber sein Hauptkonkurrent war der schnellere CTS-V aus dem eigenen Lager, zumal dieser Cadillac sogar 20.000 Dollar weniger kostete. **SH**

Sport V8 | Range Rover (GB)

2005 • 4997 ccm, V8 • 510 PS/375 kW • 0-100 km/h in 6 Sek. • 225 km/h

Als im Sommer 1970 der Range Rover vorgestellt wurde, wertete man ihn als eine luxuriöse Ergänzung zum Land-Rover-Programm. Im Verlauf der Jahre wurde die Distanz zum „Landi" immer größer, weil der Range Rover in zunehmendem Maße zum Nobelgefährt geriet und seiner ursprünglichen Zweckbestimmung nur noch in Ausnahmefällen gerecht wurde. Er war zu einem Trendsetter geworden und hatte viele weitere Automobilhersteller auf den Geschmack gebracht, vergleichbare Fahrzeuge auf den Markt zu bringen. Der inzwischen am oberen Ende der SUV-Skala rangierende Range Rover des neuen Jahrtausends hatte aber bei aller Noblesse die gleichen sportlichen Eigenschaften wie seine Vorgänger: Er war ein volltauglicher Geländewagen für härteste Beanspruchung. Denn sein technisches Grundkonzept entsprach dem des Discovery, bekanntlich das „Arbeitstier" der Sippe.

In der dritten Generation des Range Rover, vorgestellt Anfang 2002, gab es ein paar wesentliche Änderungen. Sie betrafen vor allem die selbsttragende Karosserie und die Einzelradaufhängungen. Das Chassis war etwas kürzer, dafür konnte man die normale, für Straßenfahrt vorgesehene Bodenfreiheit von 172 Millimetern durch einen Schalterklick auf 227 Millimeter erhöhen. Sollte dennoch die Gefahr des Aufsetzens eintreten, hob sich der Wagen durch ein patentiertes „Terrain Response System" sogar auf 280 Millimeter Bodenfreiheit. Außerdem ließ sich das Fahrwerk auf Sand, Schnee und Schlamm schalten. Die Torsen-Differentiale glichen, elektronisch aktiviert, Traktionsunterschiede aus; eine automatische Steigungserkennung gab es ebenfalls. Ab 2006 wurde der Range Rover auch mit einem 3,6-Liter V8-Biturbo-Dieselmotor angeboten. **DS**

H3 | Hummer

2005 • 3460 ccm, Fünfzylinder • 220 PS/162 kW • 0-100 km/h in 11 Sek. • keine Angaben

Ein neuer Hummer erschien 2005 in Gestalt des Modells H3. General Motors hoffte, mit dem klotzigen Fahrzeug neue Marktnischen besetzen zu können, eine Absicht, die auch aus den Produktionsstätten dieses Wagens erkennbar wurde: sie befanden sich in Louisiana, Südafrika und Rußland.

Der Typ von Macho, dem GM den H3 schmackhaft machen wollte, schien eine neue Definition erfahren zu haben. Demzufolge bevorzugte er einen Wagen, der eine Nummer kleiner als der H2 war (siehe Seite 759) und auch nicht ganz so viel kostete. Der Hummer des jungen Asphalt-Cowboys sollte auch weniger verbrauchen, also geriet der Wagen nicht nur kleiner und leichter, sondern mußte auch mit einem Fünf- statt mit einem Achtzylindermotor vorlieb nehmen. Die technische Basis teilte sich der H3 mit dem Chevrolet Colorado.

Doch sein breiter Radstand, der auffallend gestaltete Kühlergrill und die kleinen Türfenster waren nach wie vor typische Hummer-Merkmale. Vor allem wies der H3 die ihm abverlangte, geradezu militärische Geländetauglichkeit auf, ohne Einschränkungen. Auf Knopfdruck regulierte eine ausgeklügelte Elektronik die Kraftverteilung zu den vier Rädern. Kurz gehaltene Überhänge erlaubten steile Anstellwinkel beim Angehen von Steigungen und Überwinden von Hindernissen. In Schrittgeschwindigkeit ließen sich Wasserläufe bis zu einer Tiefe von 60 Zentimetern bewältigen. Mit einem Verbrauch von 16 bis 20 Liter auf 100 Kilometer lag der H3 im Rahmen des Üblichen.

2010 endete die Produktion des Hummer. Zusammen mit Oldsmobile, Pontiac und Saturn verschwand die Marke aus dem GM-Portfolio. **LT**

Der 2005 entstandene Gumpert Apollo wurde für die Rennstrecke gebaut, nicht für den Playboy und seine mondäne Begleiterin.

Mustang GT | Ford

2005 • 4606 ccm, V8 • 304 PS/223 kW •
0-100 km/h in 5,1 Sek. • 235 km/h

Im Januar 2004 stellte Ford den Mustang des Modelljahrgangs 2005 vor – die Uhren der „model year"-Präsentation gehen in den USA bekanntlich gerne vor, auch bis zu einem vollen Jahr. Der retrofuturistische Auftritt des GT hatte seine stilistischen Reize, und es gab das Auto als Coupé und als Cabriolet. Die Fahreigenschaften waren brillant, sogar noch etwas besser als die des vorangegangenen Modells. Wie gehabt hatte der Mustang Mark V Hinterradantrieb, wobei der etwas verlängerte Radstand Vorteile in der Straßenlage brachte. Die Steuerzeiten des 4,6-Liter V8-Motors ließen sich variieren, wie es die High-Performance-Technologie jetzt überall zeitigte, und mit gut 300 PS leistete der Motor fast doppelt so viel wie der im allerersten Mustang anno 1964. Der GT hatte auch die größten Bremsen, die bei einem Mustang je zu sehen waren. ABS und Traktionskontrolle waren selbstverständlich.

Der Aufbau gab sich bewußt konservativ; die Türen öffnete man per Fernbedienung, und wer sich lange Autobahndistanzen im weichen Ledergestühl unterhaltsam gestalten wollte, konnte sich an einer 1000-Watt-Audioanlage delektieren. Auf Knopfdruck ließ sich die Skalenbeleuchtung im Armaturenbrett wählen – weiß, blau, grün oder orange. Die Bodenteppiche hatten die gleiche Farbe wie die Lederpolster. Angeboten wurde auch eine Version mit einem 4,0-Liter V6-Motor.

Der Mustang war einst ein Angeberauto gewesen, das viel hermachen sollte, doch das Modell 2005 war erwachsener und bot echte, nicht nur scheinbare Qualitäten. Es sah besser aus, war agiler und schneller. Wer sich für diesen Ford entschied, mußte sich dafür nicht mehr rechtfertigen. **SH**

Apollo | Gumpert

2005 • 4163 ccm, V8 • 640 PS/471 kW •
0-100 km/h in 3,1 Sek. • 360 km/h

Der Apollo wurde von Roland Gumpert 2004 als Supersportwagen konstruiert und 2005 der Öffentlichkeit vorgestellt. Die Grundlage bildete ein Chrom-Molybdän-Chassis mit integrierter Monocoque-Sicherheitszelle aus Karbon. Der Motor war ein 4,2-Liter V8 vom Audi RS6 mit einer Leistung von 640 PS: das bedeutete eine Beschleunigung auf 100 km/h in nur 3,1 Sekunden. Der 1100 Kilogramm leichte Flügeltürer kostete 220.000 Euro. Im Jahr 2009 folgte ein verbessertes Modell S.

Der Ingenieur Robert Gumpert war einst Allrad-Entwickler und zeitweilig Leiter der Sportabteilung bei Audi. Der Sitz der Gumpert Sportwagenmanufaktur befand sich in Altenburg in Sachsen. Der Vater des Firmeninhabers war in den sechziger Jahren Auto-Union-Importeur für Italien gewesen.

Roland Gumpert bot nicht nur ein Modell des Apollo an, sondern mehrere in unterschiedlichen Leistungsstufen. Alle Autos hatten hohes Rennpotential und wiesen zum Beispiel gewaltige Bremsen mit acht Bremskolben auf; das sequentiell schaltbare Sechsganggetriebe kam aus der Formel 1. Groß dimensionierte Hutzen sorgten für Luftzufuhr zum Motor und zu den Bremsen.

Der Mittelmotorwagen mit Hinterradantrieb und einem raffinierten Rohrrahmen sowie einer Karosserie aus Karbonmaterial war nicht auf Komfort ausgelegt. Zwar fand man im Interieur feinstes Alcantara und Leder, doch es ging spartanisch und funktional zu – der Apollo war kein Playboy-Auto fürs Flanieren auf dem Boulevard, vielmehr mochte sich der rasende Sachse auf der Rennstrecke austoben; in welcher Disziplin auch immer. Die Motorpresse meldete im Herbst 2012, daß Gumpert Insolvenz anmelden mußte. **SH**

Sagaris | TVR (GB)

2005 • 3996 ccm, Sechszylinder • 400 PS/294 kW • 0-100 km/h in 3,7 Sek. • 298 km/h

Ein Kritiker bezeichnete das Design des „Blackpool Ferrari" als von einem Schlafwandler geschaffen und hinterher mit der Axt bearbeitet. Die Karosserie des Fahrzeugs hatte ihre aerodynamische Bewandtnis, doch es gab ebenso viele falsche wie echte Belüftungsschlitze, und das Dach der Kabine hatte man nachträglich erhöhen müssen, damit der Fahrer einen Helm tragen konnte.

TVR stellte 2004 – wenn auch nicht überraschend – die Produktion ein. Trotz jährlich eintausend verkaufter Fahrzeuge war eine Rentabilität nicht mehr gegeben. TVR stand zum Verkauf und fand einen Interessenten in der Person des russischen Millionärs Nikolai Smolenski, der die Produktion zwar fortführen, aber ins Ausland verlagern wollte. 23 Millionen Euro hatte er für TVR bezahlt. Von der Stillegung betroffen waren in Blackpool rund 250 Arbeitnehmer. Bis zuletzt hatte die Gewerkschaft gehofft, daß TVR in Großbritannien verbleiben könnte. Überraschend wurde mitgeteilt, daß die Firma ihren Standort doch nicht wechseln werde, was im Sommer 2006 aber wieder dementiert wurde. Im Dezember 2006 wurde die TVR-Fabrik Blackpool Automotive unter Zwangsverwaltung gestellt. Das Hin und Her ging weiter: Im Oktober 2007 wurde angekündigt, die Produktion werde doch wieder aufgenommen. Nach gescheiterten Übernahmeverhandlungen mit zwei Amerikanern gab Smolenski Ende 2007 schließlich auf.

Wie jeder TVR war der Sagaris sehr laut, wies eine nur dürftige Sicherheitsausstattung auf – und eine manchmal überraschende Straßenlage. Türgriffe gab es nicht, und die Instrumentenbeleuchtung blendete den Fahrer. Leider hatte der Wagen zudem nur eine geringe Verarbeitungsqualität zu bieten. **SH**

300C SRT8 | Chrysler

USA

2005 • 6059 ccm, V8 • 425 PS/313 kW • 0-100 km/h in 4,9 Sek. • 265 km/h

Der 300C war ein Auto, von dem die Amerikaner geglaubt hatten, es sei längst ausgestorben. Dieser Chrysler stellte aber nicht die moderrne Interpretation eines Oldies dar, wie es beim Mustang oder Camaro der Fall war, sondern er knüpfte an die Tradition großer amerikanischer Limousinen an mit hoher Gürtellinie, betonten Kotflügeln und fettem Kühlergrill. Das Interieur war einfach, aber sehr elegant. Manche Bauteile verrieten, daß sie aus Chryslers Partnerschaft mit Daimler resultierten, doch in bewährter amerikanischer Art und Weise hatte der 300C einen Hemi-V8-Motor und Hinterradantrieb.

Schon in den 1950er Jahren hatte ein Hemi-V8 im Chrysler 300 seine Arbeit verrichtet, ebenso im Dodge Charger und Plymouth Cuda. Die Abkürzung Hemi (hemispherically-shaped combustion chambers) bezeichnet einen Motor mit halbkugelförmigen Brennräumen; die Halbkugel wird durch eine Mulde im Zylinderkopf geformt. Diese Bauart bedeutete zu ihrer Zeit einen großen Fortschritt in der Motorentechnik.

Natürlich war der Motor aus dem Jahr 2005 ein etwas anderer. In seiner Basisausführung hatte er 5,7 Liter Hubraum und 340 PS, und im Modell SRT (das stand für Street and Racing Technology) hatte man ihn auf 6,1 Liter aufgebohrt, gut für 425 PS. Das SRT-Team war eine private Gesellschaft, die brave Limousinen für sich und eine PS-erpichte Kundschaft zu Straßenrennern optimierte. Nicht nur der Motor erfuhr entsprechendes Tuning; Fahrwerk und Aufhängungen wurden von den SRT-Männern ebenfalls überarbeitet. Ein Ausbrechen des Hecks bekam man dank Stabilitätskontrolle in den Griff. **LT**

M6 | BMW

2006 • 4999 ccm, V10 • 507 PS/368 kW • 0-100 km/h in 4,2 km/h • 335 km/h

Im Dezember des Jahres 2004 stellte BMW den M6 mit 507 PS starkem V10-Motor vor. Die M-Version des E63 war ab September auch als Cabrio zu bekommen. In Tests der Fachpresse sprintete das M6 Coupé in 4,2 Sekunden von 0 auf 100 km/h, von 0 auf 200 km/h in 12,8 Sekunden. Jeder Zylinder des V10-Motors besaß eine eigene Drosselklappe, und beide Zylinderbänke hatten je einen eigenen Luftfilter.

Das M6 Cabrio kostete 116.300 Euro. Gegen einen Aufpreis bot BMW eine Anhebung der auf 250 km/h gedrosselten Höchstgeschwindigkeit auf 305 km/h an, inklusive Fahrertraining auf einer Rennstrecke. Trotz seines hohen Preises war das M6 Cabrio im Konkurrenzumfeld ein gutes Angebot: Schon die geschlossene Variante des Mercedes-Benz CL mit ebenfalls über 500 PS beispielsweise kostete gut 33.000 Euro mehr. Porsches Top-Turbo mit weniger Leistung und geringerem Platzangebot stand mit 133 000 Euro im Katalog.

Bei ausgeschalteter elektronischer Begrenzung erreichte der M6 eine Höchstgeschwindigkeit sogar bis zu 335 km/h. Die Fahrcharakteristik war anpaßbar, so ließen sich zum Beispiel die Federn (Komfort, Normal, Sport) oder die Schaltgeschwindigkeit des 7-Gang-SMG-Getriebes verstellen, ebenso die Leistung, die nach dem Starten des Motors auf 400 PS reduziert war. Die Stabilitätskontrolle ließ sich abschalten oder auf einen eingeschränkten MDM-Modus einstellen. Das M6 Coupé besaß ein Dach aus Kohlefasermaterial; der Leichtbau bewirkte einen tieferen Fahrzeugschwerpunkt. Bis zum Produktionsende Mitte 2010 wurden 14.152 Exemplare des M6 gebaut, 9087 Coupés und 5065 Cabrios. Die 6er-Baureihe E63 endete im Juli 2010. **HS**

Spider V6 Q4 | Alfa Romeo

2006 • 3179 ccm, V6 • 250 PS/183 kW • 0-100 km/h in 7 Sek. • 235 km/h

Auch der jüngste Vertreter einer weit zurückreichenden Dynastie klassischer Alfa Romeo Spider wies alle Attribute auf, die man von einem solchen Fahrzeug erwartete: Es sah hervorragend aus, verfügte über gute Fahreigenschaften, hatte ein leicht zu bedienendes Verdeck und einen klangvollen Sechszylindermotor. Für das Öffnen oder Schließen des Verdecks brauchte man keine halbe Minute. Der neue Spider verfügte zudem über Vierrradantrieb sowie eine elektronische Anfahrhilfe, die bei einem Start am Hang ein Zurückrollen verhinderte.

Man konnte das von Pininfarina entwickete Cabrio auch mit einem 2,4-Liter Turbodiesel erhalten, ein OHC-Fünfzylinder mit Common-Rail-Einspritzung, sowie mit einem 2,2-Liter Erdgas-Vierzylinder. Der 3,2-Liter V6 stellte natürlich die reizvollste Ausführung dar.

Im übrigen handelte es sich nicht etwa nur um einen Alfa Brera V6 (Seite 820) mit abgeschnittenem Kabinendach. Der Spider hatte einen kürzeren Radstand und ein niedrigeres Fahrwerk, und auch die Karosserie war eine gänzlich andere. Der Aluminium-V6-Motor wies zwei obenliegende Nockenwellen, Direkteinspritzung und variable Steuerzeiten auf. Was man einem Italiener besser nicht verriet: der Motor wurde in einem General-Motors-Werk in Australien hergestellt.

Man fühlte sich ausgesprochen wohl im engen Cockpit des Spiders mit seinen weichen Ledersitzen und viel Aluminium ringsum. Mit einem kurzen, knubbeligen Schalthebel betätigte man die eng abgestufte Getriebemechanik; es gab eine Zwei-Zonen-Klimaautomatik, ein am Lenkrad zu bedienendes Audiosystem, Satelliten-Navigation und eine Freisprech-Telefonanlage. **SH**

Lacetti | Chevrolet (USA)

2006 • 1796 ccm, Vierzylinder • 105 PS/77,2 kW • 0-100 km/h in 9,5 Sek. • 195 km/h

Ob dieser Wagen ein Chevrolet war, bleibe dahingestellt. Diejenigen, für die das Markenemblem am Auto sowieso nichts weiter als ein Dekorationsstück ist, hatten kein Problem damit, daß der Lacetti aus dem Hause Daewoo kam. Im Oktober 2001 war General Motors, der Firma Daewoo partnerschaftlich seit langem verbunden, Mehrheitsbesitzer des koreanischen Unternehmens geworden. Für eine 67prozentige Beteiligung hatte GM 400 Mrd. Dollar bezahlt.

Für die Koreaner bedeutete die Liaison nicht zuletzt auch insofern eine weitreichende Veränderung, als die Exportversionen ihrer Autos ab 2005 nicht mehr Daewoo, sondern Chevrolet genannt wurden. Die Modellpalette wurde ausgedehnt und war so attraktiv wie nie zuvor. Sie umfaßte Neuentwicklungen wie den Kleinwagen Kalos und den Lanos, aus dem 2004 der Lacetti wurde. Weniger ruhmreich verlief die Karriere des Daewoo-Gründers Kim Woo-Choong: Er wurde wegen Fälschung von Geschäftsbilanzen zu zehn Jahren Haft verurteilt und mußte außerdem mehr als 20 Mrd. Dollar an unterschlagenem Geld zurückzahlen.

Der attraktiv gestylte Steilheck-Viertürer konnte mit brauchbaren Fahrleistungen aufwarten. Bei höheren Tourenzahlen wurde nur der Motor etwas laut. Allzu hohe Ansprüche stellte man an das Auto nicht. **JI**

Z4 M Coupé | BMW (D)

2006 • 3246 ccm, Sechszylinder • 343 PS/253 kW • 0-100 km/h in 5 Sek. • 250 km/h

Im März 2006 stellte BMW das Z4 Coupé E86 vor. Eine Designstudie war bereits im September des Vorjahres zu sehen gewesen. Angeboten wurde das Coupé zunächst mit einem 3.0si-Motor mit 265 PS und als Z4 M Coupé mit 3246 ccm und 343 PS, was einer Literleistung von 106 PS entsprach. Das Handschaltgetriebe hatte sechs Gänge. Beim Standardmodell gab es weiterhin die Versionen 2,0 und 2,5 Liter. Der Z4 3.0si war aber nicht weniger rasant als die M-Version. Optisch hob sich der Z4 M durch andere Schürzen, eine stärker konturierte Motorhaube und eine Auspuffanlage mit vier Endrohren ab. Mit seiner steilen, kompakten Heckpartie und dem akzentuierten Knick der hinteren Seitenscheibe wirkte das Z4 Coupé gedrungen und leistungsbetont. Die konkaven, inzwischen BMW-typisch gewordenen Ausformungen in den Flanken traten stilistisch hinter der Gesamtsilhouette zurück. Im Rahmen der Modellpflege bekam der Z4 geänderte Stoßfänger bzw. Schürzen, neue Scheinwerfer sowie Rückleuchten, auch neue Felgen und neue Farben. Das Interieur wurde durch Chrom-Applikationen aufgewertet und durch neue Ausstattungspakete optimiert. Technische Neuerungen waren u. a. eine elektronische Ölstandkontrolle und eine Berg-Anfahrhilfe sowie die neuen Sechszylindermotoren 2.5i, 2.5si und 3.0si. **HS**

John Cooper Works | MINI (GB)

2006 • 1598 ccm, Vierzylinder • 210 PS/155 kW •
0-100 km/h in 6,6 Sek. • 230 km/h

Marketingpolitisch war es geschickt, dem leistungsstärksten MINI (dessen Schreibweise in Großbuchstaben eine Unterscheidung zu seinem gleichnamigen Vorgänger deutlich machen sollte) den Namen John Cooper zu geben, der als Motorentuner in den 1960er Jahren die Rallyewagen präpariert hatte, die als „Works Minis" Weltruhm erlangten.

Der jetzt unter BMW-Regie fabrizierte MINI verfügte in der heißesten Version über einen 1,6-Liter-Kompressormotor. Diesen gab es mit 170 und sogar mit 210 PS, wobei sich der erhebliche Unterschied in erster Linie aus differierenden Ladedrücken ergab. Beide Motoren waren mit Ladeluftkühlern versehen. Der 210-PS-Wagen erhielt die Zusatzbezeichnung GP, von diesem wurde eine limitierte Auflage von 2000 Stück gebaut. Nicht in England, sondern bei Bertone in Turin. Alle Exemplare wiesen eine blaue Metalliclackierung auf, hatten ein silberfarbenes Dach und rot lackierte Außenspiegelgehäuse. Auf dem Dach war die Seriennummer des Wagens zu lesen, innen gab es eine entsprechende Plakette. Aus Gründen der Gewichtsreduzierung hatten diese Autos weder Heckfenster-Scheibenwischer noch Schalldämmungsmaterial oder hintere Sitze. Das Fahrwerk war tiefergelegt, die Bremsanlage verstärkt, der Wagenboden voll umschlossen. **DS**

D12 Peking to Paris | Spyker (NL)

2006 • 5998 ccm, W12 • 550 PS/404 kW •
0-100 km/h in 5 Sek. • 298 km/h

Die bis 1925 existierende Automarke Spyker erfuhr 1990 eine Wiederbelebung. Auf der Birmingham Motor Show 2000 stellte der Niederländer Victor Muller seinen neuen C8 Spyder vor.

Entstanden war die Initiative zum Bau eines neuen Spyker bereits im Jahre 1990 durch den Ingenieur Maarten de Bruijn. Zunächst trug das Projekt den Namen Silvestris, bis daraus 1997 in Zusammenarbeit mit Victor Muller der Spyker wurde. Ende 2004 entstand auch eine Straßenversion des Le-Mans-Wagens als C12 La Turbie mit Alu-Space-Frame und dem rennerprobten 6.0-Liter W12-Motor des Bentley Continental bzw. Volkswagen Phaeton mit 550 PS, zwölf Auspuffrohren und 325 km/h Spitze – ein Auto, für das man 2006 eine Million Euro auf den Tisch legen durfte. Eine Version als SUV-Crossover mit 24-Zoll-Rädern, D12 genannt, kam 2006 hinzu, ein hochbordiger Viertürer mit gläsernem Dach. Die Kraft des Motors wurde über ein durch Wippen betätigtes Sechsganggetriebe auf alle vier Räder verteilt. Es gab Luftfederung und karbon-keramische Bremsen. Der Beiname des großen, sportlichen Allradwagens bezog sich auf die Teilnahme eines Spyker am Rennen von Peking nach Paris 1907, mit welchem Jean Goddard Zweiter nach Fürst Borghese auf einem Itala geworden war. **SH**

RS4 Avant | Audi

2006 • 4172 ccm, V8 • 420 PS/309 kW • 0-100 km/h in 4,9 Sek. • 250 km/h

Der erste Audi RS4 erschien 1999 als Nachfolger des Audi RS2 von 1994 und wurde bis 2001 hergestellt. Im Unterschied zu seinem Vorgänger wurde der Wagen von der quattro GmbH angefertigt, die ihren Sitz in Neckarsulm hat. Zunächst hatte der RS4 einen 2,7-Liter Biturbo-Motor in V6-Bauweise und stellte das stärkste Fahrzeug im Audi-Programm dar. 2005 erschien die zweite Generation des RS4, jetzt mit einem 4,2-Liter V8-Motor mit Cosworth-Tuning versehen – allerdings ohne Turbolader.

Wie sein Vorgänger war der RS4 nur mit einem Sechsgang-Schaltgetriebe erhältlich und mit permanentem Allradantrieb ausgestattet. Trotz seines verhältnismäßig hohen Leergewichts von 1620 Kilogramm beschleunigte das Fahrzeug in nur 4,9 Sekunden von Null auf 100 km/h.

Im Innenraum war alles ganz auf Sport getrimmt mit Sportinstrumenten, einem unten abgeflachten Lenkrad, Alu-Pedalerie und auf Wunsch Schalensitzen mit Hosenträgergurten. Bescheidene Glanzlichter setzten Chrom-Applikationen an den Lüftungsrosetten, und eine perfekte Verarbeitung verstand sich bei Audi schon immer von selbst.

Serienmäßig gab es für den RS4 eine Klimaautomatik und eine Einparkhilfe. Doch bei aller Sportlichkeit war der Wagen, den es nur als Avant (also Kombi) gab, ein Familienauto geblieben. Man fand im Heckbereich, der sich bis auf 1430 Liter Volumen erweitern ließ, Isofix-Befestigungen und Platz für Gepäck, bestens geeignet für eine längere Urlaubsfahrt mit der Familie, dem Hund – sofern hochgeschwindigkeits-unempfindlich – und der kompletten Campingausrüstung. **SH**

C70 | Volvo (S)

2006 • 2435 ccm, Fünfzylinder • 200 PS/147 kW • 0-100 km/h in 8,5 Sek. • 220 km/h

Der Volvo C70 war ein Coupé-Cabriolet auf Basis des S70 mit Vorderradantrieb und einem quer eingebauten Fünfzylindermotor. Auch in seiner zweiten Generation von 2006 (1996 war die erste erschienen) wies der Wagen alle Tugenden auf, die der Volvo-Liebhaber erwartete. Das Auto war ein geräumiger Viersitzer, bestens ausgestattet und perfekt verarbeitet. Der Dachmechanismus arbeitete auf Knopfdruck und ohne Fehl, und wenn der Wagen geschlossen vor einem stand, sah er aus wie ein zweitüriges Festdach-Coupé. Aufgeteilt in drei Segmente, verschwand das Dach bei Nichtgebrauch im Kofferraum – der Vorgang dauerte 30 Sekunden. Neu war diese Technik inzwischen nicht mehr, doch bei Volvo hatte man sie mit am besten angewendet. Denn mit deren Einführung in den späten 1990er Jahren hatte das Cabriolet einen neuen Status erhalten: Es war nicht mehr ausschließlich ein Fahrzeug für die warme Jahreszeit oder für milde Klimaregionen. Nur hatte man in Kauf zu nehmen, daß sich das Kofferraumvolumen bei einem solchen Auto halbierte – mindestens.

Das Interieur des Wagens war im zeitgenössischen Volvo-Design gehalten mit der typischen, schmalen Mittelkonsole. Fuhr man zu zweit, ließ sich über die hinteren Sitze eine Abdeckung mit Windschott setzen, die Zugluft vom Nacken fernhielt. Als Zweisitzer sah der C70 auch gut aus. Im übrigen war das Auto nicht gerade ein High-Performance-Sportwagen, sondern eher ein sportlicher Tourer, und einer der sichersten der Welt allemal. Er verfügte als erstes Cabriolet über Airbags auch in den Türen, deren Funktion unabhängig davon sichergestellt war, ob man mit geöffnetem oder geschlossenem Dach fuhr. **SH**

Vom 414 km/h schnellen SSC Ultimate Aero TT konnte man sagen, daß er der schnellste jemals in Serie gebaute Sportwagen war. ▷

520 | Lifan

2006 • 1342 ccm, Vierzylinder • 90 PS/66,2 kW • 0-100 km/h in 15,5 Sek. • 155 km/h

Nicht alle Automobilfabriken in der Volksrepublik China befinden sich in Staatsbesitz. Die Firma Lifan in Chongqing Shangquao Shapingba zum Beispiel, aus einer Motorradfirma hervorgegangen, gehört einem Privatunternehmer. Den Motorrädern folgten 2003 Nutzfahrzeuge, Ableger europäischer IVECO- bzw. Magirus-Deutz-Konstruktionen. Personenwagen begann man bei Lifan ab 2002 zu bauen;

die Produktion startete mit dem Lifan 520. Er wurde zunächst als Stufenhecklimousine angeboten und Mitte 2007 durch den Kleinwagen vom Typ 320 (1,3 Liter, 90 PS) ergänzt, der mehr oder weniger zufällig dem MINI One glich. Im Jahr 2004 wurde das Yunnan-Lifan Fahrzeugwerk als Joint-Venture zwischen Lifan und der Handelsfirma Junma gegründet; in der neuen Fabrik wurden jetzt leichte und schwere Lastwagen sowie Ackerschlepper produziert. Auch Elektrofahrzeuge begann man zu entwickeln.

Lifan-Personenwagen erfreuten sich bald eines zunehmenden Erfolges und wurden in vielen Ländern Südostasiens, in Afrika und im Nahen Osten vertrieben. Lifan erhielt zahlreiche Joint-Venture-Angebote und Produktionsanfragen. Ein erstes Lifan-Modell für Europa wurde 2006 in der Ukraine als ZAZ-Lifan 520 hergestellt, blieb jedoch nur kurze Zeit in Produktion. Als neues Mittelklassemodell entstand danach der Lifan 620; er ähnelte der China-Exportversion des Toyota Corolla. Und in Äthiopien begann man den Lifan 520 ebenfalls zu produzieren, von wo aus – umständlicher ging es kaum – der Wagen wieder in die Ukraine exportiert wurde, wo man die Fertigung des ZAZ-Lifan vorher eingestellt hatte. **HS**

Aero | SSC

2006 • 6300 ccm, V8 • 1287 PS/946 kW • 0-100 km/h in 2,8 Sek. • 414 km/h

Die Abkürzung SSC steht für Shelby SuperCars. Die Firma wurde 1999 von Jerod Shelby gegründet, hat aber nichts mit dem Sportwagenhersteller Carroll Shelby zu tun, jenen Mann, dessen Namen man mit der legendären Cobra mit Ford-Motor in Verbindung bringt. Jerod Shelby und sein Team arbeiten auch nicht in Texas, sondern in einem kleinen Privatgebäude in West Richland im US-Bundesstaat Washington.

Bei der Firma SSC entstand im Verlauf des Jahres 2006 ein Supersportwagen mit mehr als 1200 PS, und der Mann, der damit auf ein Rekordtempo von 414 km/h kam, war 71 Jahre alt und hatte es auch abgelehnt, einen Schutzhelm zu tragen. Die Fahrt fand auf einem abgesperrten, 6,4 Kilometer langen Straßenstück in Texas statt. Drei Jahre lang blieb der Rekord bestehen, bevor er von einem Bugatti Veyron eingestellt wurde. Dem SSC Aero folgten zwei weitere Supersportwagen; der bislang letzte ist der Tuatara mit 1350 PS und einem Preis von 1,3 Millionen Dollar. Wer so viel Geld für ein Auto anzulegen bereit ist, will auch etwas davon haben – und sei es nur die Gewißheit, im schnellsten Personenwagen der Welt zu sitzen. 444 Kilometer pro Stunde kann man allerdings nirgendwo ausfahren, es sei denn, man begibt sich auf die weiten Salzseeflächen im US-Bundesstatt Utah.

Der Aero mit seinem von einem Chevrolet-Motor abgeleiteten V8, als Mittelmotor eingebaut, war ein Superleichtgewicht mit Schmetterlings- oder auch Scherentüren und verfügte über eine Luftbremse, die sich um 20 Zentimeter aus dem Wagenheck schob, wenn der Fahrer bei hohem Tempo aufs Pedal trat. Die Alternative wäre ein Bremsfallschirm gewesen. **SH**

MT900S | Mosler (USA)

2006 • 7011 ccm, V8 • 600 PS/441 kW • 0-100 km/h in 3,1 Sek. • 288 km/h

Mosler Automotive in Riviera Beach, Florida, stellt seit Ende der 1980er Jahre in Einzelanfertigung Rennsportwagen wie den Intruder her, ein Coupé mit 6,3-Liter-Chevrolet-V8-Motor von 440 PS. Der auf einem Kohlefaser-Chassis aufgebaute Intruder beschleunigte von Null auf 100 km/h in nur 3,7 Sekunden. 1996 gewann er die World Car Challenge-Serie des Sports Car Club of America.

Besonderes Aufsehen erregte der Mosler MT900 von 2001, ebenfalls mit einem Chevrolet-V8, aber dank Leichtbau noch schneller bei „nur" 435 PS. Der Wagen wog nicht mehr als 898 Kilogramm.

Warren Mosler war lange Zeit im Nebenberuf Politiker: Für die Demokraten versuchte er sich im Bundesstaat Florida als Präsidentschaftskandidat zu qualifizieren. Offenbar schien ihm eine Karriere als Automobilhersteller reizvoller zu sein, und mit seinen Rennsportwagen war er in den USA ja auch sehr erfolgreich. Speziell der MT900R heimste eine Reihe von Siegen ein. Eine Straßenversion dieses Boliden entstand 2006 als MT900S, gebaut für den „Star-Wars"-Produzenten George Lucas. Dieser Supersportwagen mit Kohlefaser-Chassis wies vor der Hinterachse einen großen V8-Motor aus der Corvette auf, mit Kompressor, Sechsgang-Handschaltgetriebe und halbsperrendem Differential. Kohlefasermaterial – superleicht, superfest und superteuer – hatte man auch für die Wanne und das Interieur verwendet, das in Tiefschwarz gehalten war. Die Version Photon war dank Verwendung von Magnesium noch einmal um 100 Kilogramm leichter, aber auch um 50.000 Dollar teurer, was den Gesamtpreis für den SSC auf 249.000 Dollar klettern ließ. **SH**

V8 Speedster | Caresto

2006 • 4400 ccm, V8 • 340 PS/250 kW • keine Angaben • keine Angaben

Zwar gehörte der Caresto V8 Speedster in die Kategorie der Hot Rods, er war dennoch mehr als eine Beschleunigungsrakete im amerikanischen Wortsinne; Leif Tufvesson nannte das Auto daher auch „sport rod". Denn es war nicht nur außerordentlich schnell, sondern es verfügte über eine optimale Straßenlage, war ungewöhlich gut verarbeitet und bot seinen Insassen sogar einigen Komfort. Normal war eigentlich fast nichts an diesem schwedischen Speedster. Der Motor war zwar wie das Sechsganggetriebe mit Handschaltung der des Volvo XC90, aber für die Verwendung von Ethanol wie für Benzin umgerüstet worden. Die Karosserie bestand aus Leichtmetall und Kohlefasermaterial, sie saß auf einem Stahlrohrrahmen. Die Aufhängungen ließen sich absenken oder liften, je nach Erfordernis und Straßenbeschaffenheit, und wenn die Temperatur im Mittelmotorraum zu hoch wurde, stellte sich automatisch eine Lüftungsklappe im Heck auf. Kotflügel kannte das Auto nicht, und das Dach ließ sich nicht nach Cabrio-Art zurückschlagen – es bestand aus Polyester und war als abnehmbares Hardtop gestaltet. Drei eingebaute Kameras ersetzten die Rückspiegel. Aus massivem Aluminium waren die Radnaben und auch die Scheinwerfergehäuse gefertigt, und die Schalensitze wiesen Bezüge aus edlem Leder auf. Edel war auch der Sound des Achtzylindermotors, ganz ohne skandinavisches Understatement. Einzig das Lenkrad durfte man als Scherz auffassen, denn für eine so wilde Maschine eignete es sich kaum. Leistungsdaten veröffentlichte Tufvesson nicht, nur, daß er nicht mehr als sechs Caresto Speedsters zu bauen gedachte, das Stück zu 330.000 Dollar. **SH**

7 CSR | Caterham (GB)

2006 • 2261ccm, Vierzylinder • 264 PS/194 kW • 0-100 km/h in 3,1 Sek. • 250 km/h

Das, was ein Sportwagen gemeinhin zu bieten hat, reicht einigen Liebhabern solcher Fahrzeuge nicht. Sie möchten sich ins Cockpit eines raketenartigen Feuerstuhls quetschen und beim Beschleunigen Reifenspuren auf dem Asphalt hinterlassen. Wem danach der Sinn steht, legt sich einen Caterham 7CSR zu.

Mit dem Lotus Seven der 1950er Jahre, aus dem der Caterham in Dartford, Kent, einst entstanden ist, hat der ultraflache Zweisitzer noch immer frappierende Ähnlichkeit. Man könnte sagen: Das 575 Kilogramm leichte Auto ist eine Kopie seiner selbst. Es „klont" sich immer von neuem. Doch in der 2006er Ausführung namens 7 CSR war es so agil wie nie zuvor. Der 264 PS starke DOHC-Einspritzmotor von Cosworth, selbstverständlich ein Vierventiler, ermöglichte eine Beschleunigung von Null auf 100 km/h in 3,1 Sekunden, und auf 160 km/h war man in 8,9 Sekunden. Das waren Rennwagenwerte, und wie in einem Rennwagen fühlte man sich auch. Weder die Bremsen noch die Lenkung waren servounterstützt, und diese Tatsache erwies sich als Handicap bei geringerer Geschwindigkeit – schon beim guten alten Lotus Seven war dies der Fall. Bei schlechtem Wetter ließ man das Auto besser in der Garage, denn das Verdeck war primitiv und umständlich aufzuspannen; seitlichen Schutz genoß man ebensowenig. Gepäck mitzunehmen, verbot sich von selbst, dafür gab es fast keinen Platz. Von Aerodynamik sprach man besser auch nicht: Es kam vor, daß das Fahrzeugheck bei hohem Tempo zum Abheben neigte. Wie jeden Caterham konnte man den 7 CSR auch als Kit Car bekommen, wenngleich der Hersteller dem Käufer davon abriet: Die Montage sei ein wenig kompliziert, hieß es. **HS**

Tramonto | Fisker

2006 • 5500 ccm, V8 • 610 PS/450 kW • 0-100 km/h in 3,6 Sek. • 325 km/h

Der ehemalige BMW- und Aston-Martin-Designer Henrik Fisker gründete 2004 in Kalifornien einen Karosseriebetrieb. Seine dort eingekleideten Supersportwagen à la Aston Martin, Lamborghini und Ferrari tragen ein eigenes Markenzeichen, das für Fisker Coachbuilding steht. Die erste eigene Schöpfung Fiskers, auf der IAA 2005 in Frankfurt am Main vorgestellt, bekam die Modellbezeichnung Tramonto und war ein Monocoque-Roadster, wobei auch dieses Auto im Grunde keine volle Eigenkonstruktion darstellte: es handelte sich um einen Mercedes-Benz SL55 AMG. Interessanterweise hatte sich die Leistung des AMG-Motors von 500 PS als immer noch steigerungsfähig erwiesen; dieses Tuning oblag dem dänischen Experten Kleeman. Dem auf 610 PS angehobenen Potential entsprach auch die Fahrzeugtechnik von den Aufhängungen bis zu den Bremsen; die Abgasanlage bekam vier Katalysatoren aus rostfreiem Stahl. Auch wurde ein neues, elektronisches Motormanagement entwickelt.

Die Karosserie oder das Interieur erinnerten ebenso wenig an einen Mercedes-Benz. Der Aufbau bestand aus Kohlefasermaterial und Aluminium; er hatte ein etwas kürzeres Heck als der SL und eine sehr lange Motorhaube – die Front glich der Nase eines F-22 Raptor Kampfflugzeuges. Innen verwendete man handvernähtes Leder (auf Wunsch Alligator oder Strauß) und viel Aluminium mit Zapfenschliff. Für das versenkbare Hardtop übernahm Fisker die Original-Mercedes-Technik, ebenso für das aktive Dämpfer- und das Airbagsystem. Auch der Sicherheitsrahmen entsprach dem Original, was Fisker für die US-Zulassung Crashtest-Nachweise ersparte. **SH**

XKR | Jaguar (GB)

2006 • 4196 ccm, V8 • 416 PS/306 kW • 0-100 km/h in 5,4 Sek. • 280 km/h

Der 1996 eingeführte Jaguar XK8 hat im Verlauf seiner langen Lebenszeit nur wenige, aber bedeutende Modifikationen erfahren. Die wichtigste dürfte die Einführung einer Aluminiumkarosserie sowohl für das Coupé als auch für den Roadster im Jahre 2005 gewesen sein. Der genietete und geklebte Aufbau war nicht nur um 170 Kilogramm leichter, sondern in seiner Struktur auch stärker geworden. Stilistische Retuschen an der Wagenfront (Scheinwerfer, Lufteinlässe), an den Flanken und an der Heckpartie mit einer großen Klappe beim Coupé machten den XK8 ein weiteres Mal zu einem sehr attraktiven Sportwagen. Der 2+2 wurde unverändert mit einem 4,2-Liter V8-Motor und einer Sechsstufen-Automatik von ZF angeboten sowie ab 2006 in der Version XKR mit 416 Kompressor-PS, sequentieller Schaltung und vorderen Lufteinlässen aus Aluminiumgeflecht.

Dieser XKR war mit seiner Power zweifellos das Nonplusultra. Ein Modell dieser Bezeichnung hatte es schon 1998 gegeben, doch in seiner jüngsten Ausführung war das Coupé wirklich ein Traumwagen. Nicht nur seiner Leistungsentfaltung wegen, sondern auch hinsichtlich seiner Ausstattung und liebevollen Verarbeitung, die erkennen ließ, daß man sich in Coventry nach wie vor einer großen handwerklichen Automobilbautradition verpflichtet fühlte.

Den Sound des Motors verglich ein Tester mit der „Schlagzeuggruppe des Londoner Symphonieorchesters, die jemand in einen Fahrstuhlschacht eingesperrt hat". Wichtiger waren sicher das adaptive Kurvenlicht und die elektronische Stabilitätskontrolle, und angenehmerweise gab es auch ein beheiztes Lenkrad für kalte Wintermorgende. **SH**

Corvette Z06 | Chevrolet

2006 • 6997 ccm, V8 • 505 PS/371 kW • 0-100 km/h in 3,7 Sek. • 320 km/h

Vom Modelljahrgang 2001 an konnte man die Corvette in ihrer Version als Hardtop-Modell in einer neuen Z06-Ausführung bekommen. Unter dieser Chiffre wurde der Wagen mit einem 385 PS starken 5670-ccm-V8 (werksintern als LS6 bezeichnet) angeboten. Erzielt wurde das Leistungsplus durch eine überarbeitete Kraftstoff-Einspritzanlage, neue Zylinderköpfe, eine neue und schärfere Nockenwelle sowie andere Optimierungen.

Der Z06 des Jahrgangs 2006 war ein teurer Spaß – und dementsprechend gingen die Bestellungen auch zurück. Nicht jeder Corvette-Fan besaß eine dicke Brieftasche. Die Produktion der Coupés betrug 16.598, das Stück zu 44.600 Dollar, die des Cabriolets 11.151 (52.335 Dollar). Neu war die Getriebeschaltung über Wippen am Lenkrad („paddle shift"), die in 19.094 Corvettes zum Einbau kam und zusätzliche 1250 Dollar kostete.

Für einen Adrenalinkick konnte die Z06-Option allemal sorgen: Dieses Fahrzeug hatte einen neuen 427-c.i.-Motor (6997 ccm) von 505 PS, der eine Beschleunigung von Null auf 100 km/h in 3,7 Sekunden ermöglichte. Er hatte mit Natrium gefüllte Ventilschäfte, geschmiedete Aluminiumkolben und Trockensumpfschmierung. In einem solchen, rot-weiß-blau lackierten Wagen konnte man einen damals noch nicht umstrittenenen Lance Armstrong sehen, als er ihn als Pace Car beim 500-Meilen-Rennen von Indianapolis steuerte. 6272 Interessenten war eine solche Corvette 65.800 Dollar wert, und ob ihr Auto ebenso gedopt war wie man es Armstrong vorwarf – das interessierte sie wenig. Der gleiche Motor war übrigens im Holden W427 zu finden; das war der schnellste Serienwagen, der je in Australien auf den Markt kam. **SH**

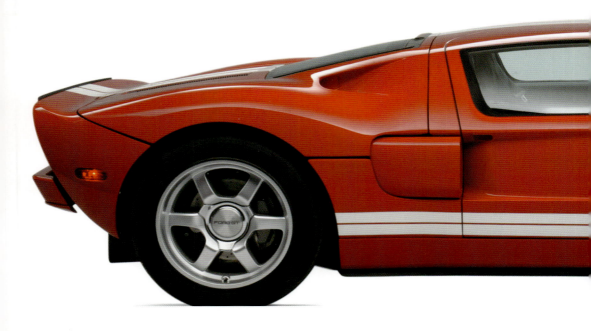

GT | Ford

2006 • 5410 ccm, V8 • 550 PS/404 kW • 0-100 km/h in 3,6 Sek. • 340 km/h

Ein berühmtes Modell aus vergangenen Tagen neu aufleben zu lassen, ist für jeden Automobilhersteller riskant. Die Erwartungen sind hoch – und wenn der „Wiederauferstandene" den Vergleichen nicht standhält, endet die Aktion mit einem Flop. Die Ford Motor Company gedachte ihren 100. Geburtstag mit der Neuauflage einer solchen Ikone zu feiern und reproduzierte den GT40, jenen Rennwagen, der von 1966 an vier Jahre in Folge die 24 Stunden von Le Mans gewann.

Mit einem GT90 genannten Concept Car hatte Ford 1995 die Nomenklatur des GT40 wieder aufgenommen. Hatte sich beim Original die Zahl auf die Fahrzeughöhe in Zoll bezogen, so bezeichnete die 90 das Jahrzehnt seiner Entstehung. Erst Im Jahr 2002 aber präsentierte Ford als eigentlichen Nachfolger des Ford GT40 jenes erwähnte Geburtstagsauto. Mit moderner Technik, aber kaum verändertem Aussehen zeigte Ford seinen jüngsten Mittelmotor-Zweisitzer, der aber

nur GT hieß: Ford hatte sich die Rechte an dem Namen GT40 nicht gesichert – und der jetzige Namensinhaber verlangte dafür 40 Millionen Dollar (die Ford nicht zu zahlen bereit war). Zum anderen war der neue Wagen aber 43 Zoll hoch, so daß die Bezeichnung sowieso nicht mehr zutraf.

Der GT wies einen Aluminium-Space-Frame auf, auch die Karosserie bestand aus heiß geformtem Leichtmetall (Hyperplastic-Technologie). Der Motor war ein 550 PS starker V8, der seine Kraft an die Hinterräder über ein Sechsganggetriebe abgab. Auch das Fahrwerk bestand weitgehend aus Aluminium, die Bremsen kamen von Brembo.

Wer den GT käuflich erwerben wollte, mußte 140.000 Dollar locker machen, doch weil die Wartezeiten recht lang waren, boten einige Interessenten sehr viel mehr für ein frühes Exemplar. 4500 Stück sollten gebaut werden, eine Zahl, die nicht ganz erreicht wurde. **JI**

599 GTB Fiorano | Ferrari

2006 • 5999 ccm, V12 • 612 PS/450 kW • 0-100 km/h in 3,6 Sek. • 330 km/h

Gewiß, es gab auch andere schnelle Sportwagen, deren Hersteller sich bemühten, einer wohlhabenden Klientel viel Geld abzunehmen. Kein Supersportwagen vermochte jedoch so viel Fahrkultur und Opulenz auf sich zu vereinen wie der 599 GTB Fiorano, der zudem über die richtige Dosis klassischen Enzo-Charismas verfügte.

Während die Vorgänger 550M und der 575M ein Stahlrohrchassis aufgewiesen hatten, wartete der 599 GTB mit einem viel aufwendiger gebauten Rahmen auf. Er hatte ein geringeres Gewicht, weil er aus einer speziellen Aluminiumlegierung hergestellt war; das fahrfertige Auto wog nicht mehr als 1690 Kilogramm. Natürlich war es damit kein Leichtgewicht, erwies sich aber schnellfüßiger als seine Vorgänger. Aus Gründen der Balance hatte man den Kraftstofftank in der Wagenmitte plaziert. Der 5999-ccm-Motor, identisch mit dem im Enzo, kam auf eine Leistung von 612 PS bei 7600 Touren, wobei er es nicht übelnahm, wenn der Fahrer ihm auf langen, geraden Strecken auch bis 8400 Umdrehungen abverlangte.

Noch jeder Ferrari hat von den Entwicklungen in der Formel-1-Technologie profitieren können. So stand dem 599 GTB beispielsweise der neue große Windkanal für aerodynamische Untersuchungen zur Verfügung. Auch bei höchsten Geschwindigkeiten waren Abtriebskräfte des Unterbodens so wirksam, daß auf spektakuläre Hilfsmittel am Aufbau verzichtet werden konnte. Das halbautomatische Getriebe ließ sich über Schaltwippen am Lenkrad betätigen und reagierte in 100 Millisekunden. High-Tech vom Feinsten auch beim Fahrwerk – kaum ein Superlativ war beim 599 GTB Fiorano zu hoch gegriffen. **DS**

C16 | Callaway (USA)

2006 • 6162 ccm, V8 • 700 PS/515 kW • 0-100 km/h in 3,2 Sek. • 338 km/h

Reeves Callaway war zunächst Rennfahrer und Inhaber einer Rennfahrerschule in Connecticut, ehe er sich 1977 als Automobilhersteller und -tuner etablierte. Die von Callaway Cars angebotenen Modelle basierten auf Serienfahrzeugen verschiedener Hersteller, jedoch entwickelte und baute Callaway außerdem eigenständige Sportwagen. Bevorzugt bediente er sich aber auch bei diesen bewährter Corvette-Technik, wie beim C15, der auch in Deutschland angeboten wurde; die Montage erfolgte in einem Betrieb bei Heilbronn. Die Callaway Corvette Z06 GT3-R entstand für die FIA GT3-Europameisterschaft, die ADAC GT-Masters und in abgeänderter Version für VLN-Läufe auf dem Nürburgring. Der Preis für ein solches Rennfahrzeug betrug etwa 210.000 Euro. 2007 unterhielt die Callaway Competition in der FIA GT3-Europameisterschaft ein eigenes Team unter dem Namen Martini Callaway Racing, das in dieser Saison auch Team-Europameister wurde. Der Fahrertitel wurde beim letzten Lauf in Dubai ganz knapp verpaßt.

Die jüngste Neuentwicklung war im Sommer 2006 der Callaway C16, basierend auf der Corvette C6 (Seite 782). Dieses Fahrzeug bot man als Coupé, Cabrio und Speedster an. Für die in Deutschland assemblierten Wagen war ein Team ehemaliger Audi-Spezialisten zuständig, und da man bei Callaway für ihre Qualitätsarbeit alle Hände ins Feuer legte, bekam jeder Käufer eines Exemplars eine Fünf-Jahres-Garantie. Chassis, Fahrwerk, Bremsen, Interieur – alles erfuhr eine gründliche Überarbeitung, so daß von der US-Corvette nicht viel übrigblieb, selbst der Kühlergrill und die Speichenräder aus Karbon und Magnesium waren Spezialanfertigungen. **SH**

◁ Papst Benedikt XVI. bei seiner Fahrt 2006 durch die Münchner Innenstadt im Papamobil: 70.000 Menschen jubelten ihm zu.

Papamobil | Mercedes-Benz

2006 • 3498 ccm, V8 • 279 PS/200 kW • 0-100 km/h in 10 Sek. • 230 km/h

Als Papamobil bezeichnet der Volksmund jene Autos, die der Papst bei seinen öffentlichen Auftritten benutzt. Erstmals wurde der Begriff bei Johannes Paul II. populär, dessen Amtszeit von einer verstärkten Wahrnehmung der repräsentativen Aspekte des Papstamtes geprägt war. Im Rahmen seiner ausgedehnten Reisetätigkeit kamen Papamobile verschiedener Marken zum Einsatz, die durch drei Merkmale gekennzeichnet waren: erhöhter Platz des Papstes, der seit dem Attentat von 1981 meist mit Panzerglas gesichert ist; ein Spezialgetriebe für Fahrten in Schrittgeschwindigkeit oder Automatikgetriebe sowie ein besonderer Stuhl, auf dem Papst Johannes Paul II. sogar in das Papamobil getragen werden konnte.

Im Jahr 2006 gab es etwa 60 Papamobile. Bei Auslandsreisen werden mehrere Fahrzeuge mitgeführt. Meist sitzen im Fahrzeug zudem der Ortsbischof und der päpstliche Privatsekretär.

Der Sonderaufbau des Fahrzeugs der Mercedes-Benz ML-Klasse von 2006 (Baureihe W164) orientierte sich an seinen Vorgängern mit Fahrgestellen der G-Klasse. Die Konstrukteure von Mercedes-Benz hatten jedoch eine Sonderkarosserie geschaffen, deren Seiten sich hinter dem Abschluß der Vordertüren weit nach oben zogen und einen Rahmen für die großen Fenster aus 8 Zentimeter starkem, kugelsicheren Glas bildeten, die den Sitzplatz des Papstes umgaben. Mit dem V8-Motor von 3,5 Liter Hubraum und einer Leistung von maximal 279 PS war der ML 350 als Basisfahrzeug des gepanzerten, fast fünf Tonnen schweren Papstwagens angemessen motorisiert. Wie schon die Vorgängerfahrzeuge der G-Klasse wurde die päpstliche M-Klasse in Perlmutt lackiert und innen weiß ausgestattet. **SH**

4007 | Peugeot

2006 • 2179 ccm, Vierzylinder • 156 PS/114 kW • 0-100 km/h in 9,9 Sek. • 200 km/h

Als eleganter SUV auf einer global ausgerichteten Plattform: so präsentierte sich Peugeots erster Crossover, der Ende Oktober 2006 der Motorpresse vorgeführt wurde und im Herbst 2007 auf den deutschen Markt kam. Global deshalb, weil das Fahrzeug in Zusammenarbeit mit der Firma Mitsubishi entstanden war (bei den Japanern hieß das Auto Outlander) und unter der PSA-Schwestermarke Citroën als C-Crosser verkauft wurde. Der Wagen hatte angetriebene Vorderräder mit zuschaltbarem Hinterradantrieb und war ein geräumiger Viertürer mit typisch französischem Flankendesign.

Der quer eingebaute Motor war ein DOHC-Vierzylinder mit 16 Ventilen. Als 2,2-Liter HDI-Turbodiesel leistete er 156 PS. 2007 kam ein aus der Kooperation von Mitsubishi, Daimler-Chrysler und Hyundai entwickelter 2,4-Liter-Vierzylinder-Benzinmotor (ein sogenannter „Weltmotor") mit 170 PS hinzu, der um die Jahreswende 2009/10 infolge geringer Nachfrage aber wieder entfiel.

Das Magazin *Focus* beschrieb den 4007 so: „Wenn er im Rückspiegel auftaucht, sieht er dem Porsche Cayenne nicht unähnlich. Die breiten, flachen Scheinwerfer und der überdimensionale Lufteinlaß schinden Eindruck. Wäre da nicht das große Löwen-Logo, das den Geländewagen als Peugeot outet. Dabei ist unterm Blech kaum französische Technik zu finden, der 4007 ist ein umetikettierter Mitsubishi Outlander. Um eine Mogelpackung handelt es sich trotzdem nicht, schließlich stehen die Franzosen offen zur Herkunft ihres ersten SUVs. Nur der Dieselmotor kommt tatsächlich aus Frankreich ..." Doch am Karosseriestyling waren die Franzosen ebenso intensiv beteiligt, was der Citroën C-Crosser sogar noch deutlicher erkennen läßt. **HS**

Monaro VXR 500 | Vauxhall

2006 • 5965 ccm, V8 • 493 PS/363 kW • 0-100 km/h in 4,9 Sek. • 306 km/h

Bevor der Wagen in den Showroom eines ausgewählten Vauxhall-Exklusivhändlers in der englischen Grafschaft Kent gelangte, hatte er bereits eine Weltreise hinter sich. Der V8-Motor des Monaro VXR 500 wurde in einem GM-Werk in den USA produziert, wo er normalerweise in der Corvette Verwendung fand. Von Amerika transportierte man den Motor nach Australien. Dort wanderte er in das Monaro Coupé, gebaut von Holden. Anschließend trat der komplettierte Wagen seinen Weg nach Europa an, wo er in Großbritannien als Vauxhall in den Handel kam. Allerdings nicht sofort – erst gab es noch einen Zwischenaufenthalt bei der berühmten Tuningfirma Wortec, spezialisiert auf Corvette und Vauxhall, wo der 5965-ccm-Motor mit einem Kompressor versehen wurde. Irgendwoher mußte die Kraft ja kommen, um das Auto auf 306 km/h zu beschleunigen ...

Zu einem so schnellen GT gehörte auch ein angepaßtes Fahrwerk. Der Monaro VXR 500 verfügte über ein solches mit einstellbaren Federungs-/Dämpfungskennungen und verstärkten AP-Bremsen. Daß der Wagen ein so heißes Geschoß war, sah man ihm nicht an; das Coupé glich einem normalen Serien-Monaro und fiel längst nicht so sehr auf wie einst der muskelprotzende Monaro GTS der sechziger Jahre (siehe auch Seite 403).

Aber er verriet sich durch seinen unvergleichlichen Motorklang, der selbst denen imponierte, die von Autos nicht viel verstanden. Wer es darauf anlegte, konnte die verfügbaren 493 PS auch zum Vernichten von Reifenprofilen verwenden – das gewaltige Drehmoment sorgte, trotz Traktionskontrolle, für ensprechende Spuren auf der Fahrbahn. **JI**

CX-7 | Mazda

2006 • 2260 ccm, Vierzylinder • 244 PS/179 kW • 0-100 km/h in 8 Sek. • 210 km/h

Warum sollte man sich zwischen Power und Praktikabilität entscheiden, wenn es statt eines „Entweder-oder" doch ein „Sowohl-als-auch" gäbe, fragten die Mazda-Werbetexter und meinten damit den CX-7: „Unser innovativer Sports Crossover bietet Ihnen das Beste aller Welten durch Geräumigkeit, hohe Sitzposition wie bei einem luxuriösen SUV und die Charakteristik eines echten Sportwagens." Es geschieht nicht oft, daß in Werbetexten gegebene Versprechen gehalten werden, doch in diesem Fall stimmte alles. Der CX-7 verfügte über ein hohes Maß an Sportlichkeit, war zudem optimal ausgestattet und bot seinen Insassen viel Platz. Man konnte den agilen Allradwagen mit verschiedenen Motorisierungen erhalten (von denen einige aber nur in Japan angeboten wurden), unter anderem mit einem 2260-ccm-Turbo-Benzinmotor. Sein Drehmoment betrug 350 Nm bei 3500 Touren. Auch ein – sparsamerer – Turbodiesel war im Programm.

Bei allen Versionen erfolgte die Kraftverteilung auf die vier Räder über ein elektronisches Steuersystem plus Stabilitätskontrolle. Was die Tester der Motorpresse am meisten überraschte, war die Sportlichkeit des Wagens, den sie mit der des MX-5 gleichsetzten. Wenn es einen Kompromiß zu schließen galt, dann in bezug auf die Gepäckmitnahme. Man war besser zu zweit unterwegs, weil sich dann durch Umlegen der Rücksitzbank ein Kofferraum zaubern ließ, der dem eines Vans entsprach. Leider war der CX-7 kein Musterknabe an Genügsamkeit, zumindest mit seinen Benzinmotoren, die zwischen 10 und 15 Liter Sprit auf 100 Kilometern schluckten. Beim Turbodiesel konnte man aber unter 7 Liter kommen. **SH**

Brera V6 | Alfa Romeo (I)

2006 • 3195 ccm, V6 • 260 PS/191 kW • 0-100 km/h in 7 Sek. • 250 km/h

Im März 2005 präsentierte Alfa Romeo das Brera Coupé, angeboten mit unterschiedlichen Motoren. Drei Jahre zuvor hatte Alfa Romeo das von ItalDesign entworfene Coupé als Studie auf dem Genfer Salon vorgestellt. Brera ist der Name eines Stadtviertels in Mailand, in welchem sich unter anderem das berühmte Kunstmuseum Pinacoteca di Brera befindet. In Deutschland sah man den neuen Alfa Romeo auf der 15. AutoMobil im April 2005 in Leipzig.

In der stärksten Version mit einem 260 PS starken 4OHC-V6 rivalisierte der Brera unmittelbar mit gleichstarken Autos von Porsche und BMW. Der Motor war ein Vierventiler mit Direkteinspritzung und variabler Ventilsteuerung; man fand ihn auch im Alfa Romeo Sportwagen 159. In der 1,8-Liter-Ausführung (200 PS) hatte der Wagen Frontantrieb, aber der stärker motorisierte große Bruder wurde von Haus aus mit permanentem Allradantrieb versehen. Wobei der leichtere Vierzylinder – obwohl PS-schwächer – eine etwas höhere Endgeschwindigkeit als der Sechszylinder hat, da er ja nicht die Allrad-Bauteile mit sich herumschleppen muß. Im Frühjahr 2006 kam eine Cabrioversion hinzu, ein reiner Zweisitzer, während das Coupé im Fond noch zwei Kindern Platz bot. Gebaut wurden beide Ausführungen des Brera im Pininfarina-Werk, Turin. **SH**

Latigo CS | Fisker (USA)

2006 • 5600 ccm, V10 • 648 PS/476 kW • 0-100 km/h in 3,9 Sek. • 330 km/h

Mit dem Vierventil-V10-Motor des BMW M6 stellte der dänische Ingenieur Henrik Fisker 2006 seinen Latigo CS vor. Es war sein letzter spezialkarossierter Supersportwagen auf der Basis eines Serienfahrzeugs, bevor Fisker seine Position neu absteckte und Elektrofahrzeuge zu entwickeln begann.

Der im Herbst 2005 auf der Frankfurter IAA ausgestellte Latigo CS machte deutlich, daß sich der von Chris Bangle gezeichnete 6er BMW noch erheblich optimieren ließ. Wer sich ein solches Auto wünschte, mußte es zweimal bezahlen, denn außer dem normalen Kaufpreis für den Serienwagen ergab sich der gleiche Betrag für Fiskers Umbau. Denn bei Fisker Automotive in Irvine, Kalifornien, wurden nicht nur alle Karosseriepaneele zur Nachbearbeitung abgenommen, sondern auch das Interieur gestrippt. Wo immer es ging, wurden Teile aus Karbonfaser und Aluminium verwendet, um das Fahrzeuggewicht zu verringern. Den Innenraum kleidete man zur Gänze mit einem dünnen, besonders weichen Leder aus (auf Wunsch auch den Kofferraum). Die 20-Zoll-Räder stellten Sonderanfertigungen dar wie auch zahlreiche Neuteile der Fahrwerksaufhängung. Selbst den BMW 5,0-Liter-Motor ließ Fisker nicht unangetastet; er bohrte den V10 auf 5,6 Liter auf, gut für 648 PS und 330 km/h Spitze. **SH**

S65 AMG | Mercedes-Benz

2006 • 5980 ccm, Biturbo-V12 • 612 PS/450 kW • 0-100 km/h in 4,4 Sek. • 250 km/h

Im Herbst 2005 erfreute Daimler seine bestzahlenden Kunden durch eine Neuauflage der S-Klasse. Es gab vier neue Motoren und eine Siebenstufen-Getriebeautomatik. 2007 kamen zwei weitere Motoren hinzu (420 SDI und 450) sowie Allradantrieb. Wer seinen Mercedes-Benz in Superlativausführung haben wollte, entschied sich für den S65 AMG, angeboten ab Jahresende mit einem Biturbo-V12-Motor. Unendlich viele Kunden gab es nicht für die mehr als 200.000 Euro teure Limousine, und ein Drehmoment von 1000 Nm half auch nicht, wenn man im Stau auf der A7 stehen mußte. Dennoch: Solche Autos finden ihren Markt.

Unter der Haube der neuen S-Klasse arbeitete ein guter Bekannter. Der sechs Liter große V12, auch im Maybach zu finden, produzierte in der stärksten Version 612 PS. Unterstützt wurde das Aggregat dabei von zwei Turboladern samt extragroßem Ladeluftkühler. Außerdem gab es nun eine modifizierte Ölpumpe, einen in die AMG-Frontschürze integrierten Ölkühler sowie einen zusätzlichen Wasserkühler im Radlauf.

Schon bei 2000 Touren gab der AMG-Motor so viel Drehmoment ab wie ein Ferrari 575 Maranello bei 5000. Im Normalfall wurde bei 250 km/h abgeregelt, doch wem das nicht reichte, der konnte eine Anhebung auf 300 km/h vornehmen lassen. **SH**

cee'd | Kia

2006 • 1591 ccm, Vierzylinder • 123 PS/90,4 kW • 0-100 km/h in 10,4 Sek. • 191 km/h

Der Kia cee'd ist ein Personenwagen der Kompaktklasse des südkoreanischen Herstellers Kia Motors. Deren erster Pkw entstand 1974 und trug den Namen Brisa B-1000; er war eine Lizenz von Mazda. Ab Februar 1979 montierte Kia den Peugeot 604, kurz darauf auch den Fiat 132. Es dauerte lange, ehe eigene Konstruktionen entstanden.

Im Herbst 2006 kam der fünftürige cee'd auf den Markt. Die Limousine mit dem ungewöhnlichen Namen gab es ab 2007 auch in Deutschland, und zwar in fünf möglichen Motorisierungen und vier Ausstattungsvarianten. Im Sommer 2007 folgte ein cee'd sw genannter Kombiwagen. Kia war unglaublich expansiv; 2002 wurden in drei Werken in Korea sowie in zwölf Montagewerken in Asien und Afrika mehr als eine Million Fahrzeuge gefertigt. Kia war in Europa die am schnellsten wachsende Marke. 2004 errichtete Kia in Zilina, Slowakei, sein erstes europäisches Werk, wo die Produktionsaufnahme Ende 2006 erfolgte, und zwar mit dem cee'd. Das von Peter Schreyer (New Beetle, Audi TT) gezeichnete Frontantriebsauto mit seinem DOHC-Vierventiler bekam seit seinem Erscheinen zehn verschiedene nationale Preise als Auto des Jahres von verschiedenen europäischen Fachpublikationen verliehen und avancierte zum bislang größten Erfolg Kias auf dem europäischen Markt. **LT**

Der Lexus IS-F von 2007 gab sich ungeheuer aggressiv – ganz im Gegensatz zu den anderen Modellen dieses Herstellers.

Nemo | Citroën

2007 • 1360 ccm, Vierzylinder • 75 PS/55,1 kW • 0-100 km/h in 16,2 Sek. • 155 km/h

Die Franzosen haben viel Sinn fürs Praktische, zumindest wenn es um Automobile geht. Und von Citroën hat man schon immer das eher Ungewöhnliche erwarten dürfen. So war auch der 2007 vorgestellte Nemo ein intelligent gezeichneter Mehrzweckwagen, eine Art Minivan, ideal für das Kleingewerbe, als Botenfahrzeug oder Einkaufswagen, pfiffig im Layout und mit knapp vier Meter Länge ein Parkgenie. Wie im PSA-Verbund üblich, gab es ein identisches Modell bei Peugeot namens Bipper, und bei Fiat ebenfalls, wo es Qubo hieß. Doch wurde das Auto weder in Frankreich noch in Italien fabriziert, sondern beim Hersteller Tofas in der Türkei. Aber eindeutig nationale Zuordnungen von Automarken ließen sich zu Anfang des 21. Jahrhundets ja ohnehin kaum mehr vornehmen: War ein Bentley noch ein Brite? Kam jeder Opel aus Deutschland?

Der Nemo war mit einem OHC-Benzin- oder einem Turbodieselmotor zu bekommen und hatte – man darf sagen: selbstverständlich – Frontantrieb. Hinten taten noch Trommelbremsen ihren Dienst, elektronische Fahrwerk-Verkomplizierungen verboten sich schon aus Preisgründen. Wem der variable Innenraum des Hochdachkombis nicht reichte, konnte Transportgut auf das Dach tun: eine Dachreling gab es serienmäßig. Ebenso fünf Türen, extra breite Stoßfänger und ab 2009 auch ein drittes Seitenfenster.

Das Vermarkten eines auf große internationale Akzeptanz ausgerichteten Modells über mehrere Vertriebswege war die Voraussetzung für eine ertragreiche Großserienproduktion; zugleich rationalisierte eine solche Politik das Ersatzteilwesen und den Serviceaufwand. **HS**

IS-F | Lexus

2007 • 4969 ccm, V8 • 416 PS/306 kW • 0-100 km/h in 4,9 Sek. • 270 km/h

Unter der Marke Lexus waren bisher luxuriöse Autos angeboten worden, vornehme Autos, repräsentative Autos sowie innovative Hybriden. Aber das Modell IS-F war ganz anders. Es stellte sich als spektakulärer Abräumer dar. Spät genug war den Toyota-Managern die Erkenntnis gekommen, daß sie gegen die Superlativ-Limousinen der Deutschen à la Mercedes AMG oder BMW M nichts in Feld zu führen hatten. Das sollte sich mit dem Lexus IS-F ändern.

Man nehme den größten verfügbaren Motor und implantiere ihn in das kleinste verfügbare Auto: Nach diesem Rezept fand der Fünfliter-V8 aus dem LS600 seinen Weg in den IS, eine kompakte Mittelklassenlimousine, wo er nur mit Mühe hineinpaßte. Spezialisten von Yamaha Racing nahmen sich der Zylinderköpfe und Ansaugtrakte an, optimierten auch die Motormanagement-Software – und das Ergebnis war ein 416 PS starkes Aggregat, das aus dem IS-F einen ernsthaften Rivalen zum BMW M3 machte.

Die Aggressionslust war dem Auto auch anzusehen, denn seine aerodynamischen Attribute – tiefe Bugschürze, breite Radhäuser, Heckspoiler – waren auffällig genug. Nur zur Schau gab es vier Auspuff-Endrohre, aber sie gehörten halt zum Macho-Auftritt. Die acht Gänge des Getriebes ließen sich über Drucktasten am Lenkrad schalten. Sechs-Kolben-Bremsen von Brembo, geschmiedete Aluminiumfelgen und ein einstellbares Stabilitätsprogramm vervollständigten die High-Tech-Ausstattung. Dabei ging es im Interieur des IS-F so luxuriös und komfortabel zu, wie man es in einem Lexus erwarten konnte – in dieser Beziehung war sich die Marke treu geblieben. **SH**

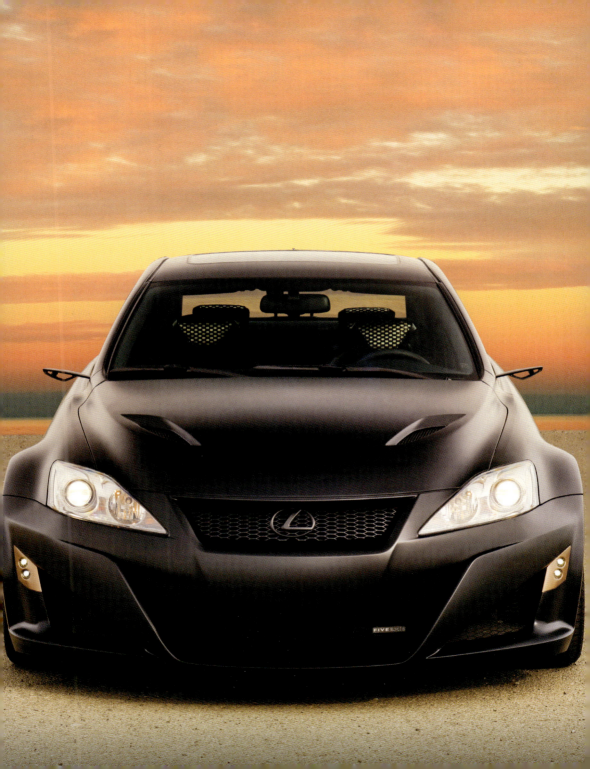

A10 | Ascari (GB)

2007 • 4799 ccm, V8 • 625 PS/459 kW • 0-100 km/h in 2,8 Sek. • 350 km/h

Nehmen Sie Platz im Rennsitz, schließen Sie den Hosenträger-Sitzgurt, drücken Sie den roten Starterknopf und geben Sie Gas: Nie waren Sie dem Horizont in Sekundenschnelle näher als am Lenkrad des Ascari A10. Beim Durchschalten des heulenden Sechsganggetriebes sind Sie in 5,8 Sekunden bei Tempo 160 – aber ob Sie die Spitze von 350 erreichen können, hängt von der Strecke ab, auf der Sie das ausprobieren.

Der Motor des Ascari A10 stammt vom BMW M5, ist ein Vierventil-V8 mit vier Nockenwellen und Saugrohr-Einspritzung. Seine Steuerzeiten variieren automatisch nach Leistungsabruf. Die Karosserie des Mittelmotor-Zweisitzers besteht aus Kohlefasermaterial; ihre fünf Teile sind miteinander verklebt. Der Wagen wiegt 1280 Kilogramm. Das Auto hat weder Klimaanlage noch Radio oder andere Komfortattribute.

Gebaut wird der Ascari in der englischen Kleinstadt Banbury, Grafschaft Oxfordshire. Die Firma gehört dem gebürtigen Niederländer Unternehmer Klaas Zwart, der 1995 seinen ersten Rennsportwagen vorgeführt hatte. Auch sein Ecosse KZ-1 hatte damals schon einen getunten BMW-V8-Motor mit 5,0 Liter Hubraum und 400 PS (der Prototyp hatte noch einen Chevrolet V8-Motor gehabt). Der Namen Ascari stand für Anglo-Scottish Car Industries. Ascari beteiligte sich an zahlreichen Langstreckenrennen, so auch an den 24 Stunden von Le Mans. Konstruiert hatte das Fahrzeug Lee Noble, der bereits mit seinem McLaren F1 für Aufsehen gesorgt hatte. Zwart ist auch Besitzer einer privaten Rennstrecke. Sie liegt in Spanien und steht samt Rennfahrerschule und Luxushotel nicht nur Ascari-Kunden zur Verfügung. **SH**

Leon FR TDI | Seat   (E)

2007 • 1968 ccm, Vierzylinder • 160 PS/117 kW • 0-100 km/h in 7,9 Sek. • 213 km/h

Dieselautos waren im Motorsport sechs Jahrzehnte lang undenkbar. Bis einige Hersteller den Beweis erbrachten, daß Dieselmotoren enorme Leistungen zu erbringen imstande waren, was zuerst in luxuriösen Oberklassewagen demonstriert wurde, in denen Selbstzünder eines Tages kein Tabu mehr waren. Und dann begaben sich Dieselautos auch auf die Rennstrecke. Die letzte Barriere war damit gefallen. Zu den Pionieren und Promotoren der modernen Dieseltechnologie zählt die Volkswagen-Gruppe, und der Lorbeer blieb nicht aus: 2006 gewann ein Audi R10 TDI die 24 Stunden von Le Mans.

Ein Dieselauto von beachtlich sportlicher Qualität war auch der auf den ersten Blick gar nicht spektakulär scheinende Seat Leon FR TDI mit seinem Zweiliter-Common-Rail-Vierzylinder. Der Frontantriebswagen mit seinem straffen Fahrwerk und Aluminiumrädern bewegte sich nicht nur verdächtig flott, sondern war zudem sehr sparsam: der Turbodiesel begnügte sich mit 4 Liter Kraftstoff auf 100 Kilometern. Kein Wunder, daß dieses Modell das erfolgreichste der Leon-Baureihe war. Ein Seat-Werksteam beteiligte sich mit dem FR TDI auch an der Tourenwagen-Weltmeisterschaft und errang 2007 drei Siege in zehn Läufen sowie sieben Podiumsplätze. Und 2008 gewann Seat mit seinem Diesel-Renner den Hersteller-Pokal; der BMW-verwöhnte Franzose Yvan Muller holte sich den Fahrertitel. Ein Jahr später war es der Italiener Gabriele Tarquini, der diesen Erfolg mit und für Seat einfuhr. Spätestens jetzt stellte niemand mehr in Frage, daß Autos mit Dieselmotor dazu fähig waren, in der Topliga des Motorsports mitzuspielen. **SH**

i30 | Hyundai (ROK)

2007 • 1582 ccm, Vierzylinder • 129 PS/94,8 kW • 0-100 km/h in 10,9 Sek. • 196 km/h

Q7 | Audi (D)

2007 • 5934 ccm, V12 • 500 PS/368 kW • 0-100 km/h in 5,5 Sek. • 250 km/h

Das 1947 gegründete Unternehmen Hyundai entwikkelte sich zu einem Konzern mit Aktivitäten auf zahlreichen Gebieten. Die Hyundai Engineering & Construction Co. baute sowohl Industriehäfen in Saudi-Arabien als auch Hochhäuser in Singapur. Das Hyundai-Engagement betraf bald alle Bereiche der Schwerindustrie, den Schiffs-, Dock-, Anlagen- und Werkzeugmaschinenbau, die Automobilindustrie, Elektronik, Petrochemie, Holzwirtschaft und auch den Betrieb von Warenhäusern, Banken und Versicherungsgesellschaften.

1967 wurde in Ulsan die erste Hyundai-Autofabrik errichtet. Aus zugelieferten Teilen entstand hier zunächst als Lizenzbau der englische Ford Cortina. Ab 1974 folgten Eigenkonstruktionen mit Mitsubishi-Lancer-Mechanik (Mitsubishi war in den 1980er Jahren an Hyundai beteiligt) und italienischem Design; es stammte von Giugiaro.

Es konnte kein Zweifel bestehen, daß auch der i30 ein großer Erfolg würde. Der Fünftürer hatte Weltformat – und war weitgehed identisch mit dem Kia cee'd. Mit einer sehr kompletten Ausstattung, die EPS ebenso umfaßte wie sechs Airbags und eine Klimaanlage, die sogar das Handschuhfach kühlte, bestach der in diversen Motorisierungen erhältliche i30 nicht zuletzt durch seinen günstigen Preis. **SH**

Im Herbst 2005 konnten IAA-Besucher den Audi Q7 zum ersten Mal betrachten. Der Wagen basierte auf der Konzeptstudie Audi Pikes Peak Quattro, die 2003 auf der Detroit Motor Show zu sehen gewesen war. Seine Plattform teilte sich der Wagen mit den im gleichen Konzern gebauten VW Touareg und Porsche Cayenne. Keines der Autos wurde in Deutschland produziert – sie liefen in einem Werk in Bratislava vom Band. Und wie seine Vettern hatte der Q7 permanenten Vierradantrieb mit einer Kraftverteilung von 40:60 (Vorderachse:Hinterachse). Eine dritte Sitzreihe, aber nur für maximal 1,60 Meter große Personen zugelassen, war optional erhältlich.

Die fehlende Getriebe-Zusatzuntersetzung, ein die Straße bevorzugendes Motoren- und Getriebekonzept und die rahmenlose Karosserie mit Einzelradaufhängung machten den Q7 weniger tauglich für harte Geländeeinsätze als er sich den Anschein gab. Ein Offroader war er nur mit Einschränkungen.

Der Q7 war zunächst mit einem Sechszylinder-Diesel oder mit einem V8-Ottomotor erhältlich; Anfang 2006 folgte ein 3,6-Liter Sechszylinder-Ottomotor, in der ersten Jahreshälfte 2007 ein 4,2-Liter TDI-V8 und Ende 2008 ein Diesel-V12. Alle Motorisierungen waren mit einer Sechsgang-Automatik kombiniert. **SH**

Fighter T | Bristol

2007 • 7996 ccm, V10 • 1026 PS/754 kW •
0-100 km/h in 3,5 Sek. • 363 km/h

Dem Club der 1000-PS-Autos trat Bristol 2007 mit dem Fighter T bei, nachdem der V10-Dodge-Motor dieses Supercoupés zwei Turbolader samt Ladeluftkühler erhalten hatte. Die Höchstgeschwindigkeit war bei 363 km/h abgeregelt, doch möglich waren 435 km/h. Vieles an dem Wagen ließ erkennen, daß Bristol einst ein Flugzeughersteller war. Zugusten optimaler Aerodynamik verliefen zum Beispiel die Auspuffrohre innerhalb der Seitenschweller, um den Unterboden so glatt wie möglich zu halten. Den Lufteinlaß im Wagenbug hatte man so gestaltet, daß er bei Tempi oberhalb von 320 km/h besonders effizient war.

Die Türen des Frontmotor-Coupés öffnen in Gullwing-Manier nach oben, und durch eine tiefe Sitzposition ergab sich viel Kopffreiheit. Auch Zweimeter-Männer kamen nicht in Bedrängnis. Hinter dem in braunem Leder ausgeschlagenen Cockpit befand sich ein großer Kofferraum.

Dem gewaltigen Leistungs- und Drehmomentzuwachs entsprechend hatte man das Sechsganggetriebe modifizieren und den Rohrrahmen mit der Einzelradaufhängung an Dreieckslenkern verstärken müssen. Der erste Gang reichte bis 97 km/h, theoretisch mußte man im Cityverkehr also überhaupt nicht schalten. Doch der Fighter T war alles andere als ein Stadtwagen. **SH**

Golf W12-650 | Volkswagen

2007 • 5998 ccm, Biturbo-W12 • 640 PS /470 kW •
0-100 km/h in 3,7 Sek. • 325 km/h

Am Wörthersee in Österreich findet seit mehr als drei Jahrzehnten im Sommer ein Treffen der GTI-Fans statt. Bei dieser Gelegenheit hat Volkswagen immer wieder interessante Fahrzeuge präsentiert, entweder Vorserienmodelle oder Prototypen als reine Konzeptstudien. 2007 schien es aber, als habe Wolfsburg kein Highlight zu zeigen. Erst zwei Wochen vor dem Event entstand daher ein Wagen, mit dem wohl niemand gerechnet hatte: Es war ein Golf mit dem 640 PS starken W12-Motor des Phaeton beziehungsweise Bentley Continental GT. Die VW-Ingenieure hatten das Auto zu einem Mittelmotorwagen umfunktioniert, ihm einen Alu-Hilfsrahmen vom Audi RS4 für den Motor gegeben, das automatische Getriebe einem Phaeton und die Hinterachse einem Lamborghini Murciélago entnommen. Äußerlich glich das Fahrzeug noch einem Golf VI GTI, war aber doch breiter als dieser und auch niedriger. Türen, Motorhaube und Scheinwerfer hatten nicht verändert werden müssen; alle anderen Teile hatte man nun aus Kunststoff oder Karbonmaterial gefertigt.

Freilich, ein solcher Über-Golf mußte ein Einzelstück bleiben, aber er begeisterte die VW-Enthusiasten und veranschaulichte, welche technischen Möglichkeiten ein Team engagierter Ingenieure zu nutzen verstand, wenn man ihnen freie Hand ließ. **DS**

Reventón | Lamborghini

2007 • 6496 ccm, V12 • 640 PS/470 kW • 0-100 km/h in 3,3 Sek. • 335 km/h

Der 2007 auf der IAA präsentierte Lamborghini Reventón durfte das Prädikat für sich in Anspruch nehmen, das teuerste Straßenfahrzeug zu sein, das je ein italienischer Hersteller angeboten hatte. Nur zwanzig Exemplare sollten in den Handel kommen, das Stück zu 1,5 Millionen Dollar. Wer den Reventón erwerben wollte, mußte zu den „guten Freundes des Hauses" zählen.

Der Tradition folgend, war Reventón wieder der Name eines berühmten Kampfstiers, zugleich war es das spanische Wort für Explosion. In bezug auf die gewaltige Leistung des Zwölfzylindermotors war die Bezeichnung für den Mittelmotor-Zweisitzer ebenfalls treffend gewählt.

Den Presseunterlagen zu diesem Auto war zu entnehmen, daß die Designer sich sowohl bei der Formgebung der Karosserie aus Kohlefasermaterial als auch bei der graphitgrauen Lackierung von der Militärluftfahrt hatten inspirieren lassen. In der Tat glich der Reventón einem Kampfjet der italienischen Luftwaffe, und in einem Beschleunigungs-Wettlauf mit einem solchen auf einer drei Kilometer langen Startbahn vermochte der Düsenjäger den Lambo erst im Moment des Abhebens vom Boden abzuhängen.

Unter dem futuristischen Exterieur des Wagens verbarg sich die Technik des Murciélago LP640-4. So wies er auch Vierradantrieb auf, um die Kraft des V12-Motors effizient auf den Boden zu bringen. Groß dimensionierte Lufteinlässe leiteten ausreichend Kühlluft zu den riesigen Bremsen. 2009 wurden dann doch noch einmal 16 Exemplare des Reventón aufgelegt, jetzt als Roadster. Und zu einem Preis, der noch einmal um 100.000 Dollar höher lag als beim Coupé. **DS**

R8 | Audi (D)

2007 • 4163 ccm, V8 • 420 PS/309 kW • 0-100 km/h in 4,6 Sek. • 302 km/h

Ohne großes Aufheben zeigte Audi auf dem Pariser Salon 2006 den R8. Seine Entwicklung verkörperte einen langen Evolutionsprozeß, und zu diesem gehörten die Serienmodelle A3 und A4. Stilistische Verwandtschaft ist auch mit dem TT erkennbar. Grundlegend aber war vor allem die quattro-Technologie, mit der Audi in den 1980er Jahren seine großen Rallyeerfolge errungen hatte und die sich bis zum Siegerwagen von Le Mans fortsetzte. Die besten Kernsubstanzen in die Konstruktion eines Supersportwagens einfließen zu lassen, war das Ziel der Entwickler des R8. Doch sie verfügten seit 1998 über einen weiteren High-Tech-Zulieferer: Lamborghini.

Unter der Bezeichnung R8 waren auch jene Audi-Rennwagen an den Start gegangen, die fünfmal die 24 Stunden von Le Mans gewinnen konnten und obendrein siebenmal die American Le Mans-Serie (ALMS). Diese Autos waren Mittelmotorwagen mit Hinterradantrieb, ihre V8-Motoren hatten 3,6 Liter Hubraum und leisteten 670 PS. Nachfolger des R8 war der R10.

Der in Paris ausgestellte R8 war ein anderes Fahrzeug. Sein Unterbau war der des Lamborghini Gallardo. Doch im Gegegensatz zu dessen typisch italienischem Auftritt mutete der Audi klassisch germanisch an, eben so, wie man sich einen Audi vorzustellen hatte. Die Karosserie des zweitürigen Coupés bestand aus Aluminium, und der in der Wagenmitte eingebaute V8-Motor trieb alle vier Räder an. Ab 2009 gab es den R8 mit einem V10-Motor von 5,2 Liter, und man konnte den Wagen auch als Spyder bekommen. Der R8 war auch 2013 noch Gegenstand ständiger Weiterentwicklung: Geplant war ein Vierliter-Twinturbo. **JI**

D8 GT | Donkervoort

2007 • 1781 ccm, Turbo-Vierzylinder • 270 PS/198 kW • 0-100 km/h in 3,6 Sek. • 250 km/h

Auf den ersten Blick könnte man den Donkervoort D8 GT für einen aufgepeppten Caterham halten, aber damit täte man beiden unrecht. Zwar stammen beide vom Lotus Seven ab, doch der Donkervoort ging bald eigene Wege. 1973 hatte der britische Rennwagenkonstrukteur Colin Chapman, Gründer der Marke Lotus, die Herstellungsrechte an seinem Super Seven an einen seiner Händlerbetriebe verkauft: an die Caterham Car Sales Ltd. Bedingung war, daß der dort weitergebaute Wagen nicht mehr unter dem Namen Lotus vertrieben wurde.

Drei Jahre später übernahm Joop Donkervoort den Vertrieb des Caterham in den Niederlanden. Doch er bekam Probleme hinsichtlich der Zulassung – in vielen Details entsprach der Roadster nicht den dort geltenden Bestimmungen. Donkervoort begann daher in eigener Regie einen neuen Wagen nach Art des Super Seven zu konstruieren. Die qualitativ guten Roadster wurden immer besser. Mit der D8-Serie schließlich wurden eine neue Fahrwerks-Generation und der Einsatz von Kohlefaserteilen für den Aufbau eingeführt. Spitzenmodell war 1993 der 220 PS starke D8 Cosworth. Der Zweisitzer brachte nur 640 kg auf die Waage und war entsprechend sprintfreudig. Und der 2007 entwickelte D8 GT war der erste in Lelystad gebaute Wagen dieser Marke, der als Coupé erschien – mit allen Merkmalen eines GT. Mit 650 Kilogramm war auch er extrem leicht, und mit dem 270 PS starken Turbomotor von Audi auch sehr schnell. Es gab zudem eine Version mit 180 PS. Eines der stärker motorisierten Exemplare gewann 2010 seine Klasse beim 24-Stunden-Rennen von Dubai. **SH**

Superlight R300 | Caterham (GB)

2007 • 1999 ccm, Vierzylinder • 177 PS/130 kW • 0-100 km/h in 4,8 Sek. • 225 km/h

Nicht hohe Leistungsabgabe allein ist entscheidend für das, was Fachleute als „sports car performance" bezeichnen. Vielmehr ist die Relation der Motorleistung zum Fahrzeuggewicht von Bedeutung, und da trennt sich die Spreu vom Weizen.

Wenn es um den Begriff Leistungsgewicht geht, sind jene Autos im Vorteil, die ihren Triebwerken keine hohen Lasten zumuten. Wie dies beim Caterham Superlight R300 in besonderem Maße der Fall war. Dieses Auto benötigte keinen PS-Giganten für seine 500 Kilogramm Eigengewicht – 177 PS erwiesen sich als völlig ausreichend für eine Beschleunigung von Null auf 100 km/h. Etliche gut dreimal so stark motorisierte Supersportwagen schafften das kaum schneller. Es gab auch eine 213- und eine 266-PS-Version mit noch besseren Werten, doch diese Fahrzeuge zu beherrschen, verlangte sehr viel fahrerisches Können. Bei Nässe hatte man das Gefühl, in einem stark übermotorisierten Fahrzeug zu sitzen. Jedes dieser Autos wies einen besseren Leistungsgewichtswert auf als etwa ein BMW M3 oder Porsche 911. Ein weiterer Vergleich mit solchen Autos schloß sich natürlich aus.

In einem Caterham R300 fühlt man sich wie in einem alten Formel-Monoposto, den man mit einem zweiten Sitz versehen hat. Irgendwelchen Luxus gibt es nicht, alles ist auf Leichtbau getrimmt. Selbst Türen und Windschutzscheibe – erst recht ein Verdeck – zählen als Sonderzubehör. Doch das Chassis ist extrem verwindungssteif, das Fahrwerk erprobt und sicher. Wer mit dem Caterham Superlight umzugehen versteht, hat viel Freude daran. Dennoch ist das Auto nicht für die Straße, sondern eher für die Rennstrecke gedacht. **SH**

⊂ Es gibt nur wenige Straßenfahrzeuge, die so sehr einem Rennwagen ähneln wie der ultra-aerodynamische Caparo T1 von 2007.

T1 | Caparo

2007 • 3496 ccm, V8 • 575 PS/424 kW •
0-100 km/h in 2,5 Sek. • 322 km/h

Die offizielle Vorstellung des Caparo T1 fand 2006 auf einer Ausstellung von Spitzenautomobilen in Monte-Carlo durch Fürst Albert II. von Monaco und dem TV-Sportreporter Murray Walker statt. Die am häufigsten gestellte Frage war: „Kann man einen solchen Wagen wirklich auf der Straße fahren?" Angeblich konnte man das.

Der Caparo T1 war ein Supersportwagen des britischen Herstellers Caparo Vehicle Technologies, der jährlich 25 Exemplare herzustellen plante. Entwickelt hatte den T1 ein Team ehemaliger Mitarbeiter der McLaren Cars Ltd. Es gab zwei versetzt nebeneinander liegende Sitze, über die sich als Fahrzeugdach eine Glaskuppel wölbte. Angetrieben wurde der T1 von einem V8-Motor des amerikanischen Herstellers Menard hinter den Sitzen mit 3,5 Liter Hubraum und Trockensumpfschmierung. Bei einem Leergewicht von nur 470 Kilogramm beschleunigte der Wagen in 2,5 Sekunden von Null auf 100 km/h. Allerdings kam es bei Testfahrten für das britische Automagazin *Fifth Gear* zu einem peinlichen Zwischenfall: Als der Rennfahrer Jason Plato im Oktober 2007 am Steuer saß, fing das Auto Feuer, Plato wurde verletzt. Einige Zeit später verabschiedete sich bei einer Testfahrt durch den *TV-Auto*-Moderator Jeremy Clarkson ein Teil des Unterbodens. In der Sendung erwähnte Clarkson weitere Probleme mit dem Fahrzeug; so hatten sich Teile der vorderen Radaufhängung gelöst, als ein holländischer Journalist am Steuer saß, und beim Goodwood Festival of Speed klemmte die geöffnete Drosselklappe. Fünfzehn Fahrzeuge fanden bisher Käufer, und sicher wären es mehr geworden, wären die erwähnten Pannen nicht passiert. **RD**

GTM Supercar | Factory Five

2007 • 7008 ccm, V8 • 515 PS/379 kW •
0-100 km/h in 3 Sek. • 257 km/h

Die 1995 in Wareham, Massachusetts, von ein paar Motorsport-Enthusiasten gegründete Firma Factory Five Racing spezialisierte sich auf die Anfertigung von Hot-Rod-Kits und Replikas. Ihrem GTM aber lag eine andere Idee zugrunde: Dieses Auto sollten sich die Kunden in den Werksräumen der Factory selbst bauen. Wozu sie Chassis und Motor mitbringen mußten – von einer entblätterten Corvette.

Wer also mit einer Truckladung solcher Bauteile in Wareham vorfuhr und bereit war, sich den Factory-Technikern anzuvertrauen, verließ den Betrieb einige Zeit später mit einem Mittelmotor-Zweisitzer in bester amerikanischer Supercar-Philosophie. Für den Bau des Stromlinienautos mit dem mitgebrachten Aluminium-Z06-Motor, Stahlrohrrahmen und einem neuen Aufbau aus Kompositmaterial benötigte man 250 Arbeitsstunden. Gestellt wurden auch neue Aufhängungen, Keramik-Bremsen und ein Transaxle-Getriebe vom Porsche 911. Unterm Strich, so rechnete man bei Factory Five dem Kunden vor, ergäbe sich etwa der doppelte Preis einer Corvette C5, was aber immer noch günstig sei in Anbetracht des Resultats. Die Konstruktion des GTM war am Computer entstanden und in mehreren Prototypen erprobt worden. Es handelte sich keineswegs um ein Bastelprojekt. Im Cockpit ging es recht zivilisiert zu; der Fahrer hatte einen guten Rundumblick, kam in den Genuß einer Klimaanlage und elektrischer Fensterheber. Die Sitze waren mit Leder überzogen, die Instrumente groß und gut ablesbar. Erfahrung im Autobau hatten die Männer in Wareham durchaus: In gut 5000 Exemplaren hatten sie zuvor Kit Cars auf Basis des Ford Mustang produziert. **SH**

500 | Fiat

2007 • 1242 ccm, Vierzylinder • 69 PS/50,7 kW • 0-100 km/h in 12,6 Sek. • 160 km/h

Fiat gehört zu jenen Autoherstellern, die mit großem Erfolg auf der Retrowelle mitschwimmen, so wie VW mit dem New Beetle und BMW mit dem MINI. 2007, genau fünfzig Jahre nach der Vorstellung des Topolino-Nachfolgers Nuova 500, überraschten die Italiener mit einem Kleinwagen, der frappante Ähnlichkeit mit dem Cinquecento der fünfziger Jahre aufwies. Der Zweitürer mit nach oben eingezogenen Seitenfenstern basierte konstruktiv auf dem Fiat Panda, wobei in einigen Bereichen die Technik jedoch abgeändert werden mußte. Wegen der kurzen Überhänge und der großen Räder bekam der Wagen einen neuen Vorderbau mit nach hinten versetztem Kühler. Eine Besonderheit ist das Start/Stopp-System, das in Verbindung mit weiteren Maßnahmen den Verbrauch um 3 bis 10 Prozent senken sollte. Angeboten wurde das Auto zunächst mit zwei Vierzylindermotoren von 1242 und 1368 ccm, ab 2010 auch mit einem Zweizylinder von 85 PS, wahlweise mit Erdgas zu betreiben. Auch zwei Dieselaggregate gibt es inzwischen. Neben der zweitürigen Steilhecklimousine gibt es seit 2009 unter der Bezeichnung 500 C auch eine Cabriolimousine mit Faltschiebedach.

Nach einer von der Absegnung durch den Vorstand bis zum Serienanlauf verhältnismäßig kurzen Entwicklungszeit von 18 Monaten begann die Fertigung des Fiat 500 im Werk Tychy in Polen. Es war eine jährliche Produktion von 120.000 Stück geplant. Die Nachfrage entwickelte sich jedoch stärker als erwartet, deshalb kam es bei der Auslieferung teilweise zu Wartezeiten von acht Monaten. Im Februar 2008 gab Fiat daher bekannt, die Produktion auf 190.000 Exemplare jährlich zu erhöhen. **DS**

Clubman | MINI (GB)

2007 • 1598 ccm, Vierzylinder • 98 PS/72 kW • 0-100 km/h in 10,4 Sek. • 193 km/h

Im August des Jahres 2010 fuhr der britische Premierminister David Cameron den zweimillionsten von BMW produzierten MINI vom Band. Grund genug zum Feiern: In zehn Jahren hatte es die traditionsreiche Marke geschafft, im Zuge ihrer Wiederbelebung zum erfolgreichsten Retro-Auto der Welt aufzusteigen.

Im November 2006 wurde den Händlern die zweite Auflage des MINI vorgestellt. Man hatte ihn für den Fußgängerschutz optimiert, um den strengeren Crashtests Rechnung zu tragen: die Motorhaube war etwas länger und höher. Um die Proportionen des MINI optisch zu erhalten, wurde ein zehn Zentimeter breites Kunststoffband vor die Frontscheibe eingefügt.

Mit der zweiten Generation kam auch eine neue Modellvariante ins Programm, genannt Clubman. Diesen Namen hatte British Leyland für einen Estate (Kombi) schon einmal verwendet. In seiner Neuauflage erinnerte vieles an den beliebten Vorgänger, von dem er auch die beiden Flügeltüren im Heck übernommen hatte. Die Rückbank konnte entweder geteilt oder völlig umgeklappt werden. 2010 kürte man den Clubman in England sogar zum „Estate of the Year". Eine Besonderheit war eine zusätzliche, schmale Tür an der Beifahrerseite, durch die man einen besseren Zugang zum Fond hatte als beim (um acht Zentimeter kürzeren) Zweitürer. Dafür wog der Clubman mit seiner Clubdoor auch 65 Kilogramm mehr als der Zweitürer, was sich etwas in der Leistung niederschlug. Eine Anmerkung zum Modellnamen Clubman: Genau genommen wurde diese Bezeichnung nur für das 1969er Estate-Modell verwendet. Vorher trug das Auto als Austin Mini den Zusatz Countryman und als Morris Mini Traveller. **DS**

CCXR | Koenigsegg   (S)

2007 • 4800 ccm, V8 • 1018 PS/748 kW • 0-100 km/h in 2,9 Sek. • 410 km/h

Die Gründung jener schwedischen Firma Koenigsegg, die in Olofström Supersportwagen in kleinen Serien zu bauen plante, erfolgte 1994, doch konnte das erste Fahrzeug nicht vor Juni 2001 ausgeliefert werden. In der Zwischenzeit waren einige Prototypen gebaut worden; das anvisierte Ziel waren zehn Fahrzeuge pro Jahr. 2007 stellten Christian von Koenigsegg und Michael Bergfelt ihre jüngste Kreation vor, den CCXR.

Das Mittelmotor-Coupé wies einen Kevlar-Monocoque und eine Kevlar-Karbon-Karosserie mit abnehmbarem Coupédach sowie innenbelüftete Karbon-Scheibenbremsen auf; das Antriebsaggregat war ein 4,8-Liter V8-Motor. Das Vorgängermodell hatte einen Zwölfzylinder-Flachmotor von Motori Moderni mit rund 800 PS gehabt, kombiniert mit zwei Rotex-Kompressoren und einem Siebenganggetriebe. Der V8 lief mit Ethanol und war mit mehr als 400 km/h einer der schnellsten Supersportwagen der Welt. Ein Verbrauch von „nur" 22 Liter auf 100 Kilometer scheint dabei angemessen zu sein.

Wer ein Exemplar mit Diamantglimmer-Lackierung erwerben möchte, muß bereit sein, dafür 4,9 Millionen Dollar auszugeben. So wie der Besitzer des Londoner Nobel-Kaufhauses Harrods, der sein Auto 2010 voller Stolz vor den Haupteingang stellte, um es bewundern zu lassen. Der arabische Mulitmillionär erhielt dafür von einer Politesse ein Ticket wegen Falschparkens, das er zunächst ignorierte – zwei Stunden später fand er eines der Vorderräder mit einer Wegfahrsperre blockiert. Erst nach dem Entrichten von 70 Pfund Verwarnungsgebühr konnte er über sein brillantblaues Auto wieder verfügen. **SH**

Fetish | Venturi

2007 • Elektroantrieb • 220 kW • 0-100 km/h in 4 Sek. • 200 km/h

Der französische Ingenieur Claude Poiraud und der Designer Gerard Godfroy schufen 1984 einen Sportwagen, den sie auf der Mondial de l´Automobile in Paris vorstellten. Das Coupé hatte einen 2,2-Liter Vierzylindermotor von Peugeot. Damals trug das Auto den Namen Ventury. Anschließend gründeten sie in Cholet die Firma M.V.S. (Manufacture de Voitures de Sport). 1986 wurde der Ventury in Venturi umbenannt. Nach mehrmaligem Besitzerwechsel kam die Firma 2000 in die Hände eines neuen Investors. Die Fabrik im bretonischen Couëron, wo die Sportwagen zuletzt gebaut worden waren, wurde aufgegeben und der Firmensitz nach Monaco verlegt, wo unter Gildo Pastor ein neues Modell entstand.

Das Coupé aus Leichtmetall mit herausnehmbarem Dachteil hatte einen 1997-ccm Vierzylindermotor von 180 PS vor der Hinterachse. Es war auch der Bau eines Elektro-Sportwagens geplant, ein Vorhaben, das 2007 seine Realisierung fand. Das avantgardistische Coupé wies einen Elektro-Mittelmotor auf, der es auf 12.500 U/min brachte, was zu rennsportartiger Beschleunigung reichte – die Höchstgeschwindkeit hatte man auf 200 km/h abgeregelt. Angeblich reichte eine Batterieladung für 340 Kilometer, wenn man mit 90 km/h unterwegs war. Ein Aufladen im Schnellverfahren vollzog sich in einer Stunde, im Normalverfahren in drei Stunden.

Ein Öko-Auto war dieser Venturi dennoch nicht. Es wies jeden erdenklichen Luxus auf, hatte eine teure Leder-Innenausstattung und eine WiFi-Direktverbindung zur Venturi-Zentrale in Monaco, über die man während der ersten zwei Jahre kostenlosen Service in Anspruch nehmen konnte. **SH**

DBS | Aston Martin (GB)

2007 • 5935 ccm, V12 • 517 PS/380 kW • 0-100 km/h in 4,3 Sek. • 307 km/h

Die meisten Bewunderer und Besitzer eines Aston Martin mögen zwar anderer Meinung sein, doch es soll welche geben, denen ein DB9 in wenig zu mondän oder sogar zu träge ist. Für die gibt es zum Glück den DBS, im Herbst 2007 als Nachfolger des Vanquish eingeführt. Und wer ein Liebhaber von James-Bond-Filmen ist, durfte mit Befriedigung registrieren, daß ein DBS im Jahr 2008 ebenfalls wieder für den Geheimagenten 007 bereit stand: im Film „Quantum of Solace" (Ein Quantum Trost).

Der neue DBS basierte auf dem Rennwagen DB9R und war entsprechend niedriger, breiter und in seinem Auftritt aggressiver als der DB9. In seinem Bug gab es größere Lufteinlässe für den V12-Motor. In kühler, britischer Zurückhaltung wies der Wagen aber keine spektakulären Flügel auf, sondern nur einen nicht sehr auffälligen Heckspoiler aus Kohlefasermaterial. Dafür nahm sich der Klang des Motors nicht gerade bescheiden aus – er gab vernehmlich Kunde von seiner Power, mit der er den DBS an die Spitze der Aston-Martin-Modellpalette plazierte.

Ultraleichtes Kohlefasermaterial auf der Aluminiumstruktur des Coupés trug zu einem geringen Fahrzeuggewicht bei. Ein adaptives Dämpfersystem, Traktions- und Stabilitätskontrolle sowie Karbon-Keramik-Bremsen ergänzten das High-Tech-Programm. Der Wagen ist natürlich unerschwinglich teuer, doch wer ihn sich kaufen kann, sollte ihn lange genug behalten. Nach vierzig Jahren könnte man bei einem Verkauf das Vierfache vom Neupreis erzielen. Bei einem 1966er DBS ist der Fall längst eingetreten – solche Autos werden, wenn sie im Topzustand sind, um die 100.000 Euro gehandelt. **SH**

LS 600h | Lexus

2007 • 4969 ccm, V8 + E-Motor • 439 PS/323 kW • 0-100 km/h in 6,3 Sek. • keine Angaben

Der LS 600h war ein Hybridautomobil. Daß dieses Fahrzeug der Toyota-Premiummarke eine ausgereifte Konstruktion darstellte, stand außer Frage, denn der Name Lexus war seit seiner Einführung ein Synonym für hohe Qualität. Den einstigen Vorsprung der Europäer hatte Toyota aufgeholt. Mit dem LS 600h bewiesen die Japaner zudem, daß sie imstande waren, im obersten Segment auch einen benzin-elektrischen Hybriden zu bauen, und einen besonders leistungsstarken obendrein.

Bei langsamer Fahrt bewegte sich das fünf Meter lange und 2270 Kilogramm schwere Auto rein elektrisch und damit emissionsfrei, bei höherer Geschwindigkeit trat der Achtzylinder in Aktion. Zum Beschleunigen kombinierten sich beide Energien und sorgten für enormen Vortrieb. In welcher Relation die Kräfte abgerufen und ohne merklichen Übergang verteilt wurden, errechnete und bewirkte ein Computer, der auch dafür sorgte, daß beim Ingangsetzen des Verbrennungsmotors die Batterien geladen wurden. Viel Benzin sparte der elektriche Zusatzantrieb allerdings nicht, vielleicht wäre das bei einem Dieselmotor effizienter gewesen. Und teuer war der Hybrid-Lexus auch, in den USA kostete er 100.000 Dollar. Doch er war luxuriös ausgestattet, und es gab ihn in zwei Radständen. Serienmäßig verfügte er über Einparkhilfe, Sitze mit elektrischem Massagemotor, adaptive pneumatische Aufhängungen, Cruise Control und Touch-Screen-Infotainment. Die Türen schlossen sanft und selbsttätig – überhaupt vollzog sich alles Mechanische extrem leise, weich und rasch. Mit dem LS 400 hatte Lexus bereits hohe Maßstäbe gesetzt, doch mit dem LS 600h gab es noch eine Steigerung. **SH**

GT-R | Nissan

2007 • 3799 ccm, V6 • 540 PS/397 kW • 0-100 km/h in 3,5 Sek. • 311 km/h

Die Bezeichnung GT-R war leicht zu deuten: Sie bedeutete Gran Turismo Racing und war an einem Nissan erstmals 1969 zu sehen gewesen. Das Auto war ein kantiger, viertüriger Skyline und lieferte der europäischen Konkurrenz den Beweis, daß die Japaner künftig zur Sportwagen-Elite zählen würden. Generationen weiterer Skyline-Modelle folgten bis hin zu jenem Coupé, das 2007 auf der Tokyo Motor Show für Aufsehen sorgte. Nissans Kreativdirektor sagte bei seiner Vorstellung: „Betrachten Sie den neuen GT-R nicht etwa als Kopie eines europäischen Supersportwagens. Vielmehr möchten wir mit ihm der Welt ein Stück japanischer Kultur vermitteln."

Der Wagen sieht schnell aus, selbst wenn er steht. Blickt man in sein Cockpit, fällt der Blick zuerst auf das multifunktionale Armaturenbrettdisplay, entwickelt von ambitionierten Playstation-Experten. Sitzt man am Steuer des 540-PS-Boliden mit gegenüber den Vorgän-

germodellen verbessertem Allradantrieb, spürt man die gewaltige Kraft des Sechszylindermotors, die der eines Porsche 911 GT2 entspricht, bei der Beschleunigung sowie beim Erreichen der Höchstgeschwindigkeit. Auch das Handling ist vergleichbar. Allerdings kostet der Nissan nur die Hälfte und damit so viel wie ein gut ausgestatteter Range Rover. Aber um den Nürburgring läßt er sich schneller als ein Bugatti Veyron jagen. Bevor europäische Motorjournalisten dies zu testen die Gelegenheit hatten, mußten sie den GT-R in Japan probefahren. Dann aber bekam der Wagen eine Menge Auszeichnungen, auch in den USA, was ihm zu einiger Bekanntheit verhalf. Ein Tester meinte, der GT-R sei „schneller als Sie es je für möglich gehalten hätten, und er hat mehr Grip als es physikalisch eigentlich machbar ist ... man kann ihn schneller schalten, als Sie es nachvollziehen können, und er bremst so vehement, daß Sie meinen, Ihnen fiele das Gesicht aus dem Kopf ..." **DS**

S5 Coupé | Audi (D)

2007 • 4163 ccm, V8 • 354 PS/260 kW •
0-100 km/h in 5,1 Sek. • 250 km/h

Die Geschichte des Audi S5 ist die einer stufenweisen Evolution. Da waren zuerst der A4 als Limousine der Mittelklasse und der A5 als zweitüriges Coupé. Aus beiden entwickelte sich der S5, den Audi als Coupé und Cabriolet sowie ab 2009 auch als Sportback (fünftüriges Fließheck) anbot. Mit seinem traktionsstarken quattro-Antrieb stellte der S5 eine moderne Interpretation jenes Themas dar, dem Audi in den 1980er Jahren mit dem quattro Coupé starke Akzente verlieh. Der Charakter des Autos war eindeutig sportlich, so wie sein Nachfahre S5, der aber noch praktischere Eigenschaften aufwies und auch komfortabler ausgestattet war.

Nach dem RS5 bot der S5 das zweithöchste Motorisierungs- und Ausstattungsniveau dieser Modellreihe. Serienmäßig wurde das Coupé mit einem Sechsgang-Handschaltgetriebe geliefert, doch ab 2008 war auch ein sechsstufiges Tiptronic-Automatikgetriebe lieferbar, das nach Angaben des Herstellers den Benzinverbrauch um fast zwei Liter auf 100 Kilometern und den CO2-Ausstoß um fast 50 Gramm pro Kilometer senkte.

Optisch unterschied sich der S5 vom A5 durch geänderte Stoßstangen, einen anderen Kühlergrill, Außenspiegel in Aluminiumoptik und vier Auspuffrohre. Im Unterschied zum S5 Coupé verfügten Cabrio und Sportback über einen V6-Motor mit Kompressor. **SH**

8C Competizione | Alfa Romeo (I)

2007 • 4691 ccm, V8 • 450 PS/331 kW •
0-100 km/h in 4,2 Sek. • 292 km/h

Die Bezeichnung 8C nahm Bezug auf das Präfix, das vor dem Kriege für Alfa Romeos grandiose Renn- und Sportwagen mit Achtzylindermotor verwendet worden war. Der ab 1931 gebaute 8C2300 und der 8C2900 fuhren zahlreiche Erfolge ein. Für Alfa Romeos Rennsportaktivitäten war seinerzeit die Scuderia Ferrari zuständig.

Mit Ferrari sitzt Alfa inzwischen im gleichen Fiat-Boot, und der sich daraus ergebende Technologietransfer schlug sich auch in der Entstehung des nur 500mal gebauten 8C Competizione nieder. Dessen Motor war ein V8 mit 450 PS, hergestellt im Ferrari-Werk. Das Fahrwerk entsprach dem des Maserati Quattroporte, nur hatte das Stahl-Karbon-Chassis kürzere Abmessungen. Im Gegensatz zu Maseratis adaptivem Feder- und Dämpfungssystem wies der 8C speziell für ihn entwickelte Aufhängungen auf, erprobt in Testfahrten auf dem Nürburgring und auf der Alfa-Versuchsstrecke.

Aus Gründen der Gewichtsersparnis war die Karosserie aus Kohlefasermaterial angefertigt, dennoch wog der Wagen 1585 Kilogramm. Die Verlegung des halbautomatischen Sechsganggetriebes an die Hinterachse ergab eine Gewichtsverteilung von 51 zu 49. Im großen und ganzen stellte der 8C ein flottes Fahrzeug für Sprints auf der Rennstrecke dar; er taugte weniger für längere Distanzen auf der Straße. **SH**

CL 600 | Mercedes-Benz

2007 • 5513 ccm, V12 • 517 PS/380 kW •
0-100 km/h in 4,6 Sek. • 250 km/h

Dieses Auto verstand sich als ein hervorragend motorisiertes Coupé, dessen Besonderheit ein vernünftiges Platzangebot mit großem Gepäckraum war. Die Summe seiner grandiosen Eigenschaften machte den neuen CL 600, als er 2007 vorgestellt wurde, zum besten Allrounder der Welt.

Auf dem Genfer Salon 1999 hatte die Baureihe C 215 mit dem CL 500 ihre Weltpremiere. Anfang 2000 kam der CL 600 mit V12-Motor hinzu. Serienmäßig hatte das Coupé das auf einer Stahlfederung basierende aktive Federungssystem ABC (Active Body Control); der C 215 war der erste Pkw aus deutscher Produktion, der damit ausgerüstet war.

AutoBild beschrieb den CL 600 als ein „Hightech-Auto, bei dem erstmal nicht ganz klar wird, wer den höheren IQ besitzt: Fahrer oder Bordelektronik. Vor allem in die Sicherheitsausstattung haben die Stuttgarter eine Menge Hirnschmalz investiert: Die Pre-Safe-Bremse bremst das Fahrzeug vor einem drohenden Auffahrunfall automatisch ab. Damit sich der Pilot nicht völlig entmündigt fühlt, allerdings nur mit 40 Prozent Bremswirkung. Tritt der Fahrer aufs Pedal, steht in Kooperation mit dem Bremsassistenten (BAS) augenblicklich die volle Verzögerungswirkung an ..." Der CL 600 war eines der sichersten Autos der Welt. **SH**

Mondeo | Ford

2007 • 2261 ccm, Vierzylinder • 160 PS/117 kW •
0-100 km/h in 10,5 Sek. • 207 km/h

Der Nachfolger des Ford Sierra war der 1992 eingeführte Mondeo, der auch unter den Modellnamen Contour, Mystique sowie in Nord- und Südamerika als Fusion verkauft wurde. Nicht überall auf dem Globus kam er gleich gut an, so daß Ford sich eines Tages entschloß, ihn nicht mehr als „Weltauto" zu propagieren. In Europa jedoch, vor allem in Großbritannien, war der Mondeo sehr erfolgreich, und dort betrieb man eine intensive Modellpflege, auch durch immer bessere Motoren.

In seiner vierten Generation, vorgestellt 2007, war der Mondeo baugleich mit dem Volvo S60. Es standen fünf verschiedene Motoren zur Wahl, darunter ein 2261-ccm Diesel, der sich besonderer Nachfrage erfreute – in erster Linie wegen seiner Sparsamkeit. Als Topmotorisierung diente ein 2,5-Liter Fünfzylinder-Turbo von Volvo. Erstmals seit 1971 bot Ford Europa in der Mittelklasse keine V6-Motoren mehr an. Damit reagierte der Hersteller auf das veränderte Käuferverhalten in dieser Fahrzeugklasse.

Wie beim Vorgänger war auch der Mondeo 2007 in den drei Karosserievarianten Fließheck, Stufenheck und Kombi (genannt Turnier) erhältlich. Das Fahrzeug war in allen Abmessungen beträchtlich gewachsen: die Breite von fast 1,90 Meter und die Länge bis zu 4,86 Meter überstiegen das übliche Maß der Mittelklasse. **SH**

F400 | Ginetta (GB)

2008 • 2996 ccm, Biturbo-V6 • 384 PS/282 kW • 0-100 km/h in 3,7 Sek. • 282 km/h

Die Brüder Robert, Douglas, Ivor und Trevers Walklett begannen im Jahre 1957 in Woodbridge, Suffolk, mit der Herstellung einzelner Rennsportwagen unter dem Markennamen Ginetta. Schon kurze Zeit später verlegten sie ihren Betrieb nach Witham, Essex, wo auch ihr erstes Serienfahrzeug entstand, der Ginetta G2. So richtig ins Geschäft kamen die Walkletts aber erst ab 1961 mit dem Modell G4, und dieses gab es – wie so viele kleine Sportwagen in England – auch in Baukastenform. Auf ein Kit Car mußte nämlich keine Kaufsteuer entrichtet werden, und es kam der Bastelfreudigkeit vieler Kunden entgegen. Rennwagen mit dem Namen Ginetta tauchten seither auf allen Rennstrecken der Welt auf, mit unterschiedlichem Erfolg.

Die Marke Ginetta wechselte inzwischen einige Male den Besitzer und landete schließlich bei Arash Farboud (Farboud Cars, Swaston, Cambridge), der 2002 seinen ersten GT vorgestellt hatte. Unter einer aus Kevlar gefertigten Karosserie auf Stahlrohrrahmen arbeitete ein V-Sechszylinder-Biturbomotor vom Audi RS4, je nach Tuning 420 bis 600 PS stark.

Der Ginetta F400 von 2007 hingegen war ein ultraflaches Coupé mit einem Ford-Motor hinter den Sitzen, und dessen Hersteller hieß nicht mehr Farboud, sondern Farbio mit Sitz in der kleinen Stadt Bath, Somerset. Seither wechselte Ginetta abermals den Besitzer: Jetzt heißt er Lawrence Tomlinson, und aus dem F400 wurde 2011 ein G60. Das Auto mit seinem Space-Frame-Rahmen kostet mittlerweile mehr als 100.000 Pfund Sterling, mehr als zehnmal so viel wie ein G4 von 1961, den es einst sogar mit einem DKW-Zweitaktmotor gab. **SH**

FX50 | Infiniti

2008 • 5026 ccm, V8 • 390 PS/287 kW • 0-100 km/h in 5,8 Sek. • 233 km/h

Der erste FX erschien 2003 und war als Konkurrent zum Volvo XC90, BMW X5 und Porsche Cayenne gedacht. Die Plattform des japanischen SUV war identisch mit der des Nissan 370Z, woraus hervorgeht, daß mit dem FX ein Crossover zwischen Geländewagen und Sportcoupé entstanden war. Aber irgendetwas stimmte mit dem Styling nicht, seine Proportionen wirkten unharmonisch. Mit dem 2008 vorgestellten FX50 wurde dieser Fehler korrigiert: Jetzt erschien der Viertürer wie aus einem Guß.

Der Automobilhersteller Nissan, seit 1999 mit Renault liiert, hatte die neue Marke im Jahr 1989 geschaffen, um im Bereich des Topsegments den Konkurrenten Honda (Acura) und Toyota (Lexus) vor allem auf dem US-amerikanischen Markt Gleichwertiges entgegensetzen zu können. Nissans Produktplanungsteam unter Takeshi Oka war für die Entwicklung dieses neuen Luxuswagens verantwortlich. Basismodell war damals eine viertürige, sportliche Limousine von 5,09 Meter Länge, die eine Geschwindigkeit von rund 250 km/h erreichte.

Daß unter der Marke Infiniti auch ein SUV zu erscheinen hatte, war selbstverständlich, und mit dem FX50 war auch das richtige Kaliber entstanden – für die USA zumindest. Für Europa schien er mit seinen 21-Zoll-Rädern, 2,02 Meter Breite und 2,00 Meter Höhe ein wenig zu groß geraten. Doch wie seine Rivalen bot der Über-Offroader eine Menge Luxus wie eine Hinterrad-Lenkhilfe, automatische Zuschaltung und Kraftzubemessung des Vorderradantriebs je nach Erfordernis, Rundum-Kamerasicht und vieles mehr. Der kräftige 5,1-Liter V8 arbeitete seidenweich, war allerdings auch sehr durstig. **SH**

F16 Sport | SECMA

2008 • 1598 ccm, Vierzylinder • 105 PS/77,2 kW • 0-100 km/h in 5,8 Sek. • 180 km/h

Die Société d'Étude et Construction Méchanique Automobile in Aniche, kurz SECMA, im nördlichsten Département Frankreichs, begann 1996 mit der Herstellung kleiner Dreiradwagen mit einzelnem Hinterrad und einem 49-ccm-Mopedmotor von Morini. Ende 1997 kam eine vierrädrige Version mit einem 125- und einem 338-ccm-Motor hinzu; auch mit elektrischem Antrieb wurden Fahrzeuge angeboten. Die offenen, aber auch mit einer Andeutung von Dach (ähnlich dem des BMW-Motorrades C-1) lieferbaren Einsitzer mit Kunststoff-Aufbau und freistehenden Rädern hießen Scootcar Fun Tech und Fun Cab. Der Scootcar E 70 hingegen war als zweisitziger Elektro-Personenwagen zugelassen.

Mit dem F16 begaben sich die Franzosen auf ein anderes Gebiet: Dieses Auto war ein Buggy mit den Eigenschaften eines Sportwagens. Das Fahrzeug kostete etwa 18.000 Euro. Es war 2,75 Meter kurz und 1,76 Meter breit; es besaß einen 1,6-Liter Vierzylindermotor von Renault plus Fünfganggetriebe. Das Chassis stellte einen Stahlrohrrahmen dar, die offene Karosserie mit nur knapp angedeuteten Kotflügeln bestand aus glasfaserverstärktem Kunststoff. Mehr als 560 Kilogramm wog das Ganze nicht, und entsprechend sparsam ließ sich der Wagen bewegen (mit 6,5 Litern pro 100 Kilometer). Es gab ringsum Einzelradaufhängung und Scheibenbremsen, Aluminiumfelgen und eine Abgasanlage aus rostfreiem Stahl. Die beiden Ledersitze waren nicht verstellbar, wohl aber die Pedale. Als Extras bekam man ein aufsetzbares Hardtop mit Flügeltüren.

Den Buggy zu fahren machte nicht nur in den Dünen Spaß, seine Handhabung glich etwa der eines Go-Karts. **SH**

MiTo | Alfa Romeo

2008 • 1598 ccm, Vierzylinder • 120 PS/88,2 kW • 0-100 km/h in 9,8 Sek. • 198 km/h

Der Alfa Romeo MiTo war eine eigenartige Mischung. Der dreitürige Kleinwagen wies die technische Basis des Fiat Punto Grande auf, glich im Design aber dem Alfa Romeo 8C. Seine Präsentation erfolgte im Frühjahr 2008.

Die Heckklappe war ungewöhnlich klein gehalten, was der Steifigkeit der Karosserie zugute kam. Der Name MiTo ist eine Zusammenziehung von Milano (wo er entwickelt wurde) und Torino (wo man ihn produzierte).

Eine technische Besonderheit des MiTo war das System DNA (Dynamic – Normal – All Weather), das über einen dreistufigen Schalter auf der Mittelkonsole die Anpassung von Fahrdynamikregelung, elektronischer Differentialsperre, Bremsen, Lenkung und Motor an die bevorzugte Fahrweise ermöglichte. Anfangs standen zwei Benzinmotoren und ein Dieselmotor zur Wahl, jeweils kombiniert mit einem manuellen Sechsganggetriebe. Gegen Jahresende 2008 kamen ein Fünfganggetriebe und ein kleinerer Dieselmotor hinzu.

Im Herbst 2009 wurde der MiTo zum ersten Serienautomobil mit hydraulischer Ventilsteuerung: Das MultiAir genannte System war eine selektive Steuerung jedes einzelnen Ventils und ermöglichte mehr Drehmoment und mehr Leistung bei weniger Verbrauch und geringeren Emissionen. Die stärkste Version des 1,4-Liter-Motors leistete im hinzugefügten Spitzenmodell Quadrifoglio Verde mit elektronisch geregelten Stoßdämpfern 167 PS. Aber auch mit dem 1,6-Liter Diesel JTDM war man bestens bedient. 2010 wurde ein Doppelkupplungsgetriebe eingeführt, wahlweise mit zusätzlicher Bedienung am Lenkrad, und seit Anfang 2011 werden auch beide Dieselmotoren mit einem Start-Stopp-System geliefert. **SH**

SL | Mercedes-Benz   D

2008 • 5513 ccm, V12 • 517 PS/380 kW • 0-100 km/h in 4,6 Sek. • 250 km/h

Die Bezeichnung SL hat seit den fünfziger Jahren einen geradezu mythischen Status, wenn sie sich auf einen Mercedes-Benz bezieht. Die Stuttgarter waren gut beraten, ihre Sportwagen – und sportlichen Wagen – durchgängig als SL zu vermarkten, und noch hat keine Baureihe ihre Fans enttäuscht.

Auch der jüngste SL alias R 230 entsprach voll und ganz der Reputation seiner Vorgänger. Er wurde im Daimler-Werk Bremen produziert und auf dem deutschen Markt im Oktober 2001 eingeführt. Als Typ R 230 trat er die Nachfolge des R 129 an. Als Besonderheit verfügte er serienmäßig über das sogenannte ABC-Fahrwerk (Active Body Control), bei dem aufgrund von Sensorsignalen und mit Hilfe spezieller Hydraulikzylinder an den Achsen Wank- und Nickbewegungen der Karosserie beim Anfahren, bei Kurvenfahrt und beim Bremsen fast vollständig kompensiert werden.

Der R 230 hatte ein versenkbares Stahldach, das sich samt Heckscheibe elektrohydraulisch in den Kofferraum einfahren ließ. Gegen Aufpreis war es auch mit einem Glaseinsatz erhältlich. Bevor 2012 nach zehn Produktionsjahren die sechste Generation des SL eingeführt wurde, erhielt der SL 2008 noch eine Reihe Optimierungen, die ihn zum Besten seiner Sippe machten. Die Front wurde – ähnlich wie beim CLS – mit Einzelscheinwerfern, mit neuer Frontschürze, neuem Kühlergrill mit nur einer Lamelle sowie modifizierten Lufteinlässen völlig umgestaltet, und die neuen Bi-Xenon-Scheinwerfer verfügten über ein Intelligent Light System, das dem Lenkeinschlag folgte. Bis Ende 2009 wurden rund 150.000 SL vom Typ R 230 ausgeliefert. **SH**

Phantom Drophead Coupé | Rolls-Royce (GB)

2008 • 6749 ccm, V12 • 453 PS/333 kW • 0-100 km/h in 5,8 Sek. • 240 km/h

Um aus dem Rolls-Royce Phantom ein gutes Cabriolet entstehen zu lassen, hätte man ja nur das Dach entfernen müssen, meinte Chefdesigner Ian Cameron: „Aber wir wollten nicht nur ein gutes, sondern ein perfektes Cabriolet."

So entstand für den offenen Rolls-Royce eine völlig neue Karosserie, und man verwendete für sie den nostalgisch klingenden Begriff Drophead Coupé. Im Stil glich man das Fahrzeug der Limousine an, so viel Marken-Identität mußte sein – die Unterschiede waren dennoch signifikant. Auffallend war das im Yachtstil gehaltene Achterdeck mit seinen dreißig eingelegten Stäben aus Teakholz, die ihren natürlichen Materialglanz zeigten ohne einen Auftrag von farblosem Lack. Es hatte im Jahr 1914 einen solchen mit Bootsheck versehenen Rolls-Royce schon einmal gegeben, als Einzelstück karossiert von der Berliner Firma Schebera für einen Kunden in Deutschland.

Der Motor des Cabriolets ist ein flüsternder V12 und mit dem in der Limousine identisch. Aber er muß 430 Kilogramm weniger bewegen: das Auto ist 15 Zentimeter kürzer. Und wie ein echtes Drophead Coupé erhielt es nicht etwa ein versenkbares Metalldach, sondern eines aus speziellem Gewebe, „auf dem man die Regentropfen hören kann, wenn man nachts unterwegs ist", wie der Romantiker Cameron erklärte. Von den Modifikationen der Karosserie blieb auch die legendäre Kühlerfigur nicht verschont: Als „Spirit of Exstasy" (Geist der Besessenheit) thront sie, im Körper jetzt etwas verjüngt, wie eh und je im Blickfeld des Fahrers und gibt mit ihrem zufriedenen Lächeln zu erkennen, daß sie stolz auf das ihr anvertraute Automobil ist. **LT**

Der Ariel Atom war rekordverdächtig schnell. Manchem Interessenten aber nicht schnell genug, deshalb entstand der Atom 500.

X6 Falcon | AC Schnitzer

2008 • 4395 ccm, V8 • 655 PS/481 kW • 0-100 km/h in 4,4 Sek. • 300 km/h

Eigentlich stellen die Hochleistungsmodelle aus dem Hause BMW optimal abgestimmte und perfekt ausgestattete Fahrzeuge dar, und doch gibt es Käufer, die Spaß daran haben, selbst einen X6 (Seite 855) noch modifizieren zu lassen – und solche Kunden finden bei AC Schnitzer Verständnis für Individualisierungswünsche. AC Schnitzer in Aachen bietet ein komplettes Spezial-Tuningprogramm für alle BMW-Modelle an. Leistungsstarke und absolut standfeste Motoren ergänzen sich mit dezenten Karosseriemodifikationen und raffinierten Fahrwerkslösungen, die nach harten Tests auf Straße und Rennstrecke eine perfekte Symbiose zwischen sportlichem Handling und maximalem Fahrkomfort bieten.

Der Motor des von den Aachener Tunern als X6 Falcon bezeichneten Crossovers leistet 100 PS mehr als in der Serienausführung. Und in einer noch weiter aufgerüsteten Version steht der X6 M zur Verfügung, der dank Schnitzer-Tuning 655 PS abgibt. Aufhängungen und Abgasanlage gleicht man dem Leistungsplus gebührend an.

Wer es sich zutraut, kann den Brummer auf 300 km/h beschleunigen und sich dabei besonders wohl fühlen, denn bei Schnitzer wird auch das Interieur des Wagens noch verfeinert unter Verwendung von Karbonmaterial; sogar das Lenkrad ist ein eigens von Schnitzer entworfenes. Die Tasten und die Abdeckung für die iDrive-Bedienung bestehen aus mattem Aluminium. Auf den weißen Instrumentenskalen bewegen sich rote Zeiger. Bug- und Heckspoiler, zusätzliche Lufthutzen und für dicke Niederquerschnittreifen ausgeweitete Radhäuser machen auch äußerlich deutlich, daß dieser X6 alles andere als Konfektionsware ist. **SH**

Atom 500 | Ariel

2008 • 2994 ccm, V8 • 500 PS/368 kW • 0-100 km/h in 2,3 Sek. • 275 km/h

Die Anfänge des Ariel Atom gehen auf eine Studie zurück, die der Ingenieur Simon Saunders 1994 mit Studenten an der School of Transport Design, Coventry, ausgearbeitet hatte. Ziel war, einen Sportwagen mit einem Gewicht von nur 500 Kilogramm zu bauen und nicht mehr als 10.000 Pfund Sterling auszugeben. Mit Begeisterung gingen die Studenten an die Arbeit. Ford hatte ihnen einen Fiesta als Organspender überlassen. Saunders fand weitere Sponsoren, die eine Finanzierung absicherten und die Gründung der Firma LSC Ltd. ermöglichten, die 1998 in Ariel Motor Company umbenannt wurde.

Die Motorisierung durfte sich bescheiden nennen. Der 1,8-Liter-Vierzylinder kam von Rover, saß in der Fahrzeugmitte und trieb über ein Fünfganggetriebe die Hinterräder an. Doch dank extremen Leichtbaus gab sich der spartanische Atom quicklebendig und war extrem schnell. Seine Räder waren wie bei einem Rennwagen aufgehängt und mit einstellbaren Dämpfern versehen.

Der im Jahr 2003 vorgestellte Atom 2 war etwas zivilisierter. Statt des Rover-Motors saß im Chassis jetzt ein 2,0-Liter VETC von Honda, 160 PS leistend und mit einem gut abgestuften Sechsganggetriebe kombiniert. Entschied man sich für den optional angebotenen Kompressor, ließen sich bis zu 300 PS abrufen. Der 2007 vorgestellte Atom kam etwas verändert daher: man hatte die Verstrebungen zwischen den Rahmenrohren umgedreht, was für etwas mehr Platz im Cockpit sorgte. Das Fahrvergnügen war so rauh wie herzlich, erst recht beim 2011 vorgestellten Atom 500 mit V8-Motor. Von diesem 275 km/h schnellen Vehikel wurden 25 Stück gebaut und sogar verkauft. **SH**

Q1 | Rossion (ZA)

2008 • 2968 ccm, Twinturbo-V6 • 456 PS/335 kW • 0-100 km/h in 3,3 Sek. • 298 km/h

Die südafrikanischen Automobilenthusiasten Ian Grunes und Deam Rosen waren ins Supercar-Geschäft als Importeure des britischen Noble M400 eingestiegen. Sie fanden an dem Coupé so großen Gefallen, daß sie vom Hersteller (Seite 775) eine Nachbaulizenz erwarben und aus dem spartanischen, ganz auf Hochleistung ausgelegten Mittelmotorwagen ein feines Luxusauto nach eigenen Vorstellungen zu machen planten. Daraus entstand der Rossion Q1.

Das Q im kurzen Namen des Lightweight-Supercoupés stand für „quick" (schnell). Gebaut wurde der Wagen in einer modernen Fabrik in Port Elizabeth, Südafrika, wenngleich die Firma Rossion – eine Zusammensetzung aus Ros und Ian – in Pompano Beach, Florida, eingetragen war. Die Karosserie des Q1 bestand aus glasfaserverstärktem Kunststoff, der Motor war ein Twinturbo-V6 von Ford, eingebaut in der Wagenmitte und die hinteren Räder antreibend. Den Rahmen bildete ein stählerner Space-Frame. Das Beschleunigungsvermögen des Zweisitzers war beeindruckend, wobei der Fahrkomfort besser war als bei den meisten Rennsportwagen dieser Bauart; die Ausstattung durfte man sogar als komfortabel bezeichnen. Je nach Körpergröße des Fahrers ließen sich Lenkrad- und Pedalabstand verstellen. **SH**

X-Bow | KTM (A)

2008 • 1984 ccm, Vierzylinder • 237 PS/174 kW • 0-100 km/h in 3,9 Sek. • 217 km/h

Anfang 2006 veröffentlichte der österreichische Motorradhersteller KTM in Mattighofen die Absicht, in den Automobilbau einzusteigen und innerhalb von zwei Jahren einen Sportwagen nach Art des britischen Lotus Seven bzw. Caterham herauszubringen. Der kompromißlose Leichtbau-Zweisitzer, so war es vorgesehen, sollte mit einem etwa 230 PS starken Vierzylindermotor bestückt werden. Das Unternehmen Karl Trunkenpolz war seit 1954 auf dem Markt und besaß für seine Zweiräder einen hervorragenden Ruf.

Auf dem Genfer Salon 2007 feierte der X-Bow genannte Karbon-Monocoque mit einem 1984-ccm-Motor von Audi (Turbolader TFSI) seine Premiere. Jetzt glich er eher einem Le-Mans-Wagen als einem Lotus Seven. Der ultraflache Zweisitzer mit 2,43 Meter Radstand und einem Gewicht von nur 790 Kilogramm hatte weder Türen noch Verdeck, weder Frontscheibe noch Armaturenbrett; die Instrumente befanden sich in der Lenkradnabe. Auch Brems- oder Lenkservo gab es nicht. Dafür aber Hosenträger-Sicherheitsgurte und einstellbare Pedale. Gemeinsam mit dem Rennwagenbauer Dallara in Italien wurde im Frühjahr 2007 eine Serie von 100 Wagen aufgelegt, von denen der letzte Ende 2009 ausgeliefert wurde. Weitere Exemplare, teils mit einem 300-PS-Motor versehen, entstanden nurmehr auf Bestellung. **RD**

FCX Clarity | Honda (J)

2008 • Wasserstoffzelle/Elektroantrieb •
134 PS/99 kW • 0-100 km/h in 10 Sek. • 160 km/h

Unter der Bezeichnung FCX hat Honda Brennstoffzellen-Fahrzeuge entwickelt, worunter Personenwagen mit Elektroantrieb zu verstehen sind, bei denen die benötigte elektrische Energie aus Wasserstoff oder Ethanol erzeugt und direkt in Elektromotoren in Bewegung umgewandelt oder in einer Batterie zwischengespeichert wird. Die Herstellung von Wasserstoff erfolgt vor allem durch die sogenannte Dampfreformierung unter Einsatz fossiler Primärenergien, etwa Erdgas. Mit seinem FCX Clarity zeigte Honda 2007 ein Brennstoffzellenauto, das Serienreife erlangt hatte.

Anschließend erhielt im Juni 2008 der erste Toyota mit einem solchen Antrieb in Japan eine Straßenzulassung; kurz darauf leaste das japanische Umweltministerium einige Toyota FCHV-adv für den Kommunaleinsatz. Honda hatte inzwischen die ersten FCX Clarity per Leasingvertrag an ausgewählte Kunden in Kalifornien übergeben. Dies waren 30 Regierungsorganisationen und Unternehmen – sowie zwei Privatpersonen.

So vielversprechend die Wasserstoff/Elektro-Technologie ist: Der Aufbau einer Infrastruktur für die Wasserstoffherstellung, Speicherung und Fahrzeugversorgung war auch 2013 noch offen. In Deutschland, so war geplant, sollte bis 2015 ein flächendeckendes Netz von etwa tausend Wasserstofftankstellen entstehen. **SH**

M3 | BMW (D)

2008 • 3999 ccm, V8 • 420 PS/309 kW •
0-100 km/h in 4,9 Sek. • 250 km/h

Im Frühjahr 2007 erschien die vierte Generation des M3 auf der Basis des BMW 3er Coupés. im Herbst folgte die neue M3 Limousine, 2008 ein Cabrio. Ästhetik, hohes Leistungspotential und absolute Alltagstauglichkeit kennzeichneten die Fahrzeuge.

Ganz neu war 2007 ein V8-Aggregat mit vier Liter Hubraum und 420 PS, eigens für die M-Reihe entwickelt. Der Motor wies Einzeldrosselklappen, eine stufenlose Nockenwellenverstellung (Doppel-VANOS) und Bremsenergie-Rekuperation auf, dabei wog der V8 weniger als sein Sechszylinder-Vorgänger.

Ein völlig neu entwickeltes Fahrwerk mit eigener, M-typischer Achskinetik und überwiegend Aluminium, einer aggressiver gestalteten Frontpartie sowie waagerechten „Kiemen" (zur zusätzlichen Bremsenbelüftung) in den vorderen Seitenwänden, dazu kraftvoll ausgeformte Seitenschweller, verliehen dem Fahrzeug einen besonderen Charakter. Alles paßte zueinandner – die potentielle Motorisierung, das manuelle Sechsganggetriebe und der M-Drive zum Einstellen von Motorkennlinien. Im September 2008 gab es ein Facelift. Front- und Heckschürze, die Außenspiegel, die Leuchten sowie Motorhaube und Heckklappe hatte man geändert, auch die Spur verbreitert. Die BMW-Niere war neu gestaltet und die seitliche Linienführung optisch gestreckt worden. **RD**

Q5 TFSI | Audi (D)

2008 • 1984 ccm, Vierzylinder • 180 PS/132 kW • 0-100 km/h in 8,5 Sek. • 210 km/h

Von weitem ähnelte der Audi Q5 seinem größeren Bruder, dem Q7. Als er 2008 vorgestellt wurde, sollte er in jene Nische eindringen, die der BMW X3, der Land Rover Freelander und der Volvo XC60 besetzt hielten. Und auch sie hatten ihre größeren Geschwister: den X5, den Discovery, den XC90.

Gezeigt wurde der Q5 erstmals in Peking im April 2008. Zum Verkaufsstart im Herbst 2008 wurden zunächst ein Benzin- und zwei Dieselmotoren angeboten. Der 2,0-Liter Benziner leistete mit Direkteinspritzung und Turbolader 211 PS und 350 Newtonmeter Drehmoment. Im Dieselsegment stand ein Zweiliter-TDI mit 170 PS und 350 Newtonmeter sowie ein Dreiliter-Sechszylinder mit 240 PS und 500 Newtonmeter Drehmoment zur Verfügung. Seit Juli 2009 gab es einen 2.0 TDI (143 PS) und einen 2.0 TFSI (180 PS). Inzwischen wurde der Q5 nicht nur im Stammwerk Ingolstadt, sondern auch in Changchun (China) und in Aurangabad (Indien) produziert. Die technische Basis teilte sich der Wagen mit dem A4 und dem A5 in einem sogenannten modularen Längsbaukasten, kurz MLB. Darunter versteht man im VW-Konzern ein Plattformkonzept mit längs zur Fahrtrichtung installiertem Antriebmußtetrang (Motor und Getriebe), ein Baukasten, der seit 2007 auch bei Audi erfolgreich verwendet wird. Vorteilhaft ist der Umstand, daß die Reaktionsmomente des Motors bei Lastwechseln nicht den Nickbewegungen der Karosserie folgen, die durch die Abbremsung und Beschleunigung des Fahrzeugs entstehen, sondern senkrecht dazu liegen, was den Fahrkomfort erhöht. Der Q5 wies durchaus Geländequalitäten auf, wurde dennoch zu mehr als 90 Prozent nur auf der Straße bewegt – wie jeder moderne SUV. **JI**

X6 | BMW

2008 • 4395 ccm, Biturbo-V8 • 407 PS/299 kW • 0-100 km/h in 4,7 Sek. • 250 km/h

Ein Sportcoupé in der Ausführung eines BMW X – das war eine Neuigkeit, die im September 2007 zur Präsentation auf der IAA zu sehen war. Aus dem zunächst als Concept Car bezeichneten Wagen wurde ein Serienfahrzeug, und als solches debütierte es im Januar 2008 auf der Detroit Motor Show.

Der X6 (intern E71) basierte auf dem erneuerten X5 und teilte sich mit diesem auch den Radstand, doch besaß er die Karosserie des 6er Coupés (E63). Das Auto war ein Viersitzer mit zwei hinteren Einzelplätzen, durch eine Mittelkonsole getrennt. Mit 570 Liter Fassungsvermögen war der Kofferraum relativ groß (durch Umlegen der Fondlehnen auf 1450 Liter zu vergrößern).

Vier Motoren von 2979 bis 4395 ccm standen zur Wahl, wobei letzterer einen V8 mit Doppel-Turbolader darstellte. Die Option Adaptive Drive stimmte Stabilisatoren und Stoßdämpfer in Sekundenbruchteilen elektronisch aufeinander ab, und dank xDrive-Technologie wurden die Antriebsmomente jeder Fahrsituation entsprechend auf die vier Räder verteilt.

Ende 2009 kam auch eine M-Version des X6 heraus – kompromißlos anders, wie BMW verlauten ließ. Der Tester Lars Zühlke schrieb in *Auto Bild* nach einer Fahrt mit dem Prototyp auf dem Nürburgring: „Bereits der normale, 407 PS starke X6 xDrive 50i hinterließ einen nachhaltigen Eindruck, gewann er doch den Vergleich gegen den Porsche Cayenne GTS … Der X6 M wird von einem V8-Biturbo angetrieben, der ihn zum stärksten Serien-BMW aller Zeiten macht … Die Performance des X6 M Prototyps ist überragend. Das Handling setzt für Fahrzeuge dieser Größe Maßstäbe; Leistung und Ansprechverhalten des Biturbo-Achtzylinders sind sensationell." **RD**

Chairman | SsangYong

2008 • 3199 ccm, V8 • 220 PS/162 kW • keine Angaben • 240 km/h

Man kann es nicht als einen Zufall bezeichnen, daß die Prestige-Limousine der Firma SsangYong einem Mercedes-Benz zum Verwechseln ähnlich sieht – mit Beigaben von Lexus und BMW. Weitere SsanYong-Modelle weisen Ähnlichkeiten auch mit anderen Vorbildern auf, das gehört zur Designpolitik des Hauses. Als Dong-A Motor Co. Ltd. hatte der Betrieb 1954 in Pyeongtaek (Südkorea) die Herstellung von Überlandbussen und Allradfahrzeugen aufgenommen; erst 1988 tauchte die Bezeichnung SsongYang Motors auf. In einem neuen Werk in Songtan nahm man die Fertigung des Retro-Sportwagens Panther auf, dessen Baurechte Young C. Kim von Robert Jankel übernommen hatte. Lastwagen und Omnibusse bildeten jedoch noch immer die Hauptsparten des Unternehmens. Ab Anfang 1989 produzierte SsangYong den Geländewagen Korando, eine Lizenzversion des Jeep C-6 von Chrysler. 1992 beteiligte sich Daimler-Benz mit fünf Prozent an SsangYong mit dem Ziel der gemeinsamen Herstellung von Dieselmotoren für den Korando, auch erwarb SsangYong die Werkzeuge und Baurechte am Mercedes-Benz W 124, der in Korea den Namen Chairman bekam und zum teuersten in Korea gebauten Auto avancierte. Ab 1994 entstanden ferner jährlich etwa 50.000 Mercedes-Benz Transporter vom Typ MB 100 und ein Van namens Istana. Das koreanische Wirtschaftswunder verzeichnete in den 1990er Jahren Einbrüche, die auch Kims SsangYong-Konzern nicht verschonten. 1998 übernahm die Daewoo Corporation (mit GM-Beteiligung) die Mehrheit an SsangYong; die Daimler-Benz AG (inzwischen DaimlerChrysler) behielt ihren Anteil an SsangYong auch nach der Übernahme. **SH**

Challenger SRT8 | Dodge

2008 • 6059 ccm, V8 • 431 PS/317 kW • 0-100 km/h in 4,7 Sek. • 274 km/h

Der erste Dodge Challenger kam zum falschen Zeitpunkt auf den Markt: kurz nach seinem Debüt fuhr die Automobilwirtschaft ungebremst in die Ölkrise. Zu ihren ersten Opfern zählten auch die amerikanischen „muscle cars".

Als im Jahr 2008 ein neuer Challenger erschien, erging es ihm nur wenig besser. Jetzt war es die sogenannte Finanzkrise, die seinen Start beeinträchtigte, und die Benzinpreise hatten astronomische Höhen erreicht, selbst in den USA. Dennoch hießen Dodge-Fans den Wagen herzlich willkommen, nicht zuletzt wegen seines Retro-Looks im Barchetta-Stil mit kurzem Heck und langer Motorhaube. Man sah es dem Challenger nicht an, daß er eigentlich ein Chrysler 300C war (und damit auch dem Charger glich), auch nicht, daß die vorderen Radaufhängungen der S-Klasse von Mercedes-Benz hatte und hinten die der E-Klasse. Wichtiger war das herrliche Grummeln des 6,1-Liter-Motors in einer modernen Interpretation der klassischen Hemi-Technik. Mit 40.495 Dollar fanden die Amerikaner den Wagen auch nicht zu teuer. Daß der Motor in der Stadt 22 Liter und über Land 18 Liter Benzin auf 100 Kilometern verbrauchte, nahmen sie in Kauf.

Fans tauschten die serienmäßigen Reifen gern gegen besonders breite aus und erwarben dazu passende Kits für eine Vergrößerung der Radhäuser, wogegen die Dodge-Manager nichts einzuwenden hatten. Zumal ihr Chef, einst Designer, selbst ein Verfechter des Show-Car-Kults zu sein schien. Der in Haiti geborene Ralph Gilles führte auch die alten Dodge-Farben Plum Crazy und Sub Lime wieder ein, und als er für den Spielfilm „Vanishing Point" den blinden DJ Super Soul mimte, faßte das jedermann als einen wundervollen PR-Gag auf. **LT**

500 Abarth Assetto Corse | Fiat

2008 • 1368 ccm, Turbo-Vierzylinder • 190 PS/140 kW • 0-100 km/h in 7,4 Sek. • 210 km/h

Der Cinquecento wäre kein echter Fiat gewesen, hätte er nicht schon bald einen Vetter in Gestalt eines Abarth bekommen. In dieser Ausführung sah man ihn erstmals auf dem Pariser Salon 2008. Der 500 Assetto Corse („Rennausführung") stand auf mächtigen, aus Leichtmetall gegossenen 17-Zoll-Rädern, hatte regulierbare Radaufhängungen, einen auffallenden Heckflügel, eine Buglippe und doppelte Auspuff-Endrohre. Der pastellgrau lackierte Zweitürer trug den Schriftzug ABARTH stolz auf dem Kühlergrill sowie innerhalb dekorativer, roter Seitenstreifen. Das rot-weiß-karierte Dach entsprach jenen historischen Vorbildern vom Typ Abarth 850, die zur besseren Heckmotorkühlung einst mit waagerecht ausgestellter Klappe ihre Runden gedreht hatten.

Mit einer Menge Karbonteilen und einem um 180 Kilogramm verminderten Gewicht entbehrlichen Interieurs war der 500 Abarth Assetto Corse tatsächlich zu einem Rennwagen avanciert. Es gab nur einen (geringfügig zur Wagenmitte hin versetzten) Sitz mit Hosenträgergurt, und der 1368-ccm-Turbomotor beschleunigte das 930 Kilogramm leichte Fahrzeug auf 210 km/h. Nur 49 Exemplare wurden 2008 angefertigt, und sie wurden alle von Amateurfahrern weggeschnappt, die an Rennen um den Abarth 500 Pokal teilnahmen, der Läufe auf diversen Strecken in Europa umfaßte. Für das Auto mußte man 32.800 Euro bezahlen, die Teilnahmegebühr für die Pokalserie betrug weitere 12.000 Euro. Dafür erhielt man auch einen Renn-Overall, einen Schutzhelm, Schuhe und Handschuhe. Mit einem noch um 15 PS stärkeren Motor, sequentiellem Getriebe, Überrollkäftig und Lexan-Scheiben kam 2011 der Abarth 695 Assetto Corse hinzu. **DS**

iQ | Toyota

2008 • 996 ccm, Dreizylinder • 67 PS/49,2 kW • 0-100 km/h in 14,3 Sek. • 150 km/h

Mit 2990 Millimeter Gesamtlänge war der Toyota iQ 2008 der kürzeste serienmäßig produzierte Viersitzer der Welt. Den Buchstaben i interpretierte man bei Toyota mit intelligent, individuell und innovativ, das Q sollte für Qualität stehen. Bemerkenswert ist, daß die Japaner den iQ nicht im eigenen Lande konstruiert, sondern diese Aufgabe ihrem Europa-Studio überantwortet hatten. Und den Entwicklern kam es mehr auf Eigenschaften an, die einen komfortablen Stadtwagen auszeichnen, weniger auf Leistung. Denn das Temperament des iQ war ein wenig flau. So, wie das Auto 2008 in Japan vorgestellt wurde, hatte es einen 996-ccm-Dreizylindermotor von 67 PS Leistung, aber für Exportländer befand Toyota das dann doch zu wenig. So schob man einen 1329-ccm-Vierzylinder nach, ebenso einen Diesel mit 1364 ccm.

Für die Präsentation in den USA hatte sich Toyota etwas Besonderes einfallen lassen: Man demonstrierte die Kletterfreudigkeit des Wagens an den steilsten Straßen in San Francisco. Kein Journalist aber wäre auf den Gedanken gekommen, daß der iQ auch mit einem Aston-Martin-Emblem erscheinen würde – doch genau das war der Fall. Ein solches Auto wurde 2011 in England gezeigt. Es trug den Namen Cygnet und war der luxuriöseste Winzling, der wohl je gebaut wurde. Für sein Interieur gingen ebenso viele Rinderhäute drauf wie für einen DB9. Hinter der Liaison steckte der gleiche Deal, durch den ein Smart für Mercedes-Benz so wichtig ist: In der EU gab es seit einiger Zeit Richtlinien für den Flotten-Durchschnittsverbrauch, und zu deren Erfüllung trugen sparsame Öko-Autos natürlich bestens beim Manipulieren der Statistik bei. **LT**

Nagari | Bolwell (AUS)

2009 • 3496 ccm, V6 • 268 PS/197 kW • 0-100 km/h in 4 Sek. • 290 km/h

Der erste australische Bolwell kam zunächst als Kit Car auf den Markt, bevor die 1963 gegründete Bolwell Cars (Pty) Ltd. in Mordialloc, Victoria, 1974 auch komplett montierte Fahrzeuge anbot. Die Nagari genannten Coupés waren zweisitzige, gut 200 km/h schnelle GTs mit einem 4,9-Liter V8-Motor von Ford, von denen etwa einhundert Stück verkauft wurden. Ein weiteres Modell war der Ikara mit Motor und Getriebe vom Volkswagen Golf GTI, Honda Accord, Ford Fiesta oder Renault 5. Immerhin brachte es der Ikara auf 700 Stück, ehe verschärfte Zulassungsvorschriften in Australien Hürden darstellten, die unüberwindlich schienen. Die Bolwell Brothers wechselten das Metier und wandten sich dem Yachtbau zu.

Doch im Jahr 2009 überraschten Campbell und Graeme Bolwell die Autoszene mit einem neuen Nagari, jetzt in Melbourne produziert. Er wies zwar Ähnlichkeiten mit dem früheren Sportwagen dieses Namens auf, doch in der Gesamtkonstruktion handelte es sich um eine Neuschöpfung. Das zweisitzige Supercoupé besaß einen Mittelmotor, ein Stahlchassis sowie eine Karosserie aus Karbon und leichtem Kompositmaterial. Das Fahrzeuggewicht betrug nicht mehr als 850 Kilogramm.

Wie seine Vorgänger hatte der Nagari von 2008 einen Motor aus fremder Produktion, nämlich einen 3,5-Liter Sechszylinder aus Aluminium vom Toyota Aurion mit 24 Ventilen. Die Scheinwerfer stammten vom Honda Integra. Zur Serienausstattung gehörten ein sequentielles Sechsganggetriebe mit Schaltwippenbedienung am Lenkrad, ABS, ein einstellbares Fahrwerk mit doppelten Dreieckslenkern sowie Sportsitze von Recaro. **SH**

GT MF5 | Wiesmann

2009 • 4395 ccm, V8 • 555 PS/408 kW • 0-100 km/h in 3,9 Sek. • 311 km/h

Die Brüder Friedhelm und Martin Wiesmann aus Dülmen-Merfeld waren in der väterlichen Autofirma groß geworden und hatten 1985 während ihrer Freizeit einen Roadster mit der Technik des BMW 325i entworfen. 1988 entschlossen sie sich, den Schritt in die Selbständigkeit zu tun und Hardtop-Hersteller zu werden, um eine wirtschaftliche Basis für das Ziel zu schaffen, eine kleine aber exklusive Autoproduktion aufzubauen. Im Oktober 1988 wurde die Wiesmann Auto-Sport GmbH & Co. gegründet.

Der im Herbst des gleichen Jahres vorgestellte Wiesmann Roadster war mit dem BMW Z3 in der M-Version vergleichbar, zumindest in bezug auf Fahreigenschaften und Technik, wobei der originelle Zweisitzer aus Dülmen die Roadster-Philosophie noch konsequenter verkörperte. Die Frontgestaltung ließ einen Hauch von Jaguar XK 120 erkennen, die Silhouette hatte etwas von einem AC Cobra. Doch kopiert wurde nichts. Die Firma Wiesmann hatte einen begabten Designer mit der Formgebung des Wagens beauftragt, der dem Fahrzeug aus jeder Perspektive Signifikanz angedeihen ließ. Eine eigenwillige, diagonale Anordnung der Rückleuchten gehörte ebenso dazu wie die Position der Scheinwerfer in ihren Einbuchtungen und das formal geglückte Cockpit. Der Kunststoff-Aufbau saß auf einem kräftigen Gitterrohrrahmen aus Aluminium mit hochgezogenen Seitenschwellern. Das Fahrwerk war größtenteils Original-BMW.

Auch der GT MF5 von 2009 bekam einen BMW-Motor, mit 555 PS gut für 311 km/h. Um ein solches Coupé zu bauen, benötigt man in Dülmen 350 Arbeitsstunden – verständlich, daß die Produktionszahl recht begrenzt ist. **SF**

In der Mojave-Wüste, Kalifornien, stellte dieser britische Dampfwagen am 25. August 2009 einen neuen Rekord in seiner Kategorie auf. ▷

M6 | BYD

2009 • 1997 ccm • 138 PS/101 kW •
0-100 km/h in 14 Sek. • 180 km/h

Die BYD Automobile Co. in Shenzhen, Volksrepublik China, existiert seit 2003 und produzierte zuerst einen kleinen Viertürer, der technisch identisch mit dem Citroën C1 bzw. Peugeot 107 war, sowie einen Mittelklassewagen unter der Bezeichnung F3 mit Quermotor (1,6 Liter Mitsubishi, 100 PS) und Vorderradantrieb. 2010 kam eine Stufenhecklimousine ins Programm mit etwa gleicher Motorisierung, genannt G3, auch gab es ein Oberklassemodell namens F6 (2,0 Liter, 2,4 Liter) und ein als F8 figurierendes 2,0-Liter Cabriolet, eingeführt Anfang 2008. Auch Hybriden stellt man bei BYD her. Das Unternehmen, dessen Bezeichnung für „Build your Dreams" steht (etwa: Wir bauen Ihren Traumwagen), sah sich wiederholt Vorwürfen ausgesetzt, fremde Konstruktionen zu plagiieren. Für Kritik sorgte zum Beispiel das Design der SUVs BYD T6 (Porsche Cayenne) und S6 (Lexus RX). Die vorab erschienenen Broschüren zeigten Fotos von diesen Konkurrenzmodellen mit einem BYD-Logo. Das anfangs verwendete Markenzeichen von BYD ähnelte stark dem von BMW und mußte 2009 geändert werden.

Der 2008 und 2009 auf verschiedenen Ausstellungen gezeigte BYD M6 war der erste Van dieses Herstellers. Seine Produktion begann schließlich 2010, nachdem mit dem Lizenzgeber Toyota einige Unstimmigkeiten bereinigt worden waren. Optisch glich der Wagen stark dem Toyota Previa, allerdings wichen seine Maße etwas ab. Zwei Motorisierungen standen zur Verfügung, ein 2,0-Liter-Motor mit 138 PS und ein 2,4-Liter-Motor mit 158 PS. Insgesamt gab es vier Ausstattungslinien, von denen die beiden einfacheren mit dem kleinen, die luxuriösen mit dem großen Motor geliefert wurden. **HS**

Steam Car | BSC

2009 • 12-Brenner-Turbine • 360 PS/265 kW •
keine Angaben • 238 km/h

Auf dem ersten Blick hätte man den raketenförmigen Wagen mit seinen zahllosen Werbestickern an den Flanken für eines jener Rekordfahrzeuge halten können, die hin und wieder in der Presse für Schlagzeilen sorgen. Doch der 2009 auf dem Edwards Militärflughafen der US Air Force dahinschießende Bolide gehörte einer besonderen Spezies an: er war ein Dampfwagen. Die Techniker-Gruppe British Steam Car (BSC) hatte das Auto in 10jähriger Arbeit gebaut und es mit einer 3 Megawatt leistenden Dampfturbine versehen, die mit 13.000 U/min drehte. Die Temperatur des Dampfes, der in die Turbine mit doppelter Schallgeschwindigkeit einströmte, erreichte 400 Grad Celsius. Engländer mag interessieren, daß diese Werte 1500 gleichzeitig zum Kochen gebrachten Teekesseln entsprechen beziehungsweise 23 Tassen Tee pro Sekunde. In den zwölf Brennern verliefen rund drei Kilometer Röhren, durch die 2000 Liter destilliertes Wasser strömten.

Der „Fliegende Teekessel" brachte es über eine 3,2 Kilometer lange Strecke auf ein Tempo von 238 km/h bei stehendem Start, und damit brach das Fahrzeug einen Rekord, der im Jahre 1906 (!) vom Stanley Rocket Steam Car etabliert worden und seither nicht angegangen worden war. Der Rekordfahrer des 7,7 Meter langen Wagens mit Space-Frame-Chassis, Aluminium-Karosserie und Silikon-Karbid-Bremsen war Don Wales, ein Enkel des britischen Speed-Helden Sir Malcolm Campbell, und er meinte, sogar auf 241 km/h gekommen zu sein. Der neue britische Rekord ließ ein amerikanisches Team aus Florida nicht ruhen, das sich vornahm, den Bestwert für Dampfwagen wieder ins Land zurückzuholen. **SH**

V12 Vantage | Aston Martin

2009 • 5935 ccm, V12 • 517 PS/380 kW • 0-100 km/h in 4,2 Sek. • 305 km/h

In einer Zeit zunehmenden Umweltbewußtseins warf das Erscheinen eines Wagens wie der Aston Martin Vantage Fragen auf. War ein solches Fahrzeug noch zeitgemäß? Aston-Martin-Enthusiasten wichen solchen Diskussionen natürlich aus, denn selbst wenn die Überlebenschancen für die Menschheit durch die Verschwendung wertvoller Rohstoffe Einschränkungen erfahren sollten – dann doch nicht durch ihr Lieblingsspielzeug ...

Am 11. Dezember 2007 war der Aston Martin V12 Vantage RS Concept in Gaydon den Medien präsentiert worden; die Markteinführung des Serienmodells erfolgte 2009. Der vom Designer Henrik Fisker gestaltete V12 Vantage basierte auf dem V8 Vantage Coupé. Der Motor leistete bis zu 517 PS bei 6500 U/min, kombiniert mit einem Sechsgang-Schaltgetriebe in Transaxle-Bauweise und einem Kardantunnel aus Aluminium. Die Antriebswelle bestand aus Kohlefaser und die Karosserie aus einer Aluminiumstruktur mit verschiedenen Magnesiumlegierungen, Verbundstoffen und Stahl. Optisch war der V12 vom V8 durch zusätzliche Lufteinlässe in der Motorhaube zu unterscheiden.

Ein Sportpaket beinhaltete geschmiedete 19-Zoll-Leichtmetallfelgen, straffere Stoßdämpfer und modifizierte Federn sowie neue, hintere Stabilisatoren. Im Interieur gab es es eine überarbeitete Mittelkonsole, ein Festplatten-Navigationssystem und einen Anschluß für MP3-Player. Der herkömmliche Fahrzeugschlüssel wurde durch die sogenannte Emotional Control Unit (kurz ECU) aus Glas, poliertem Edelstahl und Polykarbonat ersetzt: Dieses Modul wird in eine spezielle Öffnung geschoben und der Motor per Knopfdruck gestartet. **SH**

Ghost | Rolls-Royce (GB)

2009 • 6529 ccm, Turbo-V12 • 570 PS/419 kW • 0-100 km/h in 4,9 Sek. • 250 km/h

War das Modell Phantom für potentielle Rolls-Royce-Kunden das Maß aller Dinge, so eröffnete der 2009 erschienene Ghost ihnen eine neue Sichtweise. Denn dieser Rolls war von gleicher Qualität, von gleicher Ausstrahlung und Eleganz – aber um ein Drittel preisgünstiger.

Der Ghost wurde von Ian Cameron entworfen und von Helmut Riedl konstruiert, der auch für die Entwicklung des Phantom zuständig war. Der Ghost entstand, um gegen deutlich billigere Fahrzeuge zu konkurrieren, wie sie der Quattroporte von Maserati, der Lexus ES oder die Mercedes-Benz AMG-S-Klasse darstellten. Das Konzept bedingte aber eine Verwendung von etwa 20 Prozent Gleichteilen aus dem BMW 7er, wobei sich die Fahrzeugabmessungen dennoch unterschieden. Die von BMW zugelieferten Teile beschränkten sich auf funktionelle Gruppen des Fahrzeugs, die vom Fahrerplatz aus auch nicht zu sehen waren.

Angetrieben wurde der Ghost von einem 6,6-Liter V12-Turbo mit 570 PS Leistung, die über ein achtstufiges ZF-Automatikgetriebe an die Hinterräder übertragen wurde. Im Vergleich mit dem größeren Phantom war der Ghost rund 135 PS stärker bei etwa gleichem Gewicht, das 2435 Kilogramm betrug. Anders als beim Phantom wurde die Karosserie nicht aus Aluminium, sondern aus Stahl hergestellt, der eine höhere Festigkeit besitzt und daher dünner sein konnte. Das Fahrwerk hatte Aluminium-Mehrlenkerachsen vorn und hinten mit Luftfederung. Seine Komponenten wie aktive Wankstabilisierung, variable Dämpfungskontrolle, Luftfederung usw. arbeiteten so zusammen, daß der bestmögliche Komfort für die Insassen gewährleistet war. **LT**

Scirocco BlueMotion | Volkswagen

2009 • 1968 ccm, Vierzylinder • 140 PS/103 kW • 0-100 km/h in 9,3 Sek. • 222 km/h

Ein Sportcoupé wie der Scirocco mit einem Dieselmotor? Der 1974 von Volkswagen eingeführte Karmann-Ghia-Nachfolger hatte ein anderes Image gehabt! Als das Auto 1992 nach 795.650 gebauten Einheiten vom Band genommen wurde, trauerten ihm viele Fans nach.

Ab Sommer 2008 gab es einen neuen Scirocco, basierend auf dem Golf VI mit quer eingebautem Motor. Besonderheiten waren unter anderem die umlegbaren Sportsitze hinten mit Integralkopfstützen, die verdeckte B-Säule sowie das Adaptive Chassis Control genannte und gegen Aufpreis lieferbare adaptive Fahrwerk mit dreifach verstellbaren Stoßdämpfern, das sich der jeweiligen Fahrsituation anpassen ließ. Serienmäßig gab es 17-Zoll-Leichtmetallräder, ESP, Servolenkung, Lederlenkrad und -bremshebel, höhenverstellbare Sportsitze, sechs Airbags, elektrische Fensterheber und eine Klimaanlage. Auf der IAA 2009 zeigte VW das Diesel-Sondermodell BlueMotion mit einer speziellen Abgastechnik. Zur Verbesserung der Emissionswerte hatte man den TDI-Motor dieses Wagens mit einem Rußpartikelfilter versehen und die Steuersoftware modifiziert, um durch Veränderung der Einspritzzeiten und die Absenkung der Leerlaufdrehzahl eine Verringerung des Verbrauchs zu erreichen. Das manuelle Schaltgetriebe war in den beiden oberen Gangstufen länger übersetzt, um eine Absenkung der Motordrehzahl und damit einen niedrigeren Verbrauch zu ermöglichen. Auch verfügten diese Fahrzeuge über eine Multifunktionsanzeige, die dem Fahrer Empfehlungen für die in der jeweiligen Fahrsituation ideale Gangstufe lieferte, um ihn in einer verbrauchsoptimierten Fahrweise zu unterstützen. **SF**

G37 Convertible | Infiniti (J)

2009 • 3696 ccm, V6 • 320 PS/226 kW • 0-100 km/h in 6,4 Sek. • 240 km/h

Unter der von Honda 1989 eingeführten Nobelmarke Infiniti präsentierte sich im Sommer 2009 ein neues Cabriomodell namens G37. Die G-Baureihe dieses japanischen Herstellers gab es seit November 2006 als Limousine und ab August 2007 als Coupé. Trotz fast fünf Meter Länge rangierten die G-Modelle bei Infiniti als Mittelklasse, vergleichbar mit der Mercedes-Benz C-Klasse, dem BMW 3er oder dem Audi A4. Auch preislich bewegte sich die G-Reihe im mittleren Bereich. Das Cabriolet war wie das Coupé ein 2+2 und wurde bei seiner Vorstellung für knapp 51.000 Euro angeboten.

Im Gegensatz zu einigen anderen Ländern wurde in Deutschland für alle drei Modellvarianten nur ein Triebwerk, eingebaut in Front-Mittelmotor-Bauweise, geliefert. Es handelte sich um einen 3,7-Liter Ottomotor mit 320 PS. Dieser Sechszylinder bestand aus einem Aluminiumblock mit vier Ventilen pro Zylinder und zwei obenliegenden Nockenwellen. Eine stufenlos variable Ventilsteuerung und Ventilhubregelung, VVEL (Variable Valve Event and Lift) genannt, optimierte die Öffnungsintervalle, was für ein höheres Drehmoment und besseres Ansprechverhalten bei niedrigerem Kraftstoffverbrauch und geringeren Emissionen sorgte. Als Getriebe stand sowohl für die Limousine als auch für das Coupé und das Cabriolet serienmäßig ein Sechsgang-Schaltgetriebe mit kurzen Schaltwegen zur Verfügung, doch auf Wunsch gab es eine elektronisch gesteuerte Siebenstufen-Automatik mit manuellem Schaltmodus. Das Automatikgetriebe erkannte den individuellen Fahrstil und paßte das Schaltprogramm entsprechend an. Nur für die Limousine gab es optional auch Allradantrieb. **SH**

Evora S | Lotus   GB

2009 • 3456 ccm, V6 • 345 PS/254 kW • 0-100 km/h in 4,8 Sek. • 276 km/h

Den Evora darf man als eine Rarität bezeichnen. Denn er ist ein 2+2, obwohl er ein Mittelmotor-Coupé ist. Der Evora stellte überdies die erste Neukonstruktion von Lotus nach dem Erscheinen der Elise im Jahr 1995 dar.

Der Name Evora ist eine Zusammenziehung der Wörter Evolution, Vogue und Aura. Und die Briten hatten mit diesem Auto nichts Geringeres vor, als Porsche und sogar Ferrari Konkurrenz zu machen. Zu diesem Zweck war der Evora als Gran Turismo entstanden unter Einbeziehung besonders sportlicher Charakteristika. Für Erwachsene sind die Fondsitze nicht sehr geeignet, eher für Kinder, oder man nutzt den Platz für Gepäck.

Die feine englische Art mit einem Interieur aus kostbarem Leder und viel mattpoliertem Aluminium teilte sich den Insassen vom ersten Augenblick an mit, wenn sie Platz genommen und sich damit abgefunden hatten, daß der quer eingebaute 3,5-Liter V6-Motor der gleiche war wie in einem Toyota Camry. Dort hatte er aber „nur" 268 PS, während man ihn bei Lotus auf 280 PS Leistung optimiert hatte. Dann kam Anfang 2010 jemand auf den Gedanken, ihn mit einem Kompressor zu bestücken – das taugte sogar für 345 PS. Das manuell schaltbare Getriebe hatte sechs Gänge.

Wie bei der Elise war die GFK-Karosserie verklebt und bildete mit dem Aluminium-Chassis eine konstruktive Einheit. Das Fahrwerk hatte Federn des deutschen Herstellers Eibach und Stoßdämpfer von Bilstein. Fahrfertig wog der Evora 1382 Kilogramm. Nach Aussagen von Lotus-Werksingenieuren ließen sich mit dem Evora S schnellere Nürburgring-Runden drehen als mit den Modellen Elise und Exige – das brachte den Lotus in die Regionen eines Porsche 911. **DS**

S1 | Invicta (GB)

2009 • 5000 ccm, V8 • 608 PS/447 kW • 0-100 km/h in 3,8 Sek. • 322 km/h

Der Invicta S1 war der erste Straßenwagen der Welt, der eine Kohlefaser-Karosserie hatte, die aus einem einzigen Stück bestand. Der leichte, schnelle und perfekt konstruierte Supersportwagen aus Chippenham, England, trug zudem einen berühmten Markennamen, unter welchem in den zwanziger Jahren ganz hervorragende Sport- und Tourenwagen angeboten wurden. Die Firma Marcos Sales Ltd. in Westbury, Wiltshire, ging eine große Verpflichtung ein, als sie den seit 1950 nicht mehr verwendeten Namen Invicta wieder einführte.

Schon 1982 hatte eine Gruppe britischer Geschäftsleute versucht, Invicta neu aufleben zu lassen und war mit dem Modell Tredicim auf den Markt gekommen, eine Kopie des Jaguar XJ 13. Das Auto blieb ein Einzelstück. 1990 erschien nun Marcos-Juniorchef Chris Marsh mit einem Invicta S1 genannten Supersportwagen als Projekt seines Landsmanns Michael Bristow, seit 1989 Inhaber der Rechte am Markennamen Invicta. Das Fahrzeug erhielt einen 320-PS-Motor, der dem neuen Invicta mit Space-Frame und Sandwich-Monocoque eine Geschwindigkeit von 270 km/h verlieh. Der 4,6-Liter V8-Motor kam von Ford. Weitere Fahrzeuge folgten, bis 2009 ein Modell mit 5,0 Liter und 608 PS vorgestellt wurde, ebenfalls ein von Ford stammender Motor. Zwölf Stück pro Jahr wollte man von dem attraktiven und bei 2,00 Meter Breite sehr geräumigen Wagen mit Stahlrohrrahmen bauen. Der Unterboden war aus Gründen einer optimalen Aerodynamik vollkommen glatt. Der serienmäßig mit allem Komfort bis zu Navigationsgerät, Klimaanlage und beheizbaren Recaro-Sportsitzen versehene Invicta kostete 150.000 Pfund Sterling, entsprechend 185.000 Euro. **SH**

XFR | Jaguar (GB)

2009 • 5000 ccm, V8 • 510 PS/375 kW • 0-100 km/h in 4,7 Sek. • 250 km/h

Mit dem Jaguar XF erschien 2007 eine Limousine als Nachfolger des S-Type. Seine Premiere feierte der Viertürer auf der Frankfurter Automobilausstellung. Doch erst ein gutes halbes Jahr später war das Auto in Deutschland auch erhältlich. Mit seinem Design setzte der XF auf die aktuelle, am Coupé orientierte Sportform, die im Gegensatz zum Retro-Styling des S-Type stand. Bodengruppe, Fahrwerk, Antrieb und zahlreiche Komponenten wurden vom Jaguar XK übernommen, nicht zuletzt im Hinblick auf Einsparungen in der Fertigung.

Der XF war in drei Ausstattungen verfügbar: Luxury, Premium Luxury und SV8. Der Luxury war mit einem V6-Twin-Turbodiesel lieferbar, ebenso der Premium Luxury, den es auch mit einem V8-Saugmotor gab. Den SV8 hingegen verkaufte man nur mit dem Kompressor-V8-Motor.

Im Interieur gab es im XF einige Neuerungen wie drehbare Lüftungsdüsen der Klimaautomatik, einen Touchscreen-Monitor und den neuen JaguarDrive Selector. Die Gangstufen des Automatikgetriebes wurden über einen großen Rundcontroller eingelegt, der sich beim Start aus der Mittelkonsole erhob. Im April 2009 führte Jaguar für den XF ein neues 3,0-Liter Dieselaggregat ein, das in zwei Leistungsstufen angeboten wurde. Die beiden 4,2-Liter Benziner wurden durch zwei 5,0-Liter V8-Motoren abgelöst, von denen der im XFR 510 PS leistete.

Der Kofferraum des XF faßte etwa 500 Liter (mit Ersatzradmulde sogar 540 Liter). Bei Bedarf konnte die Rückbank umgeklappt werden, dann war der Wagen fast so etwas wie ein Kombi und hatte ein Fassungsvermögen von 960 Liter. **SH**

TT RS quattro | Audi

2009 • 2480 ccm, Turbo-Fünfzylinder • 340 PS/250 kW • 0-100 km/h in 4,5 Sek. • 250 km/h

Mit der Ausführung RS quattro avancierte der ohnedies schon attraktive Audi TT zu einem Traumcoupé. Man könnte sagen, das Auto war der legitime Nachfolger des quattro Coupés der achtziger Jahre. Und wie jenes verfügte der TT RS über permanenten Allradantrieb und eine geradezu phänomenale Straßenlage, nicht zuletzt dank einer optimalen Gewichtsverteilung. Und die Motorleistung konnte ebenfalls begeistern, denn mit 340 PS entsprach sie der eines Supersportwagens. Zu bekommen war das Auto in seiner reinsten Form als Coupé, aber auch als Cabriolet. Wie jeder TT wurde die RS-Ausführung im ungarischen Audi-Werk Gyor hergestellt, wo man ebenso hohen Qualitätsanforderungen zu entsprechen verstand wie in Ingolstadt und Neckarsulm.

Der RS quattro war nicht nur ein TT mit mehr PS. Seiner Leistung Rechnung tragend, hatte man das gesamte Fahrwerk optimiert und zugleich etwas tiefer gesetzt, die Bremsen vergrößert und das Angebot bei den Rädern ausgeweitet: zur Wahl standen 18-, 19- und 20-Zöller. Die schwarz lackierten Bremszangen trugen ein RS-Logo.

Als ob 340 PS nicht genug gewesen wären, gab es Tuner wie die Firma MTM, die dem Turbomotor sogar 466 PS entlockten. 312 km/h im TT sind aber noch lange nicht jenseits von Gut und Böse, wie der Kemptener Audi-Rennstall Abt Sportsline beweist, der im Motorsport und speziell in der DTM (Deutsche Tourenwagen-Masters) einer der bedeutendsten Exponenten ist. Von 2000 bis 2003 war der von Abt leistungsoptimierte TT R mit Fahrern wie Christian Abt, Laurent Aiello, Mattias Ekström, Martin Tomczyk und Karl Wendlinger eines der erfolgreichsten Fahrzeuge. **SH**

XJ | Jaguar (GB)

2009 • 5000 ccm, V8 • 503 PS/370 kW • 0-100 km/h in 4,9 Sek. • 250 km/h

Der Jaguar XJ zählt zu den britischen Klassikern. Er war stets das Spitzenmodell dieser Marke. Die am 26. September 1968 vorgestellte, Series I genannte erste Generation war Nachfolger sämtlicher bisherigen Jaguar-Limousinen und das letzte Modell, das vom Firmengründer Sir William Lyons noch mitgestaltet wurde. Die Motorenpalette der XJ-Reihe umfaßte die berühmten dohc-Reihensechszylinder und seit 1972 auch einen aufwändigen V12. Ab 1986 kam der neu entwickelte AJ6-Reihensechszylinder zum Einsatz. Seither hat der XJ diverse Evolutionsphasen absolviert, und die Baureihe rangierte auch 2009 noch immer an der Spitze des Limousinen-Modellprogramms unter dem Zeichen des „Leaper", wie die Briten die zum Sprung ansetzende Wildkatze nennen.

Die jüngste Generation des XJ wurde im Juli 2009 vorgestellt und intern als X351 bezeichnet; an ihr waren optische Veränderungen erkennbar. Das Design orientierte sich nicht mehr an seinen Vorgängern, sondern am Modell XF und damit am Coupé: Die Familienähnlichkeiten nahmen zu. Das neue Design wurde von Jaguar in einer Pressemitteilung als die „bislang mutigste Interpretation" bezeichnet. Auch technisch war eine Angleichung erfolgt, erkennbar am DriveSelector oder am multifunktionalen Touchscreen-Bordcomputer. **SH**

Scirocco 2.0 TSI R | Volkswagen (D)

2009 • 1968 ccm, Vierzylinder • 268 PS/197 kW • 0-100 km/h in 9 Sek. • 250 km/h

Der Scirocco als Sportversion des Golf hat im VW-Programm immer eine wichtige Rolle gespielt. Mit dem TSI R Coupé entstand 2009 ein besonders heißes Modell, von dem der VW-Chefdesigner Klaus Bischoff überzeugt war, daß es ein Optimum und Maximum zugleich darstellte. Die Präsentation des TSI R fand 2008 auf dem Nürburgring statt (als noch kein Finanzierungsskandal des ihm zugeordneten Vergnügungsparks die Gemüter erregte), und zwar anläßlich des 24-Stunden-Rennens auf dem Eifelkurs, an welchem ein Team von drei Fahrzeugen, genannt 24 GT, teilnahm. Resultat: 11. und 15. Gesamtplatz von 200 Startern und zwei Klassensiege. 2009 erzielte der bestplazierte Scirocco GT24 Rang 15, gefolgt von Kollegen im erstmals gestarteten Scirocco GT24-CNG (Erdgasantrieb) auf Rang 17, der gleichzeitig den Sieg in der Klasse für alternative Kraftstoffe errang.

Der 2.0 TSI R ist als ausgewogener Allround-Sportler zu bezeichnen, den im Alltagsverkehr zu fahren ebenso viel Spaß macht wie auf – möglichst freier – Autobahn. Der Frontantriebswagen hat ein Sechsganggetriebe, ein Adaptives Chassis Control System (ACC) und für seine Größenordnung erstaunlich viel Platz. Ein Sportwagen mit so viel Fahrspaß und überzeugender Praktikabilität hat alle Argumente auf seiner Seite. **SF**

GT | Artega

2009 • 3597 ccm, V6 • 300 PS/221 kW •
0-100 km/h in 4,8 Sek. • 270 km/h

E63 AMG | Mercedes-Benz

2009 • 6208 ccm, V8 • 525 PS/386 kW •
0-100 km/h in 4,3 Sek. • 320 km/h

Der in Delbrück bei Paderborn 2006 entstandene Artega GT gab auf dem Genfer Salon 2007 als Prototyp sein Debüt. Der Zweisitzer war eine Konstruktion des Ingenieurs Klaus-Dieter Frers, Inhaber einer großen Elektronikfirma; sein Design stammte von Henrik Fisker, der auch an der Entstehung des BMW Z8 maßgeblich beteiligt gewesen war.

Für den Artega wurde im April 2007 eigens ein neues Werk gebaut, wo man noch im Herbst des gleichen Jahres die Produktion aufnahm. Der im Alu-Space-Frame-Coupé quer eingebaute Heckmotor war ein 3597-ccm V6, der mit Kompressor 300 PS leistete und wie das Sechsganggetriebe von Volkswagen stammte. Das 3,95 Meter lange und 1080 Kilogramm leichte Auto ging an die 270 km/h. Für die Vermarktung des Artega hatte Frers die Firma Paragon gegründet und als Geschäftsführer Karl-Heinz Kalbfell gewinnen können. Die Umsätze entwickelten sich anders als erwartet: Am 29. Juni 2012 stellte Artega beim Amtsgericht Paderborn einen Insolvenzantrag. Der Verkauf der Firma, in der 34 Mitarbeiter beschäftigt waren, an einen asiatischen Investor, gelang nicht. Anfang Oktober 2012 wurde Artega daraufhin von der Paragon AG übernommen, aber es schien zweifelhaft, ob die Automobilfertigung wieder aufgenommen würde. **SH**

In der Mercedes-Benz-Modellrangordnung zählt die E-Klasse bereits zum oberen Bereich, angesiedelt knapp unterhalb der S-Klasse. Seit der zweiten großen Modellpflege der Baureihe 124 im Jahr 1993 und der damit einhergehenden Umstellung der Modellbezeichnungen hat die E-Klasse viele Freunde gefunden.

Die Premiere der neuen Generation, intern 212 genannt, fand im Januar 2009 auf der Detroit Motor Show statt; die Auslieferung begann im März 2009. Die coupéartige Schrägheck-Limousine wirkt im Vergleich zu ihrem Vorgänger wuchtiger, ein Design, das schon bei der C-Klasse von 2007 zu erkennen war. Das 1995 eingeführte Vier-Augen-Gesicht blieb erhalten. Die Front hatte man dynamisch gefeilt, der Kühlergrill war etwas größer als beim Vorgänger. Eine Neuentwicklung stellte die Fahrwerkstechnik dar: Es war ein amplitudenabhängiges Dämpfungssystem, das auf hydromechanischem Weg funktionierte, Direct Control-Fahrwerk genannt, und ohne Sensorik und Elektronik auskam. Bei normaler Fahrweise verringerten sich die Dämpfkräfte automatisch; bei intensiverer Anregung am Stoßdämpfer, beispielsweise bei schneller Kurvenfahrt, aktivierte sich die maximale Dämpfkraft und das gesamte Fahrzeug wurde stabilisiert. Im AMG-Trimm mit 6,2-Liter-Motor geriet dieses Auto zu einer Limousine der Superlative. **SH**

GranTurismo S | Maserati

2009 • 4691 ccm, V8 • 433 PS/318 kW • 0-100 km/h in 4,5 Sek. • 294 km/h

Nach einer langen Periode verlustreicher Operationen schrieb Maserati 2008 erstmals wieder schwarze Zahlen. Daran mochte auch jenes 2+2-Modell beteiligt gewesen sein, das als GranTurismo erschienen war und auf dem Quattroporte V basierte, selbst wenn es Maserati-Enthusiasten gab, die sich das Auto mit etwas mehr Leistung gewünscht hätten. Was aber jeden Fan mit Sicherheit überzeugte, war das zeitlos schöne Design des Coupés durch Pininfarina. Dann erschien 2009 der GranTurismo S mit einer ganzen Reihe von Verbesserungen – und jetzt gab es wirklich nichts mehr zu beanstanden.

Der Motorblock des Autos war der gleiche wie im Ferrari F430 und Alfa Romeo 8C, jedoch aufgebohrt auf 4691 ccm Hubraum und 433 PS leistend. Wie der Ferrari wies der Maserati ein halbautomatisches Sechsganggetriebe auf sowie ein adaptives Fahrwerk. Im Unterschied zum Standard-Coupé war das Getriebe im S eine Transaxle-Einheit, was man als „Ausdruck der Maserati -Technologie und Voraussetzung für Hochleistungssportwagen" herausstellte. Weiter hieß es: „Das Fahrwerk nutzt das gesamte Potential dieser Lösung, wobei neue Stoßdämpfer und eine neue Kalibrierung zum Einsatz kommen, die zehn Prozent mehr Dämpfungswirkung erreichen und zusätzlich bei Kompression und der Expansion überarbeitet wurden." Das Handling hatte tatsächlich die Qualität eines Ferrari oder Porsche erreicht, was vorher nie ganz der Fall gewesen war. Die Brembo-Bremsanlage sorgte dank der Scheiben aus einer Gußeisen-Aluminium-Kombination für beste Verzögerungswerte.

Mit 294 km/h Spitze garantierte der GranTurismo S höchstes Fahrvergnügen und war der schnellste Serien-GT, den Maserati je anzubieten hatte. **RD**

Panamera Turbo | Porsche (D)

2009 • 4806 ccm, Turbo-V8 • 500 PS/368 kW • 0-100 km/h in 5 Sek. • 282 km/h

Vier Sitze, vier Türen, eine große Heckklappe und eine spezielle Komposition aus porschetypischer Rasanz und größtmöglicher Bequemlichkeit – das waren die Parameter des Panamera, der im September 2009 sein Debüt gab. Einen neuen Wagen zu entwerfen, der sich in bezug auf seine Formensprache harmonisch in die „Porsche-DNA" einfügte, war eine immense Herausforderung, die den Chefdesigner Michael Mauer vor keine leichte Aufgabe gestellt hatte. Die Frontpartie mußte ebenso viel Familienähnlichkeit mit einem klassischen Porsche aufweisen wie das Heck, auch die hohe Gürtellinie des Cayenne sollte übernommen werden. All diese Vorgaben erklärte der Vorstandschef Wiedeking als unabdingbar. Aber auch der Sound des Motors war so, wie man es von einem Porsche erwartete, selbstverständlich das gesamte Fahrverhalten. Serienmäßig verfügte die Limousine über eine Start-Stopp-Automatik und ein Doppelkupplungsgetriebe – eine Besonderheit, die nur wenigen Hochleistungsfahrzeugen vorbehalten ist. Ein kleiner Hebel auf der Mittelkonsole steuerte die Schaltimpulse, die Schaltprogramme und den Rückwärtsgang; die zwei Getriebe des Systems waren durch zwei Naßkupplungen verbunden. Es konnte zwischen manuellem und automatisiertem Schaltvorgang sowie sechs Abstufungen gewählt werden. Als Basispreis für den Panamera nannte Porsche im September 2009 stolze 94.575 Euro, während der Turbo sogar mit 135.154 Euro im Katalog stand. Beim Turbo war aber serienmäßig vieles an Bord, wofür in der Grundversion Aufpreise fällig waren, etwa die Lederausstattung, die Start-Stopp-Automatik, Allradantrieb und adaptive Luftfederung. **SH**

◁ Der Tesla Elektro-Roadster von 2009 war ein Supersportwagen ohne den geringsten Schadstoffausstoß.

Roadster | Tesla

2009 • Gleichstrom-Induktionsmotor • 215 kW • 0-100 km/h in 3,7 Sek. • 200 km/h

Tesla Motors wurde 2003 von einer Gruppe amerikanischer Ingenieure in Palo Alto, Kalifornien, unter der Leitung von Martin Eberhard und Marc Tarpenning gegründet. Im Verlauf von knapp fünf Jahren entwickelten sie einen Supersportwagen, vorgestellt im März 2008. Der Roadster wäre nur einer von vielen gewesen, hätte ihn nicht eine Besonderheit ausgezeichnet, die den Tesla von allen anderen unterschied: sein Antriebssystem.

Der zweisitzige Sportwagen wurde von einem 215 kW (entsprechend 288 PS) starken Elektromotor im Heck angetrieben. Das maximale Drehmoment von 370 Nm lag bei Drehzahlen von Null bis 5400/min an. Ein ursprünglich geplantes Hinterachsen-Zweiganggetriebe wurde verworfen, weil die Prototypen den Anforderungen an die Langlebigkeit des Fahrzeugs nicht genügten. Dennoch erhielten alle bis zum Zeitpunkt der Umstellung gefertigten Roadster das zweistufige Getriebe, das allerdings im zweiten Gang arretiert ist, um die mechanischen Belastungskräfte zu beschränken. Dieses Bauteil wurde bei allen bereits ausgelieferten Fahrzeugen später gegen das Eingangetriebe kostenlos ersetzt. Der Wagen wog fahrfertig 1236 Kilogramm, und seine Batterie-Reichweite wurde mit 340 Kilometern angegeben.

Der Tesla Roadster wurde zusammen mit Lotus entwickelt, und die Karosserie zeigte auch die Designhandschrift des britischen Sportwagenherstellers Lotus, der dann die Serienfertigung übernahm. Bis Mitte 2010 wurden 1000 Stück gebaut und verkauft. Das expansive Unternehmen hat auf den Tesla Roadster 115 Patente angemeldet und ist in mehr als einem Dutzend Ländern präsent, so auch in Deutschland. **DS**

Nano | Tata

2009 • 623 ccm, Zweitakt-Zweizylinder • 33 PS/24,3 kW • keine Angaben • 110 km/h

Daß ein wirtschaftlich hoch expansives Land wie Indien früher oder später ein Massenmotorisierungsauto wie den Nano herausbringen würde, lag auf der Hand. Hohe Einfuhrzölle sollten zudem die erstrebte Abkoppelung von Importen vorantreiben, so daß ausländische Autos in Indien extrem teuer waren. Und wer sonst als ein etablierter Kraftfahrzeughersteller wie Tata, seit 2008 auch Besitzer von Jaguar und Land Rover, wäre im Mittleren Osten in Frage gekommen, Milliardenbeträge in eine ganz neue Autofabrik zu investieren.

Der Tata Nano war ein kleiner, viertüriger Stadtwagen, den sich möglichst viele Leute leisten sollten. Deshalb durfte er nicht mehr als umgerechnet 2100 Euro kosten. Um aber einen solchen Preis ohne staatliche Subventionen zu erreichen, mußte gespart werden, wo immer es ging. So geriet der Motor – eingebaut im Heck – zu einem 623-ccm-Zweizylinder-Zweitakter, und man verzichtete auf einen zweiten Außenspiegel, einen zweiten Scheibenwischerarm, Airbags, Klimaanlage oder Türschloß-Fernbedienung. Die Fenster kurbelte man von Hand herunter, den hinteren Kofferraum erreichte man nur von innen durch Herunterklappen der Fond-Rückenlehne. Ein wenig Gepäckraum war auch im Bugabteil. Es verstand sich von selbst, daß das Getriebe nur vier Gänge hatte und es keine Scheibenbremsen gab. Die 12-Zoll-Räder wurden durch je drei Schrauben gehalten. Aber der Nano war bei einer Länge, wie sie der alte Mini hatte, höher und rundlicher; richtig gut sah er nur in der Frontansicht aus. Doch wichtiger war seine Wirtschaftlichkeit: der Motor begnügte sich mit 3 Liter Sprit auf 100 Kilometern. **SH**

Yukon Denali | GMC

2009 • 6162 ccm, V8 • 403 PS/296 kW • 0-100 km/h in 8,7 Sek. • 160 km/h

Auch jeder SUV und jeder Pickup unterliegt in den USA den strengen Sicherheitsbestimmungen, wie sie für Personenwagen gelten. Und diese Vorschriften nahmen im Lauf der Jahre an Härte zu, so daß die Hersteller solcher Fahrzeuge sich gezwungen sahen, ihre Autos immer teurer zu machen. Aber sie warben auch mit den Sicherheitskriterien, so wie GMC, deren Modell Yukon Denali 2009 (es war die dritte Generation) von der U.S. National Highway Traffic Safety Administration die höchste Auszeichnung zuerkannt bekam: fünf Sterne. Der in Crashtests als Punktsieger hervorgegangene SUV-Gigant, vorgestellt im Herbst des Jahres 2007, war 5,13 Meter lang und durfte 3675 Kilogramm auf den Haken nehmen; GMC bot sogar eine Ausführung mit längerem Radstand und 5,65 Meter Gesamtlänge an. In diesem Wagen gab es auf drei Sitzreihen bequem Platz für acht Personen.

General Motors hat zwar wiederholt versichert, vermehrt umweltschonende Fahrzeuge auf den Markt bringen zu wollen, aber zu diesen durfte sich der Genali nicht zählen lassen. Schon die mit nur Zweiradantrieb versehene Version mit kurzem Radstand und Sechsstufen-Automatik verbrauchte im Durchschnitt 19,6 Liter auf 100 Kilometer.

Im Unterschied zu den anderen Yukon-Modellen weist der Denali eine Kühlerfront mit einem Maschengitter auf und hat 20-Zoll-Räder. Das Interieur mit weichen Ledersitzen wird hohen Ansprüchen gerecht, und als Sonderzubehör gibt es in den Rückspiegeln eine Radarerfassung der hinteren toten Winkel. Auch diese Einrichtung zählt zum Sicherheits-Equipment des Wagens und erweist sich vor allem dann als nützlich, wenn man einen Trailer oder Campinganhänger im Schlepptau hat. **SF**

Golf GTI | Volkswagen (D)

2009 • 1984 ccm, Turbo-Vierzylinder • 210 PS/155 kW • 0-100 km/h in 6,9 Sek. • 240 km/h

Von 1975 bis 2009 waren 1,7 Millionen Volkswagen Golf GTI verkauft worden. Wenn man davon ausgeht, daß jedes einzelne Exemplar in seinem Leben nacheinander vier Besitzer hatte, so ergibt das an die 7 Millionen VW-Fahrer, die am Lenkrad eines GTI Erfahrungen gesammelt haben. Seit Oktober 2008 befand sich dieses Modell in seiner sechsten Generation, bei seiner Einführung als Modelljahrgang 2009 bezeichnet, und zu den guten Eigenschaften seines Vorgängers waren einige weitere hinzugekommen, die den GTI noch besser machten. 2006 bot VW ein Sondermodell GTI Edition 30 an, mit dem Wolfsburg das 30jährige Jubiläum des GTI feierte. Der Edition 30 hatte einen 230 PS starken Audi-S3-Motor unter der Fronthaube.

Die Bezeichnung GTI stand über all die Jahre als Synonym für die stärkste Motorversion, wobei die kräftigsten Varianten beispielsweise der Golf II GTI G60 mit 158 PS oder der auf nur 71 Exemplare beschränkte Golf II Limited mit 207 PS, im Golf III der 2,9-Liter VR6 mit 188 PS und Allradantrieb und im Golf IV und V die Versionen R32 waren. Im Modelljahr 2004 des GTI wurde eine Motorisierung (das Aggregat hieß EA113) mit einer Leistung von 197 PS aus 2,0 Liter Hubraum angeboten, das früher im Audi A3 zu finden war.

Diese Leistung wurde mittels Direkteinspritzung und Turbolader erreicht, die eine spezifische Leistung von 100 PS pro Liter ermöglichten. Die Höchstgeschwindigkeit betrug bereits 235 km/h – im jüngsten Modell 240 km/h. Großen Wert legte VW auf die Tatsache, daß der neue GTI einen sehr viel geringeren Schadstoffausstoß aufwies: nur mehr 170 Gramm pro gefahrenem Kilometer. **SF**

R | Tramontana

E

2009 • 5513 ccm, Twinturbo-V12 • 720 PS/529 kW • 0-100 km/h in 3,6 Sek. • 325 km/h

Wie in einem Formel-1-Wagen sitzt der Fahrer des Tramontana R in der Fahrzeugmitte. Und falls der sein Auto einmal verleihen sollte, dann möglichst an jemanden, der genau seine Statur hat, denn der Hersteller positioniert Sitz, Lenkrad und Pedale exakt den Körpermaßen des Käufers entsprechend. Der auch erst lernen muß, mit seinem 720-PS-Auto umzugehen, denn es katapultiert sich und seinen Insassen vom Stand auf 100 km/h in nur 3,6 Sekunden.

Das nach einem mediterranen Gebirgswind benannte erste Supercar aus Spanien war das Werk des Ingenieurs Joseph Rubeau, zum Designer ausgebildet am Royal College of Art in London. Daß er Autodesigner werden wollte, stand für ihn schon als Knabe fest. Eine erste Anstellung fand er bei Volkswagen, danach machte er sich selbständig, um Sportwagen nach eigenen Vorstellungen zu bauen. Er etablierte sich an der Costa Brava und begann dort, an der Realisierung

seines Traums zu arbeiten. Zwölf Exemplare seines Mittelmotor-Boliden baut Rubeao jedes Jahr. Und nicht nur die Cockpitmaße sind auf die Statur des Kunden abgestimmt – Maß genommen wird für das gesamte Fahrzeug bis hin zu den Türgriffen. An Bord gibt es auch Platz für einen Mitfahrer, der etwas versetzt hinter dem Piloten und ein wenig höher sitzt. Nobel geht es auch in den Details zu. So besteht das Markenemblem am Bug aus massivem Weißgold und kostet so viel wie ein Kleinwagen, und statt einer Chassisnummer erhält jeder Wagen die Zeile eines Gedichts.

Der Motor des Tramontana R ist ein Turbo-V12 von Mercedes-Benz, dessen Leistung von 550 PS sich durch das Hinzuschalten eines zweiten Laders auf 720 PS erhöhen läßt. Diese Power voll auszukosten, dürfte sich jedoch auf nur sehr wenige Gelegenheiten beschränken, schon aus Gründen der damit verbundenen Lärmentfaltung. **SH**

Camaro 2SS | Chevrolet

2009 • 6162 ccm, V8 • 426 PS/311 kW • 0-100 km/h in 4,9 Sek. • 250 km/h

Im Jahre 2009 befand sich der Chevrolet Camaro in seiner fünften Generation. Er hatte sich vom kantig-brutalen Macho-Auto zu einem geradezu eleganten „muscle car" verändert mit zivilisierten, gleichwohl sportlich zu nennenden Fahreigenschaften sowohl auf langen Geraden wie auf kurviger Landstraße.

Der erste, 1966 vorgestellte Camaro war von GM in die Welt gesetzt worden, um gegen den Ford Mustang anzutreten. Der letzte Wagen der vierten Generation war 2002 ausgeliefert worden. So dauerte es sieben Jahre, ehe GM wieder ein sportliches Cabrio dieser traditionsreichen Baureihe präsentierte, um abermals dem Mustang Kunden wegzunehmen. Das funktionierte auch, zumal der neue Camaro einen starken Corvette-Motor unter der Fronthaube hatte. Wobei für das Topmodell 2SS verschiedene Versionen zur Wahl standen, auch verschiedene Getriebe. Die Daten der Spitzenmotorisierung mit Sechsgang-Handschaltgetriebe stehen oben. Zur Serienausstattung gehörten Launch Control, Adaptive Stability Control und andere elektronische Systeme, ebenso eine automatische Einparkhilfe. Das Interieur wies zwar Ledersitze auf, aber wie einst auch noch viel Plastik, was schon früher europäische Interessenten verschreckt hatte. Diesseits des Atlantiks erwartete man höherwertige Qualität, auch und gerade von einem sportlichen Cabriolet, das neben der Corvette bestehen sollte.

Eine Sonderedition in Gelb und Schwarz nahm Bezug auf den Film „Transformers", in welchem ein Camaro durch die Biene Bumblebee in einen Kampfroboter verwandelt wurde. Solche PR-Gags mit Kino-Bezug lieben die Amerikaner sehr. **SH**

Continental Supersports | Bentley

2009 • 5998 ccm, Twinturbo-W12 • 630 PS/463 kW • 0-100 km/h in 3,9 Sek. • 329 km/h

Der Continental GT war der erste Bentley, der unter der Regie von Volkswagen entwickelt und gebaut wurde, teils sogar in Deutschland, nämlich in Dresden. Das zu akzeptieren, war für viele britische Patrioten eine bittere Pille. Doch der Wagen wurde ein internationaler Riesenerfolg. Wegen der hohen Nachfrage gab es lange Wartezeiten.

Im Sommer 2009 wurde als Modell Supersports eine weitere Variante des formschönen GT 2+2 vorgestellt. Der Motor des Bentley Continental Supersports verfügte über 630 PS und war damit noch um rund 20 PS stärker als im 2007 vorgestellten GT Speed. Im Rahmen der Modellpflege gab es dann einige Änderungen; so wurden die vorderen Lufteinlässe vergrößert und das Heck modifiziert. Außerdem wurde das Leergewicht des Supersports im Vergleich zur Basisversion um 120 Kilogramm gesenkt, indem unter anderem auf die Rückbank verzichtet wurde und leichtere Sportsitze mit mehr Seitenhalt Eingang fanden.

Der Supersports war das schnellste straßenzugelassene Modell von Bentley. Nach Werksangabe beschleunigte er in 3,9 Sekunden auf 100 km/h und erreichte eine Höchstgeschwindigkeit von 329 km/h. Das Allradantriebssystem war so eingerichtet, daß die Hauptantriebskraft normalerweise den hinteren Rädern zugeführt wurde. Ein aktives Dämpfersystem, neue Querstabilisatoren und neue 20-Zoll-Räder mit Pirelli-Reifen zeichneten das rasante Coupé aus.

Wie sich ein solcher Wagen auch auf Eis beherrschen läßt, demonstrierte der Rallye-Weltmeister Juha Kankkunen im Winter 2011 auf einem zugefrorenen See in Finnland, wo er auf 331 km/h kam. **SH**

Type 5 Sports Car | Harper

2010 • 1600 ccm, Vierzylinder • 175 PS/129 kW •
0-100 km/h in 6,8 Sek. • 230 km/h

Als ihm der Motorsport zu teuer wurde, beschloß der südafrikanische Rallyefahrer Craig Harper seine Passion für schnelle Fahrzeuge auf ein alternatives Gleis zu lenken. Er wollte künftig Autos bauen, mit denen nicht er selbst, sondern andere Leute sich vergnügten – ein Busineß, mit dem sich sogar Geld verdienen ließ statt es zu riskieren. Die Rechnung ging auf.

Harpers Idee war, einen schnellen, einfachen und zugleich komfortablen Zweisitzer zu schaffen, der sich im Sport ebenso gut verwenden ließ wie im Straßenverkehr. Das Resultat seiner Überlegungen und Planungen präsentierte sich 2010 in Gestalt des Type 5 Sports Car. Um die Tauglichkeit seiner Konstruktion zu testen, unternahm Harper eine Fahrt nach Simbabwe, um dort an einem Zuverlässigkeits-Wettbewerb teilzunehmen. Er wurde Siebter und chauffierte das Auto anschließend 3000 Kilometer nach Kapstadt zurück.

Nachdem dieser Test als bestanden gelten durfte, ging Harper an die Serienherstellung. Dabei übernahm er Teile wie Motor, Getriebe, Kühlsystem, Bremsen und Lenkung vom Toyota Corolla, um die Gestehungskosten niedrig zu halten. Der Kunde konnte den Wagen in Teilen zum Selbstbauen bekommen oder in assemblierter Form. Der hinter den Sitzen installierte Kühler bekam seine Luftzufuhr aus zwei Hutzen an den Fahrzeugseiten. Die aus Kunststoff bestehende Karosserie saß auf einem Stahlrohr-Space-Frame, der so leicht war, daß der gesamte Wagen nur 650 Kilogramm wog. Es gab ausreichend dimensionierte Knautschzonen, genug Platz für Gepäck – leider nur kein Verdeck. Harper konnte den Roadster auch mit einem VTEC-Motor von Honda oder einem Vierventiler von Audi liefern. **SH**

One-77 | Aston Martin

2010 • 7312 ccm, V12 • 750 PS/551 kW •
0-100 km/h in 3,5 Sek. • 355 km/h

Die Bezeichnung One-77 gab Rätsel auf. Aber sie hatte ihren Sinn. Denn jedes Exemplar war eines von 77. Mit anderen Worten: Die Zahl im Namen des Sportwagens stand für die limitierte Auflage von 77 Exemplaren.

Basis für das aus Kohlefaser gefertigte Chassis und die Alukarosserie war die sogenannte „vertical-horizontal platform" von Aston Martin. Das Design orientierte sich an den anderen Modellen des prominenten Herstellers, wobei die ausgestellten hinteren Radhäuser, die Lüftungsgitter in der Motorhaube, die zur B-Säule hin ansteigende Fensterlinie und die zweigeteilten Lufteinlässe in den Kotflügeln und Türen auffielen. Als Motorisierung diente ein vorn eingebauter 7,3-Liter V12-Motor von 750 PS, ein Aggregat von enormer Kraft – und es arbeitete ohne Auflading.

Nur sehr wohlhabende Interessenten kamen in den Genuß, zu den siebenundsiebzig auserwählten Käufern zu gehören. Das Coupé kostete nämlich 1,2 Millionen Euro. 2009 verlieh das Athenaeum Museum of Architecture and Design zu Chicago Aston Martin die begehrte Good Design Trophäe, aber nicht nur für die harmonische Formgebung des One-77, sondern auch für die innovative Technik, die sich darunter verbarg. Da die Marke Aston Martin nun einmal ihre Wurzeln im Motorsport hat, mußte auch der Auftritt des One-77 dem Erbe des Namens gerecht werden, wozu Fahrversuche auf dem Nürburgring immer ein überzeugendes Mittel der Erprobung sind. Der 1630 Kilogramm wiegende Zweisitzer mit seinem 750-Nm-Motor erfüllte alle Erwartungen – wenngleich die wenigsten der 77 Käufer ihr kostbares Auto wohl jemals einer Hetzfahrt auf dem Eifelkurs aussetzen werden. **SF**

Adding a piece of art adds value for life.

Body – Handmade aluminium   Backbone – carbon fibre   Heart – 7.0 litre 12 cylinder

ASTON MARTIN

Mulsanne | Bentley   (GB)

2010 • 6750 ccm, V8 • 505 PS/371 kW • 0-100 km/h in 5,1 Sek. • 298 km/h

Haben Sie schon jemals bei einer längeren Reise über Land gedacht: Ich sitze in einem wundervollen Wagen, aber mein Wohnzimmer daheim finde ich gemütlicher? Zumindest englische Auto-Innenarchitekten wußten schon in den zwanziger und dreißiger Jahren ihrer wohlhabenden Klientel, die auf solche Gedanken verfallen konnte, entgegenzukommen und schufen sanft dahinrollende Salons (woher sonst stammt die Bezeichnung „saloon" für Limousine) auf Rädern. Diese hießen Rolls-Royce oder Armstrong-Siddeley oder Lanchester. Wer sich heutzutage einen Salonwagen mit gediegener Wohnzimmeratmosphäre anschaffen möchte, sollte sich dem Bentley Mulsanne zuwenden.

Der Bentley ist groß und schwer. Seine 2,5 Tonnen Gewicht resultieren nicht nur aus einem Twinturbo-V8-Motor mit allen technischen Raffinessen der Neuzeit inklusive Achtgang-Getriebeautomatik, sondern aus den unglaublich vielen Komfortattributen, die der Wagen aufzuweisen hat. Vor allem die im Fond Reisenden schwelgen im Luxus. Es gibt dort einen dritten, herausklappbaren Sitzplatz, der bei Nichtgebrauch den Zugriff auf die Klimaanlage, das Audiosystem und die Bordbar frei gibt.

Einen Mulsanne gab es bei Bentley schon vor mehr als drei Jahrzehnten. Er stand 1980 auf dem Pariser Salon und war der erste komplett neue Bentley seit 1965. Die neue Limousine mit der Bezeichnung Mulsanne hatte technisch aber nichts mit den früheren Modellen zu tun. Sie stellte eine Neuentwicklung dar und war vor allem für den Markt in den USA gedacht, wo Bentley die meisten Kunden hat. Aus diesem Grund fand die Präsentation auch in Pebble Beach statt. **JI**

Ampera | Opel (D)

2010 • 1364 ccm, Vierzylinder + E-Motor • 80 PS/58,8 kW • 0-100 km/h in 9 Sek. • 207 km/h

Wie alle namhaften Automobilhersteller betrieb auch General Motors seit der Jahrtausendwende intensive Entwicklungsarbeit hinsichtlich eines Hybridfahrzeugs. So wurde im März 2009 der Opel Ampera vorgestellt, die deutsche Version des baugleichen Chevrolet Volt. Die Produktion der viertürigen Limousine sollte in den USA erfolgen, wobei die für November 2011 geplante Markteinführug verschoben wurde, da es bei Crashversuchen zu Problemen gekommen war: die Batterie für den Elektroantrieb erwies sich als nicht feuersicher untergebracht.

Mit einem voll geladenen Batteriesatz fährt der Ampera bis maximal 80 Kilometer ausschließlich elektrisch. Der eingebaute 1,4-Liter-Benzinmotor aus dem Opel-Programm mit 60-Kilowatt-Generator startet automatisch, wenn der Batterie-Ladezustand unter 26 Prozent gesunken ist und liefert dann den elektrischen Fahrstrom; dieser Fahrzeugtyp wird daher auch Extended-Range Electric Vehicle (Elektrofahrzeug mit verlängerter Reichweite) genannt. Der Ottomotor hat nur 80 PS, der Elektromotor aber fast 150 PS bzw. 111 kW und ein Drehmoment von 370 Nm, das in einem großen Drehzahlbereich zur Verfügung steht.

Die Brauchbarkeit und Sinnfäligkeit eines Hybrid-Familienwagens nach Art des Opel Ampera wurde von niemandem in Frage gestellt. Blieb nur das Handicap eines hohen Anschaffungspreises, der 2012 in Deutschland 45.000 Euro betrug. Eine „Elektro-Volksmotorisierung" lag unter diesen Gegebenheiten in weiter Ferne. Wegen zu geringer Nachfrage wurde die Produktion des Ampera im Frühjahr 2012 auch erst einmal ausgesetzt. **HS**

Focus RS500 | Ford

2010 • 2521 ccm, Turbo-Fünfzylinder • 345 PS/254 kW • 0-100 km/h in 5,4 Sek. • 265 km/h

Es hat den Anschein, als seien die Ingenieure bei Ford nie mit dem zufrieden, was sie geschaffen haben – siehe Focus. Der überall als ganz hervorragend beurteite Familienwagen wurde in einen noch besseren ST mit Aufladung und 223 PS verwandelt, dann kam der Focus RS mit 301 PS hinzu, gut für 264 km/h. Aber auch aus diesem wunderbaren Auto ließ sich noch mehr herausholen, und so entstand der Focus RS500. Die Zahl sollte andeuten, daß geplant war, nur 500 Homologierungs-Exemplare herzustellen.

Der bei 6000 Touren 345 PS leistende Frontantriebsmotor war ein Fünfzylinder mit neuem Motormanagement (ECU), einem größeren Luftsammler, größerem Intercooler für den Turbolader und einem neuen Auspuffysystem. Auch das Getriebe hatte man neu abgestuft, dazu gab es ein Limited-Slip-Differential. Das Fahrwerk war nochmals sportlicher abgestimmt und um 40 Millimeter verbreitert worden, außerdem war der Wagen serienmäßig mit Spezialfelgen und Sportreifen ausgerüstet. Die Sättel der Hochleistungs-Bremsanlage waren rot lackiert.

Aufgewertet hatte man auch das Interieur dieses speziellen Focus, das unter anderem eine Plakette mit der Seriennummer des Wagens aufwies. Er hatte Recaro-Schalensitze, die mit einem schwarzen Alcantara-Leder-Mix bezogen waren. Die Aufpreisliste umfaßte lediglich ein Navigationsgerät und rote Volledersitze. Die graphitgraue Lackierung, speziell durch einen Betrieb nahe der Fabrik aufgetragen, kennzeichnete des RS500 mit seinem Dachspoiler am Heck als eine Exklusivität – und die verriet auch der rauhe Motorenklang des Fünfzylinders. **JI**

Range Rover Evoque | Land Rover

2010 • 1999 ccm, Turbo-Vierzylinder • 237 PS/174 kW • 0-100 km/h in 7,1 Sek. • 217 km/h

Die Ausstattung des auf einer Galaparty 2010 in London präsentierten Range Rover Evoque wurde nach Vorschlägen von Victoria Beckham gestaltet, jener Modekönigin Englands, die die Gattin des berühmten Fußballers David Beckham ist. Der Anlaß war der 40. Geburtstag des Range Rover – eines Autos, das 1970 den Beweis antrat, daß Geländewagen nicht nur Arbeitsfahrzeuge sein müssen.

Doch als im Laufe der Zeit der Range Rover immer opulenter und muskulöser wurde, erhoben sich Stimmen, die nach einer kleineren und bescheideneren Version riefen. So entstand der Evoque als verschlankte Interpretation eines erfolgreichen Themas. Der Dreitürer war schon fast als Sportwagen zu bezeichnen. Damit näherte sich das Auto dem LRX-Konzept von Land Rover, vorgestellt 2007 auf der Detroit Auto Show, für welches bereits 18.000 Kaufanträge vorlagen, noch bevor die Produktion begonnen hatte. Mit dem Evoque lag man also genau richtig. Um der Nachfrage entsprechen zu können, wurden alle Fertigungskapaziäten genutzt: alle siebzig Sekunden verließ ein Fahrzeug das Band. Die Plattform des Evoque war die gleiche wie beim Land Rover Freelander, Ford Mondeo und Volvo S90. Hier zeigten sich die produktionsstrategischen Möglichkeiten eines Großkonzerns.

Der Vierzylinder-Turbomotor hatte in der Basisversion zwei Liter Hubraum, doch es gab auch einen 2,4-Liter Turbodiesel, genannt TD4, der ebenso gern gekauft wurde. Wahlweise standen Zwei- oder Vierradantrieb zur Verfügung, wobei letzterer mit einem etwas höheren Fahrwerk für Geländeeinsatz kombiniert war. Auf den Victoria Beckham gern verzichtete. **LT**

GTX | Devon (USA)

2010 • 8360 ccm, V10 • 650 PS/478 kW • keine Angaben • keine Angaben

Der Devon GTX Supersportwagen ist das Werk des Amerikaners Scott Devon aus Los Angeles und seines schwedischen Partners Daniel Paulin, zuständig für das Design des Coupés. Ihr Ziel war es, einen Hochleistungswagen ohne Rücksicht auf die Kosten zu bauen. Mit der Feinabstimmung beauftragten sie den Rennfahrer Justin Bell.

In Paulins Design fanden sich klassische Sportwagenelemente ebenso wie futuristische Anklänge aus einem Science-Fiction-Film. Die vorderen und hinteren Überhänge waren minimal, die Türen öffneten sich nach oben, und die Farbgebung der angedeuteten Kotflügel kontrastierte zur Farbe der übrigen Karosserie. Das Interieur beschränkte sich auf ein Minimum und war in schwarzem und weißem Leder gehalten; der Schalthebel des Sechsganggetriebes mit seinem weißen Knauf ragte aus dem Kardantunnel wie bei einem „muscle car" der siebziger Jahre.

Im Stahlrohrrahmen saß ein Dodge-Viper-Motor, der die Hinterräder antrieb; alle Teile des Fahrwerks waren auf High Performance ausgelegt – doch über die Leistungsdaten des GTX schwiegen sich die Hersteller aus. Enttäuscht durfte der Käufer eines solchen Autos gewiß nicht sein, denn er hatte für sein Fahrzeug immerhin eine halbe Million Dollar ausgegeben. Für 24.000 Dollar Aufpreis gab es eine noch leistungsstärkere Version. Devon nannte seine Kreation das weltstärkste Serienfahrzeug ohne Aufladung, und Beweise hierfür lieferten Rekordrunden, die ein GTX in Willow Springs und Laguna Seca absolvierte. Nach seiner Vorstellung wurde es aber still um den Devon. Außer dem Prototyp sind bislang nur zwei Exemplare gebaut worden. **SH**

458 Italia | Ferrari

2010 • 4491 ccm, V8 • 570 PS/419 kW • 0-100 km/h in 3,4 Sek. • 325 km/h

Bis zu 9000 Touren vertrug der ohne Aufladung auskommende Fünfliter-Motor des Ferrari 458 Italia; so hoch hatte noch nie ein Ferrari-Motor für die Straße gedreht. Alle Welt war sich einig in der Bewunderung dieses Supersportwagens, der 2009 auf der IAA seinen Einstand gegeben hatte und als Nachfolger des F430 galt. Doch dann ging einiges schief: Das Auto kam in die Schlagzeilen, weil nicht weniger als fünf Exemplare nacheinander in Flammen aufgegangen waren. Untersuchungen ergaben, daß im Bereich der hinteren Radläufe eine Verklebung nicht hitzebeständig war, bei hoher Betriebstemperatur des Motors schmolz und auf die glühend heißen Auspuffrohre tropfte, wo sie sich entzündete. Um die Lightweight-Aluminiumkarosserie war es in Sekundenschnelle geschehen. Es gab eine Rückrufaktion an 1200 Käufer eines 458 Italia, in deren Verlauf die fraglichen Bauteile vom Kleber befreit und in guter alter Manier zusammengenietet wurden. Auch der Rockstar Eric Clapton besaß einen solchen Wagen.

Ungeklärt aber blieb die Ursache eines Brandes, dem ein 458 Italia an einem Londoner Flughafen zum Opfer fiel – ein nagelneues Auto mit einer speziellen Innenausstattung von Dolce & Gabbana, die allein schon 80.000 Euro gekostet hatte. Angesichts so vieler Negativmeldungen rückte die Tatsache in den Hintergrund, daß der Mittelmotor-Ferrari eine aerodynamisch perfekte Karosserie und einen unglaublich leistungsstarken Motor besaß, gekoppelt mit einem halbautomatischen Siebenganggetriebe. Kein Geringerer als der siebenfache Formel-1-Weltmeister Michael Schumacher hatte als Testfahrer für dieses einmalige Auto zur Verfügung gestanden. **SH**

◁ Aus der Vogelperspektive ist zu erkennen, wie geräumig der viersitzige Aston Martin Rapide von 2010 war.

Rapide | Aston Martin

2010 • 5935 ccm, V12 • 477 PS/351 kW • 0-100 km/h in 5,3 Sek. • 296 km/h

Kann man einen ausgewachsenen Viertürer einen Sportwagen nennen? Durchaus, wenn es sich um einen Aston Martin handelt. Etwa um das Modell Rapide, das seit Oktober 2009 bei der Firma Magna Steyr in Graz gebaut wird – nicht etwa in Gaydon, England, wie die anderen Autos dieser Marke. Dabei ist dieser Aston Martin kein Auto mit Allradantrieb, für dessen Technologie die Grazer ihren Weltruf genießen.

Aston Martin ging von einem Verkauf von 2000 Fahrzeugen pro Jahr aus. Markentypische Designelemente teilt sich der 296 km/h schnelle Viertürer mit den erfolgreichen Modellen DB9 und Vanquish, wobei der Radstand im Vergleich zu dem des DB9 um 30 Zentimeter verlängert wurde, um Platz für zwei weitere Türen und vollwertige Rücksitze zu schaffen. Diese lassen sich elektrisch umlegen, wodurch ein Kofferraum von 750 Liter Fassungsvermögen entsteht. Der Grundpreis von 180.000 Euro versteht sich mit normalem Dach; das Panoramadach des Wagens auf dem nebenstehenden Foto hatte nur das Konzeptfahrzeug von 2006, das auf der Detroit Motor Show zu sehen gewesen war.

Aus dem DB9 stammt auch der 477 PS starke V12-Motor mit seinem Drehmoment von 600 Nm. Mit ihm kann man die Limousine aus dem Stand in nur 5,3 Sekunden auf 100 km/h beschleunigen. Das Schalten übernimmt eine Sechsstufen-Getriebeautomatik. Der Wagen mit seinen 20-Zoll-Rädern und einem Hochleistungsfahrwerk ist mindestens so alert wie er aussieht. Falls es den Fondpassagieren dennoch langweilig werden sollte: auf LCD-Monitoren in den Rückenlehnen vor ihnen können sie sich unterwegs Videofilme anschauen. **SF**

C5 HDI 2.0 | Citroën

2010 • 1997 ccm, Turbo-Vierzylinder • 163 PS/102 kW • 0-100 km/h in 9,9 Sek. • 210 km/h

Der im Herbst 2000 neu eingeführte große Citroën knüpfte an eine lange Tradition der französischen Marke an. In vieler Hinsicht war er für „Umsteiger" gewöhnungsbedürftig, doch im Laufe stetiger Modellpflege hatte er 2010 einen Reifegrad erreicht, der Maßstäbe setzte. Ab 2001 war der Wagen auch als Break zu bekommen, und 2007 wurde die fünftürige Limousine mit Fließheck durch ein viertüriges Stufenheckmodell ersetzt. Die Kombivariante hieß jetzt nicht mehr Break, sondern Tourer. Vielleicht, weil die traditionelle Bezeichnung Break inzwischen von so vielen anderen Herstellern strapaziert wurde und das fälschlicherweise auch noch in der Schreibweise „Brake". Die Bezeichnung Tourer für einen Kombiwagen lag aber ebenso daneben, denn darunter versteht man seit jeher ein offenes Fahrzeug.

Neu war, daß die Käufer eines C5 erstmals die Wahl zwischen unterschiedlichen Federungssystemen hatten: Es gab zum einen eine konventionelle Schraubenfederung, zum anderen die für Citroën typische Hydractive-Federung.

2010 standen schließlich auch zwei neue Vierzylindermotoren zur Verfügung, der 1.6 THP Benziner und der 2.0 HDI 160 Diesel. Damit war die Auswahl der Motorisierungen auf neun gestiegen, von 210 bis 240 PS. Letztgenannte Version betraf einen 3,0-Liter V6-Dieselmotor mit Turboaufladung. Auch wurde im Herbst 2010 der C5 leicht überarbeitet. Sowohl Limousine als auch Tourer erhielten Frontscheinwerfer mit LED-Tagfahrlicht anstatt der zuvor verwendeten Glühlampen, und die hellrot gefärbten Prismen der Heckleuchten bekamen klare Abdeckungen. **HS**

Plethore | HTT

2010 • 6162 ccm, V8 • 750 PS/551 kW • 0-100 km/h in 2,8 Sek. • 388 km/h

Die Kanadier mochten nicht zurückstehen, als im Wettstreit der Nationen ein Supercar nach dem anderen entstand und jeder seiner Schöpfer versuchte, den anderen durch noch mehr Motorleistung und noch bessere Beschleunigungswerte zu übertrumpfen. Viele Konstrukteure griffen dabei auf Bewährtes zurück – und dazu zählt seit vielen Jahren der V8-Motor der Corvette. So befindet sich auch ein mit einem Kompressor bewehrter Corvette-ZR1-Motor in der Fahrzeugmitte des HTT Plethore mit seinem Kohlefaser-Chassis. Der Zweisitzer hat Schmetterlingstüren und den Fahrersitz in der Mitte, wobei zwei Passagiere mitgenommen werden können (und aus Gründen der Gewichtsverteilung sollte es tatsächlich nicht nur einer sein), deren Plätze sich zu beiden Seiten neben ihm befinden. Die HTT-Gründer Sébastien Forest und Carl Descoteaux behaupten, ihr Auto sei das am besten ausgewogene der ganzen Welt ... Die Abkürzung HTT steht übrigens für High-Tech-Toy. Und High-Tech-Spielereien hat der Wagen in genügender Zahl, um seine Insassen zu erfreuen, wie etwa Rückschaukameras mit LCD-Bildschirm am Armaturenbrett und Fernbedienung für die Türen. Um einen niedrigen Schwerpunkt zu erzielen, hat man den Motor verhältnismäßig tief ins Chassis gesetzt. Mit einem Fahrwerk, das aus Aluminium besteht und elektronisch einstellbar ist, bringt der Plethore nur 1250 Kilogramm auf die Waage.

Als der Plethore zum ersten Mal im kanadischen Fernsehen im Rahmen eines Wettbewerbs gezeigt wurde, waren zwei der Juroren von dem Auto so begeistert, daß sie sofort bereit waren, für 1,5 Millionen Dollar Firmenanteile an HTT zu übernehmen. **SH**

Superlight | Rapier

USA

2010 • 6162 ccm, V8 • 638 PS/470 kW • 0-100 km/h in 3,2 Sek. • 357 km/h

Wie bei der Auftragsvergabe für den Bau einer Yacht handhabten die Hersteller des Superlight die Finanzierung ihrer Fahrzeugproduktion: Der Kunde leistete beim Unterzeichnen des Kaufvertrages eine Anzahlung, und erst danach gingen die Techniker in Boston ans Werk, um innerhalb von neun Monaten in aller Ruhe einen Traumwagen auf die Räder zu stellen. Online konnte der Kunde verfolgen, wie sein Auto nach und nach Gestalt annahm. 180.000 Dollar machte die Gesamtrechnung am Ende aus, und für diese Summe bekam er eines der schnellsten Straßenfahrzeuge, das je in Nordamerika gebaut wurde.

Zu den Besonderheiten des Rapier gehörte, daß jeder Wagen auf den Körper des Bestellers maßgeschneidert wurde, etwa Sitze, Pedale und Lenkrad betreffend. Selbstverständlich ließ sich auch jeder Farbwunsch erfüllen, sogar der nach Pink oder Lila. Auch in bezug auf die Motoren – alle von Chevrolet – hatte man die Wahl, wobei der ZR1 aus der Corvette mit 6162 ccm und 638 PS der leistungsfähigste war. Alles wurde nach Kundenwunsch ausgeführt, selbst eine Auswahl unter neun Felgen-Designs wurde geboten. Der mit seinem Heckflügel exotisch anmutende Wagen wurde seinem Namen gerecht, denn er wog nicht mehr als 1077 Kilogramm, das waren 450 weniger als die Corvette mit gleichem Motor. Das Sechsganggetriebe wies Handschaltung auf. Wie bei einem Rennsportcoupé gab es in der Kabine einen Überrollkäfig, und das Lenkrad ließ sich per Schnellverschluß abnehmen. Und ausreichend dimensionierte Bremsen ermöglichten dem Fahrer, aus dem Rausch von 357 km/h rasch wieder in die Tempobereiche amerikanischer Legalität zu gelangen. **SH**

Vantage N420 | Aston Martin (GB)

2010 • 4735 ccm, V8 • 420 PS/309 kW •
0-100 km/h in 4,8 Sek. • 288 km/h

Der N420 war eine Sonderausgabe des Aston Martin Vantage und wurde als Coupé und als Roadster angeboten. Das Fahreug wog 27 Kilogramm weniger als die Standardversion, weil eine Anzahl von Teilen, auch die Sitzschalen, aus Karbon bestanden. Der Hauptunterschied aber lag im Fahrwerk, das beim N420 extrem auf Sportlichkeit ausgelegt war.

Der neue 4,7-Liter-Motor mit 420 PS bei 7000 U/min ersetzte den bisherigen 4,3-Liter-V8. Er beschleunigte in 4,8 Sekunden von Null auf 100 km/h; der Wagen erreichte eine Höchstgeschwindigkeit von 288 km/h. Der Verbrauch betrug 13,2 Liter auf 100 Kilometer. Damit war das Auto sparsamer geworden, und mit einer Vergrößerung des Tanks ergab sich dadurch eine größere Reichweite. Optimiert hatte man auch das Automatikgetriebe und die Lenkung.

Der N420 stand auf speziellen 19-Zoll-Leichtmetallfelgen, und im Interieur gab es eine überarbeitete Mittelkonsole, ein Festplatten-Navigationssystem und einen Anschluß für MP3-Player. Der herkömmliche Fahrzeugschlüssel war durch eine sogenannte Emotional Control Unit (ECU) aus Glas, poliertem Edelstahl und Polycarbonat ersetzt worden. Dieses Modul wurde in eine spezielle Öffnung geschoben und der Motor per Knopfdruck gestartet. **SF**

New Stratos | Lancia (I)

2010 • 4308 ccm, V8 • 540 PS/397 kW •
0-100 km/h in 3,3 Sek. • 274 km/h

1971 wurde der Lancia Stratos HF mit dem quer zur Fahrtrichtung eingebauten Sechszylindermotor des Dino 246 GT präsentiert. Das Auto wurde eine Legende des Rallyesports und erfuhr eine Wiederauferstehung durch den deutschen Unternehmer Michael Stoschek, der 2005 ein Replikat baute und in Genf ausstellte – mit Erfolg: Er verzeichnete großes Interesse an diesem Auto. 2008 beauftragte er Pininfarina mit dem Bau eines professionellen Prototyps auf Ferrari-430-Basis, der im Dezember 2010 als New Stratos auf dem Circuit Paul Ricard präsentiert wurde.

Wie sein prominenter Vorgänger besaß der New Stratos einen sehr kurzen Radstand und dank geringen Gewichts eine hervorragende Agilität. Das Aluminiumprofilchassis wurde für den New Stratos um 20 Zentimeter gekürzt und mit einem Überrollkäfig versehen. Als Hauptwerkstoff für die Karosserie und das Interieur verwendete man Kohlefaser und Aluminium, und mit 1247 Kilogramm wog das Auto 80 Kilogramm weniger als das Ferrari-Basismodell. Die Lenkung funktionierte elektrohydraulisch, das Getriebe ließ sich über Wippen schalten.

Durch ein optimiertes Motormanagement und eine Sportauspuffanlage mit Fächerkrümmern wurde die Leistung des V8 auf 540 PS gesteigert. Leider blieb das interessante Auto ein Einzelstück. **DS**

DS3 Racing | Citroën (F)

2010 • 1598 ccm, Vierzylinder • 207 PS/152 kW • 0-100 km/h in 7 Sek. • 235 km/h

Der Citroën DS3 ist ein Kleinwagen, der im März 2010 auf dem Markt kam. Er war mit drei verschiedenen Benzin- und zwei Dieselmotoren zu bekommen sowie in diversen Ausstattungsvarianten, so auch als DS3 THP 200 Racing, limitiert auf 2000 Exemplare. Mit 207 PS lag die Motorleistung um 51 PS höher als beim Standardmodell. Das Fahrwerk hatte man um 15 Millimeter abgesenkt. Es gab speziell abgestimmte Sportdämpfer, eine direkter abgestimmte Lenkung und eine Vierkolben-Bremsanlage mit gelochten Bremsscheiben. Auch das ESP war neu abgestimmt worden, ließ sich aber deaktivieren.

Am 24. Januar 2011 wurde in Paris der Citroën DS3 WRC vorgestellt, ein nach dem WRC-Reglement gebautes Modell mit Allradantrieb und Abgas-Turbolader, der die Leistung auf 300 PS erhöhte. Im Vergleich zum Vorgänger C4-WRC gab es viele Verbesserungen sowie den Verzicht auf ESP, ABS und Schalthilfen beim Getriebe. Als Fahrer für den Citroën DS3 WRC hatte man Sébastien Loeb und Sébastien Ogier verpflichtet sowie den ehemaligen Rallye-Weltmeister Peter Stolberg und den Formel-1-Champion Kimi Räikkönen. Nach zehn Siegen bei dreizehn Rallyes gewann das Citroën Total World Rallye Team den Titel in der Herstellerwertung, und Loeb wurde zum achten Mal in Folge Weltmeister. **JI**

Ibiza Cupra Bocanegra | Seat (E)

2010 • 1390 ccm, Turbo-Vierzylinder • 178 PS/131 kW • 0-100 km/h in 7,2 Sek. • 255 km/h

Bocanegra bedeutet „schwarzes Maul" – und mit einem solchen war dieser Seat Ibiza tatsächlich eine unverwechselbare Erscheinung. „Der neue Seat Ibiza Cupra hat sportliche Tugenden", schrieb Jörg Maltzan in *Auto Bild*. „180 PS liefert sein 1.4-TSI-Motor an die Vorderachse – der gleiche Antrieb wie im Polo GTI. Diese Kraft bekommt das Ibiza-Topmodell gut auf die Straße. Nur in Serpentinen oder auf rutschiger Oberfläche verliert das kurveninnere Vorderrad schon mal den Halt. Es dreht nur kurz durch, bevor das sauber abgestimmte Serien-ESP eingreift. Ebenfalls Serie: die elektronische Differentialsperre sowie Siebengang-Direktschaltgetriebe mit Schaltwippen am Sportlenkrad."

Der spanische Dreitürer war auf sportlich getrimmt und nahm es mit dem MINI Cooper S auf. Gewöhnung verlangte der doppelt aufgeladene Motor: „Ab 5500 U/min verliert er etwas die Lust, klingt rauh und überanstrengt. Aber kein Problem: Einfach kurz die rechte Wippe antippen, blitzartig schaltet das DSG hoch, und es liegen wieder 250 Newtonmeter Drehmoment an ..." Denn der Bocanegra verfügte sowohl über einen Turbolader als auch über einen Kompressor, und in Kombination mit dem elektronisch aktivierten Getriebe fand der Wagen zu einer jeweils ökonomisch optimal angepaßten Fahrweise. **JI**

Mit seinen Flügeltüren gleicht der Mercedes-Benz SLS AMG von 2010 seinem historischen Vorbild aus den fünfziger Jahren. ▷

SC7 | Orca

2010 • 4163 ccm, Twinturbo-V8 • 850 PS/625 kW • 0-100 km/h in 2,6 Sek. • 400 km/h

Der Orca SC7 entstand in Liechtenstein, aber es hätte auch keinen Unterschied gemacht, wäre er auf der Insel Helgoland gebaut worden: Hier wie dort gibt es nicht ein einziges Straßenstück, auf dem ein 850-PS-Automobil auch nur fünfhundert Meter probegefahren werden könnte. Doch das focht einen Mann wie René Beck aus Vaduz nicht an. Jahrelang experimentierte er in seiner Werkstatt mit den verschiedensten Prototypen eines Supersportwagens. 2010 stand sein Orca SC7 fahrbereit auf den Rädern.

Der Zweisitzer wies in der Wagenmitte einen Aluminium-Twinturbo-V8 aus dem Audi A6 auf, umschlossen von einem aerodynamisch perfekt geformten Aufbau aus federleichtem Kohlefasermaterial und Aluminium. Er bestand aus drei Hauptteilen und zehn aufgeschraubten Paneelen.

Das Fahrzeug wog 850 Kilogramm, und mit seinem von der Firma MTM auf 850 PS getunten Motor ließ es sich auf 400 km/h beschleunigen, wenn man die sieben Gänge des sequentiellen Getriebes durchschaltete. Das aktive, elektronisch gesteuerte Dämpfersystem wurde ergänzt durch eine Automatik, die je nach Geschwindigkeit die Höhe des Fahrwerks regulierte. 850 PS und 850 Kilogramm – das entsprach einer Relation, als hätte ein VW Käfer von 1967 eine Motorleistung von 760 statt 34 PS gehabt.

Der Auftritt des Flügeltüren-Coupés glich dem eines Jagdflugzeuges. Es gab zwei Heckspoiler, jede Menge Lufteinlässe und zwei davon auf dem Dach. Die Bezeichnung SC7 hatte Beck gewählt, weil er sein Auto als einen Straßenrennwagen (Street Competition) betrachtete und es nur in sieben Exemplaren zu bauen gedachte. **SH**

SLS AMG | Mercedes-Benz

2010 • 6208 ccm, V8 • 563 PS/414 kW • 0-100 km/h in 3,8 Sek. • 317 km/h

Immer wieder faszinierten Flügeltürer-Coupés die Konstrukteure exotischer Sportwagen, und wer sonst als Mercedes-Benz wäre legitimiert gewesen, eine weitere Hommage an das historische Erbe des legendären 300 SL der Uhlenhaut-Ära auf die Räder zu stellen. So entstand der SLS in einer AMG-Version in Nachfolge des McLaren SLR (Seite 763). Das sensationelle Auto wurde 2009 auf der IAA in Frankfurt am Main vorgestellt. Natürlich waren seine Flügeltüren der Hauptblickfang, aber der Rest des Wagens wich vom Original doch erheblich ab.

Das wie einst der 300 SL durchweg von Hand gebaute Fahrzeug hatte einen Rahmen in Space-Frame-Technik und einen von AMG leistungsoptimierten V8-Motor mit einem halbautomatischen Siebengang-Doppelkupplungsgetriebe, das über Wippen am Lenkrad zu schalten war. Das Fahrwerk ließ sich in verschiedenen Modi einstellen, so daß der Fahrkomfort auf der Zielgeraden einer Rennstrecke derselbe war wie in der Altstadt von Dinkelsbühl. Technische Besonderheiten gab es in Fülle bis hin zu einem System für die automatische Zwangsöffnung der Flügeltüren, sollten diese infolge eines Unfalls blockiert sein. Karbon-keramische Bremsen gab es als Option. Serienmäßig verfügte der SLS über acht Airbags und eine elektronische Stabilitätsautomatik, die etwaige Brems- oder Lenkfehler korrigieren half.

Mit 50:50 wies der Flügeltürer eine ideale Gewichtsverteilung auf, womit der Wagen perfekt zu beherrschen war. 2010 diente ein SLS als Safety Car bei Formel-1-Rennen, womit er in aller Welt einen wirkungsvollen Fernsehauftritt genoß. **HS**

308 RCZ | Peugeot

2010 • 1598 ccm, Turbo-Vierzylinder • 200 PS/147 kW • 0-100 km/h in 7,6 Sek. • 231 km/h

Auf der Basis des Peugeot 308 entstand 2009 ein RCZ genanntes Coupé mit einem 200-PS-Turbomotor. Es war ein Vierzylinder mit Direkteinspritzung und zwei obenliegenden Nockenwellen. Eine 1,6-Liter-Ausführung mit 156 PS gab es ebenfalls. Die Silhouette des Coupés weist etwas Ähnlichkeit mit der des Audi TT auf. Schaut man genauer hin, gibt es aber doch Unterschiede: das Dach des Peugeot hat eine Doppelwölbung. Die seitlichen Streben neigen sich sanft nach hinten und bestehen aus mattpoliertem Aluminium. Mit zunehmendem Tempo fährt ein Heckspoiler aus: So etwas hätte sich Audi 1998 auch einfallen lassen können ... Interessant ist ferner, daß der 308 RCZ bereits die neuen Richtlinien des EURO-NCAP-Crashtests erfüllt. Eine pyrotechnische Pop-up-Motorhaube soll die Verletzungsgefahr von Fußgängern im Schadensfall vermindern, indem sie bei einem Zusammenstoß leicht angehoben wird. Bemerkenswert ist auch, daß Peugeot dieses Auto bei Magna in Österreich produzieren läßt.

Auf Anhieb geriet das Auto zu einem Erfolg; innerhalb der ersten zwölf Monate gingen 30.000 Bestellungen ein. Der Motor, der die Vorderräder antreibt, ist identisch mit dem im MINI, was wenig bekannt ist. Das Interieur macht einen etwas bürgerlichen Eindruck, solange man nicht von der Option für Ledersitze Gebrauch macht, und als Extras sind auch größere Alufelgen sowie Kurvenlicht-Xenonscheinwerfer erhältlich. 2012 war ein diesel-elektrischer Hybdride mit Allradantrieb in der Planung, von dem Peugeot aber verlauten ließ, der damit ausgestattete Prototyp sei nur ein Concept Car. Aber das war der 308 RCZ ja auch einmal gewesen. **SH**

CTS-V | Cadillac (USA)

2010 • 6162 ccm, V8 • 564 PS/415 kW • 0-100 km/h in 4 Sek. • 308 km/h

Wieder einmal präsentierte General Motors 2010 einen Cadillac, der eine völlige Abkehr vom gewohnten Vorstellungsbild darstellte – mit 550 PS und 308 km/h Spitze. Das letzte Mal hatte es einen solchen Schocker 1950 gegeben, als Briggs Conningham mit einem getunten Cadillac Coupé de Ville am Start zum 24-Stunden-Rennen von Le Mans erschien. Die Modellreihe CTS stellte Cadillac im Frühjahr 2002 vor; Anfang 2003 kamen die ersten Exemplare nach Europa. Der Wagen basierte auf der GM-Sigma-Plattform und hatte Hinterradantrieb. Die Gewichtsverteilung betrug 53:47, was für ausgewogene Fahreigenschaften sorgen sollte. Wahlweise erhielt man ein Schaltgetriebe von Getrag oder eine Automatik vom Typ Hydra-Matic 5L40-E, beide mit fünf Gängen. Im September 2007 wurde die zweite Generation des CTS eingeführt, und deren Hochleistungsvariante CTS-V folgte im Herbst 2008. Als Motor hatte dieser Zweitürer einen 6,2-Liter V8 mit Kompressor; dieser LSA genannte Achtzylinder war eine Variante des LS9 aus der neuen Corvette ZR1. Die Motorleistung betrug 564 PS, und die Kraftübertragung erfolgte über eine Automatik oder ein neues Tremec-TR-6060-Doppelkupplungsgetriebe mit sechs Gängen. Serienmäßig war der CTS-V mit einer elektromagnetischen Stoßdämpferregelung ausgestattet. Dank hinterer Mehrlenker-Einzelradaufhängung war die Straßenlage des 2040 Kilogramm schweren Wagens ausgezeichnet, und mit zunehmender Geschwindigkeit wurde die Lenkung automatisch direkter. Das Fahrwerk wurde unter anderem in Deutschland auf dem Nürburgring getestet und abgestimmt; Fachleute verglichen die Qualität des Handlings mit der eines BMW M5 oder Jaguar XFR. **JI**

B2 | Marussia

2010 • 2800 ccm, V6 • 450 PS/331 kW • 0-100 km/h in 3,8 Sek. • 250 km/h

Schon mit dem ersten Marussia B1 hatten die Russen 2008 den Beweis geliefert, daß auch sie einen attraktiven Supersportwagen zu bauen imstande waren. Nikolai Fomenko präsentierte 2010 seine zweite Kreation, den Marussia B2, noch aggressiver und konsequenter gestylt. Der hochpotente Motor war ein 2,8-Liter V6 von Cosworth und saß in einem Lightweight-Chassis mit groß dimensionerten Bremsen. Auch ein 3,5-Liter war zu bekommen. Wie der B1 sollte der B2 rund 4 Millionen Rubel kosten, umgerechnet an die 100.000 Euro.

Der Kunde konnte sich das Interieur ganz noch seinen Wünschen ausstatten lassen. Alle Funktionen und Anzeigen erfolgten elektronisch, und für den Sitzkomfort sorgte feinstes, handvernähtes Leder.

Auch boten Fomenko und seine Partner Andrej Tscheglakow und Jefim Ostrowski eine SUV- und eine Elektrovariante an. Alle teiten sich den Rahmen in Space-Frame-Bauweise mit Kevlar-Paneelen. Das Design des zweisitzigen Mittelmotor-Coupés zeigte italienische Einflüsse. Der Motor saß quer über der Hinterachse und war mit einem Sechsganggetriebe kombiniert. Ein Drittel aller Bauteile, so hieß es, stammte aus heimischer Produktion. Nikolai Fomenko ist kein Kfz-Ingenieur, sondern ein russischer Fernseh-Entertainer und Sänger. Sein Bekanntheitsgrad trug dazu bei, daß der von ihm lancierte Marussia in die Schlagzeilen kam. Daß Fomenko sein Engagement ernst nimmt, bewies er 2012 durch die Übernahme des Virgin Formel-1-Teams; schon 2011 war der Rennstall unter dem Namen Marussia Virgin Racing angetreten. Die Russen verfügen über große finanzielle Ressourcen und eröffneten 2010 in Moskau einen Showroom. **SH**

ST-1 | Zenvo   DK

2010 • 7000 ccm, Turbo-V8 • 1104 PS/811 kW • 0-100 km/h in 2,9 Sek. • 375 km/h

Andere Konstrukteure sind mit halb so viel Leistung schon auf höhere Geschwindigkeiten gekommen – aber wer mehr als 1100 PS auf die Straße bringt, gerät mit den Verkehrsvorschriften über kurz oder lang sowieso in Konflikt, auch auf der dänischen Insel Seeland. Ausgerechnet dort entstand 2010 ein Supersportwagen, für den es sogar zahlende Interessenten gab, denen es 1,5 Millionen Euro wert war, einen Zenvo ST-1 zu erwerben – ein Fahrzeug wie aus einer anderen Welt. Seine Hersteller gaben an, nur fünfzehn Stück bauen zu wollen, damit der exklusive Status gewahrt bliebe. Man kann diese Zurückhaltung auch als einen Ausdruck von Bescheidenheit werten.

In jeder Beziehung stellte der ST-1 ein Auto der Superlative dar, nicht allein im Hinblick auf seine gigantische Motorleistung. Die extrem leichte Kohlefaser-Karosserie wies große Lufteinlässe für Motor und Bremsen auf, wobei man es verstanden hat, die keilförmgen Stilelemente zu einer harmonischen Gesamtkomposition zu gestalten. Gewisse Anklänge an Star Wars-Flugobjekte und eine Vorwegnahme der Audi-Q-Serie von 2013 sind erkennbar.

Die Motorleistung von mehr als 1100 PS resultierte aus einer Kombination von Kompressoraufladung und Turboaufladung. Faktisch könnte der Zenvo ST-1 noch schneller als die angegebenen 375 km/h sein, doch dann wären die Reifen überfordert. Nach Herstellerangaben soll es drei Exemplare einer 1233-PS-Version geben, gebaut für Kunden in den USA. Der exorbitante Preis dieser Fahrzeuge schloß eine eigens angefertigte Schweizer Armbanduhr ein, die allein schon einen Wert von 50.000 Dollar verkörperte. **SH**

Leaf | Nissan

2010 • Elektroantrieb • 80 kW • 0-100 km/h in 9,9 Sek. • 150 km/h

Mit dem Leaf brachte Nissan 2010 den ersten in Großserie hergestellten Elektro-Personenwagen auf den Markt. Der geräumige Fünftürer wird sowohl in Japan als auch in den USA und in England produziert. Sein Elektromotor treibt die Vorderräder an.

Äußerlich weist das Auto ein zeitgemäßes, konventionelles Layout auf: seine Fahrleistungen entsprechen denen eines Autos mit Verbrennungsmotor. Nicht mehr und nicht weniger waren dies die Kobstruktionsvorgaben, und bei deren Erfüllung war eine jährliche Produkton von 250.000 Fahrzeugen geplant. Eine konsequente Umsetzung aerodynamischer Erkenntnisse sollte zur Wirtschaftlichkeit im Betrieb beitragen, damit geriet der Leaf zwar nicht zu einer Schönheit, aber es trug zur Erhöhung der Batterie-Reichweite bei, die laut Herstellerangaben bei 120 Kilometer unter normalen Fahrbedingungen lag. Ob sich – abgesehen vom Effekt der Umweltschonung – für den Besitzer der Betrieb eines Elektrofahrzeuges lohnt, ist eine Frage, die jeder selbst entscheiden muß: Nissan kündigte die Markteinführung des Leaf in Deutschland für April 2012 zu einem Preis von 36.000 Euro an. Deutschland war eines der letzten Länder; USA stand an erster Stelle. In Norwegen waren im Februar 2012 zwei Prozent der verkauften Autos ein Leaf, mit diesem Ergebnis erreichte das Elektrofahrzeug dort Platz 9 auf der Liste der meist verkauften Neufahrzeuge.

Die Reichweite des Leaf mit einer Batterieladung erachtete man bei Nissan als völlig ausreichend. Es hieß, daß nach einer Studie die meisten Fahrzeuge pro Tag weniger als 100 Kilometer bewegt würden. 2010 wurde der Leaf zum „Auto des Jahres" gewählt. **DS**

New Beetle 1.4 TSI | Volkswagen

2011 • 1390 ccm, Turbo-Vierzylinder • 160 PS/118 kW • 0-100 km/h in 8,3 Sek. • 208 km/h

Die Europa-Einführung des im mexikanischen VW-Werk gebauten New Beetle erfolgte 1998; im Jahre 2006 waren einige Änderungen im Rahmen eines Faceliftprogramms erfolgt. Das putzige Retro-Auto hatte sich als ein Welterfolg erwiesen, zumal es ab Anfang 2003 auch in einer Cabrioversion zu bekommen war. Äußerlich nicht zu erkennen war, daß der New Beetle auf dem VW Golf beziehungsweise Jetta basierte, und wie diese Modelle wies er Vorderradantrieb auf und war mit einer Auswahl verschiedener Motoren lieferbar. Die Modelle des Jahrgangs 2011 konnte man mit einem 80 PS leistenden 1,4-Liter Saugmotor sowie als 2.0 TSI mit einem Vierzylinder-Turbomotor mit 116 PS bekommen, und mit 105 PS wartete der 1.9 TDI auf, eine besonders beliebte Ausführung. Mit 160 PS gab es eine weitere 1,4-Liter-Variante. Seit Einführung des New Beetle bis Ende 2012 gab es ingesamt elf verschiedene Motorisierungen. Aufregend war das Beetle-R Konzept, gezeigt 2011 auf der IAA. 2001 gab es mit dem RSi ja schon einmal ein 224 PS starkes Sondermodell.

Die zahlreichen Verbesserungen machten den Wagen im Laufe der Zeit immer besser. So waren die kleinen Seitenblinker in die Außenspiegelgehäuse verlegt worden, die VW-Embleme hatte man von Blau-Weiß-Chrom in Grau-Chrom geändert, das drehbare Heckemblem gegen ein statisches getauscht sowie auf der Beifahrerseite das Türschloß entfernt und die Verriegelung/Entriegelung nun generell mit Funkzentralverriegelung ausgestattet. In etlichen Details weicht die Ausführung für die amerikanischen Märkte von der für den Rest der Welt (RDW) ab, wie es in der Branche aufgrund unterschiedlicher Zulassungsbestimmungen üblich ist. **SH**

1er M Coupé | BMW

2011 • 2979 ccm, Twinturbo-Sechszylinder • 340 PS/250 kW • 0-100 km/h in 4,9 Sek. • 250 km/h

Das 1er M Coupé war so etwas wie ein Supercar im Kleinformat und stellte damit ein Modell ganz eigener Konfiguration dar. Wie die anderen BMW 1er war das Auto mit Hinterradantrieb versehen, aber es hatte ein Leichtbau-Chassis mit einem sportlich-hart abgestimmten Fahrwerk und Bremsen aus dem M3. Der 2979-ccm-Sechszylindermotor kam aus dem BMW 335 und war mit einer elektronischen Abriegelung für 250 km/h versehen – wer sie deaktivierte, war erheblich schneller unterwegs.

Äußerlich war die Ähnlichkeit mit dem 1er-Serienwagen unverkennbar, doch eine Reihe von Merkmalen machte deutlich, daß man es mit einem besonderen BMW zu tun hatte. So waren die Radhäuser für breitere Räder und Reifen stärker ausgebuchtet, es gab vier Auspuff-Endrohre sowie einen Heckflügel, der bei hoher Geschwindigkeit für erhöhten Anpreßdruck sorgte. Am Bug gab es zusätzliche Lufteinlässe für Kühlluft. Zu bekommen war das 1er M Coupé nur in den Farben Weiß, Schwarz oder Knallorange.

Das elegante Lederinterieur war für zwei Personen ausgelegt, allenfalls konnte man auf kurzen Strecken im Fond zwei Kinder unterbringen. Besser war es, die Rücksitzlehnen umzulegen und damit den Gepäckraum zu vergrößern. „Fahrer von Audi TT RS und Porsche Cayman R müssen immer mal wieder schauen, ob ihnen hinter der nächsten Ecke nicht ein 1er M Coupé von BMW auflauert. Die Bayern haben ihrem Kompakten nämlich einen Sechszylinder mit bulligem Drehmoment und nicht enden wollendem Durchzug verpaßt. So wurde aus dem bisher relativ braven 1er Coupé ein Garant für Fahrspaß", schrieb *Auto Bild*. **SH**

C30 Electric | Volvo

2011 • Elektroantrieb • 81 kW • 0-100 km/h in 10,5 Sek. • 130 km/h

Man könnte den C30 Electric auf den ersten Blick für einen ganz normalen C30 halten, wie das kompakte, viersitzige Einstiegsmodell von Volvo heißt, eingeführt im Jahr 2006 und ab 2010 mit ein paar Modifikationen angeboten. Denn der Unterschied zum Basismodell ist nicht ohne weiteres erkennbar. Wie sein Name aber aussagt, ist der C30 Electric ein Auto mit elektrischem Antrieb und gehört zur Zero-Emission-Kategorie.

Volvo gab bei der Vorstellung im Herbst 2010 an, das Coupé komme mit einer Batterieladung 150 Kilometer weit. Und ein Wert von 130 km/h Spitzentempo klang auch gut: In ganz Schweden darf nirgendwo schneller gefahren werden als mit 110. Und das auch nur auf der Autobahn.

Der Elektromotor befindet sich unter der Fronthaube und wird von amerikanischen Lithium-Ionen-Batterien gespeist, die sich dort befinden, wo normalerweise der Kraftstofftank und der Kardantunnel sind. Der Kofferraum erfuhr keine Beeinträchtigungen. Das Gewicht der Batterien beträgt 280 Kilogramm, was im Rahmen des Vertretbaren liegt – und dem Fahrzeug einen tieferen Gesamtschwerpunkt verleiht. Im Kühlergrill versteckt befindet sich ein Stecker für den Anschluß ans Stromnetz, um mittels eingebautem Ladegerät die Batterien nachladen zu können. Acht Stunden dauert dieser Vorgang, der sich auf 150 Minuten verkürzen läßt, gut für 40 Kilometer, falls man unplanmäßig „gestrandet" ist. Auf einem Display läßt sich jederzeit ablesen, wie viel Reichweite noch gegeben ist. Bremsvorgänge tragen durch Rekuperation zum Laden der Batterie ebenfalls bei. Natürlich gibt es auch einen Schalthebel – der aber dient nur zum Einlegen des Rückwärtsgangs. **SH**

M600 | Noble

2011 • 4439 ccm, Twinturbo-V8 • 650 PS/478 kW • 0-100 km/h in 3,5 Sek. • 362 km/h

Das frühe 21. Jahrhundert ist reich an automobilen Extremen. Einerseits bemühen sich Hersteller von Weltrang, umwelt- und ressourcenschonende Vernunftkonzepte zu entwickeln, andererseits grassiert eine Verschwendungssucht ohnegleichen, die sich im Bau von Superlativ-Sportwagen mit immer höheren Leistungspotentialen dokumentiert. Extremfahrzeuge wie der M600 des britischen Herstellers Noble fanden aber auch im Jahr 2011 ihr Publikum, so wie ja auch der Formel-1-Rennsport, durch den Noble seine Inspirationen erhielt; war er doch lange in diesem Geschäft aktiv.

Im Gegensatz zum Noble M400 (Seite 775) wies das Modell M600 einen V8-Mittelmotor von Yamaha mit zwei Turboladern auf. Für die Kraftübertragung sorgte ein Sechsganggetriebe mit Handschaltung. Das Chassis bestand aus rostfreiem Stahl, der Aufbau aus Kohlefasermaterial. Ganz nach Wunsch des Kunden wurde der noble Noble ausgestattet. Das Magazin *Autocar* befand, das Auto sei einer der „aufregendsten britischen Sportwagen aller Zeiten" – wobei es in der Tat aufregend sein konnte, mit dem Noble auf nasser Straße unterwegs zu sein, denn über elektronische Sicherheitssysteme verfügte das Fahrwerk nicht. Bis auf eine Traktionskontrolle, deren Schalter man aber besser nicht betätigte. **RD**

SV12 R Biturbo | Brabus

2011 • 6208 ccm, Twinturbo-V12 • 800 PS/588 kW • 0-100 km/h in 3,9 Sek. • 350 km/h

Der Mercedes-Benz S600 gehört ohne jede Einschränkung zu den feinsten und schnellsten Limousinen, die je unter dem Daimler-Stern gebaut wurden. Der V12-Motor dieses Autos, in der 5,5-Liter-Standardversion schon mehr als 500 PS leistend, übte auf die bekannten Tuner aber eine so große Faszination aus, daß sie aus ihm noch mehr herauszuholen bestrebt waren, so wie die Firma Brabus.

1979 hatte Bodo Buschmann die Brabus GmbH Mercedes-Tuning in Bottrop gegründet, gefolgt von der Firma Brabus Autosport als Tochterunternehmen. Sie befaßte sich mit der Optimierung von Mercedes-Benz-Fahrzeugen – ein Geschäft, das Erfolg versprach. 1983 wurde der erste Brabus-Mercedes auf der Essener Motor Show ausgestellt. Seither hat sich Brabus zu einem Spitzenanbieter mit eigenem Markenstatus entwickelt.

Nicht nur der 800-PS-Motor im Modell SV12 R Biturbo ist ein Meisterwerk an Ingenieurtechnik. Alle Nebenaggregate wurden optimiert, das Fahrwerk selbstverständlich ebenfalls. Es gibt Hochleistungsbremsen mit zwölf Kolben und spezielle High-Speed-Bereifung auf 21-Zoll-Felgen. Im Interieur wurde ebenfalls nicht gespart: Der Fahrer verfügt über alle elektronischen Kontrollen für den Wagen, und die Passagiere dürfen sich über Internet-Anschluß via iPad freuen. **SH**

4C | Alfa Romeo (I)

2011 • 1750 ccm, Vierzylinder • 230 PS/170 kW • 0-100 km/h in 5 Sek. • 250 km/h

Den 4C zu bewundern hatte das Publikum erstmals auf der Genfer Automobilausstellung 2011 Gelegenheit. Das kleine rote Mittelmotor-Supercoupé stieß auf spontane Sympathie – was die Alfa Romeo-Manager bewog, eine Serienproduktion vorzubereiten. Die positive Reaktion hatte selbst die kühnsten Erwartungen der obersten Fiat-Etage übertroffen, denn der 4C war ein Auto voller Extreme. Ein Auto, etwas kleiner als der MiTo und dabei ebenso stark motorisiert wie ein Porsche. Mit seinem Stummelheck und kurzen Überhängen erinnerte der 4C ein wenig an den 8C und dessen Vorgänger.

Die Bodenwanne des Zweisitzers bestand aus Kohlefasermaterial mit einem Aluminium-Hilfsrahmen, der vom KTM X-Bow abgeleitet war – denn beide Konstruktionen stammten vom Rennwagenentwickler Dallara. Die Karosserie war aus Kunststoff gefertigt. Die Schaltung des halbautomatischen, sequentiellen Getriebes erfolgte über Wippen am Lenkrad, und das Fahrwerk ließ sich in verschiedenen Modi einstellen.

Doch bei aller Euphorie schien es dann aber doch Hemmnisse zu geben, die einer Serienproduktion entgegenstanden. Dabei hätte das Auto alle Voraussetzungen gehabt, um der Marke Alfa Romeo 2014 auf der Detroit Motor Show ein brillantes Comeback in den USA zu verleihen. **SH**

911 GTS/997 | Porsche (D)

2011 • 3797 ccm, Sechszylinder-Boxer • 435 PS/320 kW • 0-100 km/h in 4,1 Sek. • 312 km/h

Der GTS stellte die jüngste Evolutionsstufe der Baureihe 997 dar – Vollendung pur! In den Augen vieler Porsche-Liebhaber war er die perfekteste Verkörperung eines 911. Traditionsgemäß wies der GTS einen Sechszylinder-Boxermotor im Heck auf, aber in der breiteren Karosserie der auf Allradantrieb ausgelegten Variante mit einem leistungsoptimierten Motor und einem etwas niedrigeren Fahrwerk. Und der 997 war ein wirklich schnelles Auto. Im mittleren Drehzahlbereich wies der Motor ein Durchzugsvermögen auf, das sich auf dem Papier kaum darlegen läßt, das mußte man zur Beurteilung er-fahren. Serienmäßig war das Differential mit begrenztem Schlupf und ein abgesenktes Fahrwerk, das die Straßenlage optimierte. Dabei war der GTS kein Rennwagen, sondern konnte als Alltagsfahrzeug verwendet werden, denn es mangelte nicht an Komfort und Praktikabilität.

Im Interieur dominierte üppiger Alcantara-Look, es gab Sportsitze mit elektrischer Verstellung, und ein neues Sportlenkrad signalisierte mittels in die Speichern eingelegter Leuchtdioden, wann die Launch-Control oder der Fahrmodus Sport Plus aktiviert waren. Viele Autotester waren sich in ihrem Urteil einig: Sie bezeichneten den Wagen als den „besten Porsche, der je gebaut wurde". **SH**

M5 | BMW (D)

2011 • 4999 ccm, Turbo-V10 • 507 PS/373 kW • 0-100 km/h in 4,4 Sek. • 250 km/h

Der BMW M5 des Jahrgangs 2011 gehörte zur 5er-Baureihe F11. Der Saugrohr-Einspritzmotor hatte zehn Zylinder, vier obenliegende Nockenwellen und vierzig Ventile. Im Modell-Erneuerungszyklus hatte 2010 die 5er-Baureihe F10/11 den E60 in der Standardausführung abgelöst. Vorher aber, im Oktober 2009, hatte BMW den Gran Turismo vorgestellt, der zwar der 5er-Reihe zugerechnet wurde, aber auf der Plattform des 7er basierte. Er hatte die Statur einer Limousine, dabei den Fließheck-Dachverlauf und die rahmenlosen Scheiben eines Coupés. Die relativ hohe Sitzposition war wie in einem SUV. Allradantrieb wurde als Option angeboten. Die Motorenpalette bediente sich bei den Sechszylinder-Benzinern und Dieseln aus dem Konzernregal. Mit dem GT besetzte BMW eine weitere Marktnische, eine Programmpolitik, die auf eine langjährige Tradition zurückblicken konnte. Und nun gab es den Gran Turismo auch in einer M-Variante mit bärenstarkem Turbomotor, wie ihn BMW auch im X5 M und X6 M anbot, in Verbindung mit einem Doppelkupplungs-Siebenganggetriebe. Von Haus aus wiesen diese Fahrzeuge eine elektronische Geschwindigkeitsbegrenzung auf, weil BMW zu jenen Herstellern gehörte, die nicht mit Tempi jenseits von 250 km/h warben. Aber wer die Elektronik ausschalten ließ, kam gut und gerne auf 305 km/h.

Zu den Besonderheiten im M5 zählten Headup-Displays, blau lackierte Bremszangen und ein Heckdiffusor – ansonsten galt Understatement als Trumpf. Das Auto wog fahrbereit 1945 Kilogramm, doch trotz dieses hohen Gewichts und der gewaltigen Motorisierung überstieg der Durchschnittsverbrauch keine zehn Liter auf 100 Kilometer. **RD**

Geneva | Bufori

2011 • 6059 ccm, V8 • 436 PS/320 kW • 0-100 km/h in 5,4 Sek. • 267 km/h

Bei der Vorstellung dieses Wagens sagte der Marketingchef des Hauses Bufori: „Mit dem Geneva wenden wir uns an eine Klientel, für die es unakzeptabel ist, sich mit einem Serien-Luxuswagen zu identifizieren ..." – wobei man sich aber gut vorstellen konnte, daß der Käufer eines Geneva sehr wohl auch einen Rolls-Royce oder Cadillac in der klimatisierten Garage hatte. Das australisch-malaysische Retro-Automobill, intern MK. VI, bezeichnet, war die erste Limousine von Bufori. Ihr Triebwerk war ein Hemi-V8-Motor mit 6059 ccm Hubraum und 586 Nm Drehmoment von Chrysler. Wahlweise war ein Kompressor erhältlich, gut für 570 PS.

Im Juni 2010 hatte die Fertigung beginnen sollen, doch erst ein dreiviertel Jahr später wurde das erste Exemplar ausgeliefert. Gut Ding will Weile haben. Das Warten lohnte sich, denn die Luxuslimousine im Look von gestern bot wirklich alles, was der Millionär von heute unbedingt in seinem Lieblingsauto braucht: eine eingebaute Champagnerbar, einen Tresor für Wertsachen, Schummerlicht für romantische Augenblicke im Autobahnstau, einen Teekocher mit chinesischen Porzellantassen, eine Espressomaschine, ein Zigarrenkabinett. Überflüssig zu erwähnen, daß auch die Fahrzeugtechnik auf dem jüngsten Stand der Technik war und hohes Fahrvergnügen bot. Die Stilelemente der Automobilklassik einer vergangenen Epoche ergaben einen interessanten Kontrast zur Technologie der Supercar-Ära. Die reichliche Verwendung von Karbon, Kevlar und anderen Kunststoffmaterialien halfen, das enorme Gewicht der Limousine auszugleichen, das sich allein schon aus der Fülle der elektrischen und elektronischen Hilfsaggregate ergab. **SH**

Hot Rod Jakob | Caresto (S)

2011 • 2521ccm, Turbo-Fünfzylinder • 231PS/170 kW • keine Angaben • keine Angaben

Zum achtzigsten Geburtstag der Marke Volvo entwarf der schwedische Ingenieur und Designer Leif Tufvesson eine Art Hot Rod, das an den ersten ÖV4 von 1927 erinnern sollte. Schnell hatte der offene Tourenwagen damals seinen Spitznamen weg: Jakob. Eine folgende Limousine – in Schweden wichtiger als ein offener Tourer – nannte man PV4. Angetrieben wurden die Wagen von einem seitengesteuerten 1,9-Liter Vierzylindermotor von 28 PS.

Tufvessons originelles Gefährt absolvierte eine Werbetour durch Europa und die Vereinigten Staaten, wo es zum „Hot Rod of the Year" gekürt wurde. Was die Firma Volvo natürlich freute und veranlaßte, das Auto im Hausmuseum auszustellen. In vieler Hinsicht gab es Übereinstimmungen mit dem Original-Jakob, so beim Kühlergrill mit den freistehenden Scheinwerfern oder bei den Halterungen für die steile Windschutzscheibe. Sogar die Zahl der Schrauben stimmte überein. Die Karosserie bestand aus Aluminium und war in genau der gleichen Handwerkstechnik hergestellt worden, wie man sich ihrer vor achtzig Jahren bediente. Das von der Firma Caresto angefertigte Unikat wies allerdings keine Holzspeichenräder auf, sondern Nachbildungen aus Aluminium, vorn 19 Zoll, hinten 22 Zoll groß. Die überbreiten Reifen stellten Spezialanfertigungen von Pirelli dar. Ein Chassis aus Kohlefaserstoff mit einem stählernen Hilfsrahmen hätte man sich vor achtzig Jahren auch noch nicht vorstellen können, ebensowenig einen Fünfzylindermotor, der sich mit Ethanol betreiben ließ. Er stammte vom Volvo V70 und beschleunigte den Zweisitzer in atemberaubendem Tempo – Meßwerte liegen allerdings nicht vor. **SH**

Z-One | Perana ZA

2011 • 6162 ccm, V8 • 434 PS/319 kW • 0-100 km/h in 3,9 Sek. • keine Angaben

Als der ambitionierte südafrikanische Autobauer Hi Tech Automotive und der milanesische Karossier Zagato Verhandlungen über ein Gemeinschaftsprojekt aufnahmen, formulierten sie hohe Ziele. Das von ihnen geplante Auto sollte den Namen Perana Z-One tragen. Perana hatten in den 1960er und 1970er Jahren schon einmal einige Hochleistungswagen geheißen, aber der Z-One unterschied sich von ihnen ganz erheblich. Vor allem vergingen durch die Anwendung modernster CAD-Technologie vom Entwurf bis zum fertigen Fahrzeug nicht mehr als vier Monate. Und kaum stand der Prototyp auf seinen Rädern, begann in Port Elizabeth seine Serienherstellung.

Das zweisitzige Lightweight-Supercoupé wies in klassischer Bauweise einen Frontmotor mit Hinterradantrieb auf. Die angestrebte Gewichtsverteilung von 50:50 war perfekt gelungen, entsprechend gut waren die Fahreigenschaften des Z-One. Beeindruckend war vor allem das Styling: Zagato hatte auf den Stahlrohrrahmen eine Kunststoffkarosserie mit „muscle car"-Front und ebenso muskulös wirkenden Flanken gesetzt, die das Heck betonten. Das geringe Gewicht des 6,2-Liter-Coupés ermöglichte eine enorme Beschleunigung: in weniger als zehn Sekunden war man vom Stand weg bei 160 km/h. Hi Tech Automotive hatte sich bemüht, auf alle technischen Spielereien zu verzichten, die das Gewicht nur erhöht hätten und die ein Sportfahrer ohnehin nicht benötigt, wenn das echte Fahrerlebnis im Vordergrund steht. Dafür waren die größten Brembo-Bremsen, die neuesten Bilstein-Dämpfer und die besten Recaro-Sitze im Z-One zu finden. Der Motor war der des Chevrolet Camaro, das Getriebe stammte vom Cadillac CTS-V. **SH**

Fabia vRS S2000 | Skoda

2011 • 1390 ccm, Vierzylinder • 180 PS/131 kW • 0-100 km/h in 7,3 Sek. • 224 km/h

Den Fabia vRS S2000 legte Skoda in einer limitierten Edition auf. Der im Rallye-Look gehaltene Schrägheck-Viertürer machte deutlich, welches Potential die tschechische Marke heute verkörpert. Denn vor noch gar nicht langer Zeit wurde über Skodafahrer nur gespottet: Wie kann er den Wert seines Wagens verdoppeln? Indem er ihn volltankt! Warum hat der Skoda eine Heckscheibenheizung? Damit diejenigen, die ihn anschieben müssen, keine kalten Hände bekommen ...

Doch die VW-Gruppe, die Skoda 1991 übernahm, hat es mit viel Erfolg verstanden, das Image der Marke durch neue Konzepte, Qualitätsverbesserung und gelungenes Design auf internationales Niveau anzuheben. Hinzu kam ein reich belohntes Engagement im Motorsport. Viele Elemente des Skoda übernahm man anschließend bei Seat. Anfang 2000 wurde als neuer Kleinwagen der Skoda Fabia eingeführt, eine Variante des Polo.

Der einem Werks-Rallyefahrzeug entsprechende Fabia vRS S2000 (auch das Voranstellen von Kleinbuchstaben ist trendy geworden) weist die typische Lackierung in der Hausfarbe Grün mit weißem Dach auf, auch sind die Leichtmetallfelgen Rallye-like. Nur hat man dem Fahrzeug, damit es erschwinglich blieb, nicht jenen 270 PS starken Vierventilmotor gegeben, mit welchem das Original den IRC-Konstrukteurstitel gewann. Doch auch mit 180 PS ist der Wagen bestens motorisiert; das rennerprobte DSG-Getriebe wird per Wippen am Lederlenkrad geschaltet. Alles in allem aber ist der Fabia vRS S2000 ein alltagstauglicher Familienwagen und bietet keinen Anlaß, faule Witze zu reißen. Die Auflage von 200 Fahrzeugen war schnell ausverkauft. **SH**

VXR8 | Vauxhall (GB)

2011 • 5967 ccm, V8 • 425 PS/312 kW • 0-100 km/h in 4,9 Sek. • 250 km/h

Heute darf Australien als das Land der unbegrenzten Möglichkeiten gelten, und von vielen dort eingeleiteten Entwicklungen profitiert auch der Rest der Welt. So wie im Fall des zu General Motors gehörenden Autoherstellers Holden, dessen Innovationsfreudigkeit den ärmeren Geschwistern in der Alten Welt nicht nur virtuell zugute kommt. Denn die den Briten als Vauxhall VXR8 präsentierte Supersport-Limousine war nichts anderes als ein Holden Commodore mit einem frisierten V8-Motor aus den USA (es war der des Monaro, getunt auf 425 PS), vielen spektakulären Lufteinlässen und einem Heckspoiler. Entstanden war das Auto bei Holden Special Vehicles, etwa der quattro GmbH oder AMG in Deutschland entsprechend – Tochterfirmen, die für die Optimierung von Serienprodukten großer Hersteller zuständig sind.

Ganz neu waren die riesigen Bremsen für entsprechende Räder, eine hintere Mehrlenker-Radführung und die elektronische Traktionskontrolle. ABS, Launch Control für optimale Anfahr-Kraftdosierung – um ein Durchdrehen der Räder zu verhindern – und ein Touchscreen-Monitor zur Funktionsabfrage gehörten zur Serienausstattung. Ob g-Kräfte, Drehmoment, Rundenzeiten, Öltemperatur – alles ließ sich auf dem Display jederzeit ablesen. Beim zu schnellen Angehen einer Kurve wurde man vor Übersteuereffekten gewarnt.

Der Holden-Vauxhall hatte aber auch seine Alltagsqualitäten, bot vier Insassen reichlich Platz, verfügte über einen sehr großen Kofferraum und jeden Komfort von der Einparkkamera bis zum Telecontrole-Reifendruckmesser. Das Auto gab es auch als Kombiwagen und – typisch australisch – als Pickup. **SH**

LFA | Lexus

2011 • 4805 ccm, V10 • 550 PS/404 kW • 0-100 km/h in 3,6 Sek. • 325 km/h

Die zum Toyota-Konzern gehörende Marke Lexus steht für große, aufwendig gebaute Luxuslimousinen, doch seit langem bemüht man sich bei Lexus auch, im High-Performance-Bereich Akzente zu setzen. Zuletzt beispielsweise mit dem Modell LFA. Dieses Coupé ist das Ergebnis jahrelanger Entwicklung: Das 2011 vorgestellte Fahrzeug wurde als Prototyp bereits 2004 auf dem Nürburgring gesehen, wenngleich es damals noch etwas anders aussah.

Der hochdrehende V10-Motor leistete ohne Aufladung 550 PS und saß hinter der Vorderachse, er trieb die Hinterräder an. Der Gangwechsel im Sechsganggetriebe erfolgte sequentiell – und in nur 200 Millisekunden. Nur 0,6 Sekunden brauchte der Zeiger des Drehzahlmessers, um vom Leerlauf auf 9000 Touren zu springen.

Der Aufbau des LFA bestand aus einem kohlefaserverstärkten Polymer; viele weitere Bauteile waren aus Karbon und Aluminium. Bei zunehmender Geschwindigkeit stellte sich der Heckspoiler auf, um die Abtriebskräfte auf der Hinterachse zu verstärken.

Der Wagen war zwar nur ein Zweisitzer, aber er wäre kein Lexus, hätte er nicht viel Komfort geboten. Hier und da vielleicht etwas zu viel, woraus erkennbar wurde, daß man den Entwicklungsingenieuren sehr viel Zeit zugestanden hatte: Zum Einlegen des Leerlaufs ebenso wie zum Einlegen des Rückwärtsgangs mußte man zwei Schalter zugleich drücken. Damit dürften die Besitzer eines der 500 gebauten LFA aber sicher zurechtgekommen sein. Falls nicht, würde es auch keiner von ihnen zugegeben haben, denn der LFA kostete schließlich umgerechnet 293.000 Euro. **SH**

MXT | Mastretta

2011 • 1999 ccm, Turbo-Vierzylinder • 240 PS/176 kW • 0-100 km/h in 6,5 Sek. • 230 km/h

Der 1996 von der Tecnosport S.A. in Mexiko vorgestellte Mastretta war ein Sportwagen auf dem Plattformrahmen des mexikanischen Volkswagen-Käfers. Der Motor war ein Vierzylinder-Boxer von 45 oder 90 PS, der Aufbau aus GFK saß auf einem Profilstahlrohrkäfig mit Seitenaufprallschutz. In Deutschland wurde das Fahrzeug durch die Bonsack Engineering GmbH in Lautrach angeboten. 2008 gab es ein neues Modell MXT mit Leichtmetallchassis und 240 PS starkem Ford-Cosworth-Motor mit 240 PS, gut für eine Spitze von 230 km/h – dies war allerdings kein Kit Car mehr. Daniel und Carlos Mastretta boten das rasante Coupé mit einer Leichtbau-Karossserie aus Aluminium und kohlefaserverstärktem GFK nur als Komplettauto an. Der Motor war ein Vierventiler mit Turboaufladung. Es war ein reizvoller, nicht mehr als 930 Kilogramm wiegender Mittelmotorwagen zu einem günstigen Preis, und das Auto sah wirklich so aus, als koste es das Doppelte von dem, was man dafür ausgeben mußte – nämlich 34.500 Euro. Im Preis einbegriffen waren Magnesiumfelgen, ein Überrollkäfig, lederbezogene Schalensitze und Hosenträger-Sicherheitsgurte. Das Lenkrad war unten abgeflacht, die Aluminiumpedale standen für Hacke-Spitze-Betätigung eng beieinander. Das Fünfganggetriebe schaltete man mit einem kurzen Wählhebel. ABS, zwei Airbags, Klimaanlage, Bordcomputer inklusive GPS und DVD-Player gehörten ebenfalls zur Ausstattung.

Der Gesamterscheinung nach könnte der MXT ein Italiener sein – was sich darauf zurückführen läßt, daß der Vater der beiden Jungunternehmer sein Handwerk einst bei einem Mann namens Enzo Ferrari gelernt hatte. **SH**

Agera R | Koenigsegg (S)

2011 • 4800 ccm, V8 • 1115 PS/820 kW • 0-100 km/h in 2,9 Sek. • 443 km/h

Gegen Jahresende 2011 stellte der Agera R Supersportwagen auf der Koenigsegg-Versuchsstrecke in Angelholm, Schweden, einige neue Rekorde für Serienfahrzeuge auf. Zu ihnen zählte eine Beschleunigung von Null auf 300 km/h in 14,5 Sekunden. Fürs Abbremsen bis zum Stand vergingen nicht mehr als 7 Sekunden. Die 443 km/h Spitze warten noch auf ihre offizielle Anerkennung, mit Sicherheit aber ist der Agera R eines der schnellsten Straßenfahrzeuge der Welt.

Das Modell mit dem Zusatzbuchstaben R ist eine Sonderausführung dieses schwedischen Coupés, dessen Motor eine Eigenentwicklung darstellt und alternativ mit Biosprit zu betreiben ist – mit welchem der V8 sogar mehr zu leisten imstande ist als mit herkömmlichem Superbenzin. Der Mittelmotor treibt die hinteren Räder über ein Siebenganggetriebe an, das wie bei einem Rennwagen über „paddles" am Lenkrad geschaltet wird. Die Coupékarosserie besteht aus Kevlar und Kohlefasermaterial, aus welchem auch das Chassis angefertigt ist. Die Türen schwenken beim Öffnen über Gelenke nach vorn. Der Heckflügel verstellt sich nicht elektrisch oder hydraulisch, im Unterschied zu manchen anderen Autos dieser Kategorie, wo er je nach Geschwindigkeit in der Höhe variiert. Seine Stellung verändert sich vielmehr durch den aufschlagenden Strömungsdruck des Fahrtwindes – eine intelligente und auch gewichtsparende Lösung.

Der Wagen ist nicht nur unglaublich schnell, sondern auch sehr komfortabel und verfügt unter anderem über ein Targadach, dessen Top unter der Fronthaube Platz findet. Und er ist astronomisch teuer: für die R-Version sind 1,37 Millionen Euro hinzublättern. **SH**

T5 Clubman | Elfin

2011 • 5665 ccm, V8 • 329 PS/242 kW • 0-100 km/h in 3,7 Sek. • 280 km/h

Der Fünfte Kontinent ist immer wieder für Überraschungen gut. Zum Beispiel für die, daß die in Australien beheimatete Firma Elfin der zweitgrößte Rennwagenhersteller der Welt ist. Die Elfin Sports Cars Ltd. in Edwardstown/Südaustralien war 1958 von Cliff und Garrie Cooper gegründet worden. Coopers Vater besaß eine Firma, die Aufbauten für Nutzfahrzeuge herstellte. Garries erstes Elfin genanntes Fahrzeug basierte auf einem Austin A 30 und besaß eine sportliche Karosserie, ähnlich der des Lotus 11; als Antrieb diente ein 1172-ccm Vierzylinder von Ford. Weitere Wagen wurden auch mit Triumph-Motor gebaut. Von diesem Fahrzeug entstanden etwa 25 Einheiten.

1960 bis 1963 wurden einige zweisitzige Roadster mit Ford-Cortina-Motor hergestellt, und 1961 entstand bei Elfin ein Formel-Junior-Wagen ebenfalls mit Ford-Motor, Gitterrohrrahmen und Kunststoff-Karosserie. Vom VW Käfer stammte das Getriebe. So hatte es angefangen ...

Ende 2006 übernahm die britische Rennwagenfirma Walkinshaw Performance die Marke Elfin und vermarktet seither einen 5,7-Liter-V8-Roadster (GM-Motor) unter der Bezeichnung MS8 sowie seit 2008 den spartanischen Zweisitzer T5 Clubman nach Lotus-Seven-Bauart, der auch mit einem 2,0-Liter-Turbomotor zu bekommen ist. Türen hat der T5 Clubman ebensowenig wie ein Verdeck (beides aber gegen Aufpreis erhältlich). Die Dämpfung ist sowohl beim MS8 als auch beim T5 Clubman derart sportlich eingestellt, daß man auf schlechten Straßen wilde Sprünge absolviert – nichts für empfindliche Naturen, zumal wenn sie Rückenprobleme haben sollten! Aber gerade solche Fahrerlebnisse bereiten dem wahren Sportsfreund Vergnügen. **BS**

Karma | Fisker (USA)

2011 • 2000 ccm, Vierzylinder + 2 E-Motoren • 298 kW • 0-100 km/h in 6,3 Sek. • 200 km/h

Der von Henrik Fisker und Bernhard Koehler angebotene Karma ist eine sehr bemerkenswerte Kreation.

Die erste Schöpfung Fiskers, 2005 auf der IAA vorgestellt, trug die Bezeichnung Fisker Tramonto (Seite 809) und war ein Karbon-Monocoque-Roadster mit 600-PS-Motor. Als weitere Entwicklung folgte der Karma, für den Fisker 529 Millionen Dollar Entwicklungsgelder von der US-Regierung erhielt, aber auch einen Patentstreit mit Tesla durchstehen mußte, denn der Karma war wie der Tesla ein Auto mit elektrischer Antriebskraft. Mit 150 Kilowatt kann der Karma seine beiden Insassen über eine Distanz von 80 Kilometer rein elektrisch bewegen, was zwei E-Motoren bewerkstelligen. Arbeitet der Benzinmotor als Generator, beträgt die Reichweite 480 Kilometer. Alle Aggregate zusammen produzieren 298 Kilowatt. Der Vierzylinder kann nicht allein verwendet werden, er dient nur als Lademaschine für die 3,3-kW/h-Lithium-Ionen-Batterien.

Neigt sich der Saft seinem Ende zu, kann per Steckdose nachgeladen werden, was gut drei Stunden dauert.

Der Karma wiegt trotz seiner 22 Zoll großen Räder und einem Interieur mit viel Echtholz-Furnieren nur 1100 Kilogramm, was eine enorme Beschleunigung ermöglicht, denn das maximale Drehmoment der Antriebseinheiten beträgt 1,3 Newtonmeter. Auf dem Dach dienen Solarzellen zum Betreiben der Klimaanlage.

Zwar hat der amerikanische Staat die Entstehung des Karma finanzieren geholfen, doch das Auto wird nur zur Hälfte in den USA gebaut, zur Hälfte indessen in Finnland. Mehrere Magazine wählten den Karma zum „Wagen des Jahres", und das *Time Magazine* zählte das Coupé sogar zu den 50 besten Entwicklungen im Jahr 2011. Es war vorgesehen, 15.000 Exemplare herzustellen, und Fisker hoffte, daß sich eine ebenso große Zahl von Interessenten finden würde, die für sein Auto 100.000 Dollar anzulegen bereit wären. **RD**

◁ Der orangefarbene McLaren MP4-12C von 2010 hat Schmetterlingstüren und ist ein aerodynamisches Design-Meisterwerk.

MP4-12C | McLaren

2011 • 3798 ccm, Twinturbo-V8 • 592 PS/435 kW • 0-100 km/h in 3,4 Sek. • 330 km/h

In der frühen Entstehungsphase des MP4-12C vollzog sich die Trennung vom bisherigen Partner Mercedes. Doch für das in Vorbereitung befindliche Auto ließen sich Erfahrungen anwenden, die McLaren mit dem F1 gemacht hatte. Einige dort praktizierte Kompromisse würde man nicht wiederholen, und das Fahrzeug sollte im Werk Woking nach höchsten technischen Standards entstehen. Nur einige Tage, nicht Wochen, sollte die Anfertigung eines Wagens dauern, 229.000 Dollar der Verkaufspreis betragen.

Das ganze Projekt war für Ron Dennis nur zu realisieren, wenn McLaren völlig aus dem Formel-1-Geschäft ausstieg, eine Entscheidung, die er Anfang 2009 traf. Ein ökonomischer und zugleich Sicherheitsaspekte beinhaltender Faktor beim MP4-12C war die Verwendung einer einteiligen Kohlefaserschale, bei McLaren MonoCell genannt. McLaren entwickelte ein spezielles Verfahren, das hierfür nur vier Stunden benötigt. Wie bei einem Formel-1-Wagen hat man Chassis und Fahrwerk des MP4-12C auf einem Simulator getunt, über den man bei McLaren verfügt. So bekam das Coupé Bremsen, die ebenfalls eine eigene Entwicklung darstellen und in den 1990er Jahren an Formelwagen zum Einbau kamen – bis aufgrund von Protesten seitens der Konkurrenz das System nicht weiter benutzt werden durfte. Es gestattet eine unterschiedliche Dosierung der Bremskraft an den Hinterrädern zur Erhöhung der Kurvenstabilität. Beim MP4-12C wird die Regelung einer Elektronik überantwortet, beim Formel-1-Wagen gab es dafür ein drittes Pedal. Wer ein Supercar dieses Kalibers lieber als Cabriolet besitzen möchte: auch das zu bauen hatte Ron Dennis 2011 geplant. **DS**

Roadster | Chinkara

2011 • 1817 ccm, Vierzylinder • 114 PS/83,8 kW • 0-100 km/h in 6,7 Sek. • 187 km/h

Indien ist auf dem Wege, eine Automobilnation zu werden, und dazu gehört es, einen Sportwagen auf den Markt zu bringen. Ein solcher entstand 2011 in Gestalt des Chinkara Roadsters. Seine Konstruktion orientierte sich am Lotus Seven und beinhaltete nur Komponenten aus inländischer Fertigung.

Der Motor war ein in Indien produzierter Isuzu-Vierzylinder, wie er auch im Hindustan Ambassador zu finden war, während Aufhängungen, Lenkung und Bremsen dem Maruti alias Suzuki Alto entstammten, einem Bestseller in Indien.

Die Firma Chinkara gehört dem Ehepaar Guido und Shama Bothe, die in der Nähe von Mumbai residierten. Der Mann war Deutscher und hatte sein Geschäft mit dem Bootsbau begonnen, bevor er Jeep-Replikas herzustellen begann.

Der Rohrrahmen des Roadsters und eine dünnhäutige GFK-Karosserie mit freistehenden Kotflügeln, Einzelscheinwerfern und einem rudimentären Verdeck ergaben zusammen ein geringes Gewicht, das eine frappierende Beschleunigung ermöglichte. Schwarz-rote Ledersitze, ein Lenkrad mit Edelholzkranz, rote Dreipunktgurte und glänzende Sidepipes gaben dem Zweisitzer eine attraktive Note.

Wahlweise gab es ein Getriebe mit Handschaltung oder eine Automatik, auch ein Hardtop mit Flügeltüren war erhältlich. Das Chassis war kräftiger gehalten als das des Lotus, was den schlechten Straßenverhältnissen in Indien Rechnung trug. Aber der Roadster war gleichwohl als Spielzeug für die Yuppie-Generation des Mittleren Ostens gedacht, die auf Traktionskontrolle, ABS und Lenkhilfe gern verzichtete. **SH**

CLS | Mercedes-Benz

2011 • 5461 ccm, V8 • 388 PS/285 kW • 0-100 km/h in 4,6 Sek. • 250 km/h

Mit Mercedes-Benz CLS-Klasse bezeichnete man eine Limousine im aktuellen Coupé-Look – eine Wiederbelebung jenes Designs mit hoher Gürtellinie, das schon beim Rover P5 in den 1960er Jahren für Aufsehen gesorgt hatte. Seit Ende Januar 2011 war die zweite Generation des CLS auf dem Markt. Erstmals gezeigt wurde das Auto 2010 in Paris. Der Einstiegspreis lag zur Markteinführung bei 60.000 Euro für das Basismodell CLS 250 CDI.

Das Design der ersten Generation blieb auch bei der zweiten Generation des CLS erhalten, so die lange Motorhaube, eine relativ schmale Fenstergrafik und rahmenlose Seitenscheiben. Das Dach war coupétypisch abgeflacht und das Heck endete leicht abfallend, während das Design der Front sich am SLS AMG orientierte. Die Kühlermaske war nicht mehr in die Motorhaube integriert, sondern separat gestaltet. Die Seitenlinie wurde zum einen durch die vordere Strukturkante oberhalb des Kotflügels nach hinten abfallend und zum anderen durch die von Mercedes-Benz Schultermuskel genannte Wölbung über der Hinterachse geprägt. Der Übergang zum Heck war durch die weit umgreifenden, mandelförmigen Heckleuchten fließend. Das Heck war leicht gewölbt sowie leicht abfallend. Die Kombiversion hatte im Gegensatz zum Coupé ein Fließheck mit großer Heckklappe. Der Kunde konnte zwischen fünf Motoren wählen, darunter zwei Diesel und drei neu entwickelte Benziner mit der erstmals in einem Personenwagen eingesetzten, strahlgeführten Direkteinspritzung der dritten Generation sowie verbesserter Ventilsteuerung. Alle Modelle bis auf den CLS 350 CDI BlueEFFICIENCY hatten ein Start-Stopp-System, das den Verbrauch senkte. **SH**

Mégane 2.0T Renaultsport 250 | Renault

2011 • 1998 ccm, Turbo-Vierzylinder • 250 PS/184 kW • 0-100 km/h in 6,1 Sek. • 180 km/h

Ein flottes Fließheck-Coupé mit intelligenter Technologie stellte der Mégane 2.0T Renaultsport 250 dar, produziert im Renault-Werk Dieppe, Geburtsort der legendären Alpine unter Jean Rédélé. In den 1970er Jahren war der Sportwagenhersteller nach und nach von Renault übernommen worden, wobei Rédélé Vorstandsvorsitzender des von ihm gegründeten Unternehmens blieb. Mit dem A610 lief die Produktion der Alpine 1995 aus, seither werden in Dieppe die Sportaktivitäten des Hauses Renault betreut und Sondereditionen gebaut, zu denen der Mégane Renaultsport 250 gehört. Das Auto war ein Konkurrent zum VW Golf GTI und zum Ford Focus ST, hatte dabei aber so manches As im Ärmel. Der frontgetriebene Zweitürer besaß durch sein ausgeklügeltes Fahrwerk mit „Perfohub" genannter Aufhängung eine einmalige Straßenlage und war besonders in engen Kurven sehr schnell, weil es keinerlei Untersteuertendenz aufwies. Dabei setzte die Turbopower beim Gasgeben so wohldosiert ein, daß der Fahrer in keiner Situation ein Problem haben konnte. Drei Jahre hintereinander erhielt der Wagen die Auszeichnung als das „heißeste Schrägheck-Coupé" von der britischen Zeitschrift *What Car?*. Trotz seiner herausragenden Fahrdynamik bleibe sein „optischer Auftritt dezent", hieß es in der Werbung für den gelben Renner (bei dem selbst die Skalen der Instumente gelb eingefärbt sind).

Zeichen setzte der Mégane Renault Sport auch beim Preis-Leistungs-Verhältnis: Der französische Kompaktsportler trat in seinem Wettbewerbsumfeld beispiellos günstig an; er kostete zwischen 30.000 und 35.000 Euro und das mit einer reichhaltigen Ausstattung. **RD**

Wie bei Lamborghini üblich, erhielt auch der neue Supersportwagen von 2012 den Namen eines berühmten Kampfstiers: Aventador.

Dokker dci 90 | Dacia

2012 • 1461 ccm, Vierzylinder • 90 PS/66,2 kW • 0-100 km/h in 13,6 Sek. • 162 km/h

Innerhalb weniger Jahre hat sich Dacia auch außerhalb seiner Heimat einen Namen machen können, was auf die Übernahme durch Renault im Jahre 1998 zurückzuführen ist. Und es sprach sich herum, daß die Autos dieser Marke, die sich „Datscha" ausspricht, nicht nur sehr preisgünstig, sondern auch gut verarbeitet sind.

Im November 2012 kam ein Vielzweckwagen ins Programm, der ab 9000 Euro angeboten wurde und ein interessantes Gegenstück zum Renault Kangoo darstellte. Er trug den Namen Dokker, war ein Fünfsitzer von 4,36 Meter Länge und hatte Schiebetüren. In der Grundausführung wies er einen 1,6-Liter-Benzinmotor auf, 83 PS leistend. Angekündigt wurden auch eine 115-PS-Version sowie zwei Diesel von 75 und 90 PS. „Der rumänische Raumriese hat ordentlich was auf dem Kasten", schrieb *Auto Bild*: „Mit beeindruckendem Radstand von 2,81 Meter läßt es sich im Fond recht entspannt lümmeln, bei 1,81 Meter lichter Höhe (ohne Dachreling) reisen selbst Hutträger erhobenen Hauptes. Auf der Rückbank wird es zu dritt zwar kuschelig, aber nicht unerträglich eng. Hinter der geteilten Hecktür warten mindestens 800 Liter Stauraum auf Koffer, Kisten oder Kleinmöbel. Wird die Rückbank hinter den Vordersitzen aufgestellt, verschwinden sogar bis zu 3000 Liter im Heck." Nun, verschwinden tat das Frachtgut zwar nicht, behinderte eher die Sicht nach hinten – aber Transportieren war ja Pflicht und Tugend des Dokker. Draufgängerische Dynamik stand natürlich nicht im Lastenheft, das Temperament war eher etwas träge. Dennoch: Dank 200 Nm Drehmoment wurden Überholmanöver nicht zum russischen beziehungsweise rumänischen Roulette. **HS**

Aventador | Lamborghini

2012 • 6946 ccm, V12 • 690 PS/507 kW • 0-100 km/h in 2,9 Sek. • 350 km/h

Supersportwagen im heutigen Verständnis bauten vor vier Jahrzehnten nur Ferrari und Lamborghini. Inzwischen haben zahlreiche weitere Hersteller dieses Spezialgebiet für sich entdeckt, so daß es die klassischen Marken immer schwerer haben, ihrem Anspruch an Exklusivität gerecht zu werden. Als man bei Lamborghini an die Konstruktion des Aventador ging, war man sich dessen durchaus bewußt, man mußte die Meßlatte also sehr hoch ansetzen.

Der Aventador, nach einem spanischen Kampfstier benannt, läßt durch sein schlankes, flaches und geradezu dramatisches Design erkennen, daß er die Herausforderung angenommen hat. Das Fahrzeug stellt eine völlige Neukonstruktion dar.

Auffallend sind die großen Lufthutzen für das Kühlsystem des Mittelmotors im Heckbereich. Der 690 PS produzierende V12 läßt lautstark erkennen, daß er gewaltig zupacken kann, wobei sich seine Kraft auf alle vier Räder verteilt. Geschaltet wird das Siebengangetriebe manuell, und für die optimale Sitzposition lassen sich die Schalensitze elektrisch verstellen. Viel Gepäck mitzunehmen verbietet sich; nur unter der Fronthaube gibt es ein wenig Stauraum. Aber der Aventador ist ja auch kein Auto für die Urlaubsreise.

Eigenartigerweise kann der Fahrer Tacho und Drehzahlmesser nicht gleichzeitig sehen. Ein kleiner Hebel dient zum Umschalten der Displays, was zur Folge hat, daß man daran ständig herumspielt. Aber es gibt drei Fahrmodi: „Road", „Sport" und „Track". In jedem Modus werden Motor, Getriebe, Lenkung und Fahrwerk individuell konfiguriert. Stellt man auf „Track", sollte sich der Beifahrer gut festhalten... **SH**

Golf R | Volkswagen (D)

2012 • 1984 ccm, Turbo-Vierzylinder •
270 PS/199 kW • 0-100 km/h in 5,5 Sek. • 250 km/h

Ist dieser allradgetriebene Golf von 2012 der beste aller Zeiten? Die Anhängerschaft des vorhergehenden R-Modells blieb wegen des durstigen Sechszylinder-Saugers begrenzt. Der neue VW Golf R mit seinem 270 PS starken TFSI-Motor gibt sich allgemeinverträglicher.

Bei einem Test des Magazins *sport auto* auf der Rennstrecke zeigte er sein Potential: „Auch wenn der Grundpreis des 270 PS starken Wagens für unsere Bestmarke von zehn Punkten gut ist – die Gemeinde der Schnäppchenjäger könnte angesichts des stolzen Einstiegspreises in das sportliche Kompaktvergnügen wohl der spontanen Schnapp-Atmung anheimfallen: Kommt doch der Newcomer mit exakt 36.400 Euro für die handgeschaltete Variante rund 10.000 Euro teurer als der 210 PS starke GTI ... Der von dem aus dem Audi S3 bekannten Zweiliter-Turbo mit Benzindirekteinspritzung befeuerte Allradler gibt sich weder im Standard-Meßprogramm noch auf der Rennstrecke eine Blöße", schrieb *sport auto*. Und: daß der Top-Golf bei aller fahrdynamischer Qualität kaum weniger Komfort böte als das GTI-Modell, sei ihm als besonderes Verdienst anzurechnen. „Wer die 270 PS zwar besitzen, nicht aber ständig den Grenzbereich ausloten will, findet im VW Golf R einen nahezu perfekten Begleiter für alle Tage." Und einen zuverlässigen obendrein. **HS**

335d | BMW (D)

2012 • 2996 ccm, Turbo-Sechszylinder •
286 PS/210 kW • 0-100 km/h in 5,9 Sek. • 250 km/h

Im September 2008 gab es ein Facelift für Limousine und Touring der erfolgreichen BMW 3er-Reihe. Front- und Heckschürze, die Leuchten sowie Motorhaube und Heckklappe hatte man geändert, auch die Spur verbreitert. Die BMW-Niere war neu gestaltet und die seitliche Linienführung optisch gestreckt worden. Einige bisherige Sonderausstattungen, wie das Lederlenkrad mit Multifunktionstasten, gehörten nun zur Serienausstattung.

Auch der 320d war jetzt – wie schon 330d, 325i, 330i und 335i – mit dem xDrive genannten Allradantrieb erhältlich. Im März 2010 spendierte BMW auch dem Coupé und dem Cabriolet ein Facelifting, und den M3 bekam man jetzt ebenfalls als Cabrio. Im September 2011 erfolgte schließlich die Ankündigung des Nachfolgers, als Baureihe F30 bezeichnet, für das Frühjahr 2012 – und im Zuge dieser Maßnahme führte BMW auch einen neuen Dreiliter-Turbodieselmotor mit Direkteinspritzung ein. Er zeichnete sich durch Sparsamkeit und verminderten Schadstoffausstoß aus, war mit einer Sechsstufen-Automatik zu bekommen und wies durch sein hohes Drehmoment von 580 Nm ab 1750 Touren geradezu sportliche Beschleunigungswerte auf. Der 335d gab einen Beweis dafür ab, daß die Dieseltechnologie längst keine Nebenrolle mehr spielte. **HS**

Lancer Evo XI | Mitsubishi (J)

2012 • 1499 ccm, Turbo-Vierzylinder + E-Motor • keine Angaben • 0-100 km/h in 5 Sek. • keine Angaben

Schon 2005 hatte Mitsubishi einen auf dem Lancer Evolution IX basierenden Lancer Evolution MIEV (Mitsubishi In-wheel motor Electric Vehicle) vorgestellt; das Fahrzeug verfügte über vier elektrisch angetriebene Radnabenmotoren von je 50 Kilowatt. Mit dem Projekt Lancer Evo XI begann 2012 bei Mitsubishi der Versuch, einen Supersportwagen als Hybriden zu bauen. Puristen bekamen zunächst einen leichten Schreck, als sie vernahmen, die Antriebskraft eines so anspruchsvollen Automobils setze sich aus einer Kombination von Dieselmotor und Elektromotor zusammen. Doch sie mußten sich überzeugen lassen: Der Lancer Evo XI erwies sich als Beschleunigungswunder, fast so wie sein Vorgänger der Serie Evo X. Doch der hatte sich einen zu hohen Schadstoffausstoß nachsagen lassen müssen. Dies ließ sich nur ändern, wenn man einen Turbodiesel mit einem Elektromotor koppelte.

Der Evo XI verfügt über Allradantrieb, ergänzt um Traktionskontrolle sowie rechnergesteuerte Brems- und Lenkhilfesysteme, die sich S-AWC nennen. 2012 war die Entwicklung noch nicht abgeschlossen, so daß noch keine Leistungsangaben und Meßwerte vorlagen. Evolutionen brauchen Zeit zur Entwicklung, und die Mitsubishi-Ingenieure haben sich hohe Ziele gesteckt.
SH

Fiesta ST | Ford (GB)

2012 • 1597 ccm, Vierzylinder • 180 PS/132 kW • 0-100 km/h in 7,2 Sek. • 220 km/h

Seit 1976 gebaut, liefen vom Ford Fiesta international mehr als 15 Millionen Fahrzeuge vom Band. Im Laufe der Zeit wurde der Fiesta technisch immer wieder verbessert; die Modellreihe von 2012 hat mit dem Ur-Fiesta nur mehr den Frontantrieb und die allgemeine Klassenzugehörigkeit gemein. Im August 2008 begann bei Ford in Köln die Produktion der jüngsten Generation, danach folgte die Fertigung auch in China, Spanien, Thailand und ab 2011 in Mexiko. Einen Vorgeschmack auf das neue Modell hatte eine Studie bereits auf der IAA 2007 vermittelt, ehe fünf Monate später das Serienmodell präsentiert wurde.

Alle Fiesta verfügen über Servolenkung, ABS, innenbelüftete Scheibenbremsen vorn, ESP, vier Airbags, Knieairbag für den Fahrer, elektrisch verstellbare Spiegel mit integrierten Blinkleuchten, eine in Höhe und Reichweite einstellbare Lenksäule, Pollenfilter, Drehzahlmesser, eine geteilte Rücksitzlehne sowie Zentralverriegelung.

Der neue Fiesta ST wurde auf der IAA 2011 als ST Concept vorgestellt. Dieses Konzeptfahrzeug eines sportlichen Topmodells war als Nachfolger des Fiesta ST von 2005 gedacht. Mit Turboaufladung leistet sein 1,6-Liter-Motor 180 PS, der deutlich sparsamer als der 2,0-Liter-Vorgänger ist. Den Beginn der Serienfertigung gab Ford mit März 2013 an. **SH**

Camaro ZL1 | Chevrolet

2012 • 6162 ccm, V8 • 580 PS/426 kW • 0-100 km/h in 3,9 Sek. • 296 km/h

Noch immer haben es weder die Umweltschützer der USA noch die konstant steigenden Benzinpreise an den Zapfsäulen zwischen Bosten und Los Angeles geschafft, die sogenannten „muscle cars" aus den Köpfen der Amerikaner oder gar von ihren Straßen zu verbannen. Im Gegenteil: Die Automobilindustrie präsentiert immer wieder neue Interpretationen dieser verschwenderischen Spezies – wie den Camaro ZL1. Chevrolet propagiert das Coupé als „the most powerful supercharged car in the world", dessen 580-PS-Kompressormotor der des Cadillac CTS-V ist. Im Vergleich zu seinen Vorgängern verfügt der jüngste Camaro über ein High-Tech-Fahrwerk mit magnethydraulischer Dämpfung, die sich durch Impulse von der Straße in Tausendstelsekundenbruchteilen selbst reguliert.

Die Kraft des gewaltigen V8-Motors überträgt sich auf eine elektronisch gesteuerte Getriebeautomatik, deren untere Schaltstufen besonders lang ausgelegt sind, um maximale Beschleunigung zu gewährleisten. Über Wippen auf dem Lenkrad kann das Getriebe aber auch manuell geschaltet werden. Die Karosserie läßt eine Spur von Coke-Bottle-Design der 1970er Jahre erkennen, übersetzt ins 21. Jahrhundert. Eindrucksvoll ist der Sound des Motors schon im Leerlauf; auf so etwas verstehen sich die amerikanischen Tuner.

Mit dem Camaro ZL1 erhielt der jüngste Ford Mustang einen ernsthaften Rivalen, denn mit einer Beschleunigung von weniger als 4 Sekunden von Null auf 100 km/h und einer Spitze von 295 km/h kann man der Konkurrenz durchaus die Rücklichter zeigen. Wenn's denn in den USA erlaubt wäre. **JI**

Corvette ZR1 | Chevrolet

2012 • 6162 ccm, V8 • 638 PS/469 kW • 0-100 km/h in 3,4 Sek. • 330 km/h

Bei General Motors hat man es immer wieder verstanden, für spezielle Modelle superlative Herausstellungen zu reklamieren. So hieß es von der Corvette Z1 im Jahr 2012, das Auto sei der stärkste Serienwagen, den GM je gebaut habe, und es gibt keinen Grund, diese Aussage in Zweifel zu ziehen. Im ersten Gang bis auf 105 km/h zu beschleunigen – wem imponierte das nicht?

Bei Testfahrten auf dem Nürburgring gab es für den neuen ZR1 Rundenzeiten, die um sechs Sekunden unter denen des Vorgängermodells von 1995 lagen und um drei Sekunden unter denen des Dodge Viper. Michelin hatte für den Wagen eigens Spezialreifen angefertigt.

Zum Modelljahr 2009 feierte der ZR1 in der Corvette-Generation C6 seine Rückkehr. Mit ihrem modifizierten LS3-Motor, der die Bezeichnung LS9 trägt, verfügt der ZR1 über einen 6,2-Liter-V8, der für atemberaubende Fahrleistungen sorgt. Mit 638 PS bei 6500 U/min und 823 Nm Drehmoment gibt es keinen Mangel an Leistung. Kolben und Zylinderwände im LS9-Achtzylinder werden durch einzelne Ölspritzdüsen geschmiert und gekühlt. Der Motor weist Trockensumpfschmierung wie bei der Corvette Z06 auf, was einen größeren Ölvorrat ermöglicht.

In der Version von 2012 verfügt auch die Super-Corvette über ein Traktions- und Dämpfungs-Kontrollsystem, das sich durch Impulse von der Straße in Tausendstel-Sekundenbruchteilen selbst reguliert sowie glatte oder nasse Fahrbahnbeschaffenheit berücksichtigt. Ergonomisch perfekt geformte Sitze geben den Insassen auch in engen Kurven Halt. Und damit der Wagen nicht zu laut wird, sorgt eine Elektronik für eine automatische Dämpfung des Auspuffgeräuschs. **BS**

SLS AMG E-CELL | Mercedes-Benz

2012 • Vier Elektromotoren • 392 kW • 0-100 km/h in 4 Sek. • 250 km/h

Im März 2012 gab Daimler bekannt, daß im Folgejahr eine Kleinserie des Mercedes-Benz SLS AMG E-CELL ihre Markteinführung erleben werde. Den emissionsfreien Flügeltüren-Supersportwagen mit vollelektrischem Antrieb darf man als einen weiteren Beweis für die Innovationskraft der Marke AMG werten.

Das Antriebspaket des Technologieträgers überzeugt: Für kräftigen Vortrieb sorgen vier Synchron-Elektromotoren mit einer Leistung von zusammen 392 Kilowatt und einem maximalen Drehmoment von 880 Newtonmeter. Die vier Elektromotoren erreichen eine Maximaldrehzahl von 12.000 U/min und sind radnah angeordnet; damit werden die ungefederten Massen gegenüber Radnabenmotoren erheblich reduziert. Ein Getriebe pro Achse stellt den Kraftschluß her. In puncto Dynamik setzt der elektrisch angetriebene SLS ein Statement: die Beschleunigung von Null auf 100 km/h absolviert der Flügeltürer in 4,0 Sekunden.

Für Begeisterung sorgen das agile Ansprechverhalten auf Fahrpedalbewegungen und die lineare Leistungsabgabe: Anders als bei einem Verbrennungsmotor erfolgt der Momentenaufbau bei einem Elektromotor verzögerungsfrei; das maximale Drehmoment steht praktisch aus dem Stand parat. Der spontane Drehmomentaufbau und die Kraftentfaltung ohne jegliche Zugkraftunterbrechung vereinen sich mit einem vibrationsfreien Motorlauf. Der SLS AMG E-CELL verfügt über eine flüssigkeitsgekühlte Lithium-Ionen-Hochvoltbatterie, bestehend aus zwölf Modulen zu je 72 Lithium-Ionen-Polymerzellen mit einem Energiegehalt von 48 Kilowattstunden. Auch der 300-SL-„Erfinder" Rudolf Uhlenhaut hätte an diesem Auto viel Spaß gehabt. **SH**

Focus ST | Ford (GB)

2012 • 1999 ccm, Vierzylinder • 250 PS/184 kW • 0-100 km/h in 6,5 Sek. • 248 km/h

Im Jahr 2012 kam es zur Einführung eines neuen Ford Focus ST. Sowohl der Fünftürer als auch der ausschließlich in Europa angebotene Kombi (Turnier) werden von dem weiterentwickelten 2,0-Liter-EcoBoost-Motor angetrieben, der eine Leistung von 250 PS und ein maximales Drehmoment von 360 Nm liefert. Im Vergleich zu seinem Vorgänger senkt der neue EcoBoost-Motor den Kraftstoffverbrauch und CO_2-Ausstoß um bis zu 20 Prozent. Daß der neue Ford Focus ST dabei beachtliche 10 Prozent mehr Leistung bietet, verrät schon sein kräftiger Motorsound. Mit einem Sechsgang-Schaltgetriebe liegt der kombinierte Kraftstoffverbrauch bei 7,2 Liter auf 100 Kilometer.

Die Kraft, die der neue Ford Focus ST zur Verfügung stellt, hat der Fahrer jederzeit unter Kontrolle. Ein neues, innovatives und extrem schnell ansprechendes Sportlenksystem erlaubt auch ein Durchfahren scharfer Kurven, ohne daß man die Handposition verändern müßte. Man darf beschleunigen und behält stets die optimale Bodenhaftung – dank einer verbesserten Torque Vectoring Control, die kontinuierlich die Wirkung von Motorkraft und Bremskraft zwischen den beiden angetriebenen Vorderrädern ausgleicht. Zudem verkürzt ein leistungsverstärkendes Bremssystem die Bremswege und reagiert unmittelbar auch auf die leichteste Berührung des Bremspedals.

Das elegante, stromlinienförmige Design des neuen Ford Focus ST wurde im Windkanal entwickelt und getestet. Seine verbesserte Aerodynamik sorgt für weniger Luftwiderstand, was wiederum sowohl die Leistung als auch den Kraftstoffverbrauch optimiert. Fordloyale Fans kommen voll auf ihre Kosten. **SH**

SR8 RX | Radical (GB)

2012 • 2700 ccm, V8 • 460 PS/338 kW • 0-100 km/h in 2,7 Sek. • 300 km/h

Er ist so schnell wie er aussieht: Der SR8 RX legt auf dem Nürburgring Bestzeiten hin wie ein Formel-1-Monoposto. Doch er ist ein zweisitziger Sportwagen, der sogar eine Straßenzulassung bekam – zumindest in England, denn der Testfahrer Michael Vergers fuhr das Fahrzeug mit britischem Kennzeichen auf eigener Achse zum Ring.

Gleichwohl hat das Auto mit einem herkömmlichen Personenwagen nicht viel gemein. Eher mit einem Audi-Le-Mans-Renner oder einem Porsche 917. Vom schaumstoffgefüllten Kraftstofftank bis zur „paddle-shift"-Getriebeschaltung und einem auf Rennsporteinsätze abgestimmten und einstellbaren Fahrwerk ist der SR8 RX im Grunde ein Wettbewerbswagen, nicht mehr als 680 Kilogramm wiegend. Sein V8-Motor besteht aus zwei Suzuki-Motorrad-Vierzylinderaggregaten, und über die gesamte Fahrzeugbreite erstreckt sich ein Heckspoiler. Die Firma Radical wurde 1997 von Mick Hyde und Phil Abbott in Peterborough, Nordengland, gegründet. Sie setzten sich zum Ziel, sehr leichte und sehr schnelle Sportwagen zu bauen – gut 1000 Stück waren es bisher. Ein Team von Ingenieurstudenten hat einen Radical 2010 in ein 200 km/h schnelles Elektrofahrzeug umgebaut und fuhr mit ihm in 70 Tagen den gesamten Pan-American Highway hinunter. Mit einer Batterieladung kamen sie im Durchschnitt bis zu 400 Kilometer weit. Da der Highway sich über 26.500 Kilometer erstreckt, läßt sich ausrechnen, wie oft – oder besser: wie selten – die Herren an die Steckdose mußten. Es war ihnen um den Beweis gegangen, daß Elektromobile nicht ausschließlich Stadtfahrzeuge sein müssen. Die Demonstration ist ihnen gelungen. **SH**

F1 | Hulme (NZ)

2012 • 4999 ccm, V10 • 550 PS/404 kW • 0-100 km/h in 2,8 Sek. • 322 km/h

Wenn ein Auto den Markennamen Hulme trägt, wird es wohl aus Neuseeland kommen, der Heimat des berühmten Rennfahrers Denis Hulme, der ab 1965 auf Brabham in der Formel 1 fuhr und ein Jahr später zu McLaren ging. Insgesamt nahm Hulme an 112 Grand-Prix-Rennen teil, von denen er acht gewann. 1974 wurde er Formel-1-Weltmeister.

Der Superroadster, entwickelt von dem ehemaligen Rolls-Royce-Konstrukteur Jock Freemantle, wird in der Tat in Neuseeland gebaut. Sein Triebwerk ist ein V10-Motor vom BMW M5 (der Prototyp hatte einen GM-V8-Motor gehabt). Fahrwerk und Karossserie des Hulme F1 bringen nicht mehr als 990 Kilogramm auf die Waage. Um Gewicht zu sparen, wurden für den Wagen nur Karbon, Kevlar und Magnesium verwendet oder Komposite aus diesen Stoffen. Eine tief angesetzte Bugschürze und ein breiter Heckspoiler sorgen für die erforderlichen Abtriebskräfte bei hohem Tempo. Daß Straßenlage und Fahrverhalten geradezu sensationell sind, haben erste Testfahrten ergeben, dazu trugen ein aktives Fahrwerk, AP-Rennbremsen und speziell angefertigte Pirelli-Reifen bei. Wahlweise gibt es Sechsganggetriebe mit Handschaltung oder in sequentieller Bauweise; auch eine Wippenschaltung ist erhältlich.

Mitte 2012 waren alle Versuche abgeschlossen, so daß man vom Prototyp zur Serienfertigung übergehen konnte. Neun Wagen sollen pro Jahr entstehen, und nicht mehr als zwanzig insgesamt. In bezug auf Denis Hulmes Todesdatum am 4. Oktober 1992 (er erlag am Steuer eines Tourenwagens einem Herzinfarkt) fand die Markteinführung auf den Tag genau zwanzig Jahre später statt. **SH**

◁ Der Renault Twizy ist ein zweisitziges Elektro-Stadtcoupé, das man mit oder ohne Türen benutzen kann.

Twizy | Renault

2012 • Elektroantrieb • 13 kW •
keine Angaben • 80 km/h

Der Renault Twizy ist ein zweisitziger, vollelektrischer Stadtwagen. Die ersten serienreifen Exemplare wurden im Januar 2011 in Paris der Öffentlichkeit vorgestellt. Die Serienproduktion begann noch im gleichen Jahr, und seit März 2012 ist das Fahrzeug auch in Deutschland erhältlich. Der Twizy wird in zwei Motorisierungen angeboten. Das Einsteigermodell stellt der Twizy Urban 45 mit einer Höchstgeschwindigkeit von 45 km/h dar. Der hier verwendete E-Motor leistet 4 kW bei einem Drehmoment von 33 Nm. Fahren darf man dieses Modell mit Versicherungskennzeichen ab 16 Jahren. In Deutschland wird diese Version – ohne Türen – wie ein Quad eingestuft; damit lassen sich Hürden für eine Pkw-Zulassung umgehen. Die Version mit 13 kW starkem Motor wird in den Ausstattungsvarianten Urban, Color und Technic angeboten und hat eine Höchstgeschwindigkeit von 80 km/h; das Drehmoment liegt bei 57 Nm. Für diese Version werden ein Führerschein Klasse B und eine amtliche Zulassung benötigt. Die beiden Sitze sind hintereinander angeordnet, wobei der Mitfahrer seine Füße links und rechts neben den Fahrersitz positioniert. Einen Kofferraum gibt es nicht, nur kleine Staufächer. Ein Bordcomputer mit integriertem Econometer gehört zur Serienausstattung, ebenso Fahrer-Airbag, Sicherheitsgurte, Scheibenbremsen, integrierte Kopfstützen, eine verriegelbare Lenkradsäule, eine Handbremse mit Verriegelung bei ausgeschaltetem Kontakt, eine elektronische Wegfahrsperre und ein manuell zu aktivierender Geräuschsimulator. Optional sind nach oben schwenkende Scherentüren mit oder ohne Scheiben erhältlich. Die Reichweite der Batterien beträgt bis zu 115 Kilometer. **SH**

Adam | Opel

2012 • 1364 ccm, Vierzylinder • 70 PS/51,5 kW •
0-100 km/h in 14,9 Sek. • 165 km/h

Zwei neue Kleinwagen machten 2012 von sich reden: der VW Up und der Adam aus dem Haus Opel – und weil dieses noch immer zu General Motors gehört, wird der Modellname auf gut amerikanisch „Äddäm" ausgesprochen.

Opels City-Flitzer Adam ist so etwas wie ein Lifestyle-Mini und kostet mehr als der VW Up. Der Preisunterschied ist aber relativ, denn die Ausstattung des Adam ist um einiges reichhaltiger. 11.500 Euro kostete 2012 das Einstiegsmodell mit 70 PS. Der teuerste Adam mit 100 PS und „Slam"-Ausstattung kostete hingegen satte 16.085 Euro und damit fast so viel wie ein Golf.

Serienmäßig sind unter anderem elektrische Fensterheber, Radio, Tagfahrlicht, Zentralverriegelung, Servolenkung mit City-Knopf für stärkere Lenkunterstützung, elektrisch verstellbare Außenspiegel und ein komplettes Sicherheitspaket inklusive ESP. Die Motorisierung des kompakten Fronttrieblers beschränkte sich bei der Einführung auf einen Vierzylinder mit 1,2 bzw. 1,4 Liter Hubraum und einer Leistung von 70, 87 oder 100 PS. Alle Motoren sind mit einem Fünfgang-Schaltgetriebe kombiniert. Der sparsamste Adam kommt auf einen Durchschnittsverbrauch von 5,0 Liter auf 100 Kilometer. Da war die Konkurrenz weiter: der 60 PS starke VW Up benötigte im Schnitt fast einen Liter weniger. Auch das Leergewicht des Opel Adam verdient keinen Preis, liegt es doch zwischen 1086 und 1135 Kilogramm. Alles in allem birgt der Adam viel Entwicklungspotential. Die Rüsselsheimer waren auf ein neues Modell unterhalb des 4,00-Meter-Corsa angewiesen, der seine Rolle als Einsteigermodell mit Erscheinen des 3,70 Meter kurzen Adam abgegeben hat. **HS**

Mustang Super Cobra Jet | Ford

2012 • 5408 ccm, V8 • 430 PS/316 kW • keine Angaben • keine Angaben

Mitunter versteigen sich Automobilgiganten zum Bau von Fahrzeugen in exklusiven Minimalserien, mit denen sie in der Branche auf Beifall hoffen – und die nichts weiter als Imageträger sind, bei denen der Hersteller Stück für Stück Geld drauflegt. So war es auch beim Mustang Super Cobra Jet von 2012, von dem Ford USA nur fünfzig Stück anfertigte.

Das muskulöse Coupé qualifiziert sich für jede Rennstrecke, falls es einer der wenigen glücklichen Besitzer darauf absieht – für eine Straßenzulassung war das Auto nicht gedacht. Die Federungs- und Aufhängungs-Spezifikationen, das Getriebe, die Bereifung, der Überrollkäfig, die Hosenträger-Sicherheitsgurte – alles waren Rennwagen-Attribute. Den 430-PS-Motor startete man per Anlasserknopf, und außen am Heck befand sich ein Batterie-Sicherheitsschalter.

Das Fahrzeug entsprach bester amerikanischer Dragster-Philosophie, deren Anhänger nur eines im Sinn haben: die Viertelmeile in weniger als zehn Sekunden zu durchmessen. Das braucht dicke Reifen auf den Antriebsrädern, mit denen man schöne Spuren auf dem Asphalt hinterlassen kann. Die für den Cobra Jet hat Goodyear angefertigt; sie weisen nur ein minimales Profil auf und sind einzig auf Beschleunigung ausgelegt – auf nasser Straße, vor allem bei Kurvenfahrt, sind sie unbrauchbar.

Die fünfzig Auserwählten durften für ihren rot, weiß, blau oder silbergrau lackierten Wagen 104.000 Dollar bezahlen. Aber es gab auch einen Bausatz aus dem Ford Performance Parts Catalog, mit dessen Hilfe man sich ein ähnlich aussehendes Auto in Eigenregie assemblieren konnte, sofern man einen Ford Boss oder Shelby 500 GT500 besaß. **SH**

GT 86 | Toyota (J)

2012 • 1998 ccm, Vierzylinder-Boxer • 200 PS/147 kW • 0-100 km/h in 8,2 Sek. • 226 km/h

Als man bei Toyota nicht mehr umhin kam, den Wünschen einer sportlich orientierten Käuferschaft Rechnung zu tragen, erschienen nacheinander die Modelle Celica, MR2 und Supra. Dann aber gab es eine lange Pause, und andere japanische Hersteller schoben sich auf die Überholspur. Mit größeren Autos, stärkeren Motoren, Turboladern, viel Elektronik und Allradantrieb. Man erkannte bei Toyota eines Tages die Chance, mit einem einfachen, ehrlichen und preiswerten Sportcoupé wieder punkten zu können, und entwickelte den GT 86. Man darf ihn als Nachfolger des seit August 2005 nicht mehr gebauten Celica bezeichnen. Seit Herbst 2012 ist der 2+2 auch auf den europäischen Märkten erhältlich.

Das Auto hat einen Vierzylindermotor von knapp zwei Liter Hubraum unter der Haube, der die Hinterräder antreibt. Aber er ist kein Reihen-, sondern ein Boxermotor, was nicht verwundert, wenn man weiß, daß er vom Boxer-Spezialisten Subaru stammt, doch die D-4S-Direkteinspritzung des Motors ist made by Toyota. Der Kunde kann zwischen einem Sechsgang-Schaltgetriebe und einer Sechsstufen-Automatik wählen, die über Schaltwippen am Lenkrad bedient wird. ABS und ESP gibt es serienmäßig.

Insgesamt ist der GT86 leicht und kompakt gehalten; sein Leergewicht beträgt 1180 Kilogramm. Die Gewichtsverteilung über den Achsen liegt bei 53:47 Prozent. Ein Sperrdifferential und die Stabilitätskontrolle VSC (sie ist manuell deaktivierbar) sollen etwaigen Traktionsverlust verhindern. Man kann den Wagen auch als Subaru BRZ und Scion FR-S bekommen, zumindest dort, wohin Toyota den GT86 nicht exportiert. Und dort nennt man den Wagen gern Toybaru ... **SH**

Grand Cherokee SRT8 | Jeep

2012 • 6400 ccm, V8 • 465 PS/342 kW • 0-100 km/h in 4,8 Sek. • 250 km/h

Der am stärksten motorisierte Jeep aller Zeiten ist der Grand Cherokee SRT8, dessen erste Version im Herbst 2005 vorgestellt wurde. Der Wagen gehört zur SUV-Kategorie und beeindruckt durch einen bulligen Auftritt, zu dem ein riesiger Lufteinlaß unterhalb des vorderen Stoßfängers gehört. Der darüberliegende Grill mit seinen senkrechten Stäben erinnert entfernt an den Ur-Jeep. Weniger für Offroadeinsätze als für den Highway ist die hohe Motorleistung gedacht, und da die gesamte Fahrzeugtechnik sich durch Superlative auszeichnet, sind auch die von Brembo zugelieferten Sechs-Kolben-Bremsen die eines Rennwagens. Sie bringen den Jeep, der von Null auf 100 km/h in 4,8 Sekuden beschleunigen kann, aus diesem Tempo auf 35 Metern wieder zum Stillstand.

Zum Serienumfang des 4x4 gehören ein adaptives Dämpfersystem, Stabilitätskontrolle, ABS und Differentiale mit begrenztem Schlupf. Das Aufgebot elektronischer Hilfssysteme ist auf dem neuesten Stand und sorgt für Fahrvergnügen ohne Einschränkung. Zur Innenausstattung gehören Sitzbezüge in schwarzem Leder und ein beheiztes Lenkrad; Bauteile aus Karbon und gelochte Aluminiumpedale zeigen sportlichen Charakter.

Die Cherokee-Baureihe gibt es seit 1984. Sie verkörperte eine neue Generation von Geländewagen mit Einzelradaufhängung. Das Fahrzeug fand auch in Europa viele Abnehmer und profitierte vom Boom der Geländewagen in den 1990er Jahren. Zu Beginn mit einem 2,8-Liter V6-Motor von Chevrolet bzw. einem 2,5-Liter Reihenvierzylinder von AMC versehen, wurde der Cherokee mit einem starken 4,0-Liter Sechszylinder, einer Eigenentwicklung von Jeep, zu einem Welterfolg. **SH**

Range Rover Overfinch | Land Rover (GB)

2012 • 4999 ccm, V8 • 510 PS/375 kW • 0-100 km/h in 5,9 Sek. • keine Angaben

Auch die Briten können mit einem Geländewagen aufwarten, der eine Menge Superlative auf sich vereinigt und damit, genau genommen, seine ursprüngliche Zweckbestimmung ad absurdum führt. Aber wer abseits steht und sich auf Altersweisheit beruft, hat im Automobilgeschäft schlechte Karten. So entstand der Overfinch als Monster-SUV auf Basis des Range Rover, angefertigt von einer kleinen Spezialfirma in Leeds, die sich aufs Veredeln und Individualisieren von Fahrzeugen dieser Marke spezialisiert hat. So stellt sich beispielsweise der Overfinch Holland & Holland (das ist der Name eines Jagdwaffenherstellers) als ein gänzlich mit Leder ausgeschlagenes und mit Edelholzapplikationen versehenes Auto dar, in welchem es Etuis für Gewehre und eine Bar gibt, deren Kühlfach ein Jahr lang nach dem Kauf kostenlos mit Champagner bestückt wird, so oft man Bedarf meldet. Der Overfinch hat eigene Instrumente, ein eigenes Multifunktions-Lenkrad, ein eigenes Felgendesign und LED-Leuchten. Die Lackierung des Wagens erfolgt nach Kundenwunsch.

Der Motor ist keiner aus der Land-Rover-Produktion. Overfinch bevorzugt entweder einen V8 aus der Corvette oder einen V6 bzw. V8 von Jaguar, dessen Daten oben angegeben sind. Die Leute verstehen etwas von ihrer Arbeit und modifizieren auch Fahrzeuge wie jenen Range Rover, der an der Rallye Paris-Dakar mit einem speziellen Overfinch-Getriebe an den Start ging – und gewann. Etliche Fußballstars gehören zu den treuen Overfinch-Kunden wie der Liverpool-Kapitän Steven Gerrard oder der Manchester-Stürmer Wayne Rooney, denn Promis wie sie geben sich mit Kleinigkeiten gar nicht erst ab. **SH**

Polo R | Volkswagen

2012 • 1598 ccm, Turbo-Vierzylinder • 210 PS/154 kW • 0-100 km/h in 6 Sek. • 240 km/h

Anfangs war der Polo ein vom Audi 50 abgeleiteter Dreitürer, der als kleinster Volkswagen mit quer eingebautem Motor und Frontantrieb für Bescheidenheit und Wirtschaftlichkeit stand. Seine Einführung erfolgte 1975, und man bekam das Auto für 8000 D-Mark zu kaufen. Sein 895-ccm-Motor gab 40 PS ab, also erheblich weniger als der Boxer im Käfer 1302.

Wie alle Modellreihen des VW-Programms durchlief auch der Polo eine Abfolge von Evolutionsphasen – bis hin zum Typ R von 2012. Das jüngste Mitglied des VW-R-Clubs besitzt einen neu entwickelten 1,6-Liter Benzinmotor mit Direkteinspritzung und Abgas-Turbolader, der auch den ebenfalls 2012 vorgestellten Golf VII motorisiert. Seine Kraft überträgt er auf die Vorderräder; anders als der Golf R ist der Polo R kein Wagen mit Allradantrieb. Die Differentialsperre XDS sorgt für genug Traktion auch bei indifferenten Bodenverhältnissen; sie kommt auch beim VW Scirocco R zum Einsatz, dessen Motor allerdings 265 PS leistet.

Für das Jahr 2013 plante Volkswagen die Teilnahme an der WRC-Meisterschaft, und es war vorgesehen, daß es vom 300 Turbo-PS starken Rallyefahrzeug ab Ende 2013 auch eine Straßenversion geben sollte. Ähnlich wie der Wettbewerbswagen sollte auch das Straßenfahrzeug einen großen Heckspoiler bekommen, einen Diffusor und ein Sportfahrwerk mit reduzierter Bodenfreiheit. Es sah ganz so aus, als würde der Rallye-Polo stärker als der aktuelle VW Golf GTI ausfallen – und mit Besonderheiten aufwarten wie einem Siebengang-DSG-Getriebe und Allradantrieb. In jedem Fall ist das „R" bei Volkswagen ein ebenso schneller Buchstabe wie das „M" bei BMW. **SH**

Paceman | MINI

2012 • 1598 ccm, Twinturbo-Vierzylinder • 218 PS/160 kW • keine Angaben • keine Angaben

Auf der Detroit Auto Show 2011 war der Paceman erstmals als Concept Car zu sehen – als siebtes Mitglied der MINI-Familie, das 2012 auch in Paris gezeigt wurde und jetzt in Serie ging. Das Auto basiert auf dem MINI Countryman und wird als Sports Activity Coupé bezeichnet. Es stellt eine preisgünstige Alternative zum dreitürigen Land Rover Evoque und zum BMW X6 dar. Gebaut wird dieser MINI im BMW Werk Graz, Österreich.

Abgesehen von der JCW-Version stehen zwei Benziner und zwei Diesel zur Wahl. Der Paceman erfüllt ein traditionelles Coupé-Merkmal: es gibt ihn nur mit zwei Türen. Ansonsten hat das Gesamtbild des Wagens mit einem klassischen Coupé nicht viel gemein. In der Silhouette zeigen sich die Unterschiede zum Countryman: Die Dachlinie des Paceman fällt nach hinten ab, wodurch die hinteren Seitenfenster und die Heckscheibe schmaler wurden; ein Dachkantenspoiler betont diese Linienführung. Durch Aussparungen in den Vordersitzlehnen sollen die Passagiere auf den hinteren Einzelsitzen genug Raum für lange Beine haben. Der Kofferraum faßt etwas weniger als der des Countryman.

Daß der Paceman mehr dynamischen denn praktischen Ansprüchen gerecht wird, zeigt auch die von 112 bis 184 PS reichende Motorenpalette. Der Paceman JCW markiert mit 218 PS das obere Ende des Leistungsspektrums. In dieser Spezifikation (JCW steht für John Cooper Works) verfügt das niedrige Coupé über einen 1598-ccm-Vierzylindermotor mit zwei Turboladern, und auf Wunsch kann diese Version auch mit permanentem Allradantrieb geliefert werden. Der Mini Paceman JCW hat mit 218 PS das Zeug zu einem echten WRC-Champion. **DS**

FF | Ferrari

2012 • 6262 ccm, V12 • 651 PS/481 kW • 0-100 km/h in 3,5 Sek. • 335 km/h

Wenn ein Autohersteller behauptet, er produziere das schnellste viersitzige Fahrzeug der Welt, sollte man skeptisch sein. Kommt ein solches Statement aber von Ferrari, so ist davon auszugehen, daß die Aussage keine bloße Übertreibung darstellt.

Die Modellbezeichnung FF steht für Ferrrari Four, womit aber nicht die vier Sitze gemeint sind. Vielmehr bezieht sich die Zahl auf den Vierradantrieb des Wagens. Es handelt sich beim FF um den ersten Allrad-Ferrari. Zugleich verkörpert er ein für Ferrari eher ungewöhnliches Raumkonzept, denn der FF ist ein Kombi-Coupé, wie es in jüngster Zeit von verschiedenen Anbietern als „shooting brake" bezeichnet wird, wenngleich die korrekte Schreibweise auch „shooting break" ist, worunter man in den 1950er Jahren einen Mehrzweckwagen für den gehobenen Landadel Britanniens verstand. Der dürfte sich auch für den Sportkombi von Ferrari interessieren, ein Auto, das in der

Frontansicht Ähnlichkeit mit dem 458 Italia und damit genügend Ferrari-Gene erkennen läßt. Der Wagen ist nicht bloß ein 2+2, sondern bietet vier Erwachsenen echten Limousinen-Komfort. Allerdings ist der FF etwas kürzer als der 612 Scaglietti, den er ersetzt.

Der V12-Saugmotor unter der Fronthaube ist mit 6262 ccm der größte, den Ferrari je gebaut hat, und mit einem Antriebssystem gekoppelt, das Patentschutz genießt. Am Lenkrad braucht man nur auf „Komfort" oder „Schnee" zu schalten, alles andere besorgt eine komplexe, intelligente Verteilungsautomatik mit zwei Getrieben. Im Normalfall wird nur mit Hinterradantrieb gefahren.

Sollten Sie den FF einmal fahren dürfen, werden Sie beruhigt und beunruhigt zugleich sein. Beruhigt, weil sich der Wagen exakt so bewegen läßt, wie man es von einem Ferrari erwartet. Beunruhigt, weil er bei zugeschaltetem Allradantrieb Kurvenmanöver gestattet, wie man es nie erwartet hätte. Bereiten Sie sich darauf vor. **JI**

Glossar der wichtigsten Begriffe aus 125 Jahren Automobilgeschichte

ABS (Anti-Blockier-System)
Eine ABS-Anlage ist die Erweiterung einer standardisierten Zweikreis-Bremsanlage. Je zwei der vier Radbremszylinder werden gemeinsam von je einem der beiden Haupt-Bremszylinder betätigt. Mit ABS kann unabhängig von dieser Grundausführung in jedem der vier Radbremszylinder der Druck einzeln gemindert werden. Der erste Pkw mit mechanischem ABS war der Jensen FF von 1966. Ford stattete 1969 den Lincoln Continental Mark III mit einem nur auf die Hinterräder wirkenden ABS-System namens Sure-Track Brake System aus, ebenso den Thunderbird. 1971-1973 bot Chrysler das Luxusmodell Imperial gegen Aufpreis mit einem Sure Brake genannten elektronischen Antiblockiersystem von Bendix an. 1978 brachte die Firma Bosch ein elektronisch gesteuertes ABS auf den Markt.

Achtzylindermotor
Den ersten Achtzylinder-Reihenmotor setzte der Franzose Clément Charron 1902 in einen Kraftwagen ein. Auch ein erster V-Achtzylinder wurde 1902 von einem Franzosen namens Fernand Ader konstruiert, gefolgt von Alexandre Darracq 1905.

Andrehkurbel
Vor der allgemeinen Einführung des 1910 von Charles F. Kettering erfundenen elektrischen Anlassers wurde jeder Motor mit einer Handkurbel in Schwung gesetzt. Die Andrehkurbel griff in eine Schneckennut auf der axial verlängerten Kurbelwelle ein. Handräder, die man vom Sitz aus betätigen konnte, wiesen der Decauville und der Wartburg auf, deren Motoren sich unter der Sitzbank befanden. Zu den per Andrehkurbel alternativ (bei zu schwach geladener Batterie) zu startenden Autos zählte das Citroën D-Modell noch bis 1975, und der 2 CV hatte sogar bis zu seinem Produktionsende 1990 serienmäßig eine Andrehkurbel.

Batteriezündung
Bevor Anfang des 20. Jahrhunderts die Magnetzündung aufkam, wiesen die frühen Verbrennungsmotoren Batteriezündung (auch Induktionszündung oder Spulenzündung genannt) auf, die aber mangels Lichtmaschine zu einer raschen Entladung der mitgeführten Batterie (meist 6 Volt) führte. Bei der Batteriezündung werden die Zündkerzen mit hochgespanntem Batteriestrom durch eine Zündspule versorgt. Von den 1930er Jahren an wurde die Batteriezündung wieder aktuell, als moderne, leistungsfähige Lichtmaschinen mit Spannungsregler für einen konstanten Stromhaushalt sorgten.

Berlina, Berlinetta
Italienisches Wort für Limousine bzw. „kleine Limousine", wobei meist ein geräumiges Coupé gemeint ist (häufig von Ferrari benutzter Terminus). Opel bezeichnete eine Ausstattungsvariante des Manta ebenfalls als Berlinetta, eine des Ascona als Berlina.

bhp
Im Englischen übliche Abkürzung für brake horsepower (Brems-PS) als Leistungsangabe. Im Unterschied zu den britischen Steuer-PS (tax hp), die nur fiskalische Bedeutung haben, entspricht 1 bhp = 1,0139 PS = 0,746 kW.

Blattfedern
In mehreren Lagen gebündelt übereinander liegende Stahlblätter bzw. -bänder als federndes Element zwischen Fahrwerk (Achsen) und Chassis, längs oder quer zur Fahrtrichtung eingebaut. Diese schon im Kutschenbau des 18. Jahrhunderts und später auch im Eisenbahnwaggonbau übliche Art der Federung, um Fahrbahnstöße abzufangen, kann in unterschiedlichen Bauformen ausgeführt und angeordnet sein. Man unterscheidet je nach Aufhängungsgeometrie Viertel-, Halb-, Dreiviertel- und Vollelliptikfedern; letztere bestehen aus zwei Halbfeder-Einheiten, die zusammen eine Ellipse bilden. Im Pkw-Bau teils noch heute verwendet, vor allem auch bei Geländewagen.

Boxermotor
Der Boxer wird stets mit einer geraden Zylinderzahl gebaut, vorwiegend als Viertakter. Die Zylinder sind dabei einander gegenüberliegend (Bankwinkel 180° Grad) etwas versetzt zueinander angeordnet. Der Unterschied zum 180-Grad-Flachmotor liegt in der Anordnung der Pleuel auf der Kurbelwelle; bei Boxermotoren sind die Pleuel eines Zylinderpaares aus zwei gegenüberliegenden Zylindern auf zwei um 180° versetzten Hubzapfen angeordnet. Die Kolben dieser Zylinder befinden sich stets im gleichen Hub. Beim V-Flachmotor teilen sich jeweils zwei Pleuel einen Hubzapfen. Ein bekanntes und gelegentlich fälschlich als Boxer bezeichnetes Fahrzeug ist beispielsweise der Ferrari Berlinetta Boxer.

Break
Französische Bezeichnung für einen offenen Jagdwagen, ursprünglich als omnibusartiges Fahrzeug mit längs angeordneten Sitzbänken gebaut. Später Gattungsbegriff für alle geschlossenen Kombiwagen. Im Englischen als „Shooting Break" übernommen; auch die (falsche) Schreibweise „Brake" ist häufig zu finden.

Bremsen
Die ersten Bremsen am Motorwagen waren Außenbandbremsen an der Kardanwelle und Klotzbremsen an den Radfelgen. Bremsen als vorgeschriebenes Bauteil am Kraftfahrzeug gab es in Deutschland nicht vor Dezember 1925, als eine Verordnung vorschrieb, daß Personenwagen „zwei in ihrer Wirkung voneinander unabhängige Bremsen aufweisen" mußten. Auf wie viele Räder sie zu wirken hatten, blieb freigestellt. Nicht vor 1919 kamen Vierradbremsen auf, bis auf wenige Ausnahmen hatte man sich bis dahin auf gebremste Hinterräder in Verbindung mit Kardan- und Getriebebremsen beschränkt. Überbremste Vorderräder, so wurde lange befürchtet, würden ein Überschlagen des Fahrzeugs zur Folge haben. Auch verstand sich die Handbremse nicht immer als Feststellbremse, sondern fungierte als Betriebsbremse.

Brougham, Brougham de Ville
In den USA übliche Bezeichnung für ein Sedanca de Ville oder Town Car. Der Name stammt aus der Kutschenzeit und wurde damals für kantige Aufbauten mit flachem Dach und glatten Seitenflächen benutzt.

Cabrio-Limousine
Ähnlich wie Cabriolet, doch hat diese Karosserieausführung feststehende Seitenrahmen (Türen, Fenster); nur das Dachteil ist zu öffnen (auch Rolldach-Limousine). Cabrio-Limousinen waren eine beliebte Alternative zum Voll-Cabriolet. Genau genommen galt auch der Fiat 500A/B/C Topolino (1936-1955) und der Citroën 2 CV (1948-1990) Cabrio-Limousinen.

Cabriolet
Das in deutscher Schreibweise zu Kabriolett verformte Wort stammt aus dem Französischen und bezeichnet ein Automobil, dessen Aufbau sich durch ein Verdeck öffnen läßt. Es kann ein Zwei- oder Viertürer sein, und im Unterschied zum Roadster oder Tourenwagen gibt es versenkbare Seitenscheiben. Cabriolet-Karosserien in den unterschiedlichsten Ausführungen wurden von den frühen 1920er Jahren an von allen bedeutenden Karosserieherstellern angeboten; viele besaßen Patente oder Gebrauchsmusterschutz auf bestimmte Verdeckmechanismen. Wie manche Roadster von ihren Herstellern (fälschlich) als Cabriolets bezeichnet werden, so muß die Bezeichnung Roadster immer wieder auch für echte Cabriolets herhalten. Mit Coupé-Cabriolet bezeichnete man in den 1920er Jahren zweitürige Cabriolets, mit Faux-Cabriolet solche, die ein

festes Dach hatten und nur durch applizierte Schmuckbeschläge den Eindruck erweckten, als könne man dies öffnen.

ccm, cm3
Abkürzung für den Begriff Kubikzentimeter. Siehe Hubraum.

c.i.
Abkürzung für dien Begriff cubic inch (= Kubikzoll). Siehe Hubraum.

Chassis
Andere Bezeichnung für Fahrgestell. Das Wort kommt aus dem Französischen und bezeichnete ursprünglich den Rahmen einer Geschützlafette.

Chrom
Gegen Ende der 1920er Jahre begann man bei Cadillac und Oldsmobile Kühlermasken, Scheinwerfer und andere Bauteile am Auto zu verchromen. Verchromte Oberflächen benötigten geringeren Pflegeaufwand als das bisher verwendete Nickel und waren zudem preiswerter. Die Verchromung von Blankteilen setzte sich schnell durch und fand schon 1928 in Europa Anwendung.

Cockpit
Aus dem Yachtsport übernommene und auch für Sportflugzeuge verwendete Bezeichnung für den Sitzraum in Renn- und Sportwagen (engl. =„Hahnengrube").

Convertible
Im Amerikanischen gebräuchlicher Ausdruck für Cabriolet. Auch: Convertible Sedan, Convertible Coupé.

Coupé
Aus dem Kutschenbau stammende französische Bezeichnung für eine „abgeschnittene" Limousine, also für einen Wagen mit verkürztem Aufbau, zwei- oder viersitzig, mit festem, nicht abnehmbarem Dach. Nicht immer wurde der Begriff Coupé in seiner ursprünglichen Bedeutung verwendet; die Engländer bezeichnen ein zweisitziges Cabriolet häufig als Drophead Coupé (in den USA: Convertible Coupé), das eigentliche Coupé als Fixed Head Coupé, und bei Rover gab es auch eine viertürige Limousine (P3, 1958-1967) als Coupé.

Coupé de Ville
Großer Wagen, dessen Aufbau über den vorderen Sitzen zu öffnen ist, während das Fondabteil wie ein Coupé geschlossen ist (ähnlich: Brougham de Ville, Sedanca de Ville).

Custom
Vorwiegend in den USA gebräuchliche Bezeichnung oder Addikition für einen Wagen bzw. eine Karosserie, der bzw. die im Auftrag eines Kunden (customer) speziell angefertigt wurde. Bei einer Verwendung als Modellbezeichnung bei Serienfahrzeugen („Custom Sedan") sollte der Eindruck erweckt werden, als sei das Fahrzeug auf Bestellung gebaut worden, was die ursprüngliche Bedeutung des Begriffs allmählich entwertete.

CV
Abkürzung für cheval vapeur, die französische Bezeichnung für Steuer-PS, erstmals 1912 verwendet. Die Formel war zunächst hubraumbezogen und errechnete sich aus 0,4 x Zylinderzahl x Bohrung zum Quadrat (mm) x Kolbenhub (m). 1 CV = 261,8 ccm (in der Schweiz wurde ebenfalls nach CV gerechnet, dort 1 CV = 196,34 ccm). Den fiskalischen Größenordnungen entsprechend trugen fast alle in Frankreich hergestellten Autos eine CV-Bezeichnung, aus der die Motorgröße und damit die Steuerbemessungsgrundlage hervorging (z.B. Citroën 11 CV, Renault 4 CV). Nach dem Zweiten Weltkrieg kamen ständig neue und kompliziertere Berechnungsparameter (z.B. Getriebeübersetzungen) hinzu. Der CV-Wert ist heute nur noch versicherungsrelevant.

Dampfwagen
Einzelne von einer Dampfmaschine angetriebene Straßenfahrzeuge (Cugnot, Hancock, Guerney, Trevithick) wurden in Frankreich und England bereits im späten 18. und frühen 19. Jahrhundert gebaut, zumeist Lastwagen und Omnibusse, auch Motorpflüge. Bevor sich im ersten Jahrzehnt des 20. Jahrhunderts Automobile mit Benzinmotoren durchsetzten, versuchten zahlreiche Firmen, kleinere oder größere in Serie gebaute Dampf-Personenwagen zu vermarkten, vornehmlich in den USA. Mit Dampfwagen wurden auch Rennen bestritten und Rekorde gefahren. Zu den Dampfautoherstellern, die sich am längsten am Markt halten konnten, gehörten Doble (bis 1931) und Stanley (bis 1923). Dampf-Lastwagen (z.B. Sentinel) gab es noch bis die 1930er Jahre.

De-Dion-Achse
Die nach Albert de Dion benannte Konstruktion müßte richtigerweise „Trépardoux-Achse" heißen. Dieser Partner de Dions entwickelte nämlich schon 1893 eine angetriebene Hinterachse, bei der das Differential fest mit dem Wagenkörper verschraubt wird. Der Antrieb der Räder, die durch ein leichtes Rohr verbunden oder auch einzeln aufgehängt sein können, erfolgt durch zwei Antriebswellen. Die ungefederten Massen der De-Dion-Hinterachse sind besonders klein im Vergleich zu Starrachsen, bei denen das gesamte Differentialgewicht zusammen mit den Rädern abgefedert werden muß.

dhc
Im Englischen übliche Abkürzung für drophead coupé (Coupé mit versenkbarem Dach = Cabriolet, im Gegensatz zum fixed head coupé, bei dem das Dach fest ist).

Dieselmotor
Dieselmotoren, benannt nach dem Erfinder Rudolf Diesel (1858-1913), in Automobilen gibt es seit 1908, als erstmals ein Safir damit ausgestattet wurde. Rudolf Diesel und der Schweizer Motorenhersteller Hyppolyt Saurer überwachten den Bau dieser Fahrzeuge. In den 1930er Jahren setzte sich der Dieselmotor allmählich im Nutzfahrzeug durch; bei den Personenwagen zählten Peugeot (1927), Hanomag (1935) und Mercedes-Benz (1936) zu den Marken, die nach dem Safir frühe Diesel-Geschichte schrieben.

Dreiradfahrzeug
Wie der erste Benz von 1885 waren auch später zahlreiche Motorfahrzeuge Dreiräder, nicht zuletzt aus steuerlichen Gründen (in vielen Ländern wurden dreirädrige Fahrzeuge bis zu 350 kg zulässiges Gesamtgewicht wie Motorräder besteuert und durften mit Motorrad-Führerschein gefahren werden), aber auch wegen des geringeren Bauaufwands z.B. bei der Lenkung, wenn das einzelne Rad vorn saß (Goliath, Tempo). Es wurden aber auch Dreiräder mit einzelnem Hinterrad gebaut (Darmont, Morgan).

Dynastart
Von Bosch 1903 entwickeltes Aggregat, das Starter und elektrischen Dynamo miteinander kombinierte und wegen des Lichtmagnetzünders genannt wurde. In den 1930er Jahren bei kleineren Fahrzeugen sehr populär (z. B. DKW).

Einzelradaufhängung
Sie besteht im Gegensatz zur Starrachse aus separaten Radaufhängungen auf den beiden Seiten eines zweispurigen Fahrzeugs. Dabei beeinflussen sich die Radstellungen beider Seiten nicht gegenseitig, auch ist die ungefederte Masse geringer. All dies dient zum fortlaufenden Bodenkontakt der Räder und um Erschütterungen des Aufbaus zu vermeiden, was die Fahrsicherheit und den Fahrkomfort

erhöht. An der Vorderachse unterscheidet man zwischen Kurbellenkerachse, Doppelquerlenkerachse, 4-Lenker-Achse, Federbein-/Dämpferbeinachse und verschiedenen Bauweisen der Mehrlenkerachse. Für die Führung der hinteren Räder kennt man zunächst die Pendelachse; bei ihr federn die an dem fest mit dem Fahrzeug verbundenen Differential pendelnd befestigten Halbachsen in der senkrechten Querebene des Fahrzeugs nach oben und nach unten ein und aus (VW Käfer). Dabei ändern sich Spur und Sturz, weshalb man bei modernen Fahrzeugen kompliziertere Lösungen wählte (Mehrlenkerachse, Schräglenkerachse, Raumlenkerachse, Doppelquerlenkerachse, Längslenkerachse).

elektrischer Anlasser
Das Starten eines Automotors erfolgte bis 1920 im allgemeinen per Andrehkurbel. Ein erster Versuch, mittels elektrischem Anlassermotor das Schwungrad eines Verbrennungsmotors in Bewegung zu setzen, war 1896 von dem Ingenieur H. J. Dowsing in England an einem Benz durchgeführt worden; der Elektromotor ließ sich auch als Fahrhilfe an Steigungen verwenden. Dowsings Versuch fand keine Fortsetzung; auch spätere Experimente mit Preßluft und Federwerken führten zu keinen befriedigenden Ergebnissen. Erst der kompakte, durchzugsstarke elektrische Anlasser, den Charles F. Kettering von der Firma Delco 1911 entwickelte (und der zugleich ein Dynamo war, um Strom für Zündung und Beleuchtung zu erzeugen) und der ein Jahr später erstmals in einem Cadillac serienmäßig eingebaut wurde, ermöglichte ein müheloses Anlassen. Bosch stellte einen elektrischen Starter 1914 vor. Zu den ersten Autos, die in Europa serienmäßig mit Anlasser, Lichtmaschine und elektrischen Scheinwerfern versehen waren, zählten die großen Modelle von Dixi und Mercedes. Nicht vor 1919 wurde der elektrische Anlasser auch beim Mittelklassewagen zur Selbstverständlichkeit (Einführung 1919 bei Citroën).

Elektroautos
Mit elektrischer Energie zu betreibende Motoren fanden schon früh im Automobilbau Eingang, wobei das zeitaufwendige Nachladen entleerter Batterien ein Handicap darstellte, das Elektroautomobilen auch künftig anhing. Elektrofahrzeuge waren für den Stadtbetrieb auf Kurzstrecken ideal und fanden sich vor 1914 daher vorwiegend als Taxis. Auch der Renn- und Weltrekordfahrer Camille Jenatzy, der mit Elektromobilen Geschwindigkeitsrekorde aufstellte (erstmals 1899: 105,882 km/h), tat dies in seiner Eigenschaft als Taxiunternehmer, um für den elektrisch betriebenen Wagen zu werben. Im Kommunal- und Postbetrieb gab es Elektrowagen in größerer Zahl, ebenso als Liefer- und Servicefahrzeuge.

Elektronische Kraftstoffeinspritzung
Erstmals 1968 bei Daimler-Benz bei einem Serienfahrzeug (Mercedes-Benz 250 E) angeboten; 1973-1974 auf breiter Basis im Serienfahrzeugbau aller großen Automobilhersteller eingeführt.

Estate
Englische Bezeichnung für einen Kombiwagen (wie man ihn vorwiegend in der Landwirtschaft als leichtes Transportfahrzeug benutzte; estate = Anwesen, Gutshof) früher vorwiegend auch in Gemischtbauweise Holz/Stahl (Woody) produziert.

Familiale
Im Französischen übliche Bezeichnung für einen 7- bis 8-sitzigen Kombiwagen mit drei Sitzreihen, wobei es im Fond entweder zusätzliche Klappsitze oder außer der Rücksitzbank eine weitere Bank gibt, die sich bei Nichtgebrauch in den Wagenboden versenken läßt.

FIA
Fédération Internationale de l'Automobile mit Sitz in Paris. Weltweiter Gesamtverband aller anerkannten nationalen Automobilclubs.

Flachmotor
siehe Boxermotor.

Flügeltüren
Als Flügeltüren bezeichnet man bei Personenwagen Fahrzeugtüren, die mit einem Anschlag im Dachbereich nach oben geöffnet werden (englisch: „gull wing"). Mit der Tür wird gleichzeitig ein Teil des Fahrzeugdachs geöffnet, um einen besseren Einstieg in das Fahrzeug zu ermöglichen. Die Bauart wurde 1952 erstmals beim Mercedes-Benz 300 SL Rennsportwagen angewendet.

Frontantrieb
Den ersten Motorwagen mit angetriebenen Vorderrädern baute Carl Gräf 1898 in Wien (Gräf & Stift). Jacob Lohner brachte wenig später einen Elektrowagen mit Radnabenmotoren heraus, konstruiert von Ferdinand Porsche, die bei einigen Fahrzeugen in den vorderen Rädern, bei anderen in allen vier Rädern saßen. Spyker (1904), Schwenke (1905) sowie Christie (1905/06) zählen ebenso zu den Frontantriebs-Pionieren. Zu den bekannten Herstellern, die vorderradgetriebene Automobile schon früh in Serie bauten, gehören DKW, Stoewer, Adler und Audi in Deutschland, Citroën, Tracta und Panhard in Frankreich, Alvis und Mini in England, Saab in Schweden, Lancia in Italien, Cord in den USA. Der Vollständigkeit halber sei erwähnt, daß auch der Cugnot-Dampfwagen von 1768 ein angetriebenes Vorderrad besaß.

Gasturbine
Erstmals präsentierte Rover 1950 nach fünf Jahren Entwicklungsarbeit einen Gasturbinen-Pkw (JET-1) und gründete für dessen Weiterentwicklung eigens eine Firma. Mit Gasturbinenantrieb experimentierten in den 1950er Jahren auch Chrysler und Rolls-Royce, gefolgt von Austin, BSA/Daimler, Armstrong Siddeley sowie einer Reihe von Nutzfahrzeugherstellern. Rover baute 1956 einen Allrad-Turbinenwagen. Vier Rennwagen, gemeinsam mit BRM, wurden 1963 in Le Mans und auf anderen Rennstrecken (außer Konkurrenz) eingesetzt. Anfang der 1970er Jahre gab Rover die Entwicklung auf.

Getriebe
Einrichtung zur Weiterleitung von Energie durch mechanische (z. B. Zahnräder) oder teils auch hydraulische Hilfsmittel. Die Regelung der Kraftübertragung – bei einem Auto vom Motor über eine Trennkupplung auf die Antriebsachse(n) – geschieht durch verschiedene konduktive Glieder, die in ihrer Stellung zueinander unterschiedliche, vom Fahrer steuerbare Übersetzungen des Kraftflusses erlauben. Zahnradgetriebe (verschiebbare Räder durch einen Handhebel) mit mehreren Schaltstufen kennt man im Automobilbau seit 1891 (Peugeot), vorher gab es im Automobilbau meist Kombinationen aus verschiebbaren Ketten und Riemen, je nach Antriebskonstruktion. Daimler und Maybach hatten 1886 ein Stufengetriebe als Schieberadgetriebe konstruiert. Das erste Getriebe mit direkt ausgelegtem obersten Gang brachte Renault 1900 („prise direct") heraus.

Halbelliptikfeder
Gebräuchlichste Art der Blattfeder im Automobilbau.

Hardtop
Aus dem Amerikanischen stammende Bezeichnung für ein festes, nicht faltbares, sondern als Ganzes abnehmbares Fahrzeugdach (Verdeck) aus Metall oder Kunststoff. Aufsätze dieser Art gab es schon in den frühen 1920er Jahren als sogenannte „Kombinations-Karosserien" für

den Sommer- oder Winterbetrieb (Wechselkarosserie). Der Begriff Hardtop als Fahrzeuggattung kam in den 1950er Jahren ebenfalls zuerst in den USA auf und bezeichnete einen Zwei- oder Viertürer mit voll versenkbaren Seitenscheiben einschließlich ihrer Rahmen, so daß der Eindruck eines Cabriolets oder Tourenwagens mit geschlossenem Verdeck entsteht (Hardtop Coupé, Hardtop Sedan).

Heckflosse
Bezeichnung für die in den 1950er Jahren vor allem in den USA als stilistische Akzente bis ins Extrem „gewachsenen" hinteren Karosserieabschlüsse, deren vorgebliche Funktion als seitliche Stabilisierungsflossen (bei hohen Geschwindigkeiten) man aus dem Rennwagenbau ableitete (z. B. Renault Nervasport Rekordwagen 1935, Bristol 450 Le Mans 1954). Die in aerodynamischer Hinsicht fragwürdigen, meist ornamentreich chromverzierten Flossenpaare wurden bei europäischen Fahrzeugen – dort weniger stark ausgeprägt – zu „Peilstegen" zum besseren Erkennen der hinteren Fahrzeugkonturen beim rückwärts Einparken rationalisiert, wie beim DKW Junior ab 1958, beim Mercedes-Benz 220 Sb/SEb ab 1959 („Heckflossen-Mercedes"), beim DKW AU 1000 Sp ab 1959, beim Volvo P1800 von 1961.

Heckmotor
Den Antriebsmotor im Heck eines Automobils unterzubringen, galt den Pionieren des Motorwagens als selbstverständlich (Benz, Daimler, de Dion), erst Panhard (1898) etablierte die sogenannte „Standardbauweise", nach welcher der Motor vorn saß und die hinteren Räder antrieb. In den 1920er Jahren wurden wieder vereinzelt Fahrzeuge mit Heckmotor gebaut, entweder aus Gründen der Bauteile-Ersparnis, um Motor und Antrieb zusammenzufassen (Hanomag 1924), meist aber aus aerodynamischen Gründen (Benz- und Rumpler-Tropfenwagen 1921). Im darauf folgenden Jahrzehnt, in welchem auch verschiedene Konzepte zur Entstehung des Volkswagens beitrugen, erlebte der Heckmotor eine Renaissance (Tatra 77, Mercedes-Benz 170 H, Rennwagen der Auto Union).

Homologation
Bezeichnung im Kraftfahrzeugwesen ganz allgemein, speziell aber im Motorsport für die Beschreibung eines Fahrzeuges zur Vorlage bei den Sportbehörden. Die Homologation ist in vielen Motorsportkategorien die formelle Voraussetzung, um an Wettbewerben teilnehmen zu können.

hp, HP
Abkürzung für horsepower (engl.: Pferdestärke, PS), meist für Steuer-PS und nicht für die effektive Leistungsabgabe verwendet, die in BHP (brake horsepower: Brems-PS) angegeben wird. Der hp-Wert errechnete sich aus Zylinderbohrung x Zahl der Zylinder : 1613. Dadurch können zwei Wagen mit völlig unterschiedlichen Motoren den gleichen hp-Wert (der nur für die Versicherung relevant war) aufweisen.

Hubraum
Der Hubraum oder das Hubvolumen bezeichnet für die Zylinder von Hubkolbenmotoren das umschlossene Volumen, das sich aus dem Arbeitsweg des einzelnen Kolbenhubes und der Querschnittsfläche des Kolbens ergibt. Er definiert also das Volumen, das bei einem Motor durch den Hub aller Kolben insgesamt verdrängt wird. Errechnet wird der Hubraum durch die Formel $\pi \times r^2$. Der Umrechnungsfaktor von c.i. in cm^2 beträgt 16,387 (1 c.i. = 16,367 cm^2).

Hybrid
Fahrzeug, das von mindestens einem Elektromotor und einem weiteren Energiewandler angetrieben wird und die Energie aus einem Betriebskraftstofftank und einer Speichereinrichtung (im Fahrzeug) für elektrische Energie bezieht.

Hydraulische Bremsen
Bei der hydraulisch arbeitenden Bremse wird beim Betätigen des Bremspedals ein Kolben im Hauptbremszylinder aktiviert, der die Hydraulikflüssigkeit (Bremsöl) unter Druck durch Leitungen in die Bremszylinder an den Rädern drückt. Kolben in den Bremszylindern pressen die Bremsbeläge gegen die Wandungen der Bremstrommel. Bei Wegnehmen der Kraft vom Bremspedal bringen Rückzugfedern die Bremsbacken und damit den bzw. die Kolben der Bremszylinder wieder in ihre Ausgangsstellung.

Hydraulische Stoßdämpfer
Hydraulische Stoßdämpfer bestehen im wesentlichen aus einem an einer Kolbenstange in einem ölbefüllten Zylinder geführten Kolben. Bei axialer Bewegung der Kolbenstange (und damit des Kolbens) gegenüber dem Zylinder muß das Öl durch enge Kanäle und Ventile im Kolben strömen. Durch den Widerstand, der dem Öl dabei entgegengebracht wird, werden Druckdifferenzen erzeugt, die über Wirkflächen die Dämpfungskräfte erzeugen. Die daraus resultierende Dämpfarbeit wird in Erwärmung des Öls umgesetzt. Die Viskosität (Zähigkeit, Dichte) und damit Dämpfungswirkung des Öls ist temperaturabhängig. Um den Temperaturanstieg des Dämpfers auf ein für die beteiligten Bauteile erträgliches Niveau zu begrenzen, muß der Dämpfer ausreichend Wärme an die Umgebungsluft abgeben können.

Hydropneumatische Federung
Federsystem, das eine Kombination von Gas- und Flüssigkeitstechnik darstellt, 1954 erstmals versuchsweise beim Citroën 15-Six H in Serie angewendet, bevor es ein Jahr später beim DS19 erschien. Das Prinzip beruht auf einer Hochdruckkugel pro Rad, in der sich ein Stickstoffpolster befindet sowie eine Membran, die dieses von einer mit Hydraulikflüssigkeit gefüllten Hälfte trennt. Die Flüssigkeit steht durch einen Kolben im Federzylinder mit der Radaufhängung in Verbindung. Das Gaspolster entspricht hier der Stahlfeder im konventionellen Federsystem, die Dämpfung besorgt ein Ventil in der Hydraulikflüssigkeit zwischen Federzylinder und Kugel. Eine vom Motor angetriebene Pumpe setzt das System unter Druck.

Indianapolis Speedway (Indy)
Älteste existierende Ovalrennstrecke der USA. Das alljährliche 500-Meilen-Rennen auf dem Speedway in Indianapolis, Indiana, findet seit 1909 statt.

Intercooler
Englischer Ausdruck für Ladeluftkühler.

i.o.e.
Aus dem Englischen stammende Abkürzung für inlet over exhaust, womit die Ventilanordnung im Motor bezeichnet wird, bei der das obengesteuerte Einlaßventil eines Motors über dem untengesteuerten Auslaßventil sitzt.

Kardanantrieb, Wellenantrieb
Bis um 1900 war die Übertragung der Motorkraft auf die Antriebsräder per Riemen und Ketten die Regel. Louis Renault war der erste Automobilhersteller, der 1898 seine erste Voiturette mit Kardanantrieb ausstattete (genauer: Wellenantrieb, denn der Einbau eines Kardangelenks im Antriebsstrang gehört nicht zum Unterscheidungsprinzip).

Kardanbremse
Bis in die Vintage-Zeit waren viele Personenwagen mit einer Betriebsbremse (Fuß- oder auch Handhebel) versehen, die als Außenbandbremse auf die Kardanwelle wirkte. Präziser müßte es heißen: Kardanwellenbremse.

Karosserie
Bezeichnung für den kompletten Wagenaufbau über dem Fahrgestell, aber auch für den ganzen Wagenkörper bei selbsttragender Karosseriebauweise.

Katalysator
Wissenschaftler und Techniker der schweizerischen Sfindex S.A. in Saarnen wiesen 1945 erstmals auf eine zunehmende Luftverschmutzung durch Abgasemissionen von Verbrennungsmotoren hin und prognostizierten, daß Vorrichtungen zur Reinigung der Abgase (CO = Kohlenmonoxid, CO_2 = Kohlendioxid) eines Tages notwendig sein würden. Sie entwickelten den „Sfindex-Aerotron" als Elektrofilter im Abgassystem, ein Gerät, das 1959 auf den Markt kam und als Vorläufer des Katalysators anzusehen ist, wie er 1976 erstmals serienmäßig bei einem Personenwagen (Saab) zu finden war. Die Nachrüstung mit einem Katalysator zur Abgasreinigung ist bei zahlreichen Oldtimern jüngerer Baujahre möglich.

Kettenantrieb
Die Übertragung der Motorkraft auf die Fahrzeugachse(n) per Kette(n) war bis etwa 1911 bei vielen Automobilfabrikanten gängige Praxis. Dabei handelte es sich um den Sekundärantrieb vom Getriebe zur Achse oder zu einem Zahnkranz im Rad bzw. in beiden Rädern, während der Primärantrieb Motor-Getriebe in aller Regel durch eine Welle erfolgte. Bei schweren Lastwagen bleib der Kettenantrieb bis ca. 1928 Standardbauart.

Kilowatt, kW
Obwohl die Pferdestärke in Deutschland seit 1978 keine gesetzliche Einheit im Meßwesen mehr ist, wird sie vor allem für Verbrennungskraftmaschinen, speziell bei Kraftfahrzeugen, immer noch verwendet.
1 PS = 0,73549875 kW
1 kW = 1,35962162 PS

Knight-Motor
Ein nach seinem Erfinder Charles Y. Knight benannter Motor mit Schieberventilen (Schieberventilmotor).

Kombiwagen, Kombi
Ursprünglich: Kombinationswagen. Sammelbezeichnung für vom Pkw abgeleitete Fahrzeugform mit verlängertem Heckteil und dadurch besonders großem Ladevolumen. Die Kombis waren die ersten Fahrzeuge mit umklappbaren Rücksitzen (heute in der Regel teilbar), mit denen sich eine durchgehende Ladefläche von der Heckklappe bis zu den Vordersitzen schaffen ließ. 1939 stellte Wanderer, Chemnitz, den ersten deutschen Kombi (in Woody-Bauart) vor und nannte ihn Farmerwagen. Eine Kombinations-Limousine hatte Wanderer schon 1931 gebaut: eine viersitzige Limousine mit einer großen, seitlich zu öffnenden Hecktür.

Königswelle
Übertragungswelle mit zwei Kegelzahnradpaaren von der Kurbelwelle zur Nockenwelle, meist bei leistungsstarken OHC-Motoren. Der Abtrieb kann sich an der Seite oder in der Mitte eines Motors befinden.

Kompressor
Ein Kompressor bezweckt im Motorenbau bei hoher Drehzahl eine bessere Zylinderfüllung als durch Ansaugung. Es wurden viele Systeme entwickelt, wobei der für Chadwick arbeitende Rennmechaniker Willy Haupt 1908 erstmals mit Erfolg die Leistung eines Motors in einem Wettbewerbswagen erhöhte. Dieser „Kompressor" (auch Lader oder Verdichter genannt) fand jedoch keine weitere Verbreitung; erst die aus dem Flugmotorenbau 1914-1918 gewonnenen Erkenntnisse in der Ladetechnologie (Aufladung zum Ausgleich des abnehmenden Luftdrucks bei zunehmender Flughöhe) führten zu einem Transfer in die Automobilbranche. Eine große Zahl von Technikern und Unternehmen versuchte, durch Aufladung Leistungssteigerungen bei unverändertem Hubraum zu erzielen und bediente sich hierzu unterschiedlicher Verfahren (Cozette, Derbuel, Roots, V.D., Zoller und andere). Man unterscheidet prinzipiell zwischen zuschaltbaren Kompressoren und solchen, die dauernd mitlaufen. Zwei Ladeprinzipien wurden angewendet: die der unter Druck erfolgenden Luftzuführung durch ein Gebläse (Drucklader) zum Vergaser sowie die, bei der das Gemisch vom Vergaser durch Saugwirkung (Sauglader) in die Verbrennungsräume gelangt.

Kraftstoffeinspritzung
Den Kraftstoff nicht über einen herkömmlichen Vergaser, sondern über eine direkte Einspritzung dem Brennraum eines Zylinders zuzuführen, praktizierte erstmals Moto Guzzi 1930 bei einem Rennmotorradmotor. Die aus dem Flugmotoren- (und später Dieselmotorenbau) stammende Idee der direkten Einspritzung bein Automobil-Benzinmotor führten 1951 Gutbrod beim Zweitaktmotor des Superior-Kleinwagens sowie Goliath und Daimler-Benz 1952 beim Viertaktmotor des 300 SL ein (Bosch-Anlage). Die von Lucas entwickelte mechanische Saugrohreinspritzung wendete 1957 erstmals Jaguar bei einem Rennwagen an (Serieneinführung 1958 bei Triumph), elektronische Kraftstoffeinspritzung gab es erstmals 1968 (Bosch D-Jetronic) beim Mercedes-Benz 250 E. 1973-74 erfolgte die Einführung der elektronischen Kraftstoffeinspritzung auf breiter Basis bei Serienfahrzeugen fast aller großen Automobilhersteller.

Kühler
Mit dem Begriff Kühler bezeichnet man im allgemeinen den Wasserkühler (technisch exakter Begriff: Wasser-Luft-Wärmetauscher) als eine Komponente des flüssigkeitsgekühlten Motors, in welchem Fahrtwind und Ventilator eine Absenkung der zirkulierenden Kühlflüssigkeit bewirken. Waren es bei sehr frühen Motorwagen noch die Rohre des Fahrgestells, durch die das Wasser zirkulierte, und danach (bis etwa 1904) vereinzelt Kühlschlangen mit aufgelöteten Rippen zur Abgabe der Wärme an die sie umgebende Luft, so setzte sich bald der Kühlerblock mit seinen wabenförmig aneinandergesetzten kleinen Kammern durch, die durch eine Maximierung der daraus ergebenden Oberflächengröße eine noch effizientere Abkühlung des flüssigen Mediums bewirkten. Form und Größe des Kühlers, vor allem aber der Kühlermaske (mit dem schützenden Kühlergrill) wurden im Automobilbau ab etwa 1910 zu einem wichtigen Unterscheidungs- und Stilelement.

Kühlergrill
Vorderes Schutzelement (gegen Steinschlag, Straßenschmutz, Blätter) in der Kühlermaske, aus Gitter, Stäben oder anderen Elementen bestehend, deren Form und Anordnung das „Gesicht" eines Fahrzeugs prägen und neben der Schutzfunktion eine stilistische Komponente darstellen.

Kulissenschaltung
Die auch Verschiebeschaltung genannte Kulissenschaltung, bei welcher der Schalthebel nicht wie bei der Kugelschaltung Schaltklauen um einen zentralen Drehpunkt bewegt, sondern in einer Kulisse läuft, war bis in die 1920er Jahre hinein die übliche Art der Gangwechsel-Vorrichtung. Da Getriebe und Motor noch getrennte Baugruppen darstellten, bestimmte die fahrzeugmittige Plazierung des Getriebes auch die Lage des Schalthebels, der über eine Welle mit dem Getriebe verbunden war und bei rechtsgelenkten Wagen meist rechts außenbords saß. Die

später bei Sportwagen wieder praktizierte Führung des Schalthebels in einer Kulisse hatte eher stilistische Gründe.

Kurbelwelle
Setzt in einer Kolbenmaschine die lineare Bewegung eines oder mehrerer Kolben mit Hilfe von Pleuelstangen in eine Drehbewegung um. Die für die Umwandlung der Bewegung erforderlichen Bauteile ergeben zusammen den Kurbeltrieb. Zu unterscheiden sind also aus Einzelteilen zusammengesetzte sowie geschmiedete und gegossene, also aus einem Stück hergestellte Kurbelwellen.

Ladeluftkühler
Bauteil zur Übertragung von Wärme, das im Ansaugtrakt eines Turbo- bzw. Kompressor-Verbrennungsmotors die Temperatur der dem Motor zugeführten Verbrennungsluft verringert. Der Ladeluftkühler wird zwischen dem Verdichter (Verdichterrad eines Laders) im Ansaugtrakt und dem Einlaßventil eingebaut und führt einen Teil der Wärme ab, die durch die Verdichtung der Luft im Turbolader entsteht. Ziel ist die Erhöhung von Leistung und Wirkungsgrad des Motors. Durch die Verringerung der Temperatur der zugeführten Luft ist im gleichen Volumen eine größere Luftmenge enthalten. Dadurch kann proportional mehr Kraftstoff verbrannt werden; der Ladeluftkühler kann somit die mögliche Abgableistung erhöhen.

Lamellenkupplung
Besteht aus mehreren Kupplungsscheiben, eine Konstruktion, von der man sich ein weicheres Ein- und Ausrücken versprach. Die in den 1910er und 1920er Jahren im Automobilbau verwendete Lamellenkupplung fand man z. B. in vielen Bugatti-Modellen. Um 1900 schuf der Engländer Hele-Shaw eine Mehrscheiben-Lamellenkupplung, bei der bis zu 12 Lamellenpaare in einem Ölbad liefen (Übertragung höherer Leistung durch das Öl infolge eines höheren Reibungsfaktors, es ist aber keine vollkommene Trennung möglich).

Landaulet
Auch: Landaulett. Bezeichnung aus dem Kutschenbau („Landauer") für einen Wagen, dessen hinteres Verdeckteil sich öffnen läßt, während Vorder- und Mittelteil geschlossen bleiben. Bei manchen Fabrikaten auch Touring-Cabriolet genannt. Das Landaulet(t) war in den 1930er Jahren eine als Taxi weitverbreitete Karosseriereform. Angeblich wurde das Wort erstmals für eine Karosse verwendet, die sich der österreichische Kaiser Franz-Joseph I.

1702 bei einem Kutschenbauer in Landau/Pfalz bauen ließ.

Le Mans
In der Region von Le Mans an der Sarthe (Frankreich) wurde bereits 1906 das erste Grand-Prix-Rennen gefahren. Als permanent genutzte Rennstrecke auf öffentlichen Straßen wurde 1921 der Rennbetrieb wieder aufgenommen; das berühmte 24-Stunden-Rennen wird hier seit 1923 (Sieger: Lagache/Léonard auf Chenard-Walcker) ausgetragen.

Lenkradschaltung
Vielfach war ein Hebel zum Wechseln der Getriebegänge an der Lenksäule angeordnet, ehe um 1900 die Gangschaltung an einem am Boden geführten Hebel (Kulissenschaltung) aufkam (Mercedes 1900/01). In den 1930er Jahren wurde die Lenkradschaltung wieder aktuell, als Frontantriebswagen wie der Adler Trumpf eine solche Vorrichtung sinnvoll machten. Mit wenigen Ausnahmen (z.B. Peugeot 305, 1985) gingen die Hersteller in den 1960er Jahren wieder zur Knüppelschaltung über.

Limousine
Fahrzeug geschlossener Bauweise (angeblich so benannt nach einer Kutschenbauform aus der französischen Grafschaft Limousin). Fahrzeuge mit festem Dach, aber offenen Seiten wurden vor 1914 auch als Demi-Limousine bezeichnet. Ließ sich das hintere Dachteil öffnen, sprach man von einer Landaulet-Limousine oder nur von einem Landaulet. Unserem Begriff Limousine (auch Innenlenker) entspricht das englische Saloon, das amerikanische Sedan, das französische Berline, das italienische Berlina.

L-Kopf
Motorenbauart, bei welcher der Zylinderkopf wie ein auf dem Kopf stehendes L ausgebildet ist, so daß Einlaß- und Auslaßventil auf einer Seite (neben- oder übereinander) liegen.

Luftkühlung
Motoren mit Luft- statt Flüssigkeitskühlung gab es schon vor 1900, so beim Vabis und beim Lanchester 1897, Decauville 1898 u.a. Zu den Pionieren luftgekühlter (in den meisten Fällen: gebläsegekühlter) Fahrzeugmotoren gehören Franklin, Phänomen, Tatra und Volkswagen.

Magnetzündung
Mit Magnetzündung ausgestattete Fahrzeuge entbehren theoretisch der Mitnahme einer Batterie und einer Lichtmaschine, weil die Zündung des Gemischs im Zylinder durch einen Funken erfolgt, den eine Magnetzündung bei laufendem Motor erzeugt. Die 1902 von Gottlob Honold erfundene Hochspannungs-Magnetzündung ist eine kleine Maschine (Dynamo) zur Erzeugung von Wechselstrom, deren Bauteile Magnet, Anker, Unterbrecher und Verteiler sind. Der in der Ankerwicklung (Primärwicklung) erzeugte Strom erfährt bei jeder halben Ankerumdrehung eine Unterbrechung, wobei das Magnetfeld umspringt und auf die ebenfalls auf dem Anker befindliche Sekundärwicklung einen hochgespannten Strom überträgt, der an der Kerze als Zündstrom überspringt. Bei der Niederspannungs-Magnetzündung, die es noch bis etwa 1911 gab, ragt ein Unterbrechungsmechanismus in den Brennraum des Zylinders; hier wird der Strom bei der Umdrehung des Magnetankers „abgerissen" (Abreißzündung).

McPherson-Federbein
Der Ingenieur Earle S. McPherson wurde durch seine Federbeinkonstruktion (Schraubenfeder mit Teleskopstoßdämpfer kombiniert, 1950 beim britischen Ford Zephyr im Serienwagenbau eingeführt) bekannt. 1920 bis 1945 arbeitete er als Konstrukteur bei Ford und General Motors.

Mechanische Bremse
Die vom Betätigen des Bremspedals oder Anziehen des Handbremshebels ausgelöste Kraft wird bei der mechanischen Bremse durch Seilzüge oder durch ein Gestänge auf die Bremsen übertragen. Die stählernen Seile oder Teile eines über Gelenke miteinander verbundenen Gestänges wirken auf Bremshebel, die über die Bremswelle mit den Bremsnocken verbunden sind; diese drücken die Bremsbacken gegen die Trommel.

Mille Miglia
Das erstmals 1927 ausgetragene 1000-Meilen-Rennen auf italienischen Straßen entwickelte sich zu einem der spektakulärsten Wettbewerbe in Europa und wurde bis zum letzten Rennen 1957 nur dreimal von Nicht-Italienern gewonnen: Caracciola/Werner 1931 (Mercedes-Benz), v. Hanstein/Bäumer 1940 (BMW), Moss/Jenkinson 1955 (Mercedes-Benz). Dominante Marken waren Alfa Romeo und Ferrari.

Monoposto
Aus dem Italienischen übernommene, international verwendete Bezeichnung für einen einsitzigen Rennwagen (posto: Sitz). Monoposti wurden 1926 eingeführt, nachdem die neue Rennformel die Mitnahme eines Beifahrers entbehrlich machte.

NASCAR
Die National Association for Stock Car Auto Racing ist ein großer US-amerikanischer Motorsportverband. Der Name leitet sich von stock car (= Serienfahrzeug) ab, da ursprünglich in Rennen nur modifizierte Großserienfahrzeuge eingesetzt wurden. Inzwischen kommen streng reglementierte, fast identische Rennfahrzeuge über Gitterrohrrahmen zum Einsatz, die den aktuellen Serienmodellen nur noch oberflächlich ähneln.

Nickel
Nach der Ära der Verwendung von blankem Messing im Automobilbau ging man in den frühen 1920er Jahren (in den USA teils schon früher) dazu über, Beschläge und Verkleidungen zu vernickeln. Nickel ist ein silbern glänzendes Metall, das Wasser und Alkalien widersteht. Die Periode währte nicht lange, denn noch im gleichen Jahrzehnt wurde es üblich, blanke Teile zu verchromen. Die Beifügung von Nickel (und auch Chrom) bei Stahllegierungen, etwa bei Kurbelwellen, diente zur Veredelung bzw. Oberflächenhärtung.

Nockenwelle
Sie stellt einen Teil des Ventiltriebes im Verbrennungsmotor dar und wird verwendet, um die Ein- und Auslaßventile nach konstruktionsmäßig vorgegebenen Steuerzeiten zu öffnen. Bei Viertaktmotoren in Standardbauweise dreht sich die Nockenwelle mit der halben Drehzahl der Kurbelwelle, von der sie meist mittels Steuerkette, Zahnriemen, Stirnrädern oder (seltener) über eine sogenannte Königswelle angetrieben wird.

Nürburgring
Deutschlands berühmteste, in der Eifel gelegene Rennstrecke. Sie wurde 1927 eröffnet und galt bis zu ihrem Umbau (beendet im April 1984) mit 28,265 km Gesamtlänge (Nordschleife mit Südschleife) und 174 Kurven als einer der längsten und zugleich schwierigsten Kurse der Welt.

ohc
International übliche Abkürzung für overhead camshaft = obenliegende (also über den Ventilen angeordnete) Nockenwelle.

ohv
International übliche Abkürzung für overhead valves, also oberhalb des Brennraums im Zylinderkopf hängende Ventile. Man spricht auch von einem „kopfgesteuerten" Motor.

Opera Coupé
In den USA gebräuchliche Bezeichnung für ein Coupé mit kleinen, meist runden oder ovalen Fenstern (opera windows) hinter den Türen.

Ottomotor
Nach dem Erfinder Nicolaus August Otto benannter Viertakt-Explosionsmotor.

Overdrive
Ein dem normalen Wechselgetriebe nachgeschaltetes Planetengetriebe, das elektromagnetisch aktiviert wird (Druckknopf, Hebel am Lenkrad) und die Übersetzung eines (des höchsten) oder mehrerer Gänge „verlängert", so daß man bei gleichbleibender Geschwindigkeit mit niedrigerer Drehzahl und damit wirtschaftlicher fahren kann. In Europa war das meistverbreitete Fabrikat Laycock-de-Normanville, in den USA Borg Warner (System mit Fliehkraftregler). Erste Anwendung in der Serie jedoch bei einem Hansa-Lloyd 1926. Die elektromagnetische Aktivierung, wie sie später bei britischen Fahrzeugen (auch bei Volvo) üblich war, setzt eine Kolbenpumpe in Gang, die einen auf die Getriebehauptwelle wirkenden hydraulischen Druck aufbaut. Als in den 1980er Jahren vermehrt Fünfganggetriebe aufkamen, hatte der klassische Overdrive ausgedient.

Phaëton
Nach der in der griechischen Mythologie als Sonnengott (der sich allerdings die Flügel versengte, als er dem Feuerball zu nahe kam) bekannten Gestalt benannte Kutsche, deren Bezeichnung man im frühen 20. Jahrhundert im Automobilbau übernahm. Ein Phaëton bezeichnet einen offenen Tourenwagen, der vor ca. 1920 in Anlehnung an die damals übliche Kutschenbauart ein geräumiges hinteres Abteil für die Mitfahrenden aufweist (Doppelphaëton).

Planetengetriebe
Statt des Zahnrad-Wechselgetriebes hatten viele Automobile früher ein Planetengetriebe (auch: Umlaufgetriebe), z.B. das T-Modell von Ford. Drei konzentrisch zueinander angeordnete Zahnradgruppen, die ständig im Eingriff stehen, bilden beim Planetengetriebe eine kompakte Baueinheit. Die Veränderung der Umlaufgeschwindigkeit und damit der Antriebsdrehzahl erfolgt durch die Abbremsung eines der Antriebsräder. Planetengetriebe bieten zahlreiche Anwendungsmöglichkeiten auch im Maschinenbau. In Verbindung mit Drehmomentwandlern verwendet man sie überwiegend bei automatischen Getrieben. Die Fahrrad-Nabenschaltung funktioniert ebenfalls nach dem Prinzip eines Planetengetriebes.

Plattformrahmen
Variante eines Fahrgestells („Rahmen") in Gestalt einer Bodenplattform als Träger des Motors, von Fahrwerkskomponenten und der Karosserie. Bekanntestes Automobil mit Plattformrahmen ist der Volkswagen Käfer.

Pontonkarosserie
Bezeichnung für eine Automobilkarosserie mit glatten Außenflächen ohne Trittbretter oder angesetzte, in den Aufbaukörper integrierte Kotflügel (z.B. Standard Vanguard ab 1947, Borgward Hansa ab 1949, Mercedes-Benz 180 ab 1953).

Pony Car
Unter Pony Cars versteht man eine Gattung amerikanischer Automobile, die in Merkmalen und Bezeichnung auf den 1964 als erstes Auto dieser Art eingeführten Ford Mustang zurückgeht. Es handelt sich um für damalige US-Verhältnisse eher kleine Coupés und Cabriolets mit großvolumigen Sechs- oder Achtzylindermotoren. Die Fahrzeuge waren relativ günstig in der Anschaffung und richteten sich so vor allem an junge Kunden.

PS
Die Abkürzung PS bzw. DIN-PS steht für Pferdestärke und wurde 1978 offiziell durch die Maßeinheit Kilowatt (1 kW = 1,36 DIN-PS) ersetzt. Die anfangs übliche Kennzeichnung von Fahrzeugtypen nach ihrer Motorleistung (z.B. 35 PS Mercedes, 1901) wurde in Deutschland 1906 durch die Einführung der Kraftfahrzeugsteuer um die Angabe der „Steuer-PS" ergänzt, wodurch sich bei einem Kleinwagen mit 16 PS starkem 1-Liter-Viertaktmotor z.B. die Bezeichnung 4/16 PS ergab. Die erste Zahl entsprach den zu versteuernden PS, die zweite den effektiven (Brems-)PS. Die gültige Steuerformel lautete seinerzeit: 1 PS = Zahl der Zylinder x 0,3 x Quadrat der Zylinderbohrung x Kolbenhub in Meter (bei Zweitaktmotoren: 0,45). 1 Steuer-PS entsprach damit 261,8 cm2 beim Viertakter und 175,5 cm2 beim Zweitakter. Das Resultat wurde auf- bzw. abgerundet. Ein Wagen mit einem 1-Liter-Motor rangierte also als 4 PS. Diese Formel galt in Deutschland bis 1928, als die zunächst bis 1933 und ab 1945 erneut gültige, auf den Hubraum bezogene Kfz-Steuer eingeführt wurde; viele Hersteller behielten die alte Steuerformel zur Kennzeichnung ihrer Fahrzeuge einige weitere Jahre bei. Auch die damals häufig anzutreffende Weglassung der Hubraumgröße bei Fahrzeugbeschreibungen, sondern nur die Angabe von Bohrung und Hub, erklärt sich aus der

beschriebenen Praxis, weil aus dem Steuer-PS-Wert in etwa die Motorgröße zu erkennen war z.B. Ford 16/65 PS 1932: 8 Zylinder, 77,8 Bohrung, 95,3 mm Hub). Die Leistungsangabe in PS hat sich bis in die jüngste Zeit gehalten und selbst in der Fachwelt von der Maßeinheit kW nicht verdrängen lassen; es werden meist beide Werte angegeben.

Querblattfeder
Meist in Verbindung mit Einzelradaufhängung angewendete Positionierung einer Blattfeder quer zur Fahrzeuglängsachse, ein oder zwei über oder auch unterhalb der Radachse) angeordnete Federpakete sowohl an der Vorder- als auch an der Hintersachse.

Quermotor
Der englische Mini war der erste in sehr großer Stückzahl hergestellte Pkw mit einem quer eingebauten Motor. Der Begriff Quermotor bezeichnet die Einbaulage des Antriebsmotors; dabei liegt die Kurbelwelle des Motors quer zur Fahrtrichtung. Die meisten modernen Frontantriebsautos sind so gebaut. Der erste Kraftwagen mit Quermotor und Frontantrieb war 1931 der DKW F1. Lamborghini stellte 1965 sogar einen Wagen mit querstehendem V12-Motor (Miura) vor.

Querstabilisator
siehe Stabilisator.

Radnabenmotor
Von Ferdinand Porsche erstmals 1900 in einem bei Lohner in Wien gebauten Straßenfahrzeug angewendetes Antriebsprinzip durch Elektromotoren in den Naben der Räder. Neu war das Prinzip nicht, denn bei Schienenbahnen (Tramways) kannte man es seit ca. 1885. Bei Faun baute man Lastwagen mit Radnabenmotoren noch bis 1933 (Mischwagen). Viele Hybridstudien weisen Radnabenmotoren auf.

Rallye
Aus dem Englischen stammende (und dort Rally geschriebene) Bezeichnung für eine Sternfahrt, bei welcher die Teilnehmer von verschiedenen Startorten ein gemeinsames Ziel in Zeitwertung ansteuern und unterwegs oder am Ziel Sonderprüfungen zu absolvieren haben. Die erste international ausgeschriebene Sternfahrt dieser Art war die Rallye Monte-Carlo 1911, die für nachfolgende Wettbewerbe dieser Art das Vorbild abgab.

Rechtslenkung
Das Lenkrad auf der rechten Seite eines Automobils gab es in Deutschland noch bis 1927 (85 % aller Kraftwagen wiesen 1922 noch Rechtslenkung auf), in Österreich sogar noch länger (dort einheitlich Rechtsverkehr erst ab 1932), in Italien in einigen Fahrzeugen bis 1957. Auch viele französische Sportwagen wiesen noch bis in die 1950er Jahre hinein Rechtslenkung auf. Rechtslenkung wegen Linksverkehr ist nach wie vor in Großbritannien und in jenen Ländern üblich, die einst zum britischen Kolonialreich bzw. Commonwealth gehörten, sowie in Japan.

Reihenmotor
Bezeichnung für einen Mehrzylindermotor, bei dem die Zylinder hintereinander, also nicht in einem Winkel zueinander (z. B. V-Motor) oder horizontal gegenüberliegend (Flachmotor, Boxermotor) angeordnet sind.

Replica, Replikat
Bezeichnung für den Nachbau eines Fahrzeugs nach historischem Original. Bei völliger Übereinstimmung mit dem Vorbild spricht man von einer Kopie. Der Begriff Replica oder Replikat kann sich auch auf einzelne Bauteile (z. B. Karosserie) beziehen. In Einzelfällen haben Auto- und Motorradhersteller früher auch von ihnen selbst angefertigte und zum Verkauf angebotene Nachbauten erfolgreicher Rennwagen als Replica bezeichnet, z. B. Frazer Nash Le Mans Replica.

Retractable
Eine der Ford Motor Company seit 1952 geschützte Bezeichnung für ein Hardtop, das sich durch elektrisch-hydraulische Betätigung im Kofferraum versenken ließ, dessen Deckel sich zu dieser Operation automatisch öffnete und schloß. Eine ähnliche Konstruktion gab es bei Peugeot unter der Bezeichnung „Eclipse" bereits 1934, bei einem 1986er Mercedes-Benz 500 SEC Einzelstück von b+b Tuning, Frankfurt am Main, und sie erlebte beim Mercedes-Benz SLK 1994 sowie bei Peugeot 2000 eine Renaissance.

Roadster
Aus dem Amerikanischen stammende Bezeichnung für einen Sportwagen, in der Regel zweisitzig, dem deutschen Sportzweisitzer und dem englischen sports two-seater entsprechend. Im Unterschied zum Cabriolet hat der klassische Roadster keine Seitenscheiben in den Türen und ein nur leichtes Klappverdeck. Wies der Wagen eine noch knapper gehaltene Karosserie auf, z. B. ohne Türen oder Seitenteile, sprach man von einem Speedster oder Runabout. Der Begriff Roadster kam in den 1930er Jahren nach Europa (Spider).

Roots-Kompressor, Roots-Gebläse
Der Roots-Kompressor, benannt nach dem amerikanischen Erfinder James Dennis Roots, ist ein Drehkolbenverdichter, dessen Funktion einer Zahnradpumpe gleicht; eine Konstruktion aus dem Jahr 1867. In einem Gehäuse bewegen sich gegenläufig zwei Drehkörper und verdichten die zugeführte Luft bzw. das Gemisch. Das komprimierte Luft- oder auch Gemischvolumen (je nachdem, ob der Kompressor als Druck- oder als Saugkompressor ausgelegt ist) ergibt sich aus dem Rauminhalt der Kompressionskammern und in Relation zum Hubraum des Motors. Mit Roots-Kompressoren, die 1919 im Automobilbau Eingang fanden, waren z. B. die Mercedes-Benz-Modelle S, SS, SSK, SSKL und andere sowie die Bugatti-Rennwagen der 1920er Jahre ausgestattet.

rpm
Im Englischen übliche Abkürzung (auch r.p.m. oder revs) für revolutions per minute = Umdrehungen pro Minute.

Runabout
Im Amerikanischen früher übliche Bezeichnung für einen nur minimal karossierten Zweisitzer.

SAE-PS
Die in den USA und einigen anderen Ländern benutzte Maßeinheit SAE-PS für die Angabe der Motorleistung (SAE = Society of Automotive Engineers, ein Verband der Kraftfahrzeugingenieure) ist mit den bei uns üblichen PS etwa gleichzusetzen. Eine offizielle, einheitlich angewendete Umrechnung hat es nie gegeben. Nach einer Faustformel (unbekannten Ursprungs) soll ein SAE-PS = 0,953 DIN-PS entsprechen; die Leistungsmessung erfolgt ohne Nebenaggregate, daher ergibt sich eine stets höhere Wertangabe im Vergleich zu DIN-PS.

Saloon
In Großbritannien übliche Bezeichnung für eine Limousine.

Schieberventilmotor, ventilloser Motor
Im Unterschied zum Motor mit herkömmlichen Tellerventilen, die die Öffnung durch Auf- und Niedergehen freigeben bzw. schließen, weist der Schieberventilmotor je Motorzylinder einen Walzenkörper (Walzenschieber) mit Aussparungen auf, der die Schlitze im Zylinder freigibt oder schließt und dadurch den Gaswechselvorgang steuert. Ein sogenanntes Doppel-Drehschiebersystem wurde von dem Amerikaner Charles Knight entwickelt und 1908 erstmals in einem englischen Daimler angewendet. Drehschiebermotoren gab es

anschließend auch bei Mercedes, Minerva, Panhard-Levassor, Vauxhall, Voisin und anderen. Ein anderes Schieberventilsystem war das von Burt McCollum, z. B. beim Argyll.

Schmierung
Die Schmierung aller beweglichen Teile im Motor (und anfänglich auch im noch nicht gekapselten Getriebe) wurde früher mit einem Handöler bewerkstelligt. Einen Teil der Kurbelwellen- und Pleuellagerschmierung übernahm die Tauch- oder Baggerschmierung, bei der durch kleine Schaufeln an den Kurbelwangen Öl im Bereich des Kurbelgehäuses verteilt wurde. Für den Ventilmechanismus und andere Komponenten war aber weiterhin eine „Obenschmierung" notwendig, für die es ein spezielles „Obenöl" gab, man dem Kraftstoff beimengte (und das noch in den 1960er Jahren als Additiv angeboten wurde). Nach dem Ersten Weltkrieg setzte sich die Druckumlaufschmierung durch, bei der das Schmieröl automatisch (daher der häufig benutzte Ausdruck „automatische Schmierung") über ein System von Kanälen an alle Stellen des Motors gelangt. Für das Schmieren anderer Aggregate und der durch Reibung gefährdeten Teile des Fahrgestells bediente man sich einer Schmier- oder Fettpresse, bei der durch Handdruck (Kolben, Hebel) Schmierfett in dafür vorgesehene Schmiernippel gedrückt wurde.

Schneckenradantrieb
Bezeichnung für ein Übersetzungsgetriebe mit gekreuzten Achsen im Winkel von meist 90 Grad, dessen eines Teil als Endlosschraube („Schnecke") ausgeführt ist. Vorteile: Geräuschärmer Lauf, starker Selbsthemmeffekt. Schneckenradantrieb bevorzugten einige Automobilhersteller als Hinterachsantrieb, verbreitet auch bei Lenkungsübersetzungen.

Schnellgang
Bei einigen Luxuswagen der 1930er Jahre zuschaltbare zusätzliche Getriebeuntersetzung, auch als Schongang bezeichnet. Als Zusatz bei einem Vierganggetriebe handelte es sich um einen fünften Gang, der bei konstanter Geschwindigkeit (auf ebener Straße) ein Fahren mit geringerer Motordrehzahl ermöglichte.

Schraubenfeder
Als Druckfeder beim Motorrad in der Teleskopgabel bekannt, im Automobil mit Aufkommen der vorderen Einzelradaufhängung eingeführt. Schraubenfederung an der Hinterachse hatte erstmals der 1898er Wartburg, an Vorder- sowie Hinterachse 1912 der französische

Stabilia. Erster Wagen mit vorderer Einzelradaufhängung in Verbindung mit Schraubenstatt der üblichen Querblattfedern hatte der in nur wenigen Exemplaren in Lyon hergestellte 1,5 Liter Beck, gebaut 1920/21.

Schwebeachse
Variante der Starrachse mit obenliegender Querblattfeder, die bei Kurvenfahrt die Seitenneigung des Wagenaufbaus vermindern hilft. In den 1930er bis 1950er Jahren vor allem bei DKW, aber auch von anderen Herstellern angewendet.

Schwingachse
Eine Form der Pendelachse, an welcher Gelenke bei einer Antriebswelle am Achskörper (Differentialgehäuse) dazu beitragen, daß Bodenunebenheiten vom einzelnen Rad aufgefangen werden, ohne sich auf die andere Achse bzw. auf den Wagenkörper zu übertragen. Man sprach von einem Vollschwingachser, wenn das Fahrzeug zudem vordere Einzelradaufhängung hatte.

Sechszylindermotor
Den ersten Sechszylinder (Reihenmotor) der Welt wies 1903 ein Prototyp von Spyker auf. In Serienausführung gab es kurze Zeit später einen Sechszylinder bei Napier. Delahaye experimentierte mit einem Sechszylinder in V-Form erstmals um 1911.

Sechzehnventilmotor
Vierzylindermotor mit je vier Ventilen pro Zylinder. Den ersten Motor in dieser Konfiguration präsentierte Peugeot 1911.

Sechzehnzylindermotor
Zwei Reihenachtzylindermotoren zu einem V16 zusammenzusetzen, praktizierten Hersteller von Hochleistungsfahrzeugen in den späten 1920er Jahren. Bei Maserati und Bugatti erschienen solche Wagen (experimentell) 1929, bei Cadillac und Marmon 1930.

Sedan
Im Amerikanischen übliche Bezeichnung für eine Limousine.

Sedanca, Sedanca de Ville
International gebräuchliche Bezeichnungen für viertürige Limousinen oder Pullman-Limousinen mit Separation, deren Fahrerabteil mit einem Falt- oder Schiebedach versehen ist. Handelt es sich um einen Wagen mit nur zwei statt drei Seitenfenstern, spricht man von einem Coupé de Ville. Bezeichnungen wie Brougham, Limousine de Ville oder Town Car meinen im Grunde dasselbe wie ein Sedanca;

die Wortwahl variierte mit den Herstellern solcher Aufbauten in den 1920er und 1930er Jahren.

Selbsttragende Karosserie
Bezeichnung für einen Personenwagenaufbau ohne separates Fahrgestell (Chassis); auch können Motor oder Komponenten des Fahrwerks mittragende Funktion haben. Erster Großserienwagen dieser Bauart war der 1922 eingeführte Lancia Lambda. Mit zunehmender Durchsetzung dieser – vor allem den Serienbauprozeß in der Automobilindustrie rationalisierenden – Bauweise verlor der individuell in Handarbeit im Kundenauftrag hergestellte Aufbau an Bedeutung, so daß sich die Karosseriebaubranche im Verlauf der 1930er Jahre weitgehend neu orientieren mußte. Größere Unternehmen avancierten zu Zulieferern der Autohersteller (z. B. Karmann und Weinsberg in Deutschland, Brissoneau & Lotz in Frankreich, Bertone und Pininfarina in Italien); kleinere Betriebe spezialisierten sich auf Sportfahrzeuge, Nutzfahrzeuge oder die Anfertigung von Umbauten.

Shooting Break
In England früher übliche Bezeichnung für einen Kombiwagen für die Jagd, in den 1950er Jahren häufig mit kombinierter Holz/Stahl-Karosserie (Woody).

Speedster
Aus den USA stammende Bezeichnung für einen Sportzweisitzer, der eine noch knapper gehaltene Karosserie als ein Roadster aufweist, z. B. ohne Türen oder Seitenteile (Runabout). Die später z. B. von Porsche und anderen Herstellern verwendete Bezeichnung Speedster bezog sich jedoch auf einen Roadster, allerdings mit sehr niedriger Windschutzscheibe und spartanischer Karosserieausstattung.

Spider, Spyder
Von verschiedenen Herstellern verwendete Bezeichnung für einen Sportzweisitzer, der dem Speedster entspricht. Der Wagen hat in der Regel eine extrem knapp gehaltene Karosserie ohne jeglichen Komfort. Früher auch Bezeichnung für einen Notsitz („Schwiegermuttersitz") im Heck eines Zweisitzers.

Stabilisator
Federelement, das zur Verbesserung der Straßenlage beiträgt. Er verbindet gegenüberliegende Räder durch kurze Hebel und eine Drehstabfeder. Die Federwirkung wird durch die Verdrehung (Torsion) von meist runden Drehstäben erreicht.

Starrachse
Eine nicht mit Gelenken versehene, starre Achsenbauart. Beim Einfedern ändert sich die Spurweite der Räder nicht. Blatt- oder schraubenfedergeführte Starrachsen stellen ungefederte Massen dar, die sich negativ auf die Fahreigenschaft auswirken können, aber dort, wo Spur- und Sturzkonstanz erwünscht sind (bei Geländefahrzeugen, bei Lastwagen) von Vorteil sind.

Station Wagon
Amerikanische Bezeichnung für einen Kombiwagen (engl. = estate car).

Stoßdämpfer
Zur Minderung bzw. möglichst weitgehenden Eliminierung der Stöße, die sich von der Fahrbahn über die Räder auf den Fahrzeugkörper übertragen, entwickelte die Industrie schon früh Dämpferelemente. Ein Mors-Rennwagen gehörte zu den ersten, die 1902 Hebelstoßdämpfer mit Gummiteilen als federndes Element aufwiesen. Federstoßdämpfer nach Art mechanischer Reibungsstoßdämpfer folgten bei Richard Brasier sowie bei Mercedes 1904. Als Vorgänger der hydraulischen Stoßdämpfer tauchten in den frühen 1930er Jahren Öldruck-Hebelstoßdämpfer auf, die mit kleinen Kolbenwegen bei hohen Drücken arbeiteten.

Straight eight / four / six
Englische Bezeichnung für einen Reihenmotor (mit acht, vier bzw. sechs Zylindern).

Stromlinie, Stromlinienwagen
Sammelbegriff sowohl für intuitiv empfundene, „windschnittige" und Vorbildern aus der Natur nachempfundene als auch auf wissenschaftlicher Basis (Lehre von der Aerodynamik) erarbeitete Formgebung bei Fahrzeugen aller Art. In den 1920er Jahren kam der Begriff vom Stromformwagen oder auch Stromlinienwagen auf, unter welchem man Fahrzeuge verstand, die zur Überwindung des physikalischen Phänomens des Luftwiderstands eine besonders strömungsgünstige Karosserie aufwiesen (z. B. Chrysler, Tatra, Adler, Hanomag). Erste Versuche in der Zeit vor 1930 basierten meist auf theoretischen Berechnungen, da noch kaum Windkanäle zur Verfügung standen. Stromlinie sollte eine Verringerung des Treibstoffverbrauchs und eine höhere Endgeschwindigkeit bewirken. Aber auch durch Anwendung des Windkanals wurden anfangs nur wenige Stromformkarosserien entwickelt. Die meisten „windschnittigen" Karosserieformen entstanden empirisch, wie 1921 bei Rumpler. Frühe Beispiele findet man bei Benz, Opel und Alfa Romeo, aber auch die sogenannten Skiff- oder Tulpenform-Karosserien vor 1914 hatten Stromform im Verständnis ihrer Zeit. Am konsequentesten betrieb man Strömungsforschung bei der Konstruktion von Renn- und Rekordfahrzeugen.

SUV
Mit Sport Utility Vehicle (SUV) bezeichnet man international eine Geländelimousine mit einem ähnlichen Fahrkomfort wie bei einem Straßenwagen, jedoch mit einer erhöhten Geländegängigkeit sowie mit einer Karosserie, die an das Erscheinungsbild vom 4x4 angelehnt ist.

sv
Abkürzung für side valve (engl.: Seitenventile). International übliche Bezeichnung für einen „seitengesteuerten" (auch: „untengesteuerten") Motor, bei welchem die Ventile an einer oder zu beiden Seiten des Motors angeordnet sind, sich also nicht oberhalb vom Brennraum befinden.

T-Kopf
Bezeichnung für einen Zylinderkopf in T-Form bei einem seitengesteuerten Motor, bei welchem die (stehenden) Einlaßventile auf der einen, die Auslaßventile auf der anderen Seite angeordnet sind.

Tachometer
Zusammengesetztes Wort aus tachys (griech.: schnell) und metron (griech.: Maß) für ein Wegstrecken-Meßinstrument, meist kombiniert mit einem Geschwindigkeitsmesser (früher auch Tempometer genannt). Um 1907 kamen in Deutschland die ersten Instrumente in den Handel. Walzen- und Bandtachometer kamen in den 1920er Jahren in den USA auf.

Targa
Die italienische Bezeichnung für Schild (Targa Florio: Ehrenschild für den Sieger des gleichnamigen Rennens) verwendete Porsche ab 1967 für eine Version des 911, bei welchem Heck- und Dachoberteile herausnehmbar waren und den Effekt eines Cabriolets mit Sturzbügel vermittelten.

Threewheeler
Englische Bezeichnung für einen Dreiradwagen, der im Unterschied zum Tricycle konstruktiv nicht mit dem Auto, sondern mit dem Motorrad verwandt ist.

Tonneau
Bis ca. 1910 sehr beliebte Variante des offenen Tourenwagens, dessen hintere Sitzplätze in der Regel nicht durch seitliche Türen, sondern durch einen Einstieg am Wagenheck zu erreichen sind. Nur beim „side entrance tonneau" hatte man auch seitlichen Zugang.

Torpedo, Torpedo-Karosserie
Bezeichnung für eine Tourenwagen-Karosserie betont sportlichen Zuschnitts (im Vergleich zum Phaëton) mit hochgezogenen Seitenwänden und tief angeordneten Sitzen, ab etwa 1909 eingeführt. Im Französischen wurde die Bezeichnung Torpédo für zwei- oder gelegentlich auch für viersitzige Tourenwagen bis Ende der 1930er Jahre beibehalten.

Torsionsfederung, Torsionsstabfederung
Auch Drehstabfederung genannt. Der Torsionsstab/Drehstab ist ein raumsparendes Federelement aus Rund- oder Flachstahl, einseitig am Fahrgestell fixiert; Federwirkung durch Verdrehen (Torsion). Auch als Blattfederpaket.

Tourenwagen, Tourer
Bezeichnung für einen offenen Vier- bis Sechssitzer ohne feste obere Seitenteile bzw. Kurbelscheiben im Unterschied zum Cabriolet. In den USA meist als Touring bezeichnet.

Touring, Touring Car
Im englischen Sprachraum neben Tourer verwendete Bezeichnung für einen Tourenwagen. Mitunter, wenn auch selten, für geschlossene Fahrzeuge benutzt.

Tourist Trophy (TT)
Auf der Insel Man (Irische See), später auch in Nordirland ausgetragene britische Rennserie für Motorräder und Automobile (beide ab 1907). Die TT-Rennen wurden außerhalb Englands veranstaltet, weil Straßenrennen dort gesetzlich verboten waren.

Tricycle
Englische Bezeichnung für einen Dreiradwagen, der im Unterschied zum Threewheeler konstruktiv nicht mit dem Auto, sondern mit dem Motorrad verwandt ist. In der Regel ein sehr leichtes Motorfahrzeug mit zwei Rädern vorn und einem hinten, typisch für die Zeit um 1895-1898. Als reine „Fahrmaschine" wies das Tricycle einen Rohrrahmen, einen im Heck angeordneten, luftgekühlten Motor und einen oder zwei Sitze auf. Das Wort Tricycle war analog zum Bicylce (Zweirad) entstanden.

Trockensumpfschmierung
In den 1920er Jahren aufgekommene Art der Motorschmierung, bei der eine Pumpe das Öl aus einem separaten Reservoir, das nicht

integrierter Bestandteil des Kurbelgehäuses („trockener Sumpf") ist, an die Schmierstellen heranführen, wobei das zurückfließende, sich in der Ölwanne ansammelnde Öl durch eine zweite Pumpe dem Vorrat wieder zugeführt wird. Insbesondere bei Renn- und Geländewagen angewendete Schmiertechnik, die im Gegensatz zur Umlaufschmierung unabhängig vom Neigungswinkel des Fahrzeugs und dem daraus evtl. resultierenden veränderten Pegel des Schmierstoffvorrats in der Ölwanne funktioniert.

T-Top
Bezeichnung für ein Autodach mit zwei Dacheinsätzen, die sich herausnehmen lassen, wobei ein stabilisierender Mittelsteg stehenbleibt (Nissan, Pontiac).

Turbinenwagen
Versuche mit Gasturbinen zum Antrieb von Straßenfahrzeugen wurden von zahlreichen Automobilherstellern vorgenommen (z. B. Chrysler, Rolls-Royce, gefolgt von Austin, BSA/Daimler, Armstrong Siddeley, Rover sowie einer Reihe von Nutzfahrzeugherstellern). Die Fahrzeuge blieben Prototypen bzw. fuhren außer Konkurrenz bei Rennen mit.

Turbolader
Eine vom Abgasdruck betriebene Turbine zur Erhöhung des Ansaugdrucks. Erster Serien-Personenwagen mit Turbolader war 1961 ein Oldsmobile Jetfire. Erster Serien-Pkw mit Turbodieselmotor war 1982 der Mercedes-Benz 300 D (Fünfzylinder mit Abgasturbolader von Garrett AiResearch).

Underslung-Rahmen
Aus dem Englischen übernommene Bezeichnung für einen unterhalb der Achsen durchgeführten Rahmen (Chassis) bei einem Automobil, was eine niedrigere Bauhöhe und einen tieferen Fahrzeugschwerpunkt ermöglicht. Erste Underslung-Rahmenkonstruktion wies der französische Stabilia (1907) auf. Ein als American Underslung (Indianapolis, 1914) gebauter Sportwagen führte diese Bauweise sogar im Markennamen.

untengesteuerter Motor
Andere Bezeichnung für einen seitengesteuerten Motor (sv).

Utility
Englische Bezeichnung für einen Mehrzweckwagen, heute im Sinne eines Kombiwagens.

V-Motor
Die Idee, Mehrzylindermotoren in V-Bauweise herzustellen, realisierte erstmals Wilhelm Maybach 1892 mit einem Zweizylinder für den Daimler Riemenwagen. Technisches Merkmal des V-Motors ist die gemeinsame Pleuelanordnung von zwei gegenüberliegenden Zylindern auf einem Kurbelzapfen. Von 2 bis 16 Zylindern sind im Personenwagenbau alle Varianten zu finden.

Ventilsteuerung
Sammelbezeichnung für die zum Öffnen und Schließen der Einlaß- und Auslaßventile bei einem Viertaktmotor (Nockenwelle, Stoßstangen, Kipphebel) verwendeten Bauteile.

Verdichter
Anderer Ausdruck für Kompressor.

Vierradantrieb
Erste Versuche mit vier angetriebenen Rädern unternahm Ferdinand Porsche bei Jakob Lohner, ehe Spyker 1903 ein solches Fahrzeug präsentierte. Bugatti brachte 1931 einen allradgetriebenen Bergrennwagen heraus, Cisitalia 1948 einen Zwölfzylinder-Rennwagen, Jensen 1966 den CV8 FF 4x4. Bevor im Personenwagenbereich (Audi quattro, 1980) der Allradantrieb für die Straße weitere Verbreitung fand, blieb er das Privileg von Gelände- und Militärfahrzeugen. Erste allradgetriebene Lastwagen gab es in den 1920er Jahren.

Vierradbremse
Erst Anfang der 1920er Jahre begann sich die Vierradbremse durchzusetzen (erster Prototyp: Spyker 1902, erster Serienwagen: 50 PS Ehrhardt, 1908). Mit der Entwicklung eines (zunächst mechanischen) Bremskraftausgleichs zwischen den vorderen und den hinteren Rädern wurde es möglich, beide Räderpaare zu verzögern, daß ein Überbremsen (und damit die Gefahr des Schleuderns) bei unterschiedlich starker Bremswirkung vermieden wurde.

Vierzylindermotor
Den ersten Reihenvierzylinder konstruierte Wilhelm Maybach 1890, doch erst 1896 fand man ein solches Aggregat in einem Panhard-Levassor. Der erste Vierzylinder-V-Motor erschien 1897 in einem Mors. Nicht vor 1904 begannen sich Vierzylindermotoren allgemein durchzusetzen; der erste Mercedes von 1900/01 hatte den entscheidenden Anstoß dazu gegeben.

Vintage
Aus dem Englischen übernommene und international verwendete Bezeichnung für die Epoche der 1920er Jahre und damit ein zeitliches Zuordnungskriterium („vintage cars") für alle zwischen 1919 und 1930 gebauten Fahrzeuge.

Voiturette
Aus dem Französischen stammende Bezeichnung („kleiner Wagen") für ein kleines Automobil, meist zweisitzig. Erste Modellbezeichnung bei Léon Bollée und De Dion-Bouton.

Vollcabriolet
Zur Unterscheidung von der Cabriolimousine oder vom Landaulet benutzte Bezeichnung für ein Cabriolet, dessen Verdeck, wenn es zurückgeschlagen ist, die Kabine des Fahrzeugs zur Gänze öffnet.

Vollschwingachser
Bezeichnung für einen Wagen mit hinterer Schwingachse und vorderer Einzelradaufhängung (im Gegensatz zu einem Starrachser).

Vorderradbremsen
Erst 40 Jahre nach der Inbetriebnahme der ersten Motorwagen von Benz und Daimler 1886 wurde es zu einer Selbstverständlichkeit, daß Automobile auch an den Vorderrädern Bremsen aufwiesen. Mit wenigen Ausnahmen hatten Serienwagen vor 1925 Bremsen nur an den Hinterrädern bzw. an der Kardan- oder Getriebehauptwelle.

Vorwählgetriebe
Wechselgetriebe mit einem mechanischen, elektrischen oder pneumatischen betätigten Schaltsystem, bei dem ein Gang vor dem eigentlichen Schalten „vorgewählt" und der Wechsel erst durch Betätigen der Kupplung oder durch Gaswegnehmen (Entstehung von Unterdruck) effektiv wird.

Wankelmotor
Der nach seinem Erfinder Felix Wankel (1902-1988) benannte Rotations- bzw. Kreiskolbenmotor debütierte 1964 nahezu zeitgleich im Mazda Cosmo (Zweischeibenmotor) und im NSU Wankel-Spider (Einscheibenmotor). Im Gegensatz zum Hubkolbenmotor arbeitet der Wankelmotor nach dem Prinzip rotierender Kolben (Läufer, Trochoide) in einem annähernd ovalen Gehäuse und bildet bei seiner exzentrischen Bewegung Kammern unterschiedlicher Größe, in denen der Gaswechsel ohne zusätzliche Steuermechanismen abläuft. Weiterentwicklungen des Wankelmotors finden bis in die Gegenwart statt.

Wechselkarosserie
Bezeichnung für ein Fahrzeug mit Tourenwagenkarosserie, auf das man alternativ ein festes

Fahrzeugdach aus Metall setzte. Aufsätze dieser Art gab es in den frühen 1920er Jahren als sogenannte Kombinations-Karosserien für den Sommer- oder Winterbetrieb (Hardtop). Teils ließ sich auch die gesamte Karosserie mit wenigen Handgriffen vom Chassis lösen und auswechseln.

Wilson-Vorwählgetriebe
Das nach seinem Erfinder Walter Wilson (1874-1954) benannte Getriebe mit Vorwahl-Mechanismus weist als typisches Merkmal eine Reibkupplungsschaltung als Gangschaltbremse auf; das Getriebe ist eine aus vier Planetengetrieben (eins für jeden Vorwärtsgang) zusammengesetzte Einheit. Wilson-Getriebe gab es bei Armstrong-Siddeley, Daimler, Riley u.a.m.

Woody
Aus dem Amerikanischen stammende Bezeichnung (wood: Holz) für einen Personen- oder Kombiwagen mit Karosserieflächen in kombinierter Stahl/Holz-Bauweise (Gemischtbauweise), wie sie in den 1940er und frühen 1950er Jahren zur Anwendung kam – nicht nur in den USA; Woody-Aufbauten gab es auch in England, Frankreich, Italien und Deutschland. In den 1980er Jahren kamen Woody-Imitate durch aufgeklebte Plastikfolien mit Holzmaserung auf.

Wulstreifen
Man versah die ersten beim Automobil und beim Motorrad verwendeten Luftreifen mit einer starken Gummiwulst an der äußeren Kante, um ihnen auf der Felge einen besseren Halt zu geben. Hierfür waren die Felgenränder (Hörner) nach innen eingebogen. Mit Aufkommen des Niederdruckreifens Mitte der 1920er Jahre verschwanden Wulstreifen vom Markt.

Zahnrad-Wechselgetriebe
Manuell zu schaltendes Getriebe zur wahlweisen Übersetzung der Motorkraft auf die Antriebsräder. Als synchronisiertes Zahnrad-Wechselgetriebe besteht die Anlage häufig aus der Antriebs- und der Hauptwelle, der Vorgelegewelle, je einem Räderpaar pro Übersetzungsgang, dem Schaltgestänge mit Schaltgabeln und den Synchronisierungsringen. Beim Verschieben einer Schaltmuffe durch sie Gestänge wird die kraftschlüssige Verbindung eines Zahnrades mit der Hauptwelle hergestellt und ein Gang geschaltet. Im Laufe der Jahrzehnte gab es zahlreiche Entwicklungen.

Zentralhydraulik
Das bei Citroën 1955 für den DS 19 entwickelte System einer Zentralhydraulik, das bis 2000 verwendet wurde, schloß Bremse, Federung, Lenkung, Niveauausgleich und Getriebeschaltung ein. Der Wagen ließ sich bei laufendem Motor zur Veränderung der Bodenfreiheit heben bzw. senken. Ein Regelventil sorgte während der Fahrt für Niveauausgleich je nach Belastung und Betriebsbedingungen, so daß der Wagen stets eine konstante Fahrzeughöhe beibehielt. Andere Hersteller haben in den 1960er Jahren ihre Fahrzeuge mit Teilen der Citroën- oder mit ähnlich arbeitenden Hydraulik- bzw. Luftsystemen ausgestattet.

Zentralrahmen, Zentralrohrrahmen
Fahrgestell, dessen Hauptträger ein kastenförmiges oder zylindrisches Rohr mit beiderseits ausladenden Traversen darstellt. Zu den Pionieren des Zentralrahmens gehört Hans Ledwinka (Steyr, Tatra).

Zentralschmierung
In den 1920er Jahren setzte sich im Automobil die sogenannte Zentral- oder auch Eindruckschmierung durch, bei der mittels Fußpumpe (seltener durch eine Servopumpe) aus einem Vorratsbehälter über ein verzweigtes Leitungssystem Öl an alle Schmierstellen des Fahrgestells und des Fahrwerks gepreßt wurde. Weit verbreitet bei deutschen Autos war das System Willy Vogel.

Zentralverschlußrad
Um ein Rad am Auto schneller wechseln zu können, versah man Sport- und Tourenwagen in den 1920er Jahren zunehmend mit Zentralverschlüssen auf den Radnaben. Hierbei wird das Rad auf eine eng verzahnte Nabe (System Rudge oder RAF) gesteckt und durch eine zwei- oder dreiflügelige Verschlußkappe, deren Gewinde gegen die Fahrtrichtung des Wagens läuft, gesichert. Bis in die 1970er Jahre galten Zentralverschlußräder als besonders sportliches Attribut, so daß auch Attrappen zum Aufsetzen (Zierblenden) auf mit Radbolzen befestigte Räder angeboten wurden.

Zoller-Kompressor
Der Sternkolbenkompressor System Zoller (benannt nach seinem Erfinder Arnold Zoller, 1882-1934) arbeitet mit einem exzentrisch angeordneten Rotor, dessen bewegliche Flügel je nach Stellung des Rotors Kammern unterschiedlicher Größe formen. Die Flügel legen sich an die Innenflächen einer mitlaufenden Trommel an. Durch die Umlaufbewegung des Rotors und der sich dadurch ergebenden Verkleinerung der Kammer wird das sich darin befindliche Gasgemisch verdichtet. Der Kompressor von Cozette arbeitet nach dem gleichen Prinzip. Mit Zoller-Kompressoren, montiert zwischen Vergaser und Motor, waren in den Jahren 1934-1939 z. B. die Rennwagen der Auto Union versehen.

Zündung
Frühe Verbrennungsmotoren waren mit einer Glührohrzündung versehen, ehe sich ab etwa 1892 die Batteriezündung mit Zündspule und Zündkerze durchsetzte, um bald wieder von der Magnetzündung verdrängt zu werden. Die Batteriezündung mit Hochspannungs-Zündspule setzte sich im Personenwagen-Serienbau Anfang der 1930er Jahre durch.

Zwei-plus-Zwei (2+2)
Roadster oder Cabriolet mit knappem Raum im Cockpit hinter den vorderen Sitzen zur Unterbringung von zwei weiteren Mitfahrern.

Zwölfzylindermotor
Motoren mit zwölf Zylindern kamen in der Zeit zwischen 1914 und 1920 auf (Packard, Fiat, Voisin und andere) und wurden bald zu einer Prestigesache im Automobilbau (Lincoln, Cadillac, Pierce-Arrow). Daimler in Coventry bot ab 1926 Wagen mit V12-Motor an, Maybach ab 1929, Horch ab 1931, Lagonda ab 1935, Rolls-Royce ab 1936. Voisin stellte 1924 sogar einen Wagen mit Zwölfzylinder-Reihenmotor vor. Im Rennwagenbau waren Zwölfzylinder (Alfa Romeo, Auto Union) sehr erfolgreich; nach dem Zweiten Weltkrieg leistete hier vor allem Ferrari Pionierarbeit, bevor weitere Hersteller den V12 auch im Straßenwagen wieder anboten (Lamborghini, Jaguar, BMW, Mercedes-Benz).

Zylinderabschaltung
Ende der 1970er Jahre entwickeltes System zur Reduzierung des Kraftstoffverbrauchs von Verbrennungsmotoren. Dabei wird in Fahrsituationen mit niedrigem Leistungsbedarf die Kraftstoffzufuhr unterbrochen bzw. kein Kraftstoff eingespritzt. Die Ventile der abgeschalteten Zylinder werden geschlossen gehalten, um Gaswechselverluste zu vermeiden. Je nach System kann entweder eine komplette Zylinderbank oder auch einzelne Zylinder (Einzelzylinderabschaltung) abgeschaltet werden. Eingesetzt wird das System hauptsächlich bei Motoren mit mindestens acht Zylindern. Die Abschaltung ist jedoch keine Erfindung des späten 20. Jahrhunderts: bei einem amerikanischen Schebler-Versuchsmotor gab es das bereits 1915.

Autoren

Sue Baker (SB) arbeitete mehr als dreißig Jahre lang als professionelle Motorjournalistin für große britische Blätter, war auch fürs Fernsehen tätig und hat auf allen fünf Kontinenten Autos getestet. Sie war Vorsitzende der internationalen Guild of Motoring Writers und ist Jurorin für „The Women's World Car ot the Year".

Jeroen Booij (JB) ist Niederländer und lebt in Amsterdam. Seit 1998 arbeitet er als Motorjournalist. In bisher achtzehn Ländern erschienen seine Beiträge über klassische, besondere und ungewöhnliche Fahrzeuge sowie seine Reportagen über die verschiedensten Sparten der Automobilindustrie.

Rich Duisberg (RB) lebte und arbeitete in England, Deutschland und Skandinavien, betätigte sich als Fitnesstrainer für den Formel-1-Fahrer Luca Badour und qualifizierte sich als Mitarbeiter zahlreicher Motormagazine. Er betreibt eine eigene Webseite für Classic-Car-Enthusiasten.

Stuart Forster (SF) ist ein britischer Fachautor mit weltweiter Fahrpraxis. Über seine Reisen durch Indien hat er einen Guide verfaßt, der 2010 vom indischen Tourismusverband durch die höchste nationale Auszeichnung für einen Reiseführer Anerkennung fand.

Mike Gerrard (MG) ist ein erfahrener Auto- und Reiseschriftsteller aus Arizona, USA, pendelt aber häufig zwischen Europa und Amerika. Zu den Autos, die er und seine Frau fahren, gehört ein dreißig Jahre alter Pontiac Station Wagon. Beide betreiben eine eigene Webseite für Autofans an der Pazifikküste.

Simon Heptinstall (SH) begann seine Karriere als Taxifahrer und Werkstattmanager, bevor er den Beruf des Motorjournalisten ergriff, als Researcher zum britischen TV-Sender BBC ging und dort mit Jeremy Clarkson Sendungen produzierte, die weltweite Beachtung erfuhren. Er qualifizierte sich ferner als Mitarbeiter bei den Fachmagazinen *Autocar*, *Auto Express*, *What Diesel?* und *Redline*. Er erarbeitete Kaufberatungs-Guides für Personen- und Nutzfahrzeuge und ist Herausgeber des *Complete Book of the Car*, ferner schrieb er für BMW, Lexus, Peugeot und Toyota.

Jerry Ibotson (JI) war bisher schon Fernsehreporter, freiberuflicher Motorjournalist und Romanschriftsteller; er hat auch als Toningenieur für Hersteller von Videospielen gearbeitet. Wenn er nicht grade über Autos schreibt, hängt er mit seinem Mikrofon am Motor eines Klassikers, um dessen Ton aufzuzeichnen. Leider ist der von ihm gefahrene Wagen nicht unter den 1001 in diesem Buch.

Bob Kocher (BK) ist ein mehrfach ausgezeichneter Automobilschreiber, der im Verlauf der letzten 25 Jahre zahlreiche Beiträge über alte und neue Autos, über den Rennsport, über Kundendienst- und Lifestyle-Themen in Zeitungen und Magazinen veröffentlicht hat. Zeitweilig war er Präsident der Midwest Automotive Media Association, USA, und gehörte zu den Juroren des Greenwich Concours d'Elegance, Connecticut.

George Lewis (GL) kann von sich behaupten, schon einmal in jedem der Fahrzeuge gesessen zu haben, die er in diesem Buch beschrieben hat, denn er war lange Jahre als Autotester tätig. Seit 1987 schreibt er sowohl für Verbraucher- als auch für Industriemagazine in Großbritannien.

Halwart Schrader (HS) ist ein deutscher Motorjournalist, Fachautor und Übersetzer auf automobilhistorischem Gebiet. Seine von im verfaßten und herausgegebenen Bücher belaufen sich auf mehr als 200 im Verlauf von vierzig Jahren. Er verlegte 1973-1985 die erste deutschsprachige Oldtimer-Zeitschrift *AutomobilChronik*, gehört der Society of Automotive Historians sowie der Guild of Motoring an und erhielt zahlreiche internationale Auszeichnungen für seine in vielen Sprachen erschienenen Arbeiten.

Darryl Sleath (DL) schreibt über Autos, fotografiert und restauriert eine ganze Anzahl von ihnen. Er lebt in Süd-Wales, hat schon zahlreiche Arbeiten veröffentlicht und schreibt zur Zeit an einem Buch über die Sportwagen-Entwicklung.

Barry Stone (BS) ist ein vielseitig interessierter Fachautor, der nicht nur Themen der Automobilgeschichte, sondern auch aus Religion und Architektur beherrscht. Er ist viel in der Welt herumgekommen und hört nie auf, Reisepläne zu schmieden. Er lebt in der Nähe von Sydney, Australien.

Liz Turner (LT) lebt seit zwanzig Jahren intensiv mit Autos und schreibt über sie mit Leidenschaft. Fünf Jahre gehörte sie zur Redaktion von *What Car?* und vier Jahre zum Stab von *Autocar*. Für viele weitere Periodika verfaßt sie regelmäßig Beiträge zu aktuellen Automobilthemen.

Richard Yarrow (RY) ist ein hoch anerkannter freiberuflicher Journalist, der in Großbritannien seit 1998 über die Automobilindustrie schreibt. Seine Artikel erscheinen in Tageszeitungen, Verbrauchermagazinen und Branchenpublikationen. Zeitweilig gehörte er der Redaktion von *Auto Express* an, der britischen Version von *Auto Bild* mit der höchsten Verkaufsauflage aller Autofachblätter in England.

Bildnachweise

Sollten in diesem Buch Abbildungen zur Verwendung gekommen sein, die trotz aller Recherche-Sorgfalt bestehende Urheberrechte von Unternehmen oder Einzelpersonen verletzen, so möchten sich Verlag und Herausgeber hiermit in aller Form dafür entschuldigen und ggf. um Benachrichtigung bitten. Bei einer späteren Auflage werden eventuelle Fehler gern berichtigt.

2 Tom Wood/Alamy **20** Kimball Stock **22** Bettmann/Corbis **23** Bettmann/Corbis **24** Megashorts/Flickr **25** Car Culture/Corbis **26** Bettmann/Corbis **28** Getty Images **29** Daimler AG **30** James Mann **31** Kimball Stock **32** Motoring Picture Library **33** Giles Chapman **34** AF archive/Alamy **36l** Rover Group/Heritage Motor Centre **36r** FIAT S.p.A **37l** The Lanchester Legacy by C.S. Clark **37r** James Mann **38** FIAT S.p.A **39** Kimball Stock **41** Getty Images **42** GM Company **43** Louwman Museum **44** Motor Snaps **45** FIAT S.p.A **46** Vauxhall **48** Kimball Stock **50l** Motoring Picture Library **50r** Michael Whiteset **51l** Louwman Museum **51r** Car Culture/Getty Images **52** Giles Chapman **54** Newspress **55** John Cook **56** Martin Prokop **57** magiccarpics.com **59** Getty Images **60** Motoring Picture Library **61** Renault **62** Getty Images **64l** Car Culture/Getty Images **64r** magiccarpics.com **65l** Jarnes Mann **65r** Giles Chapman **66** James Mann **69** Ei Katsumata/Alamy **70** James Mann **71** James Mann **72** James Mann **73** magiccarpics.com **74l** British Car Auctions **74r** AFP/Getty Images **75l** Giles Chapman **75r** magiccarpics.com **76** Louwman Museum **77** Car Culture/Getty Images **78l** Motoring Picture Library **78r** Motor Snaps **79l** Kimball Stock **79r** Car Culture/Getty Images **81** Motoring Picture Library **82** Car Culture/Getty Images **85** Car Culture/Getty Images **86** magiccarpics.com **87** Giles Chapman **88** FIAT S.p.A **89** Kimball Stock **92** Car Culture/Getty Images **93** James Mann **94** Detectandpreserve/Wikimedia Commons **95** Motoring Picture Library **96** The Kobal Collection **97** Getty Images **98** Getty Images **100** Motoring Picture Library **101** Getty Images **102** Kimball Stock **104l** Leo Mason/Corbis **104r** Wouter Melissen **105l** magiccarpics.com **105r** Swiss Museum of Transport/Stefan Waefler **106** James Mann **107** Giles Chapman **108** Motoring Picture Library **109** David Wall/Alamy **110** Kimball Stock **112** Car Culture/Corbis **113** Newspress **115** Mary Evans Picture Library/Onslow Auctions Limited **116l** Mark Scheuern/Alamy **116r** Paul Debois/Alamy **117l** Wouter Melissen **117r** Lane Motor Museum **118** BMW Group **119** James Mann **120** Motoring Picture Library **121** Kimball Stock **122** Daimler AG **123** Jaguar Land Rover **125** Time & Life Pictures/Getty Images **126** James Mann **127** Audi **129** Kimball Stock **130** FIAT S.p.A **131** Kimball Stock **132l** Newspress **132r** GM Company **133l** Kimball Stock **133r** Motoring Picture Library **135** Spaarnestad Photo/Mary Evans **136** Motoring Picture Library **137** The Kobal Collection **138** 20th Century Fox/The Kobal Collection **139** Chrysler **140** Kimball Stock **142** Universal/The Kobal Collection **143** Rolls-Royce Motor Cars Ltd. **144** Renault **147** Time Life Pictures/Getty Images **148l** magiccarpics.com **148r** Giles Chapman **149l** Giles Chapman **149r** David Askham/Alamy **150** Motoring Picture Library **151** magiccarpics.com **153** magiccarpics.com **154** Giles Chapman **155** Giles Chapman **157** Time & Life Pictures/Getty Images **158** Lucasfilm Ltd/Paramount/The Kobal Collection **159** The Kobal Collection **160** PA/PA Archive/Press Association Images **162** Giles Chapman **163** Motoring Picture Library **164** magiccarpics.com **166** Design Pics Inc. - RM Content/Alamy **167** Tampa Bay Automobile Museum **168** James Mann **170l** Ford Motor Company and Wieck Media Services, Inc. **170r** LAT Photographic **171l** Wouter Melissen **171r** Giles Chapman **172l** Wouter Melissen **172r** Tom Wood/Alamy **173l** Giles Chapman **173r** Kimball Stock **175** The Advertising Archives **176** magiccarpics.com **177** Toyota **179** Getty Images **180** The Kobal Collection **181** Kimball Stock **183** Getty Images **184** culture-images GmbH/Alamy **185** Car Culture/Corbis **186l** Bentley Motors Limited **186r** Time & Life Pictures/Getty Images **187l** magiccarpics.com **187r** Motoring Picture Library **188** Getty Images **190** Kimball Stock **191** GM Company **193** Giles Chapman **195** Motoring Picture Library **197** Bettmann/CORBIS **198l** FIAT S.p.A **198r** Kimball Stock **199l** magiccarpics.com **199r** magiccarpics.com **200** FIAT S.p.A **201** James Mann **203** Car Culture/Getty Images **204** Kimball Stock **205** Kimball Stock **206** The Kobal Collection **207** Getty Images **208** Kimball Stock **209** magiccarpics.com **210** James Mann **211** James Mann **212** PSA Peugeot Citroën **213** Popperfoto/Getty Images **214l** BMW Group **214r** Kimball Stock **215l** Kimball Stock **215r** Chrysler **216** BMW Group **218** Kimball Stock **219** James Mann **220** Kimball Stock **222** Kimball Stock **223** Transtock/Corbis **224l** magiccarpics.com **224r** James Mann **225l** James Mann **225r** Kimball Stock **227** Gamma-Keystone via Getty Images **228** James Mann **229** Kimball Stock **230** Kimball Stock **231** Kimball Stock **232** James Mann **234l** Giles Chapman **234r** James Mann **235l** Kimball Stock **235r** Boyd Jaynes/TRANSTOCK/Transtock/Corbis **237** magiccarpics.com **238** Kimball Stock **239** Kimball Stock **241** Columbia/The Kobal Collection **242** Volvo Car Corporation **245** FIAT S.p.A **246** James Mann **247** Kimball Stock **248** Giles Chapman **250** Jaguar Land Rover **251** Daimler AG **253** Berliner Verlag Jochen Moll/DPA/Press Association Images **254** magiccarpics.com **255** magiccarpics.com **256** Mary Evans/Toscani Archive/Alinari Archives Management **258** Giles Chapman **259** magiccarpics.com **261** Getty Images **262** Kimball Stock **264** Kimball Stock **265** James Mann **266** Volvo Car Corporation **267** Fuji Heavy Industries Ltd. **269** magiccarpics.com **270** magiccarpics.com **271** Giles Chapman **272** James Mann **273** Kimball Stock **274** Getty Images **276** magiccarpics.com **277** Kimball Stock **278** Kimball Stock **279** James Mann **281** Columbia/The Kobal Collection **282** Giles Chapman **283** Giles Chapman **284** Kimball Stock **285** magiccarpics.com **286** Kimball Stock **289** Kimball Stock **290** Gamma-Keystone via Getty Images **292** Kimball Stock **293** Kimball Stock **294** PSA Peugeot Citroën **296** James Mann **297** magiccarpics.com **298** magiccarpics.com **299** James Mann **301** MARKA/Alamy **302** magiccarpics.com **303** Ford Motor Company and Wieck Media Services, Inc. **304** magiccarpics.com **307** magiccarpics.com **308l** magiccarpics.com **308r** magiccarpics.com **309l** Kimball Stock **309r** Nissan Motor Co.,Ltd. **310** Don Heiny/Corbis **311** James Mann **312l** Giles Chapman **312r** Giles Chapman **313l** Magic Car Pics **313r** magiccarpics.com **314** James Mann **316** James Mann **317** James Mann **318** Kimball Stock **320l** Giles Chapman **320r** Jeep **321l** magiccarpics.com **321r** James Mann **323** DANJAQ/EON/UA/The Kobal Collection **324** magiccarpics.com **325** magiccarpics.com **326** Giles Chapman **327** Giles Chapman **328** Motoring Picture Library **330** magiccarpics.com **333** magiccarpics.com **335** Central Press/Getty Images **336** magiccarpics.com **337** Kimball Stock **339** Getty Images **340** SSPL via Getty Images **341** James Mann **342** Warner Bros. Pictures/The Kobal Collection/Bennett Tracy **344** Kimball Stock **345** magiccarpics.com **347** The Kobal Collection **348** Kimba l Stock **349** Kimball Stock **351** Car Culture/Getty Images **352** Car Culture/Getty Images **353** Getty Images **354** The Advertising Archives **356** Aston Martin **357** Phil Talbot/Alamy **358** Phil Talbot/Alamy **359** James Mann **361** Mike Loog **362l** magiccarpics.com **362r** Nissan Motor Co.,Ltd. **363l** Nissan Motor Co.,Ltd. **363r** FIAT S.p.A **364** Andy Crawford /Getty Images **365** magiccarpics.com **367** Kimball Stock **368** Kimball Stock **369** Dodge **370** AF archive/Alamy **372** Phil Talbot/Alamy **373** Kimball Stock **375** Photos 12/Alamy **376** James Mann **377** magiccarpics.com **378** magiccarpics.com **379** magiccarpics.com **381** magiccarpics.com **382l** Toyota **382r** magiccarpics.com **383l** Group Lotus PLC **383r** Giles Chapman **384** magiccarpics.com **386** James Mann **387** Audi **388** Kimball Stock **390** Toyota **391** FIAT S.p.A **393** magiccarpics.com **394l** magiccarpics.com **394r** Performance Image/Alamy **395l** Car Culture/Corbis **395r** Roy Zukerman/www.vignale-gamine.com **396** Ford Motor Company and Wieck Media Services, Inc. **397** Maserati **399** Warfield/United Artists/The Kobal Collection **400** Gles Chapman **402** magiccarpics.com **403** martin berry/Alamy **404** James Mann **405** James Mann **406** Jaguar Land Rover **407** James Mann **408** ZUMA Wire Service/Alamy **409** Oleksiy Maksymenko/Alamy **410** magiccarpics.com **411** Daimler AG **412** magiccarpics.com **413** Courtesy of Toyota USA Archives **414** CBS-TV/The Kobal Collection **416** Tom Wood/Alamy **418** Ford Motor Company and Wieck Media Services, Inc. **419** Datsun **421** Getty Images **422** Porsche **423** Nissan Motor Co.,Ltd. **424** James Mann **425** magiccarpics.com **426** Getty Images **428** Phil Talbot/Alamy **430** Giles Chapman **431** Phil Talbot/Alamy **432** magiccarpics.com **433** magiccarpics.com **434l** Giles Chapman **434r** Kimball Stock **435l** magiccarpics.com **435r** Surdin Photography/Alamy **437** Bettmann/CORBIS **438** CW Motorsport Images/Alamy **439** Giles Chapman **440** Kimball Stock **441** Kimball Stock **442** magiccarpics.com **444** Ford Motor Company and Wieck Media Services, Inc. **445** magiccarpics.com **446** Kimball Stock **447** Kimball Stock **449** Jaguar Land Rover **450** Robert Genat/TRANSTOCK/Transtock/Corbis **451** James Mann **452l** Motoring Picture Library **452r** Courtesy of Ford Motor Company of Australia Limited **453l** Performance Image/Alamy **453r** Giles Chapman **454** James Mann **455** Tom Wood/Alamy **457** DANJAQ/EON/UA/The Kobal Collection **458** Kimball Stock **459** Kimball Stock **460** Kimball Stock **462** magiccarpics.com **463** magiccarpics.com **464** magiccarpics.com **466l** Motoring Picture Library/Alamy **466r** magiccarpics.com **467l** Dariusz Majgier/Alamy **467r** magiccarpics.com **469** AIP-Filmways/The Kobal Collection **470** LAT Photographic **471** magiccarpics.com **471** Kimball Stock **473** magiccarpics.com **474** Giles Chapman **475** Kimball Stock **476** magiccarpics.com **478** magiccarpics.com **479** Kimball Stock **481** Universal/The Kobal Collection **482** James Mann **483** Giles Chapman **484** Kimball Stock **485** Kimball Stock **486** Giles Chapman **489** magiccarpics.com **490** Kimball Stock **491** Giles Chapman **492** magiccarpics.com **493** PSA Peugeot Citroën **495** Car Culture/Corbis **496** magiccarpics.com **497** Giles Chapman **499** magiccarpics.com **500** magiccarpics.com **501** FIAT

S.p.A **503** Giles Chapman **504l** Daimler AG **504r** Giles Chapman **505l** magiccarpics.com **505r** Group Lotus PLC **506** magiccarpics.com **507** Volkswagen **508l** Terry Borton/www.panthercarclub.com **508r** magiccarpics.com **509l** Richard McHowat **509r** Maserati **510** DIOMEDIA/Alamy **511** Suzuki Motor Corporation **512** Giles Chapman **513** magiccarpics.com **514l** magiccarpics.com **514r** magiccarpics.com **515l** Dikiiy/Shutterstock.com **515r** magiccarpics.com **516** Car Culture/Corbis **517** Peter Harholdt/CORBIS **518** Performance Image/Alamy **519** Mazda Motor Corporation **520** N/A **521** Anthony Fosh **522** magiccarpics.com **523** Ford Motor Company and Wieck Media Services, Ltd. **525** Giles Chapman **526** magiccarpics.com **527** magiccarpics.com **528** Kimball Stock **530** Giles Chapman **531** magiccarpics.com **532** magiccarpics.com **534** Giles Chapman **536l** Giles Chapman **536r** Octane Magazine **537l** GM Company **537r** Matt Garrett/www.GM-Classics.com **539** Kimball Stock **540l** Richard McDowell/Alamy **540r** Giles Chapman **541l** magiccarpics.com **541r** magiccarpics.com **543** NBC via Getty Images **544** magiccarpics.com **545** Kimball Stock **547** magiccarpics.com **548** magiccarpics.com **549** Giles Chapman **550** Fabiano Guma **551** Kimball Stock **552** magiccarpics.com **553** magiccarpics.com **554l** Motoring Picture Library/Alamy **554r** magiccarpics.com **555l** Renault **555r** Kimball Stock **556** Kimball Stock **557** magiccarpics.com **558** Kimball Stock **560** James Mann **561** magiccarpics.com **562** Giles Chapman **563** Giles Chapman **564** magiccarpics.com **565** magiccarpics.com **566** magiccarpics.com **567** Kimball Stock **568l** magiccarpics.com **568r** Giles Chapman **569l** Giles Chapman **569r** FIAT S.p.A **570** magiccarpics.com **572** Paul Fievez/Associated Newspapers/Rex Features **574l** magiccarpics.com **574r** Giles Chapman **575l** Neill Bruce **575r** magiccarpics.com **577** magiccarpics.com **578** magiccarpics.com **579** magiccarpics.com **581** magiccarpics.com **582** Kimball Stock **585** magiccarpics.com **586l** magiccarpics.com **586r** magiccarpics.com **587l** magiccarpics.com **587r** Giles Chapman **589** magiccarpics.com **590** Kimball Stock **592l** Giles Chapman **592r** GM Company **593l** Giles Chapman **593r** FIAT S.p.A **594** Audi AG. **595** Giles Chapman **596** Kimball Stock **598** Giles Chapman **599** magiccarpics.com **600** Giles Chapman **601** magiccarpics.com **603** Jaguar Land Rover **604** Giles Chapman **605** Nissan Motor Co.,Ltd. **606l** Richard Spiegelman **606r** magiccarpics.com **607l** Giles Chapman **607r** Citroen **608** Giles Chapman **609** Giles Chapman **611** Getty Images **612** Group Lotus PLC **613** magiccarpics.com **614** Kimball Stock **617** Kimball Stock **618** Transtock Inc/Alamy **619** Les Barrett/www.454ss.com **620l** Giles Chapman **620r** Courtesy of Toyota USA Archives **621l** Giles Chapman **621r** Giles Chapman **622** Nissan Motor Co.,Ltd. **623** James Mann **624** magiccarpics.com **625** Motoring Picture Library/Alamy **626** magiccarpics.com **627** magiccarpics.com **629** James Mann **630l** Motoring Picture Library/Alamy **630r** Giles Chapman **631l** Volvo **631r** Mazda Motor Corporation **633** Transtock/Corbis **634** magiccarpics.com **636** Suzuki Motor Corporation **637** FIAT S.p.A **638** Phil Talbot/Alamy **639** Transtock Inc./Alamy **640** Phil Talbot/Alamy **641** Kimball Stock **642** BMW Group **645** Giles Chapman **646** Kimball Stock **647** Kimball Stock **649** John Decker/Sacramento Bee/ZUMA/Corbis **650** Phil Talbot/Alamy **651** Kimball Stock **652** Patrick Sautelet/Renault **654** Morgan Motor Company Limited **655** GM Company **656** Kimball Stock **657** Giles Chapman **658** magiccarpics.com **660l** Toyota **660r** GM Company **661l** Richard Warburton/Alamy **661r** Subaru **662** Giles Chapman **663** Transtock Inc/Alamy **665** Kimball Stock **666** The Colt Car Company Ltd **667** Kimball Stock **668l** Ford Motor Company and Wieck Media Services, Inc. **668r** Dodge **669l** Audi AG. **669r** Audi AG. **670** FIAT S.p.A **671** Phil Talbot/Alamy **672** Honda **673** FIAT S.p.A **674** magiccarpics.com **675** Kimball Stock **676** Drive Images/Alamy **677** Transtock Inc./Alamy **678** magiccarpics.com **679** Jaguar Land Rover **680** magiccarpics.com **681** James Mann **682** Group Lotus PLC **683** magiccarpics.com **684l** PSA Peugeot Citroën **684r** magiccarpics.com **685l** Phil Talbot/Alamy **685r** Trinity Mirror/Mirrorpix/Alamy **686** Getty Images **688** Kimball Stock **690** Giles Chapman **691** Kimball Stock **693** Kimball Stock **694l** Toyota **694r** FUJI HEAVY INDUSTRIES Ltd. **695l** PSA Peugeot Citroën **695r** Nissan **696** magiccarpics.com **698** Maserati **699** Kimball Stock **701** The Advertising Archives **702** FIAT S.p.A **703** magiccarpics.com **704** The Advertising Archives **706l** magiccarpics.com **706r** Car Culture/Corbis **707l** Phil Talbot/Alamy **707r** Kimball Stock **708** magiccarpics.com **709** Giles Chapman **711** James Mann **712** Audi **713** Kimball Stock **714** The Advertising Archives **716** Car Culture/Getty Images **719** Mark Jenkinson/CORBIS **720l** BMW Group **720r** FUJI HEAVY INDUSTRIES Ltd. **721l** magiccarpics.com **721r** Giles Chapman **722** Guy Spangenberg/Transtock/Corbis **724** TVR GmbH **725** Group Lotus PLC **726** Kimball Stock **727** magiccarpics.com **728** MGM/EON/The Kobal Collection/Maidment, Jay **730** Motoring Picture Library/Alamy **731** Trinity Mirror/Mirrorpix/Alamy **733** Transtock Inc./Alamy **734** Morgan Motor Company Limited **735** Ford Motor Company and Wieck Media Services, Inc. **736** Kimball Stock **737** James Mann **738l** Audi AG. **738r** Volvo Car Corporation **739l** Seat **739r** Suzuki Motor Corporation **740** Kimball Stock **741** BMW Group **743** Kimball Stock **744** Daimler AG **745** Dodge **747** Kimball Stock **748** BMW Group **749** Toyota **751** Ford Motor Company and Wieck Media Services, Inc. **753** Kimball Stock **754** Kimball Stock **755** magiccarpics.com **756** Daihatsu Motor Co., Ltd **757** Daimler AG **758** Kimball Stock **760l** BMW Group **760r** Vauxhall **761l** Lamborghini **761r** Guy Spangenberg/Transtock/Corbis **762** Rolls-Royce Motor Cars Ltd. **763** Daimler AG **765** magiccarpics.com **766** Kimball Stock **767** Maserati **768** Caresto **769** Donizetti Castilho **770** Aston Martin **771** Kimball Stock **772** Audi AG. **773** Bufori Motor Car Company **774** Kimball Stock **775** Kimball Stock **776l** John Early/TRANSTOCK/Transtock/Corbis **776r** magiccarpics.com **777l** Robert Kerian/Transtock/Corbis **777r** Giles Chapman **778** The Colt Car Company Ltd **779** Rick Chou/TRANSTOCK/Transtock/Corbis **780** magiccarpics.com **782** Kimball Stock **783** Morgan Motor Company Limited **784** Kimball Stock **785** Kimball Stock **787** James Mann **788** Ford Motor Company and Wieck Media Services, Inc. **789** Daimler AG **790l** BMW Group **790r** The Colt Car Company Ltd **791l** Kimball Stock **791r** GM Company **792** Jaguar Land Rover **793** Kimball Stock **795** James Mann **796** TVR GmbH **797** Chrysler **798** Kimball Stock **799** FIAT S.p.A **800l** GM Company **800r** BMW Group **801l** BMW Group **801r** Spyker Cars N.V. **802** Audi AG. **803** Motoring Picture Library/Alamy **805** Kimball Stock **806** Kimball Stock **807** Caresto **808** magiccarpics.com **809** magiccarpics.com **810** Kimball Stock **811** Kimball Stock **812** Ford Motor Company and Wieck Media Services, Inc. **814** Kimball Stock **815** Kimball Stock **816** ALEXANDRA BEIER/X01172/Reuters/Corbis **818** Vauxhall **819** Drive Images/Alamy **820l** magiccarpics.com **820r** Kimball Stock **821l** Daimler AG **821r** Kia Motors Corp. **823** Kimball Stock **824** Ascari **825** Seat **826l** Hyundai **826r** Audi AG. **827l** Bristol **827r** Volkswagen **828** Lamborghini **829** Audi AG. **830** Car Culture/Corbis **831** Caterham Cars **832** T1 Cars Limited **834** magiccarpics.com **835** Kimball Stock **836** Koenigsegg **837** Venturi Automobiles **838** Aston Martin **839** Toyota **840** Kimball Stock **842l** Audi AG. **842r** FIAT S.p.A **843l** Daimler AG **843r** magiccarpics.com **844** Goddard Automotive/Alamy **845** Drive Images/Alamy **846** Secma Automobile **847** FIAT S.p.A **848** Daimler AG **849** Rolls-Royce Motor Cars Ltd. **851** James Mann **852l** Rossion **852r** KTM **853l** Honda Motor Europe Limited **853r** Drive Images/Alamy **854** Audi AG. **855** BMW Group **856** SsangYong Motor Company **857** Kimball Stock **858** FIAT S.p.A **859** Toyota **860** Bolwell **861** Kimball Stock **863** Getty Images **864** Aston Martin **865** Rolls-Royce Motor Cars Ltd. **866** Volkswagen **867** Infiniti **868** Kimball Stock **869** Invicta Car Company **870** Kimball Stock **871** Audi AG. **872l** Jaguar Land Rover **872r** Volkswagen **873l** Artega Automobil GmbH & Co. KG **873r** Daimler AG **874** Kimball Stock **875** Kimball Stock **876** Kimball Stock **878** GM Company **879** Volkswagen **880** Kimball Stock **882** H. Lorren Au Jr/ZUMA Press/Corbis **883** Bentley **885** Aston Martin **886** Bentley Motors Limited **887** Vauxhall **888** Ford Motor Company and Wieck Media Services, Inc. **889** Jaguar Land Rover **890** Kimball Stock **891** Kimball Stock **892** Aston Martin **894** HTT Automobile **895** magiccarpics.com **896l** Aston Martin **896r** Martyn Goddard/Corbis **897l** PSA Peugeot Citroën **897r** Seat **899** Daimler AG **900** PSA Peugeot Citroën **901** Wirelmage/Getty Images **902** Car Culture/Corbis **903** magiccarpics.com **904** Nissan Motor Co.,Ltd. **905** Volkswagen **906** Mark Scheuern/Alamy **907** Volvo Car Corporation **908l** Noble Automotive **908r** Brabus **909l** FIAT S.p.A **909r** Kimball Stock **910** BMW Group **911** Bufori Motor Car Company **912** Caresto **913** H. Lorren Au Jr/ZUMA Press/Corbis **914** magiccarpics.com **915** Vauxhall **916** Toyota **917** Kimball Stock **918** Bloomberg via Getty Images **919** Elfin Heritage Centre **920** Kimball Stock **922** McLaren Automotive Limited **924** Daimler AG **925** Renault **926** Bloomberg via Getty Images **928l** Volkswagen **928r** BMW Group **929l** The Colt Car Company Ltd **929r** Ford Motor Company and Wieck Media Services, Inc. **930** GM Company **931** Kimball Stock **932** Daimler AG **933** Ford Motor Company and Wieck Media Services, Inc. **934** Radical Sportcars Ltd **935** Hulme Supercars Ltd **936** Renault **938** Ford Motor Company **939** Toyota **940** Wes Allison/Transtock/Corbis **941** Jaguar Land Rover **942** Volkswagen **943** BMW Group **944** Bloomberg via Getty Images

Dank

Für freundliche Unterstützung bei der Realisierung dieses Buches möchte sich der Verlag ferner bedanken bei Richard und Vicky Dredge von Magic Car Pics, bei Jon Day von der Motoring Picture Library Beaulieu, bei Will Tayler-Midhurst von LAT Photographic, ferner bei Chris Taylor, Mark Johnson Davies und der OMNION Premedia Private Limited.